ISBN 978-0-364-17011-3
PIBN 10990050

Das

deutsche Staatsleben

vor der Revolution.

Eine Vorarbeit zum deutschen Staatsrecht

von

Clemens Theodor Perthes,

ordentl. Professor der Rechte zu Bonn.

Hamburg und Gotha,

bei Friedrich und Andreas Perthes.

1845.

Dem

·

A n d e n k e n

meines lieben Vaters

Friedrich Perthes

aus Hamburg.

Vorrede.

Um den Gegenstand der folgenden Schrift auch nur bis zu einem gewissen Grade erschöpfend zu behandeln, werden so umfassende Kenntnisse und so reiche Erfahrungen vorausgesetzt, wie sie der Verfasser nicht besitzt. Derselbe weiß, daß ihm die Lebenszustände der zweiten Hälfte des vorigen Jahrhunderts nicht in ihrer vollen Lebendigkeit erschienen sind und weiß, daß es ihm nicht hat gelingen wollen, das Bild derselben auch nur so lebendig darzustellen, wie es vor seinem eigenen geistigen Auge steht. Aber die Thatsache, daß der politische Zustand der deutschen Gegenwart nicht zufällig und provisorisch, sondern seinem Kerne nach durch unsere Nationalität und unsere Geschichte gegeben sei, hat eine so tief eingreifende Bedeutung, daß jeder nicht ganz mißlungene Versuch, dieselbe zu veranschaulichen, ein Recht besitzt hervorzutreten. Die Grundlage der vorliegenden Arbeit wird durch die Schriften nicht nur aus dem vorigen Jahrhundert, sondern auch über das vorige Jahrhundert gebildet. Da es bei ihrer übergroßen Zahl nicht thunlich und bei den vielen Hülfsmitteln sie aufzufinden nicht erforderlich war, dieselben einzeln anzugeben, so wird die Erklärung nothwendig, daß sich in dem folgenden Versuche, namentlich so weit derselbe das Leben unseres

Volkes in der Kunst und in der Religion behandelt, Manches findet, welches bereits von Anderen ausgesprochen und Vieles, welches unmittelbar durch die Aussprüche Anderer hervorgerufen worden ist.

Zum besonderen Danke fühlt sich der Verfasser der Bibliothek zu Gotha verpflichtet, welche durch ihren großen Reichthum an politischen Schriften aus den letzten Jahrhunderten, durch ihre treffliche Einrichtung und durch die freundliche Zuvorkommenheit der Herren Oberbibliothekare Jacobs und Ukert jede Arbeit über die späteren Reichszustände wesentlich erleichtert.

Bonn, im September 1844.

Uebersicht.

Einleitung.

Die Zeit ist gekommen, in der die Männer Einer nach dem Andern abgerufen werden, welche mit den Augen des reiferen Alters das deutsche Reich gesehen haben. Zwar gründeten unsere Väter noch ihr politisches Dasein auf deutschen König und auf deutschen Reichstag und konnten sich Deutschland ohne Regensburg und Wetzlar nicht vorstellen; aber demungeachtet werden jetzt die letzten Jahrzehnte des vorigen Jahrhunderts zu einer so fernen Vergangenheit gezählt, daß sie mehr dem Mittelalter als der Gegenwart anzugehören scheinen. Zwischen uns und unserer Väter Zeit hat sich scheidend die Revolution gelagert.

Unaufhaltsam hat sich ihr Strom von Westen her gewälzt, bald mit der brausenden Gewalt des Bergwassers zerstörend, bald stille, aber darum nicht weniger stark unterhöhlend. Die politischen Bauten unserer Väter sind niedergelegt oder in sich selbst zusammengefallen; der geebnete Boden ist mit politischem Gerölle bedeckt und auf unterwaschenem Grunde haben sich neue Gebäude erhoben. Die Einen frohlocken, weil nun endlich die Zeit gekommen sei, in welcher sich die Herrlichkeit des Menschengeistes mit seiner ganzen ursprünglichen Frische und Kraft offenbare, nachdem er die Fesseln abgestreift, mit denen bis zu unseren Tagen jede Gegenwart durch ihre Vergangenheit gebunden gewesen sei. Die Anderen betrachten trübe und zornig das Treiben der Zeit, weil durch Menschenwillkühr staatliche Zustände vernichtet seien, deren

1

Grund sich von der Führung Gottes herleite. Gott habe, so fürchten sie, seine leitende Hand zurückgezogen und die deutschen, wie die europäischen Geschicke der menschlichen Selbstsucht überlassen, durch welche sie in rasender Eile der allgemeinen Auflösung zugeführt würden.

Der bestehende deutsche Staat kann in seinen wesentlichen Grundlagen vernichtet werden und die Männer der einen wie der anderen Richtung fühlen die Vernichtung nicht mit wahrem lebendigem Schmerz. Ihnen allen fehlt das Bewußtsein, Eins zu sein mit dem deutschen Staate der Gegenwart und deßhalb fehlt ihnen zugleich das wärmende Feuer des Patriotismus; an seiner Stelle hat das Jagen nach einem Staatsideal, welches die Einen in der Zukunft, die Andern in der Vergangenheit suchen, ein kümmerliches Strebfeuer angezündet. Einig in der Kälte gegen den deutschen Staat der Wirklichkeit stehen im Uebrigen sich beide Richtungen schroff gegenüber. Die Eine, weil sie verkennt, daß Gott sich nicht allein durch die willenlose Natur, sondern am Letzten und Höchsten durch den Menschengeist offenbart, betrachtet jede politische That als eine Auflehnung wider Gott. Die Andere, weil sie die unbegreifliche Zusammensetzung des irdischen Lebens aus Freiheit und Nothwendigkeit zurückweist, nimmt Willkühr für Freiheit und verabscheut jede Begränzung des politischen Willens als eine Versündigung an dem zum Götzen gemachten Menschengeist. Im Volke ist dieser schroffe Gegensatz als ein zerstörender Meinungskampf und in den Regierungen als ein Schwanken hervorgetreten zwischen dem Hervorsuchen vereinzelter politischer Einrichtungen der Vergangenheit und der praktischen Durchführung politischer Einfälle des Augenblicks.

Die factische Voraussetzung, welche beiden politischen Richtungen zur Grundlage dient, liegt in der Annahme, daß die Revolution es sei, welche den deutschen Staat des vorigen Jahrhunderts zerstört und den deutschen Staat der Gegenwart begründet habe. Ein Dämon soll vernichtend seinen Weg durch die Culturstaaten Europas genommen und von einem

Lande zum andern schreitend in Deutschland wie überall die unzähligen Fäden zerrissen haben, welche die Gegenwart mit der Vergangenheit zusammenhalten. Gewiß genug freilich ist es, daß Deutschland ohne Eintritt der Revolution nicht die Gestalt gewonnen haben würde, welche es jetzt besitzt; aber daraus folgt noch nicht, daß unsere Gegenwart die sie zeugende Kraft in der Revolution zu suchen habe. Wenn der Herbststurm durch die Wälder jagt, so brechen nur todte Stämme und abgestorbene Aeste zusammen und die frischen Triebe des kommenden Jahres haben ihr neues Dasein nicht der Gewalt des Sturmwindes, sondern der drängenden Lebenskraft in der eigenen Wurzel zu danken, welche durch die äußere Macht nur von der erstickenden Last einer vergangenen Zeit befreit wurde.

Die Revolution kann nur dann als die Kraft anerkannt werden, welche die Staatsbildungen des vorigen Jahrhunderts vernichtete und die Staatsbildungen der Gegenwart zeugte, wenn die Annahme folgender Thatsachen in der Wahrheit begründet ist. Es müssen erstens die mittelalterlichen Staatsgebilde im vorigen Jahrhundert ein Lebendiges gewesen sein, welches weder den Grund des Todes im eigenen Innern trug, noch unter den Trümmern alter Herrlichkeit Keime barg, die aus innerer Lebenskraft zu der politischen Gestaltung der Gegenwart hindrängten. Es müssen zweitens die schaffenden Kräfte des einheitlichen Lebens unseres Volkes in solchem Grade erstorben gewesen sein, daß nur die Willkühr der Einzelnen oder nur die Macht der Ereignisse es sein konnte, welches die Gestalt der kommenden Zeiten bestimmte. Die historische Wahrheit oder Unwahrheit beider behaupteten Thatsachen nachzuweisen unternimmt der folgende Versuch und faßt zu diesem Zwecke ins Auge

Erstens: die Staatstrümmer des deutschen Mittelalters und die Keime einer neuen politischen Zukunft;

Zweitens: die staatbildenden Kräfte im deutschen Volke vor der Revolution.

Erster Theil.

Die Staatstrümmer des deutschen Mittelalters und die Keime einer neuen politischen Zukunft.

Als eine Völkerfamilie, welche sich in viele Völkerschaften gesondert fand, waren die Germanen in der Geschichte aufgetreten. Dann führte Eroberung und Unterjochung, Krieg und Friedensschluß, Freud und Leid eine Mehrzahl dieser Völkerschaften näher zusammen, sie unter einander einigend und von den übrigen germanischen Stämmen trennend. Neben den vorgeschichtlichen Einheiten der germanischen Völkerfamilie und der germanischen Völkerschaften wuchs hierdurch die geschichtliche Einheit des deutschen Volkes heran und gewann als Form, in welcher sie das nationale Princip ausprägen konnte, das deutsche Reich. Der verhältnißmäßig künstlichen Volks- und Reichs-Einheit gegenüber suchten sich die uralten Natureinheiten der germanischen Völkerfamilie und der germanischen, nun deutsch gewordenen, Völkerstämme mächtig geltend zu machen. Ueber ganz Europa war die germanische Völkerfamilie zerstreut, hatte in Scandinavien ihre Reinheit bewahrt, in Britannien manches fremde Element an sich genommen und in Frankreich, Spanien und Italien die fremden Elemente belebend durchdrungen. Das Streben unter diesen zersprengten germanischen Gliedern eine Einheit darzustellen, fand seinen Ausdruck in dem heiligen Römischen Reiche deutscher Nation.

Die germanischen Volksstämme, welche zur deutschen Nation verwachsen waren, ließen nicht ab von dem Streben, ihre Eigenthümlichkeit und Selbstständigkeit sich zu bewahren und riefen durch ihre Anstrengungen die deutschen Territorien hervor, die in älterer Zeit nicht leicht verschiedene Stämme um-

schloffen, wenn gleich oft derselbe Stamm in verschiedenen Territorien sich ausbildete.

Zwischen dem heiligen Römischen Reiche deutscher Nation und den deutschen Territorien in der Mitte stehend, kämpfte das deutsche Reich einerseits gegen die Gefahr, durch das römische Reich seinen nationalen Charakter zu verlieren und in eine Weltherrschaft hinübergezogen zu werden, andererseits gegen eine Zerstückelung, welche ihm von den nach Selbständigkeit ringenden Territorien drohte. Aus diesem Kampfe, welcher die Geschichte des Mittelalters erfüllt, hatten sich, wenn auch nur als Trümmer, bis in das vorige Jahrhundert hinein gerettet: das heilige Römische Reich deutscher Nation, das deutsche Reich und die Territorien.

Erster Abschnitt.
Das heilige Römische Reich deutscher Nation.

Die Aufgabe der Völker, in den Gang der Weltgeschichte einzugreifen und dadurch Antheil an der Fortbildung der Menschheit zu nehmen, hat den nicht barbarischen Völkern zu allen Zeiten als eine ihnen gemeinsame vorgeschwebt. In den Völkern Glieder einer großen Einheit ahnend, haben die verschiedenen Jahrhunderte immer neue Versuche gemacht, eine rechtliche Einheit für das gesonderte Menschengeschlecht zu gewinnen. Im Alterthum erschienen die Versuche, da ihr Ausgangspunkt nur in dem angebornen natürlichen Einheitsbewußtsein lag, in höchst unausgebildeter Gestalt. Ein einzelnes, im Wechsel der Zeiten wechselndes Volk glaubte sich zur Leitung der Weltgeschichte ausschließlich berechtigt und schränkte die Mitwirkung aller andern Völker auf die Bestimmung ein, Werkzeuge für seine leitende Hand zu sein. Das auf Unterjochung gegründete Universalreich blieb daher die einzige wesentliche Form, in welcher sich rechtliche Einheit des Menschengeschlechts ausdrücken konnte. Als das völkereinigende Römi-

sche Reich in Oströmisches und Weströmisches getrennt, das Erstere in Schwäche versunken, das Letztere in Trümmer zerfallen war, saßen, nachdem die Stürme der Völkerwanderung ausgetobt hatten, die Völker, von denen die Entwickelung der neueren Zeit ausgehen sollte, zusammenhangslos über ganz Europa versprengt. Der Versuch, sie von Neuem in Weltreiche zu einigen, scheiterte an der Sprödigkeit der germanischen Stämme und an der Gleichmäßigkeit ihrer Cultur und Tapferkeit. Demungeachtet forderte die neue Zeit, mächtiger noch als das Alterthum, zu dem Anerkenntniß auf, daß alle Völker Glieder eines Geschlechts und eines Geistes in sich faßten. Da diese Aufforderung ihre Ursache jetzt wesentlich in dem neu gewonnenen christlichen Einheitsbewußtsein hatte und deßhalb das Christenthum jeden Versuch, eine rechtliche Einheit der Völker herzustellen näher bestimmte, so mußte die Form, in welcher die Rechtseinheit sich endlich ausprägte, durch die mittelalterliche Erscheinungsform des Christenthums vermittelt werden.

Im früheren Mittelalter war für das unmittelbare geistige Walten des Christenthums nur geringe Empfänglichkeit. Das zum Geistesleben noch nicht erzogene und vom Heidenthum kaum durch das Schwert abgewendete Geschlecht suchte vielmehr die innere Ueberzeugungskraft des christlichen Geistes in einer äußeren Autorität, die ewige Wahrheit verkörpert in einer menschlichen Persönlichkeit zu erfassen, welche durch ihre Aussage den schwankenden Gemüthern Sicherheit über ihr ewiges Heil verschaffen könnte. Der Gang der Geschichte und menschliches Bestreben kam dem sehr allgemein gefühlten Bedürfniß entgegen. Bald gewöhnten sich die Völker, im römischen Bischof den heiligen Vater zu sehen, welcher die Schätze des Christenthums von Gott in Verwahrsam erhalten habe, um sie durch vertraute Diener an Alle, die seine Kinder werden wollten, vertheilen zu lassen. Da alle Völker, welche sich zur katholischen Kirche bekannten, im Papste ihren geistigen Mittelpunkt erblickten, so fühlten sie sämmtlich sich durch Rom zu einer Einheit verbunden; aber Roms völkereinigende Macht war zunächst nur geistiger Natur und strebte, wie jede irdische Macht, welche den Beruf fühlt, geistig zu wirken und das Unzureichende der geistigen Waffen bemerkt, durch äußere Gewalt sich tragen und fördern zu lassen. Das Papstthum suchte, um das Christenthum zu sichern und zu verbreiten, nach einem weltlichen Schutz, welchen das Mittelalter advocatia ecclesiae nannte, und um die katholisch gewordenen Völker einigen zu können, nach einem Berechtigten, der mit dem Ausdrucke dominus mundi bezeichnet ward. Da die advocatia ecclesiae und das dominium mundi sich gegenseitig voraussetzten, so ließen sie sich auch nur in ihrer Vereinigung zu Einer Macht erstreben, und diese Macht bezeichnete die Sprache der Zeit als heiliges Römisches Reich. Es lag außerhalb der geschichtlichen Möglichkeit, daß sich das heilige Römische Reich als integrirender Bestandtheil des Papstthums oder als Rechtsordnung des Verkehrs der Völker untereinander gestaltete. Die geistliche Gewalt des einen Papstes konnte nur dann wirksame Unterstützung von der weltlichen Gewalt hoffen, wenn dieselbe für die gesammte Christenheit in der Hand eines Einzigen vereinigt war; wenn also das heilige Römische Reich den Römischen Kaiser zum Haupte hatte.

Das heilige römische Kaiserreich hatte nicht wie die Universalmonarchien der alten Welt die Unterjochung, sondern die Selbstständigkeit der in ihm vereinigten Völker und Staaten zu seiner Voraussetzung. Nur zur Erfüllung der Pflichten, welche dieselben durch Annahme des Christenthums eingegangen waren, sollten sie durch die weltliche Gewalt des Kaisers gezwungen werden, wenn sie sich durch die religiöse Macht des Papstes nicht bestimmen lassen wollten. Nicht in der Begründung einer neuen Abhängigkeit, sondern in der Verstärkung einer schon bestehenden, lag das Wesen des Römischen Reichs, indem es der religiösen Verpflichtung zugleich einen Rechtscharacter verlieh. Die Möglichkeit eines Römischen Kaisers, welcher Gewalt über nicht unterjochte Völker üben sollte, wurde ungeachtet des unbändigen Kriegersinnes dadurch im Mittelal-

ter hervorgerufen, daß die germanischen Elemente in den bedeutenden europäischen Staaten Geltung erhalten und zu deren
natürlichem und christlichem Einheitsbewußtsein als verstärkende
Macht das Bewußtsein der Stammeseinheit hinzugefügt hatten.
Ausschließlich auf Staaten mit kräftigen germanischen Elementen hat sich das Kaiserthum bezogen, da das griechische Kaiserthum, wie früher dem weströmischen, so jetzt dem heiligen
Römischen Reich als nebengeordnet, die slavischen Staatsanfänge aber als nicht berechtigt angesehen wurden. Nur an
einem germanischen Volke konnte daher das Kaiserthum haften
und zwar nur an dem, welches die germanische Natur am
reinsten und kräftigsten ausgeprägt hatte; an den Deutschen
also, welche durch die Lage ihrer Heimath, durch den Gang
der Geschichte und durch ihre eigene Kraft und Herrlichkeit,
die von Otto dem Großen erkämpfte Kaiserkrone bewahrten,
bis sie zerbrach.

Das heilige Römische Reich deutscher Nation ward von
der Kirche geweiht, von der Poesie des Mittelalters verherrlicht, von den Rechtsbüchern in Rechtsgestalt gekleidet und
vom Volke mit seinem gesammten Leben verflochten, indem die
Volksphantasie ihm die zauberhafte Macht gab, welche die
sagenhaften Gebilde in allen Zeiten, besonders aber im deutschen Mittelalter, gehabt haben. Schon der alte Daniel sollte
das Römische Reich, schon der Apostel Petrus seinen Uebergang von den Römern auf die Deutschen geweissagt haben*).
Nur mit dem Ende der Welt könne es ein Ende nehmen.
Dann werde der letzte Römische Kaiser nach Jerusalem ziehen,
seine goldne Krone auf das heilige Kreuz legen und sein Reich
dem höchsten Herrn überantworten. Gott werde Kreuz und
Krone in den Himmel erheben und dann der Sohn des Verderbens kommen und Noth und Elend aller Orten sein. Getragen durch alle die Kräfte, welche das Volksleben erfüllen,
erhob sich glanzvoll der Gedanke des Römischen Kaiserthums.

---

*) Petrus ab Andlow de imp. rom. lib. II. cp. 20. ep. 8. lib. I. cp. 4.

Vom heiligen Reiche nimmt, als von einem Grunde alles Adels, jede Würde ihren Ursprung, wie von der Sonne Alles seinen Glanz. Der Kaiser glänzt als ein Stern mitten unter dem Nebel und sind in ihm alle Schätze der Hoheiten verborgen, es stehet die höchste Jurisdiction zu desselben Füßen, wie ein Schemel, er erkennt keinen Oberherrn als Gott und das Schwert. Zwar hat Gott auf Erden Könige, Fürsten und Herrn geordnet, wie er auch Planeten und Sternen eine besondere Bahn bestimmt; aber wie die Sonne allen Sternen ihre Klarheit reichet ohne an eigenem Glanze zu verlieren, so ist kaiserliche Majestät über alle Gewalten gesetzet und handlanget ihnen Würdigkeit und Ehre. Der Kaiser ist der Herr der Welt, der Herrscher aller Herrscher, der Vater der Könige, ihm sind alle Völker, alle Geschlechter der Erde untergeordnet, ihm dienen alle Könige wie seine Statthalter*).

Die Idee des Römischen Reiches, lebendig aufgefaßt und poetisch gestaltet, hat die Gemüther während des Mittelalters im hohen Grade erfüllt; aber sie erfüllte die Gemüther, ohne Bestimmungsgrund für das practische Handeln zu sein, und ihre Verwirklichung im europäischen Völkerleben ist nur in geringem Grade gelungen. Wohl sind Römische Kaiser in einzelnen Fällen als Führer der allgemeinen christlichen Angelegenheiten und als Richter der europäischen Könige aufgetreten, aber sie waren hierzu weniger durch die Idee des heiligen Reiches, als durch ihre eigene bedeutende Persönlichkeit und durch die Stärke ihres deutschen Königthums berufen. Nicht getragen von einem kräftigen deutschen König, hat das heilige Reich zu keiner Zeit bedeutend in die Geschichte eingegriffen, und wenn es durch die Größe seines Trägers in dieselbe eingriff, so hat es zu aller Zeit die Eifersucht und Abneigung der europäischen Könige und Völker erweckt.

Als das Mittelalter sich seinem Ende nahte und in den

---

*) Pütter specimen iuris publ. medii aevi cp. 11.

Grund sich von der Führung Gottes herleite. Gott habe, so fürchten sie, seine leitende Hand zurückgezogen und die deutschen, wie die europäischen Geschicke der menschlichen Selbstsucht überlassen, durch welche sie in rasender Eile der allgemeinen Auflösung zugeführt würden.

Der bestehende deutsche Staat kann in seinen wesentlichen Grundlagen vernichtet werden und die Männer der einen wie der anderen Richtung fühlen die Vernichtung nicht mit wahrem lebendigem Schmerz. Ihnen allen fehlt das Bewußtsein, Eins zu sein mit dem deutschen Staate der Gegenwart und deßhalb fehlt ihnen zugleich das wärmende Feuer des Patriotismus; an seiner Stelle hat das Jagen nach einem Staatsidol, welches die Einen in der Zukunft, die Andern in der Vergangenheit suchen, ein kümmerliches Strohfeuer angezündet. Einig in der Kälte gegen den deutschen Staat der Wirklichkeit stehen im Uebrigen sich beide Richtungen schroff gegenüber. Die Eine, weil sie verkennt, daß Gott sich nicht allein durch die willenlose Natur, sondern am Letzten und Höchsten durch den Menschengeist offenbart, betrachtet jede politische That als eine Auflehnung wider Gott. Die Andere, weil sie die unbegreifliche Zusammensetzung des irdischen Lebens aus Freiheit und Rothwendigkeit zurückweist, nimmt Willkühr für Freiheit und verabscheut jede Begränzung des politischen Willens als eine Versündigung an dem zum Götzen gemachten Menschengeist. Im Volke ist dieser schroffe Gegensatz als ein zerstörender Meinungskampf und in den Regierungen als ein Schwanken hervorgetreten zwischen dem Hervorsuchen vereinzelter politischer Einrichtungen der Vergangenheit und der praktischen Durchführung politischer Einfälle des Augenblicks.

Die factische Voraussetzung, welche beiden politischen Richtungen zur Grundlage dient, liegt in der Annahme, daß die Revolution es sei, welche den deutschen Staat des vorigen Jahrhunderts zerstört und den deutschen Staat der Gegenwart begründet habe. Ein Dämon soll vernichtend seinen Weg durch die Culturstaaten Europas genommen und von einem

Lande zum andern schreitend in Deutschland wie überall die unzähligen Fäden zerrissen haben, welche die Gegenwart mit der Vergangenheit zusammenhalten. Gewiß genug freilich ist es, daß Deutschland ohne Eintritt der Revolution nicht die Gestalt gewonnen haben würde, welche es jetzt besitzt; aber daraus folgt noch nicht, daß unsere Gegenwart die sie zeugende Kraft in der Revolution zu suchen habe. Wenn der Herbststurm durch die Wälder jagt, so brechen nur todte Stämme und abgestorbene Aeste zusammen und die frischen Triebe des kommenden Jahres haben ihr neues Dasein nicht der Gewalt des Sturmwindes, sondern der drängenden Lebenskraft in der eigenen Wurzel zu danken, welche durch die äußere Macht nur von der erstickenden Last einer vergangenen Zeit befreit wurde.

Die Revolution kann nur dann als die Kraft anerkannt werden, welche die Staatsbildungen des vorigen Jahrhunderts vernichtete und die Staatsbildungen der Gegenwart zeugte, wenn die Annahme folgender Thatsachen in der Wahrheit begründet ist. Es müssen erstens die mittelalterlichen Staatsgebilde im vorigen Jahrhundert ein Lebendiges gewesen sein, welches weder den Grund des Todes im eigenen Innern trug, noch unter den Trümmern alter Herrlichkeit Keime barg, die aus innerer Lebenskraft zu der politischen Gestaltung der Gegenwart hindrängten. Es müssen zweitens die schaffenden Kräfte des einheitlichen Lebens unseres Volkes in solchem Grade erstorben gewesen sein, daß nur die Willkühr der Einzelnen oder nur die Macht der Ereignisse es sein konnte, welches die Gestalt der kommenden Zeiten bestimmte. Die historische Wahrheit oder Unwahrheit bei der behaupteten Thatsachen nachzuweisen unternimmt der folgende Versuch und faßt zu diesem Zwecke ins Auge

Erstens: die Staatstrümmer des deutschen Mittelalters und die Keime einer neuen politischen Zukunft;

Zweitens: die staatbildenden Kräfte im deutschen Volke vor der Revolution.

Erster Theil.

Die Staatstrümmer des deutschen Mittelalters und die Keime einer neuen politischen Zukunft.

Als eine Völkerfamilie, welche sich in viele Völkerschaften gesondert fand, waren die Germanen in der Geschichte aufgetreten. Dann führte Eroberung und Unterjochung, Krieg und Friedensschluß, Freud und Leid eine Mehrzahl dieser Völkerschaften näher zusammen, sie unter einander einigend und von den übrigen germanischen Stämmen trennend. Neben den vorgeschichtlichen Einheiten der germanischen Völkerfamilie und der germanischen Völkerschaften wuchs hierdurch die geschichtliche Einheit des deutschen Volkes heran und gewann als Form, in welcher sie das nationale Princip ausprägen konnte, das deutsche Reich. Der verhältnißmäßig künstlichen Volks- und Reichs-Einheit gegenüber suchten sich die uralten Natureinheiten der germanischen Völkerfamilie und der germanischen, nun deutsch gewordenen, Völkerstämme mächtig geltend zu machen. Ueber ganz Europa war die germanische Völkerfamilie zerstreut, hatte in Scandinavien ihre Reinheit bewahrt, in Britannien manches fremde Element an sich genommen und in Frankreich, Spanien und Italien die fremden Elemente belebend durchdrungen. Das Streben unter diesen zersprengten germanischen Gliedern eine Einheit darzustellen, fand seinen Ausdruck in dem heiligen Römischen Reiche deutscher Nation.

Die germanischen Volksstämme, welche zur deutschen Nation verwachsen waren, ließen nicht ab von dem Streben, ihre Eigenthümlichkeit und Selbstständigkeit sich zu bewahren und riefen durch ihre Anstrengungen die deutschen Territorien hervor, die in älterer Zeit nicht leicht verschiedene Stämme um-

schloffen, wenn gleich oft derselbe Stamm in verschiedenen Territorien sich ausbildete.

Zwischen dem heiligen Römischen Reiche deutscher Nation und den deutschen Territorien in der Mitte stehend, kämpfte das deutsche Reich einerseits gegen die Gefahr, durch das römische Reich seinen nationalen Charakter zu verlieren und in eine Weltherrschaft hinübergezogen zu werden, andererseits gegen eine Zerstückelung, welche ihm von den nach Selbstständigkeit ringenden Territorien drohte. Aus diesem Kampfe, welcher die Geschichte des Mittelalters erfüllt, hatten sich, wenn auch nur als Trümmer, bis in das vorige Jahrhundert hinein gerettet: das heilige Römische Reich deutscher Nation, das deutsche Reich und die Territorien.

Erster Abschnitt.
Das heilige Römische Reich deutscher Nation.

Die Aufgabe der Völker, in den Gang der Weltgeschichte einzugreifen und dadurch Antheil an der Fortbildung der Menschheit zu nehmen, hat den nicht barbarischen Völkern zu allen Zeiten als eine ihnen gemeinsame vorgeschwebt. In den Völkern Glieder einer großen Einheit ahnend, haben die verschiedenen Jahrhunderte immer neue Versuche gemacht, eine rechtliche Einheit für das gesonderte Menschengeschlecht zu gewinnen. Im Alterthum erschienen die Versuche, da ihr Ausgangspunkt nur in dem angebornen natürlichen Einheitsbewußtsein lag, in höchst unausgebildeter Gestalt. Ein einzelnes, im Wechsel der Zeiten wechselndes Volk glaubte sich zur Leitung der Weltgeschichte ausschließlich berechtigt und schränkte die Mitwirkung aller andern Völker auf die Bestimmung ein, Werkzeuge für seine leitende Hand zu sein. Das auf Unterjochung gegründete Universalreich blieb daher die einzige wesentliche Form, in welcher sich rechtliche Einheit des Menschengeschlechts ausdrücken konnte. Als das völkereinigende Römi-

sche Reich in Oströmisches und Weströmisches getrennt, das Erstere in Schwäche versunken, das Letztere in Trümmer zerfallen war, saßen, nachdem die Stürme der Völkerwanderung ausgetobt hatten, die Völker, von denen die Entwickelung der neueren Zeit ausgehen sollte, zusammenhangslos über ganz Europa versprengt. Der Versuch, sie von Neuem in Weltreiche zu einigen, scheiterte an der Sprödigkeit der germanischen Stämme und an der Gleichmäßigkeit ihrer Cultur und Tapferkeit. Demungeachtet forderte die neue Zeit, mächtiger noch als das Alterthum, zu dem Anerkenntniß auf, daß alle Völker Glieder eines Geschlechts und eines Geistes in sich faßten. Da diese Aufforderung ihre Ursache jetzt wesentlich in dem neu gewonnenen christlichen Einheitsbewußtsein hatte und deßhalb das Christenthum jeden Versuch, eine rechtliche Einheit der Völker herzustellen näher bestimmte, so mußte die Form, in welcher die Rechtseinheit sich endlich ausprägte, durch die mittelalterliche Erscheinungsform des Christenthums vermittelt werden.

Im früheren Mittelalter war für das unmittelbare geistige Walten des Christenthums nur geringe Empfänglichkeit. Das zum Geistesleben noch nicht erzogene und vom Heidenthum kaum durch das Schwert abgewendete Geschlecht suchte vielmehr die innere Ueberzeugungskraft des christlichen Geistes in einer äußeren Autorität, die ewige Wahrheit verkörpert in einer menschlichen Persönlichkeit zu erfassen, welche durch ihre Aussage den schwankenden Gemüthern Sicherheit über ihr ewiges Heil verschaffen könnte. Der Gang der Geschichte und menschliches Bestreben kam dem sehr allgemein gefühlten Bedürfniß entgegen. Bald gewöhnten sich die Völker, im römischen Bischof den heiligen Vater zu sehen, welcher die Schätze des Christenthums von Gott in Verwahrsam erhalten habe, um sie durch vertraute Diener an Alle, die seine Kinder werden wollten, vertheilen zu lassen. Da alle Völker, welche sich zur katholischen Kirche bekannten, im Papste ihren geistigen Mittelpunkt erblickten, so fühlten sie sämmtlich sich durch Rom zu einer Einheit verbunden; aber Roms völkereinigende Macht war zunächst nur geistiger Natur und strebte, wie jede irdische Macht, welche den Beruf fühlt, geistig zu wirken und das Unzureichende der geistigen Waffen bemerkt, durch äußere Gewalt sich tragen und fördern zu lassen. Das Papstthum suchte, um das Christenthum zu sichern und zu verbreiten, nach einem weltlichen Schutz, welchen das Mittelalter advocatia ecclesiae nannte, und um die katholisch gewordenen Völker einigen zu können, nach einem Berechtigten, der mit dem Ausdrucke dominus mundi bezeichnet ward. Da die advocatia ecclesiae und das dominium mundi sich gegenseitig voraussetzten, so ließen sie sich auch nur in ihrer Vereinigung zu Einer Macht erstreben, und diese Macht bezeichnete die Sprache der Zeit als heiliges Römisches Reich. Es lag außerhalb der geschichtlichen Möglichkeit, daß sich das heilige Römische Reich als integrirender Bestandtheil des Papstthums oder als Rechtsordnung des Verkehrs der Völker untereinander gestaltete. Die geistliche Gewalt des einen Papstes konnte nur dann wirksame Unterstützung von der weltlichen Gewalt hoffen, wenn dieselbe für die gesammte Christenheit in der Hand eines Einzigen vereinigt war; wenn also das heilige Römische Reich den Römischen Kaiser zum Haupte hatte.

Das heilige römische Kaiserreich hatte nicht wie die Universalmonarchien der alten Welt die Unterjochung, sondern die Selbstständigkeit der in ihm vereinigten Völker und Staaten zu seiner Voraussetzung. Nur zur Erfüllung der Pflichten, welche dieselben durch Annahme des Christenthums eingegangen waren, sollten sie durch die weltliche Gewalt des Kaisers gezwungen werden, wenn sie sich durch die religiöse Macht des Papstes nicht bestimmen lassen wollten. Nicht in der Begründung einer neuen Abhängigkeit, sondern in der Verstärkung einer schon bestehenden, lag das Wesen des Römischen Reichs, indem es der religiösen Verpflichtung zugleich einen Rechtscharacter verlieh. Die Möglichkeit eines Römischen Kaisers, welcher Gewalt über nicht unterjochte Völker üben sollte, wurde ungeachtet des unbändigen Kriegersinnes dadurch im Mittelal-

ter hervorgerufen, daß die germanischen Elemente in den bedeutenden europäischen Staaten Geltung erhalten und zu deren
natürlichem und christlichem Einheitsbewußtsein als verstärkende
Macht das Bewußtsein der Stammeseinheit hinzugefügt hatten.
Ausschließlich auf Staaten mit kräftigen germanischen Elementen hat sich das Kaiserthum bezogen, da das griechische Kaiserthum, wie früher dem weströmischen, so jetzt dem heiligen
Römischen Reich als nebengeordnet, die slavischen Staatsanfänge aber als nicht berechtigt angesehen wurden. Nur an
einem germanischen Volke konnte daher das Kaiserthum haften
und zwar nur an dem, welches die germanische Natur am
reinsten und kräftigsten ausgeprägt hatte; an den Deutschen
also, welche durch die Lage ihrer Heimath, durch den Gang
der Geschichte und durch ihre eigene Kraft und Herrlichkeit,
die von Otto dem Großen erkämpfte Kaiserkrone bewahrten,
bis sie zerbrach.

Das heilige Römische Reich deutscher Nation ward von
der Kirche geweiht, von der Poesie des Mittelalters verherrlicht, von den Rechtsbüchern in Rechtsgestalt gekleidet und
vom Volke mit seinem gesammten Leben verflochten, indem die
Volksphantasie ihm die zauberhafte Macht gab, welche die
sagenhaften Gebilde in allen Zeiten, besonders aber im deutschen Mittelalter, gehabt haben. Schon der alte Daniel sollte
das Römische Reich, schon der Apostel Petrus seinen Uebergang von den Römern auf die Deutschen geweissagt haben*).
Nur mit dem Ende der Welt könne es ein Ende nehmen.
Dann werde der letzte Römische Kaiser nach Jerusalem ziehen,
seine goldne Krone auf das heilige Kreuz legen und sein Reich
dem höchsten Herrn überantworten. Gott werde Kreuz und
Krone in den Himmel erheben und dann der Sohn des Verderbens kommen und Noth und Elend aller Orten sein. Getragen durch alle die Kräfte, welche das Volksleben erfüllen,
erhob sich glanzvoll der Gedanke des Römischen Kaiserthums.

---

*) Petrus ab Andlow de imp. rom. lib. II. cp. 20. ep. 8. lib. I. cp. 4.

Vom heiligen Reiche nimmt, als von einem Grunde alles Adels, jede Würde ihren Ursprung, wie von der Sonne Alles seinen Glanz. Der Kaiser glänzt als ein Stern mitten unter dem Nebel und sind in ihm alle Schätze der Hoheiten verborgen, es stehet die höchste Jurisdiction zu desselben Füßen, wie ein Schemel, er erkennt keinen Oberherrn als Gott und das Schwert. Zwar hat Gott auf Erden Könige, Fürsten und Herrn geordnet, wie er auch Planeten und Sternen eine besondere Bahn bestimmt; aber wie die Sonne allen Sternen ihre Klarheit reichet ohne an eigenem Glanze zu verlieren, so ist kaiserliche Majestät über alle Gewalten gesetzet und handlanget ihnen Würdigkeit und Ehre. Der Kaiser ist der Herr der Welt, der Herrscher aller Herrscher, der Vater der Könige, ihm sind alle Völker, alle Geschlechter der Erde untergeordnet, ihm dienen alle Könige wie seine Statthalter*).

Die Idee des Römischen Reiches, lebendig aufgefaßt und poetisch gestaltet, hat die Gemüther während des Mittelalters im hohen Grade erfüllt; aber sie erfüllte die Gemüther, ohne Bestimmungsgrund für das practische Handeln zu sein, und ihre Verwirklichung im europäischen Völkerleben ist nur in geringem Grade gelungen. Wohl sind Römische Kaiser in einzelnen Fällen als Führer der allgemeinen christlichen Angelegenheiten und als Richter der europäischen Könige aufgetreten, aber sie waren hierzu weniger durch die Idee des heiligen Reiches, als durch ihre eigene bedeutende Persönlichkeit und durch die Stärke ihres deutschen Königthums berufen. Nicht getragen von einem kräftigen deutschen König, hat das heilige Reich zu keiner Zeit bedeutend in die Geschichte eingegriffen, und wenn es durch die Größe seines Trägers in dieselbe eingriff, so hat es zu aller Zeit die Eifersucht und Abneigung der europäischen Könige und Völker erweckt.

Als das Mittelalter sich seinem Ende nahte und in den

---

*) Putter specimen iuris publ. medii aevi cp. 11.

Grund sich von der Führung Gottes herleite. Gott habe, so fürchten sie, seine leitende Hand zurückgezogen und die deutschen, wie die europäischen Geschicke der menschlichen Selbstsucht überlassen, durch welche sie in rasender Eile der allgemeinen Auflösung zugeführt würden.

Der bestehende deutsche Staat kann in seinen wesentlichen Grundlagen vernichtet werden und die Männer der einen wie der anderen Richtung fühlen die Vernichtung nicht mit wahrem lebendigem Schmerz. Ihnen allen fehlt das Bewußtsein, Eins zu sein mit dem deutschen Staate der Gegenwart und deßhalb fehlt ihnen zugleich das wärmende Feuer des Patriotismus; an seiner Stelle hat das Jagen nach einem Staatsidol, welches die Einen in der Zukunft, die Andern in der Vergangenheit suchen, ein kümmerliches Strohfeuer angezündet. Einig in der Kälte gegen den deutschen Staat der Wirklichkeit stehen im Uebrigen sich beide Richtungen schroff gegenüber. Die Eine, weil sie verkennt, daß Gott sich nicht allein durch die willenlose Natur, sondern am Letzten und Höchsten durch den Menschengeist offenbart, betrachtet jede politische That als eine Auflehnung wider Gott. Die Andere, weil sie die unbegreifliche Zusammensetzung des irdischen Lebens aus Freiheit und Nothwendigkeit zurückweist, nimmt Willkühr für Freiheit und verabscheut jede Begränzung des politischen Willens als eine Versündigung an dem zum Götzen gemachten Menschengeist. Im Volke ist dieser schroffe Gegensatz als ein zerstörender Meinungskampf und in den Regierungen als ein Schwanken hervorgetreten zwischen dem Hervorsuchen vereinzelter politischer Einrichtungen der Vergangenheit und der praktischen Durchführung politischer Einfälle des Augenblicks.

Die factische Voraussetzung, welche beiden politischen Richtungen zur Grundlage dient, liegt in der Annahme, daß die Revolution es sei, welche den deutschen Staat des vorigen Jahrhunderts zerstört und den deutschen Staat der Gegenwart begründet habe. Ein Dämon soll vernichtend seinen Weg durch die Culturstaaten Europas genommen und von einem

Lande zum andern schreitend in Deutschland wie überall die
unzähligen Fäden zerrissen haben, welche die Gegenwart mit
der Vergangenheit zusammenhalten. Gewiß genug freilich ist
es, daß Deutschland ohne Eintritt der Revolution nicht die
Gestalt gewonnen haben würde, welche es jetzt besitzt; aber
daraus folgt noch nicht, daß unsere Gegenwart die sie zeugende Kraft in der Revolution zu suchen habe. Wenn der
Herbststurm durch die Wälder jagt, so brechen nur todte Stämme
und abgestorbene Aeste zusammen und die frischen Triebe des
kommenden Jahres haben ihr neues Dasein nicht der Gewalt
des Sturmwindes, sondern der drängenden Lebenskraft in der
eigenen Wurzel zu danken, welche durch die äußere Macht nur
von der erstickenden Last einer vergangenen Zeit befreit wurde.

Die Revolution kann nur dann als die Kraft anerkannt
werden, welche die Staatsbildungen des vorigen Jahrhunderts
vernichtete und die Staatsbildungen der Gegenwart zeugte, wenn
die Annahme folgender Thatsachen in der Wahrheit begründet ist.
Es müssen erstens die mittelalterlichen Staatsgebilde im vorigen
Jahrhundert ein Lebendiges gewesen sein, welches weder den Grund
des Todes im eigenen Innern trug, noch unter den Trümmern
alter Herrlichkeit Keime barg, die aus innerer Lebenskraft zu
der politischen Gestaltung der Gegenwart hindrängten. Es
müssen zweitens die schaffenden Kräfte des einheitlichen Lebens
unseres Volkes in solchem Grade erstorben gewesen sein, daß
nur die Willkühr der Einzelnen oder nur die Macht der Ereignisse es sein konnte, welches die Gestalt der kommenden Zeiten bestimmte. Die historische Wahrheit oder Unwahrheit beider behaupteten Thatsachen nachzuweisen unternimmt der folgende Versuch und faßt zu diesem Zwecke ins Auge

Erstens: die Staatstrümmer des deutschen Mittelalters
und die Keime einer neuen politischen Zukunft;

Zweitens: die staatbildenden Kräfte im deutschen Volke
vor der Revolution.

Erster Theil.

Die Staatstrümmer des deutschen Mittelalters und die Keime einer neuen politischen Zukunft.

Als eine Völkerfamilie, welche sich in viele Völkerschaften gesondert fand, waren die Germanen in der Geschichte aufgetreten. Dann führte Eroberung und Unterjochung, Krieg und Friedensschluß, Freud und Leid eine Mehrzahl dieser Völkerschaften näher zusammen, sie unter einander einigend und von den übrigen germanischen Stämmen trennend. Neben den vorgeschichtlichen Einheiten der germanischen Völkerfamilie und der germanischen Völkerschaften wuchs hierdurch die geschichtliche Einheit des deutschen Volkes heran und gewann als Form, in welcher sie das nationale Princip ausprägen konnte, das deutsche Reich. Der verhältnißmäßig künstlichen Volks- und Reichs-Einheit gegenüber suchten sich die uralten Natureinheiten der germanischen Völkerfamilie und der germanischen, nun deutsch gewordenen, Völkerstämme mächtig geltend zu machen. Ueber ganz Europa war die germanische Völkerfamilie zerstreut, hatte in Scandinavien ihre Reinheit bewahrt, in Britannien manches fremde Element an sich genommen und in Frankreich, Spanien und Italien die fremden Elemente belebend durchdrungen. Das Streben unter diesen zersprengten germanischen Gliedern eine Einheit darzustellen, fand seinen Ausdruck in dem heiligen Römischen Reiche deutscher Nation.

Die germanischen Volksstämme, welche zur deutschen Nation verwachsen waren, ließen nicht ab von dem Streben, ihre Eigenthümlichkeit und Selbstständigkeit sich zu bewahren und riefen durch ihre Anstrengungen die deutschen Territorien hervor, die in älterer Zeit nicht leicht verschiedene Stämme um-

schloffen, wenn gleich oft derselbe Stamm in verschiedenen Territorien sich ausbildete.

Zwischen dem heiligen Römischen Reiche deutscher Nation und den deutschen Territorien in der Mitte stehend, kämpfte das deutsche Reich einerseits gegen die Gefahr, durch das römische Reich seinen nationalen Charakter zu verlieren und in eine Weltherrschaft hinübergezogen zu werden, andererseits gegen eine Zerstückelung, welche ihm von den nach Selbstständigkeit ringenden Territorien drohte. Aus diesem Kampfe, welcher die Geschichte des Mittelalters erfüllt, hatten sich, wenn auch nur als Trümmer, bis in das vorige Jahrhundert hinein gerettet: das heilige Römische Reich deutscher Nation, das deutsche Reich und die Territorien.

Erster Abschnitt.
Das heilige Römische Reich deutscher Nation.

Die Aufgabe der Völker, in den Gang der Weltgeschichte einzugreifen und dadurch Antheil an der Fortbildung der Menschheit zu nehmen, hat den nicht barbarischen Völkern zu allen Zeiten als eine ihnen gemeinsame vorgeschwebt. In den Völkern Glieder einer großen Einheit ahnend, haben die verschiedenen Jahrhunderte immer neue Versuche gemacht, eine rechtliche Einheit für das gesonderte Menschengeschlecht zu gewinnen. Im Alterthum erschienen die Versuche, da ihr Ausgangspunkt nur in dem angebornen natürlichen Einheitsbewußtsein lag, in höchst unausgebildeter Gestalt. Ein einzelnes, im Wechsel der Zeiten wechselndes Volk glaubte sich zur Leitung der Weltgeschichte ausschließlich berechtigt und schränkte die Mitwirkung aller andern Völker auf die Bestimmung ein, Werkzeuge für seine leitende Hand zu sein. Das auf Unterjochung gegründete Universalreich blieb daher die einzige wesentliche Form, in welcher sich rechtliche Einheit des Menschengeschlechts ausdrücken konnte. Als das völkereinigende Römi-

Volkes in der Kunst und in der Religion behandelt, Manches findet, welches bereits von Anderen ausgesprochen und Vieles, welches unmittelbar durch die Aussprüche Anderer hervorgerufen worden ist.

Zum besonderen Danke fühlt sich der Verfasser der Bibliothek zu Gotha verpflichtet, welche durch ihren großen Reichthum an politischen Schriften aus den letzten Jahrhunderten, durch ihre treffliche Einrichtung und durch die freundliche Zuvorkommenheit der Herren Oberbibliothekare Jacobs und Ukert jede Arbeit über die späteren Reichszustände wesentlich erleichtert.

Bonn, im September 1844.

Uebersicht.

Einleitung.

Die Zeit ist gekommen, in der die Männer Einer nach
dem Andern abgerufen werden, welche mit den Augen des reiferen Alters das deutsche Reich gesehen haben. Zwar gründeten unsere Väter noch ihr politisches Dasein auf deutschen König
und auf deutschen Reichstag und konnten sich Deutschland ohne
Regensburg und Wetzlar nicht vorstellen; aber demungeachtet
werden jetzt die letzten Jahrzehnte des vorigen Jahrhunderts
zu einer so fernen Vergangenheit gezählt, daß sie mehr dem
Mittelalter als der Gegenwart anzugehören scheinen. Zwischen
uns und unserer Väter Zeit hat sich scheidend die Revolution
gelagert.

Unaufhaltsam hat sich ihr Strom von Westen her gewälzt,
bald mit der brausenden Gewalt des Bergwassers zerstörend,
bald stille, aber darum nicht weniger stark unterhöhlend. Die
politischen Bauten unserer Väter sind niedergelegt oder in sich
selbst zusammengefallen; der geebnete Boden ist mit politischem Gerölle bedeckt und auf unterwaschenem Grunde haben
sich neue Gebäude erhoben. Die Einen frohlocken, weil nun
endlich die Zeit gekommen sei, in welcher sich die Herrlichkeit
des Menschengeistes mit seiner ganzen ursprünglichen Frische
und Kraft offenbare, nachdem er die Fesseln abgestreift, mit
denen bis zu unseren Tagen jede Gegenwart durch ihre
Vergangenheit gebunden gewesen sei. Die Anderen betrachten trübe und zornig das Treiben der Zeit, weil durch
Menschenwillkühr staatliche Zustände vernichtet seien, deren

1

Grund sich von der Führung Gottes herleite. Gott habe, so fürchten sie, seine leitende Hand zurückgezogen und die deutschen, wie die europäischen Geschicke der menschlichen Selbstsucht überlassen, durch welche sie in rasender Eile der allgemeinen Auflösung zugeführt würden.

Der bestehende deutsche Staat kann in seinen wesentlichen Grundlagen vernichtet werden und die Männer der einen wie der anderen Richtung fühlen die Vernichtung nicht mit wahrem lebendigem Schmerz. Ihnen allen fehlt das Bewußtsein, Eins zu sein mit dem deutschen Staate der Gegenwart und deßhalb fehlt ihnen zugleich das wärmende Feuer des Patriotismus; an seiner Stelle hat das Jagen nach einem Staatsidol, welches die Einen in der Zukunft, die Andern in der Vergangenheit suchen, ein kümmerliches Strohfeuer angezündet. Einig in der Kälte gegen den deutschen Staat der Wirklichkeit stehen im Uebrigen sich beide Richtungen schroff gegenüber. Die Eine, weil sie verkennt, daß Gott sich nicht allein durch die willenlose Natur, sondern am Letzten und Höchsten durch den Menschengeist offenbart, betrachtet jede politische That als eine Auflehnung wider Gott. Die Andere, weil sie die unbegreifliche Zusammensetzung des irdischen Lebens aus Freiheit und Rothwendigkeit zurückweist, nimmt Willkühr für Freiheit und verabscheut jede Begränzung des politischen Willens als eine Versündigung an dem zum Götzen gemachten Menschengeist. Im Volke ist dieser schroffe Gegensatz als ein zerstörender Meinungskampf und in den Regierungen als ein Schwanken hervorgetreten zwischen dem Hervorsuchen vereinzelter politischer Einrichtungen der Vergangenheit und der praktischen Durchführung politischer Einfälle des Augenblicks.

Die factische Voraussetzung, welche beiden politischen Richtungen zur Grundlage dient, liegt in der Annahme, daß die Revolution es sei, welche den deutschen Staat des vorigen Jahrhunderts zerstört und den deutschen Staat der Gegenwart begründet habe. Ein Dämon soll vernichtend seinen Weg durch die Culturstaaten Europas genommen und von einem

Lande zum andern schreitend in Deutschland wie überall die unzähligen Fäden zerrissen haben, welche die Gegenwart mit der Vergangenheit zusammenhalten. Gewiß genug freilich ist es, daß Deutschland ohne Eintritt der Revolution nicht die Gestalt gewonnen haben würde, welche es jetzt besitzt; aber daraus folgt noch nicht, daß unsere Gegenwart die sie zeugende Kraft in der Revolution zu suchen habe. Wenn der Herbststurm durch die Wälder jagt, so brechen nur todte Stämme und abgestorbene Aeste zusammen und die frischen Triebe des kommenden Jahres haben ihr neues Dasein nicht der Gewalt des Sturmwindes, sondern der drängenden Lebenskraft in der eigenen Wurzel zu danken, welche durch die äußere Macht nur von der erstickenden Last einer vergangenen Zeit befreit wurde.

Die Revolution kann nur dann als die Kraft anerkannt werden, welche die Staatsbildungen des vorigen Jahrhunderts vernichtete und die Staatsbildungen der Gegenwart zeugte, wenn die Annahme folgender Thatsachen in der Wahrheit begründet ist. Es müssen erstens die mittelalterlichen Staatsgebilde im vorigen Jahrhundert ein Lebendiges gewesen sein, welches weder den Grund des Todes im eigenen Innern trug, noch unter den Trümmern alter Herrlichkeit Keime barg, die aus innerer Lebenskraft zu der politischen Gestaltung der Gegenwart hindrängten. Es müssen zweitens die schaffenden Kräfte des einheitlichen Lebens unseres Volkes in solchem Grade erstorben gewesen sein, daß nur die Willkühr der Einzelnen oder nur die Macht der Ereignisse es sein konnte, welches die Gestalt der kommenden Zeiten bestimmte. Die historische Wahrheit oder Unwahrheit beider behaupteten Thatsachen nachzuweisen unternimmt der folgende Versuch und faßt zu diesem Zwecke ins Auge

Erstens: die Staatstrümmer des deutschen Mittelalters und die Keime einer neuen politischen Zukunft;

Zweitens: die staatbildenden Kräfte im deutschen Volke vor der Revolution.

Erster Theil.

Die Staatstrümmer des deutschen Mittelalters und die Keime einer neuen politischen Zukunft.

Als eine Völkerfamilie, welche sich in viele Völkerschaften gesondert fand, waren die Germanen in der Geschichte aufgetreten. Dann führte Eroberung und Unterjochung, Krieg und Friedensschluß, Freud und Leid eine Mehrzahl dieser Völkerschaften näher zusammen, sie unter einander einigend und von den übrigen germanischen Stämmen trennend. Neben den vorgeschichtlichen Einheiten der germanischen Völkerfamilie und der germanischen Völkerschaften wuchs hierdurch die geschichtliche Einheit des deutschen Volkes heran und gewann als Form, in welcher sie das nationale Princip ausprägen konnte, das deutsche Reich. Der verhältnißmäßig künstlichen Volks- und Reichs-Einheit gegenüber suchten sich die uralten Natureinheiten der germanischen Völkerfamilie und der germanischen, nun deutsch gewordenen, Völkerstämme mächtig geltend zu machen. Ueber ganz Europa war die germanische Völkerfamilie zerstreut, hatte in Scandinavien ihre Reinheit bewahrt, in Britannien manches fremde Element an sich genommen und in Frankreich, Spanien und Italien die fremden Elemente belebend durchdrungen. Das Streben unter diesen zersprengten germanischen Gliedern eine Einheit darzustellen, fand seinen Ausdruck in dem heiligen Römischen Reiche deutscher Nation.

Die germanischen Volksstämme, welche zur deutschen Nation verwachsen waren, ließen nicht ab von dem Streben, ihre Eigenthümlichkeit und Selbstständigkeit sich zu bewahren und riefen durch ihre Anstrengungen die deutschen Territorien hervor, die in älterer Zeit nicht leicht verschiedene Stämme um-

schloffen, wenn gleich oft derselbe Stamm in verschiedenen Territorien sich ausbildete.

Zwischen dem heiligen Römischen Reiche deutscher Nation und den deutschen Territorien in der Mitte stehend, kämpfte das deutsche Reich einerseits gegen die Gefahr, durch das römische Reich seinen nationalen Charakter zu verlieren und in eine Weltherrschaft hinübergezogen zu werden, andererseits gegen eine Zerstückelung, welche ihm von den nach Selbstständigkeit ringenden Territorien drohte. Aus diesem Kampfe, welcher die Geschichte des Mittelalters erfüllt, hatten sich, wenn auch nur als Trümmer, bis in das vorige Jahrhundert hinein gerettet: das heilige Römische Reich deutscher Nation, das deutsche Reich und die Territorien.

Erster Abschnitt.
Das heilige Römische Reich deutscher Nation.

Die Aufgabe der Völker, in den Gang der Weltgeschichte einzugreifen und dadurch Antheil an der Fortbildung der Menschheit zu nehmen, hat den nicht barbarischen Völkern zu allen Zeiten als eine ihnen gemeinsame vorgeschwebt. In den Völkern Glieder einer großen Einheit ahnend, haben die verschiedenen Jahrhunderte immer neue Versuche gemacht, eine rechtliche Einheit für das gesonderte Menschengeschlecht zu gewinnen. Im Alterthum erschienen die Versuche, da ihr Ausgangspunkt nur in dem angebornen natürlichen Einheitsbewußtsein lag, in höchst unausgebildeter Gestalt. Ein einzelnes, im Wechsel der Zeiten wechselndes Volk glaubte sich zur Leitung der Weltgeschichte ausschließlich berechtigt und schränkte die Mitwirkung aller andern Völker auf die Bestimmung ein, Werkzeuge für seine leitende Hand zu sein. Das auf Unterjochung gegründete Universalreich blieb daher die einzige wesentliche Form, in welcher sich rechtliche Einheit des Menschengeschlechts ausbrücken konnte. Als das völkereinigende Römi-

sche Reich in Oströmisches und Weströmisches getrennt, das
Erstere in Schwäche versunken, das Letztere in Trümmer zerfallen war, saßen, nachdem die Stürme der Völkerwanderung
ausgetobt hatten, die Völker, von denen die Entwickelung der
neueren Zeit ausgehen sollte, zusammenhangslos über ganz
Europa versprengt. Der Versuch, sie von Neuem in Weltreiche zu einigen, scheiterte an der Sprödigkeit der germanischen Stämme und an der Gleichmäßigkeit ihrer Cultur und
Tapferkeit. Demungeachtet forderte die neue Zeit, mächtiger
noch als das Alterthum, zu dem Anerkenntniß auf, daß alle
Völker Glieder eines Geschlechts und eines Geistes in sich faßten. Da diese Aufforderung ihre Ursache jetzt wesentlich in
dem neu gewonnenen christlichen Einheitsbewußtsein hatte und
deßhalb das Christenthum jeden Versuch, eine rechtliche Einheit der Völker herzustellen näher bestimmte, so mußte die Form,
in welcher die Rechtseinheit sich endlich ausprägte, durch die mittelalterliche Erscheinungsform des Christenthums vermittelt werden.

Im früheren Mittelalter war für das unmittelbare geistige
Walten des Christenthums nur geringe Empfänglichkeit. Das
zum Geistesleben noch nicht erzogene und vom Heidenthum kaum
durch das Schwert abgewendete Geschlecht suchte vielmehr die
innere Ueberzeugungskraft des christlichen Geistes in einer äußeren
Autorität, die ewige Wahrheit verkörpert in einer menschlichen
Persönlichkeit zu erfassen, welche durch ihre Aussage den schwankenden Gemüthern Sicherheit über ihr ewiges Heil verschaffen
könnte. Der Gang der Geschichte und menschliches Bestreben
kam dem sehr allgemein gefühlten Bedürfniß entgegen. Bald
gewöhnten sich die Völker, im römischen Bischof den heiligen
Vater zu sehen, welcher die Schätze des Christenthums von
Gott in Verwahrsam erhalten habe, um sie durch vertraute
Diener an Alle, die seine Kinder werden wollten, vertheilen
zu lassen. Da alle Völker, welche sich zur katholischen Kirche
bekannten, im Papste ihren geistigen Mittelpunkt erblickten, so
fühlten sie sämmtlich sich durch Rom zu einer Einheit verbunden; aber Roms völkereinigende Macht war zunächst nur gei-

stiger Natur und strebte, wie jede irdische Macht, welche den
Beruf fühlt, geistig zu wirken und das Unzureichende der geistigen Waffen bemerkt, durch äußere Gewalt sich tragen und
fördern zu lassen. Das Papstthum suchte, um das Christenthum zu sichern und zu verbreiten, nach einem weltlichen Schutz,
welchen das Mittelalter advocatia ecclesiae nannte, und um
die katholisch gewordenen Völker einigen zu können, nach einem
Berechtigten, der mit dem Ausdrucke dominus mundi bezeichnet
ward. Da die advocatia ecclesiae und das dominium mundi
sich gegenseitig voraussetzten, so ließen sie sich auch nur in
ihrer Vereinigung zu Einer Macht erstreben, und diese Macht
bezeichnete die Sprache der Zeit als heiliges Römisches Reich.
Es lag außerhalb der geschichtlichen Möglichkeit, daß sich das
heilige Römische Reich als integrirender Bestandtheil des
Papstthums oder als Rechtsordnung des Verkehrs der Völker
untereinander gestaltete. Die geistliche Gewalt des einen Papstes konnte nur dann wirksame Unterstützung von der weltlichen
Gewalt hoffen, wenn dieselbe für die gesammte Christenheit
in der Hand eines Einzigen vereinigt war; wenn also das
heilige Römische Reich den Römischen Kaiser zum Haupte
hatte.

Das heilige römische Kaiserreich hatte nicht wie die Universalmonarchien der alten Welt die Unterjochung, sondern die
Selbstständigkeit der in ihm vereinigten Völker und Staaten
zu seiner Voraussetzung. Nur zur Erfüllung der Pflichten,
welche dieselben durch Annahme des Christenthums eingegangen
waren, sollten sie durch die weltliche Gewalt des Kaisers gezwungen werden, wenn sie sich durch die religiöse Macht des
Papstes nicht bestimmen lassen wollten. Nicht in der Begründung einer neuen Abhängigkeit, sondern in der Verstärkung
einer schon bestehenden, lag das Wesen des Römischen Reichs,
indem es der religiösen Verpflichtung zugleich einen Rechtscharacter verlieh. Die Möglichkeit eines Römischen Kaisers, welcher Gewalt über nicht unterjochte Völker üben sollte, wurde
ungeachtet des unbändigen Kriegersinnes dadurch im Mittelal-

ter hervorgerufen, daß die germanischen Elemente in den bedeutenden europäischen Staaten Geltung erhalten und zu deren natürlichem und christlichem Einheitsbewußtsein als verstärkende Macht das Bewußtsein der Stammeseinheit hinzugefügt hatten. Ausschließlich auf Staaten mit kräftigen germanischen Elementen hat sich das Kaiserthum bezogen, da das griechische Kaiserthum, wie früher dem weströmischen, so jetzt dem heiligen Römischen Reich als nebengeordnet, die slavischen Staatsanfänge aber als nicht berechtigt angesehen wurden. Nur an einem germanischen Volke konnte daher das Kaiserthum haften und zwar nur an dem, welches die germanische Natur am reinsten und kräftigsten ausgeprägt hatte; an den Deutschen also, welche durch die Lage ihrer Heimath, durch den Gang der Geschichte und durch ihre eigene Kraft und Herrlichkeit, die von Otto dem Großen erkämpfte Kaiserkrone bewahrten, bis sie zerbrach.

Das heilige Römische Reich deutscher Nation ward von der Kirche geweiht, von der Poesie des Mittelalters verherrlicht, von den Rechtsbüchern in Rechtsgestalt gekleidet und vom Volke mit seinem gesammten Leben verflochten, indem die Volksphantasie ihm die zauberhafte Macht gab, welche die sagenhaften Gebilde in allen Zeiten, besonders aber im deutschen Mittelalter, gehabt haben. Schon der alte Daniel sollte das Römische Reich, schon der Apostel Petrus seinen Uebergang von den Römern auf die Deutschen geweissagt haben*). Nur mit dem Ende der Welt könne es ein Ende nehmen. Dann werde der letzte Römische Kaiser nach Jerusalem ziehen, seine goldne Krone auf das heilige Kreuz legen und sein Reich dem höchsten Herrn überantworten. Gott werde Kreuz und Krone in den Himmel erheben und dann der Sohn des Verderbens kommen und Noth und Elend aller Orten sein. Getragen durch alle die Kräfte, welche das Volksleben erfüllen, erhob sich glanzvoll der Gedanke des Römischen Kaiserthums.

---

*) Petrus ab Andlow de imp. rom. lib. II. cp. 20. cp. 8. lib. I. cp. 4.

Vom heiligen Reiche nimmt, als von einem Grunde alles Adels, jede Würde ihren Ursprung, wie von der Sonne Alles seinen Glanz. Der Kaiser glänzt als ein Stern mitten unter dem Nebel und sind in ihm alle Schätze der Hoheiten verborgen, es stehet die höchste Jurisdiction zu desselben Füßen, wie ein Schemel, er erkennt keinen Oberherrn als Gott und das Schwert. Zwar hat Gott auf Erden Könige, Fürsten und Herrn geordnet, wie er auch Planeten und Sternen eine besondere Bahn bestimmt; aber wie die Sonne allen Sternen ihre Klarheit reichet ohne an eigenem Glanze zu verlieren, so ist kaiserliche Majestät über alle Gewalten gesetzet und handlanget ihnen Würdigkeit und Ehre. Der Kaiser ist der Herr der Welt, der Herrscher aller Herrscher, der Vater der Könige, ihm sind alle Völker, alle Geschlechter der Erde untergeordnet, ihm dienen alle Könige wie seine Statthalter*).

Die Idee des Römischen Reiches, lebendig aufgefaßt und poetisch gestaltet, hat die Gemüther während des Mittelalters im hohen Grade erfüllt; aber sie erfüllte die Gemüther, ohne Bestimmungsgrund für das practische Handeln zu sein, und ihre Verwirklichung im europäischen Völkerleben ist nur in geringem Grade gelungen. Wohl sind Römische Kaiser in einzelnen Fällen als Führer der allgemeinen christlichen Angelegenheiten und als Richter der europäischen Könige aufgetreten, aber sie waren hierzu weniger durch die Idee des heiligen Reiches, als durch ihre eigene bedeutende Persönlichkeit und durch die Stärke ihres deutschen Königthums berufen. Nicht getragen von einem kräftigen deutschen König, hat das heilige Reich zu keiner Zeit bedeutend in die Geschichte eingegriffen, und wenn es durch die Größe seines Trägers in dieselbe eingriff, so hat es zu aller Zeit die Eifersucht und Abneigung der europäischen Könige und Völker erweckt.

Als das Mittelalter sich seinem Ende nahte und in den

---

*) Pütter specimen iuris publ. medii aevi cp. 11.

Culturstaaten Europas das ihnen früher gemeinsame germanische Element, hinter das national französische, spanische u. s. w.
zurückgetreten und nicht mehr von einer germanischen Welt zu
reden war, konnte das heilige Reich auch als Idee die alte
Kraft und Bedeutung nicht behaupten. Die nun sich abschlie-
ßenden Nationalitäten würden in der gemeinsamen Leitung
durch ein germanisches Volk, nicht wie früher dem eigenen,
sondern einem fremden Princip gefolgt sein.

Da sich gegen solchen Druck des eigenen Lebens das überdieß aus Stolz und Einseitigkeit noch nicht hervorgebildete nationale Bewußtsein mit aller ihm innewohnenden Kraft auf-
lehnte und jeder der europäischen Staaten die Erringung der
vollen Souverainetät sich zur Aufgabe gestellt hatte, so konnte
fortan das völkereinigende Princip nur von dem gegenseitigen Anerkenntniß der Staaten als gleich souverain in aller und jeder
Beziehung ausgehen *). Das großartigste, den früheren Jahrhunderten völlig unbekannte Bildungsmittel des staatlichen Lebens, der rechtliche geordnete Verkehr nämlich gleich berechtig-
ter Staaten und ein Verhalten derselben zu einander, wie
Strebende zu Mitstrebenden, war hierdurch als Möglichkeit
und als Bedürfniß in die Weltgeschichte getreten und hatte der
Idee des heiligen Reiches ihre völkereinigende Bedeutung, das
alte dominium mundi, genommen.

Nicht weniger tief wurde die zweite Seite des römischen
Kaiserthums, die Schirmherrschaft über die christliche Kirche,
erschüttert. Schon lange vor dem 16. Jahrhundert hatte die
frühere Volksüberzeugung, nach welcher die päpstlichen Aussprüche als unbedingt christlich gelten sollten, gewankt, und
die weltliche Obrigkeit hatte die Anordnungen der römischen
nur durchgeführt, nachdem eine Prüfung vorangegangen war,
in wiefern dieselben einen christlichen oder einen nur päpstlichen
Character trügen. Die christliche Bedeutung des Kaiserthums,

---

*) Vergl. Hälschner zur wissenschaftl. Begründung des Völkerrechts in
Zeitschrift für volksthümliches Recht 1844 Heft 1. S. 26.

welche das Zusammenfallen des Papstthums mit dem Kaiserthum zur Voraussetzung hatte, verlor hierdurch ihre Grundlage
und die christliche Kirche lief Gefahr, im Bewußtsein der Christen ihre Einheit zu verlieren, da die bisherige Grundlage
derselben, die Autorität des Papstes, zusammenbrach. Rettend
und vor der allgemeinen Auflösung bewahrend erschien die Reformation und deckte die lange verhüllte Wahrheit wieder auf,
daß der christliche Geist in jedem Christen sich offenbart. Kein
Einzelner zwar umfaßt den Reichthum desselben in seiner
ganzen Fülle, nur Arme des großen Stromes nehmen durch den
Einzelnen ihren Lauf und können trüben Beimischungen nicht
entgehen. Aber aus den Millionen Herzen fließen die kleinen
Quellen wiederum zusammen und vereinigen sich einander belebend, reinigend und ergänzend zu dem großen Strome, stellen den Geist des Christenthums dar und gewinnen in Wort,
Symbol und Cultus einen Körper, aus welchem wiederum Millionen christliche Nahrung ziehen. So weit die Reformation
Eingang in die Herzen der Völker gewann, erhielt die lebendige innere Einheit des Christenthums Raum, sich frei und
stark zu entfalten; aber das Papstthum konnte seine Autorität
und deßhalb das Römische Kaiserthum seine Schirmherrschaft
unmöglich behaupten.

Da das völkerrechtliche Princip so wenig durch eine plötzliche Umwälzung an die Stelle des Römischen Reiches trat,
wie das evangelische Princip an die Stelle der römischen
Kirche, so fand auch das Kaiserthum kein plötzliches Ende,
sondern sah nur allmählig seine alte Herrlichkeit verschwinden.
Die goldene Krone blieb dem deutschen Volke, da ihr erblei-
chender Glanz den Ehrgeiz Anderer nicht mehr stark genug erregen konnte, um der Macht des Hergebrachten entgegen zu
treten. Aber die Deutschen, welche dem Römischen Reiche
durch ihre Lebenskraft in früheren Jahrhunderten seine weltge-
schichtliche Stellung gegeben hatten, vermochten jetzt nicht einmal ihm die Bedeutung zu verschaffen, deren es noch fähig
gewesen wäre. Weil die Deutschen das germanische Element

am reinsten dargestellt und sich zu einem kräftigen Volke unter
verhältnißmäßig schwachen Völkern ausgebildet hatten, war
das Kaiserthum an sie gekommen; aber schon vor dem Ende
des Mittelalters unterlag das Germanische dem national Deutschen völlig und in den letztvergangenen Jahrhunderten sahen
die europäischen Staaten mit Spott und Hohn auf das zer-
rissene und zertretene Deutschland herab und lachten über den
wunderlichen Widerspruch, daß ein und derselbe Mann als
deutscher König das gleiche Recht der Protestanten und Katholiken anerkennen und als Römischer Kaiser die Katholiken schü-
zen und die Protestanten verfolgen sollte.

Bereits seit dem 17. Jahrhundert sprachen bedeutende
Männer unbedenklich aus, daß jedes Bemühen, das erstorbene
Recht des Römischen Reiches als Schirmherr der Kirche und
als einigende Macht für die europäischen Völker geltend machen zu wollen, für die Deutschen verderbenbringend und thö-
rigt sei. Keinen Vortheil, heißt es z. B. im Monzambano*),
sondern nur Schaden hat Deutschland von seiner Erhebung
zum Römischen Reiche gehabt. Alle Pfaffen halten ihre Hände
lieber bereit zum Nehmen als zum Geben und haben die Deutschen weidlich geplündert, welche glaubten, ihnen vor Allen
sei die Clerisei von Gott empfohlen. Sie haben Gold und
Blut bei jedem Römerzuge verschwendet, um den Papst vor
Meutereien zu schützen, und dennoch sind keine Fürsten auf
der Erde so häufig in den Bann gerathen, keine haben so
große Drangsale erlitten, als die Römischen Kaiser. Trocken
spricht ein anderer Schriftsteller**) derselben Zeit aus: „Was
de dominio mundi von Vielen auf die Bahn gebracht wird,
ist also beschaffen, daß die sallentiae und restrictiones fast ganz
regulam consumiren und aus einem Mastbaum einen Zahnsto-
cher machen.“

Im vorigen Jahrhundert war die alte Weissagung der

---

*) Severini de Monzambano de statu imperii germanici. Cp. I. §. 15.
**) Beschreibung des Römischen Reiches deutscher Nation 1686. S. 304.

Aebtissin Hildegarde *), aus der Mitte des 12. Jahrhunderts, erfüllt: es werden die Kaiser von ihrer alten Hoheit herabsteigen, ihr Scepter wird zerbrechen und niemals wieder hergestellt werden. Der Verfall des Reiches wird kommen und jedes Volk und jedes Land wird sich einen König setzen, dem es gehorcht und sagen, das heilige Reich brachte uns mehr Last als Ehre. Es war der weltliche Schutz des Christenthums an die nationalen Gewalten der einzelnen Staaten und die völkereinigende Kraft an das Völkerrecht übergegangen. Das heilige Römische Reich deutscher Nation war bis auf den Namen aus der Geschichte verschwunden und der todte Name konnte keinen bildenden Einfluß auf die politische Gestaltung der Zukunft üben. Aber eine geistige Bedeutung für die Folgezeit war hierdurch nicht ausgeschlossen. Wie die Wirkungen des Geistes einer großen menschlichen Persönlichkeit sich weit über deren physisches Leben hinaus erstrecken, so gehen auch von der einmal dagewesenen großen Staatspersönlichkeit, selbst wenn sie längst erstorben ist, schaffende Kraftäußerungen aus, ja sie hat, wie das große Individuum, ein in den irdischen Zuständen ewiges Leben. Das Bewußtsein, einstmals Träger des heiligen Reiches gewesen zu sein, hat wesentlich beigetragen, unser Volk auch in den Zeiten der tiefsten Erniedrigung vor Selbstverachtung zu bewahren und ihm in der Ansicht der europäischen Völker eine Stellung zu erhalten, auf welche die bestehenden Zustände durchaus keinen Anspruch gewährten. Als später die Zeit der Erhebung kam, erhob sich, wie eine Geistererscheinung, das alte Reich aus seinem Grabe und hat mächtig für die Größe des Volkes, welchem es in früheren Tagen die eigene Größe verdankte, mitgefochten, aber freilich auch nach Art der Geistererscheinungen manche Köpfe verwirrt und die Lust erweckt, auch solche Geister vergangener Zeit, die des Geistes entbehrten, erscheinen zu lassen.

---

*) Alb. Abbatis Stadensis Chronicon in Schilter script. rer. Germ. S. 284.

Zweiter Abschnitt.
Das deutsche Königreich.

Erstes Kapitel.
Die Trümmer des mittelalterlichen Lehnstaatsreichs.

Zwei Kräfte haben im Mittelalter gewirkt, um die Einheit des deutschen Königreiches zu gründen und zu halten, der Gedanke des Staats und die Wirklichkeit des Lehnszusammenhangs. Es fragt sich, in wiefern beiden Kräften gegen Ausgang des vorigen Jahrhunderts ein bildender Einfluß auf die politische Zukunft Deutschlands innewohnte.

I. Das deutsche Reich als Staat.

Als kaum die ersten Anfänge des Staats bei den Germanen erkennbar wurden, hatte die rechtliche Selbstständigkeit des Einzellebens bereits einen hohen Grad der Ausbildung erhalten. Das Streben der Germanen, den Staat, der keinem Volke als Erbschaft oder Geschenk gewährt wird, zu gewinnen, mußte vom Einzelleben seinen Ausgang nehmen. Zwar waren die Germanen zu Stämmen und zur Völkerfamilie innerlich geeinigt und hatten in den uralten Gemeinden auch eine politische Einheit gefunden. Aber weder die über ganz Europa zerstreute Völkerfamilie, noch der streng abgeschlossene und auf enge Kreise beschränkte Stamm, besaß die Fähigkeit, sich als Staat zu gestalten und in der politischen Gemeinde wurden die Lebensverhältnisse weit weniger durch die Gemeinde, als durch den Einzelnen bestimmt. Halb Bauer und halb Krieger, saß der freie Mann auf seinem Hofe, herrschte über Familie, Land und Leute als deren geborner Herr, schirmte sich und das Seine mit eigner, ursprünglicher, nicht vom Staate abgeleiteter Kraft und wachte, den Einzelnen wie der Gemeinde gegenüber, so eifersüchtig über seine Unabhängigkeit, daß Nichts in seinem Verhältniß an den staatlichen Unterthan erinnert. Die kleinen bäuerlichen Dynasten wurden, als mit dem beginnnenden Mittelalter ganz Europa in Gährung gerieth, theils auf Eroberungen angewiesen, theils zum dauernden Vertheidigungskampfe gegen kühne und mächtige Eroberer genöthigt: Krieg mußte geführt werden und Kriegführung setzt Einheiten voraus, in denen die Vielen sich einem Einzelwillen in strengem Gehorsam unterordnen. Da es dem Germanen widerstrebte, seine völlige Ungebundenheit in Beziehung auf einzelne Handlungen zu beschränken und diese aus äußern und zufälligen Gründen dem Willen eines Fremden zu unterwerfen, so erschien ihm der Gehorsam aus obligatorischem Vertrag nahe der Knechtschaft verwandt und konnte deßhalb nicht die Grundlage kriegerischer Verbindungen werden. Dagegen vermochte der Germane in freier Hingebung seine eigene Persönlichkeit mit der eines Andern, zu welchem er sich durch Großartigkeit irgend einer Art hingezogen fühlte, zu verschmelzen. Diesem Andern stellte er sich nicht mit dem Verzeichniß eifersüchtig bewahrter Rechte gegenüber, sondern in des Anderen Freud und Leid, Ehre und Unehre die eigne empfindend, glaubte er dem eigenen Willen zu folgen, wenn er dem des Anderen folgte. Nur den Gehorsam, welcher aus dem Verwachsensein mit der Persönlichkeit des Befehlenden, aus innerer Hingabe und Treue sich ergiebt, konnte der Germane leisten. Als daher die auf Kampf und Eroberung gestellte Zeit Kriegseinigungen forderte, wurde die sich an einen hervorragenden Mann hingebende Treue das Mittel, den Kriegsgehorsam zu erzeugen. Die Gefolgschaften entstanden und indem sich die Häupter derselben einem gemeinsamen Gefolgsherrn zu gleicher Treue, wie sie selbst von ihren Leuten erhielten, verpflichteten, bildete sich, die verschiedenen germanischen Stämme in mannigfachen Gliederungen durchziehend, die große Gefolgschaft aus, als deren Spitze die Merovinger, unter dem Namen fränkische Könige, auftraten.

Der Einzelwille schien die zeugende, der kriegerische Zeitcharacter die gestaltende Kraft in der germanischen Staatenbildung sein zu müssen; aber zugleich war in den Trümmern des Römischen Reichs der Gedanke des Staats als Grund der

Gewalt und des Gehorsams und als Voraussetzung der Selbstständigkeit des Einzelnen erkennbar geblieben, ergriff mit der
ihm innewohnenden Kraft die unbewußt vom Einzelleben aus
nach dem Staate ringenden Germanen und empfahl sich den
Merovingern durch Verheißung einer Gewalt in Gesetzgebung
und Gericht, im Kriegs- und Finanzwesen, wie sie dem germanischen Gefolgsherrn völlig unbekannt gewesen war. Was
die Merovinger begonnen, suchten die Carolinger zum Ziele zu
führen. Mit der Schärfe seines Schwertes und seines Geistes wollte Karl der Große den von ihm beherrschten Stämmen
die Staatsgestalt aufdringen; aus dem einheitlichen Staate
sollten die für jedes Zusammenleben nothwendigen Gewalten
sich ableiten; Heerführer und Richter, Verwalter und Gesetze
sollten die Germanen vom Staate empfangen und dafür Abgaben, Kriegsdienste und Unterthanengehorsam geben. Aber
die künstliche und gewaltsame Schöpfung Karls reichte nicht
über sein Leben hinaus. Die germanischen Stämme bildeten
zu wenig eine innere Einheit, um in der äußeren Einheit
des fränkischen Reiches die Erscheinung und den Ausdruck ihres
Wesens zu erblicken. Sie waren zu sehr an Ungebundenheit
gewöhnt, um sich durch den von Außen an sie herangebrachten
Staat zu einer inneren Einheit, zum Volke, heranbilden zu
lassen. Die künstliche und gewaltsame Schöpfung Karls zerfiel, aber ihre östlichen Bestandtheile blieben aus äußeren und
inneren Gründen unter einem eigenen König geeinigt. Das
deutsche Volk und das deutsche Reich nahm seinen Anfang.

Innere Gründe sind es gewesen, welche aus einer Anzahl
germanischer Stämme das deutsche Volk heranbildeten. Daß
aber diese Stämme sofort nach der Auflösung der fränkischen
Monarchie die Staatsgestalt besaßen, wurde lediglich durch
die staatliche Natur des Karolingischen Reiches und dessen
Theilung unter mehrere Glieder des Königshauses hervorgerufen. Die Deutschen erhielten Staatsformen, bevor sie zum
Volke geworden waren. Der Staat war ein von Außen an
sie Herantretendes, nicht ein aus ihrem Innern Hervorgetrie-

benes. Da dieſer den Deutſchen gegebene Staat nicht die
Kraft wurde, welche vorwiegend die in ihm vereinigten Stämme
zum Volke bildete, ſo konnte, als die deutſche Nationalität
feſtſtand, ein Gegenſatz, ein Gefühl des nicht Zuſammenge-
hörens zwiſchen dieſem Staate und dem deutſchen Volke nicht
ausbleiben. Aus der vom Karolingiſchen Reiche übernom-
menen Erbſchaft des Königthums verſchwanden weſentliche
Rechte, namentlich der Heerbann und das Recht auf allgemeine Steuern, völlig. Andere, deren Ausübung der König ſeinen Beamten, den Grafen, Markgrafen u. ſ. w. übertragen hatte,
wurden von dieſen aus Amtsrechten in eigene Rechte verwandelt
und mit den ausgedehnten Rechten, welche ſie überdieß ſchon als
Grundherrn beſaßen, vereinigt. Aus der Verſchmelzung der ver-
ſchiedenartigen Rechte entſtand die Landeshoheit; die früheren
Beamten wurden Landesherren, ihre alten Amtsſprengel Territorien. Deutſches Volk und deutſcher Staat ſchienen dem Zerfall
in eine Maſſe Territorialherrſchaften entgegen zu gehen, welche
zuſammenhangslos neben einander ſtehend, mit dem Reiche zugleich ſich ſelbſt dem Untergange entgegen führen mußten.

Das deutſche Volk war politiſch zu unausgebildet, um aus
den abſterbenden, ihm überlieferten Staatsformen eine nationale und lebendige Staatsbildung zu erzeugen, aber es war
auch ſeiner nationalen Einheit zu kräftig ſich bewußt, um nicht
tief das Bedürfniß politiſcher Einheit zu fühlen. Als daher
die entſtehende Landeshoheit das Weſentliche des deutſchen Königthums allmählig vernichtete, hielt die Nation um ſo ſtärker
deſſen Namen feſt. Ihr ſchien das Auseinanderfallen des deutſchen Staats, welches ſeit dem elften Jahrhundert ſchneller
und ſchneller eintrat, zu entgehen. Der alte Name des Reichs
ward fortgeführt, als von dem alten Weſen nur noch wenig
zu finden war. Mit dem Namen pflanzte ſich von Geſchlecht
zu Geſchlecht in der Volksvorſtellung und in der Volksphantaſie
die Tradition fort, daß ein deutſches, mit ſtaatlichem Character bekleidetes, Reich ſich finde. Die Deutſchen, nach einem
Zuge der ihnen angebornen Natur, verlangen für ihre einzel-

2

nen Gliederungen die höchste Freiheit, sich der particularen
Eigenthümlichkeit entsprechend zu entwickeln. Die in der Wirklichkeit vorhandenen Territorien haben dieser Forderung in
vollem Maaße Genüge geleistet. · In den Deutschen lebt aber
auch eine geheime Sehnsucht, sich als Volk in Einer politischen
Einheit darzustellen und diese Sehnsucht hat fast ein Jahrtausend hindurch sich durch die Voraussetzung der Wirklichkeit
eines Reichsstaats zu befriedigen gesucht, welches doch nur in
der Vorstellung vorhanden war.

Der Staat, der seinem Wesen nach die Erscheinung des
Volkes, das Aeußere, die Form der inneren Einheit ist, war
selbst ein nur Inneres, ein nicht in der Außenwelt, sondern
nur in der Vorstellung Lebendes für Deutschland geworden.
Das Königthum war durchaus nur das, wofür die Zeit es
hielt. Dennoch umschloß die deutsche Königskrone eine mächtige, wenn auch geheime Zauberkraft. In der Hand des Kindes war sie ein glänzendes Spielwerk, in der Hand des Schwachen nur ein Streifen Metall; aber auf dem Haupte des Mannes, der ihr Geheimniß kannte und zu verwenden wußte, übte
sie eine magische Gewalt über die Herzen der Deutschen, stand
jedem Versuche, eine politische Einheit für Deutschland zu gewinnen, stärkend zur Seite und hat dadurch mächtig in den
Gang unserer Geschichte eingegriffen. Da der allgemeine
Glaube an das Dasein eines alle Deutschen umschließenden
Staates nur eine Macht übte, wie sie der angebornen Rationalität eigenthümlich ist, so konnte er die fehlende Wirklichkeit
des Staates nicht ersetzen und deßhalb auch nicht der Einheit,
welche von der Nationalität innerlich hervorgerufen ward, eine
äußere Darstellung geben. Der bildende Einfluß, welchen das
Reich als Staat auf die Gestaltung der Territorien übte, war
zu keiner Zeit wesentlich, wurde seit dem Ende des 15. Jahrhunderts, als territoriale Gewalten mit großer politischen Bedeutung hervorzutreten anfingen, noch mehr zurückgedrängt und
durch den Gang unserer Geschichte in den letzten Jahrhunderten völlig vernichtet. Innerhalb der Nationalität und des po-

litischen aber nicht staatlichen Zusammenhanges der deutschen
Landesherrn entwickelten sich die Territorien ausschließlich un-
ter territorialen Einflüssen. Die Größeren, wie Brandenburg,
Sachsen, Baiern, indem sie aus sich selbst mehr oder weniger
Leben erzeugten, die Kleineren, indem sie sich gemächlich der
Macht des Hergebrachten überließen.

Im vorigen Jahrhundert besaß das Reich, sofern man es
als staatliche Einheit betrachtet, nicht einen einzigen Soldaten
und nur wenige tausend Gulden jährlicher Einkünfte. Seine
Sicherung gegen äußere oder innere Feinde und sein staatlicher
Einfluß auf seine Glieder hing von der Hausmacht seines Königs und dem guten Willen der Reichsstände ab. Auf den
Zufall also, nicht auf eignes Recht und eigne Macht war
sein Dasein gestellt. Die Fortbildung des deutschen Rechts
ging so wenig von der Reichseinheit aus, daß in einer Zeit,
welche immer allgemeiner das Gesetz als die einzige Erscheinungsform des Rechts betrachtete, das gemeine deutsche Recht
mit unerheblichen Ausnahmen nur in der Gestalt des Herkommens sich ausprägte und deßhalb im Kampfe mit dem durch
Gesetzgebung getragenen particularen Recht unterliegen mußte.
Der Schutz des bestehenden Rechts gegen Verletzungen Einzelner war zwar einem Staatsgerichte, dem Reichshofrath, überwiesen, aber neben ihm stand mit concurrirender Competenz
das Kammergericht, welches seine Wurzel nicht in einem staatlichen Reiche hatte. Von einer Regierung endlich, dem politischen Herzschlag, welcher die Lebenskräfte des einheitlichen
Staates durch alle Adern seiner Gliederungen treiben soll,
war im Reiche keine Spur vorhanden.

Nur der deutsche König und der Reichshofrath deuteten
im vorigen Jahrhundert auf das Dasein eines alle Deutschen
umschließenden Staates hin, aber der König war der königlichen Rechte ledig, war als König ein wesenloser Schatten,
ein inane simulacrum, wie schon Hippolithus a Lapide ihn
nannte. Der Reichshofrath allerdings war ein noch Lebendiges, obgleich er, wie der König den Einen deutschen Staat,

der doch nicht da war, zu seiner Voraussetzung hatte. Aber
sein Leben zeigt, daß sich Staatsinstitute nicht auf einen nur
geträumten Staat erbauen lassen. Der König, dem die Besetzung und Beaufsichtigung des Gerichts allein zustand, besaß,
da er königliche Rechte nicht hatte, das unkönigliche Recht,
den Urtheilsspruch zu bestimmen. Sein Wille war für die
Reichshofräthe letzter Bestimmungsgrund. Das Gericht zerfiel
nach alter Sitte in die Herren- und Gelehrten-Bank. Auf
der Herrenbank saßen, wie man klagte*), Kinder und Igno-
ranten. Der Minister Söhne und Vetter, erzählt Moser**) in
seinem Leben, wurden nach Leiden geschickt, um dort deutsches
Staatsrecht zu lernen. Wenn solches geschehen war, und der
junge Herr einige Reisen gethan hatte, setzte man ihn zum
Schein zwei Jahre in ein Böhmisches oder Oesterreichisches
Collegium, alsdann wurde er Reichshofrath. War er dieses
einige Jahre gewesen und hatte den Schlendrian einigermaßen
gelernt, so machte man ihn zum Gesandten oder Kaiserlichen
Geheimen Rath. Zur Gelehrtenbank wurden vorwiegend Hand-
werksgelehrte genommen, deren Bestechlichkeit bei geringer Besoldung und großem Aufwand fast sprüchwörtlich geworden
war, dem Churfürsten-Collegium oftmals Veranlassung zu bit-
teren Beschwerden gab***) und dem Reichshofrathe Ehre und
Reputation im Reiche genommen hatte. Das Gericht war mit
Geschäften überladen und seine Glieder hatten wenig Neigung
zu einer ausbauernden Thätigkeit; sie betrachteten nach dem
eigenen Ausdruck eines alten Reichshofraths ihre Stelle wie
einen Meierhof, nach dessen Ertrag die Größe des Eifers und
der Arbeit abgemessen ward. Daher blieben die Streitsachen
grade dann, wenn sie auf Betrieb der Reichshofrath-Agenten
nach langem Warten und vielen Kosten spruchreif geworden
waren, liegen und warteten vergebens auf einen Referenten.

---

*) Z. B. Beschwerde des Churfürsten-Collegiums v. 1742 u 1745.
**) Moser Leben IV. S. 22.
***) Z. B. Moser Justizverfassung II. S. 55, S. 57.

Von Gunst und Gewogenheit hing die Reihenfolge der vorzunehmenden Arbeiten ab und die Parteien traten, um ihren Angelegenheiten einen Vorzug zu verschaffen, mit den Richtern in Unterhandlungen, die selten ihren Zweck verfehlten. Wenig kann man, so berichtet*) der von Friedrich dem Großen nach Wien gesandte Freiherr von Fürst, wenig kann man sich bei diesem Reichscollegium auf die Gerechtigkeit seiner Sache verlassen, wenn man nicht durch Begünstigungen unterstützt wird. Mit wenig Ausnahmen herrschen Leidenschaften, Unkunde und Interesse. Die Hinneigung des Kaisers ist höchstes Gesetz.

Das Dasein des Reichshofrathes bewies in gleicher Weise, wie das Nichtdasein irgend eines andern staatlichen Instituts im Reiche, daß das deutsche Volk seine politische Einheit nicht in einer staatlichen Form zu suchen hatte. Wohl konnte der auch im vorigen Jahrhundert als Volkstraum nicht untergegangene Glaube an die Nothwendigkeit und an das Dasein Eines deutschen Staates kräftigend auf die Festigkeit einer etwa hervortretenden andern Form der politischen Einheit wirken und in sofern auch für die Zukunft einen bildenden Einfluß üben. Aber jeder Versuch, eine Idee zu verwirklichen, welche, wie die Geschichte eines Jahrtausends nachweist, nicht zu verwirklichen ist, mußte zu immer neuen Zerrüttungen führen.

II. Das deutsche Reich als Lehnsverbindung.

Wenn der Angriff feindlicher Völker zurückgeschlagen oder der Trotz kriegerischer deutscher Herzoge und Fürsten gebrochen werden mußte, hatte sich schon im frühen Mittelalter die Unzulänglichkeit einer politischen Einheit der Deutschen gezeigt, welche nur in der Vorstellung des Volkes ein Dasein besaß. Die Versuche, neben dem vorausgesetzten aber nicht wirklichen deutschen Staat eine in der Wirklichkeit begründete politische Einheit zu gewinnen, sind so alt, wie unsere Geschichte. Als die Deutschen aus der großen germanischen Völkerfamilie aus-

---

*) Ranke hister. polit. Zeitschrift II. 681.

gingen, um einen selbstständigen Haushalt zu begründen, hatten sie als Mitgift für die eigene Wirthschaft jenen uralten Nationalzug mitgenommen, welcher zum freudigen und kräftigen inneren Anschließen und Hingeben an eine höhere Persönlichkeit drängt. Schon einmal war in der alten merovingischen Zeit dieser nationale Zug das Mittel gewesen, um die noch keinem Staate eingeordneten Einzelnen zu politischen Einigungen zusammen zu führen. Er bot, als im 10. und 11. Jahrhundert die Landeshoheit sich gebildet und den carolingischen Staatsversuch beseitigt hatte, wiederum den Landesherrn eine Möglichkeit dar, die politische Ergänzung zu finden, welche sie im Gefühle ihrer Bedürftigkeit suchten. Eine in Beziehung auf sie höhere Persönlichkeit erblickten die deutschen Fürsten nur in dem Erben des königlichen Ansehens der Carolinger, welcher an Würde hoch über alle Territorialherrscher gestellt und mit manchen sich gleichsam von selbst verstehenden Ehren und mit einzelnen politischen Rechten bekleidet war. Dem deutschen Könige schlossen sich die deutschen Landesherren freudig und kräftig aus innerer Hingebung an, ähnlich wie früher die Gefolgsleute dem Gefolgsherrn. Dem Könige stand der Landesherr nicht wie der Fremde dem Fremden gegenüber, welchem er sich zu bestimmten einzelnen Leistungen verpflichtet hat. Das Verhältniß zwischen Beiden umfaßte vielmehr die Personen als Ganzes. Alles und Jedes war der Landesherr dem Könige schuldig, was aus der innern Hingabe und Treue folgte. Den Inhalt der hingebenden Treue bestimmte nicht ein subjectives Meinen, noch eine willkührliche Verabredung, sondern das durch den Gang der Geschichte hervorgebildete sittliche Bewußtsein des Volkes. Da Angriff oder Vertheidigung nicht mehr wie früher das Leben ausschließlich oder vorwiegend erfüllten, so hatte das Verhältniß seinen alten, nur kriegerischen Character verloren und war ein dauerndes, auch den Frieden umfassendes, war aus einem Gefolgsverhältniß ein Lehnsverhältniß geworden, welches alle einzelnen deutschen Landesherren an den König bindend, nicht nur die gleichzeitigen, sondern auch die

aufeinander folgenden Fürsten und durch sie alle Deutschen in
einen festen Zusammenhang brachte. Aber die fehlende Staats-
form ward durch den Lehnsnexus nicht ersetzt. Im Staate,
der zu seiner Voraussetzung eine bestehende innere Einheit hat,
wird das im Volke nur innerlich Lebende äußerlich, während
das äußerliche Leben des Staates zugleich im Geiste seines
Volkes als ein Inneres sich findet. Die dem Staate Eingeordneten erscheinen mithin nicht als Einzelne die aus Gründen,
welche im Individuum liegen, verbunden sind, sondern als
Glieder einer inneren Einheit, welche im Staate ihr natürliches Zusammengehören zugleich zu einem rechtlichen gestalten.
Die Lehnsverbindung dagegen setzt nur Einzelne, die sich verbinden, keine innere Einheit voraus, welche zwischen den unter
demselben Lehnsherrn vereinten Vasallen auch abgesehen vom
Lehnsverhältniß, bestände. Zwar fand sich innere Einheit
unter den Landesherren in ihrer Eigenschaft als Deutsche, aber
sie gehörte nicht zum Wesen der Lehnsverbindung, sondern
trat als ein Zufälliges hinzu, und deßhalb konnte die Letztere
nicht Ausdruck der Volkseinheit, nicht die rechtliche Form für
das innere Zusammengehören der Deutschen bilden. Ungeachtet
des alle Deutschen an einander schließenden Feudalnexus blieb
die deutsche Nationalität ein nur Inneres; ungeachtet der inneren Einheit des Volkes blieb der Feudalnexus, so weit er
politischer Natur sein sollte, ein nur Aeußeres. Er verdankt
seine politische Bedeutung im Mittelalter nicht sich selbst, sondern dem Volksglauben an das Dasein eines deutschen Staats,
wie andererseits der nur in der Vorstellung lebende Staat seine
reale Bedeutung in dem Dasein der Lehnsverbindung fand.
Weder Zufall noch Willkühr, sondern der Gang der Geschichte
und die tief im Deutschen wurzelnde Bedürftigkeit nach dem
Staate hatte bei großer staatlicher Unreife jenen feudalen Zusammenhang hervorgerufen. Er ruhte auf einer historischen,
aber keineswegs auf einer allgemeinen, für alle Zeiten und
unter allen Umständen geltenden Nothwendigkeit. Allgemein
und unbedingt nothwendig war den Deutschen das Streben

nach einer wahrhaft politischen Einheit, wenn und so lange
sie den Character des Volkes trugen. Grade deßhalb aber blieb
die mit dem Namen Deutsches Reich bezeichnete Lehnsverbindung eine vorübergehende Erscheinung, da sie die Stelle einer
politischen Einheitsform vertreten wollte, ohne auf die Volkseinheit gegründet zu sein. Sie mußte entweder den staatlichen
Character erringen, sich also in ein durchaus von ihr Verschiedenes umsetzen, oder allmälig zerfallen. Der Gang der Geschichte entschied in Deutschland für das Letztere.

Das Lehnsverhältniß war seinem Ursprunge und seinem wesentlichen Grunde nach ein sittliches Verhältniß. Da es aber
zugleich die Grundlage für das Rechtsdasein in großartigen
Lebenskreisen bildete, so bestand, wie in allen ähnlichen Fällen,
z. B. des Familienrechts, die Forderung, daß es ein auch ju-
ristisches werde. Die Entstehung und scharfe Ausbildung des
Lehnrechts ging aus dieser Anforderung hervor. Je schärfer
und genauer das Recht für die Lehnsverhältnisse entwickelt
ward, um desto weiter entfernte sich die Reichsverbindung von
der aus der fränkischen Monarchie entnommenen und von Geschlecht zu Geschlecht fortgeerbten Staatsidee. Der Uebergang
des deutschen Reiches zu einem deutschen Staat ward eine
Unmöglichkeit und hierdurch das Streben nach Staatsbildungen in die Territorien verwiesen. Diese wurden dem Wesen
nach Staaten, die Landesherren Souveraine und konnten als
solche sich und den Staat, dessen Versorger sie waren, nicht
von den zufälligen Bedürfnissen eines Einzelnen abhängig machen, wie es die alte Lehnsunterordnung unter den deutschen König
verlangte. Die sittliche Grundlage des Lehns, die innere Hingebung und Treue entschwand, die aus dieser hervorgegangenen einzelnen Rechtspflichten erhielten einen nur obligatori-
schen Character und starben, ihrer Voraussetzung entbehrend, entweder ab oder wurden eine leere Form.

Schon in den Zeiten Max I. war die Unmöglichkeit erkannt worden, den Zusammenhang der Reichsstände und die
kriegerische Macht des Reiches auf das abgestorbene Lehnswesen

zu gründen, und dennoch wurden selbst im vorigen Jahrhundert
alle geistlichen und alle weltlichen Territorien, mit Ausnahme
einzelner unbedeutender Grafschaften, als Reichslehne betrachtet.
Die geistlichen und weltlichen Landesherrn wurden vom Kaiser
belehnt mit fürstlichen Würdigkeiten und Herrschaften, mit Wäldern, Hölzern, Büschen, Wildbahnen und Weidneien, mit
Wasser, Weiden, Schätzen, Salz und andern Erzen, mit Zoll,
Geleit, Münz, Zins, Gericht und allen andern Herrlichkeiten,
Ehren, Rechten, Zierden und Gewohnheiten. So oft die Person des kaiserlichen Lehnsherrn oder des landesherrlichen Vasallen wechselte, mußte der neue Landesherr binnen Jahr und
Tag zur Lehnserneuerung schreiten oder falls er hieran verhindert ward, das Lehn muthen und Lehnsindult erbitten. Von
Rechtswegen sollte jeder Reichsvasall in Person das Lehn empfangen; aber es ward gestattet, daß sich derselbe nach einer
schriftlichen Entschuldigung durch einen Bevollmächtigten vertreten ließ, der vom Herrenstande oder wenigstens ein Alter von
Adel war. Dieser berichtigte die nicht bedeutende Lehnstaxe
und fragte, falls nicht die Belehnung wegen ihrer Geringfügigkeit vom Reichshofrathe vorgenommen ward, mehrere Mal
bei dem kaiserlichen Obristhofmeister um die Stunde des feierlichen Actes an. Dann empfing er eine Resolution des Kaisers und hielt in einem mit sechs Pferden bespannten Wagen
seine feierliche Auffahrt. An der Thüre deutete ihm in altherkömmlicher Weise der Obristkämmerer an, daß ihm der Eintritt
zum Kaiser gestattet sei. Dieser saß in schwarzer spanischer
Manteltracht auf dem Throne; nur Joseph erschien zum Entsetzen aller Reichspublicisten stehend in ungarischer Husarenuniform. Auf den Knieen bat der Gesandte um die Belehnung,
der Kaiser sagte die bejahende Antwort dem neben ihm knieenden Reichsvicekanzler leise ins Ohr, welcher sie laut verkündete, während gleichzeitig die alten sinnbildlichen Handlungen,
das Berühren des Evangelienbuches, das Küssen des Knopfes
und der Mantelgriff vorgenommen wurden. Der Gesandte
legte den Lehnseid ab, dankte und erhielt den Lehnsbrief aus-

nach einer wahrhaft poli
sie den Character des V
die mit dem Namen D
bung eine vorübergehende
politischen Einheitsform
einheit gegründet zu sei
Character erringen, sich
denes umsetzen, oder a
schichte entschied in De

Das Lehnsverhältni
sentlichen Grunde nach
zugleich die Grundlag
Lebenskreisen bildete, s
z. B. des Familienrech
ristisches werde. Die
Lehnrechts ging aus d
und genauer das Rec
ward, um desto weiter
der aus der fränkischen
schlecht zu Geschlecht
des deutschen Reiches
Unmöglichkeit und h
gen in die Territori
nach Staaten, die
solche sich und den S
von den zufälligen Be
chen, wie es die alte Lei
verlangte. Die sittlich
bung und Treue ent
nen einzelnen Rech
schen Character und
weder ab oder w
Schon in d
kannt worden,
kriegerische Mau

      Kaiser
      Kaiser

noch
Förm
Jahr
bedeuten
weil er
Consens
ihn schon außer
die lehnrecht
falls eine lan
als eröffnetes
und den Festsetzungen der
sondern dem
Lehnsanwartschaf
bei dem Abgange des regie
berechtigten gesorgt, so
fast zu den Unmöglichkei
zog der Kaiser, abgesehen
Gebühr, gar nicht aus dem
dann gefordert werden
eine noch nicht coinvestirte
irgend einer Art zu fordern,
im Frieden gestattet **).
Reichsvasallen aus seinem
Recht, in den durch das
nachzusuchen, und
schädlichen Belehnung
Belehnung in der Zukunft

folg. S. 250.

S. 133.

...lassen werden durfte. Die Vornahme der inhaltslo=
...nnoch sehr lästigen Handlung mußte vor Allem den
...tschen Landesherren widerwärtig werden. Sie stellten
... ihre Pflicht, die Belehnung zu empfangen, in Abrede,
...en deren Vornahme in jedem einzelnen Falle so viele
...wigkeiten in den Weg, daß die Belehnung in Beziehung
... als nicht mehr vorhanden angesehen werden mußte.

... Das Lehn hatte im vorigen Jahrhundert aufgehört, das
... zu sein, welches die deutschen Landesherren zu einem
...n vereinigte und entbehrte jeder Fähigkeit, auf die poli=
... Gestaltung der Zukunft einen bildenden Einfluß zu üben.
...gewährte nicht ein einziges Mittel, um Angriffe außer=
...ten Staaten zurückzuweisen, und konnte nicht einmal Kriege
...ndesherren unter sich und mit dem Kaiser verhüten.

... hatte das Reich sich aus der Zerrüttung des fünf=
...Jahrhunderts wieder erhoben, hatte das zersetzende
...des dreißigjährigen Krieges überlebt und in der Mitte
...r Nachbarn sein Dasein auch im vorigen Jahrhundert
...t. Nicht Zufall, sondern nur eine, das abgestorbene
...terliche Leben ersetzende Kraft konnte dieses Ergebniß
...h machen.

Zweites Kapitel.
Keime einer politischen Einheit conföderativer Natur.

I. Die Entstehung der conföderativen Natur des Reiches*).

Wenn Staaten ihrem Untergange entgegen gehen, weil
...ur der Geist, welcher die zeitigen politischen Formen
...t und getragen hatte, sondern Geist und Leben überhaupt
...em Volke entschwand, so bietet oftmals die Oberfläche
...olitischen Zustände ein Bild der Ruhe dar; aber diese

Ranke deutsche Geschichte im Zeitalter der Reformation.

gingen, um einen selbstständigen Haushalt zu begründen, hatten sie als Mitgift für die eigene Wirthschaft jenen uralten Nationalzug mitgenommen, welcher zum freudigen und kräftigen inneren Anschließen und Hingeben an eine höhere Persönlichkeit drängt. Schon einmal war in der alten merovingischen Zeit dieser nationale Zug das Mittel gewesen, um die noch keinem Staate eingeordneten Einzelnen zu politischen Einigungen zusammen zu führen. Er bot, als im 10. und 11. Jahrhundert die Landeshoheit sich gebildet und den carolingischen Staatsversuch beseitigt hatte, wiederum den Landesherrn eine Möglichkeit dar, die politische Ergänzung zu finden, welche sie im Gefühle ihrer Bedürftigkeit suchten. Eine in Beziehung auf sie höhere Persönlichkeit erblickten die deutschen Fürsten nur in dem Erben des königlichen Ansehens der Carolinger, welcher an Würde hoch über alle Territorialherrscher gestellt und mit manchen sich gleichsam von selbst verstehenden Ehren und mit einzelnen politischen Rechten bekleidet war. Dem deutschen Könige schlossen sich die deutschen Landesherren freudig und kräftig aus innerer Hingebung an, ähnlich wie früher die Gefolgsleute dem Gefolgsherrn. Dem Könige stand der Landesherr nicht wie der Fremde dem Fremden gegenüber, welchem er sich zu bestimmten einzelnen Leistungen verpflichtet hat. Das Verhältniß zwischen Beiden umfaßte vielmehr die Personen als Ganzes. Alles und Jedes war der Landesherr dem Könige schuldig, was aus der innern Hingabe und Treue folgte. Den Inhalt der hingebenden Treue bestimmte nicht ein subjectives Meinen, noch eine willkührliche Verabredung, sondern das durch den Gang der Geschichte hervorgebildete sittliche Bewußtsein des Volkes. Da Angriff oder Vertheidigung nicht mehr wie früher das Leben ausschließlich oder vorwiegend erfüllten, so hatte das Verhältniß seinen alten, nur kriegerischen Character verloren und war ein dauerndes, auch den Frieden umfassendes, war aus einem Gefolgsverhältniß ein Lehnsverhältniß geworden, welches alle einzelnen deutschen Landesherren an den König bindend, nicht nur die gleichzeitigen, sondern auch die

aufeinander folgenden Fürſten und durch ſie alle Deutſchen in
einen feſten Zuſammenhang brachte. Aber die fehlende Staats-
form ward durch den Lehnsnexus nicht erſetzt. Im Staate,
der zu ſeiner Vorausſetzung eine beſtehende innere Einheit hat,
wird das im Volke nur innerlich Lebende äußerlich, während
das äußerliche Leben des Staates zugleich im Geiſte ſeines
Volkes als ein Inneres ſich findet. Die dem Staate Eingeordneten erſcheinen mithin nicht als Einzelne die aus Gründen,
welche im Individuum liegen, verbunden ſind, ſondern als
Glieder einer inneren Einheit, welche im Staate ihr natürliches Zuſammengehören zugleich zu einem rechtlichen geſtalten.
Die Lehnsverbindung dagegen ſetzt nur Einzelne, die ſich verbinden, keine innere Einheit voraus, welche zwiſchen den unter
demſelben Lehnsherrn vereinten Vaſallen auch abgeſehen vom
Lehnsverhältniß, beſtände. Zwar fand ſich innere Einheit
unter den Landesherren in ihrer Eigenſchaft als Deutſche, aber
ſie gehörte nicht zum Weſen der Lehnsverbindung, ſondern
trat als ein Zufälliges hinzu, und deßhalb konnte die Letztere
nicht Ausdruck der Volkseinheit, nicht die rechtliche Form für
das innere Zuſammengehören der Deutſchen bilden. Ungeachtet
des alle Deutſchen an einander ſchließenden Feudalnexus blieb
die deutſche Nationalität ein nur Inneres; ungeachtet der inneren Einheit des Volkes blieb der Feudalnexus, ſo weit er
politiſcher Natur ſein ſollte, ein nur Aeußeres. Er verdankt
ſeine politiſche Bedeutung im Mittelalter nicht ſich ſelbſt, ſondern dem Volksglauben an das Daſein eines deutſchen Staats,
wie andererſeits der nur in der Vorſtellung lebende Staat ſeine
reale Bedeutung in dem Daſein der Lehnsverbindung fand.
Weder Zufall noch Willkühr, ſondern der Gang der Geſchichte
und die tief im Deutſchen wurzelnde Bedürftigkeit nach dem
Staate hatte bei großer ſtaatlicher Unreife jenen feudalen Zuſammenhang hervorgerufen. Er ruhte auf einer hiſtoriſchen,
aber keineswegs auf einer allgemeinen, für alle Zeiten und
unter allen Umſtänden geltenden Nothwendigkeit. Allgemein
und unbedingt nothwendig war den Deutſchen das Streben

nach einer wahrhaft politischen Einheit, wenn und so lange
sie den Character des Volkes trugen. Grade deßhalb aber blieb
die mit dem Namen Deutsches Reich bezeichnete Lehnsverbindung eine vorübergehende Erscheinung, da sie die Stelle einer
politischen Einheitsform vertreten wollte, ohne auf die Volkseinheit gegründet zu sein. Sie mußte entweder den staatlichen
Character erringen, sich also in ein durchaus von ihr Verschiedenes umsetzen, oder allmälig zerfallen. Der Gang der Geschichte entschied in Deutschland für das Letztere.

Das Lehnsverhältniß war seinem Ursprunge und seinem wesentlichen Grunde nach ein sittliches Verhältniß. Da es aber
zugleich die Grundlage für das Rechtsdasein in großartigen
Lebenskreisen bildete, so bestand, wie in allen ähnlichen Fällen,
z. B. des Familienrechts, die Forderung, daß es ein auch ju-
ristisches werde. Die Entstehung und scharfe Ausbildung des
Lehnrechts ging aus dieser Anforderung hervor. Je schärfer
und genauer das Recht für die Lehnsverhältnisse entwickelt
ward, um desto weiter entfernte sich die Reichsverbindung von
der aus der fränkischen Monarchie entnommenen und von Geschlecht zu Geschlecht fortgeerbten Staatsidee. Der Uebergang
des deutschen Reiches zu einem deutschen Staat ward eine
Unmöglichkeit und hierdurch das Streben nach Staatsbildungen in die Territorien verwiesen. Diese wurden dem Wesen
nach Staaten, die Landesherren Souveraine und konnten als
solche sich und den Staat, dessen Versorger sie waren, nicht
von den zufälligen Bedürfnissen eines Einzelnen abhängig machen, wie es die alte Lehnsunterordnung unter den deutschen König
verlangte. Die sittliche Grundlage des Lehns, die innere Hingebung und Treue entschwand, die aus dieser hervorgegangenen einzelnen Rechtspflichten erhielten einen nur obligatori-
schen Character und starben, ihrer Voraussetzung entbehrend, entweder ab oder wurden eine leere Form.

Schon in den Zeiten Max I. war die Unmöglichkeit erkannt worden, den Zusammenhang der Reichsstände und die
kriegerische Macht des Reiches auf das abgestorbene Lehnswesen

zu gründen, und dennoch wurden selbst im vorigen Jahrhundert alle geistlichen und alle weltlichen Territorien, mit Ausnahme einzelner unbedeutender Grafschaften, als Reichslehne betrachtet. Die geistlichen und weltlichen Landesherrn wurden vom Kaiser belehnt mit fürstlichen Würdigkeiten und Herrschaften, mit Wäldern, Hölzern, Büschen, Wildbahnen und Weidneien, mit Wasser, Weiden, Schätzen, Salz und andern Erzen, mit Zoll, Geleit, Münz, Zins, Gericht und allen andern Herrlichkeiten, Ehren, Rechten, Zierden und Gewohnheiten. So oft die Person des kaiserlichen Lehnsherrn oder des landesherrlichen Vasallen wechselte, mußte der neue Landesherr binnen Jahr und Tag zur Lehnserneuerung schreiten oder falls er hieran verhindert ward, das Lehn muthen und Lehnsindult erbitten. Von Rechtswegen sollte jeder Reichsvasall in Person das Lehn empfangen; aber es ward gestattet, daß sich derselbe nach einer schriftlichen Entschuldigung durch einen Bevollmächtigten vertreten ließ, der vom Herrenstande oder wenigstens ein Alter von Adel war. Dieser berichtigte die nicht bedeutende Lehnstaxe und fragte, falls nicht die Belehnung wegen ihrer Geringfügigkeit vom Reichshofrathe vorgenommen ward, mehrere Mal bei dem kaiserlichen Obristhofmeister um die Stunde des feierlichen Actes an. Dann empfing er eine Resolution des Kaisers und hielt in einem mit sechs Pferden bespannten Wagen seine feierliche Auffahrt. An der Thüre deutete ihm in altherkömmlicher Weise der Obristkämmerer an, daß ihm der Eintritt zum Kaiser gestattet sei. Dieser saß in schwarzer spanischer Manteltracht auf dem Throne; nur Joseph erschien zum Entsetzen aller Reichspublicisten stehend in ungarischer Husarenuniform. Auf den Knieen bat der Gesandte um die Belehnung, der Kaiser sagte die bejahende Antwort dem neben ihm knieenden Reichsvicekanzler leise ins Ohr, welcher sie laut verkündete, während gleichzeitig die alten sinnbildlichen Handlungen, das Berühren des Evangelienbuches, das Küssen des Knopfes und der Mantelgriff vorgenommen wurden. Der Gesandte legte den Lehnseid ab, dankte und erhielt den Lehnsbrief ausgefertigt. Von nun an erkannte der belehnte Landesherr Kaiser und Reich als seinen Lehnsherrn an und wurde vom Kaiser als Vasall aufgenommen*).

Die Wirkung dieser durch die Menge der beizubringenden Urkunden, Stammtafeln, Reversen und Protestationen noch mehr erschwerten Handlung war im Mittelalter ihrer Förmlichkeit und Feierlichkeit entsprechend gewesen; im vorigen Jahrhundert dagegen entbehrte die Belehnung jeder irgend bedeutenden Folge. Zwar durfte kein deutscher Landesherr, weil er Vasall geworden, sein Territorium ohne lehnsherrlichen Consens veräußern; aber Gründe anderer Art hielten ihn schon außerdem von einem solchen Schritte ab und machten die lehnrechtliche Bestimmung überflüssig. Sodann sollte, falls eine landesherrliche Familie ausstarb, ihr Territorium als eröffnetes Lehn dem Kaiser heimfallen und nach den Festsetzungen der Wahlcapitulationen nicht wieder verliehen werden, sondern dem Reiche verbleiben; aber durch Erbverträge, Lehnsanwartschaften und Erspectanzen war überall bei dem Abgange des regierenden Hauses für einen Successionsberechtigten gesorgt, so daß der Heimfall eines Reichslehens fast zu den Unmöglichkeiten gehörte. Pecuniäre Vortheile zog der Kaiser, abgesehen von der sehr wenig bedeutenden Lehnstaxe, gar nicht aus dem Lehnsverhältniß, da Laudemien nur dann gefordert werden durften, wenn ein Territorium auf eine noch nicht coinvestirte Seitenlinie überging. Lehnsdienste irgend einer Art zu fordern, war dem Kaiser weder im Kriege noch im Frieden gestattet**).

Demnach ergab sich für den Reichsvasallen aus seinem Lehnsverhältniß einzig und allein die Pflicht, in den durch das Recht bestimmten Fällen die Lehnserneuerung nachzusuchen, und die leere Form der feierlichen und umständlichen Belehnung hatte nur die Wirkung, daß ihre Wiederholung in der Zukunft

---

*) Moser, deutsche Lehnsverfassung S. 212 u. folg. S. 250.
**) Moser, vom Römischen Kaiser S. 572.
   Moser, von den kaiserl. Regierungsrechten S. 123.

nicht unterlassen werden durfte. Die Vornahme der inhaltslosen und dennoch sehr lästigen Handlung mußte vor Allem den großen deutschen Landesherren widerwärtig werden. Sie stellten zwar nicht ihre Pflicht, die Belehnung zu empfangen, in Abrede, aber legten deren Vornahme in jedem einzelnen Falle so viele Schwierigkeiten in den Weg, daß die Belehnung in Beziehung auf sie als nicht mehr vorhanden angesehen werden mußte.

Das Lehn hatte im vorigen Jahrhundert aufgehört, das Band zu sein, welches die deutschen Landesherren zu einem Ganzen vereinigte und entbehrte jeder Fähigkeit, auf die politische Gestaltung der Zukunft einen bildenden Einfluß zu üben. Es gewährte nicht ein einziges Mittel, um Angriffe außerdeutscher Staaten zurückzuweisen, und konnte nicht einmal Kriege der Landesherren unter sich und mit dem Kaiser verhüten. Dennoch hatte das Reich sich aus der Zerrüttung des funfzehnten Jahrhunderts wieder erhoben, hatte das zersetzende Unglück des dreißigjährigen Krieges überlebt und in der Mitte laurender Nachbarn sein Dasein auch im vorigen Jahrhundert bewahrt. Nicht Zufall, sondern nur eine, das abgestorbene mittelalterliche Leben ersetzende Kraft konnte dieses Ergebniß möglich machen.

Zweites Kapitel.
Die Keime einer politischen Einheit conföderativer Natur.

I. Die Entstehung der conföderativen Natur des Reiches*).

Wenn Staaten ihrem Untergange entgegen gehen, weil nicht nur der Geist, welcher die zeitigen politischen Formen gebildet und getragen hatte, sondern Geist und Leben überhaupt aus dem Volke entschwand, so bietet oftmals die Oberfläche der politischen Zustände ein Bild der Ruhe dar; aber diese

---

*) Ranke deutsche Geschichte im Zeitalter der Reformation.

Ruhe ist Ruhe des Kirchhofes. Volk und Staat gehen, während sie, wie z. B. im griechischen Kaiserthum, ein Scheinleben führen, in Verwesung über und ihr Leichnam fällt bei dem ersten kräftigen Stoß von Außen in sich zusammen. Das Grab hält auch die Seele des Staates fest und gestattet ihr nicht, sich in neuen politischen Darstellungen zu offenbaren. Es ist alles todt, fremde lachende Erben theilen sich in den Nachlaß an Land und Gütern aller Art und setzen ein neues, ganz verschiedenes Staatsleben an die Stelle des vergangnen.

Die politischen Formen des deutschen Mittelalters gingen mit dem funfzehnten Jahrhundert unaufhaltsam ihrer Auflösung entgegen. Aber das Absterben war nicht von jener todten Ordnung und jener Kirchhofsruhe begleitet, welche verkündet hätte, daß auch der Geist des deutschen Volkes zugleich mit seiner bisherigen Erscheinungsform ersterbe. Mitten aus den politischen Trümmern drängte sich vielmehr die geistige Bewegung der Wissenschaft mit ursprünglicher Kraft hervor, breitete sich über die verschiedensten deutschen Stände und Gegenden aus und zeigte auf das Dasein einer frischen Quelle geistigen Lebens im Volke hin. Die tollkühnen Waffenthaten, die nie ruhenden Fehden ließen darüber keinen Zweifel, daß das Geschlecht des funfzehnten Jahrhunderts kein entnervtes sei, sondern die alte deutsche Tapferkeit und den alten deutschen Muth sich bewahrt habe. Nur gräßlich freilich und nur empörend erscheinen die rohen Gewaltthaten und wilden Räubereien jener berüchtigten Zeit, wenn sie für sich allein betrachtet werden. Aber tiefe Bedeutung gewinnt das Jahrhundert für unsere Geschichte, nicht allein als nationale Strafe für die nationale Sünde, so lange das Bewußtsein der eignen politischen Würde vergessen zu haben, sondern auch als Wecker für die Zukunft, der, als schwächere Stimmen wirkungslos verhallt waren, mit gewaltigem Rufe ermahnte, sich zu besinnen und das zu beleben, was ersterben wollte. Alle die vielfach sich durchkreuzenden Interessen, alle die gegeneinander laufenden selbstsüchtigen Triebe der Einzelnen, welche nur durch Einordnung in den Staat in

ihre Bahn gewiesen und dem Ganzen zu dienen genöthigt werden können, hatten bei dem völligen Zerfall der Reichseinheit
den freiesten Raum, sich in unbändiger Wildheit zu äußern.
Der Zustand allgemeiner Gewaltsamkeit, der Krieg Aller gegen
Alle offenbarte der Nation so gräßlich ihre eigene Schande,
und die Vernichtung alles Rechts und aller Religion, daß sie
bei dem inneren Leben, welches sie bewahrt hatte, zu Anstrengungen geführt werden mußte, um der wilden Selbstsucht der
Einzelnen durch Erzeugung einer politischen Einheit das Ziel
zu setzen.

So hoch hatte sich die Landeshoheit bereits über die Landsaffen erhoben, daß eine politische Einheit der Nation nur in
Form einer Einheit der Landesherrn sich aussprechen konnte.
So selbstständig hatte sich die Landeshoheit bereits dem deutschen Königthum gegenüber gestellt, so unabhängig vom Reiche
nach eigenthümlichem Principe sich entwickelt, daß es historisch
unmöglich war, die Landesherren zu Gliedern Eines Staates,
zu Unterthanen eines Souverains zu machen. Die Form vielmehr, welche der Idee der politischen Einheit zu Theil werden
sollte, mußte die Selbstständigkeit der Territorialhoheit, wie
sie sich geschichtlich entwickelt hatte, zur Voraussetzung haben.
Daher konnte nicht das alte verfallene Königthum, in welchem
sich bisher die Einheit dargestellt hatte, die landeshoheitlichen
Selbstständigkeiten ergreifen und zur Einheit führen, sondern
die Landesherren mußten im Kampfe mit dem Königthum eine
Einheit unter sich begründen.

Ein zweifacher Weg kann vorhandene Selbstständigkeiten
zu einer sie zusammenhaltenden Einheit führen: die bedingte
Unterordnung unter einen gemeinsamen Dritten oder die Association mit gleicher Selbstständigkeit, aber auch gleicher Unterwerfung Aller unter die verfassungsmäßig getroffenen Beschlüsse.
Im Mittelalter hatte das Lehnswesen auf dem ersten Wege
einen nothdürftigen Zusammenhang geschaffen, aber im fünfzehnten Jahrhundert waren die alten einigenden Kräfte ver-
braucht und nur der zweite Weg, der Weg der Association,

gingen, um einen selbstständigen Haushalt zu begründen, hatten sie als Mitgift für die eigene Wirthschaft jenen uralten Nationalzug mitgenommen, welcher zum freudigen und kräftigen inneren Anschließen und Hingeben an eine höhere Persönlichkeit drängt. Schon einmal war in der alten merovingischen Zeit dieser nationale Zug das Mittel gewesen, um die noch keinem Staate eingeordneten Einzelnen zu politischen Einigungen zusammen zu führen. Er bot, als im 10. und 11. Jahrhundert die Landeshoheit sich gebildet und den carolingischen Staatsversuch beseitigt hatte, wiederum den Landesherrn eine Möglichkeit dar, die politische Ergänzung zu finden, welche sie im Gefühle ihrer Bedürftigkeit suchten. Eine in Beziehung auf sie höhere Persönlichkeit erblickten die deutschen Fürsten nur in dem Erben des königlichen Ansehens der Carolinger, welcher an Würde hoch über alle Territorialherrscher gestellt und mit manchen sich gleichsam von selbst verstehenden Ehren und mit einzelnen politischen Rechten bekleidet war. Dem deutschen Könige schlossen sich die deutschen Landesherren freudig und kräftig aus innerer Hingebung an, ähnlich wie früher die Gefolgsleute dem Gefolgsherrn. Dem Könige stand der Landesherr nicht wie der Fremde dem Fremden gegenüber, welchem er sich zu bestimmten einzelnen Leistungen verpflichtet hat. Das Verhältniß zwischen Beiden umfaßte vielmehr die Personen als Ganzes. Alles und Jedes war der Landesherr dem Könige schuldig, was aus der innern Hingabe und Treue folgte. Den Inhalt der hingebenden Treue bestimmte nicht ein subjectives Meinen, noch eine willkührliche Verabredung, sondern das durch den Gang der Geschichte hervorgebildete sittliche Bewußtsein des Volkes. Da Angriff oder Vertheidigung nicht mehr wie früher das Leben ausschließlich oder vorwiegend erfüllten, so hatte das Verhältniß seinen alten, nur kriegerischen Character verloren und war ein dauerndes, auch den Frieden umfassendes, war aus einem Gefolgsverhältniß ein Lehnsverhältniß geworden, welches alle einzelnen deutschen Landesherren an den König bindend, nicht nur die gleichzeitigen, sondern auch die

aufeinander folgenden Fürsten und durch sie alle Deutschen in
einen festen Zusammenhang brachte. Aber die fehlende Staats-
form ward durch den Lehnswesus nicht ersetzt. Im Staate,
der zu seiner Voraussetzung eine bestehende innere Einheit hat,
wird das im Volke nur innerlich Lebende äußerlich, während
das äußerliche Leben des Staates zugleich im Geiste seines
Volkes als ein Inneres sich findet. Die dem Staate Eingeordneten erscheinen mithin nicht als Einzelne die aus Gründen,
welche im Individuum liegen, verbunden sind, sondern als
Glieder einer inneren Einheit, welche im Staate ihr natürliches Zusammengehören zugleich zu einem rechtlichen gestalten.
Die Lehnsverbindung dagegen setzt nur Einzelne, die sich verbinden, keine innere Einheit voraus, welche zwischen den unter
demselben Lehnsherrn vereinten Vasallen auch abgesehen vom
Lehnsverhältniß, bestände. Zwar fand sich innere Einheit
unter den Landesherren in ihrer Eigenschaft als Deutsche, aber
sie gehörte nicht zum Wesen der Lehnsverbindung, sondern
trat als ein Zufälliges hinzu, und deßhalb konnte die Letztere
nicht Ausdruck der Volkseinheit, nicht die rechtliche Form für
das innere Zusammengehören der Deutschen bilden. Ungeachtet
des alle Deutschen an einander schließenden Feudalnerus blieb
die deutsche Nationalität ein nur Inneres; ungeachtet der inneren Einheit des Volkes blieb der Feudalnerus, so weit er
politischer Natur sein sollte, ein nur Aeußeres. Er verdankt
seine politische Bedeutung im Mittelalter nicht sich selbst, sondern dem Volksglauben an das Dasein eines deutschen Staats,
wie andererseits der nur in der Vorstellung lebende Staat seine
reale Bedeutung in dem Dasein der Lehnsverbindung fand.
Weder Zufall noch Willkühr, sondern der Gang der Geschichte
und die tief im Deutschen wurzelnde Bedürftigkeit nach dem
Staate hatte bei großer staatlicher Unreife jenen feudalen Zusammenhang hervorgerufen. Er ruhte auf einer historischen,
aber keineswegs auf einer allgemeinen, für alle Zeiten und
unter allen Umständen geltenden Nothwendigkeit. Allgemein
und unbedingt nothwendig war den Deutschen das Streben

nach einer wahrhaft politischen Einheit, wenn und so lange
sie den Character des Volks trugen. Grade deßhalb aber blieb
die mit dem Namen Deutsches Reich bezeichnete Lehnsverbindung eine vorübergehende Erscheinung, da sie die Stelle einer
politischen Einheitsform vertreten wollte, ohne auf die Volkseinheit gegründet zu sein. Sie mußte entweder den staatlichen
Character erringen, sich also in ein durchaus von ihr Verschiedenes umsetzen, oder allmälig zerfallen. Der Gang der Geschichte entschied in Deutschland für das Letztere.

Das Lehnsverhältniß war seinem Ursprunge und seinem wesentlichen Grunde nach ein sittliches Verhältniß. Da es aber
zugleich die Grundlage für das Rechtsdasein in großartigen
Lebenskreisen bildete, so bestand, wie in allen ähnlichen Fällen,
z. B. des Familienrechts, die Forderung, daß es ein auch ju-
ristisches werde. Die Entstehung und scharfe Ausbildung des
Lehnrechts ging aus dieser Anforderung hervor. Je schärfer
und genauer das Recht für die Lehnsverhältnisse entwickelt
ward, um desto weiter entfernte sich die Reichsverbindung von
der aus der fränkischen Monarchie entnommenen und von Geschlecht zu Geschlecht fortgeerbten Staatsidee. Der Uebergang
des deutschen Reiches zu einem deutschen Staat ward eine
Unmöglichkeit und hierdurch das Streben nach Staatsbildungen in die Territorien verwiesen. Diese wurden dem Wesen
nach Staaten, die Landesherren Souveraine und konnten als
solche sich und den Staat, dessen Versorger sie waren, nicht
von den zufälligen Bedürfnissen eines Einzelnen abhängig machen, wie es die alte Lehnsunterordnung unter den deutschen König
verlangte. Die sittliche Grundlage des Lehns, die innere Hingebung und Treue entschwand, die aus dieser hervorgegangenen einzelnen Rechtspflichten erhielten einen nur obligatori-
schen Character und starben, ihrer Voraussetzung entbehrend, entweder ab oder wurden eine leere Form.

Schon in den Zeiten Max I. war die Unmöglichkeit erkannt worden, den Zusammenhang der Reichsstände und die
kriegerische Macht des Reiches auf das abgestorbene Lehnswesen

zu gründen, und dennoch wurden selbst im vorigen Jahrhundert
alle geistlichen und alle weltlichen Territorien, mit Ausnahme
einzelner unbedeutender Grafschaften, als Reichslehne betrachtet.
Die geistlichen und weltlichen Landesherrn wurden vom Kaiser
belehnt mit fürstlichen Würdigkeiten und Herrschaften, mit Wäldern, Hölzern, Büschen, Wildbahnen und Weidneien, mit
Waffer, Weiden, Schätzen, Salz und andern Erzen, mit Zoll,
Geleit, Münz, Zins, Gericht und allen andern Herrlichkeiten,
Ehren, Rechten, Zierden und Gewohnheiten. So oft die Person des kaiserlichen Lehnsherrn oder des landesherrlichen Va-
fallen wechselte, mußte der neue Landesherr binnen Jahr und
Tag zur Lehnserneuerung schreiten oder falls er hieran verhindert ward, das Lehn muthen und Lehnsindult erbitten. Von
Rechtswegen sollte jeder Reichsvafall in Person das Lehn empfangen; aber es ward gestattet, daß sich derselbe nach einer
schriftlichen Entschuldigung durch einen Bevollmächtigten vertreten ließ, der vom Herrenstande oder wenigstens ein Alter von
Adel war. Dieser berichtigte die nicht bedeutende Lehnstare
und fragte, falls nicht die Belehnung wegen ihrer Geringfügigkeit vom Reichshofrathe vorgenommen ward, mehrere Mal
bei dem kaiserlichen Obristhofmeister um die Stunde des feierlichen Actes an. Dann empfing er eine Resolution des Kai-
fers und hielt in einem mit sechs Pferden bespannten Wagen
seine feierliche Auffahrt. An der Thüre deutete ihm in altherkömmlicher Weise der Obristkämmerer an, daß ihm der Eintritt
zum Kaiser gestattet sei. Dieser saß in schwarzer spanischer
Manteltracht auf dem Throne; nur Joseph erschien zum Entsetzen aller Reichspublicisten stehend in ungarischer Hufarenuni-
form. Auf den Knieen bat der Gesandte um die Belehnung,
der Kaiser sagte die bejahende Antwort dem neben ihm knieenden Reichsvicekanzler leise ins Ohr, welcher sie laut verkündete, während gleichzeitig die alten sinnbildlichen Handlungen,
das Berühren des Evangelienbuches, das Küssen des Knopfes
und der Mantelgriff vorgenommen wurden. Der Gesandte
legte den Lehnseid ab, dankte und erhielt den Lehnsbrief aus-

gefertigt. Von nun an erkannte der belehnte Landesherr Kaiser und Reich als seinen Lehnsherrn an und wurde vom Kaiser als Vasall aufgenommen *).

Die Wirkung dieser durch die Menge der beizubringenden Urkunden, Stammtafeln, Reversen und Protestationen noch mehr erschwerten Handlung war im Mittelalter ihrer Förmlichkeit und Feierlichkeit entsprechend gewesen; im vorigen Jahrhundert dagegen entbehrte die Belehnung jeder irgend bedeutenden Folge. Zwar durfte kein deutscher Landesherr, weil er Vasall geworden, sein Territorium ohne lehnsherrlichen Consens veräußern; aber Gründe anderer Art hielten ihn schon außerdem von einem solchen Schritte ab und machten die lehnrechtliche Bestimmung überflüssig. Sodann sollte, falls eine landesherrliche Familie ausstarb, ihr Territorium als eröffnetes Lehn dem Kaiser heimfallen und nach den Festsetzungen der Wahlcapitulationen nicht wieder verliehen werden, sondern dem Reiche verbleiben; aber durch Erbverträge, Lehnsanwartschaften und Erspectanzen war überall bei dem Abgange des regierenden Hauses für einen Successionsberechtigten gesorgt, so daß der Heimfall eines Reichslehens fast zu den Unmöglichkeiten gehörte. Pecuniäre Vortheile zog der Kaiser, abgesehen von der sehr wenig bedeutenden Lehnstare, gar nicht aus dem Lehnsverhältniß, da Laudemien nur dann gefordert werden durften, wenn ein Territorium auf eine noch nicht coinvestirte Seitenlinie überging. Lehnsdienste irgend einer Art zu fordern, war dem Kaiser weder im Kriege noch im Frieden gestattet **).

Demnach ergab sich für den Reichsvasallen aus seinem Lehnsverhältniß einzig und allein die Pflicht, in den durch das Recht bestimmten Fällen die Lehnserneuerung nachzusuchen, und die leere Form der feierlichen und umständlichen Belehnung hatte nur die Wirkung, daß ihre Wiederholung in der Zukunft

---

*) Moser, deutsche Lehnsverfassung S. 212 u. folg. S. 250.
**) Moser, vom Römischen Kaiser S. 572.
Moser, von den kaiserl. Regierungsrechten S. 123.

nicht unterlassen werden durfte. Die Vornahme der inhaltslosen und dennoch sehr lästigen Handlung mußte vor Allem den großen deutschen Landesherren widerwärtig werden. Sie stellten zwar nicht ihre Pflicht, die Belehnung zu empfangen, in Abrede, aber legten deren Vornahme in jedem einzelnen Falle so viele Schwierigkeiten in den Weg, daß die Belehnung in Beziehung auf sie als nicht mehr vorhanden angesehen werden mußte.

Das Lehn hatte im vorigen Jahrhundert aufgehört, das Band zu sein, welches die deutschen Landesherren zu einem Ganzen vereinigte und entbehrte jeder Fähigkeit, auf die politische Gestaltung der Zukunft einen bildenden Einfluß zu üben. Es gewährte nicht ein einziges Mittel, um Angriffe außerdeutscher Staaten zurückzuweisen, und konnte nicht einmal Kriege der Landesherren unter sich und mit dem Kaiser verhüten. Dennoch hatte das Reich sich aus der Zerrüttung des fünfzehnten Jahrhunderts wieder erhoben, hatte das zersetzende Unglück des dreißigjährigen Krieges überlebt und in der Mitte laurender Nachbarn sein Dasein auch im vorigen Jahrhundert bewahrt. Nicht Zufall, sondern nur eine, das abgestorbene mittelalterliche Leben ersetzende Kraft konnte dieses Ergebniß möglich machen.

Zweites Kapitel.
Die Keime einer politischen Einheit conföderativer Natur.

I. Die Entstehung der conföderativen Natur des Reiches*).

Wenn Staaten ihrem Untergange entgegen gehen, weil nicht nur der Geist, welcher die zeitigen politischen Formen gebildet und getragen hatte, sondern Geist und Leben überhaupt aus dem Volke entschwand, so bietet oftmals die Oberfläche der politischen Zustände ein Bild der Ruhe dar; aber diese

---

*) Ranke deutsche Geschichte im Zeitalter der Reformation.

Ruhe ist Ruhe des Kirchhofes. Volk und Staat gehen, während sie, wie z. B. im griechischen Kaiserthum, ein Scheinleben führen, in Verwesung über und ihr Leichnam fällt bei dem ersten kräftigen Stoß von Außen in sich zusammen. Das Grab hält auch die Seele des Staates fest und gestattet ihr nicht, sich in neuen politischen Darstellungen zu offenbaren. Es ist alles todt, fremde lachende Erben theilen sich in den Nachlaß an Land und Gütern aller Art und setzen ein neues, ganz verschiedenes Staatsleben an die Stelle des vergangnen.

Die politischen Formen des deutschen Mittelalters gingen mit dem funfzehnten Jahrhundert unaufhaltsam ihrer Auflösung entgegen. Aber das Absterben war nicht von jener todten Ordnung und jener Kirchhofsruhe begleitet, welche verkündet hätte, daß auch der Geist des deutschen Volkes zugleich mit seiner bisherigen Erscheinungsform ersterbe. Mitten aus den politischen Trümmern drängte sich vielmehr die geistige Bewegung der Wissenschaft mit ursprünglicher Kraft hervor, breitete sich über die verschiedensten deutschen Stände und Gegenden aus und zeigte auf das Dasein einer frischen Quelle geistigen Lebens im Volke hin. Die tollkühnen Waffenthaten, die nie ruhenden Fehden ließen darüber keinen Zweifel, daß das Geschlecht des funfzehnten Jahrhunderts kein entnervtes sei, sondern die alte deutsche Tapferkeit und den alten deutschen Muth sich bewahrt habe. Nur gräßlich freilich und nur empörend erscheinen die rohen Gewaltthaten und wilden Räubereien jener berüchtigten Zeit, wenn sie für sich allein betrachtet werden. Aber tiefe Bedeutung gewinnt das Jahrhundert für unsere Geschichte, nicht allein als nationale Strafe für die nationale Sünde, so lange das Bewußtsein der eigenen politischen Würde vergessen zu haben, sondern auch als Wecker für die Zukunft, der, als schwächere Stimmen wirkungslos verhallt waren, mit gewaltigem Rufe ermahnte, sich zu besinnen und das zu beleben, was ersterben wollte. Alle die vielfach sich durchkreuzenden Interessen, alle die gegeneinander laufenden selbstsüchtigen Triebe der Einzelnen, welche nur durch Einordnung in den Staat in

ihre Bahn gewiesen und dem Ganzen zu dienen genöthigt werden können, hatten bei dem völligen Zerfall der Reichseinheit
den freiesten Raum, sich in unbändiger Wildheit zu äußern.
Der Zustand allgemeiner Gewaltsamkeit, der Krieg Aller gegen
Alle offenbarte der Nation so gräßlich ihre eigene Schande,
und die Vernichtung alles Rechts und aller Religion, daß sie
bei dem inneren Leben, welches sie bewahrt hatte, zu Anstrengungen geführt werden mußte, um der wilden Selbstsucht der
Einzelnen durch Erzeugung einer politischen Einheit das Ziel
zu setzen.

So hoch hatte sich die Landeshoheit bereits über die Landsaßen erhoben, daß eine politische Einheit der Nation nur in
Form einer Einheit der Landesherrn sich aussprechen konnte.
So selbstständig hatte sich die Landeshoheit bereits dem deutschen Königthum gegenüber gestellt, so unabhängig vom Reiche
nach eigenthümlichem Principe sich entwickelt, daß es historisch
unmöglich war, die Landesherren zu Gliedern Eines Staates,
zu Unterthanen eines Souverains zu machen. Die Form vielmehr, welche der Idee der politischen Einheit zu Theil werden
sollte, mußte die Selbstständigkeit der Territorialhoheit, wie
sie sich geschichtlich entwickelt hatte, zur Voraussetzung haben.
Daher konnte nicht das alte verfallene Königthum, in welchem
sich bisher die Einheit dargestellt hatte, die landeshoheitlichen
Selbstständigkeiten ergreifen und zur Einheit führen, sondern
die Landesherren mußten im Kampfe mit dem Königthum eine
Einheit unter sich begründen.

Ein zweifacher Weg kann vorhandene Selbstständigkeiten
zu einer sie zusammenhaltenden Einheit führen: die bedingte
Unterordnung unter einen gemeinsamen Dritten oder die Association mit gleicher Selbstständigkeit, aber auch gleicher Unterwerfung Aller unter die verfassungsmäßig getroffenen Beschlüsse.
Im Mittelalter hatte das Lehnswesen auf dem ersten Wege
einen nothdürftigen Zusammenhang geschaffen, aber im funfzehnten Jahrhundert waren die alten einigenden Kräfte ver-
braucht und nur der zweite Weg, der Weg der Association,

konnte zum Ziele geleiten. Schon in den früheren Jahrhunderten hatte Verwandtschaft, Lage des Landes, gleiche Rechtsstellung im Reiche oder gleiche Gefahr oftmals mehr oder weniger Reichsstände zu Einigungen zusammengeführt, welche ihnen die vom Reichslehnsverbande nicht gewährte Ruhe und Sicherheit verschaffen sollten. Im funfzehnten Jahrhundert wurden nicht wie früher einzelne Reichsstände durch particulare Gründe, sondern alle durch die gleiche Bedürftigkeit nach einer politischen Ergänzung zum Begründen einer Einigung gedrängt, um für das schmachvolle Elend eine Abhülfe zu finden.

Es lag durchaus nicht im Geiste des funfzehnten Jahrhunderts, sich, wenn es galt, politisch thätig ins Leben einzugreifen, zunächst das allgemeine Princip, auf welches die einzelnen politischen Acte zurückzuführen waren, vor die Seele zu bringen, dasselbe zu durchdenken, um durchdacht es an die Spitze zu stellen und dann die einzelnen politischen Einrichtungen und Thaten ins Leben treten zu lassen, wie sie und weil sie von dem allgemeinen Princip gefordert wurden. Das allgemeine Princip vielmehr ließ jene Zeit dahingestellt; es blieb ein nicht durch den Gedanken vermitteltes, ein gewissermaßen instinctives Gefühl; aber es wirkte deßhalb nicht weniger stark, da es mit der Gewalt einer Naturkraft die einzelnen Handlungen bestimmte, während die denkende, sprechende und schreibende Beschäftigung mit dem allgemeinen Princip oft genug die Gewalt desselben lähmt und die einzelnen nothwendig gewordenen politischen Thaten in ihrer Geburt schon erstickt. Unsere Vorfahren des funfzehnten Jahrhunderts faßten die am Tage liegenden Gebrechen ins Auge, und schritten rüstig zur Abhülfe, das Nächste betrachtend und durchdenkend, das allgemeine Princip als dunkles aber mächtiges Gefühl in ihrer Brust.

Die auch dem blödesten Auge sich offenbarende politische Schmach war, daß rohe, wüste Gewalt in Deutschland herrschte und nicht das Recht. Den Landesherrn wie den Landsassen sollte und mußte vor allen Dingen Sicherheit des Rechts nach allen Seiten hin geschaffen werden. Das Reichskammergericht trat 1495 ins Leben und erhielt sich bis zur Auflösung. des Reiches, um jede Kränkung des Rechts theils der Landesherrn unter einander, theils der Landsassen unter sich oder durch die Landesherrn zu beseitigen. Das Gericht wurde, den Ansichten über das alte Lehnreich und über den alten lehnsherrlichen König entgegen, der persönlichen Einwirkung des Königs völlig entzogen. Es folgte nicht wie früher dem kaiserlichen Hofe, sondern erhielt einen festen ein für allemal bestimmten Sitz; die Sporteln, welche der König den Parteien nach eigenem Gutbefinden auferlegt hatte, wurden gesetzlich geordnet. Die Mitglieder des Gerichts, früher vom König nach Belieben eingesetzt und wieder entfernt, erhielten eine vom König unabhängige und lebenslängliche Stellung; die Kanzleipersonen wurden von dem Churfürsten von Mainz, die Pedelle und Boten, so wie die Advocaten und Procuratoren, vom Gerichte selbst eingesetzt. Ein Königliches Gericht im Sinne der früheren Zeit war demnach das Reichskammergericht nicht. Seine Mitglieder vielmehr wurden von den Churfürsten und den übrigen deutschen Landesherren eingesetzt und besoldet und sollten von diesen durch Deputationen beaufsichtigt werden. Nur neben den Landesherren behielt der König eine Beziehung zum Gericht durch das Recht, den Kammerrichter und seine Stellvertreter nebst einem Beisitzer zu ernennen und zu den Kammergerichtsvisitationen auch seinerseits Commissarien zu senden. Das großartige politische Institut, durch welches in Deutschland die Gewalt beseitigt und das Recht wieder ins Leben eingeführt werden sollte, ging also nicht vom alten Reiche aus, mochte man es als Staat oder als Lehnsverband betrachten, sondern hatte zu seiner stillschweigenden Voraussetzung das Dasein einer Conföderation der deutschen Landesherren. Zwar führte es den alten Namen eines Reichsgerichts; aber da die Reichsgesetze selbst erklären, daß es vom Kaiser, Churfürsten, Fürsten und Ständen angeordnet sei und dieselben repräsentire, so muß das Reich, dessen Gericht das Kammergericht war, eine poli-

tische Einheit conföderativer Natur gewesen sein. Nur ein
Recht des Kammergerichts, das Recht nämlich, die Streitigkeiten der Landesherren unter sich, selbst wenn sie politischer
Natur waren, durch richterliches Urtheil zu entscheiden, scheint
die Landesherren, wenn auch nicht als Unterthanen des deutschen Königs, so doch als Glieder eines Staates zu behandeln.
Aber grade weil dieses Recht in dem Reiche einen staatlichen
Character voraussetzte, hat es sehr bald seine practische Bedeutung verloren, indem die irgend mächtigen Landesherren
die Competenz des Reichskammergerichts bestritten und Recurs
an den Reichstag nahmen, auf welchem sodann diplomatische
Verhandlungen eine Entscheidung herbeiführten.

Mit gleicher Stärke, wie der Zustand allgemeiner Gewaltsamkeit, forderte am Ende des funfzehnten Jahrhunderts die
Schwäche Deutschlands nach Außen und nach Innen zur Abhülfe auf. Für die materielle Grundlage der Macht, für
Geld und Soldaten, mußte in irgend einer Weise Sorge getragen werden. Der Verfall des alten Lehnsverbandes lag so
offen vor Jedermanns Augen, daß kein Versuch darauf zurück-
ging, denselben von Neuem zur Grundlage der Kriegs = und
Finanz-Macht Deutschlands zu machen. Dagegen besaß der
Glaube an das Dasein eines deutschen Reiches mit staatlichem
Character noch Stärke genug, um die Meinung zu erwecken,
daß alle Deutsche, weil sie Deutsche seien, für die Reichseinheit zu Kriegsdiensten und Abgaben herangezogen werden und
dadurch das deutsche Heer und die deutsche Geldmacht begründen könnten. Als aber alle Versuche vergebens waren, von
dieser Voraussetzung aus einen Erfolg zu erzielen, wurde auf
dem Reichstage von Cöln 1505 verabredet, daß jeder deutsche
Landesherr nach Verhältniß seiner Macht eine Anzahl Truppen stellen und eine Summe Geldes geben solle. Da demnach
die deutsche Landeshoheit und nicht das deutsche Volk für die
finanziellen Bedürfnisse des Reiches Sorge trug und da die
Pflicht zu den Geldbeiträgen nicht in der Bedürftigkeit des
Reiches, sondern in der für jeden einzelnen Fall getroffenen

Verabredung der Landesherren lag, so stand in Beziehung auf das Reichsfinanzwesen fest, daß das Reich nicht den Character eines Staates, sondern einer Conföderation trug. Die Soldaten ferner brachte der Landesherr auf wie er konnte und wollte, besoldete sie in eigenem Namen und gab ihnen landesherrliche Hauptleute. Sie waren Truppen des Landesherrn, nicht des Reiches oder des Kaisers. Bei außerordentlichen Gelegenheiten stießen die Contingente der deutschen Landesherren zusammen, führten dann den Namen Reichsheer und erhielten einen gemeinsamen Reichsoberstenfeldhauptmann. Die später erlassenen Reichsmatrikel änderten zwar die Größe und die Reichsschlüsse von 1669 und 1681 die Eintheilung der Contingente; aber das Wesen des sogenannten Reichsheers, welches aus der Vereinigung kriegerischer Vasallen zu einer Armee der vereinigten deutschen Landesherren geworden war, blieb unberührt durch jene späteren Bestimmungen.

Im Gerichts-, Kriegs- und Finanzwesen hatte demnach die deutsche nationale Einheit auch eine einheitliche politische Form erhalten, welche ihrem Wesen nach nicht Staat, sondern Conföderation war. In allen übrigen Verhältnissen dagegen erschien die äußere Einheit schon im funfzehnten Jahrhundert überaus geschwächt und als durch die Reformation und das Widerstreben gegen sie, als durch den dreißigjährigen Krieg, durch den westphälischen Frieden und die dann folgenden politischen Ereignisse sich die Selbstständigkeit und Unabhängigkeit der Landeshoheit immer entschiedener hervorgebildet hatte, bezogen sich die Reichsanordnungen nicht mehr auf die inneren Verhältnisse der Territorien, sondern nur auf die Stellung derselben zu einander, ruhten also gleichfalls auf der Voraussetzung, daß das Reich conföderativer Natur sei.

Bei der historischen Unmöglichkeit, sich in Form des Staats oder des Lehnszusammenhanges als politische Einheit darzustellen, bildete die Kräftigung und reinere Ausbildung der conföderativen Natur des Reiches fortan die Aufgabe der Deutschen.

II. Die Hindernisse der conföderativen Ausbildung des Reiches.

Die Lösung der den Deutschen gestellten Aufgabe wurde durch zwei Thatsachen aufgehalten und erschwert, an deren Beseitigung sich vor Allem die politische Kraft unseres Volkes üben und stählen mußte. Zunächst nämlich lastete schwer auf dem conföderativen Leben die übergroße Zahl der Conföderationsglieder, welche, als sie dem Reichslebenszusammenhange eingeordnet gewesen waren, Frische und Kraft gehabt hatten, nun aber in den neuen Verhältnissen selbst erstarrt auch erstarrend auf die Conföderation wirkten. Sodann wurde die dem eigenen Principe entsprechende Entwickelung der Conföderation unmöglich gemacht durch die Fortdauer politischer Formen, welche ihrem Wesen nach dem Reichslehnstaate, nicht der Reichsconföderation angehörten.

In den letzten Jahrhunderten bestand der Reichsverband aus Oesterreich und Preußen, aus den Churfürsten, aus vier und neunzig geistlichen und weltlichen Fürsten, aus hundert und drei Grafen, vierzig Prälaten und ein und funfzig Reichsstädten, also aus beinahe dreihundert Territorien. Sie alle entbehrten, mit sehr wenigen Ausnahmen, des eignen politischen Lebens völlig und enthielten keine Keime, aus denen dasselbe für die Zukunft hätte erwachsen können. Unfähig der Reichsconföderation ein Leben, welches sie selbst nicht hatten, zu geben, bildeten sie eine todte Masse, die jedes Bemühen der wenigen lebenskräftigeren deutschen Staaten vergeblich machte, dem conföderativen Verbande Wahrheit und Kraft zu verschaffen. Gegenseitiges Vertrauen und inneres Zusammenhalten als Hausgesinnung der deutschen Fürstenfamilien war die erste Voraussetzung für die Festigkeit des Verbandes; aber die kleinen abgestorbenen Gebiete streuten eine reiche Saat des Mißtrauens und des Neides aus, theils indem sie eine Masse gegenseitiger Rechte, welche die unversiegbare Quelle immer neuer Zänkereien wurden, nothwendig machten, theils weil sie allgemein für die nähere oder entferntere Zukunft als eine Beute der Mächtigeren betrachtet wurden und deßhalb eifersüchtige und mißtrauische Ueberwachung der Nachbarn hervorriefen. Sollte die Conföderation, ungeachtet der Gefahr, mit welcher sie die Ueberzahl kleiner und todter Glieder bedrohte, einen irgend erträglichen Bestand haben, so mußte die Verfassung, ihren inneren Eigenthümlichkeiten auf das Genaueste entsprechend, aus ihr selbst hervorgegangen sein, um die sich widersprechenden Willen der Vielen in Beziehung auf die gemeinsamen Verhältnisse zu einem einzigen Willen heranzubilden und die Einzelnen zu nöthigen, sich demselben zu fügen. Als am Ende des funfzehnten und am Anfang des sechszehnten Jahrhunderts das alte Lehnstaatsreich zum Conföderationsreich wurde, war nach Lage der Dinge an eine Beseitigung der Formen des deutschen Königthums und des deutschen Reichstages nicht zu denken. Beide hatten auch bereits von der früheren lehnstaatlichen Bedeutung so viel eingebüßt, daß ihre Formen erhalten werden konnten, ohne die neue conföderative Natur des Reiches unmöglich zu machen; aber nimmermehr waren sie eine politische Kraft, geeignet, die neue Conföderation in ihren schwierigen Verhältnissen vor dem Verfall zu bewahren.

Der deutsche König, aller wesentlich königlichen Rechte entkleidet, war zu schwach, um der Reichsconföderation von Neuem einen staatlichen Character zu verleihen; aber sein königlicher Name und seine äußere Stellung schienen ihm das formale Recht zu geben, jeder kräftigen Entwickelung der conföderativen Natur des Reiches entgegen zu treten, da diese nothwendig auch die letzten Ueberbleibsel des Königthums vernichten mußte. Das mächtigste Glied der Reichsconföderation wurde hierdurch zu ihrem entschiedenen Gegner gemacht und hatte durch eine Menge einzelner Vorrechte, deren jedes für sich freilich kleinlich erschien, deren Verein aber doch einen bedeutenden Einfluß gewährte, die Möglichkeit erhalten, immer von Neuem die Geltendmachung einer königlichen Macht zu versuchen und dadurch immer von Neuem die Entwickelung des conföderativen Verbandes zu stören und die einzig mögliche politische Gestaltung Deutschlands aufzuhalten.

Wie das Königthum blieb der Reichstag in alter Form bestehen. Zwar suchten im 15. und 16. Jahrhundert die deutschen Fürsten neben dem Reichstage eine conföderative Gewalt zu gründen und sie einem Ausschuß der Conföderationsglieder, Reichsrath oder Reichsregiment genannt, zu übertragen. Da aber alle Versuche dieser Art scheiterten, so mußte die conföderative Gewalt an den Reichstag selbst gelangen, obgleich dessen innere Bedeutung und äußere Form entschieden widerstrebten, weil er seiner historischen Entstehung nach Stütze und Schranke des Königthums, aber nicht regierende Macht war. Sobald der Reichstag als einziges Organ der Conföderation auftrat, mußte er aus einer, je nach Umständen in längeren oder kürzeren Zwischenräumen zusammentretenden Versammlung eine permanente werden. Die Permanenz trat 1663 ein, indem der in diesem Jahre berufene Reichstag sich nicht wieder auflöste. Aus seiner ununterbrochenen Dauer ergab sich, daß er fortan nicht länger eine Versammlung der Fürsten, sondern ein Congreß ihrer Gesandten war. Hiermit zugleich traten alle die Hemmungen eines raschen, kräftigen und entschiedenen Handelns hervor, welche nie fehlen, wenn eine große Zahl von Männern anordnen und beschließen soll, die nicht nach eigner Einsicht und aus eignem Recht, sondern kraft specieller Instruction und Auftrages Anderer auftreten dürfen. Keine auf dem Reichstage in Anregung gebrachte Angelegenheit konnte eher in Berathung genommen werden, bis sämmtliche Gesandte in Regensburg von ihren Vollmachtgebern mit Instruction versehen waren. Jeder Reichsstand, welcher dem in gemeinsamen Angelegenheiten gemachten Antrag aus selbstsüchtigen Beweggründen entgegen war, konnte, ohne seine eigentliche Gesinnung zu verrathen, jeden Beschluß für lange Zeit aufhalten, indem sein Gesandter mit der Erklärung beauftragt ward, daß er noch keine Instruction erhalten habe. Wenn dieses Mittel nicht länger ausreichte, so trat der Gesandte mit seinem Nein her-

vor. Es galt nicht als Ausdruck der persönlichen Denkungs-
art des Gesandten oder seines reichsständischen Herrn; sein Hof
vielmehr, sein Cabinet, ein Fatum gleichsam hatte ihm bestimmte Instruction gegeben, von der nicht abgewichen werden
dürfe. Durch diesen Geschäftsgang wurden vota, die jeder
Fürst und jeder Gesandte, wenn er sie hätte für seine Person abgeben müssen, aus Scham unterlassen haben würde,
bei der Behandlung fast aller gemeinsamen Angelegenheiten
gewöhnlich. Da Hunderte von politisch todten und daher eifer-
süchtigen und mißtrauischen Reichsständen zu stimmen hatten,
da für jede neue Anordnung in jedem Reichscollegium, um
dessen Ja zu erhalten, sich eine Majorität gebildet haben mußte,
da ferner alle drei Reichscollegien, das der Churfürsten, der
Fürsten und der Städte übereinstimmen und endlich auch der
Kaiser einwilligen mußte, um einen sogenannten Reichsschluß
hervorzurufen, so war es fast eine Unmöglichkeit, daß für die
gemeinsam deutschen Angelegenheiten jemals eine kräftige und
belebende Anordnung getroffen ward. Die kaiserlichen Wahlcapitulationen und der westphälische Frieden, so wie die politischen
Bedürfnisse Deutschlands, hatten dem Gesandtencongreß zu Regensburg Angelegenheiten von höchster Wichtigkeit für die
Reichsconföderation zur Berathung und Erledigung vorgelegt;
aber nur selten wurden sie in anderer Weise als auf dem An-
sagezettel zur Sprache gebracht und dann durch den Beschluß
beseitigt: Stände wollten sich baldigst mit Wegräumung der be-
treffenden Uebelstände beschäftigen. Kam wirklich einmal ein
Reichsschluß von einiger Bedeutung zu Stande, so war es
längst Reichsherkommen geworden, die Reichsgesetze entweder
gar nicht zu befolgen oder ihre Befolgung doch nur als einen
Act der Gnade zu betrachten. Die an ernsten Arbeiten leere
Zeit der Gesandten wurde dagegen mit Streitigkeiten über die
erbärmlichsten Dinge ausgefüllt. Die Ankunft eines neuen Bevollmächtigten setzte, wegen der zu beobachtenden Rangförm-
lichkeiten, Alles in Bewegung. Ueber Visiten und Revisiten
wurde gestritten und über das Forum der Gesandten, über

ihre Zollfreiheiten und Zollbefraudationen Jahr aus Jahr ein
verhandelt. Neujahrsgratulationen finden sich alljährlich, Reichs-
gratulationsgutachten so oft beschlossen, als in der kaiserlichen
Familie ein freudiges Ereigniß eintrat. Die Betrachtung der
Geschäfte, welche den Reichstag während des vorigen Jahrhunderts in Anspruch nahmen, kann nur Ekel und Widerwillen hervorrufen. Umsonst erinnerte der Kaiser, man möge die
Zeit nicht mit Altercationes und unnöthigen Dingen zersplittern;
schon sei die deutsche Nation den Fremden verächtlich geworden, weil ihr Reichstag sich nur mit Ceremoniel und Wort-
gezänke abgebe! Es blieb, wie es gewesen war, und die Besseren unter den Gesandten wurden durch unausgesetzte ernste
Behandlung von Erbärmlichkeiten endlich selbst zu Thoren.
In den Augen der meisten Reichsstände war der Regensburger
Congreß nicht wichtig genug, um den Aufwand zu rechtfertigen, welchen die Beschickung desselben mit einem eigenen Gesandten
gemacht hätte. In der Regel bevollmächtigte eine größere oder
kleinere Zahl der Stände denselben Mann, ja Manche hielten
es gar nicht der Mühe werth, sich repräsentiren zu lassen.
Daher waren, ungeachtet der Kaiser oftmals die Stände erinnerte, ihre vacirende Stimme zu besetzen, nie mehr als einige
zwanzig Gesandte zugegen.

Dieser Reichstag, die Schmach und Schande der deutschen
Nation, war das einzige Organ, durch welches die Conföderation mehrerer hundert deutscher Landesherren und Städte ihr
gemeinsames Leben halten und fördern, und ihre conföderativen Einrichtungen überwachen und weiter entwickeln sollte.

III. Verfall der conföderativen Natur des Reiches.

Der völlige Zerfall der conföderativen Gerichts-, Finanz-
und Kriegsverfassung, auf welche im Anfange des 16. Jahrhunderts die Deutschen hoffend geschaut hatten und die schimpf-
lichste Schwäche nach Außen und nach Innen war die
nothwendige Folge, die aus der Erbärmlichkeit des Or-

gans für die politischen Aeußerungen der Conföderation hervorging.

Das Reichskammergericht war in eine Lage gesetzt, die mit jedem Jahre schwieriger ward. An dem Kaiser hatte es einen natürlichen Gegner, weil der Reichshofrath, durch welchen der König hauptsächlich einen Einfluß in Deutschland bewahrte, concurrirende Competenz mit dem Kammergericht hatte und daher an seiner Bedeutung in demselben Grade verlieren mußte, in welchem Ansehen und Kraft des Kammergerichts stieg. Oestreich, Preußen und die ihnen am nächsten stehenden größeren deutschen Territorien waren aus Gründen, die in ihrer politischen Stellung lagen, der kräftigen Ausbildung des Reichsgerichtes nicht günstig. Je mehr nämlich diese Territorien den Staatscharacter und ihre Landesherren die Natur der Souveräne gewannen, um so weniger duldeten sie ein außerstaatliches Gericht, vor welchem die Unterthanen Recht suchen konnten und die Souveräne selbst wegen ihrer Regierungshandlungen Recht nehmen mußten. Die größeren Landesherren schlossen daher die Wirksamkeit des Kammergerichts von ihren Territorien aus, indem sie in Beziehung auf das Recht der Unterthanen vor demselben klagend aufzutreten ihren Staaten privilegia de non evocando geben ließen und in Beziehung auf das Recht des Kammergerichts über Regierungshandlungen der Landesherren Urtheile zu erlassen, das Recht des Recurses an den Reichstag geltend machten, auf welchem andere Mittel als rechtliche Deductionen eine Entscheidung herbeiführten. Den mittleren und kleinen deutschen Landesherren, welche in Rücksicht auf Souveränetät den größeren eifrig nachstrebten, gelang es zwar nicht, die Wirksamkeit des Gerichts auch für ihre Territorien und damit zugleich für Deutschland zu vernichten; aber sie übten doch wie jene dadurch einen lähmenden Einfluß auf das Gericht aus, daß sie in Herbeischaffung der Geldmittel zur Unterhaltung desselben eine unverantwortliche Saumseligkeit zeigten. Bei dieser Lage des Kammergerichts konnte dasselbe nur dann seine Bedeutung erhalten, wenn eine kräftige confö-

derative Gewalt die Abneigung der einzelnen Fürsten unschädlich machte, und durch strenge Ueberwachung des Gerichts dieses selbst auf der rechten Bahn erhielt. Aber der Reichstag
hatte weder zu dem Einen, noch zu dem Anderen die Kraft.
Alle Reichsstände sollten zur Oster- und Herbstmesse eine in der
Kammergerichtsmatrikel bestimmte Summe zu Frankfurt a. Main
auszahlen; aber die Einen zahlten, seitdem die schlechten Münz-
sorten Handel und Wandel störten, nur in diesen, die Anderen hielten die Zahlung ganz zurück, so daß im Jahre 1769
mehr als eine halbe Million Reichsthaler rückständig war.
Alles, sagte man im Volke, schien sich zum Untergange des
Kammergerichts verschworen zu haben, Feuer, Krieg und Pesti-
lenz; und an Hungersnoth leide es immerdar. Das Gericht
sollte nach den Bestimmungen des westphälischen Friedens aus
funfzig Beisitzern bestehen; aber in Wirklichkeit fanden sich aus
Mangel an Geld bis gegen das Ende des vorigen Jahrhunderts nie mehr als achtzehn, zuweilen nur zwölf, 1719 sogar
nur acht, und nicht einmal diese Wenigen erhielten regelmäßig
ihre Besoldung. Es war unmöglich, daß eine so kleine Anzahl Arbeiter die große Masse von Geschäften bewältigen konnte.
Da die Menge unerledigter Prozesse demnach mit jedem Jahre
wuchs und sich im Jahre 1772 auf 61233 belief, so konnten
die Richter nur einigen wenigen streitenden Parteien Urtheil
sprechen. „Die Beurtheilung der Wichtigkeit einer Sache vor
der andern“, erzählt Göthe aus eigner Anschauung *), „ist bei
dem Zudrang von bedeutenden Fällen schwer und die Auswahl
läßt schon Gunst zu. Aber nun trat noch ein anderer bedenk-
licher Fall ein. Der Referent quälte sich und das Gericht mit
einem schweren verwickelten Handel und zuletzt fand sich Niemand, der das Urtheil einlösen wollte. Die Parteien hatten
sich verglichen, auseinandergesetzt, waren gestorben, hatten den
Sinn geändert. Daher beschloß man nur diejenigen Gegenstände vorzunehmen, welche erinnert wurden. Man wollte von

---

*) Wahrheit und Dichtung. 12. Buch.

der fortdauernden Beharrlichkeit der Parteien überzeugt sein und
hierdurch ward den größten Gebrechen die Einleitung gegeben.
Denn wer seine Sache empfiehlt, muß sie doch jemand empfeh-
len und wem empfiehlt man sie besser als dem, der sie unter
Händen hat. Bittet man um Beschleunigung, so darf man ja
auch wohl um Gunst bitten. So ist die Einleitung zu allen
Intriguen und Bestechungen gegeben." Zwar sollte eine Commission des Reichstages und des Kaisers alljährlich den gesammten Zustand des Gerichts untersuchen und über dessen Geschäftsführung wachen; aber bei dem Verfall des Reichstages
unterblieben diese ordentlichen Kammergerichtsvisitationen seit
dem Jahre 1588 gänzlich, und das Gericht war nicht nur unabhängig in Beziehung auf das Finden des Rechts, sondern auch
unbeaufsichtigt in Beziehung auf seine Geschäftsführung. Bis
zu welchem Grade des Verderbnisses durch alle diese Umstände
das Reichskammergericht gelangte, erhellt aus den Verhandlungen, welche am Reichstage auf Veranlassung der außerordentlichen Visitation von 1767 geführt wurden. Schändliche Ju-
stizverkäufe, heißt es in diesen, Corruptionen, die in gröbster
und feinster Weise betrieben werden, sind entdeckt. Der ver-
derbte Zustand des Gerichts ist es, welcher den verdammlichen
Mißbrauch der Sollicitaturen hervorgerufen hat. Umsonst werden neue scharfe Gesetze sein, denn ihnen wird es gehen, wie
den alten. Man wird sagen, der Zustand des Kammergerichts
sei durch Real- und Personalgebrechen so verändert, daß solche
Gesetze als unanwendbar betrachtet werden müßten. Nichts
kann helfen, so heißt es weiter, als wenn die Visitation ohne
Ansehen der Person gegen Alle, vom Obersten bis zum Untersten, verfährt. Und dieses Gericht, ruft ein gleichzeitiger Schriftsteller *) aus, dieses Gericht, wenn es anders noch solchen
Namen verdient, dieser Sitz der Parteilichkeit, der Chicane,
der endlosen Vorenthaltung des Rechts, wird noch immer für
das Palladium der deutschen Freiheit gehalten.

---

*) Warum soll Deutschland einen Kaiser haben. Ohne Druckort 1787.

Verfallner noch als die Reichsgerichtsverfassung war wo
möglich das zweite auf conföderative Grundlage errichtete Institut, die Reichsfinanzverfassung. Durch die Beiträge einer
Masse Landesherren sollten die finanziellen Bedürfnisse des conföderativen Lebens bestritten werden. Die große Mehrzahl der
Territorien hatte, weil sie in sich selbst politisch todt war, kein
Interesse für die Conföderation und sah in jeder Hingabe an
das Ganze nichts als eigne Beraubung. Die Widerwilligen
und Säumigen zu zwingen, bestand nur jene conföderative Gewalt in der erstarrten Form des mittelalterlichen Reichstags.
Zwar war das Verhältniß, in welchem jeder einzelne Reichsstand, falls die Conföderation für ihre Bedürfnisse eine Zahlung beschlossen hatte, beitragen sollte, in der Reichsmatrikel
bestimmt, welche jedem als einfachen Beitrag den sogenannten
Römermonat auferlegte, d. h. den gesetzlich angenommenen
monatlichen Sold der von ihm zu stellenden Reichstruppen.
Aber da jeder Reichsstand sich den Reichsanlagen ganz zu entziehen oder doch so wenig wie möglich zu übernehmen trachtete,
so behaupteten Alle, daß sie in der Matrikel zu hoch angesetzt
seien und die Einzelnen pflegten ihre Behauptung durch die
Angabe zu unterstützen, daß sie in großes Unglück und Abnehmen gekommen seien. Den einflußreichen Fürsten und den kleineren, welche von mächtigen Freunden unterstützt wurden, ließ
sich oftmals die begehrte Moderation ihres Anschlags nicht verweigern; Landesherren, die überall Capitalien unterzubringen
und Land zu den höchsten Preisen zu erwerben suchten, wurden
vielfach in der Matrikel heruntergesetzt. Da eine Erhöhung
seines Anschlages sich dagegen Niemand gefallen ließ, so mußte
die in der Matrikel bestimmte Gesammtsumme immer geringer
werden; ursprünglich hatte sich der gesammte Römermonat auf
128000 Gulden belaufen. In der Mitte des vorigen Jahrhunderts erreichte er kaum die Summe von 58000 Gulden.
Die Verwendung der bewilligten Summen stand, falls nichts
Anderes ausnahmsweise bestimmt war, dem Kaiser zu, aber
nur zu dem vom Reichstage ausgesprochenen Zwecke und nur

unter der Bedingung richtiger Rechnungsablage. Der Kaiser ließ, um seine Verpflichtung zu erfüllen, von Zeit zu Zeit Extracte aus dem Reichsoperationscassabuch bekannt machen, aus denen aber nur selten die Verwendung des Geldes wirklich ersehen werden konnte. Daher gewöhnten sich die zum Reichstage versammelten Stände, jede Geldbewilligung für die Conföderationsangelegenheiten als einen dem Kaiser gewährten Vortheil zu betrachten und zu einer solchen Gewährung waren nur Wenige geneigt. Selbst im 16. und 17. Jahrhundert, in welchen Deutschland so vielfach den plötzlichen Angriffen der Osmanen ausgesetzt war und der Reichstag beständig wegen eilender und beharrlicher Türkenhülfe angegangen werden mußte, berücksichtigte derselbe nur selten die erforderliche höchste Nothdurft und die Gefahr des besorglichen türkischen Ueberfalls. Entschloß er sich, einige Römermonate zu bewilligen, so geschah es doch nur unter dem Zusatz, daß Stände mit weiteren Zumuthungen nicht belästigt werden dürften. Im vorigen Jahrhundert ward es immer schwieriger, Geldbewilligungen vom Reichstage zu erlangen und viele Fürsten behaupteten, daß die Majorität der Stände niemals die in der Minorität Gebliebenen zu Zahlungen verpflichten könnten. Wer bewilligt, sagten sie, zahlt; wer nicht bewilligt, zahlt nicht. Die großen Landesherren erhielten nicht selten vom Kaiser, der hierdurch ihre Zustimmung zu Geldbewilligungen zu erlangen suchte, das Versprechen, daß er ihren Römermonat nicht einfordern werde, und hatten sie solche Zusage auch nicht erhalten, so waren sie dennoch, wie die Erfahrung lehrte, die schlechtesten Zahler. Im Jahre 1731 z. B. hatten die Reichsstände die Zahlung eines Römermonats, also der geringen Summe von 58000 Gulden, zur Errichtung eines Gebäudes für das Kammergericht versprochen, aber vier und dreißig Jahre später hatten von allen Churfürsten nur Churtrier und Churbraunschweig ihren kleinen Antheil gezahlt. Wenn die Beiträge der mächtigen Reichsstände fortfielen, so konnte der Zweck, zu welchem das Geld vom Reichstage bewilligt und von den kleineren Herren gezahlt war, ent-

weder gar nicht erreicht werden, oder es mußten die Römer=
monate vervielfacht werden, wodurch dann die ganze Last auf
die mittleren und kleineren Landesherren gewälzt worden wäre.
Um diesen Nachtheil zu vermeiden, bewilligten die Fürsten im
vorigen Jahrhundert Römermonate nur unter der Bedingung,
daß secundum ordinem collegiorum et votantium gezahlt werde,
d. h. daß die Kleineren nur dann zu zahlen verpflichtet sein
sollten, wenn die Größeren bereits gezahlt hätten. Da nun
die Größeren demungeachtet nicht zahlten und die früher ge=
bräuchlichen fiscalischen Prozesse gegen die Säumigen unaus=
führbar geworden waren, so blieb, selbst wenn der Reichstag
Römermonate bewilligt hatte, die Reichsconföderation dennoch
ohne Geld und jedes Reichsunternehmen, zu welchem Geld
erforderlich war, endete sich mit Spott und Schaden des
Reichs. · ·

Die dritte conföderative Institution endlich, die Reichs=
kriegsverfassung, war nicht weniger als das Reichsgericht und
das Reichsfinanzwesen den Gefahren erlegen, welche aus der
großen Zahl politisch todter Conföderationsglieder und der
Schwäche der conföderativen Gewalt hervorging.

Länger als anderthalb Jahrhunderte war gesetzlich das so=
genannte Reichsheer nach der Matrikel von 1521 aufgebracht
worden. Die Truppen der verschiedenen Reichsstände traten
während dieser Zeit zusammen in derselben Ordnung, in wel=
cher ihre Herren im Range auf einander folgten, so daß z. B.
Mecklenburger und Würtemberger eine untere Heeresabtheilung
bildeten. Im Jahre 1681 ward diesem Uebelstande ein Ende
gemacht, indem das zu 40000 Mann festgesetzte Simplum des
Reichsheeres in zehn ungleiche Theile vertheilt und jedem Kreise
die Stellung eines solchen Theiles überwiesen wurde. Versuche
wurden unternommen, zu bestimmen, wie viel Volks zu Roß
und zu Fuß jeder Reichsstand pro securitate auch im Frieden
zu erhalten habe. Ein Reichsgutachten von 1702 trug sogar
darauf an, daß ein zweifaches Simplum, also 80000 Mann,
auch außerhalb der Kriegszeiten bereit stehen solle; aber der

Kaiser, welcher von stets bewaffneten Reichsständen für sein
prätendirtes königliches Ansehen fürchtete, ratificirte diesen Antrag nicht. Daher wurde bis zur Auflösung des Reiches an
die Bildung eines Reichsheeres erst dann gedacht, wenn der
Reichskrieg beschlossen war. Dem raschen Zusammentreten der
Contingente trat zunächst das Mißtrauen entgegen, welches in
den größeren Fürsten durch die Fortdauer eines deutschen Königthums inmitten der conföderirten Landesherren erweckt ward.
Die mit vielem sauren Schweiß und Mühe der Reichsständischen Unterthanen zusammengebrachten Contingente würden, so
klagte man, vom Wiener Hofe zur alleinigen Beförderung seiner
Privatabsichten als Oestreichische Hülfsvölker verwendet und
wären oftmals nichts als ein Mittel für den Kaiser, um die
Reichsstände zu bedrücken und zu beschädigen. Da überdieß die
größeren deutschen Fürsten, indem sie das Reichscontingent
stellten, ihre eigene Kriegsmacht und dadurch ihr politisches
Gewicht und ihr finanzielles Einkommen aus Subsidienverträgen schmälerten, so waren sie nur in seltenen Fällen geneigt,
der Reichskriegspflicht Genüge zu leisten und die Schwäche des
Reichstags machte den Zwang gegen sie unmöglich. In der
Saumseligkeit der großen Fürsten fanden die kleineren einen
Vorwand sich die Kosten der Ausrüstung zu ersparen. Sie
behaupteten, die großen Hansen müßten in Stellung der Contingente vorangehen und nicht die kleinen Jäckelein. Zwar wurden gegen die kleinen morosi hin und wieder die reichs- und
kreisconstitutionsmäßigen Exekutionsmittel beschlossen und angewendet; aber dennoch bestand die Reichsarmee, deren Größe
im vorigen Jahrhundert mehreremal auf ein dreifaches Simplum, also auf 120000 Mann bestimmt wurde, oft kaum aus
20000 Soldaten. Wenn in den aus vielen Mitgliedern zusammengesetzten Kreisen der ausschreibende Fürst mit Mühe
und Aerger, mit Drohungen und Executionen den kleinen
Ständen endlich die Ueberzeugung aufgedrungen hatte, daß sie
dieses Mal wirklich ihre Contingente stellen müßten, dann gaben sie zunächst ihr im Frieden unterhaltenes Militair, oft-

mals aus zwölf oder vierzehn Leuten gebildet, welche an den Stadtthoren oder vor den gräflichen Schlössern, Zimmern und Gärten Schildwache gestanden hatten *)." Dann wurde zu dem möglichst wohlfeilen Preise Gesindel aller Art, wenn es nur das Gewehr tragen konnte, geworben oder auch wohl, um Werbegeld zu sparen, das Zuchthaus ausgeleert. Auf dem Sammelplatz angekommen, wurden die kleinen zusammengerafften Haufen, denen man Waffen gegeben hatte, zu einem großen Haufen, Regiment genannt, vereinigt. Pfui Teufel, rief ein Oberst, als er sein auf das Verschiedenste gekleidete Regiment zuerst erblickte, Pfui Teufel, da fehlen ja nur noch einige Dutzend Hanswürste und Schornsteinfeger, um die Carricatur vollständig zu machen. Da jeder Reichsstand seinen Leuten Waffen von beliebigem Alter und beliebiger Einrichtung gab, so war gleichmäßige Uebung und Ausbildung auch nur eines einzigen der zusammengesetzten Regimenter unmöglich; da jeder Reichsstand besonders seine Soldaten verpflegte, und deßhalb Brod und sonstiger Unterhalt an verschiedenen Tagen und auf verschiedene Dauer ausgeliefert ward, so war nie auch nur ein Regiment in allen seinen Gliedern für wenige Tage so versorgt, daß es rasche gemeinsame Bewegungen hätte vornehmen können. Da ein Reichsstand nur den Fähnrich, der andere nur den Lieutenant, der dritte nur den Hauptmann zu bestellen hatte, so war den Offizieren jede Aussicht vorzurücken und zugleich der Sporn genommen ihrer kriegerischen Untüchtigkeit, die sie nothwendig von Haus aus mitbringen mußten, abzuhelfen. Die Soldaten sollten Offizieren eines andern Reichsstandes kriegerischen Gehorsam leisten, aber leisteten sie ihn nicht, so hatten sie einen Rückhalt an ihrem Herrn, der eifersüchtig die Befehlshaber der Anderen bewachte und oft genüg selbst die Ausreißer freundlich aufnahm. Eine kriegerische Zuneigung zu den Offizieren anderer Reichsstände fehlte schon deßhalb

---

*) Schilderung der jetzigen Reichsarmee nach ihrer wahren Gestalt. Cöln 1795, im Auszuge in Häberlin Staatsarchiv I. 448.

unter den Soldaten, weil sie jenen nur für die kurzen Zeit-
räume, in denen das Reichsheer beisammen blieb, untergeordnet waren, und auch für diese Zeit weder Verpflegung noch
Bekleidung, noch Sold noch irgend eine andere Versorgung
durch sie erhielten. Diese Verschiedenheit der Herren, des Soldes, der Bewaffnung, Bekleidung nud Verpflegung rief so viele
Rotten, die sich unaufhörlich neckten und verfolgten, in den
Regimentern hervor, als reichsständische Abtheilungen in denselben waren. Jede hielt unter sich zusammen, war gegen alle
andern feindlich und hatte stets einen Rückhalt an ihrem Offi-
zier. Die Oestreicher und Preußen, so wie die Truppen einiger anderen größeren Stände, wollten solche Soldaten nicht als
ihre Kameraden anerkennen, sondern blickten mit Verachtung
auf sie herab und wurden dagegen von jenen mit grimmigem
Hasse verfolgt, der in Jubel ausbrach, wenn ein Unglück die
großen Reichsstände traf. Bei diesem Zustande der Reichsarmee konnte es dem Reiche freilich wenig helfen, daß es im
Ryswiker Frieden zwei Reichsfestungen, Kehl und Philippsburg, erhielt. Wohl erinnerte der Kaiser, daß man dieselben
nicht zur ewigen Schande und Spott der deutschen Nation verfallen laffen, sondern einen ergiebigen Reichsschluß fassen
möchte. Jede Erinnerung war umsonst; 1754 verließen die
Kreistruppen Kehl gänzlich und in Philippsburg befanden sich
1777 nur noch funfzehn kaiserliche Soldaten, die 1782 auch
abzogen. Es sind, sagte Moser, die bei einer Reichsarmee
sich äußernden Gebrechen so groß, auch viel und mancherlei,
daß man, so lange das deutsche Reich in seiner jetzigen Verfassung besteht; demselben auf ewig verbieten sollte, einen Reichskrieg zu führen.

Bei diesem tiefen Verfalle aller conföderativen Institutionen war die Nationalität das einzige Band, welches alle Deutschen zusammenhielt; aber für sich allein konnte sie die völlige
Zerrüttung des gemeinsam deutschen politischen Lebens nicht
verhindern. Seit dem sechszehnten Jahrhundert führten Deutsche gegen Deutsche, Conföderationsglieder gegen ihre Genossen

erbitterte Kämpfe, wie im schmalkaldischen Kriege, im dreißigjährigen Kriege, im östreichischen Successionskriege, im siebenjährigen Kriege, und kein Kanonenschuß ist, um in Weckher-
lins Ausdrucksweise*) zu reden, seit dem westphälischen Frieden in Deutschland gehört worden, welcher nicht den Franzosen, den Schweden, den Russen zum Signal diente, herbeizu-
laufen und das Reich zu verwüsten. Bald sind sie Garanten,
bald Schiedsrichter, und immer sengen und brennen, rauben
und verheeren sie mit so wenig Scrupel, als wenn sie geborne
Deutsche wären. Die unmittelbare Folge des inneren Zerfalls
waren immer neue Verluste an das Ausland. Jeder begin-
nende Reichskrieg deutete kommende Abtretungen an. Spott
und Hohn der Fremden lastete auf dem gemeinsam deutschen
Leben; im Frieden ward es ungerächt von Frankreich beraubt
und seine Fürsten empfingen, bis auf Friedrich des Großen
Zeit, die Richtung ihrer Politik durch Fremde, nämentlich
durch Frankreich.

Dennoch war in diesen Jahrhunderten der Zerrüttung im
Innern und der Erniedrigung nach Außen der Grund zu einem
neuen, noch niemals dagewesenen gemeinsam deutschen politischen Leben gelegt.

IV. Der bildende Einfluß der conföderativen
Reichsnatur auf die politische Zukunft
Deutschlands.

Längst hatte die Geschichte dargethan, daß es dem nationalen deutschen Geiste widerstrebend sei, sich in Form eines
Staates zu gestalten, und daß der auf das Einzelleben gegrün-
bete Lehnsverband nie der Ausdruck für die innere Volkseinheit
werden könne. Dagegen hatten seit dem Ende des funfzehnten
Jahrhunderts alle deutschen Landesherren sich zu einigen versucht, nicht in ihrer Eigenschaft als Individuen, sondern als

---

*) Weckherlin Chronologen Band 7. S. 115.

Fürsten des deutschen Volkes, also als die Glieder desselben, in denen das politische Leben der von ihnen beherrschten Volksgliederung concentrirt erschien. Weil sie als Fürsten eine deutsche politische Einheit darzustellen unternahmen, wurden die Versuche zur Bildung Eines deutschen Staates, welche immer mit dem deutschen nationalen Geiste in Widerspruch gestanden hatten, zurückgedrängt; weil sie in ihrer Eigenschaft als Deutsche eine Einheit zu schaffen trachteten, wurden die Reste des Feudalzusammenhanges, welcher gar keine politische Einheit war, mehr und mehr beseitigt. In der neu hervorgetretenen Reichsconföderation, welche nicht einen Bundesstaat, nicht einen Staatenbund, sondern eine politische Einheit eigenthümlicher Natur bildete, war die einzig mögliche Versöhnung gegeben zwischen den beiden mit gleicher Stärke und gleicher Berechtigung im deutschen nationalen Geiste wirkenden Kräften. Das Einheitsbewußtsein des Volkes nämlich, welches zur politischen Einheit und das Selbstständigkeitsbewußtsein der einzelnen Volksgliederungen, welches zur Bildung so vieler Staaten drängt als Volksgliederungen sind, konnten nebeneinander und durcheinander in der Reichsconföderation volle Geltung finden. Eine politische Idee hatte einen noch nicht dagewesenen Ausdruck gewonnen, welcher von keinem Fremden erborgt, sondern aus dem tiefsten nationalen Bedürfniß hervorgewachsen war. So eigenthümlich großartig, so echt deutsch war die Idee der Reichsconföderation, daß sie entstellt und erstarrt wie sie im sechszehnten, siebenzehnten und achtzehnten Jahrhundert erschien, dennoch nicht ohne mächtige Einwirkung auf das Leben blieb. Die nationale Einheit war zum ersten Mal in unserer Geschichte als politische Einheit ausgeprägt, welche alle Deutsche als Deutsche umfaßte, verpflichtete und berechtigte. Sie Alle, mochten sie Landesherren oder Landsaffen sein, waren zur Befolgung der conföderativen Anordnungen und zur Mitwirkung für das Gedeihen der Conföderation verbunden. Es durften die Landesherren, wenn eine Ausgabe für das Reich beschlossen war, durch Steuern der Landsaffen die Beiträge

4

aus ihren Kammergütern ergänzen. Es mußten die Landsassen zur Herstellung der Contingente für das Reichsheer mitwirken. Dagegen wollte andererseits die Reichsconföderation durch Vermittelung des Kammergerichts jedem Deutschen Rechtssicherheit gewähren und gewährte sie auch im vorigen Jahrhundert wirklich, wenigstens den Gliedern der kleinen Gebiete, wenn sie in auffallender Weise bedroht wurden. Das gemeinsam deutsche Leben erhielt durch die Conföderation einen Halt; sie machte, sobald sie gegründet war, dem Kriege Aller gegen Alle, welcher das funfzehnte Jahrhundert characterisirt hatte, ein Ende. Das Chaotische verlor sich aus dem politischen Leben; nicht alle Einzelnen, sondern nur Einheiten konnten fortan gegen einander auftreten, und auch die Landesherren, wenn sie der Conföderation zuwider handelten, brachen nicht nur einen Lehns-oder Alliancevertrag, sondern galten als Verletzer der deutschen politischen Einheit; sie wurden nicht nur als Nationalverräther, sondern auch als Verräther an der Conföderation betrachtet.

Die Schmach und das Elend, welches im vorigen Jahrhundert auf dem gemeinsam politischen Leben der Deutschen lastete, war nicht durch das Hervortreten der conföderativen Natur im Reiche, sondern durch das Zurückdrängen ihrer freien ungehinderten Entfaltung begründet. Mit den Eindrücken und Ueberlieferungen einer vergangenen Zeit, mit ihren Nachwirkungen und Erzeugnissen hatte die Conföderation zu kämpfen und konnte zu einem fröhlichen Gedeihen nicht gelangen, so lange jene Masse politisch todter Glieder auf ihr lastete, so lange sie die todten Formen des alten deutschen Königthums und des alten deutschen Reichstags tragen mußte. Nur wenn die Masse abgestorbener Glieder, nur wenn die Formen des deutschen Königthums und Reichstags abgestoßen waren, konnte es den lebenskräftigeren Fürsten gelingen, in einem deutschen Bunde den inneren großartigen Gehalt der Reichsconföderation zu befruchten und die politische Schöpfung des funfzehnten Jahrhunderts ihrem eigenen Principe gemäß weiter zu entwickeln.

Keine unerhörte Gewaltthat, keine Vernichtung irgend einer politischen wahren Selbstständigkeit, brauchte einzutreten, um dieses Ziel erreichbar zu machen. Aus Königthum und Reichstag, von tausendjährigem Alter gedrückt, war längst der lebendige Geist entflohen und ihr todter Körper harrte seit Jahrhunderten des Grabes. Wurden sie beseitigt, so wurde kein Leben getödtet, sondern nur ein Leichnam begraben. Die vielen, kleinen und die geistlichen Territorien hatten kein politisches Leben, keine politische Selbstständigkeit, sondern waren Jahrhunderte hindurch, zum Unglück Deutschlands und zum eignen, nur behandelt worden, als besäßen sie Beides; und hatten, wie, wenn sie einen selbstständigen Einfluß auf das Gesammtleben Deutschlands zu üben vermöchten, Sitz und Stimme auf dem Reichstage geführt. Verloren sie diese, so verloren sie ein nur formales Recht; denn politischen Einfluß, welcher allein dem Stimmrecht materiale Bedeutung verleiht, hatten sie nicht gehabt. Nicht ein politisches Leben, sondern nur eine politische Fiction wurde durch den Untergang ihres Stimmrechts beseitigt. Nicht einmal eine neue politische Bahn wurde dadurch betreten, daß den kleinen und abgestorbenen Territorien der Schein einer politischen Bedeutung, die sie in Wahrheit nicht hatten, entzogen ward. Denn den zahllosen reichsritterlichen Dynasten war nie eine Stimme gewährt gewesen und die gräflichen Landesherren, über hundert an der Zahl, hatten zusammen schon längst nur 4 Stimmen, und die vierzig landesherrlichen Prälaten zusammen nur zwei Stimmen geführt. Die Reichsstädte zwar waren neben dem Collegium der Churfürsten und dem der Fürsten zu einem dritten Collegium des Reichstages vereinigt; aber wenn die beiden oberen Collegia verschiedener Meinung waren, so wurde das der Reichsstädte gar nicht gefragt, und wenn jene übereinstimmten, so war es für die Reichsstädte im letzten Jahrhundert fast eine Unmöglichkeit ihren Beitritt zu verweigern. Allen diesen Dynasten und Reichsständen, die aus innerer Schwäche oder Abgestorbenheit politischen Einfluß nicht üben konnten, war mithin auch das for-

male Stimmrecht schon seit Jahrhunderten entweder ganz entzogen oder doch bis auf einen wenig bedeutenden Rest beschränkt.
In der fortschreitenden Ausschließung auch anderer todter Glieder von der Theilnahme an der Conföderationsversammlung
lag daher nur die Anwendung eines Princips, welches schon
seit Jahrhunderten sich geltend gemacht hatte.

Der Weg, auf welchem das politische Gesammtleben aus
seiner Erstarrung und Erschlaffung geweckt werden konnte, war
durch die Geschichte und die innere Natur der Verfassung so
bestimmt vorgezeichnet, daß er Männern, welche mit Einsicht
und Wärme den Zustand unseres Vaterlandes betrachteten, nicht
verborgen bleiben konnte. Schärfer und tiefer aber als Leibnitz *) hat Niemand in den letzten Jahrhunderten des Reiches
die Gebrechen der bestehenden Verfassung und die Mittel der
Abhülfe erkannt und dargestellt. Deutschland hat alle Kraft,
so schreibt er, um stark und glücklich zu sein; das Volk ist
herzhaft und verständig, das Land groß und fruchtbar. Dennoch ist es in sich zerfallen und jeden Augenblick der Vernichtung durch einen kräftigen Feind ausgesetzt. Die Reichsverfassung mit ihrem Kaiser und Reichstag und ihren zahllosen
Reichsständen kann dem Uebel nicht abhelfen; denn eine Union
aller Reichsstände ist ein fast unmögliches Werk. Da Leibnitz
seiner Zeit gegenüber die Beseitigung von Kaiser, Reichstag
und Mehrzahl der Reichsstände als etwas Unerreichbares erkannte, so forderte er, daß unbeschadet des Fortbestandes der
Reichsverfassung die considerabelen und der Reichsangelegenhei-
ten sich vor anderen annehmenden Stände eine Particularunion
schließen sollten. Zweck der Union ist, Deutschland wider innere Unruhe und äußere Macht sicher zu stellen; in außer-
deutsche Angelegenheiten soll sie sich daher in keiner Weise mischen; dagegen gehört Alles zu ihrer Aufgabe, was aus dem
angegebenen Zwecke folgt und zu der Wohlfahrt des Reiches

---

*) Bedenken, welchergestalt securitas publica im Reiche auf festen Fuß
zu stellen. In Guhrauer Leibnitz deutsche Schriften Th. I. S. 151.

nöthig ist. Glieder der Union müssen alle bedeutenderen Reichsstände sein, damit nicht etwa von den nicht zu ihr Gehörenden
eine Gegenunion geschlossen und dadurch Deutschland in zwei
sich bekämpfende Theile zerrissen würde. Aber die kleinen ohnmächtigen Fürsten und Städte sollen ausgeschlossen bleiben.
Nur wer 600 Mann zu Fuß und 400 Mann zu Pferde unterhalten kann und will, hat Recht auf selbstständige Theilnahme
an der Union. Der Kaiser als solcher kann nicht zu derselben
gehören. An der Spitze der Union soll ein Directorium stehen, in welchem Churmainz immer und die übrigen Conföderirten abwechselnd vertreten sind; neben demselben erscheint ein per-
manentes consilium foederatorum nothwendig, in welchem jedes
Mitglied Sitz und Stimme hat, sofern es seine Kriegsmacht
pünktlich stellt. Leibnitz war von der Richtigkeit und politischen
Nothwendigkeit seiner Ansicht, die, wenn sie ins Leben getreten wäre, Kaiser, Reichstag und abgestorbene Reichsstände
ohne viel Geräusch beseitigt haben würde, so fest überzeugt, daß
er ausruft, falls sie unausgeführt bleiben wird, verzweifle ich
an Verbesserung unseres Elendes und an Aufhaltung des uns
über dem Hals schwebenden, keine Säumung leidenden Unglücks.

Wie im 17. Jahrhundert würde auch im achtzehnten Jahrhundert, namentlich in der zweiten Hälfte desselben, die Fortdauer der alten Reichsverfassung als der Grund des politischen
Elends Deutschlands anerkannt. Die immer häufiger werdenden Flugschriften bezeichnen die Formen bald als ein Spiel
der Phantasie, jeder Realität entbehrend, bald als Ruinen,
die wie alle Ruinen unbrauchbar und unnütz seien, bald als
Zufälligkeiten, welche sich wie die Kleidung der Rathsherren
in manchen Reichsstädten auch unter ganz veränderten Umständen erhalten hätten. Die Vernichtung ihres Schattenwerkes
würde einen Zusammenhang der Deutschen nicht aufheben, und
die größeren deutschen Staaten glücklicher machen.

Der geistigen Gesammtrichtung ihrer Zeit entsprechend,
wissen die politischen Schriftsteller aus der zweiten Hälfte des
vorigen Jahrhunderts freilich nichts an die Stelle der vernich-

tenen alten Reichsinstitutionen zu setzen; nur in einer sonst wenig bedeutenden Flugschrift*) vom Jahre 1798 findet sich der Zuruf an die deutschen Fürsten: Schließet einen festen deutschen Bund.

Aus ihrem eigenen Principe heraus drängte die Verfassung der bestehenden Reichsconföderation zu einer inneren Belebung hin, welche nach Abstoßung der todten Formen des deutschen Reichstags wie der deutschen Königswürde und nach Beseitigung der abgestorbenen Conföderationsglieder nur in der Gestalt eines auf der deutschen nationalen Einheit gegründeten Bundes erscheinen konnte. Das nähere oder entferntere Eintreten der Wiedergeburt Deutschlands hing wesentlich von dem Character der Aufgaben ab, welche den Deutschen Territorien durch ihre Lebenszustände und ihre Rechtsgestalt gestellt waren.

Dritter Abschnitt.
Die deutschen Territorien.

Einleitung.

Zur carolingischen Zeit hatten kaiserliche Beamte unter dem Namen von Grafen, Markgrafen u. s. w. in ihren mit Rücksicht auf Stammesverschiedenheit abgegränzten Amtssprengeln die kaiserlichen Rechte, namentlich den Gerichtsbann und den Heerbann, geübt. Viele Jahre hindurch ging die Amtsgewalt vom Vater auf den Sohn in Familien über, welche regelmäßig zugleich die größten Grundeigenthümer innerhalb ihres Sprengels waren. Hoch über alle Uebrigen ragten diese Familien hervor und bildeten den Mittelpunkt für das gemeinsame Leben im Amtsbezirk. Als die carolingischen Einrichtungen verfielen und die auf den jetzt verschwindenden Staatscha-

---

*) Winke über Deutschlands Staatsverfassung. Germanien 1798.

racter des deutschen Reiches gegründet gewesenen Amtsrechte nicht länger behauptet werden konnten, gelang es den mächtigen gräflichen Amtsfamilien, sich bei der Umwandlung der Verhältnisse eine neue höchst bedeutungsvolle politische Stellung in ihren alten Amtssprengeln zunächst und vor Allem in Beziehung auf die Rechtspflege zu verschaffen.

Nach der Volksansicht des Mittelalters erschien das Recht in solchem Grade als eine einzelne Aeußerung des Gesammtlebens bestimmter Volkskreise z. B. einer Gemeinde, eines Standes, daß es als nur innerhalb desselben lebend, nicht auch als ein aus demselben Herausgetretenes betrachtet wurde. Niemand daher, der außerhalb des bestimmten Volkskreises stand, die Obrigkeit so wenig, wie irgend ein Anderer, konnte das in einer Gemeinde oder einer Genossenschaft ungewiß gewordene Recht erkennen und feststellen. Nur die Glieder des Volkskreises, in welchem zwischen Einzelnen ein Rechtsstreit entstand, waren es, welche tief in der eigenen Brust fühlten, was Rechtens sei; nur Schöffen aus den Genossen konnten das verdunkelte Recht finden. Um das von den Genossen gefundene Recht zu mehr als einer Rechtsmeinung Einzelner, um es zu einem allgemein Anzuerkennenden, zu einem richterlichen Urtheil zu erheben, ward eine Macht vorausgesetzt, welche höher, als alle Einzelnen stand und in der Sprache des Mittelalters Gerichtsbann hieß. Die gräflichen Amtsfamilien hatten in der carolingischen Zeit den Gerichtsbann als ein vom Kaiser übertragenes Amtsrecht besessen, verloren bei dem Verfall des carolingischen Reiches denselben als Amtsrecht, aber gewannen seinen Inhalt als ein eignes ihnen selbst zustehendes Recht zurück. Kraft des erworbenen Gerichtsbannes veranlaßten und beaufsichtigten sie das Finden des Rechts und vollstreckten das gefundene, während die übrigen Amtsrechte bis auf einzelne Trümmer gänzlich verschwanden. Durch diese Verwandlung des alten Amtsrechts in ein eignes Recht wurde die Amtsgewalt zur Landeshoheit, die Beamten wurden zu Landesherren, die Amtssprengel zu Territorien. Vielen geistlichen Würdenträgern gelang es noch

erbitterte Kämpfe, wie im schmalkaldischen Kriege, im dreißigjährigen Kriege, im östreichischen Successionskriege, im siebenjährigen Kriege, und kein Kanonenschuß ist, um in Weckher-
lins Ausdrucksweise*) zu reden, seit dem westphälischen Frieden in Deutschland gehört worden, welcher nicht den Franzosen, den Schweden, den Russen zum Signal diente, herbeizu-
laufen und das Reich zu verwüsten. Bald sind sie Garanten,
bald Schiedsrichter, und immer sengen und brennen, rauben
und verheeren sie mit so wenig Scrupel, als wenn sie geborne
Deutsche wären. Die unmittelbare Folge des inneren Zerfalls
waren immer neue Verluste an das Ausland. Jeder begin-
nende Reichskrieg deutete kommende Abtretungen an. Spott
und Hohn der Fremden lastete auf dem gemeinsam deutschen
Leben; im Frieden ward es ungerächt von Frankreich beraubt
und seine Fürsten empfingen, bis auf Friedrich des Großen
Zeit, die Richtung ihrer Politik durch Fremde, nämentlich
durch Frankreich.

Dennoch war in diesen Jahrhunderten der Zerrüttung im
Innern und der Erniedrigung nach Außen der Grund zu einem
neuen, noch niemals dagewesenen gemeinsam deutschen politischen Leben gelegt.

IV. Der bildende Einfluß der conföderativen
Reichsnatur auf die politische Zukunft
Deutschlands.

Längst hatte die Geschichte dargethan, daß es dem nationalen deutschen Geiste widerstrebend sei, sich in Form eines
Staates zu gestalten, und daß der auf das Einzelleben gegründete Lehnsverband nie der Ausdruck für die innere Volkseinheit
werden könne. Dagegen hatten seit dem Ende des funfzehnten
Jahrhunderts alle deutschen Landesherren sich zu einigen versucht, nicht in ihrer Eigenschaft als Individuen, sondern als

---

*) Weckherlin Chronologen Band 7. S. 115.

Fürsten des deutschen Volkes, also als die Glieder desselben, in denen das politische Leben der von ihnen beherrschten Volksgliederung concentrirt erschien. Weil sie als Fürsten eine deutsche politische Einheit darzustellen unternahmen, wurden die Versuche zur Bildung Eines deutschen Staates, welche immer mit dem deutschen nationalen Geiste in Widerspruch gestanden hatten, zurückgedrängt; weil sie in ihrer Eigenschaft als Deutsche eine Einheit zu schaffen trachteten, wurden die Reste des Feudalzusammenhanges, welcher gar keine politische Einheit war, mehr und mehr beseitigt. In der neu hervorgetretenen Reichsconföderation, welche nicht einen Bundesstaat, nicht einen Staatenbund, sondern eine politische Einheit eigenthümlicher Natur bildete, war die einzig mögliche Versöhnung gegeben zwischen den beiden mit gleicher Stärke und gleicher Berechtigung im deutschen nationalen Geiste wirkenden Kräften. Das Einheitsbewußtsein des Volkes nämlich, welches zur politischen Einheit und das Selbstständigkeitsbewußtsein der einzelnen Volksgliederungen, welches zur Bildung so vieler Staaten drängt als Volksgliederungen sind, konnten nebeneinander und durcheinander in der Reichsconföderation volle Geltung finden. Eine politische Idee hatte einen noch nicht dagewesenen Ausdruck gewonnen, welcher von keinem Fremden erborgt, sondern aus dem tiefsten nationalen Bedürfniß hervorgewachsen war. So eigenthümlich großartig, so echt deutsch war die Idee der Reichsconföderation, daß sie entstellt und erstarrt wie sie im sechszehnten, siebenzehnten und achtzehnten Jahrhundert erschien, dennoch nicht ohne mächtige Einwirkung auf das Leben blieb. Die nationale Einheit war zum ersten Mal in unserer Geschichte als politische Einheit ausgeprägt, welche alle Deutsche als Deutsche umfaßte, verpflichtete und berechtigte. Sie Alle, mochten sie Landesherren oder Landsassen sein, waren zur Befolgung der conföderativen Anordnungen und zur Mitwirkung für das Gedeihen der Conföderation verbunden. Es durften die Landesherren, wenn eine Ausgabe für das Reich beschlossen war, durch Steuern der Landsassen die Beiträge

4

aus ihren Kammergütern ergänzen. Es mußten die Landsaffen zur Herstellung der Contingente für das Reichsheer mitwirken. Dagegen wollte andererseits die Reichsconföderation durch Vermittelung des Kammergerichts jedem Deutschen Rechtssicherheit gewähren und gewährte sie auch im vorigen Jahrhundert wirklich, wenigstens den Gliedern der kleinen Gebiete, wenn sie in auffallender Weise bedroht wurden. Das gemeinsam deutsche Leben erhielt durch die Conföderation einen Halt; sie machte, sobald sie gegründet war, dem Kriege Aller gegen Alle, welcher das funfzehnte Jahrhundert characterisirt hatte, ein Ende. Das Chaotische verlor sich aus dem politischen Leben; nicht alle Einzelnen, sondern nur Einheiten konnten fortan gegen einander auftreten, und auch die Landesherren, wenn sie der Conföderation zuwider handelten, brachen nicht nur einen Lehns- oder Alliancevertrag, sondern galten als Verletzer der deutschen politischen Einheit; sie wurden nicht nur als Nationalverräther, sondern auch als Verräther an der Conföderation betrachtet.

Die Schmach und das Elend, welches im vorigen Jahrhundert auf dem gemeinsam politischen Leben der Deutschen lastete, war nicht durch das Hervortreten der conföderativen Natur im Reiche, sondern durch das Zurückdrängen ihrer freien ungehinderten Entfaltung begründet. Mit den Eindrücken und Ueberlieferungen einer vergangenen Zeit, mit ihren Nachwirkungen und Erzeugnissen hatte die Conföderation zu kämpfen und konnte zu einem fröhlichen Gedeihen nicht gelangen, so lange jene Masse politisch todter Glieder auf ihr lastete, so lange sie die todten Formen des alten deutschen Königthums und des alten deutschen Reichstags tragen mußte. Nur wenn die Masse abgestorbener Glieder, nur wenn die Formen des deutschen Königthums und Reichstags abgestoßen waren, konnte es den lebenskräftigeren Fürsten gelingen, in einem deutschen Bunde den inneren großartigen Gehalt der Reichsconföderation zu befruchten und die politische Schöpfung des funfzehnten Jahrhunderts ihrem eigenen Principe gemäß weiter zu entwickeln.

Keine unerhörte Gewaltthat, keine Vernichtung irgend
einer politischen wahren Selbstständigkeit brauchte einzutreten,
um dieses Ziel erreichbar zu machen. Aus Königthum und
Reichstag, von tausendjährigem Alter gedrückt, war längst
der lebendige Geist entflohen und ihr todter Körper harrte seit Jahrhunderten des Grabes. Wurden sie beseitigt, so wurde kein
Leben getödtet, sondern nur ein Leichnam begraben. Die vielen, kleinen und die geistlichen Territorien hatten kein politisches Leben, keine politische Selbstständigkeit, sondern waren
Jahrhunderte hindurch, zum Unglück Deutschlands und zum eignen nur behandelt worden, als besäßen sie Beides; und hatten,
wie, wenn sie einen selbstständigen Einfluß auf das Gesammtleben Deutschlands zu üben vermöchten, Sitz und Stimme auf
dem Reichstage geführt. Verloren sie diese, so verloren sie ein
nur formales Recht; denn politischen Einfluß, welcher allein
dem Stimmrecht materiale Bedeutung verleiht, hatten sie nicht
gehabt. Nicht ein politisches Leben, sondern nur eine politische Fiction wurde durch den Untergang ihres Stimmrechts beseitigt. Nicht einmal eine neue politische Bahn wurde dadurch
betreten, daß den kleinen und abgestorbenen Territorien der
Schein einer politischen Bedeutung, die sie in Wahrheit nicht
hatten, entzogen ward. Denn den zahllosen reichsritterlichen
Dynasten war nie eine Stimme gewährt gewesen und die gräflichen Landesherren, über hundert an der Zahl, hatten zusammen schon längst nur 4 Stimmen, und die vierzig landesherrlichen Prälaten zusammen nur zwei Stimmen geführt. Die
Reichsstädte zwar waren neben dem Collegium der Churfürsten
und dem der Fürsten zu einem dritten Collegium des Reichstages vereinigt; aber wenn die beiden oberen Collegia verschiedener Meinung waren, so wurde das der Reichsstädte gar
nicht gefragt, und wenn jene übereinstimmten, so war es für
die Reichsstädte im letzten Jahrhundert fast eine Unmöglichkeit
ihren Beitritt zu verweigern. Allen diesen Dynasten und Reichsständen, die aus innerer Schwäche oder Abgestorbenheit politischen Einfluß nicht üben konnten, war mithin auch das for-

aus ihren Kammergütern·
zur. Herstellung der
Dagegen; wollte
mittelung des
gewähren y
lich, war
auffalle
Leber
sol

...derten entweder ganz ent-
...bedeutenden Rest beschränkt.
...schließung auch anderer todter Glie-
...an der Conföderationsversammlung
...ung eines Princips, welches schon
...geltend gemacht hatte.

...sich, welchem das politische Gesammtleben aus
...Erschlaffung geweckt werden konnte, war
...die Geschichte und die innere Natur der Verfassung so
...vorgezeichnet, daß er Männern, welche mit Einsicht
...Wärme den Zustand unseres Vaterlandes betrachteten, nicht
...verborgen bleiben konnte. Schärfer und tiefer aber als Leib-
niz *) hat Niemand in den letzten Jahrhunderten des Reiches
die Gebrechen der bestehenden Verfassung und die Mittel der
Abhülfe erkannt und dargestellt. Deutschland hat alle Kraft,
so schreibt er, um stark und glücklich zu sein; das Volk ist
herzhaft und verständig, das Land groß und fruchtbar. Dennoch ist es in sich zerfallen und jeden Augenblick der Vernichtung durch einen kräftigen Feind ausgesetzt. Die Reichsverfassung mit ihrem Kaiser und Reichstag und ihren zahllosen
Reichsständen kann dem Uebel nicht abhelfen; denn eine Union
aller Reichsstände ist ein fast unmögliches Werk. Da Leibnitz
seiner Zeit gegenüber die Beseitigung von Kaiser, Reichstag
und Mehrzahl der Reichsstände als etwas Unerreichbares erkannte, so forderte er, daß unbeschadet des Fortbestandes der
Reichsverfassung die considerabelen und der Reichsangelegenhei-
ten sich vor anderen annehmenden Stände eine Particularunion
schließen sollten. Zweck der Union ist, Deutschland wider innere Unruhe und äußere Macht sicher zu stellen; in außer-
deutsche Angelegenheiten soll sie sich daher in keiner Weise mischen; dagegen gehört Alles zu ihrer Aufgabe, was aus dem
angegebenen Zwecke folgt und zu der Wohlfahrt des Reiches

---

*) Bedenken, welchergestalt securitas publica im Reiche auf festen Fuß
  zu stellen. In Guhrauer Leibnitz deutsche Schriften Th. I. S. 151.

nöthig ist. Glieder der Union müssen alle bedeutenderen Reichsstände sein, damit nicht etwa von den nicht zu ihr Gehörenden
eine Gegenunion geschlossen und dadurch Deutschland in zwei
sich bekämpfende Theile zerrissen würde. Aber die kleinen ohnmächtigen Fürsten und Städte sollen ausgeschlossen bleiben.
Nur wer 600 Mann zu Fuß und 400 Mann zu Pferde unterhalten kann und will, hat Recht auf selbstständige Theilnahme
an der Union. Der Kaiser als solcher kann nicht zu derselben
gehören. An der Spitze der Union soll ein Directorium stehen, in welchem Churmainz immer und die übrigen Conföderirten abwechselnd vertreten sind; neben demselben erscheint ein per-
manentes consilium foederatorum nothwendig, in welchem jedes
Mitglied Sitz und Stimme hat, sofern es seine Kriegsmacht
pünktlich stellt. Leibnitz war von der Richtigkeit und politischen
Nothwendigkeit seiner Ansicht, die, wenn sie ins Leben getreten wäre, Kaiser, Reichstag und abgestorbene Reichsstände
ohne viel Geräusch beseitigt haben würde, so fest überzeugt, daß
er ausruft, falls sie unausgeführt bleiben wird, verzweifle ich
an Verbesserung unseres Elendes und an Aufhaltung des uns
über dem Hals schwebenden, keine Säumung leidenden Unglücks.

Wie im 17. Jahrhundert wurde auch im achtzehnten Jahrhundert, namentlich in der zweiten Hälfte desselben, die Fortdauer der alten Reichsverfassung als der Grund des politischen
Elends Deutschlands anerkannt. Die immer häufiger werdenden Flugschriften bezeichnen die Formen bald als ein Spiel
der Phantasie, jeder Realität entbehrend, bald als Ruinen,
die wie alle Ruinen unbrauchbar und unnütz seien, bald als
Zufälligkeiten, welche sich wie die Kleidung der Rathsherren
in manchen Reichsstädten auch unter ganz veränderten Umständen erhalten hätten. Die Vernichtung ihres Schattenwerkes
würde einen Zusammenhang der Deutschen nicht aufheben, und
die größeren deutschen Staaten glücklicher machen.

Der geistigen Gesammtrichtung ihrer Zeit entsprechend,
wissen die politischen Schriftsteller aus der zweiten Hälfte des
vorigen Jahrhunderts freilich nichts an die Stelle der vernich-

tenen alten Reichsinstitutionen zu setzen; nur in einer sonst wenig
bedeutenden Flugschrift*) vom Jahre 1798 findet sich der Zuruf an die deutschen Fürsten: Schließet einen festen deutschen
Bund.

Aus ihrem eigenen Principe heraus drängte die Verfassung der bestehenden Reichsconföderation zu einer inneren Belebung hin, welche nach Abstoßung der todten Formen des deutschen Reichstags wie der deutschen Königswürde und nach Beseitigung der abgestorbenen Conföderationsglieder nur in der
Gestalt eines auf der deutschen nationalen Einheit gegründeten
Bundes erscheinen konnte. Das nähere oder entferntere Eintreten der Wiedergeburt Deutschlands hing wesentlich von dem
Character der Aufgaben ab, welche den deutschen Territorien
durch ihre Lebenszustände und ihre Rechtsgestalt gestellt waren.

Dritter Abschnitt.
Die deutschen Territorien.

Einleitung.

Zur carolingischen Zeit hatten kaiserliche Beamte unter
dem Namen von Grafen, Markgrafen u. s. w. in ihren mit
Rücksicht auf Stammesverschiedenheit abgegränzten Amtssprengeln die kaiserlichen Rechte, namentlich den Gerichtsbann und
den Heerbann, geübt. Viele Jahre hindurch ging die Amtsgewalt vom Vater auf den Sohn in Familien über, welche regelmäßig zugleich die größten Grundeigenthümer innerhalb ihres Sprengels waren. Hoch über alle Uebrigen ragten diese
Familien hervor und bildeten den Mittelpunkt für das gemeinsame Leben im Amtsbezirk. Als die carolingischen Einrichtungen verfielen und die auf den jetzt verschwindenden Staatscha-

---

*) Winke über Deutschlands Staatsverfassung. Germanien 1798.

racter des deutschen Reiches gegründet gewesenen Amtsrechte nicht länger behauptet werden konnten, gelang es den mächtigen gräflichen Amtsfamilien, sich bei der Umwandlung der Verhältnisse eine neue höchst bedeutungsvolle politische Stellung in ihren alten Amtssprengeln zunächst und vor Allem in Beziehung auf die Rechtspflege zu verschaffen.

Nach der Volksansicht des Mittelalters erschien das Recht in solchem Grade als eine einzelne Aeußerung des Gesammtlebens bestimmter Volkskreise z. B. einer Gemeinde, eines Standes, daß es als nur innerhalb desselben lebend, nicht auch als ein aus demselben Herausgetretenes betrachtet wurde. Niemand daher, der außerhalb des bestimmten Volkskreises stand, die Obrigkeit so wenig, wie irgend ein Anderer, konnte das in einer Gemeinde oder einer Genossenschaft ungewiß gewordene Recht erkennen und feststellen. Nur die Glieder des Volkskreises, in welchem zwischen Einzelnen ein Rechtsstreit entstand, waren es, welche tief in der eigenen Brust fühlten, was Rechtens sei; nur Schöffen aus den Genossen konnten das verdunkelte Recht finden. Um das von den Genossen gefundene Recht zu mehr als einer Rechtsmeinung Einzelner, um es zu einem allgemein Anzuerkennenden, zu einem richterlichen Urtheil zu erheben, ward eine Macht vorausgesetzt, welche höher, als alle Einzelnen stand und in der Sprache des Mittelalters Gerichtsbann hieß. Die gräflichen Amtsfamilien hatten in der carolingischen Zeit den Gerichtsbann als ein vom Kaiser übertragenes Amtsrecht besessen, verloren bei dem Verfall des carolingischen Reiches denselben als Amtsrecht, aber gewannen seinen Inhalt als ein eignes ihnen selbst zustehendes Recht zurück. Kraft des erworbenen Gerichtsbannes veranlaßten und beaufsichtigten sie das Finden des Rechts und vollstreckten das gefundene, während die übrigen Amtsrechte bis auf einzelne Trümmer gänzlich verschwanden. Durch diese Verwandlung des alten Amtsrechts in ein eignes Recht wurde die Amtsgewalt zur Landeshoheit, die Beamten wurden zu Landesherren, die Amtssprengel zu Territorien. Vielen geistlichen Würdenträgern gelang es noch

erbitterte Kämpfe, wie im schmalkaldischen Kriege, im dreißigjährigen Kriege, im östreichischen Successionskriege, im siebenjährigen Kriege, und kein Kanonenschuß ist, um in Weckher-
lins Ausdrucksweise*) zu reden, seit dem westphälischen Frieden in Deutschland gehört worden, welcher nicht den Franzosen, den Schweden, den Russen zum Signal diente, herbeizu-
laufen und das Reich zu verwüsten. Bald sind sie Garanten,
bald Schiedsrichter, und immer sengen und brennen, rauben
und verheeren sie mit so wenig Scrupel, als wenn sie geborne
Deutsche wären. Die unmittelbare Folge des inneren Zerfalls
waren immer neue Verluste an das Ausland. Jeder begin-
nende Reichskrieg deutete kommende Abtretungen an. Spott
und Hohn der Fremden lastete auf dem gemeinsam deutschen
Leben; im Frieden ward es ungerächt von Frankreich beraubt
und seine Fürsten empfingen, bis auf Friedrich des Großen
Zeit, die Richtung ihrer Politik durch Fremde, namentlich
durch Frankreich.

Dennoch war in diesen Jahrhunderten der Zerrüttung im
Innern und der Erniedrigung nach Außen der Grund zu einem
neuen, noch niemals dagewesenen gemeinsam deutschen politischen Leben gelegt.

IV. Der bildende Einfluß der conföderativen
Reichsnatur auf die politische Zukunft
Deutschlands.

Längst hatte die Geschichte dargethan, daß es dem nationalen deutschen Geiste widerstrebend sei, sich in Form eines
Staates zu gestalten, und daß der auf das Einzelleben gegrün-
bete Lehnsverband nie der Ausdruck für die innere Volkseinheit
werden könne. Dagegen hatten seit dem Ende des funfzehnten
Jahrhunderts alle deutschen Landesherren sich zu einigen versucht, nicht in ihrer Eigenschaft als Individuen, sondern als

---

*) Weckherlin Chronologen Band 7. S. 115.

Fürsten des deutschen Volkes, also als die Glieder desselben, in
denen das politische Leben der von ihnen beherrschten Volksgliederung concentrirt erschien. Weil sie als Fürsten eine deutsche politische Einheit darzustellen unternahmen, wurden die
Versuche zur Bildung Eines deutschen Staates, welche immer
mit dem deutschen nationalen Geiste in Widerspruch gestanden
hatten, zurückgedrängt; weil sie in ihrer Eigenschaft als Deutsche eine Einheit zu schaffen trachteten, wurden die Reste des
Feudalzusammenhanges, welcher gar keine politische Einheit
war, mehr und mehr beseitigt. In der neu hervorgetretenen
Reichsconföderation, welche nicht einen Bundesstaat, nicht
einen Staatenbund, sondern eine politische Einheit eigenthümlicher Natur bildete, war die einzig mögliche Versöhnung gegeben zwischen den beiden mit gleicher Stärke und gleicher Berechtigung im deutschen nationalen Geiste wirkenden Kräften.
Das Einheitsbewußtsein des Volkes nämlich, welches zur politischen Einheit und das Selbstständigkeitsbewußtsein der einzelnen Volksgliederungen, welches zur Bildung so vieler Staaten drängt als Volksgliederungen sind, konnten nebeneinander
und durcheinander in der Reichsconföderation volle Geltung
finden. Eine politische Idee hatte einen noch nicht dagewesenen Ausdruck gewonnen, welcher von keinem Fremden erborgt,
sondern aus dem tiefsten nationalen Bedürfniß hervorgewachsen war. So eigenthümlich großartig, so echt deutsch war
die Idee der Reichsconföderation, daß sie entstellt und erstarrt
wie sie im sechzehnten, siebenzehnten und achtzehnten Jahrhundert erschien, dennoch nicht ohne mächtige Einwirkung auf das
Leben blieb. Die nationale Einheit war zum ersten Mal in
unserer Geschichte als politische Einheit ausgeprägt, welche
alle Deutsche als Deutsche umfaßte, verpflichtete und berechtigte.
Sie Alle, mochten sie Landesherren oder Landsassen sein, waren zur Befolgung der conföderativen Anordnungen und zur
Mitwirkung für das Gedeihen der Conföderation verbunden.
Es durften die Landesherren, wenn eine Ausgabe für das Reich
beschlossen war, durch Steuern der Landsassen die Beiträge

4

aus ihren Kammergütern ergänzen. Es mußten die Landsassen zur Herstellung der Contingente für das Reichsheer mitwirken. Dagegen wollte andererseits die Reichsconföderation durch Vermittelung des Kammergerichts jedem Deutschen Rechtssicherheit gewähren und gewährte sie auch im vorigen Jahrhundert wirklich, wenigstens den Gliedern der kleinen Gebiete, wenn sie in auffallender Weise bedroht wurden. Das gemeinsam deutsche Leben erhielt durch die Conföderation einen Halt; sie machte, sobald sie gegründet war, dem Kriege Aller gegen Alle, welcher das funfzehnte Jahrhundert characterisirt hatte, ein Ende. Das Chaotische verlor sich aus dem politischen Leben; nicht alle Einzelnen, sondern nur Einheiten konnten fortan gegen einander auftreten, und auch die Landesherren, wenn sie der Conföderation zuwider handelten, brachen nicht nur einen Lehns, oder Alliancevertrag, sondern galten als Verletzer der deutschen politischen Einheit; sie wurden nicht nur als Nationalverräther, sondern auch als Verräther an der Conföderation betrachtet.

Die Schmach und das Elend, welches im vorigen Jahrhundert auf dem gemeinsam politischen Leben der Deutschen lastete, war nicht durch das Hervortreten der conföderativen Natur im Reiche, sondern durch das Zurückdrängen ihrer freien ungehinderten Entfaltung begründet. Mit den Eindrücken und Ueberlieferungen einer vergangenen Zeit, mit ihren Nachwirkungen und Erzeugnissen hatte die Conföderation zu kämpfen und konnte zu einem fröhlichen Gedeihen nicht gelangen, so lange jene Masse politisch todter Glieder auf ihr lastete, so lange sie die todten Formen des alten deutschen Königthums und des alten deutschen Reichstags tragen mußte. Nur wenn die Masse abgestorbener Glieder, nur wenn die Formen des deutschen Königthums und Reichstags abgestoßen waren, konnte es den lebenskräftigeren Fürsten gelingen, in einem deutschen Bunde den inneren großartigen Gehalt der Reichsconföderation zu befruchten und die politische Schöpfung des funfzehnten Jahrhunderts ihrem eigenen Principe gemäß weiter zu entwickeln.

Keine unerhörte Gewaltthat, keine Vernichtung irgend einer politischen wahren Selbstständigkeit brauchte einzutreten, um dieses Ziel erreichbar zu machen. Aus Königthum und Reichstag, von tausendjährigem Alter gedrückt, war längst der lebendige Geist entflohen und ihr todter Körper harrte seit Jahrhunderten des Grabes. Wurden sie beseitigt, so wurde kein Leben getödtet, sondern nur ein Leichnam begraben. Die vielen kleinen und die geistlichen Territorien hatten kein politisches Leben, keine politische Selbstständigkeit, sondern waren Jahrhunderte hindurch, zum Unglück Deutschlands und zum eignen nur behandelt worden, als besäßen sie Beides; und hatten, wie wenn sie einen selbstständigen Einfluß auf das Gesammtleben Deutschlands zu üben vermöchten, Sitz und Stimme auf dem Reichstage geführt. Verloren sie diese, so verloren sie ein nur formales Recht; denn politischen Einfluß, welcher allein dem Stimmrecht materiale Bedeutung verleiht, hatten sie nicht gehabt. Nicht ein politisches Leben, sondern nur eine politische Fiction wurde durch den Untergang ihres Stimmrechts beseitigt. Nicht einmal eine neue politische Bahn wurde dadurch betreten, daß den kleinen und abgestorbenen Territorien der Schein einer politischen Bedeutung, die sie in Wahrheit nicht hatten, entzogen ward. Denn den zahllosen reichsritterlichen Dynasten war nie eine Stimme gewährt gewesen und die gräflichen Landesherren, über hundert an der Zahl, hatten zusammen schon längst nur 4 Stimmen, und die vierzig landesherrlichen Prälaten zusammen nur zwei Stimmen geführt. Die Reichsstädte zwar waren neben dem Collegium der Churfürsten und dem der Fürsten zu einem dritten Collegium des Reichstages vereinigt; aber wenn die beiden oberen Collegia verschiedener Meinung waren, so wurde das der Reichsstädte gar nicht gefragt, und wenn jene übereinstimmten, so war es für die Reichsstädte im letzten Jahrhundert fast eine Unmöglichkeit ihren Beitritt zu verweigern. Allen diesen Dynasten und Reichsständen, die aus innerer Schwäche oder Abgestorbenheit politischen Einfluß nicht üben konnten, war mithin auch das for-

weder gar nicht erreicht werden, oder es mußten die Römermonate vervielfacht werden, wodurch dann die ganze Last auf
die mittleren und kleineren Landesherren gewälzt worden wäre.
Um diesen Nachtheil zu vermeiden, bewilligten die Fürsten im
vorigen Jahrhundert Römermonate nur unter der Bedingung,
daß secundum ordinem collegiorum et votantium gezahlt werde,
d. h. daß die Kleineren nur dann zu zahlen verpflichtet sein
sollten, wenn die Größeren bereits gezahlt hätten. Da nun
die Größeren demungeachtet nicht zahlten und die früher ge-
bräuchlichen fiscalischen Prozesse gegen die Säumigen unaus-
führbar geworden waren, so blieb, selbst wenn der Reichstag
Römermonate bewilligt hatte, die Reichsconföderation dennoch
ohne Geld und jedes Reichsunternehmen, zu welchem Geld
erforderlich war, endete sich mit Spott und Schaden des
Reichs.

Die dritte conföderative Institution endlich, die Reichs-
kriegsverfassung, war nicht weniger als das Reichsgericht und
das Reichsfinanzwesen den Gefahren erlegen, welche aus der
großen Zahl politisch todter Conföderationsglieder und der
Schwäche der conföderativen Gewalt hervorging.

Länger als anderthalb Jahrhunderte war gesetzlich das sogenannte Reichsheer nach der Matrikel von 1521 aufgebracht
worden. Die Truppen der verschiedenen Reichsstände traten
während dieser Zeit zusammen in derselben Ordnung, in welcher ihre Herren im Range auf einander folgten, so daß z. B.
Mecklenburger und Würtemberger eine untere Heeresabtheilung
bildeten. Im Jahre 1681 ward diesem Uebelstande ein Ende
gemacht, indem das zu 40000 Mann festgesetzte Simplum des
Reichsheeres in zehn ungleiche Theile vertheilt und jedem Kreise
die Stellung eines solchen Theiles überwiesen wurde. Versuche
wurden unternommen, zu bestimmen, wie viel Volks zu Roß
und zu Fuß jeder Reichsstand pro securitate auch im Frieden
zu erhalten habe. Ein Reichsgutachten von 1702 trug sogar
darauf an, daß ein zweifaches Simplum, also 80000 Mann,
auch außerhalb der Kriegszeiten bereit stehen solle; aber der

Kaifer, welcher von stets bewaffneten Reichsständen für sein prätendirtes königliches Ansehen fürchtete, ratificirte diesen Antrag nicht. Daher wurde bis zur Auflösung des Reiches an die Bildung eines Reichsheeres erst dann gedacht, wenn der Reichskrieg beschlossen war. Dem raschen Zusammentreten der Contingente trat zunächst das Mißtrauen entgegen, welches in den größeren Fürsten durch die Fortdauer eines deutschen Königthums inmitten der conföderirten Landesherren erweckt ward. Die mit vielem sauren Schweiß und Mühe der Reichsständischen Unterthanen zusammengebrachten Contingente würden, so klagte man, vom Wiener Hofe zur alleinigen Beförderung seiner Privatabsichten als Oestreichische Hülfsvölker verwendet und wären oftmals nichts als ein Mittel für den Kaiser, um die Reichsstände zu bedrücken und zu beschädigen. Da überdieß die größeren deutschen Fürsten, indem sie das Reichscontingent stellten, ihre eigene Kriegsmacht und dadurch ihr politisches Gewicht und ihr finanzielles Einkommen aus Subsidienverträgen schmälerten, so waren sie nur in seltenen Fällen geneigt, der Reichskriegspflicht Genüge zu leisten und die Schwäche des Reichstags machte den Zwang gegen sie unmöglich. In der Saumseligkeit der großen Fürsten fanden die kleineren einen Vorwand sich die Kosten der Ausrüstung zu ersparen. Sie behaupteten, die großen Hansen müßten in Stellung der Contingente vorangehen und nicht die kleinen Jäckelein. Zwar wurden gegen die kleinen morosi hin und wieder die reichs- und kreisconstitutionsmäßigen Exekutionsmittel beschlossen und angewendet; aber dennoch bestand die Reichsarmee, deren Größe im vorigen Jahrhundert mehreremal auf ein dreifaches Simplum, also auf 120000 Mann bestimmt wurde, oft kaum aus 20000 Soldaten. Wenn in den aus vielen Mitgliedern zusammengesetzten Kreisen der ausschreibende Fürst mit Mühe und Aerger, mit Drohungen und Executionen den kleinen Ständen endlich die Ueberzeugung aufgedrungen hatte, daß sie dieses Mal wirklich ihre Contingente stellen müßten, dann gaben sie zunächst ihr im Frieden unterhaltenes Militair, oft-

mals aus zwölf oder vierzehn Leuten gebildet, welche an den
Stadtthoren oder vor den gräflichen Schlössern, Zimmern und
Gärten Schildwache gestanden hatten*)." Dann wurde zu dem
möglichst wohlfeilen Preise Gesindel aller Art, wenn es nur
das Gewehr tragen konnte, geworben oder auch wohl, um
Werbegeld zu sparen, das Zuchthaus ausgeleert. Auf dem
Sammelplatz angekommen, wurden die kleinen zusammengerafften Haufen, denen man Waffen gegeben hatte, zu einem großen Haufen, Regiment genannt, vereinigt. Pfui Teufel, rief
ein Oberst, als er sein auf das Verschiedenste gekleidete Regiment zuerst erblickte, Pfui Teufel, da fehlen ja nur noch einige
Dutzend Hanswürste und Schornsteinfeger, um die Carricatur
vollständig zu machen. Da jeder Reichsstand seinen Leuten
Waffen von beliebigem Alter und beliebiger Einrichtung gab,
so war gleichmäßige Uebung und Ausbildung auch nur eines
einzigen der zusammengesetzten Regimenter unmöglich; da jeder
Reichsstand besonders seine Soldaten verpflegte, und deßhalb
Brod und sonstiger Unterhalt an verschiedenen Tagen und auf
verschiedene Dauer ausgeliefert ward, so war nie auch nur
ein Regiment in allen seinen Gliedern für wenige Tage so
versorgt, daß es rasche gemeinsame Bewegungen hätte vornehmen können. Da ein Reichsstand nur den Fähnrich, der andere nur den Lieutenant, der dritte nur den Hauptmann zu bestellen hatte, so war den Offizieren jede Aussicht vorzurücken
und zugleich der Sporn genommen ihrer kriegerischen Untüchtigkeit, die sie nothwendig von Haus aus mitbringen mußten,
abzuhelfen. Die Soldaten sollten Offizieren eines andern Reichsstandes kriegerischen Gehorsam leisten, aber leisteten sie ihn
nicht, so hatten sie einen Rückhalt an ihrem Herrn, der eifersüchtig die Befehlshaber der Anderen bewachte und oft genug selbst
die Ausreißer freundlich aufnahm. Eine kriegerische Zuneigung
zu den Offizieren anderer Reichsstände fehlte schon deßhalb

---

*) Schilderung der jetzigen Reichsarmee nach ihrer wahren Gestalt. Cöln
1795, im Auszuge in Häberlin Staatsarchiv I. 448.

unter den Soldaten, weil sie jenen nur für die kurzen Zeit-
räume, in denen das Reichsheer beisammen blieb, untergeordnet waren, und auch für diese Zeit weder Verpflegung noch
Bekleidung, noch Sold noch irgend eine andere Versorgung
durch sie erhielten. Diese Verschiedenheit der Herren, des Soldes, der Bewaffnung, Bekleidung und Verpflegung rief so viele
Rotten, die sich unaufhörlich neckten und verfolgten, in den
Regimentern hervor, als reichsständische Abtheilungen in denselben waren. Jede hielt unter sich zusammen, war gegen alle
andern feindlich und hatte stets einen Rückhalt an ihrem Offi-
zier. Die Oestreicher und Preußen, so wie die Truppen einiger anderen größeren Stände, wollten solche Soldaten nicht als
ihre Kameraden anerkennen, sondern blickten mit Verachtung
auf sie herab und wurden dagegen von jenen mit grimmigem
Hasse verfolgt, der in Jubel ausbrach, wenn ein Unglück die
großen Reichsstände traf. Bei diesem Zustande der Reichsarmee konnte es dem Reiche freilich wenig helfen, daß es im
Ryswiker Frieden zwei Reichsfestungen, Kehl und Philippsburg, erhielt. Wohl erinnerte der Kaiser, daß man dieselben
nicht zur ewigen Schande und Spott der deutschen Nation verfallen lassen, sondern einen ergiebigen Reichsschluß fassen
möchte. Jede Erinnerung war umsonst; 1754 verließen die
Kreistruppen Kehl gänzlich und in Philippsburg befanden sich
1777 nur noch funfzehn kaiserliche Soldaten, die 1782 auch
abzogen. Es sind, sagte Moser, die bei einer Reichsarmee
sich äußernden Gebrechen so groß, auch viel und mancherlei,
daß man, so lange das deutsche Reich in seiner jetzigen Verfassung besteht; demselben auf ewig verbieten sollte, einen Reichskrieg zu führen.

Bei diesem tiefen Verfalle aller conföderativen Institutionen war die Nationalität das einzige Band, welches alle Deutschen zusammenhielt; aber für sich allein konnte sie die völlige
Zerrüttung des gemeinsam deutschen politischen Lebens nicht
verhindern. Seit dem sechszehnten Jahrhundert führten Deutsche gegen Deutsche, Conföderationsglieder gegen ihre Genossen

erbitterte Kämpfe, wie im schmalkaldischen Kriege, im dreißigjährigen Kriege, im östreichischen Successionskriege, im siebenjährigen Kriege, und kein Kanonenschuß ist, um in Weckher-
lins Ausdrucksweise*) zu reden, seit dem westphälischen Frieden in Deutschland gehört worden, welcher nicht den Franzosen, den Schweden, den Russen zum Signal diente, herbeizu-
laufen und das Reich zu verwüsten. Bald sind sie Garanten,
bald Schiedsrichter, und immer sengen und brennen, rauben
und verheeren sie mit so wenig Scrupel, als wenn sie geborne
Deutsche wären. Die unmittelbare Folge des inneren Zerfalls
waren immer neue Verluste an das Ausland. Jeder begin-
nende Reichskrieg deutete kommende Abtretungen an. Spott
und Hohn der Fremden lastete auf dem gemeinsam deutschen
Leben; im Frieden ward es ungerächt von Frankreich beraubt
und seine Fürsten empfingen, bis auf Friedrich des Großen
Zeit, die Richtung ihrer Politik durch Fremde, nämentlich
durch Frankreich.

Dennoch war in diesen Jahrhunderten der Zerrüttung im
Innern und der Erniedrigung nach Außen der Grund zu einem
neuen, noch niemals ,dagewesenen gemeinsam deutschen politischen Leben gelegt.

IV. Der bildende Einfluß der conföderativen
Reichsnatur auf die politische Zukunft
Deutschlands.

Längst hatte die Geschichte dargethan, daß es dem nationalen deutschen Geiste widerstrebend sei, sich in Form eines
Staates zu gestalten, und daß der auf das Einzelleben gegründete Lehnsverband nie der Ausdruck für die innere Volkseinheit
werden könne. Dagegen hatten seit dem Ende des funfzehnten
Jahrhunderts alle deutschen Landesherren sich zu einigen versucht, nicht in ihrer Eigenschaft als Individuen, sondern als

---

*) Weckherlin Chronologen Band 7. S. 115.

Fürsten des deutschen Volkes, also als die Glieder desselben, in
denen das politische Leben der von ihnen beherrschten Volksgliederung concentrirt erschien. Weil sie als Fürsten eine deutsche politische Einheit darzustellen unternahmen, wurden die
Versuche zur Bildung Eines deutschen Staates, welche immer
mit dem deutschen nationalen Geiste in Widerspruch gestanden
hatten, zurückgedrängt; weil sie in ihrer Eigenschaft als Deutsche eine Einheit zu schaffen trachteten, wurden die Reste des
Feudalzusammenhanges, welcher gar keine politische Einheit
war, mehr und mehr beseitigt. In der neu hervorgetretenen
Reichsconföderation, welche nicht einen Bundesstaat, nicht
einen Staatenbund, sondern eine politische Einheit eigenthümlicher Natur bildete, war die einzig mögliche Versöhnung gegeben zwischen den beiden mit gleicher Stärke und gleicher Berechtigung im deutschen nationalen Geiste wirkenden Kräften.
Das Einheitsbewußtsein des Volkes nämlich, welches zur politischen Einheit und das Selbstständigkeitsbewußtsein der einzelnen Volksgliederungen, welches zur Bildung so vieler Staaten drängt als Volksgliederungen sind, konnten nebeneinander
und durcheinander in der Reichsconföderation volle Geltung
finden. Eine politische Idee hatte einen noch nicht dagewesenen Ausdruck gewonnen, welcher von keinem Fremden erborgt,
sondern aus dem tiefsten nationalen Bedürfniß hervorgewachsen war. So eigenthümlich großartig, so echt deutsch war
die Idee der Reichsconföderation, daß sie entstellt und erstarrt
wie sie im sechszehnten, siebenzehnten und achtzehnten Jahrhundert erschien, dennoch nicht ohne mächtige Einwirkung auf das
Leben blieb. Die nationale Einheit war zum ersten Mal in
unserer Geschichte als politische Einheit ausgeprägt, welche
alle Deutsche als Deutsche umfaßte, verpflichtete und berechtigte.
Sie Alle, mochten sie Landesherren oder Landsassen sein, waren zur Befolgung der conföderativen Anordnungen und zur
Mitwirkung für das Gedeihen der Conföderation verbunden.
Es durften die Landesherren, wenn eine Ausgabe für das Reich
beschlossen war, durch Steuern der Landsassen die Beiträge

4

aus ihren Kammergütern ergänzen. Es mußten die Landsassen zur Herstellung der Contingente für das Reichsheer mitwirken. Dagegen wollte andererseits die Reichsconföderation durch Vermittelung des Kammergerichts jedem Deutschen Rechtssicherheit gewähren und gewährte sie auch im vorigen Jahrhundert wirklich, wenigstens den Gliedern der kleinen Gebiete, wenn sie in auffallender Weise bedroht wurden. Das gemeinsam deutsche Leben erhielt durch die Conföderation einen Halt; sie machte, sobald sie gegründet war, dem Kriege Aller gegen Alle, welcher das funfzehnte Jahrhundert characterisirt hatte, ein Ende. Das Chaotische verlor sich aus dem politischen Leben; nicht alle Einzelnen, sondern nur Einheiten konnten fortan gegen einander auftreten, und auch die Landesherren, wenn sie der Conföderation zuwider handelten, brachen nicht nur einen Lehns- oder Alliancevertrag, sondern galten als Verletzer der deutschen politischen Einheit; sie wurden nicht nur als Nationalverräther, sondern auch als Verräther an der Conföderation betrachtet.

Die Schmach und das Elend, welches im vorigen Jahrhundert auf dem gemeinsam politischen Leben der Deutschen lastete, war nicht durch das Hervortreten der conföderativen Natur im Reiche, sondern durch das Zurückdrängen ihrer freien ungehinderten Entfaltung begründet. Mit den Eindrücken und Ueberlieferungen einer vergangenen Zeit, mit ihren Nachwirkungen und Erzeugnissen hatte die Conföderation zu kämpfen und konnte zu einem fröhlichen Gedeihen nicht gelangen, so lange jene Masse politisch todter Glieder auf ihr lastete, so lange sie die todten Formen des alten deutschen Königthums und des alten deutschen Reichstags tragen mußte. Nur wenn die Masse abgestorbener Glieder, nur wenn die Formen des deutschen Königthums und Reichstags abgestoßen waren, konnte es den lebenskräftigeren Fürsten gelingen, in einem deutschen Bunde den inneren großartigen Gehalt der Reichsconföderation zu befruchten und die politische Schöpfung des funfzehnten Jahrhunderts ihrem eigenen Principe gemäß weiter zu entwickeln.

Keine unerhörte Gewaltthat, keine Vernichtung irgend einer politischen wahren Selbstständigkeit brauchte einzutreten, um dieses Ziel erreichbar zu machen. Aus Königthum und Reichstag, von tausendjährigem Alter gedrückt, war längst der lebendige Geist entflohen und ihr todter Körper harrte seit Jahrhunderten des Grabes. Wurden sie beseitigt, so wurde kein Leben getödtet, sondern nur ein Leichnam begraben. Die vielen kleinen und die geistlichen Territorien hatten kein politisches Leben, keine politische Selbstständigkeit, sondern waren Jahrhunderte hindurch, zum Unglück Deutschlands und zum eignen, nur behandelt worden, als besäßen sie Beides; und hatten, wie wenn sie einen selbstständigen Einfluß auf das Gesammtleben Deutschlands zu üben vermöchten, Sitz und Stimme auf dem Reichstage geführt. Verloren sie diese, so verloren sie ein nur formales Recht; denn politischen Einfluß, welcher allein dem Stimmrecht materiale Bedeutung verleiht, hatten sie nicht gehabt. Nicht ein politisches Leben, sondern nur eine politische Fiction wurde durch den Untergang ihres Stimmrechts beseitigt. Nicht einmal eine neue politische Bahn wurde dadurch betreten, daß den kleinen und abgestorbenen Territorien der Schein einer politischen Bedeutung, die sie in Wahrheit nicht hatten, entzogen ward. Denn den zahllosen reichsritterlichen Dynasten war nie eine Stimme gewährt gewesen und die gräflichen Landesherren, über hundert an der Zahl, hatten zusammen schon längst nur 4 Stimmen, und die vierzig landesherrlichen Prälaten zusammen nur zwei Stimmen geführt. Die Reichsstädte zwar waren neben dem Collegium der Churfürsten und dem der Fürsten zu einem dritten Collegium des Reichstages vereinigt; aber wenn die beiden oberen Collegia verschiedener Meinung waren, so wurde das der Reichsstädte gar nicht gefragt, und wenn jene übereinstimmten, so war es für die Reichsstädte im letzten Jahrhundert fast eine Unmöglichkeit ihren Beitritt zu verweigern. Allen diesen Dynasten und Reichsständen, die aus innerer Schwäche oder Abgestorbenheit politischen Einfluß nicht üben konnten, war mithin auch das for-

male Stimmrecht schon seit Jahrhunderten entweder ganz entzogen oder doch bis auf einen wenig bedeutenden Rest beschränkt.
In der fortschreitenden Ausschließung auch anderer todter Glieder von der Theilnahme an der Conföderationsversammlung
lag daher nur die Anwendung eines Princips, welches schon
seit Jahrhunderten sich geltend gemacht hatte.

Der Weg, auf welchem das politische Gesammtleben aus
seiner Erstarrung und Erschlaffung geweckt werden konnte, war
durch die Geschichte und die innere Natur der Verfassung so
bestimmt vorgezeichnet, daß er Männern, welche mit Einsicht
und Wärme den Zustand unseres Vaterlandes betrachteten, nicht
verborgen bleiben konnte. Schärfer und tiefer aber als Leibnitz *) hat Niemand in den letzten Jahrhunderten des Reiches
die Gebrechen der bestehenden Verfassung und die Mittel der
Abhülfe erkannt und dargestellt. Deutschland hat alle Kraft,
so schreibt er, um stark und glücklich zu sein; das Volk ist
herzhaft und verständig, das Land groß und fruchtbar. Dennoch ist es in sich zerfallen und jeden Augenblick der Vernichtung durch einen kräftigen Feind ausgesetzt. Die Reichsverfassung mit ihrem Kaiser und Reichstag und ihren zahllosen
Reichsständen kann dem Uebel nicht abhelfen; denn eine Union
aller Reichsstände ist ein fast unmögliches Werk. Da Leibnitz
seiner Zeit gegenüber die Beseitigung von Kaiser, Reichstag
und Mehrzahl der Reichsstände als etwas Unerreichbares erkannte, so forderte er, daß unbeschadet des Fortbestandes der
Reichsverfassung die considerabelen und der Reichsangelegenhei-
ten sich vor anderen annehmenden Stände eine Particularunion
schließen sollten. Zweck der Union ist, Deutschland wider innere Unruhe und äußere Macht sicher zu stellen; in außer-
deutsche Angelegenheiten soll sie sich daher in keiner Weise mischen; dagegen gehört Alles zu ihrer Aufgabe, was aus dem
angegebenen Zwecke folgt und zu der Wohlfahrt des Reiches

---

*) Bedenken, welchergestalt securitas publica im Reiche auf festen Fuß
zu stellen. In Guhrauer Leibnitz deutsche Schriften Th. I. S. 151.

nöthig ist. Glieder der Union müssen alle bedeutenderen Reichsstände sein, damit nicht etwa von den nicht zu ihr Gehörenden
eine Gegenunion geschlossen und dadurch Deutschland in zwei
sich bekämpfende Theile zerrissen würde. Aber die kleinen ohnmächtigen Fürsten und Städte sollen ausgeschlossen bleiben.
Nur wer 600 Mann zu Fuß und 400 Mann zu Pferde unterhalten kann und will, hat Recht auf selbstständige Theilnahme
an der Union. Der Kaiser als solcher kann nicht zu derselben
gehören. An der Spitze der Union soll ein Directorium stehen, in welchem Churmainz immer und die übrigen Conföderirten abwechselnd vertreten sind; neben demselben erscheint ein per-
manentes consilium foederatorum nothwendig, in welchem jedes
Mitglied Sitz und Stimme hat, sofern es seine Kriegsmacht
pünktlich stellt. Leibnitz war von der Richtigkeit und politischen
Nothwendigkeit seiner Ansicht, die, wenn sie ins Leben getreten wäre, Kaiser, Reichstag und abgestorbene Reichsstände
ohne viel Geräusch beseitigt haben würde, so fest überzeugt, daß
er ausruft, falls sie unausgeführt bleiben wird, verzweifle ich
an Verbesserung unseres Elendes und an Aufhaltung des uns
über dem Hals schwebenden, keine Säumung leidenden Unglücks.

Wie im 17. Jahrhundert wurde auch im achtzehnten Jahrhundert, namentlich in der zweiten Hälfte desselben, die Fortdauer der alten Reichsverfassung als der Grund des politischen
Elends Deutschlands anerkannt. Die immer häufiger werdenden Flugschriften bezeichnen die Formen bald als ein Spiel
der Phantasie, jeder Realität entbehrend, bald als Ruinen,
die wie alle Ruinen unbrauchbar und unnütz seien, bald als
Zufälligkeiten, welche sich wie die Kleidung der Rathsherren
in manchen Reichsstädten auch unter ganz veränderten Umständen erhalten hätten. Die Vernichtung ihres Schattenwerks
würde einen Zusammenhang der Deutschen nicht aufheben, und
die größeren deutschen Staaten glücklicher machen.

Der geistigen Gesammtrichtung ihrer Zeit entsprechend,
wissen die politischen Schriftsteller aus der zweiten Hälfte des
vorigen Jahrhunderts freilich nichts an die Stelle der vernich-

tenen alten Reichsinstitutionen zu setzen; nur in einer sonst wenig
bedeutenden Flugschrift*) vom Jahre 1798 findet sich der Zuruf an die deutschen Fürsten: Schließet einen festen deutschen
Bund.

Aus ihrem eigenen Principe heraus drängte die Verfassung der bestehenden Reichsconföderation zu einer inneren Belebung hin, welche nach Abstoßung der todten Formen des deutschen Reichstags wie der deutschen Königswürde und nach Beseitigung der abgestorbenen Conföderationsglieder, nur in der
Gestalt eines auf der deutschen nationalen Einheit gegründeten
Bundes erscheinen konnte. Das nähere oder entferntere Eintreten der Wiedergeburt Deutschlands hing wesentlich von dem
Character der Aufgaben ab, welche den deutschen Territorien
durch ihre Lebenszustände und ihre Rechtsgestalt gestellt waren.

Dritter Abschnitt.
Die deutschen Territorien.

Einleitung.

Zur carolingischen Zeit hatten kaiserliche Beamte unter
dem Namen von Grafen, Markgrafen u. s. w. in ihren mit
Rücksicht auf Stammesverschiedenheit abgegränzten Amtssprengeln die kaiserlichen Rechte, namentlich den Gerichtsbann und
den Heerbann, geübt. Viele Jahre hindurch ging die Amtsgewalt vom Vater auf den Sohn in Familien über, welche regelmäßig zugleich die größten Grundeigenthümer innerhalb ihres Sprengels waren. Hoch über alle Uebrigen ragten diese
Familien hervor und bildeten den Mittelpunkt für das gemeinsame Leben im Amtsbezirk. Als die carolingischen Einrichtungen verfielen und die auf den jetzt verschwindenden Staatscha-

---

*) Winke über Deutschlands Staatsverfassung. Germanien 1798.

racter des deutschen Reiches gegründet gewesenen Amtsrechte nicht länger behauptet werden konnten, gelang es den mächtigen gräflichen Amtsfamilien, sich bei der Umwandlung der Verhältnisse eine neue höchst bedeutungsvolle politische Stellung in ihren alten Amtssprengeln zunächst und vor Allem in Beziehung auf die Rechtspflege zu verschaffen.

Nach der Volksansicht des Mittelalters erschien das Recht in solchem Grade als eine einzelne Aeußerung des Gesammtlebens bestimmter Volkskreise z. B. einer Gemeinde, eines Standes, daß es als nur innerhalb desselben lebend, nicht auch als ein aus demselben Herausgetretenes betrachtet wurde. Niemand daher, der außerhalb des bestimmten Volkskreises stand, die Obrigkeit so wenig, wie irgend ein Anderer, konnte das in einer Gemeinde oder einer Genossenschaft ungewiß gewordene Recht erkennen und feststellen. Nur die Glieder des Volkskreises, in welchem zwischen Einzelnen ein Rechtsstreit entstand, waren es, welche tief in der eigenen Brust fühlten, was Rechtens sei; nur Schöffen aus den Genossen konnten das verdunkelte Recht finden. Um das von den Genossen gefundene Recht zu mehr als einer Rechtsmeinung Einzelner, um es zu einem allgemein Anzuerkennenden, zu einem richterlichen Urtheil zu erheben, ward eine Macht vorausgesetzt, welche höher, als alle Einzelnen stand und in der Sprache des Mittelalters Gerichtsbann hieß. Die gräflichen Amtsfamilien hatten in der carolingischen Zeit den Gerichtsbann als ein vom Kaiser übertragenes Amtsrecht besessen, verloren bei dem Verfall des carolingischen Reiches denselben als Amtsrecht, aber gewannen seinen Inhalt als ein eignes ihnen selbst zustehendes Recht zurück. Kraft des erworbenen Gerichtsbannes veranlaßten und beaufsichtigten sie das Finden des Rechts und vollstreckten das gefundene, während die übrigen Amtsrechte bis auf einzelne Trümmer gänzlich verschwanden. Durch diese Verwandlung des alten Amtsrechts in ein eignes Recht wurde die Amtsgewalt zur Landeshoheit; die Beamten wurden zu Landesherren, die Amtssprengel zu Territorien. Vielen geistlichen Würdenträgern gelang es noch

früher als den weltlichen Amtsfamilien, das ihnen häufig vom
Kaiser verliehene Amt in ein der geistlichen Würde zustehendes
Recht zu verwandeln. Eine große Zahl Bischöfe und Aebte
trat demnach zugleich als deutsche Landesherren auf. Sowohl
die geistlichen als die weltlichen Landesherren standen mit sehr
vielen bäuerlichen Bewohnern ihrer Territorien als deren Leih-
und Grundherren, mit sehr vielen ritterlichen Geschlechtern als
deren Lehnsherren, mit vielen Kirchen als deren Schirm- und
Dingvögte in Verbindung, und bewahrten oder gewannen auch
einzelne Rechte gegen Viele der aufblühenden Städte. Manche
Bauerngemeinden indessen, manche ritterliche Geschlechter, manche
Stifte und manche Städte blieben oder wurden gänzlich unabhängig
von den Landesherren und standen als Reichsdörfer, Reichsritter,
Reichsstifte und Reichsstädte außerhalb alles Territorialverbandes.
Im Innern der Territorien gewährten die Gerichtsgewalt
über alle und die Einzelnrechte über sehr viele Landsassen Mittel und Wege genug, welche klug benutzt zur weiteren Ausdehnung der bereits erworbenen und zur Gewinnung neuer
Rechte führten und den Landesherrn immer mehr zum Haupte
der Territorien machten. In Verhältnissen, bei welchen alle oder
doch viele Landsassen betheiligt waren, wurde allgemein vorausgesetzt, daß die Versuche sie zu ordnen und zu gestalten vom
Landesherrn ausgehen müßten. Bedurfte derselbe zu diesem
Zwecke, oder was noch häufiger vorkam, zur Förderung seines
Sonderinteresses Leistungen der einzelnen Landsassen, welche
er weder kraft des Gerichtsbannes, noch kraft eines gutsherrlichen, lehnsherrlichen oder sonstigen speciellen Rechts fordern
konnte, so hing die Erfüllung von der freiwilligen Uebernahme
der betheiligten Landsassen ab. Je öfterer der Landesherr zu
solchen Ansprüchen sich genöthigt sah, um so mehr bedurfte er
einer Vereinigung aller Betheiligten, da Unterhandlungen mit
jedem Einzelnen nicht zum Ziele führen konnten. Die Landsassen wurden durch ihr Interesse gleichfalls zur Schließung
einer Einigung geführt, weil sie nur verbunden gewaltsame
Durchsetzung der Ansprüche des mächtigen Landesherrn abweh-

ren konnten. Ritterliche Lehnsleute, grundbesitzende Prälaten
und landsässige Städte waren die Elemente, aus denen sich
in den einzelnen Territorien diese Einigung, der Landtag, heranbildete, während die Bauern, aller Selbstständigkeit entbehrend, ausgeschlossen bleiben mußten. Die Bedeutung des Landtages lag in dem Rechte, Leistungen, welche der Landesherr
forderte, zu übernehmen oder nicht zu übernehmen. Die Ritter,
die Prälaten, die Städte verwilligten jeder für sich und konnten für die anderen nicht verwilligen. An diesen Kern des
landständischen Rechtes setzten sich sodann in den verschiedenen
Territorien einzelne oft sehr umfassende andere Rechte an,
welche der Landesherr zugestand, um die Einwilligung des
Landtages für seine Forderungen zu gewinnen.

Die Verhältnisse, in denen der Landesherr gemeinsam mit
den zum Landtage vereinigten Landsassen auftrat, bezogen sich,
abgesehen vom Gerichtswesen, theils auf kriegerische Unternehmungen im Reichsdienste, auf Fehden der Landesherren oder
auf Vertheidigung der Territorien, theils auf die Mittel, Geld
zusammen zu bringen, um die Kosten eines Kriegszuges, die
Aussteuer einer Tochter, oder den Aufwand der Festlichkeiten
bei dem Ritterschlage eines Sohnes des Landesherrn zu bestreiten. Da in allen übrigen Verhältnissen z. B. in der Rechtserzeugung, in der Pflege des religiösen und wissenschaftlichen
Lebens oder des Handels, Handwerks und Ackerbaues die
Veranlassung zum gemeinsamen Handeln fehlte, indem jeder
Einzelne und jede Corporation für sich selbst sorgte, so gehörte
auch nur die Kriegs-, Finanz- und Gerichtsverfassung zum
Wesen der mittelalterlichen Territorien.

Die Eigenthümlichkeit der territorialen Verfassung des
Mittelalters bestand demnach darin, daß die Angehörigen des
Territorium als Einzelne aus den verschiedenartigsten speciellen Gründen und im verschiedensten Umfange einem und demselben Individuum, dem Landesherrn, zu einzelnen wiederum
sehr verschiedenartigen Leistungen verpflichtet waren und ein
gemeinsames Handeln für die gemeinsamen Interessen Aller

nicht durch eine einheitliche Gewalt, sondern nur durch Verabredung der Einzelnen hervorgerufen werden konnte. Die eigenthümlichen Erscheinungen des mittelalterlichen Territoriallebens, welche auf dieser Grundlage sich erhoben, Landeshoheit und Landtag, Gerichts-, Kriegs- und Finanzverfassung, hatten sich bis zum Ende des funfzehnten Jahrhunderts aus ihrem eigenen Principe weiter und bedeutungsvoller entwickelt, aber nicht ihre Ausbildung im funfzehnten Jahrhundert, sondern die Wahrheit oder Nichtwahrheit ihres Lebens im achtzehnten Jahrhundert entscheidet über ihre Bedeutung für die staatliche Gestaltung der Gegenwart.

Die Rechte der Lehnsherren, Gutsherren u. s. w. konnten so wenig wie die durch Vertrag oder Herkommen erworbenen anderen einzelnen Rechte, welche früher den Landesherrn zum Mittelpunkt des Territoriallebens gemacht hatten, ihm im vorigen Jahrhundert eine solche Stellung bewahren, theils weil sie, wie z. B. die lehnsherrlichen Rechte, in ihrer alten Bedeutung verschwunden waren, theils und hauptsächlich, weil die Territorien, nachdem der Reichsverband seine ergänzende Einwirkung verloren hatte, sich auf sich allein angewiesen fanden. Sie waren umgeben von großen Mächten, deren jede aus aller Kraft nach erhöhtem Einfluß und erweiterten Gränzen strebte. In der Mitte der scharf und unablässig beobachtenden Nachbarn mußte jedes Territorium, um die politische Selbstständigkeit zu bewahren, nicht nur jeden Fehlgriff, jede Nachlässigkeit vermeiden, sondern auch jede im Territorium liegende Kraft entwickeln. Der Inhaber von Lehen und sonstigen einzelnen Rechten, mochte deren Zahl auch noch so sehr vermehrt sein, konnte dieser Anforderung nicht genügen; die Landeshoheit im mittelalterlichen Sinne war der Aufgabe, welche die Territorien zu lösen hatten, nicht gewachsen und hatte demnach aufgehört, der Einigungspunkt für das territoriale Leben zu sein. Kein Landesherr des vorigen Jahrhunderts konnte oder wollte seine Stellung auf die Landeshoheit des Mittelalters stützen.

Der mittelalterliche Landtag, der, wie er seinerseits die Landeshoheit bedingte, auch wiederum von ihr bedingt ward, konnte, als jene im alten Sinne unterging, sich nicht behaupten. Seine wesentliche Bedeutung hatte darin gelegen, daß er einen Theils den Landsassen Schutz gegen gewaltsame Durchführung der nicht auf speciellem Rechtstitel ruhenden Ansprüche des Landesherrn verlieh und anderen Theils dem Landesherrn Gelegenheit gab, einzelne neue Rechte durch freiwillige Uebernahme der Landsassen zu erwerben. Seitdem es nun für die Landeshoheit immer weniger darauf ankam, die Menge der einzelnen auf besonderen Erwerbungsgrund gestützten Rechte zu vermehren, verlor die Vereinigung der Landsassen immer mehr die im Principe der mittelalterlichen Verfassung begründete innere Bedeutung. Wohl wurden in einer Anzahl Territorien, z. B. in Hessen, Baiern, Chursachsen, den östreichischen Erblanden und manchen kleineren Gebieten, die Landstände oder doch wenigstens ihre Ausschüsse auch noch im vorigen Jahrhundert zusammengerufen, aber nur um die landesherrlichen Befehle zu vernehmen oder höchstens um ein „treuherziges Gutdünken über die proponirten Punkte" zu geben und durch ihre nicht zu versagende Einwilligung es dem Fürsten möglich zu machen, dem Lande ohne offenbare Gewaltthat große Lasten aufzulegen. Fügten sie sich in seltenen Fällen nicht, so wurden sie beseitigt. In Niederöstreich z. B. entließ 1764 die Kaiserin alle Landschaftsdeputirte und behielt sich vor, künftig privative den landschaftlichen Ausschuß zu ernennen. In Jülich galt schon die Behauptung, daß die Landstände nicht von der unumschränkten Willkühr ihres Landesfürsten abhingen, als ein Wagniß, und oftmals wurde die Bedeutung solcher Landstände darin gesucht, daß sie „privilegirte Unterthanen seien, welche der Regent nicht mit dem Pöbel vermengen und als solche Sclaven ansehen dürfe, dergleichen die orientalischen Völker seien." In einzelnen Ländern, z. B. in Würtemberg, Churbraunschweig, Mecklenburg, Schwedisch = Pommern, hatten die Landstände allerdings manche alte Gerechtsame bewahrt und machten durch

Festhalten einer untergegangenen Stellung sich und dem Landesherrn das Leben sauer, indem sie, so oft sie zusammentraten, Beschwerden darüber, daß die Landesfreiheiten und Gerechtsame gedrückt wären, beschlossen. Wilde und gewaltsame
Maaßregeln befleckten grade in Ländern dieser Art, wie z. B.
in Mecklenburg und Würtemberg, das Verhältniß zwischen Landesherrn und Landtag. In den meisten Territorien dagegen
war mit der inneren Bedeutung der Stände auch ihr äußeres
Zusammentreten weggefallen, selten durch ausdrückliche Erklärung, oft durch Unterlassen ihrer Berufung. Einige Zeit hatten sich die Fürsten ihren am Althergebrachten festhaltenden
Ständen gegenüber wohl dadurch zu helfen gesucht, daß sie die
Einzelnen durch freundlichen und liebreichen Zuspruch zu bewegen, durch hartes Bezeugen zu erschrecken oder durch umhergeschickte Commissarien zu bereden und zu überlisten suchten. Aber
für die Dauer vertrug sich dieser Ausweg weder mit der Neigung der Landesherren, „welchen die Landtage in ihren consiliis und Anschlägen allemal viel hinderlichen Verdruß machten,"
noch mit der Aufgabe, welche die Territorien namentlich seit
dem westphälischen Frieden zu lösen hatten. Es wurden die
Stände sehr vieler und bedeutender Gebiete immer seltner und
endlich gar nicht mehr von ihrem Fürsten zusammenberufen.
Als z. B. Magdeburg 1680 an Churbrandenburg fiel, erklärte
der Churfürst: wenn wir künftig nöthig finden möchten, einen
Landtag auszuschreiben, so wollen wir auf demselbigen über
die Sachen, welche wir alsdann vornehmen möchten, unserer
getreuen Stände unterthänigste Erinnerungen vernehmen. Als
der anhaltinische Landtag 1698 verabschiedet ward, hieß es,
daß bei erheischenden Conjuncturen ein anderer Landtag berufen werden sollte. Aber weder fand es seit dieser Zeit in Magdeburg der Churfürst nöthig einen Landtag auszuschreiben,
noch traten in Anhalt die Conjuncturen ein, welche dessen Versammlung erheischten, und ähnlich schliefen die Stände in vielen andern Territorien gänzlich ein.

Die Gerichtsverfassung hatte ihre mittelalterliche Grund-

lage, die Sonderung des Gerichtsbannes und des Rechtsfindens und die Ueberweisung des erstern an die Obrigkeit, die des letzteren an die einzelnen Kreise des Volkslebens gänzlich verloren. Nirgends traten Bauern oder städtische Bürger, oder Ritter oder Lehnsleute zusammen, um das unter ihren Genossen streitige Recht festzustellen; überall vielmehr war das Finden des Rechts mit der Gerichtsgewalt vereint und in die Hände der Obrigkeit gekommen.

Die mittelalterliche Kriegsverfassung, ruhend auf dem Anspruch des Landesherrn an einzelne Landsassen in ihrer Eigenschaft als Lehnsleute, war bis auf die letzten Spuren verschwunden. Kraft ihrer Vasallenpflicht waren die ritterlichen Hauswirthe und jungen Gesellen verpflichtet gewesen, zum Roßdienst auszureiten und ihren Lehnsherrn auf einzelnen Zügen zu begleiten. Vielleicht hätten sie sich gefallen lassen, statt der alten Lanze die „feuerschlagenden Büchsen" zu nehmen; aber im vorigen Jahrhundert mußte der größere Landesherr über ein Heer gebieten können, welches seinem Kerne nach aus Fußvolk bestehend, im Frieden kriegsbereit versammelt blieb und nicht die nur bedingte Unterordnung des Vasallen, sondern den unbedingten Gehorsam des Soldaten leistete. Da das alte Lehnsaufgebot keine dieser Anforderungen zu befriedigen vermochte, so war es schon früher immer seltener versammelt worden und seit dem dreißigjährigen Kriege gänzlich fortgefallen.

Die Finanzverfassung des Mittelalters hatte ihren Zweck erfüllt, so lange der landesherrliche Haushalt und die wenigen Ausgaben für die gemeinsamen Territorialinteressen aus den Einkünften der Kammergüter und der anderen nutzbaren Einzelrechte bestritten wurden, und nur in außerordentlichen Fällen die Landsassen um einen hülflichen Beitrag gebeten werden mußten. Im vorigen Jahrhundert indessen konnte kein irgend bedeutendes Territorium aus den alten Finanzquellen auch nur die nothwendigsten Bedürfnisse befriedigen. Die Beibehaltung der alten landesherrlichen Bitte um eine Geldgabe und die Gewährung oder Nichtgewährung derselben je nach der

Neigung und dem Vermögenszustande der Erbetenen hätte den
Bestand der Territorien vom Zufalle abhängig gemacht. In
allen etwas größeren deutschen Gebieten war daher jener frühere Finanzzustand zugleich mit den übrigen Erscheinungen des
mittelalterlichen Territoriallebens längst dem Untergange anheim
gegeben.

Dennoch konnte das deutsche Volk, da es nicht die Aufgabe hatte sich als Einen Staat darzustellen, nur aus seinen
Territorien Staatenbildung, falls sie ihm überhaupt beschieden
war, entwickeln. Die Anstrengungen, welche das Mittelalter
zu diesem Ziele gemacht hatte, waren vergeblich gewesen; nur
Trümmer ohne ursprüngliche Lebenskraft, nur todte Formen,
den verschiedensten Jahrhunderten entnommen, gaben Kunde von
dem Ringen und Streben eines vergangenen kräftigen Geschlechts.

Eine Anzahl Territorien aber hatte unter den todten Formen frische Keime staatlicher Bildungen erzeugt und entwickelt.
Alle Territorien dieser Art bewahrten, obgleich Einzelne derselben vorübergehend in die europäischen Händel verflochten gewesen waren, den ausschließlich deutschen Character und besaßen, obgleich sie auf einer nur kleinen Grundlage an Land
und Leuten sich erhoben hatten, Kraft genug, um es unmöglich zu machen, daß der deutsche Staat ersterbe oder sich als
einzelner Bestandtheil in die nicht ausschließlich deutschen Staaten Oestreich und Preußen verliere. Auf dem Dasein dieser
Territorien ruhte die Fortdauer deutschen Lebens. Aber weil
sie bei ihrem nur deutschen Character die europäische Bedeutung
entbehrten, bedurften sie, um das deutsche Leben gegen die
mächtig aufstrebenden europäischen Reiche zu sichern, eines Halts
durch deutsche Staaten mit europäischem Character. Weil sie
ferner auf einer schmalen materiellen Grundlage ruhten, bedurften sie, um dem deutschen Staate einen selbstständigen Ausdruck zu geben, einer Verstärkung an Land und Leuten. In
wie fern sie diese Verstärkung durch das Heranziehen der vielen abgestorbenen deutschen Territorien, und jenen europäischen
Halt durch den Anschluß an die beiden deutschen Großmächte

gewinnen konnten, hing von den inneren Zuständen der abgestorbenen Territorien und der beiden Großmächte ab. In drei
Gruppen erscheinen daher die deutschen Territorien vertheilt,
deren erste die lebenskräftigen Territorien mit ausschließlich
deutschem Character, deren zweite die abgestorbenen Territorien,
deren dritte die beiden deutschen Staaten mit europäischem
Character enthält.

Erstes Kapitel.

Die lebenskräftigen Territorien mit ausschließ-
lich deutschem Character.

Aus der übergroßen Menge der Territorien, in welche
Deutschland zerfiel, hob sich eine kleine Zahl leicht bemerkbar
durch politische Wichtigkeit hervor. Einige gründeten die größere Bedeutung auf ihre starke Grundlage an Land und Leuten, wie im Süden Baiern, Würtemberg und Baden, im
Norden Hannover, Chursachsen und Mecklenburg-Schwerin;
im mittleren Deutschland Hessen-Darmstadt und Hessen-Cas-
sel. Andere, wie namentlich die sächsischen und anhaltinischen
Herzogthümer und etwa auch die Hohenzollern und die Reuße,
besaßen durch enges Zusammenhalten mehrerer Stammesvettern
politisches Gewicht, oder wie Braunschweig und Mecklenburg-
Strelitz durch Verwandtschaft mit einem größeren Reichsstande,
oder wie Schwarzburg und Lippe durch den Glanz eines alten Hauses, oder wie Nassau, Holstein, Oldenburg durch Verbindungen mit europäischen Mächten.

Auch in den Territorien dieser Art hatten im Mittelalter
die Landesherren, die Städte und Stifte, die Ritter und Bauern nur sich und ihre Sonderinteressen aus eigener Lebenskraft
fortgebildet, und ein Zufall war es, wenn hierdurch zugleich
das Territorium an Kraft und Ausbildung gewann. Die Bedürfnisse indessen der verschiedenartigen Territorialbestandtheile

waren bald so unauflöslich verschlungen, die Befriedigungs-
mittel derselben in solchem Grade durch Gegenseitigkeit bedingt,
daß schon früh zuweilen bewußt, öfterer unbewußt für die gemeinsamen Bedürfnisse Aller Sorge getragen ward. Das Territorium, lediglich gegründet und gestaltet durch seine Bestandtheile, begann auch seinerseits eine Einwirkung auf dieselben zu
üben; der Brandenburger z. B. ward das, was er war, zum
Theil auch dadurch, daß er grade dem bestimmten Territorium
angehörte. Aber diese Macht der Territorialeinheit über die
Einzelnen trat nicht in das Bewußtsein des Mittelalters, welches das Ganze vor seinen Theilen nicht sah und deßhalb auch
nicht zur Berücksichtigung und Pflege desselben gelangen konnte.
Wenn aber die politische Einheit, wie sie einerseits Gestaltung
durch ihre Theile empfängt, andererseits auch das bildende
Princip derselben werden und deßhalb mit selbstständigem Dasein und Berechtigung d. h. als Staat bestehen soll, so ist die
Stufe des politischen Lebens die höhere, auf welchem des Staates selbstständiges Dasein und Berechtigung anerkannt und das
Anerkenntniß praktisch in den getroffenen Einrichtungen wird.
Dieses Anerkenntniß setzt Beschränkung des Eigenwillens und
bewußte Einordnung der Einzelnen in das Ganze voraus,
gegen welche die selbstsüchtige Willkühr der Individuen, die die
letzten Jahrhunderte unserer Geschichte characterisirt, sich auf-
lehnte. Durch ihr Streben konnte daher das Bewußtsein der
Staatseinheit nicht hervorgerufen werden. Aber niemals hat
menschliche Thatkraft allein an dem Ausbau der staatlichen
Gemeinschaft gearbeitet. Neben und über ihr hat zu allen Zeiten Gott auf die Anstalten, die ihm als Zügel bei der Leitung der Weltgeschichte dienen, seine Einwirkung gezeigt; oft
genug sind, wenn ein edles Volk auch in der Entartung mehrerer Generationen nicht die Fähigkeit verlor, leitend in der
Weltgeschichte aufzutreten, die verkehrten und böswilligen Bestrebungen der Individuen nicht nur unschädlich, sondern auch
ein Mittel geworden, um die in ihrem Kerne kräftige Nation
auf eine Stufe des Staatslebens zu führen, auf welcher

selbst die höchste Entfaltung möglich wird. Daß nun solche Fortführung des deutschen Staats in den Jahrzehnten vor der französischen Revolution nicht bemerkt ward, entscheidet nichts darüber, ob sie sich fand oder nicht fand. Oft, ja man könnte sagen immer, haben die bedeutendsten Erscheinungen im Staatsleben verborgen und unbemerkt gekeimt, bis sie sich dem Auge eines großartigen Staatsmannes enthüllten und ihm die Aufgabe stellten, mit menschlicher Thatkraft in den Fortbau dessen einzugreifen, was ohne menschliches Wissen und Wollen begründet war.

Es konnte daher den Zeitgenossen unbemerkt das deutsche Staatsleben inmitten aller Zerrüttung die Anfänge zu der höheren Gestaltung in sich tragen, in welcher das anerkannte Dasein des Staates bestimmend für die politischen Einrichtungen wird und die Geschichte der deutschen Staaten seit den Decennien vor der französischen Revolution hat gelehrt, wo diese Anfänge zu suchen sind.

Das Streben für die factischen Beschränkungen der Einzelnen durch den Staat, einen Grund in der Willkühr der Individuen zu entdecken und dadurch die Selbstsucht und den Stolz mit der politischen Unterordnung zu versöhnen, hatte als nächste Veranlassung den Gedanken der selbstständigen Staatseinheit hervorgerufen. Diese war ihrem Entstehungsgrunde nach eine willkürliche und insofern unwahr, aber sie war doch Einheit, die selbstständig bestehen sollte und insofern nicht nur wahr, sondern auch ein Fortschritt von unberechenbarer Wichtigkeit, der für die Ausbildung des deutschen Staates die größte Bedeutung erhielt, als selbstsüchtige Leidenschaften, um ihre Ziele zu erreichen, ihn in den wichtigsten Staatseinrichtungen verwirklichten und dadurch das Mittel wurden, durch welches wider Wissen und Willen der Menschen die Einheit und das selbstständige Dasein des deutschen Staates praktisch ausgebildet ward.

Zuerst in der Stellung der Landesherren trat der Gedanke des Staats practisch hervor. Die Landeshoheit diente nach

5

Entstehung und ursprünglicher Gestalt zunächst und vor Allem
dem Familienglanz und der Familienmacht des Herrenstandes.
Die Verstärkung des Ansehens und der Größe des herzoglichen
oder fürstlichen oder gräflichen Hauses war das Princip, welches die landesherrliche Handlungsweise leitete und die Stellung des Hauses dem Kaiser wie den Landsassen gegenüber zu
heben, war das unablässige Streben in allen Territorien. Der
Inhalt der Landeshoheit war, ihrer Bestimmung vollkommen
entsprechend, ein Aggregat sehr vieler zu sehr verschiedener Zeit
und auf sehr verschiedenem Wege erworbener einzelner Rechte
auf Leistungen einzelner Landsassen. Nur so weit er Vertrag
oder Herkommen nachweisen konnte, war der Landesherr berechtigt. Zwar trat zu der Sorge für das Haus überall Sorge
für die Landsassen hinzu, hier stärker dort schwächer, je nach
der verschiedenen Hausgesinnung; aber sie konnte dem Landesherrn nicht leicht neue Rechte verleihen, weil nicht abzusehen
war, weßhalb Einzelne neue Leistungen übernehmen sollten,
damit es andern Einzelnen besser ergehe. So lange die Fürsten jene alte Stellung einnahmen, konnten sie ihre Gewalt
nur allmälig und nur in sehr geringem Umfange dadurch vergrößern, daß sie durch Vertrag oder sonstige besondere Erwerbungsgründe sich dieses oder jenes neue Recht gegen Einzelne
verschafften. Aber die im Laufe der letzten Jahrhunderte aufs
höchste gesteigerte Herrschsucht und das gewachsene Geldbedürfniß forderte ungestüm schnellere und umfassendere Vergrößerung
der fürstlichen Macht. Auf das zu diesem Ziele führende Mittel
wurden die Fürsten durch eine einzelne Seite der Landeshoheit
geleitet. Wie in den Staaten unserer Zeit sich einzelne den
politischen Gemeinschaften der Vergangenheit angehörende Institute erhalten haben und obgleich fremdartig und verlassen in
der modernen Umgebung, dennoch Lebenskraft genug besitzen, um
als äußere Träger der Einheit unserer Gegenwart und Vergangenheit zu dienen, so findet sich in der mittelalterlichen Landeshoheit ein Recht, welches seiner Natur nach der Souveränetät im Staate der Gegenwart angehört, die Gerichsgewalt.

Sie war nach keines Deutschen Ansicht zum Glanze des Fürstenhauses oder zum Nutzen irgend eines Einzelnen bestimmt,
sondern vorhanden, damit eine über alle Einzelnen stehende
Macht, damit das Recht erhalten werde. Wenn es auf Erreichung dieses Zieles ankam, konnte kein Landsasse dem Landesherrn eine Leistung verweigern, mochte er speziell verpflichtet
sein oder nicht. Sobald nun anerkannt ward, daß die gesammte Landeshoheit in gleicher Weise wie bisher nur die
Gerichtsgewalt bestimmt um ein über allen Einzelnen Stehen-
des zu erhalten und zu fördern, so waren die Landesherren
bei ihren Forderungen nicht mehr auf die durch Vertrag oder
Herkommen entstandenen beschränkt. Sie faßten daher, als
der Gedanke des Staats, obgleich von einer ganz anderen
Seite her sich ausbildete, denselben begierig auf und führten
ihn dadurch ins Leben ein, daß sie sich als Versorger und
Vertreter desselben hinstellten. Mochten sie unter diesem Vorwande dieselben Rechte, welche sie als Leibherren gegen ihre
Leibeigenen hatten, auch den freien Landsassen gegenüber geltend
machen, mochten sie, wie man wohl klagte, in Anspruch nehmen den Vogel in der Luft und den Fisch im Wasser, den
Wind, der die Mühle treibt und die Welle, die den Kahn trägt,
so war doch inmitten der Willkür und der niedrigen Leidenschaften die unmittelbare Versorgung der Einheit des Staats
als ein selbstständiges politisches Recht hervorgetreten, welches,
weil es in der Landeshoheit erwachsen war, überall mit Ausnahme der geistlichen Territorien und der Reichsstädte, als ein
Recht des Erstgebornen bestimmter Familien erschien. Den Kern der
Fürstenstellung im vorigen Jahrhundert, die Souveränetät mit
erbmonarchischem Character, mehr und mehr aus der sie verhüllenden und entstellenden Schale herauszuarbeiten, blieb die
Aufgabe der kommenden Generationen.

Die nothwendige Folge der umgewandelten Stellung der
Fürsten war eine Aenderung in dem inneren Wesen der landes-
herrlichen Dienerschaft, welche früher ihrem Principe nach die
Sonderinteressen ihrer Herren nach deren Befehl wahr-

genommen hatten, jetzt aber unter der Leitung der Fürsten das
Staatsinteresse versorgten und durch den verwandelten Gegenstand ihrer Thätigkeit aus landesherrlichen Dienern Staatsdiener wurden. Da indessen diese Umwandlung auf die Unterordnung unter ihre Fürsten keinen Einfluß hatte und die vorgeschützte Thätigkeit für den Staat nur ein Mittel ward, um
erfolgreicher im fürstlichen Interesse wirken zu können, so darf
es nicht wundern, wenn der Staatsdienst, abgesehen von diesem vielfach zur Schau getragenen Worte, dieselbe Gestalt
behielt, wie sie die landesherrliche Dienerschaft besessen hatte.

Die Fürsten, durch die Staatsdiener gestützt und auf ihre
in Anspruch genommene neue Stellung fußend, suchten vor
Allem die materielle Grundlage derselben, Geld und Soldaten,
sich zu verschaffen. Sie hatten aus ihrem Kammergute früher
den Aufwand bestritten, der bei der Ausübung ihrer Rechte
nöthig ward. In wiefern Ausgaben, welche jene Einkünfte
überschritten, gemacht werden konnten oder nicht, hing von
dem guten Willen der Landsassen ab, die der Fürst um Geldbeihülfe in Anspruch zu nehmen gedachte. Im vorigen Jahrhundert dagegen hatten die meisten Fürsten als das Ziel vieljährigen Strebens die Erhebung von Abgaben erreicht, ohne
Rücksicht auf die Einwilligung und die verschiedenartige Stellung der Belasteten. Das Bedürfniß des Gemeinwohls, das
Staatsinteresse war der einzige Grund, auf welchen sie das
früher unerhörte Recht stützten. Oft genug ergab sich als
Folge dieses Grundsatzes Bedrückung der Unterthanen und Verschwendung des für den Staat Genommenen im individuellsten
Interesse der Fürsten; aber der Gedanke war practisch geworden, daß es Pflicht sei für die Glieder, den Bestand und das
Gedeihen des Ganzen auch mit schweren Geldopfern sicher zu
stellen.

Das Heer der vergangenen Jahrhunderte war aus Männern gebildet, die kraft einer speciellen Verpflichtung sich dem
Fürsten verbunden hatten, ihn auf seinen Kriegszügen zu begleiten, mochte diese Verpflichtung wie bei dem Vasallenheer

des Mittelalters in dem Lehnseide, oder wie bei dem Söld-
nerheer der folgenden Zeit im Miethsvertrage liegen. Das
Vasallenheer hatte längst seine Bedeutung verloren und die
Geldmittel der Fürsten reichten nicht aus, ein so zahlreiches
Söldnerheer zu bezahlen, wie Bedürfniß oder Lust es verlangten.
Da sprach zuerst Friedrich Wilhelm I. im Jahre 1733 die
Verpflichtung seiner Unterthanen als solcher zum Kriegsdienste
aus, obgleich er noch viele Ausnahmen zum Vortheile der höheren Stände machte. Seine Anordnung ward in kleineren
und größeren deutschen Ländern wiederholt. Wohl wurden die
ausgehobenen Krieger oft zum Spielwerk der Fürsten gemißbraucht
oder gegen Miethgeld an auswärtige Mächte überlassen; aber
unter allem Mißbrauch waren die Anfänge des Volksheeres ins
Leben getreten, das ohne Voraussetzung der Staatseinheit sich
nicht denken läßt.

Die Fürsten, nachdem sie die Macht gewonnen hatten, die
finanziellen und militärischen Kräfte ihrer Territorien zu concentriren und zu verwenden, ohne auf einen anderen Grund
als auf die Bedürftigkeit des Staates zu fußen, machten nun
ihre Stellung als Versorger des Staats auch in Gesetzgebung
und Regierung geltend.

Während des Mittelalters war die Fortbildung des Rechts,
soweit sie nicht im Herkommen, sondern in bewußter Thätigkeit ihren Grund hatte, in Form von Verträgen zwischen den
Fürsten und den zunächst Betheiligten, meistens der Landschaft
geschehen, erschien also nicht als ein Act innerer Nothwendigkeit, sondern als ein Belieben Einzelner. Im vorigen Jahrhundert dagegen verlangten und erzwangen die Fürsten allgemeinen und unbedingten Gehorsam für alle Willensäußerungen,
die sie in Rechtsverhältnissen erkennbar kund thaten. Um diesen Anspruch zu rechtfertigen, mußten sie entweder die Unterthanen als Unfreie betrachten, die keinen anderen Willen als
den ihres Herrn hatten, oder von der Ansicht ausgehen, daß
in ihrer Willensäußerung das Rechtsgebot zur Erscheinung
käme, sie also Organ der in der Staatseinheit liegenden rechtser-

Neigung und dem Vermögenszustande der Gebetenen hätte den
Bestand der Territorien vom Zufalle abhängig gemacht. In
allen etwas größeren deutschen Gebieten war daher jener frühere Finanzzustand zugleich mit den übrigen Erscheinungen des
mittelalterlichen Territoriallebens längst dem Untergange anheim
gegeben.

Dennoch konnte das deutsche Volk, da es nicht die Aufgabe hatte sich als Einen Staat darzustellen, nur aus seinen
Territorien Staatenbildung, falls sie ihm überhaupt beschieden
war, entwickeln. Die Anstrengungen, welche das Mittelalter
zu diesem Ziele gemacht hatte, waren vergeblich gewesen; nur
Trümmer ohne ursprüngliche Lebenskraft, nur todte Formen,
den verschiedensten Jahrhunderten entnommen, gaben Kunde von
dem Ringen und Streben eines vergangenen kräftigen Geschlechts.

Eine Anzahl Territorien aber hatte unter den todten Formen frische Keime staatlicher Bildungen erzeugt und entwickelt.
Alle Territorien dieser Art bewahrten, obgleich Einzelne derselben vorübergehend in die europäischen Händel verflochten gewesen waren, den ausschließlich deutschen Character und besaßen, obgleich sie auf einer nur kleinen Grundlage an Land
und Leuten sich erhoben hatten, Kraft genug, um es unmöglich zu machen, daß der deutsche Staat ersterbe oder sich als
einzelner Bestandtheil in die nicht ausschließlich deutschen Staaten Oestreich und Preußen verliere. Auf dem Dasein dieser
Territorien ruhte die Fortdauer deutschen Lebens. Aber weil
sie bei ihrem nur deutschen Character die europäische Bedeutung
entbehrten, bedurften sie, um das deutsche Leben gegen die
mächtig aufstrebenden europäischen Reiche zu sichern, eines Halts
durch deutsche Staaten mit europäischem Character. Weil sie
ferner auf einer schmalen materiellen Grundlage ruhten, bedurften sie, um dem deutschen Staate einen selbstständigen Ausdruck zu geben, einer Verstärkung an Land und Leuten. In
wie fern sie diese Verstärkung durch das Heranziehen der vielen abgestorbenen deutschen Territorien, und jenen europäischen
Halt durch den Anschluß an die beiden deutschen Großmächte

gewinnen konnten, hing von den inneren Zuständen der abge=
storbenen Territorien und der beiden Großmächte ab. In drei
Gruppen erscheinen daher die deutschen Territorien vertheilt,
deren erste die lebenskräftigen Territorien mit ausschließlich
deutschem Character, deren zweite die abgestorbenen Territorien,
deren dritte die beiden deutschen Staaten mit europäischem
Character enthält.

<hr />

Erstes Kapitel.

Die lebenskräftigen Territorien mit ausschließ=
lich deutschem Character.

Aus der übergroßen Menge der Territorien, in welche
Deutschland zerfiel, hob sich eine kleine Zahl leicht bemerkbar
durch politische Wichtigkeit hervor. Einige gründeten die grö=
ßere Bedeutung auf ihre starke Grundlage an Land und Leu=
ten, wie im Süden Baiern, Würtemberg und Baden, im
Norden Hannover, Chursachsen und Mecklenburg=Schwerin;
im mittleren Deutschland Hessen=Darmstadt und Hessen=Cas=
sel. Andere, wie namentlich die sächsischen und anhaltinischen
Herzogthümer und etwa auch die Hohenzollern und die Reuße,
besaßen durch enges Zusammenhalten mehrerer Stammesvettern
politisches Gewicht, oder wie Braunschweig und Mecklenburg=
Strelitz durch Verwandtschaft mit einem größeren Reichsstande,
oder wie Schwarzburg und Lippe durch den Glanz eines al=
ten Hauses, oder wie Nassau, Holstein, Oldenburg durch Ver=
bindungen mit europäischen Mächten.

Auch in den Territorien dieser Art hatten im Mittelalter
die Landesherren, die Städte und Stifte, die Ritter und Bau=
ern nur sich und ihre Sonderinteressen aus eigener Lebenskraft
fortgebildet, und ein Zufall war es, wenn hierdurch zugleich
das Territorium an Kraft und Ausbildung gewann. Die Be=
dürfnisse indessen der verschiedenartigen Territorialbestandtheile

waren bald so unauflöslich verschlungen, die Befriedigungs-
mittel derselben in solchem Grade durch Gegenseitigkeit bedingt,
daß schon früh zuweilen bewußt, öfterer unbewußt für die gemeinsamen Bedürfnisse Aller Sorge getragen ward. Das Territorium, lediglich gegründet und gestaltet durch seine Bestandtheile, begann auch seinerseits eine Einwirkung auf dieselben zu
üben; der Brandenburger z. B. ward das, was er war, zum
Theil auch dadurch, daß er grade dem bestimmten Territorium
angehörte. Aber diese Macht der Territorialeinheit über die
Einzelnen·trat nicht in das Bewußtsein des Mittelalters, welches das Ganze vor seinen Theilen nicht sah und deßhalb auch
nicht zur Berücksichtigung und Pflege desselben gelangen konnte.
Wenn aber die politische Einheit, wie sie einerseits Gestaltung
durch ihre Theile empfängt, andererseits auch das bildende
Princip derselben werden und deßhalb mit selbstständigem Dasein und Berechtigung d. h. als Staat bestehen soll, so ist die
Stufe des politischen Lebens die höhere, auf welchem des Staates selbstständiges Dasein und Berechtigung anerkannt und das
Anerkenntniß praktisch in den getroffenen Einrichtungen wird.
Dieses Anerkenntniß setzt Beschränkung des Eigenwillens und
bewußte Einordnung der Einzelnen in das Ganze voraus,
gegen welche die selbstsüchtige Willkühr der Individuen, die die
letzten Jahrhunderte unserer Geschichte characterisirt, sich auf-
lehnte. Durch ihr Streben konnte daher das Bewußtsein der
Staatseinheit nicht hervorgerufen werden. Aber niemals hat
menschliche Thatkraft allein an dem Ausbau der staatlichen
Gemeinschaft gearbeitet. Neben und über ihr hat zu allen Zeiten Gott auf die Anstalten, die ihm als Zügel bei der Leitung der Weltgeschichte dienen, seine Einwirkung gezeigt; oft
genug sind, wenn ein edles Volk auch in der Entartung mehrerer Generationen nicht die Fähigkeit verlor, leitend in der
Weltgeschichte aufzutreten, die verkehrten und böswilligen Bestrebungen der Individuen nicht nur unschädlich, sondern auch
ein Mittel geworden, um die in ihrem Kerne kräftige Nation
auf eine Stufe des Staatslebens zu führen, auf welcher

selbst die höchste Entfaltung möglich wird. Daß nun solche Fortführung des deutschen Staats in den Jahrzehnten vor der französischen Revolution nicht bemerkt ward, entscheidet nichts darüber, ob sie sich fand oder nicht fand. Oft, ja man könnte sagen immer, haben die bedeutendsten Erscheinungen im Staatsleben verborgen und unbemerkt gekeimt, bis sie sich dem Auge eines großartigen Staatsmannes enthüllten und ihm die Aufgabe stellten, mit menschlicher Thatkraft in den Fortbau dessen einzugreifen, was ohne menschliches Wissen und Wollen begründet war.

Es konnte daher den Zeitgenossen unbemerkt das deutsche Staatsleben inmitten aller Zerrüttung die Anfänge zu der höheren Gestaltung in sich tragen, in welcher das anerkannte Dasein des Staates bestimmend für die politischen Einrichtungen wird und die Geschichte der deutschen Staaten seit den Decennien vor der französischen Revolution hat gelehrt, wo diese Anfänge zu suchen sind.

Das Streben für die factischen Beschränkungen der Einzelnen durch den Staat, einen Grund in der Willkühr der Individuen zu entdecken und dadurch die Selbstsucht und den Stolz mit der politischen Unterordnung zu versöhnen, hatte als nächste Veranlassung den Gedanken der selbstständigen Staatseinheit hervorgerufen. Diese war ihrem Entstehungsgrunde nach eine willkürliche und insofern unwahr, aber sie war doch Einheit, die selbstständig bestehen sollte und insofern nicht nur wahr, sondern auch ein Fortschritt von unberechenbarer Wichtigkeit, der für die Ausbildung des deutschen Staates die größte Bedeutung erhielt, als selbstsüchtige Leidenschaften, um ihre Ziele zu erreichen, ihn in den wichtigsten Staatseinrichtungen verwirklichten und dadurch das Mittel wurden, durch welches wider Wissen und Willen der Menschen die Einheit und das selbstständige Dasein des deutschen Staates praktisch ausgebildet ward.

Zuerst in der Stellung der Landesherren trat der Gedanke des Staats practisch hervor. Die Landeshoheit diente nach

Entstehung und ursprünglicher Gestalt zunächst und vor Allem dem Familienglanz und der Familienmacht des Herrenstandes. Die Verstärkung des Ansehens und der Größe des herzoglichen oder fürstlichen oder gräflichen Hauses war das Princip, welches die landesherrliche Handlungsweise leitete und die Stellung des Hauses dem Kaiser wie den Landsassen gegenüber zu heben, war das unablässige Streben in allen Territorien. Der Inhalt der Landeshoheit war, ihrer Bestimmung vollkommen entsprechend, ein Aggregat sehr vieler zu sehr verschiedener Zeit und auf sehr verschiedenem Wege erworbener einzelner Rechte auf Leistungen einzelner Landsassen. Nur so weit er Vertrag oder Herkommen nachweisen konnte, war der Landesherr berechtigt. Zwar trat zu der Sorge für das Haus überall Sorge für die Landsassen hinzu, hier stärker dort schwächer, je nach der verschiedenen Hausgesinnung; aber sie konnte dem Landesherrn nicht leicht neue Rechte verleihen, weil nicht abzusehen war, weßhalb Einzelne neue Leistungen übernehmen sollten, damit es andern Einzelnen besser ergehe. So lange die Fürsten jene alte Stellung einnahmen, konnten sie ihre Gewalt nur allmälig und nur in sehr geringem Umfange dadurch vergrößern, daß sie durch Vertrag oder sonstige besondere Erwerbungsgründe sich dieses oder jenes neue Recht gegen Einzelne verschafften. Aber die im Laufe der letzten Jahrhunderte aufs höchste gesteigerte Herrschsucht und das gewachsene Geldbedürfniß forderte ungestüm schnellere und umfassendere Vergrößerung der fürstlichen Macht. Auf das zu diesem Ziele führende Mittel wurden die Fürsten durch eine einzelne Seite der Landeshoheit geleitet. Wie in den Staaten unserer Zeit sich einzelne den politischen Gemeinschaften der Vergangenheit angehörende Institute erhalten haben und obgleich fremdartig und verlassen in der modernen Umgebung, dennoch Lebenskraft genug besitzen, um als äußere Träger der Einheit unserer Gegenwart und Vergangenheit zu dienen, so findet sich in der mittelalterlichen Landeshoheit ein Recht, welches seiner Natur nach der Souveränetät im Staate der Gegenwart angehört, die Gerichsgewalt.

Sie war nach keines Deutschen Ansicht zum Glanze des Fürstenhauses oder zum Nutzen irgend eines Einzelnen bestimmt,
sondern vorhanden, damit eine über alle Einzelnen stehende
Macht, damit das Recht erhalten werde. Wenn es auf Erreichung dieses Zieles ankam, konnte kein Landsasse dem Landesherrn eine Leistung verweigern, mochte er speziell verpflichtet
sein oder nicht. Sobald nun anerkannt ward, daß die gesammte Landeshoheit in gleicher Weise wie bisher nur die
Gerichtsgewalt bestimmt um ein über allen Einzelnen Stehen-
des zu erhalten und zu fördern, so waren die Landesherren
bei ihren Forderungen nicht mehr auf die durch Vertrag oder
Herkommen entstandenen beschränkt. Sie faßten daher, als
der Gedanke des Staats, obgleich von einer ganz anderen
Seite her sich ausbildete, denselben begierig auf und führten
ihn dadurch ins Leben ein, daß sie sich als Versorger und
Vertreter desselben hinstellten. Mochten sie unter diesem Vorwande dieselben Rechte, welche sie als Leibherren gegen ihre
Leibeigenen hatten, auch den freien Landsassen gegenüber geltend
machen, mochten sie, wie man wohl klagte, in Anspruch nehmen den Vogel in der Luft und den Fisch im Wasser, den
Wind, der die Mühle treibt und die Welle, die den Kahn trägt,
so war doch inmitten der Willkür und der niedrigen Leidenschaften die unmittelbare Versorgung der Einheit des Staats
als ein selbstständiges politisches Recht hervorgetreten, welches,
weil es in der Landeshoheit erwachsen war, überall mit Ausnahme der geistlichen Territorien und der Reichsstädte, als ein
Recht des Erstgebornen bestimmter Familien erschien. Den Kern der
Fürstenstellung im vorigen Jahrhundert, die Souveränetät mit
erbmonarchischem Character, mehr und mehr aus der sie verhüllenden und entstellenden Schale herauszuarbeiten, blieb die
Aufgabe der kommenden Generationen.

Die nothwendige Folge der umgewandelten Stellung der
Fürsten war eine Aenderung in dem inneren Wesen der landes-
herrlichen Dienerschaft, welche früher ihrem Principe nach die
Sonderinteressen ihrer Herren nach deren Befehl wahr-

Festhalten einer untergegangenen Stellung sich und dem Landesherrn das Leben sauer, indem sie, so oft sie zusammentraten, Beschwerden darüber, daß die Landesfreiheiten und Gerechtsame gedrückt wären, beschlossen. Wilde und gewaltsame Maaßregeln befleckten grade in Ländern dieser Art, wie z. B. in Mecklenburg und Würtemberg, das Verhältniß zwischen Landesherrn und Landtag. In den meisten Territorien dagegen war mit der inneren Bedeutung der Stände auch ihr äußeres Zusammentreten weggefallen, selten durch ausdrückliche Erklärung, oft durch Unterlassen ihrer Berufung. Einige Zeit hatten sich die Fürsten ihren am Althergebrachten festhaltenden Ständen gegenüber wohl dadurch zu helfen gesucht, daß sie die Einzelnen durch freundlichen und liebreichen Zuspruch zu bewegen, durch hartes Bezeugen zu erschrecken oder durch umhergeschickte Commissarien zu bereden und zu überlisten suchten. Aber für die Dauer vertrug sich dieser Ausweg weder mit der Neigung der Landesherren, „welchen die Landtage in ihren consiliis und Anschlägen allemal viel hinderlichen Verdruß machten," noch mit der Aufgabe, welche die Territorien namentlich seit dem westphälischen Frieden zu lösen hatten. Es wurden die Stände sehr vieler und bedeutender Gebiete immer seltner und endlich gar nicht mehr von ihrem Fürsten zusammenberufen. Als z. B. Magdeburg 1680 an Churbrandenburg fiel, erklärte der Churfürst: wenn wir künftig nöthig finden möchten, einen Landtag auszuschreiben, so wollen wir auf demselbigen über die Sachen, welche wir alsdann vornehmen möchten, unserer getreuen Stände unterthänigste Erinnerungen vernehmen. Als der anhaltinische Landtag 1698 verabschiedet ward, hieß es, daß bei erheischenden Conjuncturen ein anderer Landtag berufen werden sollte. Aber weder fand es seit dieser Zeit in Magdeburg der Churfürst nöthig einen Landtag auszuschreiben, noch traten in Anhalt die Conjuncturen ein, welche dessen Versammlung erheischten, und ähnlich schliefen die Stände in vielen andern Territorien gänzlich ein.

Die Gerichtsverfassung hatte ihre mittelalterliche Grund-

lage, die Sonderung des Gerichtsbannes und des Rechtsfindens
und die Ueberweisung des erstern an die Obrigkeit, die des letzteren an die einzelnen Kreise des Volkslebens gänzlich verloren. Nirgends traten Bauern oder städtische Bürger, oder Ritter oder Lehnsleute zusammen, um das unter ihren Genossen
streitige Recht festzustellen; überall vielmehr war das Finden
des Rechts mit der Gerichtsgewalt vereint und in die Hände
der Obrigkeit gekommen.

Die mittelalterliche Kriegsverfassung, ruhend auf dem Anspruch des Landesherrn an einzelne Landsassen in ihrer Eigenschaft als Lehnsleute, war bis auf die letzten Spuren verschwunden. Kraft ihrer Vasallenpflicht waren die ritterlichen
Hauswirthe und jungen Gesellen verpflichtet gewesen, zum
Roßdienst auszureiten und ihren Lehnsherrn auf einzelnen Zügen zu begleiten. Vielleicht hätten sie sich gefallen lassen, statt
der alten Lanze die „feuerschlagenden Büchsen" zu nehmen;
aber im vorigen Jahrhundert mußte der größere Landesherr
über ein Heer gebieten können, welches seinem Kerne nach aus
Fußvolk bestehend, im Frieden kriegsbereit versammelt blieb und
nicht die nur bedingte Unterordnung des Vasallen, sondern den
unbedingten Gehorsam des Soldaten leistete. Da das alte
Lehnsaufgebot keine dieser Anforderungen zu befriedigen vermochte, so war es schon früher immer seltener versammelt
worden und seit dem dreißigjährigen Kriege gänzlich fortgefallen.

Die Finanzverfassung des Mittelalters hatte ihren Zweck
erfüllt, so lange der landesherrliche Haushalt und die wenigen Ausgaben für die gemeinsamen Territorialinteressen aus
den Einkünften der Kammergüter und der anderen nutzbaren
Einzelnrechte bestritten wurden, und nur in außerordentlichen
Fällen die Landsassen um einen hülflichen Beitrag gebeten werden mußten. Im vorigen Jahrhundert indessen konnte kein irgend bedeutendes Territorium aus den alten Finanzquellen auch
nur die nothwendigsten Bedürfnisse befriedigen. Die Beibehaltung der alten landesherrlichen Bitte um eine Geldgabe und
die Gewährung oder Nichtgewährung derselben je nach der

Neigung und dem Vermögenszuſtande der Gebetenen hätte den
Beſtand der Territorien vom Zufalle abhängig gemacht. In
allen etwas größeren deutſchen Gebieten war daher jener frühere Finanzzuſtand zugleich mit den übrigen Erſcheinungen des
mittelalterlichen Territoriallebens längſt dem Untergange anheim
gegeben.

Dennoch konnte das deutſche Volk, da es nicht die Aufgabe hatte ſich als Einen Staat darzuſtellen, nur aus ſeinen
Territorien Staatenbildung, falls ſie ihm überhaupt beſchieden
war, entwickeln. Die Anſtrengungen, welche das Mittelalter
zu dieſem Ziele gemacht hatte, waren vergeblich geweſen; nur
Trümmer ohne urſprüngliche Lebenskraft, nur todte Formen,
den verſchiedenſten Jahrhunderten entnommen, gaben Kunde von
dem Ringen und Streben eines vergangenen kräftigen Geſchlechts.

Eine Anzahl Territorien aber hatte unter den todten Formen friſche Keime ſtaatlicher Bildungen erzeugt und entwickelt.
Alle Territorien dieſer Art bewahrten, obgleich Einzelne derſelben vorübergehend in die europäiſchen Händel verflochten geweſen waren, den ausſchließlich deutſchen Character und beſaßen, obgleich ſie auf einer nur kleinen Grundlage an Land
und Leuten ſich erhoben hatten, Kraft genug, um es unmöglich zu machen, daß der deutſche Staat erſterbe oder ſich als
einzelner Beſtandtheil in die nicht ausſchließlich deutſchen Staaten Oeſtreich und Preußen verliere. Auf dem Daſein dieſer
Territorien ruhte die Fortdauer deutſchen Lebens. Aber weil
ſie bei ihrem nur deutſchen Character die europäiſche Bedeutung
entbehrten, bedurften ſie, um das deutſche Leben gegen die
mächtig aufſtrebenden europäiſchen Reiche zu ſichern, eines Halts
durch deutſche Staaten mit europäiſchem Character. Weil ſie
ferner auf einer ſchmalen materiellen Grundlage ruhten, bedurften ſie, um dem deutſchen Staate einen ſelbſtſtändigen Ausdruck zu geben, einer Verſtärkung an Land und Leuten. In
wie fern ſie dieſe Verſtärkung durch das Heranziehen der vielen abgeſtorbenen deutſchen Territorien, und jenen europäiſchen
Halt durch den Anſchluß an die beiden deutſchen Großmächte

gewinnen konnten, hing von den inneren Zuständen der abge=
storbenen Territorien und der beiden Großmächte ab. In drei
Gruppen erscheinen daher die deutschen Territorien vertheilt,
deren erste die lebenskräftigen Territorien mit ausschließlich
deutschem Character, deren zweite die abgestorbenen Territorien,
deren dritte die beiden deutschen Staaten mit europäischem
Character enthält.

Erstes Kapitel.

Die lebenskräftigen Territorien mit ausschließ= lich deutschem Character.

Aus der übergroßen Menge der Territorien, in welche
Deutschland zerfiel, hob sich eine kleine Zahl leicht bemerkbar
durch politische Wichtigkeit hervor. Einige gründeten die grö=
ßere Bedeutung auf ihre starke Grundlage an Land und Leu=
ten, wie im Süden Baiern, Würtemberg und Baden, im
Norden Hannover, Chursachsen und Mecklenburg = Schwerin;
im mittleren Deutschland Hessen = Darmstadt und Hessen = Cas=
sel. Andere, wie namentlich die sächsischen und anhaltinischen
Herzogthümer und etwa auch die Hohenzollern und die Reuße,
besaßen durch enges Zusammenhalten mehrerer Stammesvettern
politisches Gewicht, oder wie Braunschweig und Mecklenburg=
Strelitz durch Verwandtschaft mit einem größeren Reichsstande,
oder wie Schwarzburg und Lippe durch den Glanz eines al=
ten Hauses; oder wie Nassau, Holstein, Oldenburg durch Ver=
bindungen mit europäischen Mächten.

Auch in den Territorien dieser Art hatten im Mittelalter
die Landesherren, die Städte und Stifte, die Ritter und Bau=
ern nur sich und ihre Sonderinteressen aus eigener Lebenskraft
fortgebildet, und ein Zufall war es, wenn hierdurch zugleich
das Territorium an Kraft und Ausbildung gewann. Die Be=
dürfnisse indessen der verschiedenartigen Territorialbestandtheile

waren bald so unauflöslich verschlungen, die Befriedigungs-
mittel derselben in solchem Grade durch Gegenseitigkeit bedingt,
daß schon früh zuweilen bewußt, öfterer unbewußt für die gemeinsamen Bedürfnisse Aller Sorge getragen ward. Das Territorium, lediglich gegründet und gestaltet durch seine Bestandtheile, begann auch seinerseits eine Einwirkung auf dieselben zu
üben; der Brandenburger z. B. ward das, was er war, zum
Theil auch dadurch, daß er grade dem bestimmten Territorium
angehörte. Aber diese Macht der Territorialeinheit über die
Einzelnen·trat nicht in das Bewußtsein des Mittelalters, welches das Ganze vor seinen Theilen nicht sah und deßhalb auch
nicht zur Berücksichtigung und Pflege desselben gelangen konnte.
Wenn aber die politische Einheit, wie sie einerseits Gestaltung
durch ihre Theile empfängt, andererseits auch das bildende
Princip derselben werden und deßhalb mit selbstständigem Dasein und Berechtigung d. h. als Staat bestehen soll, so ist die
Stufe des politischen Lebens die höhere, auf welchem des Staates selbstständiges Dasein und Berechtigung anerkannt und das
Anerkenntniß praktisch in den getroffenen Einrichtungen wird.
Dieses Anerkenntniß setzt Beschränkung des Eigenwillens und
bewußte Einordnung der Einzelnen in das Ganze voraus,
gegen welche die selbstsüchtige Willkühr der Individuen, die die
letzten Jahrhunderte unserer Geschichte characterisirt, sich auf-
lehnte. Durch ihr Streben konnte daher das Bewußtsein der
Staatseinheit nicht hervorgerufen werden. Aber niemals hat
menschliche Thatkraft allein an dem Ausbau der staatlichen
Gemeinschaft gearbeitet. Neben und über ihr hat zu allen Zeiten Gott auf die Anstalten, die ihm als Zügel bei der Leitung der Weltgeschichte dienen, seine Einwirkung gezeigt; oft
genug sind, wenn ein edles Volk auch in der Entartung mehrerer Generationen nicht die Fähigkeit verlor, leitend in der
Weltgeschichte aufzutreten, die verkehrten und böswilligen Bestrebungen der Individuen nicht nur unschädlich, sondern auch
ein Mittel geworden, um die in ihrem Kerne kräftige Nation
auf eine Stufe des Staatslebens zu führen, auf welcher

selbst die höchste Entfaltung möglich wird. Daß nun solche Fortführung des deutschen Staats in den Jahrzehnten vor der französischen Revolution nicht bemerkt ward, entscheidet nichts darüber, ob sie sich fand oder nicht fand. Oft, ja man könnte sagen immer, haben die bedeutendsten Erscheinungen im Staatsleben verborgen und unbemerkt gekeimt, bis sie sich dem Auge eines großartigen Staatsmannes enthüllten und ihm die Aufgabe stellten, mit menschlicher Thatkraft in den Fortbau dessen einzugreifen, was ohne menschliches Wissen und Wollen begründet war.

Es konnte daher den Zeitgenossen unbemerkt das deutsche Staatsleben inmitten aller Zerrüttung die Anfänge zu der höheren Gestaltung in sich tragen, in welcher das anerkannte Dasein des Staates bestimmend für die politischen Einrichtungen wird und die Geschichte der deutschen Staaten seit den Decennien vor der französischen Revolution hat gelehrt, wo diese Anfänge zu suchen sind.

Das Streben für die factischen Beschränkungen der Einzelnen durch den Staat, einen Grund in der Willkühr der Individuen zu entdecken und dadurch die Selbstsucht und den Stolz mit der politischen Unterordnung zu versöhnen, hatte als nächste Veranlassung den Gedanken der selbstständigen Staatseinheit hervorgerufen. Diese war ihrem Entstehungsgrunde nach eine willkürliche und insofern unwahr, aber sie war doch Einheit, die selbstständig bestehen sollte und insofern nicht nur wahr, sondern auch ein Fortschritt von unberechenbarer Wichtigkeit, der für die Ausbildung des deutschen Staates die größte Bedeutung erhielt, als selbstsüchtige Leidenschaften, um ihre Ziele zu erreichen, ihn in den wichtigsten Staatseinrichtungen verwirklichten und dadurch das Mittel wurden, durch welches wider Wissen und Willen der Menschen die Einheit und das selbstständige Dasein des deutschen Staates praktisch ausgebildet ward.

Zuerst in der Stellung der Landesherren trat der Gedanke des Staats practisch hervor. Die Landeshoheit diente nach

Entstehung und ursprünglicher Gestalt zunächst und vor Allem dem Familienglanz und der Familienmacht des Herrenstandes. Die Verstärkung des Ansehens und der Größe des herzoglichen oder fürstlichen oder gräflichen Hauses war das Princip, welches die landesherrliche Handlungsweise leitete und die Stellung des Hauses dem Kaiser wie den Landsassen gegenüber zu heben, war das unabläßige Streben in allen Territorien. Der Inhalt der Landeshoheit war, ihrer Bestimmung vollkommen entsprechend, ein Aggregat sehr vieler zu sehr verschiedener Zeit und auf sehr verschiedenem Wege erworbener einzelner Rechte auf Leistungen einzelner Landsassen. Nur so weit er Vertrag oder Herkommen nachweisen konnte, war der Landesherr berechtigt. Zwar trat zu der Sorge für das Haus überall Sorge für die Landsassen hinzu, hier stärker dort schwächer, je nach der verschiedenen Hausgesinnung; aber sie konnte dem Landesherrn nicht leicht neue Rechte verleihen, weil nicht abzusehen war, weßhalb Einzelne neue Leistungen übernehmen sollten, damit es andern Einzelnen besser ergehe. So lange die Fürsten jene alte Stellung einnahmen, konnten sie ihre Gewalt nur allmälig und nur in sehr geringem Umfange dadurch vergrößern, daß sie durch Vertrag oder sonstige besondere Erwerbungsgründe sich dieses oder jenes neue Recht gegen Einzelne verschafften. Aber die im Laufe der letzten Jahrhunderte aufs höchste gesteigerte Herrschsucht und das gewachsene Geldbedürfniß forderte ungestüm schnellere und umfassendere Vergrößerung der fürstlichen Macht. Auf das zu diesem Ziele führende Mittel wurden die Fürsten durch eine einzelne Seite der Landeshoheit geleitet. Wie in den Staaten unserer Zeit sich einzelne den politischen Gemeinschaften der Vergangenheit angehörende Institute erhalten haben und obgleich fremdartig und verlassen in der modernen Umgebung, dennoch Lebenskraft genug besitzen, um als äußere Träger der Einheit unserer Gegenwart und Vergangenheit zu dienen, so findet sich in der mittelalterlichen Landeshoheit ein Recht, welches seiner Natur nach der Souveränetät im Staate der Gegenwart angehört, die Gerichtsgewalt.

Sie war nach keines Deutschen Ansicht zum Glanze des Fürstenhauses oder zum Nutzen irgend eines Einzelnen bestimmt,
sondern vorhanden, damit eine über alle Einzelnen stehende
Macht, damit das Recht erhalten werde. Wenn es auf Erreichung dieses Zieles ankam, konnte kein Landsasse dem Landesherrn eine Leistung verweigern, mochte er speziell verpflichtet
sein oder nicht. Sobald nun anerkannt ward, daß die gesammte Landeshoheit in gleicher Weise wie bisher nur die
Gerichtsgewalt bestimmt um ein über allen Einzelnen Stehen-
des zu erhalten und zu fördern, so waren die Landesherren
bei ihren Forderungen nicht mehr auf die durch Vertrag oder
Herkommen entstandenen beschränkt. Sie faßten daher, als
der Gedanke des Staats, obgleich von einer ganz anderen
Seite her sich ausbildete, denselben begierig auf und führten
ihn dadurch ins Leben ein, daß sie sich als Versorger und
Vertreter desselben hinstellten. Mochten sie unter diesem Vorwande dieselben Rechte, welche sie als Leibherren gegen ihre
Leibeigenen hatten, auch den freien Landsassen gegenüber geltend
machen, mochten sie, wie man wohl klagte, in Anspruch nehmen den Vogel in der Luft und den Fisch im Wasser, den
Wind, der die Mühle treibt und die Welle, die den Kahn trägt,
so war doch inmitten der Willkür und der niedrigen Leidenschaften die unmittelbare Versorgung der Einheit des Staats
als ein selbstständiges politisches Recht hervorgetreten, welches,
weil es in der Landeshoheit erwachsen war, überall mit Ausnahme der geistlichen Territorien und der Reichsstädte, als ein
Recht des Erstgebornen bestimmter Familien erschien. Den Kern der
Fürstenstellung im vorigen Jahrhundert, die Souveränetät mit
erbmonarchischem Character, mehr und mehr aus der sie verhüllenden und entstellenden Schale herauszuarbeiten, blieb die
Aufgabe der kommenden Generationen.

Die nothwendige Folge der umgewandelten Stellung der
Fürsten war eine Aenderung in dem inneren Wesen der landes-
herrlichen Dienerschaft, welche früher ihrem Principe nach die
Sonderinteressen ihrer Herren nach deren Befehl wahr-

Festhalten einer untergegangenen Stellung sich und dem Landesherrn das Leben sauer, indem sie, so oft sie zusammentraten, Beschwerden darüber, daß die Landesfreiheiten und Gerechtsame gedrückt wären, beschlossen. Wilde und gewaltsame
Maaßregeln befleckten grade in Ländern dieser Art, wie z. B.
in Mecklenburg und Würtemberg, das Verhältniß zwischen Landesherrn und Landtag. In den meisten Territorien dagegen
war mit der inneren Bedeutung der Stände auch ihr äußeres
Zusammentreten weggefallen, selten durch ausdrückliche Erklärung, oft durch Unterlassen ihrer Berufung. Einige Zeit hatten sich die Fürsten ihren am Althergebrachten festhaltenden
Ständen gegenüber wohl dadurch zu helfen gesucht, daß sie die
Einzelnen durch freundlichen und liebreichen Zuspruch zu bewegen, durch hartes Bezeugen zu erschrecken oder durch umhergeschickte Commissarien zu bereden und zu überlisten suchten. Aber
für die Dauer vertrug sich dieser Ausweg weder mit der Neigung der Landesherren, „welchen die Landtage in ihren consiliis und Anschlägen allemal viel hinderlichen Verdruß machten,“
noch mit der Aufgabe, welche die Territorien namentlich seit
dem westphälischen Frieden zu lösen hatten. Es wurden die
Stände sehr vieler und bedeutender Gebiete immer seltner und
endlich gar nicht mehr von ihrem Fürsten zusammenberufen.
Als z. B. Magdeburg 1680 an Churbrandenburg fiel, erklärte
der Churfürst: wenn wir künftig nöthig finden möchten, einen
Landtag auszuschreiben, so wollen wir auf demselbigen über
die Sachen, welche wir alsdann vornehmen möchten, unserer
getreuen Stände unterthänigste Erinnerungen vernehmen. Als
der anhaltinische Landtag 1698 verabschiedet ward, hieß es,
daß bei erheischenden Conjuncturen ein anderer Landtag berufen werden sollte. Aber weder fand es seit dieser Zeit in Magdeburg der Churfürst nöthig einen Landtag auszuschreiben,
noch traten in Anhalt die Conjuncturen ein, welche dessen Versammlung erheischten, und ähnlich schliefen die Stände in vielen andern Territorien gänzlich ein.

Die Gerichtsverfassung hatte ihre mittelalterliche Grund-

lage, die Sonderung des Gerichtsbannes und des Rechtsfindens und die Ueberweisung des erstern an die Obrigkeit, die des letzteren an die einzelnen Kreise des Volkslebens gänzlich verloren. Nirgends traten Bauern oder städtische Bürger, oder Ritter oder Lehnsleute zusammen, um das unter ihren Genossen streitige Recht festzustellen; überall vielmehr war das Finden des Rechts mit der Gerichtsgewalt vereint und in die Hände der Obrigkeit gekommen.

Die mittelalterliche Kriegsverfassung, ruhend auf dem Anspruch des Landesherrn an einzelne Landsassen in ihrer Eigenschaft als Lehnsleute, war bis auf die letzten Spuren verschwunden. Kraft ihrer Vasallenpflicht waren die ritterlichen Hauswirthe und jungen Gesellen verpflichtet gewesen, zum Roßdienst auszureiten und ihren Lehnsherrn auf einzelnen Zügen zu begleiten. Vielleicht hätten sie sich gefallen lassen, statt der alten Lanze die „feuerschlagenden Büchsen" zu nehmen; aber im vorigen Jahrhundert mußte der größere Landesherr über ein Heer gebieten können, welches seinem Kerne nach aus Fußvolk bestehend, im Frieden kriegsbereit versammelt blieb und nicht die nur bedingte Unterordnung des Vasallen, sondern den unbedingten Gehorsam des Soldaten leistete. Da das alte Lehnsaufgebot keine dieser Anforderungen zu befriedigen vermochte, so war es schon früher immer seltener versammelt worden und seit dem dreißigjährigen Kriege gänzlich fortgefallen.

Die Finanzverfassung des Mittelalters hatte ihren Zweck erfüllt, so lange der landesherrliche Haushalt und die wenigen Ausgaben für die gemeinsamen Territorialinteressen aus den Einkünften der Kammergüter und der anderen nutzbaren Einzelrechte bestritten wurden, und nur in außerordentlichen Fällen die Landsassen um einen hülflichen Beitrag gebeten werden mußten. Im vorigen Jahrhundert indessen konnte kein irgend bedeutendes Territorium aus den alten Finanzquellen auch nur die nothwendigsten Bedürfnisse befriedigen. Die Beibehaltung der alten landesherrlichen Bitte um eine Geldgabe und die Gewährung oder Nichtgewährung derselben je nach der

Neigung und dem Vermögenszustande der Gebetenen hätte den
Bestand der Territorien vom Zufalle abhängig gemacht. In
allen etwas größeren deutschen Gebieten war daher jener frühere Finanzzustand zugleich mit den übrigen Erscheinungen des
mittelalterlichen Territoriallebens längst dem Untergange anheim
gegeben.

Dennoch konnte das deutsche Volk, da es nicht die Aufgabe hatte sich als Einen Staat darzustellen, nur aus seinen
Territorien Staatenbildung, falls sie ihm überhaupt beschieden
war, entwickeln. Die Anstrengungen, welche das Mittelalter
zu diesem Ziele gemacht hatte, waren vergeblich gewesen; nur
Trümmer ohne ursprüngliche Lebenskraft, nur tobte Formen,
den verschiedensten Jahrhunderten entnommen, gaben Kunde von
dem Ringen und Streben eines vergangenen kräftigen Geschlechts.

Eine Anzahl Territorien aber hatte unter den tobten Formen frische Keime staatlicher Bildungen erzeugt und entwickelt.
Alle Territorien dieser Art bewahrten, obgleich Einzelne derselben vorübergehend in die europäischen Händel verflochten gewesen waren, den ausschließlich deutschen Character und besaßen, obgleich sie auf einer nur kleinen Grundlage an Land
und Leuten sich erhoben hatten, Kraft genug, um es unmöglich zu machen, daß der deutsche Staat ersterbe oder sich als
einzelner Bestandtheil in die nicht ausschließlich deutschen Staaten Oestreich und Preußen verliere. Auf dem Dasein dieser
Territorien ruhte die Fortdauer deutschen Lebens. Aber weil
sie bei ihrem nur deutschen Character die europäische Bedeutung
entbehrten, bedurften sie, um das deutsche Leben gegen die
mächtig aufstrebenden europäischen Reiche zu sichern, eines Halts
durch deutsche Staaten mit europäischem Character. Weil sie
ferner auf einer schmalen materiellen Grundlage ruhten, bedurften sie, um dem deutschen Staate einen selbstständigen Ausdruck zu geben, einer Verstärkung an Land und Leuten. In
wie fern sie diese Verstärkung durch das Heranziehen der vielen abgestorbenen deutschen Territorien, und jenen europäischen
Halt durch den Anschluß an die beiden deutschen Großmächte

gewinnen konnten, hing von den inneren Zuständen der abgestorbenen Territorien und der beiden Großmächte ab. In drei
Gruppen erscheinen daher die deutschen Territorien vertheilt,
deren erste die lebenskräftigen Territorien mit ausschließlich
deutschem Character, deren zweite die abgestorbenen Territorien,
deren dritte die beiden deutschen Staaten mit europäischem
Character enthält.

Erstes Kapitel.

Die lebenskräftigen Territorien mit ausschließ- lich deutschem Character.

Aus der übergroßen Menge der Territorien, in welche
Deutschland zerfiel, hob sich eine kleine Zahl leicht bemerkbar
durch politische Wichtigkeit hervor. Einige gründeten die größere Bedeutung auf ihre starke Grundlage an Land und Leuten, wie im Süden Baiern, Würtemberg und Baden, im
Norden Hannover, Chursachsen und Mecklenburg-Schwerin;
im mittleren Deutschland Hessen-Darmstadt und Hessen-Cas-
sel. Andere, wie namentlich die sächsischen und anhaltinischen
Herzogthümer und etwa auch die Hohenzollern und die Reuße,
besaßen durch enges Zusammenhalten mehrerer Stammesvettern
politisches Gewicht, oder wie Braunschweig und Mecklenburg-
Strelitz durch Verwandtschaft mit einem größeren Reichsstande,
oder wie Schwarzburg und Lippe durch den Glanz eines alten Hauses, oder wie Nassau, Holstein, Oldenburg durch Verbindungen mit europäischen Mächten.

Auch in den Territorien dieser Art hatten im Mittelalter
die Landesherren, die Städte und Stifte, die Ritter und Bauern nur sich und ihre Sonderinteressen aus eigener Lebenskraft
fortgebildet, und ein Zufall war es, wenn hierdurch zugleich
das Territorium an Kraft und Ausbildung gewann. Die Bedürfnisse indessen der verschiedenartigen Territorialbestandtheile

waren bald so unauflöslich verschlungen, die Befriedigungs-
mittel derselben in solchem Grade durch Gegenseitigkeit bedingt,
daß schon früh zuweilen bewußt, öfterer unbewußt für die gemeinsamen Bedürfnisse Aller Sorge getragen ward. Das Territorium, lediglich gegründet und gestaltet durch seine Bestandtheile, begann auch seinerseits eine Einwirkung auf dieselben zu
üben; der Brandenburger z. B. ward das, was er war, zum
Theil auch dadurch, daß er grade dem bestimmten Territorium
angehörte. Aber diese Macht der Territorialeinheit über die
Einzelnen tritt nicht in das Bewußtsein des Mittelalters, welches das Ganze vor seinen Theilen nicht sah und deßhalb auch
nicht zur Berücksichtigung und Pflege desselben gelangen konnte.
Wenn aber die politische Einheit, wie sie einerseits Gestaltung
durch ihre Theile empfängt, andererseits auch das bildende
Princip derselben werden und deßhalb mit selbstständigem Dasein und Berechtigung d. h. als Staat bestehen soll, so ist die
Stufe des politischen Lebens die höhere, auf welchem des Staates selbstständiges Dasein und Berechtigung anerkannt und das
Anerkenntniß praktisch in den getroffenen Einrichtungen wird.
Dieses Anerkenntniß setzt Beschränkung des Eigenwillens und
bewußte Einordnung der Einzelnen in das Ganze voraus,
gegen welche die selbstsüchtige Willkühr der Individuen, die die
letzten Jahrhunderte unserer Geschichte characterisirt, sich auf-
lehnte. Durch ihr Streben konnte daher das Bewußtsein der
Staatseinheit nicht hervorgerufen werden. Aber niemals hat
menschliche Thatkraft allein an dem Ausbau der staatlichen
Gemeinschaft gearbeitet. Neben und über ihr hat zu allen Zeiten Gott auf die Anstalten, die ihm als Zügel bei der Leitung der Weltgeschichte dienen, seine Einwirkung gezeigt; oft
genug sind, wenn ein edles Volk auch in der Entartung mehrerer Generationen nicht die Fähigkeit verlor, leitend in der
Weltgeschichte aufzutreten, die verkehrten und böswilligen Bestrebungen der Individuen nicht nur unschädlich, sondern auch
ein Mittel geworden, um die in ihrem Kerne kräftige Nation
auf eine Stufe des Staatslebens zu führen, auf welcher

selbst die höchste Entfaltung möglich wird. Daß nun solche Fortführung des deutschen Staats in den Jahrzehnten vor der französischen Revolution nicht bemerkt ward, entscheidet nichts darüber, ob sie sich fand oder nicht fand. Oft, ja man könnte sagen immer, haben die bedeutendsten Erscheinungen im Staatsleben verborgen und unbemerkt gekeimt, bis sie sich dem Auge eines großartigen Staatsmannes enthüllten und ihm die Aufgabe stellten, mit menschlicher Thatkraft in den Fortbau dessen einzugreifen, was ohne menschliches Wissen und Wollen begründet war.

Es konnte daher den Zeitgenossen unbemerkt das deutsche Staatsleben inmitten aller Zerrüttung die Anfänge zu der höheren Gestaltung in sich tragen, in welcher das anerkannte Dasein des Staates bestimmend für die politischen Einrichtungen wird und die Geschichte der deutschen Staaten seit den Decennien vor der französischen Revolution hat gelehrt, wo diese Anfänge zu suchen sind.

Das Streben für die factischen Beschränkungen der Einzelnen durch den Staat, einen Grund in der Willkühr der Individuen zu entdecken und dadurch die Selbstsucht und den Stolz mit der politischen Unterordnung zu versöhnen, hatte als nächste Veranlassung den Gedanken der selbstständigen Staatseinheit hervorgerufen. Diese war ihrem Entstehungsgrunde nach eine willkürliche und insofern unwahr, aber sie war doch Einheit, die selbstständig bestehen sollte und insofern nicht nur wahr, sondern auch ein Fortschritt von unberechenbarer Wichtigkeit, der für die Ausbildung des deutschen Staates die größte Bedeutung erhielt, als selbstsüchtige Leidenschaften, um ihre Ziele zu erreichen, ihn in den wichtigsten Staatseinrichtungen verwirklichten und dadurch das Mittel wurden, durch welches wider Wissen und Willen der Menschen die Einheit und das selbstständige Dasein des deutschen Staates praktisch ausgebildet ward.

Zuerst in der Stellung der Landesherren trat der Gedanke des Staats practisch hervor. Die Landeshoheit diente nach

Entstehung und ursprünglicher Gestalt zunächst und vor Allem dem Familienglanz und der Familienmacht des Herrenstandes. Die Verstärkung des Ansehens und der Größe des herzoglichen oder fürstlichen oder gräflichen Hauses war das Princip, welches die landesherrliche Handlungsweise leitete und die Stellung des Hauses dem Kaiser wie den Landsassen gegenüber zu heben, war das unablässige Streben in allen Territorien. Der Inhalt der Landeshoheit war, ihrer Bestimmung vollkommen entsprechend, ein Aggregat sehr vieler zu sehr verschiedener Zeit und auf sehr verschiedenem Wege erworbener einzelner Rechte auf Leistungen einzelner Landsassen. Nur so weit er Vertrag oder Herkommen nachweisen konnte, war der Landesherr berechtigt. Zwar trat zu der Sorge für das Haus überall Sorge für die Landsassen hinzu, hier stärker dort schwächer, je nach der verschiedenen Hausgesinnung; aber sie konnte dem Landesherrn nicht leicht neue Rechte verleihen, weil nicht abzusehen war, weßhalb Einzelne neue Leistungen übernehmen sollten, damit es andern Einzelnen besser ergehe. So lange die Fürsten jene alte Stellung einnahmen, konnten sie ihre Gewalt nur allmälig und nur in sehr geringem Umfange dadurch vergrößern, daß sie durch Vertrag oder sonstige besondere Erwerbungsgründe sich dieses oder jenes neue Recht gegen Einzelne verschafften. Aber die im Laufe der letzten Jahrhunderte aufs höchste gesteigerte Herrschsucht und das gewachsene Geldbedürfniß forderte ungestüm schnellere und umfassendere Vergrößerung der fürstlichen Macht. Auf das zu diesem Ziele führende Mittel wurden die Fürsten durch eine einzelne Seite der Landeshoheit geleitet. Wie in den Staaten unserer Zeit sich einzelne den politischen Gemeinschaften der Vergangenheit angehörende Institute erhalten haben und obgleich fremdartig und verlassen in der modernen Umgebung, dennoch Lebenskraft genug besitzen, um als äußere Träger der Einheit unserer Gegenwart und Vergangenheit zu dienen, so findet sich in der mittelalterlichen Landeshoheit ein Recht, welches seiner Natur nach der Souveränetät im Staate der Gegenwart angehört, die Gerichtsgewalt.

Sie war nach keines Deutschen Ansicht zum Glanze des Fürstenhauses oder zum Nutzen irgend eines Einzelnen bestimmt,
sondern vorhanden, damit eine über alle Einzelnen stehende
Macht, damit das Recht erhalten werde. Wenn es auf Erreichung dieses Zieles ankam, konnte kein Landsasse dem Landesherrn eine Leistung verweigern, mochte er speziell verpflichtet
sein oder nicht. Sobald nun anerkannt ward, daß die gesammte Landeshoheit in gleicher Weise wie bisher nur die
Gerichtsgewalt bestimmt um ein über allen Einzelnen Stehen-
des zu erhalten und zu fördern, so waren die Landesherren
bei ihren Forderungen nicht mehr auf die durch Vertrag oder
Herkommen entstandenen beschränkt. Sie faßten daher, als
der Gedanke des Staats, obgleich von einer ganz anderen
Seite her sich ausbildete, denselben begierig auf und führten
ihn dadurch ins Leben ein, daß sie sich als Versorger und
Vertreter desselben hinstellten. Mochten sie unter diesem Vorwande dieselben Rechte, welche sie als Leibherren gegen ihre
Leibeigenen hatten, auch den freien Landsassen gegenüber geltend
machen, mochten sie, wie man wohl klagte, in Anspruch nehmen den Vogel in der Luft und den Fisch im Wasser, den
Wind, der die Mühle treibt und die Welle, die den Kahn trägt,
so war doch inmitten der Willkür und der niedrigen Leidenschaften die unmittelbare Versorgung der Einheit des Staats
als ein selbstständiges politisches Recht hervorgetreten, welches,
weil es in der Landeshoheit erwachsen war, überall mit Ausnahme der geistlichen Territorien und der Reichsstädte, als ein
Recht des Erstgebornen bestimmter Familien erschien. Den Kern der
Fürstenstellung im vorigen Jahrhundert, die Souveränetät mit
erbmonarchischem Character, mehr und mehr aus der sie verhüllenden und entstellenden Schale herauszuarbeiten, blieb die
Aufgabe der kommenden Generationen.

Die nothwendige Folge der umgewandelten Stellung der
Fürsten war eine Aenderung in dem inneren Wesen der landes-
herrlichen Dienerschaft, welche früher ihrem Principe nach die
Sonderinteressen ihrer Herren nach deren Befehl wahr-

genommen hatten, jetzt aber unter der Leitung der Fürsten das
Staatsinteresse versorgten und durch den verwandelten Gegenstand ihrer Thätigkeit aus landesherrlichen Dienern Staatsdiener wurden. Da indessen diese Umwandlung auf die Unterordnung unter ihre Fürsten keinen Einfluß hatte und die vorgeschützte Thätigkeit für den Staat nur ein Mittel ward, um
erfolgreicher im fürstlichen Interesse wirken zu können, so darf
es nicht wundern, wenn der Staatsdienst, abgesehen von diesem vielfach zur Schau getragenen Worte, dieselbe Gestalt
behielt, wie sie die landesherrliche Dienerschaft besessen hatte.

Die Fürsten, durch die Staatsdiener gestützt und auf ihre
in Anspruch genommene neue Stellung fußend, suchten vor
Allem die materielle Grundlage derselben, Geld und Soldaten,
sich zu verschaffen. Sie hatten aus ihrem Kammergute früher
den Aufwand bestritten, der bei der Ausübung ihrer Rechte
nöthig ward. In wiefern Ausgaben, welche jene Einkünfte
überschritten, gemacht werden konnten oder nicht, hing von
dem guten Willen der Landsassen ab, die der Fürst um Geldbeihülfe in Anspruch zu nehmen gedachte. Im vorigen Jahrhundert dagegen hatten die meisten Fürsten als das Ziel vieljährigen Strebens die Erhebung von Abgaben erreicht, ohne
Rücksicht auf die Einwilligung und die verschiedenartige Stellung der Belasteten. Das Bedürfniß des Gemeinwohls, das
Staatsinteresse war der einzige Grund, auf welchen sie das
früher unerhörte Recht stützten. Oft genug ergab sich als
Folge dieses Grundsatzes Bedrückung der Unterthanen und Verschwendung des für den Staat Genommenen im individuellsten
Interesse der Fürsten; aber der Gedanke war practisch geworden, daß es Pflicht sei für die Glieder, den Bestand und das
Gedeihen des Ganzen auch mit schweren Geldopfern sicher zu
stellen.

Das Heer der vergangenen Jahrhunderte war aus Männern gebildet, die kraft einer speciellen Verpflichtung sich dem
Fürsten verbunden hatten, ihn auf seinen Kriegszügen zu begleiten, mochte diese Verpflichtung wie bei dem Vasallenheer

des Mittelalters in dem Lehnseide, oder wie bei dem Söld-
nerheer der folgenden Zeit im Miethsvertrage liegen. Das
Vasallenheer hatte längst seine Bedeutung verloren und die
Geldmittel der Fürsten reichten nicht aus, ein so zahlreiches
Söldnerheer zu bezahlen, wie Bedürfniß oder Luft es verlangten.
Da sprach zuerst Friedrich Wilhelm I. im Jahre 1733 die
Verpflichtung seiner Unterthanen als solcher zum Kriegsdienste
aus, obgleich er noch viele Ausnahmen zum Vortheile der höheren Stände machte. Seine Anordnung ward in kleineren
und größeren deutschen Ländern wiederholt. Wohl wurden die
ausgehobenen Krieger oft zum Spielwerk der Fürsten gemißbraucht
oder gegen Miethgeld an auswärtige Mächte überlassen; aber
unter allem Mißbrauch waren die Anfänge des Volksheeres ins
Leben getreten, das ohne Voraussetzung der Staatseinheit sich
nicht denken läßt.

Die Fürsten, nachdem sie die Macht gewonnen hatten, die
finanziellen und militärischen Kräfte ihrer Territorien zu concentriren und zu verwenden, ohne auf einen anderen Grund
als auf die Bedürftigkeit des Staates zu fußen, machten nun
ihre Stellung als Versorger des Staats auch in Gesetzgebung
und Regierung geltend.

Während des Mittelalters war die Fortbildung des Rechts,
soweit sie nicht im Herkommen, sondern in bewußter Thätigkeit ihren Grund hatte, in Form von Verträgen zwischen den
Fürsten und den zunächst Betheiligten, meistens der Landschaft
geschehen, erschien also nicht als ein Act innerer Nothwendigkeit, sondern als ein Belieben Einzelner. Im vorigen Jahrhundert dagegen verlangten und erzwangen die Fürsten allgemeinen und unbedingten Gehorsam für alle Willensäußerungen,
die sie in Rechtsverhältnissen erkennbar kund thaten. Um diesen Anspruch zu rechtfertigen, mußten sie entweder die Unterthanen als Unfreie betrachten, die keinen anderen Willen als
den ihres Herrn hatten, oder von der Ansicht ausgehen, daß
in ihrer Willensäußerung das Rechtsgebot zur Erscheinung
käme, sie also Organ der in der Staatseinheit liegenden rechtser-

Neigung und dem Vermögenszustande der Unterthanen hätte den
Bestand der Territorien vom Zufalle abhängig gemacht. In
allen etwas größeren deutschen Gebieten war daher jener frühere Finanzzustand zugleich mit den übrigen Erscheinungen des
mittelalterlichen Territoriallebens längst dem Untergange anheim
gegeben.

Dennoch konnte das deutsche Volk, da es nicht die Aufgabe hatte sich als Einen Staat darzustellen, nur aus seinen
Territorien Staatenbildung, falls sie ihm überhaupt beschieden
war, entwickeln. Die Anstrengungen, welche das Mittelalter
zu diesem Ziele gemacht hatte, waren vergeblich gewesen; nur
Trümmer ohne ursprüngliche Lebenskraft, nur todte Formen,
den verschiedensten Jahrhunderten entnommen, gaben Kunde von
dem Ringen und Streben eines vergangenen kräftigen Geschlechts.

Eine Anzahl Territorien aber hatte unter den todten Formen frische Keime staatlicher Bildungen erzeugt und entwickelt.
Alle Territorien dieser Art bewahrten, obgleich Einzelne derselben vorübergehend in die europäischen Händel verflochten gewesen waren, den ausschließlich deutschen Character und besaßen, obgleich sie auf einer nur kleinen Grundlage an Land
und Leuten sich erhoben hatten, Kraft genug, um es unmöglich zu machen, daß der deutsche Staat ersterbe oder sich als
einzelner Bestandtheil in die nicht ausschließlich deutschen Staaten Oestreich und Preußen verliere. Auf dem Dasein dieser
Territorien ruhte die Fortdauer deutschen Lebens. Aber weil
sie bei ihrem nur deutschen Character die europäische Bedeutung
entbehrten, bedurften sie, um das deutsche Leben gegen die
mächtig aufstrebenden europäischen Reiche zu sichern, eines Halts
durch deutsche Staaten mit europäischem Character. Weil sie
ferner auf einer schmalen materiellen Grundlage ruhten, bedurften sie, um dem deutschen Staate einen selbstständigen Ausdruck zu geben, einer Verstärkung an Land und Leuten. In
wie fern sie diese Verstärkung durch das Heranziehen der vielen abgestorbenen deutschen Territorien, und jenen europäischen
Halt durch den Anschluß an die beiden deutschen Großmächte

gewinnen konnten, hing von den inneren Zuständen der abgestorbenen Territorien und der beiden Großmächte ab. In drei
Gruppen erscheinen daher die deutschen Territorien vertheilt;
deren erste die lebenskräftigen Territorien mit ausschließlich
deutschem Character, deren zweite die abgestorbenen Territorien,
deren dritte die beiden deutschen Staaten mit europäischem
Character enthält.

Erstes Kapitel.

Die lebenskräftigen Territorien mit ausschließ-
lich deutschem Character.

Aus der übergroßen Menge der Territorien, in welche
Deutschland zerfiel, hob sich eine kleine Zahl leicht bemerkbar
durch politische Wichtigkeit hervor. Einige gründeten die größere Bedeutung auf ihre starke Grundlage an Land und Leuten, wie im Süden Baiern, Würtemberg und Baden, im
Norden Hannover, Chursachsen und Mecklenburg-Schwerin;
im mittleren Deutschland Hessen-Darmstadt und Hessen-Cas-
sel. Andere, wie namentlich die sächsischen und anhaltinischen
Herzogthümer und etwa auch die Hohenzollern und die Reuße,
besaßen durch enges Zusammenhalten mehrerer Stammesvettern
politisches Gewicht, oder wie Braunschweig und Mecklenburg-
Strelitz durch Verwandtschaft mit einem größeren Reichsstande,
oder wie Schwarzburg und Lippe durch den Glanz eines alten Hauses, oder wie Nassau, Holstein, Oldenburg durch Verbindungen mit europäischen Mächten.

Auch in den Territorien dieser Art hatten im Mittelalter
die Landesherren, die Städte und Stifte, die Ritter und Bauern nur sich und ihre Sonderinteressen aus eigener Lebenskraft
fortgebildet, und ein Zufall war es, wenn hierdurch zugleich
das Territorium an Kraft und Ausbildung gewann. Die Bedürfnisse indessen der verschiedenartigen Territorialbestandtheile

früher als den weltlichen Amtsfamilien, das ihnen häufig vom Kaiser verliehene Amt in ein der geistlichen Würde zustehendes Recht zu verwandeln. Eine große Zahl Bischöfe und Aebte trat demnach zugleich als deutsche Landesherren auf. Sowohl die geistlichen als die weltlichen Landesherren standen mit sehr vielen bäuerlichen Bewohnern ihrer Territorien als deren Leib- und Grundherren, mit sehr vielen ritterlichen Geschlechtern als deren Lehnsherren, mit vielen Kirchen als deren Schirm- und Dingvögte in Verbindung, und bewahrten oder gewannen auch einzelne Rechte gegen Viele der aufblühenden Städte. Manche Bauerngemeinden indessen, manche ritterliche Geschlechter, manche Stifte und manche Städte blieben oder wurden gänzlich unabhängig von den Landesherren und standen als Reichsdörfer, Reichsritter, Reichsstifte und Reichsstädte außerhalb alles Territorialverbandes.

Im Innern der Territorien gewährten die Gerichtsgewalt über alle und die Einzelnrechte über sehr viele Landsassen Mittel und Wege genug, welche klug benutzt zur weiteren Ausdehnung der bereits erworbenen und zur Gewinnung neuer Rechte führten und den Landesherrn immer mehr zum Haupte der Territorien machten. In Verhältnissen, bei welchen alle oder doch viele Landsassen betheiligt waren, wurde allgemein vorausgesetzt, daß die Versuche, sie zu ordnen und zu gestalten vom Landesherrn ausgehen müßten. Bedurfte derselbe zu diesem Zwecke, oder was noch häufiger vorkam, zur Förderung seines Sonderinteresses Leistungen der einzelnen Landsassen, welche er weder kraft des Gerichtsbannes, noch kraft eines gutsherrlichen, lehnsherrlichen oder sonstigen speciellen Rechts fordern konnte, so hing die Erfüllung von der freiwilligen Uebernahme der betheiligten Landsassen ab. Je öfterer der Landesherr zu solchen Ansprüchen sich genöthigt sah, um so mehr bedurfte er einer Vereinigung aller Betheiligten, da Unterhandlungen mit jedem Einzelnen nicht zum Ziele führen konnten. Die Landsassen wurden durch ihr Interesse gleichfalls zur Schließung einer Einigung geführt, weil sie nur verbunden gewaltsame Durchsetzung der Ansprüche des mächtigen Landesherrn abweh-

ren konnten. Ritterliche Lehnsleute, grundbesitzende Prälaten
und landsässige Städte waren die Elemente, aus denen sich
in den einzelnen Territorien diese Einigung, der Landtag, heranbildete, während die Bauern, aller Selbstständigkeit entbehrend, ausgeschlossen bleiben mußten. Die Bedeutung des Landtages lag in dem Rechte, Leistungen, welche der Landesherr
forderte, zu übernehmen oder nicht zu übernehmen. Die Ritter,
die Prälaten, die Städte verwilligten jeder für sich und konnten für die anderen nicht verwilligen. An diesen Kern des
landständischen Rechtes setzten sich sodann in den verschiedenen
Territorien einzelne oft sehr umfassende andere Rechte an,
welche der Landesherr zugestand, um die Einwilligung des
Landtages für seine Forderungen zu gewinnen.

Die Verhältnisse, in denen der Landesherr gemeinsam mit
den zum Landtage vereinigten Landsassen auftrat, bezogen sich,
abgesehen vom Gerichtswesen, theils auf kriegerische Unternehmungen im Reichsdienste, auf Fehden der Landesherren oder
auf Vertheidigung der Territorien, theils auf die Mittel, Geld
zusammen zu bringen, um die Kosten eines Kriegszuges, die
Aussteuer einer Tochter, oder den Aufwand der Festlichkeiten
bei dem Ritterschlage eines Sohnes des Landesherrn zu bestreiten. Da in allen übrigen Verhältnissen z. B. in der Rechtserzeugung, in der Pflege des religiösen und wissenschaftlichen
Lebens oder des Handels, Handwerks und Ackerbaues die
Veranlassung zum gemeinsamen Handeln fehlte, indem jeder
Einzelne und jede Corporation für sich selbst sorgte, so gehörte
auch nur die Kriegs-, Finanz- und Gerichtsverfassung zum
Wesen der mittelalterlichen Territorien.

Die Eigenthümlichkeit der territorialen Verfassung des
Mittelalters bestand demnach darin, daß die Angehörigen des
Territorium als Einzelne aus den verschiedenartigsten speciellen Gründen und im verschiedensten Umfange einem und demselben Individuum, dem Landesherrn, zu einzelnen wiederum
sehr verschiedenartigen Leistungen verpflichtet waren und ein
gemeinsames Handeln für die gemeinsamen Interessen Aller

nicht durch eine einheitliche Gewalt, sondern nur durch Verabredung der Einzelnen hervorgerufen werden konnte. Die eigenthümlichen Erscheinungen des mittelalterlichen Territoriallebens,
welche auf dieser Grundlage sich erhoben, Landeshoheit und
Landtag, Gerichts-, Kriegs- und Finanzverfassung, hatten
sich bis zum Ende des funfzehnten Jahrhunderts aus ihrem
eigenen Principe weiter und bedeutungsvoller entwickelt, aber
nicht ihre Ausbildung im funfzehnten Jahrhundert, sondern
die Wahrheit oder Nichtwahrheit ihres Lebens im achtzehnten Jahrhundert entscheidet über ihre Bedeutung für die staatliche Gestaltung der Gegenwart.

Die Rechte der Lehnsherren, Gutsherren u. s. w. konnten
so wenig wie die durch Vertrag oder Herkommen erworbenen
anderen einzelnen Rechte, welche früher den Landesherrn zum
Mittelpunkt des Territoriallebens gemacht hatten, ihm im vorigen Jahrhundert eine solche Stellung bewahren, theils weil
sie, wie z. B. die lehnsherrlichen Rechte, in ihrer alten Bedeutung verschwunden waren, theils und hauptsächlich, weil die
Territorien, nachdem der Reichsverband seine ergänzende Einwirkung verloren hatte, sich auf sich allein angewiesen fanden. Sie waren umgeben von großen Mächten, deren jede
aus aller Kraft nach erhöhtem Einfluß und erweiterten Gränzen strebte. In der Mitte der scharf und unablässig beobachtenden Nachbarn mußte jedes Territorium, um die politische
Selbstständigkeit zu bewahren, nicht nur jeden Fehlgriff, jede
Nachlässigkeit vermeiden, sondern auch jede im Territorium
liegende Kraft entwickeln. Der Inhaber von Lehen und sonstigen einzelnen Rechten, mochte deren Zahl auch noch so sehr
vermehrt sein, könnte dieser Anforderung nicht genügen; die
Landeshoheit im mittelalterlichen Sinne war der Aufgabe,
welche die Territorien zu lösen hatten, nicht gewachsen und
hatte demnach aufgehört, der Einigungspunkt für das territoriale Leben zu sein. Kein Landesherr des vorigen Jahrhunderts konnte oder wollte seine Stellung auf die Landeshoheit
des Mittelalters stützen.

Der mittelalterliche Landtag, der, wie er seinerseits die Landeshohheit bedingte, auch wiederum von ihr bedingt ward, konnte, als jene im alten Sinne unterging, sich nicht behaupten. Seine wesentliche Bedeutung hatte darin gelegen, daß er einen Theils den Landsassen Schutz gegen gewaltsame Durchführung der nicht auf speciellem Rechtstitel ruhenden Ansprüche des Landesherrn verlieh und anderen Theils dem Landesherrn Gelegenheit gab, einzelne neue Rechte durch freiwillige Uebernahme der Landsassen zu erwerben. Seitdem es nun für die Landeshoheit immer weniger darauf ankam, die Menge der einzelnen auf besonderen Erwerbungsgrund gestützten Rechte zu vermehren, verlor die Vereinigung der Landsassen immer mehr die im Principe der mittelalterlichen Verfassung begründete innere Bedeutung. Wohl wurden in einer Anzahl Territorien, z. B. in Hessen, Baiern, Chursachsen, den östreichischen Erblanden und manchen kleineren Gebieten, die Landstände oder doch wenigstens ihre Ausschüsse auch noch im vorigen Jahrhundert zusammengerufen, aber nur um die landesherrlichen Befehle zu vernehmen oder höchstens um ein „treuherziges Gutdünken über die proponirten Punkte" zu geben und durch ihre nicht zu versagende Einwilligung es dem Fürsten möglich zu machen, dem Lande ohne offenbare Gewaltthat große Lasten aufzulegen. Fügten sie sich in seltenen Fällen nicht, so wurden sie beseitigt. In Niederöstreich z. B. entließ 1764 die Kaiserin alle Landschaftsdeputirte und behielt sich vor, künftig privative den landschaftlichen Ausschuß zu ernennen. In Jülich galt schon die Behauptung, daß die Landstände nicht von der unumschränkten Willkühr ihres Landesfürsten abhingen, als ein Wagniß, und oftmals wurde die Bedeutung solcher Landstände darin gesucht, daß sie „privilegirte Unterthanen seien, welche der Regent nicht mit dem Pöbel vermengen und als solche Sclaven ansehen dürfe, dergleichen die orientalischen Völker seien." In einzelnen Ländern, z. B. in Würtemberg, Churbraunschweig, Mecklenburg, Schwedisch-Pommern, hatten die Landstände allerdings manche alte Gerechtsame bewahrt und machten durch

Festhalten einer untergegangenen Stellung sich und dem Landesherrn das Leben sauer, indem sie, so oft sie zusammentraten, Beschwerden darüber, daß die Landesfreiheiten und Gerechtsame gedrückt wären, beschlossen. Wilde und gewaltsame
Maaßregeln befleckten grade in Ländern dieser Art, wie z. B.
in Mecklenburg und Würtemberg, das Verhältniß zwischen Landesherrn und Landtag. In den meisten Territorien dagegen
war mit der inneren Bedeutung der Stände auch ihr äußeres
Zusammentreten weggefallen, selten durch ausdrückliche Erklärung, oft durch Unterlassen ihrer Berufung. Einige Zeit hatten sich die Fürsten ihren am Althergebrachten festhaltenden
Ständen gegenüber wohl dadurch zu helfen gesucht, daß sie die
Einzelnen durch freundlichen und liebreichen Zuspruch zu bewegen, durch hartes Bezeugen zu erschrecken oder durch umhergeschickte Commissarien zu bereden und zu überlisten suchten. Aber
für die Dauer vertrug sich dieser Ausweg weder mit der Neigung der Landesherren, „welchen die Landtage in ihren consiliis und Anschlägen allemal viel hinderlichen Verdruß machten,‟
noch mit der Aufgabe, welche die Territorien namentlich seit
dem westphälischen Frieden zu lösen hatten. Es wurden die
Stände sehr vieler und bedeutender Gebiete immer seltner und
endlich gar nicht mehr von ihrem Fürsten zusammenberufen.
Als z. B. Magdeburg 1680 an Churbrandenburg fiel, erklärte
der Churfürst: wenn wir künftig nöthig finden möchten, einen
Landtag auszuschreiben, so wollen wir auf demselbigen über
die Sachen, welche wir alsdann vornehmen möchten, unserer
getreuen Stände unterthänigste Erinnerungen vernehmen. Als
der anhaltinische Landtag 1698 verabschiedet ward, hieß es,
daß bei erheischenden Conjuncturen ein anderer Landtag berufen werden sollte. Aber weder fand es seit dieser Zeit in Magdeburg der Churfürst nöthig einen Landtag auszuschreiben,
noch traten in Anhalt die Conjuncturen ein, welche dessen Versammlung erheischten, und ähnlich schliefen die Stände in vielen andern Territorien gänzlich ein.

Die Gerichtsverfassung hatte ihre mittelalterliche Grund-

lage, die Sonderung des Gerichtsbannes und des Rechtsfindens und die Ueberweisung des erstern an die Obrigkeit, die des letzteren an die einzelnen Kreise des Volkslebens gänzlich verloren. Nirgends traten Bauern oder städtische Bürger, oder Ritter oder Lehnsleute zusammen, um das unter ihren Genossen streitige Recht festzustellen; überall vielmehr war das Finden des Rechts mit der Gerichtsgewalt vereint und in die Hände der Obrigkeit gekommen.

Die mittelalterliche Kriegsverfassung, ruhend auf dem Anspruch des Landesherrn an einzelne Landsassen in ihrer Eigenschaft als Lehnsleute, war bis auf die letzten Spuren verschwunden. Kraft ihrer Vasallenpflicht waren die ritterlichen Hauswirthe und jungen Gesellen verpflichtet gewesen, zum Roßdienst auszureiten und ihren Lehnsherrn auf einzelnen Zügen zu begleiten. Vielleicht hätten sie sich gefallen lassen, statt der alten Lanze die „feuerschlagenden Büchsen" zu nehmen; aber im vorigen Jahrhundert mußte der größere Landesherr über ein Heer gebieten können, welches seinem Kerne nach aus Fußvolk bestehend, im Frieden kriegsbereit versammelt blieb und nicht die nur bedingte Unterordnung des Vasallen, sondern den unbedingten Gehorsam des Soldaten leistete. Da das alte Lehnsaufgebot keine dieser Anforderungen zu befriedigen vermochte, so war es schon früher immer seltener versammelt worden und seit dem dreißigjährigen Kriege gänzlich fortgefallen.

Die Finanzverfassung des Mittelalters hatte ihren Zweck erfüllt, so lange der landesherrliche Haushalt und die wenigen Ausgaben für die gemeinsamen Territorialinteressen aus den Einkünften der Kammergüter und der anderen nutzbaren Einzelrechte bestritten wurden, und nur in außerordentlichen Fällen die Landsassen um einen hülflichen Beitrag gebeten werden mußten. Im vorigen Jahrhundert indessen konnte kein irgend bedeutendes Territorium aus den alten Finanzquellen auch nur die nothwendigsten Bedürfnisse befriedigen. Die Beibehaltung der alten landesherrlichen Bitte um eine Geldgabe und die Gewährung oder Nichtgewährung derselben je nach der

Neigung und dem Vermögenszustande der Gebetenen hätte den
Bestand der Territorien vom Zufalle abhängig gemacht. In
allen etwas größeren deutschen Gebieten war daher jener frühere Finanzzustand zugleich mit den übrigen Erscheinungen des
mittelalterlichen Territoriallebens längst dem Untergange anheim
gegeben.

Dennoch konnte das deutsche Volk, da es nicht die Aufgabe hatte sich als Einen Staat darzustellen, nur aus seinen
Territorien Staatenbildung, falls sie ihm überhaupt beschieden
war, entwickeln. Die Anstrengungen, welche das Mittelalter
zu diesem Ziele gemacht hatte, waren vergeblich gewesen; nur
Trümmer ohne ursprüngliche Lebenskraft, nur todte Formen,
den verschiedensten Jahrhunderten entnommen, gaben Kunde von
dem Ringen und Streben eines vergangenen kräftigen Geschlechts.

Eine Anzahl Territorien aber hatte unter den todten Formen frische Keime staatlicher Bildungen erzeugt und entwickelt.
Alle Territorien dieser Art bewahrten, obgleich Einzelne derselben vorübergehend in die europäischen Händel verflochten gewesen waren, den ausschließlich deutschen Character und besaßen, obgleich sie auf einer nur kleinen Grundlage an Land
und Leuten sich erhoben hatten, Kraft genug, um es unmöglich zu machen, daß der deutsche Staat ersterbe, oder sich als
einzelner Bestandtheil in die nicht ausschließlich deutschen Staaten Oestreich und Preußen verliere. Auf dem Dasein dieser
Territorien ruhte die Fortdauer deutschen Lebens. Aber weil
sie bei ihrem nur deutschen Character die europäische Bedeutung
entbehrten, bedurften sie, um das deutsche Leben gegen die
mächtig aufstrebenden europäischen Reiche zu sichern, eines Halts
durch deutsche Staaten mit europäischem Character. Weil sie
ferner auf einer schmalen materiellen Grundlage ruhten, bedurften sie, um dem deutschen Staate einen selbstständigen Ausdruck zu geben, einer Verstärkung an Land und Leuten. In
wie fern sie diese Verstärkung durch das Heranziehen der vielen abgestorbenen deutschen Territorien, und jenen europäischen
Halt durch den Anschluß an die beiden deutschen Großmächte

gewinnen konnten, hing von den innern Zuständen der abgestorbenen Territorien und der beiden Großmächte ab. In drei
Gruppen erscheinen daher die deutschen Territorien vertheilt,
deren erste die lebenskräftigen Territorien mit ausschließlich
deutschem Character, deren zweite die abgestorbenen Territorien,
deren dritte die beiden deutschen Staaten mit europäischem
Character enthält.

Erstes Kapitel.
Die lebenskräftigen Territorien mit ausschließ-lich deutschem Character.

Aus der übergroßen Menge der Territorien, in welche
Deutschland zerfiel, hob sich eine kleine Zahl leicht bemerkbar
durch politische Wichtigkeit hervor. Einige gründeten die größere Bedeutung auf ihre starke Grundlage an Land und Leuten, wie im Süden Baiern, Würtemberg und Baden, im
Norden Hannover, Chursachsen und Mecklenburg-Schwerin;
im mittleren Deutschland Hessen-Darmstadt und Hessen-Cas-
sel. Andere, wie namentlich die sächsischen und anhaltinischen
Herzogthümer und etwa auch die Hohenzollern und die Reuße,
besaßen durch enges Zusammenhalten mehrerer Stammesvettern
politisches Gewicht, oder wie Braunschweig und Mecklenburg-
Strelitz durch Verwandtschaft mit einem größeren Reichsstande,
oder wie Schwarzburg und Lippe durch den Glanz eines alten Hauses, oder wie Nassau, Holstein, Oldenburg durch Verbindungen mit europäischen Mächten.

Auch in den Territorien dieser Art hatten im Mittelalter
die Landesherren, die Städte und Stifte, die Ritter und Bauern nur sich und ihre Sonderinteressen aus eigener Lebenskraft
fortgebildet, und ein Zufall war es, wenn hierdurch zugleich
das Territorium an Kraft und Ausbildung gewann. Die Bedürfnisse indessen der verschiedenartigen Territorialbestandtheile

waren bald so unauflöslich verschlungen, die Befriedigungs-
mittel derselben in solchem Grade durch Gegenseitigkeit bedingt,
daß schon früh zuweilen bewußt, öfterer unbewußt für die gemeinsamen Bedürfnisse Aller Sorge getragen ward. Das Territorium, lediglich gegründet und gestaltet durch seine Bestandtheile, begann auch seinerseits eine Einwirkung auf dieselben zu
üben; der Brandenburger z. B. ward das, was er war, zum
Theil auch dadurch, daß er grade dem bestimmten Territorium
angehörte. Aber diese Macht der Territorialeinheit über die
Einzelnen trat nicht in das Bewußtsein des Mittelalters, welches das Ganze vor seinen Theilen nicht sah und deßhalb auch
nicht zur Berücksichtigung und Pflege desselben gelangen konnte.
Wenn aber die politische Einheit, wie sie einerseits Gestaltung
durch ihre Theile empfängt, andererseits auch das bildende
Princip derselben werden und deßhalb mit selbstständigem Dasein und Berechtigung d. h. als Staat bestehen soll, so ist die
Stufe des politischen Lebens die höhere, auf welchem des Staates selbstständiges Dasein und Berechtigung anerkannt und das
Anerkenntniß praktisch in den getroffenen Einrichtungen wird.
Dieses Anerkenntniß setzt Beschränkung des Eigenwillens und
bewußte Einordnung der Einzelnen in das Ganze voraus,
gegen welche die selbstsüchtige Willkühr der Individuen, die die
letzten Jahrhunderte unserer Geschichte characterisirt, sich auf-
lehnte. Durch ihr Streben konnte daher das Bewußtsein der
Staatseinheit nicht hervorgerufen werden. Aber niemals hat
menschliche Thatkraft allein an dem Ausbau der staatlichen
Gemeinschaft gearbeitet. Neben und über ihr hat zu allen Zeiten Gott auf die Anstalten, die ihm als Zügel bei der Leitung der Weltgeschichte dienen, seine Einwirkung gezeigt; oft
genug sind, wenn ein edles Volk auch in der Entartung mehrerer Generationen nicht die Fähigkeit verlor, leitend in der
Weltgeschichte aufzutreten, die verkehrten und böswilligen Bestrebungen der Individuen nicht nur unschädlich, sondern auch
ein Mittel geworden, um die in ihrem Kerne kräftige Nation
auf eine Stufe des Staatslebens zu führen, auf welcher

selbst die höchste Entfaltung möglich wird. Daß nun solche Fortführung des deutschen Staats in den Jahrzehnten vor der französischen Revolution nicht bemerkt ward, entscheidet nichts darüber, ob sie sich fand oder nicht fand. Oft, ja man könnte sagen immer, haben die bedeutendsten Erscheinungen im Staatsleben verborgen und unbemerkt gekeimt, bis sie sich dem Auge eines großartigen Staatsmannes enthüllten und ihm die Aufgabe stellten, mit menschlicher Thatkraft in den Fortbau dessen einzugreifen, was ohne menschliches Wissen und Wollen begründet war.

Es konnte daher den Zeitgenossen unbemerkt das deutsche Staatsleben inmitten aller Zerrüttung die Anfänge zu der höheren Gestaltung in sich tragen, in welcher das anerkannte Dasein des Staates bestimmend für die politischen Einrichtungen wird und die Geschichte der deutschen Staaten seit den Decennien vor der französischen Revolution hat gelehrt, wo diese Anfänge zu suchen sind.

Das Streben für die factischen Beschränkungen der Einzelnen durch den Staat, einen Grund in der Willkühr der Individuen zu entdecken und dadurch die Selbstsucht und den Stolz mit der politischen Unterordnung zu versöhnen, hatte als nächste Veranlassung den Gedanken der selbstständigen Staatseinheit hervorgerufen. Diese war ihrem Entstehungsgrunde nach eine willkürliche und insofern unwahr, aber sie war doch Einheit, die selbstständig bestehen sollte und insofern nicht nur wahr, sondern auch ein Fortschritt von unberechenbarer Wichtigkeit, der für die Ausbildung des deutschen Staates die größte Bedeutung erhielt, als selbstsüchtige Leidenschaften, um ihre Ziele zu erreichen, ihn in den wichtigsten Staatseinrichtungen verwirklichten und dadurch das Mittel wurden, durch welches wider Wissen und Willen der Menschen die Einheit und das selbstständige Dasein des deutschen Staates praktisch ausgebildet ward.

Zuerst in der Stellung der Landesherren trat der Gedanke des Staats practisch hervor. Die Landeshoheit diente nach

5

Entstehung und ursprünglicher Gestalt zunächst und vor Allem
dem Familienglanz und der Familienmacht des Herrenstandes.
Die Verstärkung des Ansehens und der Größe des herzoglichen
oder fürstlichen oder gräflichen Hauses war das Princip, welches die landesherrliche Handlungsweise leitete und die Stellung des Hauses dem Kaiser wie den Landsassen gegenüber zu
heben, war das unablässige Streben in allen Territorien. Der
Inhalt der Landeshoheit war, ihrer Bestimmung vollkommen
entsprechend, ein Aggregat sehr vieler zu sehr verschiedener Zeit
und auf sehr verschiedenem Wege erworbener einzelner Rechte
auf Leistungen einzelner Landsassen. Nur so weit er Vertrag
oder Herkommen nachweisen konnte, war der Landesherr berechtigt. Zwar trat zu der Sorge für das Haus überall Sorge
für die Landsassen hinzu, hier stärker dort schwächer, je nach
der verschiedenen Hausgesinnung; aber sie konnte dem Landesherrn nicht leicht neue Rechte verleihen, weil nicht abzusehen
war, weßhalb Einzelne neue Leistungen übernehmen sollten,
damit es andern Einzelnen besser ergehe. So lange die Fürsten jene alte Stellung einnahmen, konnten sie ihre Gewalt
nur allmälig und nur in sehr geringem Umfange dadurch vergrößern, daß sie durch Vertrag oder sonstige besondere Erwerbungsgründe sich dieses oder jenes neue Recht gegen Einzelne
verschafften. Aber die im Laufe der letzten Jahrhunderte aufs
höchste gesteigerte Herrschsucht und das gewachsene Geldbedürfniß forderte ungestüm schnellere und umfassendere Vergrößerung
der fürstlichen Macht. Auf das zu diesem Ziele führende Mittel
wurden die Fürsten durch eine einzelne Seite der Landeshoheit
geleitet. Wie in den Staaten unserer Zeit sich einzelne den
politischen Gemeinschaften der Vergangenheit angehörende Institute erhalten haben und obgleich fremdartig und verlassen in
der modernen Umgebung, dennoch Lebenskraft genug besitzen, um
als äußere Träger der Einheit unserer Gegenwart und Vergangenheit zu dienen, so findet sich in der mittelalterlichen Landeshoheit ein Recht, welches seiner Natur nach der Souveränetät im Staate der Gegenwart angehört, die Gerichsgewalt.

Sie war nach keines Deutschen Ansicht zum Glanze des Fürstenhauses oder zum Nutzen irgend eines Einzelnen bestimmt,
sondern vorhanden, damit eine über alle Einzelnen stehende
Macht, damit das Recht erhalten werde. Wenn es auf Erreichung dieses Zieles ankam, konnte kein Landsaße dem Landesherrn eine Leistung verweigern, mochte er speziell verpflichtet
sein oder nicht. Sobald nun anerkannt ward, daß die gesammte Landeshoheit in gleicher Weise wie bisher nur die
Gerichtsgewalt bestimmt um ein über allen Einzelnen Stehen-
des zu erhalten und zu fördern, so waren die Landesherren
bei ihren Forderungen nicht mehr auf die durch Vertrag oder
Herkommen entstandenen beschränkt. Sie faßten daher, als
der Gedanke des Staats, obgleich von einer ganz anderen
Seite her sich ausbildete, denselben begierig auf und führten
ihn dadurch ins Leben ein, daß sie sich als Versorger und
Vertreter desselben hinstellten. Mochten sie unter diesem Vorwande dieselben Rechte, welche sie als Leibherren gegen ihre
Leibeigenen hatten, auch den freien Landsaßen gegenüber geltend
machen, mochten sie, wie man wohl klagte, in Anspruch nehmen den Vogel in der Luft und den Fisch im Wasser, den
Wind, der die Mühle treibt und die Welle, die den Kahn trägt,
so war doch inmitten der Willkür und der niedrigen Leidenschaften die unmittelbare Versorgung der Einheit des Staats
als ein selbstständiges politisches Recht hervorgetreten, welches,
weil es in der Landeshoheit erwachsen war, überall mit Ausnahme der geistlichen Territorien und der Reichsstädte, als ein
Recht des Erstgebornen bestimmter Familien erschien. Den Kern der
Fürstenstellung im vorigen Jahrhundert, die Souveränetät mit
erbmonarchischem Character, mehr und mehr aus der sie verhüllenden und entstellenden Schale herauszuarbeiten, blieb die
Aufgabe der kommenden Generationen.

Die nothwendige Folge der umgewandelten Stellung der
Fürsten war eine Aenderung in dem inneren Wesen der landes-
herrlichen Dienerschaft, welche früher ihrem Principe nach die
Sonderinteressen ihrer Herren nach deren Befehl wahr-

genommen hatten, jetzt aber unter der Leitung der Fürsten das
Staatsinteresse versorgten und durch den verwandelten Gegen=
stand ihrer Thätigkeit aus landesherrlichen Dienern Staats=
diener wurden. Da indessen diese Umwandlung auf die Unter=
ordnung unter ihre Fürsten keinen Einfluß hatte und die vor=
geschützte Thätigkeit für den Staat nur ein Mittel ward, um
erfolgreicher im fürstlichen Interesse wirken zu können, so darf
es nicht wundern, wenn der Staatsdienst, abgesehen von die=
sem vielfach zur Schau getragenen Worte, dieselbe Gestalt
behielt, wie sie die landesherrliche Dienerschaft besessen hatte.

Die Fürsten, durch die Staatsdiener gestützt und auf ihre
in Anspruch genommene neue Stellung fußend, suchten vor
Allem die materielle Grundlage derselben, Geld und Soldaten,
sich zu verschaffen. Sie hatten aus ihrem Kammergute früher
den Aufwand bestritten, der bei der Ausübung ihrer Rechte
nöthig ward. In wiefern Ausgaben, welche jene Einkünfte
überschritten, gemacht werden konnten oder nicht, hing von
dem guten Willen der Landsassen ab, die der Fürst um Geld=
beihülfe in Anspruch zu nehmen gedachte. Im vorigen Jahr=
hundert dagegen hatten die meisten Fürsten als das Ziel viel=
jährigen Strebens die Erhebung von Abgaben erreicht, ohne
Rücksicht auf die Einwilligung und die verschiedenartige Stel=
lung der Belasteten. Das Bedürfniß des Gemeinwohls, das
Staatsinteresse war der einzige Grund, auf welchen sie das
früher unerhörte Recht stützten. Oft genug ergab sich als
Folge dieses Grundsatzes Bedrückung der Unterthanen und Ver=
schwendung des für den Staat Genommenen im individuellsten
Interesse der Fürsten; aber der Gedanke war practisch gewor=
den, daß es Pflicht sei für die Glieder, den Bestand und das
Gedeihen des Ganzen auch mit schweren Geldopfern sicher zu
stellen.

Das Heer der vergangenen Jahrhunderte war aus Män=
nern gebildet, die kraft einer speciellen Verpflichtung sich dem
Fürsten verbunden hatten, ihn auf seinen Kriegszügen zu be=
gleiten, mochte diese Verpflichtung wie bei dem Vasallenheer

des Mittelalters in dem Lehnseide, oder wie bei dem Söld-
nerheer der folgenden Zeit im Miethsvertrage liegen. Das
Vasallenheer hatte längst seine Bedeutung verloren und die
Geldmittel der Fürsten reichten nicht aus, ein so zahlreiches
Söldnerheer zu bezahlen, wie Bedürfniß oder Luft es verlangten.
Da sprach zuerst Friedrich Wilhelm I. im Jahre 1733 die
Verpflichtung seiner Unterthanen als solcher zum Kriegsdienste
aus, obgleich er noch viele Ausnahmen zum Vortheile der höheren Stände machte. Seine Anordnung ward in kleineren
und größeren deutschen Ländern wiederholt. Wohl wurden die
ausgehobenen Krieger oft zum Spielwerk der Fürsten gemißbraucht
oder gegen Miethgeld an auswärtige Mächte überlassen; aber
unter allem Mißbrauch waren die Anfänge des Volksheeres ins
Leben getreten, das ohne Voraussetzung der Staatseinheit sich
nicht denken läßt.

Die Fürsten, nachdem sie die Macht gewonnen hatten, die
finanziellen und militärischen Kräfte ihrer Territorien zu concentriren und zu verwenden, ohne auf einen anderen Grund
als auf die Bedürftigkeit des Staates zu fußen, machten nun
ihre Stellung als Versorger des Staats auch in Gesetzgebung
und Regierung geltend.

Während des Mittelalters war die Fortbildung des Rechts,
soweit sie nicht im Herkommen, sondern in bewußter Thätigkeit ihren Grund hatte, in Form von Verträgen zwischen den
Fürsten und den zunächst Betheiligten, meistens der Landschaft
geschehen, erschien also nicht als ein Act innerer Nothwendigkeit, sondern als ein Belieben Einzelner. Im vorigen Jahrhundert dagegen verlangten und erzwangen die Fürsten allgemeinen und unbedingten Gehorsam für alle Willensäußerungen,
die sie in Rechtsverhältnissen erkennbar kund thaten. Um diesen Anspruch zu rechtfertigen, mußten sie entweder die Unterthanen als Unfreie betrachten, die keinen anderen Willen als
den ihres Herrn hatten, oder von der Ansicht ausgehen, daß
in ihrer Willensäußerung das Rechtsgebot zur Erscheinung
käme, sie also Organ der in der Staatseinheit liegenden rechtser-

zeugenden Kraft wären. Somit war in den willkührlichen zum stummen Gehorsam verpflichtenden Verfügungen der Gedanke der Gesetzgebung, wenn gleich in sehr unentwickelter Gestalt ins Leben getreten. Nicht minder brach die Staatsregierung sich Bahn sowohl in ihrer negativen, als in ihrer positiven Thätigkeit. Im deutschen Mittelalter blieben, wie sich von selbst versteht, Conflicte zwischen den Sonderinteressen der Einzelnen und dem gemeinsamen Interesse Aller nicht aus. Immer von Neuem vergißt das Individuum, daß sein Gedeihen durch das des Ganzen bedingt ist. Gleichgültig gegen Vortheil und Nachtheil für die Territorien erstrebte jede Stadt, jede Corporation Privilegien aller Art und griff zur Erreichung ihrer particularen Zwecke um so drohender in das Gemeinleben ein, als das Fehderecht auch den unbändigsten Leidenschaften die Möglichkeit gab, sich bewaffnet geltend zu machen, und die Landeshoheit dem Gemeinleben diesen Angriffen gegenüber keine Sicherung gewähren konnte, weil sie nur Einzelinteresse gegen Einzelinteresse zu setzen hatte. In den letzten Jahrhunderten dagegen ward das Streben der Fürsten mehr und mehr verwirklicht, sich als Versorger des Staates auch in dieser Beziehung darzustellen, ihrer Centralgewalt Ritter, Stifte, Städte zu unterwerfen, und die stolze Unabhängigkeit des Einzellebens zu brechen. Die Landesherren hatten ferner schon früher wohl dafür gesorgt, den Kaufleuten und Handwerkern dieser oder jener Stadt, den Bauern dieses oder jenes Kammergutes ihre Lage und ihr Gewerbe zu erleichtern, aber jetzt trafen sie Anordnungen, um den Handel, das Gewerbe, den Ackerbau des Staats zu heben ohne Rücksicht auf die Einzelnen, deren Beruf er war. Wohl schienen viele ihrer Maaßregeln auf die Unterdrückung jedes particularen Daseins und auf die Herbeiführung einer allgemeinen Knechtschaft hinzudeuten, wohl mochten sie öfterer vom Ziele abführen als zu seiner Erreichung beitragen, aber immer setzten sie das Bestehen der Staatseinheit voraus, welche als solche sowohl gegen das Anstürmen des Einzellebens geschützt, als auch einer kräftigen Pflege theil-

haftig werden müsse. Endlich nahm das deutsche Territorium
selbst der Kirche und Literatur gegenüber die Stellung des
Staates ein. Das deutsche Reich hatte allerdings schon im
Mittelalter den großen Kampf aufgenommen, in welchen die
deutsche Nationalität mit der Kirche gerieth, welche Universalstaat zu werden und jede Nationalität zu verschlingen drohte.
Aber in den Territorien ward nach dem Sinken des Reiches
nur ein bei aller Erbitterung kleinlicher Zank zwischen den Landesherren und einzelnen Gliedern des Clerus geführt um Mein
und Dein, um ein Mehr oder Minder an Zehnten, Privilegien und Rechten der Gerichtsbarkeit. Während der letzten
Jahrhunderte aber traten auch die katholischen Fürsten mit
immer wachsender Entschiedenheit den Ansprüchen der römischen
Kirche gegenüber auf. Jede kirchliche Anordnung bedurfte, um
rechtliche Kraft im Territorium zu gewinnen, die Anerkennung
von Seiten des Fürsten, und dieser hatte zu erwägen, ob weltliche Nachtheile nicht den kirchlichen Vortheil überwögen.
Ruchlosigkeit war die Anmaßung von Seiten der katholischen
Fürsten, sich beurtheilend, anerkennend oder verwerfend den
Anordnungen der römischen Kirche gegenüber zu stellen, es sei
denn, daß sie sich als Versorger des von Gott gewollten Staats
betrachteten, der oftmals dieselben Verhältnisse wie die Kirche zwar
in anderen Beziehungen aber mit gleichem Rechte zu behandeln
habe. Sie mußten Anstalt der Anstalt entgegen setzen, sich als Versorger der Einen ansehen, wenn sie der Anderen gegenüber
eine Autorität üben wollten. Die Kirche endlich hatte schon
früh erkannt, daß, obwohl religiöses Bewußtsein sich in den
Einzelnen mit jeder geistigen Entwickelungsstufe verbinden kann,
die Kirche als Anstalt, welche die Welt umfassen sollte, sowohl der allgemeinen Ausbildung aller, als der wissenschaftlichen einzelner Glieder bedürfe. Sie hatte deßhalb nach Verhältniß der verschiedenen Länder und Zeiten für Volksunterricht gesorgt und großartige Anstalten für die Wissenschaft gegründet. In den Territorien aber wurden erst in den letzten
Jahrhunderten Anordnungen getroffen, welche den Landsassen

Gelegenheit eröffnete, sich Ausbildung in den elementaren
Kenntnissen und in der Wissenschaft zu verschaffen. Die Universitäten wurden in den Richtungen ihrer Forschungen und
Mittheilungen beschränkt, den Schulen jeder Art Gegenstand
und Umfang ihrer Lehrthätigkeit vorgeschrieben und für alle
oder einzelne Unterthanen oft ein Zwang zum Besuchen der
gegründeten Anstalten ausgesprochen. Alle Anordnungen dieser
Art, mochten sie auch noch so verkehrt sein, konnten doch nur
von der Voraussetzung ausgehen, daß die Unterthanen durch
Einordnung in die Staatseinheit in ihrer Persönlichkeit berührt
würden, und soweit diese Berührung sich erstreckte, nicht willkürlich und der Entwickelung des Ganzen verderblich sich ausbilden dürften.

Wie im Staatsdienst und Volksheer, in Gesetzgebung und
Regierung, der Kirche und Schule gegenüber der Staatsgedanke für die deutschen Territorien practisch geworden war,
trat er auch in der Unabhängigkeit nach Außen hervor. Die
Landesherren, welche während des Mittelalters in wesentlichen Verhältnissen dem Kaiser untergeordnet und dadurch verhindert gewesen waren, ihre Territorien zu Staaten heran zu
bilden, hatten in den letzten Jahrhunderten die Unterordnung
unter den Kaiser abgestreift und durch die gewonnene Unabhängigkeit ihren Ländern auch nach Außen den Staatscharacter
verschafft.

Es erscheint in der That das deutsche Staatsleben des
vorigen Jahrhunderts trotz aller Zerrüttung und Willkür dadurch auf eine höhere Stufe gehoben, daß neben dem Einzelleben das selbstständige Dasein der Staatseinheit zum Anerkenntniß gelangt und den wesentlichsten öffentlichen Einrichtungen
zum Grunde gelegt war. Zweifelhaft indessen blieb, ob der
Nation beschieden sei, auf der höheren Stufe des politischen
Seins, das Gebilde, welches dieser Stufe angehörte, den
Staat, in gleicher Schönheit auszubauen, wie in früheren
Entwickelungsperioden das Reich.

Es hatten die Leidenschaften der Fürsten, welche das po-

litiſche Leben nach ihren Zwecken zu formen gedachten, als Werkzeug in höherer Hand gedient, um den Staat ins Daſein treten zu laſſen; aber dieſer konnte die nächſte Veranlaſſung
ſeines Entſtehens nicht verläugnen. Weil die Staatseinheit
als Mittel dienen ſollte, Herrſchaft über Alles zu geben, ſo
ward die Einheit durch Aufhebung der Mannigfaltigkeit er-
ſtrebt. Die Allgemeinheit des Staats verſchlang die perſönliche Einzelnheit des Menſchen; den beſonderen Intereſſen blieb
Anerkennung und Entwickelung, dem Kreiſe der Privatrechte
der Wall verſagt, welcher dem Manne eine kräftige Selbſtſtändigkeit ſichert. Weil ferner die Fürſten es allein waren,
welche durch die Staatseinheit herrſchen und deßhalb für ſie
ſorgen wollten, ſo fehlte der Raum, auf welchem eine rechtliche Wirkſamkeit der Staatsglieder ſich geltend machen durfte,
und der Patriotismus ward nur in der Erfüllung von Pflichten, nicht auch in der Ausübung von Rechten geſetzt, wie wenn
das bildende Princip allein in der Obrigkeit läge und deßhalb
auf Seiten der Unterthanen nur Gehorſam erforderlich wäre.
Die Landſtände freilich, ſo weit ſie ihr urſprüngliches, jede
Einheit verneinendes Princip feſthielten, hatten dem practiſch
gewordenen Staatsgedanken gegenüber keinen Sinn mehr; denn
während ſie als Einzelne die Rechte der Individuen gegen die
Landesherren wahrnehmen ſollten, wendeten ſich die Fürſten als
Verſorger des Staats gar nicht mehr an die Einzelnen als
ſolche, ſondern an die Glieder des Staates, an ihre Unterthanen. Die Landſtände in ihrer mittelalterlichen Bedeutung
mußten durch das Streben der Fürſten nach Herrſchaft ihren
Untergang finden. Aber ſo wie die Landeshoheit und ihre
Einzelnrechte in Souveränetät, wie die Landſaſſen und ihre
Einzelnpflichten in Unterthanen mit politiſchen Pflichten umge-
wandelt waren, ſo mußte, wenn der Staat als Organismus
erſcheinen und Willkühr und Zufall zurückgedrängt werden
ſollten, eine Umbildung der Einzelnrechte des Landſaſſen in politiſche Rechte des Staatsgliedes, eine Umbildung des Landtages in ein Inſtitut erfolgen, welches ſich zum mittelalterlichen

Landtag eben so verhielt, wie die Souveränetät zur Landeshoheit, und dem politischen Rechte der Staatsglieder Schutz und Verwirklichung gewährte. In dem inneren Wesen des Landtags lag kein Umstand, der seine Umwandlung schwieriger als die der Landeshoheit in Souveränetät gemacht hätte, und wirklich betrachteten in vielen Territorien die Stände, seitdem die Landesherren das gemeinsame Interesse aller Landsassen ins Auge zu fassen begannen, sich gleichfalls als berechtigt und verpflichtet, des Landes Interesse wahrzunehmen. Aber eine Durchführung dieser Ansicht in der Organisation des Landtages, z. B. in dessen Zusammensetzung oder in dem Rechte auf Theilnahme, trat nirgends hervor. Die übermächtige, durch die vielfachsten Umstände begünstigte fürstliche Thätigkeit, welche, um ihre Gewalt zu erweitern, an dem Ausbau des Staates arbeitete, konnte unmöglich einem Institut günstig sein, dessen Bestimmung das Geltendmachen des Grundsatzes ist, nach welchem im Staate die Pflicht und das Recht des Staatsgliedes in untrennbarer Verbindung steht. Die Landtage selbst waren nicht im Stande, ihre eigne Umwandlung zu bewirken, weil sie immer von Neuem sich mehr durch das Sonderinteresse ihrer einzelnen Mitglieder als durch das Landesinteresse leiten ließen. Gelang es nicht, für die politischen Rechte der Staatsglieder ein Anerkenntniß und ein Organ zu schaffen, blieb der Fürst die politisch allein berechtigte Person im Staate, so drohte ein Despotismus, welcher je nach der Gesinnung des Herrscherhauses und der Herrscherindividuen hart und zerstörend oder wohlwollend und vorübergehend fördernd sein konnte, aber immer den Sinn für ein politisches Dasein im Volke allmählig erstickte und dadurch jede Staatenbildung unmöglich machen mußte. Allerdings traten der Ausbildung eines solchen Zustandes zwei mächtig wirkende Kräfte entgegen, aber jede derselben hatte neue Gefahren in ihrer Begleitung.

Der Staat in der einseitigen Entwickelung des vorigen Jahrhunderts war auf dem Wege, eines Theils die politische Wirksamkeit der Staatsglieder, anderen Theils die privat

rechtliche Stellung der Individuen zu vernichten. Von Jedem
der beiden gefährdeten Punkte aus ließ sich eine Reaction erwarten.

Bei einmal angeregtem Staatsleben mußte der Gedanke
sich Geltung verschaffen, daß im Organismus die Function
auch des hervorragendsten Gliedes nur unter Mitwirkung aller
übrigen Gliederungen möglich sei und daß im Staate als einem Rechtsorganismus die mitwirkende Thätigkeit der Unterthanen bei den Functionen der Obrigkeit einer Rechtsgestalt
bedürfe. Mit Gewißheit war voraus zu sehen, daß in kürzerer oder entfernterer Zeit die Unterthanen auch für sich politische Berechtigung erstreben würden, theils bei der Feststellung
des für den Staat Rechtmäßigen und Zweckmäßigen, theils
bei der Durchführung des Festgestellten. Der Gang der Geschichte drängte auf Ständeversammlung und Staatsdienst hin
und hatte den Grundcharacter auch der ersteren vorgezeichnet,
in allem Einzelnen den freiesten Spielraum lassend. An der
Landeshoheit hatte sich der deutsche Staat im Laufe vieler
Jahrhunderte hervorgebildet und sein Dasein nur unter der
Voraussetzung erhalten, daß das obrigkeitliche Recht als Recht
des Landesherrn zur Erscheinung komme. Jeder Versuch, die
bewegende Kraft des Staatslebens dem persönlichen Fürsten
zu entziehen und einer Ständeversammlung beizulegen, drohte
den Zusammenhang mit der gesammten Vorzeit zu zerreißen
und ein wurzelloses Gebilde des Augenblicks als eine politische
Schöpfung dem deutschen Staatsleben unterzuschieben. So
weit das historisch wie politisch nothwendig gewordene ständische Mitwirkungsrecht die Souveränetät des persönlichen Fürsten nicht vernichtete, war ihm dagegen der weiteste Spielraum zu seiner Geltendmachung in allen staatlichen Verhältnissen gegeben. Als ein ächt nationaler Zug ferner, der seine
Wahrheit und Stärke unter den verschiedensten Gestaltungen
des deutschen Lebens bewährt hatte, trat die Liebe und Hinneigung zu den nächsten Kreisen, in denen der Einzelne sich
bewegt, hervor. Seine politische Kraft und Bedeutsamkeit hat

der Deutsche zu allen Zeiten nur gesucht und gefunden in der
Einheit mit den Genossen, sei es der heimathlichen Landschaft,
sei es des Berufes oder der Gemeinde. Der Einzelne als
Einzelner hat im deutschen politischen Leben nie gezählt. Jeder
Versuch, Ständeversammlungen irgendwie aus den Unterthanen
als einer zusammenhangslosen Masse hervorgehen zu lassen,
den Einzelnen und nicht ihren durch das Leben gebildeten Einheiten die politische Bedeutung zuzuschreiben, mußte ein fremdes, den Deutschen widerstrebendes und darum zerstörendes
Princip in unser Staatsleben bringen. So weit dagegen die
Form, in welcher das für die Unterthanen geforderte politische Mitwirkungsrecht erscheinen sollte, sich den nationalen
Volksgliederungen in Provinzen, Gemeinden, Ständen anschloß,
konnte jede Eigenthümlichkeit des einzelnen Staates, mochte sie
in der überwiegenden Kraft oder der besonderen Ausbildung
dieser oder jener Gliederung hervortreten, zur vollständigen
Geltung gelangen. Aber freilich ließ sich kaum hoffen, daß
die durch unsere Geschichte verlangte nationale Grundgestaltung
der ständischen Versammlung sich ohne Weiteres rein und ungetrübt
hervorheben würde. Die Unterthanen waren im Staate des
vorigen Jahrhunderts der politischen Vernichtung anheim gegeben. Wurden sie nun, um ihr zu entgehen, irgendwie aufgeregt, alle ihre Kräfte zusammen zu nehmen, traten vielleicht
entzündende Umstände von Außen hinzu, wurde die Umwandlung des Einzelnrechtes der Landsassen in ein politisches Recht
der Staatsglieder unter wilder Leidenschaft und Selbstsucht
vollzogen, so drohten die lang zurückgehaltenen, nun entfesselten Leidenschaften mit einer Anarchie, die um so gräßlicher sich
gestalten mußte, weil der Staatsgedanke in seiner Entartung
die kräftige Rechtsstellung der Einzelnen zerstört hatte, welche
früher ein Festungswerk gegen Zügellosigkeit bildete. Aber auch
die Umgestaltung der Landeshoheit in ein Recht, welches dem
Wesen nach als Souveränetät erschien, war unter der größten
Verwirrung und dem größten Unrechte vor sich gegangen und
wenigstens die, welche die unter schweren Wehen geborne Sou-

veränetät mit Freuden begrüßten, durften nicht verzweifeln, wenn die Verwandlung des mittelalterlichen Landtags in die staatliche Ständeverfammlung von gefährlichen Zeichen beglei-tet ward.

Mit nicht geringerer Gefahr war die Reaction verbunden, welche von den gefährdeten Privatrechten aus zu erwarten stand. Der deutsche nationale Geist hat durch unsere gesammte Geschichte hindurch unwiderstehlich stark die Sicherheit der Person, der Familie und des Vermögens gefordert und dieser Forderung entsprechend im Reiche und in den Territorien das deutsche Recht ausgebildet. Der einseitig entwickelte Staat des vorigen Jahrhunderts war mit Gewalt in den Kreis der Privatrechte eingebrochen, ohne dem Volke das Bewußtsein von deren Unantastbarkeit entreißen zu können. Trat dieses Bewußtsein lebendig hervor, dann war zu befürchten, daß alles Unheil dem Gedanken des Staats beigemessen würde, unter dessen Deckmantel Willkühr die Privatrechte verachtet hatte. Seine Wahrheit zu läugnen, seine practische Geltung zu vernichten, nur Einzelrechte anzuerkennen und die frühere Stufe des politischen Lebens, wie es sich im alten Reiche und in den alten Territorien dargestellt hatte, zurückzuführen, mußte dann als höchste Aufgabe erscheinen. Die, welche sie zu lösen unternahmen, setzten sich der Macht der Geschichte ent-gegen und gingen je nach ihrer Kraft und Bedeutung entweder unter, oder warfen einen Kampf in die deutsche Nation, wel-cher zur Auflösung jedes politischen Lebens führen konnte.

Bei aller Gefahr, welche in der von zwei verschiedenen Seiten zu erwartenden Reaction verborgen lag, ward doch, nachdem einmal der Staatsgedanke einseitig von den Fürsten in ihrem Interesse practisch geworden war, unabweislich ge-fordert, daß sich neben den fürstlichen Anstrengungen mit glei-cher Energie die privatrechtlichen und die politischen Berechti-gungen der Unterthanen geltend machten. Nur dann ließ sich, wenn auch vielleicht erst für ferne Zeiten, eine Versöhnung hof-fen zwischen dem Recht des Staates und den Privatrechten,

zeugenden Kraft wären. Somit war in den willkührlichen zum stummen Gehorsam verpflichtenden Verfügungen der Gedanke der Gesetzgebung, wenn gleich in sehr unentwickelter Gestalt ins Leben getreten. Nicht minder brach die Staatsregierung sich Bahn sowohl in ihrer negativen, als in ihrer positiven Thätigkeit. Im deutschen Mittelalter blieben, wie sich von selbst versteht, Conflicte zwischen den Sonderinteressen der Einzelnen und dem gemeinsamen Interesse Aller nicht aus. Immer von Neuem vergißt das Individuum, daß sein Gedeihen durch das des Ganzen bedingt ist. Gleichgültig gegen Vortheil und Nachtheil für die Territorien erstrebte jede Stadt, jede Corporation Privilegien aller Art, und griff zur Erreichung ihrer particularen Zwecke um so drohender in das Gemeinleben ein, als das Fehderecht auch den unbändigsten Leidenschaften die Möglichkeit gab, sich bewaffnet geltend zu machen, und die Landeshoheit dem Gemeinleben diesen Angriffen gegenüber keine Sicherung gewähren konnte, weil sie nur Einzelinteresse gegen Einzelinteresse zu setzen hatte. In den letzten Jahrhunderten dagegen ward das Streben der Fürsten mehr und mehr verwirklicht, sich als Versorger des Staates auch in dieser Beziehung darzustellen, ihrer Centralgewalt Ritter, Stifte, Städte zu unterwerfen, und die stolze Unabhängigkeit des Einzellebens zu brechen. Die Landesherren hatten ferner schon früher wohl dafür gesorgt, den Kaufleuten und Handwerkern dieser oder jener Stadt, den Bauern dieses oder jenes Kammerguts ihre Lage und ihr Gewerbe zu erleichtern, aber jetzt trafen sie Anordnungen, um den Handel, das Gewerbe, den Ackerbau des Staats zu heben ohne Rücksicht auf die Einzelnen, deren Beruf er war. Wohl schienen viele ihrer Maaßregeln auf die Unterdrückung jedes particularen Daseins und auf die Herbeiführung einer allgemeinen Knechtschaft hinzudeuten, wohl mochten sie öfterer vom Ziele abführen als zu seiner Erreichung beitragen, aber immer setzten sie das Bestehen der Staatseinheit voraus, welche als solche sowohl gegen das Anstürmen des Einzellebens geschützt, als auch einer kräftigen Pflege theil-

haftig werden müße. Endlich nahm das deutsche Territorium
selbst der Kirche und Literatur gegenüber die Stellung des
Staates ein. Das deutsche Reich hatte allerdings schon im
Mittelalter den großen Kampf aufgenommen, in welchen die
deutsche Nationalität mit der Kirche gerieth, welche Universalstaat zu werden und jede Nationalität zu verschlingen drohte.
Aber in den Territorien ward nach dem Sinken des Reiches
nur ein bei aller Erbitterung kleinlicher Zank zwischen den Landesherren und einzelnen Gliedern des Clerus geführt um Mein
und Dein, um ein Mehr oder Minder an Zehnten, Privilegien und Rechten der Gerichtsbarkeit. Während der letzten
Jahrhunderte aber traten auch die katholischen Fürsten mit
immer wachsender Entschiedenheit den Ansprüchen der römischen
Kirche gegenüber auf. Jede kirchliche Anordnung bedurfte, um
rechtliche Kraft im Territorium zu gewinnen, die Anerkennung
von Seiten des Fürsten, und dieser hatte zu erwägen, ob weltliche Nachtheile nicht den kirchlichen Vortheil überwögen.
Ruchlosigkeit war die Anmaßung von Seiten der katholischen
Fürsten, sich beurtheilend, anerkennend oder verwerfend den
Anordnungen der römischen Kirche gegenüber zu stellen, es sei
denn, daß sie sich als Versorger des von Gott gewollten Staats
betrachteten, der oftmals dieselben Verhältnisse wie die Kirche zwar
in anderen Beziehungen aber mit gleichem Rechte zu behandeln
habe. Sie mußten Anstalt der Anstalt entgegen setzen, sich als Versorger der Einen ansehen, wenn sie der Anderen gegenüber
eine Autorität üben wollten. Die Kirche endlich hatte schon
früh erkannt, daß, obwohl religiöses Bewußtsein sich in den
Einzelnen mit jeder geistigen Entwickelungsstufe verbinden kann,
die Kirche als Anstalt, welche die Welt umfassen sollte, sowohl der allgemeinen Ausbildung aller, als der wissenschaftlichen einzelner Glieder bedürfe. Sie hatte deßhalb nach Verhältniß der verschiedenen Länder und Zeiten für Volksunterricht gesorgt und großartige Anstalten für die Wissenschaft gegründet. In den Territorien aber wurden erst in den letzten
Jahrhunderten Anordnungen getroffen, welche den Landsassen

Gelegenheit eröffnete, sich Ausbildung in den elementaren
Kenntnissen und in der Wissenschaft zu verschaffen. Die Universitäten wurden in den Richtungen ihrer Forschungen und
Mittheilungen beschränkt, den Schulen jeder Art Gegenstand
und Umfang ihrer Lehrthätigkeit vorgeschrieben und für alle
oder einzelne Unterthanen oft ein Zwang zum Besuchen der
gegründeten Anstalten ausgesprochen. Alle Anordnungen dieser
Art, mochten sie auch noch so verkehrt sein, konnten doch nur
von der Voraussetzung ausgehen, daß die Unterthanen durch
Einordnung in die Staatseinheit in ihrer Persönlichkeit berührt
würden, und soweit diese Berührung sich erstreckte, nicht willkürlich und der Entwickelung des Ganzen verderblich sich ausbilden dürften.

Wie im Staatsdienst und Volksheer, in Gesetzgebung und
Regierung, der Kirche und Schule gegenüber der Staatsgedanke für die deutschen Territorien practisch geworden war,
trat er auch in der Unabhängigkeit nach Außen hervor. Die
Landesherren, welche während des Mittelalters in wesentlichen Verhältnissen dem Kaiser untergeordnet und dadurch verhindert gewesen waren, ihre Territorien zu Staaten heran zu
bilden, hatten in den letzten Jahrhunderten die Unterordnung
unter den Kaiser abgestreift und durch die gewonnene Unabhängigkeit ihren Ländern auch nach Außen den Staatscharacter
verschafft.

Es erscheint in der That das deutsche Staatsleben des
vorigen Jahrhunderts trotz aller Zerrüttung und Willkür dadurch auf eine höhere Stufe gehoben, daß neben dem Einzelleben das selbstständige Dasein der Staatseinheit zum Anerkenntniß gelangt und den wesentlichsten öffentlichen Einrichtungen
zum Grunde gelegt war. Zweifelhaft indessen blieb, ob der
Nation beschieden sei, auf der höheren Stufe des politischen
Seins, das Gebilde, welches dieser Stufe angehörte, den
Staat, in gleicher Schönheit auszubauen, wie in früheren
Entwickelungsperioden das Reich.

Es hatten die Leidenschaften der Fürsten, welche das po-

litiſche Leben nach ihren Zwecken zu formen gedachten, als Werkzeug in höherer Hand gedient, um den Staat ins Daſein treten zu laſſen; aber dieſer konnte die nächſte Veranlaſſung
ſeines Entſtehens nicht verläugnen. Weil die Staatseinheit
als Mittel dienen ſollte, Herrſchaft über Alles zu geben, ſo
ward die Einheit durch Aufhebung der Mannigfaltigkeit er-
ſtrebt. Die Allgemeinheit des Staats verſchlang die perſönliche Einzelnheit des Menſchen; den beſonderen Intereſſen blieb
Anerkennung und Entwickelung, dem Kreiſe der Privatrechte
der Wall verſagt, welcher dem Manne eine kräftige Selbſtſtändigkeit ſichert. Weil ferner die Fürſten es allein waren,
welche durch die Staatseinheit herrſchen und deßhalb für ſie
ſorgen wollten, ſo fehlte der Raum, auf welchem eine rechtliche Wirkſamkeit der Staatsglieder ſich geltend machen durfte,
und der Patriotismus ward nur in der Erfüllung von Pflichten, nicht auch in der Ausübung von Rechten geſetzt, wie wenn
das bildende Princip allein in der Obrigkeit läge und deßhalb
auf Seiten der Unterthanen nur Gehorſam erforderlich wäre.
Die Landſtände freilich, ſo weit ſie ihr urſprüngliches, jede
Einheit verneinendes Princip feſthielten, hatten dem practiſch
gewordenen Staatsgedanken gegenüber keinen Sinn mehr; denn
während ſie als Einzelne die Rechte der Individuen gegen die
Landesherren wahrnehmen ſollten, wendeten ſich die Fürſten als
Verſorger des Staats gar nicht mehr an die Einzelnen als
ſolche, ſondern an die Glieder des Staates, an ihre Unterthanen. Die Landſtände in ihrer mittelalterlichen Bedeutung
mußten durch das Streben der Fürſten nach Herrſchaft ihren
Untergang finden. Aber ſo wie die Landeshoheit und ihre
Einzelnrechte in Souveränetät, wie die Landſaſſen und ihre
Einzelnpflichten in Unterthanen mit politiſchen Pflichten umge-
wandelt waren, ſo mußte, wenn der Staat als Organismus
erſcheinen und Willkühr und Zufall zurückgedrängt werden
ſollten, eine Umbildung der Einzelnrechte des Landſaſſen in politiſche Rechte des Staatsgliedes, eine Umbildung des Landtages in ein Inſtitut erfolgen, welches ſich zum mittelalterlichen

Landtag eben so verhielt, wie die Souveränetät zur Landeshoheit, und dem politischen Rechte der Staatsglieder Schutz und Verwirklichung gewährte. In dem inneren Wesen des Landtags lag kein Umstand, der seine Umwandlung schwieriger als die der Landeshoheit in Souveränetät gemacht hätte, und wirklich betrachteten in vielen Territorien die Stände, seitdem die Landesherren das gemeinsame Interesse aller Landsassen ins Auge zu fassen begannen, sich gleichfalls als berechtigt und verpflichtet, des Landes Interesse wahrzunehmen. Aber eine Durchführung dieser Ansicht in der Organisation des Landtages, z. B. in dessen Zusammensetzung oder in dem Rechte auf Theilnahme, trat nirgends hervor. Die übermächtige, durch die vielfachsten Umstände begünstigte fürstliche Thätigkeit, welche, um ihre Gewalt zu erweitern, an dem Ausbau des Staates arbeitete, konnte unmöglich einem Institut günstig sein, dessen Bestimmung das Geltendmachen des Grundsatzes ist, nach welchem im Staate die Pflicht und das Recht des Staatsgliedes in untrennbarer Verbindung steht. Die Landtage selbst waren nicht im Stande, ihre eigne Umwandlung zu bewirken, weil sie immer von Neuem sich mehr durch das Sonderinteresse ihrer einzelnen Mitglieder als durch das Landesinteresse leiten ließen. Gelang es nicht, für die politischen Rechte der Staatsglieder ein Anerkenntniß und ein Organ zu schaffen, blieb der Fürst die politisch allein berechtigte Person im Staate, so drohte ein Despotismus, welcher je nach der Gesinnung des Herrscherhauses und der Herrscherindividuen hart und zerstörend oder wohlwollend und vorübergehend fördernd sein konnte, aber immer den Sinn für ein politisches Dasein im Volke allmählig erstickte und dadurch jede Staatenbildung unmöglich machen mußte. Allerdings traten der Ausbildung eines solchen Zustandes zwei mächtig wirkende Kräfte entgegen, aber jede derselben hatte neue Gefahren in ihrer Begleitung.

Der Staat in der einseitigen Entwickelung des vorigen Jahrhunderts war auf dem Wege, eines Theils die politische Wirksamkeit der Staatsglieder, anderen Theils die privatrechtliche Stellung der Individuen zu vernichten. Von Jedem der beiden gefährdeten Punkte aus ließ sich eine Reaction erwarten.

Bei einmal angeregtem Staatsleben mußte der Gedanke sich Geltung verschaffen, daß im Organismus die Function auch des hervorragendsten Gliedes nur unter Mitwirkung aller übrigen Gliederungen möglich sei und daß im Staate als einem Rechtsorganismus die mitwirkende Thätigkeit der Unterthanen bei den Functionen der Obrigkeit einer Rechtsgestalt bedürfe. Mit Gewißheit war voraus zu sehen, daß in kürzerer oder entfernterer Zeit die Unterthanen auch für sich politische Berechtigung erstreben würden, theils bei der Festellung des für den Staat Rechtmäßigen und Zweckmäßigen, theils bei der Durchführung des Festgestellten. Der Gang der Geschichte drängte auf Ständeversammlung und Staatsdienst hin und hatte den Grundcharacter auch der ersteren vorgezeichnet, in allem Einzelnen den freiesten Spielraum lassend. An der Landeshoheit hatte sich der deutsche Staat im Laufe vieler Jahrhunderte hervorgebildet und sein Dasein nur unter der Voraussetzung erhalten, daß das obrigkeitliche Recht als Recht des Landesherrn zur Erscheinung komme. Jeder Versuch, die bewegende Kraft des Staatslebens dem persönlichen Fürsten zu entziehen und einer Ständeversammlung beizulegen, drohte den Zusammenhang mit der gesammten Vorzeit zu zerreißen und ein wurzelloses Gebilde des Augenblicks als eine politische Schöpfung dem deutschen Staatsleben unterzuschieben. So weit das historisch wie politisch nothwendig gewordene ständische Mitwirkungsrecht die Souveränetät des persönlichen Fürsten nicht vernichtete, war ihm dagegen der weiteste Spielraum zu seiner Geltendmachung in allen staatlichen Verhältnissen gegeben. Als ein ächt nationaler Zug ferner, der seine Wahrheit und Stärke unter den verschiedensten Gestaltungen des deutschen Lebens bewährt hatte, trat die Liebe und Hinneigung zu den nächsten Kreisen, in denen der Einzelne sich bewegt, hervor. Seine politische Kraft und Bedeutsamkeit hat der Deutsche zu allen Zeiten nur gesucht und gefunden in der Einheit mit den Genossen, sei es der heimathlichen Landschaft, sei es des Berufes oder der Gemeinde. Der Einzelne als Einzelner hat im deutschen politischen Leben nie gezählt. Jeder Versuch, Ständeversammlungen irgendwie aus den Unterthanen als einer zusammenhangslosen Masse hervorgehen zu lassen, den Einzelnen und nicht ihren durch das Leben gebildeten Einheiten die politische Bedeutung zuzuschreiben, mußte ein fremdes, den Deutschen widerstrebendes und darum zerstörendes Princip in unser Staatsleben bringen. So weit dagegen die Form, in welcher das für die Unterthanen geforderte politische Mitwirkungsrecht erscheinen sollte, sich den nationalen Volksgliederungen in Provinzen, Gemeinden, Ständen anschloß, konnte jede Eigenthümlichkeit des einzelnen Staates, mochte sie in der überwiegenden Kraft oder der besonderen Ausbildung dieser oder jener Gliederung hervortreten, zur vollständigen Geltung gelangen. Aber freilich ließ sich kaum hoffen, daß die durch unsere Geschichte verlangte nationale Grundgestaltung der ständischen Versammlung sich ohne Weiteres rein und ungetrübt hervorheben würde. Die Unterthanen waren im Staate des vorigen Jahrhunderts der politischen Vernichtung anheim gegeben. Wurden sie nun, um ihr zu entgehen, irgendwie aufgeregt, alle ihre Kräfte zusammen zu nehmen, traten vielleicht entzündende Umstände von Außen hinzu, wurde die Umwandlung des Einzelnrechtes der Landsassen in ein politisches Recht der Staatsglieder unter wilder Leidenschaft und Selbstsucht vollzogen, so drohten die lang zurückgehaltenen, nun entfesselten Leidenschaften mit einer Anarchie, die um so gräßlicher sich gestalten mußte, weil der Staatsgedanke in seiner Entartung die kräftige Rechtsstellung der Einzelnen zerstört hatte, welche früher ein Festungswerk gegen Zügellosigkeit bildete. Aber auch die Umgestaltung der Landeshoheit in ein Recht, welches dem Wesen nach als Souveränetät erschien, war unter der größten Verwirrung und dem größten Unrechte vor sich gegangen und wenigstens die, welche die unter schweren Wehen geborne Souverånetåt mit Freuden begrüßten, durften nicht verzweifeln, wenn die Verwandlung des mittelalterlichen Landtags in die staatliche Ståndeverfammlung von gefährlichen Zeichen begleitet ward.

Mit nicht geringerer Gefahr war die Reaction verbunden, welche von den gefährdeten Privatrechten aus zu erwarten stand. Der deutsche nationale Geist hat durch unsere gesammte Geschichte hindurch unwiderstehlich stark die Sicherheit der Person, der Familie und des Vermögens gefordert und dieser Forderung entsprechend im Reiche und in den Territorien das deutsche Recht ausgebildet. Der einseitig entwickelte Staat des vorigen Jahrhunderts war mit Gewalt in den Kreis der Privatrechte eingebrochen, ohne dem Volke das Bewußtsein von deren Unantastbarkeit entreißen zu können. Trat dieses Bewußtsein lebendig hervor, dann war zu befürchten, daß alles Unheil dem Gedanken des Staats beigemessen würde, unter dessen Deckmantel Willkühr die Privatrechte verachtet hatte. Seine Wahrheit zu läugnen, seine practische Geltung zu vernichten, nur Einzelrechte anzuerkennen und die frühere Stufe des politischen Lebens, wie es sich im alten Reiche und in den alten Territorien dargestellt hatte, zurückzuführen, mußte dann als höchste Aufgabe erscheinen. Die, welche sie zu lösen unternahmen, setzten sich der Macht der Geschichte entgegen und gingen je nach ihrer Kraft und Bedeutung entweder unter, oder warfen einen Kampf in die deutsche Nation, welcher zur Auflösung jedes politischen Lebens führen konnte.

Bei aller Gefahr, welche in der von zwei verschiedenen Seiten zu erwartenden Reaction verborgen lag, ward doch, nachdem einmal der Staatsgedanke einseitig von den Fürsten in ihrem Interesse practisch geworden war, unabweislich gefordert, daß sich neben den fürstlichen Anstrengungen mit gleicher Energie die privatrechtlichen und die politischen Berechtigungen der Unterthanen geltend machten. Nur dann ließ sich, wenn auch vielleicht erst für ferne Zeiten, eine Versöhnung hoffen zwischen dem Recht des Staates und den Privatrechten,

zeugenden Kraft wären. Somit war in den willkührlichen
zum stummen Gehorsam verpflichtenden Verfügungen, der Gedanke der Gesetzgebung, wenn gleich in sehr unentwickelter
Gestalt ins Leben getreten. Nicht minder brach die Staatsregierung sich Bahn sowohl in ihrer negativen, als in ihrer positiven Thätigkeit. Im deutschen Mittelalter blieben, wie sich
von selbst versteht, Conflicte zwischen den Sonderinteressen der
Einzelnen und dem gemeinsamen Interesse Aller nicht aus.
Immer von Neuem vergißt das Individuum, daß sein Gedeihen durch das des Ganzen bedingt ist. Gleichgültig gegen
Vortheil und Nachtheil für die Territorien erstrebte jede Stadt,
jede Corporation Privilegien aller Art, und griff zur Erreichung
ihrer particularen Zwecke um so drohender in das Gemeinleben
ein, als das Fehderecht auch den unbändigsten Leidenschaften
die Möglichkeit gab, sich bewaffnet geltend zu machen, und die
Landeshoheit dem Gemeinleben diesen Angriffen gegenüber keine
Sicherung gewähren konnte, weil sie nur Einzelinteresse gegen
Einzelinteresse zu setzen hatte. In den letzten Jahrhunderten
dagegen ward das Streben der Fürsten mehr und mehr verwirklicht, sich als Versorger des Staates auch in dieser Beziehung darzustellen, ihrer Centralgewalt Ritter, Stifte, Städte
zu unterwerfen, und die stolze Unabhängigkeit des Einzellebens
zu brechen. Die Landesherren hatten ferner schon früher wohl
dafür gesorgt, den Kaufleuten und Handwerkern dieser oder jener Stadt, den Bauern dieses oder jenes Kammergutes ihre
Lage und ihr Gewerbe zu erleichtern, aber jetzt trafen sie Anordnungen, um den Handel, das Gewerbe, den Ackerbau des
Staats zu heben ohne Rücksicht auf die Einzelnen, deren Beruf er war. Wohl schienen viele ihrer Maaßregeln auf die
Unterdrückung jedes particularen Daseins und auf die Herbeiführung einer allgemeinen Knechtschaft hinzudeuten, wohl
mochten sie öfterer vom Ziele abführen als zu seiner Erreichung beitragen, aber immer setzten sie das Bestehen der Staatseinheit voraus, welche als solche sowohl gegen das Anstürmen
des Einzellebens geschützt, als auch einer kräftigen Pflege theil-

haftig werden müffe. Endlich nahm das deutsche Territorium
selbst der Kirche und Literatur gegenüber die Stellung des
Staates ein. Das deutsche Reich hatte allerdings schon im
Mittelalter den großen Kampf aufgenommen, in welchen die
deutsche Nationalität mit der Kirche gerieth, welche Universalstaat zu werden und jede Nationalität zu verschlingen drohte.
Aber in den Territorien ward nach dem Sinken des Reiches
nur ein bei aller Erbitterung kleinlicher Zank zwischen den Landesherren und einzelnen Gliedern des Clerus geführt um Mein
und Dein, um ein Mehr oder Minder an Zehnten, Privilegien und Rechten der Gerichtsbarkeit. Während der letzten
Jahrhunderte aber traten auch die katholischen Fürsten mit
immer wachsender Entschiedenheit den Ansprüchen der römischen
Kirche gegenüber auf. Jede kirchliche Anordnung bedurfte, um
rechtliche Kraft im Territorium zu gewinnen, die Anerkennung
von Seiten des Fürsten, und dieser hatte zu erwägen, ob weltliche Nachtheile nicht den kirchlichen Vortheil überwögen.
Ruchlosigkeit war die Anmaßung von Seiten der katholischen
Fürsten, sich beurtheilend, anerkennend oder verwerfend den
Anordnungen der römischen Kirche gegenüber zu stellen, es sei
denn, daß sie sich als Versorger des von Gott gewollten Staats
betrachteten, der oftmals dieselben Verhältnisse wie die Kirche zwar
in anderen Beziehungen aber mit gleichem Rechte zu behandeln
habe. Sie mußten Anstalt der Anstalt entgegen setzen, sich als Versorger der Einen ansehen, wenn sie der Anderen gegenüber
eine Autorität üben wollten. Die Kirche endlich hatte schon
früh erkannt, daß, obwohl religiöses Bewußtsein sich in den
Einzelnen mit jeder geistigen Entwickelungsstufe verbinden kann,
die Kirche als Anstalt, welche die Welt umfassen sollte, sowohl der allgemeinen Ausbildung aller, als der wissenschaftlichen einzelner Glieder bedürfe. Sie hatte deßhalb nach Verhältniß der verschiedenen Länder und Zeiten für Volksunterricht gesorgt und großartige Anstalten für die Wissenschaft gegründet. In den Territorien aber wurden erst in den letzten
Jahrhunderten Anordnungen getroffen, welche den Landsassen

Gelegenheit eröffnete, sich Ausbildung in den elementaren
Kenntnissen und in der Wissenschaft zu verschaffen. Die Universitäten wurden in den Richtungen ihrer Forschungen und
Mittheilungen beschränkt, den Schulen jeder Art Gegenstand
und Umfang ihrer Lehrthätigkeit vorgeschrieben und für alle
oder einzelne Unterthanen oft ein Zwang zum Besuchen der
gegründeten Anstalten ausgesprochen. Alle Anordnungen dieser
Art, mochten sie auch noch so verkehrt sein, konnten doch nur
von der Voraussetzung ausgehen, daß die Unterthanen durch
Einordnung in die Staatseinheit in ihrer Persönlichkeit berührt
würden, und soweit diese Berührung sich erstreckte, nicht willkürlich und der Entwickelung des Ganzen verderblich sich ausbilden dürften.

Wie im Staatsdienst und Volksheer, in Gesetzgebung und
Regierung, der Kirche und Schule gegenüber der Staatsgedanke für die deutschen Territorien practisch geworden war,
trat er auch in der Unabhängigkeit nach Außen hervor. Die
Landesherren, welche während des Mittelalters in wesentlichen Verhältnissen dem Kaiser untergeordnet und dadurch verhindert gewesen waren, ihre Territorien zu Staaten heran zu
bilden, hatten in den letzten Jahrhunderten die Unterordnung
unter den Kaiser abgestreift und durch die gewonnene Unabhängigkeit ihren Ländern auch nach Außen den Staatscharacter
verschafft.

Es erscheint in der That das deutsche Staatsleben des
vorigen Jahrhunderts trotz aller Zerrüttung und Willkür dadurch auf eine höhere Stufe gehoben, daß neben dem Einzelleben das selbstständige Dasein der Staatseinheit zum Anerkenntniß gelangt und den wesentlichsten öffentlichen Einrichtungen
zum Grunde gelegt war. Zweifelhaft indessen blieb, ob der
Nation beschieden sei, auf der höheren Stufe des politischen
Seins, das Gebilde, welches dieser Stufe angehörte, den
Staat, in gleicher Schönheit auszubauen, wie in früheren
Entwickelungsperioden das Reich.

Es hatten die Leidenschaften der Fürsten, welche das po-

litifche Leben nach ihren Zwecken zu formen gedachten, als Werkzeug in höherer Hand gedient, um den Staat ins Dasein treten zu laffen; aber dieser konnte die nächste Veranlaffung
seines Entstehens nicht verläugnen. Weil die Staatseinheit
als Mittel dienen sollte, Herrschaft über Alles zu geben, so
ward die Einheit durch Aufhebung der Mannigfaltigkeit erstrebt. Die Allgemeinheit des Staats verschlang die persönliche Einzelnheit des Menschen; den besonderen Interessen blieb
Anerkennung und Entwickelung, dem Kreise der Privatrechte
der Wall versagt, welcher dem Manne eine kräftige Selbstständigkeit sichert. Weil ferner die Fürsten es allein waren,
welche durch die Staatseinheit herrschen und deßhalb für sie
sorgen wollten, so fehlte der Raum, auf welchem eine rechtliche Wirksamkeit der Staatsglieder sich geltend machen durfte,
und der Patriotismus ward nur in der Erfüllung von Pflichten, nicht auch in der Ausübung von Rechten gesetzt, wie wenn
das bildende Princip allein in der Obrigkeit läge und deßhalb
auf Seiten der Unterthanen nur Gehorsam erforderlich wäre.
Die Landstände freilich, so weit sie ihr ursprüngliches, jede
Einheit verneinendes Princip festhielten, hatten dem practisch
gewordenen Staatsgedanken gegenüber keinen Sinn mehr; denn
während sie als Einzelne die Rechte der Individuen gegen die
Landesherren wahrnehmen sollten, wendeten sich die Fürsten als
Versorger des Staats gar nicht mehr an die Einzelnen als
solche, sondern an die Glieder des Staates, an ihre Unterthanen. Die Landstände in ihrer mittelalterlichen Bedeutung
mußten durch das Streben der Fürsten nach Herrschaft ihren
Untergang finden. Aber so wie die Landeshoheit und ihre
Einzelnrechte in Souveränetät, wie die Landsaffen und ihre
Einzelnpflichten in Unterthanen mit politischen Pflichten umge-
wandelt waren, so mußte, wenn der Staat als Organismus
erscheinen und Willkühr und Zufall zurückgedrängt werden
sollten, eine Umbildung der Einzelnrechte des Landsaffen in politische Rechte des Staatsgliedes, eine Umbildung des Landtages in ein Institut erfolgen, welches sich zum mittelalterlichen

Entstehung und ursprünglicher Gestalt zunächst und vor Allem
dem Familienglanz und der Familienmacht des Herrenstandes.
Die Verstärkung des Ansehens und der Größe des herzoglichen
oder fürstlichen oder gräflichen Hauses war das Princip, welches die landesherrliche Handlungsweise leitete und die Stellung des Hauses dem Kaiser wie den Landsassen gegenüber zu
heben, war das unabläßige Streben in allen Territorien. Der
Inhalt der Landeshoheit war, ihrer Bestimmung vollkommen
entsprechend, ein Aggregat sehr vieler zu sehr verschiedener Zeit
und auf sehr verschiedenem Wege erworbener einzelner Rechte
auf Leistungen einzelner Landsassen. Nur so weit er Vertrag
oder Herkommen nachweisen konnte, war der Landesherr berechtigt. Zwar trat zu der Sorge für das Haus überall Sorge
für die Landsassen hinzu, hier stärker dort schwächer, je nach
der verschiedenen Hausgesinnung; aber sie konnte dem Landesherrn nicht leicht neue Rechte verleihen, weil nicht abzusehen
war, weßhalb Einzelne neue Leistungen übernehmen sollten,
damit es andern Einzelnen besser ergehe. So lange die Fürsten jene alte Stellung einnahmen, konnten sie ihre Gewalt
nur allmälig und nur in sehr geringem Umfange dadurch vergrößern, daß sie durch Vertrag oder sonstige besondere Erwerbungsgründe sich dieses oder jenes neue Recht gegen Einzelne
verschafften. Aber die im Laufe der letzten Jahrhunderte aufs
höchste gesteigerte Herrschsucht und das gewachsene Geldbedürfniß forderte ungestüm schnellere und umfassendere Vergrößerung
der fürstlichen Macht. Auf das zu diesem Ziele führende Mittel
wurden die Fürsten durch eine einzelne Seite der Landeshoheit
geleitet. Wie in den Staaten unserer Zeit sich einzelne den
politischen Gemeinschaften der Vergangenheit angehörende Institute erhalten haben und obgleich fremdartig und verlassen in
der modernen Umgebung, dennoch Lebenskraft genug besitzen, um
als äußere Träger der Einheit unserer Gegenwart und Vergangenheit zu dienen, so findet sich in der mittelalterlichen Landeshoheit ein Recht, welches seiner Natur nach der Souveränetät im Staate der Gegenwart angehört, die Gerichsgewalt.

Sie war nach keines Deutschen Ansicht zum Glanze des Fürstenhauses oder zum Nutzen irgend eines Einzelnen bestimmt,
sondern vorhanden, damit eine über alle Einzelnen stehende
Macht, damit das Recht erhalten werde. Wenn es auf Erreichung dieses Zieles ankam, konnte kein Landsasse dem Landesherrn eine Leistung verweigern, mochte er speziell verpflichtet
sein oder nicht. Sobald nun anerkannt ward, daß die gesammte Landeshoheit in gleicher Weise wie bisher nur die
Gerichtsgewalt bestimmt um ein über allen Einzelnen Stehen-
des zu erhalten und zu fördern, so waren die Landesherren
bei ihren Forderungen nicht mehr auf die durch Vertrag oder
Herkommen entstandenen beschränkt. Sie faßten daher, als
der Gedanke des Staats, obgleich von einer ganz anderen
Seite her sich ausbildete, denselben begierig auf und führten
ihn dadurch ins Leben ein, daß sie sich als Versorger und
Vertreter desselben hinstellten. Mochten sie unter diesem Vorwande dieselben Rechte, welche sie als Leibherren gegen ihre
Leibeigenen hatten, auch den freien Landsassen gegenüber geltend
machen, mochten sie, wie man wohl klagte, in Anspruch nehmen den Vogel in der Luft und den Fisch im Wasser, den
Wind, der die Mühle treibt und die Welle, die den Kahn trägt,
so war doch inmitten der Willkür und der niedrigen Leidenschaften die unmittelbare Versorgung der Einheit des Staats
als ein selbstständiges politisches Recht hervorgetreten, welches,
weil es in der Landeshoheit erwachsen war, überall mit Ausnahme der geistlichen Territorien und der Reichsstädte, als ein
Recht des Erstgebornen bestimmter Familien erschien. Den Kern der
Fürstenstellung im vorigen Jahrhundert, die Souveränetät mit
erbmonarchischem Character, mehr und mehr aus der sie verhüllenden und entstellenden Schale herauszuarbeiten, blieb die
Aufgabe der kommenden Generationen.

Die nothwendige Folge der umgewandelten Stellung der
Fürsten war eine Aenderung in dem inneren Wesen der landes-
herrlichen Dienerschaft, welche früher ihrem Principe nach die
Sonderinteressen ihrer Herren nach deren Befehl wahr-

genommen hatten, jetzt aber unter der Leitung der Fürsten das Staatsinteresse versorgten und durch den verwandelten Gegenstand ihrer Thätigkeit aus landesherrlichen Dienern Staatsdiener wurden. Da indessen diese Umwandlung auf die Unterordnung unter ihre Fürsten keinen Einfluß hatte und die vorgeschützte Thätigkeit für den Staat nur ein Mittel ward, um erfolgreicher im fürstlichen Interesse wirken zu können, so darf es nicht wundern, wenn der Staatsdienst, abgesehen von diesem vielfach zur Schau getragenen Worte, dieselbe Gestalt behielt, wie sie die landesherrliche Dienerschaft besessen hatte.

Die Fürsten, durch die Staatsdiener gestützt und auf ihre in Anspruch genommene neue Stellung fußend, suchten vor Allem die materielle Grundlage derselben, Geld und Soldaten, sich zu verschaffen. Sie hatten aus ihrem Kammergute früher den Aufwand bestritten, der bei der Ausübung ihrer Rechte nöthig ward. In wiefern Ausgaben, welche jene Einkünfte überschritten, gemacht werden konnten oder nicht, hing von dem guten Willen der Landsassen ab, die der Fürst um Geldbeihülfe in Anspruch zu nehmen gedachte. Im vorigen Jahrhundert dagegen hatten die meisten Fürsten als das Ziel vieljährigen Strebens die Erhebung von Abgaben erreicht, ohne Rücksicht auf die Einwilligung und die verschiedenartige Stellung der Belasteten. Das Bedürfniß des Gemeinwohls, das Staatsinteresse war der einzige Grund, auf welchen sie das früher unerhörte Recht stützten. Oft genug ergab sich als Folge dieses Grundsatzes Bedrückung der Unterthanen und Verschwendung des für den Staat Genommenen im individuellsten Interesse der Fürsten; aber der Gedanke war practisch geworden, daß es Pflicht sei für die Glieder, den Bestand und das Gedeihen des Ganzen auch mit schweren Geldopfern sicher zu stellen.

Das Heer der vergangenen Jahrhunderte war aus Männern gebildet, die kraft einer speciellen Verpflichtung sich dem Fürsten verbunden hatten, ihn auf seinen Kriegszügen zu begleiten, mochte diese Verpflichtung wie bei dem Vasallenheer

des Mittelalters in dem Lehnseide, oder wie bei dem Sölb=
nerheer der folgenden Zeit im Miethsvertrage liegen. Das
Vasallenheer hatte längst seine Bedeutung verloren und die
Geldmittel der Fürsten reichten nicht aus, ein so zahlreiches
Söldnerheer zu bezahlen, wie Bedürfniß oder Lust es verlangten.
Da sprach zuerst Friedrich Wilhelm I. im Jahre 1733 die
Verpflichtung seiner Unterthanen als solcher zum Kriegsdienste
aus, obgleich er noch viele Ausnahmen zum Vortheile der hö=
heren Stände machte. Seine Anordnung ward in kleineren
und größeren deutschen Ländern wiederholt. Wohl wurden die
ausgehobenen Krieger oft zum Spielwerk der Fürsten gemißbraucht
oder gegen Miethgeld an auswärtige Mächte überlassen; aber
unter allem Mißbrauch waren die Anfänge des Volksheeres ins
Leben getreten, das ohne Voraussetzung der Staatseinheit sich
nicht denken läßt.

Die Fürsten, nachdem sie die Macht gewonnen hatten, die
finanziellen und militärischen Kräfte ihrer Territorien zu con=
centriren und zu verwenden, ohne auf einen anderen Grund
als auf die Bedürftigkeit des Staates zu fußen, machten nun
ihre Stellung als Versorger des Staats auch in Gesetzgebung
und Regierung geltend.

Während des Mittelalters war die Fortbildung des Rechts,
soweit sie nicht im Herkommen, sondern in bewußter Thätig=
keit ihren Grund hatte, in Form von Verträgen zwischen den
Fürsten und den zunächst Betheiligten, meistens der Landschaft
geschehen, erschien also nicht als ein Act innerer Nothwendig=
keit, sondern als ein Belieben Einzelner. Im vorigen Jahr=
hundert dagegen verlangten und erzwangen die Fürsten allge=
meinen und unbedingten Gehorsam für alle Willensäußerungen,
die sie in Rechtsverhältnissen erkennbar kund thaten. Um die=
sen Anspruch zu rechtfertigen, mußten sie entweder die Unter=
thanen als Unfreie betrachten, die keinen anderen Willen als
den ihres Herrn hatten, oder von der Ansicht ausgehen, daß
in ihrer Willensäußerung das Rechtsgebot zur Erscheinung
käme, sie also Organ der in der Staatseinheit liegenden rechtser=

zeugenden Kraft wären. Somit war in den willkührlichen
zum stummen Gehorsam verpflichtenden Verfügungen der Gedanke der Gesetzgebung, wenn gleich in sehr unentwickelter
Gestalt ins Leben getreten. Nicht minder brach die Staatsregierung sich Bahn sowohl in ihrer negativen, als in ihrer positiven Thätigkeit. Im deutschen Mittelalter blieben, wie sich
von selbst versteht, Conflicte zwischen den Sonderinteressen der
Einzelnen und dem gemeinsamen Interesse Aller nicht aus.
Immer von Neuem vergißt das Individuum, daß sein Gedeihen durch das des Ganzen bedingt ist. Gleichgültig gegen
Vortheil und Nachtheil für die Territorien erstrebte jede Stadt,
jede Corporation Privilegien aller Art und griff zur Erreichung
ihrer particularen Zwecke um so drohender in das Gemeinleben
ein, als das Fehderecht auch den unbändigsten Leidenschaften
die Möglichkeit gab, sich bewaffnet geltend zu machen, und die
Landeshoheit dem Gemeinleben diesen Angriffen gegenüber keine
Sicherung gewähren konnte, weil sie nur Einzelinteresse gegen
Einzelinteresse zu setzen hatte. In den letzten Jahrhunderten
dagegen ward das Streben der Fürsten mehr und mehr verwirklicht, sich als Versorger des Staates auch in dieser Beziehung darzustellen, ihrer Centralgewalt Ritter, Stifte, Städte
zu unterwerfen, und die stolze Unabhängigkeit des Einzellebens
zu brechen. Die Landesherren hatten ferner schon früher wohl
dafür gesorgt, den Kaufleuten und Handwerkern dieser oder jener Stadt, den Bauern dieses oder jenes Kammergutes ihre
Lage und ihr Gewerbe zu erleichtern, aber jetzt trafen sie Anordnungen, um den Handel, das Gewerbe, den Ackerbau des
Staats zu heben ohne Rücksicht auf die Einzelnen, deren Beruf er war. Wohl schienen viele ihrer Maaßregeln auf die
Unterdrückung jedes particularen Daseins und auf die Herbeiführung einer allgemeinen Knechtschaft hinzudeuten, wohl
mochten sie öfterer vom Ziele abführen als zu seiner Erreichung beitragen, aber immer setzten sie das Bestehen der Staatseinheit voraus, welche als solche sowohl gegen das Anstürmen
des Einzellebens geschützt, als auch einer kräftigen Pflege theil-

haftig werden müsse. Endlich nahm das deutsche Territorium selbst der Kirche und Literatur gegenüber die Stellung des Staates ein. Das deutsche Reich hatte allerdings schon im Mittelalter den großen Kampf aufgenommen, in welchen die deutsche Nationalität mit der Kirche gerieth, welche Universalstaat zu werden und jede Nationalität zu verschlingen drohte. Aber in den Territorien ward nach dem Sinken des Reiches nur ein bei aller Erbitterung kleinlicher Zank zwischen den Landesherren und einzelnen Gliedern des Clerus geführt um Mein und Dein, um ein Mehr oder Minder an Zehnten, Privilegien und Rechten der Gerichtsbarkeit. Während der letzten Jahrhunderte aber traten auch die katholischen Fürsten mit immer wachsender Entschiedenheit den Ansprüchen der römischen Kirche gegenüber auf. Jede kirchliche Anordnung bedurfte, um rechtliche Kraft im Territorium zu gewinnen, die Anerkennung von Seiten des Fürsten, und dieser hatte zu erwägen, ob weltliche Nachtheile nicht den kirchlichen Vortheil überwögen. Ruchlosigkeit war die Anmaßung von Seiten der katholischen Fürsten, sich beurtheilend, anerkennend oder verwerfend den Anordnungen der römischen Kirche gegenüber zu stellen, es sei denn, daß sie sich als Versorger des von Gott gewollten Staats betrachteten, der oftmals dieselben Verhältnisse wie die Kirche zwar in anderen Beziehungen aber mit gleichem Rechte zu behandeln habe. Sie mußten Anstalt der Anstalt entgegen setzen, sich als Versorger der Einen ansehen, wenn sie der Anderen gegenüber eine Autorität üben wollten. Die Kirche endlich hatte schon früh erkannt, daß, obwohl religiöses Bewußtsein sich in den Einzelnen mit jeder geistigen Entwickelungsstufe verbinden kann, die Kirche als Anstalt, welche die Welt umfassen sollte, sowohl der allgemeinen Ausbildung aller, als der wissenschaftlichen einzelner Glieder bedürfe. Sie hatte deßhalb nach Verhältniß der verschiedenen Länder und Zeiten für Volksunterricht gesorgt und großartige Anstalten für die Wissenschaft gegründet. In den Territorien aber wurden erst in den letzten Jahrhunderten Anordnungen getroffen, welche den Landsassen

Gelegenheit eröffnete, sich Ausbildung in den elementaren Kenntnissen und in der Wissenschaft zu verschaffen. Die Universitäten wurden in den Richtungen ihrer Forschungen und Mittheilungen beschränkt, den Schulen jeder Art Gegenstand und Umfang ihrer Lehrthätigkeit vorgeschrieben und für alle oder einzelne Unterthanen oft ein Zwang zum Besuchen der gegründeten Anstalten ausgesprochen. Alle Anordnungen dieser Art, mochten sie auch noch so verkehrt sein, konnten doch nur von der Voraussetzung ausgehen, daß die Unterthanen durch Einordnung in die Staatseinheit in ihrer Persönlichkeit berührt würden, und soweit diese Berührung sich erstreckte, nicht willkürlich und der Entwickelung des Ganzen verderblich sich ausbilden dürften.

Wie im Staatsdienst und Volksheer, in Gesetzgebung und Regierung, der Kirche und Schule gegenüber der Staatsgedanke für die deutschen Territorien practisch geworden war, trat er auch in der Unabhängigkeit nach Außen hervor. Die Landesherren, welche während des Mittelalters in wesentlichen Verhältnissen dem Kaiser untergeordnet und dadurch verhindert gewesen waren, ihre Territorien zu Staaten heran zu bilden, hatten in den letzten Jahrhunderten die Unterordnung unter den Kaiser abgestreift und durch die gewonnene Unabhängigkeit ihren Ländern auch nach Außen den Staatscharacter verschafft.

Es erscheint in der That das deutsche Staatsleben des vorigen Jahrhunderts trotz aller Zerrüttung und Willkür dadurch auf eine höhere Stufe gehoben, daß neben dem Einzelleben das selbstständige Dasein der Staatseinheit zum Anerkenntniß gelangt und den wesentlichsten öffentlichen Einrichtungen zum Grunde gelegt war. Zweifelhaft indessen blieb, ob der Nation beschieden sei, auf der höheren Stufe des politischen Seins, das Gebilde, welches dieser Stufe angehörte, den Staat, in gleicher Schönheit auszubauen, wie in früheren Entwickelungsperioden das Reich.

Es hatten die Leidenschaften der Fürsten, welche das po-

litische Leben nach ihren Zwecken zu formen gedachten, als Werkzeug in höherer Hand gedient, um den Staat ins Dasein treten zu lassen; aber dieser konnte die nächste Veranlassung
seines Entstehens nicht verläugnen. Weil die Staatseinheit
als Mittel dienen sollte, Herrschaft über Alles zu geben, so
ward die Einheit durch Aufhebung der Mannigfaltigkeit erstrebt. Die Allgemeinheit des Staats verschlang die persönliche Einzelnheit des Menschen; den besonderen Interessen blieb
Anerkennung und Entwickelung, dem Kreise der Privatrechte
der Wall versagt, welcher dem Manne eine kräftige Selbstständigkeit sichert. Weil ferner die Fürsten es allein waren,
welche durch die Staatseinheit herrschen und deßhalb für sie
sorgen wollten, so fehlte der Raum, auf welchem eine rechtliche Wirksamkeit der Staatsglieder sich geltend machen durfte,
und der Patriotismus ward nur in der Erfüllung von Pflichten, nicht auch in der Ausübung von Rechten gesetzt, wie wenn
das bildende Princip allein in der Obrigkeit läge und deßhalb
auf Seiten der Unterthanen nur Gehorsam erforderlich wäre.
Die Landstände freilich, so weit sie ihr ursprüngliches, jede
Einheit verneinendes Princip festhielten, hatten dem practisch
gewordenen Staatsgedanken gegenüber keinen Sinn mehr; denn
während sie als Einzelne die Rechte der Individuen gegen die
Landesherren wahrnehmen sollten, wendeten sich die Fürsten als
Versorger des Staats gar nicht mehr an die Einzelnen als
solche, sondern an die Glieder des Staates, an ihre Unterthanen. Die Landstände in ihrer mittelalterlichen Bedeutung
mußten durch das Streben der Fürsten nach Herrschaft ihren
Untergang finden. Aber so wie die Landeshoheit und ihre
Einzelnrechte in Souveränetät, wie die Landsassen und ihre
Einzelnpflichten in Unterthanen mit politischen Pflichten umge-
wandelt waren, so mußte, wenn der Staat als Organismus
erscheinen und Willkühr und Zufall zurückgedrängt werden
sollten, eine Umbildung der Einzelnrechte des Landsassen in politische Rechte des Staatsgliedes, eine Umbildung des Landtages in ein Institut erfolgen, welches sich zum mittelalterlichen

Landtag eben so verhielt, wie die Souveränetät zur Landeshoheit, und dem politischen Rechte der Staatsglieder Schutz und Verwirklichung gewährte. In dem inneren Wesen des Landtags lag kein Umstand, der seine Umwandlung schwieriger als die der Landeshoheit in Souveränetät gemacht hätte, und wirklich betrachteten in vielen Territorien die Stände, seitdem die Landesherren das gemeinsame Interesse aller Landsassen ins Auge zu fassen begannen, sich gleichfalls als berechtigt und verpflichtet, des Landes Interesse wahrzunehmen. Aber eine Durchführung dieser Ansicht in der Organisation des Landtages, z. B. in dessen Zusammensetzung oder in dem Rechte auf Theilnahme, trat nirgends hervor. Die übermächtige, durch die vielfachsten Umstände begünstigte fürstliche Thätigkeit, welche, um ihre Gewalt zu erweitern, an dem Ausbau des Staates arbeitete, konnte unmöglich einem Institut günstig sein, dessen Bestimmung das Geltendmachen des Grundsatzes ist, nach welchem im Staate die Pflicht und das Recht des Staatsgliedes in untrennbarer Verbindung steht. Die Landtage selbst waren nicht im Stande, ihre eigne Umwandlung zu bewirken, weil sie immer von Neuem sich mehr durch das Sonderinteresse ihrer einzelnen Mitglieder als durch das Landesinteresse leiten ließen. Gelang es nicht, für die politischen Rechte der Staatsglieder ein Anerkenntniß und ein Organ zu schaffen, blieb der Fürst die politisch allein berechtigte Person im Staate, so drohte ein Despotismus, welcher je nach der Gesinnung des Herrscherhauses und der Herrscherindividuen hart und zerstörend oder wohlwollend und vorübergehend fördernd sein konnte, aber immer den Sinn für ein politisches Dasein im Volke allmählig erstickte und dadurch jede Staatenbildung unmöglich machen mußte. Allerdings traten der Ausbildung eines solchen Zustandes zwei mächtig wirkende Kräfte entgegen, aber jede derselben hatte neue Gefahren in ihrer Begleitung.

Der Staat in der einseitigen Entwickelung des vorigen Jahrhunderts war auf dem Wege, eines Theils die politische Wirksamkeit der Staatsglieder, anderen Theils die privat-

rechtliche Stellung der Individuen zu vernichten. Von Jedem der beiden gefährdeten Punkte aus ließ sich eine Reaction erwarten.

Bei einmal angeregtem Staatsleben mußte der Gedanke sich Geltung verschaffen, daß im Organismus die Function auch des hervorragendsten Gliedes nur unter Mitwirkung aller übrigen Gliederungen möglich sei und daß im Staate als einem Rechtsorganismus die mitwirkende Thätigkeit der Unterthanen bei den Functionen der Obrigkeit einer Rechtsgestalt bedürfe. Mit Gewißheit war voraus zu sehen, daß in kürzerer oder entfernterer Zeit die Unterthanen auch für sich politische Berechtigung erstreben würden, theils bei der Feststellung des für den Staat Rechtmäßigen und Zweckmäßigen, theils bei der Durchführung des Festgestellten. Der Gang der Geschichte drängte auf Ständeversammlung und Staatsdienst hin und hatte den Grundcharacter auch der ersteren vorgezeichnet, in allem Einzelnen den freiesten Spielraum lassend. An der Landeshoheit hatte sich der deutsche Staat im Laufe vieler Jahrhunderte hervorgebildet und sein Dasein nur unter der Voraussetzung erhalten, daß das obrigkeitliche Recht als Recht des Landesherrn zur Erscheinung komme. Jeder Versuch, die bewegende Kraft des Staatslebens dem persönlichen Fürsten zu entziehen und einer Ständeversammlung beizulegen, drohte den Zusammenhang mit der gesammten Vorzeit zu zerreißen und ein wurzelloses Gebilde des Augenblicks als eine politische Schöpfung dem deutschen Staatsleben unterzuschieben. So weit das historisch wie politisch nothwendig gewordene ständische Mitwirkungsrecht die Souveränetät des persönlichen Fürsten nicht vernichtete, war ihm dagegen der weiteste Spielraum zu seiner Geltendmachung in allen staatlichen Verhältnissen gegeben. Als ein ächt nationaler Zug ferner, der seine Wahrheit und Stärke unter den verschiedensten Gestaltungen des deutschen Lebens bewährt hatte, trat die Liebe und Hinneigung zu den nächsten Kreisen, in denen der Einzelne sich bewegt, hervor. Seine politische Kraft und Bedeutsamkeit hat der Deutsche zu allen Zeiten nur gesucht und gefunden in der Einheit mit den Genossen, sei es der heimathlichen Landschaft, sei es des Berufes oder der Gemeinde. Der Einzelne als Einzelner hat im deutschen politischen Leben nie gezählt. Jeder Versuch, Ständeversammlungen irgendwie aus den Unterthanen als einer zusammenhangslosen Masse hervorgehen zu lassen, den Einzelnen und nicht ihren durch das Leben gebildeten Einheiten die politische Bedeutung zuzuschreiben, mußte ein fremdes, den Deutschen widerstrebendes und darum zerstörendes Princip in unser Staatsleben bringen. So weit dagegen die Form, in welcher das für die Unterthanen geforderte politische Mitwirkungsrecht erscheinen sollte, sich den nationalen Volksgliederungen in Provinzen, Gemeinden, Ständen anschloß, konnte jede Eigenthümlichkeit des einzelnen Staates, mochte sie in der überwiegenden Kraft oder der besonderen Ausbildung dieser oder jener Gliederung hervortreten, zur vollständigen Geltung gelangen. Aber freilich ließ sich kaum hoffen, daß die durch unsere Geschichte verlangte nationale Grundgestaltung der ständischen Versammlung sich ohne Weiteres rein und ungetrübt hervorheben würde. Die Unterthanen waren im Staate des vorigen Jahrhunderts der politischen Vernichtung anheim gegeben. Wurden sie nun, um ihr zu entgehen, irgendwie aufgeregt, alle ihre Kräfte zusammen zu nehmen, traten vielleicht entzündende Umstände von Außen hinzu, wurde die Umwandlung des Einzelnrechtes der Landsassen in ein politisches Recht der Staatsglieder unter wilder Leidenschaft und Selbstsucht vollzogen, so drohten die lang zurückgehaltenen, nun entfesselten Leidenschaften mit einer Anarchie, die um so gräßlicher sich gestalten mußte, weil der Staatsgedanke in seiner Entartung die kräftige Rechtsstellung der Einzelnen zerstört hatte, welche früher ein Festungswerk gegen Zügellosigkeit bildete. Aber auch die Umgestaltung der Landeshoheit in ein Recht, welches dem Wesen nach als Souveränetät erschien, war unter der größten Verwirrung und dem größten Unrechte vor sich gegangen und wenigstens die, welche die unter schweren Wehen geborne Souveränetät mit Freuden begrüßten, durften nicht verzweifeln, wenn die Verwandlung des mittelalterlichen Landtags in die staatliche Ständeversammlung von gefährlichen Zeichen beglei- tet ward.

Mit nicht geringerer Gefahr war die Reaction verbunden, welche von den gefährdeten Privatrechten aus zu erwarten stand. Der deutsche nationale Geist hat durch unsere gesammte Geschichte hindurch unwiderstehlich stark die Sicherheit der Person, der Familie und des Vermögens gefordert und dieser Forderung entsprechend im Reiche und in den Territorien das deutsche Recht ausgebildet. Der einseitig entwickelte Staat des vorigen Jahrhunderts war mit Gewalt in den Kreis der Privatrechte eingebrochen, ohne dem Volke das Bewußtsein von deren Unantastbarkeit entreißen zu können. Trat dieses Bewußtsein lebendig hervor, dann war zu befürchten, daß alles Unheil dem Gedanken des Staats beigemessen würde, unter dessen Deckmantel Willkühr die Privatrechte verachtet hatte. Seine Wahrheit zu läugnen, seine practische Geltung zu vernichten, nur Einzelrechte anzuerkennen und die frühere Stufe des politischen Lebens, wie es sich im alten Reiche und in den alten Territorien dargestellt hatte, zurückzuführen, mußte dann als höchste Aufgabe erscheinen. Die, welche sie zu lösen unternahmen, setzten sich der Macht der Geschichte ent- gegen und gingen je nach ihrer Kraft und Bedeutung entweder unter, oder warfen einen Kampf in die deutsche Nation, wel- cher zur Auflösung jedes politischen Lebens führen konnte.

Bei aller Gefahr, welche in der von zwei verschiedenen Seiten zu erwartenden Reaction verborgen lag, ward doch, nachdem einmal der Staatsgedanke einseitig von den Fürsten in ihrem Interesse practisch geworden war, unabweislich ge- fordert, daß sich neben den fürstlichen Anstrengungen mit glei- cher Energie die privatrechtlichen und die politischen Berechti- gungen der Unterthanen geltend machten. Nur dann ließ sich, wenn auch vielleicht erst für ferne Zeiten, eine Versöhnung hof- fen zwischen dem Recht des Staates und den Privatrechten, zwischen der Souveränetät und der politischen Berechtigung der Unterthanen. Gelang diese Versöhnung nicht, so drohte dem deutschen Staate ein früher undenkbarer Grab der Verderbtheit, weil wie immer, wenn ein höher organisirtes Wesen fällt, ein höher ausgebildeter Zustand sich in sein Gegentheil verkehrt, die Möglichkeit tieferer Erniedrigung in demselben Maaße wächst, in welchem die Möglichkeit großartigerer Erhebung gesteigert war.

Der Ausgang, zu welchem das Ringen der bedeutenderen Territorien, um in ihrem Innern die Staatsnatur zu gewinnen, führen werde, erschien wesentlich durch die Lage bedingt, in welcher sie sich dem Auslande gegenüber befanden. Sie besaßen allerdings bald aus dem einen, bald aus dem andern der oben angeführten Gründe eine gewisse Sicherheit der Fortdauer in sich selbst, auch abgesehen von dem schwachen Schutze des Reiches und dem stärkeren, welcher in der gegenseitigen Eifersucht der größeren Mächte lag. Gegen einen ersten gewaltsamen Ueberfall konnten sie allenfalls mit eigenen Kräften sich schützen und ihre völlige Unterdrückung war nur nach einem blutigen Kampfe und nur als ein europäisches Ereigniß denkbar. Aber allein auf sich angewiesen waren sie zu unsicher und ohnmächtig, um nicht nach Außen stets mehr auf Andere als auf sich Bedacht nehmen zu müssen. Eine freie Bewegung, wahre Selbstständigkeit und Freiheit blieb ihnen versagt. Aengstlich einsam sahen sie sich in der Mitte großer Mächte und wurden, falls sie so bedeutend waren, daß sie mit einiger Aussicht auf Erfolg die eigenen Kräfte in die Waagschaale legen konnten, zu übermäßigen Anstrengungen geführt, lediglich um alle vorhandenen Kräfte auf einen Punkt zusammenzubringen und die Sicherheit nach Außen, die doch nur Vorbedingung des Staates ist, zu verstärken. Erschöpft durch die Anstrengungen für das nackte Dasein, fehlten dann freilich dem Fürsten wie dem Lande die Mittel, das mühsam bewahrte Leben kräftig und reich zu gestalten.

Eine möglichst große Militärmacht sollte gegen Neckereien

und Beleidigungen der Nachbarn, gegen Durchmärsche und willkührliche Einquartirung fremder Truppen, gegen die Exekution nachtheiliger Erkenntnisse des Reichskammergerichtes Sicherheit verschaffen. Mit Gewalt wurden die Soldaten zusammengebracht, und in die Häuser der Unterthanen zur Verpflegung hinein gelegt, mit Gewalt wurden dem Lande die zur Bewaffnung und Bezahlung nöthigen Summen abgepreßt. In den Truppen sahen die Fürsten die Hauptstütze ihrer Bedeutsamkeit und deßhalb das wichtigste Element ihrer Territorien. Der Offizierstand galt vorzugsweise als der Stand der Ehre. Die regierenden Herren, die Prinzen des Hauses gehörten demselben an. Von früher Jugend an trugen sie die Uniform, mit dem Lesen und Schreiben zugleich lernten sie den sogenannten Dienst, um möglichst früh Regimenter erhalten zu können. Exerciren und Manövriren ward wie die Jagd ein für Arbeit ausgegebener fürstlicher Zeitvertreib; dieselben Fürsten, welche mit kleinlicher Aengstlichkeit über ihre Souveränetät wachten, trugen kein Bedenken, die Zeichen der Dienstbarkeit, militärische Titel und Uniformen von fremden Herren anzunehmen. Die militärische Erziehung und das militärische Leben machte die Gewohnheit, ohne Widerspruch zu befehlen, zur zweiten Natur und rief unter den sonstigen sehr einladenden Verhältnissen jene willkührliche, keine Rechte achtende Regierungsweise des vorigen Jahrhunderts hervor.

Dennoch ward durch alle diese Uebel Sicherheit höchstens gegen die nur wenig stärkeren deutschen Nachbarn, nie gegen die großen Mächte erkauft. Den letzteren gegenüber konnten die mittleren deutschen Territorien den Schutz, welchen Deutschland ihnen nicht gewährte, nur in dem Protectorate eines großen europäischen Staates suchen. Sie waren bedeutend genug, um sich großen Mächten wichtig zu machen, indem sie ihnen ihre Soldaten zur Verfügung stellten und einen bedeutenden Einfluß auf die inneren Angelegenheiten Deutschlands verschafften. Begierig kam vor Allem Frankreich dem Bedürfniß deutscher Fürsten entgegen. Es schmeichelte ihrer Eitelkeit,

sendete eigene Gesandte an die Höfe der Herren Vetter, nahm
deutsche Fürstensöhne in seine Dienste und gab deutschen Mi-
nistern französisches Geld. Bündnisse und Subsidienverträge
wurden geschlossen, durch welche deutsche Fürsten ihre Unterthanen fremden Mächten gegen jährliche Pacht überließen, um
mit deren Blute die Schlachtfelder zu düngen. Fremde, feindliche Gewalten wurden wesentlich bestimmend für die inneren
Verhältnisse Deutschlands und suchten die letzten schwachen
Reste der Einheit zu vernichten. So stark war die Kraft der mittleren deutschen Territorien, so entschieden ihre Staatsnatur im Inneren entwickelt,
daß das deutsche Volk sich nicht als ein Staat darstellen konnte.
So zahlreich war die Zahl der werdenden deutschen Staaten,
daß keiner derselben ein nur auf sich selbst ruhendes Dasein
haben, keiner völlig Staat werden konnte, sondern Jeder
einer Ergänzung bedurfte, die, falls Deutschland der Willkühr
fremder Mächte entrissen werden sollte, nur innerhalb der
deutschen Heimath, also nur dadurch gewährt werden konnte,
daß die bedürftigen Einzelnen sich zur gegenseitigen Ergänzung
verbanden. Da die Reichsconföderation hierzu sich als ungenügend zeigte, versuchten die größeren Territorien, auf den
Grund der politischen Bedürftigkeit eines Jeden, solche Verbindungen hervorzurufen. Alle Versuche dieser Art konnten nur
ausgehen von den Territorialfürsten und diese machten nicht
nur einen Unterschied zwischen Fürsteninteresse und Territorialinteresse, sondern suchten auch die wesentliche Aufgabe der
Territorien in der Bestimmung zur Förderung des Fürstenin-
teresses zu dienen. Die Versuche, von der Territorialbedürftig-
keit aus eine conföderative Einheit zu gewinnen, hatten daher nimmer den Character von Fürstenverbindungen, geschlossen
um die fürstliche Macht gegen Eingriffe des Kaisers, der europäischen Mächte und der eigenen Unterthanen möglichst sicher
zu stellen. Am unverdecktesten tritt dieser Character in der
Union hervor, welche 1671 Churköln, Churbaiern, Churbrandenburg, Pfalz-Neuburg und Mecklenburg-Schwerin schlos-

fen*), nachdem der Kaiser ihre Behauptung zurückgewiesen hatte, daß die Unterthanen jede Forderung erfüllen müßten, welche ihr Landesherr unter dem Vorwande der Ruhesicherung machte. Die Union sollte für ewige Zeiten bestehen und jeden sich meldenden deutschen Reichsstand aufnehmen können. Ihr Zweck war, mit gemeinsamen Mitteln jede Forderung zu erzwingen, welche ein Verbündeter zur Sicherung gegenwärtiger oder zukünftiger Landesbefension, Friedens- und Ruhestands an seine Unterthanen machen würde. Kein Verbündeter darf seinen Landständen oder Unterthanen ein Recht einräumen, welches wider den Zweck des Bundes geht, jeder vielmehr muß, ohne sich durch Widersetzlichkeit irre machen zu lassen, die Leistungen von seinen Unterthanen erheben, welche der Zweck des Bundes fordert. Um Widersetzlichkeiten der Unterthanen unschädlich zu machen, soll jeder die verdächtigen consilia, welche er in seinem Lande merket, den Verbündeten anzeigen. Wenn die Unterthanen im Wege Rechtens sich opponiren, so sollen sie kein Gehör erhalten; wenn sie zu den Waffen greifen, so sollen alle Verbündeten gegen sie gemeinsam auftreten und zugleich verpflichtet sein jeden Fremden, bei welchem die Unterthanen Hülfe suchten, zu bekämpfen. Dieser Bund, so wenig wie irgend ein Anderer ähnlicher Art, fand, da er lediglich im fürstlichen Sonderinteresse geschlossen war, einen Anhalt im Bewußtsein des Volkes, sondern ruhte allein auf der individuellen Ansicht der vereinten Fürsten, und war daher dem Untergange verfallen, sobald durch Todesfälle oder veränderte Umstände sich die Ansichten änderten, welche nicht den Character innerer Nothwendigkeit trugen und nicht in einer die Fürsten, ihre Umgebungen wie das ganze Volk durchdringenden Ueberzeugung wurzelten. Alle Fürstenunionen blieben ohne Leben und Dauer, während die alte Reichsconföderation, welche die Landsassen wie die Landesherren umfaßte und die Rechte der einen wie der anderen sichern wenigstens wollte,

---

*) Moser Landeshoheit in Militairsachen. S. 25.

6

als ein Heiligthum im Bewußtsein des Volkes fortlebte, selbst
dann, als sie außer Stand war, auch nur annäherungsweise
ihre Aufgabe zu lösen.

Wie der Gang der Geschichte den bedeutenderen deutschen
Territorien die staatliche Entwickelung in ihrem Innern zur
Aufgabe gemacht hatte, so forderte sie mit gleicher Stärke,
daß die politische Ergänzung, deren die werdenden Staaten
bedürftig waren, nicht durch eine Verbindung der Fürsten, sondern durch einen Bund der Souveräne, also der deutschen
Staaten, geschaffen werde. Die innere Natur eines jeden größeren Territoriums drängte zu einer conföderativen Einheit hin,
welche den Territorien Raum ließ, sich als Staaten zu entwik-
keln, ohne dem deutschen Volke die Möglichkeit zu nehmen,
seine Einheit auch in einer politischen Form, die ja nicht nothwendig Staat sein muß, auszuprägen. Jedes größere Territorium mußte nach derselben politischen Erscheinungsform des
deutschen Volkes streben, nach welcher der deutsche nationale Geist vom Bewußtsein der Volkseinheit und Stammesverschiedenheit aus seit einem Jahrtausend gestrebt hatte.

Zweites Kapitel.
Die abgestorbenen deutschen Territorien.

Seitdem das deutsche Reich seine schützende und ergänzende Kraft mehr und mehr verloren hatte, waren die deutschen Territorien auf sich allein angewiesen und mußten sämmtlich, um nicht zu verkümmern und ein Spielball für Fremde
zu werden, in ihrem eigenen Innern die Staatsnatur hervor-
arbeiten. Die Gründe, aus denen die große Mehrzahl der
deutschen politischen Selbstständigkeiten die ihnen gestellte Aufgabe nicht lösen konnte, waren verschieden, je nachdem die
Territorialhoheit das Recht einer Familie oder einer geistlichen Würde oder einer städtischen Bürgerschaft geworden war
und demnach die weltlichen oder geistlichen Territorien oder die

Reichsstädte ins Leben gerufen hatte. Unter den weltlichen
Territorien sonderten sich von den Grafschaften und kleinen Fürstenthümern die in der Sprache des Reichsrechts auch
nie Territorien genannten reichsritterlichen Gebiete, deren
Häupter weniger durch Erwerb der landeshoheitlichen Rechte
als durch Befreiung von denselben ihren Character erhielten.
Die Rechtsgestalt und die Lebenszustände der reichsritterlichen
Gebiete, der geistlichen Lande, der Reichsstädte und der Grafschaften und kleinen Fürstenthümer bedürfen daher einer gesonderten Betrachtung.

I. Die reichsritterlichen Gebiete*).

Einem Theile der deutschen Ritterschaft war es gelungen,
sich mit Person und Gütern frei von landesherrlicher Gewalt
zu halten und als des heiligen Reiches freie unmittelbare Ritterschaft nächst Gott nur den Kaiser als ihren Herrn anzuerkennen. Doch hatte die Großartigkeit ihrer Stellung ursprünglich nicht in diesem unmittelbaren Verhältniß zum Kaiser, sondern darin gelegen, daß die Ritter, wie ein altes Rechtsbuch
sagt **), die Mauer waren wider alles böse Ding, das den
Kaiser gefährdet und dem Reiche lästerlich ist. Als Schutz und
Schirm des Reiches war der Reuteradel nach dem Ausdruck
Ulrichs von Hutten eine große Stärk und Macht der deutschen
Nation; stets bereit und stets begierig zum Kampfe brach er
auf des Kaisers Ruf mit Knappen und Reisigen aus seinen

---

*) Neben den bekanuteren Schriften über die Reichsritterschaft sind be-
sonders hervorzuheben: Fr. C. Moser Unpartheyische Betrachtung des
gegenwärtigen Zustandes der Reichsritterschaft in Fr. C. Moser kleine
Schriften II. S. 1. und Kreybemanns Bedenken über den Zustand
der Reichsritterschaft in Fr. C. Moser kleine Schriften XI. S. 63.
Für die Richtungen innerhalb eines Theiles der Reichsritterschaft
ist nicht ohne Bedeutung: Der alte Adam, eine neue Familienge-
schichte. Gotha 1819. 4 Bände 8.
**) Fränkisches Lehnrecht in Senfenberg corp. jur. feud. S. 2.

Burgen auf, um mit dem Schwerte in der Hand die eigene Unabhängigkeit und des Reiches Ehre gegen die Ueberfälle Fremder und gegen fürstliche Eingriffe zu bewahren.

Die Reichsritter, wie die Ritter überhaupt, bildeten einen Kriegerstand und konnten deßhalb ihre Bedeutung nur erhalten, so lange sie ihre Kräfte für höhere als individuelle Interessen verwendeten. Als die Ritter immer seltener und endlich gar nicht mehr zum Reichsdienst entboten wurden, war die ange-borne und wohlgeübte Kraft und die von den Ahnen ererbte Freude an den Waffen zu groß, um sich in Trägheit und lee-rer Eitelkeit zu verzehren. Die kriegerische Tüchtigkeit, die keine Gelegenheit fand, im Reichsdienste Ehre und Ruhm zu erwerben, machte sich auf ungeordneten Wegen in Rohheit und Gewaltthaten Bahn. Am Ende des 15. und im Anfange des 16. Jahrhunderts brachten die Reichsritter ihr Leben noch wie früher in den Waffen hin, und waren, wie Ulrich von Hutten*) klagte, rauh und unfreundlich und hatten eine centaurische Här-tigkeit an ihnen. Ihre Kriege waren nun Kriege im eigenen Interesse, waren Rachezüge oder Räubereien, oder Mittel sich gegen Beides zu schützen. Hatte der Nachbar das Waidwerk über die Gränzen ausgedehnt, hatten seine Bauern das Vieh auf des Anderen Triften weiden lassen, so war der Grund zu langen und blutigen Raufereien gelegt; zeigte sich Aussicht, die Pfeffersäcke reichsstädtischer Kaufleute zu erbeuten, so war Ver-anlassung genug vorhanden, um derer von Nürnberg oder Cöln oder Augsburg Feind zu werden**). Tage und Nächte hindurch lagerten die Ritter als Straßenräuber, wie Kaiser Max sie bezeichnete, an den Handelswegen; wurden sie von den Städtern aufgespürt, so verloren sie als Placker und adel-mäßige Taschenklopfer durch Henkershand ihr Leben***), blie-

---

*) Ulr. v. Hutten Gesprächbüchlein. Münch V. S. 347.
**) z B. Götz v. Berlichingen Lebensbeschreibung. Nürnberg 1775. S. 80. S. 85. S. 107. S. 144. S. 225.
***) z. B. Roth Geschichte des Nürnberger Handels I. S. 136 u. folg.

ben sie Sieger über die Bürger, so nahmen sie ihnen nicht nur
das Gut, sondern übten auch die rohsten Grausamkeiten an
den reichsstädtischen Ballenbindern, ermordeten die Gefangenen
oder hieben ihnen die Hände ab und ließen sie verstümmelt
laufen. Rühmt doch Götz von Berlichingen als Zeichen besonderer Großmuth von sich selbst, er habe die Gefangenen
niederknieen und sie ihre Hände auf den Stock legen lassen,
als hätte er ihnen Kopf und Hände abhauen wollen; dann
aber, setzt er hinzu, trat ich den Einen mit dem Fuß auf den
Hintern und gab dem Anderen eins an das Ohr, das war
meine Straf gegen ihnen und ließ sie also wieder von mir
hingehen. Das Ehrlose und Verwildernde eines solchen Lebens trat den Rittern nicht vor die Seele; die Räuberei vielmehr erschien ihnen als eine männliche und herzhaftige Un-
frommheit und hatten sie jedem Biedermanne jegliche Zusage
mit Treuen und Glauben erfüllt, so hatten sie sich ungeachtet
des Mordens, Brennens und Raubens gehalten, wie es einem
Frommen, Ehrlichen von Adel gebührt, glaubten des göttlichen Beistandes in allen Fährlichkeiten gewiß zu sein und überließen sich getrost der göttlichen Gnad, Hülf und Barmher-
zigkeit.

Ein Kriegerstand, der seine Waffen ausschließlich im eigenen
Interesse führte, konnte sich nur erhalten, so lange die Reichsgewalt durchaus jeder Kraft entbehrte und ihm selbst die alte
ungebändigte Kraft und die kriegerische Ueberlegenheit über die
anderen Stände verblieb. Die Ueberlegenheit aber der ritterlichen Waffenkunst ging dem Feuergewehre gegenüber, das jeder handhaben konnte, unter; die Uebung der alten Künste und
Kräfte hatten nun keine weitere Bedeutung; mit der Uebung
verlor sich die hervorragende Kraft und mit dieser der hervorragende Muth. Da zugleich in der Erschlaffung, welche dem
dreißigjährigen Kriege folgte, die Territorialgewalt stark genug
ward, um Gewaltthaten zu verhindern, so büßte die Reichsritterschaft ihren alten kriegerischen Character völlig ein; sie
war nicht mehr der Schirm des Reichs und die großartigste

Seite ihrer Stellung war verschwunden; geblieben war nur
die Unabhängigkeit von fürstlicher Gewalt in Beziehung auf
Personen und Güter. In den letzten Jahrhunderten des Reiches erschienen daher die alten Krieger nur als größere Grundbesitzer, welche über ihre Bauern umfassendere Gewalt als andere Grundherren besaßen und selbst keinem Landesherrn, sondern nur dem Kaiser untergeordnet waren.

Vom Niederrhein, von der Eifel und dem Hunsrück,
vom Westerwald und Vogelsberg, vom Thüringer- und Böhmerwald zog sich durch das südliche Deutschland bis an die
Alpen hin die zerstreute Menge ihrer kleinen Gebiete, mehr
als Tausend an der Zahl. Hin und wieder saßen die kleinen
Dynasten noch in den alten, von ihren Ahnen ererbten, auf
den Höhen gelegenen Stammburgen; meistens aber hatte das
spätere bequemere Geschlecht sich wohnliche Häuser unten in
den Thälern nahe an Ortschaften gebaut. Rund umher lagen
die herrschaftlichen Gärten und Waldungen, Wiesen und Aecker;
zuweilen bevölkerten Städtchen oder Flecken mit Märkten und
zunftgerechten Handwerkern, meistens nur einige Dörfer, Weiler und Mühlen die Gebiete, deren Umfang selten mehr, gewöhnlich weniger als einige Stunden betrug. Kleinere Güterstücke, Waldungen, Zehnten und Gefälle in den benachbarten
Territorien traten zuweilen hinzu oder machten auch wohl,
wie namentlich im rheinischen Ritterkreis, den Hauptbestandtheil des Vermögens aus.

Auf diesen Gütern saßen die Nachkommen des alten unmittelbaren Kriegerstandes und zehrten von dem Ruhme ihrer
Vorfahren. Die Einen brachten als Landwirthe ihr Leben in
der Bewirthschaftung des Grund und Bodens hin. Einfach,
tüchtig, noch immer den Widerschein guter Gewohnheit und
alter deutscher Weise bewahrend, waren sie unter ihren Bauern heimisch und blieben jeder geistigen Entwickelung entfremdet. Andere durch den Besuch der Universitäten, durch Reisen
oder den Aufenthalt an fürstlichen Höfen gebildet, nahmen geistige Interessen mit auf das Land und gaben selbst zu der

Klage Veranlassung, daß sie ihre Einkünfte in der Anlegung
großer Bibliotheken und in anderen wissenschaftlichen Liebhabereien verschwendeten. Unter ihnen fanden sich Familien, welche
Geist und Kraft genug bewahrt hatten, um Männer zu erzeugen, die, wie der Freiherr vom Stein, tief in das Geschick
Deutschlands eingreifen sollten. Die große Mehrzahl aber
führte ein Leben anderer Art. Vom Dorfschreiber nothdürftig
im Lesen und Schreiben unterrichtet, später während einiger
Jahre durch die höhere Schule eines benachbarten Städtchens
oder durch die Hand eines demüthigen Präceptors oder ritterschaftlichen Pastors gegangen und als Sprößling des reichsfreiherrlichen Geschlechts hoch und werth gehalten, hatte Niemand ihrer Neigung, die sich mehr auf Pferde und Reuterei
als auf irgend etwas Anderes richtete, Zwang angethan.
Dann kehrten sie für immer der geistigen Beschäftigung den
Rücken und sahen auf dem elterlichen Gute der Bewirthschaftung und dem sonstigen Leben und Treiben des Vaters zu,
bis sie selbst mit dessen Tode das Gut übernahmen und nun
den einen Tag mit Windreiten, den andern mit Gäns- und
Entvogelstellwerk zubrachten. Die viele unausgefüllte Zeit
wurde bald mit Befriedigung kostbarer Liebhabereien, bald mit
wilden Ausschweifungen getödtet; Schmausereien und wüste
Trinkgelage gingen unter den Nachbaren Reihe um. Wie arg
der Zustand im Großen und Ganzen gewesen sein muß, läßt
sich aus der Menge reichsgerichtlicher Erkenntnisse abnehmen,
in welchen von „einer sehr niederträchtigen, unanständigen und
gefährlichen Art sich zu betragen," von „einer so schlechten und
ehrvergessenen Aufführung, daß um ferneres Unglück zu verhüten Verhaftung nöthig sei", von „einem geraume Zeit hindurch
ärgerlich und ruchlos geführten Lebenswandel" von „mörderischen
Anfällen" u. s. w. die Rede ist*). Nur bekannt mit den Verhältnissen zwischen Reichsrittern und Bauern, glaubten sie sich

---

*) z. B. Moser Staatsarchiv von 1751. Tom. III. S. 108, 114; v.
1752. Tom. I. S. 66; v. 1753. Tom. II. S. 868.

über alle nicht Reichsunmittelbaren eben so wie über ihre
Bauern erhaben. Viele, sagt Moser aus eigener vielfacher Erfahrung, sind der Art, daß man leichter und angenehmer mit
manchen großen regierenden Fürsten umgehen könnte. Selbst den
landsässigen Adel stießen sie durch Stolz und Anmaßung zurück*)
und ließen sich dagegen nicht selten durch Langeweile oder durch
die Hoffnung auf den Excellenztitel, oder durch die Lust mit
einem Fürsten aus derselben Schüssel zu essen, verleiten, in
fürstliche Dienste zu gehen**). Da ihnen bei der mangelnden
Geschäftsbildung nur die Hofdienste offen standen, so verschwendeten sie in Spiel und Prunk neben ihrer Besoldung auch das
eigene Vermögen. Durch alle Ritterkreise hindurch zeigten sich
in der Schuldenlast, unter welcher die Güter erdrückt lagen,
die Folgen einer solchen Lebensweise, und die nothwendig werdenden kaiserlichen Administrationen vollendeten den Ruin.

Die Stellung, welche die Reichsritter zu Land und Leuten in ihren Gebieten einnahmen, war in der seltsamsten Weise
aus den Rechten des Grundherrn, des Gutsherrn, des Leib-
herrn und des Landesherrn zusammengesetzt. Den Unterhalt
lieferte ihnen zunächst der Ertrag aus Feld und Wald, zu
welchem hohe und niedere Jagd, Fischereien in den Seen und
Bächen, Gefälle aller Art und etwa ein herrschaftliches Wirthshaus, eine Brauerei, eine Mühle, ein Eisenhammer erwünsch-
ten Zuschuß gewährte. Sodann waren die ritterschaftlichen
Corporationen berechtigt, den Unterthanen in den einzelnen
Gebieten „die ordentliche ritterschaftliche Steuer" aufzulegen,
d. h. Abgaben, deren die Rittertruhe zur Führung gemeiner
Prozesse, zu nachbarlichen Handlungen, zum Unterhalt der
Abgeordneten an dem kaiserlichen oder einem fürstlichen Hofe
und zu anderen corporativen Ausgaben bedurfte. Die einzelnen Ritter waren befugt, nachdem sie zuvor der Schulzen und
Heimburgen Bedenken vernommen hatten, die Ordonnanzgel-

---

*) Historische Betrachtung über die Reichsritterschaft. Regensburg 1804.
S. 74.
**) Pfeiffer der Reichscavalier. Nürnberg 1787. S. 21.

der d. h. Dorfumlagen zur Bestreitung der Gemeindebedürf-
nisse ihres Gebietes aufzulegen und einzuziehen. Außerdem aber
forderten sie von ihren Unterthanen die Leistung einer Masse
von Frohnden. Im Walde mußten dieselben die jungen Er-
len und Weiden setzen, Eicheln und Tannensamen säen, Bau-
und Brennholz fällen, Wachholderbeeren schlagen, Hopfenstan-
gen schnitzen. Auf den ritterschaftlichen Aeckern mußten sie
pflügen, säen und mähen, mußten das Getreide dreschen, auf
den Kornböden umwenden und ausmessen. Zu den Neubauten
und Reparaturen der herrschaftlichen Wohn- und Wirthschafts-
gebäude fuhren sie Holz und Steine, zu den Brauereien das
Wasser, in die Schmieden die Kohlen. Zu den Gärten brachen sie dem Herrn seine Schlehen und Hahnebutten, schüttel-
ten sein Obst und sammelten es auf; sie fegten den Schloß-
platz und hielten ihn rein vom Grase; sie fingen die herrschaftlichen Fische; hackten das Eis auf und trugen es in ihres
Herrn Eiskeller. Dagegen erhielten sie von diesem Holz aus
den herrschaftlichen Wäldern zu ermäßigten Preisen; hatten
Mast und Holzlese, und manche Frohnden thaten sie wie vor
Alters nur gegen eine Ergötzlichkeit mit Essen und Trinken.
Während die Reichsritter Frohnden und Zehnten, die überall,
wenn auch in verschiedenem Umfange, bestanden, als Leib- oder
Grundherren forderten, wendeten sie zugleich die Regeln des
römischen Rechts über die Befugnisse des Fiscus auf sich an
und hatten es erlangt, daß in den meisten Stellen der kaiserlichen Wahlcapitulationen, in denen die Vorrechte der Landes-
desherren bestimmt wurden, sie gleichfalls eine Erwähnung
fanden. Kraft dieses Anspruches erhoben sie die Nachsteuer,
zogen erblose Güter, Geldstrafen und confiscirte Vermögens-
stücke ein. Wie die reichsständischen Landesherren *) übten sie
das kleine und große Waidwerk meistens in ihrem ganzen Gebiete, hetzten und beizten, so weit ihre Gränzen gingen. Ei-

---

*) Ertel observationes illust. jurid. equestres. Nurnberg 1699.
obs. VII.

vilgerichtsbarkeit hatten sie immer, den Blutbann dagegen
nahm der Kaiser in Anspruch, ertheilte ihn aber meistens den
Rittern, zuweilen einem benachbarten Landesherrn zu Lehn.
In Religionssachen hatten sie durch den westphälischen Frieden
gleiche Rechte mit den Reichsständen erhalten, in Rechts- und
Polizeisachen trafen sie Anordnungen, denen die Unterthanen
nachkommen mußten, sie konnten dieselben bewaffnen und in
den Waffen üben, selbst ritterschaftliche Lieutenants und Wachtmeister kamen vor.

Die Reichsritter traten daher als Gutsherren auf, welche
jeglicher Staatsgewalt entzogen waren, die den Einzelnen nöthigt, sich einem höheren Ganzen einzuordnen und die Rechte
der neben ihm Stehenden anzuerkennen; denn einem Landesherrn waren sie dem Rechte nach nicht unterthan und der Kaiser stand factisch zu ferne, um die Staatsgewalt über sie üben
zu können. Die reichsritterlichen Gutsherren erschienen selbst
als Landesherren und ihre Gebieter trugen den Schein des
Staats; aber bei deren innerer und äußerer Unbedeutenheit
entbehrten die Unterthanen jeglichen Schutzes, welcher in wirklichen Staaten durch Zustände und Verhältnisse selbst dann
gegen Willkühr und Druck gewährt ist, wenn auch politische
Formen nur in geringerem Umfange sich ausgebildet haben.
Bei den Conflicten zwischen den Interessen der Dynasten und
ihrer einzelnen Bauern, welche bei den täglichen unmittelbaren
Berührungen sich immer wiederholten, konnte ein Mißbrauch
der landesherrlichen Gewalt zur Erreichung selbstsüchtiger
Zwecke um so weniger ausbleiben, als die geringe Achtung,
in welcher Bauern standen und die Menge und Kleinheit der
ritterlichen Güter es möglich machte, daß die Ritter ihr Wesen ganz im Verborgenen treiben konnten. Ohne Zweifel haben dennoch manche Dynasten diesen Verführungen widerstanden, die Vorschrift der Ritterordnungen*) „die armen Unter-

---

*) Ritterschaftsordnung der sechs Orte in Franken. Gedruckt 1720
S. 28.

thanen wider die Gebühr nicht zu beschweren", anerkannt und
den alten Rath befolgt, daß die reichsritterliche Obrigkeit sich
gegen die Unterthanen halten solle wie ein Vater gegen seine
Kinder, wie ein Hirt gegen seine Schafe. Von ihnen sprach
Niemand, und der Nachwelt fehlten alle Nachrichten über sie.
Wohl aber haben sich zahllose Klagen und Beschwerden erhal-
,ten über harten Druck und schonungslose Willkühr der Ritter
gegen ihre Bauern. Die Herren verweigerten oder erschwerten die ihren Unterthanen schuldigen Prästationen: die Weide,
die Mast, die Holzlese, die Brenn- und Branholzgerechtig-
keit; sie forderten mit Härte und Unbarmherzigkeit Frohnden
an weitentlegenen Orten oder auf unbrauchbaren Wegen, sie
erzwangen mit ihrer obrigkeitlichen Gewalt neue, weder durch
Lagerbücher noch Herkommen begründete Dienste, drückten und
verschonten nach Ungunst oder Gunst, so daß „Manche bei
ihrem häuslichen Leben und Nahrung nicht verbleiben konnten".
Sie legten Geldstrafen und Confiscationen ohne Urtheil und
Recht auf und behaupteten und erzwangen ein unbeschränktes
Besteuerungsrecht über ihre Unterthanen oder ließen von den
ordentlichen ritterschaftlichen Steuern und den Ordonnanzgel-
dern ihre Söhne studiren, Treibhäuser und Pferdeställe bauen
oder ihren Wittwen Unterhalt gewähren. Schwere Missetha-
ten auf den Schlössern einzelner Ritter verübt, wurden bekannt,
und vor Allem fand das corpus evangelicorum häufig Gelegenheit, sich der evangelischen Unterthanen katholischer Reichsritter
annehmen zu müssen. Nicht selten ganz in den Händen ihres
Schloßcapellans, suchten sie „ihrer evangelischen Unterthanen
wohlhergebrachtes Religionsexercitium oder auch die Unterthanen selbsten zu vertilgen", vergriffen sich an den Einkünften
der Kirchen und Schulen und „wenn die evangelischen Gemeinden dergleichen Neuerungen contradicirten, so beclarirten
sie dieselbigen vor Rebellen und trachteten, sie durch Strafen
und Executionen völlig auszurotten". In zahllosen Gesuchen
mußte das corpus evangelicorum den Kaiser bitten, in dergleichen zaum- und zuchtloses Wesen ein allernachdrücklichstes

Einsehen zu haben *). Fast überall, wenn auch aus den verschiedensten Gründen, fand sich auf den reichsritterlichen Gebieten inneres Zerwürfniß zwischen dem Gutsherrn und den Bauern, die ihr Widerstreben in oft begründeten, oft aber auch ganz widersinnigen Klagen und Beschwerden bei den Reichsgerichten kund thaten. Nicht selten wurden die Unterthanen dahin gebracht, sich gegen ihre Herrschaft zu empören und einen benachbarten Landesherrn als ihre Obrigkeit anzuerkennen oder mit Ziehung der Sturmglocke in vollem Tumult ihre Herrschaft anzugreifen. In manchen Gegenden, ruft Moser klagend aus, braucht man sich gar nicht nach der Ortsherrschaft zu erkundigen, man sieht es dem ganzen Dorfe an, daß es ritterschaftlich ist.

Den reichsständischen Territorien und der in ihnen seit Jahrhunderten herrschenden Richtung auf Einheit im Innern und Abschließung nach Außen traten die innerhalb ihrer Gränzen gelegenen Güter der Reichsritter als ein feindliches Element entgegen. Kraft und Einheit der Regierung ward für die Territorien unmöglich, in welchen sich eine größere Zahl von Bewohnern fand, die eximirt von der Territorialgewalt und berechtigt, selbst beliebige Regierungsmaaßregeln zu treffen, jeden Augenblick störend in den Zusammenhang der Finanz- und Militärverwaltung, der Polizei und Criminaljustiz eingreifen konnten. Da deßhalb die Landesherren an der allmäligen Unterordnung der Reichsritter unter die Territorialgewalt arbeiten mußten, während die Reichsritter nach Erhaltung und möglichster Ausdehnung ihrer unmittelbaren Stellung strebten, so konnte zwischen Landesherren und Reichsrittern eine feindliche Stellung nicht ausbleiben, deren Grund von den Fürsten in dem alles Maaß überschreitenden Immediatätsgeiste der Ritter, von den Rittern in der Arrondissementssucht der Fürsten gesucht ward. Veranlassungen, der feindlichen Stim-

---

*) z. B. Struve Historie der Religionsbeschwerden II. 204, 59. Moser von den deutschen Reichsständen S. 1281 u. folg.

mung Luft zu machen, blieben bei den täglichen Berührungen und den vielfach verschlungenen Verhältnissen der Landesherren und Ritter nicht aus. Jagd, Fischerei, Geleite, Recht auf Nachsteuer und erblose Güter ward von dem Einen behauptet, von dem Anderen bestritten; Zollfreiheit der eigenen Producte gab Gelegenheit zur Schmuggelei oder zu Anschuldigung derselben. Ritter nahmen reichsständische Unterthanen in ihr corpus auf und behaupteten nun deren Unmittelbarkeit; Landesherren verlangten von den Rittern Theilnahme an öffentlichen Lasten, z. B. an Wegebauten, Einquartirung, Fouragelieferungen. Am häufigsten endlich gaben zu Streitigkeiten die vielen Lehnsverbindungen Veranlassung, welche zwischen Landesherren und Reichsrittern bestanden, indem Erstere die Lehnsgerichtsbarkeit auf Verhältnisse aller Art auszudehnen strebten und von den an sie als Lehnsherren heimgefallenen ritterlichen Lehnsgütern weder Dienste noch Abgaben dem ritterschaftlichen corpus entrichten wollten-, während die Ritter jene Lasten als auf dem Gute ruhend und mit diesem auch auf die Reichsstände übergehend betrachtet wissen wollten. Früher hatten alle solche Gründe sehr häufig zum offenen Kampfe geführt; die Reichsritter hatten die Reisigen und Knechte der Landesherren niedergeworfen, deren Städte beraubt, deren Forsten durchstrichen. Die Landesherren hatten sich vor die Burgen der Ritter gelegt, sie gebrandschatzt und zerstört. Im vorigen Jahrhundert trat nur selten der feindliche Gegensatz so gewaltsam hervor; aber seine innere Stärke war im Vergleiche mit der früheren Zeit gewachsen, weil die landesherrlichen Territorien sich mehr und mehr zu staatlichen Einheiten heranbildeten und ihrer festeren Einheit gegenüber die widerstrebende Unabhängigkeit der Ritter selbst dann schroffer und auffallender hervortreten mußte, wenn sie über ihre alten Gränzen nicht ausgedehnt wurde. Die Landesherren klagten, daß ihre kaiserliche Majestät aus sonderlichen Vorlieb für die Ritterschaft dieser privilegia und exemtiones zugestehe oder extendire; sie behaupteten, daß die Reichsgerichte parteiisch zu Gunsten der

Seite ihrer Stellung war verschwunden; geblieben war nur die Unabhängigkeit von fürstlicher Gewalt in Beziehung auf Personen und Güter. In den letzten Jahrhunderten des Reiches erschienen daher die alten Krieger nur als größere Grundbesitzer, welche über ihre Bauern umfassendere Gewalt als andere Grundherren besaßen und selbst keinem Landesherrn, sondern nur dem Kaiser untergeordnet waren.

Vom Niederrhein, von der Eifel und dem Hunsrück, vom Westerwald und Vogelsberg, vom Thüringer- und Böhmerwald zog sich durch das südliche Deutschland bis an die Alpen hin die zerstreute Menge ihrer kleinen Gebiete, mehr als Tausend an der Zahl. Hin und wieder saßen die kleinen Dynasten noch in den alten, von ihren Ahnen ererbten, auf den Höhen gelegenen Stammburgen; meistens aber hatte das spätere bequemere Geschlecht sich wohnliche Häuser unten in den Thälern nahe an Ortschaften gebaut. Rund umher lagen die herrschaftlichen Gärten und Waldungen, Wiesen und Aecker; zuweilen bevölkerten Städtchen oder Flecken mit Märkten und zunftgerechten Handwerkern, meistens nur einige Dörfer, Weiler und Mühlen die Gebiete, deren Umfang selten mehr, gewöhnlich weniger als einige Stunden betrug. Kleinere Güterstücke, Waldungen, Zehnten und Gefälle in den benachbarten Territorien traten zuweilen hinzu oder machten auch wohl, wie namentlich im rheinischen Ritterkreis, den Hauptbestandtheil des Vermögens aus.

Auf diesen Gütern saßen die Nachkommen des alten unmittelbaren Kriegerstandes und zehrten von dem Ruhme ihrer Vorfahren. Die Einen brachten als Landwirthe ihr Leben in der Bewirthschaftung des Grund und Bodens hin. Einfach, tüchtig, noch immer den Widerschein guter Gewohnheit und alter deutscher Weise bewahrend, waren sie unter ihren Bauern heimisch und blieben jeder geistigen Entwickelung entfremdet. Andere durch den Besuch der Universitäten, durch Reisen oder den Aufenthalt an fürstlichen Höfen gebildet, nahmen geistige Interessen mit auf das Land und gaben selbst zu der

Klage Veranlassung, daß sie ihre Einkünfte in der Anlegung großer Bibliotheken und in anderen wissenschaftlichen Liebhabereien verschwendeten. Unter ihnen fanden sich Familien, welche Geist und Kraft genug bewahrt hatten, um Männer zu erzeugen, die, wie der Freiherr vom Stein, tief in das Geschick Deutschlands eingreifen sollten. Die große Mehrzahl aber führte ein Leben anderer Art. Vom Dorfschreiber nothdürftig im Lesen und Schreiben unterrichtet, später während einiger Jahre durch die höhere Schule eines benachbarten Städtchens oder durch die Hand eines demüthigen Präceptors oder ritterschaftlichen Pastors gegangen und als Sprößling des reichsfreiherrlichen Geschlechts hoch und werth gehalten, hatte Niemand ihrer Neigung, die sich mehr auf Pferde und Reuterei als auf irgend etwas Anderes richtete, Zwang angethan. Dann kehrten sie für immer der geistigen Beschäftigung den Rücken und sahen auf dem elterlichen Gute der Bewirthschaftung und dem sonstigen Leben und Treiben des Vaters zu, bis sie selbst mit dessen Tode das Gut übernahmen und nun den einen Tag mit Windbreiten, den andern mit Gäns- und Entvogelstellwerk zubrachten. Die viele unausgefüllte Zeit wurde bald mit Befriedigung kostbarer Liebhabereien, bald mit wilden Ausschweifungen getödtet; Schmausereien und wüste Trinkgelage gingen unter den Nachbaren Reihe um. Wie arg der Zustand im Großen und Ganzen gewesen sein muß, läßt sich aus der Menge reichsgerichtlicher Erkenntnisse abnehmen, in welchen von „einer sehr niederträchtigen, unanständigen und gefährlichen Art sich zu betragen," von „einer so schlechten und ehrvergessenen Aufführung, daß um ferneres Unglück zu verhüten Verhaftung nöthig sei", von „einem geraume Zeit hindurch ärgerlich und ruchlos geführten Lebenswandel" von „mörderischen Anfällen" u. s. w. die Rede ist[*]). Nur bekannt mit den Verhältnissen zwischen Reichsrittern und Bauern, glaubten sie sich

---

[*]) z. B. Moser Staatsarchiv von 1751. Tom. III. S. 108, 114; v. 1752. Tom. I. S. 66; v. 1753. Tom. II. S. 868.

über alle nicht Reichsunmittelbaren eben so wie über ihre
Bauern erhaben. Viele, sagt Moser aus eigener vielfacher Erfahrung, sind der Art, daß man leichter und angenehmer mit
manchen großen regierenden Fürsten umgehen könnte. Selbst den
landsässigen Abel stießen sie durch Stolz und Anmaßung zurück[*]
und ließen sich dagegen nicht selten durch Langeweile oder durch
die Hoffnung auf den Excellenztitel, oder durch die Lust mit
einem Fürsten aus derselben Schüssel zu essen, verleiten, in
fürstliche Dienste zu gehen[**]. Da ihnen bei der mangelnden
Geschäftsbildung nur die Hofdienste offen standen, so verschwendeten sie in Spiel und Prunk neben ihrer Besoldung auch das
eigene Vermögen. Durch alle Ritterkreise hindurch zeigten sich
in der Schuldenlast, unter welcher die Güter erdrückt lagen,
die Folgen einer solchen Lebensweise, und die nothwendig werdenden kaiserlichen Administrationen vollendeten den Ruin.

Die Stellung, welche die Reichsritter zu Land und Leuten in ihren Gebieten einnahmen, war in der seltsamsten Weise
aus den Rechten des Grundherrn, des Gutsherrn, des Leib-
herrn und des Landesherrn zusammengesetzt. Den Unterhalt
lieferte ihnen zunächst der Ertrag aus Feld und Wald, zu
welchem hohe und niedere Jagd, Fischereien in den Seen und
Bächen, Gefälle aller Art und etwa ein herrschaftliches Wirthshaus, eine Brauerei, eine Mühle, ein Eisenhammer erwünsch-
ten Zuschuß gewährte. Sodann waren die ritterschaftlichen
Corporationen berechtigt, den Unterthanen in den einzelnen
Gebieten „die ordentliche ritterschaftliche Steuer" aufzulegen,
d. h. Abgaben, deren die Rittertruhe zur Führung gemeiner
Prozesse, zu nachbarlichen Handlungen, zum Unterhalt der
Abgeordneten an dem kaiserlichen oder einem fürstlichen Hofe
und zu anderen corporativen Ausgaben bedurfte. Die einzelnen Ritter waren befugt, nachdem sie zuvor der Schulzen und
Heimburgen Bedenken vernommen hatten, die Ordonnanzgel-

---

[*] Historische Betrachtung über die Reichsritterschaft. Regensburg 1804.
S. 74.

[**] Pfeiffer der Reichscavalier. Nürnberg 1787. S. 21.

der d. h. Dorfumlagen zur Bestreitung der Gemeindebedürf-
nisse ihres Gebietes aufzulegen und einzuziehen. Außerdem aber
forderten sie von ihren Unterthanen die Leistung einer Masse
von Frohnden. Im Walde mußten dieselben die jungen Er-
len und Weiden setzen, Eicheln und Tannensamen säen, Bau-
und Brennholz fällen, Wachholderbeeren schlagen, Hopfenstan-
gen schnitzen. Auf den ritterschaftlichen Aeckern mußten sie
pflügen, säen und mähen, mußten das Getreide dreschen, auf
den Kornböden umwenden und ausmessen. Zu den Neubauten
und Reparaturen der herrschaftlichen Wohn- und Wirthschafts-
gebäude fuhren sie Holz und Steine, zu den Brauereien das
Wasser, in die Schmieden die Kohlen. Zu den Gärten brachen sie dem Herrn seine Schlehen und Hahnebutten, schüttel-
ten sein Obst und sammelten es auf; sie fegten den Schloß-
platz und hielten ihn rein vom Grase; sie fingen die herrschaftlichen Fische; hackten das Eis auf und trugen es in ihres
Herrn Eiskeller. Dagegen erhielten sie von diesem Holz aus
den herrschaftlichen Wäldern zu ermäßigten Preisen; hatten
Mast und Holzlese, und manche Frohnden thaten sie wie vor
Alters nur gegen eine Ergötzlichkeit mit Essen und Trinken.
Während die Reichsritter Frohnden und Zehnten, die überall,
wenn auch in verschiedenem Umfange, bestanden, als Leib- oder
Grundherren forderten, wendeten sie zugleich die Regeln des
römischen Rechts über die Befugnisse des Fiscus auf sich an
und hatten es erlangt, daß in den meisten Stellen der kaiserlichen Wahlcapitulationen, in denen die Vorrechte der Landes-
besherren bestimmt wurden, sie gleichfalls eine Erwähnung
fanden. Kraft dieses Anspruches erhoben sie die Nachsteuer,
zogen erblose Güter, Geldstrafen und confiscirte Vermögens-
stücke ein. Wie die reichsständischen Landesherren *) übten sie
das kleine und große Waidwerk meistens in ihrem ganzen Gebiete, hetzten und beizten, so weit ihre Gränzen gingen. Ei-

---

über alle nicht Reichsunmittelbaren eben so wie über ihre
Bauern erhaben. Viele, sagt Moser aus eigener vielfacher Erfahrung, sind der Art, daß man leichter und angenehmer mit
manchen großen regierenden Fürsten umgehen könnte.. Selbst den
landsässigen Adel stießen sie durch Stolz und Anmaßung zurück[*])
und ließen sich dagegen nicht selten durch Langeweile oder durch
die Hoffnung auf den Excellenztitel, oder durch die Lust mit
einem Fürsten aus derselben Schüssel zu essen, verleiten, in
fürstliche Dienste zu gehen[**]). Da ihnen bei der mangelnden
Geschäftsbildung nur die Hofdienste offen standen, so verschwendeten sie in Spiel und Prunk neben ihrer Besoldung auch das
eigene Vermögen. Durch alle Ritterkreise hindurch zeigten sich
in der Schuldenlast, unter welcher die Güter erdrückt lagen,
die Folgen einer solchen Lebensweise, und die nothwendig werdenden kaiserlichen Administrationen vollendeten den Ruin.

  Die Stellung, welche die Reichsritter zu Land und Leuten in ihren Gebieten einnahmen, war in der seltsamsten Weise
aus den Rechten des Grundherrn, des Gutsherrn, des Leib-
herrn und des Landesherrn zusammengesetzt. Den Unterhalt
lieferte ihnen zunächst der Ertrag aus Feld und Wald, zu
welchem hohe und niedere Jagd, Fischereien in den Seen und
Bächen, Gefälle aller Art und etwa ein herrschaftliches Wirthshaus, eine Brauerei, eine Mühle, ein Eisenhammer erwünsch-
ten Zuschuß gewährte. Sodann waren die ritterschaftlichen
Corporationen berechtigt, den Unterthanen in den einzelnen
Gebieten „die ordentliche ritterschaftliche Steuer" aufzulegen,
d. h. Abgaben, deren die Rittertruhe zur Führung gemeiner
Prozesse, zu nachbarlichen Handlungen, zum Unterhalt der
Abgeordneten an dem kaiserlichen oder einem fürstlichen Hofe
und zu anderen corporativen Ausgaben bedurfte. Die einzelnen Ritter waren befugt, nachdem sie zuvor der Schulzen und
Heimburgen Bedenken vernommen hatten, die Ordonnanzgel-

*) Historische Betrachtung über die Reichsritterschaft. Regensburg 1804.
  S. 74.
**) Pfeiffer der Reichscavalier. Nürnberg 1787. S. 21.

der d. h. Dorfumlagen zur Bestreituug der Gemeindebedürf-
niſſe ihres Gebietes aufzulegen und einzuziehen. Außerdem aber
forderten ſie von ihren Unterthanen die Leiſtung einer Maſſe
von Frohnden. Im Walde mußten dieſelben die jungen Er-
len und Weiden ſetzen, Eicheln und Tannenſamen ſäen, Bau-
und Brennholz fällen, Wachholderbeeren ſchlagen, Hopfenſtan-
gen ſchnitzen. Auf den ritterſchaftlichen Aeckern mußten ſie
pflügen, ſäen und mähen, mußten das Getreide dreſchen, auf
den Kornböden umwenden und ausmeſſen. Zu den Reubauten
und Reparaturen der herrſchaftlichen Wohn- und Wirthſchafts-
gebäude fuhren ſie Holz und Steine, zu den Brauereien das
Waſſer, in die Schmieden die Kohlen. Ju den Gärten brachen ſie dem Herrn ſeine Schlehen und Hahnebutten, ſchüttel-
ten ſein Obſt und ſammelten es auf; ſie fegten den Schloß-
platz und hielten ihn rein vom Graſe; ſie fingen die herrſchaftlichen Fiſche; hackten das Eis auf und trugen es in ihres
Herrn Eiskeller. Dagegen erhielten ſie von dieſem Holz aus
den herrſchaftlichen Wäldern zu ermäßigten Preiſen; hatten
Maſt und Holzleſe, und manche Frohnden thaten ſie wie vor
Alters nur gegen eine Ergötzlichkeit mit Eſſen und Trinken.
Während die Reichsritter Frohnden und Zehnten, die überall,
wenn auch in verſchiedenem Umfange, beſtanden, als Leib- oder
Grundherren forderten, wendeten ſie zugleich die Regeln des
römiſchen Rechts über die Befugniſſe des Fiscus auf ſich an
und hatten es erlangt, daß in den meiſten Stellen der kaiſerlichen Wahlcapitulationen, in denen die Vorrechte der Landes-
besherren beſtimmt wurden, ſie gleichfalls eine Erwähnung
fanden. Kraft dieſes Anſpruches erhoben ſie die Nachſteuer,
zogen erbloſe Güter, Geldſtrafen und confiscirte Vermögens-
ſtücke ein. Wie die reichsſtändiſchen Landesherren *) übten ſie
das kleine und große Waidwerk meiſtens in ihrem ganzen Gebiete, hetzten und beizten, ſo weit ihre Gränzen gingen. Ei-

---

*) Ertel observationes illust. jurid. equestres. Nurnberg 1699.
obs. VII.

pilgerichtsbarkeit hatten sie immer, den Blutbann dagegen nahm der Kaiser in Anspruch, ertheilte ihn aber meistens den Rittern, zuweilen einem benachbarten Landesherrn zu Lehn. In Religionssachen hatten sie durch den westphälischen Frieden gleiche Rechte mit den Reichsständen erhalten, in Rechts- und Polizeisachen trafen sie Anordnungen, denen die Unterthanen nachkommen mußten, sie konnten dieselben bewaffnen und in den Waffen üben, selbst ritterschaftliche Lieutenants und Wachtmeister kamen vor.

Die Reichsritter traten daher als Gutsherren auf, welche jeglicher Staatsgewalt entzogen waren, die den Einzelnen nöthigt, sich einem höheren Ganzen einzuordnen und die Rechte der neben ihm Stehenden anzuerkennen; denn einem Landesherrn waren sie dem Rechte nach nicht unterthan und der Kaiser stand factisch zu ferne, um die Staatsgewalt über sie üben zu können. Die reichsritterlichen Gutsherren erschienen selbst als Landesherren und ihre Gebieter trugen den Schein des Staats; aber bei deren innerer und äußerer Unbedeutenheit entbehrten die Unterthanen jeglichen Schutzes, welcher in wirklichen Staaten durch Zustände und Verhältnisse selbst dann gegen Willkühr und Druck gewährt ist, wenn auch politische Formen nur in geringerem Umfange sich ausgebildet haben. Bei den Conflicten zwischen den Interessen der Dynasten und ihrer einzelnen Bauern, welche bei den täglichen unmittelbaren Berührungen sich immer wiederholten, konnte ein Mißbrauch der landesherrlichen Gewalt zur Erreichung selbstsüchtiger Zwecke um so weniger ausbleiben, als die geringe Achtung, in welcher Bauern standen und die Menge und Kleinheit der ritterlichen Güter es möglich machte, daß die Ritter ihr Wesen ganz im Verborgenen treiben konnten. Ohne Zweifel haben dennoch manche Dynasten diesen Verführungen widerstanden, die Vorschrift der Ritterordnungen*) „die armen Unter-

---

*) Ritterschaftsordnung der sechs Orte in Franken. Gedruckt 1720 S. 28.

thanen wider die Gebühr nicht zu beschweren", anerkannt und
den alten Rath befolgt, daß die reichsritterliche Obrigkeit sich
gegen die Unterthanen halten solle wie ein Vater gegen seine
Kinder, wie ein Hirt gegen seine Schafe. Von ihnen sprach
Niemand, und der Nachwelt fehlten alle Nachrichten über sie.
Wohl aber haben sich zahllose Klagen und Beschwerden erhal=
ten über harten Druck und schonungslose Willkühr der Ritter
gegen ihre Bauern. Die Herren verweigerten oder erschwer=
ten die ihren Unterthanen schuldigen Prästationen: die Weide,
die Mast, die Holzlese, die Brenn= und Branholzgerechtig=
keit; sie forderten mit Härte und Unbarmherzigkeit Frohnden
an weitentlegenen Orten oder auf unbrauchbaren Wegen, sie
erzwangen mit ihrer obrigkeitlichen Gewalt neue, weder durch
Lagerbücher noch Herkommen begründete Dienste, drückten und
verschonten nach Ungunst oder Gunst, so daß „Manche bei
ihrem häuslichen Leben und Nahrung nicht verbleiben konnten".
Sie legten Geldstrafen und Confiscationen ohne Urtheil und
Recht auf und behaupteten und erzwangen ein unbeschränktes
Besteuerungsrecht über ihre Unterthanen oder ließen von den
ordentlichen ritterschaftlichen Steuern und den Ordonnanzgel=
dern ihre Söhne studiren, Treibhäuser und Pferdeställe bauen
oder ihren Wittwen Unterhalt gewähren. Schwere Missetha=
ten auf den Schlössern einzelner Ritter verübt, wurden bekannt,
und vor Allem fand das corpus evangelicorum häufig Gelegen=
heit, sich der evangelischen Unterthanen katholischer Reichsritter
annehmen zu müssen. Nicht selten ganz in den Händen ihres
Schloßcapellans, suchten sie „ihrer evangelischen Unterthanen
wohlhergebrachtes Religionsexercitium oder auch die Untertha=
nen selbsten zu vertilgen", vergriffen sich an den Einkünften
der Kirchen und Schulen und „wenn die evangelischen Ge=
meinden dergleichen Neuerungen contradicirten, so declarirten
sie dieselbigen vor Rebellen und trachteten, sie durch Strafen
und Executionen völlig auszurotten". In zahllosen Gesuchen
mußte das corpus evangelicorum den Kaiser bitten, in der=
gleichen zaum = und zuchtloses Wesen ein allernachdrücklichstes

Einsehen zu haben*). Fast überall, wenn auch aus den verschiedensten Gründen, fand sich auf den reichsritterlichen Gebieten inneres Zerwürfniß zwischen dem Gutsherrn und den
Bauern, die ihr Widerstreben in oft begründeten, oft aber auch
ganz widersinnigen Klagen und Beschwerden bei den Reichsgerichten kund thaten. Nicht selten wurden die Unterthanen
dahin gebracht, sich gegen ihre Herrschaft zu empören und einen
benachbarten Landesherrn als ihre Obrigkeit anzuerkennen oder
mit Ziehung der Sturmglocke in vollem Tumult ihre Herrschaft anzugreifen. In manchen Gegenden, ruft Moser klagend
aus, braucht man sich gar nicht nach der Ortsherrschaft zu
erkundigen, man sieht es dem ganzen Dorfe an, daß es ritterschaftlich ist.

Den reichsständischen Territorien und der in ihnen seit
Jahrhunderten herrschenden Richtung auf Einheit im Innern
und Abschließung nach Außen traten die innerhalb ihrer Gränzen gelegenen Güter der Reichsritter als ein feindliches Element entgegen. Kraft und Einheit der Regierung ward für
die Territorien unmöglich, in welchen sich eine größere Zahl
von Bewohnern fand, die eximirt von der Territorialgewalt
und berechtigt, selbst beliebige Regierungsmaaßregeln zu treffen,
jeden Augenblick störend in den Zusammenhang der Finanz-
und Militärverwaltung, der Polizei und Criminaljustiz eingreifen konnten. Da deßhalb die Landesherren an der allmäligen Unterordnung der Reichsritter unter die Territorialgewalt arbeiten mußten, während die Reichsritter nach Erhaltung und möglichster Ausdehnung ihrer unmittelbaren Stellung
strebten, so konnte zwischen Landesherren und Reichsrittern eine
feindliche Stellung nicht ausbleiben, deren Grund von den
Fürsten in dem alles Maaß überschreitenden Immediatätsgeiste
der Ritter, von den Rittern in der Arrondissementssucht der
Fürsten gesucht ward. Veranlassungen, der feindlichen Stim-

---

*) z. B. Struve Historie der Religionsbeschwerden II. 204, 59. Moser
von den deutschen Reichsständen S. 1281 u. folg.

mung Luft zu machen, blieben bei den täglichen Berührungen und den vielfach verschlungenen Verhältnissen der Landesherren und Ritter nicht aus. Jagd, Fischerei, Geleite, Recht auf Nachsteuer und erblose Güter ward von dem Einen behauptet, von dem Anderen bestritten; Zollfreiheit der eigenen Producte gab Gelegenheit zur Schmuggelei oder zu Anschuldigung derselben. Ritter nahmen reichsständische Unterthanen in ihr corpus auf und behaupteten nun deren Unmittelbarkeit; Landesherren verlangten von den Rittern Theilnahme an öffentlichen Lasten, z. B. an Wegebauten, Einquartirung, Fouragelieferungen. Am häufigsten endlich gaben zu Streitigkeiten die vielen Lehnsverbindungen Veranlassung, welche zwischen Landesherren und Reichsrittern bestanden, indem Erstere die Lehnsgerichtsbarkeit auf Verhältnisse aller Art auszudehnen strebten und von den an sie als Lehnsherren heimgefallenen ritterlichen Lehnsgütern weder Dienste noch Abgaben dem ritterschaftlichen corpus entrichten wollten, während die Ritter jene Lasten als auf dem Gute ruhend und mit diesem auch auf die Reichsstände übergehend betrachtet wissen wollten. Früher hatten alle solche Gründe sehr häufig zum offenen Kampfe geführt; die Reichsritter hatten die Reisigen und Knechte der Landesherren niedergeworfen, deren Städte beraubt, deren Forsten durchstrichen. Die Landesherren hatten sich vor die Burgen der Ritter gelegt, sie gebrandschatzt und zerstört. Im vorigen Jahrhundert trat nur selten der feindliche Gegensatz so gewaltsam hervor; aber seine innere Stärke war im Vergleiche mit der früheren Zeit gewachsen, weil die landesherrlichen Territorien sich mehr und mehr zu staatlichen Einheiten heranbildeten und ihrer festeren Einheit gegenüber die widerstrebende Unabhängigkeit der Ritter selbst dann schroffer und auffallender hervortreten mußte, wenn sie über ihre alten Gränzen nicht ausgedehnt wurde. Die Landesherren klagten, daß ihre kaiserliche Majestät aus sonderlichen Vorlieb für die Ritterschaft dieser privilegia und exemtiones zugestehe oder extendire; sie behaupteten, daß die Reichsgerichte parteiisch zu Gunsten der

Ritter Recht sprächen und daß die heutige Ritterschaft sich
viel mehr als ihre Vorfahren erkühne und noch immer nicht gemeint sei, ihre angewohnten übertriebenen Zudringlichkeiten
und ihre kaum mit der gesunden Vernunft, viel weniger mit
Recht und Billigkeit harmonirenden postulata aufzugeben *).

Die Ritter erkannten die Gefahr, welche für sie aus der
Abneigung der ihnen an Macht weit überlegenen Landesherren
erwuchs, schon früh und suchten ihr zu entgehen, indem sie
den nach Außen und Innen geschlossenen Territorien gegenüber gleichfalls sich zu consolidiren und Einigungen untereinander zu schließen strebten, welche eines Theils die Streitigkeiten der Ritter unter sich auf dem Wege des Austrags beilegen, anderen Theils jedem Einzelnen, wenn er verletzt ward,
mit den gesammten Kräften des Vereins zu seinem Rechte ver-
helfen sollten. Diesem Streben verdankten in allen Theilen
Deutschlands, in denen Reichsritter sich fanden, eine Anzahl
kleinerer Einigungen, Ritterorte oder Rittercantone genannt,
ihren Ursprung. Ein Ritterhauptmann und einige Ritterräthe,
sämmtlich aus und von dem Canton gewählt, traten zu bestimmten Zeiten als Directorialtag zusammen und leiteten im
Verein mit der ritterschaftlichen aus den Syndici und einigen Unterbeamten bestehenden Kanzlei alle Cantonsangelegen-
heiten, welche den Kaiser, die Reichsgerichte oder die Reichsstände berührten, wachten über die Ordnung des Cantons,
sprachen Recht in Streitigkeiten der Reichsritter unter einander
und mit ihren Unterthanen und ergriffen selbst in Criminalsachen die nöthigen vorläufigen Maaßregeln gegen die Ritter.
Bei Wahlen und anderen außerordentlichen Gelegenheiten versammelten sich alle Glieder des Cantons zum Ortsconvent oder
Rittertag, um zu berathen und zu beschließen.

In Schwaben, dann in Franken und endlich am Rhein
waren die Rittercantone zu größeren Genossenschaften zusam-

---

*) z. B. Ein Brandenburgisches Schreiben an die Ritterschaft in Moser
Staatsarchiv v. 1751 t. XI. S. 13.

mengetreten, welche den Namen Schwäbischer, Fränkischer,
Rheinischer Ritterkreis führten. An der Spitze des Kreises
stand in Franken und am Rhein abwechselnd ein Cantonsdirec-
torium, in Schwaben stets das des Cantons Donau. Das
Kreisdirectorium sollte Gerichtsbarkeit nur in außerordentlichen
Fällen und nur in besonderem Auftrage des Kaisers üben, dagegen regelmäßig Sorge tragen für die Verhältnisse, welche
alle Cantone des Kreises betrafen. In besonders wichtigen
Fällen beriefen sie sämmtliche Ritter des Kreises zum Kreis-
convent zusammen und bereiteten die Verhandlungen auf demselben durch Conferenzen der Ritterhauptleute vor. Den Schlußstein endlich erhielt die Organisation der Reichsritter durch die
Vereinigung der drei Cantone zu einem einzigen großen Ganzen, dem reichsritterschaftlichen corpus; Eines der drei Kreisdirectorien stand demselben abwechselnd vor und sollte die gemeinsamen Interessen wahrnehmen, wenn sie in Beziehung auf
das ganze corpus oder in einem einzelnen Gliede angegriffen
würden. Für besonders wichtige Gegenstände mußten die
Stimmen aller Cantonsdirectorien entweder durch schriftliche
Umfrage oder durch Versammlung derselben zu Correspondenz-
tagen eingeholt werden.

Diese wohlgegliederte Einigung minderte die Reibungen,
welche unter so vielen kleinen Dynasten eben so unvermeidlich,
als ihrer Existenz gefährlich gewesen wären und gab bei Krän-
kungen durch Reichsstände den Beschwerden des Einzelnen, dessen schwache Stimme unbeachtet verhallt sein würde, einen kräftigen Nachdruck, indem die Cantone, die Kreise und falls es
nöthig war, das ganze corpus sich des Einzelnen durch Verwen-
dungen bei dem verletzenden Reichsstand und durch Beschwerden bei dem Kaiser annahm. Die Sicherheit, ja das Dasein
der Reichsritter, hing wesentlich von der Stärke und Einigkeit
des großen ritterschaftlichen corpus ab. Die Kraft desselben
ward weniger durch eine große Zahl der Ritter als durch die
Zahl der ritterlichen Gebiete begründet, vor Allem deßhalb,
weil die sehr bedeutenden Kosten zur Besorgung der gemeinsa-

men Angelegenheiten nicht von den Rittern, sondern von den
Bewohnern ihrer Gebiete aufgebracht wurden. Um zu verhindern, daß nicht die reichsritterlichen Gebiete durch Veräuße-
rung an Reichsstände oder Landsassen in fremde Hände kämen,
hatte die Ritterschaft zwar das sehr wichtige Retractrecht durch
kaiserliches Privilegium rechtlich erlangt *), aber factisch wurde
hierdurch die Abnahme ihrer Gebiete nicht aufgehalten. Viele
Güter fielen, wenn eine Familie ausstarb, als eröffnetes Lehn
an reichsständische Lehnsherren zurück und oft gaben reichsritterliche Vasallen ihr Lehn zum Besten ihres reichsständischen
Lehnsherrn gegen ein Aequivalent auf. Eine Menge reichsritterlicher Allodialgüter wurde von Landesherren um einen so
hohen Preis zu Kauf verlangt, daß kein Anderer als Vor-
käufer eintreten konnte, und nicht selten behaupteten Fürsten,
den Retractberechtigten gegenüber, ihren Besitz mit Gewalt.
Manche andere Güter blieben zwar im Eigenthum von Reichsrittern, aber wurden auf Einmal oder nach und nach unter die
Landeshoheit eines Nachbarn gebracht. Endlich verlor das
corpus viele und grade die bedeutendsten Güter dadurch, daß
deren Herrn, wie z. B. die Schönborn, Giech, Wartenberg,
in den Reichsgrafenstand erhoben wurden. Mehrere Hundert
früher reichsritterlicher Güter kamen auf diese oder jene Art
in reichsständische Hände; die schwäbische Ritterschaft allein
verlor seit 1521 dreihundert und sieben Schlösser, Burgställe,
Städtlein, Flecken, Dörfer, Weiler oder Höfe und die ritterlichen Corporationen mußten den dadurch erlittenen Ausfall
nicht zu decken. Freilich hatte ein kaiserliches Privilegium der
Ritterschaft das jus collectandi verliehen, kraft dessen die Rit-
tersteuern auch von den in fremde Hände übergegangenen Gütern erhoben werden durften, aber da die Reichsstände bald
unter diesem, bald unter jenem Vorwande die Zahlung verweigerten und Executionen gegen sie bei der bestehenden Reichs-

---

*) Mader selecta equestria. Frankfurt 1775, in mehreren Abhand-
lungen.

verfaſſung eine factiſche Unmöglichkeit war, ſo erwuchſen der Ritterſchaft zwar große aber nußloſe Forderungen gegen die Landesherren. Die Ritter behielten ihr Recht und die Landesherren ihr Geld. Die Ritterſchaft ſuchte den Nachtheil, den ſie durch Abgang an Gütern erlitt, wieder gut zu machen, indem ſie landſäſſige Familien, welche Macht und Anſehen, aber keine unmittelbaren Güter beſaßen, in großer Zahl aufnahm. Wenn ſie Mitglieder des Reichshofrathes und des Reichskammergerichts oder einflußreiche Beamte an dem kaiſerlichen oder einem größeren fürſtlichen Hofe als Perſonaliſten immatriculirte, ſo gewann ſie hierdurch allerdings lebhafte und bedeutende Vertreter für das ritterſchaftliche Intereſſe; aber die Aufnahme ſo vieler Glieder des landſäſſigen Adels, wie ſie namentlich im rheiniſchen Ritterkreis vorkam, verwickelte die Ritterſchaft nur in gefährliche Streitigkeiten mit den Landesherren, ohne irgend einen Gewinn zu bringen.

Drohender noch für den Beſtand der Reichsritterſchaft als dieſe Abnahme ihrer Güter war der innere Verfall ihrer corporativen Verfaſſung, deren Einheit und Feſtigkeit vor Allem auf tüchtigen und kraftvollen Kreisdirectorien ruhte. Da die ſehr angeſehene und daher auch ſehr geſuchte Stellung eines Ritterhauptmanns oder Ritterraths durch Wahl der Cantonsglieder vergeben ward, ſo blieben die mannigfachſten Wahlumtriebe nicht aus. Reichthum, Familienverbindung, Gewandtheit, wie ſie der Hofdienſt verſchafft, und in manchen Cantonen auch wohl erprobter Religionseifer, gaben in der Regel den Ausſchlag bei der Wahl und brachten ſehr häufig kenntnißloſe und unerfahrene Männer in die wichtigen Aemter. Da ſie denſelben vorzuſtehen nicht vermochten, ſo bemächtigten ſich die gelehrten Mitglieder der Ritterkanzleien, die Syndici und Conſulenten der Leitung der Geſchäfte, welche durch eine ſolche Umkehrung der ihnen verfaſſungsmäßig zuſtehenden Stellung aus Dienern zu Herren wurden. Da ſie in der Regel durch kein inneres Band mit der Ritterſchaft verwachſen waren und weder durch einen Landesherren noch durch eine vorgeſetzte Be-

hörde beaufsichtigt wurden, so nahmen sie nur zu oft die Di-
rectorialgeschäfte sorglos und untreu wahr. Selbst entschieden
untaugliche und untreue Consulenten wagte die Ritterschaft
nur selten zu entfernen aus Furcht, daß dieselben in reichsständische Dienste gehen und ihre Kenntniß ritterschaftlicher
Verhältnisse zum Nachtheil der alten Herren gebrauchen möchten. Immer lauter wurden daher die Klagen über den willkührlichen Gebrauch der den Kreisdirectorien zustehenden Gewalt. Blieben Steuern rückständig, klagten ritterschaftliche
Bauern über Bedrückungen, wurden Vergehen oder Verbrechen
von Reichsrittern begangen, so wurde dem Einen Alles nachgesehen, während gegen den Anderen schonungslose Härte zur
Anwendung kam. Alle Angelegenheiten, denen nur noch „ein
immediater Schatten nachlief" wurden von den Ritterkanzleien
vor ihr Forum gezogen, und waren sie einmal bei denselben,
so hingen sie in unbeweglichen Banden. Aus Unverstand und
Bosheit wurden Processe viele Jahre lang herumgeschleppt
und Erinnerungen verächtlich zurückgewiesen. In einzelnen
Cantons ward das Unwesen in der Rechtspflege so empörend,
daß das ganze corpus den Kaiser anging: gegen das Directorium wegen dessen allzuparteiischer Justiz oder vielmehr Un-
justizadministration und allzuschädlichen Mißbrauchs der kaiserlichen Privilegien exemplarische Ahnungen vorzukehren. Innerhalb der Kreisdirectorien selbst brachen häufig Händel aus;
die Räthe des Cantons Altmühl z. B. setzten ihren Ritterhauptmann ab, belegten seine Besoldung mit Arrest und forderten
ihn zur persönlichen Verantwortung vor. Nur selten griffen,
um dem Unwesen Einhalt zu thun, die Ritterconvente ein, weil
deren Mitglieder selbst manchmal die Hand auf den Mund
legen mußten und die meiste Zeit mit Essen, Trinken und Zan-
ken zubrachten. Wenn einzelne Ritter sich laut tadelnd und
beschwerend erhoben, so wurde ihr Eintritt in den Ritterrath
und dadurch ihr Schweigen bewirkt. Unter diesen Umständen
kann es keine Verwunderung erregen, daß die mächtigeren und
geistig kräftigeren Reichsritter sich die Unterordnung unter solche

Obere nicht gefallen laſſen wollten, verbis et factis vergriffen
ſie ſich an dem Cantonsvorſtand *) und Graf Schlitz erklärte
gradezu, es ſtreite wider die Vernunft und die Reichsgeſetze,
daß ein unmittelbarer Ritter dem Ritterhauptmann und Rä-
then als ſeine erſte Inſtanz erkennen, ihnen ſteuern und gehor-
ſamen ſollte.

Früher hatte man wohl einmal daran gedacht, der Reichsritterſchaft größere Einheit und Feſtigkeit durch die Wahl eines
einzigen Oberhauptes zu geben, welches mit ausgedehnter Gewalt, ähnlich wie das Haupt des deutſchen Ordens, bekleidet
ſein ſollte. Aber an eine ſolche freiwillige Unterordnung war
längſt nicht mehr zu denken. Selbſt der Vorſchlag, zur Beauf-
ſichtigung der Kanzleibeamten einen Generalſyndicus für alle
drei Kreiſe anzuſtellen, konnte nicht verwirklicht werden. Die
innere Zerrüttung blieb nach wie vor beſtehen und ließ mit
Beſtimmtheit erkennen, daß die Reichsritterſchaft aus eigenen
Kräften weder der allmählig aber ununterbrochen fortſchreiten-
den Loslöſung einzelner Rittergüter und der Unterwerfung anderer unter fürſtliche Gewalt verhindern, noch eine kräftige
Erhebung aller Ritter bewirken könne, um, wenn außerordentliche Ereigniſſe eintreten ſollten, Alle für Einen und Einer für
Alle Leib und Gut zu wagen. Im Reiche und nur im Reiche
konnte daher die Möglichkeit für die Ritterſchaft gegeben ſein,
ein Daſein, welches ſie Jahrhunderte lang durch daſſelbe erhalten hatten, auch fernerhin zu friſten. Die Verfaſſung des
deutſchen Reiches ſicherte der unmittelbaren Ritterſchaft ihre
Stellung, der weſtphäliſche Friede erkannte dieſelbe an, und
die Wahlcapitulationen verſprachen die ritterlichen Hoheiten
zu erhalten. Aber nur dann ließ ſich erwarten, daß die formale Schutzverpflichtung des Reiches ſich auch in den Stürmen des politiſchen Lebens verwirklichen würde, wenn die Ritterſchaft mit dem Reiche als deſſen lebendiges Glied verwachſen war. Das aber war keineswegs der Fall; denn als alle

---

*) Moſer Staatshandlungen III. 860.

übrigen selbstständigen Reichsangehörigen gegen Ende des 15. Jahrhunderts zu einem großen Verein unter Vorsitz des Kaisers zusammen traten und die alte Einheit der Deutschen in einer neuen Weise darzustellen suchten, wurden die ritterlichen Einigungen in diesen großen Verein nicht aufgenommen, sondern bildeten eine zwar in der neuen Reichseintheilung, aber gesondert von ihr und sporadisch zerstreut befindliche Genossenschaft, welche mit dem großen Reichsverein nur dadurch verbunden war, daß sie wie dieser den Kaiser als höchstes Oberhaupt anerkannte, den allgemeinen Anordnungen des Reichsvereins einen schwankenden Gehorsam leistete und den höchsten Reichsgerichten untergeordnet war. In allen übrigen Verhältnissen standen die Reichsritter außerhalb der Reichsverbindung. Sie nahmen weder selbst Antheil an der Reichsgewalt noch waren sie Unterthanen der Theilhaber. Ihre alte kriegerische Bedeutung für das Reich hatten sie längst verloren und beharrlich verweigerten sie jeglichen Beitrag zu den Leistungen, welche den Mitgliedern der Reichskreise im Kreisinteresse aufgelegt wurden. Weder Marsch- noch Quartierlasten für die Reichstruppen trugen sie; den Ausgaben für Wegebauten und Sicherheitsmaaßregeln der Kreise, in denen ihre Güter lagen, entzogen sie sich; zur Unterhaltung des Kammergerichts gaben sie nichts und forderten sogar für etwa geleisteten Vorspann bei Bewegungen des Reichsheeres Ersatz aus den Reichsumlagen. Nur sehr selten zeigten sich innerhalb der Ritterschaft Spuren eines lebendigen inneren Interesses für das Reich; selbst die Erinnerung an die alte glanzvolle Stellung, welche die Ritter zum kriegerischen Schirm Deutschlands gemacht hatte, war in der unmittelbaren Ritterschaft des vorigen Jahrhunderts erloschen, denn in der Mitte zwischen dem Ruhm vergangener Tage und dem achtzehnten Jahrhundert lag die Zeit eines wilden Räuberlebens, welche die Herrlichkeit früherer Thaten und früherer Gesinnung verdeckte.

An Reichsangehörigen dieser Art, welche die Vortheile der Reichsverbindung genießen, aber zu den Lasten derselben nichts

beitragen wollten, konnte der Reichstag unmöglich ein lebendiges Interesse nehmen. Hierzu kam, daß grade die größeren
und deßhalb einflußreichen Mitglieder des Reichstages es waren, welche als Landesherren durch ihre Unterdrückungsversu-
che den Rittern die größte Gefahr brachten. Die kleineren
und mittleren Reichsstände erhoben sich freilich eifrig, wenn
ein Reichsstand bedroht ward, weil sie ihr eigenes Schicksal
in dem Seinigen sahen; aber Schritte zur Vernichtung der
Reichsritter betrachteten sie ohne Furcht für ihre eigene höhere
Stellung und ließen dieselbe, ohne kräftigen Widerstand zu
leisten, hingehen. Nur auf die Stimmen der Bischöfe und
Prälaten konnte der unmittelbare Ritteradel mit einiger Gewißheit rechnen, theils weil diese ihrer Geburt nach oft der
Reichsritterschaft angehörten, theils weil wenigstens in den
Erz- und Hochstiften die mächtigen Capitel regelmäßig mit
Reichsrittern besetzt waren. Da aber die geistlichen Stimmen
längst ihren entscheidenden Einfluß auf dem Reichstage verloren hatten, so gewährten sie den Reichsrittern nur eine sehr
geringe Sicherung.

Mit weit größerer Zuversicht konnten sie allerdings auf
den Kaiser als Schützer und Helfer sehen. Die schwächende
Wirkung, welche die Reichsritter auf die territoriale Einheit
und dadurch auf die Kraft der Landeshoheit übten, hatte die
Landesherren zu ihren Gegnern, aber die Kaiser, welche stets
einer Stütze gegen die Fürsten bedurften, zu ihren Freunden gemacht. Seit Jahrhunderten schon behaupteten die Kaiser, daß
die Reichsritter nur ihnen, nicht dem Reiche untergeordnet
seien; Ferdinand I. sprach einst unumwunden aus: der Reichstag könne der Reichsritter halber nicht Satz noch Ordnungen
machen, weil dadurch die kaiserlichen Hoheiten und Obrigkeiten geschmälert würden. Die Ritter waren in höherer Instanz
der Gerichtsbarkeit des Kaisers unterworfen, mußten von ihm
die Belehnung mit dem Blutbanne ausdrücklich nachsuchen und
die Oberaufsicht desselben anerkennen. Freilich wurden die kaiserlichen Rechte je nach Zeit und Umständen schwankend und

beschränkt ausgeübt, aber immer blieben sie bedeutend genug,
um die Kaiser in jeder Beeinträchtigung der Ritter eine Beeinträchtigung des eigenen Rechtes erblicken zu lassen. Auch durch
die Entrichtung der Charitativsubsidien erhielten die Ritter
eine besondere Bedeutung für den Kaiser, da diese Gabe nicht
nur die größte Einnahme bildete, welche der Kaiser vom Reiche
erhielt, sondern auch seiner alleinigen freien Verwendung überlassen blieb.

Der Kaiser, aber auch nur der Kaiser, sicherte den Fortbestand der Reichsritterschaft. Sank er, so sank auch sie.
Ohne eigenes Leben, ohne Kraft aus sich selbst heraus irgend
eine Staatenbildung hervor zu treiben, mußten sie schneller
oder langsamer, je nach dem Gange der Begebenheiten, eine
Beute der mächtigeren Landesherren werden.

II. Die geistlichen Lande *).

Macht und Ansehen gründeten sich im Mittelalter auf Erer-
bung oder kriegerische Kraft, und die Landesherren arbeiteten
unablässig daran, ihre hervorragende Stellung durch Waffen-
tüchtigkeit zu verstärken und sie verstärkt auf ihre Erben zu
bringen. Geistige Größe hatte selbstständige Bedeutung nicht;
nur in so fern sie als ritterlicher Sinn von Kriegerkraft getragen ward, griff sie in den Gang der Geschichte ein; im
Uebrigen aber wäre ihr der Zugang zu den Kreisen, von denen
zunächst wenigstens das deutsche politische Leben bestimmt ward,
verschlossen geblieben, wenn nicht in den geistlichen Territorien
eine Landeshoheit sich gefunden hätte, deren Voraussetzung auf
geistiger Grundlage ruhte. Eine große Zahl Bischöfe und

---

*) Für die Verfassung ist besonders wichtig v. Sartori Staatsrecht der
Erz-, Hoch- und Ritterstifter. Nürnberg 1783. Viele Einzelheiten
finden sich in: Moser Staatsrecht Band IX. Moser über die Regierung der geistlichen Staaten in Deutschland; Schnaubert über Mosers Vorschläge zur Verbesserung der geistlichen Staaten in Deutschland. Jena 1788.

Aebte erhielt durch ihre Bestellung zum kirchlichen Amte zugleich die Landeshoheit über mehr oder minder wichtige deutsche Territorien. Nicht Erbrecht und nicht kriegerische Tapferkeit hatte ihnen ihre Größe gegeben, sondern die geistige Bedeutung, welche damals die einzige war. Als geistliche Landesherren genossen geistig gebildete Männer eines Ansehens, das sie außerdem niemals erlangt hätten; sie traten in die Kreise der Mächtigen und Gewaltigen ein, galten als ihres Gleichen und führten durch ihre glanzvolle Stellung den Beweis, daß geistige Bedeutung auch in der ritterlichen Zeit Anerkenntniß zu gewinnen und den Weg zu eröffnen vermöchte, auf welchem neben der Sorge des Landesherrn für sein Haus und neben den ritterlichen Tugenden im deutschen politischen Leben auch Bildung des Geistes eine mitwirkende Kraft werden könne. Wenn einmal die Macht des Geistes, selbst des ausschließlich kirchlich gebildeten Geistes, neben der, wenn auch durch Rittersinn veredelten Kriegerkraft erschien, so mußte sie sich bald mächtig über diese erheben. Kanzler des Kaisers blieb stets der Erzbischof von Mainz; auf der Versammlung der deutschen Reichsstände nahmen die Erzbischöfe von Mainz, Cöln und Trier die drei ersten Stellen ein und sehr oft hat der Gang der Dinge in Deutschland seine Richtung durch die geistlichen Landesherren erhalten.

Wie die hohen Würdenträger der Kirche sich als Landesherren dem politischen Leben zuwendeten, wurden sie als Glieder der Christenheit, von denen Leben und Verständniß tausend Anderen zufließen sollte, zur Kunst und Wissenschaft geführt und durch ihre mit Mitteln aller Art reich ausgestattete Stellung zu Trägern und Förderern derselben gemacht. Es war gewiß eine großartige Stellung, die sich nach allen Seiten hin für die geistlichen Landesherren erbaute; aber der Wurm, der an den irdischen Verhältnissen nagt, verschonte auch diese Blüthe nicht. Nur ein reines freiestes Walten des christlichen Geistes im Staate, in der Kirche und in dem Manne, der den Bischof und den Landesherrn in sich vereinte, konnte vor Zer-

rüttung bewahren; aber eben dieses ist dieser Erde nicht beschieden, und es vorauszusetzen, während es fehlt, und auf die
willkührliche Voraussetzung staatliche und kirchliche Gebäude
errichten, muß der Grund des tiefsten Falles werden.

Je mehr die christliche Kirche sich als römisch-katholische
gestaltete, je mehr diese eine vorwiegend äußere wurde und
zugleich als politische Macht auftrat, um so dringender verlangte sie Kunst und Wissenschaft als Dienerin für ihre Zwecke
zu verwenden. Aber Kunst und Wissenschaft, zum Dienen nicht
geschickt, wandten sich von ihr ab und betraten seit dem funfzehnten Jahrhundert auch in Deutschland Bahnen, auf denen
sie nicht nur unabhängig, sondern auch im Gegensatze zur
römisch-katholischen Kirche ihres Weges zogen. Nun erschienen die geistlichen Territorien nicht mehr als Träger der
Wissenschaft und Kunst, und verbannten sie, da sie die Unabhängigen fürchteten, mehr und mehr aus ihren Gränzen.

Zwischen dem absolut christlichen Staate und der absolut
christlichen Kirche ist freilich ein feindlicher Gegensatz nicht
denkbar. Da aber christlicher Staat und christliche Kirche nur
durch Menschen vermittelt in die Erscheinung treten und deßhalb neben dem christlichen Kerne menschlich willkührliche Zusätze enthalten, so werden, falls nicht dem staatlichen oder
dem kirchlichen Princip das Anerkenntniß seiner Selbstständigkeit entzogen ist, in Beiden entgegengesetzte Interessen und Bestrebungen sich einseitig geltend machen wollen. Weil jeder
Einzelne der Kirche wie dem Staate in gleicher Weise angehört, so trägt er zwar den Gegensatz, welcher die Geschichte
der christlichen Welt erfüllt, in seiner eigenen Brust und muß
diesen Kampf, gleichsam als eine Zubehörde des großen Kampfes, in den das Innere jedes Menschen versetzt ist, auch für
seinen Theil mit durchfechten helfen. Aber eine Stellung in
diesem Kampfe zu behaupten, welche zum Hauptvertreter und
Führer auf beiden Seiten zugleich macht, geht über die Kräfte
des Menschen, und dennoch nahmen die geistlichen Landesherren
solche Stellung ein, nachdem sie die kirchliche und staatliche

Gewalt in sich vereint hatten. Tiefe Zerrüttung und Erweiterung des schon vorhandenen Risses war die unmittelbare Folge der unnatürlichen Vereinigung. Die christliche Religion forderte in dem Prälaten einen frommen, vom Glauben ergriffenen und durchdrungenen Priester, das deutsche Volk suchte in ihm vor Allem nationale Gesinnung; das Reich bedurfte einen mannhaften Krieger und erfahrnen Staatsmann, die römische Kirche, strebend nach der Aneignung und Beherrschung aller Nationalitäten, sah in dem kräftigen Nationalbewußtsein und der reichsfürstlichen Tüchtigkeit einen gefährlichen Gegner und verlangte statt des deutschen Interesses ein römisches. Aus der Verschiedenheit der Grundrichtungen, welche Papst und Kaiser bei dem geistlichen Landesherrn voraussetzten, entsprang der lange Kampf um das Recht zur Ernennung der reichsunmittelbaren Prälaten, ein Kampf, der sich damit endete, daß Kirche wie Reich das Besetzungsrecht verloren und eine höchst eigenthümliche Aristocratie sich desselben bemächtigte. In allen unmittelbaren Stiften und gefürsteten Abteien nämlich wählten die Capitel, in allen unmittelbaren ungefürsteten Abteien die Conventualen den Reichsbischof oder Reichsabt. Die Mitwirkung des Kaisers war rechtlich sehr gering geworden, indem sie sich auf die Beaufsichtigung der Wahlhandlung durch Commissarien beschränkte; der Einfluß des päpstlichen Hofes erschien allerdings bedeutender, weil derselbe das Bestätigungsrecht der gewählten Bischöfe und eximirten Aebte behauptet hatte und durch seine Dispensationsbefugniß von den häufig fehlenden canonischen Eigenschaften des Erwählten Gelegenheit zur Einmischung in die Wahl selbst erhielt. Die zur Ernennung der Reichsprälaten berechtigten Capitel wurden ausschließlich oder, wenn auch einige doctores juris in denselben saßen, doch vorwiegend aus Mitgliedern des alten Adels katholischer Confession gebildet, welche, von ihrem Interesse geleitet, die Wahl der geistlichen Würdenträger vornahmen.

In allen deutschen Territorien lassen sich Zeitpunkte nachweisen, in denen es zweifelhaft war, ob nicht die Landesher-

ren ihre Gewalt mit dem Territorialadel theilen und die übrigen Landsassen zu einem Mittel heruntersinken würden, um
Kraft und Glanz der ritterbürtigen Geschlechter zu erhalten.
Während das aus einer solchen Entartung des politischen Zustandes drohende Verderben in den größeren weltlichen Gebieten um den Preis der schrankenlosen fürstlichen Macht beseitigt
worden war, hatte es sich in den geistlichen Territorien wenigstens so weit entwickelt, daß die bewegende politische Kraft
vorwiegend in den Capiteln und der durch sie gebildeten Aristocratie lag.

Die Capitel traten überall in den unmittelbaren Erz- und
Hochstiften als politische Corporationen auf und standen, indem sie sich selbst ergänzten und ununterbrochen fortsetzten,
übermächtig neben ihren wechselnden und aus den verschiedensten Familien und Ländern herstammenden Fürsten. Ihr Recht,
in dem Bischofe zugleich den Landesherrn zu erwählen, hatten
sie seit Jahrhunderten benutzt, um sich von dem Erwählten in
den Wahlcapitulationen immer umfassendere Vorrechte dem
Landesherrn und dem Lande gegenüber einräumen zu lassen.
Keine bedeutende Anordnung sollte der Landesherr ohne Zuzie-
hung der Capitel treffen; die Präsidenten der Regierungs- und
Justizcollegien so wie die etwa nöthig werdenden Statthalter
nur aus den Mitgliedern des Domcapitels nehmen und sich
aus ihrem Bisthum nur in Begleitung Einiger derselben entfernen dürfen. Auf diese und ähnliche politische Rechte fußend
waren die Capitel dahin gelangt, als Mitinhaber der Landeshoheit sich selbst zu betrachten und von Anderen betrachtet zu
werden. In Speier z. B. legten alle Hof- und Staatsbeamte
dem Bischofe und dem Domcapitel den Eid der Treue ab
und in Cöln sollten nach der Landeseinigung von 1580 Edelmann, Ritterschaft, Städte, Amtleute und gemeine Landschaft dem Capitel gehorsam sein und nicht dem Churfürsten,
wenn dieser nicht hielt, was er gelobt hatte. Oft ward das
Capitel sogar als Erb- und Grundherr des Hochstiftes bezeichnet; überall führte es während der Sedisvacanz die Regierung

und überall konnte und zuweilen mußte der neue Landesherr nicht allein von, sondern auch aus den Domherren gewählt werden.

Die mächtig herrschenden Capitel gaben ihren Mitgliedern das Bewußtsein berufen zu sein zur Theilnahme an der Regierung gesegneter Länder nicht als Beamte, sondern Kraft eigenen Rechts, und gewährten ihnen hierdurch eine so großartige Grundlage der politischen Wirksamkeit, wie sie außerdem nur den Fürsten zu Theil ward. Das Versinken in Gleichgültigkeit und Erschlaffung, zu welchem die Ausschließlichkeit des angebornen fürstlichen Rechts versucht, war für die Domherren erschwert, weil jeder Einzelne wußte, daß der Umfang seiner Wirksamkeit neben den übrigen gleich berechtigten Capitularen, sich allein nach der eigenen Bedeutung und Kraft bestimme. Die Domherrnwürde befreite von jeder Sorge um Unterhalt und Familie, wie von dem ertödtenden Drucke einer mechanischen und übermäßigen Arbeit, und gewährte hierdurch Muße zur freien politischen Thätigkeit; sie setzte ihren Inhaber mitten hinein in das Regierungsgetriebe und spornte dadurch den Eifer und die Regsamkeit an. Aber alle diese günstigen Vorbedingungen wurden dadurch wirkungslos gemacht, daß die Capitel sich im ausschließlichen Besitz einer Fraction des Adels befanden, nämlich derjenigen, welche katholischer Confession war und aus einer Familie abstammte, deren Reinheit mehrere Generationen hindurch unbefleckt durch das Blut einer nicht ritterbürtigen Mutter geblieben war. In Mainz und Trier z. B. mußte jeder Domherr sechszehn Ahnen nachweisen; in Münster wurde über Erfüllung dieser Bedingung so ängstlich gewacht, daß Schild und Helm des jüngsten Domherrn alljährlich unter Trommelschlag zu Jedermanns Prüfung umhergetragen ward. Seit Jahrhunderten galt es in den stiftsfähigen Familien als festes Herkommen, Einen der Söhne zum Stammherrn und Eigenthümer der Güter, einen Anderen zum geistlichen Stande oder vielmehr zur Domherrnwürde zu bestimmen. In früher Jugend

schon als Domicillar eingeschrieben, wurde der künftige Staatsmann gewöhnlich durch Jesuiten, immer durch Geistliche erzogen. Herangewachsen trat er nur deßhalb als Mitglied in
das Capitel ein, weil sich die Jahre des stiftsfähigen Spröß-
lings gemehrt hatten. Ein Mittelding zwischen einem Junker
des vorigen Jahrhunderts und einem künftigen Fürsten, begann der
neue Domherr seine Laufbahn und sah sich ausschließlich umgeben
von Männern, welche auf demselben Wege und aus demselben
Grunde wie er zu ihrer Würde gelangt waren. Zunächst und vor
Allem faßte er das eigene Interesse ins Auge, welches er seiner Abstammung und Erziehung entsprechend in einem glanzvollen
und üppigen Weltleben suchte. Die glatten Formen des in
Pariser Schule gebildeten Weltmannes und die anderen Gestaltungen, unter welchen im vorigen Jahrhundert das Volk
sich den stiftsfähigen geistlichen Herrn vorstellte, lieferten den
Beweis, daß die Domherrnwürde zur Erreichung jenes Zieles
die nöthigen Mittel gewährte. Eifrig wurden die einträgli-
chen Stellen als Präsidenten der Landcollegien, als Gesandte,
Jägermeister und Oberamtleute erstrebt, um den eigenen Aufwand zu bestreiten, den stiftsfähigen Familien die bei der
Bewerbung um die Domherrnwürde geleisteten Dienste zu ver-
gelten, den eigenen Verwandten die Schuldenlast von manchem
Jahrzehnte abzunehmen und ihnen Reichthum für kommende
Zeiten zu sichern.

Auf diesem Wege hatte sich allerdings für die geistlichen
Territorien eine mächtige und einflußreiche Aristocratie gebildet; aber sie erschien nicht als die Blüthe des Landes, welche
am frühsten und bemerkbarsten von dem Wohl und Wehe desselben ergriffen wird und daher nur in der innigsten Verschmelzung mit dem Lande und in der kräftigsten Sorge für dasselbe
das eigene Interesse fördern kann. Vielmehr setzte sich an die
Capitel als ihren Kern eine Aristocratie an, die selbstsüchtig
dem Lande gegenüber trat, Kirche und Staat als Mittel zu
ihren besonderen Zwecken benützte und an dem Marke des Landes sog, um aus dessen Kräften für sich ein üppiges und glän-

zendes Leben zu gewinnen. Unter diesen Verhältnissen mußte
es als ein glücklicher Umstand angesehen werden, wenn das
Capitel, wie z. B. in Münster und anderen nördlichen Stiften,
aus dem Adel des Landes selbst besetzt ward. Der auf einzelne ritterbürtige Familien gehäufte Reichthum blieb doch wenigstens im Territorium und das Capitel nahm doch wenigstens
in manchen Fällen, indem es für sein eigenes Beste sorgte,
zugleich des Landes Beste wahr. In manchen und sehr bedeutenden Stiften aber stellte sich das Verhältniß weit weniger
günstig. Während z. B. in Mainz alle Domherren in der
rheinischen Provinz geboren sein mußten, bildeten in Cöln
sechszehn Mitglieder vom alten unmittelbaren Adel und acht
Doctoren der Theologie das Capitel. Da nun seit der Reformation die meisten benachbarten fürstlichen und gräflichen
Häuser evangelisch geworden waren, so kamen fränkische und
schwäbische Familien, z. B. Oettingen, Hohenlohe, Lichten-
stein, Schwarzenberg, Fugger, in den Besitz der abligen Dom-
herrnstellen. Die Doctoren der Theologie pflegten aus der
Reichsstadt Cöln genommen zu werden und das Capitel war
daher dem Lande völlig fremd. Die Familien, denen der
Reichthum zufloß, brachten denselben außer Landes und die
Domherrn selbst, oft zugleich Mitglieder in Capiteln anderer
Bisthümer, lebten einen Theil des Jahres auswärts und verließen sicher das Land, sobald Gefahr ihm nahte.

Eine der Kräfte, welche das staatliche Leben in den geistlichen Territorien leiten und kräftigen sollte, lag demnach in
einer Corporation, welche nicht über, sondern mitten in den
vielfach verschlungenen und sich durchkreuzenden Interessen der
Unterthanen stand und die gewonnene Macht zur Förderung
ihres, dem allgemeinen Interesse entgegengesetzten Sonderinteresses benutzte. Es fragt sich, in wie fern die Stellung des
geistlichen Landesherrn geeignet war, das Streben der Capitel
unschädlich zu machen.

An heftigen Kämpfen zwischen dem Bischofe und dem Capitel fehlte es allerdings fast in keinem geistlichen Lande. Die

Kraft, welche in der Persönlichkeit des Bischofs lag, hielt der
Wechsellosigkeit und Thätigkeit der corporativen Capitel in solchem Grade das Gleichgewicht, daß der Zwiespalt in den
Bisthümern gleichsam zur Verfassung gehörte. Ununterbrochene
Verhandlungen widerwärtigster Art, gegenseitiges ängstliches
Beobachten, langwierige Processe vor dem Reichshofrathe characterisirten überall das Verhältniß zwischen Bischof und Capitel. In Würzburg z. B. war es im vorigen Jahrhundert
dahin gekommen, daß wenn der Bischof Anordnungen traf, das
Capitel Verbote erließ, sie zu befolgen. Die Bischöfe hatten
stets einen Halt an dem Kaiser und den Reichsgerichten, die
Capitel dagegen an ihrem Rechte die Wahlcapitulationen festzustellen. Bischöfe und Aebte beschworen, um sich die glänzende
Stellung nicht entgehen zu lassen, unbedenklich auch die lästigsten Bedingungen; aber einmal in den Besitz ihrer Würde gelangt, suchten sie dieselben in jeder Weise zu umgehen. Erschien ihnen der Widerspruch zwischen ihrer Handlungsweise
und der beschworenen Capitulation zu schroff, so ließen sie sich
vom Papste ihres Eides entbinden. Die Capitel wurden durch
die häufig wiederkehrenden Eidesentbindungen zu Vorsichtsmaaßregeln genöthigt, welche gleich entehrend für die geistliche,
wie für die weltliche Stellung des Bischofs waren. Bald
mußten die Erwählten ausdrücklich beschwören*), daß sie den
abgelegten Eid nicht aufheben lassen würden, und daß alle Gefährde, Arglist und böse Fünd gänzlich ausgeschlossen bleiben
sollten. Dem Bischofe von Regensburg traute sein Capitel
1641 trotz dieses Versprechens doch nicht; er mußte seine sämmtlichen Güter für die Haltung des Eides zur Hypothek stellen.
Der Bischof von Würzburg erklärte 1684, daß, falls er sich
von seinem Eide entbinden ließe, alle Glieder seiner Familie
propter quasi notam infamiae auf hundert Jahre unfähig sein
sollten, Mitglieder des Capitels zu werden.

---

*) Speirsche Wahlcapitulation v. 1770.

So ununterbrochen und leidenschaftlich der Kampf auch geführt ward, konnte er dennoch die das Land zerstörende Regierungsweise der Capitel nicht beseitigen, weil er sich lediglich um ein Mehr oder Minder an Rechten und Einkünften drehte, welche streitig zwischen den beiden Parteien waren. Der Fürst wollte möglichst viele Einnahmen haben, um die seiner Stellung als Reichsstand entsprechende Pracht entfalten und zufälligen Liebhabereien nachhängen zu können; er wollte das seiner Familie zu Theil gewordene und mit seinem Leben vorübergehende Glück, wie die Domherren das Ihrige, nutzen, um Verwandte schuldenfrei oder reich zu machen, und beutete seine einträgliche Würde, welche in Würzburg z. B. über eine halbe, in Mainz weit über eine ganze Million Gulden jährlich abwarf, nicht wie ein Eigenthümer, sondern wie ein Nutznießer aus. In diesem selbstsüchtigen Streben traten ihm die vereinigten Domherren mit gleicher Selbstsucht entgegen; aber der hieraus sich entspinnende Kampf berührte die Art und Weise der Landesregierung nicht. Ueber diese vielmehr waren Fürst und Capitel einverstanden, wie es auch nach Lage der Dinge kaum anders sein konnte.

Nur zuweilen gehörten nämlich die geistlichen Landesherren einem großen Hause, namentlich dem Oestreichischen, Bairischen und Pfälzischen an, und in diesem Falle sollten die Hülfsmittel dazu dienen, die politische Macht ihrer Familie zu verstärken. Meistens dagegen brachten die fürstlichen Bischöfe, aus derselben Fraction des deutschen Adels wie die Capitel hervorgegangen, dasselbe festgewurzelte Standesvorurtheil wie jene mit, und waren der Meinung, daß es die historisch begründete Bestimmung der geistlichen Lande sei, den zu reich mit Kindern gesegneten stiftsmäßigen Familien des südlichen und westlichen Deutschlands eine einträgliche und bequeme Versorgung für die jüngeren Glieder zu gewähren. Von diesem Standpunkte aus leitete das Capitel die Regierung und von diesem Standpunkte aus betrachtete der Landesherr seine Herrschaft. Jede Abweichung von der angeerbten

und durch den Standesgeist verstärkten Regierungssucht mußte ihn sogleich in einen schroffen Gegensatz zu seinem eignen Fleisch und Blut, dem gesammten stiftsfähigen Adel Teutschlandes, und in den heftigsten Kampf mit dem Capitel bringen, welchem er für die Ertheilung seiner Würde zum Dank verpflichtet war. Sich dieser neuen Störung seiner üppigen Ruhe freiwillig zu unterziehen ward der geistliche Fürst nicht wie bei jenem Zanke über Mein und Dein durch ein individuelles Interesse getrieben, sondern nur durch die Rücksicht auf das von ihm regierte Land. Aber dem Lande war er der Geburt nach oft ganz fremd und niemals mit demselben zu einem in der Vergangenheit begründeten und in der Zukunft fortdauernden Ganzen wie der Souverän mit der Erbmonarchie verwachsen, weil er weder Ahnen zu Vorgängern noch Kinder und Kindeskinder zu Nachfolgern in der Regierung haben durfte. Nicht selten war ferner ein und derselbe Mann zu gleicher Zeit Landesherr in mehreren Bisthümern und Abteien. Clemens August z. B. Herzog von Baiern, war in der Mitte des vorigen Jahrhunderts 1) Coadjutor von Regensburg, 2) Bischof von Münster, 3) Bischof von Paderborn, 4) Churfürst von Cöln, 5) Bischof von Hildesheim, 6) Probst zu Lüttich, 7) Bischof von Osnabrück, 8) Hoch- und Deutschmeister zu Mergentheim. Etwas später war Franz Egon von Fürstenberg Bischof von Hildesheim und Bischof von Paderborn; Friedrich von Erthal Churfürst von Mainz und Bischof zu Worms; Clemens Wenzel Herzog von Sachsen, Propst zu Ellwangen, Bischof von Augsburg und Churfürst von Trier. Wenn in einem einzelnen Falle die fehlende Liebe zum Lande durch einen angebornen Herrschersinn ersetzt ward, welchem das Leben ohne wahrhaft politische Thätigkeit keinen Werth hat, so traten der Thatkraft des großartigen Staatsmannes dieselben Rechtsschranken der Wahlcapitulationen lähmend entgegen, welche freilich auch den despotischen Herrn hinderten, unter dem Vorwande des Staatsinteresses Alles zu verschlingen. Selbst hin- und hergezogen zwischen seinem geistlichen und seinem weltli-

chen Beruf, mußte überdieß der Bischof sich in weit höherem
Grade als der zum Regenten seines Landes geborne und erzogene Fürst auf die Beamten verlassen und dennoch wurde
ihm in sehr vielen Fällen sein Minister durch Pflichten der Dank-
barkeit, durch Versprechen vor der Erwählung oder durch un-
besiegbare Rücksichten auf Familienverhältnisse aufgedrungen.
Auch wenn er seinen ersten Diener frei sich ausgesucht hatte,
fand er ihn nicht leicht zu einem kräftigen und entschiedenen
Handeln geneigt, weil derselbe die Abneigung der Domherren
und des nachfolgenden Fürsten scheute. Die Präsidenten der
Collegien bestanden aus Mitgliedern, die niederen Beamten
meistens aus Günstlingen desselben Capitels, dessen Besiegung
die Aufgabe eines jeden Fürsten war, der politisch wirksam
regieren wollte.

Hatte ein geistlicher Landesherr alle diese Schwierigkeiten
überwunden, so war freilich für sein eigenes Bewußtsein viel,
aber für des Landes Beste nur wenig gewonnen, denn die
Tage eines Bischofs, der mit seltenen Ausnahmen als altern-
der Mann zur Regierung kam, waren stets gezählt. Starb
er, so war seine Schöpfung dem Capitel Preis gegeben, welches während der Sedisvacanz die Herrschaft führte und ungleich schneller das ihm widerwärtige Werk eines bedeutenden
Mannes zerstörte, als es errichtet worden war. Die etwa
übrig bleibenden Reste einer guten Zeit fielen als ein todter
Schatz dem neugewählten Fürsten zu, weil der Zufall es nicht
leicht fügte, daß unmittelbar nach einander zwei politisch bedeutende Männer auf den Bischofsstuhl erwählt wurden. Diese
Gewißheit, nur für wenige Jahre wirken und niemals den
Grund zu einem dauernden Gebäude legen zu können, machte
es zum Principe der Meisten, Alles bei dem Alten zu lassen,
ruhig zu leben, sich gütlich zu thun und, wie das Capitel, das
Land als ein Mittel für die Zwecke des stiftsmäßigen Adels
zu betrachten. In allen Stiften fand sich in Folge dieser Re-
gierungsansichten neben einer Anzahl bemittelter oder reicher
stiftsmäßiger und ritterbürtiger Familien, welche z. B. in Trier

ein Drittel des Bodens besaßen, eine Arbeitermenge, welche
theils als Hörige die Güter des Adels bebauten, theils als
Bauern und Handwerker durch ihrer Hände Arbeit den Aufwand des Bischofs, des Capitels, der hohen ritterbürtigen
Beamten und des ganzen dazu gehörigen Anhangs möglich machen mußten. Während der Adel sich zu schonen verstand, trugen sie Abgaben so drückender Art, daß der alte Spruch: unter
Krummstab ist gut wohnen, nur noch als Erinnerung an vergangene Zeiten eine Bedeutung hatte.

Nachdem die geistlichen Territorien einmal die Gestalt gewonnen hatten, welche sie in den letzten Jahrhunderten besaßen, konnten Bischöfe, Aebte, Capitel und das Bruchstück des
deutschen Adels, dem sie angehörten, in Rücksicht auf ihre
Sonderinteressen nur verlieren, sobald Aenderungen irgend einer
Art eintraten. Aengstlich suchte deßhalb die geistliche Regierung
alle Kräfte zu ersticken, welche Leben und Bewegung hätte erzeugen können und trat schon in weiter Ferne jeder Gefahr für
das Bestehende entgegen. Im Volke hatte sich das Gedächtniß
früherer lebensvoller Zustände nicht einmal als Tradition erhalten; Väter und Großväter hatten keine anderen Verhältnisse gekannt, als die, von welchen die Generation der
Gegenwart umgeben war. Die Natur der gesegneten Länder
verlangte nicht, daß ihr die Schätze, die sie in sich barg, abgerungen würden, sondern bot in unerschöpflichem Reichthum
Früchte, Wein, Holz, Bergwerke, Mineralquellen, große
Land- und Wasserstraßen dem trägen Volke dar, welches es
bequem fand, sich anstrengungslos von dem Strome der Zeit
tragen zu lassen und die Ziele, deren Verfolgung das Menschenleben mit Sorge und heißer Arbeit erfüllt, als gar nicht
vorhanden anzunehmen.

Alles Neue erschien auch ihm als eine drohende Störung
und die geistliche Herrschaft in ihrer einmal angenommenen
Gestalt wurde von der Familien- und Volksmeinung als die
einzig erträgliche angesehen. Dem nicht althergebrachten Schritte
eines wohlmeinenden geistlichen Fürsten trat im Volke die

Macht der verdrießlichen Trägheit und die nur zu wohl begründete Hoffnung entgegen, daß binnen wenig Jahren die
beliebten Neuerungen von selbst über den Haufen fallen würden. Jeder auswärtige Einfluß, der diese Meinung hätte
wankend machen können, insbesondere jeder protestantische Einfluß, wurde mit Erfolg ausgeschlossen. Die meisten kleineren
und viele größere geistliche Territorien hatten ihre Bevölkerung
rein von evangelischer Beimischung gehalten*). Bamberg z.
B. war ausschließlich katholisch; Münster hatte nur einzelne
ritterbürtige Familien und eine einzige Gemeinde evangelischer
Confession; Mainz duldete mit ein paar Ausnahmen nur auf
dem Eichsfelde und in Erfurt Protestanten, Würzburg hatte
nur einzelne Gemeinden und Worms, dem im Anfange des
vorigen Jahrhunderts evangelische Gebiete von Churpfalz ab-
getreten worden waren, beseitigte deren Einwirkung, indem es
den kirchlichen Zusammenhang der Protestanten vernichtete und
die Entscheidung in Kirchensachen, so wie die Ernennung der
Geistlichen und Lehrer, in die Hände der katholischen Regierung brachte. Trier hatte nur in den Landestheilen, die es
mit anderen Fürsten gemeinschaftlich besaß, evangelische Unterthanen und wachte so eifrig über die Reinerhaltung seines übrigen Gebietes, daß im Jahre 1783 die öffentlichen Blätter als
ein außerordentliches Ereigniß mittheilten**) „ein Protestant,
Namens Bucking aus Trarbach, habe die Erlaubniß erhalten, sich
in Coblenz cum privato religionis exercitio niederzulassen."
Da überdieß Censur und die niedrige Stufe, auf welcher der
Buchhandel stand, auswärtige Einwirkungen sehr erschwerten,
so konnten die geistlichen Regierungen ihren Unterthanen ziemlich genau das Maaß der Bildung, der Kenntnisse und des
geistigen Lebens, so wie die Richtung der politischen und religiösen Ansichten bestimmen. Die Landschulen und die deutschen Schulen in den Städten, aus denen die große Mehrzahl

---

*) Büsching neue Erdbeschreibung. Hamburg 1761. Band 3 und 4.
**) Schlözer Staatsanzeigen III. S. 210.

aller Einwohner ihre geiſtige Ausbildung ſchöpften, befanden ſich in den Händen des niederen Clerus, der weder Mehreres noch Anderes, als er ſelbſt beſaß, mittheilen konnte und daher das Volk ſeiner Trägheit und Unwiſſenheit überließ. Die höheren fürſtlichen Diener, ſo wie die Mitglieder der ritterbürtigen Familien, wurden zuweilen durch geiſtliche Hauslehrer, meiſtens durch die Jeſuitencollegia, herangezogen, deren z. B. Churmainz in Heiligenſtadt, Aſchaffenburg, Erfurt und Mainz beſaß. Eine Maſſe von Welt- und Kloſtergeiſtlichen verbreitete weit über ihren Stand und ihre Kloſtermauern hinaus die faule Indolenz, an der ſie ſelbſt zu Grunde gegangen waren. Allein in den Hochſtiften, mit Zuzählung einiger größerer Abteien, trieben ſich ſechszig bis ſiebenzig Tauſend Ordensleute umher und im Durchſchnitte ſaßen auf jeder Quadratmeile geiſtlichen Landes funfzig Prieſter.

Handel und Gewerbe konnten in dem dumpfen Geiſtesdruck und der trägen Unbeweglichkeit nicht gedeihen und wurden durch die harten Abgaben gänzlich verſcheucht. Nur in den Bisthümern, in welchen einſtens beſſere Zeiten kräftiges ſtädtiſches Leben hervorgerufen hatten, waren, wie z. B. in Würzburg und Mainz, Ueberbleibſel deſſelben inmitten des allgemeinen Abſterbens erhalten worden. Bittere Armuth mit ihrem traurigen Geiſt und Herz niederdrückenden Gefolge laſtete auf den Bewohnern der deutſchen Länder, die vor allen Anderen von der Natur geſegnet waren. Das Tauſend träger Bauern und Handwerker, die durchſchnittlich auf der Quadratmeile geiſtlichen Landes ſaßen, mußte nach des Herrn von Sartori Angabe funfzig Geiſtliche und zweihundert und ſechszig Bettler ernähren, die ſchweren Dienſte und Frohnden an ihre Gutsherren leiſten und außerdem die prachtvolle Hofhaltung, die Ueppigkeit der Domherren, die Geldſendungen nach Rom und die Zinszahlung für die meiſtens übermäßigen Schulden der Territorien möglich machen.

Die Verſuche einzelner Fürſten oder einzelner Miniſter, Handel und Gewerbe zu beleben, den Ackerbau zu fördern, den

Abgabendruck zu mildern und das Volk aus seiner dumpfen Gleichgültigkeit zu wecken, haben allerdings, namentlich in der letzten Hälfte des vorigen Jahrhunderts, Erfolg, aber nur vorübergehend gehabt; denn eine dauernde bessere Zukunft ließ sich für die in den Bisthümern und Abteien vereinten Deutschen nur dann erwarten, wenn die Verfassung, welche den Vortheil einzelner Familien zum Ziel und den geistigen Tod des Volkes zur Voraussetzung hatte, gänzlich beseitigt worden war.

Das Reich hatte kein Interesse, den Untergang der geistlichen Staaten zu verhindern oder zu verzögern. Sie brachten ihm schon dadurch Verderben, daß ihre Glieder, obgleich der Zahl und Bedeutung nach zu hervorragenden Mitträgern des nationalen Lebens berufen, in den letzten Jahrhunderten erschlafft, ja erstorben, als eine todte Masse von dem deutschen Volke fortgeschleppt werden mußten und ihr lebenloses Hinträumen weiter und weiter in die für die Ansteckung nur zu empfängliche Nation zu verbreiten drohten. Augenblicklich gefährlicher wurde dem Reiche die Stellung, in welche es durch die Verbindung der Bischofswürde mit der Landeshoheit dem Auslande gegenüber gesetzt ward. Als in früheren Jahrhunderten Deutschland durch die Völker des Ostens gefährdet ward, wurden die Gränzen den kraftvollen Händen der Markgrafen übergeben und durch eine ausschließlich kriegerische Verfassung widerstandsfähig gemacht. In den letztvergangenen Jahrhunderten nahte die Gefahr von Westen; aber statt kriegerischer Markgrafen und starker Wehrverfassung führte auf den bedrohten Punkten der Krummstab sein schlaffes Regiment. Osnabrück, Münster, Cöln, Trier, Mainz, Worms, Speier, Straßburg, Basel, Constanz hatten entweder selbst die Gränzen inne oder machten doch die weltlichen Gränzfürsten, deren Lande sie zersplitterten, zur starken Gegenwehr unfähig. So lange die geistlichen Staaten bestanden, konnten wohl Oestreich oder Preußen, nie aber Deutschland die Westgränze schirmen und nie ein Heerwesen ausbilden, welches gewaltsamen

Kraft, welche in der Persönlichkeit des Bischofs lag, hielt der
Wechsellosigkeit und Thätigkeit der corporativen Capitel in sol=
chem Grade das Gleichgewicht, daß der Zwiespalt in den
Bisthümern gleichsam zur Verfassung gehörte. Ununterbrochene
Verhandlungen widerwärtigster Art, gegenseitiges ängstliches
Beobachten, langwierige Processe vor dem Reichshofrathe cha=
racterisirten überall das Verhältniß zwischen Bischof und Ca=
pitel. In Würzburg z. B. war es im vorigen Jahrhundert
dahin gekommen, daß wenn der Bischof Anordnungen traf, das
Capitel Verbote erließ, sie zu befolgen. Die Bischöfe hatten
stets einen Halt an dem Kaiser und den Reichsgerichten, die
Capitel dagegen an ihrem Rechte die Wahlcapitulationen fest=
zustellen. Bischöfe und Aebte beschworen, um sich die glänzende
Stellung nicht entgehen zu lassen, unbedenklich auch die lästig=
sten Bedingungen; aber einmal in den Besitz ihrer Würde ge=
langt, suchten sie dieselben in jeder Weise zu umgehen. Er=
schien ihnen der Widerspruch zwischen ihrer Handlungsweise
und der beschworenen Capitulation zu schroff, so ließen sie sich
vom Papste ihres Eides entbinden. Die Capitel wurden durch
die häufig wiederkehrenden Eidesentbindungen zu Vorsichtsmaaß=
regeln genöthigt, welche gleich entehrend für die geistliche,
wie für die weltliche Stellung des Bischofs waren. Bald
mußten die Erwählten ausdrücklich beschwören*), daß sie den
abgelegten Eid nicht aufheben lassen würden und daß alle Ge=
fährde, Arglist und böse Fäund gänzlich ausgeschlossen bleiben
sollten. Dem Bischofe von Regensburg traute sein Capitel
1641 trotz dieses Versprechens doch nicht; er mußte seine sämmt=
lichen Güter für die Haltung des Eides zur Hypothek stellen.
Der Bischof von Würzburg erklärte 1684, daß, falls er sich
von seinem Eide entbinden ließe, alle Glieder seiner Familie
propter quasi notam infamiae auf hundert Jahre unfähig sein
sollten, Mitglieder des Capitels zu werden.

---

*) Speirsche Wahlcapitulation v. 1770.

So ununterbrochen und leidenschaftlich der Kampf auch geführt ward, konnte er dennoch die das Land zerstörende Regierungsweise der Capitel nicht beseitigen, weil er sich lediglich um ein Mehr oder Minder an Rechten und Einkünften drehte, welche streitig zwischen den beiden Parteien waren. Der Fürst wollte möglichst viele Einnahmen haben, um die seiner Stellung als Reichsstand entsprechende Pracht entfalten und zufälligen Liebhabereien nachhängen zu können; er wollte das seiner Familie zu Theil gewordene und mit seinem Leben vorübergehende Glück, wie die Domherren das Ihrige, nutzen, um Verwandte schuldenfrei oder reich zu machen, und beutete seine einträgliche Würde, welche in Würzburg z. B. über eine halbe, in Mainz weit über eine ganze Million Gulden jährlich abwarf, nicht wie ein Eigenthümer, sondern wie ein Nutznießer aus. In diesem selbstsüchtigen Streben traten ihm die vereinigten Domherren mit gleicher Selbstsucht entgegen; aber der hieraus sich entspinnende Kampf berührte die Art und Weise der Landesregierung nicht. Ueber diese vielmehr waren Fürst und Capitel einverstanden, wie es auch nach Lage der Dinge kaum anders sein konnte.

Nur zuweilen gehörten nämlich die geistlichen Landesherren einem großen Hause, namentlich dem Oestreichischen, Bairischen und Pfälzischen an, und in diesem Falle sollten die Hülfsmittel dazu dienen, die politische Macht ihrer Familie zu verstärken. Meistens dagegen brachten die fürstlichen Bischöfe, aus derselben Fraction des deutschen Adels wie die Capitel hervorgegangen, dasselbe festgewurzelte Standesvorurtheil wie jene mit, und waren der Meinung, daß es die historisch begründete Bestimmung der geistlichen Lande sei, den zu reich mit Kindern gesegneten stiftsmäßigen Familien des südlichen und westlichen Deutschlands eine einträgliche und bequeme Versorgung für die jüngeren Glieder zu gewähren. Von diesem Standpunkte aus leitete das Capitel die Regierung und von diesem Standpunkte aus betrachtete der Landesherr seine Herrschaft. Jede Abweichung von der angeerbten

und durch den Standesgeist verstärkten Regierungsansicht mußte ihn sogleich in einen schroffen Gegensatz zu seinem eignen Fleisch und Blut, dem gesammten stiftsfähigen Adel Deutschlands, und in den heftigsten Kampf mit dem Capitel bringen, welchem er für die Ertheilung seiner Würde zum Dank verpflichtet war. Sich dieser neuen Störung seiner üppigen Ruhe freiwillig zu unterziehen ward der geistliche Fürst nicht wie bei jenem Zanke über Mein und Dein durch ein individuelles Interesse getrieben, sondern nur durch die Rücksicht auf das von ihm regierte Land. Aber dem Lande war er der Geburt nach oft ganz fremd und niemals mit demselben zu einem in der Vergangenheit begründeten und in der Zukunft fortdauernden Ganzen wie der Souverän mit der Erbmonarchie verwachsen, weil er weder Ahnen zu Vorgängern noch Kinder und Kindeskinder zu Nachfolgern in der Regierung haben durfte. Nicht selten war ferner ein und derselbe Mann zu gleicher Zeit Landesherr in mehreren Bisthümern und Abteien. Clemens August z. B. Herzog von Baiern, war in der Mitte des vorigen Jahrhunderts 1) Coadjutor von Regensburg, 2) Bischof von Münster, 3) Bischof von Paderborn, 4) Churfürst von Cöln, 5) Bischof von Hildesheim, 6) Probst zu Lüttich, 7) Bischof von Osnabrück, 8) Hoch- und Deutschmeister zu Mergentheim. Etwas später war Franz Egon von Fürstenberg Bischof von Hildesheim und Bischof von Paderborn; Friedrich von Erthal Churfürst von Mainz und Bischof zu Worms; Clemens Wenzel Herzog von Sachsen, Propst zu Ellwangen, Bischof von Augsburg und Churfürst von Trier. Wenn in einem einzelnen Falle die fehlende Liebe zum Lande durch einen angebornen Herrschersinn ersetzt ward, welchem das Leben ohne wahrhaft politische Thätigkeit keinen Werth hat, so traten der Thatkraft des großartigen Staatsmannes dieselben Rechtsschranken der Wahlcapitulationen lähmend entgegen, welche freilich auch den despotischen Herrn hinderten, unter dem Vorwande des Staatsinteresses Alles zu verschlingen. Selbst hin- und hergezogen zwischen seinem geistlichen und seinem weltli-

chen Beruf, mußte überdieß der Bischof sich in weit höherem
Grade als der zum Regenten seines Landes geborne und erzogene Fürst auf die Beamten verlassen und dennoch wurde
ihm in sehr vielen Fällen sein Minister durch Pflichten der Dank-
barkeit, durch Versprechen vor der Erwählung oder durch un-
besiegbare Rücksichten auf Familienverhältnisse aufgedrungen.
Auch wenn er seinen ersten Diener frei sich ausgesucht hatte,
fand er ihn nicht leicht zu einem kräftigen und entschiedenen
Handeln geneigt, weil derselbe die Abneigung der Domherren
und des nachfolgenden Fürsten scheute. Die Präsidenten der
Collegien bestanden aus Mitgliedern, die niederen Beamten
meistens aus Günstlingen desselben Capitels, dessen Besiegung
die Aufgabe eines jeden Fürsten war, der politisch wirksam
regieren wollte.

Hatte ein geistlicher Landesherr alle diese Schwierigkeiten
überwunden, so war freilich für sein eigenes Bewußtsein viel,
aber für des Landes Beste nur wenig gewonnen, denn die
Tage eines Bischofs, der mit seltenen Ausnahmen als altern-
der Mann zur Regierung kam, waren stets gezählt. Starb
er, so war seine Schöpfung dem Capitel Preis gegeben, welches während der Sedisvacanz die Herrschaft führte und ungleich schneller das ihm widerwärtige Werk eines bedeutenden
Mannes zerstörte, als es errichtet worden war. Die etwa
übrig bleibenden Reste einer guten Zeit fielen als ein todter
Schatz dem neugewählten Fürsten zu, weil der Zufall es nicht
leicht fügte, daß unmittelbar nach einander zwei politisch bedeutende Männer auf den Bischofsstuhl erwählt wurden. Diese
Gewißheit, nur für wenige Jahre wirken und niemals den
Grund zu einem dauernden Gebäude legen zu können, machte
es zum Principe der Meisten, Alles bei dem Alten zu lassen,
ruhig zu leben, sich gütlich zu thun und, wie das Capitel, das
Land als ein Mittel für die Zwecke des stiftsmäßigen Adels
zu betrachten. In allen Stiften fand sich in Folge dieser Re-
gierungsansichten neben einer Anzahl bemittelter oder reicher
stiftsmäßiger und ritterbürtiger Familien, welche z. B. in Trier

8

ein Drittel des Bodens besaßen, eine Arbeitermenge, welche
theils als Hörige die Güter des Adels bebauten, theils als
Bauern und Handwerker durch ihrer Hände Arbeit den Aufwand des Bischofs, des Capitels, der hohen ritterbürtigen
Beamten und des ganzen dazu gehörigen Anhangs möglich machen mußten. Während der Adel sich zu schonen verstand, trugen sie Abgaben so drückender Art, daß der alte Spruch: unter
Krummstab ist gut wohnen, nur noch als Erinnerung an vergangene Zeiten eine Bedeutung hatte.

Nachdem die geistlichen Territorien einmal die Gestalt gewonnen hatten, welche sie in den letzten Jahrhunderten besaßen, konnten Bischöfe, Aebte, Capitel und das Bruchstück des
deutschen Adels, dem sie angehörten, in Rücksicht auf ihre
Sonderinteressen nur verlieren, sobald Aenderungen irgend einer
Art eintraten. Aengstlich suchte deßhalb die geistliche Regierung
alle Kräfte zu ersticken, welche Leben und Bewegung hätte erzeugen können und trat schon in weiter Ferne jeder Gefahr für
das Bestehende entgegen. Im Volke hatte sich das Gedächtniß
früherer lebensvoller Zustände nicht einmal als Tradition erhalten; Väter und Großväter hatten keine anderen Verhältnisse gekannt, als die, von welchen die Generation der
Gegenwart umgeben war. Die Natur der gesegneten Länder
verlangte nicht, daß ihr die Schätze, die sie in sich barg, abgerungen würden, sondern bot in unerschöpflichem Reichthum
Früchte, Wein, Holz, Bergwerke, Mineralquellen, große
Land- und Wasserstraßen dem trägen Volke dar, welches es
bequem fand, sich anstrengungslos von dem Strome der Zeit
tragen zu lassen und die Ziele, deren Verfolgung das Menschenleben mit Sorge und heißer Arbeit erfüllt, als gar nicht
vorhanden anzunehmen.

Alles Neue erschien auch ihm als eine drohende Störung
und die geistliche Herrschaft in ihrer einmal angenommenen
Gestalt wurde von der Familien- und Volksmeinung als die
einzig erträgliche angesehen. Dem nicht althergebrachten Schritte
eines wohlmeinenden geistlichen Fürsten trat im Volke die

Macht der verdrießlichen Trägheit und die nur zu wohl begründete Hoffnung entgegen, daß binnen wenig Jahren die
beliebten Neuerungen von selbst über den Haufen fallen würden. Jeder auswärtige Einfluß, der diese Meinung hätte
wankend machen können, insbesondere jeder protestantische Einfluß, wurde mit Erfolg ausgeschlossen. Die meisten kleineren
und viele größere geistliche Territorien hatten ihre Bevölkerung
rein von evangelischer Beimischung gehalten*). Bamberg z.
B. war ausschließlich katholisch; Münster hatte nur einzelne
ritterbürtige Familien und eine einzige Gemeinde evangelischer
Confession; Mainz duldete mit ein paar Ausnahmen nur auf
dem Eichsfelde und in Erfurt Protestanten, Würzburg hatte
nur einzelne Gemeinden und Worms, dem im Anfange des
vorigen Jahrhunderts evangelische Gebiete von Churpfalz ab-
getreten worden waren, beseitigte deren Einwirkung, indem es
den kirchlichen Zusammenhang der Protestanten vernichtete und
die Entscheidung in Kirchensachen, so wie die Ernennung der
Geistlichen und Lehrer, in die Hände der katholischen Regierung brachte. Trier hatte nur in den Landestheilen, die es
mit anderen Fürsten gemeinschaftlich besaß, evangelische Unterthanen und wachte so eifrig über die Reinerhaltung seines übrigen Gebietes, daß im Jahre 1783 die öffentlichen Blätter als
ein außerordentliches Ereigniß mittheilten**) „ein Protestant,
Namens Bucking aus Trarbach, habe die Erlaubniß erhalten, sich
in Coblenz cum privato religionis exercitio niederzulassen."
Da überdieß Censur und die niedrige Stufe, auf welcher der
Buchhandel stand, auswärtige Einwirkungen sehr erschwerten,
so konnten die geistlichen Regierungen ihren Unterthanen ziemlich genau das Maaß der Bildung, der Kenntnisse und des
geistigen Lebens, so wie die Richtung der politischen und religiösen Ansichten bestimmen. Die Landschulen und die deutschen Schulen in den Städten, aus denen die große Mehrzahl

---

*) Büsching neue Erdbeschreibung. Hamburg 1761. Band 3 und 4.
**) Schlözer Staatsanzeigen III. S. 210.

aller Einwohner ihre geistige Ausbildung schöpften, befanden sich in den Händen des niederen Clerus, der weder Mehreres noch Anderes, als er selbst besaß, mittheilen konnte und daher das Volk seiner Trägheit und Unwissenheit überließ. Die höheren fürstlichen Diener, so wie die Mitglieder der ritterbürtigen Familien, wurden zuweilen durch geistliche Hauslehrer, meistens durch die Jesuitencollegia, herangezogen, deren z. B. Churmainz in Heiligenstadt, Aschaffenburg, Erfurt und Mainz besaß. Eine Masse von Welt- und Klostergeistlichen verbreitete weit über ihren Stand und ihre Klostermauern hinaus die faule Indolenz, an der sie selbst zu Grunde gegangen waren. Allein in den Hochstiften, mit Zuzählung einiger größerer Abteien, trieben sich sechszig bis siebenzig Tausend Ordensleute umher und im Durchschnitte saßen auf jeder Quadratmeile geistlichen Landes funfzig Priester.

Handel und Gewerbe konnten in dem dumpfen Geistesdruck und der trägen Unbeweglichkeit nicht gedeihen und wurden durch die harten Abgaben gänzlich verscheucht. Nur in den Bisthümern, in welchen einstens bessere Zeiten kräftiges städtisches Leben hervorgerufen hatten, waren, wie z. B. in Würzburg und Mainz, Ueberbleibsel desselben inmitten des allgemeinen Absterbens erhalten worden. Bittere Armuth mit ihrem traurigen Geist und Herz niederdrückenden Gefolge lastete auf den Bewohnern der deutschen Länder, die vor allen Anderen von der Natur gesegnet waren. Das Tausend träger Bauern und Handwerker, die durchschnittlich auf der Quadratmeile geistlichen Landes saßen, mußte nach des Herrn von Sartori Angabe funfzig Geistliche und zweihundert und sechszig Bettler ernähren, die schweren Dienste und Frohnden an ihre Gutsherren leisten und außerdem die prachtvolle Hofhaltung, die Ueppigkeit der Domherren, die Geldsendungen nach Rom und die Zinszahlung für die meistens übermäßigen Schulden der Territorien möglich machen.

Die Versuche einzelner Fürsten oder einzelner Minister, Handel und Gewerbe zu beleben, den Ackerbau zu fördern, den

Abgabendruck zu mildern und das Volk aus seiner dumpfen Gleichgültigkeit zu wecken, haben allerdings, namentlich in der letzten Hälfte des vorigen Jahrhunderts, Erfolg, aber nur vorübergehend gehabt; denn eine dauernde bessere Zukunft ließ sich für die in den Bisthümern und Abteien vereinten Deutschen nur dann erwarten, wenn die Verfassung, welche den Vortheil einzelner Familien zum Ziel und den geistigen Tod des Volkes zur Voraussetzung hatte, gänzlich beseitigt worden war.

Das Reich hatte kein Interesse, den Untergang der geistlichen Staaten zu verhindern oder zu verzögern. Sie brachten ihm schon dadurch Verderben, daß ihre Glieder, obgleich der Zahl und Bedeutung nach zu hervorragenden Mitträgern des nationalen Lebens berufen, in den letzten Jahrhunderten erschlafft, ja erstorben, als eine todte Masse von dem deutschen Volke fortgeschleppt werden mußten und ihr lebenloses Hinträumen weiter und weiter in die für die Ansteckung nur zu empfängliche Nation zu verbreiten drohten. Augenblicklich gefährlicher wurde dem Reiche die Stellung, in welche es durch die Verbindung der Bischofswürde mit der Landeshoheit dem Auslande gegenüber gesetzt ward. Als in früheren Jahrhunderten Deutschland durch die Völker des Ostens gefährdet ward, wurden die Gränzen den kraftvollen Händen der Markgrafen übergeben und durch eine ausschließlich kriegerische Verfassung widerstandsfähig gemacht. In den letztvergangenen Jahrhunderten nahte die Gefahr von Westen; aber statt kriegerischer Markgrafen und starker Wehrverfassung führte auf den bedrohten Punkten der Krummstab sein schlaffes Regiment. Osnabrück, Münster, Cöln, Trier, Mainz, Worms, Speier, Straßburg, Basel, Constanz hatten entweder selbst die Gränzen inne oder machten doch die weltlichen Gränzfürsten, deren Lande sie zersplitterten, zur starken Gegenwehr unfähig. So lange die geistlichen Staaten bestanden, konnten wohl Oestreich oder Preußen, nie aber Deutschland die Westgränze schirmen und nie ein Heerwesen ausbilden, welches gewaltsamen

schon als Domicillar eingeschrieben, wurde der künftige Staatsmann gewöhnlich durch Jesuiten, immer durch Geistliche erzogen. Herangewachsen trat er nur deßhalb als Mitglied in
das Capitel ein, weil sich die Jahre des stiftsfähigen Spröß-
lings gemehrt hatten. Ein Mittelding zwischen einem Junker
des vorigen Jahrhunderts und einem künftigen Fürsten, begann der
neue Domherr seine Laufbahn und sah sich ausschließlich umgeben
von Männern, welche auf demselben Wege und aus demselben
Grunde wie er zu ihrer Würde gelangt waren. Zunächst und vor
Allem faßte er das eigene Interesse ins Auge, welches er seiner Abstammung und Erziehung entsprechend in einem glanzvollen
und üppigen Weltleben suchte. Die glatten Formen des in
Pariser Schule gebildeten Weltmannes und die anderen Gestaltungen, unter welchen im vorigen Jahrhundert das Volk
sich den stiftsfähigen geistlichen Herrn vorstellte, lieferten den
Beweis, daß die Domherrnwürde zur Erreichung jenes Zieles
die nöthigen Mittel gewährte. Eifrig wurden die einträgli-
chen Stellen als Präsidenten der Landcollegien, als Gesandte,
Jägermeister und Oberamtleute erstrebt, um den eigenen Aufwand zu bestreiten, den stiftsfähigen Familien die bei der
Bewerbung um die Domherrnwürde geleisteten Dienste zu ver-
gelten, den eigenen Verwandten die Schuldenlast von manchem
Jahrzehnte abzunehmen und ihnen Reichthum für kommende
Zeiten zu sichern.

Auf diesem Wege hatte sich allerdings für die geistlichen
Territorien eine mächtige und einflußreiche Aristocratie gebildet; aber sie erschien nicht als die Blüthe des Landes, welche
am frühsten und bemerkbarsten von dem Wohl und Wehe desselben ergriffen wird und daher nur in der innigsten Verschmelzung mit dem Lande und in der kräftigsten Sorge für dasselbe
das eigene Interesse fördern kann. Vielmehr setzte sich an die
Capitel als ihren Kern eine Aristocratie an, die selbstsüchtig
dem Lande gegenüber trat, Kirche und Staat als Mittel zu
ihren besonderen Zwecken benutzte und an dem Marke des Landes sog, um aus dessen Kräften für sich ein üppiges und glän-

Leben zu gewinnen. Unter diesen Verhältnissen mußte
ein glücklicher Umstand angesehen werden, wenn das
el, wie z. B. in Münster und anderen nördlichen Stiften,
em Adel des Landes selbst besetzt ward. Der auf ein=
ritterbürtige Familien gehäufte Reichthum blieb doch we=
ns im Territorium und das Capitel nahm doch wenigstens
anchen Fällen, indem es für sein eigenes Beste sorgte,
ch des Landes Beste wahr. In manchen und sehr bedeu=
i Stiften aber stellte sich das Verhältniß weit weniger
ig. Während z. B. in Mainz alle Domherren in der
ischen Provinz geboren sein mußten, bildeten in Cöln
zehn Mitglieder vom alten unmittelbaren Adel und acht
oren der Theologie das Capitel. Da nun seit der Re=
ation die meisten benachbarten fürstlichen und gräflichen
ier evangelisch geworden waren, so kamen fränkische und
äbische Familien, z. B. Dettingen, Hohenlohe, Lichten=
, Schwarzenberg, Fugger, in den Besitz der abligen Dom=
istellen. Die Doctoren der Theologie pflegten aus der
hsstadt Cöln genommen zu werden und das Capitel war
r dem Lande völlig fremd. Die Familien, denen der
hthum zufloß, brachten denselben außer Landes und die
therrn selbst, oft zugleich Mitglieder in Capiteln anderer
hümer, lebten einen Theil des Jahres auswärts und ver=
n sicher das Land, sobald Gefahr ihm nahte.

Eine der Kräfte, welche das staatliche Leben in den geist=
n Territorien leiten und kräftigen sollte, lag demnach in
r Corporation, welche nicht über, sondern mitten in den
ach verschlungenen und sich durchkreuzenden Interessen der
rthanen stand und die gewonnene Macht zur Förderung
3, dem allgemeinen Interesse entgegengesetzten Sonderinter=
benutzte. Es fragt sich, in wie fern die Stellung des
lichen Landesherrn geeignet war, das Streben der Capitel
häblich zu machen.

An heftigen Kämpfen zwischen dem Bischofe und dem Ca=
l fehlte es allerdings fast in keinem geistlichen Lande. Die

Kraft, welche in der Persönlichkeit des Bischofs lag, hielt der Wechsellosigkeit und Thätigkeit der corporativen Capitel in solchem Grade das Gleichgewicht, daß der Zwiespalt in den Bisthümern gleichsam zur Verfassung gehörte. Ununterbrochene Verhandlungen widerwärtigster Art, gegenseitiges ängstliches Beobachten, langwierige Processe vor dem Reichshofrathe characterisirten überall das Verhältniß zwischen Bischof und Capitel. In Würzburg z. B. war es im vorigen Jahrhundert dahin gekommen, daß wenn der Bischof Anordnungen traf, das Capitel Verbote erließ, sie zu befolgen. Die Bischöfe hatten stets einen Halt an dem Kaiser und den Reichsgerichten, die Capitel dagegen an ihrem Rechte die Wahlcapitulationen festzustellen. Bischöfe und Aebte beschworen, um sich die glänzende Stellung nicht entgehen zu lassen, unbedenklich auch die lästigsten Bedingungen; aber einmal in den Besitz ihrer Würde gelangt, suchten sie dieselben in jeder Weise zu umgehen. Erschien ihnen der Widerspruch zwischen ihrer Handlungsweise und der beschworenen Capitulation zu schroff, so ließen sie sich vom Papste ihres Eides entbinden. Die Capitel wurden durch die häufig wiederkehrenden Eidesentbindungen zu Vorsichtsmaaßregeln genöthigt, welche gleich entehrend für die geistliche, wie für die weltliche Stellung des Bischofs waren. Bald mußten die Erwählten ausdrücklich beschwören*), daß sie den abgelegten Eid nicht aufheben lassen würden und daß alle Gefährde, Arglist und böse Fünd gänzlich ausgeschlossen bleiben sollten. Dem Bischofe von Regensburg traute sein Capitel 1641 trotz dieses Versprechens doch nicht; er mußte seine sämmtlichen Güter für die Haltung des Eides zur Hypothek stellen. Der Bischof von Würzburg erklärte 1684, daß, falls er sich von seinem Eide entbinden ließe, alle Glieder seiner Familie propter quasi notam infamiae auf hundert Jahre unfähig sein sollten, Mitglieder des Capitels zu werden.

---

*) Speirische Wahlcapitulation v. 1770.

So ununterbrochen und leidenschaftlich der Kampf auch
hrt ward, konnte er dennoch die das Land zerstörende Re-
ungsweise der Capitel nicht beseitigen, weil er sich ledig-
um ein Mehr oder Minder an Rechten und Einkünften
te, welche streitig zwischen den beiden Parteien waren.

Fürst wollte möglichst viele Einnahmen haben, um die
r Stellung als Reichsstand entsprechende Pracht entfalten
zufälligen Liebhabereien nachhängen zu können; er wollte
seiner Familie zu Theil gewordene und mit seinem Leben
bergehende Glück, wie die Domherren das Ihrige, nutzen,
Verwandte schuldenfrei oder reich zu machen, und beutete
e einträgliche Würde, welche in Würzburg z. B. über eine
e, in Mainz weit über eine ganze Million Gulden jährlich
arf, nicht wie ein Eigenthümer, sondern wie ein Nutz-
er aus. In diesem selbstsüchtigen Streben traten ihm die
inigten Domherren mit gleicher Selbstsucht entgegen; aber
hieraus sich entspinnende Kampf berührte die Art und
ise der Landesregierung nicht. Ueber diese vielmehr waren
st und Capitel einverstanden, wie es auch nach Lage der
ge kaum anders sein konnte.

Nur zuweilen gehörten nämlich die geistlichen Landesher-
einem großen Hause, namentlich dem Oestreichischen, Bai-
en und Pfälzischen an, und in diesem Falle sollten die
sömittel dazu dienen, die politische Macht ihrer Familie
verstärken. Meistens dagegen brachten die fürstlichen Bi-
se, aus derselben Fraction des deutschen Adels wie die Ca-
l hervorgegangen, dasselbe festgewurzelte Standesvorur-
l wie jene mit, und waren der Meinung, daß es die histo-
h begründete Bestimmung der geistlichen Lande sei, den zu
h mit Kindern gesegneten stiftsmäßigen Familien des süd-
en und westlichen Deutschlands eine einträgliche und be-
me Versorgung für die jüngeren Glieder zu gewähren.
a diesem Standpunkte aus leitete das Capitel die Regie-
g und von diesem Standpunkte aus betrachtete der Landes-
r seine Herrschaft. Jede Abweichung von der angeerbten

rüttung bewahren; aber eben dieses ist dieser Erbe nicht beschieden, und es vorauszusetzen, während es fehlt, und auf die
willkührliche Voraussetzung staatliche und kirchliche Gebäude
errichten, muß der Grund des tiefsten Falles werden.

Je mehr die christliche Kirche sich als römisch-katholische
gestaltete, je mehr diese eine vorwiegend äußere wurde und
zugleich als politische Macht auftrat, um so dringender verlangte sie Kunst und Wissenschaft als Dienerin für ihre Zwecke
zu verwenden. Aber Kunst und Wissenschaft, zum Dienen nicht
geschickt, wandten sich von ihr ab und betraten seit dem funfzehnten Jahrhundert auch in Deutschland Bahnen, auf denen
sie nicht nur unabhängig, sondern auch im Gegensatze zur
römisch-katholischen Kirche ihres Weges zogen. Nun erschienen die geistlichen Territorien nicht mehr als Träger der
Wissenschaft und Kunst, und verbannten sie, da sie die Unabhängigen fürchteten, mehr und mehr aus ihren Gränzen.

Zwischen dem absolut christlichen Staate und der absolut
christlichen Kirche ist freilich ein feindlicher Gegensatz nicht
denkbar. Da aber christlicher Staat und christliche Kirche nur
durch Menschen vermittelt in die Erscheinung treten und deßhalb neben dem christlichen Kerne menschlich willkührliche Zusätze enthalten, so werden, falls nicht dem staatlichen oder
dem kirchlichen Princip das Anerkenntniß seiner Selbstständigkeit entzogen ist, in Beiden entgegengesetzte Interessen und Bestrebungen sich einseitig geltend machen wollen. Weil jeder
Einzelne der Kirche wie dem Staate in gleicher Weise angehört, so trägt er zwar den Gegensatz, welcher die Geschichte
der christlichen Welt erfüllt, in seiner eigenen Brust und muß
diesen Kampf, gleichsam als eine Zubehörde des großen Kampfes, in den das Innere jedes Menschen versetzt ist, auch für
seinen Theil mit durchfechten helfen. Aber eine Stellung in
diesem Kampfe zu behaupten, welche zum Hauptvertreter und
Führer auf beiden Seiten zugleich macht, geht über die Kräfte
des Menschen, und dennoch nahmen die geistlichen Landesherren
solche Stellung ein, nachdem sie die kirchliche und staatliche

alt in sich vereint hatten. Tiefe Zerrüttung und Erweite‐
des schon vorhandenen Risses war die unmittelbare Folge
unnatürlichen Vereinigung. Die christliche Religion for‐
: in dem Prälaten einen frommen, vom Glauben ergriffe‐
und durchdrungenen Priester, das deutsche Volk suchte in
vor Allem nationale Gesinnung; das Reich bedurfte einen
nhaften Krieger und erfahrnen Staatsmann, die römische
he, strebend nach der Aneignung und Beherrschung aller
ionalitäten, sah in dem kräftigen Nationalbewußtsein und
reichsfürstlichen Tüchtigkeit einen gefährlichen Gegner und
angte statt des deutschen Interesses ein römisches. Aus
Verschiedenheit der Grundrichtungen, welche Papst und
fer bei dem geistlichen Landesherrn voraussetzten, entsprang
lange Kampf um das Recht zur Ernennung der reichsun‐
telbaren Prälaten, ein Kampf, der sich damit endete, daß
che wie Reich das Besetzungsrecht verloren und eine höchst
enthümliche Aristocratie sich desselben bemächtigte. In allen
nittelbaren Stiften und gefürsteten Abteien nämlich wählten
Capitel, in allen unmittelbaren ungefürsteten Abteien
Conventualen den Reichsbischof oder Reichsabt. Die Mit‐
rkung des Kaisers war rechtlich sehr gering geworden, in‐
n sie sich auf die Beaufsichtigung der Wahlhandlung durch
mmissarien beschränkte; der Einfluß des päpstlichen Hofes
chien allerdings bedeutender, weil derselbe das Bestätigungs‐
ht der gewählten Bischöfe und eximirten Aebte behauptet
tte und durch seine Dispensationsbefugniß von den häufig
lenden canonischen Eigenschaften des Erwählten Gelegenheit
r Einmischung in die Wahl selbst erhielt. Die zur Ernen‐
ng der Reichsprälaten berechtigten Capitel wurden ausschließ‐
h oder, wenn auch einige doctores juris in denselben saßen,
ch vorwiegend aus Mitgliedern des alten Adels katholischer
nfession gebildet, welche, von ihrem Interesse geleitet, die
ahl der geistlichen Würdenträger vornahmen.

In allen deutschen Territorien lassen sich Zeitpunkte nach‐
eisen, in denen es zweifelhaft war, ob nicht die Landesher‐

ren ihre Gewalt mit dem Territorialadel theilen und die übrigen Landsassen zu einem Mittel heruntersinken würden, um
Kraft und Glanz der ritterbürtigen Geschlechter zu erhalten.
Während das aus einer solchen Entartung des politischen Zustandes drohende Verderben in den größeren weltlichen Gebieten um den Preis der schrankenlosen fürstlichen Macht beseitigt
worden war, hatte es sich in den geistlichen Territorien wenigstens so weit entwickelt, daß die bewegende politische Kraft
vorwiegend in den Capiteln und der durch sie gebildeten Aristocratie lag.

Die Capitel traten überall in den unmittelbaren Erz- und
Hochstiften als politische Corporationen auf und standen, indem sie sich selbst ergänzten und ununterbrochen fortsetzten,
übermächtig neben ihren wechselnden und aus den verschiedensten Familien und Ländern herstammenden Fürsten. Ihr Recht,
in dem Bischofe zugleich den Landesherrn zu erwählen, hatten
sie seit Jahrhunderten benutzt, um sich von dem Erwählten in
den Wahlcapitulationen immer umfassendere Vorrechte dem
Landesherrn und dem Lande gegenüber einräumen zu lassen.
Keine bedeutende Anordnung sollte der Landesherr ohne Zuzie-
hung der Capitel treffen; die Präsidenten der Regierungs- und
Justizcollegien so wie die etwa nöthig werdenden Statthalter
nur aus den Mitgliedern des Domcapitels nehmen und sich
aus ihrem Bisthum nur in Begleitung Einiger derselben entfernen dürfen. Auf diese und ähnliche politische Rechte fußend
waren die Capitel dahin gelangt, als Mitinhaber der Landeshoheit sich selbst zu betrachten und von Anderen betrachtet zu
werden. In Speier z. B. legten alle Hof- und Staatsbeamte
dem Bischofe und dem Domcapitel den Eid der Treue ab
und in Cöln sollten nach der Landeseinigung von 1580 Edelmann, Ritterschaft, Städte, Amtleute und gemeine Landschaft dem Capitel gehorsam sein und nicht dem Churfürsten,
wenn dieser nicht hielt, was er gelobt hatte. Oft ward das
Capitel sogar als Erb- und Grundherr des Hochstiftes bezeichnet; überall führte es während der Sedisvacanz die Regierung

iberall konnte und zuweilen mußte der neue Landesherr
allein von, sondern auch aus den Domherren gewählt
n.

Die mächtig herrschenden Capitel gaben ihren Mitgliedern
Bewußtsein berufen zu sein zur Theilnahme an der Regie-
gesegneter Länder nicht als Beamte, sondern Kraft eige-
Rechts, und gewährten ihnen hierdurch eine so großartige
blage der politischen Wirksamkeit, wie sie außerdem nur
Fürsten zu Theil ward. Das Versinken in Gleichgül-
t und Erschlaffung, zu welchem die Ausschließlich-
des angebornen fürstlichen Rechts versucht, war für
Domherren erschwert, weil jeder Einzelne wußte, daß
Umfang seiner Wirksamkeit neben den übrigen gleich-
htigten Capitularen, sich allein nach der eigenen Be-
ing und Kraft bestimme. Die Domherrnwürde befreite
jeder Sorge um Unterhalt und Familie, wie von
ertödtenden Drucke einer mechanischen und übermäßigen
it, und gewährte hierdurch Muße zur freien politischen
igkeit; sie setzte ihren Inhaber mitten hinein in das Re-
ingsgetriebe und spornte dadurch den Eifer und die Reg-
eit an. Aber alle diese günstigen Vorbedingungen wurden
rch wirkungslos gemacht, daß die Capitel sich im aus-
eßlichen Besitz einer Fraction des Adels befanden, nämlich
nigen, welche katholischer Confession war und aus einer
ilie abstammte, deren Reinheit mehrere Generationen hin-
h unbefleckt durch das Blut einer nicht ritterbürtigen Mut-
geblieben war. In Mainz und Trier z. B. mußte jeder
nherr sechszehn Ahnen nachweisen; in Münster wurde über
illung dieser Bedingung so ängstlich gewacht, daß Schild
Helm des jüngsten Domherrn alljährlich unter Trom-
chlag zu Jedermanns Prüfung umhergetragen ward. Seit
rhunderten galt es in den stiftsfähigen Familien als festes
kommen, Einen der Söhne zum Stammherrn und Eigen-
ner der Güter, einen Anderen zum geistlichen Stande oder
mehr zur Domherrnwürde zu bestimmen. In früher Jugend

schon als Domicillar eingeschrieben, wurde der künftige Staatsmann gewöhnlich durch Jesuiten, immer durch Geistliche erzogen. Herangewachsen trat er nur deßhalb als Mitglied in
das Capitel ein, weil sich die Jahre des stiftsfähigen Spröß-
lings gemehrt hatten. Ein Mittelding zwischen einem Junker
des vorigen Jahrhunderts und einem künftigen Fürsten, begann der
neue Domherr seine Laufbahn und sah sich ausschließlich umgeben
von Männern, welche auf demselben Wege und aus demselben
Grunde wie er zu ihrer Würde gelangt waren. Zunächst und vor
Allem faßte er das eigene Interesse ins Auge, welches er seiner Abstammung und Erziehung entsprechend in einem glanzvollen
und üppigen Weltleben suchte. Die glatten Formen des in
Pariser Schule gebildeten Weltmannes und die anderen Gestaltungen, unter welchen im vorigen Jahrhundert das Volk
sich den stiftsfähigen geistlichen Herrn vorstellte, lieferten den
Beweis, daß die Domherrnwürde zur Erreichung jenes Zieles
die nöthigen Mittel gewährte. Eifrig wurden die einträgli-
chen Stellen als Präsidenten der Landcollegien, als Gesandte,
Jägermeister und Oberamtleute erstrebt, um den eigenen Aufwand zu bestreiten, den stiftsfähigen Familien die bei der
Bewerbung um die Domherrnwürde geleisteten Dienste zu ver-
gelten, den eigenen Verwandten die Schuldenlast von manchem
Jahrzehnte abzunehmen und ihnen Reichthum für kommende
Zeiten zu sichern.

Auf diesem Wege hatte sich allerdings für die geistlichen
Territorien eine mächtige und einflußreiche Aristocratie gebildet; aber sie erschien nicht als die Blüthe des Landes, welche
am frühsten und bemerkbarsten von dem Wohl und Wehe desselben ergriffen wird und daher nur in der innigsten Verschmelzung mit dem Lande und in der kräftigsten Sorge für dasselbe
das eigene Interesse fördern kann. Vielmehr setzte sich an die
Capitel als ihren Kern eine Aristocratie an, die selbstsüchtig
dem Lande gegenüber trat, Kirche und Staat als Mittel zu
ihren besonderen Zwecken benutzte und an dem Marke des Landes sog, um aus dessen Kräften für sich ein üppiges und glän-

ʒ Leben zu gewinnen. Unter diesen Verhältnissen mußte
ʒ ein glücklicher Umstand angesehen werden, wenn das
el, wie z. B. in Münster und anderen nördlichen Stiften,
vem Adel des Landes selbst besetzt ward. Der auf ein-
ritterbürtige Familien gehäufte Reichthum blieb doch we-
nʒ im Territorium und das Capitel nahm doch wenigstens
anchen Fällen, indem es für sein eigenes Beste sorgte,
ich des Landes Beste wahr. In manchen und sehr bedeu-
n Stiften aber stellte sich das Verhältniß weit weniger
ig. Während z. B. in Mainz alle Domherren in der
ischen Provinz geboren sein mußten, bildeten in Cöln
ʒehn Mitglieder vom alten unmittelbaren Adel und acht
oren der Theologie das Capitel. Da nun seit der Re-
ation die meisten benachbarten fürstlichen und gräflichen
er evangelisch geworden waren, so kamen fränkische und
bische Familien, z. B. Oettingen, Hohenlohe, Lichten-
, Schwarzenberg, Fugger, in den Besitz der abligen Dom-
stellen. Die Doctoren der Theologie pflegten aus der
ʒsstadt Cöln genommen zu werden und das Capitel war
: dem Lande völlig fremd. Die Familien, denen der
thum zufloß, brachten denselben außer Landes und die
herrn selbst, oft zugleich Mitglieder in Capiteln anderer
hümer, lebten einen Theil des Jahres auswärts und ver-
n sicher das Land, sobald Gefahr ihm nahte.
Eine der Kräfte, welche das staatliche Leben in den geist-
n Territorien leiten und kräftigen sollte, lag demnach in
Corporation, welche nicht über, sondern mitten in den
ach verschlungenen und sich durchkreuzenden Interessen der
rthanen stand und die gewonnene Macht zur Förderung
, dem allgemeinen Interesse entgegengesetzten Sonderinter-
benutzte. Es fragt sich, in wie fern die Stellung des
ichen Landesherrn geeignet war, das Streben der Capitel
ädlich zu machen.
An heftigen Kämpfen zwischen dem Bischofe und dem Ca-
fehlte es allerdings fast in keinem geistlichen Lande. Die

Kraft, welche in der Persönlichkeit des Bischofs lag, hielt der
Wechsellosigkeit und Thätigkeit der corporativen Capitel in solchem Grade das Gleichgewicht, daß der Zwiespalt in den
Bisthümern gleichsam zur Verfassung gehörte. Ununterbrochene
Verhandlungen widerwärtigster Art, gegenseitiges ängstliches
Beobachten, langwierige Processe vor dem Reichshofrathe characterisirten überall das Verhältniß zwischen Bischof und Capitel. In Würzburg z. B. war es im vorigen Jahrhundert
dahin gekommen, daß wenn der Bischof Anordnungen traf, das
Capitel Verbote erließ, sie zu befolgen. Die Bischöfe hatten
stets einen Halt an dem Kaiser und den Reichsgerichten, die
Capitel dagegen an ihrem Rechte die Wahlcapitulationen festzustellen. Bischöfe und Aebte beschworen, um sich die glänzende
Stellung nicht entgehen zu lassen, unbedenklich auch die lästigsten Bedingungen; aber einmal in den Besitz ihrer Würde gelangt, suchten sie dieselben in jeder Weise zu umgehen. Erschien ihnen der Widerspruch zwischen ihrer Handlungsweise
und der beschworenen Capitulation zu schroff, so ließen sie sich
vom Papste ihres Eides entbinden. Die Capitel wurden durch
die häufig wiederkehrenden Eidesentbindungen zu Vorsichtsmaaßregeln genöthigt, welche gleich entehrend für die geistliche,
wie für die weltliche Stellung des Bischofs waren. Bald
mußten die Erwählten ausdrücklich beschwören*), daß sie den
abgelegten Eid nicht aufheben lassen würden, und daß alle Gefährde, Arglist und böse Fund gänzlich ausgeschlossen bleiben
sollten. Dem Bischofe von Regensburg traute sein Capitel
1641 trotz dieses Versprechens doch nicht; er mußte seine sämmtlichen Güter für die Haltung des Eides zur Hypothek stellen.
Der Bischof von Würzburg erklärte 1684, daß, falls er sich
von seinem Eide entbinden ließe, alle Glieder seiner Familie
propter quasi notam infamiae auf hundert Jahre unfähig sein
sollten, Mitglieder des Capitels zu werden.

---

*) Speirsche Wahlcapitulation v. 1770.

So ununterbrochen und leidenschaftlich der Kampf auch
rt ward, konnte er dennoch die das Land zerstörende Re=
ngsweise der Capitel nicht beseitigen, weil er sich ledig=
um ein Mehr oder Minder an Rechten und Einkünften
te, welche streitig zwischen den beiden Parteien waren.
Fürst wollte möglichst viele Einnahmen haben, um die
r Stellung als Reichsstand entsprechende Pracht entfalten
zufälligen Liebhabereien nachhängen zu können; er wollte
seiner Familie zu Theil gewordene und mit seinem Leben
ibergehende Glück, wie die Domherren das Ihrige, nutzen,
Verwandte schuldenfrei oder reich zu machen, und beutete
e einträgliche Würde, welche in Würzburg z. B. über eine
ie, in Mainz weit über eine ganze Million Gulden jährlich
arf, nicht wie ein Eigenthümer, sondern wie ein Nutz=
ier aus. In diesem selbstsüchtigen Streben traten ihm die
inigten Domherren mit gleicher Selbstsucht entgegen; aber
hieraus sich entspinnende Kampf berührte die Art und
ise der Landesregierung nicht. Ueber diese vielmehr waren
st und Capitel einverstanden, wie es auch nach Lage der
ige kaum anders sein konnte.
Nur zuweilen gehörten nämlich die geistlichen Landesher=
einem großen Hause, namentlich dem Oestreichischen, Bai=
hen und Pfälzischen an, und in diesem Falle sollten die
lfsmittel dazu dienen, die politische Macht ihrer Familie
verstärken. Meistens dagegen brachten die fürstlichen Bi=
öfe, aus derselben Fraction des deutschen Adels wie die Ca=
el hervorgegangen, dasselbe festgewurzelte Standesvorur=
il wie jene mit, und waren der Meinung, daß es die histo=
ch begründete Bestimmung der geistlichen Lande sei, den zu=
ch mit Kindern gesegneten stiftsmäßigen Familien des süd=
hen und westlichen Deutschlands eine einträgliche und be=
eme Versorgung für die jüngeren Glieder zu gewähren.
n diesem Standpunkte aus leitete das Capitel die Regie=
ng und von diesem Standpunkte aus betrachtete der Landes=
rr seine Herrschaft. Jede Abweichung von der angeerbten

und durch den Standesgeist verstärkten Regierungsansicht mußte
ihn sogleich in einen schroffen Gegensatz zu seinem eignen
Fleisch und Blut, dem gesammten stiftsfähigen Adel Deutschlands, und in den heftigsten Kampf mit dem Capitel bringen,
welchem er für die Ertheilung seiner Würde zum Dank verpflichtet war. Sich dieser neuen Störung seiner üppigen Ruhe
freiwillig zu unterziehen ward der geistliche Fürst nicht wie
bei jenem Zanke über Mein und Dein durch ein individuelles
Interesse getrieben, sondern nur durch die Rücksicht auf das
von ihm regierte Land. Aber dem Lande war er der Geburt
nach oft ganz fremd und niemals mit demselben zu einem in
der Vergangenheit begründeten und in der Zukunft fortdauernden Ganzen wie der Souverän mit der Erbmonarchie verwachsen, weil er weder Ahnen zu Vorgängern noch Kinder und
Kindeskinder zu Nachfolgern in der Regierung haben durfte.
Nicht selten war ferner ein und derselbe Mann zu gleicher
Zeit Landesherr in mehreren Bisthümern und Abteien. Clemens August z. B. Herzog von Baiern, war in der Mitte des
vorigen Jahrhunderts 1) Coadjutor von Regensburg, 2) Bischof von Münster, 3) Bischof von Paderborn, 4) Churfürst
von Cöln, 5) Bischof von Hildesheim, 6) Probst zu Lüttich,
7) Bischof von Osnabrück, 8) Hoch- und Deutschmeister zu
Mergentheim. Etwas später war Franz Egon von Fürstenberg Bischof von Hildesheim und Bischof von Paderborn;
Friedrich von Erthal Churfürst von Mainz und Bischof zu
Worms; Clemens Wenzel Herzog von Sachsen, Propst zu
Ellwangen, Bischof von Augsburg und Churfürst von Trier.
Wenn in einem einzelnen Falle die fehlende Liebe zum Lande
durch einen angebornen Herrschersinn ersetzt ward, welchem das
Leben ohne wahrhaft politische Thätigkeit keinen Werth hat, so traten der Thatkraft des großartigen Staatsmannes dieselben Rechtsschranken der Wahlcapitulationen lähmend entgegen, welche
freilich auch den despotischen Herrn hinderten, unter dem Vorwande des Staatsinteresses Alles zu verschlingen. Selbst hin-
und hergezogen zwischen seinem geistlichen und seinem weltli-

chen Beruf, mußte überdieß der Bischof sich in weit höherem
Grade als der zum Regenten seines Landes geborne und erzogene Fürst auf die Beamten verlassen und dennoch wurde
ihm in sehr vielen Fällen sein Minister durch Pflichten der Dank-
barkeit, durch Versprechen vor der Erwählung oder durch un-
besiegbare Rücksichten auf Familienverhältnisse aufgedrungen.
Auch wenn er seinen ersten Diener frei sich ausgesucht hatte,
fand er ihn nicht leicht zu einem kräftigen und entschiedenen
Handeln geneigt, weil derselbe die Abneigung der Domherren
und des nachfolgenden Fürsten scheute. Die Präsidenten der
Collegien bestanden aus Mitgliedern, die niederen Beamten
meistens aus Günstlingen desselben Capitels, dessen Besiegung
die Aufgabe eines jeden Fürsten war, der politisch wirksam
regieren wollte.

Hatte ein geistlicher Landesherr alle diese Schwierigkeiten
überwunden, so war freilich für sein eigenes Bewußtsein viel,
aber für des Landes Beste nur wenig gewonnen, denn die
Tage eines Bischofs, der mit seltenen Ausnahmen als altern-
der Mann zur Regierung kam, waren stets gezählt. Starb
er, so war seine Schöpfung dem Capitel Preis gegeben, welches während der Sedisvacanz die Herrschaft führte und ungleich schneller das ihm widerwärtige Werk eines bedeutenden
Mannes zerstörte, als es errichtet worden war. Die etwa
übrig bleibenden Reste einer guten Zeit fielen als ein todter
Schatz dem neugewählten Fürsten zu, weil der Zufall es nicht
leicht fügte, daß unmittelbar nach einander zwei politisch bedeutende Männer auf den Bischofsstuhl erwählt wurden. Diese
Gewißheit, nur für wenige Jahre wirken und niemals den
Grund zu einem dauernden Gebäude legen zu können, machte
es zum Principe der Meisten, Alles bei dem Alten zu lassen,
ruhig zu leben, sich gütlich zu thun und, wie das Capitel, das
Land als ein Mittel für die Zwecke des stiftsmäßigen Adels
zu betrachten. In allen Stiften fand sich in Folge dieser Re-
gierungsansichten neben einer Anzahl bemittelter oder reicher
stiftsmäßiger und ritterbürtiger Familien, welche z. B. in Trier

ren ihre Gewalt mit dem Territorialadel theilen und die übrigen Landsassen zu einem Mittel heruntersinken würden, um
Kraft und Glanz der ritterbürtigen Geschlechter zu erhalten.
Während das aus einer solchen Entartung des politischen Zustandes drohende Verderben in den größeren weltlichen Gebieten um den Preis der schrankenlosen fürstlichen Macht beseitigt
worden war, hatte es sich in den geistlichen Territorien wenigstens so weit entwickelt, daß die bewegende politische Kraft
vorwiegend in den Capiteln und der durch sie gebildeten Aristocratie lag.

Die Capitel traten überall in den unmittelbaren Erz- und
Hochstiften als politische Corporationen auf und standen, indem sie sich selbst ergänzten und ununterbrochen fortsetzten,
übermächtig neben ihren wechselnden und aus den verschiedensten Familien und Ländern herstammenden Fürsten. Ihr Recht,
in dem Bischofe zugleich den Landesherrn zu erwählen, hatten
sie seit Jahrhunderten benutzt, um sich von dem Erwählten in
den Wahlcapitulationen immer umfassendere Vorrechte dem
Landesherrn und dem Lande gegenüber einräumen zu lassen.
Keine bedeutende Anordnung sollte der Landesherr ohne Zuzie-
hung der Capitel treffen; die Präsidenten der Regierungs- und
Justizcollegien so wie die etwa nöthig werdenden Statthalter
nur aus den Mitgliedern des Domcapitels nehmen und sich
aus ihrem Bisthum nur in Begleitung Einiger derselben entfernen dürfen. Auf diese und ähnliche politische Rechte fußend
waren die Capitel dahin gelangt, als Mitinhaber der Landeshoheit sich selbst zu betrachten und von Anderen betrachtet zu
werden. In Speier z. B. legten alle Hof- und Staatsbeamte
dem Bischofe und dem Domcapitel den Eid der Treue ab
und in Cöln sollten nach der Landeseinigung von 1580 Edelmann, Ritterschaft, Städte, Amtleute und gemeine Landschaft dem Capitel gehorsam sein und nicht dem Churfürsten,
wenn dieser nicht hielt, was er gelobt hatte. Oft ward das
Capitel sogar als Erb- und Grundherr des Hochstiftes bezeichnet; überall führte es während der Sedisvacanz die Regierung

und überall konnte und zuweilen mußte der neue Landesherr nicht allein von, sondern auch aus den Domherren gewählt werden.

Die mächtig herrschenden Capitel gaben ihren Mitgliedern das Bewußtsein berufen zu sein zur Theilnahme an der Regierung gesegneter Länder nicht als Beamte, sondern Kraft eigenen Rechts, und gewährten ihnen hierdurch eine so großartige Grundlage der politischen Wirksamkeit, wie sie außerdem nur den Fürsten zu Theil ward. Das Versinken in Gleichgültigkeit und Erschlaffung, zu welchem die Ausschließlichkeit des angebornen fürstlichen Rechts verführt, war für die Domherren erschwert, weil jeder Einzelne wußte, daß der Umfang seiner Wirksamkeit neben den übrigen gleich berechtigten Capitularen, sich allein nach der eigenen Bedeutung und Kraft bestimme. Die Domherrnwürde befreite von jeder Sorge um Unterhalt und Familie, wie von dem ertödtenden Drucke einer mechanischen und übermäßigen Arbeit, und gewährte hierdurch Muße zur freien politischen Thätigkeit; sie setzte ihren Inhaber mitten hinein in das Regierungsgetriebe und spornte dadurch den Eifer und die Regsamkeit an. Aber alle diese günstigen Vorbedingungen wurden dadurch wirkungslos gemacht, daß die Capitel sich im ausschließlichen Besitz einer Fraction des Adels befanden, nämlich derjenigen, welche katholischer Confession war und aus einer Familie abstammte, deren Reinheit mehrere Generationen hindurch unbefleckt durch das Blut einer nicht ritterbürtigen Mutter geblieben war. In Mainz und Trier z. B. mußte jeder Domherr sechszehn Ahnen nachweisen; in Münster wurde über Erfüllung dieser Bedingung so ängstlich gewacht, daß Schild und Helm des jüngsten Domherrn alljährlich unter Trommelschlag zu Jedermanns Prüfung umhergetragen ward. Seit Jahrhunderten galt es in den stiftsfähigen Familien als festes Herkommen, Einen der Söhne zum Stammherrn und Eigenthümer der Güter, einen Anderen zum geistlichen Stande oder vielmehr zur Domherrnwürde zu bestimmen. In früher Jugend

schon als Domicillar eingeschrieben, wurde der künftige Staatsmann gewöhnlich durch Jesuiten, immer durch Geistliche erzogen. Herangewachsen trat er nur deßhalb als Mitglied in
das Capitel ein, weil sich die Jahre des stiftsfähigen Spröß-
lings gemehrt hatten. Ein Mittelding zwischen einem Junker
des vorigen Jahrhunderts und einem künftigen Fürsten, begann der
neue Domherr seine Laufbahn und sah sich ausschließlich umgeben
von Männern, welche auf demselben Wege und aus demselben
Grunde wie er zu ihrer Würde gelangt waren. Zunächst und vor
Allem faßte er das eigene Interesse ins Auge, welches er seiner Abstammung und Erziehung entsprechend in einem glanzvollen
und üppigen Weltleben suchte. Die glatten Formen des in
Pariser Schule gebildeten Weltmannes und die anderen Gestaltungen, unter welchen im vorigen Jahrhundert das Volk
sich den stiftsfähigen geistlichen Herrn vorstellte, lieferten den
Beweis, daß die Domherrnwürde zur Erreichung jenes Zieles
die nöthigen Mittel gewährte. Eifrig wurden die einträgli-
chen Stellen als Präsidenten der Landcollegien, als Gesandte,
Jägermeister und Oberamtleute erstrebt, um den eigenen Aufwand zu bestreiten, den stiftsfähigen Familien die bei der
Bewerbung um die Domherrnwürde geleisteten Dienste zu ver-
gelten, den eigenen Verwandten die Schuldenlast von manchem
Jahrzehnte abzunehmen und ihnen Reichthum für kommende
Zeiten zu sichern.

Auf diesem Wege hatte sich allerdings für die geistlichen
Territorien eine mächtige und einflußreiche Aristocratie gebildet; aber sie erschien nicht als die Blüthe des Landes, welche
am frühsten und bemerkbarsten von dem Wohl und Wehe desselben ergriffen wird und daher nur in der innigsten Verschmelzung mit dem Lande und in der kräftigsten Sorge für dasselbe
das eigene Interesse fördern kann. Vielmehr setzte sich an die
Capitel als ihren Kern eine Aristocratie an, die selbstsüchtig
dem Lande gegenüber trat, Kirche und Staat als Mittel zu
ihren besonderen Zwecken benutzte und an dem Marke des Landes sog, um aus dessen Kräften für sich ein üppiges und glän-

zendes Leben zu gewinnen. Unter diesen Verhältnissen mußte
es als ein glücklicher Umstand angesehen werden, wenn das
Capitel, wie z. B. in Münster und anderen nördlichen Stiften,
aus dem Adel des Landes selbst besetzt ward. Der auf einzelne ritterbürtige Familien gehäufte Reichthum blieb doch wenigstens im Territorium und das Capitel nahm doch wenigstens
in manchen Fällen, indem es für sein eigenes Beste sorgte,
zugleich des Landes Beste wahr. In manchen und sehr bedeutenden Stiften aber stellte sich das Verhältniß weit weniger
günstig. Während z. B. in Mainz alle Domherren in der
rheinischen Provinz geboren sein mußten, bildeten in Cöln
sechszehn Mitglieder vom alten unmittelbaren Adel und acht
Doctoren der Theologie das Capitel. Da nun seit der Reformation die meisten benachbarten fürstlichen und gräflichen
Häuser evangelisch geworden waren, so kamen fränkische und
schwäbische Familien, z. B. Oettingen, Hohenlohe, Lichten-
stein, Schwarzenberg, Fugger, in den Besitz der abligen Dom-
herrnstellen. Die Doctoren der Theologie pflegten aus der
Reichsstadt Cöln genommen zu werden und das Capitel war
daher dem Lande völlig fremd. Die Familien, denen der
Reichthum zufloß, brachten denselben außer Landes und die
Domherrn selbst, oft zugleich Mitglieder in Capiteln anderer
Bisthümer, lebten einen Theil des Jahres auswärts und verließen sicher das Land, sobald Gefahr ihm nahte.

Eine der Kräfte, welche das staatliche Leben in den geistlichen Territorien leiten und kräftigen sollte, lag demnach in
einer Corporation, welche nicht über, sondern mitten in den
vielfach verschlungenen und sich durchkreuzenden Interessen der
Unterthanen stand und die gewonnene Macht zur Förderung
ihres, dem allgemeinen Interesse entgegengesetzten Sonderinteresses benutzte. Es fragt sich, in wie fern die Stellung des
geistlichen Landesherrn geeignet war, das Streben der Capitel
unschädlich zu machen.

An heftigen Kämpfen zwischen dem Bischofe und dem Capitel fehlte es allerdings fast in keinem geistlichen Lande. Die

Kraft, welche in der Persönlichkeit des Bischofs lag, hielt der Wechsellosigkeit und Thätigkeit der corporativen Capitel in solchem Grade das Gleichgewicht, daß der Zwiespalt in den Bisthümern gleichsam zur Verfassung gehörte. Ununterbrochene Verhandlungen widerwärtigster Art, gegenseitiges ängstliches Beobachten, langwierige Processe vor dem Reichshofrathe characterisirten überall das Verhältniß zwischen Bischof und Capitel. In Würzburg z. B. war es im vorigen Jahrhundert dahin gekommen, daß wenn der Bischof Anordnungen traf, das Capitel Verbote erließ, sie zu befolgen. Die Bischöfe hatten stets einen Halt an dem Kaiser und den Reichsgerichten, die Capitel dagegen an ihrem Rechte die Wahlcapitulationen festzustellen. Bischöfe und Aebte beschworen, um sich die glänzende Stellung nicht entgehen zu lassen, unbedenklich auch die lästigsten Bedingungen; aber einmal in den Besitz ihrer Würde gelangt, suchten sie dieselben in jeder Weise zu umgehen. Erschien ihnen der Widerspruch zwischen ihrer Handlungsweise und der beschworenen Capitulation zu schroff, so ließen sie sich vom Papste ihres Eides entbinden. Die Capitel wurden durch die häufig wiederkehrenden Eidesentbindungen zu Vorsichtsmaaßregeln genöthigt, welche gleich entehrend für die geistliche, wie für die weltliche Stellung des Bischofs waren. Bald mußten die Erwählten ausdrücklich beschwören*), daß sie den abgelegten Eid nicht aufheben lassen würden, und daß alle Gefährde, Arglist und böse Fünd gänzlich ausgeschlossen bleiben sollten. Dem Bischofe von Regensburg traute sein Capitel 1641. trotz dieses Versprechens doch nicht; er mußte seine sämmtlichen Güter für die Haltung des Eides zur Hypothek stellen. Der Bischof von Würzburg erklärte 1684, daß, falls er sich von seinem Eide entbinden ließe, alle Glieder seiner Familie propter quasi notam infamiae auf hundert Jahre unfähig sein sollten, Mitglieder des Capitels zu werden.

---

*) Speirische Wahlcapitulation v. 1770.

So ununterbrochen und leidenschaftlich der Kampf auch geführt ward, konnte er dennoch die das Land zerstörende Regierungsweise der Capitel nicht beseitigen, weil er sich lediglich um ein Mehr oder Minder an Rechten und Einkünften drehte, welche streitig zwischen den beiden Parteien waren. Der Fürst wollte möglichst viele Einnahmen haben, um die seiner Stellung als Reichsstand entsprechende Pracht entfalten und zufälligen Liebhabereien nachhängen zu können; er wollte das seiner Familie zu Theil gewordene und mit seinem Leben vorübergehende Glück, wie die Domherren das Ihrige, nutzen, um Verwandte schuldenfrei oder reich zu machen, und beutete seine einträgliche Würde, welche in Würzburg z. B. über eine halbe, in Mainz weit über eine ganze Million Gulden jährlich abwarf, nicht wie ein Eigenthümer, sondern wie ein Nutznießer aus. In diesem selbstsüchtigen Streben traten ihm die vereinigten Domherren mit gleicher Selbstsucht entgegen; aber der hieraus sich entspinnende Kampf berührte die Art und Weise der Landesregierung nicht. Ueber diese vielmehr waren Fürst und Capitel einverstanden, wie es auch nach Lage der Dinge kaum anders sein konnte.

Nur zuweilen gehörten nämlich die geistlichen Landesherren einem großen Hause, namentlich dem Oestreichischen, Bairischen und Pfälzischen an, und in diesem Falle sollten die Hülfsmittel dazu dienen, die politische Macht ihrer Familie zu verstärken. Meistens dagegen brachten die fürstlichen Bischöfe, aus derselben Fraction des deutschen Adels wie die Capitel hervorgegangen, dasselbe festgewurzelte Standesvorurtheil wie jene mit, und waren der Meinung, daß es die historisch begründete Bestimmung der geistlichen Lande sei, den zu reich mit Kindern gesegneten stiftsmäßigen Familien des südlichen und westlichen Deutschlands eine einträgliche und bequeme Versorgung für die jüngeren Glieder zu gewähren. Von diesem Standpunkte aus leitete das Capitel die Regierung und von diesem Standpunkte aus betrachtete der Landesherr seine Herrschaft. Jede Abweichung von der angeerbten

und durch den Standesgeist verstärkten Regierungsansicht mußte
ihn sogleich in einen schroffen Gegensatz zu seinem eignen
Fleisch und Blut, dem gesammten stiftsfähigen Adel Deutschlands, und in den heftigsten Kampf mit dem Capitel bringen,
welchem er für die Ertheilung seiner Würde zum Dank verpflichtet war. Sich dieser neuen Störung seiner üppigen Ruhe
freiwillig zu unterziehen ward der geistliche Fürst nicht wie
bei jenem Zanke über Mein und Dein durch ein individuelles
Interesse getrieben, sondern nur durch die Rücksicht auf das
von ihm regierte Land. Aber dem Lande war er der Geburt
nach oft ganz fremd und niemals mit demselben zu einem in
der Vergangenheit begründeten und in der Zukunft fortdauernden Ganzen wie der Souverän mit der Erbmonarchie verwachsen, weil er weder Ahnen zu Vorgängern noch Kinder und
Kindeskinder zu Nachfolgern in der Regierung haben durfte.
Nicht selten war ferner ein und derselbe Mann zu gleicher
Zeit Landesherr in mehreren Bisthümern und Abteien. Clemens August z. B. Herzog von Baiern, war in der Mitte des
vorigen Jahrhunderts 1) Coadjutor von Regensburg, 2) Bischof von Münster, 3) Bischof von Paderborn, 4) Churfürst
von Cöln, 5) Bischof von Hildesheim, 6) Probst zu Lüttich,
7) Bischof von Osnabrück, 8) Hoch- und Deutschmeister zu
Mergentheim. Etwas später war Franz Egon von Fürstenberg Bischof von Hildesheim und Bischof von Paderborn;
Friedrich von Erthal Churfürst von Mainz und Bischof zu
Worms; Clemens Wenzel Herzog von Sachsen, Propst zu
Ellwangen, Bischof von Augsburg und Churfürst von Trier.
Wenn in einem einzelnen Falle die fehlende Liebe zum Lande
durch einen angebornen Herrschersinn ersetzt ward, welchem das
Leben ohne wahrhaft politische Thätigkeit keinen Werth hat, so traten der Thatkraft des großartigen Staatsmannes dieselben Rechtsschranken der Wahlcapitulationen lähmend entgegen, welche
freilich auch den despotischen Herrn hinderten, unter dem Vorwande des Staatsinteresses Alles zu verschlingen. Selbst hin-
und hergezogen zwischen seinem geistlichen und seinem weltli-

chen Beruf, mußte überdieß der Bischof sich in weit höherem
Grade als der zum Regenten seines Landes geborne und erzogene Fürst auf die Beamten verlassen und dennoch wurde
ihm in sehr vielen Fällen sein Minister durch Pflichten der Dank-
barkeit, durch Versprechen vor der Erwählung oder durch un-
besiegbare Rücksichten auf Familienverhältnisse aufgedrungen.
Auch wenn er seinen ersten Diener frei sich ausgesucht hatte,
fand er ihn nicht leicht zu einem kräftigen und entschiedenen
Handeln geneigt, weil derselbe die Abneigung der Domherren
und des nachfolgenden Fürsten scheute. Die Präsidenten der
Collegien bestanden aus Mitgliedern, die niederen Beamten
meistens aus Günstlingen desselben Capitels, dessen Besiegung
die Aufgabe eines jeden Fürsten war, der politisch wirksam
regieren wollte.

Hatte ein geistlicher Landesherr alle diese Schwierigkeiten
überwunden, so war freilich für sein eigenes Bewußtsein viel,
aber für des Landes Beste nur wenig gewonnen, denn die
Tage eines Bischofs, der mit seltenen Ausnahmen als altern-
der Mann zur Regierung kam, waren stets gezählt. Starb
er, so war seine Schöpfung dem Capitel Preis gegeben, welches während der Sedisvacanz die Herrschaft führte und ungleich schneller das ihm widerwärtige Werk eines bedeutenden
Mannes zerstörte, als es errichtet worden war. Die etwa
übrig bleibenden Reste einer guten Zeit fielen als ein todter
Schatz dem neugewählten Fürsten zu, weil der Zufall es nicht
leicht fügte, daß unmittelbar nach einander zwei politisch bedeutende Männer auf den Bischofsstuhl erwählt wurden. Diese
Gewißheit, nur für wenige Jahre wirken und niemals den
Grund zu einem dauernden Gebäude legen zu können, machte
es zum Principe der Meisten, Alles bei dem Alten zu lassen,
ruhig zu leben, sich gütlich zu thun und, wie das Capitel, das
Land als ein Mittel für die Zwecke des stiftsmäßigen Adels
zu betrachten. In allen Stiften fand sich in Folge dieser Re-
gierungsansichten neben einer Anzahl bemittelter oder reicher
stiftsmäßiger und ritterbürtiger Familien, welche z. B. in Trier

8

ein Drittel des Bodens besaßen, eine Arbeitermenge, welche
theils als Hörige die Güter des Adels bebauten, theils als
Bauern und Handwerker durch ihrer Hände Arbeit den Aufwand des Bischofs, des Capitels, der hohen ritterbürtigen
Beamten und des ganzen dazu gehörigen Anhangs möglich machen mußten. Während der Adel sich zu schonen verstand, trugen sie Abgaben so drückender Art, daß der alte Spruch: unter
Krummstab ist gut wohnen, nur noch als Erinnerung an vergangene Zeiten eine Bedeutung hatte.

Nachdem die geistlichen Territorien einmal die Gestalt gewonnen hatten, welche sie in den letzten Jahrhunderten besaßen, konnten Bischöfe, Aebte, Capitel und das Bruchstück des
deutschen Adels, dem sie angehörten, in Rücksicht auf ihre
Sonderinteressen nur verlieren, sobald Aenderungen irgend einer
Art eintraten. Aengstlich suchte deßhalb die geistliche Regierung
alle Kräfte zu ersticken, welche Leben und Bewegung hätte erzeugen können und trat schon in weiter Ferne jeder Gefahr für
das Bestehende entgegen. Im Volke hatte sich das Gedächtniß
früherer lebensvoller Zustände nicht einmal als Tradition erhalten; Väter und Großväter hatten keine anderen Verhältnisse gekannt, als die, von welchen die Generation der
Gegenwart umgeben war. Die Natur der gesegneten Länder
verlangte nicht, daß ihr die Schätze, die sie in sich barg, abgerungen würden, sondern bot in unerschöpflichem Reichthum
Früchte, Wein, Holz, Bergwerke, Mineralquellen, große
Land- und Wasserstraßen dem trägen Volke dar, welches es
bequem fand, sich anstrengungslos von dem Strome der Zeit
tragen zu lassen und die Ziele, deren Verfolgung das Menschenleben mit Sorge und heißer Arbeit erfüllt, als gar nicht
vorhanden anzunehmen.

Alles Neue erschien auch ihm als eine drohende Störung
und die geistliche Herrschaft in ihrer einmal angenommenen
Gestalt wurde von der Familien- und Volksmeinung als die
einzig erträgliche angesehen. Dem nicht althergebrachten Schritte
eines wohlmeinenden geistlichen Fürsten trat im Volke die

Macht der verdrießlichen Trägheit und die nur zu wohl begründete Hoffnung entgegen, daß binnen wenig Jahren die
beliebten Neuerungen von selbst über den Haufen fallen würden. Jeder auswärtige Einfluß, der diese Meinung hätte
wankend machen können, insbesondere jeder protestantische Einfluß, wurde mit Erfolg ausgeschlossen. Die meisten kleineren
und viele größere geistliche Territorien hatten ihre Bevölkerung
rein von evangelischer Beimischung gehalten*). Bamberg z.
B. war ausschließlich katholisch; Münster hatte nur einzelne
ritterbürtige Familien und eine einzige Gemeinde evangelischer
Confession; Mainz duldete mit ein paar Ausnahmen nur auf
dem Eichsfelde und in Erfurt Protestanten, Würzburg hatte
nur einzelne Gemeinden und Worms, dem im Anfange des
vorigen Jahrhunderts evangelische Gebiete von Churpfalz ab-
getreten worden waren, beseitigte deren Einwirkung, indem es
den kirchlichen Zusammenhang der Protestanten vernichtete und
die Entscheidung in Kirchensachen, so wie die Ernennung der
Geistlichen und Lehrer, in die Hände der katholischen Regierung brachte. Trier hatte nur in den Landestheilen, die es
mit anderen Fürsten gemeinschaftlich besaß, evangelische Unterthanen und wachte so eifrig über die Reinerhaltung seines übrigen Gebietes, daß im Jahre 1783 die öffentlichen Blätter als
ein außerordentliches Ereigniß mittheilten**) „ein Protestant,
Namens Bucking aus Trarbach, habe die Erlaubniß erhalten, sich
in Coblenz cum privato religionis exercitio niederzulassen."
Da überdieß Censur und die niedrige Stufe, auf welcher der
Buchhandel stand, auswärtige Einwirkungen sehr erschwerten,
so konnten die geistlichen Regierungen ihren Unterthanen ziemlich genau das Maaß der Bildung, der Kenntnisse und des
geistigen Lebens, so wie die Richtung der politischen und religiösen Ansichten bestimmen. Die Landschulen und die deutschen Schulen in den Städten, aus denen die große Mehrzahl

---

*) Büsching neue Erdbeschreibung. Hamburg 1761. Band 3 und 4.
**) Schlozer Staatsanzeigen III. S. 210.

aller Einwohner ihre geistige Ausbildung schöpften, befanden
sich in den Händen des niederen Clerus, der weder Mehreres
noch Anderes, als er selbst besaß, mittheilen konnte und daher
das Volk seiner Trägheit und Unwissenheit überließ. Die höheren fürstlichen Diener, so wie die Mitglieder der ritterbürtigen Familien, wurden zuweilen durch geistliche Hauslehrer,
meistens durch die Jesuitencollegia, herangezogen, deren z. B.
Churmainz in Heiligenstadt, Aschaffenburg, Erfurt und Mainz
besaß. Eine Masse von Welt- und Klostergeistlichen verbreitete weit über ihren Stand und ihre Klostermauern hinaus die
faule Indolenz, an der sie selbst zu Grunde gegangen waren.
Allein in den Hochstiften, mit Zuzählung einiger größerer Abteien, trieben sich sechszig bis siebenzig Tausend Ordensleute
umher und im Durchschnitte saßen auf jeder Quadratmeile
geistlichen Landes funfzig Priester.

Handel und Gewerbe konnten in dem dumpfen Geistesdruck und der trägen Unbeweglichkeit nicht gedeihen und wurden durch die harten Abgaben gänzlich verscheucht. Nur in
den Bisthümern, in welchen einstens bessere Zeiten kräftiges
städtisches Leben hervorgerufen hatten, waren, wie z. B. in
Würzburg und Mainz, Ueberbleibsel desselben inmitten des allgemeinen Absterbens erhalten worden. Bittere Armuth mit
ihrem traurigen Geist und Herz niederdrückenden Gefolge lastete auf den Bewohnern der deutschen Länder, die vor allen
Anderen von der Natur gesegnet waren. Das Tausend träger
Bauern und Handwerker, die durchschnittlich auf der Quadratmeile geistlichen Landes saßen, mußte nach des Herrn von
Sartori Angabe funfzig Geistliche und zweihundert und sechszig Bettler ernähren, die schweren Dienste und Frohnden an
ihre Gutsherren leisten und außerdem die prachtvolle Hofhaltung, die Ueppigkeit der Domherren, die Geldsendungen nach Rom
und die Zinszahlung für die meistens übermäßigen Schulden
der Territorien möglich machen.

Die Versuche einzelner Fürsten oder einzelner Minister,
Handel und Gewerbe zu beleben, den Ackerbau zu fördern, den

Abgabendruck zu mildern und das Volk aus seiner dumpfen Gleichgültigkeit zu wecken, haben allerdings, namentlich in der letzten Hälfte des vorigen Jahrhunderts, Erfolg, aber nur vorübergehend gehabt; denn eine dauernde bessere Zukunft ließ sich für die in den Bisthümern und Abteien vereinten Deutschen nur dann erwarten, wenn die Verfassung, welche den Vortheil einzelner Familien zum Ziel und den geistigen Tod des Volkes zur Voraussetzung hatte, gänzlich beseitigt worden war.

Das Reich hatte kein Interesse, den Untergang der geistlichen Staaten zu verhindern oder zu verzögern. Sie brachten ihm schon dadurch Verderben, daß ihre Glieder, obgleich der Zahl und Bedeutung nach zu hervorragenden Mitträgern des nationalen Lebens berufen, in den letzten Jahrhunderten erschlafft, ja erstorben, als eine todte Masse von dem deutschen Volke fortgeschleppt werden mußten und ihr lebenloses Hinträumen weiter und weiter in die für die Ansteckung nur zu empfängliche Nation zu verbreiten drohten. Augenblicklich gefährlicher wurde dem Reiche die Stellung, in welche es durch die Verbindung der Bischofswürde mit der Landeshoheit dem Auslande gegenüber gesetzt ward. Als in früheren Jahrhunderten Deutschland durch die Völker des Ostens gefährdet ward, wurden die Gränzen den kraftvollen Händen der Markgrafen übergeben und durch eine ausschließlich kriegerische Verfassung widerstandsfähig gemacht. In den letztvergangenen Jahrhunderten nahte die Gefahr von Westen; aber statt kriegerischer Markgrafen und starker Wehrverfassung führte auf den bedrohten Punkten der Krummstab sein schlaffes Regiment. Osnabrück, Münster, Cöln, Trier, Mainz, Worms, Speier, Straßburg, Basel, Constanz hatten entweder selbst die Gränzen inne oder machten doch die weltlichen Gränzfürsten, deren Lande sie zersplitterten, zur starken Gegenwehr unfähig. So lange die geistlichen Staaten bestanden, konnten wohl Oestreich oder Preußen, nie aber Deutschland die Westgränze schirmen und nie ein Heerwesen ausbilden, welches gewaltsamen

Nachbarn die Luft zu Eroberungen genommen hätte. Jahrhunderte hindurch hatten ferner die geiftlichen Staaten den Weg
gebildet, auf welchem fremde Mächte, vor Allem die Römifche
Curie mit ihren Verbündeten, zu einem das Reich zerftörenden
Einfluß gelangt waren und noch immer mußten die Reichsftände und die andern ftiftsfähigen Familien, welche ihre
nachgebornen Mitglieder mit Bisthümern und Abteien verforgen wollten, fich um die Gunft des römifchen Hofes bemühen,
weil diefer dem vom Capitel Erwählten Schwierigkeiten in
den Weg legen und die etwa entgegen ftehenden canonifchen
Hinderniffe befeitigen konnte. Noch immer mußten die unmittelbaren Bifchöfe dem Papfte den Eid der Treue ablegen und
verfprechen, die Häretiker und Schismatiker zu bekämpfen, während fie als deutfche Reichsftände verpflichtet waren, der evan-
gelifchen Kirche gleiche Stellung mit der römifchen einzuräumen und kein Bündniß mit einer außerdeutfchen Macht zum
Nachtheile des Reiches oder einzelner Stände einzugehen. Noch
immer mußten die Bifchöfe von fünf zu fünf Jahren Berichte
über die geiftlichen und weltlichen Zuftände ihrer Diöcefen an
den Papft erftatten, und wenn auch in Beziehung auf die weltlichen Verhältniffe diefelben faft nur übertriebene Schilderungen von der Armuth des Stiftes und deffen völliger Unfähigkeit, dem Papfte neue Geldfendungen zu machen, enthalten,
und fo wenig wie der Eid der Treue oder das Bewerben um
die Gunft eines auswärtigen Hofes das Reich wie früher in
politifche Abhängigkeit von Rom zu bringen vermochten, fo
wurden doch durch alle diefe Umftände deutfche Fürften in eine
unwürdige Stellung zu der außerdeutfchen Macht gebracht und
in den verdrießlichen Zänkereien mit den Proteftanten die Bitterkeit und Schroffheit gefchärft, während zugleich die großen
Geldzahlungen nach Rom, welche fortdauernd unter verfchiede-
nen Namen gemacht werden mußten, dem Reiche Hülfsquellen,
deren es fehr bedurfte, entzogen.

Deutfchland hatte keinen Grund, die Auflöfung jener unnatürlichen Verbindung der Landeshoheit mit der Bifchofs-

würde, welche es als deutsches Reich erstreben mußte, im
Interesse des Christenthums und der Kirche zu verhindern, da
weder die Religion noch die katholische Kirche durch die Beseitigung der geistlichen Staaten verlor. Der deutsche Zweig
der katholischen Kirche mußte, um sich erhalten zu können, den
tiefen, für die römische Curie stets unverständlich gebliebenen,
Anforderungen des deutschen Gemüthes, bis zu einem gewissen
Grade wenigstens Befriedigung gewähren. Zu diesem Zwecke
waren vor Allem geistliche Obere Bedürfniß, welche von star-
kem lebendigen Glauben erfüllt, Leiter und Lehrer dieses Sprengels wurden und durch die Einfachheit und Würde ihres Lebens, wie durch die Einsicht in die Bedürfnisse und Zustände
der ihnen anvertrauten Gemeinden, in den Laien wie im Clerus den schlummernden Sinn für die innere Bedeutung der
ganz äußerlich gewordenen Formen erwecken und dadurch die
deutschen Gemüther der katholischen Kirche zuwenden konnten.
Um eines wahrhaften geistlichen Hirten gewiß zu sein, wurde
freilich seine Wahl mit der Messe vom heiligen Geiste eröffnet und mit Betstunden für den glücklichen Fortgang begleitet.
Jeder Wähler legte den Eid ab, seine Stimme nach bestem Wissen nur dem Würdigsten zu geben und Jeden zurück zu weisen,
welcher durch Geschenke die Wahl auf sich zu leiten versucht
hatte. Im Namen des Vaters und des Sohnes und des heiligen Geistes ward der Erwählte dem Volke verkündet. Aber
stiftsmäßige Geburt war Vorbedingung der Erwählung und
die Gunst der großen deutschen oder europäischen Mächte gab
den Ausschlag. Die beiden Churhäuser Baiern und Pfalz
hatten sogar seit 1624 vertragsmäßig festgesetzt, sich bei Bi-
schofs- und Coadjutorenwahlen gegenseitig zu unterstützen, um
nicht allein hierdurch bei den Reichs- und Kreistagen mehrere
Vota zu erwerben, sondern auch den Staatsbehalt und Splen-
dor zu gemeinsamen freundvetterlichen Diensten zu vergrößern."
Diplomatische Verhandlungen, schamlose Bestechungen lenkten
fast immer die Stimmen der Wähler; und fast jede Wahl eines bedeutenderen Reichsprälaten bot die ärgerlichsten Auftritte

bar. Auf den bischöflichen Stuhl nicht aus geistlichen Gründen, sondern wegen vornehmer Geburt, großen Reichthums
oder anderer Eigenschaften dieser Art gelangt, fanden die Prälaten weit mehr Geschmack an dem von Jugend auf gewohnten Weltleben, als an der bischöflichen Wirksamkeit. Für den
Glanz des äußeren Gottesdienstes trafen sie allenfalls Anordnungen und hielten einige Mal im Jahre unter großem Gepränge eine Messe; im Uebrigen aber mußten sie fürchten, durch
priesterliche Thätigkeit sich bei ihren Umgebungen und Standesgenossen lächerlich zu machen. In der Pracht des glänzenden Hofstaates ließ sich der christliche Geistliche nicht ausfindig machen. Die Generale und Obristen seiner Truppen,
Obristjägermeister, Kammerherren, Marschälle, Truchsessen,
Stallmeister, bildeten an den größeren Höfen, welchen die kleineren möglichst nacheiferten, die Umgebung des Reichsprälaten. Jagden, Theater, Bälle nahmen ihn in Anspruch. Noch
jetzt wissen ältere Leute von den herrlich besetzten Tafeln, den
lustig durchschwärmten Nächten, den prachtvollen Hoffesten
und manchen anderen Vergnüglichkeiten der bischöflichen Hirten
zu erzählen. Die Domherren mischten sich in seinen Hofstaat,
nahmen Theil an seinen Lustbarkeiten und zwangen den gegen
seine eigenen Gelüste nachsichtigen Prälaten, die Kirchenzucht
auch den hohen Stiftsgeistlichen gegenüber zu vergessen. Die
Weltlust und die Sittenlosigkeit der kirchlichen Oberen theilte
sich dem niederen Clerus mit. In Münster wurde 1740 eine
ältere Polizeivorschrift wiederholt, in welcher es heißt: Es ist
auch hierbei verboten und zur Erhaltung der Ehrbarkeit wahrzunehmen, daß keineswegs der geistlichen Herrn Concubinen
zu hochzeitlichen Gastmählern geladen werden sollen. Wenn sich
hier und da die eigentliche Pfarrgeistlichkeit frei von Verderbniß
erhielt und ihrem geistlichen Beruf lebte, so war sie von ihren Oberen durch eine weite Kluft getrennt. Der glänzende Fürst,
stolz auf seine Abkunft und seine Reichswürde, sah mißachtend auf
den ärmlich gestellten Pastor herab und raubte der Pfarrgeistlichkeit den Halt an ihrem Bischof, welchen sie in der katho-

lischen Kirche nicht entbehren kann. Dem Volke war in dem
Hirtenamte die fürstliche Landeshoheit zu furchterregend, als
daß es Empfänglichkeit hätte haben können für die geistliche
Wirksamkeit, welche einzelne wahrhaft fromme Bischöfe zu
üben versuchten. Da unter des Bischofs Namen die schweren
Steuern ausgeschrieben, die Criminalgesetze und Polizeiordnungen von der Kanzel verlesen, die Gerichtsbarkeit geübt wurde,
so ließ sich der Argwohn nicht zurückdrängen, daß auch seinen
geistlichen Handlungen weltliche Zwecke zum Grunde lägen.

Zwar hatte die römische Kirche in den deutschen Reichsprälaten Diener gewonnen, die sich wie der Papst selbst den
weltlichen Fürsten an Rang und Macht zur Seite stellten; aber
was die Kirche hierdurch an weltlichem Einfluß gewann, büßte
sie an christlichem Geiste ein und nur dieser, nicht die glänzenden Aeußerlichkeiten, nicht die Pracht und die Gewalt ihrer
Priester, konnten ihr im deutschen Volke Sicherheit und Dauer
verleihen.

Weder die Kirche, noch das Reich, noch die eigenen Unterthanen hatten ein Interesse bei der Fortdauer der geistlichen
Herrschaften: nur ein kleines Bruchstück des deutschen Adels
büßte, wenn sie untergingen, individuelle Vortheile ein; aber
dieses Bruchstück des Adels entbehrte zu sehr der lebendigen
Bedeutung im deutschen Staatsleben, um durch seine Kraft
irgend ein politisches Ereigniß verhindern oder herbeiführen zu
können. Die geistlichen Herrschaften aber, auf sich selbst angewiesen, waren in ihrer Abgestorbenheit dem Untergange verfallen und bargen keine Keime in sich, welche bildend für eine
künftige politische Gestaltung hätten werden können.

III. Die Reichsstädte*).

Aus der allgemeinen europäischen Auflösung waren durch
Krieg und Eroberung die Anfänge des deutschen mittelalterli-

---

*) Büsching neue Erdbeschreibung. Hamburg 1760. Band III. Moser

ein Drittel des Bodens besaßen, eine Arbeitermenge, welche theils als Hörige die Güter des Adels bebauten, theils als Bauern und Handwerker durch ihrer Hände Arbeit den Aufwand des Bischofs, des Capitels, der hohen ritterbürtigen Beamten und des ganzen dazu gehörigen Anhangs möglich machen mußten. Während der Adel sich zu schonen verstand, trugen sie Abgaben so drückender Art, daß der alte Spruch: unter Krummstab ist gut wohnen, nur noch als Erinnerung an vergangene Zeiten eine Bedeutung hatte.

Nachdem die geistlichen Territorien einmal die Gestalt gewonnen hatten, welche sie in den letzten Jahrhunderten besaßen, konnten Bischöfe, Aebte, Capitel und das Bruchstück des deutschen Adels, dem sie angehörten, in Rücksicht auf ihre Sonderinteressen nur verlieren, sobald Aenderungen irgend einer Art eintraten. Aengstlich suchte deßhalb die geistliche Regierung alle Kräfte zu ersticken, welche Leben und Bewegung hätte erzeugen können und trat schon in weiter Ferne jeder Gefahr für das Bestehende entgegen. Im Volke hatte sich das Gedächtniß früherer lebensvoller Zustände nicht einmal als Tradition erhalten; Väter und Großväter hatten keine anderen Verhältnisse gekannt, als die, von welchen die Generation der Gegenwart umgeben war. Die Natur der gesegneten Länder verlangte nicht, daß ihr die Schätze, die sie in sich barg, abgerungen würden, sondern bot in unerschöpflichem Reichthum Früchte, Wein, Holz, Bergwerke, Mineralquellen, große Land- und Wasserstraßen dem trägen Volke dar, welches es bequem fand, sich anstrengungslos von dem Strome der Zeit tragen zu lassen und die Ziele, deren Verfolgung das Menschenleben mit Sorge und heißer Arbeit erfüllt, als gar nicht vorhanden anzunehmen.

Alles Neue erschien auch ihm als eine drohende Störung und die geistliche Herrschaft in ihrer einmal angenommenen Gestalt wurde von der Familien- und Volksmeinung als die einzig erträgliche angesehen. Dem nicht althergebrachten Schritte eines wohlmeinenden geistlichen Fürsten trat im Volke die

Macht der verdrießlichen Trägheit und die nur zu wohl begründete Hoffnung entgegen, daß binnen wenig Jahren die
beliebten Neuerungen von selbst über den Haufen fallen würden. Jeder auswärtige Einfluß, der diese Meinung hätte
wankend machen können, insbesondere jeder protestantische Einfluß, wurde mit Erfolg ausgeschlossen. Die meisten kleineren
und viele größere geistliche Territorien hatten ihre Bevölkerung
rein von evangelischer Beimischung gehalten*). Bamberg z.
B. war ausschließlich katholisch; Münster hatte nur einzelne
ritterbürtige Familien und eine einzige Gemeinde evangelischer
Confession; Mainz duldete mit ein paar Ausnahmen nur auf
dem Eichsfelde und in Erfurt Protestanten, Würzburg hatte
nur einzelne Gemeinden und Worms, dem im Anfange des
vorigen Jahrhunderts evangelische Gebiete von Churpfalz ab-
getreten worden waren, beseitigte deren Einwirkung, indem es
den kirchlichen Zusammenhang der Protestanten vernichtete und
die Entscheidung in Kirchensachen, so wie die Ernennung der
Geistlichen und Lehrer, in die Hände der katholischen Regierung brachte. Trier hatte nur in den Landestheilen, die es
mit anderen Fürsten gemeinschaftlich besaß, evangelische Unterthanen und wachte so eifrig über die Reinerhaltung seines übrigen Gebietes, daß im Jahre 1783 die öffentlichen Blätter als
ein außerordentliches Ereigniß mittheilten**) „ein Protestant,
Namens Bucking aus Trarbach, habe die Erlaubniß erhalten, sich
in Coblenz cum privato religionis exercitio niederzulassen.“
Da überdieß Censur und die niedrige Stufe, auf welcher der
Buchhandel stand, auswärtige Einwirkungen sehr erschwerten,
so konnten die geistlichen Regierungen ihren Unterthanen ziemlich genau das Maaß der Bildung, der Kenntnisse und des
geistigen Lebens, so wie die Richtung der politischen und religiösen Ansichten bestimmen. Die Landschulen und die deutschen Schulen in den Städten, aus denen die große Mehrzahl

---

*) Büsching neue Erdbeschreibung. Hamburg 1761. Band 3 und 4.
**) Schlözer Staatsanzeigen III. S. 210.

aller Einwohner ihre geistige Ausbildung schöpften, befanden sich in den Händen des niederen Clerus, der weder Mehreres noch Anderes, als er selbst besaß, mittheilen konnte und daher das Volk seiner Trägheit und Unwissenheit überließ. Die höheren fürstlichen Diener, so wie die Mitglieder der ritterbürtigen Familien, wurden zuweilen durch geistliche Hauslehrer, meistens durch die Jesuitencollegia, herangezogen, deren z. B. Churmainz in Heiligenstadt, Aschaffenburg, Erfurt und Mainz besaß. Eine Masse von Welt- und Klostergeistlichen verbreitete weit über ihren Stand und ihre Klostermauern hinaus die faule Indolenz, an der sie selbst zu Grunde gegangen waren. Allein in den Hochstiften, mit Zuzählung einiger größerer Abteien, trieben sich sechszig bis siebenzig Tausend Ordensleute umher und im Durchschnitte saßen auf jeder Quadratmeile geistlichen Landes funfzig Priester.

Handel und Gewerbe konnten in dem dumpfen Geistesdruck und der trägen Unbeweglichkeit nicht gedeihen und wurden durch die harten Abgaben gänzlich verscheucht. Nur in den Bisthümern, in welchen einstens bessere Zeiten kräftiges städtisches Leben hervorgerufen hatten, waren, wie z. B. in Würzburg und Mainz, Ueberbleibsel desselben inmitten des allgemeinen Absterbens erhalten worden. Bittere Armuth mit ihrem traurigen Geist und Herz niederdrückenden Gefolge lastete auf den Bewohnern der deutschen Länder, die vor allen Anderen von der Natur gesegnet waren. Das Tausend träger Bauern und Handwerker, die durchschnittlich auf der Quadratmeile geistlichen Landes saßen, mußte nach des Herrn von Sartori Angabe funfzig Geistliche und zweihundert und sechszig Bettler ernähren, die schweren Dienste und Frohnden an ihre Gutsherren leisteten und außerdem die prachtvolle Hofhaltung, die Ueppigkeit der Domherren, die Geldsendungen nach Rom und die Zinszahlung für die meistens übermäßigen Schulden der Territorien möglich machen.

Die Versuche einzelner Fürsten oder einzelner Minister, Handel und Gewerbe zu beleben, den Ackerbau zu fördern, den

Abgabendruck zu mildern und das Volk aus seiner dumpfen Gleichgültigkeit zu wecken, haben allerdings, namentlich in der letzten Hälfte des vorigen Jahrhunderts, Erfolg, aber nur vorübergehend gehabt; denn eine dauernde bessere Zukunft ließ sich für die in den Bisthümern und Abteien vereinten Deutschen nur dann erwarten, wenn die Verfassung, welche den Vortheil einzelner Familien zum Ziel und den geistigen Tod des Volkes zur Voraussetzung hatte, gänzlich beseitigt worden war.

Das Reich hatte kein Interesse, den Untergang der geistlichen Staaten zu verhindern oder zu verzögern. Sie brachten ihm schon dadurch Verderben, daß ihre Glieder, obgleich der Zahl und Bedeutung nach zu hervorragenden Mitträgern des nationalen Lebens berufen, in den letzten Jahrhunderten erschlafft, ja erstorben, als eine todte Masse von dem deutschen Volke fortgeschleppt werden mußten und ihr lebenloses Hinträumen weiter und weiter in die für die Ansteckung nur zu empfängliche Nation zu verbreiten drohten. Augenblicklich gefährlicher wurde dem Reiche die Stellung, in welche es durch die Verbindung der Bischofswürde mit der Landeshoheit dem Auslande gegenüber gesetzt ward. Als in früheren Jahrhunderten Deutschland durch die Völker des Ostens gefährdet ward, wurden die Gränzen den kraftvollen Händen der Markgrafen übergeben und durch eine ausschließlich kriegerische Verfassung widerstandsfähig gemacht. In den letztvergangenen Jahrhunderten nahte die Gefahr von Westen; aber statt kriegerischer Markgrafen und starker Wehrverfassung führte auf den bedrohten Punkten der Krummstab sein schlaffes Regiment. Osnabrück, Münster, Cöln, Trier, Mainz, Worms, Speier, Straßburg, Basel, Constanz hatten entweder selbst die Gränzen inne oder machten doch die weltlichen Gränzfürsten, deren Lande sie zersplitterten, zur starken Gegenwehr unfähig. So lange die geistlichen Staaten bestanden, konnten wohl Oestreich oder Preußen, nie aber Deutschland die Westgränze schirmen und nie ein Heerwesen ausbilden, welches gewaltsamen

Nachbarn die Luft zu Eroberungen genommen hätte. Jahrhunderte hindurch hatten ferner die geistlichen Staaten den Weg
gebildet, auf welchem fremde Mächte, vor Allem die Römische
Curie mit ihren Verbündeten, zu einem das Reich zerstörenden
Einfluß gelangt waren und noch immer mußten die Reichsstände und die andern stiftsfähigen Familien, welche ihre
nachgebornen Mitglieder mit Bisthümern und Abteien versor-
gen wollten, sich um die Gunst des römischen Hofes bemühen,
weil dieser dem vom Capitel Erwählten Schwierigkeiten in
den Weg legen und die etwa entgegen stehenden canonischen
Hindernisse beseitigen konnte. Noch immer mußten die unmittelbaren Bischöfe dem Papste den Eid der Treue ablegen und
versprechen, die Häretiker und Schismatiker zu bekämpfen, während sie als deutsche Reichsstände verpflichtet waren, der evangelischen Kirche gleiche Stellung mit der römischen einzuräumen und kein Bündniß mit einer außerdeutschen Macht zum
Nachtheile des Reiches oder einzelner Stände einzugehen. Noch
immer mußten die Bischöfe von fünf zu fünf Jahren Berichte
über die geistlichen und weltlichen Zustände ihrer Diöcesen an
den Papst erstatten, und wenn auch in Beziehung auf die weltlichen Verhältnisse dieselben fast nur übertriebene Schilderungen von der Armuth des Stiftes und dessen völliger Unfähigkeit, dem Papste neue Geldsendungen zu machen, enthalten,
und so wenig wie der Eid der Treue oder das Bewerben um
die Gunst eines auswärtigen Hofes das Reich wie früher in
politische Abhängigkeit von Rom zu bringen vermochten, so
wurden doch durch alle diese Umstände deutsche Fürsten in eine
unwürdige Stellung zu der außerdeutschen Macht gebracht und
in den verdrießlichen Zänkereien mit den Protestanten die Bitterkeit und Schroffheit geschärft, während zugleich die großen
Geldzahlungen nach Rom, welche fortdauernd unter verschiedenen Namen gemacht werden mußten, dem Reiche Hülfsquellen,
deren es sehr bedurfte, entzogen.

Deutschland hatte keinen Grund, die Auflösung jener unnatürlichen Verbindung der Landeshoheit mit der Bischofs-

würde, welche es als deutsches Reich erstreben mußte, im
Interesse des Christenthums und der Kirche zu verhindern, da
weder die Religion noch die katholische Kirche durch die Beseitigung der geistlichen Staaten verlor. Der deutsche Zweig
der katholischen Kirche mußte, um sich erhalten zu können, den
tiefen, für die römische Curie stets unverständlich gebliebenen,
Anforderungen des deutschen Gemüthes, bis zu einem gewissen
Grade wenigstens Befriedigung gewähren. Zu diesem Zwecke
waren vor Allem geistliche Obere Bedürfniß, welche von star-
kem lebendigen Glauben erfüllt, Leiter und Lehrer dieses Sprengels wurden und durch die Einfachheit und Würde ihres Lebens, wie durch die Einsicht in die Bedürfnisse und Zustände
der ihnen anvertrauten Gemeinden, in den Laien wie im Clerus den schlummernden Sinn für die innere Bedeutung der
ganz äußerlich gewordenen Formen erwecken und dadurch die
deutschen Gemüther der katholischen Kirche zuwenden konnten.
Um eines wahrhaften geistlichen Hirten gewiß zu sein, wurde
freilich seine Wahl mit der Messe vom heiligen Geiste eröffnet und mit Betstunden für den glücklichen Fortgang begleitet.
Jeder Wähler legte den Eid ab, seine Stimme nach bestem Wissen nur dem Würdigsten zu geben und Jeden zurück zu weisen,
welcher durch Geschenke die Wahl auf sich zu leiten versucht
hatte. Im Namen des Vaters und des Sohnes und des heiligen Geistes ward der Erwählte dem Volke verkündet. Aber
stiftsmäßige Geburt war Vorbedingung der Erwählung und
die Gunst der großen deutschen oder europäischen Mächte gab
den Ausschlag. Die beiden Churhäuser Baiern und Pfalz
hatten sogar seit 1624 vertragsmäßig festgesetzt, sich bei Bi-
schofs- und Coadjutorenwahlen gegenseitig zu unterstützen, um
nicht allein hierdurch bei den Reichs- und Kreistagen mehrere
Vota zu erwerben, sondern auch den Staatsbehalt und Splen-
dor zu gemeinsamen freundvetterlichen Diensten zu vergrößern."
Diplomatische Verhandlungen, schamlose Bestechungen lenkten
fast immer die Stimmen der Wähler; und fast jede Wahl eines bedeutenderen Reichsprälaten bot die ärgerlichsten Auftritte

bar. Auf den bischöflichen Stuhl nicht aus geistlichen Gründen, sondern wegen vornehmer Geburt, großen Reichthums oder anderer Eigenschaften dieser Art gelangt, fanden die Prälaten weit mehr Geschmack an dem von Jugend auf gewohnten Weltleben, als an der bischöflichen Wirksamkeit. Für den Glanz des äußeren Gottesdienstes trafen sie allenfalls Anordnungen und hielten einige Mal im Jahre unter großem Gepränge eine Messe; im Uebrigen aber mußten sie fürchten, durch priesterliche Thätigkeit sich bei ihren Umgebungen und Standesgenossen lächerlich zu machen. In der Pracht des glänzenden Hofstaates ließ sich der christliche Geistliche nicht ausfindig machen. Die Generale und Obristen seiner Truppen, Obristjägermeister, Kammerherren, Marschälle, Truchsessen, Stallmeister, bildeten an den größeren Höfen, welchen die kleineren möglichst nacheiferten, die Umgebung des Reichsprälaten. Jagden, Theater, Bälle nahmen ihn in Anspruch. Noch jetzt wissen ältere Leute von den herrlich besetzten Tafeln, den lustig durchschwärmten Nächten, den prachtvollen Hoffesten und manchen anderen Vergnüglichkeiten der bischöflichen Hirten zu erzählen. Die Domherren mischten sich in seinen Hofstaat, nahmen Theil an seinen Lustbarkeiten und zwangen den gegen seine eigenen Gelüste nachsichtigen Prälaten, die Kirchenzucht auch den hohen Stiftsgeistlichen gegenüber zu vergessen. Die Weltlust und die Sittenlosigkeit der kirchlichen Oberen theilte sich dem niederen Clerus mit. In Münster wurde 1740 eine ältere Polizeivorschrift wiederholt, in welcher es heißt: Es ist auch hierbei verboten und zur Erhaltung der Ehrbarkeit wahrzunehmen, daß keineswegs der geistlichen Herrn Concubinen zu hochzeitlichen Gastmählern geladen werden sollen. Wenn sich hier und da die eigentliche Pfarrgeistlichkeit frei von Verderbniß erhielt und ihrem geistlichen Beruf lebte, so war sie von ihren Oberen durch eine weite Kluft getrennt. Der glänzende Fürst, stolz auf seine Abkunft und seine Reichswürde, sah mißachtend auf den ärmlich gestellten Pastor herab und raubte der Pfarrgeistlichkeit den Halt an ihrem Bischof, welchen sie in der katho-

lischen Kirche nicht entbehren kann. Dem Volke war in dem Hirtenamte die fürstliche Landeshoheit zu furchterregend, als daß es Empfänglichkeit hätte haben können für die geistliche Wirksamkeit, welche einzelne wahrhaft fromme Bischöfe zu üben versuchten. Da unter des Bischofs Namen die schweren Steuern ausgeschrieben, die Criminalgesetze und Polizeiordnungen von der Kanzel verlesen, die Gerichtsbarkeit geübt wurde, so ließ sich der Argwohn nicht zurückdrängen, daß auch seinen geistlichen Handlungen weltliche Zwecke zum Grunde lägen.

Zwar hatte die römische Kirche in den deutschen Reichsprälaten Diener gewonnen, die sich wie der Papst selbst den weltlichen Fürsten an Rang und Macht zur Seite stellten; aber was die Kirche hierdurch an weltlichem Einfluß gewann, büßte sie an christlichem Geiste ein und nur dieser, nicht die glänzenden Aeußerlichkeiten, nicht die Pracht und die Gewalt ihrer Priester, konnten ihr im deutschen Volke Sicherheit und Dauer verleihen.

Weder die Kirche, noch das Reich, noch die eigenen Unterthanen hatten ein Interesse bei der Fortdauer der geistlichen Herrschaften: nur ein kleines Bruchstück des deutschen Adels büßte, wenn sie untergingen, individuelle Vortheile ein; aber dieses Bruchstück des Adels entbehrte zu sehr der lebendigen Bedeutung im deutschen Staatsleben, um durch seine Kraft irgend ein politisches Ereigniß verhindern oder herbeiführen zu können. Die geistlichen Herrschaften aber, auf sich selbst angewiesen, waren in ihrer Abgestorbenheit dem Untergange verfallen und bargen keine Keime in sich, welche bildend für eine künftige politische Gestaltung hätten werden können.

III. Die Reichsstädte*).

Aus der allgemeinen europäischen Auflösung waren durch Krieg und Eroberung die Anfänge des deutschen mittelalterli-

---

*) Büsching neue Erdbeschreibung. Hamburg 1760. Band III. Moser

chen Staates erwachsen, dessen Character nach Außen und nach
Innen Jahrhunderte hindurch den Einfluß dieses Ursprungs nicht
verleugnen konnte. Nur den Mann erkannte das Recht als
selbstständig an, welcher sich und Seinige mit den Waffen
in der Hand zu vertheidigen vermochte. Als das Waffenrecht,
ursprünglich das Recht eines jeden Freien, später ausschließlich auf die größeren Grundeigenthümer als deren Lebensberuf
übergegangen und dadurch der Ritterstand hervorgerufen war,
bedurfte der waffenlose kleine Grundbesitz, um Recht und Ruhe
sich zu bewahren, eines schützenden Herrn, der nur unter den
Rittern gefunden werden konnte.

Eine einzige Voraussetzung des Staates, die kriegerische
Kraft, hatte demnach freie selbstständige Bewegung, alle übrigen Elemente desselben waren gefesselt und in einer dienenden
Stellung dem Ritterstande gegenüber. So lange dieses Verhältniß fortbestand, so lange nicht alle Elemente des Staatslebens sich Bahn zu einer Freiheit und Selbstständigkeit gebrochen hatten, wie sie der Stand besaß, dessen Lebensberuf
der Waffendienst war, blieb jede großartige politische Entwik-
kelung den Deutschen versagt.

Zum Segen Deutschlands erhoben sich neben dem Kriegerstande die Städte, deren Bürger nicht wie die Ritter in
Fehde und Tournier, sondern im Handel und Handwerk die
Aufgabe ihrer Lebensthätigkeit fanden, aber dennoch kriegerische Tüchtigkeit, die damals unentbehrliche Voraussetzung jeglicher Selbstständigkeit, bewahrten und übten. Sie standen
selbst auf den Mauern ihrer Stadt, und der eigenen Kraft ver-
trauend, bedurften sie nicht, wie die Bauern, des schützenden
Ritters, sondern stellten sich kühn und kriegerisch, wie er, als
gleichberechtigt an seine Seite. Zwar waren zunächst die Handwerker in den Städten noch leibeigen, aber bald erhielten sie

---

reichsstädtische Regimentsverfassung; über die Aufgaben und Gefahren
freier Städte enthält viel dem Leben Entnommenes: Haller Restaura-
tion der Staatswissenschaft, Band **VI.**

die Freiheit und gewannen seit dem vierzehnten Jahrhundert, meistens mit den Waffen in der Hand, politische Selbstständigkeit und Antheil am Stadtregiment. Durch das Erblühen der Städte hatten Handel und Handwerk neben dem großen Grundeigenthum und dem kriegerischen Lebensberuf Anerkenntniß erlangt und dadurch die engen Gränzen des deutschen politischen Lebens um ein Großes erweitert.

Inzwischen hatte das alte carolingische Reich sich in Territorien zersplittert, aber es fehlte viel, daß die neuen Landesherren mit königlichem Auge die Gesammtheit der Verhältnisse in den werdenden politischen Gemeinschaften überblickt und einem Jeden die Pflege, welche es vom Staate zu fordern berechtigt ist, verschafft hätte oder auch nur hätte verschaffen können. Das Hausinteresse der landesherrlichen Familie war noch gesondert von dem des Territorium, und weil die nur im Staate mögliche Verschmelzung Beider fehlte, wendete sich die sorgende Mühe des Fürsten ausschließlich oder doch vorwiegend auf das, was seinem Particularinteresse frommte.

Zu mächtig ferner war die Nachwirkung der kriegerischen Kraft, die das deutsche politische Leben begründet hatte, um nicht in ihrer glanzvoll-phantastischen Erscheinungsform, dem Ritterwesen, die Seele des Fürsten gefangen zu nehmen. Die Landesherren waren auch darin nicht Könige, daß sie noch einem einzelnen Stande als dessen hervorragende Glieder angehörten. Sie betrachteten den Tag des Ritterschlages, der ihnen die Ehre der Aufnahme verschaffte, als den feierlichsten ihres Lebens und waren den Rittern durch die Gemeinschaft des Kriegerberufes und des Lebens an ihren Höfen verbunden. Wohl zeigten sie sich geneigt, den Reichthum der aufblühenden Städte zu nutzen; aber deren hervortretendes Selbstbewußtsein und Streben nach freier selbstständiger Bewegung neben dem Kriegerstande, erschien auch dem fürstlichen Ritter als eine Anmaßung, welcher er eifrig entgegentrat. Die engen Gränzen endlich der Territorien gewährten nicht einmal dem Binnenhandel den nothdürftigsten Raum, der überhaupt für sich

aller Einwohner ihre geistige Ausbildung schöpften, befanden sich in den Händen des niederen Clerus, der weder Mehreres noch Anderes, als er selbst besaß, mittheilen konnte und daher das Volk seiner Trägheit und Unwissenheit überließ. Die höheren fürstlichen Diener, so wie die Mitglieder der ritterbürtigen Familien, wurden zuweilen durch geistliche Hauslehrer, meistens durch die Jesuitencollegia, herangezogen, deren z. B. Churmainz in Heiligenstadt, Aschaffenburg, Erfurt und Mainz besaß. Eine Masse von Welt- und Klostergeistlichen verbreitete weit über ihren Stand und ihre Klostermauern hinaus die faule Indolenz, an der sie selbst zu Grunde gegangen waren. Allein in den Hochstiften, mit Zuzählung einiger größerer Abteien, trieben sich sechszig bis siebenzig Tausend Ordensleute umher und im Durchschnitte saßen auf jeder Quadratmeile geistlichen Landes funfzig Priester.

Handel und Gewerbe konnten in dem dumpfen Geistesdruck und der trägen Unbeweglichkeit nicht gedeihen und wurden durch die harten Abgaben gänzlich verscheucht. Nur in den Bisthümern, in welchen einstens bessere Zeiten kräftiges städtisches Leben hervorgerufen hatten, waren, wie z. B. in Würzburg und Mainz, Ueberbleibsel desselben inmitten des allgemeinen Absterbens erhalten worden. Bittere Armuth mit ihrem traurigen Geist und Herz niederdrückenden Gefolge lastete auf den Bewohnern der deutschen Länder, die vor allen Anderen von der Natur gesegnet waren. Das Tausend träger Bauern und Handwerker, die durchschnittlich auf der Quadratmeile geistlichen Landes saßen, mußte nach des Herrn von Sartori Angabe funfzig Geistliche und zweihundert und sechszig Bettler ernähren, die schweren Dienste und Frohnden an ihre Gutsherren leisten und außerdem die prachtvolle Hofhaltung, die Ueppigkeit der Domherren, die Geldsendungen nach Rom und die Zinszahlung für die meistens übermäßigen Schulden der Territorien möglich machen.

Die Versuche einzelner Fürsten oder einzelner Minister, Handel und Gewerbe zu beleben, den Ackerbau zu fördern, den

Abgabendruck zu mildern und das Volk aus seiner dumpfen Gleichgültigkeit zu wecken, haben allerdings, namentlich in der letzten Hälfte des vorigen Jahrhunderts, Erfolg, aber nur vorübergehend gehabt; denn eine dauernde bessere Zukunft ließ sich für die in den Bisthümern und Abteien vereinten Deutschen nur dann erwarten, wenn die Verfassung, welche den Vortheil einzelner Familien zum Ziel und den geistigen Tod des Volkes zur Voraussetzung hatte, gänzlich beseitigt worden war.

Das Reich hatte kein Interesse, den Untergang der geistlichen Staaten zu verhindern oder zu verzögern. Sie brachten ihm schon dadurch Verderben, daß ihre Glieder, obgleich der Zahl und Bedeutung nach zu hervorragenden Mitträgern des nationalen Lebens berufen, in den letzten Jahrhunderten erschlafft, ja erstorben, als eine todte Masse von dem deutschen Volke fortgeschleppt werden mußten und ihr lebenloses Hinträumen weiter und weiter in die für die Ansteckung nur zu empfängliche Nation zu verbreiten drohten. Augenblicklich gefährlicher wurde dem Reiche die Stellung, in welche es durch die Verbindung der Bischofswürde mit der Landeshoheit dem Auslande gegenüber gesetzt ward. Als in früheren Jahrhunderten Deutschland durch die Völker des Ostens gefährdet ward, wurden die Gränzen den kraftvollen Händen der Markgrafen übergeben und durch eine ausschließlich kriegerische Verfassung widerstandsfähig gemacht. In den letztvergangenen Jahrhunderten nahte die Gefahr von Westen; aber statt kriegerischer Markgrafen und starker Wehrverfassung führte auf den bedrohten Punkten der Krummstab sein schlaffes Regiment. Osnabrück, Münster, Cöln, Trier, Mainz, Worms, Speier, Straßburg, Basel, Constanz hatten entweder selbst die Gränzen inne oder machten doch die weltlichen Gränzfürsten, deren Lande sie zersplitterten, zur starken Gegenwehr unfähig. So lange die geistlichen Staaten bestanden, konnten wohl Oestreich oder Preußen, nie aber Deutschland die Westgränze schirmen und nie ein Heerwesen ausbilden, welches gewaltsamen

Nachbarn die Luft zu Eroberungen genommen hätte. Jahrhunderte hindurch hatten ferner die geiftlichen Staaten den Weg
gebildet, auf welchem fremde Mächte, vor Allem die Römische
Curie mit ihren Verbündeten, zu einem das Reich zerftörenden
Einfluß gelangt waren und noch immer mußten die Reichsftände und die andern ftiftsfähigen Familien, welche ihre
nachgebornen Mitglieder mit Bisthümern und Abteien verforgen wollten, fich um die Gunft des römischen Hofes bemühen,
weil dieser dem vom Capitel Erwählten Schwierigkeiten in
den Weg legen und die etwa entgegen ftehenden canonischen
Hindernisse beseitigen konnte.   Noch immer mußten die unmittelbaren Bischöfe dem Papste den Eid der Treue ablegen und
versprechen, die Häretiker und Schismatiker zu bekämpfen, während sie als deutsche Reichsftände verpflichtet waren, der evangelischen Kirche gleiche Stellung mit der römischen einzuräumen und kein Bündniß mit einer außerdeutschen Macht zum
Nachtheile des Reiches oder einzelner Stände einzugehen. Noch
immer mußten die Bischöfe von fünf zu fünf Jahren Berichte
über die geiftlichen und weltlichen Zuftände ihrer Diöcesen an
den Papst erftatten, und wenn auch in Beziehung auf die weltlichen Verhältnisse dieselben faft nur übertriebene Schilderungen von der Armuth des Stiftes und dessen völliger Unfähigkeit, dem Papste neue Geldsendungen zu machen, enthalten,
und so wenig wie der Eid der Treue oder das Bewerben um
die Gunft eines auswärtigen Hofes das Reich wie früher in
politische Abhängigkeit von Rom zu bringen vermochten, so
wurden doch durch alle diese Umftände deutsche Fürsten in eine
unwürdige Stellung zu der außerdeutschen Macht gebracht und
in den verdrießlichen Zänkereien mit den Protestanten die Bitterkeit und Schroffheit geschärft, während zugleich die großen
Geldzahlungen nach Rom, welche fortdauernd unter verschiedenen Namen gemacht werden mußten, dem Reiche Hülfsquellen,
deren es sehr bedurfte, entzogen.

Deutschland hatte keinen Grund, die Auflösung jener unnatürlichen Verbindung der Landeshoheit mit der Bischofs-

würde, welche es als deutsches Reich erstreben mußte, im
Interesse des Christenthums und der Kirche zu verhindern, da
weder die Religion noch die katholische Kirche durch die Beseitigung der geistlichen Staaten verlor. Der deutsche Zweig
der katholischen Kirche mußte, um sich erhalten zu können, den
tiefen, für die römische Curie stets unverständlich gebliebenen,
Anforderungen des deutschen Gemüthes, bis zu einem gewissen
Grade wenigstens Befriedigung gewähren. Zu diesem Zwecke
waren vor Allem geistliche Obere Bedürfniß, welche von star-
kem lebendigen Glauben erfüllt, Leiter und Lehrer dieses Sprengels wurden und durch die Einfachheit und Würde ihres Lebens, wie durch die Einsicht in die Bedürfnisse und Zustände
der ihnen anvertrauten Gemeinden, in den Laien wie im Clerus den schlummernden Sinn für die innere Bedeutung der
ganz äußerlich gewordenen Formen erwecken und dadurch die
deutschen Gemüther der katholischen Kirche zuwenden konnten.
Um eines wahrhaften geistlichen Hirten gewiß zu sein, wurde
freilich seine Wahl mit der Messe vom heiligen Geiste eröffnet und mit Betstunden für den glücklichen Fortgang begleitet.
Jeder Wähler legte den Eid ab, seine Stimme nach bestem Wissen nur dem Würdigsten zu geben und Jeden zurück zu weisen,
welcher durch Geschenke die Wahl auf sich zu leiten versucht
hatte. Im Namen des Vaters und des Sohnes und des heiligen Geistes ward der Erwählte dem Volke verkündet. Aber
stiftsmäßige Geburt war Vorbedingung der Erwählung und
die Gunst der großen deutschen oder europäischen Mächte gab
den Ausschlag. Die beiden Churhäuser Baiern und Pfalz
hatten sogar seit 1624 vertragsmäßig festgesetzt, sich bei Bi-
schofs- und Coadjutorenwahlen gegenseitig zu unterstützen, um
nicht allein hierdurch bei den Reichs- und Kreistagen mehrere
Vota zu erwerben, sondern auch den Staatsbehalt und Splen-
dor zu gemeinsamen fremdvetterlichen Diensten zu vergrößern.“
Diplomatische Verhandlungen, schamlose Bestechungen lenkten
fast immer die Stimmen der Wähler; und fast jede Wahl eines bedeutenderen Reichsprälaten bot die ärgerlichsten Auftritte

dar. Auf den bischöflichen Stuhl nicht aus geistlichen Gründen, sondern wegen vornehmer Geburt, großen Reichthums
oder anderer Eigenschaften dieser Art gelangt, fanden die Prälaten weit mehr Geschmack an dem von Jugend auf gewohnten Weltleben, als an der bischöflichen Wirksamkeit. Für den
Glanz des äußeren Gottesdienstes trafen sie allenfalls Anordnungen und hielten einige Mal im Jahre unter großem Gepränge eine Messe; im Uebrigen aber mußten sie fürchten, durch
priesterliche Thätigkeit sich bei ihren Umgebungen und Standesgenossen lächerlich zu machen. In der Pracht des glänzenden Hofstaates ließ sich der christliche Geistliche nicht ausfindig machen. Die Generale und Obristen seiner Truppen,
Obristjägermeister, Kammerherren, Marschälle, Truchsessen,
Stallmeister, bildeten an den größeren Höfen, welchen die kleineren möglichst nacheiferten, die Umgebung des Reichsprälaten. Jagden, Theater, Bälle nahmen ihn in Anspruch. Noch
jetzt wissen ältere Leute von den herrlich besetzten Tafeln, den
lustig durchschwärmten Nächten, den prachtvollen Hoffesten
und manchen anderen Vergnüglichkeiten der bischöflichen Hirten
zu erzählen. Die Domherren mischten sich in seinen Hofstaat,
nahmen Theil an seinen Lustbarkeiten und zwangen den gegen
seine eigenen Gelüste nachsichtigen Prälaten, die Kirchenzucht
auch den hohen Stiftsgeistlichen gegenüber zu vergessen. Die
Weltlust und die Sittenlosigkeit der kirchlichen Oberen theilte
sich dem niederen Clerus mit. In Münster wurde 1740 eine
ältere Polizeivorschrift wiederholt, in welcher es heißt: Es ist
auch hierbei verboten und zur Erhaltung der Ehrbarkeit wahrzunehmen, daß keineswegs der geistlichen Herrn Concubinen
zu hochzeitlichen Gastmählern geladen werden sollen. Wenn sich
hier und da die eigentliche Pfarrgeistlichkeit frei von Verderbniß
erhielt und ihrem geistlichen Beruf lebte, so war sie von ihren Oberen durch eine weite Kluft getrennt. Der glänzende Fürst,
stolz auf seine Abkunft und seine Reichswürde, sah mißachtend auf
den ärmlich gestellten Pastor herab und raubte der Pfarrgeistlichkeit den Halt an ihrem Bischof, welchen sie in der katho-

lischen Kirche nicht entbehren kann. Dem Volke war in dem
Hirtenamte die fürstliche Landeshoheit zu furchterregend, als
daß es Empfänglichkeit hätte haben können für die geistliche
Wirksamkeit, welche einzelne wahrhaft fromme Bischöfe zu
üben versuchten. Da unter des Bischofs Namen die schweren
Steuern ausgeschrieben, die Criminalgesetze und Polizeiordnungen von der Kanzel verlesen, die Gerichtsbarkeit geübt wurde,
so ließ sich der Argwohn nicht zurückdrängen, daß auch seinen
geistlichen Handlungen weltliche Zwecke zum Grunde lägen.

Zwar hatte die römische Kirche in den deutschen Reichsprälaten Diener gewonnen, die sich wie der Papst selbst den
weltlichen Fürsten an Rang und Macht zur Seite stellten; aber
was die Kirche hierdurch an weltlichem Einfluß gewann, büßte
sie an christlichem Geiste ein und nur dieser, nicht die glänzenden Aeußerlichkeiten, nicht die Pracht und die Gewalt ihrer
Priester, konnten ihr im deutschen Volke Sicherheit und Dauer
verleihen.

Weder die Kirche, noch das Reich, noch die eigenen Unterthanen hatten ein Interesse bei der Fortdauer der geistlichen
Herrschaften: nur ein kleines Bruchstück des deutschen Adels
büßte, wenn sie untergingen, individuelle Vortheile ein; aber
dieses Bruchstück des Adels entbehrte zu sehr der lebendigen
Bedeutung im deutschen Staatsleben, um durch seine Kraft
irgend ein politisches Ereigniß verhindern oder herbeiführen zu
können. Die geistlichen Herrschaften aber, auf sich selbst angewiesen, waren in ihrer Abgestorbenheit dem Untergange verfallen und bargen keine Keime in sich, welche bildend für eine
künftige politische Gestaltung hätten werden können.

III. Die Reichsstädte*).

Aus der allgemeinen europäischen Auflösung waren durch
Krieg und Eroberung die Anfänge des deutschen mittelalterli-

---

*) Büsching neue Erdbeschreibung. Hamburg 1760. Band III. Moser

chen Staates erwachsen, dessen Character nach Außen und nach
Innen Jahrhunderte hindurch den Einfluß dieses Ursprungs nicht
verleugnen konnte. Nur den Mann erkannte das Recht als
selbstständig an, welcher sich und Seinige mit den Waffen
in der Hand zu vertheidigen vermochte. Als das Waffenrecht,
ursprünglich das Recht eines jeden Freien, später ausschließlich auf die größeren Grundeigenthümer als deren Lebensberuf
übergegangen und dadurch der Ritterstand hervorgerufen war,
bedurfte der waffenlose kleine Grundbesitz, um Recht und Ruhe
sich zu bewahren, eines schützenden Herrn, der nur unter den
Rittern gefunden werden konnte.

Eine einzige Voraussetzung des Staates, die kriegerische
Kraft, hatte demnach freie selbstständige Bewegung, alle übrigen Elemente desselben waren gefesselt und in einer dienenden
Stellung dem Ritterstande gegenüber. So lange dieses Verhältniß fortbestand, so lange nicht alle Elemente des Staatslebens sich Bahn zu einer Freiheit und Selbstständigkeit gebrochen hatten, wie sie der Stand besaß, dessen Lebensberuf
der Waffendienst war, blieb jede großartige politische Entwik-
kelung den Deutschen versagt.

Zum Segen Deutschlands erhoben sich neben dem Kriegerstande die Städte, deren Bürger nicht wie die Ritter in
Fehde und Tournier, sondern im Handel und Handwerk die
Aufgabe ihrer Lebensthätigkeit fanden, aber dennoch kriegerische Tüchtigkeit, die damals unentbehrliche Voraussetzung jeglicher Selbstständigkeit, bewahrten und übten. Sie standen
selbst auf den Mauern ihrer Stadt, und der eigenen Kraft ver-
trauend, bedurften sie nicht, wie die Bauern, des schützenden
Ritters, sondern stellten sich kühn und kriegerisch, wie er, als
gleichberechtigt an seine Seite. Zwar waren zunächst die Handwerker in den Städten noch leibeigen, aber bald erhielten sie

---

reichsstädtische Regimentsverfassung; über die Aufgaben und Gefahren
freier Städte enthält viel dem Leben Entnommenes: Haller Restaura-
tion der Staatswissenschaft, Band VI.

die Freiheit und gewannen seit dem vierzehnten Jahrhundert, meistens mit den Waffen in der Hand, politische Selbstständigkeit und Antheil am Stadtregiment. Durch das Erblühen der Städte hatten Handel und Handwerk neben dem großen Grundeigenthum und dem kriegerischen Lebensberuf Anerkenntniß erlangt und dadurch die engen Gränzen des deutschen politischen Lebens um ein Großes erweitert.

Inzwischen hatte das alte carolingische Reich sich in Territorien zersplittert, aber es fehlte viel, daß die neuen Landesherren mit königlichem Auge die Gesammtheit der Verhältnisse in den werdenden politischen Gemeinschaften überblickt und einem Jeden die Pflege, welche es vom Staate zu fordern berechtigt ist, verschafft hätte oder auch nur hätte verschaffen können. Das Hausinteresse der landesherrlichen Familie war noch gesondert von dem des Territorium, und weil die nur im Staate mögliche Verschmelzung Beider fehlte, wendete sich die sorgende Mühe des Fürsten ausschließlich oder doch vorwiegend auf das, was seinem Particularinteresse frommte.

Zu mächtig ferner war die Nachwirkung der kriegerischen Kraft, die das deutsche politische Leben begründet hatte, um nicht in ihrer glanzvoll-phantastischen Erscheinungsform, dem Ritterwesen, die Seele des Fürsten gefangen zu nehmen. Die Landesherren waren auch darin nicht Könige, daß sie noch einem einzelnen Stande als dessen hervorragende Glieder angehörten. Sie betrachteten den Tag des Ritterschlages, der ihnen die Ehre der Aufnahme verschaffte, als den feierlichsten ihres Lebens und waren den Rittern durch die Gemeinschaft des Kriegerberufes und des Lebens an ihren Höfen verbunden. Wohl zeigten sie sich geneigt, den Reichthum der aufblühenden Städte zu nutzen; aber deren hervortretendes Selbstbewußtsein und Streben nach freier selbstständiger Bewegung neben dem Kriegerstande, erschien auch dem fürstlichen Ritter als eine Anmaßung, welcher er eifrig entgegentrat. Die engen Gränzen endlich der Territorien gewährten nicht einmal dem Binnenhandel den nothdürftigsten Raum, der überhaupt für sich

aller Einwohner ihre geistige Ausbildung schöpften, befanden sich in den Händen des niederen Clerus, der weder Mehreres noch Anderes, als er selbst besaß, mittheilen konnte und daher das Volk seiner Trägheit und Unwissenheit überließ. Die höheren fürstlichen Diener, so wie die Mitglieder der ritterbürtigen Familien, wurden zuweilen durch geistliche Hauslehrer, meistens durch die Jesuitencollegia, herangezogen, deren z. B. Churmainz in Heiligenstadt, Aschaffenburg, Erfurt und Mainz besaß. Eine Masse von Welt- und Klostergeistlichen verbreitete weit über ihren Stand und ihre Klostermauern hinaus die faule Indolenz, an der sie selbst zu Grunde gegangen waren. Allein in den Hochstiften, mit Zuzählung einiger größerer Abteien, trieben sich sechszig bis siebenzig Tausend Ordensleute umher und im Durchschnitte saßen auf jeder Quadratmeile geistlichen Landes funfzig Priester.

Handel und Gewerbe konnten in dem dumpfen Geistesdruck und der trägen Unbeweglichkeit nicht gedeihen und wurden durch die harten Abgaben gänzlich verscheucht. Nur in den Bisthümern, in welchen einstens bessere Zeiten kräftiges städtisches Leben hervorgerufen hatten, waren, wie z. B. in Würzburg und Mainz, Ueberbleibsel desselben inmitten des allgemeinen Absterbens erhalten worden. Bittere Armuth mit ihrem traurigen Geist und Herz niederdrückenden Gefolge lastete auf den Bewohnern der deutschen Länder, die vor allen Anderen von der Natur gesegnet waren. Das Tausend träger Bauern und Handwerker, die durchschnittlich auf der Quadratmeile geistlichen Landes saßen, mußte nach des Herrn von Sartori Angabe funfzig Geistliche und zweihundert und sechszig Bettler ernähren, die schweren Dienste und Frohnden an ihre Gutsherren leisten und außerdem die prachtvolle Hofhaltung, die Ueppigkeit der Domherren, die Geldsendungen nach Rom und die Zinszahlung für die meistens übermäßigen Schulden der Territorien möglich machen.

Die Versuche einzelner Fürsten oder einzelner Minister, Handel und Gewerbe zu beleben, den Ackerbau zu fördern, den

Abgabendruck zu mildern und das Volk aus seiner dumpfen Gleichgültigkeit zu wecken, haben allerdings, namentlich in der letzten Hälfte des vorigen Jahrhunderts, Erfolg, aber nur vorübergehend gehabt; denn eine dauernde bessere Zukunft ließ sich für die in den Bisthümern und Abteien vereinten Deutschen nur dann erwarten, wenn die Verfassung, welche den Vortheil einzelner Familien zum Ziel und den geistigen Tod des Volkes zur Voraussetzung hatte, gänzlich beseitigt worden war.

Das Reich hatte kein Interesse, den Untergang der geistlichen Staaten zu verhindern oder zu verzögern. Sie brachten ihm schon dadurch Verderben, daß ihre Glieder, obgleich der Zahl und Bedeutung nach zu hervorragenden Mitträgern des nationalen Lebens berufen, in den letzten Jahrhunderten erschlafft, ja erstorben, als eine todte Masse von dem deutschen Volke fortgeschleppt werden mußten und ihr lebenloses Hinträumen weiter und weiter in die für die Ansteckung nur zu empfängliche Nation zu verbreiten drohten. Augenblicklich gefährlicher wurde dem Reiche die Stellung, in welche es durch die Verbindung der Bischofswürde mit der Landeshoheit dem Auslande gegenüber gesetzt ward. Als in früheren Jahrhunderten Deutschland durch die Völker des Ostens gefährdet ward, wurden die Gränzen den kraftvollen Händen der Markgrafen übergeben und durch eine ausschließlich kriegerische Verfassung widerstandsfähig gemacht. In den letztvergangenen Jahrhunderten nahte die Gefahr von Westen; aber statt kriegerischer Markgrafen und starker Wehrverfassung führte auf den bedrohten Punkten der Krummstab sein schlaffes Regiment. Osnabrück, Münster, Cöln, Trier, Mainz, Worms, Speier, Straßburg, Basel, Constanz hatten entweder selbst die Gränzen inne oder machten doch die weltlichen Gränzfürsten, deren Lande sie zersplitterten, zur starken Gegenwehr unfähig. So lange die geistlichen Staaten bestanden, konnten wohl Oestreich oder Preußen, nie aber Deutschland die Westgränze schirmen und nie ein Heerwesen ausbilden, welches gewaltsamen

Nachbarn die Luft zu Eroberungen genommen hätte. Jahrhun=
derte hindurch hatten ferner die geistlichen Staaten den Weg
gebildet, auf welchem fremde Mächte, vor Allem die Römische
Curie mit ihren Verbündeten, zu einem das Reich zerstörenden
Einfluß gelangt waren und noch immer mußten die Reichs=
stände und die andern stiftsfähigen Familien, welche ihre
nachgebornen Mitglieder mit Bisthümern und Abteien versor=
gen wollten, sich um die Gunst des römischen Hofes bemühen,
weil dieser dem vom Capitel Erwählten Schwierigkeiten in
den Weg legen und die etwa entgegen stehenden canonischen
Hindernisse beseitigen konnte. Noch immer mußten die unmit=
telbaren Bischöfe dem Papste den Eid der Treue ablegen und
versprechen, die Häretiker und Schismatiker zu bekämpfen, wäh=
rend sie als deutsche Reichsstände verpflichtet waren, der evan=
gelischen Kirche gleiche Stellung mit der römischen einzuräu=
men und kein Bündniß mit einer außerdeutschen Macht zum
Nachtheile des Reiches oder einzelner Stände einzugehen. Noch
immer mußten die Bischöfe von fünf zu fünf Jahren Berichte
über die geistlichen und weltlichen Zustände ihrer Diöcesen an
den Papst erstatten, und wenn auch in Beziehung auf die welt=
lichen Verhältnisse dieselben fast nur übertriebene Schilderun=
gen von der Armuth des Stiftes und dessen völliger Unfähig=
keit, dem Papste neue Geldsendungen zu machen, enthalten,
und so wenig wie der Eid der Treue oder das Bewerben um
die Gunst eines auswärtigen Hofes das Reich wie früher in
politische Abhängigkeit von Rom zu bringen vermochten, so
wurden doch durch alle diese Umstände deutsche Fürsten in eine
unwürdige Stellung zu der außerdeutschen Macht gebracht und
in den verdrießlichen Zänkereien mit den Protestanten die Bit=
terkeit und Schroffheit geschärft, während zugleich die großen
Geldzahlungen nach Rom, welche fortdauernd unter verschiede=
nen Namen gemacht werden mußten, dem Reiche Hülfsquellen,
deren es sehr bedurfte, entzogen.

Deutschland hatte keinen Grund, die Auflösung jener un=
natürlichen Verbindung der Landeshoheit mit der Bischofs=

würde, welche es als deutsches Reich erstreben mußte, im
Interesse des Christenthums und der Kirche zu verhindern, da
weder die Religion noch die katholische Kirche durch die Beseitigung der geistlichen Staaten verlor. Der deutsche Zweig
der katholischen Kirche mußte, um sich erhalten zu können, den
tiefen, für die römische Curie stets unverständlich gebliebenen,
Anforderungen des deutschen Gemüthes, bis zu einem gewissen
Grade wenigstens Befriedigung gewähren. Zu diesem Zwecke
waren vor Allem geistliche Obere Bedürfniß, welche von star-
kem lebendigen Glauben erfüllt, Leiter und Lehrer dieses Sprengels wurden und durch die Einfachheit und Würde ihres Lebens, wie durch die Einsicht in die Bedürfnisse und Zustände
der ihnen anvertrauten Gemeinden, in den Laien wie im Clerus den schlummernden Sinn für die innere Bedeutung der
ganz äußerlich gewordenen Formen erwecken und dadurch die
deutschen Gemüther der katholischen Kirche zuwenden konnten.
Um eines wahrhaften geistlichen Hirten gewiß zu sein, wurde
freilich seine Wahl mit der Messe vom heiligen Geiste eröffnet und mit Betstunden für den glücklichen Fortgang begleitet.
Jeder Wähler legte den Eid ab, seine Stimme nach bestem Wissen nur dem Würdigsten zu geben und Jeden zurück zu weisen,
welcher durch Geschenke die Wahl auf sich zu leiten versucht
hatte. Im Namen des Vaters und des Sohnes und des heiligen Geistes ward der Erwählte dem Volke verkündet. Aber
stiftsmäßige Geburt war Vorbedingung der Erwählung und
die Gunst der großen deutschen oder europäischen Mächte gab
den Ausschlag. Die beiden Churhäuser Baiern und Pfalz
hatten sogar seit 1624 vertragsmäßig festgesetzt, sich bei Bischofs - und Coadjutorenwahlen gegenseitig zu unterstützen, um
nicht allein hierdurch bei den Reichs - und Kreistagen mehrere
Vota zu erwerben, sondern auch den Staatsbehalt und Splen-
dor zu gemeinsamen freundvetterlichen Diensten zu vergrößern."
Diplomatische Verhandlungen, schamlose Bestechungen lenkten
fast immer die Stimmen der Wähler; und fast jede Wahl eines bedeutenderen Reichsprälaten bot die ärgerlichsten Auftritte

und durch den Standesgeist verstärkten Regierungsansicht mußte
ihn sogleich in einen schroffen Gegensatz zu seinem eignen
Fleisch und Blut, dem gesammten stiftsfähigen Adel Deutschlands, und in den heftigsten Kampf mit dem Capitel bringen,
welchem er für die Ertheilung seiner Würde zum Dank verpflichtet war. Sich dieser neuen Störung seiner üppigen Ruhe
freiwillig zu unterziehen ward der geistliche Fürst nicht wie
bei jenem Zanke über Mein und Dein durch ein individuelles
Interesse getrieben, sondern nur durch die Rücksicht auf das
von ihm regierte Land. Aber dem Lande war er der Geburt
nach oft ganz fremd und niemals mit demselben zu einem in
der Vergangenheit begründeten und in der Zukunft fortdauernden Ganzen wie der Souverän mit der Erbmonarchie verwachsen, weil er weder Ahnen zu Vorgängern noch Kinder und
Kindeskinder zu Nachfolgern in der Regierung haben durfte.
Nicht selten war ferner ein und derselbe Mann zu gleicher
Zeit Landesherr in mehreren Bisthümern und Abteien. Clemens August z. B. Herzog von Baiern, war in der Mitte des
vorigen Jahrhunderts 1) Coadjutor von Regensburg, 2) Bischof von Münster, 3) Bischof von Paderborn, 4) Churfürst
von Cöln, 5) Bischof von Hildesheim, 6) Probst zu Lüttich,
7) Bischof von Osnabrück, 8) Hoch- und Deutschmeister zu
Mergentheim. Etwas später war Franz Egon von Fürstenberg Bischof von Hildesheim und Bischof von Paderborn;
Friedrich von Erthal Churfürst von Mainz und Bischof zu
Worms; Clemens Wenzel Herzog von Sachsen, Propst zu
Ellwangen, Bischof von Augsburg und Churfürst von Trier.
Wenn in einem einzelnen Falle die fehlende Liebe zum Lande
durch einen angebornen Herrschersinn ersetzt ward, welchem das
Leben ohne wahrhaft politische Thätigkeit keinen Werth hat, so traten der Thatkraft des großartigen Staatsmannes dieselben Rechtsschranken der Wahlcapitulationen lähmend entgegen, welche
freilich auch den despotischen Herrn hinderten, unter dem Vorwande des Staatsinteresses Alles zu verschlingen. Selbst hin-
und hergezogen zwischen seinem geistlichen und seinem weltli-

chen Beruf, mußte überdieß der Bischof sich in weit höherem
Grade als der zum Regenten seines Landes geborne und erzogene Fürst auf die Beamten verlassen und dennoch wurde
ihm in sehr vielen Fällen sein Minister durch Pflichten der Dank-
barkeit, durch Versprechen vor der Erwählung oder durch un-
besiegbare Rücksichten auf Familienverhältnisse aufgedrungen.
Auch wenn er seinen ersten Diener frei sich ausgesucht hatte,
fand er ihn nicht leicht zu einem kräftigen und entschiedenen
Handeln geneigt, weil derselbe die Abneigung der Domherren
und des nachfolgenden Fürsten scheute. Die Präsidenten der
Collegien bestanden aus Mitgliedern, die niederen Beamten
meistens aus Günstlingen desselben Capitels, dessen Besiegung
die Aufgabe eines jeden Fürsten war, der politisch wirksam
regieren wollte.

Hatte ein geistlicher Landesherr alle diese Schwierigkeiten
überwunden, so war freilich für sein eigenes Bewußtsein viel,
aber für des Landes Beste nur wenig gewonnen, denn die
Tage eines Bischofs, der mit seltenen Ausnahmen als altern-
der Mann zur Regierung kam, waren stets gezählt. Starb
er, so war seine Schöpfung dem Capitel Preis gegeben, welches während der Sedisvacanz die Herrschaft führte und ungleich schneller das ihm widerwärtige Werk eines bedeutenden
Mannes zerstörte, als es errichtet worden war. Die etwa
übrig bleibenden Reste einer guten Zeit fielen als ein todter
Schatz dem neugewählten Fürsten zu, weil der Zufall es nicht
leicht fügte, daß unmittelbar nach einander zwei politisch bedeutende Männer auf den Bischofsstuhl erwählt wurden. Diese
Gewißheit, nur für wenige Jahre wirken und niemals den
Grund zu einem dauernden Gebäude legen zu können, machte
es zum Principe der Meisten, Alles bei dem Alten zu lassen,
ruhig zu leben, sich gütlich zu thun und, wie das Capitel, das
Land als ein Mittel für die Zwecke des stiftsmäßigen Adels
zu betrachten. In allen Stiften fand sich in Folge dieser Re-
gierungsansichten neben einer Anzahl bemittelter oder reicher
stiftsmäßiger und ritterbürtiger Familien, welche z. B. in Trier

8

ein Drittel des Bodens besaßen, eine Arbeitermenge, welche
theils als Hörige die Güter des Adels bebauten, theils als
Bauern und Handwerker durch ihrer Hände Arbeit den Aufwand des Bischofs, des Capitels, der hohen ritterbürtigen
Beamten und des ganzen dazu gehörigen Anhangs möglich machen mußten. Während der Adel sich zu schonen verstand, trugen sie Abgaben so drückender Art, daß der alte Spruch: unter
Krummstab ist gut wohnen, nur noch als Erinnerung an vergangene Zeiten eine Bedeutung hatte.

Nachdem die geistlichen Territorien einmal die Gestalt gewonnen hatten, welche sie in den letzten Jahrhunderten besaßen, konnten Bischöfe, Aebte, Capitel und das Bruchstück des
deutschen Adels, dem sie angehörten, in Rücksicht auf ihre
Sonderinteressen nur verlieren, sobald Aenderungen irgend einer
Art eintraten. Aengstlich suchte deßhalb die geistliche Regierung
alle Kräfte zu ersticken, welche Leben und Bewegung hätte erzeugen können und trat schon in weiter Ferne jeder Gefahr für
das Bestehende entgegen. Im Volke hatte sich das Gedächtniß
früherer lebensvoller Zustände nicht einmal als Tradition erhalten; Väter und Großväter hatten keine anderen Verhältnisse gekannt, als die, von welchen die Generation der
Gegenwart umgeben war. Die Natur der gesegneten Länder
verlangte nicht, daß ihr die Schätze, die sie in sich barg, abgerungen würden, sondern bot in unerschöpflichem Reichthum
Früchte, Wein, Holz, Bergwerke, Mineralquellen, große
Land- und Wasserstraßen dem trägen Volke dar, welches es
bequem fand, sich anstrengungslos von dem Strome der Zeit
tragen zu lassen und die Ziele, deren Verfolgung das Menschenleben mit Sorge und heißer Arbeit erfüllt, als gar nicht
vorhanden anzunehmen.

Alles Neue erschien auch ihm als eine drohende Störung
und die geistliche Herrschaft in ihrer einmal angenommenen
Gestalt wurde von der Familien- und Volksmeinung als die
einzig erträgliche angesehen. Dem nicht althergebrachten Schritte
eines wohlmeinenden geistlichen Fürsten trat im Volke die

Macht der verdrießlichen Trägheit und die nur zu wohl begründete Hoffnung entgegen, daß binnen wenig Jahren die
beliebten Neuerungen von selbst über den Haufen fallen würden. Jeder auswärtige Einfluß, der diese Meinung hätte
wankend machen können, insbesondere jeder protestantische Einfluß, wurde mit Erfolg ausgeschlossen. Die meisten kleineren
und viele größere geistliche Territorien hatten ihre Bevölkerung
rein von evangelischer Beimischung gehalten*). Bamberg z.
B. war ausschließlich katholisch; Münster hatte nur einzelne
ritterbürtige Familien und eine einzige Gemeinde evangelischer
Confession; Mainz duldete mit ein paar Ausnahmen nur auf
dem Eichsfelde und in Erfurt Protestanten, Würzburg hatte
nur einzelne Gemeinden und Worms, dem im Anfange des
vorigen Jahrhunderts evangelische Gebiete von Churpfalz ab-
getreten worden waren, beseitigte deren Einwirkung, indem es
den kirchlichen Zusammenhang der Protestanten vernichtete und
die Entscheidung in Kirchensachen, so wie die Ernennung der
Geistlichen und Lehrer, in die Hände der katholischen Regierung brachte. Trier hatte nur in den Landestheilen, die es
mit anderen Fürsten gemeinschaftlich besaß, evangelische Unterthanen und wachte so eifrig über die Reinerhaltung seines übrigen Gebietes, daß im Jahre 1783 die öffentlichen Blätter als
ein außerordentliches Ereigniß mittheilten**) „ein Protestant,
Namens Bucking aus Trarbach, habe die Erlaubniß erhalten, sich
in Coblenz cum privato religionis exercitio niederzulassen.“
Da überdieß Censur und die niedrige Stufe, auf welcher der
Buchhandel stand, auswärtige Einwirkungen sehr erschwerten,
so konnten die geistlichen Regierungen ihren Unterthanen ziemlich genau das Maaß der Bildung, der Kenntnisse und des
geistigen Lebens, so wie die Richtung der politischen und religiösen Ansichten bestimmen. Die Landschulen und die deutschen Schulen in den Städten, aus denen die große Mehrzahl

---

*) Büsching neue Erdbeschreibung. Hamburg 1761. Band 3 und 4.
**) Schlözer Staatsanzeigen III. S. 210.

aller Einwohner ihre geistige Ausbildung schöpften, befanden sich in den Händen des niederen Clerus, der weder Mehreres noch Anderes, als er selbst besaß, mittheilen konnte und daher das Volk seiner Trägheit und Unwissenheit überließ. Die höheren fürstlichen Diener, so wie die Mitglieder der ritterbürtigen Familien, wurden zuweilen durch geistliche Hauslehrer, meistens durch die Jesuitencollegia, herangezogen, deren z. B. Churmainz in Heiligenstadt, Aschaffenburg, Erfurt und Mainz besaß. Eine Masse von Welt- und Klostergeistlichen verbreitete weit über ihren Stand und ihre Klostermauern hinaus die faule Indolenz, an der sie selbst zu Grunde gegangen waren. Allein in den Hochstiften, mit Zuzählung einiger größerer Abteien, trieben sich sechszig bis siebenzig Tausend Ordensleute umher und im Durchschnitte saßen auf jeder Quadratmeile geistlichen Landes funfzig Priester.

Handel und Gewerbe konnten in dem dumpfen Geistesdruck und der trägen Unbeweglichkeit nicht gedeihen und wurden durch die harten Abgaben gänzlich verscheucht. Nur in den Bisthümern, in welchen einstens bessere Zeiten kräftiges städtisches Leben hervorgerufen hatten, waren, wie z. B. in Würzburg und Mainz, Ueberbleibsel desselben inmitten des allgemeinen Absterbens erhalten worden. Bittere Armuth mit ihrem traurigen Geist und Herz niederdrückenden Gefolge lastete auf den Bewohnern der deutschen Länder, die vor allen Anderen von der Natur gesegnet waren. Das Tausend träger Bauern und Handwerker, die durchschnittlich auf der Quadratmeile geistlichen Landes saßen, mußte nach des Herrn von Sartori Angabe funfzig Geistliche und zweihundert und sechszig Bettler ernähren, die schweren Dienste und Frohnden an ihre Gutsherren leisten und außerdem die prachtvolle Hofhaltung, die Ueppigkeit der Domherren, die Geldsendungen nach Rom und die Zinszahlung für die meistens übermäßigen Schulden der Territorien möglich machen.

Die Versuche einzelner Fürsten oder einzelner Minister, Handel und Gewerbe zu beleben, den Ackerbau zu fördern, den

Abgabendruck zu mildern und das Volk aus seiner dumpfen Gleichgültigkeit zu wecken, haben allerdings, namentlich in der letzten Hälfte des vorigen Jahrhunderts, Erfolg, aber nur vorübergehend gehabt; denn eine dauernde bessere Zukunft ließ sich für die in den Bisthümern und Abteien vereinten Deutschen nur dann erwarten, wenn die Verfassung, welche den Vortheil einzelner Familien zum Ziel und den geistigen Tod des Volkes zur Voraussetzung hatte, gänzlich beseitigt worden war.

Das Reich hatte kein Interesse, den Untergang der geistlichen Staaten zu verhindern oder zu verzögern. Sie brachten ihm schon dadurch Verderben, daß ihre Glieder, obgleich der Zahl und Bedeutung nach zu hervorragenden Mitträgern des nationalen Lebens berufen, in den letzten Jahrhunderten erschlafft, ja erstorben, als eine todte Masse von dem deutschen Volke fortgeschleppt werden mußten und ihr lebenloses Hinträumen weiter und weiter in die für die Ansteckung nur zu empfängliche Nation zu verbreiten drohten. Augenblicklich gefährlicher wurde dem Reiche die Stellung, in welche es durch die Verbindung der Bischofswürde mit der Landeshoheit dem Auslande gegenüber gesetzt ward. Als in früheren Jahrhunderten Deutschland durch die Völker des Ostens gefährdet ward, wurden die Gränzen den kraftvollen Händen der Markgrafen übergeben und durch eine ausschließlich kriegerische Verfassung widerstandsfähig gemacht. In den letztvergangenen Jahrhunderten nahte die Gefahr von Westen; aber statt kriegerischer Markgrafen und starker Wehrverfassung führte auf den bedrohten Punkten der Krummstab sein schlaffes Regiment. Osnabrück, Münster, Cöln, Trier, Mainz, Worms, Speier, Straßburg, Basel, Constanz hatten entweder selbst die Gränzen inne oder machten doch die weltlichen Gränzfürsten, deren Lande sie zersplitterten, zur starken Gegenwehr unfähig. So lange die geistlichen Staaten bestanden, konnten wohl Oestreich oder Preußen, nie aber Deutschland die Westgränze schirmen und nie ein Heerwesen ausbilden, welches gewaltsamen

Nachbarn die Luft zu Eroberungen genommen hätte. Jahrhunderte hindurch hatten ferner die geistlichen Staaten den Weg
gebildet, auf welchem fremde Mächte, vor Allem die Römische
Curie mit ihren Verbündeten, zu einem das Reich zerstörenden
Einfluß gelangt waren und noch immer mußten die Reichsstände und die andern stiftsfähigen Familien, welche ihre
nachgebornen Mitglieder mit Bisthümern und Abteien versor-
gen wollten, sich um die Gunst des römischen Hofes bemühen,
weil dieser dem vom Capitel Erwählten Schwierigkeiten in
den Weg legen und die etwa entgegen stehenden canonischen
Hindernisse beseitigen konnte. Noch immer mußten die unmittelbaren Bischöfe dem Papste den Eid der Treue ablegen und
versprechen, die Häretiker und Schismatiker zu bekämpfen, während sie als deutsche Reichsstände verpflichtet waren, der evangelischen Kirche gleiche Stellung mit der römischen einzuräumen und kein Bündniß mit einer außerdeutschen Macht zum
Nachtheile des Reiches oder einzelner Stände einzugehen. Noch
immer mußten die Bischöfe von fünf zu fünf Jahren Berichte
über die geistlichen und weltlichen Zustände ihrer Diöcesen an
den Papst erstatten, und wenn auch in Beziehung auf die weltlichen Verhältnisse dieselben fast nur übertriebene Schilderungen von der Armuth des Stiftes und dessen völliger Unfähigkeit, dem Papste neue Geldsendungen zu machen, enthalten,
und so wenig wie der Eid der Treue oder das Bewerben um
die Gunst eines auswärtigen Hofes das Reich wie früher in
politische Abhängigkeit von Rom zu bringen vermochten, so
wurden doch durch alle diese Umstände deutsche Fürsten in eine
unwürdige Stellung zu der außerdeutschen Macht gebracht und
in den verdrießlichen Zänkereien mit den Protestanten die Bitterkeit und Schroffheit geschärft, während zugleich die großen
Geldzahlungen nach Rom, welche fortdauernd unter verschiedenen Namen gemacht werden mußten, dem Reiche Hülfsquellen,
deren es sehr bedurfte, entzogen.

Deutschland hatte keinen Grund, die Auflösung jener unnatürlichen Verbindung der Landeshoheit mit der Bischofs-

würde, welche es als deutsches Reich erstreben mußte, im
Interesse des Christenthums und der Kirche zu verhindern, da
weder die Religion noch die katholische Kirche durch die Beseitigung der geistlichen Staaten verlor. Der deutsche Zweig
der katholischen Kirche mußte, um sich erhalten zu können, den
tiefen, für die römische Curie stets unverständlich gebliebenen,
Anforderungen des deutschen Gemüthes, bis zu einem gewissen
Grade wenigstens Befriedigung gewähren. Zu diesem Zwecke
waren vor Allem geistliche Obere Bedürfniß, welche von star-
kem lebendigen Glauben erfüllt, Leiter und Lehrer dieses Sprengels wurden und durch die Einfachheit und Würde ihres Lebens, wie durch die Einsicht in die Bedürfnisse und Zustände
der ihnen anvertrauten Gemeinden, in den Laien wie im Clerus den schlummernden Sinn für die innere Bedeutung der
ganz äußerlich gewordenen Formen erwecken und dadurch die
deutschen Gemüther der katholischen Kirche zuwenden konnten.
Um eines wahrhaften geistlichen Hirten gewiß zu sein, wurde
freilich seine Wahl mit der Messe vom heiligen Geiste eröffnet und mit Betstunden für den glücklichen Fortgang begleitet.
Jeder Wähler legte den Eid ab, seine Stimme nach bestem Wissen nur dem Würdigsten zu geben und Jeden zurück zu weisen,
welcher durch Geschenke die Wahl auf sich zu leiten versucht
hatte. Im Namen des Vaters und des Sohnes und des heiligen Geistes ward der Erwählte dem Volke verkündet. Aber
stiftsmäßige Geburt war Vorbedingung der Erwählung und
die Gunst der großen deutschen oder europäischen Mächte gab
den Ausschlag. Die beiden Churhäuser Baiern und Pfalz
hatten sogar seit 1624 vertragsmäßig festgesetzt, sich bei Bi-
schofs- und Coadjutorenwahlen gegenseitig zu unterstützen, um
nicht allein hierdurch bei den Reichs- und Kreistagen mehrere
Vota zu erwerben, sondern auch den Staatsbehalt und Splen-
dor zu gemeinsamen freundvetterlichen Diensten zu vergrößern."
Diplomatische Verhandlungen, schamlose Bestechungen lenkten
fast immer die Stimmen der Wähler; und fast jede Wahl eines bedeutenderen Reichsprälaten bot die ärgerlichsten Auftritte

bar. Auf den bischöflichen Stuhl nicht aus geistlichen Gründen, sondern wegen vornehmer Geburt, großen Reichthums oder anderer Eigenschaften dieser Art gelangt, fanden die Prälaten weit mehr Geschmack an dem von Jugend auf gewohnten Weltleben, als an der bischöflichen Wirksamkeit. Für den Glanz des äußeren Gottesdienstes trafen sie allenfalls Anordnungen und hielten einige Mal im Jahre unter großem Gepränge eine Messe; im Uebrigen aber mußten sie fürchten, durch priesterliche Thätigkeit sich bei ihren Umgebungen und Standesgenossen lächerlich zu machen. In der Pracht des glänzenden Hofstaates ließ sich der christliche Geistliche nicht ausfindig machen. Die Generale und Obristen seiner Truppen, Obristjägermeister, Kammerherren, Marschälle, Truchsessen, Stallmeister, bildeten an den größeren Höfen, welchen die kleineren möglichst nacheiferten, die Umgebung des Reichsprälaten. Jagden, Theater, Bälle nahmen ihn in Anspruch. Noch jetzt wissen ältere Leute von den herrlich besetzten Tafeln, den lustig durchschwärmten Nächten, den prachtvollen Hoffesten und manchen anderen Vergnüglichkeiten der bischöflichen Hirten zu erzählen. Die Domherren mischten sich in seinen Hofstaat, nahmen Theil an seinen Lustbarkeiten und zwangen den gegen seine eigenen Gelüste nachsichtigen Prälaten, die Kirchenzucht auch den hohen Stiftsgeistlichen gegenüber zu vergessen. Die Weltlust und die Sittenlosigkeit der kirchlichen Oberen theilte sich dem niederen Clerus mit. In Münster wurde 1740 eine ältere Polizeivorschrift wiederholt, in welcher es heißt: Es ist auch hierbei verboten und zur Erhaltung der Ehrbarkeit wahrzunehmen, daß keineswegs der geistlichen Herrn Concubinen zu hochzeitlichen Gastmählern geladen werden sollen. Wenn sich hier und da die eigentliche Pfarrgeistlichkeit frei von Verderbniß erhielt und ihrem geistlichen Beruf lebte, so war sie von ihren Oberen durch eine weite Kluft getrennt. Der glänzende Fürst, stolz auf seine Abkunft und seine Reichswürde, sah mißachtend auf den ärmlich gestellten Pastor herab und raubte der Pfarrgeistlichkeit den Halt an ihrem Bischof, welchen sie in der katho-

lischen Kirche nicht entbehren kann. Dem Volke war in dem Hirtenamte die fürstliche Landeshoheit zu furchterregend, als daß es Empfänglichkeit hätte haben können für die geistliche Wirksamkeit, welche einzelne wahrhaft fromme Bischöfe zu üben versuchten. Da unter des Bischofs Namen die schweren Steuern ausgeschrieben, die Criminalgesetze und Polizeiordnungen von der Kanzel verlesen, die Gerichtsbarkeit geübt wurde, so ließ sich der Argwohn nicht zurückdrängen, daß auch seinen geistlichen Handlungen weltliche Zwecke zum Grunde lägen.

Zwar hatte die römische Kirche in den deutschen Reichsprälaten Diener gewonnen, die sich wie der Papst selbst den weltlichen Fürsten an Rang und Macht zur Seite stellten; aber was die Kirche hierdurch an weltlichem Einfluß gewann, büßte sie an christlichem Geiste ein und nur dieser, nicht die glänzenden Aeußerlichkeiten, nicht die Pracht und die Gewalt ihrer Priester, konnten ihr im deutschen Volke Sicherheit und Dauer verleihen.

Weder die Kirche, noch das Reich, noch die eigenen Unterthanen hatten ein Interesse bei der Fortdauer der geistlichen Herrschaften: nur ein kleines Bruchstück des deutschen Adels büßte, wenn sie untergingen, individuelle Vortheile ein; aber dieses Bruchstück des Adels entbehrte zu sehr der lebendigen Bedeutung im deutschen Staatsleben, um durch seine Kraft irgend ein politisches Ereigniß verhindern oder herbeiführen zu können. Die geistlichen Herrschaften aber, auf sich selbst angewiesen, waren in ihrer Abgestorbenheit dem Untergange verfallen und bargen keine Keime in sich, welche bildend für eine künftige politische Gestaltung hätten werden können.

III. Die Reichsstädte*).

Aus der allgemeinen europäischen Auflösung waren durch Krieg und Eroberung die Anfänge des deutschen mittelalterli-

---

*) Büsching neue Erdbeschreibung. Hamburg 1760. Band III. Moser

ein Drittel des Bodens besaßen, eine Arbeitermenge, welche theils als Hörige die Güter des Adels bebauten, theils als Bauern und Handwerker durch ihrer Hände Arbeit den Auf= wand des Bischofs, des Capitels, der hohen ritterbürtigen Beamten und des ganzen dazu gehörigen Anhangs möglich ma= chen mußten. Während der Adel sich zu schonen verstand, tru= gen sie Abgaben so drückender Art, daß der alte Spruch: unter Krummstab ist gut wohnen, nur noch als Erinnerung an ver= gangene Zeiten eine Bedeutung hatte.

Nachdem die geistlichen Territorien einmal die Gestalt ge= wonnen hatten, welche sie in den letzten Jahrhunderten besa= ßen, konnten Bischöfe, Aebte, Capitel und das Bruchstück des deutschen Adels, dem sie angehörten, in Rücksicht auf ihre Sonderinteressen nur verlieren, sobald Aenderungen irgend einer Art eintraten. Aengstlich suchte deßhalb die geistliche Regierung alle Kräfte zu ersticken, welche Leben und Bewegung hätte er= zeugen können und trat schon in weiter Ferne jeder Gefahr für das Bestehende entgegen. Im Volke hatte sich das Gedächtniß früherer lebensvoller Zustände nicht einmal als Tradition er= halten; Väter und Großväter hatten keine anderen Verhält= nisse gekannt, als die, von welchen die Generation der Gegenwart umgeben war. Die Natur der gesegneten Länder verlangte nicht, daß ihr die Schätze, die sie in sich barg, ab= gerungen würden, sondern bot in unerschöpflichem Reichthum Früchte, Wein, Holz, Bergwerke, Mineralquellen, große Land= und Wasserstraßen dem trägen Volke dar, welches es bequem fand, sich anstrengungslos von dem Strome der Zeit tragen zu lassen und die Ziele, deren Verfolgung das Men= schenleben mit Sorge und heißer Arbeit erfüllt, als gar nicht vorhanden anzunehmen.

Alles Neue erschien auch ihm als eine drohende Störung und die geistliche Herrschaft in ihrer einmal angenommenen Gestalt wurde von der Familien= und Volksmeinung als die einzig erträgliche angesehen. Dem nicht althergebrachten Schritte eines wohlmeinenden geistlichen Fürsten trat im Volke die

Macht der verdrießlichen Trägheit und die nur zu wohl begründete Hoffnung entgegen, daß binnen wenig Jahren die
beliebten Neuerungen von selbst über den Haufen fallen würden. Jeder auswärtige Einfluß, der diese Meinung hätte
wankend machen können, insbesondere jeder protestantische Einfluß, wurde mit Erfolg ausgeschlossen. Die meisten kleineren
und viele größere geistliche Territorien hatten ihre Bevölkerung
rein von evangelischer Beimischung gehalten*). Bamberg z.
B. war ausschließlich katholisch; Münster hatte nur einzelne
ritterbürtige Familien und eine einzige Gemeinde evangelischer
Confession; Mainz duldete mit ein paar Ausnahmen nur auf
dem Eichsfelde und in Erfurt Protestanten, Würzburg hatte
nur einzelne Gemeinden und Worms, dem im Anfange des
vorigen Jahrhunderts evangelische Gebiete von Churpfalz ab-
getreten worden waren, beseitigte deren Einwirkung, indem es
den kirchlichen Zusammenhang der Protestanten vernichtete und
die Entscheidung in Kirchensachen, so wie die Ernennung der
Geistlichen und Lehrer, in die Hände der katholischen Regierung brachte. Trier hatte nur in den Landestheilen, die es
mit anderen Fürsten gemeinschaftlich besaß, evangelische Unterthanen und wachte so eifrig über die Reinerhaltung seines übrigen Gebietes, daß im Jahre 1783 die öffentlichen Blätter als
ein außerordentliches Ereigniß mittheilten**) „ein Protestant,
Namens Bucking aus Trarbach, habe die Erlaubniß erhalten, sich
in Coblenz cum privato religionis exercitio niederzulassen.“
Da überdieß Censur und die niedrige Stufe, auf welcher der
Buchhandel stand, auswärtige Einwirkungen sehr erschwerten,
so konnten die geistlichen Regierungen ihren Unterthanen ziemlich genau das Maaß der Bildung, der Kenntnisse und des
geistigen Lebens, so wie die Richtung der politischen und religiösen Ansichten bestimmen. Die Landschulen und die deutschen Schulen in den Städten, aus denen die große Mehrzahl

---

*) Büsching neue Erdbeschreibung. Hamburg 1761. Band 3 und 4.
**) Schlözer Staatsanzeigen III. S. 210.

aller Einwohner ihre geistige Ausbildung schöpften, befanden sich in den Händen des niederen Clerus, der weder Mehreres noch Anderes, als er selbst besaß, mittheilen konnte und daher das Volk seiner Trägheit und Unwissenheit überließ. Die höheren fürstlichen Diener, so wie die Mitglieder der ritterbürtigen Familien, wurden zuweilen durch geistliche Hauslehrer, meistens durch die Jesuitencollegia, herangezogen, deren z. B. Churmainz in Heiligenstadt, Aschaffenburg, Erfurt und Mainz besaß. Eine Masse von Welt- und Klostergeistlichen verbreitete weit über ihren Stand und ihre Klostermauern hinaus die faule Indolenz, an der sie selbst zu Grunde gegangen waren. Allein in den Hochstiften, mit Zuzählung einiger größerer Abteien, trieben sich sechszig bis siebenzig Tausend Ordensleute umher und im Durchschnitte saßen auf jeder Quadratmeile geistlichen Landes funfzig Priester.

Handel und Gewerbe konnten in dem dumpfen Geistesdruck und der trägen Unbeweglichkeit nicht gedeihen und wurden durch die harten Abgaben gänzlich verscheucht. Nur in den Bisthümern, in welchen einstens bessere Zeiten kräftiges städtisches Leben hervorgerufen hatten, waren, wie z. B. in Würzburg und Mainz, Ueberbleibsel desselben inmitten des allgemeinen Absterbens erhalten worden. Bittere Armuth mit ihrem traurigen Geist und Herz niederdrückenden Gefolge lastete auf den Bewohnern der deutschen Länder, die vor allen Anderen von der Natur gesegnet waren. Das Tausend träger Bauern und Handwerker, die durchschnittlich auf der Quadratmeile geistlichen Landes saßen, mußte nach des Herrn von Sartori Angabe funfzig Geistliche und zweihundert und sechszig Bettler ernähren, die schweren Dienste und Frohnden an ihre Gutsherren leisten und außerdem die prachtvolle Hofhaltung, die Ueppigkeit der Domherren, die Geldsendungen nach Rom und die Zinszahlung für die meistens übermäßigen Schulden der Territorien möglich machen.

Die Versuche einzelner Fürsten oder einzelner Minister, Handel und Gewerbe zu beleben, den Ackerbau zu fördern, den

Abgabendruck zu mildern und das Volk aus seiner dumpfen Gleichgültigkeit zu wecken, haben allerdings, namentlich in der letzten Hälfte des vorigen Jahrhunderts, Erfolg, aber nur vorübergehend gehabt; denn eine dauernde bessere Zukunft ließ sich für die in den Bisthümern und Abteien vereinten Deutschen nur dann erwarten, wenn die Verfassung, welche den Vortheil einzelner Familien zum Ziel und den geistigen Tod des Volkes zur Voraussetzung hatte, gänzlich beseitigt worden war.

Das Reich hatte kein Interesse, den Untergang der geistlichen Staaten zu verhindern oder zu verzögern. Sie brachten ihm schon dadurch Verderben, daß ihre Glieder, obgleich der Zahl und Bedeutung nach zu hervorragenden Mitträgern des nationalen Lebens berufen, in den letzten Jahrhunderten erschlafft, ja erstorben, als eine todte Masse von dem deutschen Volke fortgeschleppt werden mußten und ihr lebenloses Hinträumen weiter und weiter in die für die Ansteckung nur zu empfängliche Nation zu verbreiten drohten. Augenblicklich gefährlicher wurde dem Reiche die Stellung, in welche es durch die Verbindung der Bischofswürde mit der Landeshoheit dem Auslande gegenüber gesetzt ward. Als in früheren Jahrhunderten Deutschland durch die Völker des Ostens gefährdet ward, wurden die Gränzen den kraftvollen Händen der Markgrafen übergeben und durch eine ausschließlich kriegerische Verfassung widerstandsfähig gemacht. In den letztvergangenen Jahrhunderten nahte die Gefahr von Westen; aber statt kriegerischer Markgrafen und starker Wehrverfassung führte auf den bedrohten Punkten der Krummstab sein schlaffes Regiment. Osnabrück, Münster, Cöln, Trier, Mainz, Worms, Speier, Straßburg, Basel, Constanz hatten entweder selbst die Gränzen inne oder machten doch die weltlichen Gränzfürsten, deren Lande sie zersplitterten, zur starken Gegenwehr unfähig. So lange die geistlichen Staaten bestanden, konnten wohl Oestreich oder Preußen, nie aber Deutschland die Westgränze schirmen und nie ein Heerwesen ausbilden, welches gewaltsamen

Nachbarn die Luft zu Eroberungen genommen hätte. Jahrhunderte hinburch hatten ferner die geiftlichen Staaten den Weg gebilbet, auf welchem frembe Mächte, vor Allem die Römische Curie mit ihren Verbünbeten, zu einem das Reich zerftörenben Einfluß gelangt waren und noch immer mußten die Reichsftände und die andern ftiftsfähigen Familien, welche ihre nachgebornen Mitglieber mit Bisthümern und Abteien verforgen wollten, sich um die Gunst des römischen Hofes bemühen, weil dieser dem vom Capitel Erwählten Schwierigkeiten in den Weg legen und die etwa entgegen stehenden canonischen Hinderniffe befeitigen konnte. Noch immer mußten die unmittelbaren Bischöfe dem Papfte den Eid der Treue ablegen und verfprechen, die Häretifer und Schismatifer zu befämpfen, während sie als deutsche Reichsftände verpflichtet waren, der evangelischen Kirche gleiche Stellung mit der römischen einzuräumen und fein Bündniß mit einer außerdeutschen Macht zum Nachtheile des Reiches ober einzelner Stände einzugehen. Noch immer mußten die Bischöfe von fünf zu fünf Jahren Berichte über die geiftlichen und weltlichen Zuftände ihrer Diöcefen an den Papft erftatten, und wenn auch in Beziehung auf die weltlichen Verhältniffe diefelben faft nur übertriebene Schilderungen von der Armuth des Stiftes und deffen völliger Unfähigfeit, dem Papfte neue Gelbfenbungen zu machen, enthalten, und so wenig wie der Eid der Treue ober das Bewerben um die Gunft eines auswärtigen Hofes das Reich wie früher in politische Abhängigfeit von Rom zu bringen vermochten, so wurden doch durch alle diese Umftände deutsche Fürften in eine unwürdige Stellung zu der außerdeutschen Macht gebracht und in den verdrießlichen Zänfereien mit den Proteftanten die Bitterfeit und Schroffheit geschärft, während zugleich die großen Gelbzahlungen nach Rom, welche fortbauernd unter verschiedenen Namen gemacht werden mußten, dem Reiche Hülfsquellen, deren es fehr beburfte, entzogen.

Deutschland hatte feinen Grund, die Auflösung jener unnatürlichen Verbindung der Landeshoheit mit der Bischofs-

würde, welche es als deutsches Reich erstreben mußte, im
Interesse des Christenthums und der Kirche zu verhindern, da
weder die Religion noch die katholische Kirche durch die Beseitigung der geistlichen Staaten verlor. Der deutsche Zweig
der katholischen Kirche mußte, um sich erhalten zu können, den
tiefen, für die römische Curie stets unverständlich gebliebenen,
Anforderungen des deutschen Gemüthes, bis zu einem gewissen
Grade wenigstens Befriedigung gewähren. Zu diesem Zwecke
waren vor Allem geistliche Obere Bedürfniß, welche von star-
kem lebendigen Glauben erfüllt, Leiter und Lehrer dieses Sprengels wurden und durch die Einfachheit und Würde ihres Lebens, wie durch die Einsicht in die Bedürfnisse und Zustände
der ihnen anvertrauten Gemeinden, in den Laien wie im Clerus den schlummernden Sinn für die innere Bedeutung der
ganz äußerlich gewordenen Formen erwecken und dadurch die
deutschen Gemüther der katholischen Kirche zuwenden konnten.
Um eines wahrhaften geistlichen Hirten gewiß zu sein, wurde
freilich seine Wahl mit der Messe vom heiligen Geiste eröffnet und mit Betstunden für den glücklichen Fortgang begleitet.
Jeder Wähler legte den Eid ab, seine Stimme nach bestem Wissen nur dem Würdigsten zu geben und Jeden zurück zu weisen,
welcher durch Geschenke die Wahl auf sich zu leiten versucht
hatte. Im Namen des Vaters und des Sohnes und des heiligen Geistes ward der Erwählte dem Volke verkündet. Aber
stiftsmäßige Geburt war Vorbedingung der Erwählung und
die Gunst der großen deutschen oder europäischen Mächte gab
den Ausschlag. Die beiden Churhäuser Baiern und Pfalz
hatten sogar seit 1624 vertragsmäßig festgesetzt, sich bei Bi-
schofs- und Coadjutorenwahlen gegenseitig zu unterstützen, um
nicht allein hierdurch bei den Reichs- und Kreistagen mehrere
Vota zu erwerben, sondern auch den Staatsbehalt und Splen-
dor zu gemeinsamen freundvetterlichen Diensten zu vergrößern.“
Diplomatische Verhandlungen, schamlose Bestechungen lenkten
fast immer die Stimmen der Wähler; und fast jede Wahl eines bedeutenderen Reichsprälaten bot die ärgerlichsten Auftritte

dar. Auf den bischöflichen Stuhl nicht aus geistlichen Gründen, sondern wegen vornehmer Geburt, großen Reichthums oder anderer Eigenschaften dieser Art gelangt, fanden die Prälaten weit mehr Geschmack an dem von Jugend auf gewohnten Weltleben, als an der bischöflichen Wirksamkeit. Für den Glanz des äußeren Gottesdienstes trafen sie allenfalls Anordnungen und hielten einige Mal im Jahre unter großem Gepränge eine Messe; im Uebrigen aber mußten sie fürchten, durch priesterliche Thätigkeit sich bei ihren Umgebungen und Standesgenossen lächerlich zu machen. In der Pracht des glänzenden Hofstaates ließ sich der christliche Geistliche nicht ausfindig machen. Die Generale und Obristen seiner Truppen, Obristjägermeister, Kammerherren, Marschälle, Truchsessen, Stallmeister, bildeten an den größeren Höfen, welchen die kleineren möglichst nacheiferten, die Umgebung des Reichsprälaten. Jagden, Theater, Bälle nahmen ihn in Anspruch. Noch jetzt wissen ältere Leute von den herrlich besetzten Tafeln, den lustig durchschwärmten Nächten, den prachtvollen Hoffesten und manchen anderen Vergnüglichkeiten der bischöflichen Hirten zu erzählen. Die Domherren mischten sich in seinen Hofstaat, nahmen Theil an seinen Lustbarkeiten und zwangen den gegen seine eigenen Gelüste nachsichtigen Prälaten, die Kirchenzucht auch den hohen Stiftsgeistlichen gegenüber zu vergessen. Die Weltlust und die Sittenlosigkeit der kirchlichen Oberen theilte sich dem niederen Clerus mit. In Münster wurde 1740 eine ältere Polizeivorschrift wiederholt, in welcher es heißt: Es ist auch hierbei verboten und zur Erhaltung der Ehrbarkeit wahrzunehmen, daß keineswegs der geistlichen Herrn Concubinen zu hochzeitlichen Gastmählern geladen werden sollen. Wenn sich hier und da die eigentliche Pfarrgeistlichkeit frei von Verderbniß erhielt und ihrem geistlichen Beruf lebte, so war sie von ihren Oberen durch eine weite Kluft getrennt. Der glänzende Fürst, stolz auf seine Abkunft und seine Reichswürde, sah mißachtend auf den ärmlich gestellten Pastor herab und raubte der Pfarrgeistlichkeit den Halt an ihrem Bischof, welchen sie in der katho-

lischen Kirche nicht entbehren kann. Dem Volke war in dem Hirtenamte die fürstliche Landeshoheit zu furchterregend, als daß es Empfänglichkeit hätte haben können für die geistliche Wirksamkeit, welche einzelne wahrhaft fromme Bischöfe zu üben versuchten. Da unter des Bischofs Namen die schweren Steuern ausgeschrieben, die Criminalgesetze und Polizeiordnungen von der Kanzel verlesen, die Gerichtsbarkeit geübt wurde, so ließ sich der Argwohn nicht zurückdrängen, daß auch seinen geistlichen Handlungen weltliche Zwecke zum Grunde lägen.

Zwar hatte die römische Kirche in den deutschen Reichsprälaten Diener gewonnen, die sich wie der Papst selbst den weltlichen Fürsten an Rang und Macht zur Seite stellten; aber was die Kirche hierdurch an weltlichem Einfluß gewann, büßte sie an christlichem Geiste ein und nur dieser, nicht die glänzenden Aeußerlichkeiten, nicht die Pracht und die Gewalt ihrer Priester, konnten ihr im deutschen Volke Sicherheit und Dauer verleihen.

Weder die Kirche, noch das Reich, noch die eigenen Unterthanen hatten ein Interesse bei der Fortdauer der geistlichen Herrschaften: nur ein kleines Bruchstück des deutschen Adels büßte, wenn sie untergingen, individuelle Vortheile ein; aber dieses Bruchstück des Adels entbehrte zu sehr der lebendigen Bedeutung im deutschen Staatsleben, um durch seine Kraft irgend ein politisches Ereigniß verhindern oder herbeiführen zu können. Die geistlichen Herrschaften aber, auf sich selbst angewiesen, waren in ihrer Abgestorbenheit dem Untergange verfallen und bargen keine Keime in sich, welche bildend für eine künftige politische Gestaltung hätten werden können.

III. Die Reichsstädte*).

Aus der allgemeinen europäischen Auflösung waren durch Krieg und Eroberung die Anfänge des deutschen mittelalterli-

---

*) Büsching neue Erdbeschreibung. Hamburg 1760. Band III. Moser

ein Drittel des Bodens besaßen, eine Arbeitermenge, welche
theils als Hörige die Güter des Adels bebauten, theils als
Bauern und Handwerker durch ihrer Hände Arbeit den Aufwand des Bischofs, des Capitels, der hohen ritterbürtigen
Beamten und des ganzen dazu gehörigen Anhangs möglich machen mußten. Während der Adel sich zu schonen verstand, trugen sie Abgaben so drückender Art, daß der alte Spruch: unter
Krummstab ist gut wohnen, nur noch als Erinnerung an vergangene Zeiten eine Bedeutung hatte.

Nachdem die geistlichen Territorien einmal die Gestalt gewonnen hatten, welche sie in den letzten Jahrhunderten besaßen, konnten Bischöfe, Aebte, Capitel und das Bruchstück des
deutschen Adels, dem sie angehörten, in Rücksicht auf ihre
Sonderinteressen nur verlieren, sobald Aenderungen irgend einer
Art eintraten. Aengstlich suchte deßhalb die geistliche Regierung
alle Kräfte zu ersticken, welche Leben und Bewegung hätte erzeugen können und trat schon in weiter Ferne jeder Gefahr für
das Bestehende entgegen. Im Volke hatte sich das Gedächtniß
früherer lebensvoller Zustände nicht einmal als Tradition erhalten; Väter und Großväter hatten keine anderen Verhältnisse gekannt, als die, von welchen die Generation der
Gegenwart umgeben war. Die Natur der gesegneten Länder
verlangte nicht, daß ihr die Schätze, die sie in sich barg, abgerungen würden, sondern bot in unerschöpflichem Reichthum
Früchte, Wein, Holz, Bergwerke, Mineralquellen, große
Land- und Wasserstraßen dem trägen Volke dar, welches es
bequem fand, sich anstrengungslos von dem Strome der Zeit
tragen zu lassen und die Ziele, deren Verfolgung das Menschenleben mit Sorge und heißer Arbeit erfüllt, als gar nicht
vorhanden anzunehmen.

Alles Neue erschien auch ihm als eine drohende Störung
und die geistliche Herrschaft in ihrer einmal angenommenen
Gestalt wurde von der Familien- und Volksmeinung als die
einzig erträgliche angesehen. Dem nicht althergebrachten Schritte
eines wohlmeinenden geistlichen Fürsten trat im Volke die

Macht der verdrießlichen Trägheit und die nur zu wohl begründete Hoffnung entgegen, daß binnen wenig Jahren die
beliebten Neuerungen von selbst über den Haufen fallen würden. Jeder auswärtige Einfluß, der diese Meinung hätte
wankend machen können, insbesondere jeder protestantische Einfluß, wurde mit Erfolg ausgeschlossen. Die meisten kleineren
und viele größere geistliche Territorien hatten ihre Bevölkerung
rein von evangelischer Beimischung gehalten*). Bamberg z.
B. war ausschließlich katholisch; Münster hatte nur einzelne
ritterbürtige Familien und eine einzige Gemeinde evangelischer
Confession; Mainz duldete mit ein paar Ausnahmen nur auf
dem Eichsfelde und in Erfurt Protestanten, Würzburg hatte
nur einzelne Gemeinden und Worms, dem im Anfange des
vorigen Jahrhunderts evangelische Gebiete von Churpfalz ab-
getreten worden waren, beseitigte deren Einwirkung, indem es
den kirchlichen Zusammenhang der Protestanten vernichtete und
die Entscheidung in Kirchensachen, so wie die Ernennung der
Geistlichen und Lehrer, in die Hände der katholischen Regierung brachte. Trier hatte nur in den Landestheilen, die es
mit anderen Fürsten gemeinschaftlich besaß, evangelische Unterthanen und wachte so eifrig über die Reinerhaltung seines übrigen Gebietes, daß im Jahre 1783 die öffentlichen Blätter als
ein außerordentliches Ereigniß mittheilten**) „ein Protestant,
Namens Bucking aus Trarbach, habe die Erlaubniß erhalten, sich
in Coblenz cum privato religionis exercitio niederzulassen."
Da überdieß Censur und die niedrige Stufe, auf welcher der
Buchhandel stand, auswärtige Einwirkungen sehr erschwerten,
so konnten die geistlichen Regierungen ihren Unterthanen ziemlich genau das Maaß der Bildung, der Kenntnisse und des
geistigen Lebens, so wie die Richtung der politischen und religiösen Ansichten bestimmen. Die Landschulen und die deutschen Schulen in den Städten, aus denen die große Mehrzahl

---

*) Büsching neue Erdbeschreibung. Hamburg 1761. Band 3 und 4.
**) Schlözer Staatsanzeigen III. S. 210.

aller Einwohner ihre geistige Ausbildung schöpften, befanden
sich in den Händen des niederen Clerus, der weder Mehreres
noch Anderes, als er selbst besaß, mittheilen konnte und daher
das Volk seiner Trägheit und Unwissenheit überließ. Die höheren fürstlichen Diener, so wie die Mitglieder der ritterbürtigen Familien, wurden zuweilen durch geistliche Hauslehrer,
meistens durch die Jesuitencollegia, herangezogen, deren z. B.
Churmainz in Heiligenstadt, Aschaffenburg, Erfurt und Mainz
besaß. Eine Masse von Welt- und Klostergeistlichen verbreitete weit über ihren Stand und ihre Klostermauern hinaus die
faule Indolenz, an der sie selbst zu Grunde gegangen waren.
Allein in den Hochstiften, mit Zuzählung einiger größerer Abteien, trieben sich sechszig bis siebenzig Tausend Ordensleute
umher und im Durchschnitte saßen auf jeder Quadratmeile
geistlichen Landes funfzig Priester.

Handel und Gewerbe konnten in dem dumpfen Geistesdruck und der trägen Unbeweglichkeit nicht gedeihen und wurden durch die harten Abgaben gänzlich verscheucht. Nur in
den Bisthümern, in welchen einstens bessere Zeiten kräftiges
städtisches Leben hervorgerufen hatten, waren, wie z. B. in
Würzburg und Mainz, Ueberbleibsel desselben inmitten des allgemeinen Absterbens erhalten worden. Bittere Armuth mit
ihrem traurigen Geist und Herz niederdrückenden Gefolge lastete auf den Bewohnern der deutschen Länder, die vor allen
Anderen von der Natur gesegnet waren. Das Tausend träger
Bauern und Handwerker, die durchschnittlich auf der Quadratmeile geistlichen Landes saßen, mußte nach des Herrn von
Sartori Angabe funfzig Geistliche und zweihundert und sechszig Bettler ernähren, die schweren Dienste und Frohnden an
ihre Gutsherren leisten und außerdem die prachtvolle Hofhaltung, die Ueppigkeit der Domherren, die Geldsendungen nach Rom
und die Zinszahlung für die meistens übermäßigen Schulden
der Territorien möglich machen.

Die Versuche einzelner Fürsten oder einzelner Minister,
Handel und Gewerbe zu beleben, den Ackerbau zu fördern, den

Abgabendruck zu mildern und das Volk aus seiner dumpfen Gleichgültigkeit zu wecken, haben allerdings, namentlich in der letzten Hälfte des vorigen Jahrhunderts, Erfolg, aber nur vorübergehend gehabt; denn eine dauernde bessere Zukunft ließ sich für die in den Bisthümern und Abteien vereinten Deutschen nur dann erwarten, wenn die Verfassung, welche den Vortheil einzelner Familien zum Ziel und den geistigen Tod des Volkes zur Voraussetzung hatte, gänzlich beseitigt worden war.

Das Reich hatte kein Interesse, den Untergang der geistlichen Staaten zu verhindern oder zu verzögern. Sie brachten ihm schon dadurch Verderben, daß ihre Glieder, obgleich der Zahl und Bedeutung nach zu hervorragenden Mitträgern des nationalen Lebens berufen, in den letzten Jahrhunderten erschlafft, ja erstorben, als eine todte Masse von dem deutschen Volke fortgeschleppt werden mußten und ihr lebenloses Hinträumen weiter und weiter in die für die Ansteckung nur zu empfängliche Nation zu verbreiten drohten. Augenblicklich gefährlicher wurde dem Reiche die Stellung, in welche es durch die Verbindung der Bischofswürde mit der Landeshoheit dem Auslande gegenüber gesetzt ward. Als in früheren Jahrhunderten Deutschland durch die Völker des Ostens gefährdet ward, wurden die Gränzen den kraftvollen Händen der Markgrafen übergeben und durch eine ausschließlich kriegerische Verfassung widerstandsfähig gemacht. In den letztvergangenen Jahrhunderten nahte die Gefahr von Westen; aber statt kriegerischer Markgrafen und starker Wehrverfassung führte auf den bedrohten Punkten der Krummstab sein schlaffes Regiment. Osnabrück, Münster, Cöln, Trier, Mainz, Worms, Speier, Straßburg, Basel, Constanz hatten entweder selbst die Gränzen inne oder machten doch die weltlichen Gränzfürsten, deren Lande sie zersplitterten, zur starken Gegenwehr unfähig. So lange die geistlichen Staaten bestanden, konnten wohl Oestreich oder Preußen, nie aber Deutschland die Westgränze schirmen und nie ein Heerwesen ausbilden, welches gewaltsamen

Nachbarn die Lust zu Eroberungen genommen hätte. Jahrhunderte hindurch hatten ferner die geistlichen Staaten den Weg
gebildet, auf welchem fremde Mächte, vor Allem die Römische
Curie mit ihren Verbündeten, zu einem das Reich zerstörenden
Einfluß gelangt waren und noch immer mußten die Reichsstände und die andern stiftsfähigen Familien, welche ihre
nachgebornen Mitglieder mit Bisthümern und Abteien versor-
gen wollten, sich um die Gunst des römischen Hofes bemühen,
weil dieser dem vom Capitel Erwählten Schwierigkeiten in
den Weg legen und die etwa entgegen stehenden canonischen
Hindernisse beseitigen konnte. Noch immer mußten die unmittelbaren Bischöfe dem Papste den Eid der Treue ablegen und
versprechen, die Häretiker und Schismatiker zu bekämpfen, während sie als deutsche Reichsstände verpflichtet waren, der evangelischen Kirche gleiche Stellung mit der römischen einzuräumen und kein Bündniß mit einer außerdeutschen Macht zum
Nachtheile des Reiches oder einzelner Stände einzugehen. Noch
immer mußten die Bischöfe von fünf zu fünf Jahren Berichte
über die geistlichen und weltlichen Zustände ihrer Diöcesen an
den Papst erstatten, und wenn auch in Beziehung auf die weltlichen Verhältnisse dieselben fast nur übertriebene Schilderungen von der Armuth des Stiftes und dessen völliger Unfähigkeit, dem Papste neue Geldsendungen zu machen, enthalten,
und so wenig wie der Eid der Treue oder das Bewerben um
die Gunst eines auswärtigen Hofes das Reich wie früher in
politische Abhängigkeit von Rom zu bringen vermochten, so
wurden doch durch alle diese Umstände deutsche Fürsten in eine
unwürdige Stellung zu der außerdeutschen Macht gebracht und
in den verdrießlichen Zänkereien mit den Protestanten die Bitterkeit und Schroffheit geschärft, während zugleich die großen
Geldzahlungen nach Rom, welche fortdauernd unter verschiedenen Namen gemacht werden mußten, dem Reiche Hülfsquellen,
deren es sehr bedurfte, entzogen.

Deutschland hatte keinen Grund, die Auflösung jener unnatürlichen Verbindung der Landeshoheit mit der Bischofs-

würde, welche es als deutsches Reich erstreben mußte, im
Interesse des Christenthums und der Kirche zu verhindern, da
weder die Religion noch die katholische Kirche durch die Beseitigung der geistlichen Staaten verlor. Der deutsche Zweig
der katholischen Kirche mußte, um sich erhalten zu können, den
tiefen, für die römische Curie stets unverständlich gebliebenen,
Anforderungen des deutschen Gemüthes, bis zu einem gewissen
Grade wenigstens Befriedigung gewähren. Zu diesem Zwecke
waren vor Allem geistliche Obere Bedürfniß, welche von star-
kem lebendigen Glauben erfüllt, Leiter und Lehrer dieses Sprengels wurden und durch die Einfachheit und Würde ihres Lebens, wie durch die Einsicht in die Bedürfnisse und Zustände
der ihnen anvertrauten Gemeinden, in den Laien wie im Clerus den schlummernden Sinn für die innere Bedeutung der
ganz äußerlich gewordenen Formen erwecken und dadurch die
deutschen Gemüther der katholischen Kirche zuwenden konnten.
Um eines wahrhaften geistlichen Hirten gewiß zu sein, wurde
freilich seine Wahl mit der Messe vom heiligen Geiste eröffnet und mit Betstunden für den glücklichen Fortgang begleitet.
Jeder Wähler legte den Eid ab, seine Stimme nach bestem Wissen nur dem Würdigsten zu geben und Jeden zurück zu weisen,
welcher durch Geschenke die Wahl auf sich zu leiten versucht
hatte. Im Namen des Vaters und des Sohnes und des heiligen Geistes ward der Erwählte dem Volke verkündet. Aber
stiftsmäßige Geburt war Vorbedingung der Erwählung und
die Gunst der großen deutschen oder europäischen Mächte gab
den Ausschlag. Die beiden Churhäuser Baiern und Pfalz
hatten sogar seit 1624 vertragsmäßig festgesetzt, sich bei Bi-
schofs- und Coadjutorenwahlen gegenseitig zu unterstützen, um
nicht allein hierdurch bei den Reichs- und Kreistagen mehrere
Vota zu erwerben, sondern auch den Staatsbehalt und Splen-
dor zu gemeinsamen freundvetterlichen Diensten zu vergrößern."
Diplomatische Verhandlungen, schamlose Bestechungen lenkten
fast immer die Stimmen der Wähler; und fast jede Wahl eines bedeutenderen Reichsprälaten bot die ärgerlichsten Auftritte

dar. Auf den bischöflichen Stuhl nicht aus geistlichen Gründen, sondern wegen vornehmer Geburt, großen Reichthums oder anderer Eigenschaften dieser Art gelangt, fanden die Prälaten weit mehr Geschmack an dem von Jugend auf gewohnten Weltleben, als an der bischöflichen Wirksamkeit. Für den Glanz des äußeren Gottesdienstes trafen sie allenfalls Anordnungen und hielten einige Mal im Jahre unter großem Gepränge eine Messe; im Uebrigen aber mußten sie fürchten, durch priesterliche Thätigkeit sich bei ihren Umgebungen und Standesgenossen lächerlich zu machen. In der Pracht des glänzenden Hofstaates ließ sich der christliche Geistliche nicht ausfindig machen. Die Generale und Obristen seiner Truppen, Obristjägermeister, Kammerherren, Marschälle, Truchsessen, Stallmeister, bildeten an den größeren Höfen, welchen die kleineren möglichst nacheiferten, die Umgebung des Reichsprälaten. Jagden, Theater, Bälle nahmen ihn in Anspruch. Noch jetzt wissen ältere Leute von den herrlich besetzten Tafeln, den lustig durchschwärmten Nächten, den prachtvollen Hoffesten und manchen anderen Vergnüglichkeiten der bischöflichen Hirten zu erzählen. Die Domherren mischten sich in seinen Hofstaat, nahmen Theil an seinen Lustbarkeiten und zwangen den gegen seine eigenen Gelüste nachsichtigen Prälaten, die Kirchenzucht auch den hohen Stiftsgeistlichen gegenüber zu vergessen. Die Weltlust und die Sittenlosigkeit der kirchlichen Oberen theilte sich dem niederen Clerus mit. In Münster wurde 1740 eine ältere Polizeivorschrift wiederholt, in welcher es heißt: Es ist auch hierbei verboten und zur Erhaltung der Ehrbarkeit wahrzunehmen, daß keineswegs der geistlichen Herrn Concubinen zu hochzeitlichen Gastmählern geladen werden sollen. Wenn sich hier und da die eigentliche Pfarrgeistlichkeit frei von Verderbniß erhielt und ihrem geistlichen Beruf lebte, so war sie von ihren Oberen durch eine weite Kluft getrennt. Der glänzende Fürst, stolz auf seine Abkunft und seine Reichswürde, sah mißachtend auf den ärmlich gestellten Pastor herab und raubte der Pfarrgeistlichkeit den Halt an ihrem Bischof, welchen sie in der katho-

lischen Kirche nicht entbehren kann. Dem Volke war in dem Hirtenamte die fürstliche Landeshoheit zu furchterregend, als daß es Empfänglichkeit hätte haben können für die geistliche Wirksamkeit, welche einzelne wahrhaft fromme Bischöfe zu üben versuchten. Da unter des Bischofs Namen die schweren Steuern ausgeschrieben, die Criminalgesetze und Polizeiordnungen von der Kanzel verlesen, die Gerichtsbarkeit geübt wurde, so ließ sich der Argwohn nicht zurückdrängen, daß auch seinen geistlichen Handlungen weltliche Zwecke zum Grunde lägen.

Zwar hatte die römische Kirche in den deutschen Reichsprälaten Diener gewonnen, die sich wie der Papst selbst den weltlichen Fürsten an Rang und Macht zur Seite stellten; aber was die Kirche hierdurch an weltlichem Einfluß gewann, büßte sie an christlichem Geiste ein und nur dieser, nicht die glänzenden Aeußerlichkeiten, nicht die Pracht und die Gewalt ihrer Priester, konnten ihr im deutschen Volke Sicherheit und Dauer verleihen.

Weder die Kirche, noch das Reich, noch die eigenen Unterthanen hatten ein Interesse bei der Fortdauer der geistlichen Herrschaften: nur ein kleines Bruchstück des deutschen Adels büßte, wenn sie untergingen, individuelle Vortheile ein; aber dieses Bruchstück des Adels entbehrte zu sehr der lebendigen Bedeutung im deutschen Staatsleben, um durch seine Kraft irgend ein politisches Ereigniß verhindern oder herbeiführen zu können. Die geistlichen Herrschaften aber, auf sich selbst angewiesen, waren in ihrer Abgestorbenheit dem Untergange verfallen und bargen keine Keime in sich, welche bildend für eine künftige politische Gestaltung hätten werden können.

III. Die Reichsstädte*).

Aus der allgemeinen europäischen Auflösung waren durch Krieg und Eroberung die Anfänge des deutschen mittelalterli-

---

*) Büsching neue Erdbeschreibung. Hamburg 1760. Band III. Moser

chen Staates erwachsen, dessen Character nach Außen und nach
Innen Jahrhunderte hindurch den Einfluß dieses Ursprungs nicht
verleugnen konnte. Nur den Mann erkannte das Recht als
selbstständig an, welcher sich und Seinige mit den Waffen
in der Hand zu vertheidigen vermochte. Als das Waffenrecht,
ursprünglich das Recht eines jeden Freien, später ausschließlich auf die größeren Grundeigenthümer als deren Lebensberuf
übergegangen und dadurch der Ritterstand hervorgerufen war,
bedurfte der waffenlose kleine Grundbesitz, um Recht und Ruhe
sich zu bewahren, eines schützenden Herrn, der nur unter den
Rittern gefunden werden konnte.

Eine einzige Voraussetzung des Staates, die kriegerische
Kraft, hatte demnach freie selbstständige Bewegung, alle übrigen Elemente desselben waren gefesselt und in einer dienenden
Stellung dem Ritterstande gegenüber. So lange dieses Verhältniß fortbestand, so lange nicht alle Elemente des Staatslebens sich Bahn zu einer Freiheit und Selbstständigkeit gebrochen hatten, wie sie der Stand besaß, dessen Lebensberuf
der Waffendienst war, blieb jede großartige politische Entwik-
kelung den Deutschen versagt.

Zum Segen Deutschlands erhoben sich neben dem Kriegerstande die Städte, deren Bürger nicht wie die Ritter in
Fehde und Tournier, sondern im Handel und Handwerk die
Aufgabe ihrer Lebensthätigkeit fanden, aber dennoch kriegerische Tüchtigkeit, die damals unentbehrliche Voraussetzung jeglicher Selbstständigkeit, bewahrten und übten. Sie standen
selbst auf den Mauern ihrer Stadt, und der eigenen Kraft ver-
trauend, bedurften sie nicht, wie die Bauern, des schützenden
Ritters, sondern stellten sich kühn und kriegerisch, wie er, als
gleichberechtigt an seine Seite. Zwar waren zunächst die Handwerker in den Städten noch leibeigen, aber bald erhielten sie

---

reichsstädtische Regimentsverfassung; über die Aufgaben und Gefahren
freier Städte enthält viel dem Leben Entnommenes: Haller Restaura-
tion der Staatswissenschaft, Band VI.

die Freiheit und gewannen seit dem vierzehnten Jahrhundert, meistens mit den Waffen in der Hand, politische Selbstständigkeit und Antheil am Stadtregiment. Durch das Erblühen der Städte hatten Handel und Handwerk neben dem großen Grundeigenthum und dem kriegerischen Lebensberuf Anerkenntniß erlangt und dadurch die engen Gränzen des deutschen politischen Lebens um ein Großes erweitert.

Inzwischen hatte das alte carolingische Reich sich in Territorien zersplittert, aber es fehlte viel, daß die neuen Landesherren mit königlichem Auge die Gesammtheit der Verhältnisse in den werdenden politischen Gemeinschaften überblickt und einem Jeden die Pflege, welche es vom Staate zu fordern berechtigt ist, verschafft hätte oder auch nur hätte verschaffen können. Das Hausinteresse der landesherrlichen Familie war noch gesondert von dem des Territorium, und weil die nur im Staate mögliche Verschmelzung Beider fehlte, wendete sich die sorgende Mühe des Fürsten ausschließlich oder doch vorwiegend auf das, was seinem Particularinteresse frommte.

Zu mächtig ferner war die Nachwirkung der kriegerischen Kraft, die das deutsche politische Leben begründet hatte, um nicht in ihrer glanzvoll-phantastischen Erscheinungsform, dem Ritterwesen, die Seele des Fürsten gefangen zu nehmen. Die Landesherren waren auch darin nicht Könige, daß sie noch einem einzelnen Stande als dessen hervorragende Glieder angehörten. Sie betrachteten den Tag des Ritterschlages, der ihnen die Ehre der Aufnahme verschaffte, als den feierlichsten ihres Lebens und waren den Rittern durch die Gemeinschaft des Kriegerberufes und des Lebens an ihren Höfen verbunden. Wohl zeigten sie sich geneigt, den Reichthum der aufblühenden Städte zu nutzen; aber deren hervortretendes Selbstbewußtsein und Streben nach freier selbstständiger Bewegung neben dem Kriegerstande, erschien auch dem fürstlichen Ritter als eine Anmaßung, welcher er eifrig entgegentrat. Die engen Gränzen endlich der Territorien gewährten nicht einmal dem Binnenhandel den nothdürftigsten Raum, der überhaupt für sich

allein nur ein Krämergeschlecht erzeugt. Seinen Adel hat der
Handel zu allen Zeiten nur dadurch erhalten, daß der in enger Beschränkung kleinliche Beruf in den großartigsten Verhältnissen betrieben wird, daß er die durch Natur, Nationalität und
Religion begründete Sonderung der Völker, wenn auch nur in
einer einzelnen Beziehung überwindet, die bekannte Welt umfaßt und die noch unbekannte entdecken hilft. Für den Welthandel aber fehlte in dem engen, auf gutsherrliche und ritterliche Interessen beschränkten Territorialleben die Grundlage,
auf der er sich hätte erheben können. Das Handwerk, wenn
es nicht an der dürftigsten Formung des Stoffes für die ein-
fachsten Bedürfnisse haften bleiben soll, muß vom Handel getragen werden, welcher ihm den rohen Stoff aus allen Ländern zuführt und denselben geformt dorthin bringt, wo sich
Bedürftige finden.

Vertheilt unter die kleineren und größeren Landesherren,
konnten die Städte dem deutschen politischen Leben nicht im
Handel und Handwerk die lebensvollen Elemente zuführen,
deren es neben den schon vorhandenen zu seiner großartigen
Entwickelung bedurfte. Sie durften nicht unter den Landesherren, sondern mußten neben ihnen stehen, um unbeschränkt
durch die einseitigen Territorialinteressen sich ihrem eigenen
Principe gemäß frei entwickeln und ihren besonderen Interessen
gleich starke Versorgung schaffen zu können, wie sie die guts-
herrlich-ritterlichen durch die Territorien empfingen. Der innere Lebenstrieb der Städte war stark genug, um diese freie
Stellung sich zu gewinnen. Die Reichsstädte wuchsen empor,
keinem Fürsten untergeben, sondern selbst im Besitz der landeshoheitlichen Rechte und, wie die Landesherren, nur den Kaiser
über sich anerkennend. Neben ihnen standen die landsässigen
Städte, welche obgleich in einzelnen Verhältnissen einem Landesherrn verpflichtet, dennoch Selbstständigkeit und Unabhängigkeit in solchem Grade behaupteten, daß die Unterscheidung
der Städte in unmittelbare und mittelbare bis zum funfzehnten Jahrhundert nur geringe Bedeutung hatte.

Die Macht der einzelnen Stadt war zwar zu schwach, um ihr den fehlenden Staat zu ersetzen und innerhalb und außerhalb Deutschlands die Vorbedingungen des Welthandels zu gewähren. Aber wie die Landesherren, wie die ritterlichen Gutsherren, welche für ihre Interessen gleichfalls den staatlichen Schutz entbehrten, sich durch Einigungen zu helfen suchten, so gründeten auch die Städte, zur Hansa sich verbindend, eine politische Macht, kräftig genug dem deutschen Handel, auch dem europäischen gegenüber, eine starke Stellung zu verschaffen und den Handelswegen Deutschlands mitten durch die Burgen und nie ruhenden Fehden hindurch eine Sicherheit zu gewähren, welche den großartigsten Verkehr möglich machte.

Innerhalb der ritterlichen Burg mußte der Sicherung gegen feindliche Ueberfälle jede andere Rücksicht weichen. Abgeschlossen durch ihre Mauern führte der Ritter ein einsames Einzelnleben, „sein halbes Leben stürmt er fort, verdehnt die Hälft in Ruh"; nur in Fehde, ritterlichen Festen oder Diensten, die ihm die Lehnstreue auferlegte, lernte er als Ausnahme von der Regel die Gemeinschaft des Lebens kennen, welche nun in den Städten als das Princip ihres Daseins hervortrat. Die Mauer der Stadt umschloß eine große Mannigfaltigkeit menschlicher Interessen; wohl schritt auch die Gemeinde zur Fehde oder wehrte Gewalt mit Gewalt ab; aber in ihrem Inneren, unter ihren Bürgern ruhte das Recht nicht auf der Waffenkraft der Einzelnen, sondern auf dem Gerichte der Stadt.

Von diesen starken Grundlagen getragen erhob sich schnell das deutsche Städtewesen zur glanzvollen Größe, die Gemeinschaft des Lebens entfaltete ungehemmt ihre ganze Macht. Tausende, welche mit Anstrengung aller Kräfte an dem Gedeihen ihres individuellen Wohles arbeiteten und nur an diesem zu arbeiten glaubten, arbeiteten zugleich ohne Wissen und Wollen an der Größe ihrer Stadt und wurden durch tausend Umstände, wurden durch jede Beraubung eines Waarenzuges dazu getrieben, auch mit Wissen und Wollen selbst unter eige-

ner Mühe und Aufopferung für die Kräftigung ihrer Stadt
das Ihrige zu thun. Die geistigen und physischen Mittel der
Männer aus verschiedener Lebensstellung und verschiedensten
Anlagen und Richtungen standen, da jeder Bürger sich bei dem
Fehlen des Staates ohne starke Gemeinde als völlig bedeu-
tungslos wußte, ohne Zwang der Stadt zu Gebote, deren
Macht und Ansehen wiederum allen einzelnen Gliedern Vertrauen zu sich selbst und Muth und Lust auch zu dem Schwierigsten gab. Das Handwerk, zum ersten Mal nicht nur von
Freien, sondern auch von Männern betrieben, auf deren Kraft
und Theilnahme wesentlich das politische Dasein mächtiger
Gemeinschaften ruhte, gelangte zu einer weder früher noch
später je erreichten Höhe. Denn mochte es nun das feine
Schnitzwerk an Thüren und Getäfel, zierlich eingelegte Arbeit
aus farbigem Holze und künstliche Fassung von Steinen oder
großartige Mühlwerke und riesige Bauten, mochte es Arbeiten
der Goldschläger und Vergolder oder gewaltige Glockengieße-
reien und prachtvolle Erzeugnisse der Färbereien zum Gegenstande haben, niemals verdumpfte es in einförmiger Fabrikar-
beit. Jeder vielmehr sah aus seinem Fleiße ein ganzes Werk,
groß oder klein, hervorgehen, Jeder konnte sich seiner Arbeit
freuen und mußte mit ganzer Liebe sich ihr hingeben oder ward
schnell zurückgedrängt.

Der Handel, getragen von der mächtigen Hansa, umfaßte
im vierzehnten und funfzehnten Jahrhundert den größten Theil
der bekannten Welt. Von den engen Häusern und Straßen
deutscher Städte wendete sich der Blick des Kaufmanns nach
Rußland und Norwegen, wie nach Spanien und Italien.
Genöthigt, überall ein scharfer Beobachter fremdartiger Zustände und Bedürfnisse, politischer Ereignisse und Thaten zu
sein, gewann er dem deutschen Volksleben einen erweiterten
Gesichtskreis, und überall mehr oder weniger zu den obrigkeitlichen Aemtern seiner Vaterstadt berufen, war er in den Stand
gesetzt, seine großen Erfahrungen für Stadt und Hansa-Ge-
schäfte zu verwenden und dadurch dem deutschen Volke und

Staat, Elemente einzuverleiben, welche unbekannt geblieben wären, wenn die ritterlich-landesherrlichen oder ritterlich-guts-herrlichen Interessen allein die Herrschaft behalten hätten.

Handwerk und Handel, in solcher Weise betrieben, drängten über sich selbst hinaus; Geistliche und Aerzte brachten ein neues geistiges Element, und die von allen Seiten und aus allen Ständen kommenden Fremden nie ruhende Bewegung hinzu. Die Pflege des Rechts und die Regierung der Stadt forderten geübte und in Lebenserfahrungen gereifte Männer und das frische Getriebe ward bis zu den untersten Kreisen hinab durch das Bürgerbewußtsein, durch die Liebe zur Stadt und den Antheil am Regiment vergeistigt und veredelt. Alle diese Elemente, zusammengedrängt in die engen Mauern der Stadt, sich einander täglich berührend und bedürfend, erzeugten durch ihre Wechselwirkung eine geistige Atmosphäre, geeignet, die Empfänglichkeit für Wissenschaft zu wecken und zu stärken. Als es am Ende des funfzehnten Jahrhunderts darauf ankam, den Strom des auswärts erzeugten Lebens der Wissenschaft in die deutsche Nation zu leiten, waren die Städte durchaus vorbereitet, die ihnen gestellte Aufgabe zu lösen. Auch die Kunst ward heimisch in den Sitzen eines freien und geordneten Gemeinlebens. Ueberall hob sie das Handwerk empor und offenbarte sich in den Wundern der Baukunst mit selbstständiger Größe, gepflegt und geliebt von den Städten, wie von den Bürgern. Kirchen und Rathhäuser erhoben sich in früher nie geahneter Schönheit und keine Höfe konnten Sammlungen aufweisen, wie sie z. B. die Augsburger Bürger Hainhofer, Fugger, Steininger· besaßen; selbst die Poesie, wie sie im funfzehnten Jahrhundert erschien, gewann Stoff und frischeres Leben aus den städtischen Zuständen. Vor Entnervung war das kräftige Geschlecht durch die unruhvolle Zeit bewahrt. Schlagfertig waren die Bürger, geführt von ihrem Bürgermeister oder einem Rathsherrn, stets bereit für der Stadt Ehre und Freiheit zu fechten und die neckenden und raubenden Ritter oder die feindlichen Landesherren zu befehden. Ihre reich gefüllten

Speicher, Waffenhäuser und Marställe ließen sie selbst lange
Belagerungen nicht scheuen. An den nördlichen Küsten Deutschlands stählte überdieß der Kampf mit dem Meere die Kraft
der Städte und weckte die Klugheit zur Bezwingung des listi-
gen Elements. In stolzer Größe erhob sich Lübeck zur Köni-
gin der See.

Mit reicher Mannigfaltigkeit trieb jede Stadt ihre eigenthümliche Bedeutung in Lebenszuständen und Verfassung hervor; aber allen Städten gemeinsam verdanken wir, daß das
deutsche Leben neben dem Hausinteresse der Landesherren und
dem ritterlich-gutsherrlichen des Kriegerstandes die Interessen
des Handels und Handwerks, der Wissenschaft und Kunst in
sich aufnahm. Als die Reichsstädte, schon früher oftmals zu
den Verhandlungen des Reichstages zugezogen, im funfzehnten
Jahrhundert allgemeines Anerkenntniß als Glieder desselben
gewannen, machte sich neben dem auf Einzelnpflichten gegründeten Lehnsverband zugleich der auf die innere Macht einer
höheren Einheit gegründete Gemeindeverband als politisch bildende Kraft geltend und hob Deutschland auf eine Stufe, auf
welcher es sich in mannigfaltigerer und großartigerer Gestaltung darstellen konnte. Aber freilich die höchste Stufe politischer Entwickelung war noch nicht erreicht, so lange die verschiedenen im Volke vorhandenen Richtungen gesondert, ja im
feindlichen Gegensatz neben einander und gegen einander Geltung hatten, ohne ihre gegenseitige Bedürftigkeit zu fühlen und
ohne einheitlich verbunden sich gegenseitig zu ergänzen und zu
tragen. Als seit dem Ende des funfzehnten Jahrhunderts sich
politische Formen, wenn auch nur in ihren ersten Anfängen,
zu bilden begannen, welche den mannigfachen Aeußerungen des
Volkslebens einen einheitlichen Ausdruck zu geben versuchten,
mußte die stolze Unabhängigkeit untergehen, in der die Sonderinteressen des Handels und Handwerks, wie der Landesherren und ritterlichen Gutsherren, Geltung besessen hatten.

Eine Anzahl Territorien dehnte Macht und Gränzen weit
genug aus, um dem Handel und Gewerbe im Inneren Raum,

nach Außen Anhalt zu gewähren. Da in ihnen zugleich die staatliche Natur mehr und mehr hervortrat, so bildete das ritterlich-gutsherrliche Interesse fortan nur eins von mehreren Territorialinteressen und der Landesherr, sich von der Stellung eines ritterlichen Gutsherrn entfernend, ward nicht in dem Maaße wie früher von dessen Particularbeziehungen gefangen gehalten, sondern erkannte in steigendem Grade den Beruf zur Sorge für das territoriale Gesammtinteresse an, von welchem sein Hausinteresse immer weniger zu sondern war. In den Territorien dieser Art stand der Landesherr nicht dem Handel und Handwerk feindlich oder fremd gegenüber, sondern fühlte die Aufgabe, Beiden die Pflege zu verschaffen, welche früher nur die Städte und ihre Verbindungen hatten gewähren können. Zugleich war die Landeshoheit mächtig genug geworden, um eine große Zahl Städte den Territorien einzuordnen, welche früher nur in wenigen Beziehungen ihnen angehörig oder völlig reichsunmittelbar gewesen waren. Beinahe hundert Orte gehorchten im vorigen Jahrhundert einem Landesherrn und hatten früher in unmittelbarem Verhältnisse zum Reiche gestanden.

Nur ein und funfzig Städte hielten sich auch dann frei von landesherrlicher Gewalt, als ihre Unabhängigkeit politisch nicht mehr gefordert ward, seitdem die Territorien Staaten zu werden begannen. Sie traten nun zwar in einen sehr scharfen Gegensatz zu den Territorialstädten; aber nicht leicht konnten sie, wie die größeren Territorien, in sich die Staatsnatur entwickeln, weil ihnen die Möglichkeit fehlte, eine irgend bedeutende Grundlage an Land und Leuten zu gewinnen. Weder Erbschaft noch Mitgift, weder Belehnung noch Erbvertrag erweiterte ihre Macht. Zu Eroberungen war für sie die Zeit nicht gestaltet und zu geschickten Unterhandlungen fehlte dem Rathe und der Bürgerschaft Einheit und Geheimhaltung der verfolgten Absichten. Auch die größten Reichsstädte, wie Hamburg, Nürnberg, hatten nur ein Gebiet von höchstens einigen Quadratmeilen. Das mit einer Landwehr umgebene Reich von Aachen, das umsteinte Bürgerfeld von

9

Worms, das mit Graben und lebendigen Zäunen versehene Gebiet von Mühlhausen, erreichte solche Größe nicht und Bopfingen, Gengenbach, Giengen, Isny und viele andere zählten nur wenige Tausend Einwohner.

Auf solcher Grundlage konnten die Reichsstädte Staatsnatur nicht erringen, sie blieben Städte und hätten als solche neben den werdenden Staaten eines stärkeren Schutzes als im Mittelalter neben Landesherren und Ritter bedurft. Aber statt dessen sank seit dem sechszehnten Jahrhundert die Hansa tiefer und tiefer, als die Binnenorte bei steigender Sicherheit des Verkehrs das unmittelbare Interesse an der Theilnahme verloren und als Dänemark, die Niederlande und England von der Staatsbasis aus den Handel zu treiben begannen und die Privilegien der Hansa brachen. So wenig die vereinigten Schiffe der Hanseaten Stand hielten, seitdem königliche Flotten die See befuhren, konnte der Städtebund sich im Welthandel über oder auch nur neben den Staaten behaupten. Die Hansa fiel unaufhaltsam und bestand im vorigen Jahrhundert nur noch aus den drei reichsunmittelbaren Seestädten.

Bereits zur Zeit der Reformation war es entschieden, daß die deutsche Staatenbildung nicht aus den unmittelbaren Gemeinden, sondern aus den unmittelbaren landesherrlichen Territorien ihren Ursprung nehmen sollte. Nothwendig war hiermit zwischen dem unverändert bleibenden Stadtprincip der Reichsstädte und dem aufkeimenden Staatsprincip der größeren Territorien ein Gegensatz gegeben, welcher immer schroffer hervortrat und sich mit dem Sinken des Ersteren und mit dem Steigen des Letzteren endigte. Zunächst wurden die Reichsstädte aus ihrer früher einflußreichen Stellung zum Reichsverbande verdrängt. Von der Theilnahme an der Besetzung des Kammergerichts sahen sie sich schon bei dessen Errichtung ausgeschlossen, in den Kreisversammlungen hatten sie neben den zahlreichen und mächtigen Fürsten kein Gewicht. Auf dem Reichstage bildeten sie zwar fortdauernd ein eignes Collegium, waren aber während des vorigen Jahrhunderts in sol-

chem Grade alles Einflusses beraubt, daß sie, um Kosten zu
sparen, nicht einmal eigene Gesandte schickten, sondern sämmtlich
ihre Stimme einigen Regensburger Rathsherren übertrugen.

Je geringer die Bedeutung des reichsstädtischen Corpus
auf dem Reichstage ward, um so gefährlicher wurde die Lage
der einzelnen Reichsstädte den Landesherren gegenüber. Baiern
z. B. nahm im vorigen Jahrhundert die Landeshoheit über
Augsburg, Holstein über Hamburg, Darmstadt über Wetzlar,
Churcöln über Cöln, das Stift Worms über Worms in Anspruch; Oestreich forderte am Ende des siebenzehnten Jahrhunderts zur Entschädigung für Kriegsverluste die Reichsstädte
Gengenbach, Uberlingen und Zell; Brandenburg aus gleichem
Grunde Dortmund, Mühlhausen und Nordhausen. Selbst gewaltsame Ueberfälle, wie z. B. Baierns gegen Ulm, des Bischofs von Speier gegen Speier, fehlten nicht. Gelang es
auch den Städten noch ihre Unmittelbarkeit zu bewahren, so
mußten sie doch oft Theile ihres Gebietes den fürstlichen Nachbarn abtreten, oder umfassende Rechte derselben innerhalb der
Stadt anerkennen. Zuweilen umschlossen die städtischen Mauern zugleich das gesammte Gebiet anderer Reichsstände, wie
z. B. das Besitzthum des Bischofs von Regensburg, so wie das der
unmittelbaren Prälaten von St. Emeran, von Ober- und Nieder-Münster sich mitten in der Reichsstadt Regensburg befand.
Oft besaßen Landesherren Höfe und sonstige Gebäude in den
Reichsstädten und erhielten volle Freiheit für dieselben von der
städtischen Obrigkeit, oder sie hatten das Recht, einen Theil
der Rathsherren und der Richter oder einen Vogtmajor, wie Churpfalz in Aachen, zu ernennen, die Criminaljustiz zu üben, Zoll
zu erheben, Posten zu halten, Verbrecher zu begnadigen, Geleite zu geben u. s. w. Die ununterbrochenen Streitigkeiten
über Ausübung solcher Rechte endeten stets zum Nachtheil der
Städte und schwächten ihre Selbstständigkeit und Bedeutung.
Ihnen gegenüber erhoben sich die früher unbekannten Residenzstädte, welche, getragen von glänzenden Hofhaltungen, von
dem Zusammenwirken der höchsten Landesbeamten, dem Zuströ-

men des Adels und angesehener Fremden, an Reichthum und geistiger Macht die Reichsstädte verdunkelten. Wien, Berlin, Dresden, München, Darmstadt, Weimar, besaßen im vorigen Jahrhundert für das deutsche Leben eine weit größere Bedeutung, als mit fünf oder sechs Ausnahmen irgend eine der Reichsstädte.

Ihr Sinken nach Außen war von einem entsprechenden Verfall im Innern begleitet. Die allgemeine deutsche Erstarrung der letzten Jahrhunderte hatte auch die Reichsstädte tiefer und tiefer ergriffen und war für sie aus Gründen, die in ihren besonderen Verhältnissen lagen, ertödtender noch geworden, als für die größeren Territorien. Die frühere Einseitigkeit des Territoriallebens hatte die Voraussetzung der unabhängigen Städte gebildet. Alle Richtungen des Volkslebens, die dort keinen Raum fanden, waren in die Städte gezogen und die Ursache ihres großartigen Aufblühens geworden. Die Wurzel ihres Lebens verlor daher die Nahrung, als in den Territorien alle Volksinteressen Aufnahme fanden. Wissenschaft und Kunst nahmen dort ihren Aufenthalt, wo sie das vielseitigste Leben fanden; Handel und Handwerk forderten wohl nach wie vor Städte, aber Städte im Staat, und wanderten daher mehr und mehr von den Reichsstädten in die Territorialstädte aus. Da nun der gewerbliche Verkehr Deutschlands überhaupt tief gesunken war, so bildete ein enger und beschränkter Lebensberuf ausschließlich den Kreis, in welchem sich die unabhängigen Gemeinden bewegen konnten. Steife Einseitigkeit und Verdumpfung haben nie gefehlt, wenn Interessen, welche mit Anderen geeinigt und durch Andere begränzt und bestimmt ihre Entwickelungsbahn zu durchlaufen haben, Anspruch auf isolirte Geltung erlangen. Mit dem Erlöschen der Kraft, welche die reichsstädtischen Gemeinwesen erzeugt und zusammengehalten hatte, trat der lebendige Bürgersinn ihrer Glieder hinter dem Streben nach Einzelnvortheil zurück. Die städtischen Einrichtungen, wie sie kraftvolle Voreltern gebildet hatten, dauerten fort, weil Niemand sie umwarf; oft

genossen sie selbst eine abergläubische Verehrung; aber jeder
frischen Nahrung entbehrend, gingen sie in Fäulniß über,
hemmten das schwache sich etwa noch regende Leben und trugen zur gänzlichen Ertödtung des Gemeinwesens wesentlich bei,
welches sie früher gehoben und gekräftigt hatten.

Vielfach waren in vergangenen Zeiten einzelne Ortschaften ohne menschliche Absicht und Wahl zu Mittelpunkten des
Verkehrs für größere oder kleinere Landbezirke geworden, bald
weil sich in ihnen mehrere damals fast ausschließlich durch
Bodenbeschaffenheit bestimmte Straßenzüge kreuzten, bald weil
sich eine schützende Burg in ihrer Nähe fand oder weil sie an
dem Punkte eines Stromes lagen, an welchem die Fluß- und
die Seeschiffe sich begegneten. Handel und Handwerk ward
in ihnen zusammengedrängt, der Verkehr eines weiten Umkreises strömte auf natürlichen Wegen ihnen zu zum Gedeihen
der Stadt und des Landes. Um zufälligen Schwankungen und
Störungen, welche vielfaches Unglück über Stadt und Land
bringen mußten, zu begegnen, trat das Recht ein, die durch
das Leben gebildeten Verhältnisse ordnend und vor augenblicklichen Störungen bewahrend. Die Marktrechte, Stapelrechte,
Einlagerechte, Bannrechte, bildeten die wesentliche Grundlage
für den gleichmäßigen und sicheren Verkehr der früheren Zeit,
weil und in sofern sie rechtliches Anerkenntniß von Verhältnissen waren, die der natürliche Gang des Verkehrs hervorgerufen hatte. Aber die Strömungen des Handels und mit ihm
des Handwerks ändern vielfach ihren Lauf. Canäle und Kunststraßen treffen sich an anderen Punkten als Flüsse und natürliche Wege; Ereignisse im Auslande heben einen Ort hervor
und drücken den andern herunter; tausend verschiedene Umstände
im Inlande ändern die Plätze, in denen das gewerbliche Leben zusammenfließt. So lange Kraft und Bewegung in den
Städten war, folgte auch das Recht solchen Schwingungen
des Verkehrs; die Rechte einer Stadt wurden, wenn ihre
Stellung im Leben sich änderte, bald durch Gewalt, bald
durch Unterhandlungen, bald durch stillschweigendes Aufgeben

beseitigt. Als aber Kraft und Bewegung in den Städten er-
losch, blieben jene Rechte bestehen nur weil sie einmal bestanden hatten; und traten todt und starr den neuen Verhältnissen
entgegen. Selbst das Stapelrecht wurde während des vorigen Jahrhunderts in Cöln, Speier, Hamburg, Regensburg
und Bremen erhalten, wie die Rechte ähnlicher Art ein Unglück für den gesammten Verkehr und ein Unglück für die Stadt,
deren Bürger wähnten, daß ihnen eine inhaltslose Rechtsform
das Fehlen der eigenen Anstrengung und der früheren glücklichen Umstände ersetzen könnte.

Nicht weniger Unglück brachte den Reichsstädten der Wahn,
daß die Verfassungsformen, die zu der Väter Zeit Leben und
Kraft gewesen waren, auch ohne der Väter Geist den Enkeln
Freiheit und Wohlstand erhalten würden. Mochte der Rath
ein Einiger sein oder aus dem Inneren und Aeußeren bestehen,
mochte jeder Bürger oder nur Bürger bestimmter Art, z. B.
Kaufleute, Graduirte, Zunftmeister, Patricier, in denselben
gewählt werden können, mochte er sich selbst ergänzen oder
von der Bürgerschaft lebenslänglich oder auf Jahre besetzt
werden, immer hatte er das Regiment zu der Stadt Ehre und
Freiheit wahrnehmen können, so lange auch in ihm der Bürgersinn, welcher die ganze Gemeinde belebte, Triebfeder seines Handelns war. Als aber während der letzten Jahrhunderte die rege Theilnahme an der städtischen Wohlfahrt überhaupt erstarb und Jeder das Seine suchte, sonderte auch der
Rath sich selbstsüchtig von der Stadt, beutete die Gemeinde-
würden im eigenen Interesse aus und machte es sich im Uebrigen so bequem, wie möglich. Ueberall mußte der Kaiser wegen grober Pflichtwidrigkeiten gegen ihn einschreiten. Bald
entzogen sich Glieder desselben den Versammlungen ganz oder
hatten auswärts einträgliche Aemter angenommen. Bald wurden Rathstage gar nicht oder nur gegen Bezahlung der Betheiligten gehalten. Hier wurden Protocolle verfälscht, dort
Privatunterhandlungen mit den Parteien geführt. Vor Allem sahen sich der Kaiser und die Reichsgerichte oft genöthigt,

die schlechte Haushaltung und üble Wirthschaft anzugreifen. Aus der Stadt, Zeughaus oder sonstigen Magazinen verschwand ein Stück nach dem andern, bis endlich nichts mehr übrig war; das geheime Collegium erhob Summen auf den Namen der Stadt, ohne angeben zu können, wohin sie gekommen seien; große Diebstähle aus dem Aerarium wurden angezeigt, aber nicht der Dieb; Massen von Butter und Bier wurden verrechnet als den Armen zum häuslichen Gebrauch überwiesen; gute Geld-sorten waren eingenommen und schlechte ausgegeben; bei den Umlagen die guten Freunde des Raths verschont, die anderen, die von ihrer Hände Arbeit sich nährten, überlastet und die Unordnungen und fehlenden Summen auf die bösen Zeiten ge-worfen. Bei beschehener Anzeige, Noth und Uebelstands die-ser oder jener Stadt, schrieb eine kaiserliche Commission den Deconomieplan vor, aber einige Jahre später mußte dann der Kaiser erklären, ihm sei zur Genüge wissend, was für eine schlechte Wirthschaft nach wie vor bei der Stadt sei, oder ein Reichshofrathsconclusum sprach aus, daß der Deconomieplan durchgehends schlecht oder gar nicht beachtet werde, oder daß der Rath sich dergestalt betragen habe, daß endlich das ganze oeconomicum sammt Forst- und Waldwesen zu Grunde ge-gangen wäre. Es läßt sich nicht nachweisen, daß in Reichs-städten, wie Mühlhausen, Nordhausen, Nürnberg, Ulm, Ro-tenburg, Frankfurt, Hall, Memmingen, in denen bestimmte Geschlechter Anspruch auf ausschließliche oder theilweise Be-setzung des Rathes hatten, dieser selbstsüchtiger als in anderen Städten verfahren wäre; das Selbstergänzungsrecht des Ma-gistrates oder die schmutzigsten Wahlumtriebe brachten, auch wo keine Patricier waren, meistens die Rathsstellen in Hände der Verwandtschaft oder doch der Gleichgesinnten.

Die alten Zeiten waren längst vorbei, in denen Krieg zwischen Bürgerschaft und Rath entstand, wenn Letzterer der Stadt Bestes über sein eigenes vergaß oder wilde Tumulte ausbrachen, wenn der Pöbel aufgehetzt oder sonst toll wurde. Aber mit der Selbsthülfe zugleich war der alte kräftige Ge-

Speicher, Waffenhäuser und Marställe ließen sie selbst lange
Belagerungen nicht scheuen. An den nördlichen Küsten Deutschlands stählte überdieß der Kampf mit dem Meere die Kraft
der Städte und weckte die Klugheit zur Bezwingung des listi-
gen Elements. In stolzer Größe erhob sich Lübeck zur König-
in der See.

Mit reicher Mannigfaltigkeit trieb jede Stadt ihre eigenthümliche Bedeutung in Lebenszuständen und Verfassung hervor; aber allen Städten gemeinsam verdanken wir, daß das
deutsche Leben neben dem Hausinteresse der Landesherren und
dem ritterlich-gutsherrlichen des Kriegerstandes die Interessen
des Handels und Handwerks, der Wissenschaft und Kunst in
sich aufnahm. Als die Reichsstädte, schon früher oftmals zu
den Verhandlungen des Reichstages zugezogen, im funfzehnten
Jahrhundert allgemeines Anerkenntniß als Glieder desselben
gewannen, machte sich neben dem auf Einzelnpflichten gegründeten Lehnsverband zugleich der auf die innere Macht einer
höheren Einheit gegründete Gemeindeverband als politisch bildende Kraft geltend und hob Deutschland auf eine Stufe, auf
welcher es sich in mannigfaltigerer und großartigerer Gestaltung darstellen konnte. Aber freilich die höchste Stufe politischer Entwickelung war noch nicht erreicht, so lange die verschiedenen im Volke vorhandenen Richtungen gesondert, ja im
feindlichen Gegensatz neben einander und gegen einander Geltung hatten, ohne ihre gegenseitige Bedürftigkeit zu fühlen und
ohne einheitlich verbunden sich gegenseitig zu ergänzen und zu
tragen. Als seit dem Ende des funfzehnten Jahrhunderts sich
politische Formen, wenn auch nur in ihren ersten Anfängen,
zu bilden begannen, welche den mannigfachen Aeußerungen des
Volkslebens einen einheitlichen Ausdruck zu geben versuchten,
mußte die stolze Unabhängigkeit untergehen, in der die Sonderinteressen des Handels und Handwerks, wie der Landesherren und ritterlichen Gutsherren, Geltung besessen hatten.

Eine Anzahl Territorien dehnte Macht und Gränzen weit
genug aus, um dem Handel und Gewerbe im Inneren Raum,

nach Außen Anhalt zu gewähren. Da in ihnen zugleich die staatliche Natur mehr und mehr hervortrat, so bildete das ritterlich-gutsherrliche Interesse fortan nur eins von mehreren Territorialinteressen und der Landesherr, sich von der Stellung eines ritterlichen Gutsherrn entfernend, ward nicht in dem Maaße wie früher von dessen Particularbeziehungen gefangen gehalten, sondern erkannte in steigendem Grade den Beruf zur Sorge für das territoriale Gesammtinteresse an, von welchem sein Hausinteresse immer weniger zu sondern war. In den Territorien dieser Art stand der Landesherr nicht dem Handel und Handwerk feindlich oder fremd gegenüber, sondern fühlte die Aufgabe, Beiden die Pflege zu verschaffen, welche früher nur die Städte und ihre Verbindungen hatten gewähren können. Zugleich war die Landeshoheit mächtig genug geworden, um eine große Zahl Städte den Territorien einzuordnen, welche früher nur in wenigen Beziehungen ihnen angehörig oder völlig reichsunmittelbar gewesen waren. Beinahe hundert Orte gehorchten im vorigen Jahrhundert einem Landesherrn und hatten früher in unmittelbarem Verhältnisse zum Reiche gestanden.

Nur ein und funfzig Städte hielten sich auch dann frei von landesherrlicher Gewalt, als ihre Unabhängigkeit politisch nicht mehr gefordert ward, seitdem die Territorien Staaten zu werden begannen. Sie traten nun zwar in einen sehr scharfen Gegensatz zu den Territorialstädten; aber nicht leicht konnten sie, wie die größeren Territorien, in sich die Staatsnatur entwickeln, weil ihnen die Möglichkeit fehlte, eine irgend bedeutende Grundlage an Land und Leuten zu gewinnen. Weder Erbschaft noch Mitgift, weder Belehnung noch Erbvertrag erweiterte ihre Macht. Zu Eroberungen war für sie die Zeit nicht gestaltet und zu geschickten Unterhandlungen fehlte dem Rathe und der Bürgerschaft Einheit und Geheimhaltung der verfolgten Absichten. Auch die größten Reichsstädte, wie Hamburg, Nürnberg, hatten nur ein Gebiet von höchstens einigen Quadratmeilen. Das mit einer Landwehr umgebene Reich von Aachen, das umsteinte Bürgerfeld von

9

Worms, das mit Graben und lebendigen Zäunen versehene Gebiet von Mühlhausen, erreichte solche Größe nicht und Bopfingen, Gengenbach, Giengen, Ißny und viele andere zählten nur wenige Tausend Einwohner.

Auf solcher Grundlage konnten die Reichsstädte Staatsnatur nicht erringen, sie blieben Städte und hätten als solche neben den werdenden Staaten eines stärkeren Schutzes als im Mittelalter neben Landesherren und Ritter bedurft. Aber statt dessen sank seit dem sechszehnten Jahrhundert die Hansa tiefer und tiefer, als die Binnenorte bei steigender Sicherheit des Verkehrs das unmittelbare Interesse an der Theilnahme verloren und als Dänemark, die Niederlande und England von der Staatsbasis aus den Handel zu treiben begannen und die Privilegien der Hansa brachen. So wenig die vereinigten Schiffe der Hanseaten Stand hielten, seitdem königliche Flotten die See befuhren, konnte der Städtebund sich im Welthandel über oder auch nur neben den Staaten behaupten. Die Hansa fiel unaufhaltsam und bestand im vorigen Jahrhundert nur noch aus den drei reichsunmittelbaren Seestädten.

Bereits zur Zeit der Reformation war es entschieden, daß die deutsche Staatenbildung nicht aus den unmittelbaren Gemeinden, sondern aus den unmittelbaren landesherrlichen Territorien ihren Ursprung nehmen sollte. Nothwendig war hiermit zwischen dem unverändert bleibenden Stadtprincip der Reichsstädte und dem aufkeimenden Staatsprincip der größeren Territorien ein Gegensatz gegeben, welcher immer schroffer hervortrat und sich mit dem Sinken des Ersteren und mit dem Steigen des Letzteren endigte. Zunächst wurden die Reichsstädte aus ihrer früher einflußreichen Stellung zum Reichsverbande verdrängt. Von der Theilnahme an der Besetzung des Kammergerichts sahen sie sich schon bei dessen Errichtung ausgeschlossen, in den Kreisversammlungen hatten sie neben den zahlreichen und mächtigen Fürsten kein Gewicht. Auf dem Reichstage bildeten sie zwar fortdauernd ein eignes Collegium, waren aber während des vorigen Jahrhunderts in sol-

chem Grade alles Einflusses beraubt, daß sie, um Kosten zu
sparen, nicht einmal eigene Gesandte schickten, sondern sämmtlich
ihre Stimme einigen Regensburger Rathsherren übertrugen.

Je geringer die Bedeutung des reichsstädtischen Corpus
auf dem Reichstage ward, um so gefährlicher wurde die Lage
der einzelnen Reichsstädte den Landesherren gegenüber. Baiern
z. B. nahm im vorigen Jahrhundert die Landeshoheit über
Augsburg, Holstein über Hamburg, Darmstadt über Wetzlar,
Churcöln über Cöln, das Stift Worms über Worms in Anspruch; Oestreich forderte am Ende des siebenzehnten Jahrhun-
berts zur Entschädigung für Kriegsverluste die Reichsstädte
Gengenbach, Uberlingen und Zell; Brandenburg aus gleichem
Grunde Dortmund, Mühlhausen und Nordhausen. Selbst gewaltsame Ueberfälle, wie z. B. Baierns gegen Ulm, des Bischofs von Speier gegen Speier, fehlten nicht. Gelang es
auch den Städten noch ihre Unmittelbarkeit zu bewahren, so
mußten sie doch oft Theile ihres Gebietes den fürstlichen Nachbarn abtreten, oder umfassende Rechte derselben innerhalb der
Stadt anerkennen. Zuweilen umschlossen die städtischen Mauern zugleich das gesammte Gebiet anderer Reichsstände, wie
z. B. das Besitzthum des Bischofs von Regensburg, so wie das der
unmittelbaren Prälaten von St. Emeran, von Ober- und Nie-
ber-Münster sich mitten in der Reichsstadt Regensburg befand.
Oft besaßen Landesherren Höfe und sonstige Gebäude in den
Reichsstädten und erhielten volle Freiheit für dieselben von der
städtischen Obrigkeit, oder sie hatten das Recht, einen Theil
der Rathsherren und der Richter oder einen Vogtmajor, wie Churpfalz in Aachen, zu ernennen, die Criminaljustiz zu üben, Zoll
zu erheben, Posten zu halten, Verbrecher zu begnadigen, Geleite zu geben u. s. w. Die ununterbrochenen Streitigkeiten
über Ausübung solcher Rechte endeten stets zum Nachtheil der
Städte und schwächten ihre Selbstständigkeit und Bedeutung.
Ihnen gegenüber erhoben sich die früher unbekannten Residenzstädte, welche, getragen von glänzenden Hofhaltungen, von
dem Zusammenwirken der höchsten Landesbeamten, dem Zuströ-

men des Adels und angesehener Fremden, an Reichthum und
geistiger Macht die Reichsstädte verdunkelten. Wien, Berlin,
Dresden, München, Darmstadt, Weimar, besaßen im vorigen Jahrhundert für das deutsche Leben eine weit größere Bedeutung, als mit fünf oder sechs Ausnahmen irgend eine der
Reichsstädte.

Ihr Sinken nach Außen war von einem entsprechenden
Verfall im Innern begleitet. Die allgemeine deutsche Erstarrung der letzten Jahrhunderte hatte auch die Reichsstädte tiefer und tiefer ergriffen und war für sie aus Gründen, die in
ihren besonderen Verhältnissen lagen, ertödtender noch geworden, als für die größeren Territorien. Die frühere Einseitigkeit des Territoriallebens hatte die Voraussetzung der unabhängigen Städte gebildet. Alle Richtungen des Volkslebens, die
dort keinen Raum fanden, waren in die Städte gezogen und
die Ursache ihres großartigen Aufblühens geworden. Die Wurzel ihres Lebens verlor daher die Nahrung, als in den Territorien alle Volksinteressen Aufnahme fanden. Wissenschaft
und Kunst nahmen dort ihren Aufenthalt, wo sie das vielseitigste Leben fanden; Handel und Handwerk forderten wohl nach
wie vor Städte, aber Städte im Staat, und wanderten daher mehr und mehr von den Reichsstädten in die Territorialstädte aus. Da nun der gewerbliche Verkehr Deutschlands
überhaupt tief gesunken war, so bildete ein enger und beschränkter Lebensberuf ausschließlich den Kreis, in welchem sich die
unabhängigen Gemeinden bewegen konnten. Steife Einseitigkeit und Verdumpfung haben nie gefehlt, wenn Interessen,
welche mit Anderen geeinigt und durch Andere begränzt
und bestimmt ihre Entwickelungsbahn zu durchlaufen haben,
Anspruch auf isolirte Geltung erlangen. Mit dem Erlöschen
der Kraft, welche die reichsstädtischen Gemeinwesen erzeugt
und zusammengehalten hatte, trat der lebendige Bürgersinn
ihrer Glieder hinter dem Streben nach Einzelnvortheil zurück.
Die städtischen Einrichtungen, wie sie kraftvolle Voreltern gebildet hatten, dauerten fort, weil Niemand sie umwarf; oft

genossen sie. selbst eine abergläubische Verehrung; aber jeder
frischen Nahrung entbehrend, gingen sie in Fäulniß über,
hemmten das schwache sich etwa noch regende Leben und trugen zur gänzlichen Ertödtung des Gemeinwesens wesentlich bei,
welches sie früher gehoben und gekräftigt hatten.

Vielfach waren in vergangenen Zeiten einzelne Ortschaften ohne menschliche Absicht und Wahl zu Mittelpunkten des
Verkehrs für größere oder kleinere Landbezirke geworden, bald
weil sich in ihnen mehrere damals fast ausschließlich durch
Bodenbeschaffenheit bestimmte Straßenzüge kreuzten, bald weil
sich eine schützende Burg in ihrer Nähe fand oder weil sie an
dem Punkte eines Stromes lagen, an welchem die Fluß- und
die Seeschiffe sich begegneten. Handel und Handwerk ward
in ihnen zusammengedrängt, der Verkehr eines weiten Umkreises strömte auf natürlichen Wegen ihnen zu zum Gedeihen
der Stadt und des Landes. Um zufälligen Schwankungen und
Störungen, welche vielfaches Unglück über Stadt und Land
bringen mußten, zu begegnen, trat das Recht ein, die durch
das Leben gebildeten Verhältnisse ordnend und vor augenblicklichen Störungen bewahrend. Die Marktrechte, Stapelrechte,
Einlagerechte, Bannrechte, bildeten die wesentliche Grundlage
für den gleichmäßigen und sicheren Verkehr der früheren Zeit,
weil und in sofern sie rechtliches Anerkenntniß von Verhältnissen waren, die der natürliche Gang des Verkehrs hervorgerufen hatte. Aber die Strömungen des Handels und mit ihm
des Handwerks ändern vielfach ihren Lauf. Canäle und Kunststraßen treffen sich an anderen Punkten als Flüsse und natürliche Wege; Ereignisse im Auslande heben einen Ort hervor
und drücken den andern herunter; tausend verschiedene Umstände
im Inlande ändern die Plätze, in denen das gewerbliche Leben zusammenfließt. So lange Kraft und Bewegung in den
Städten war, folgte auch das Recht solchen Schwingungen
des Verkehrs; die Rechte einer Stadt wurden, wenn ihre
Stellung im Leben sich änderte, bald durch Gewalt, bald
durch Unterhandlungen, bald durch stillschweigendes Aufgeben

beseitigt. Als aber Kraft und Bewegung in den Städten er-
losch, blieben jene Rechte bestehen nur weil sie einmal bestanden hatten, und traten todt und starr den neuen Verhältnissen
entgegen. Selbst das Stapelrecht wurde während des vorigen Jahrhunderts in Cöln, Speier, Hamburg, Regensburg
und Bremen erhalten, wie die Rechte ähnlicher Art ein Unglück für den gesammten Verkehr und ein Unglück für die Stadt,
deren Bürger wähnten, daß ihnen eine inhaltslose Rechtsform
das Fehlen der eigenen Anstrengung und der früheren glücklichen Umstände ersetzen könnte.

Nicht weniger Unglück brachte den Reichsstädten der Wahn,
daß die Verfassungsformen, die zu der Väter Zeit Leben und
Kraft gewesen waren, auch ohne der Väter Geist den Enkeln
Freiheit und Wohlstand erhalten würden. Mochte der Rath
ein Einiger sein oder aus dem Inneren und Aeußeren bestehen,
mochte jeder Bürger oder nur Bürger bestimmter Art, z. B.
Kaufleute, Graduirte, Zunftmeister, Patricier, in denselben
gewählt werden können, mochte er sich selbst ergänzen oder
von der Bürgerschaft lebenslänglich oder auf Jahre besetzt
werden, immer hatte er das Regiment zu der Stadt Ehre und
Freiheit wahrnehmen können, so lange auch in ihm der Bürgersinn, welcher die ganze Gemeinde belebte, Triebfeder seines Handelns war. Als aber während der letzten Jahrhunderte die rege Theilnahme an der städtischen Wohlfahrt überhaupt erstarb und Jeder das Seine suchte, sonderte auch der
Rath sich selbstsüchtig von der Stadt, beutete die Gemeinde-
würden im eigenen Interesse aus und machte es sich im Uebrigen so bequem, wie möglich. Ueberall mußte der Kaiser wegen grober Pflichtwidrigkeiten gegen ihn einschreiten. Bald
entzogen sich Glieder desselben den Versammlungen ganz oder
hatten auswärts einträgliche Aemter angenommen. Bald wurden Rathstage gar nicht oder nur gegen Bezahlung der Betheiligten gehalten. Hier wurden Protocolle verfälscht, dort
Privatunterhandlungen mit den Parteien geführt. Vor Allem sahen sich der Kaiser und die Reichsgerichte oft genöthigt,

die schlechte Haushaltung und üble Wirthschaft anzugreifen. Aus der Stadt, Zeughaus oder sonstigen Magazinen verschwand ein Stück näch dem andern, bis endlich nichts mehr übrig war; das geheime Collegium erhob Summen auf den Namen der Stadt, ohne angeben zu können, wohin sie gekommen seien; große Diebstähle aus dem Aerarium wurden angezeigt, aber nicht der Dieb; Massen von Butter und Bier wurden verrechnet als den Armen zum häuslichen Gebrauch überwiesen; gute Geld- sorten waren eingenommen und schlechte ausgegeben; bei den Umlagen die guten Freunde des Raths verschont, die anderen, die von ihrer Hände Arbeit sich nährten, überlastet und die Unordnungen und fehlenden Summen auf die bösen Zeiten ge- worfen. Bei beschehener Anzeige, Noth und Uebelstands die- ser oder jener Stadt, schrieb eine kaiserliche Commission den Deconomieplan vor, aber einige Jahre später mußte dann der Kaiser erklären, ihm sei zur Genüge wissend, was für eine schlechte Wirthschaft nach wie vor bei der Stadt sei, oder ein Reichshofrathsconclusum sprach aus, daß der Deconomieplan durchgehends schlecht oder gar nicht beachtet werde, oder daß der Rath sich dergestalt betragen habe, daß endlich das ganze oeconomicum sammt Forst- und Waldwesen zu Grunde ge- gangen wäre. Es läßt sich nicht nachweisen, daß in Reichs- städten, wie Mühlhausen, Nordhausen, Nürnberg, Ulm, Ro- tenburg, Frankfurt, Hall, Memmingen, in denen bestimmte Geschlechter Anspruch auf ausschließliche oder theilweise Be- setzung des Rathes hatten, dieser selbstsüchtiger als in anderen Städten verfahren wäre; das Selbstergänzungsrecht des Ma- gistrates oder die schmutzigsten Wahlumtriebe brachten, auch wo keine Patricier waren, meistens die Rathsstellen in Hände der Verwandtschaft oder doch der Gleichgesinnten.

Die alten Zeiten waren längst vorbei, in denen Krieg zwischen Bürgerschaft und Rath entstand, wenn Letzterer der Stadt Bestes über sein eigenes vergaß oder wilde Tumulte ausbrachen, wenn der Pöbel aufgehetzt oder sonst toll wurde. Aber mit der Selbsthülfe zugleich war der alte kräftige Ge-

Speicher, Waffenhäuser und Marställe ließen sie selbst lange
Belagerungen nicht scheuen. An den nördlichen Küsten Deutschlands stählte überdieß der Kampf mit dem Meere die Kraft
der Städte und weckte die Klugheit zur Bezwingung des listi-
gen Elements. In stolzer Größe erhob sich Lübeck zur Köni-
gin der See.

Mit reicher Mannigfaltigkeit trieb jede Stadt ihre eigenthümliche Bedeutung in Lebenszuständen und Verfassung hervor; aber allen Städten gemeinsam verdanken wir, daß das
deutsche Leben neben dem Hausinteresse der Landesherren und
dem ritterlich-gutsherrlichen des Kriegerstandes die Interessen
des Handels und Handwerks, der Wissenschaft und Kunst in
sich aufnahm. Als die Reichsstädte, schon früher oftmals zu
den Verhandlungen des Reichstages zugezogen, im funfzehnten
Jahrhundert allgemeines Anerkenntniß als Glieder desselben
gewannen, machte sich neben dem auf Einzelnpflichten gegründeten Lehnsverband zugleich der auf die innere Macht einer
höheren Einheit gegründete Gemeindeverband als politisch bildende Kraft geltend und hob Deutschland auf eine Stufe, auf
welcher es sich in mannigfaltigerer und großartigerer Gestaltung darstellen konnte. Aber freilich die höchste Stufe politischer Entwickelung war noch nicht erreicht, so lange die verschiedenen im Volke vorhandenen Richtungen gesondert, ja im
feindlichen Gegensatz neben einander und gegen einander Geltung hatten, ohne ihre gegenseitige Bedürftigkeit zu fühlen und
ohne einheitlich verbunden sich gegenseitig zu ergänzen und zu
tragen. Als seit dem Ende des funfzehnten Jahrhunderts sich
politische Formen, wenn auch nur in ihren ersten Anfängen,
zu bilden begannen, welche den mannigfachen Aeußerungen des
Volkslebens einen einheitlichen Ausdruck zu geben versuchten,
mußte die stolze Unabhängigkeit untergehen, in der die Sonderinteressen des Handels und Handwerks, wie der Landesherren und ritterlichen Gutsherren, Geltung besessen hatten.

Eine Anzahl Territorien dehnte Macht und Gränzen weit
genug aus, um dem Handel und Gewerbe im Inneren Raum,

nach Außen Anhalt zu gewähren. Da in ihnen zugleich die staatliche Natur mehr und mehr hervortrat, so bildete das ritterlich-
gutsherrliche Interesse fortan nur eins von mehreren Territorialinteressen und der Landesherr, sich von der Stellung eines ritterlichen
Gutsherrn entfernend, ward nicht in dem Maaße wie früher von
dessen Particularbeziehungen gefangen gehalten, sondern erkannte
in steigendem Grade den Beruf zur Sorge für das territoriale
Gesammtinteresse an, von welchem sein Hausinteresse immer
weniger zu sondern war. In den Territorien dieser Art stand
der Landesherr nicht dem Handel und Handwerk feindlich oder
fremd gegenüber, sondern fühlte die Aufgabe, Beiden die Pflege
zu verschaffen, welche früher nur die Städte und ihre Verbindungen hatten gewähren können. Zugleich war die Landeshoheit mächtig genug geworden, um eine große Zahl Städte
den Territorien einzuordnen, welche früher nur in wenigen
Beziehungen ihnen angehörig oder völlig reichsunmittelbar gewesen waren. Beinahe hundert Orte gehorchten im vorigen
Jahrhundert einem Landesherrn und hatten früher in unmittelbarem Verhältnisse zum Reiche gestanden.

Nur ein und funfzig Städte hielten sich auch dann frei
von landesherrlicher Gewalt, als ihre Unabhängigkeit politisch
nicht mehr gefordert ward, seitdem die Territorien Staaten
zu werden begannen. Sie traten nun zwar in einen sehr
scharfen Gegensatz zu den Territorialstädten; aber nicht leicht
konnten sie, wie die größeren Territorien, in sich die Staatsnatur entwickeln, weil ihnen die Möglichkeit fehlte, eine irgend bedeutende Grundlage an Land und Leuten zu gewinnen.
Weder Erbschaft noch Mitgift, weder Belehnung noch Erbvertrag erweiterte ihre Macht. Zu Eroberungen war für sie
die Zeit nicht gestaltet und zu geschickten Unterhandlungen
fehlte dem Rathe und der Bürgerschaft Einheit und Geheimhaltung der verfolgten Absichten. Auch die größten Reichsstädte, wie Hamburg, Nürnberg, hatten nur ein Gebiet von
höchstens einigen Quadratmeilen. Das mit einer Landwehr
umgebene Reich von Aachen, das umsteinte Bürgerfeld von

Worms, das mit Graben und lebendigen Zäunen versehene Gebiet von Mühlhausen, erreichte solche Größe nicht und Bopfingen, Gengenbach, Giengen, Ißny und viele andere zählten nur wenige Tausend Einwohner.

Auf solcher Grundlage konnten die Reichsstädte Staatsnatur nicht erringen, sie blieben Städte und hätten als solche neben den werdenden Staaten eines stärkeren Schutzes als im Mittelalter neben Landesherren und Ritter bedurft. Aber statt dessen sank seit dem sechszehnten Jahrhundert die Hansa tiefer und tiefer, als die Binnenorte bei steigender Sicherheit des Verkehrs das unmittelbare Interesse an der Theilnahme verloren und als Dänemark, die Niederlande und England von der Staatsbasis aus den Handel zu treiben begannen und die Privilegien der Hansa brachen. So wenig die vereinigten Schiffe der Hanseaten Stand hielten, seitdem königliche Flotten die See befuhren, konnte der Städtebund sich im Welthandel über oder auch nur neben den Staaten behaupten. Die Hansa fiel unaufhaltsam und bestand im vorigen Jahrhundert nur noch aus den drei reichsunmittelbaren Seestädten.

Bereits zur Zeit der Reformation war es entschieden, daß die deutsche Staatenbildung nicht aus den unmittelbaren Gemeinden, sondern aus den unmittelbaren landesherrlichen Territorien ihren Ursprung nehmen sollte. Nothwendig war hiermit zwischen dem unverändert bleibenden Stadtprincip der Reichsstädte und dem aufkeimenden Staatsprincip der größeren Territorien ein Gegensatz gegeben, welcher immer schroffer hervortrat und sich mit dem Sinken des Ersteren und mit dem Steigen des Letzteren endigte. Zunächst wurden die Reichsstädte aus ihrer früher einflußreichen Stellung zum Reichsverbande verdrängt. Von der Theilnahme an der Besetzung des Kammergerichts sahen sie sich schon bei dessen Errichtung ausgeschlossen, in den Kreisversammlungen hatten sie neben den zahlreichen und mächtigen Fürsten kein Gewicht. Auf dem Reichstage bildeten sie zwar fortdauernd ein eignes Collegium, waren aber während des vorigen Jahrhunderts in sol-

ihnen Grade alles Einflusses beraubt, daß sie, um Kosten zu sparen, nicht einmal eigene Gesandte schickten, sondern sämmtlich ihre Stimme einigen Regensburger Rathsherren übertrugen.

Je geringer die Bedeutung des reichsstädtischen Corpus auf dem Reichstage ward, um so gefährlicher wurde die Lage der einzelnen Reichsstädte den Landesherren gegenüber. Baiern z. B. nahm im vorigen Jahrhundert die Landeshoheit über Augsburg, Holstein über Hamburg, Darmstadt über Wetzlar, Churcöln über Cöln, das Stift Worms über Worms in Anspruch; Oestreich forderte am Ende des siebenzehnten Jahrhunderts zur Entschädigung für Kriegsverluste die Reichsstädte Gengenbach, Uberlingen und Zell; Brandenburg aus gleichem Grunde Dortmund, Mühlhausen und Nordhausen. Selbst gewaltsame Ueberfälle, wie z. B. Baierns gegen Ulm, des Bischofs von Speier gegen Speier, fehlten nicht. Gelang es auch den Städten noch ihre Unmittelbarkeit zu bewahren, so mußten sie doch oft Theile ihres Gebietes den fürstlichen Nachbaren abtreten, oder umfassende Rechte derselben innerhalb der Stadt anerkennen. Zuweilen umschlossen die städtischen Mauern zugleich das gesammte Gebiet anderer Reichsstände, wie z. B. das Besitzthum des Bischofs von Regensburg, so wie das der unmittelbaren Prälaten von St. Emeran, von Ober- und Nieder-Münster sich mitten in der Reichsstadt Regensburg befand. Oft besaßen Landesherren Höfe und sonstige Gebäude in den Reichsstädten und erhielten volle Freiheit für dieselben von der städtischen Obrigkeit, oder sie hatten das Recht, einen Theil der Rathsherren und der Richter oder einen Vogtmajor, wie Churpfalz in Aachen, zu ernennen, die Criminaljustiz zu üben, Zoll zu erheben, Posten zu halten, Verbrecher zu begnadigen, Geleite zu geben u. s. w. Die ununterbrochenen Streitigkeiten über Ausübung solcher Rechte endeten stets zum Nachtheil der Städte und schwächten ihre Selbstständigkeit und Bedeutung. Ihnen gegenüber erhoben sich die früher unbekannten Residenzstädte, welche, getragen von glänzenden Hofhaltungen, von dem Zusammenwirken der höchsten Landesbeamten, dem Zuströ-

men des Adels und angesehener Fremden, an Reichthum und
geistiger Macht die Reichsstädte verdunkelten. Wien, Berlin,
Dresden, München, Darmstadt, Weimar, besaßen im vorigen Jahrhundert für das deutsche Leben eine weit größere Bedeutung, als mit fünf oder sechs Ausnahmen irgend eine der
Reichsstädte.

Ihr Sinken nach Außen war von einem entsprechenden
Verfall im Innern begleitet. Die allgemeine deutsche Erstarrung der letzten Jahrhunderte hatte auch die Reichsstädte tiefer und tiefer ergriffen und war für sie aus Gründen, die in
ihren besonderen Verhältnissen lagen, ertödtender noch geworden, als für die größeren Territorien. Die frühere Einseitigkeit des Territoriallebens hatte die Voraussetzung der unabhängigen Städte gebildet. Alle Richtungen des Volkslebens, die
dort keinen Raum fanden, waren in die Städte gezogen und
die Ursache ihres großartigen Aufblühens geworden. Die Wurzel ihres Lebens verlor daher die Nahrung, als in den Territorien alle Volksinteressen Aufnahme fanden. Wissenschaft
und Kunst nahmen dort ihren Aufenthalt, wo sie das vielseitigste Leben fanden; Handel und Handwerk forderten wohl nach
wie vor Städte, aber Städte im Staat, und wanderten daher mehr und mehr von den Reichsstädten in die Territorialstädte aus. Da nun der gewerbliche Verkehr Deutschlands
überhaupt tief gesunken war, so bildete ein enger und beschränkter Lebensberuf ausschließlich den Kreis, in welchem sich die
unabhängigen Gemeinden bewegen konnten. Steife Einseitigkeit und Verdumpfung haben nie gefehlt, wenn Interessen,
welche mit Anderen geeinigt und durch Andere begränzt
und bestimmt ihre Entwickelungsbahn zu durchlaufen haben,
Anspruch auf isolirte Geltung erlangen. Mit dem Erlöschen
der Kraft, welche die reichsstädtischen Gemeinwesen erzeugt
und zusammengehalten hatte, trat der lebendige Bürgersinn
ihrer Glieder hinter dem Streben nach Einzelnvortheil zurück.
Die städtischen Einrichtungen, wie sie kraftvolle Voreltern gebildet hatten, dauerten fort, weil Niemand sie umwarf; oft

genoffen fie. felbft eine abergläubifche Verehrung; aber jeder
frifchen Nahrung entbehrend, gingen fie in Fäulniß über,
hemmten das fchwache fich etwa noch regende Leben und trugen zur gänzlichen Ertödtung des Gemeinwefens wefentlich bei,
welches fie früher gehoben und gekräftigt hatten.

Vielfach waren in vergangenen Zeiten einzelne Ortfchaf-
ten ohne menfchliche Abficht und Wahl zu Mittelpunkten des
Verkehrs für größere oder kleinere Landbezirke geworden, bald
weil fich in ihnen mehrere damals faft ausfchließlich durch
Bodenbefchaffenheit beftimmte Straßenzüge kreuzten, bald weil
fich eine fchützende Burg in ihrer Nähe fand oder weil fie an
dem Punkte eines Stromes lagen, an welchem die Fluß= und
die Seefchiffe fich begegneten. Handel und Handwerk ward
in ihnen zufammengedrängt, der Verkehr eines weiten Umkrei-
fes ftrömte auf natürlichen Wegen ihnen zu zum Gedeihen
der Stadt und des Landes. Um zufälligen Schwankungen und
Störungen, welche vielfaches Unglück über Stadt und Land
bringen mußten, zu begegnen, trat das Recht ein, die durch
das Leben gebildeten Verhältniffe ordnend und vor augenblicklichen Störungen bewahrend. Die Marktrechte, Stapelrechte,
Einlagerechte, Bannrechte, bildeten die wefentliche Grundlage
für den gleichmäßigen und ficheren Verkehr der früheren Zeit,
weil und in fofern fie rechtliches Anerkenntniß von Verhält-
niffen waren, die der natürliche Gang des Verkehrs hervorgerufen hatte. Aber die Strömungen des Handels und mit ihm
des Handwerks ändern vielfach ihren Lauf. Canäle und Kunft-
ftraßen treffen fich an anderen Punkten als Flüffe und natürliche Wege; Ereigniffe im Auslande heben einen Ort hervor
und drücken den andern herunter; taufend verfchiedene Umftände
im Inlande ändern die Plätze, in denen das gewerbliche Leben zufammenfließt. So lange Kraft und Bewegung in den
Städten war, folgte auch das Recht folchen Schwingungen
des Verkehrs; die Rechte einer Stadt wurden, wenn ihre
Stellung im Leben fich änderte, bald durch Gewalt, bald
durch Unterhandlungen, bald durch ftillfchweigendes Aufgeben

befeitigt. Als aber Kraft und Bewegung in den Städten er-
losch, blieben jene Rechte bestehen nur weil sie einmal bestanden hatten, und traten todt und starr den neuen Verhältnissen
entgegen. Selbst das Stapelrecht wurde während des vorigen Jahrhunderts in Cöln, Speier, Hamburg, Regensburg
und Bremen erhalten, wie die Rechte ähnlicher Art ein Unglück für den gesammten Verkehr und ein Unglück für die Stadt,
deren Bürger wähnten, daß ihnen eine inhaltslose Rechtsform
das Fehlen der eigenen Anstrengung und der früheren glücklichen Umstände ersetzen könnte.

Nicht weniger Unglück brachte den Reichsstädten der Wahn,
daß die Verfassungsformen, die zu der Väter Zeit Leben und
Kraft gewesen waren, auch ohne der Väter Geist den Enkeln
Freiheit und Wohlstand erhalten würden. Mochte der Rath
ein Einiger sein oder aus dem Inneren und Aeußeren bestehen,
mochte jeder Bürger oder nur Bürger bestimmter Art, z. B.
Kaufleute, Graduirte, Zunftmeister, Patricier, in denselben
gewählt werden können, mochte er sich selbst ergänzen oder
von der Bürgerschaft lebenslänglich oder auf Jahre besetzt
werden, immer hatte er das Regiment zu der Stadt Ehre und
Freiheit wahrnehmen können, so lange auch in ihm der Bürgersinn, welcher die ganze Gemeinde belebte, Triebfeder seines Handelns war. Als aber während der letzten Jahrhunderte die rege Theilnahme an der städtischen Wohlfahrt überhaupt erstarb und Jeder das Seine suchte, sonderte auch der
Rath sich selbstsüchtig von der Stadt, beutete die Gemeinde-
würden im eigenen Interesse aus und machte es sich im Uebrigen so bequem, wie möglich. Ueberall mußte der Kaiser wegen grober Pflichtwidrigkeiten gegen ihn einschreiten. Bald
entzogen sich Glieder desselben den Versammlungen ganz oder
hatten auswärts einträgliche Aemter angenommen. Bald wurden Rathstage gar nicht oder nur gegen Bezahlung der Betheiligten gehalten. Hier wurden Protocolle verfälscht, dort
Privatunterhandlungen mit den Parteien geführt. Vor Allem sahen sich der Kaiser und die Reichsgerichte oft genöthigt,

die schlechte Haushaltung und üble Wirthschaft anzugreifen. Aus der Stadt, Zeughaus oder sonstigen Magazinen verschwand ein Stück nach dem andern, bis endlich nichts mehr übrig war; das geheime Collegium erhob Summen auf den Namen der Stadt, ohne angeben zu können, wohin sie gekommen seien; große Diebstähle aus dem Aerarium wurden angezeigt, aber nicht der Dieb; Massen von Butter und Bier wurden verrechnet als den Armen zum häuslichen Gebrauch überwiesen; gute Geldsorten waren eingenommen und schlechte ausgegeben; bei den Umlagen die guten Freunde des Raths verschont, die anderen, die von ihrer Hände Arbeit sich nährten, überlastet und die Unordnungen und fehlenden Summen auf die bösen Zeiten geworfen. Bei beschehener Anzeige, Noth und Uebelstands dieser oder jener Stadt, schrieb eine kaiserliche Commission den Deconomieplan vor, aber einige Jahre später mußte dann der Kaiser erklären, ihm sei zur Genüge wissend, was für eine schlechte Wirthschaft nach wie vor bei der Stadt sei, oder ein Reichshofrathsconclusum sprach aus, daß der Deconomieplan durchgehends schlecht oder gar nicht beachtet werde, oder daß der Rath sich dergestalt betragen habe, daß endlich das ganze oeconomicum sammt Forst- und Waldwesen zu Grunde gegangen wäre. Es läßt sich nicht nachweisen, daß in Reichsstädten, wie Mühlhausen, Nordhausen, Nürnberg, Ulm, Rotenburg, Frankfurt, Hall, Memmingen, in denen bestimmte Geschlechter Anspruch auf ausschließliche oder theilweise Besetzung des Rathes hatten, dieser selbstsüchtiger als in anderen Städten verfahren wäre; das Selbstergänzungsrecht des Magistrates oder die schmutzigsten Wahlumtriebe brachten, auch wo keine Patricier waren, meistens die Rathsstellen in Hände der Verwandtschaft oder doch der Gleichgesinnten.

Die alten Zeiten waren längst vorbei, in denen Krieg zwischen Bürgerschaft und Rath entstand, wenn Letzterer der Stadt Bestes über sein eigenes vergaß oder wilde Tumulte ausbrachen, wenn der Pöbel aufgehetzt oder sonst toll wurde. Aber mit der Selbsthülfe zugleich war der alte kräftige Ge-

Speicher, Waffenhäuser und Marställe ließen sie selbst lange
Belagerungen nicht scheuen. An den nördlichen Küsten Deutschlands stählte überdieß der Kampf mit dem Meere die Kraft
der Städte und weckte die Klugheit zur Bezwingung des listi-
gen Elements. In stolzer Größe erhob sich Lübeck zur Köni-
gin der See.

Mit reicher Mannigfaltigkeit trieb jede Stadt ihre eigenthümliche Bedeutung in Lebenszuständen und Verfassung hervor; aber allen Städten gemeinsam verdanken wir, daß das
deutsche Leben neben dem Hausinteresse der Landesherren und
dem ritterlich-gutsherrlichen des Kriegerstandes die Interessen
des Handels und Handwerks, der Wissenschaft und Kunst in
sich aufnahm. Als die Reichsstädte, schon früher oftmals zu
den Verhandlungen des Reichstages zugezogen, im funfzehnten
Jahrhundert allgemeines Anerkenntniß als Glieder desselben
gewannen, machte sich neben dem auf Einzelnpflichten gegründeten Lehnsverband zugleich der auf die innere Macht einer
höheren Einheit gegründete Gemeindeverband als politisch bildende Kraft geltend und hob Deutschland auf eine Stufe, auf
welcher es sich in mannigfaltigerer und großartigerer Gestaltung darstellen konnte. Aber freilich die höchste Stufe politischer Entwickelung war noch nicht erreicht, so lange die verschiedenen im Volke vorhandenen Richtungen gesondert, ja im
feindlichen Gegensatz neben einander und gegen einander Geltung hatten, ohne ihre gegenseitige Bedürftigkeit zu fühlen und
ohne einheitlich verbunden sich gegenseitig zu ergänzen und zu
tragen. Als seit dem Ende des funfzehnten Jahrhunderts sich
politische Formen, wenn auch nur in ihren ersten Anfängen,
zu bilden begannen, welche den mannigfachen Aeußerungen des
Volkslebens einen einheitlichen Ausdruck zu geben versuchten,
mußte die stolze Unabhängigkeit untergehen, in der die Sonderinteressen des Handels und Handwerks, wie der Landesherren und ritterlichen Gutsherren, Geltung besessen hatten.

Eine Anzahl Territorien dehnte Macht und Gränzen weit
genug aus, um dem Handel und Gewerbe im Inneren Raum,

nach Außen Anhalt zu gewähren. Da in ihnen zugleich die staatliche Natur mehr und mehr hervortrat, so bildete das ritterlich-
gutsherrliche Interesse fortan nur eins von mehreren Territorialinteressen und der Landesherr, sich von der Stellung eines ritterlichen
Gutsherrn entfernend, ward nicht in dem Maaße wie früher von
dessen Particularbeziehungen gefangen gehalten, sondern erkannte
in steigendem Grade den Beruf zur Sorge für das territoriale
Gesammtinteresse an, von welchem sein Hausinteresse immer
weniger zu sondern war. In den Territorien dieser Art stand
der Landesherr nicht dem Handel und Handwerk feindlich oder
fremd gegenüber, sondern fühlte die Aufgabe, Beiden die Pflege
zu verschaffen, welche früher nur die Städte und ihre Verbindungen hatten gewähren können. Zugleich war die Landeshoheit mächtig genug geworden, um eine große Zahl Städte
den Territorien einzuordnen, welche früher nur in wenigen
Beziehungen ihnen angehörig oder völlig reichsunmittelbar gewesen waren. Beinahe hundert Orte gehorchten im vorigen
Jahrhundert einem Landesherrn und hatten früher in unmittelbarem Verhältnisse zum Reiche gestanden.

Nur ein und funfzig Städte hielten sich auch dann frei
von landesherrlicher Gewalt, als ihre Unabhängigkeit politisch
nicht mehr gefordert ward, seitdem die Territorien Staaten
zu werden begannen. Sie traten nun zwar in einen sehr
scharfen Gegensatz zu den Territorialstädten; aber nicht leicht
konnten sie, wie die größeren Territorien, in sich die Staatsnatur entwickeln, weil ihnen die Möglichkeit fehlte, eine irgend bedeutende Grundlage an Land und Leuten zu gewinnen.
Weder Erbschaft noch Mitgift, weder Belehnung noch Erbvertrag erweiterte ihre Macht. Zu Eroberungen war für sie
die Zeit nicht gestaltet und zu geschickten Unterhandlungen
fehlte dem Rathe und der Bürgerschaft Einheit und Geheimhaltung der verfolgten Absichten. Auch die größten Reichsstädte, wie Hamburg, Nürnberg, hatten nur ein Gebiet von
höchstens einigen Quadratmeilen. Das mit einer Landwehr
umgebene Reich von Aachen, das umsteinte Bürgerfeld von

9

Worms, das mit Graben und lebendigen Zäunen versehene Gebiet von Mühlhausen, erreichte solche Größe nicht und Bopfingen, Gengenbach, Giengen, Jßny und viele andere zählten nur wenige Tausend Einwohner.

Auf solcher Grundlage konnten die Reichsstädte Staatsnatur nicht erringen, sie blieben Städte und hätten als solche neben den werdenden Staaten eines stärkeren Schutzes als im Mittelalter neben Landesherren und Ritter bedurft. Aber statt dessen sank seit dem sechszehnten Jahrhundert die Hansa tiefer und tiefer, als die Binnenorte bei steigender Sicherheit des Verkehrs das unmittelbare Interesse an der Theilnahme verloren und als Dänemark, die Niederlande und England von der Staatsbasis aus den Handel zu treiben begannen und die Privilegien der Hansa brachen. So wenig die vereinigten Schiffe der Hanseaten Stand hielten, seitdem königliche Flotten die See befuhren, konnte der Städtebund sich im Welthandel über oder auch nur neben den Staaten behaupten. Die Hansa fiel unaufhaltsam und bestand im vorigen Jahrhundert nur noch aus den drei reichsunmittelbaren Seestädten.

Bereits zur Zeit der Reformation war es entschieden, daß die deutsche Staatenbildung nicht aus den unmittelbaren Gemeinden, sondern aus den unmittelbaren landesherrlichen Territorien ihren Ursprung nehmen sollte. Nothwendig war hiermit zwischen dem unverändert bleibenden Stadtprincip der Reichsstädte und dem aufkeimenden Staatsprincip der größeren Territorien ein Gegensatz gegeben, welcher immer schroffer hervortrat und sich mit dem Sinken des Ersteren und mit dem Steigen des Letzteren endigte. Zunächst wurden die Reichsstädte aus ihrer früher einflußreichen Stellung zum Reichsverbande verdrängt. Von der Theilnahme an der Besetzung des Kammergerichts sahen sie sich schon bei dessen Errichtung ausgeschlossen, in den Kreisversammlungen hatten sie neben den zahlreichen und mächtigen Fürsten kein Gewicht. Auf dem Reichstage bildeten sie zwar fortdauernd ein eignes Collegium, waren aber während des vorigen Jahrhunderts in sol-

chem Grade alles Einflusses beraubt, daß sie, um Kosten zu
sparen, nicht einmal eigene Gesandte schickten, sondern sämmtlich
ihre Stimme einigen Regensburger Rathsherren übertrugen.

Je geringer die Bedeutung des reichsstädtischen Corpus
auf dem Reichstage ward, um so gefährlicher wurde die Lage
der einzelnen Reichsstädte den Landesherren gegenüber. Baiern
z. B. nahm im vorigen Jahrhundert die Landeshoheit über
Augsburg, Holstein über Hamburg, Darmstadt über Wetzlar,
Churcöln über Cöln, das Stift Worms über Worms in Anspruch; Oestreich forderte am Ende des siebenzehnten Jahrhunderts zur Entschädigung für Kriegsverluste die Reichsstädte
Gengenbach, Uberlingen und Zell; Brandenburg aus gleichem
Grunde Dortmund, Mühlhausen und Norbhausen. Selbst gewaltsame Ueberfälle, wie z. B. Baierns gegen Ulm, des Bischofs von Speier gegen Speier, fehlten nicht. Gelang es
auch den Städten noch ihre Unmittelbarkeit zu bewahren, so
mußten sie doch oft Theile ihres Gebietes den fürstlichen Nachbarn abtreten, oder umfassende Rechte derselben innerhalb der
Stadt anerkennen. Zuweilen umschlossen die städtischen Mauern zugleich das gesammte Gebiet anderer Reichsstände, wie
z. B. das Besitzthum des Bischofs von Regensburg, so wie das der
unmittelbaren Prälaten von St. Emeran, von Ober- und Nieder - Münster sich mitten in der Reichsstadt Regensburg befand.
Oft besaßen Landesherren Höfe und sonstige Gebäude in den
Reichsstädten und erhielten volle Freiheit für dieselben von der
städtischen Obrigkeit, oder sie hatten das Recht, einen Theil
der Rathsherren und der Richter oder einen Vogtmajor, wie Churpfalz in Aachen, zu ernennen, die Criminaljustiz zu üben, Zoll
zu erheben, Posten zu halten, Verbrecher zu begnadigen, Geleite zu geben u. s. w. Die ununterbrochenen Streitigkeiten
über Ausübung solcher Rechte endeten stets zum Nachtheil der
Städte und schwächten ihre Selbstständigkeit und Bedeutung.
Ihnen gegenüber erhoben sich die früher unbekannten Residenzstädte, welche, getragen von glänzenden Hofhaltungen, von
dem Zusammenwirken der höchsten Landesbeamten, dem Zuströ-

men des Adels und angesehener Fremden, an Reichthum und
geistiger Macht die Reichsstädte verdunkelten. Wien, Berlin,
Dresden, München, Darmstadt, Weimar, besaßen im vorigen Jahrhundert für das deutsche Leben eine weit größere Bedeutung, als mit fünf oder sechs Ausnahmen irgend eine der
Reichsstädte.

Ihr Sinken nach Außen war von einem entsprechenden
Verfall im Innern begleitet. Die allgemeine deutsche Erstarrung der letzten Jahrhunderte hatte auch die Reichsstädte tiefer und tiefer ergriffen und war für sie aus Gründen, die in
ihren besonderen Verhältnissen lagen, ertödtender noch geworden, als für die größeren Territorien. Die frühere Einseitigkeit des Territoriallebens hatte die Voraussetzung der unabhängigen Städte gebildet. Alle Richtungen des Volkslebens, die
dort keinen Raum fanden, waren in die Städte gezogen und
die Ursache ihres großartigen Aufblühens geworden. Die Wurzel ihres Lebens verlor daher die Nahrung, als in den Territorien alle Volksinteressen Aufnahme fanden. Wissenschaft
und Kunst nahmen dort ihren Aufenthalt, wo sie das vielseitigste Leben fanden; Handel und Handwerk forderten wohl nach
wie vor Städte, aber Städte im Staat, und wanderten daher mehr und mehr von den Reichsstädten in die Territorialstädte aus. Da nun der gewerbliche Verkehr Deutschlands
überhaupt tief gesunken war, so bildete ein enger und beschränkter Lebensberuf ausschließlich den Kreis, in welchem sich die
unabhängigen Gemeinden bewegen konnten. Steife Einseitigkeit und Verdumpfung haben nie gefehlt, wenn Interessen,
welche mit Anderen geeinigt und durch Andere begränzt
und bestimmt ihre Entwickelungsbahn zu durchlaufen haben,
Anspruch auf isolirte Geltung erlangen. Mit dem Erlöschen
der Kraft, welche die reichsstädtischen Gemeinwesen erzeugt
und zusammengehalten hatte, trat der lebendige Bürgersinn
ihrer Glieder hinter dem Streben nach Einzelvortheil zurück.
Die städtischen Einrichtungen, wie sie kraftvolle Voreltern gebildet hatten, dauerten fort, weil Niemand sie umwarf; oft

genoffen fie felbst eine abergläubische Verehrung; aber jeder frischen Nahrung entbehrend, gingen fie in Fäulniß über, hemmten das schwache fich etwa noch regende Leben und trugen zur gänzlichen Ertödtung des Gemeinwesens wesentlich bei, welches fie früher gehoben und gekräftigt hatten.

Vielfach waren in vergangenen Zeiten einzelne Ortschaften ohne menschliche Absicht und Wahl zu Mittelpunkten des Verkehrs für größere oder kleinere Landbezirke geworden, bald weil fich in ihnen mehrere damals fast ausschließlich durch Bodenbeschaffenheit bestimmte Straßenzüge kreuzten, bald weil fich eine schützende Burg in ihrer Nähe fand oder weil fie an dem Punkte eines Stromes lagen, an welchem die Fluß- und die Seeschiffe fich begegneten. Handel und Handwerk ward in ihnen zusammengedrängt, der Verkehr eines weiten Umkreises strömte auf natürlichen Wegen ihnen zu zum Gedeihen der Stadt und des Landes. Um zufälligen Schwankungen und Störungen, welche vielfaches Unglück über Stadt und Land bringen mußten, zu begegnen, trat das Recht ein, die durch das Leben gebildeten Verhältnisse ordnend und vor augenblicklichen Störungen bewahrend. Die Marktrechte, Stapelrechte, Einlagerechte, Bannrechte, bildeten die wesentliche Grundlage für den gleichmäßigen und sicheren Verkehr der früheren Zeit, weil und in sofern fie rechtliches Anerkenntniß von Verhältnissen waren, die der natürliche Gang des Verkehrs hervorgerufen hatte. Aber die Strömungen des Handels und mit ihm des Handwerks ändern vielfach ihren Lauf. Canäle und Kunststraßen treffen fich an anderen Punkten als Flüsse und natürliche Wege; Ereignisse im Auslande heben einen Ort hervor und drücken den andern herunter; tausend verschiedene Umstände im Inlande ändern die Plätze, in denen das gewerbliche Leben zusammenfließt. So lange Kraft und Bewegung in den Städten war, folgte auch das Recht solchen Schwingungen des Verkehrs; die Rechte einer Stadt wurden, wenn ihre Stellung im Leben fich änderte, bald durch Gewalt, bald durch Unterhandlungen, bald durch stillschweigendes Aufgeben

beseitigt. Als aber Kraft und Bewegung in den Städten er-
losch, blieben jene Rechte bestehen nur weil sie einmal bestanden hatten, und traten todt und starr den neuen Verhältnissen
entgegen. Selbst das Stapelrecht wurde während des vorigen Jahrhunderts in Cöln, Speier, Hamburg, Regensburg
und Bremen erhalten, wie die Rechte ähnlicher Art ein Unglück für den gesammten Verkehr und ein Unglück für die Stadt,
deren Bürger wähnten, daß ihnen eine inhaltslose Rechtsform
das Fehlen der eigenen Anstrengung und der früheren glücklichen Umstände ersetzen könnte.

Nicht weniger Unglück brachte den Reichsstädten der Wahn,
daß die Verfassungsformen, die zu der Väter Zeit Leben und
Kraft gewesen waren, auch ohne der Väter Geist den Enkeln
Freiheit und Wohlstand erhalten würden. Mochte der Rath
ein Einiger sein oder aus dem Inneren und Aeußeren bestehen,
mochte jeder Bürger oder nur Bürger bestimmter Art, z. B.
Kaufleute, Graduirte, Zunftmeister, Patricier, in denselben
gewählt werden können, mochte er sich selbst ergänzen oder
von der Bürgerschaft lebenslänglich oder auf Jahre besetzt
werden, immer hatte er das Regiment zu der Stadt Ehre und
Freiheit wahrnehmen können, so lange auch in ihm der Bürgersinn, welcher die ganze Gemeinde belebte, Triebfeder seines Handelns war. Als aber während der letzten Jahrhunderte die rege Theilnahme an der städtischen Wohlfahrt überhaupt erstarb und Jeder das Seine suchte, sonderte auch der
Rath sich selbstsüchtig von der Stadt, beutete die Gemeinde-
würden im eigenen Interesse aus und machte es sich im Uebrigen so bequem, wie möglich. Ueberall mußte der Kaiser wegen grober Pflichtwidrigkeiten gegen ihn einschreiten. Bald
entzogen sich Glieder desselben den Versammlungen ganz oder
hatten auswärts einträgliche Aemter angenommen. Bald wurden Rathstage gar nicht oder nur gegen Bezahlung der Betheiligten gehalten. Hier wurden Protocolle verfälscht, dort
Privatunterhandlungen mit den Parteien geführt. Vor Allem sahen sich der Kaiser und die Reichsgerichte oft genöthigt,

die schlechte Haushaltung und üble Wirthschaft anzugreifen.
Aus der Stadt, Zeughaus oder sonstigen Magazinen verschwand
ein Stück nach dem andern, bis endlich nichts mehr übrig war; das
geheime Collegium erhob Summen auf den Namen der Stadt,
ohne angeben zu können, wohin sie gekommen seien; große
Diebstähle aus dem Aerarium wurden angezeigt, aber nicht der
Dieb; Massen von Butter und Bier wurden verrechnet als
den Armen zum häuslichen Gebrauch überwiesen; gute Geld-
sorten waren eingenommen und schlechte ausgegeben; bei den
Umlagen die guten Freunde des Raths verschont, die anderen,
die von ihrer Hände Arbeit sich nährten, überlastet und die
Unordnungen und fehlenden Summen auf die bösen Zeiten geworfen. Bei beschehener Anzeige, Noth und Uebelstands dieser oder jener Stadt, schrieb eine kaiserliche Commission den
Oeconomieplan vor, aber einige Jahre später mußte dann der
Kaiser erklären, ihm sei zur Genüge wissend, was für eine
schlechte Wirthschaft nach wie vor bei der Stadt sei, oder ein
Reichshofrathsconclusum sprach aus, daß der Oeconomieplan
durchgehends schlecht oder gar nicht beachtet werde, oder daß
der Rath sich dergestalt betragen habe, daß endlich das ganze
oeconomicum sammt Forst- und Waldwesen zu Grunde gegangen wäre. Es läßt sich nicht nachweisen, daß in Reichsstädten, wie Mühlhausen, Nordhausen, Nürnberg, Ulm, Ro-
tenburg, Frankfurt, Hall, Memmingen, in denen bestimmte
Geschlechter Anspruch auf ausschließliche oder theilweise Besetzung des Rathes hatten, dieser selbstsüchtiger als in anderen
Städten verfahren wäre; das Selbstergänzungsrecht des Ma-
gistrates oder die schmutzigsten Wahlumtriebe brachten, auch
wo keine Patricier waren, meistens die Rathsstellen in Hände
der Verwandtschaft oder doch der Gleichgesinnten.

Die alten Zeiten waren längst vorbei, in denen Krieg
zwischen Bürgerschaft und Rath entstand, wenn Letzterer der
Stadt Bestes über sein eigenes vergaß oder wilde Tumulte
ausbrachen, wenn der Pöbel aufgehetzt oder sonst toll wurde.
Aber mit der Selbsthülfe zugleich war der alte kräftige Ge-

meinsinn aus der Bürgerschaft entschwunden, welcher die Selbstsucht des Rathes zurückgedrängt hatte. Freilich die politischen
Formen der Bürgerschaft dauerten fort, wie wenn sie noch jetzt
von Bürgersinn belebt und getragen würden. In Gaffeln,
Quartiere, Kirchspiele oder Collegia gesondert, trat sie zusammen, um ihre Rechte wahrzunehmen. Die Ausschüsse, die
Viertelmeister, Oberalten, Radmänner, Aeltexleute, Quartier-
herren wurden auch jetzt noch bestellt, um mit und gegen den
ehrsamen und hochweisen Rath für die Stadt zu sorgen.
Aber kraftlos und ohne Muth schleppten sich die Verhandlungen der Bürger hin. Dem kranken Gemeinwesen sei doch
nicht zu helfen, meinten die Einen; es werde schon Alles von
selbst gehen, sagten die Anderen, um ihre eigennützige Gleichgültigkeit vor sich und der Stadt zu rechtfertigen. Träger
Aerger und dumpfe Bosheit, welche die Mühe scheute, sich
offen und kräftig geltend zu machen, ließen allein erkennen,
daß ein dunkles Bewußtsein des Absterbens vorhanden sei.

Bei solcher Fäulniß des Rathes und der Bürgerschaft
konnte die äußerste Zerrüttung des gesammten Stadtlebens
nicht ausbleiben. Fast alle Reichsstädte erlagen unter einer
übermäßigen Schuldenlast, welche jede frische Regung, jedes
größere Unternehmen, um Handel und Handwerk zu heben,
unmöglich machte. Die häufigen kaiserlichen Commissionen
welche Abhülfe verschaffen sollten, vollendeten statt dessen durch
ihren Unterhalt, durch ihre Bestechlichkeit und endlose Dauer
den Ruin der Finanzen und drückten den Wohlstand herab.
Selbst von dem alten mächtigen Cöln berichtet *) ein Reisender des vorigen Jahrhunderts: „desto kärglicher sah es in
Cöln aus; die Häuser eingefallen, ganze Straßen leer, der
Dom von Haus aus unvollendet; hungernde, flehende Jam-
mergestalten in abgenutzten Mänteln an den Thüren, und lau-
ernde, schmutzige weibliche Gestalten.“ Die Justiz der Reichsstädte, theils vom Rathe oder einzelnen Rathsherrn, theils

---

*) v. Lang Memoiren S. 190.

von Gerichten, die neben dem Rathe standen, gehandhabt,
wird in unzähligen Urtheilen der Reichsgerichte als gänzlich
verdorben, als schlecht, parteiisch, käuflich bezeichnet. Dem
Magistrate zu Dünkelsbühl hielt 1752 ein Reichshofrathsconr
clusum vor, die Justiz werde dergestalt schlecht und parteiisch
administrirt, daß es fast niemals zu einem rechtlichen Spruche
komme, und daß, wenn dieses auch geschähe, dennoch die Exe-
cution unterbleibe. Die bedrängten Personen würden folglich
ohne alle richterliche Hülfe gelassen und demungeachtet oftmals
zu schweren Prozeßkosten verleitet. Dem Rathe zu Regensburg
verwies 1750 eine kaiserliche Resolution, daß er injustificirli-
cher Weise in einem Processe ab executione angefangen habe;
in anderen Reichsstädten wurden Acten unterschlagen, Geschenke
von den Parteien genommen und übermäßige Strafen, allzu-
harte Einthürmung und Blockhaus aus Privataffecten zuer-
kannt. Die reichsstädtische Polizei ließ wohl gottlose, ärger-
liche und lasterhafte Bücher durch den Scharfrichter verbrennen,
gab Kindtauf- und Leichenordnungen gegen den Aufwand und
Mandate gegen Verse der Religionsspötter und andere Mißge-
burten. Noch 1763 wurden in Hamburg „die schönen Spielwerk beim Wein" öffentlich durchs Feuer vernichtet, weil es
ein sehr irreligiöses Buch war. Nirgends ward ein Angriff
auf die hergebrachten Handwerksbräuche geduldet. Selbst ehe-
lich geborne Personen konnten der Vertreibung aus den Zünften kaum entgehen, wenn nicht ihre Mutter in fliegenden
Haaren getraut war. Aber die in besseren Zeiten gegründeten Anstalten für Arme und Kranke, die lateinischen und
die deutschen Schulen, bewahrten nur in Ausnahmsfällen
ihre alte segensreiche Bedeutung und fast komische Unordnungen
traten überall hervor. Den Rath zu Dortmund mußte der
Kaiser 1756 auffordern, sich zu verantworten: aus was Ursachen er die zu vielem Unwesen Anlaß gebenden Gebräuche mit
dem Eintauchen in die Bütte und sonstige dergleichen Umstände
nicht abgestellt? Der Stadt Zell wurde in einem Cameralur-
theil von 1764 aufgegeben, die Wächter unter den Thoren zu

keinen Privatgeschäften zu gebrauchen und die Thorschlüssel künftighin besser als bisher zu verwahren, und 1753 konnte der Scharfrichter Schmidt zu Nürnberg um Manutenenz bei seiner praxis medica den Reichshofrath angehen.

Nur einige wenige Reichsstädte hatten, begünstigt durch besondere Umstände, den Tod, der die Uebrigen ergriff, von sich abgehalten. Als die Reichsstädte des Binnenlandes die alte kriegerische Kraft vergaßen, weil die neue Ordnung der Dinge sie gegen die Waffen der Landesherren und Ritter schützte, war ihnen Handel und Handwerk geblieben, ohne Muth und Selbstvertrauen zu fordern. Aber im deutschen Norden fanden Hamburg, Lübeck und Bremen sich in einer anderen Lage. Mochten die mittelalterlichen Fehden und Kämpfe ruhen, die See tobte fort, wie sie vor Jahrhunderten getobt hatte. Die Hansa schützte nicht mehr mit ihrem mächtigen Arm die Flagge der Städte und das Reich hatte kein Fahrzeug auf dem Meere, um die Hansa zu ersetzen. Nur auf ihre Kenntniß der europäischen Verhältnisse und ihre Klugheit waren die drei Städte angewiesen, um ihren Schiffen den Weg zwischen den Flotten großer Mächte zu sichern. Zum eigenen Handeln, zum Vertrauen auf sich selbst und zum festen Zusammenhalten wurden die Bürgerschaften gedrängt und manchen frischen Hauch eines großen Lebens brachte ihnen die See stärkend von Englands Küste herüber, als der Tod die Heimath umfaßt hielt. Zwar hatten sich die Städte nicht die alte Herrlichkeit bewahrt, aber das Elend und die Erbärmlichkeit der meisten anderen Reichsstädte blieb ihnen fremd und im damaligen Deutschland durften sie sich als helle Punkte betrachten. Besonders in Hamburg trat geistige Bewegung hervor. Zuerst unter allen deutschen Zeitungen gewann seit der Mitte des vorigen Jahrhunderts der Correspondent einige politische Bedeutung; um die Reimarus sammelte sich ein gebildeter, kenntnißreicher Kreis; Klopstock schlug hier seinen Wohnsitz auf, der Wandsbecker Bote wanderte aus und ein und Gerstenberg und Büsch wirkten jeder in seiner Weise. Eckhof und Schröder und Lessings Dramaturgie gingen von Hamburg aus.

Wie im nördlichen Deutschland hatten sich, obgleich in anderer Weise, auch drei Reichsstädte der schwäbischen Bank einige Bedeutung erhalten. Augsburg war seit dem funfzehnten Jahrhundert Sitz der Kunst wie keine andere deutsche Stadt gewesen. In umfassenden und ausgesuchten Sammlungen von Gemälden, geschnittenen Steinen u. s. w., in Gebäuden und Gärten, hatte sich die Kunstliebe ihrer Bürger gezeigt. Die Geschlechter und großen Kaufherren hatten Künstler aus Italien und den Niederlanden herbeigezogen und manche von ihnen besaßen eigene Capellen, in denen sich bedeutende Tonkünstler fanden. Zwar hatte der dreißigjährige Krieg die Sammlungen zerstreut und den Reichthum gebrochen, aber die Kunst war heimisch in Augsburg geworden; bis zur Mitte des vorigen Jahrhunderts strömten noch immer Liebhaber von allen Seiten dort zusammen und ausübende Künstler aller Art erstanden *). Auch in den folgenden Decennien hielt die Liebe zur Kunst den geistigen Tod ferne und der Wechselverkehr so wie der Waarenabsatz zwischen Oestreich, Schwaben, einem Theile Italiens und der Schweiz brachte den Bürgern Regsamkeit und Wohlstand. Mit Augsburg wetteiferte Nürnberg in der Kunst; seine Maler und Kupferstecher waren auch im vorigen Jahrhundert noch berühmt, die Arbeiten aus Elfenbein, Holz und Metallen wurden durch die ganze Welt geführt; die Homannschen Karten zeugten von Kenntniß und Fertigkeit **). Entscheidender für Nürnbergs fortdauernde Bedeutung war indessen wohl theils sein im Verhältniß zu anderen Reichsstädten großes Gebiet, welches außer dem Sebalder und Lorenzer Reichswald mehrere Städte, viele Marktflecken und Dörfer umfaßte, theils seine eigenthümliche Verfassung, welche

*) Stetten Kunst =, Gewerks = und Handwerksgeschichte der Reichsstadt Augsburg. Augsburg 1779. Keßlers neueste Reisen. Hanuover 1751. I, S. 63.

**) Ritelof Reisen, I. S. 201.

die Sorge für die Stadt fast ausschließlich in die Hände von
zwanzig Familien gebracht hatte. Sie waren allerdings ängstlich und selbstsüchtig auf die Erhaltung der eigenen Macht und
des eigenen Glanzes bedacht; aber da dieser sich nicht gesondert von dem der Stadt verfolgen ließ, so behielt das städtische Interesse auch dann noch seine Pflege, als der städtische
Gemeinsinn erstorben war. Frankfurt endlich hatte sich durch
günstige Lage und altbegründeten Reichthum als eine der ersten Handelsstädte Deutschlands erhalten und sich Leben in
mannigfacher Beziehung bewahrt. Die Messe zog alljährlich
ein Gewühl von Käufern, Verkäufern und Neugierigen aus den
verschiedensten Ländern herbei und regte unter den Bürgern
Interessen aller Art an. Die Kaiserkrönungen, so wie die
Versammlungen der oberrheinischen und churrheinischen Kreis-
stände, gaben Veranlassung, die allgemein deutschen Angelegenheiten zu bedenken und zu besprechen. Das adlige Geschlechts-
haus zum alten Limburg, welches aus Familien bestand, die
ohne Handlung zu treiben von ihren Renten und Gütern lebten, verleibte dem städtischen Wesen ein nicht städtisches Interesse ein und führte der Stadt aus verwandten Familien der
Nachbarschaft manchen wunderlichen aber doch geistig anregenden Mann zu, wie Göthe es anmuthig beschreibt. Unter allen
deutschen Städten war Frankfurt wohl am Weitesten über den
abgeschlossen reichsstädtischen Character des Mittelalters hin-
ausgegangen.

Abgesehen von diesen sechs Orten war in den Reichsstädten ein völliger Stillstand eingetreten, sie waren in sich und
für Deutschland todt. Man hörte nur von ihnen, wenn Wekherlin oder Schlözer berichteten, wie der Amtsbürgermeister zu
Windheim einem Bürger, der in seiner Gegenwart sich auf
den Ellenbogen stützte, eine Ohrfeige gab oder wie ein Zunftmeister in der Knochenhauergilde zu Goßlar behauptete, er
habe Nichts mit dem Rathe zu schaffen, sondern säße auf seinem Platze im Namen des Kaisers. Verarmt, zerrüttet, der
inneren Lebenskraft entbehrend, gab es für die Reichsstädte

keinen Weg, sich aus sich selbst zu erheben. Kein Thronwech-
sel mit seinen frischen Anregungen, seinen jungen kräftigen
Entschlüssen, konnte in ihnen Altes beseitigen und Neues erzeugen. Kein großer Churfürst, kein Herzog Ernst der Fromme,
kein großer Friedrich konnte in ihnen erstehen und die eigene
Größe in weite Kreise ausströmen lassen. Die Erstarrung der
Gemeinde und der Corporationen hielt den Bürger mit eher-
nen Banden umfaßt und drückte den Einzelnen, der sich zu erheben versuchte, nieder. Die Reichsstädte waren nur Städte
geblieben, als rings umher sich Staaten bildeten und konnten
nur, Glieder werdend von Staaten, Leben wieder gewinnen
aus deren höheren Einheit. Wenig oder Nichts stand einem
solchen Ausgang entgegen. In der Mitte mächtig aufstreben-
der Fürsten waren sie eine leichte Beute. Durch keine Stan-
destheilnahme der übrigen Reichsstände, durch keine verwandt-
schaftliche Verbindung mit mächtigen Herren wurden sie gehalten; ihre Mauern konnten eine Belagerung nach der neueren
Kriegskunst nicht ertragen, ihre Stadtmiliz und Thorwache
war ein Spott für die großen stehenden Heere.

Den Reichsstädten ihre Stellung außerhalb des Staates
nehmen, sie einem Staate einordnen, war nicht Zerstörung
eines politischen Lebens, sondern Gewährung der Möglichkeit es von Neuem zu gewinnen. Eingeordnet einem Staate,
konnten die Reichsstädte mit den Ueberresten ihres Bürger-
bewußtseins den geknechteten und zertretenen Territorialstädten Bürgersinn zu entwickeln helfen und dadurch bedeutende Elemente der neuen Staatenbildungen werden. Ob die Wenigen
unter ihnen, welchen Leben zu bewahren gelungen war, die
Gaben des Staates empfangen konnten, ohne Glieder des
Staates zu werden, ward von der politischen Gesammtentwik-
kelung Deutschlands bedingt.

IV. Die Grafschaften und kleinen Fürstenthümer*).

Im Westen, vor Allem im Südwesten Deutschlands, im schwäbischen, oberrheinischen und fränkischen Kreise, aber auch nördlich im westphälischen Kreise, lagen zerstreut zwischen reichsritterlichen Gebieten, zwischen Reichsstädten, Reichsabteien und einzelnen größeren Fürstenthümern viele Territorien, deren Größe sich nur auf wenige Quadratmeilen belief. Von den Herrschaften der Reichsritter waren sie durch die Reichsstandschaft und ihren etwas größeren Umfang unterschieden, obgleich es auch unter ihnen Gebiete gab, welche wie das Burggrafenthum Rheineck nur ein Schloß, zwölf arme Unterthanen einen Juden nebst ein paar Höfe und Mühlen umfaßten. Einige der kleinen Landesherren führten gräfliche, andere fürstliche Namen, einige besaßen auf dem Reichstage Virilstimme, andere nur Antheil an der gräflichen Curiatstimme; aber ein wesentlicher Unterschied wurde hierdurch in ihrer Stellung nicht begründet. Alle vielmehr gefielen sich darin, die Rolle eines Souveräns im Kleinen zu spielen. Wir von Gottes Gnaden nannten sich die kleinsten Fürsten und manche Grafen; sie wollten Regenten, wollten Souveräne sein und mußten es auch sein, da eine Herrschergewalt auch in den kleinsten Kreisen nicht zu entbehren war und seit dem Sinken des Reiches Niemand als sie dieselbe üben konnte. Sie gaben Gesetze und handhabten die Justiz, sie regierten in Finanz- und Militärverhältnissen, in Kirchen- und Schulsachen, wie die Theorien des vorigen Jahrhunderts es mit sich brachten. Den kleinen Gebieten fehlte kein äußeres Merkmal des Staates, den Beherrschern derselben kein äußeres Kennzeichen der Souveränetät, aber freilich deren Ausübung mußte sich eigenthümlich gestalten.

---

*) Manche Einzelnheiten in F. C. Moser der Herr und der Diener; und in dessen politische Wahrheiten.

Der Fürst oder Graf stand in seiner Residenz mit den Bewohnern, die entweder Ackerbauer oder Handwerker, oft Beides zugleich waren, in den vielfachsten persönlichen Berührungen. Sie arbeiteten für ihn, lieferten Getreide, Gemüse, Federvieh an den Hof und nicht Wenige lebten allein von dem fürstlichen oder gräflichen Haushalt. Viele ja die meisten Familien des Städtchens waren dem regierenden Herrn bekannt; ihre persönlichen Verhältnisse, ihre Familienereignisse wurden am Hofe, welchem größere Angelegenheiten fern lagen, mit Interesse vernommen und besprochen. Tagelang lag der alte Fürst von Spielberg im Fensterflügel seines Schlosses oberhalb des Thores, beschaute die Leute, die aus- und eingingen, rief sie auch wohl persönlich an und fragte: „wer ist er?" Selbst unter den Bauern der kleinen Gebiete waren Viele ihrem Landesherrn bekannt; als Fröhnder auf seinen Gütern, als Treiber auf den Jagden, auf Spazierritten des Fürsten kamen sie mit ihm in unmittelbare Berührung, hatten ihre Noth geklagt, von ihren Angelegenheiten und häuslichen Ereignissen gesprochen. Das Verhältniß zwischen den Grafen und ihren Bürgern und Bauern war nicht das eines Königs zu den Mitgliedern seines Reiches, sondern das eines bedeutenden Grundbesitzers zu Handwerkern, die für ihn arbeiten, Krämern die an ihn verkaufen, Bauern, die von ihm als Erbpächter oder Zinsleute ihre Güter haben oder ihm, wenn sie Eigenthum besitzen, doch zu Zinsen und Frohnden verbunden sind.

War nun der Fürst ein verständiger wohlwollender Mann, so faßte er vorzugsweise diese Seite des Verhältnisses auf und brauchte, unterstützt von der Kenntniß der Personen und der Lage so vieler Unterthanen, seine Macht und seine Geldmittel bald um Zwistigkeiten zu ersticken, bald um einem Verarmten wieder aufzuhelfen; dem Vater einer zahlreichen Familie ward ein Kind abgenommen und am Hofe versorgt; dem bösen Willen, den boshaften Streichen eines ungerathenen Sohnes, eines streitsüchtigen Nachbars, setzte das fürstliche Wort ein

Ziel; die Armen empfingen von der fürstlichen Familie abge-
legte Kleider; aus der fürstlichen Küche holten viele sich ihren
Napf mit Suppe, und Küchenmeister, Jäger und Diener schleppten manchen Bissen fort, ohne daß man es bemerken wollte.
Wenn auch nicht reich, hatten die Leute doch ihr Auskommen,
so lange nur der Herr sein Einkommen im Lande verzehrte.
Zwar mußten Bürger und Bauer manche beschwerliche Frohnden leisten und harte Zinsen geben, aber seit uralter Zeit
hatte man es nicht anders gekannt; ein freundliches Wort des
Grafen und die vielen Vortheile, die man von ihm hatte,
machten die Last vergessen. Ruhig und behaglich verging ein
Tag wie der andere; weder Spannung zwischen dem Herrn
und seinen Leuten, noch zwischen Bürgern, Bauern und Ritterbürtigen, brachte Aufregung hervor. Von Alters her waren
die Ritterbürtigen als Wesen höheren Ranges anerkannt; aber
diesen Unterschied von allen vorausgesetzt, kamen die Männer
bei Wein oder Bier zusammen, ohne daß der Rang Störungen
hervorgerufen hätte. Stets wiederkehrende Interessen, welche um
Berufsgeschäfte, um Familiengeschichten, und vor Allem um das
Leben und Treiben des landesherrlichen Hauses sich drehten,
füllten die Zeit. Aus dem Inneren der kleinen Territorien
selbst konnte kein Anstoß zu einer bedeutenden geistigen Entwickelung ausgehen, selbst zu größeren Unternehmungen im Ackerbau und in den Gewerben war der Spielraum zu klein und
von dem Reich sahen sich die Gebiete zu sehr getrennt, um
von ihm Anregung und Leben zu empfangen. In geistigen wie
in materiellen Verhältnissen blieb es heute, wie es gestern gewesen war; in todter Gemächlichkeit schleppte sich das Leben hin.

So lange rund umher Alles im alten Gleise blieb, war
die Fortdauer einer solchen Existenz möglich; aber wären auch
in allen diesen Territorien wohlwollende und verständige Herren gewesen, so hätte dennoch durch sie der deutschen Nation,
von welcher ein nicht unbedeutender Theil in solche Gebiete
vertheilt war, ein völliger Stillstand alles Lebens gedroht; dennoch war nach der Lage der Dinge ein solcher Zustand behag-

licher Ruhe ein glückliches Loos für die Reichsgrafschaften, welches bei weitem nicht Allen zu Theil ward, da keineswegs verständiges Wohlwollen das Characteristische der kleinen Herren im vorigen Jahrhundert bildete. Den Meisten von ihnen, am elterlichen Hofe aufwachsend, ward keine ernste, anhaltende geistige Beschäftigung zugemuthet, statt des deutschen Edelmanns zur Aufsicht und des magister als Präceptor erhielten sie französische gouverneurs; hatten sie die nothdürftigsten Kenntnisse und einige Geläufigkeit in der französischen Sprache erhalten, dann ein oder einige Jahre befreundete Höfe bereist, so gingen sie in Militärdienste größerer Staaten und kehrten zurück, wenn der Tod ihres Vaters sie zur Regierung rief, bekannt mit dem Aufwande und den Lebensgenüssen reicher mächtiger Fürsten, bekannt mit dem Anspruche auf unbedingten Gehorsam ihrer Untergebenen, aber unbekannt mit den Beschränkungen, welche das kleine Gebiet auferlegte. Andere ließen sich sogleich nach beendeten Reisejahren am väterlichen Hofe nieder, wurden aber durch ihren Vater oder noch häufiger durch dessen oberste Räthe von den Geschäften fern und in völliger Unbekanntschaft mit den Verhältnissen des Landes erhalten. Jagd und die Laster des Müssiggangs, Trinken, Spielen, wüste Ausschweifungen füllten bis zum Regierungsantritt die an ernster Beschäftigung leere Zeit und oft genug nahm bei dem Regierungsantritt der junge Herr die angewöhnten Neigungen und Leidenschaften in die neue Stellung mit hinüber. Die Errichtung eines Hofstaats, nach dem Vorbilde großer Höfe, war wenn er sich nicht schon vorfand die erste Sorge. Marschälle, Hofcavalier und adliche Fräulein fehlten fast nie; bunte Bänder und Orden, die ihre Diener zierten, Läufer, Heiducken, Zöpfe auf den Pferden sollten die innere Erbärmlichkeit verdecken und den Schein der Größe und Macht gewähren. Die altfürstlichen Häuser, mochten ihre Gebiete auch noch so klein sein, hatten sich durch Uebereinkunft von 1700 verbunden, ihren höheren Beamten das Prädicat Excellenz zu geben und Kammerherren zu halten. Edel-

10

leute fremder Lande, häufig französische Abentheurer, die in
Frankreich kaum als Tanz- oder Fechtmeister hätten auftreten
können, wurden, um durch sie den Glanz des Hofes zu erhöhen, gerne aufgenommen; sie ließen sich nieder unter dem Vor-
geben, von ihrem Gelde leben zu wollen und zehrten dann an
der herrschaftlichen Tafel; der Fürst gab ihnen Pferde und
Wohnung, sie bildeten seine Umgebung und waren eine weit
verbreitete Plage der kleinen Höfe des vorigen Jahrhunderts.

Große Jagden galten so sehr als Vergnügen der regierenden Herren, daß die erforderlichen Anstalten und Einrichtungen selbst an den Höfen nicht fehlen durften, an welchen
der Landesherr nie die Jagden besuchte. Oberforstmeister und
Oberjägermeister wurden angestellt für Geschäfte, die ein Büch-
senspanner und Förster hätte versehen können; Jäger wurden
gehalten, glänzende Jagduniformen und Jagdpavillons ange-
schafft und Jagdschmausereien für die geladenen Gäste veranstaltet. Die Unterthanen mußten häufig der Herrschaft Hunde
ernähren, das sogenannte Hundekorn geben, die Pferde während den Jagden unterhalten, vom frühen Morgen bis spät in
die Nacht als Treiber auf den Beinen sein und oft mehrere
Tage und Nächte hindurch, ohne nach Hause zu dürfen, sich
selbst beköstigen. Das Wild ward, um auf den kleinen Gebieten die Jagd möglich zu machen, in solchem Grade gehegt,
daß das ganze Ländchen einem Thiergarten glich. Waren
Klagen über den übermäßigen Wildstand nicht mehr zu beseitigen, so ward wohl eine Besichtigung angeordnet, aber das
Wild die Nacht vorher durch Schießen und Klappern verjagt,
oder den Beamten ein feistes Stück verehrt. In dem freilich
größeren Würtemberg wurden im Jahre 1737 6500 Hirsche
und Hirschkühe und über 5000 Schweine geschossen und dennoch der im folgenden Jahre erlittene Wildschaden auf mehr
als 600,000 Gulden veranschlagt. Auch Parforce-Jagden sollten oft wie an größeren Höfen angestellt werden, zu denen
wieder neue Schaaren von Hunden, eigene Pferde und dienst-
thuende Menschen gehalten werden mußten. In Schmuck und

Juwelen, in Liebhabereien an Bauten, Möbeln, Gemälden, auf Reisen und bei Besuchen spielten die kleinen Fürsten die großen Herren; Mätreſſen, Komödianten und Choriſten vollendeten nicht selten das Bild des üppigen Hofes.

Dem kleinlich glänzenden Hofhalt entsprechend wurde die Regierung der Ländchen nach dem Vorbilde großer Staaten eingerichtet. Beamte jedes Namens wurden eingesetzt, Collegia aller Art errichtet. Die Rangordnung z. B., welche 1781 für Hildburghausen mit kaum zwölf Quadratmeilen erlassen ward, enthält einen Obermarschall, Geheime Räthe mit und ohne Prädicat Excellenz, Oberjägermeiſter, Oberſtallmeiſter, Präſidenten der hohen Collegien, Titular-Geheimeräthe, Geheime Hof-, Regierungs-, Kammer- und Legationsräthe, wirkliche Hofräthe, Obriſtlieutenants, Oberforſtmeiſter, Reiseoberſtallmeiſter, Kammerjunker, wirkliche Regierungs-, Kammer-, Conſiſtorial- und Legationsräthe, Hof- und Jagdjunker, Majore, Reiseſtallmeiſter, Titular-Regierungs-, Kammer-, Conſiſtorial-, Legations-, Canzleiräthe u. ſ. w. u. ſ. w. Von der Geſchäftsführung dieser Behörden geben die Lebensnachrichten mancher Staatsmänner des vorigen Jahrhunderts ein anſchauliches Bild. Die Canzlei zu Homburg, erzählt*) z. B. Moſer, war in der äußerſten Unordnung; die Räthe kamen wann und wie sie wollten; der Canzelliſt, Canzleidiener und deſſen naseweiſes Weib waren mit in der Rathsſtube gegenwärtig und gaben auch wohl ihr Gutachten. Es wurden keine ordentlichen Berathſchlagungen gehalten, ſondern jeder Rath kam, wenn es ihm beliebte, nahm von den einlaufenden Sachen, was er wollte, referirte wenn und so viel oder so wenig er wollte und Alles wurde als ein Discurs behandelt. Uebrigens las man Zeitungen, unterhielt ſich mit Geſprächen; jeder blieb so lange er wollte und ging wann er wollte. Uebereinſtimmend mit dieſem Zeugniſſe Moſers berichtet von Lang über das Regierungscollegium des Fürſtenthums Oettingen-Wal-

---

*) Moſer Leben II. S 73.

lerstein*): In den Sessionen ging es bunt zu. Um 10 Uhr kamen die Herren erst herbei, das mündliche Gerede ging ins Weite und alle Augenblicke auf ganz fremdartige Sachen und Tagesereignisse über; oft wenn ein Rath glaubte, er trage eine Erbschaftssache vor und dann im Streiten der nächstsitzende Rath oder der Präsident die Acten selber nachschlagen wollte, handelten sie von einem Ochsenverkauf oder einer ganz anderen Sache. Mit dem Schlage 12 Uhr war keiner mehr zu halten; da hieß es dann: Herr Secretair, da gebe ich Ihnen alle Acten, machen Sie den Schwanz dazu und nun gings von der Session ins Gasthaus.

Da indessen in großen Staaten regiert, angeordnet, verboten und befohlen ward, so durfte es auch in den kleinen Grafschaften und Fürstenthümern daran nicht fehlen. Da die einfachen Zustände der Ackerbürger, Handwerker und Bauern in den Residenzstädtchen und den Marktflecken und Dörfern wenig zu regieren gaben, so entstand jene Einmischung in die Verhältnisse der einzelnen Familien und der Hauswirthschaft, welche zwar eine unter dem Namen von Land= und Staatswirthschaftsverbesserung allgemein verbreitete Krankheit des vorigen Jahrhunderts war, aber doch in den kleinen Ländern bei den vielen unmittelbaren Berührungen zwischen Fürst und Unterthanen besonders kleinlich und lächerlich hervortrat. Die erste Deliberation, welcher Lang in der Oettingischen Regierung beiwohnte, begann über den Vollzug einer allgemeinen Proscription gegen sämmtliche in den fürstlich Oetting = Oetting = und Oetting = Spielbergischen Landen befindliche Hunde, worüber alle Aemter ausführliche Tabellen eingesendet hatten mit den Rubriken: Namen — äußerliche Gestalt — Alter — Haltung — Gebrauch und ohnmaaßgebliches unterthänigstes Gutachten. In anderen Ländchen wurde das Kaffetrinken als nachtheilig betrachtet, weil es die Bürger und Bauern vom Betrieb ihrer Gewerbe abhalte, sie zu unnützer Verschwendung verleite und

---

*) v Lang Memoiren S. 104.

große Summen außer Landes schleppe*). Um solchem landesverderblichen Uebel abzuhelfen, wurde das Kaffetrinken bei
schwerer Geldstrafe verboten. Kein Krämer durfte Kaffe in
kleinen Quantitäten verkaufen, falls er nicht mit Ausstellung
am Pranger bestraft werden wollte. Auf den Jahrmärkten
sollten keine Kaffemühlen verkauft werden, in den Haushaltun-
gen ward das Kaffegeschirr confiscirt. Die Gerichte inquirir-
ten ex officio gegen die Verdächtigen, welche sich eidlich von
der Anschuldigung, Kaffe gekocht oder getrunken zu haben, rei-
nigen mußten. Von Nassau ward rühmend in öffentlichen
Blättern berichtet **), es sei daselbst 1768 das alte Gesang-
buch mit allen seinen Tändeleien, Schwärmereien und Unsinn
wieder abgedruckt. Bei einer später beabsichtigten Verbesserung
hätten sich zwar Schwierigkeiten gezeigt, „unser geschmackvol-
ler Fürst übernahm indessen selbst die Revision der einzelnen
Lieder, welche oft durch die höchsten Hände die schönsten Ver-
besserungen erhielten.“

Mit dieser Manier zu regieren, trat oft das rücksichtslose
Streben in Verbindung, Wünsche und Leidenschaften, welchen
Rechte der Unterthanen entgegenstanden, gewaltsam durchzu-
setzen. In großen Staaten berühren Privatneigungen der Fürsten in den meisten Fällen nur den kleinen Kreis, welcher
seine nächste Umgebung bildet; der Umfang des Landes, die
Mittel des Fürsten sind so groß, daß er, um seine Privat-
wünsche zu befriedigen, nicht zur Staatsgewalt seine Zuflucht
zu nehmen braucht. In den kleinen Ländern aber hatte der
Landesherr seinen Platz nicht über, sondern mitten in dem
Getriebe der Unterthanen; Geldmittel besaß er wenig, und
seine Privatinteressen durchkreuzten sich mit denen der Unterthanen. Jede Neigung, jede Leidenschaft griff sogleich in die
Verhältnisse der Unterthanen ein. War der Fürst leidenschaft-
licher Jäger, so mußte jeder Bauer mit dem Wilde kämpfen,

---

*) Cramer Wetzlarsche Nebenstunden I. 103. S. 403.
**) Schlözer Briefwechsel VI. 212.

war er Liebhaber von rauschenden Vergnügen, so ward allen Canzleiverwandten befohlen*), daß sie und ihre Weiber wie auch ihre erwachsenen Töchter bei Strafe einer vierteljährigen Besoldung auf den Redouten im Carneval erscheinen sollten; neigte der Fürst zu Ausschweifungen, so war jede Familie in ihrer Sicherheit bedroht; waren seine Geldbedürfnisse größer als seine Geldmittel, so lockte ihn jeder wohlhabende Hausstand zu nehmen, was ihm fehlte. Vor Allem war es diese überall herrschende Geldnoth, welche zu schweren Bedrückungen und Gewaltthaten führte. Nirgends reichten die Einnahmen aus und nirgends wollte der Graf oder Fürst sich beschränken. Daher vereinigten sich alle Wünsche in dem einen Wunsche, so viel baares Geld als möglich zu gewinnen. Der Eine suchte Hülfe bei Procentmachern aller Art, bei Goldmachern u. s. w., der Andere borgte auf Wechsel, Pfandverschreibungen und Leibrenten, der Dritte legte Fabriken und dergleichen an.

Alle diese Mittel, die dem Fürsten als Privatmann offen standen, halfen ihm gar nicht, oder doch nur auf kurze Zeit. Sodann nahm er seine Zuflucht zur souveränen Gewalt, erhöhte die Lasten der Unfreiheit und die Rechte des domiaium directum und dehnte sie auf freie Unterthanen aus. Frohnden, selbst gehende, wurden von Allen verlangt, den Unterthanen ihre Producte zu niedrigen Preisen zwangsweise abgekauft und sie dagegen genöthigt, Salz, Bier, Holz und viele andere nothwendige Bedürfnisse zu hohen Preisen vom Fürsten zu nehmen. Doch durften die Bürger zu Laßphe nach einem reichskammergerichtlichen Urtheil Wagenschmiere kaufen, wo sie wollten. Zur anderweitigen Vergrößerung der Einkünfte wurden die Geldstrafen und Sporteln erhöht, Lottos angelegt, an der Münze gewonnen, Begnadigungen verkauft. Fanden sich keine Landstände vor, so wurden Steuern jeder Art ohne Weiteres aufgelegt und der Schwamm ausgedrückt, so lange

_____

*) Mosers Leben I. S. 146.

noch ein Tropfen Waſſer darin zu erwarten war. Jeder Fürſtenbergiſche Unterthan z. B. mußte bei zehn Thaler Strafe
einen landesherrlichen Kalender kaufen und die Zollbereiter erhielten die Anweiſung, fleißig nachzuſuchen, ob ſich auch wirklich in jedem Hauſe ein Kalender fände. In Wittgenſtein
mußte jeder Unterthan jährlich 20 Sperlingsköpfe liefern oder
eine Geldſtrafe entrichten. Da nun ſo viele Tauſend Sperlinge
nicht zu bekommen waren, ward aus den Strafgeldern eine regelmäßig wiederkehrende Steuer. In derſelben Grafſchaft war
jeder Einwohner verpflichtet Wachtdienſte zu thun oder Wachtgelder zu geben. Der Graf aber nahm eigene Wächter an und
nun mußten die Unterthanen erſtens dieſe bezahlen, zweitens
Wachtgelder geben und drittens auch noch Wachtdienſte thun*).
Waren Landſtände vorhanden, ſo wurde vorgeſtellt, daß Römermonate und völlig unvermeidliche Landesbedürfniſſe den Landesherrn zu neuen Forderungen nöthigten. Mit dem Marſchall,
dem Ausſchuß und den wenigen Rittern ward einzeln verhandelt, ſie wurden belobt, zur Tafel gebeten, bedroht und ſodann
ein abermaliges Aderlaſſen für das Ländchen reſolvirt. Seit
Monaten ſchon waren die fürſtlichen Unterhändler auf den Ertrag vertröſtet; die Helfershelfer bei den Unterhandlungen wollten belohnt ſein, Capitalien waren auf die zu erwartenden
Steuern im Voraus aufgenommen und der etwa übrig bleibende
kleine Reſt des aus den Lebensſäften des Landes erpreßten
Geldes wurde in kurzer Zeit verſchwendet. Die Gläubiger
gingen an die Reichsgerichte, ein kaiſerliches mandatum sine
clausula und ihm folgend eine kaiſerliche Debitcommiſſion erſchien und hiermit zugleich trat jener völlige Ruin der fürſtlichen Familie und des Landes ein, wie er ſich bei einer unglaublich großen Zahl der kleinen Gebiete im vorigen Jahrhundert fand.

Kein Mittel gab es, das Land gegen ſolches Unglück zu
ſichern. Kräftige Corporationen, mächtige Grundbeſitzer, welche

---

*) Pütter Beiträge zum deutſchen Staats- und Fürſtenrecht. I. S. 140.

Ziel; die Armen empfingen von der fürstlichen Familie abge-
legte Kleider; aus der fürstlichen Küche holten viele sich ihren
Napf mit Suppe, und Küchenmeister, Jäger und Diener schleppten manchen Wissen fort, ohne daß man es bemerken wollte.
Wenn auch nicht reich, hatten die Leute doch ihr Auskommen,
so lange nur der Herr sein Einkommen im Lande verzehrte.
Zwar mußten Bürger und Bauer manche beschwerliche Frohnden leisten und harte Zinsen geben, aber seit uralter Zeit
hatte man es nicht anders gekannt; ein freundliches Wort des
Grafen und die vielen Vortheile, die man von ihm hatte,
machten die Last vergessen. Ruhig und behaglich verging ein
Tag wie der andere; weder Spannung zwischen dem Herrn
und seinen Leuten, noch zwischen Bürgern, Bauern und Ritterbürtigen, brachte Aufregung hervor. Von Alters her waren
die Ritterbürtigen als Wesen höheren Ranges anerkannt; aber
diesen Unterschied von allen vorausgesetzt, kamen die Männer
bei Wein oder Bier zusammen, ohne daß der Rang Störungen
hervorgerufen hätte. Stets wiederkehrende Interessen, welche um
Berufsgeschäfte, um Familiengeschichten, und vor Allem um das
Leben und Treiben des landesherrlichen Hauses sich drehten,
füllten die Zeit. Aus dem Inneren der kleinen Territorien
selbst konnte kein Anstoß zu einer bedeutenden geistigen Entwickelung ausgehen, selbst zu größeren Unternehmungen im Ackerbau und in den Gewerben war der Spielraum zu klein und
von dem Reich sahen sich die Gebiete zu sehr getrennt, um
von ihm Anregung und Leben zu empfangen. In geistigen wie
in materiellen Verhältnissen blieb es heute, wie es gestern gewesen war; in todter Gemächlichkeit schleppte sich das Leben hin.

So lange rund umher Alles im alten Gleise blieb, war
die Fortdauer einer solchen Existenz möglich; aber wären auch
in allen diesen Territorien wohlwollende und verständige Herren gewesen, so hätte dennoch durch sie der deutschen Nation,
von welcher ein nicht unbedeutender Theil in solche Gebiete
vertheilt war, ein völliger Stillstand alles Lebens gedroht; dennoch war nach der Lage der Dinge ein solcher Zustand behag-

licher Ruhe ein glückliches Loos für die Reichsgrafschaften, welches bei weitem nicht Allen zu Theil ward, da keineswegs verständiges Wohlwollen das Characteristische der kleinen Herren im vorigen Jahrhundert bildete. Den Meisten von ihnen, am elterlichen Hofe aufwachsend, ward keine ernste, anhaltende geistige Beschäftigung zugemuthet, statt des deutschen Edelmanns zur Aufsicht und des magister als Präceptor erhielten sie französische gouverneurs; hatten sie die nothbürftigsten Kenntnisse und einige Geläufigkeit in der französischen Sprache erhalten, dann ein oder einige Jahre befreundete Höfe bereist, so gingen sie in Militärdienste größerer Staaten und kehrten zurück, wenn der Tod ihres Vaters sie zur Regierung rief, bekannt mit dem Aufwande und den Lebensgenüssen reicher mächtiger Fürsten, bekannt mit dem Anspruche auf unbedingten Gehorsam ihrer Untergebenen, aber unbekannt mit den Beschränkungen, welche das kleine Gebiet auferlegte. Andere ließen sich sogleich nach beendeten Reisejahren am väterlichen Hofe nieder, wurden aber durch ihren Vater oder noch häufiger durch dessen oberste Räthe von den Geschäften fern und in völliger Unbekanntschaft mit den Verhältnissen des Landes erhalten. Jagd und die Laster des Müssiggangs, Trinken, Spielen, wüste Ausschweifungen füllten bis zum Regierungsantritt die an ernster Beschäftigung leere Zeit und oft genug nahm bei dem Regierungsantritt der junge Herr die angewöhnten Neigungen und Leidenschaften in die neue Stellung mit hinüber. Die Errichtung eines Hofstaats, nach dem Vorbilde großer Höfe, war wenn er sich nicht schon vorfand die erste Sorge. Marschälle, Hofcavalier und adliche Fräulein fehlten fast nie; bunte Bänder und Orden, die ihre Diener zierten, Läufer, Heiducken, Zöpfe auf den Pferden sollten die innere Erbärmlichkeit verdecken und den Schein der Größe und Macht gewähren. Die altfürstlichen Häuser, mochten ihre Gebiete auch noch so klein sein, hatten sich durch Uebereinkunft von 1700 verbunden, ihren höheren Beamten das Prädicat Excellenz zu geben und Kammerherren zu halten. Edel-

10

leute fremder Lande, häufig französische Abentheurer, die in
Frankreich kaum als Tanz= oder Fechtmeister hätten auftreten
können, wurden, um durch sie den Glanz des Hofes zu erhö=
hen, gerne aufgenommen; sie ließen sich nieder unter dem Vor=
geben, von ihrem Gelde leben zu wollen und zehrten dann an
der herrschaftlichen Tafel; der Fürst gab ihnen Pferde und
Wohnung, sie bildeten seine Umgebung und waren eine weit
verbreitete Plage der kleinen Höfe des vorigen Jahrhunderts.

Große Jagden galten so sehr als Vergnügen der regie=
renden Herren, daß die erforderlichen Anstalten und Einrich=
tungen selbst an den Höfen nicht fehlen durften, an welchen
der Landesherr nie die Jagden besuchte. Oberforstmeister und
Oberjägermeister wurden angestellt für Geschäfte, die ein Büch=
senspanner und Förster hätte versehen können; Jäger wurden
gehalten, glänzende Jagduniformen und Jagdpavillons ange=
schafft und Jagdschmausereien für die geladenen Gäste veran=
staltet. Die Unterthanen mußten häufig der Herrschaft Hunde
ernähren, das sogenannte Hundekorn geben, die Pferde wäh=
rend den Jagden unterhalten, vom frühen Morgen bis spät in
die Nacht als Treiber auf den Beinen sein und oft mehrere
Tage und Nächte hindurch, ohne nach Hause zu dürfen, sich
selbst beköstigen. Das Wild ward, um auf den kleinen Ge=
bieten die Jagd möglich zu machen, in solchem Grade gehegt,
daß das ganze Ländchen einem Thiergarten glich. Waren
Klagen über den übermäßigen Wildstand nicht mehr zu besei=
tigen, so ward wohl eine Besichtigung angeordnet, aber das
Wild die Nacht vorher durch Schießen und Klappern verjagt,
oder den Beamten ein feistes Stück verehrt. In dem freilich
größeren Würtemberg wurden im Jahre 1737 6500 Hirsche
und Hirschkühe und über 5000 Schweine geschossen und den=
noch der im folgenden Jahre erlittene Wildschaden auf mehr
als 600,000 Gulden veranschlagt. Auch Parforce=Jagden soll=
ten oft wie an größeren Höfen angestellt werden, zu denen
wieder neue Schaaren von Hunden, eigene Pferde und dienst=
thuende Menschen gehalten werden mußten. In Schmuck und

Juwelen, in Liebhabereien an Bauten, Möbeln, Gemälden, auf Reisen und bei Besuchen spielten die kleinen Fürsten die großen Herren; Mätressen, Komödianten und Choristen vollendeten nicht selten das Bild des üppigen Hofes.

Dem kleinlich glänzenden Hofhalt entsprechend wurde die Regierung der Ländchen nach dem Vorbilde großer Staaten eingerichtet. Beamte jedes Namens wurden eingesetzt, Collegia aller Art errichtet. Die Rangordnung z. B., welche 1781 für Hildburghausen mit kaum zwölf Quadratmeilen erlassen ward, enthält einen Obermarschall, Geheime Räthe mit und ohne Prädicat Excellenz, Oberjägermeister, Oberstallmeister, Präsidenten der hohen Collegien, Titular-Geheimeräthe, Geheime Hof-, Regierungs-, Kammer- und Legationsräthe, wirkliche Hofräthe, Obristlieutenants, Oberforstmeister, Reiseoberstallmeister, Kammerjunker, wirkliche Regierungs-, Kammer-, Consistorial- und Legationsräthe, Hof- und Jagdjunker, Majore, Reisestallmeister, Titular-Regierungs-, Kammer-, Consistorial-, Legations-, Canzleiräthe u. s. w. u. s. w. Von der Geschäftsführung dieser Behörden geben die Lebensnachrichten mancher Staatsmänner des vorigen Jahrhunderts ein anschauliches Bild. Die Canzlei zu Homburg, erzählt*) z. B. Moser, war in der äußersten Unordnung; die Räthe kamen wann und wie sie wollten; der Canzellist, Canzleidiener und dessen naseweises Weib waren mit in der Rathsstube gegenwärtig und gaben auch wohl ihr Gutachten. Es wurden keine ordentlichen Berathschlagungen gehalten, sondern jeder Rath kam, wenn es ihm beliebte, nahm von den einlaufenden Sachen, was er wollte, referirte wenn und so viel oder so wenig er wollte und Alles wurde als ein Discurs behandelt. Uebrigens las man Zeitungen, unterhielt sich mit Gesprächen; jeder blieb so lange er wollte und ging wann er wollte. Uebereinstimmend mit diesem Zeugnisse Mosers berichtet von Lang über das Regierungscollegium des Fürstenthums Oettingen-Wal-

---

*) Moser Leben II. S. 73.

lerſtein *): In den Seſſionen ging es bunt zu. Um 10 Uhr
kamen die Herren erſt herbei, das mündliche Gerede ging ins
Weite und alle Augenblicke auf ganz fremdartige Sachen und
Tagesereigniſſe über; oft wenn ein Rath glaubte, er trage
eine Erbſchaftsſache vor und dann im Streiten der nächſtſi-
tzende Rath oder der Präſident die Acten ſelber nachſchlagen
wollte, handelten ſie von einem Ochſenverkauf oder einer ganz
anderen Sache. Mit dem Schlage 12 Uhr war keiner
mehr zu halten; da hieß es dann: Herr Secretair, da gebe
ich Ihnen alle Acten, machen Sie den Schwanz dazu und nun
gings von der Seſſion ins Gaſthaus.

Da indeſſen in großen Staaten regiert, angeordnet, verboten und befohlen ward, ſo durfte es auch in den kleinen
Grafſchaften und Fürſtenthümern daran nicht fehlen. Da die
einfachen Zuſtände der Ackerbürger, Handwerker und Bauern
in den Reſidenzſtädtchen und den Marktflecken und Dörfern
wenig zu regieren gaben, ſo entſtand jene Einmiſchung in die
Verhältniſſe der einzelnen Familien und der Hauswirthſchaft,
welche zwar eine unter dem Namen von Land- und Staats-
wirthſchaftsverbeſſerung allgemein verbreitete Krankheit des vorigen Jahrhunderts war, aber doch in den kleinen Ländern
bei den vielen unmittelbaren Berührungen zwiſchen Fürſt und
Unterthanen beſonders kleinlich und lächerlich hervortrat. Die
erſte Deliberation, welcher Lang in der Oettingiſchen Regierung
beiwohnte, begann über den Vollzug einer allgemeinen Pro-
ſcription gegen ſämmtliche in den fürſtlich Oetting-Oetting-
und Oetting-Spielbergiſchen Landen befindliche Hunde, worüber
alle Aemter ausführliche Tabellen eingeſendet hatten mit den
Rubriken: Namen — äußerliche Geſtalt — Alter — Haltung
— Gebrauch und ohnmaaßgebliches unterthänigſtes Gutachten.
In anderen Ländchen wurde das Kaffetrinken als nachtheilig
betrachtet, weil es die Bürger und Bauern vom Betrieb ihrer
Gewerbe abhalte, ſie zu unnützer Verſchwendung verleite und

---

*) v Lang Memoiren S. 104.

große Summen außer Landes schleppe*). Um solchem landesverderblichen Uebel abzuhelfen, wurde das Kaffetrinken bei
schwerer Geldstrafe verboten. Kein Krämer durfte Kaffe in
kleinen Quantitäten verkaufen, falls er nicht mit Ausstelluug
am Pranger bestraft werden wollte. Auf den Jahrmärkten
sollten keine Kaffemühlen verkauft werden, in den Haushaltun-
gen ward das Kaffegeschirr confiscirt. Die Gerichte inquirir-
ten ex officio gegen die Verdächtigen, welche sich eidlich von
der Anschuldigung, Kaffe gekocht oder getrunken zu haben, rei-
nigen mußten. Von Nassau ward rühmend in öffentlichen
Blättern berichtet**), es sei daselbst 1768 das alte Gesang-
buch mit allen seinen Täudeleien, Schwärmereien und Unsinn
wieder abgedruckt. Bei einer später beabsichtigten Verbesserung
hätten sich zwar Schwierigkeiten gezeigt, „unser geschmackvol-
ler Fürst übernahm indessen selbst die Revision der einzelnen
Lieder, welche oft durch die höchsten Hände die schönsten Ver-
besserungen erhielten."

Mit dieser Manier zu regieren, trat oft das rücksichtslose
Streben in Verbindung, Wünsche und Leidenschaften, welchen
Rechte der Unterthanen entgegenstanden, gewaltsam durchzu-
setzen. In großen Staaten berühren Privatneigungen der Fürsten in den meisten Fällen nur den kleinen Kreis, welcher
seine nächste Umgebung bildet; der Umfang des Landes, die
Mittel des Fürsten sind so groß, daß er, um seine Privat-
wünsche zu befriedigen, nicht zur Staatsgewalt seine Zuflucht
zu nehmen braucht. In den kleinen Ländern aber hatte der
Landesherr seinen Platz nicht über, sondern mitten in dem
Getriebe der Unterthanen; Geldmittel besaß er wenig, und
seine Privatinteressen durchkreuzten sich mit denen der Unterthanen. Jede Neigung, jede Leidenschaft griff sogleich in die
Verhältnisse der Unterthanen ein. War der Fürst leidenschaft-
licher Jäger, so mußte jeder Bauer mit dem Wilde kämpfen,

---

*) Cramer Wetzlarsche Nebenstunden I. 103. S. 403.
**) Schlözer Briefwechsel VI. 212.

war er Liebhaber von rauschenden Vergnügen, so ward allen
Canzleiverwandten befohlen*), daß sie und ihre Weiber wie
auch ihre erwachsenen Töchter bei Strafe einer vierteljährigen
Besoldung auf den Redouten im Carneval erscheinen sollten;
neigte der Fürst zu Ausschweifungen, so war jede Familie in
ihrer Sicherheit bedroht; waren seine Geldbedürfnisse größer
als seine Geldmittel, so lockte ihn jeder wohlhabende Hausstand zu nehmen, was ihm fehlte. Vor Allem war es diese
überall herrschende Geldnoth, welche zu schweren Bedrückungen
und Gewaltthaten führte. Nirgends reichten die Einnahmen
aus und nirgends wollte der Graf oder Fürst sich beschränken.
Daher vereinigten sich alle Wünsche in dem einen Wunsche,
so viel baares Geld als möglich zu gewinnen. Der Eine
suchte Hülfe bei Procentmachern aller Art, bei Goldmachern
u. s. w., der Andere borgte auf Wechsel, Pfandverschreibungen und Leibrenten, der Dritte legte Fabriken und dergleichen an.

Alle diese Mittel, die dem Fürsten als Privatmann offen
standen, halfen ihm gar nicht, oder doch nur auf kurze Zeit.
Sodann nahm er seine Zuflucht zur souveränen Gewalt, erhöhte die Lasten der Unfreiheit und die Rechte des dominium
directum und dehnte sie auf freie Unterthanen aus. Frohnden,
selbst gehende, wurden von Allen verlangt, den Unterthanen
ihre Producte zu niedrigen Preisen zwangsweise abgekauft und
sie dagegen genöthigt, Salz, Bier, Holz und viele andere
nothwendige Bedürfnisse zu hohen Preisen vom Fürsten zu
nehmen. Doch durften die Bürger zu Lasphe nach einem
reichskammergerichtlichen Urtheil Wagenschmiere kaufen, wo
sie wollten. Zur anderweitigen Vergrößerung der Einkünfte
wurden die Geldstrafen und Sporteln erhöht, Lottos angelegt,
an der Münze gewonnen, Begnadigungen verkauft. Fanden
sich keine Landstände vor, so wurden Steuern jeder Art ohne
Weiteres aufgelegt und der Schwamm ausgedrückt, so lange

---

*) Mosers Leben I. S. 146.

*) Mosers Leben I. S 146.

noch ein Tropfen Waſſer darin zu erwarten war. Jeder Fürſtenbergiſche Unterthan z. B. mußte bei zehn Thaler Strafe einen landesherrlichen Kalender kaufen und die Zollbereiter enthielten die Anweiſung, fleißig nachzuſuchen, ob ſich auch wirklich in jedem Hauſe ein Kalender fände. In Wittgenſtein mußte jeder Unterthan jährlich 20 Sperlingsköpfe liefern oder eine Geldſtrafe entrichten. Da nun ſo viele Tauſend Sperlinge nicht zu bekommen waren, ward aus den Strafgeldern eine regelmäßig wiederkehrende Steuer. In derſelben Grafſchaft war jeder Einwohner verpflichtet Wachtdienſte zu thun oder Wachtgelder zu geben. Der Graf aber nahm eigene Wächter an und nun mußten die Unterthanen erſtens dieſe bezahlen, zweitens Wachtgelder geben und drittens auch noch Wachtdienſte thun[*]). Waren Landſtände vorhanden, ſo wurde vorgeſtellt, daß Römermonate und völlig unvermeidliche Landesbedürfniſſe den Landesherrn zu neuen Forderungen nöthigten. Mit dem Marſchall, dem Ausſchuß und den wenigen Rittern ward einzeln verhandelt, ſie wurden belobt, zur Tafel gebeten, bedroht und ſodann ein abermaliges Aderlaſſen für das Ländchen reſolvirt. Seit Monaten ſchon waren die fürſtlichen Unterhändler auf den Ertrag vertröſtet; die Helfershelfer bei den Unterhandlungen wollten belohnt ſein, Capitalien waren auf die zu erwartenden Steuern im Voraus aufgenommen und der etwa übrig bleibende kleine Reſt des aus den Lebensſäften des Landes erpreßten Geldes wurde in kurzer Zeit verſchwendet. Die Gläubiger gingen an die Reichsgerichte, ein kaiſerliches mandatum sine clausula und ihm folgend eine kaiſerliche Debitcommiſſion erſchien und hiermit zugleich trat jener völlige Ruin der fürſtlichen Familie und des Landes ein, wie er ſich bei einer unglaublich großen Zahl der kleinen Gebiete im vorigen Jahrhundert fand.

Kein Mittel gab es, das Land gegen ſolches Unglück zu ſichern. Kräftige Corporationen, mächtige Grundbeſitzer, welche

---

[*]) Pütter Beiträge zum deutſchen Staats- und Fürſtenrecht. l. S. 140.

zu Ständen vereint mit Kraft hätten auftreten können, waren im Umkreise weniger Meilen unmöglich. Klagen der Einzelnen wurden vom Landesherrn bald mit Härte abgewiesen, bald ad acta gelegt, bald mit süßen Worten, aber ohne Abhülfe, beantwortet und dagegen dem Minister, der so tapfer für seinen Herrn gefochten hatte, Belobungen ertheilt. Machte sich der Schmerz in anderweitigen Worten Luft, so schritten die Behörden strafend ein. Das vielfältige Räsonniren unserer Unterthanen, hieß es in einer Verordnung von 1736 *), wird hiermit bei halbjähriger Zuchthausstrafe verboten, maßen Wir keine Räsonneurs zu Unterthanen haben wollen. Den großen Ausdruck „Wir von Gottes Gnaden" furchtbar mißverstehend, leiteten die Fürsten und Grafen aus demselben das Recht auf jede Handlung, auf jede Forderung, auf jedes Gebot ihren Unterthanen gegenüber ab, und erkannten sich nur Rechte, den Unterthanen nur Pflichten zu. An einzelnen kleinen Höfen wurde dieser Grundsatz so öffentlich und unverhohlen ausgesprochen, daß die Reichsgerichte sich veranlaßt sahen, einzuschreiten. Der Graf von Sayn-Wittgenstein z. B. ward 1787 wegen seiner in den Acten geäußerten und in wirkliche Ausübung gebrachten unanständigen, einen landesverderblichen Mißbrauch der Landeshoheit involvirenden Grundsätze in eine Strafe von fünf Mark löthigen Goldes genommen **). Gott allenfalls ward als Richter zwischen Landesherrn und Unterthanen anerkannt, bei ihm mochten die Gedrückten klagen, bei ihm Vorstellungen und Beschwerden niederlegen. Aber Schutz gegen Gewaltthaten gewährte diese Berufung in einer Zeit nicht, in welcher es fast zum Hofton gehörte, von Gott nur in den Worten „Wir von Gottes Gnaden" zu reden.

Zu solchem Elende hatte die Thatsache geführt, daß Länder, die nur kleinere Bestandtheile größerer Staaten zu bilden die Möglichkeit besaßen, selbst staatlichen Character ange-

*) Moser politische Wahrheiten II. S. 36.
**) Schlözer Staatsanzeigen XI. 269, XII. 41.

nommen hatten und daß Fürsten und Grafen, die nur hervorragende Unterthanen sein konnten, Souveräne sein sollten. Es war die souveräne Gewalt ein furchtbares Spielwerk, ein schneidend Schwert in der Hand des schwachen Kindes, zum Ernst zu wenig, zum Scherz zu viel. Zwar hatten der Kaiser und die Reichsgerichte den kleinen Herren gegenüber Stärke genug, um, wenn sie wollten, in einzelnen Fällen den Gewaltthaten ein Ende zu machen. Noch im letzten Drittel des vorigen Jahrhunderts ward Graf Friedrich von Leiningen-Gunterablum verhaftet *), weil kaiserliche Majestät ersehen, was für abscheuungswürdigste Laster und Schandthaten er sich habe zu Schulden kommen lassen. Gegen den Wild- und Rheingrafen Carl Magnus zu Rheingrafenstein ward erkannt, daß er wegen schändlicher Betrügereien, wegen unverantwortlichen Mißbrauchs der landesherrlichen Gewalt und wegen vielfältig begangener, befohlener und zugelassener Fälschung zehn Jahre lang in peinlichen Haften zu halten sei. Graf Gebhard zu Wolfegg-Waldsee ward wegen Betrügereien, namentlich an Wittwen und Waisen verübt, zu zweijährigem Gefängniß verurtheilt. Da aber nur sehr selten sich ein Mann fand, kühn genug, die Anklage eines auch noch so kleinen Landesherrn zu wagen und da noch seltener bei der Langsamkeit und Kostbarkeit solcher Rechtshändel die Klage zu einer Verurtheilung führte, selbst wenn die Verbrechen landkundig waren, so gewährte auch die Reichsgewalt keine wesentliche Abhülfe für die erstorbenen und entarteten Zustände.

Nichts konnte die kleinen Fürstenthümer und Grafschaften dem deutschen Staatsleben, nichts die Bewohner derselben dem deutschen Volksleben wieder gewinnen als die Umwandlung der unselbstständigen Selbstständigkeiten in Bestandtheile größerer Staaten. Zu schwach und zu erstarrt, um sich der Einverleibung mit eigenen Kräften zu widersetzen, war ihr Schicksal mit Gewißheit voraus zu sehen, sobald in der nähe-

*) Moser Zusätze zu seinem neuen Staatsrecht II. S. 453.

ren oder entfernteren Zukunft irgend ein Ereigniß die Eifersucht beseitigte, mit welcher die größeren deutschen Souveräne
sich gegenseitig an der Ueberwältigung der kleinen Herrschaften
verhinderten. Indessen ließ sich freilich nicht im Voraus bestimmen, ob es nicht der Einen oder der Anderen der Grafschaften und Fürstenthümer gelingen könne, die Unabhängigkeit zu bewahren, damit doch auch der Laune des Zufalls und
der gewandten Benutzung des Augenblicks ihr Recht in der
Geschichte verbleibe.

Weder die Grafschaften und kleinen Fürstenthümer, noch
die Reichsstädte, noch die geistlichen Lande, noch die reichsritterlichen Gebiete vermochten sich aus innerer Berechtigung
und eigener Kraft zu halten, wenn der Schein ihres in Wahrheit nicht vorhandenen selbstständigen politischen Daseins in
Gefahr kam zu erlöschen und sie aus fingirten politischen Unabhängigkeiten in Gliederungen kräftigerer Staaten verwandelt
werden sollten. Aber freilich bedurften die lebensvolleren
deutschen Territorien, um die ihnen gestellten Aufgaben zu lösen, nicht allein der ihnen durch Aufnahme jener Gebiete zu
Theil werdenden Verstärkung an Land und Leuten, sondern
auch eines starken Halts in den vielfach erregten Weltverhält-
nissen, welcher ihnen nur durch deutsche Staaten mit europäischem Character gegeben werden konnte.

Drittes Kapitel.

Die beiden deutschen Staaten mit europäischem Character.

Die mittleren deutschen Territorien hatten, um in ihrem
Inneren die Staatsnatur allseitig durchbilden und nach Außen
die gegenseitige Ergänzung, deren sie bedurften, finden zu kön-
nen, den Schutt von vielen Jahren aufzuräumen, welcher vom
Strom der Zeit nicht an seinen Ufern abgesetzt war. Vieles
Alte mußte fallen, bevor das neue Leben gedeihen konnte.

mand freilich vermochte das Unwetter vorauszusehen, wel-
z von Westen heranziehend sich über Deutschland entladen
) in Tagen vernichten sollte, was Jahrhunderte zusammen-
äuft hatten. Aber eine ruhige Entwickelung der Dinge,
z mußte Jeder wissen, konnte für sich allein nimmermehr
t bisherigen Staatskeim zum starken Stamme heranziehen.
waltige Erschütterungen, welche die Nation und ihre zeitige
litische Erscheinung bis in den innersten Nerv des Lebens
ittern machten, mußten den Sturz des Alten, die Erhebung
z Neuen begleiten. Kein Einziges der mittleren Territorien
ir stark genug, um fest und ruhig zu stehen, wenn rund um-
c Vieles, Alles wankte; nicht Baiern, schon längst durch
estreichs Uebergewicht dem westlichen Nachbarn in die Arme
drückt; nicht Sachsen angstvoll athmend in der Mitte zweier
ropäischer Mächte, nicht Hannover, nur deßhalb stark, weil
einem fremden Sterne folgte. Mit ihnen zugleich suchten
e übrigen Territorien, welche die Zertrümmerung der poli-
chen Formen vergangener Zeit zu überleben hoffen durften,
ich einer schirmenden Macht, um nicht zermalmt zu werden,
enn die Stunde der Verwandlung schlug.
 Indessen gab die Bewahrung vor dem Untergange für
h allein noch keine Gewißheit, daß das den mittleren Ter-
torien gesteckte Ziel von ihnen erreicht werde. Eine durch-
eifende Umgestaltung des deutschen Lebens sollte herbeigeführt
erden. In Beziehung auf Religion, Wissenschaft und Kunst
nn auch in einem eng begränzten Volkskreise das kleine Feuer
tbrennen, welches den großen Wald anzündet; aber jede Er-
uerung von wahrhaft politischer Bedeutung bedarf einer
oßartigen, machtvollen Unterlage, welche den mittleren deut-
en Territorien fehlte. Falls es ihnen auch unter günstigen
mständen gelingen konnte, dem keimenden Staatsprincipe
 ihren Kreisen eine Darstellung zu geben, so entstand den-
ch nur ein gedrücktes, der kräftigen und sicheren Bewegung
tbehrendes Leben, wenn es sich nicht zugleich in großartigen, von
ropäischem Anerkenntniß getragenen Formen offenbaren konnte.

Deutsche Staaten mit europäischer Bedeutung bedurften die mittleren Territorien, um in ihnen Schutz und Halt für die Zeiten der Umwandlung und eine großartige Erscheinung des deutschen Staatsprincips zu finden, unter deren Voraussetzung allein auch in den kleineren Kreisen das keimende politische Leben fröhlich zu gedeihen vermochte. Nur in Oestreich und Preußen konnte eine Bedeutung dieser Art gesucht werden.

Während der Westen Deutschlands geistliche und weltliche Herrschaften, Reichsritter und Reichsstädte, Grafschaften und Fürstenthümer in reicher Fülle und buntem Gemenge hervorgetrieben hatte, nahmen den Osten von der See bis zu den Alpen jene beiden Staaten ein, nur durch das in ihre Mitte hineingeklemmte Sachsen von einander getrennt. Das Dasein Oestreichs und Preußens machte, wie das der mittleren Territorien, jede Darstellung des deutschen Volkes in Einem Staate unmöglich, aber während die letzteren durch ihre politische Bedürftigkeit den Zerfall Deutschlands in eine Anzahl unabhängiger Staaten verhinderten und zu einer die Einzelnen ergänzenden Conföderation hindrängten, lag in der sich selbst genügenden Größe Oestreichs und Preußens wenigstens scheinbar die Anforderung, ihre eigenen Bahnen zu gehen, ungehemmt durch die politischen Rücksichten und die rechtlichen Pflichten, wie sie die Theilnahme an einer Conföderation stets auferlegt. Wohl konnte das Volk der Deutschen seine Glieder in Oestreich und Preußen nicht lassen, ohne sich selbst zu zerreißen; wohl mußten die auch vereinigt schwachen mittleren Territorien sich an die beiden Mächte als ihren politischen Halt herandrängen, aber Oestreichs und Preußens Selbstständigkeit war zu groß, um sich durch außer ihnen liegende Anforderungen ihre Bahn vorschreiben zu lassen. Wenn nicht eine im Inneren der beiden Mächte wirkende Kraft sie zum Verein mit der Conföderation der mittleren Territorien hintrieb, so mußte das deutsche Volk sich in drei verschiedenen politischen Erscheinungsformen als Conföderation der mittleren Territorien, als Oestreich und als Preußen darstellen. Aber die Weltgeschichte hatte Oestreichs

Preußens europäische Macht in einer Weise geleitet, welche
Gefahr einer Zersplitterung und Vernichtung der deutschen
tionalität beseitigte.

I. Oestreich.

Oestreich hatte im vorigen Jahrhundert längst einen Theil
eres Volkes und unserer Interessen mit Völkern und Interes-
des Ostens zusammengefügt und Deutsche mit einer völlig
nden Welt zu einem Ganzen verbunden. Innerhalb der
ten Gränzen des Reiches träumten hier die Böhmen über
Gräbern ihrer gefallenen Helden von einer vergangenen
feren Zeit und gaben thatlos das geknickte Volksleben frem-
Leitung hin. Dort rang die edle Natur der Magyaren
zestüm nach dem Segen des Staats, während ihr Festhal-
an halbbarbarischer Ungebundenheit die gewonnenen Au-
ige stets wieder zerstörte. Nichts hatte Deutschland gemein
t jenem seltsamen Durcheinander und Nebeneinander der Un-
rn und Deutschen, der Wallachen und der verschiedensten
vischen Stämme, wie es die Wellen der aus Asien herstür-
nden Völkerfluth, wie es Türkenkriege und innere Parteiun-
n, spätere Einwanderungen und Unterjochungen festgestellt
tte. Der Bericht nun gar von jenen Zuständen, in denen
hrere hunderttausend einzelner Wallachen und Serbier ohne
meinden, ohne Verschiedenheit des Berufs, ohne irgend
en anderen Zusammenhang als den militärischen die Grän-
gegen die Pest und gegen Mordanfälle und Raubzüge mu-
medanischer Nachbarn schützten*), statt des Soldes Acker
b Hütten empfingen und mit Weib und Kind und Haushalt
ter militairischer Aufsicht standen; der Bericht von diesen
ständen klang dem Brandenburger und Westphalen, dem
chwaben und Baiern ins Ohr, wie eine Erzählung aus
send und einer Nacht. Zwar bildete ein echt deutscher Bru-

---

*) Mendelssohn, das germanische Europa. S. 365.

derstamm den Kern des Reiches, in dem alle diese Gegensätze, alle diese Nationalitäten und Zustände sich vereinigt fanden. Aber die Verhältnisse, in denen und durch die Oestreich groß geworden war, hatten nicht eine deutsche, sondern eine europäische Natur. Der mehrhundertjährige Kampf mit den Osmanen hatte in dem Erwerbe Ungarns, der eben so lange Kampf mit Frankreich in dem Besitz der Niederlande seinen Grund. Als während des ersten Drittel des 16. Jahrhunderts Deutschland von einem echt nationalen Aufschwung erhoben ward, ließ sich der Herr von Spanien und Amerika, von Italien und den Niederlanden durch ganz verschiedene Interessen leiten. Der dreißigjährige Krieg, der Deutschland verdarb, hat Oestreichs neuere Macht begründet und die Wiedereroberung Ungarns hat sie gesichert. Fortan trat Oestreich in allen europäischen Verwickelungen mit selbstständiger Größe auf. Ein solches Reich konnte nicht, wie Baiern oder Mecklenburg, den Impuls seines politischen Lebens von der deutschen Nationalität und den deutschen Reichsverhältnissen erhalten, sondern mußte in sich selbst die bewegende Kraft suchen. Schon früh hat ihm die Geschichte hierzu die Wege gebahnt.

Als Oestreich in der Mitte des zwölften Jahrhunderts von Baiern getrennt und zum eigenen Herzogthum erhoben ward, erhielt es eine seiner politischen Aufgabe entsprechende äußere Selbstständigkeit. Das Privilegium*), welches 1156 Heinrich Jasomirgott empfing, machte Oestreich, das Schild und Herz des heiligen römischen Reiches, zu einem untheilbaren, nach den Regeln der Primogenitur vererblichen Herzogthum. Innerhalb desselben ist der Herzog der alleinige Lehnsherr und trifft allein die nöthigen Anordnungen, an welchen Niemand, auch nicht der Kaiser, ändern darf; zwar ist der Herzog Vasall des Reiches, nimmt unmittelbar nach den Churfürsten seinen Platz ein, hat alle Rechte der übrigen Reichsfürsten und

---

*) Senkenberg Gedanken von dem Gebrauch des deutschen bürgerlichen und Staatsrechts S. 123.

m in jeder Fährlichkeit vom Reiche Hülfe fordern; aber sein
m braucht er nur auf östreichischem Grund und Boden zu
pfangen, der Reichsgerichtsbarkeit ist er nicht unterworfen
) zu Kriegsdiensten und Geldleistungen dem Reiche so wenig
e zum Besuche der Reichstage verpflichtet. Gleiche Rechte
len alle Landestheile erhalten, welche künftig aus irgend
em Grunde dem Herzogthum zuwachsen. Diese Stellung,
jeden Vortheil, welchen die Verbindung mit dem Reiche
vähren konnte, verschaffte, ohne irgend eine Verpflichtung,
end eine Last aufzuerlegen, hat Oestreich durch alle Jahr-
nderte hindurch bewahrt. Selbst dann, als am Ende des
ifzehnten Jahrhunderts auf neuem Wege die Herstellung der
litischen Einheit aller Deutschen versucht ward, blieb es
ht nur von der durch das Kammergericht geübten Reichsju-
gewalt völlig eximirt, sondern erhielt auch durch Carl V.
n Neuem die Bestätigung seiner Privilegien. So selbstständ-
i und unabhängig stand es neben dem Reiche, daß Carl V.
ich nach der Erwählung zum römischen Kaiser seinem Bru-
Ferdinand den Vorschlag machen konnte*), ihm die fünf
rzogthümer der unteren östreichischen Lande zu überlassen
d ihn zum König von Oestreich zu erheben. Nichts ist in
t folgenden Jahrhunderten geschehen, um Oestreich Deutsch-
d näher zu bringen. Weder die Reichsgerichtsbarkeit noch
Reichsgesetzgebung fand auf Oestreich eine Anwendung.
it seinen Beiträgen zur Unterhaltung des Kammergerichts
eb es in einem zur Regel gewordenen Rückstand; seine Trup-
i traten auch in Reichskriegen gesondert vom Reichsheere
d unter eigenen Befehlshabern auf. Da mithin der äußere
sammenhang Oestreichs mit dem Reich nur in dem factischen
istande bestand, daß seine Herrscher zugleich die deutsche Kö-
gskrone trugen, so würde, wenn diese an ein anderes Haus
ommen wäre, Oestreich wie schon Puffendorf bemerkte**),

---

*) Bucholtz Geschichte der Regierung Ferdinand I. Theil I. S. 155, 159.
*) Monzambano de statu imperii Germanici cp. II. §. 4.

nicht in, sondern neben dem Reiche seinen Platz eingenommen haben; so lange Carl VII. die Kaiserwürde bekleidete, war offener Kampf zwischen ihm und Oestreich.

Seiner politischen Trennung vom Reiche entsprechend, hatte sich Oestreich in immer schärfer werdende Absonderung von der geistigen Entwickelung des deutschen Volkes gehalten. Schon jene Versuche, welche in den Jahrhunderten vor der Reformation gemacht wurden, um dem ertödtenden Drucke der römischen und scholastischen Theologie gegenüber ein neueres freieres Leben zu gewinnen *), berührten Oestreich nicht. Tauler und Thomas von Kempen, Johann von Goch und Johann Wessel, dann Reuchlin und Erasmus gehörten ihrer Geburt und Wirksamkeit nach dem westlichen Deutschland an und schwerlich ist es nachzuweisen, daß die unter dem Einflusse dieser Männer entstandenen geistigen Bewegungen sich bis in die Erzherzogthümer fortgesetzt haben. Die Reformation freilich griff in Oestreich mächtig ein, wie überall, so weit die deutsche Zunge klang. Der Adel, die Städte, das platte Land in Steiermark und in beiden Oestreich wandten sich der gereinigten Lehre zu, welche dann auch in den nicht deutschen Reichen Ferdinands I. zur Geltung gelangte. In Böhmen gingen bis zu Rudolph II. Zeit fast alle ausgezeichneten Gelehrten aus der Reformation hervor und die wohlgeordneten Schulen, die auch in den kleinsten Städten sich fanden, waren fast sämmtlich evangelisch **). Die Ungarn strömten in großer Zahl nach deutschen Universitäten und brachten zugleich mit dem deutschen Bildungstrieb die evangelische Lehre zurück, aus welcher bei Weitem die meisten und besten der zahlreich errichteten Schulen ihren Ursprung nahmen. Ganz so, wie im gesammten Deutschland wohnten Protestanten und Katholiken auch in den östreichischen Landen vermischt neben einander, und wie überall so trat auch hier im Gefolge der Reformation ein neuer Auf-

---

*) Ullmann Reformatoren vor der Reformation. I. S. 37 u. folgende.
**) Mailath Geschichte des östreichischen Kaiserstaats. II. 376—378.

vung der Wissenschaft und rege Sorge für Volksbildung
vor. Es schien, als wenn die östreichischen Deutschen fortan
in den tiefsten und größten Beziehungen in lebendiger Ein-
t mit dem gesammten deutschen Volke entwickeln und Ma-
ren und Böhmen mit sich auf ihre Bahn fortreißen würden.

Schon Ferdinand I. indessen trat diesem inneren Zusam-
nwachsen der östreichischen Herrschaften mit Deutschland durch
aaßregeln entgegen, welche für eine Reihe von Jahrhunder-
entscheidende Bedeutung gewinnen sollten. Entschlossen
ie Lande in der römisch-katholischen Kirche zu erhalten,
hte er die Kraft zu vernichten, durch welche die Reformation
) der Gemüther bemächtigt hatte. Nicht in dem allgemeinen
o tiefen Bedürfniß nach dem lebendigen Christenthum, nicht
der unversiegbaren Quelle des christlichen Geistes und des
istlichen Lebens, welcher die Reformation aus dem Schutt
b dem Gerölle der Satzungen und Formen wiederum den
eg zum Volke eröffnet hatte, suchte Ferdinand die Macht,
lche unwiderstehlich die Herzen ergriff. Weil überall, wo
: Reformation erschien, die Wissenschaften sich belebten und
: Schulen erblühten, so mußte die wissenschaftliche Bildung
r Protestanten, welche die Bildungsbedürftigen an sich heran
ze und die Freiheit der Forschung, welche die Satzungen
r römischen Kirche verführend antaste, es sich gefallen lassen,
3 die Wurzeln aller in der Reformation liegenden Kraft zu
'ten. Diesen Wurzeln ihre Nahrung zu entziehen, erschien
her als die Aufgabe, deren Lösung Ferdinand und seine
achfolger versuchten, indem sie der Wissenschaft und Bildung
ien römisch-katholischen Unterricht entgegensetzten.

Bereits 1546 decretirte Ferdinand, daß künftig kein Pro-
sor zu Wien, in was für Facultät oder Sprache es auch
, angenommen werden solle, der nicht zuvor von der theolo-
chen Facultät Glaubens halber examinirt sei. Dann folgte
51 das Mandat, daß kein Schulmeister angestellt werden
lte, als der seines Glaubens und Religion halber ganz ka-
olisch und keiner irrigen Lehre und Secte anhängig gefunden

wäre, damit nicht Schulhalter mit verführerischen Lehren und
Opinionen die unschuldige edle Jugend mit ihren sectischen
bösen Lehren verführten. Als in Folge des ersten Gebotes die
angesehenen Familien des Landes ihre Söhne auf auswärtige
Lehranstalten sendeten, befahl Ferdinand, „um solchem Fürwitz
zu begegnen“, 1548, es solle künftig nur in Wien, Freiburg und
ausnahmsweise Ingolstadt wegen der Verwandtschaft mit dem
Herzog Albrecht von Baiern und anderer Ursachen wegen
zu studiren gestattet sein. Aber Ferdinand traute der Bildung seiner eigenen Gelehrten nicht und noch weniger ihrem
Eifer für die römische Kirche. Er hoffte auf Hülfe von anderer Seite. „Fast als das einzige Mittel, schrieb er 1550 an
Ignatius, um der täglich von neuen Uebeln und Irrthümern
bedrängten Religion zu helfen, stelle sich dar, daß die Erziehung der Jugend von Männern geleitet werde, welche durch
reine Lehre und Wandel ausgezeichnet seien. Da nun die Gesellschaft Jesu hierin schon so Löbliches geleistet, so sei sein
Vorhaben in Wien erster Zeit ein Collegium sowohl für Väter des Ordens, als für studirende Jünglinge zu gründen.“
Am letzten Mai 1551 langten auf diese Aufforderung zehn
Brüder in Wien an und begannen noch in demselben Jahre
Vorlesungen auf der Universität. Im folgenden Jahre errichteten sie ihr erstes Gymnasium mit etwa funfzig Schulen und
erhielten bald darauf das Carmeliterkloster nebst Einkünften in
Geld, errichteten ein Seminarium für arme Theologen und
erweiterten ihr Collegium, so daß Theologie, Philosophie,
Rede und Dichtkunst darin gelehrt wurden. Bald gewannen sie
auch außerhalb der Erzherzogthümer festen Fuß. In Prag
ward 1555 ein Collegium gegründet, dem Convict und Seminarium bald nachfolgten; nicht viel später traten die Collegia
zu Inspruck hervor, dann 1558 zu Freiburg im Breisgau und
1571 zu Tyrnau in Ungarn, wiewohl damals noch nicht mit
daurendem Erfolg*). Zu kräftig hatte sich das durch die Re-

---

*) Die hierher gehörenden Urkunden bei Bucholz Geschichte Ferdinand I.
Theil 8. S. 186 — 226.

rmation nach Oestreich gebrachte Leben entwickelt, um sofort n Anstrengungen des Ordens zu erliegen. Als 1558 bestimmt rd, daß an der Wiener Universität stets zwei Jesuiten scho- stische Theologie lehren sollten, begehrte dagegen im folgen- n Jahre die Universität, daß alle Schulen und Studien der suiten unter die Aufsicht des Rectors der Universität gestellt erden sollten. Diese Forderung zwar lehnte Ferdinand ab, er die Universität selbst so wie die alte berühmte Stephans- ule mußte er doch unabhängig neben dem Orden bestehen ssen. Sobald mit dem Tode Ferdinand I. die Angriffe auf n Protestantismus nachließen, erschien dieser vorherrschend Böhmen und Ungarn. Den Herren, Rittern und Städten stattete Max II. den Gottesdienst der Augsburgischen Confes- on gemäß einzurichten *); die steirischen Stände erhielten freie eligionsübung, und der einflußreichere und ausgebildetere Theil er Beamten in den Landescollegien bestand aus Protestanten. m Wesentlichen fand Ferdinand II. diesen Zustand vor, als 1619 die Regierung antrat. Innerhalb der ersten zehn ahre seiner Regierung aber wurden alle unkatholischen Prä- canten und Schulmeister aus sämmtlichen östreichischen Landen er etwas früher, dort etwas später vertrieben. Ungarn lein blieb ausgenommen. Auch in den Familien wurden ine unkatholischen Lehrer geduldet, und auch im Innern es Hauses kein protestantischer Gottesdienst, kein Lesen der ostillen, kein Unterricht in Glaubenssachen erlaubt. An emde Orte durfte sich Niemand begeben, um lutherische Pre- gt zu hören oder die Sacramente zu empfangen. Kinder, e an fremden Orten unkatholische Schulen besuchten, mußten rückgebracht und in katholische Schulen geschickt werden. iemand sollte seine Söhne künftig ins Ausland schicken, um dort studiren oder Sprachen lernen zu lassen. Dagegen ußten Alle, bei harter Geld- oder Gefängnißstrafe, sonntäg- ch dem katholischen Gottesdienst beiwohnen und streng die

---

*) Ranke histor. polit. Zeitschrift I. 316.

Deutsche Staaten mit europäischer Bedeutung bedurften die mittleren Territorien, um in ihnen Schutz und Halt für die Zeiten der Umwandlung und eine großartige Erscheinung des deutschen Staatsprincips zu finden, unter deren Voraussetzung allein auch in den kleineren Kreisen das keimende politische Leben fröhlich zu gedeihen vermochte. Nur in Oestreich und Preußen konnte eine Bedeutung dieser Art gesucht werden.

Während der Westen Deutschlands geistliche und weltliche Herrschaften, Reichsritter und Reichsstädte, Grafschaften und Fürstenthümer in reicher Fülle und buntem Gemenge hervorgetrieben hatte, nahmen den Osten von der See bis zu den Alpen jene beiden Staaten ein, nur durch das in ihre Mitte hineingeklemmte Sachsen von einander getrennt. Das Dasein Oestreichs und Preußens machte, wie das der mittleren Territorien, jede Darstellung des deutschen Volkes in Einem Staate unmöglich, aber während die letzteren durch ihre politische Bedürftigkeit den Zerfall Deutschlands in eine Anzahl unabhängiger Staaten verhinderten und zu einer die Einzelnen ergänzenden Conföderation hindrängten, lag in der sich selbst genügenden Größe Oestreichs und Preußens wenigstens scheinbar die Anforderung, ihre eigenen Bahnen zu gehen, ungehemmt durch die politischen Rücksichten und die rechtlichen Pflichten, wie sie die Theilnahme an einer Conföderation stets auferlegt. Wohl konnte das Volk der Deutschen seine Glieder in Oestreich und Preußen nicht lassen, ohne sich selbst zu zerreißen; wohl mußten die auch vereinigt schwachen mittleren Territorien sich an die beiden Mächte als ihren politischen Halt herandrängen, aber Oestreichs und Preußens Selbstständigkeit war zu groß, um sich durch außer ihnen liegende Anforderungen ihre Bahn vorschreiben zu lassen. Wenn nicht eine im Inneren der beiden Mächte wirkende Kraft sie zum Verein mit der Conföderation der mittleren Territorien hintrieb, so mußte das deutsche Volk sich in drei verschiedenen politischen Erscheinungsformen als Conföderation der mittleren Territorien, als Oestreich und als Preußen darstellen. Aber die Weltgeschichte hatte Oestreichs

Preußens europäische Macht in einer Weise geleitet, welche
Gefahr einer Zersplitterung und Vernichtung der deutschen
tionalität beseitigte.

I. Oestreich.

Oestreich hatte im vorigen Jahrhundert längst einen Theil
eres Volkes und unserer Interessen mit Völkern und Interes-
des Ostens zusammengefügt und Deutsche mit einer völlig
nden Welt zu einem Ganzen verbunden. Innerhalb der
ten Gränzen des Reiches träumten hier die Böhmen über
Gräbern ihrer gefallenen Helden von einer vergangenen
eren Zeit und gaben thatlos das geknickte Volksleben frem-
Leitung hin. Dort rang die edle Natur der Magyaren
estüm nach dem Segen des Staats, während ihr Festhal-
an halbbarbarischer Ungebundenheit die gewonnenen Auge stets wieder zerstörte. Nichts hatte Deutschland gemein
jenem seltsamen Durcheinander und Nebeneinander der Un-
n und Deutschen, der Wallachen und der verschiedensten
vischen Stämme, wie es die Wellen der aus Asien herstür-
den Völkerfluth, wie es Türkenkriege und innere Parteiun-
, spätere Einwanderungen und Unterjochungen festgestellt
te. Der Bericht nun gar von jenen Zuständen, in denen
hrere hunderttausend einzelner Wallachen und Serbier ohne
meinden, ohne Verschiedenheit des Berufs, ohne irgend
en anderen Zusammenhang als den militärischen die Grän-
gegen die Pest und gegen Mordanfälle und Raubzüge mu-
hedanischer Nachbarn schützten*), statt des Soldes Acker
d Hütten empfingen und mit Weib und Kind und Haushalt
ter militairischer Aufsicht standen; der Bericht von diesen
ständen klang dem Brandenburger und Westphalen, dem
hwaben und Baiern ins Ohr, wie eine Erzählung aus
send und einer Nacht. Zwar bildete ein echt deutscher Bru-

*) Mendelssohn, das germanische Europa. S. 365.

derstamm den Kern des Reiches, in dem alle diese Gegensätze, alle diese Nationalitäten und Zustände sich vereinigt fanden. Aber die Verhältnisse, in denen und durch die Oestreich groß geworden war, hatten nicht eine deutsche, sondern eine europäische Natur. Der mehrhundertjährige Kampf mit den Osmanen hatte in dem Erwerbe Ungarns, der eben so lange Kampf mit Frankreich in dem Besitz der Niederlande seinen Grund. Als während des ersten Drittel des 16. Jahrhunderts Deutschland von einem echt nationalen Aufschwung erhoben ward, ließ sich der Herr von Spanien und Amerika, von Italien und den Niederlanden durch ganz verschiedene Interessen leiten. Der dreißigjährige Krieg, der Deutschland verdarb, hat Oestreichs neuere Macht begründet und die Wiedereroberung Ungarns hat sie gesichert. Fortan trat Oestreich in allen europäischen Verwickelungen mit selbstständiger Größe auf. Ein solches Reich konnte nicht, wie Baiern oder Mecklenburg, den Impuls seines politischen Lebens von der deutschen Nationalität und den deutschen Reichsverhältnissen erhalten, sondern mußte in sich selbst die bewegende Kraft suchen. Schon früh hat ihm die Geschichte hierzu die Wege gebahnt.

Als Oestreich in der Mitte des zwölften Jahrhunderts von Baiern getrennt und zum eigenen Herzogthum erhoben ward, erhielt es eine seiner politischen Aufgabe entsprechende äußere Selbstständigkeit. Das Privilegium*), welches 1156 Heinrich Jasomirgott empfing, machte Oestreich, das Schild und Herz des heiligen römischen Reiches, zu einem untheilbaren, nach den Regeln der Primogenitur vererblichen Herzogthum. Innerhalb desselben ist der Herzog der alleinige Lehnsherr und trifft allein die nöthigen Anordnungen, an welchen Niemand, auch nicht der Kaiser, ändern darf; zwar ist der Herzog Vasall des Reiches, nimmt unmittelbar nach den Churfürsten seinen Platz ein, hat alle Rechte der übrigen Reichsfürsten und

---

*) Senkenberg Gedanken von dem Gebrauch des deutschen bürgerlichen und Staatsrechts S. 123.

n in jeder Fährlichkeit vom Reiche Hülfe fordern; aber sein
n braucht er nur auf östreichischem Grund und Boden zu
fangen, der Reichsgerichtsbarkeit ist er nicht unterworfen
zu Kriegsdiensten und Geldleistungen dem Reiche so wenig
zum Besuche der Reichstage verpflichtet. Gleiche Rechte
en alle Landestheile erhalten, welche künftig aus irgend
em Grunde dem Herzogthum zuwachsen. Diese Stellung,
jeden Vortheil, welchen die Verbindung mit dem Reiche
gähren konnte, verschaffte, ohne irgend eine Verpflichtung,
end eine Last aufzuerlegen, hat Oestreich durch alle Jahr-
werte hindurch bewahrt. Selbst dann, als am Ende des
fzehnten Jahrhunderts auf neuem Wege die Herstellung der
itischen Einheit aller Deutschen versucht ward, blieb es
ht nur von der durch das Kammergericht geübten Reichsju-
gewalt völlig erimirt, sondern erhielt auch durch Carl V.
n Neuem die Bestätigung seiner Privilegien. So selbststän-
g und unabhängig stand es neben dem Reiche, daß Carl V.
ich nach der Erwählung zum römischen Kaiser seinem Bru-
: Ferdinand den Vorschlag machen konnte*), ihm die fünf
rzogthümer der unteren östreichischen Lande zu überlassen
d ihn zum König von Oestreich zu erheben. Nichts ist in
n folgenden Jahrhunderten geschehen, um Oestreich Deutsch-
nd näher zu bringen. Weder die Reichsgerichtsbarkeit noch
: Reichsgesetzgebung fand auf Oestreich eine Anwendung.
it seinen Beiträgen zur Unterhaltung des Kammergerichts
ieb es in einem zur Regel gewordenen Rückstand; seine Trup-
n traten auch in Reichskriegen gesondert vom Reichsheere
d unter eigenen Befehlshabern auf. Da mithin der äußere
samenhang Oestreichs mit dem Reich nur in dem factischen
nstande bestand, daß seine Herrscher zugleich die deutsche Kö-
gskrone trugen, so würde, wenn diese an ein anderes Haus
kommen wäre, Oestreich wie schon Puffendorf bemerkte**);

---

*) Bucholz Geschichte der Regierung Ferdinand I. Theil I. S. 155, 159.
**) Monzambano de statu imperii Germanici cp. II. §. 4.

nicht in, sondern neben dem Reiche seinen Platz eingenommen
haben; so lange Carl VII. die Kaiserwürde bekleidete, war
offener Kampf zwischen ihm und Oestreich.

Seiner politischen Trennung vom Reiche entsprechend, hatte
sich Oestreich in immer schärfer werdende Absonderung von
der geistigen Entwickelung des deutschen Volkes gehalten. Schon
jene Versuche, welche in den Jahrhunderten vor der Reformation gemacht wurden, um dem ertödtenden Drucke der römischen und scholastischen Theologie gegenüber ein neueres freieres
Leben zu gewinnen *), berührten Oestreich nicht. Tauler und
Thomas von Kempen, Johann von Goch und Johann Wessel,
dann Reuchlin und Erasmus gehörten ihrer Geburt und Wirksamkeit nach dem westlichen Deutschland an und schwerlich ist
es nachzuweisen, daß die unter dem Einflusse dieser Männer
entstandenen geistigen Bewegungen sich bis in die Erzherzogthümer fortgesetzt haben. Die Reformation freilich griff in
Oestreich mächtig ein, wie überall, so weit die deutsche Zunge
klang. Der Adel, die Städte, das platte Land in Steiermark und in beiden Oestreich wandten sich der gereinigten Lehre
zu, welche dann auch in den nicht deutschen Reichen Ferdinands I. zur Geltung gelangte. In Böhmen gingen bis zu
Rudolph II. Zeit fast alle ausgezeichneten Gelehrten aus der
Reformation hervor und die wohlgeordneten Schulen, die auch
in den kleinsten Städten sich fanden, waren fast sämmtlich
evangelisch **). Die Ungarn strömten in großer Zahl nach
deutschen Universitäten und brachten zugleich mit dem deutschen
Bildungstrieb die evangelische Lehre zurück, aus welcher bei
Weitem die meisten und besten der zahlreich errichteten Schulen ihren Ursprung nahmen. Ganz so, wie im gesammten
Deutschland wohnten Protestanten und Katholiken auch in den
östreichischen Landen vermischt neben einander, und wie überall
so trat auch hier im Gefolge der Reformation ein neuer Auf-

*) Ullmann Reformatoren vor der Reformation. I. S. 37 u. folgende.
**) Mailath Geschichte des östreichischen Kaiserstaats. II. 376—378.

wung der Wissenschaft und rege Sorge für Volksbildung
rvor. Es schien, als wenn die östreichischen Deutschen fortan
h in den tiefsten und größten Beziehungen in lebendiger Ein‐
it mit dem gesammten deutschen Volke entwickeln und Ma‐
aren und Böhmen mit sich auf ihre Bahn fortreißen würden.

Schon Ferdinand I. indessen trat diesem inneren Zusam‐
enwachsen der östreichischen Herrschaften mit Deutschland durch
laaßregeln entgegen, welche für eine Reihe von Jahrhunder‐
n entscheidende Bedeutung gewinnen sollten. Entschlossen
ine Lande in der römisch‐katholischen Kirche zu erhalten,
chte er die Kraft zu vernichten, durch welche die Reformation
h der Gemüther bemächtigt hatte. Nicht in dem allgemeinen
ıb tiefen Bedürfniß nach dem lebendigen Christenthum, nicht
der unversiegbaren Quelle des christlichen Geistes und des
ristlichen Lebens, welcher die Reformation aus dem Schutt
ıb dem Gerölle der Satzungen und Formen wiederum den
Beg zum Volke eröffnet hatte, suchte Ferdinand die Macht,
elche unwiderstehlich die Herzen ergriff. Weil überall, wo
e Reformation erschien, die Wissenschaften sich belebten und
e Schulen erblühten, so mußte die wissenschaftliche Bildung
er Protestanten, welche die Bildungsbedürftigen an sich heran
ge und die Freiheit der Forschung, welche die Satzungen
er römischen Kirche verführend antaste, es sich gefallen lassen,
ß die Wurzeln aller in der Reformation liegenden Kraft zu
ılten. Diesen Wurzeln ihre Nahrung zu entziehen, erschien
ıher als die Aufgabe, deren Lösung Ferdinand und seine
'achfolger versuchten, indem sie der Wissenschaft und Bildung
nen römisch‐katholischen Unterricht entgegensetzten.

Bereits 1546 decretirte Ferdinand, daß künftig kein Pro‐
ssor zu Wien, in was für Facultät oder Sprache es auch
i, angenommen werden solle, der nicht zuvor von der theolo‐
schen Facultät Glaubens halber examinirt sei. Dann folgte
551 das Mandat, daß kein Schulmeister angestellt werden
lte, als der seines Glaubens und Religion halber ganz ka‐
olisch und keiner irrigen Lehre und Secte anhängig gefunden

11

wäre, damit nicht Schulhalter mit verführerischen Lehren und Opinionen die unschuldige edle Jugend mit ihren sectischen bösen Lehren verführten. Als in Folge des ersten Gebotes die angesehenen Familien des Landes ihre Söhne auf auswärtige Lehranstalten sendeten, befahl Ferdinand, „um solchem Fürwitz zu begegnen", 1548, es solle künftig nur in Wien, Freiburg und ausnahmsweise Ingolstadt wegen der Verwandtschaft mit dem Herzog Albrecht von Baiern und anderer Ursachen wegen zu studiren gestattet sein. Aber Ferdinand traute der Bildung seiner eigenen Gelehrten nicht und noch weniger ihrem Eifer für die römische Kirche. Er hoffte auf Hülfe von anderer Seite. „Fast als das einzige Mittel, schrieb er 1550 an Ignatius, um der täglich von neuen Uebeln und Irrthümern bedrängten Religion zu helfen, stelle sich dar, daß die Erziehung der Jugend von Männern geleitet werde, welche durch reine Lehre und Wandel ausgezeichnet seien. Da nun die Gesellschaft Jesu hierin schon so Löbliches geleistet, so sei sein Vorhaben in Wien erster Zeit ein Collegium sowohl für Väter des Ordens, als für studirende Jünglinge zu gründen." Am letzten Mai 1551 langten auf diese Aufforderung zehn Brüder in Wien an und begannen noch in demselben Jahre Vorlesungen auf der Universität. Im folgenden Jahre errichteten sie ihr erstes Gymnasium mit etwa funfzig Schulen und erhielten bald darauf das Carmeliterkloster nebst Einkünften in Geld, errichteten ein Seminarium für arme Theologen und erweiterten ihr Collegium, so daß Theologie, Philosophie, Rede und Dichtkunst darin gelehrt wurden. Bald gewannen sie auch außerhalb der Erzherzogthümer festen Fuß. In Prag ward 1555 ein Collegium gegründet, dem Convict und Seminarium bald nachfolgten; nicht viel später traten die Collegia zu Inspruck hervor, dann 1558 zu Freiburg im Breisgau und 1571 zu Tyrnau in Ungarn, wiewohl damals noch nicht mit dauerndem Erfolg*). Zu kräftig hatte sich das durch die Re-

---

*) Die hierher gehörenden Urkunden bei Bucholz Geschichte Ferdinand I. Theil 8. S. 186—226.

mation nach Oestreich gebrachte Leben entwickelt, um sofort
t Anstrengungen des Ordens zu erliegen. Als 1558 bestimmt
rd, daß an der Wiener Universität stets zwei Jesuiten scho-
tische Theologie lehren sollten, begehrte dagegen im folgen-
t Jahre die Universität, daß alle Schulen und Studien der
suiten unter die Aufsicht des Rectors der Universität gestellt
rden sollten. Diese Forderung zwar lehnte Ferdinand ab,
er die Universität selbst so wie die alte berühmte Stephans-
ule mußte er doch unabhängig neben dem Orden bestehen
ssen. Sobald mit dem Tode Ferdinand I. die Angriffe auf
n Protestantismus nachließen, erschien dieser vorherrschend
Böhmen und Ungarn. Den Herren, Rittern und Städten
stattete Max II. den Gottesdienst der Augsburgischen Confes-
n gemäß einzurichten *); die steirischen Stände erhielten freie
eligionsübung, und der einflußreichere und ausgebildetere Theil
r Beamten in den Landescollegien bestand aus Protestanten.
n Wesentlichen fand Ferdinand II. diesen Zustand vor, als
1619 die Regierung antrat. Innerhalb der ersten zehn
ahre seiner Regierung aber wurden alle unkatholischen Prä-
canten und Schulmeister aus sämmtlichen östreichischen Landen
er etwas früher, dort etwas später vertrieben. Ungarn
lein blieb ausgenommen. Auch in den Familien wurden
ine unkatholischen Lehrer geduldet, und auch im Innern
s Hauses kein protestantischer Gottesdienst, kein Lesen der
ostillen, kein Unterricht in Glaubenssachen erlaubt. An
emde Orte durfte sich Niemand begeben, um lutherische Pre-
gt zu hören oder die Sacramente zu empfangen. Kinder,
e an fremden Orten unkatholische Schulen besuchten, mußten
rückgebracht und in katholische Schulen geschickt werden.
iemand sollte seine Söhne künftig ins Ausland schicken, um
 dort studiren oder Sprachen lernen zu lassen. Dagegen
ußten Alle, bei harter Geld- oder Gefängnißstrafe, sonntäg-
ch dem katholischen Gottesdienst beiwohnen und streng die

---

*) Ranke histor. polit. Zeitschrift I. 316.

Deutsche Staaten mit europäischer Bedeutung bedurften die mittleren Territorien, um in ihnen Schutz und Halt für die Zeiten der Umwandlung und eine großartige Erscheinung des deutschen Staatsprincips zu finden, unter deren Voraussetzung allein auch in den kleineren Kreisen das keimende politische Leben fröhlich zu gedeihen vermochte. Nur in Oestreich und Preußen konnte eine Bedeutung dieser Art gesucht werden.

Während der Westen Deutschlands geistliche und weltliche Herrschaften, Reichsritter und Reichsstädte, Grafschaften und Fürstenthümer in reicher Fülle und buntem Gemenge hervorgetrieben hatte, nahmen den Osten von der See bis zu den Alpen jene beiden Staaten ein, nur durch das in ihre Mitte hineingeklemmte Sachsen von einander getrennt. Das Dasein Oestreichs und Preußens machte, wie das der mittleren Territorien, jede Darstellung des deutschen Volkes in Einem Staate unmöglich, aber während die letzteren durch ihre politische Bedürftigkeit den Zerfall Deutschlands in eine Anzahl unabhängiger Staaten verhinderten und zu einer die Einzelnen ergänzenden Conföderation hindrängten, lag in der sich selbst genügenden Größe Oestreichs und Preußens wenigstens scheinbar die Anforderung, ihre eigenen Bahnen zu gehen, ungehemmt durch die politischen Rücksichten und die rechtlichen Pflichten, wie sie die Theilnahme an einer Conföderation stets auferlegt. Wohl konnte das Volk der Deutschen seine Glieder in Oestreich und Preußen nicht lassen, ohne sich selbst zu zerreißen; wohl mußten die auch vereinigt schwachen mittleren Territorien sich an die beiden Mächte als ihren politischen Halt herandrängen, aber Oestreichs und Preußens Selbstständigkeit war zu groß, um sich durch außer ihnen liegende Anforderungen ihre Bahn vorschreiben zu lassen. Wenn nicht eine im Inneren der beiden Mächte wirkende Kraft sie zum Verein mit der Conföderation der mittleren Territorien hintrieb, so mußte das deutsche Volk sich in drei verschiedenen politischen Erscheinungsformen als Conföderation der mittleren Territorien, als Oestreich und als Preußen darstellen. Aber die Weltgeschichte hatte Oestreichs

Preußens europäische Macht in einer Weise geleitet, welche
Gefahr einer Zersplitterung und Vernichtung der deutschen
tionalität beseitigt.

I. Oestreich.

Oestreich hatte im vorigen Jahrhundert längst einen Theil
eres Volkes und unserer Interessen mit Völkern und Interes-
des Ostens. zusammengefügt und Deutsche mit einer völlig
nden Welt zu einem Ganzen verbunden. Innerhalb der
ten Gränzen des Reiches träumten hier die Böhmen über
Gräbern ihrer gefallenen Helden von einer vergangenen
eren Zeit und gaben thatlos das geknickte Volksleben frem-
Leitung hin. Dort rang die edle Natur der Magyaren
zestüm nach dem Segen des Staats, während ihr Festhal-
an halbbarbarischer Ungebundenheit die gewonnenen An-
ige stets wieder zerstörte. Nichts hatte Deutschland gemein
t jenem seltsamen Durcheinander und Nebeneinander der Un-
m und Deutschen, der Wallachen und der verschiedensten
vischen Stämme, wie es die Wellen der aus Asien herstür-
den Völkerfluth, wie es Türkenkriege und innere Parteiun-
t, spätere Einwanderungen und Unterjochungen festgestellt
te. Der Bericht nun gar von jenen Zuständen, in denen
hrere hunderttausend einzelner Wallachen und Serbier ohne
meinden, ohne Verschiedenheit des Berufs, ohne irgend
en anderen Zusammenhang als den militärischen die Grän-
gegen die Pest und gegen Mordanfälle und Raubzüge mu-
medanischer Nachbarn schützten*), statt des Soldes Acker
b Hütten empfingen und mit Weib und Kind und Haushalt
ter militairischer Aufsicht standen; der Bericht von diesen
ständen klang dem Brandenburger und Westphalen, dem
chwaben und Baiern ins Ohr, wie eine Erzählung aus
send und einer Nacht. Zwar bildete ein echt deutscher Bru-

---

*) Mendelssohn, das germanische Europa. S. 365.

derstamm den Kern des Reiches, in dem alle diese Gegensätze, alle diese Nationalitäten und Zustände sich vereinigt fanden. Aber die Verhältnisse, in denen und durch die Oestreich groß geworden war, hatten nicht eine deutsche, sondern eine europäische Natur. Der mehrhundertjährige Kampf mit den Osmanen hatte in dem Erwerbe Ungarns, der eben so lange Kampf mit Frankreich in dem Besitz der Niederlande seinen Grund. Als während des ersten Drittel des 16. Jahrhunderts Deutschland von einem echt nationalen Aufschwung erhoben ward, ließ sich der Herr von Spanien und Amerika, von Italien und den Niederlanden durch ganz verschiedene Interessen leiten. Der dreißigjährige Krieg, der Deutschland verdarb, hat Oestreichs neuere Macht begründet und die Wiedereroberung Ungarns hat sie gesichert. Fortan trat Oestreich in allen europäischen Verwickelungen mit selbstständiger Größe auf. Ein solches Reich konnte nicht, wie Baiern oder Mecklenburg, den Impuls seines politischen Lebens von der deutschen Nationalität und den deutschen Reichsverhältnissen erhalten, sondern mußte in sich selbst die bewegende Kraft suchen. Schon früh hat ihm die Geschichte hierzu die Wege gebahnt.

Als Oestreich in der Mitte des zwölften Jahrhunderts von Baiern getrennt und zum eigenen Herzogthum erhoben ward, erhielt es eine seiner politischen Aufgabe entsprechende äußere Selbstständigkeit. Das Privilegium*), welches 1156 Heinrich Jasomirgott empfing, machte Oestreich, das Schild und Herz des heiligen römischen Reiches, zu einem untheilbaren, nach den Regeln der Primogenitur vererblichen Herzogthum. Innerhalb desselben ist der Herzog der alleinige Lehnsherr und trifft allein die nöthigen Anordnungen, an welchen Niemand, auch nicht der Kaiser, ändern darf; zwar ist der Herzog Vasall des Reiches, nimmt unmittelbar nach den Churfürsten seinen Platz ein, hat alle Rechte der übrigen Reichsfürsten und

---

*) Senkenberg Gedanken von dem Gebrauch des deutschen bürgerlichen und Staatsrechts S. 123.

n in jeder Fährlichkeit vom Reiche Hülfe fordern; aber sein
n braucht er nur auf östreichischem Grund und Boden zu
fangen, der Reichsgerichtsbarkeit ist er nicht unterworfen
zu Kriegsdiensten und Geldleistungen dem Reiche so wenig
zum Besuche der Reichstage verpflichtet. Gleiche Rechte
en alle Landestheile erhalten, welche künftig aus irgend
m Grunde dem Herzogthum zuwachsen. Diese Stellung,
jeden Vortheil, welchen die Verbindung mit dem Reiche
ähren konnte, verschaffte, ohne irgend eine Verpflichtung,
nd eine Last aufzuerlegen, hat Oestreich durch alle Jahr-
hderte hindurch bewahrt. Selbst dann, als am Ende des
fzehnten Jahrhunderts auf neuem Wege die Herstellung der
itischen Einheit aller Deutschen versucht ward, blieb es
jt nur von der durch das Kammergericht geübten Reichsju-
gewalt völlig exirmirt, sondern erhielt auch durch Carl V.
1 Neuem die Bestätigung seiner Privilegien. So selbststän-
und unabhängig stand es neben dem Reiche, daß Carl V.
ich nach der Erwählung zum römischen Kaiser seinem Bru-
Ferdinand den Vorschlag machen konnte*), ihm die fünf
zogthümer der unteren östreichischen Lande zu überlassen
ihn zum König von Oestreich zu erheben. Nichts ist in
folgenden Jahrhunderten geschehen, um Oestreich Deutsch-
d näher zu bringen. Weder die Reichsgerichtsbarkeit noch
Reichsgesetzgebung fand auf Oestreich eine Anwendung.
t seinen Beiträgen zur Unterhaltung des Kammergerichts
b es in einem zur Regel gewordenen Rückstand; seine Trup-
traten auch in Reichskriegen gesondert vom Reichsheere
unter eigenen Befehlshabern auf. Da mithin der äußere
ammenhang Oestreichs mit dem Reich nur in dem factischen
stande bestand, daß seine Herrscher zugleich die deutsche Kö-
skrone trugen, so würde, wenn diese an ein anderes Haus
ommen wäre, Oestreich wie schon Puffendorf bemerkte**),

---

*) Bucholz Geschichte der Regierung Ferdinand I. Theil I. S. 155, 159.
) Monzambano de statu imperii Germanici cp. II. §. 4.

nicht in, sondern neben dem Reiche seinen Platz eingenommen haben; so lange Carl VII. die Kaiserwürde bekleidete, war offener Kampf zwischen ihm und Oestreich.

Seiner politischen Trennung vom Reiche entsprechend, hatte sich Oestreich in immer schärfer werdende Absonderung von der geistigen Entwickelung des deutschen Volkes gehalten. Schon jene Versuche, welche in den Jahrhunderten vor der Reforma-tion gemacht wurden, um dem ertödtenden Drucke der römi-schen und scholastischen Theologie gegenüber ein neueres freieres Leben zu gewinnen *), berührten Oestreich nicht. Tauler und Thomas von Kempen, Johann von Goch und Johann Wessel, dann Reuchlin und Erasmus gehörten ihrer Geburt und Wirk-samkeit nach dem westlichen Deutschland an und schwerlich ist es nachzuweisen, daß die unter dem Einflusse dieser Männer entstandenen geistigen Bewegungen sich bis in die Erzherzog-thümer fortgesetzt haben. Die Reformation freilich griff in Oestreich mächtig ein, wie überall, so weit die deutsche Zunge klang. Der Adel, die Städte, das platte Land in Steier-mark und in beiden Oestreich wandten sich der gereinigten Lehre zu, welche dann auch in den nicht deutschen Reichen Ferdi-nands I. zur Geltung gelangte. In Böhmen gingen bis zu Rudolph II. Zeit fast alle ausgezeichneten Gelehrten aus der Reformation hervor und die wohlgeordneten Schulen, die auch in den kleinsten Städten sich fanden, waren fast sämmtlich evangelisch **). Die Ungarn strömten in großer Zahl nach deutschen Universitäten und brachten zugleich mit dem deutschen Bildungstrieb die evangelische Lehre zurück, aus welcher bei Weitem die meisten und besten der zahlreich errichteten Schu-len ihren Ursprung nahmen. Ganz so, wie im gesammten Deutschland wohnten Protestanten und Katholiken auch in den östreichischen Landen vermischt neben einander, und wie überall so trat auch hier im Gefolge der Reformation ein neuer Auf-

*) Ullmann Reformatoren vor der Reformation. I. S. 37 u. folgende.
**) Mailath Geschichte des östreichischen Kaiserstaats. II. 376—378.

oung der Wissenschaft und rege Sorge für Volksbildung
vor. Es schien, als wenn die östreichischen Deutschen fortan
in den tiefsten und größten Beziehungen in lebendiger Ein-
mit dem gesammten deutschen Volke entwickeln und Ma-
ren und Böhmen mit sich auf ihre Bahn fortreißen würden.
Schon Ferdinand I. indessen trat diesem inneren Zusam-
nwachsen der östreichischen Herrschaften mit Deutschland durch
naßregeln entgegen, welche für eine Reihe von Jahrhunder-
entscheidende Bedeutung gewinnen sollten. Entschlossen
le Lande in der römisch-katholischen Kirche zu erhalten,
hte er die Kraft zu vernichten, durch welche die Reformation
der Gemüther bemächtigt hatte. Nicht in dem allgemeinen
> tiefen Bedürfniß nach dem lebendigen Christenthum, nicht
der unversiegbaren Quelle des christlichen Geistes und des
istlichen Lebens, welcher die Reformation aus dem Schutt
) dem Gerölle der Satzungen und Formen wiederum den
eg zum Volke eröffnet hatte, suchte Ferdinand die Macht,
lche unwiderstehlich die Herzen ergriff. Weil überall, wo
Reformation erschien, die Wissenschaften sich belebten und
Schulen erblühten, so mußte die wissenschaftliche Bildung
: Protestanten, welche die Bildungsbedürftigen an sich heran
ie und die Freiheit der Forschung, welche die Satzungen
römischen Kirche verführend antaste, es sich gefallen lassen,
; die Wurzeln aller in der Reformation liegenden Kraft zu
ten. Diesen Wurzeln ihre Nahrung zu entziehen, erschien
er als die Aufgabe, deren Lösung Ferdinand und seine
chfolger versuchten, indem sie der Wissenschaft und Bildung
en römisch-katholischen Unterricht entgegensetzten.
Bereits 1546 decretirte Ferdinand, daß künftig kein Pro-
or zu Wien, in was für Facultät oder Sprache es auch
, angenommen werden solle, der nicht zuvor von der theolo-
hen Facultät Glaubens halber examinirt sei. Dann folgte
51 das Mandat, daß kein Schulmeister angestellt werden
te, als der seines Glaubens und Religion halber ganz ka-
lisch und keiner irrigen Lehre und Secte anhängig gefunden

11

wäre, damit nicht Schulhalter mit verführerischen Lehren und
Opinionen die unschuldige edle Jugend mit ihren sectischen
bösen Lehren verführten. Als in Folge des ersten Gebotes die
angesehenen Familien des Landes ihre Söhne auf auswärtige
Lehranstalten sendeten, befahl Ferdinand, „um solchem Fürwitz
zu begegnen“, 1548, es solle künftig nur in Wien, Freiburg und
ausnahmsweise Ingolstadt wegen der Verwandtschaft mit dem
Herzog Albrecht von Baiern und anderer Ursachen wegen
zu studiren gestattet sein. Aber Ferdinand traute der Bildung seiner eigenen Gelehrten nicht und noch weniger ihrem
Eifer für die römische Kirche. Er hoffte auf Hülfe von anderer Seite. „Fast als das einzige Mittel, schrieb er 1550 an
Ignatius, um der täglich von neuen Uebeln und Irrthümern
bedrängten Religion zu helfen, stelle sich dar, daß die Erziehung der Jugend von Männern geleitet werde, welche durch
reine Lehre und Wandel ausgezeichnet seien. Da nun die Gesellschaft Jesu hierin schon so Löbliches geleistet, so sei sein
Vorhaben in Wien erster Zeit ein Collegium sowohl für Väter des Ordens, als für studirende Jünglinge zu gründen.“
Am letzten Mai 1551 langten auf diese Aufforderung zehn
Brüder in Wien an und begannen noch in demselben Jahre
Vorlesungen auf der Universität. Im folgenden Jahre errichteten sie ihr erstes Gymnasium mit etwa funfzig Schulen und
erhielten bald darauf das Carmeliterkloster nebst Einkünften in
Geld, errichteten ein Seminarium für arme Theologen und
erweiterten ihr Collegium, so daß Theologie, Philosophie,
Rede und Dichtkunst darin gelehrt wurden. Bald gewannen sie
auch außerhalb der Erzherzogthümer festen Fuß. In Prag
ward 1555 ein Collegium gegründet, dem Convict und Seminarium bald nachfolgten; nicht viel später traten die Collegia
zu Inspruck hervor, dann 1558 zu Freiburg im Breisgau und
1571 zu Tyrnau in Ungarn, wiewohl damals noch nicht mit
dauerndem Erfolg*). Zu kräftig hatte sich das durch die Re-

---

*) Die hierher gehörenden Urkunden bei Bucholz Geschichte Ferdinand I.
Theil 8. S. 186—226.

mation nach Oestreich gebrachte Leben entwickelt, um sofort
Anstrengungen des Ordens zu erliegen. Als 1558 bestimmt
rd, daß an der Wiener Universität stets zwei Jesuiten scho-
ische Theologie lehren sollten, begehrte dagegen im folgen-
Jahre die Universität, daß alle Schulen und Studien der
suiten unter die Aufsicht des Rectors der Universität gestellt
rden sollten. Diese Forderung zwar lehnte Ferdinand ab,
er die Universität selbst so wie die alte berühmte Stephans-
ule mußte er doch unabhängig neben dem Orden bestehen
sen. Sobald mit dem Tode Ferdinand I. die Angriffe auf
n Protestantismus nachließen, erschien dieser vorherrschend
Böhmen und Ungarn. Den Herren, Rittern und Städten
stattete Max II. den Gottesdienst der Augsburgischen Confes-
u gemäß einzurichten *); die steirischen Stände erhielten freie
eligionsübung, und der einflußreichere und ausgebildetere Theil
r Beamten in den Landescollegien bestand aus Protestanten.
n Wesentlichen fand Ferdinand II. diesen Zustand vor, als
1619 die Regierung antrat. Innerhalb der ersten zehn
ahre seiner Regierung aber wurden alle unkatholischen Prä-
canten und Schulmeister aus sämmtlichen östreichischen Landen
er etwas früher, dort etwas später vertrieben. Ungarn
lein blieb ausgenommen. Auch in den Familien wurden
ne unkatholischen Lehrer geduldet, und auch im Innern
s Hauses kein protestantischer Gottesdienst, kein Lesen der
ostillen, kein Unterricht in Glaubenssachen erlaubt. An
emde Orte durfte sich Niemand begeben, um lutherische Pre-
gt zu hören oder die Sacramente zu empfangen. Kinder,
e an fremden Orten unkatholische Schulen besuchten, mußten
rückgebracht und in katholische Schulen geschickt werden.
iemand sollte seine Söhne künftig ins Ausland schicken, um
dort studiren oder Sprachen lernen zu lassen. Dagegen
ußten Alle, bei harter Geld- oder Gefängnißstrafe, sonntäg-
ch dem katholischen Gottesdienst beiwohnen und streng die

---

*) Ranke histor. polit. Zeitschrift I. 316.

Deutsche Staaten mit europäischer Bedeutung bedurften die mittleren Territorien, um in ihnen Schutz und Halt für die Zeiten der Umwandlung und eine großartige Erscheinung des deutschen Staatsprincips zu finden, unter deren Voraussetzung allein auch in den kleineren Kreisen das keimende politische Leben fröhlich zu gedeihen vermochte. Nur in Oestreich und Preußen konnte eine Bedeutung dieser Art gesucht werden.

Während der Westen Deutschlands geistliche und weltliche Herrschaften, Reichsritter und Reichsstädte, Grafschaften und Fürstenthümer in reicher Fülle und buntem Gemenge hervorgetrieben hatte, nahmen den Osten von der See bis zu den Alpen jene beiden Staaten ein, nur durch das in ihre Mitte hineingeklemmte Sachsen von einander getrennt. Das Dasein Oestreichs und Preußens machte, wie das der mittleren Territorien, jede Darstellung des deutschen Volkes in Einem Staate unmöglich, aber während die letzteren durch ihre politische Bedürftigkeit den Zerfall Deutschlands in eine Anzahl unabhängiger Staaten verhinderten und zu einer die Einzelnen ergänzenden Conföderation hindrängten, lag in der sich selbst genügenden Größe Oestreichs und Preußens wenigstens scheinbar die Anforderung, ihre eigenen Bahnen zu gehen, ungehemmt durch die politischen Rücksichten und die rechtlichen Pflichten, wie sie die Theilnahme an einer Conföderation stets auferlegt. Wohl konnte das Volk der Deutschen seine Glieder in Oestreich und Preußen nicht lassen, ohne sich selbst zu zerreißen; wohl mußten die auch vereinigt schwachen mittleren Territorien sich an die beiden Mächte als ihren politischen Halt herandrängen, aber Oestreichs und Preußens Selbstständigkeit war zu groß, um sich durch außer ihnen liegende Anforderungen ihre Bahn vorschreiben zu lassen. Wenn nicht eine im Inneren der beiden Mächte wirkende Kraft sie zum Verein mit der Conföderation der mittleren Territorien hintrieb, so mußte das deutsche Volk sich in drei verschiedenen politischen Erscheinungsformen als Conföderation der mittleren Territorien, als Oestreich und als Preußen darstellen. Aber die Weltgeschichte hatte Oestreichs

Preußens europäische Macht in einer Weise geleitet, welche
Gefahr einer Zersplitterung und Vernichtung der deutschen
tionalität beseitigte.

I. Oestreich.

Oestreich hatte im vorigen Jahrhundert längst einen Theil
'eres Volkes und unserer Interessen mit Völkern und Interes-
des Ostens zusammengefügt und Deutsche mit einer völlig
nden Welt zu einem Ganzen verbunden. Innerhalb der
iten Gränzen des Reiches träumten hier die Böhmen über
Gräbern ihrer gefallenen Helden von einer vergangenen
seren Zeit und gaben thatlos das geknickte Volksleben frem-
Leitung hin. Dort rang die edle Natur der Magyaren
zestüm nach dem Segen des Staats, während ihr Festhal-
an halbbarbarischer Ungebundenheit die gewonnenen An-
ige stets wieder zerstörte. Nichts hatte Deutschland gemein
t jenem seltsamen Durcheinander und Nebeneinander der Un-
rn und Deutschen, der Wallachen und der verschiedensten
vischen Stämme, wie es die Wellen der aus Asien herstür-
den Völkerfluth, wie es Türkenkriege und innere Parteiun-
t, spätere Einwanderungen und Unterjochungen festgestellt
te. Der Bericht nun gar von jenen Zuständen, in denen
hrere hunderttausend einzelner Wallachen und Serbier ohne
meinden, ohne Verschiedenheit des Berufs, ohne irgend
en anderen Zusammenhang als den militärischen die Grän-
gegen die Pest und gegen Mordanfälle und Raubzüge mu-
medanischer Nachbarn schützten*), statt des Soldes Acker
o Hütten empfingen und mit Weib und Kind und Haushalt
ter militairischer Aufsicht standen; der Bericht von diesen
ständen klang dem Brandenburger und Westphalen, dem
hwaben und Baiern ins Ohr, wie eine Erzählung aus
isend und einer Nacht. Zwar bildete ein echt deutscher Bru-

---

*) Mendelssohn, das germanische Europa. S. 365.

derstamm den Kern des Reiches, in dem alle diese Gegensätze, alle diese Nationalitäten und Zustände sich vereinigt fanden. Aber die Verhältnisse, in denen und durch die Oestreich groß geworden war, hatten nicht eine deutsche, sondern eine europäische Natur. Der mehrhundertjährige Kampf mit den Osmanen hatte in dem Erwerbe Ungarns, der eben so lange Kampf mit Frankreich in dem Besitz der Niederlande seinen Grund. Als während des ersten Drittel des 16. Jahrhunderts Deutschland von einem echt nationalen Aufschwung erhoben ward, ließ sich der Herr von Spanien und Amerika, von Italien und den Niederlanden durch ganz verschiedene Interessen leiten. Der dreißigjährige Krieg, der Deutschland verdarb, hat Oestreichs neuere Macht begründet und die Wiedereroberung Ungarns hat sie gesichert. Fortan trat Oestreich in allen europäischen Verwickelungen mit selbstständiger Größe auf. Ein solches Reich konnte nicht, wie Baiern oder Mecklenburg, den Impuls seines politischen Lebens von der deutschen Nationalität und den deutschen Reichsverhältnissen erhalten, sondern mußte in sich selbst die bewegende Kraft suchen. Schon früh hat ihm die Geschichte hierzu die Wege gebahnt.

Als Oestreich in der Mitte des zwölften Jahrhunderts von Baiern getrennt und zum eigenen Herzogthum erhoben ward, erhielt es eine seiner politischen Aufgabe entsprechende äußere Selbstständigkeit. Das Privilegium*), welches 1156 Heinrich Jasomirgott empfing, machte Oestreich, das Schild und Herz des heiligen römischen Reiches, zu einem untheilbaren, nach den Regeln der Primogenitur vererblichen Herzogthum. Innerhalb desselben ist der Herzog der alleinige Lehnsherr und trifft allein die nöthigen Anordnungen, an welchen Niemand, auch nicht der Kaiser ändern darf; zwar ist der Herzog Vasall des Reiches, nimmt unmittelbar nach den Churfürsten seinen Platz ein, hat alle Rechte der übrigen Reichsfürsten und

---

*) Senkenberg Gedanken von dem Gebrauch des deutschen bürgerlichen und Staatsrechts S. 123.

n in jeder Fährlichkeit vom Reiche Hülfe fordern; aber sein
m braucht er nur auf östreichischem Grund und Boden zu
pfangen, der Reichsgerichtsbarkeit ist er nicht unterworfen
o zu Kriegsdiensten und Geldleistungen dem Reiche so wenig
e zum Besuche der Reichstage verpflichtet. Gleiche Rechte
len alle Landestheile erhalten, welche künftig aus irgend
iem Grunde dem Herzogthum zuwachsen. Diese Stellung,
: jeden Vortheil, welchen die Verbindung mit dem Reiche
währen konnte, verschaffte, ohne irgend eine Verpflichtung,
zend eine Last aufzuerlegen, hat Oestreich durch alle Jahr-
underte hindurch bewahrt. Selbst dann, als am Ende des
nfzehnten Jahrhunderts auf neuem Wege die Herstellung der
olitischen Einheit aller Deutschen versucht ward, blieb es
cht nur von der durch das Kammergericht geübten Reichsju-
izgewalt völlig erimirt, sondern erhielt auch durch Carl V.
on Neuem die Bestätigung seiner Privilegien. So selbststän-
g und unabhängig stand es neben dem Reiche, daß Carl V.
eich nach der Erwählung zum römischen Kaiser seinem Bru-
er Ferdinand den Vorschlag machen konnte*), ihm die fünf
erzogthümer der unteren östreichischen Lande zu überlassen
nd ihn zum König von Oestreich zu erheben. Nichts ist in
en folgenden Jahrhunderten geschehen, um Oestreich Deutsch-
nd näher zu bringen. Weder die Reichsgerichtsbarkeit noch
ie Reichsgesetzgebung fand auf Oestreich eine Anwendung.
Nit seinen Beiträgen zur Unterhaltung des Kammergerichts
lieb es in einem zur Regel gewordenen Rückstand; seine Trup-
en traten auch in Reichskriegen gesondert vom Reichsheere
nd unter eigenen Befehlshabern auf. Da mithin der äußere
usammenhang Oestreichs mit dem Reich nur in dem factischen
Umstande bestand, daß seine Herrscher zugleich die deutsche Kö-
igskrone trugen, so würde, wenn diese an ein anderes Haus
ekommen wäre, Oestreich wie schon Puffendorf bemerkte**),

*) Bucholz Geschichte der Regierung Ferdinand I. Theil I. S. 155, 159.
**) Monzambano de statu imperii Germanici cp. II. §. 4.

nicht in, sondern neben dem Reiche seinen Platz eingenommen haben; so lange Carl VII. die Kaiserwürde bekleidete, war offener Kampf zwischen ihm und Oestreich.

Seiner politischen Trennung vom Reiche entsprechend, hatte sich Oestreich in immer schärfer werdende Absonderung von der geistigen Entwickelung des deutschen Volkes gehalten. Schon jene Versuche, welche in den Jahrhunderten vor der Reformation gemacht wurden, um dem ertödtenden Drucke der römischen und scholastischen Theologie gegenüber ein neueres freieres Leben zu gewinnen *), berührten Oestreich nicht. Tauler und Thomas von Kempen, Johann von Goch und Johann Wessel, dann Reuchlin und Erasmus gehörten ihrer Geburt und Wirksamkeit nach dem westlichen Deutschland an und schwerlich ist es nachzuweisen, daß die unter dem Einflusse dieser Männer entstandenen geistigen Bewegungen sich bis in die Erzherzogthümer fortgesetzt haben. Die Reformation freilich griff in Oestreich mächtig ein, wie überall, so weit die deutsche Zunge klang. Der Adel, die Städte, das platte Land in Steiermark und in beiden Oestreich wandten sich der gereinigten Lehre zu, welche dann auch in den nicht deutschen Reichen Ferdinands I. zur Geltung gelangte. In Böhmen gingen bis zu Rudolph II. Zeit fast alle ausgezeichneten Gelehrten aus der Reformation hervor und die wohlgeordneten Schulen, die auch in den kleinsten Städten sich fanden, waren fast sämmtlich evangelisch **). Die Ungarn strömten in großer Zahl nach deutschen Universitäten und brachten zugleich mit dem deutschen Bildungstrieb die evangelische Lehre zurück, aus welcher bei Weitem die meisten und besten der zahlreich errichteten Schulen ihren Ursprung nahmen. Ganz so, wie im gesammten Deutschland wohnten Protestanten und Katholiken auch in den östreichischen Landen vermischt neben einander, und wie überall so trat auch hier im Gefolge der Reformation ein neuer Auf-

---

*) Ullmann Reformatoren vor der Reformation. I. S. 37 u. folgende.
**) Mailath Geschichte des östreichischen Kaiserstaats. II. 376—378.

wung der Wissenschaft und rege Sorge für Volksbildung
vor. Es schien, als wenn die östreichischen Deutschen fortan
in den tiefsten und größten Beziehungen in lebendiger Ein-
t mit dem gesammten deutschen Volke entwickeln und Ma-
ren und Böhmen mit sich auf ihre Bahn fortreißen würden.

Schon Ferdinand I. indessen trat diesem inneren Zusam-
nwachsen der östreichischen Herrschaften mit Deutschland durch
aaßregeln entgegen, welche für eine Reihe von Jahrhunder-
t entscheidende Bedeutung gewinnen sollten. Entschlossen
ne Lande in der römisch-katholischen Kirche zu erhalten,
hte er die Kraft zu vernichten, durch welche die Reformation
der Gemüther bemächtigt hatte. Nicht in dem allgemeinen
d tiefen Bedürfniß nach dem lebendigen Christenthum, nicht
der unversiegbaren Quelle des christlichen Geistes und des
istlichen Lebens, welcher die Reformation aus dem Schutt
d dem Gerölle der Satzungen und Formen wiederum den
eg zum Volke eröffnet hatte, suchte Ferdinand die Macht,
lche unwiderstehlich die Herzen ergriff. Weil überall, wo
e Reformation erschien, die Wissenschaften sich belebten und
e Schulen erblühten, so mußte die wissenschaftliche Bildung
r Protestanten, welche die Bildungsbedürftigen an sich heran
ge und die Freiheit der Forschung, welche die Satzungen
r römischen Kirche verführend antaste, es sich gefallen lassen,
ß die Wurzeln aller in der Reformation liegenden Kraft zu
lten. Diesen Wurzeln ihre Nahrung zu entziehen, erschien
her als die Aufgabe, deren Lösung Ferdinand und seine
rchfolger versuchten, indem sie der Wissenschaft und Bildung
ten römisch-katholischen Unterricht entgegensetzten.

Bereits 1546 decretirte Ferdinand, daß künftig kein Pro-
sor zu Wien, in was für Facultät oder Sprache es auch
, angenommen werden solle, der nicht zuvor von der theolo-
chen Facultät Glaubens halber examinirt sei. Dann folgte
51 das Mandat, daß kein Schulmeister angestellt werden
lte, als der seines Glaubens und Religion halber ganz ka-
lisch und keiner irrigen Lehre und Secte anhängig gefunden

11

wäre, damit nicht Schulhalter mit verführerischen Lehren und
Opinionen die unschuldige edle Jugend mit ihren sectischen
bösen Lehren verführten. Als in Folge des ersten Gebotes die
angesehenen Familien des Landes ihre Söhne auf auswärtige
Lehranstalten sendeten, befahl Ferdinand, „um solchem Fürwitz
zu begegnen", 1548, es solle künftig nur in Wien, Freiburg und
ausnahmsweise Ingolstadt wegen der Verwandtschaft mit dem
Herzog Albrecht von Baiern und anderer Ursachen wegen
zu studiren gestattet sein. Aber Ferdinand traute der Bildung seiner eigenen Gelehrten nicht und noch weniger ihrem
Eifer für die römische Kirche. Er hoffte auf Hülfe von anderer Seite. „Fast als das einzige Mittel, schrieb er 1550 an
Ignatius, um der täglich von neuen Uebeln und Irrthümern
bedrängten Religion zu helfen, stelle sich dar, daß die Erziehung der Jugend von Männern geleitet werde, welche durch
reine Lehre und Wandel ausgezeichnet seien. Da nun die Gesellschaft Jesu hierin schon so Löbliches geleistet, so sei sein
Vorhaben in Wien erster Zeit ein Collegium sowohl für Väter des Ordens, als für studirende Jünglinge zu gründen."
Am letzten Mai 1551 langten auf diese Aufforderung zehn
Brüder in Wien an und begannen noch in demselben Jahre
Vorlesungen auf der Universität. Im folgenden Jahre errichteten sie ihr erstes Gymnasium mit etwa funfzig Schulen und
erhielten bald darauf das Carmeliterkloster nebst Einkünften in
Geld, errichteten ein Seminarium für arme Theologen und
erweiterten ihr Collegium, so daß Theologie, Philosophie,
Rede und Dichtkunst darin gelehrt wurden. Bald gewannen sie
auch außerhalb der Erzherzogthümer festen Fuß. In Prag
ward 1555 ein Collegium gegründet, dem Convict und Seminarium bald nachfolgten; nicht viel später traten die Collegia
zu Inspruck hervor, dann 1558 zu Freiburg im Breisgau und
1571 zu Tyrnau in Ungarn, wiewohl damals noch nicht mit
daurendem Erfolg*). Zu kräftig hatte sich das durch die Re-

*) Die hierher gehörenden Urkunden bei Bucholz Geschichte Ferdinand I.
Theil 8. S. 186 — 226.

rmation nach Oestreich gebrachte Leben entwickelt, um sofort
n Anstrengungen des Ordens zu erliegen. Als 1558 bestimmt
ard, daß an der Wiener Universität stets zwei Jesuiten scho-
stische Theologie lehren sollten, begehrte dagegen im folgen-
n Jahre die Universität, daß alle Schulen und Studien der
esuiten unter die Aufsicht des Rectors der Universität gestellt
erden sollten. Diese Forderung zwar lehnte Ferdinand ab,
ber die Universität selbst so wie die alte berühmte Stephans-
hule mußte er doch unabhängig neben dem Orden bestehen
assen. Sobald mit dem Tode Ferdinand I. die Angriffe auf
en Protestantismus nachließen, erschien dieser vorherrschend
t Böhmen und Ungarn. Den Herren, Rittern und Städten
estattete Max II. den Gottesdienst der Augsburgischen Confes-
on gemäß einzurichten *); die steirischen Stände erhielten freie
Religionsübung, und der einflußreichere und ausgebildetere Theil
er Beamten in den Landescollegien bestand aus Protestanten.
m Wesentlichen fand Ferdinand II. diesen Zustand vor, als
r 1619 die Regierung antrat. Innerhalb der ersten zehn
Jahre seiner Regierung aber wurden alle unkatholischen Prä-
icanten und Schulmeister aus sämmtlichen östreichischen Landen
ier etwas früher, dort etwas später vertrieben. Ungarn
llein blieb ausgenommen. Auch in den Familien wurden
eine unkatholischen Lehrer geduldet, und auch im Innern
es Hauses kein protestantischer Gottesdienst, kein Lesen der
Postillen, kein Unterricht in Glaubenssachen erlaubt. An
remde Orte durfte sich Niemand begeben, um lutherische Pre-
igt zu hören oder die Sacramente zu empfangen. Kinder,
ie an fremden Orten unkatholische Schulen besuchten, mußten
urückgebracht und in katholische Schulen geschickt werden.
Niemand sollte seine Söhne künftig ins Ausland schicken, um
e dort studiren oder Sprachen lernen zu lassen. Dagegen
ußten Alle, bei harter Geld- oder Gefängnißstrafe, sonntäg-
ch dem katholischen Gottesdienst beiwohnen und streng die

---

*) Ranke histor. polit. Zeitschrift I. 316.

Fasttage halten; den Zünften ward geboten, sich wieder Fahnen anzuschaffen, um den Processionen beiwohnen zu können. Wer sich etwa an der Befolgung dieser Gebote durch ein vermeintliches Beschwerniß seines Gewissens gehindert halten sollte, mußte binnen kurzer Zeit die östreichischen Lande verlassen. Zehn Jahre nach dem Regierungsantritte Ferdinand II. war dem überall die Reformation begleitenden Leben jede Aeußerung eine Unmöglichkeit geworden und nun erst konnte die von Ferdinand I. ausgestreute Saat ihre Früchte tragen, nun erst konnte die Wissenschaft und die Bildung der Gesellschaft Jesu sich des Volkes bemeistern, nachdem äußere Gewalt Geist und Leben darniedergedrückt hatte.

Der allgemein menschliche Character der Wissenschaft, welcher an keine Nationalität und an keinen Staat gebunden und von keiner Nationalität und keinem Staate erzeugt ist, wird wohl zuweilen so weit ausgedehnt, daß es für eine Versündigung an der freien Wissenschaft gelten soll, wenn die vom Staate getragene Nationalität auch in der Wissenschaft sich zur Erscheinung bringt. Fast könnte es scheinen, als ob die Brüder der Gesellschaft Jesu eine solche Ansicht zur Grundlage ihres Handelns gemacht hätten. Durch keinen Staat und keine Nationalität wollten sie sich in ihrer wissenschaftlichen Thätigkeit und ihrer Einwirkung auf die in das Volk hineinwachsende Jugend bestimmen lassen. Kein Jesuitencollegium sollte aus einer Landsmannschaft bestehen, sondern stets hinlänglich mit Ausländern gemischt sein. Nicht den Erzherzogthümern, nicht dem deutschen Volke angehörig, traten sie in Oestreich als unabhängige Leiter der Wissenschaft, als Erzieher der Jugend, als Beherrscher der Literatur auf. Schon 1563 war Oestreich von der Jesuitenprovinz Oberdeutschland getrennt und mit Polen zu einer eigenen Provinz vereinigt, dessen Provinzial seinen Sitz zu Wien hatte*). Unter ihm bekamen die Collegia des Ordens die gesammten Gymnasial- und Facultäts-

---

*) von Lang Geschichte der Jesuiten S. 103.

bien in die Hand. Seine Seminare sorgten, daß auch der
kunft Jesuiten nicht fehlten, seine Convictorien nahmen in
) auf, was durch Geburt, Stand oder Geist hervorragte,
ne Residenzen und Missionen drangen auch dorthin, wo grö-
re Anstalten nicht gegründet werden konnten. In dem einzi-
n Erzherzogthum Niederöstreich fanden sich noch um die Mitte
s vorigen Jahrhunderts neun große Jesuitenanstalten*), näm-
h das Collegium zu Krems mit 200 Schülern, zu Neustadt
it 130 Schülern, zu Wien mit 2300 Schülern und das col-
gium Theresianum mit 140 Schülern aus dem Adel. Außer-
:m ein Seminarium zu Krems, ein Convict, ein Profeßhaus
nd ein Probhaus zu Wien und eine Residenz zu Neustadt.
)urch freundlich-ernste Behandlung der Zöglinge, durch das
techt, welches in den Ordensanstalten den jugendlichen Spie-
'n und Freuden gewährt ward, durch den tüchtigen, mit an-
pornenden Uebungen verbundenen Unterricht, den sie ertheil-
:n, fesselten die Jesuiten auch die Männer noch an sich,
velche als Knaben ihre Zöglinge gewesen waren. Die deut-
chen Schulen, in denen sie nicht selbst unterrichteten, wurden
iit ergebenen Lehrern und mit Lehrbüchern des Ordens ver-
orgt und die Aeußerungen eines geistigen Lebens, welches
iicht der Gesellschaft Jesu seinen Ursprung verdankte, durch
ie in die Hände des Ordens gelegte Censur erstickt. Frei
on nationalen und staatlichen Einwirkungen wurde die Wis-
enschaft und die Volksbildung in Oestreich allerdings durch
olche Allgewalt der Jesuiten, aber nur um aus erträumter
Knechtschaft in eine wirkliche zu gerathen. Dem Jesuiten ver-
rat die Stelle des nationalen Geistes der Ordensgeist, die
Stelle des Staates der Orden, und Ordensgeist und Orden
varen Eins mit dem Willen des Ordensgenerals zu Rom. Ihn
ollten alle Jesuiten als Stellvertreter Christi anerkennen, ihm
inbedingt und ausschließlich gehorchen, den eigenen Willen und

---

*) Weißkern Topographie von Niederöstreich. Wien 1769 s. v. Jesuiten
und Academien.

berstamm den Kern des Reiches, in dem alle diese Gegensätze, alle diese Nationalitäten und Zustände sich vereinigt fanden. Aber die Verhältnisse, in denen und durch die Oestreich groß geworden war, hatten nicht eine deutsche, sondern eine europäische Natur. Der mehrhundertjährige Kampf mit den Osmanen hatte in dem Erwerbe Ungarns, der eben so lange Kampf mit Frankreich in dem Besitz der Niederlande seinen Grund. Als während des ersten Drittel des 16. Jahrhunderts Deutschland von einem echt nationalen Aufschwung erhoben ward, ließ sich der Herr von Spanien und Amerika, von Italien und den Niederlanden durch ganz verschiedene Interessen leiten. Der dreißigjährige Krieg, der Deutschland verdarb, hat Oestreichs neuere Macht begründet und die Wiedereroberung Ungarns hat sie gesichert. Fortan trat Oestreich in allen europäischen Verwickelungen mit selbstständiger Größe auf. Ein solches Reich konnte nicht, wie Baiern oder Mecklenburg, den Impuls seines politischen Lebens von der deutschen Nationalität und den deutschen Reichsverhältnissen erhalten, sondern mußte in sich selbst die bewegende Kraft suchen. Schon früh hat ihm die Geschichte hierzu die Wege gebahnt. Als Oestreich in der Mitte des zwölften Jahrhunderts von Baiern getrennt und zum eigenen Herzogthum erhoben ward, erhielt es eine seiner politischen Aufgabe entsprechende äußere Selbstständigkeit. Das Privilegium*), welches 1156 Heinrich Jasomirgott empfing, machte Oestreich, das Schild und Herz des heiligen römischen Reiches, zu einem untheilbaren, nach den Regeln der Primogenitur vererblichen Herzogthum. Innerhalb desselben ist der Herzog der alleinige Lehnsherr und trifft allein die nöthigen Anordnungen, an welchen Niemand, auch nicht der Kaiser, ändern darf; zwar ist der Herzog Vasall des Reiches, nimmt unmittelbar nach den Churfürsten seinen Platz ein, hat alle Rechte der übrigen Reichsfürsten und

---

*) Senkenberg Gedanken von dem Gebrauch des deutschen bürgerlichen und Staatsrechts S. 123.

n in jeder Fährlichkeit vom Reiche Hülfe fordern; aber sein
n braucht er nur auf östreichischem Grund und Boden zu
fangen, der Reichsgerichtsbarkeit ist er nicht unterworfen
zu Kriegsdiensten und Geldleistungen dem Reiche so wenig
zum Besuche der Reichstage verpflichtet. Gleiche Rechte
en alle Landestheile erhalten, welche künftig aus irgend
em Grunde dem Herzogthum zuwachsen. Diese Stellung,
jeden Vortheil, welchen die Verbindung mit dem Reiche
gähren konnte, verschaffte, ohne irgend eine Verpflichtung,
end eine Last aufzuerlegen, hat Oestreich durch alle Jahr-
werte hindurch bewahrt. Selbst dann, als am Ende des
fzehnten Jahrhunderts auf neuem Wege die Herstellung der
itischen Einheit aller Deutschen versucht ward, blieb es
ht nur von der durch das Kammergericht geübten Reichsju-
gewalt völlig erimirt, sondern erhielt auch durch Carl V.
1 Neuem die Bestätigung seiner Privilegien. So selbstständ-
1 und unabhängig stand es neben dem Reiche, daß Carl V.
ich nach der Erwählung zum römischen Kaiser seinem Bru-
Ferdinand den Vorschlag machen konnte*), ihm die fünf
rzogthümer der unteren östreichischen Lande zu überlassen
d ihn zum König von Oestreich zu erheben. Nichts ist in
1 folgenden Jahrhunderten geschehen, um Oestreich Deutsch-
1d näher zu bringen. Weder die Reichsgerichtsbarkeit noch
Reichsgesetzgebung fand auf Oestreich eine Anwendung.
it seinen Beiträgen zur Unterhaltung des Kammergerichts
eb es in einem zur Regel gewordenen Rückstand; seine Trup-
n traten auch in Reichskriegen gesondert vom Reichsheere
d unter eigenen Befehlshabern auf. Da mithin der äußere
sammenhang Oestreichs mit dem Reich nur in dem factischen
istande bestand, daß seine Herrscher zugleich die deutsche Kö-
gskrone trugen, so würde, wenn diese an ein anderes Haus
gommen wäre, Oestreich wie schon Puffendorf bemerkte**);

---

*) Bucholtz Geschichte der Regierung Ferdinand I. Theil I. S. 155, 159
*) Monzambano de statu imperii Germanici cp. II. §. 4.

nicht in, sondern neben dem Reiche seinen Platz eingenommen
haben; so lange Carl VII. die Kaiserwürde bekleidete, war
offener Kampf zwischen ihm und Oestreich.

Seiner politischen Trennung vom Reiche entsprechend, hatte
sich Oestreich in immer schärfer werdende Absonderung von
der geistigen Entwickelung des deutschen Volkes gehalten. Schon
jene Versuche, welche in den Jahrhunderten vor der Reformation gemacht wurden, um dem ertödtenden Drucke der römischen und scholastischen Theologie gegenüber ein neueres freieres
Leben zu gewinnen *), berührten Oestreich nicht.   Tauler und
Thomas von Kempen, Johann von Goch und Johann Wessel,
dann Reuchlin und Erasmus gehörten ihrer Geburt und Wirksamkeit nach dem westlichen Deutschland an und schwerlich ist
es nachzuweisen, daß die unter dem Einflusse dieser Männer
entstandenen geistigen Bewegungen sich bis in die Erzherzogthümer fortgesetzt haben.   Die Reformation freilich griff in
Oestreich mächtig ein, wie überall, so weit die deutsche Zunge
klang.   Der Adel, die Städte, das platte Land in Steiermark und in beiden Oestreich wandten sich der gereinigten Lehre
zu, welche dann auch in den nicht deutschen Reichen Ferdinands I. zur Geltung gelangte.   In Böhmen gingen bis zu
Rudolph II. Zeit fast alle ausgezeichneten Gelehrten aus der
Reformation hervor und die wohlgeordneten Schulen, die auch
in den kleinsten Städten sich fanden, waren fast sämmtlich
evangelisch **).   Die Ungarn strömten in großer Zahl nach
deutschen Universitäten und brachten zugleich mit dem deutschen
Bildungstrieb die evangelische Lehre zurück, aus welcher bei
Weitem die meisten und besten der zahlreich errichteten Schulen ihren Ursprung nahmen.   Ganz so, wie im gesammten
Deutschland wohnten Protestanten und Katholiken auch in den
östreichischen Landen vermischt neben einander, und wie überall
so trat auch hier im Gefolge der Reformation ein neuer Auf-

---

*) Ullmann Reformatoren vor der Reformation. I. S. 37 u. folgende.
**) Mailath Geschichte des östreichischen Kaiserstaats. II. 376—378.

wung der Wiffenfchaft und rege Sorge für Volksbildung
vor. Es fchien, als wenn die öftreichifchen Deutfchen fortan
in den tiefften und größten Beziehungen in lebendiger Ein-
t mit dem gefammten deutfchen Volke entwickeln und Ma-
ıren und Böhmen mit fich auf ihre Bahn fortreißen würden.

Schon Ferdinand I. indeffen trat diefem inneren Zufam-
nwachfen der öftreichifchen Herrfchaften mit Deutfchland durch
aaßregeln entgegen, welche für eine Reihe von Jahrhunder-
entfcheidende Bedeutung gewinnen follten. Entfchloffen
ıe Lande in der römifch-katholifchen Kirche zu erhalten,
hte er die Kraft zu vernichten, durch welche die Reformation
) der Gemüther bemächtigt hatte. Nicht in dem allgemeinen
v tiefen Bedürfniß nach dem lebendigen Chriftenthum, nicht
der unverfiegbaren Quelle des chriftlichen Geiftes und des
iftlichen Lebens, welcher die Reformation aus dem Schutt
b dem Gerölle der Satzungen und Formen wiederum den
eg zum Volke eröffnet hatte, fuchte Ferdinand die Macht,
lche unwiderftehlich die Herzen ergriff. Weil überall, wo
: Reformation erfchien, die Wiffenfchaften fich belebten und
: Schulen erblühten, fo mußte die wiffenfchaftliche Bildung
r Proteftanten, welche die Bildungsbedürftigen an fich heran
ze und die Freiheit der Forfchung, welche die Satzungen
: römifchen Kirche verführend antafte, es fich gefallen laffen,
з die Wurzeln aller in der Reformation liegenden Kraft zu
ten. Diefen Wurzeln ihre Nahrung zu entziehen, erfchien
her als die Aufgabe, deren Löfung Ferdinand und feine
ıchfolger verfuchten, indem fie der Wiffenfchaft und Bildung
en römifch-katholifchen Unterricht entgegenfetzten.

Bereits 1546 decretirte Ferdinand, daß künftig kein Pro-
or zu Wien, in was für Facultät oder Sprache es auch
, angenommen werden folle, der nicht zuvor von der theolo-
chen Facultät Glaubens halber examinirt fei. Dann folgte
51 das Mandat, daß kein Schulmeifter angeftellt werden
lte, als der feines Glaubens und Religion halber ganz ka-
lifch und keiner irrigen Lehre und Secte anhängig gefunden

11

ren oder entfernteren Zukunft irgend ein Ereigniß die Eifersucht beseitigte, mit welcher die größeren deutschen Souveräne
sich gegenseitig an der Ueberwältigung der kleinen Herrschaften
verhinderten. Indessen ließ sich freilich nicht im Voraus bestimmen, ob es nicht der Einen oder der Anderen der Grafschaften und Fürstenthümer gelingen könne, die Unabhängigkeit zu bewahren, damit doch auch der Laune des Zufalls und
der gewandten Benutzung des Augenblicks ihr Recht in der
Geschichte verbleibe.

Weder die Grafschaften und kleinen Fürstenthümer, noch
die Reichsstädte, noch die geistlichen Lande, noch die reichsritterlichen Gebiete vermochten sich aus innerer Berechtigung
und eigener Kraft zu halten, wenn der Schein ihres in Wahrheit nicht vorhandenen selbstständigen politischen Daseins in
Gefahr kam zu erlöschen und sie aus fingirten politischen Unabhängigkeiten in Gliederungen kräftigerer Staaten verwandelt
werden sollten. Aber freilich bedurften die lebensvolleren
deutschen Territorien, um die ihnen gestellten Aufgaben zu lösen, nicht allein der ihnen durch Aufnahme jener Gebiete zu
Theil werdenden Verstärkung an Land und Leuten, sondern
auch eines starken Halts in den vielfach erregten Weltverhält-
nissen, welcher ihnen nur durch deutsche Staaten mit europäischem Character gegeben werden konnte.

Drittes Kapitel.
Die beiden deutschen Staaten mit europäischem Character.

Die mittleren deutschen Territorien hatten, um in ihrem
Inneren die Staatsnatur allseitig durchbilden und nach Außen
die gegenseitige Ergänzung, deren sie bedurften, finden zu kön-
nen, den Schutt von vielen Jahren aufzuräumen, welcher vom
Strom der Zeit nicht an seinen Ufern abgesetzt war. Vieles
Alte mußte fallen, bevor das neue Leben gedeihen konnte.

.and freilich vermochte das Unwetter vorauszusehen, wel-
von Westen heraufziehend sich über Deutschland entladen
in Tagen vernichten sollte, was Jahrhunderte zusammen-
.uft hatten. Aber eine ruhige Entwickelung der Dinge,
mußte Jeder wissen, konnte für sich allein nimmermehr
bisherigen Staatskeim zum starken Stamme heranziehen.
.altige Erschütterungen, welche die Nation und ihre zeitige
ische Erscheinung bis in den innersten Nerv des Lebens
tern machten, mußten den Sturz des Alten, die Erhebung
Neuen begleiten. Kein Einziges der mittleren Territorien
stark genug, um fest und ruhig zu stehen, wenn rund um-
Vieles, Alles wankte; nicht Baiern, schon längst durch
reichs Uebergewicht dem westlichen Nachbarn in die Arme
ückt; nicht Sachsen angstvoll athmend in der Mitte zweier
päischer Mächte, nicht Hannover, nur deßhalb stark, weil
einem fremden Sterne folgte. Mit ihnen zugleich suchten
übrigen Territorien, welche die Zertrümmerung der poli-
.en Formen vergangener Zeit zu überleben hoffen durften,
) einer schirmenden Macht, um nicht zermalmt zu werden,
n die Stunde der Verwandlung schlug.

Indessen gab die Bewahrung vor dem Untergange für
allein noch keine Gewißheit, daß das den mittleren Ter-
rien gesteckte Ziel von ihnen erreicht werde. Eine durch-
fende Umgestaltung des deutschen Lebens sollte herbeigeführt
den. In Beziehung auf Religion, Wissenschaft und Kunst
t auch in einem eng begränzten Volkskreise das kleine Feuer
.rennen, welches den großen Wald anzündet; aber jede Er-
.rung von wahrhaft politischer Bedeutung bedarf einer
3artigen, machtvollen Unterlage, welche den mittleren deut-
n Territorien fehlte. Falls es ihnen auch unter günstigen
ständen gelingen konnte, dem keimenden Staatsprincipe
ihren Kreisen eine Darstellung zu geben, so entstand den-
) nur ein gedrücktes, der kräftigen und sicheren Bewegung
.ehrendes Leben, wenn es sich nicht zugleich in großartigen, von
.päischem Anerkenntniß getragenen Formen offenbaren konnte.

Deutsche Staaten mit europäischer Bedeutung bedurften die mittleren Territorien, um in ihnen Schutz und Halt für die Zeiten der Umwandlung und eine großartige Erscheinung des deutschen Staatsprincips zu finden, unter deren Voraussetzung allein auch in den kleineren Kreisen das keimende politische Leben fröhlich zu gedeihen vermochte. Nur in Oestreich und Preußen konnte eine Bedeutung dieser Art gesucht werden.

Während der Westen Deutschlands geistliche und weltliche Herrschaften, Reichsritter und Reichsstädte, Grafschaften und Fürstenthümer in reicher Fülle und buntem Gemenge hervorgetrieben hatte, nahmen den Osten von der See bis zu den Alpen jene beiden Staaten ein, nur durch das in ihre Mitte hineingeklemmte Sachsen von einander getrennt. Das Dasein Oestreichs und Preußens machte, wie das der mittleren Territorien, jede Darstellung des deutschen Volkes in Einem Staate unmöglich, aber während die letzteren durch ihre politische Bedürftigkeit den Zerfall Deutschlands in eine Anzahl unabhängiger Staaten verhinderten und zu einer die Einzelnen ergänzenden Conföderation hindrängten, lag in der sich selbst genügenden Größe Oestreichs und Preußens wenigstens scheinbar die Anforderung, ihre eigenen Bahnen zu gehen, ungehemmt durch die politischen Rücksichten und die rechtlichen Pflichten, wie sie die Theilnahme an einer Conföderation stets auferlegt. Wohl konnte das Volk der Deutschen seine Glieder in Oestreich und Preußen nicht lassen, ohne sich selbst zu zerreißen; wohl mußten die auch vereinigt schwachen mittleren Territorien sich an die beiden Mächte als ihren politischen Halt herandrängen, aber Oestreichs und Preußens Selbstständigkeit war zu groß, um sich durch außer ihnen liegende Anforderungen ihre Bahn vorschreiben zu lassen. Wenn nicht eine im Inneren der beiden Mächte wirkende Kraft sie zum Verein mit der Conföderation der mittleren Territorien hintrieb, so mußte das deutsche Volk sich in drei verschiedenen politischen Erscheinungsformen als Conföderation der mittleren Territorien, als Oestreich und als Preußen darstellen. Aber die Weltgeschichte hatte Oestreichs

Preußens europäische Macht in einer Weise geleitet, welche
Gefahr einer Zersplitterung und Vernichtung der deutschen
ionalität beseitigte.

I. Oeſtreich.

Oeſtreich hatte im vorigen Jahrhundert längſt einen Theil
res Volkes und unſerer Intereſſen mit Völkern und Intereſ-
des Oſtens, zuſammengefügt und Deutſche mit einer völlig
nben Welt zu einem Ganzen verbunden. Innerhalb der
ten Gränzen des Reiches träumten hier die Böhmen über
Gräbern ihrer gefallenen Helden von einer vergangenen
eren Zeit und gaben thatlos das geknickte Volksleben frem-
Leitung hin. Dort rang die edle Natur der Magyaren
jeſtüm nach dem Segen des Staats, während ihr Feſthal-
an halbbarbariſcher Ungebundenheit die gewonnenen An-
ige ſtets wieder zerſtörte. Nichts hatte Deutſchland gemein
jenem ſeltſamen Durcheinander und Nebeneinander der Un-
m und Deutſchen, der Wallachen und der verſchiedenſten
viſchen Stämme, wie es die Wellen der aus Aſien herſtür-
den Völkerfluth, wie es Türkenkriege und innere Parteiun-
, ſpätere Einwanderungen und Unterjochungen feſtgeſtellt
tte. Der Bericht nun gar von jenen Zuſtänden, in denen
hrere hunderttauſend einzelner Wallachen und Serbier ohne
meinden, ohne Verſchiedenheit des Berufs, ohne irgend
en anderen Zuſammenhang als den militäriſchen die Grän-
t gegen die Peſt und gegen Mordanfälle und Raubzüge ma-
medaniſcher Nachbarn ſchützten*), ſtatt des Soldes Acker
d Hütten empfingen und mit Weib und Kind und Haushalt
ter militairiſcher Aufſicht ſtanden; der Bericht von dieſen
ſtänden klang dem Brandenburger und Weſtphalen, dem
hwaben und Baiern ins Ohr, wie eine Erzählung aus
uſend und einer Nacht. Zwar bildete ein echt deutſcher Bru-

---

*) Mendelsſohn, das germaniſche Europa. S. 365.

berstamm den Kern des Reiches, in dem alle diese Gegensätze, alle diese Nationalitäten und Zustände sich vereinigt fanden. Aber die Verhältnisse, in denen und durch die Oestreich groß geworden war, hatten nicht eine deutsche, sondern eine europäische Natur. Der mehrhundertjährige Kampf mit den Osmanen hatte in dem Erwerbe Ungarns, der eben so lange Kampf mit Frankreich in dem Besitz der Niederlande seinen Grund. Als während des ersten Drittel des 16. Jahrhunderts Deutschland von einem echt nationalen Aufschwung erhoben ward, ließ sich der Herr von Spanien und Amerika, von Italien und den Niederlanden durch ganz verschiedene Interessen leiten. Der dreißigjährige Krieg, der Deutschland verdarb, hat Oestreichs neuere Macht begründet und die Wiedereroberung Ungarns hat sie gesichert. Fortan trat Oestreich in allen europäischen Verwickelungen mit selbstständiger Größe auf. Ein solches Reich konnte nicht, wie Baiern oder Mecklenburg, den Impuls seines politischen Lebens von der deutschen Nationalität und den deutschen Reichsverhältnissen erhalten, sondern mußte in sich selbst die bewegende Kraft suchen. Schon früh hat ihm die Geschichte hierzu die Wege gebahnt.

Als Oestreich in der Mitte des zwölften Jahrhunderts von Baiern getrennt und zum eigenen Herzogthum erhoben ward, erhielt es eine seiner politischen Aufgabe entsprechende äußere Selbstständigkeit. Das Privilegium*), welches 1156 Heinrich Jasomirgott empfing, machte Oestreich, das Schild und Herz des heiligen römischen Reiches, zu einem untheilbaren, nach den Regeln der Primogenitur vererblichen Herzogthum. Innerhalb desselben ist der Herzog der alleinige Lehnsherr und trifft allein die nöthigen Anordnungen, an welchen Niemand, auch nicht der Kaiser, ändern darf; zwar ist der Herzog Vasall des Reiches, nimmt unmittelbar nach den Churfürsten seinen Platz ein, hat alle Rechte der übrigen Reichsfürsten und

---

*) Senkenberg Gedanken von dem Gebrauch des deutschen bürgerlichen und Staatsrechts S. 123.

mann in jeder Fährlichkeit vom Reiche Hülfe fordern; aber sein Lehn braucht er nur auf östreichischem Grund und Boden zu empfangen, der Reichsgerichtsbarkeit ist er nicht unterworfen und zu Kriegsdiensten und Geldleistungen dem Reiche so wenig wie zum Besuche der Reichstage verpflichtet. Gleiche Rechte sollen alle Landestheile erhalten, welche künftig aus irgend einem Grunde dem Herzogthum zuwachsen. Diese Stellung, die jeden Vortheil, welchen die Verbindung mit dem Reiche gewähren konnte, verschaffte, ohne irgend eine Verpflichtung, irgend eine Last aufzuerlegen, hat Oestreich durch alle Jahrhunderte hindurch bewahrt. Selbst dann, als am Ende des funfzehnten Jahrhunderts auf neuem Wege die Herstellung der politischen Einheit aller Deutschen versucht ward, blieb es nicht nur von der durch das Kammergericht geübten Reichsjustizgewalt völlig exsimirt, sondern erhielt auch durch Carl V. von Neuem die Bestätigung seiner Privilegien. So selbstständig und unabhängig stand es neben dem Reiche, daß Carl V. gleich nach der Erwählung zum römischen Kaiser seinem Bruder Ferdinand den Vorschlag machen konnte*), ihm die fünf Herzogthümer der unteren östreichischen Lande zu überlassen und ihn zum König von Oestreich zu erheben. Nichts ist in den folgenden Jahrhunderten geschehen, um Oestreich Deutschland näher zu bringen. Weder die Reichsgerichtsbarkeit noch die Reichsgesetzgebung fand auf Oestreich eine Anwendung. Mit seinen Beiträgen zur Unterhaltung des Kammergerichts blieb es in einem zur Regel gewordenen Rückstand; seine Truppen traten auch in Reichskriegen gesondert vom Reichsheere und unter eigenen Befehlshabern auf. Da mithin der äußere Zusammenhang Oestreichs mit dem Reich nur in dem factischen Umstande bestand, daß seine Herrscher zugleich die deutsche Königskrone trugen, so würde, wenn diese an ein anderes Haus gekommen wäre, Oestreich wie schon Puffendorf bemerkte **),

---

*) Bucholz Geschichte der Regierung Ferdinand I. Theil I. S. 155, 159
**) Monzambano de statu imperii Germanici cp. II. §. 4.

nicht in, sondern neben dem Reiche seinen Platz eingenommen haben; so lange Carl VII. die Kaiserwürde bekleidete, war offener Kampf zwischen ihm und Oestreich.

Seiner politischen Trennung vom Reiche entsprechend, hatte sich Oestreich in immer schärfer werdende Absonderung von der geistigen Entwickelung des deutschen Volkes gehalten. Schon jene Versuche, welche in den Jahrhunderten vor der Reformation gemacht wurden, um dem ertödtenden Drucke der römischen und scholastischen Theologie gegenüber ein neueres freieres Leben zu gewinnen *), berührten Oestreich nicht. Tauler und Thomas von Kempen, Johann von Goch und Johann Wessel, dann Reuchlin und Erasmus gehörten ihrer Geburt und Wirksamkeit nach dem westlichen Deutschland an und schwerlich ist es nachzuweisen, daß die unter dem Einflusse dieser Männer entstandenen geistigen Bewegungen sich bis in die Erzherzogthümer fortgesetzt haben. Die Reformation freilich griff in Oestreich mächtig ein, wie überall, so weit die deutsche Zunge klang. Der Adel, die Städte, das platte Land in Steiermark und in beiden Oestreich wandten sich der gereinigten Lehre zu, welche dann auch in den nicht deutschen Reichen Ferdinands I. zur Geltung gelangte. In Böhmen gingen bis zu Rudolph II. Zeit fast alle ausgezeichneten Gelehrten aus der Reformation hervor und die wohlgeordneten Schulen, die auch in den kleinsten Städten sich fanden, waren fast sämmtlich evangelisch **). Die Ungarn strömten in großer Zahl nach deutschen Universitäten und brachten zugleich mit dem deutschen Bildungstrieb die evangelische Lehre zurück, aus welcher bei Weitem die meisten und besten der zahlreich errichteten Schulen ihren Ursprung nahmen. Ganz so, wie im gesammten Deutschland wohnten Protestanten und Katholiken auch in den östreichischen Landen vermischt neben einander, und wie überall so trat auch hier im Gefolge der Reformation ein neuer Auf-

---

*) Ullmann Reformatoren vor der Reformation. I. S. 37 u. folgende.
**) Mailath Geschichte des östreichischen Kaiserstaats. II. 376—378.

)wung der Wissenschaft und rege Sorge für Volksbildung
rvor. Es schien, als wenn die östreichischen Deutschen fortan
h in den tiefsten und größten Beziehungen in lebendiger Ein-
'it mit dem gesammten deutschen Volke entwickeln und Ma-
)aren und Böhmen mit sich auf ihre Bahn fortreißen würden.

Schon Ferdinand I. indessen trat diesem inneren Zusam-
enwachsen der östreichischen Herrschaften mit Deutschland durch
Maaßregeln entgegen, welche für eine Reihe von Jahrhunder-
n entscheidende Bedeutung gewinnen sollten. Entschlossen
ine Lande in der römisch-katholischen Kirche zu erhalten,
chte er die Kraft zu vernichten, durch welche die Reformation
ch der Gemüther bemächtigt hatte. Nicht in dem allgemeinen
nd tiefen Bedürfniß nach dem lebendigen Christenthum, nicht
i der unversiegbaren Quelle des christlichen Geistes und des
)ristlichen Lebens, welcher die Reformation aus dem Schutt
nd dem Gerölle der Satzungen und Formen wiederum den
Beg zum Volke eröffnet hatte, suchte Ferdinand die Macht,
)elche unwiderstehlich die Herzen ergriff. Weil überall, wo
ie Reformation erschien, die Wissenschaften sich belebten und
ie Schulen erblühten, so mußte die wissenschaftliche Bildung
er Protestanten, welche die Bildungsbedürftigen an sich heran
bge und die Freiheit der Forschung, welche die Satzungen
er römischen Kirche verführend antaste, es sich gefallen lassen,
lß die Wurzeln aller in der Reformation liegenden Kraft zu
elten. Diesen Wurzeln ihre Nahrung zu entziehen, erschien
aber als die Aufgabe, deren Lösung Ferdinand und seine
Rachfolger versuchten, indem sie der Wissenschaft und Bildung
nen römisch-katholischen Unterricht entgegensetzten.

Bereits 1546 decretirte Ferdinand, daß künftig kein Pro-
ffor zu Wien, in was für Facultät oder Sprache es auch
i, angenommen werden solle, der nicht zuvor von der theolo-
schen Facultät Glaubens halber examinirt sei. Dann folgte
551 das Mandat, daß kein Schulmeister angestellt werden
Ilte, als der seines Glaubens und Religion halber ganz ka-
olisch und keiner irrigen Lehre und Secte anhängig gefunden

11

wäre, damit nicht Schulhalter mit verführerischen Lehren und
Opinionen die unschuldige edle Jugend mit ihren sectischen
bösen Lehren verführten. Als in Folge des ersten Gebotes die
angesehenen Familien des Landes ihre Söhne auf auswärtige
Lehranstalten sendeten, befahl Ferdinand, „um solchem Fürwitz
zu begegnen", 1548, es solle künftig nur in Wien, Freiburg und
ausnahmsweise Ingolstadt wegen der Verwandtschaft mit dem
Herzog Albrecht von Baiern und anderer Ursachen wegen
zu studiren gestattet sein. Aber Ferdinand traute der Bildung seiner eigenen Gelehrten nicht und noch weniger ihrem
Eifer für die römische Kirche. Er hoffte auf Hülfe von anderer Seite. „Fast als das einzige Mittel, schrieb er 1550 an
Ignatius, um der täglich von neuen Uebeln und Irrthümern
bedrängten Religion zu helfen, stelle sich dar, daß die Erziehung der Jugend von Männern geleitet werde, welche durch
reine Lehre und Wandel ausgezeichnet seien. Da nun die Gesellschaft Jesu hierin schon so Löbliches geleistet, so sei sein
Vorhaben in Wien erster Zeit ein Collegium sowohl für Väter des Ordens, als für studirende Jünglinge zu gründen."
Am letzten Mai 1551 langten auf diese Aufforderung zehn
Brüder in Wien an und begannen noch in demselben Jahre
Vorlesungen auf der Universität. Im folgenden Jahre errichteten sie ihr erstes Gymnasium mit etwa funfzig Schulen und
erhielten bald darauf das Carmeliterkloster nebst Einkünften in
Geld, errichteten ein Seminarium für arme Theologen und
erweiterten ihr Collegium, so daß Theologie, Philosophie,
Rede und Dichtkunst darin gelehrt wurden. Bald gewannen sie
auch außerhalb der Erzherzogthümer festen Fuß. In Prag
ward 1555 ein Collegium gegründet, dem Convict und Seminarium bald nachfolgten; nicht viel später traten die Collegia
zu Inspruck hervor, dann 1558 zu Freiburg im Breisgau und
1571 zu Tyrnau in Ungarn, wiewohl damals noch nicht mit
dauerndem Erfolg*). Zu kräftig hatte sich das durch die Re-

---

*) Die hierher gehörenden Urkunden bei Bucholz Geschichte Ferdinand I.
Theil 8. S. 186—226.

mation nach Oestreich gebrachte Leben entwickelt, um sofort
Anstrengungen des Ordens zu erliegen. Als 1558 bestimmt
rd, daß an der Wiener Universität stets zwei Jesuiten scho-
ische Theologie lehren sollten, begehrte dagegen im folgen-
ı Jahre die Universität, daß alle Schulen und Studien der
suiten unter die Aufsicht des Rectors der Universität gestellt
rden sollten. Diese Forderung zwar lehnte Ferdinand ab,
er die Universität selbst so wie die alte berühmte Stephans-
ule mußte er doch unabhängig neben dem Orden bestehen
ssen. Sobald mit dem Tode Ferdinand I. die Angriffe auf
n Protestantismus nachließen, erschien dieser vorherrschend
Böhmen und Ungarn. Den Herren, Rittern und Städten
stattete Max II. den Gottesdienst der Augsburgischen Confes-
ıu gemäß einzurichten *); die steirischen Stände erhielten freie
eligionsübung, und der einflußreichere und ausgebildetere Theil
r Beamten in den Landescollegien bestand aus Protestanten.
m Wesentlichen fand Ferdinand II. diesen Zustand vor, als
1619 die Regierung antrat. Innerhalb der ersten zehn
ahre seiner Regierung aber wurden alle unkatholischen Prä-
canten und Schulmeister aus sämmtlichen östreichischen Landen
er etwas früher, dort etwas später vertrieben. Ungarn
llein blieb ausgenommen. Auch in den Familien wurden
ine unkatholischen Lehrer geduldet, und auch im Innern
es Hauses kein protestantischer Gottesdienst, kein Lesen der
ostillen, kein Unterricht in Glaubenssachen erlaubt. An
remde Orte durfte sich Niemand begeben, um lutherische Pre-
igt zu hören oder die Sacramente zu empfangen. Kinder,
ie an fremden Orten unkatholische Schulen besuchten, mußten
urückgebracht und in katholische Schulen geschickt werden.
liemand sollte seine Söhne künftig ins Ausland schicken, um
e dort studiren oder Sprachen lernen zu lassen. Dagegen
nußten Alle, bei harter Geld- oder Gefängnißstrafe, sonntäg-
ich dem katholischen Gottesdienst beiwohnen und streng die

---

*) Ranke histor. polit. Zeitschrift I. 316.

Deutsche Staaten mit europäischer Bedeutung bedurften die mittleren Territorien, um in ihnen Schutz und Halt für die Zeiten der Umwandlung und eine großartige Erscheinung des deutschen Staatsprincips zu finden, unter deren Voraussetzung allein auch in den kleineren Kreisen das keimende politische Leben fröhlich zu gedeihen vermochte. Nur in Oestreich und Preußen konnte eine Bedeutung dieser Art gesucht werden.

Während der Westen Deutschlands geistliche und weltliche Herrschaften, Reichsritter und Reichsstädte, Grafschaften und Fürstenthümer in reicher Fülle und buntem Gemenge hervorgetrieben hatte, nahmen den Osten von der See bis zu den Alpen jene beiden Staaten ein, nur durch das in ihre Mitte hineingeklemmte Sachsen von einander getrennt. Das Dasein Oestreichs und Preußens machte, wie das der mittleren Territorien, jede Darstellung des deutschen Volkes in Einem Staate unmöglich, aber während die letzteren durch ihre politische Bedürftigkeit den Zerfall Deutschlands in eine Anzahl unabhängiger Staaten verhinderten und zu einer die Einzelnen ergänzenden Conföderation hindrängten, lag in der sich selbst genügenden Größe Oestreichs und Preußens wenigstens scheinbar die Anforderung, ihre eigenen Bahnen zu gehen, ungehemmt durch die politischen Rücksichten und die rechtlichen Pflichten, wie sie die Theilnahme an einer Conföderation stets auferlegt. Wohl konnte das Volk der Deutschen seine Glieder in Oestreich und Preußen nicht lassen, ohne sich selbst zu zerreißen; wohl mußten die auch vereinigt schwachen mittleren Territorien sich an die beiden Mächte als ihren politischen Halt herandrängen, aber Oestreichs und Preußens Selbstständigkeit war zu groß, um sich durch außer ihnen liegende Anforderungen ihre Bahn vorschreiben zu lassen. Wenn nicht eine im Inneren der beiden Mächte wirkende Kraft sie zum Verein mit der Conföderation der mittleren Territorien hintrieb, so mußte das deutsche Volk sich in drei verschiedenen politischen Erscheinungsformen als Conföderation der mittleren Territorien, als Oestreich und als Preußen darstellen. Aber die Weltgeschichte hatte Oestreichs

b Preußens europäische Macht in einer Weise geleitet, welche
? Gefahr einer Zersplitterung und Vernichtung der deutschen
ationalität beseitigte.

I. Oestreich.

Oestreich hatte im vorigen Jahrhundert längst einen Theil
seres Volkes und unserer Interessen mit Völkern und Interes-
n des Ostens zusammengefügt und Deutsche mit einer völlig
emben Welt zu einem Ganzen verbunden. Innerhalb der
eiten Gränzen des Reiches träumten hier die Böhmen über
n Gräbern ihrer gefallenen Helden von einer vergangenen
sseren Zeit und gaben thatlos das geknickte Volksleben frem-
r Leitung hin. Dort rang die edle Natur der Magyaren
ngestüm nach dem Segen des Staats, während ihr Festhal-
n an halbbarbarischer Ungebundenheit die gewonnenen An-
lnge stets wieder zerstörte. Nichts hatte Deutschland gemein
iit jenem seltsamen Durcheinander und Nebeneinander der Un-
arn und Deutschen, der Wallachen und der verschiedensten
lavischen Stämme, wie es die Wellen der aus Asien herstür-
enden Völkerfluth, wie es Türkenkriege und innere Parteiun-
en, spätere Einwanderungen und Unterjochungen festgestellt
atte. Der Bericht nun gar von jenen Zuständen, in denen
iehrere hunderttausend einzelner Wallachen und Serbier ohne
Bemeinden, ohne Verschiedenheit des Berufs, ohne irgend
inen anderen Zusammenhang als den militärischen die Grän-
en gegen die Pest und gegen Mordanfälle und Raubzüge mus
amedanischer Nachbarn schützten*), statt des Soldes Acker
nd Hütten empfingen und mit Weib und Kind und Haushalt
nter militairischer Aufsicht standen; der Bericht von diesen
Zuständen klang dem Brandenburger und Westphalen, dem
Schwaben und Baiern ins Ohr, wie eine Erzählung aus
ausend und einer Nacht. Zwar bildete ein echt deutscher Bru-

---

*) Mendelssohn, das germanische Europa. S. 365.

verstamm den Kern des Reiches, in dem alle diese Gegensätze,
alle diese Nationalitäten und Zustände sich vereinigt fanden.
Aber die Verhältnisse, in denen und durch die Oestreich groß
geworden war, hatten nicht eine deutsche, sondern eine europäische Natur. Der mehrhundertjährige Kampf mit den Osmanen hatte in dem Erwerbe Ungarns, der eben so lange
Kampf mit Frankreich in dem Besitz der Niederlande seinen
Grund. Als während des ersten Drittel des 16. Jahrhunderts Deutschland von einem echt nationalen Aufschwung erhoben ward, ließ sich der Herr von Spanien und Amerika, von
Italien und den Niederlanden durch ganz verschiedene Interessen leiten. Der dreißigjährige Krieg, der Deutschland verdarb,
hat Oestreichs neuere Macht begründet und die Wiedereroberung Ungarns hat sie gesichert. Fortan trat Oestreich in allen europäischen Verwickelungen mit selbstständiger Größe auf.
Ein solches Reich konnte nicht, wie Baiern oder Mecklenburg,
den Impuls seines politischen Lebens von der deutschen Nationalität und den deutschen Reichsverhältnissen erhalten, sondern mußte in sich selbst die bewegende Kraft suchen. Schon
früh hat ihm die Geschichte hierzu die Wege gebahnt.

Als Oestreich in der Mitte des zwölften Jahrhunderts von
Baiern getrennt und zum eigenen Herzogthum erhoben ward,
erhielt es eine seiner politischen Aufgabe entsprechende äußere
Selbstständigkeit. Das Privilegium*), welches 1156 Heinrich
Jasomirgott empfing, machte Oestreich, das Schild und Herz
des heiligen römischen Reiches, zu einem untheilbaren, nach
den Regeln der Primogenitur vererblichen Herzogthum. Innerhalb desselben ist der Herzog der alleinige Lehnsherr und
trifft allein die nöthigen Anordnungen, an welchen Niemand,
auch nicht der Kaiser ändern darf; zwar ist der Herzog Vasall des Reiches, nimmt unmittelbar nach den Churfürsten seinen Platz ein, hat alle Rechte der übrigen Reichsfürsten und

---

*) Senkenberg Gedanken von dem Gebrauch des deutschen bürgerlichen
und Staatsrechts S. 123.

m in jeder Fährlichkeit vom Reiche Hülfe forbern; aber sein
zu braucht er nur auf östreichischem Grund und Boden zu
pfangen, der Reichsgerichtsbarkeit ist er nicht unterworfen
b zu Kriegsdiensten und Geldleistungen dem Reiche so wenig
e zum Besuche der Reichstage verpflichtet. Gleiche Rechte
len alle Landestheile erhalten, welche künftig aus irgend
iem Grunde dem Herzogthum zuwachsen. Diese Stellung,
e jeden Vortheil, welchen die Verbindung mit dem Reiche
währen konnte, verschaffte, ohne irgend eine Verpflichtung,
gend eine Last aufzuerlegen, hat Oestreich durch alle Jahr-
underte hindurch bewahrt. Selbst dann, als am Ende des
nfzehnten Jahrhunderts auf neuem Wege die Herstellung der
olitischen Einheit aller Deutschen versucht ward, blieb es
cht nur von der durch das Kammergericht geübten Reichsju-
izgewalt völlig exirmirt, sondern erhielt auch durch Carl V.
on Neuem die Bestätigung seiner Privilegien. So selbstständ-
g und unabhängig stand es neben dem Reiche, daß Carl V.
eich nach der Erwählung zum römischen Kaiser seinem Bru-
er Ferdinand den Vorschlag machen konnte*), ihm die fünf
erzogthümer der unteren östreichischen Lande zu überlassen
nd ihn zum König von Oestreich zu erheben. Nichts ist in
en folgenden Jahrhunderten geschehen, um Oestreich Deutsch-
nd näher zu bringen. Weder die Reichsgerichtsbarkeit noch
ie Reichsgesetzgebung fand auf Oestreich eine Anwendung.
Nit seinen Beiträgen zur Unterhaltung des Kammergerichts
lieb es in einem zur Regel gewordenen Rückstand; seine Trup-
en traten auch in Reichskriegen gesondert vom Reichsheere
nd unter eigenen Befehlshabern auf. Da mithin der äußere
usammenhang Oestreichs mit dem Reich nur in dem factischen
mstande bestand, daß seine Herrscher zugleich die deutsche Kö-
igskrone trugen, so würde, wenn diese an ein anderes Haus
ekommen wäre, Oestreich wie schon Puffendorf bemerkte**);

---

*) Bucholz Geschichte der Regierung Ferdinand I. Theil I. S. 155, 159
**) Monzambano de statu imperii Germanici cp. II. §. 4.

nicht in, sondern neben dem Reiche seinen Platz eingenommen haben; so lange Carl VII. die Kaiserwürde bekleidete, war offener Kampf zwischen ihm und Oestreich.

Seiner politischen Trennung vom Reiche entsprechend, hatte sich Oestreich in immer schärfer werdende Absonderung von der geistigen Entwickelung des deutschen Volkes gehalten. Schon jene Versuche, welche in den Jahrhunderten vor der Reforma=tion gemacht wurden, um dem ertödtenden Drucke der römi=schen und scholastischen Theologie gegenüber ein neueres freieres Leben zu gewinnen *), berührten Oestreich nicht. Tauler und Thomas von Kempen, Johann von Goch und Johann Wessel, dann Reuchlin und Erasmus gehörten ihrer Geburt und Wirk=samkeit nach dem westlichen Deutschland an und schwerlich ist es nachzuweisen, daß die unter dem Einflusse dieser Männer entstandenen geistigen Bewegungen sich bis in die Erzherzog=thümer fortgesetzt haben. Die Reformation freilich griff in Oestreich mächtig ein, wie überall, so weit die deutsche Zunge klang. Der Adel, die Städte, das platte Land in Steier=mark und in beiden Oestreich wandten sich der gereinigten Lehre zu, welche dann auch in den nicht deutschen Reichen Ferdi=nands I. zur Geltung gelangte. In Böhmen gingen bis zu Rudolph II. Zeit fast alle ausgezeichneten Gelehrten aus der Reformation hervor und die wohlgeordneten Schulen, die auch in den kleinsten Städten sich fanden, waren fast sämmtlich evangelisch **). Die Ungarn strömten in großer Zahl nach deutschen Universitäten und brachten zugleich mit dem deutschen Bildungstrieb die evangelische Lehre zurück, aus welcher bei Weitem die meisten und besten der zahlreich errichteten Schu=sen ihren Ursprung nahmen. Ganz so, wie im gesammten Deutschland wohnten Protestanten und Katholiken auch in den östreichischen Landen vermischt neben einander, und wie überall so trat auch hier im Gefolge der Reformation ein neuer Auf=

*) Ullmann Reformatoren vor der Reformation. I. S. 37 u. folgende.
**) Mailath Geschichte des östreichischen Kaiserstaats. II. 376—378.

wung der Wissenschaft und rege Sorge für Volksbildung
vor. Es schien, als wenn die östreichischen Deutschen fortan
) in den tiefsten und größten Beziehungen in lebendiger Ein-
t mit dem gesammten deutschen Volke entwickeln und Ma-
aren und Böhmen mit sich auf ihre Bahn fortreißen würden.

Schon Ferdinand I. indessen trat diesem inneren Zusam-
mwachsen der östreichischen Herrschaften mit Deutschland durch
aaßregeln entgegen, welche für eine Reihe von Jahrhunder-
t entscheidende Bedeutung gewinnen sollten. Entschlossen
ne Lande in der römisch-katholischen Kirche zu erhalten,
chte er die Kraft zu vernichten, durch welche die Reformation
h der Gemüther bemächtigt hatte. Nicht in dem allgemeinen
d tiefen Bedürfniß nach dem lebendigen Christenthum, nicht
der unversiegbaren Quelle des christlichen Geistes und des
ristlichen Lebens, welcher die Reformation aus dem Schutt
d dem Gerölle der Satzungen und Formen wiederum den
eg zum Volke eröffnet hatte, suchte Ferdinand die Macht,
elche unwiderstehlich die Herzen ergriff. Weil überall, wo
e Reformation erschien, die Wissenschaften sich belebten und
e Schulen erblühten, so mußte die wissenschaftliche Bildung
r Protestanten, welche die Bildungsbedürftigen an sich heran-
ge und die Freiheit der Forschung, welche die Satzungen
r römischen Kirche verführend antaste, es sich gefallen lassen,
ß die Wurzeln aller in der Reformation liegenden Kraft zu
lten. Diesen Wurzeln ihre Nahrung zu entziehen, erschien
ther als die Aufgabe, deren Lösung Ferdinand und seine
achfolger versuchten, indem sie der Wissenschaft und Bildung
nen römisch-katholischen Unterricht entgegensetzten.

Bereits 1546 decretirte Ferdinand, daß künftig kein Pro-
ssor zu Wien, in was für Facultät oder Sprache es auch
i, angenommen werden solle, der nicht zuvor von der theolo-
schen Facultät Glaubens halber examinirt sei. Dann folgte
51 das Mandat, daß kein Schulmeister angestellt werden
lte, als der seines Glaubens und Religion halber ganz ka-
olisch und keiner irrigen Lehre und Secte anhängig gefunden

11

ren oder entfernteren Zukunft irgend ein Ereigniß die Eifersucht beseitigte, mit welcher die größeren deutschen Souveräne
sich gegenseitig an der Ueberwältigung der kleinen Herrschaften
verhinderten. Indessen ließ sich freilich nicht im Voraus bestimmen, ob es nicht der Einen oder der Anderen der Grafschaften und Fürstenthümer gelingen könne, die Unabhängigkeit zu bewahren, damit doch auch der Laune des Zufalls und
der gewandten Benutzung des Augenblicks ihr Recht in der
Geschichte verbleibe.

Weder die Grafschaften und kleinen Fürstenthümer, noch
die Reichsstädte, noch die geistlichen Lande, noch die reichsritterlichen Gebiete vermochten sich aus innerer Berechtigung
und eigener Kraft zu halten, wenn der Schein ihres in Wahrheit nicht vorhandenen selbstständigen politischen Daseins in
Gefahr kam zu erlöschen und sie aus fingirten politischen Unabhängigkeiten in Gliederungen kräftigerer Staaten verwandelt
werden sollten. Aber freilich bedurften die lebensvolleren
deutschen Territorien, um die ihnen gestellten Aufgaben zu lösen, nicht allein der ihnen durch Aufnahme jener Gebiete zu
Theil werdenden Verstärkung an Land und Leuten, sondern
auch eines starken Halts in den vielfach erregten Weltverhält-
nissen, welcher ihnen nur durch deutsche Staaten mit europäischem Character gegeben werden konnte.

Drittes Kapitel.
Die beiden deutschen Staaten mit europäischem Character.

Die mittleren deutschen Territorien hatten, um in ihrem
Inneren die Staatsnatur allseitig durchbilden und nach Außen
die gegenseitige Ergänzung, deren sie bedurften, finden zu kön-
nen, den Schutt von vielen Jahren aufzuräumen, welcher vom
Strom der Zeit nicht an seinen Ufern abgesetzt war. Vieles
Alte mußte fallen, bevor das neue Leben gedeihen konnte.

nand freilich vermochte das Unwetter vorauszusehen, wel-
von Westen heraufziehend sich über Deutschland entladen
in Tagen vernichten sollte, was Jahrhunderte zusammen-
luft hatten.   Aber eine ruhige Entwickelung der Dinge,
mußte Jeder wissen, konnte für sich allein nimmermehr
bisherigen Staatskeim zum starken Stamme heranziehen.
valtige Erschütterungen, welche die Nation und ihre zeitige-
tische Erscheinung bis in den innersten Nerv des Lebens
ttern machten, mußten den Sturz des Alten; die Erhebung
Neuen begleiten.   Kein Einziges der mittleren Territorien
: stark genug, um fest und ruhig zu stehen, wenn rund um-
Vieles, Alles wankte; nicht Baiern, schon längst durch
reichs Uebergewicht dem westlichen Nachbarn in die Arme
rückt; nicht Sachsen angstvoll athmend in der Mitte zweier
päischer Mächte, nicht Hannover, nur deßhalb stark, weil
einem fremden Sterne folgte. Mit ihnen zugleich suchten
übrigen Territorien, welche die Zertrümmerung der poli-
hen Formen vergangener Zeit zu überleben hoffen durften,
h einer schirmenden Macht, um nicht zermalmt zu werden,
m die Stunde der Verwandlung schlug.

Indessen gab die Bewahrung vor dem Untergange für
allein noch keine Gewißheit, daß das den mittleren Ter-
rien gesteckte Ziel von ihnen erreicht werde. Eine durch-
ifende Umgestaltung des deutschen Lebens sollte herbeigeführt
den. In Beziehung auf Religion, Wissenschaft und Kunst
n auch in einem eng begränzten Volkskreise das kleine Feuer
brennen, welches den großen Wald anzündet; aber jede Er-
erung von wahrhaft politischer Bedeutung bedarf einer
ßartigen, machtvollen Unterlage, welche den mittleren deut-
n Territorien fehlte. Falls es ihnen auch unter günstigen
ständen gelingen konnte, dem keimenden Staatsprincipe
ihren Kreisen eine Darstellung zu geben, so entstand den-
) nur ein gedrücktes, der kräftigen und sicheren Bewegung
chrendes Leben, wenn es sich nicht zugleich in großartigen, von
päischem Anerkenntniß getragenen Formen offenbaren konnte.

Deutsche Staaten mit europäischer Bedeutung bedurften die mittleren Territorien, um in ihnen Schutz und Halt für die Zeiten der Umwandlung und eine großartige Erscheinung des deutschen Staatsprincips zu finden, unter deren Voraussetzung allein auch in den kleineren Kreisen das keimende politische Leben fröhlich zu gedeihen vermochte. Nur in Oestreich und Preußen konnte eine Bedeutung dieser Art gesucht werden.

Während der Westen Deutschlands geistliche und weltliche Herrschaften, Reichsritter und Reichsstädte, Grafschaften und Fürstenthümer in reicher Fülle und buntem Gemenge hervorgetrieben hatte, nahmen den Osten von der See bis zu den Alpen jene beiden Staaten ein, nur durch das in ihre Mitte hineingeklemmte Sachsen von einander getrennt. Das Dasein Oestreichs und Preußens machte, wie das der mittleren Territorien, jede Darstellung des deutschen Volkes in Einem Staate unmöglich, aber während die letzteren durch ihre politische Bedürftigkeit den Zerfall Deutschlands in eine Anzahl unabhängiger Staaten verhinderten und zu einer die Einzelnen ergänzenden Conföderation hindrängten, lag in der sich selbst genügenden Größe Oestreichs und Preußens wenigstens scheinbar die Anforderung, ihre eigenen Bahnen zu gehen, ungehemmt durch die politischen Rücksichten und die rechtlichen Pflichten, wie sie die Theilnahme an einer Conföderation stets auferlegt. Wohl konnte das Volk der Deutschen seine Glieder in Oestreich und Preußen nicht lassen, ohne sich selbst zu zerreißen; wohl mußten die auch vereinigt schwachen mittleren Territorien sich an die beiden Mächte als ihren politischen Halt herandrängen, aber Oestreichs und Preußens Selbstständigkeit war zu groß, um sich durch außer ihnen liegende Anforderungen ihre Bahn vorschreiben zu lassen. Wenn nicht eine im Inneren der beiden Mächte wirkende Kraft sie zum Verein mit der Conföderation der mittleren Territorien hintrieb, so mußte das deutsche Volk sich in drei verschiedenen politischen Erscheinungsformen als Conföderation der mittleren Territorien, als Oestreich und als Preußen darstellen. Aber die Weltgeschichte hatte Oestreichs

Preußens europäische Macht in einer Weise geleitet, welche
Gefahr einer Zersplitterung und Vernichtung der deutschen
tionalität beseitigte.

I. Oestreich.

Oestreich hatte im vorigen Jahrhundert längst einen Theil
eres Volkes und unserer Interessen mit Völkern und Interes-
des Ostens zusammengefügt und Deutsche mit einer völlig
nden Welt zu einem Ganzen verbunden. Innerhalb der
ten Gränzen des Reiches träumten hier die Böhmen über
Gräbern ihrer gefallenen Helden von einer vergangenen
eren Zeit und gaben thatlos das geknickte Volksleben frem-
Leitung hin. Dort rang die edle Natur der Magyaren
gestüm nach dem Segen des Staats, während ihr Festhal-
an halbbarbarischer Ungebundenheit die gewonnenen An-
ge stets wieder zerstörte. Nichts hatte Deutschland gemein
t jenem seltsamen Durcheinander und Nebeneinander der Un-
rn und Deutschen, der Wallachen und der verschiedensten
vischen Stämme, wie es die Wellen der aus Asien herstür-
den Völkerfluth, wie es Türkenkriege und innere Parteiun-
t, spätere Einwanderungen und Unterjochungen festgestellt
tte. Der Bericht nun gar von jenen Zuständen, in denen
hrere hunderttausend einzelner Wallachen und Serbier ohne
meinden, ohne Verschiedenheit des Berufs, ohne irgend
en anderen Zusammenhang als den militärischen die Grän-
gegen die Pest und gegen Mordanfälle und Raubzüge mu-
medanischer Nachbarn schützten*), statt des Soldes Acker
b Hütten empfingen und mit Weib und Kind und Haushalt
ter militairischer Aufsicht standen; der Bericht von diesen
ständen klang dem Brandenburger und Westphalen, dem
chwaben und Baiern ins Ohr, wie eine Erzählung aus
send und einer Nacht. Zwar bildete ein echt deutscher Bru-

---

*) Mendelssohn, das germanische Europa. S. 365.

derstamm den Kern des Reiches, in dem alle diese Gegensätze, alle diese Nationalitäten und Zustände sich vereinigt fanden. Aber die Verhältnisse, in denen und durch die Oestreich groß geworden war, hatten nicht eine deutsche, sondern eine europäische Natur. Der mehrhundertjährige Kampf mit den Osmanen hatte in dem Erwerbe Ungarns, der eben so lange Kampf mit Frankreich in dem Besitz der Niederlande seinen Grund. Als während des ersten Drittel des 16. Jahrhunderts Deutschland von einem echt nationalen Aufschwung erhoben ward, ließ sich der Herr von Spanien und Amerika, von Italien und den Niederlanden durch ganz verschiedene Interessen leiten. Der dreißigjährige Krieg, der Deutschland verdarb, hat Oestreichs neuere Macht begründet und die Wiedereroberung Ungarns hat sie gesichert. Fortan trat Oestreich in allen europäischen Verwickelungen mit selbstständiger Größe auf. Ein solches Reich konnte nicht, wie Baiern oder Mecklenburg, den Impuls seines politischen Lebens von der deutschen Nationalität und den deutschen Reichsverhältnissen erhalten, sondern mußte in sich selbst die bewegende Kraft suchen. Schon früh hat ihm die Geschichte hierzu die Wege gebahnt.

Als Oestreich in der Mitte des zwölften Jahrhunderts von Baiern getrennt und zum eigenen Herzogthum erhoben ward, erhielt es eine seiner politischen Aufgabe entsprechende äußere Selbstständigkeit. Das Privilegium*), welches 1156 Heinrich Jasomirgott empfing, machte Oestreich, das Schild und Herz des heiligen römischen Reiches, zu einem untheilbaren, nach den Regeln der Primogenitur vererblichen Herzogthum. Innerhalb desselben ist der Herzog der alleinige Lehnsherr und trifft allein die nöthigen Anordnungen, an welchen Niemand, auch nicht der Kaiser ändern darf; zwar ist der Herzog Vasall des Reiches, nimmt unmittelbar nach den Churfürsten seinen Platz ein, hat alle Rechte der übrigen Reichsfürsten und

---

*) Senkenberg Gedanken von dem Gebrauch des deutschen bürgerlichen und Staatsrechts S. 123.

n in jeder Fährlichkeit vom Reiche Hülfe fordern; aber sein
n braucht er nur auf östreichischem Grund und Boden zu
fangen, der Reichsgerichtsbarkeit ist er nicht unterworfen
 zu Kriegsdiensten und Geldleistungen dem Reiche so wenig
: zum Besuche der Reichstage verpflichtet. Gleiche Rechte
'en alle Landestheile erhalten, welche künftig aus irgend
em Grunde dem Herzogthum zuwachsen. Diese Stellung,
jeden Vortheil, welchen die Verbindung mit dem Reiche
vähren konnte, verschaffte, ohne irgend eine Verpflichtung,
end eine Last aufzuerlegen, hat Oestreich durch alle Jahr-
nderte hindurch bewahrt. Selbst dann, als am Ende des
fzehnten Jahrhunderts auf neuem Wege die Herstellung der
litischen Einheit aller Deutschen versucht ward, blieb es
ht nur von der durch das Kammergericht geübten Reichsju-
zgewalt völlig eximirt, sondern erhielt auch durch Carl V.
n Neuem die Bestätigung seiner Privilegien. So selbststän-
z und unabhängig stand es neben dem Reiche, daß Carl V.
eich nach der Erwählung zum römischen Kaiser seinem Bru-
r Ferdinand den Vorschlag machen konnte*), ihm die fünf
erzogthümer der unteren östreichischen Lande zu überlassen
d ihn zum König von Oestreich zu erheben. Nichts ist in
n folgenden Jahrhunderten geschehen, um Oestreich Deutsch-
nd näher zu bringen. Weder die Reichsgerichtsbarkeit noch
e Reichsgesetzgebung fand auf Oestreich eine Anwendung.
lit seinen Beiträgen zur Unterhaltung des Kammergerichts
ieb es in einem zur Regel gewordenen Rückstand; seine Trup-
'n traten auch in Reichskriegen gesondert vom Reichsheere
d unter eigenen Befehlshabern auf. Da mithin der äußere
usammenhang Oestreichs mit dem Reich nur in dem factischen
mstande bestand, daß seine Herrscher zugleich die deutsche Kö-
gskrone trugen, so würde, wenn diese an ein anderes Haus
'kommen wäre, Oestreich wie schon Püffendorf bemerkte**),

---

*) Bucholtz Geschichte der Regierung Ferdinand I. Theil I. S. 155, 159
**) Monzambano de statu imperii Germanici cp. II. §. 4.

nicht in, sondern neben dem Reiche seinen Platz eingenommen haben; so lange Carl VII. die Kaiserwürde bekleidete, war offener Kampf zwischen ihm und Oestreich.

Seiner politischen Trennung vom Reiche entsprechend, hatte sich Oestreich in immer schärfer werdende Absonderung von der geistigen Entwickelung des deutschen Volkes gehalten. Schon jene Versuche, welche in den Jahrhunderten vor der Reformation gemacht wurden, um dem ertödtenden Drucke der römischen und scholastischen Theologie gegenüber ein neueres freieres Leben zu gewinnen *), berührten Oestreich nicht. Tauler und Thomas von Kempen, Johann von Goch und Johann Wessel, dann Reuchlin und Erasmus gehörten ihrer Geburt und Wirksamkeit nach dem westlichen Deutschland an und schwerlich ist es nachzuweisen, daß die unter dem Einflusse dieser Männer entstandenen geistigen Bewegungen sich bis in die Erzherzogthümer fortgesetzt haben. Die Reformation freilich griff in Oestreich mächtig ein, wie überall, so weit die deutsche Zunge klang. Der Adel, die Städte, das platte Land in Steiermark und in beiden Oestreich wandten sich der gereinigten Lehre zu, welche dann auch in den nicht deutschen Reichen Ferdinands I. zur Geltung gelangte. In Böhmen gingen bis zu Rudolph II. Zeit fast alle ausgezeichneten Gelehrten aus der Reformation hervor und die wohlgeordneten Schulen, die auch in den kleinsten Städten sich fanden, waren fast sämmtlich evangelisch **). Die Ungarn strömten in großer Zahl nach deutschen Universitäten und brachten zugleich mit dem deutschen Bildungstrieb die evangelische Lehre zurück, aus welcher bei Weitem die meisten und besten der zahlreich errichteten Schulen ihren Ursprung nahmen. Ganz so, wie im gesammten Deutschland wohnten Protestanten und Katholiken auch in den östreichischen Landen vermischt neben einander, und wie überall so trat auch hier im Gefolge der Reformation ein neuer Auf-

---

*) Ullmann Reformatoren vor der Reformation. I. S. 37 u. folgende.
**) Mailath Geschichte des östreichischen Kaiserstaats. II. 376—378.

wung der Wissenschaft und rege Sorge für Volksbildung
vor. Es schien, als wenn die östreichischen Deutschen fortan
in den tiefsten und größten Beziehungen in lebendiger Ein-
t mit dem gesammten deutschen Volke entwickeln und Ma-
ren und Böhmen mit sich auf ihre Bahn fortreißen würden.

Schon Ferdinand I. indessen trat diesem inneren Zusam-
nwachsen der östreichischen Herrschaften mit Deutschland durch
aaßregeln entgegen, welche für eine Reihe von Jahrhunder-
entscheidende Bedeutung gewinnen sollten. Entschlossen
ne Lande in der römisch-katholischen Kirche zu erhalten,
hte er die Kraft zu vernichten, durch welche die Reformation
) der Gemüther bemächtigt hatte. Nicht in dem allgemeinen
b tiefen Bedürfniß nach dem lebendigen Christenthum, nicht
der unversiegbaren Quelle des christlichen Geistes und des
istlichen Lebens, welcher die Reformation aus dem Schutt
b dem Gerölle der Satzungen und Formen wiederum den
eg zum Volke eröffnet hatte, suchte Ferdinand die Macht,
lche unwiderstehlich die Herzen ergriff. Weil überall, wo
: Reformation erschien, die Wissenschaften sich belebten und
: Schulen erblühten, so mußte die wissenschaftliche Bildung
r Protestanten, welche die Bildungsbedürftigen an sich heran
ze und die Freiheit der Forschung, welche die Satzungen
r römischen Kirche verführend antaste, es sich gefallen lassen,
3 die Wurzeln aller in der Reformation liegenden Kraft zu
lten. Diesen Wurzeln ihre Nahrung zu entziehen, erschien
her als die Aufgabe, deren Lösung Ferdinand und seine
ichfolger versuchten, indem sie der Wissenschaft und Bildung
ien römisch-katholischen Unterricht entgegensetzten.

Bereits 1546 decretirte Ferdinand, daß künftig kein Pro-
sor zu Wien, in was für Facultät oder Sprache es auch
, angenommen werden solle, der nicht zuvor von der theolo-
chen Facultät Glaubens halber examinirt sei. Dann folgte
51 das Mandat, daß kein Schulmeister angestellt werden
lte, als der seines Glaubens und Religion halber ganz ka-
lisch und keiner irrigen Lehre und Secte anhängig gefunden

11

wäre, damit nicht Schulhalter mit verführerischen Lehren und Opinionen die unschuldige edle Jugend mit ihren sectischen bösen Lehren verführten. Als in Folge des ersten Gebotes die angesehenen Familien des Landes ihre Söhne auf auswärtige Lehranstalten sendeten, befahl Ferdinand, „um solchem Fürwitz zu begegnen", 1548, es solle künftig nur in Wien, Freiburg und ausnahmsweise Ingolstadt wegen der Verwandtschaft mit dem Herzog Albrecht von Baiern und anderer Ursachen wegen zu studiren gestattet sein. Aber Ferdinand traute der Bildung seiner eigenen Gelehrten nicht und noch weniger ihrem Eifer für die römische Kirche. Er hoffte auf Hülfe von anderer Seite. „Fast als das einzige Mittel, schrieb er 1550 an Ignatius, um der täglich von neuen Uebeln und Irrthümern bedrängten Religion zu helfen, stelle sich dar, daß die Erziehung der Jugend von Männern geleitet werde, welche durch reine Lehre und Wandel ausgezeichnet seien. Da nun die Gesellschaft Jesu hierin schon so Löbliches geleistet, so sei sein Vorhaben in Wien erster Zeit ein Collegium sowohl für Väter des Ordens, als für studirende Jünglinge zu gründen." Am letzten Mai 1551 langten auf diese Aufforderung zehn Brüder in Wien an und begannen noch in demselben Jahre Vorlesungen auf der Universität. Im folgenden Jahre errichteten sie ihr erstes Gymnasium mit etwa funfzig Schulen und erhielten bald darauf das Carmeliterkloster nebst Einkünften in Geld, errichteten ein Seminarium für arme Theologen und erweiterten ihr Collegium, so daß Theologie, Philosophie, Rede und Dichtkunst darin gelehrt wurden. Bald gewannen sie auch außerhalb der Erzherzogthümer festen Fuß. In Prag ward 1555 ein Collegium gegründet, dem Convict und Seminarium bald nachfolgten; nicht viel später traten die Collegia zu Inspruck hervor, dann 1558 zu Freiburg im Breisgau und 1571 zu Tyrnau in Ungarn, wiewohl damals noch nicht mit daurendem Erfolg*). Zu kräftig hatte sich das durch die Re-

---

*) Die hierher gehörenden Urkunden bei Bucholz Geschichte Ferdinand I. Theil 8. S. 186—226.

nation nach Oestreich gebrachte Leben entwickelt, um sofort
Anstrengungen des Ordens zu erliegen. Als 1558 bestimmt
·b, daß an der Wiener Universität stets zwei Jesuiten scho·
ische Theologie lehren sollten, begehrte dagegen im folgen·
Jahre die Universität, daß alle Schulen und Studien der
uiten unter die Aufsicht des Rectors der Universität gestellt
·den sollten. Diese Forderung zwar lehnte Ferdinand ab,
·r die Universität selbst so wie die alte berühmte Stephans·
·le mußte er doch unabhängig neben dem Orden bestehen
·en. Sobald mit dem Tode Ferdinand I. die Angriffe auf
·t Protestantismus nachließen, erschien dieser vorherrschend
·Böhmen und Ungarn. Den Herren, Rittern und Städten
·tattete Max II. den Gottesdienst der Augsburgischen Confes·
·n gemäß einzurichten*); die steirischen Stände erhielten freie
·ligionsübung, und der einflußreichere und ausgebildetere Theil
·: Beamten in den Landescollegien bestand aus Protestanten.
·t Wesentlichen fand Ferdinand II. diesen Zustand vor, als
·1619 die Regierung antrat. Innerhalb der ersten zehn
·hre seiner Regierung aber wurden alle unkatholischen Prä·
·anten und Schulmeister aus sämmtlichen österreichischen Landen
·r etwas früher, dort etwas später vertrieben. Ungarn
·ein blieb ausgenommen. Auch in den Familien wurden
·ne unkatholischen Lehrer geduldet, und auch im Innern
·3 Hauses kein protestantischer Gottesdienst, kein Lesen der
·)stillen, kein Unterricht in Glaubenssachen erlaubt. An
·mde Orte durfte sich Niemand begeben, um lutherische Pre·
·zt zu hören oder die Sacramente zu empfangen. Kinder,
·· an fremden Orten unkatholische Schulen besuchten, mußten
·rückgebracht und in katholische Schulen geschickt werden.
·emand sollte seine Söhne künftig ins Ausland schicken, um
·dort studiren oder Sprachen lernen zu lassen. Dagegen
·ßten Alle, bei harter Geld- oder Gefängnißstrafe, sonntäg·
·h dem katholischen Gottesdienst beiwohnen und streng die

---

*) Ranke histor. polit. Zeitschrift I. 316.

Fasttage halten; den Zünften ward geboten, sich wieder Fahnen anzuschaffen, um den Processionen beiwohnen zu können.
Wer sich etwa an der Befolgung dieser Gebote durch ein vermeintliches Beschwerniß seines Gewissens gehindert halten
sollte, mußte binnen kurzer Zeit die östreichischen Lande verlassen. Zehn Jahre nach dem Regierungsantritte Ferdinand II.
war dem überall die Reformation begleitenden Leben jede Aeußerung eine Unmöglichkeit geworden und nun erst konnte die
von Ferdinand I. ausgestreute Saat ihre Früchte tragen, nun
erst konnte die Wissenschaft und die Bildung der Gesellschaft Jesu
sich des Volkes bemeistern, nachdem äußere Gewalt Geist und
Leben darniedergedrückt hatte.

Der allgemein menschliche Character der Wissenschaft,
welcher an keine Nationalität und an keinen Staat gebunden
und von keiner Nationalität und keinem Staate erzeugt ist,
wird wohl zuweilen so weit ausgedehnt, daß es für eine Versündigung an der freien Wissenschaft gelten soll, wenn die vom
Staate getragene Nationalität auch in der Wissenschaft sich zur
Erscheinung bringt. Fast könnte es scheinen, als ob die Brüder der Gesellschaft Jesu eine solche Ansicht zur Grundlage ihres Handelns gemacht hätten. Durch keinen Staat und keine
Nationalität wollten sie sich in ihrer wissenschaftlichen Thätigkeit und ihrer Einwirkung auf die in das Volk hineinwachsende Jugend bestimmen lassen. Kein Jesuitencollegium sollte
aus einer Landsmannschaft bestehen, sondern stets hinlänglich
mit Ausländern gemischt sein. Nicht den Erzherzogthümern,
nicht dem deutschen Volke angehörig, traten sie in Oestreich
als unabhängige Leiter der Wissenschaft, als Erzieher der Jugend, als Beherrscher der Literatur auf. Schon 1563 war
Oestreich von der Jesuitenprovinz Oberdeutschland getrennt und
mit Polen zu einer eigenen Provinz vereinigt, dessen Provinzial seinen Sitz zu Wien hatte*). Unter ihm bekamen die Collegia des Ordens die gesammten Gymnasial- und Facultäts-

*) von Lang Geschichte der Jesuiten S. 103.

ien in die Hand. Seine Seminare sorgten, daß auch der
unft Jesuiten nicht fehlten, seine Convictorien nahmen in
auf, was durch Geburt, Stand oder Geist hervorragte,
e Resdenzen und Missionen drangen auch dorthin, wo grö-
· Anstalten nicht gegründet werden konnten. In dem einzi-
Erzherzogthum Niederöstreich fanden sich noch um die Mitte
vorigen Jahrhunderts neun große Jesuitenanstalten*), näm-
· das Collegium zu Krems mit 200 Schülern, zu Neustadt
· 130 Schülern, zu Wien mit 2300 Schülern und das col-
ium Theresianum mit 140 Schülern aus dem Adel. Außer-
n ein Seminarium zu Krems, ein Convict, ein Profeßhaus
o ein Probhaus zu Wien und eine Resdenz zu Neustadt.
rch freundlich-ernste Behandlung der Zöglinge, durch das
·cht, welches in den Ordensanstalten den jugendlichen Spie-
l und Freuden gewährt ward, durch den tüchtigen, mit an-
ornenden Uebungen verbundenen Unterricht, den sie ertheil-
l, fesselten die Jesuiten auch die Männer noch an sich,
·lche als Knaben ihre Zöglinge gewesen waren. Die deut-
jen Schulen, in denen sie nicht selbst unterrichteten, wurden
·t ergebenen Lehrern und mit Lehrbüchern des Ordens ver-
·rgt und die Aeußerungen eines geistigen Lebens, welches
·cht der Gesellschaft Jesu seinen Ursprung verdankte, durch
e in die Hände des Ordens gelegte Censur erstickt. Frei
·n nationalen und staatlichen Einwirkungen wurde die Wis-
nschaft und die Volksbildung in Oestreich allerdings durch
lche Allgewalt der Jesuiten, aber nur um aus erträumter
nechtschaft in eine wirkliche zu gerathen. Dem Jesuiten ver-
·at die Stelle des nationalen Geistes der Ordensgeist, die
·telle des Staates der Orden, und Ordensgeist und Orden
·aren Eins mit dem Willen des Ordensgenerals zu Rom. Ihn
·llten alle Jesuiten als Stellvertreter Christi anerkennen, ihm
·nbedingt und ausschließlich gehorchen, den eigenen Willen und

---

*) Weißkern Topographie von Niederöstreich. Wien 1769 s. v. Jesuiten
und Academien.

das eigene Urtheil für alle Fälle in völlige Uebereinstimmung mit dem Seinigen bringen, so daß die Ansicht (sentential) und der Wille eines Jesuiten zugleich die Ansicht und der Wille aller Uebrigen sei. Selbst durch Vernichtung der Persönlichkeit seiner Glieder wollte der Orden sich die Erreichung eines Zieles sichern, welches der Wirklichkeit nach mehr in der eigenen Herrlichkeit und Herrschaft lag, als in der Sicherstellung der römischen Kirche. Seine umfassenden Privilegien, seine selbstständige Thätigkeit lassen den Orden kaum als ein Glied der Hierarchie, sondern als einen freien Verbündeten derselben erscheinen.

Die Leitung des Unterrichts, als eines der Mittel, welche der Welt den Ordensgeist einimpfen sollten, ging ausschließlich vom Ordensgeneral aus. Um absolute Gleichförmigkeit der Wissenschaft und Bildung zu erreichen, mußten die Kräfte des Menschengeistes, in denen sich die tiefste Eigenthümlichkeit der Persönlichkeit ausspricht, zurückgedrängt und Gedächtniß und Verstand geübt werden, welche weder der Persönlichkeit noch der Nationalität einen Ausdruck gestatten, sondern in allen Menschen dieselben, wenn auch dem Grade nach verschieden sind. In den Jesuitencollegien wurden classische Studien und Philosophie betrieben, aber nur so weit sie keine andere Kraft als Gedächtniß und Verstand in Anspruch nahmen. Mathematik ward hervorgehoben und Geschichte zurückgedrängt; neben die deutsche Sprache, Mutter und Kind der Nationalität zugleich, trat mit vorwiegender Bedeutung die todte Sprache, welche einen Weltcharacter gewonnen hatte und unfähig war, den inneren Regungen des deutschen Geistes den Weg in die Außenwelt zu erschließen. In den Lehrstunden und selbst bei den Spielen mußten die Knaben so viel als möglich latein, wenn auch mit deutschen Worten untermengt, sprechen.

So kühn und weitaussehend der Plan auch angelegt war, hatten dennoch die großen Menschenkenner sich verrechnet. Sie wußten nicht, daß die Nationalität nur zugleich mit dem Menschen vernichtet werden kann und daß sie, zurückgedrängt von einem Gebiete des Lebens, eine andere Heimath zu gewin-

weiß. Die nationale Kraft der östreichischen Deutschen, gehindert in Wissenschaft und Bildung hervorzutreten, schuf sich Raum in der Familie, im Hause, in dem geselligen Leben und Treiben, im Bilden und Bewahren von Liedern und Sagen, in der echt deutschen zutraulichen und liebenden Hinneigung zu ihrem Kaiserhaus. In diesen Kreisen ist sie bewahrt in naiver Kindlichkeit, nicht herangebildet zwar an den großen Aufgaben des Lebens, aber unverbraucht, ungeschwächt von dem ausdörrenden Winde, der von dieser und jener Seite her über Deutschland wehend, den Ernst und die Wahrheit des nationalen Geistes zu verflüchtigen drohte. Von dort her wird sie, wenn der rechte Tag und die rechte Stunde kommt, Gott will mit ursprünglicher Kraft sich auch an den großen Aufgaben des Lebens versuchen und stärkend und belebend weit hinaus wirken über unser ganzes Volk.

Nicht erreicht hatte der Orden in der langen Zeit seiner Alleinherrschaft von Ferdinand II. bis zu dem Tode Carl VI., was er erreichen wollte; er hatte nicht die uns unmögliche Gedächtniß- und Verstandesbildung in dem deutschen und auch nicht in dem nicht deutschen Oestreich zur Herrschaft gebracht; aber er war stark genug gewesen, um deutsch-nationale Bildung in Oestreich völlig zurückzudrängen und dadurch einen weit klaffenden Riß in das Innere des deutschen Volkes hinein zu bringen. Zwar durften schon unter Joseph I. und Carl VI. protestantische Handwerker, Kaufleute und Künstler ihre Gewerbe in den Erzherzogthümern betreiben, ohne zur Theilnahme am katholischen Gottesdienst genöthigt zu werden. Man muß ihnen, pflegte Carl VI. zu sagen, auch einen Trost lassen und sie nicht mit den Waffen zu Etwas zwingen, wozu man sie nicht durch Ueberzeugung bringen kann. In Wien besuchten die Protestanten sogar den evangelischen Gottesdienst in den Häusern der Gesandten *), ohne daß man es bemerken wollte. Nach dem Tode Carl VI. setzte ferner Maria Theresia eine

---

*) Janitsch Geschichte Oestreichs VI. S. 380.

eigene Commiſſion ein*), welche die Gründe aufſuchen ſollte, aus denen Wiſſenſchaft, Unterricht und Bildung in Deſt-
reich zurückgeblieben ſei. Bald darauf ward die Alleinherr-
ſchaft der Jeſuiten zuerſt an der Wiener Univerſität 1754 gebrochen, dann durch van Swietens Vermittelung ihnen die Cenſur
abgenommen und 1773 der Orden völlig aufgehoben. Aber das
Jahrhundert ſeiner Macht hatte er kräftig genug genutzt, um
dem Volke für eine Reihe von Generationen das lebendige
Ergriffenwerden durch deutſche Bildung zu einer Unmöglichkeit
zu machen und um der Regierung die freie Bewegung in Litteratur, Unterricht und Bildung auch nach Beſeitigung des Ordens als eine politiſche Gefahr erſcheinen zu laſſen.

Die Land- und Stadtſchulen, frei geworden von jeſuiti-
ſchem Einfluß und ſeit 1770 unter die Central-Schuldirection
in Wien geſtellt, erhielten durch die ganze Monarchie hindurch
ein und dieſelbe bis in die kleinſten Einzelnheiten vorgeſchrie-
bene Einrichtung und mußten die in Tabellen gebrachten Lehr-
gegenſtände in einer ſo genau beſtimmten Reihenfolge durch
ihre Schüler auswendig lernen laſſen, daß die Schuldirection
an jedem Tage und zu jeder Stunde wußte, welche Gegenſtände die Schüler an allen Orten des großen Reiches ihrem
Gedächtniß einprägten. Die Gymnaſien wurden bei Aufhebung der Geſellſchaft Jeſu den Piariſten übergeben und erfuhren in Rückſicht auf Wiſſenſchaftlichkeit durchaus keine Aenderung. Die Wiener Univerſität, ſagte der Oeſtreicher ſtolz,
ſollte nicht, wie die proteſtantiſchen Univerſitäten, ihre Waa-
ren in ſolcher Weiſe zur Schau ſtellen, daß ſie fremde Käufer
locke, ſondern ſolle die eingebornen jungen Leute lehren, was
ſie brauchten und wie ſie es brauchten**). Die Cenſur wurde
zwar einem eigenen Cenſurcollegium überwieſen, dieſem aber
mußten auch alle vom Auslande auf die Mauth gebrachten
Bücher vorgelegt werden. Die verdächtigen wurden verbrannt

---

*) Wolf Geſchichte der Jeſuiten IV. S. 11.
**) Nicolai Reiſen IV. 683.

r der gefährlichen Seiten und Bogen beraubt. Im Jahre
5 ward ein catalogus librorum prohibitorum bekannt geht und alljährlich vervollständigt. 1777 aber erschien auch
Bekanntschaft mit den Titeln der gefährlichen Bücher zu
hrlich und das Verzeichniß der verbotenen Bücher wurde
boten. Mit Joseph II. Regierungsantritt trat zwar das
ühmte Censuredict 1781 ins Leben, aber bald glaubte man
h die erlaubten Werke ausdrücklich bekannt machen zu müs-
. Die nicht genannten galten stillschweigend als verboten.
Auf solchen Grundlagen konnte sich eine lebendige Theil-
hme an deutscher Wissenschaft und Bildung nicht erheben.
e Schriften über Hexerei und Teufelsbündnisse, die schmutzi-
t und sinnlosen Reimereien, welche bis über die Mitte
s Jahrhunderts hinaus die Litteratur erfüllt hatten *), er-
lten sich, wenn gleich mit geminderter Bedeutung, auch dann
ch, als Gerüchte von den Bewegungen in Deutschland Oest-
ch erreicht hatten. Als Sonnenfels 1761 eine Gesellschaft
: Beschäftigung mit deutscher Litteratur errichtete, ward ihr
eutsch als ein lutherisch Deutsch bezeichnet **). Später zwar
chienen Lustspiele und Trauerspiele, Gedichte und Romane
Fülle, ja in den nächsten achtzehn Monaten nach Aufhebung
s Censuredicts wurden 1172 neue Schriften in Wien gedruckt.
er Keines von allen diesen Werken hatte lebendige Wurzeln
der deutschen Litteratur, kein Einziges hat für dieselbe eine
edeutung gewonnen, und zehn Jahre nach Goethes Auftreten
r in Wien Blumauer noch Held des Tages. Zwar mit
erthers Leiden ward das Publikum bekannt, denn die Ita-
ner Girandolini und Mellina gaben den Wienern ein Feuer-
rk zum Besten, welches sie Werthers Zusammenkunft mit
ttchen im Elysium benannten. In einer Abtheilung führten
den Tausenden von Zuschauern aus allen Ständen „Wer-
ers fröhliche Tage", in einer anderen „Werthers Zusammen-

---

*) Gervinus Geschichte der poetischen Nationalliteratur V. 296; IV 384.
**) Nicolai Reisen IV. 897.

kunft mit Lottchen an seiner Ruhestatt" untermischt mit antiken
Feuerwerkscapricen, Handpufferl und contralaufenden Brillant-
glorien vor Augen*). In anderer Weise aber erhielten die Oestreicher nur die dürftigste Kunde von den Erscheinungen des deutschen
Lebens. Die Reisen des Adels erstreckten sich auf Frankreich
und Italien, berührten Deutschland nur selten. Einige Buchhandlungen fanden sich in Wien, außerdem für die deutschen
Lande nur in Linz, Grätz und Klagenfurt je Eine, für Böhmen in Prag, für Mähren in Brünn, für Ungarn in Pesth
und Preßburg. Diese wenigen Buchhandlungen des weiten
Reiches standen überdieß, mit einziger Ausnahme der Wiener,
fast in gar keinem Verkehr mit Deutschland, sondern vertrieben
Gebetbücher und Flugschriften der Residenz**). Oestreich kannte
Deutschlands aufkeimende Bildung und litterärische Bewegung
nicht und die östreichischen Deutschen waren von ihren Brüdern
innerlich geschieden, weil sie ohne irgend lebendigen Antheil
an dem Lebensgute blieben, in dessen Entwickelung sich allein
die alte Größe unseres Volkes während der zweiten Hälfte
des vorigen Jahrhunderts zeigte.

Das politische Leben der deutschen Nation war freilich im
vorigen Jahrhundert unbeschreiblich klein, aber dem Volke unbewußt drängte die innere Gewalt der Dinge zu einer neuen
Entwickelung hin, zu einer Staatsgestaltung der bedeutenderen
Territorien und zu einer conföderativen Einheit, um in ihr
die nothwendige Ergänzung zu finden. Wenn nun Oestreich
wider Wissen und Wollen durch die nicht gekannte Macht des
eigenen Lebensprincips nach einem gleichen politischen Ziele,
hingeführt wurde, so erschien es in der tiefsten Beziehung des
Staatslebens dennoch mit Deutschland geeinigt, von welchem
es sich durch seine Privilegien und seine Jesuiten abgeschlossen
hatte. Die in Oestreich und in den deutschen Territorien gleich
stark und gleich unbewußt wirkende staatbildende Kraft mußte,

---

*) Nicolai Reisen IV. 623.
**) Nicolai Reisen IV. 910.

nn sie überhaupt in Beiden lebte, bald hineintreten in das
wußtsein der Zeit und dann die Sonderung überwinden,
lche Östreich und Deutschland auseinander hielt. Aber es
gt sich, ob Östreichs Princip wirklich dieselbe politische
hn mit den deutschen Territorien verfolgen konnte.

Eigene Eroberungskraft und Schwäche der Gegner, Größe
r Feldherrn und Glück der Waffen, europäische Verhält-
sse und berechnete Vermählungen hatten die fremdartigsten
lemente unter dem erzherzoglichen Hause an einander gebun-
n. Aber die zusammengebrachten Völker und Länder waren
nnoch hoch über das Wesen eines nur auf Gewalt und Zu-
ll gegründeten Barbarenstaats empor gehoben, weil ein in-
res Princip sie einigte und ihrem äußeren Zusammenhange
e politische Weihe gab. Verlangend nach Bildung des Men-
hen und des Staats harrten die Ungarn, die Wallachen und
lle die slavischen Stämme an der östlichen Culturgränze.
nfähig die Gabe, deren sie bedurften, aus sich selbst zu er-
ugen oder sie von Russen, Polen oder Türken zu gewinnen,
urden sie an Östreich herangedrängt, welches fast seit einem
ahrtausend im Besitze der europäischen Cultur allein die ge-
ichte geistige Hülfe gewähren konnte und als Gegengabe jene
.reue und aufopfernde Tapferkeit der Naturkinder und jene un-
erssegbaren frischen Lebenskräfte empfing, auf die es wesent-
ich seine welthistorische Größe gegründet hat, welche nicht
nit der Stärke und Macht Deutschlands zusammenfallend auch
n fremden Boden Wurzeln schlagen muß. Bildung suchend
nd Bildung gebend, Kräfte suchend und Kräfte gebend, ver-
)uchsen die verschiedenartigen Elemente zu einem auch inner-
ich geeinigten Ganzen. Zwar bis zu dem Tode Carl VI. er-
hien die politische Einheit der verbundenen Völker und Länder
einahe nur in der Person ihres Fürsten, aber mit Maria The-
esia erwachte das Streben, sie auch in Gesetzgebung und Rechts-
flege, in den Finanzen und in der Regierung hervortreten zu lassen*).

---

*) Ranke historisch politische Zeitschrift II. S. 668.

Oeſtreich ſchien ſeit der Mitte des vorigen Jahrhunderts ſich
in der Hervorbildung der Staatsnatur dieſelbe Aufgabe, wie
ſie die größeren deutſchen Territorien löſen mußten, geſetzt zu
haben; aber dieſe Gleichartigkeit war doch nur ſcheinbar. Es
blieb nach wie vor eine hiſtoriſche Unmöglichkeit, daß in Oeſtreich von einem Staatsherzen aus die Lebenskräfte durch alle
die verſchiedenſten Beſtandtheile getrieben und zu gleichen politiſchen Geſtaltungen verarbeitet wurden. Der König von
Ungarn war ein Anderer, als der Erzherzog von Oeſtreich
und als der Herr der Ruthenen und Seckler, der Slawacken
und Croaten. Ein gleiches Recht und eine gleiche Regierung
auf den weit auseinander liegenden Bildungsſtufen und für die
ſich fremden Nationalitäten war nicht zu erreichen. Schon
die doch nur entfernten Verſuche Joſeph II. brachten Oeſtreich
an den Rand des Verderbens. Völlig widerſinnig aber wäre
das Streben geweſen, den Herrſcher Oeſtreichs in allen ſeinen
Landen als deutſchen Landesherrn erſcheinen zu laſſen und
deutſchen Staatsdienſt, deutſchen Landtag, deutſche Regierung
in den Steppen Ungarns, in den Waldgebirgen Siebenbür-
gens wie in den Felſenketten Croatiens einzubürgern. Oeſtreich konnte nicht die Staatsnatur, und mußte die Reichsnatur hervorbilden; ſein Herrſcher konnte nicht König, und
mußte Kaiſer ſein. Durch dieſe ſeine Aufgabe war zugleich
feſtgeſtellt, daß auch die deutſchen Lande des Reiches politiſch
nicht eine deutſch-nationale Geſtaltung erhalten konnten, welche
die Sonderung von den nicht deutſchen Landen ſchärfen und
deßhalb den vom Princip Oeſtreichs geforderten und ſeit Maria Thereſia bewußt erſtrebten Sieg der Reichseinheit über die
Nationalverſchiedenheit erſchweren mußte.

Lebendig fördernd in den Entwickelungsgang der keimenden deutſchen Staatsbildungen einzugreifen, fand Oeſtreich
keine Aufforderung in ſeiner eigenen politiſchen Lage. Mit
ſorgendem Auge vielmehr betrachtete es eine nationale Entwickelung des deutſchen Staatslebens, der es ſich nicht hingeben durfte; denn ſobald der Gedanke des deutſchen Staates in

den Territorien mehr und mehr verwirklicht und in allen wesentlichen Einrichtungen, z. B. der deutschen Fürstenwürde,
dem deutschen Landtag, durchgebildet wurde, konnte, da politische Wahrheit noch größere Ansteckungskraft als politischer
Irrthum besitzt, ein Rückschlag auf den deutschen Theil der
östreichischen Lande kaum ausbleiben und mußte der Regierung
die schwierigsten Verwickelungen bereiten. Vor allem Anderen
indessen schien Oestreich durch die von der staatlichen Ausbildung der mittleren Territorien unabweislich geforderte Conföderation gefährdet zu werden, da diese die Beseitigung der bestehenden Reichsformen und der vielen kleinen und todten
Reichsglieder zu ihrer Voraussetzung hatte. Die Reichsstädte,
die Grafschaften, die geistlichen Lande, die reichsritterlichen
Gebiete waren aber die natürlichen Elemente, aus denen sich die
östreichische Partei in Deutschland zusammensetzte, und die alten Reichsformen gaben Oestreich ein nicht unbedeutendes Uebergewicht, theils weil es durch die Kaiserwürde die formale
Leitung wenigstens der Reichsgeschäfte besaß, theils weil in
dem Bestand der Formen ein Damm lag gegen aufstrebende
Nebenbuhler in dem Einfluß auf Deutschland.

Die Lage Oestreichs hatte einen weiten Raum verlangt,
um mit selbstständiger Kraft sich aus sich selbst zu bewegen.
Die historischen Gründe aber, welche ihm diesen Raum gewährten, hatten weit über das Ziel hinausgeführt. Oestreich stand
in einem äußeren Zusammenhang mit Deutschland nur durch
die Kaiserkrone, welche bei jedem Todesfalle einem anderen
Fürsten zufallen konnte. Es war in seiner geistigen Entwickelung schroff vom deutschen Volke abgeschlossen und sah sich den
aufkeimenden staatlichen Bildungen Deutschlands fremd, ja
feindlich gegenübergestellt, und dennoch konnte Oestreich Deutschlands nicht entbehren.

Das deutsche Element war es allein, welches das große
Reich von den Reichen des Ostens unterschied und der Cul-
turwelt einverleibte. Von den Erzherzogthümern aus, als dem
Sitze des Lebens, durchzog das deutsche Wesen, wie ein

Geäder alle Theile des Reiches*), überall die Anfänge der
Bildung zeugend und bewahrend. Deutsche Beamte und deutsche Offiziere brachten bis an die muhamedanischen Gränzen
Keime wenigstens der Cultur. In Siebenbürgen, in Ungarn,
selbst im fernen Bannat, blühten zahlreiche Niederlassungen der
Deutschen. Was wäre Oestreich gewesen, wenn sein Herr-
scherhaus und seine Hauptstadt der slavischen Welt angehört
hätte, wenn die Ungarn und die slavischen Stämme zu einem
politischen Ganzen verbunden, aber nicht getragen und gehoben worden wären durch deutsche Gesittung! Oestreich hatte
immer sehr wohl erkannt, daß seine eigentliche Bedeutung,
sein Gewicht für Europa in seinen deutschen Bestandtheilen
liege, und hatte immer wenigstens geahnet, daß diesen Leben
und Stärke nur aus dem großen Ganzen, dem sie angehörten,
nur aus Deutschland und dem deutschen Volke zuströmen könne.
Da aber der innere natürliche Zusammenhang zwischen uns
und Oestreich zerrissen war, so suchte die Regierung einen
künstlichen Ersatz. In demselben Maaße, in welchem Oestreich
den Gipfel seines Reiches tief hineinwachsen ließ in den slavischen Osten, breiteten seine Wurzeln, um den mächtigen
Stamm zu tragen, sich weiter und weiter aus im germanischen Westen. Kärnthen, Tyrol, Vorarlberg, allmälig er-
worben, hatten längst Oestreich mit den alten habsburgischen
Stammländen am Oberrhein und in Schwaben in eine ununterbrochene Verbindung gebracht. Zerstreut liegende Besitzun-
gen, welche später hinzutraten, machten Oestreich zur durchaus
herrschenden Macht im ganzen südlichen Deutschland. Im Westen gehörte ihm der reiche burgundische Kreis mit den Her-
zogthümern Brabant, Geldern, Limburg, Luxemburg und den
Grafschaften Flandern, Hennegau, Namur nebst der Mark-
grafschaft Antwerpen.

Des von drei Seiten, von Süd-Osten, von Süden und
Süd-Westen umlagerten und militairisch umfaßten südlichen

---

*) Mendelssohn germanisches Europa S. 380.

Deutschland sich in dieser oder jener Weise zu vergewissern, war seit Jahrhunderten Oestreichs Streben gewesen. In der Nähe seiner Kernlande hatten die Reichsritter, Reichsstädte, Reichsabteien und Reichsgrafschaften sich nicht halten können, sondern waren der habsburgischen Landeshoheit unterworfen worden. Die entfernter liegenden kleinen Territorien hatte Oestreich gegen die Angriffe Anderer geschützt, dadurch die Bildung größerer Gebiete verhindert und sich der Hingabe und Zuneigung der kleineren versichert. Nur Würtemberg und Baiern behaupteten eine gewisse Selbstständigkeit, deren Beseitigung Oestreich nie aus den Augen verlor. Zweimal hat es Würtemberg in Besitz genommen und die Einverleibung Baierns unausgesetzt betrieben in Freundschaft und Feindschaft, durch Heirath und durch Waffengewalt. Im nördlichen Deutschland, in welchem ihm der Territorialanhalt fehlte, war es die Kaiserkrone, durch die es politischen Einfluß zu behaupten oder zu gewinnen strebte. Selbst von Leopold II. ward noch behauptet, daß er dieselbe erblich zu machen gedenke. Oestreichische Schriftsteller mußten die Fortdauer des alten monarchischen Characters des Reiches verfechten, östreichische Staatsmänner mußten immer die mittelalterliche Redeweise gebrauchen, um die alte Bedeutung des Reiches dem Gedächtnisse der Zeit zurückzurufen. Stets trat Oestreich als Vertheidiger der verkommenen Formen einer untergegangenen Verfassung auf, stets nahm es die abgestorbenen Reichsglieder im Norden gegen die lebensvolleren in Schutz und wollte deßhalb, während es, wie Chemnitz klagte*), die deutschen Interessen zu seinem Vortheil ausbeutete, als die Macht anerkannt sein, von welcher Deutschland mit besonderer Liebe und Aufopferung gepflegt werde.

So wie Oestreich durch das Streben sich von Deutschland politisch zu sondern und auch wieder nicht zu sondern, dazu geführt ward, Deutschland in östreichischem Interesse zu lei-

---

*) Hipp. a Lapide III. Cp. 2. sect. 1.

ten und zu nutzen, so bemühte es sich auch aus dem deutschen
geistigen Leben, von welchem es sich schroff geschieden hielt,
die Kräfte an sich zu ziehen, deren es für seine Zwecke bedurfte. Die Erziehung, wie sie seit Ferdinand II. in Oestreich
allein geduldet ward, bildete keine Männer, welche die staatlichen
Verhältnisse vor dem völligen Stillstande bewahrten. Einzelne
anregende, die Menge der eingeschulten Geschäftsleute belebende Geister, waren nicht zu entbehren. Für die auswärtigen Verhältnisse und das Heerwesen gewährte das Leben und
der Verkehr an den großen europäischen Höfen wohl den begabten Mitgliedern der Familien aus dem hohen Landesadel
die freie Bildung, in welcher sich die schöpferische Thatkraft
des Menschen entwickeln kann. Aber um das erstarrende Leben der inneren Verhältnisse vor dem völligen Tode zu schützen,
war andere Hülfe nöthig. „In diesem Falle lassen wir vier
bis fünf Norddeutsche convertiren, damit reichen wir für lange
Zeit aus". Protestanten, die in einem gewissen Alter über-
treten wollten, wurden eifrig gesucht und befördert. Als J.
J. Moser sich im ersten Drittel des vorigen Jahrhunderts zu
Wien aufhielt, ward ihm eine ansehnliche Bedienung angetra-
gen. „Wenn er glauben könne, daß die katholische Religion
so gut sei, als die seinige, so habe die Sache ihre Richtigkeit *)." Graf Haugwitz, von welchem die Neugestaltung Oestreichs gleich nach dem Regierungsantritt Maria Theresias
ausging, war ein übergetretener Protestant. Eben so sein
Vetter, der Baron Haugwitz, welcher als Vicepräsident das
Münz- und Bergwerk-Directions-Hofcollegium leitete. Um
dieselbe Zeit hatte man Justi, früher Professor in Jena, an
das Theresianum gezogen und, um den Protestanten den Ueber-
tritt möglichst leicht zu machen, ihnen das früher übliche Ab-
schwören ihrer Religion erlassen **). Dem Reichshofrathsprä-

---

*) Moser Leben I. S. 33.
**) Aus den Papieren der Großkanzler von Fürst in Ranke historisch-
politischer Zeitschrift. II S. 690, 698, 716.

enten Grafen Wurmbrand, ward, sobald er die evangeli-
e Kirche verlassen zu haben erklärt hatte, sogar die gänz-
he Vernachlässigung des katholischen Gottesdienstes und das
ibehalten aller seiner evangelischen Diener nachgesehen*).

Dieses Deutschland, dessen äußere und innere Kräfte Oest-
:ch bedurfte und in aller Weise zu gewinnen strebte, konnte von
mselben nicht seinem Schicksal überlassen werden. Deutsch-
nd durfte, im Interesse Oestreichs, nicht in die Hände frem-
r Mächte fallen, es durfte nicht in wenige Staaten mit eu-
päischem Character zersplittern, noch sich in sich selbst auf-
sen und zerfleischen. Die werdenden deutschen Staaten hat-
n in Oestreich den Halt gefunden, den sie nicht entbehren
nnten wenn der Sturmwind sie ergriff und die für sich
lein Schwachen und Schwankenden hineinriß in den Strudel
ropäischer Begebenheiten. Ein Fels stand Oestreich da, ge-
ündet auf die Geschichte manches Jahrhunderts, wohl der
erwitterung ausgesetzt, aber fest und stark im Ungewitter.

Nach Außen schirmend und rettend nahm es zu der inne-
n Entwickelung des deutschen Staates eine ähnliche Stellung
n, wie die katholische Kirche zur Entwickelung der evangeli-
hen. Eine altbegründete, in sich starke Macht, welche einen
ern reiner Wahrheit auch dann vertheidigt und sicher stellt,
enn der Kampf gegen Entstellungen der Wahrheit sich gegen
e Wahrheit selbst wendet oder wenn die Kämpfer im Ringen
ich reinerer geistiger Wahrheit den Boden der Wirklichkeit zu
rlassen und eine Welt der Träume aufzubauen versucht wer-
n. Zwar nicht die starke bewegende Kraft des großen Staa-
s, nach welcher die mittleren deutschen Territorien suchten
n die begonnene politische Umwandlung zu vollenden, ging
n dem auf eine andere Bahn hingewiesenen Oestreich aus,
er es mußte geschehen lassen, was es nicht ändern konnte;
drängte durch das mächtige Festhalten des Alten die an der
eubildung Thätigen zusammen, bewahrte sie vor Zersplitte-
ng und leitete sie zur Besonnenheit hin.

*) Moser Leben IV. S. 16.

Auf einander angewiesen waren Oestreich und Deutschland durch ein tiefes gegenseitiges Bedürfniß und frei und unabhängig von einander sollte Jedes von Beiden sich entwickeln. Die politische Form, in welchen solches Verhalten zweier politischer Mächte zu einander seinen Ausdruck findet, ist allein das Bündniß, wenn auch das Bündniß in eigenthümlicher Gestalt. Ob die Macht der Begebenheiten und die That der Menschen diese Form ins Leben führen würden oder ob die Kraft der Dinge sich unter widerstrebender Form hervor arbeiten müsse, konnten nur kommende Zeiten entscheiden. Mochten sie dieses oder jenes bringen, nie durfte Deutschland übersehen, daß das gewaltige Oestreich durch sein eigenes von dem der Deutschen verschiedenes Lebensprincip sich bewegen lasse. Das eigene Interesse aber über das fremde vergessen Individuen selten, Staaten nie.

II. Preußen.

Bei der Stellung Oestreichs zu Deutschland blieb ein kleinliches, verkümmertes Leben das Schicksal der mittleren Territorien, wenn nicht Preußen, ausgehend von der Grundlage einer europäischen Macht, die Aufgabe fühlte, dem Gedanken des deutschen Staats einen Ausdruck und dadurch Leben und Wahrheit auch in den kleineren politischen Kreisen des deutschen Volkes zu geben. Die Beseitigung der stehengebliebenen Formen einer vergangenen Zeit, die Verwirklichung des Staatsgedankens in allen wesentlichen Einrichtungen und die Erzeugung einer deutschen Conföderation, um in ihr die Einheit des deutschen Volkes und die ergänzende Macht für die werdenden Staaten erscheinen zu lassen, bildeten die Aufgaben des deutschen Lebens, deren Lösung von Preußens Stellung in diesen drei Beziehungen abhängig war.

Die politischen Kräfte des Mittelalters, deren Formen sich die mittleren Territorien entledigen sollten, waren in Preußen entweder nie wirksam gewesen oder in demselben Maaße beseitigt, in welchem die Bedeutung Preußens hervortrat. In den beiden stärksten Wurzeln, aus denen Preußen erwuchs, dem burggräflichen Fürstenhause und der Mark Brandenburg, hatte eine mittelalterliche Größe nie gelegen. Als unter dem Burggrafen von Nürnberg die Vorfahren des Preußischen Königshauses zuerst historisch erkennbar hervortraten, gehörten die großen und glanzvollen Thaten der Hohenstaufen bereits der Vergangenheit an. Nur einige Urkunden, einige Leichensteine geben aus früherer Zeit Kunde vom Dasein der Burggrafen von Nürnberg. Seit der zweiten Hälfte des dreizehnten Jahrhunderts begann zwar das burggräfliche Haus mit Glück und Geschick an der Erweiterung der Besitzthümer zu arbeiten, aber nie hat es im Mittelalter eine Stellung erreicht, welche ihm ein Eingreifen in die deutschen Verhältnisse gestattet hätte. Den Habsburgern, den Luxemburgern, den Baiern gegenüber trat es völlig in den Hintergrund und wurde kaum neben den Hessen, den Grafen von Würtemberg oder den Markgrafen von Baden genannt. Der Mark Brandenburg fehlte Alles, was dem Mittelalter seinen Zauber giebt. Hier waren keine Gebirge, von deren Felsenspitzen waldumgebene Burgen weit hinaus in das Land schauen konnten, keine versteckten Wiesenthäler, an deren sonnigen Bächen Klostergeistliche sich eine reizende Abgeschiedenheit bereiteten, keine Ströme und große Straßenzüge, an denen der lebendige Verkehr mächtige städtische Gemeinden wie von selbst hervortrieb. Die poetische Färbung der mittelalterlichen Zustände trat in den Marken zurück. Kein Hartmann von der Aue, kein Wolfram von Eschenbach, kein Gottfried von Straßburg erstand, kein Minnesänger sang seine Lieder. Die phantastische Gestaltung, welche dem Ritterwesen seine Weihe gab, wollte nicht gedeihen. Das gleichförmige ebene Sandland nöthigte seine Bewohner, alle Kräfte auf das Nothwendige und Nützliche zu wenden und zeugte ein nüchternes, hartes Geschlecht, aus dem sich nur selten einzelne Selbstständigkeiten mit eigenthümlicher, in die Landesgeschichte eingreifender Bedeutung hervor-

hoben. Weniger wie in den übrigen mittelalterlichen Territorien ruhte das Geschick der Marken auf den politischen Elementen des Mittelalters: den Rittern, den Prälaten, den
Städten. Es war vielmehr das Fürstenhaus der Anhaltiner,
welches durch seine Kriegskraft und seine einsichtige Sorge für
Ackerbau, Handel und Gewerbe den Entwickelungsgang bestimmte. Im 14. Jahrhundert und im Beginne des funfzehnten versuchten zwar auch in den Marken die ritterlichen Geschlechter sich in mittelalterlicher Weise als Unabhängigkeiten
zu gestalten, aber aus ihren Versuchen, auch auf diesem Boden ein mittelalterliches Leben zu begründen, gingen, da sie
jedes Anfluges der vergeistigenden ritterlichen Gesinnung entbehrten, nur die brutalsten Räubereien und die rohsten Gewaltthaten hervor.

Aus dem Zusammenkommen dieser Lande und jenes Fürstenhauses sollte die neue politische Macht hervorgehen, welche
fortan mitbestimmend für den Gang der Weltgeschichte wurde.
Auch die Art und Weise des Zusammenkommens war jedes
mittelalterlichen Glanzes entblößt. Hunderttausend Gulden
hatte Kaiser Sigismund vom Burggraf Friedrich geborgt und
ihm dafür die Mark versetzt. Als er die Schuld nicht zahlen
konnte und noch anderweitige Summen vom Burggrafen erhalten hatte, übertrug er ihm 1415 die Mark Brandenburg
und die Churwürde für immer. Kräftige Prälaten und Städte,
deren Unabhängigkeit hätte gebrochen werden müssen, gab es
nicht; nur Berlin bewahrte eine gewisse Selbstständigkeit, bis
auch diese 1441 dem raschen Eingreifen Friedrich II. unterlag.
Die Ritter aber hatten sich stolz gerühmt, wenn es ein Jahr
lang Burggrafen regnet, sollen sie doch nicht in der Mark
aufkommen. Wenige Jahre später waren die Burgen der mächtigsten in Trümmer gelegt und ihre Besitzer mit Stricken um
den Hals Gnade flehend vor dem neuen Landesherrn erschienen. Nur noch einmal, fast hundert Jahre später, wagten ihre
Nachkommen das Land mit Brand und Mord zu erfüllen, aber
auch jetzt blieben die Churfürsten ihrer Herr; vierzig Räuber

ritterlichen Geschlechts ließ einst Joachim I. auf einmal hängen. Der erste Anfang zur künftigen Größe Preußens, die Vereinigung der Churmark und des burggräflichen Hauses war bezeichnet gewesen durch die Beseitigung Eines der Elemente, auf denen in anderen Territorien das politische Leben wesentlich ruhte. Auch die weitere Entwickelung des sich bildenden Staates hielt durchaus gleichen Schritt mit dem siegreichen Kampf gegen die politischen Schöpfungen des Mittelalters. Das Lehnswesen verlor mit dem Verschwinden der Ritterdienste in Brandenburg wie überall seinen politischen Gehalt. Anstatt selbst geharnischt auf kräftigen Streitrossen zu erscheinen, schickten die ritterbürtigen Familien bereits im Anfange des siebenzehnten Jahrhunderts Kutscher, Vögte, Fischer und dergleichen schlimm und unversucht Lumpengesindel auf elenden Kleppern. Mit der leeren Form konnten die Landesherren sich nicht vertragen. Schon der große Kurfürst ließ sich von den Rittern statt der Reiterdienste eine Abgabe, die Lehnspferdegelder, geben und Friedrich Wilhelm I. hob für die Ritter, Schulzen und Bauernlehen in allen seinen Landen die Lehnsherrlichkeit völlig auf. Nur die nach Lehnrecht begründeten Familienrechte und Erbfolgeordnungen ließ er bestehen.

Die mittelalterlichen Landstände der Marken, die schon seit den Zeiten des Churfürsten Albrecht Achilles ihrem Landesherrn keinen entscheidenden Widerstand entgegensetzen konnten, wurden 1653 zum letzten Mal zu einem gemeinsamen Landtag vereinigt. Seitdem erhielt sich nur der landständische Ausschuß, welcher die ständischen Kassen verwaltete und Versammlungen der Stände für die einzelnen märkischen Kreise, deren wesentliche Aufgabe in der Vertheilung und Erhebung bestimmter landesherrlicher Einkünfte bestand. Kräftiger als in den Marken setzten sich in einigen von dem Hause Hohenzollern später erworbenen Landen die Stände, welche unter anderen Verhältnissen selbstständiger erwachsen waren, ihrer Vernichtung entgegen. In dem Herzogthum Preußen mußte der große Churfürst dem Landtage, um die Huldigung als souveräner

Herzog zu erlangen, in der Affecuration und dem Landtags-
abschiede von 1663 sehr wesentliche Rechte zugestehen, aber
schon ihm gelang es, den Widerstand der auf ihre verbrieften
Rechte haltenden Stände factisch zu beseitigen; Steuern wurden ohne und wider sie ausgeschrieben und mit Gewalt erhoben und Befehle aller Art schonungslos durch Militärmacht
vollzogen. Friedrich Wilhelm I. berief zwar die preußischen
Stände zur Huldigung, aber mit der ausdrücklichen Anwei-
sung, sich aller Beschwerden zu enthalten. Bei seinen Handlungen ließ er sich durch keine Rücksicht auf sie bestimmen. Die
Stände von Jülich, Cleve, Berg und der Grafschaft Mark
hatten noch 1645 ihre alte Vereinigung zum gegenseitigen Bei-
stand und zur Behauptung ihrer Freiheiten und Gewohnheiten
erneuert und erfuhren, begünstigt durch Lage und Zeitverhältnisse, mannigfache Berücksichtigung. Aber kaum zwanzig Jahre
später belegte der große Churfürst die Güter der widerspenstigen
Stände mit schwerer Soldatesca, ließ diese à discretion in
den Quartieren hausen, bedrohte die kräftigsten Gegner mit
Confiscation ihrer Lehen, mit Leibes- und Lebensstrafen und
erzwang dann auf dem Landtage von 1672, der von vielen in
des Landesherrn Eiden und Pflichten stehenden Personen be-
sucht war, einen neuen Receß. Ungeachtet viele Stände gegen
denselben coram notario et testibus protestirten, waren dennoch die hergebrachten Rechte, auf welche sich 1723 der Landtag berief, in solchem Grade außer Gebrauch gekommen, daß
Friedrich Wilhelm I. antworten konnte: das seien alte Ge-
schichten und längst abgethane und vergessene Dinge. Nicht die
alten semina discordiarum, sondern die novissima pacta könnten entscheiden. Vergeblich beziehe man sich auf ein und anderen unruhigen Gemüthes angemaßte Protestation, vergeblich
auf verschiedene die Glorie des Landesheren höchst sträflich
verunglimpfende Imputationen. Wohl behaupteten auch später noch die Stände, daß sie nicht von der unumschränkten
Willkühr ihrer Fürsten abhingen, wohl versicherte der Churfürst
daß er der Stände althergebrachte Siegel und Briefe, auch

habende Pacta und Reversalien nicht zu cassiren und zu vernichtigen begehre; aber dennoch nehmen auch diese Stände fortan die nichtssagende Stellung der übrigen ein. Mit weit geringeren Umständen wurde die Bedeutung der Landtage in den übrigen neu erworbenen Landen beseitigt. Die ständischen Privilegien der ehemaligen Bisthümer Minden und Halberstadt erhielten 1650 gleich nach ihrer Besitznahme nur so weit Bestätigung, als sie den durch Friedensschluß erlangten Rechten, Regalien und der Landeshoheit des Churfürsten nicht entgegen seien. Als das Herzogthum Magdeburg 1680 an Brandenburg fiel, versicherte der Churfürst: Wenn wir künftig nöthig finden mögten, einen allgemeinen Landtag auszuschreiben, so wollen wir auf demselbigen über die Sachen, welche wir alsdann vornehmen mögten, unserer getreuen Stände unterthänigste Erinnerung vernehmen. Da aber die späteren Landesherren den allgemeinen Landtag nie nöthig fanden, so war auch von dem Vornehmen seiner Erinnerung nicht die Rede. Die pommerschen Stände hatten zwar in allen zur Landesregierung gehörenden Dingen jeder Zeit starken Antheil gehabt; das galt aber nur, bemerkt Moser, von des Großvaters Olim Zeiten.

Wie das Erwachsen der Stärke Preußens im Inneren gleichen Schritt hielt mit der Zertrümmerung der politischen Elemente des Mittelalters, so gelang ihm auch die Erweiterung seiner Macht nach Außen nur durch das Vernichten mittelalterlicher Größen. Jener großartige Bau, welchen religiös-kriegerische Begeisterung in Preußen errichtet hatte, zerfiel mit dem Mittelalter in sich selbst. Ihn völlig vernichtend, gewann das brandenburgische Churhaus neben seiner Landeshoheit die Souveränetät und dann auch die Königskrone. Wesentliche Kräfte, um die neue Souveränetät geltend zu machen, waren ihm wiederum durch politische Gebilde des Mittelalters welche es vernichtete zugeführt, indem es im westphälischen Frieden die geistlichen Territorien Camin, Halberstadt, Magdeburg und Minden erhalten hatte. Friedrich der Große erhielt

von seinen Vorfahren ein Land überliefert, in welchem die
Kräfte des Mittelalters, so weit sie politischer Natur waren,
dem Landesherrn gegenüber jeder Bedeutung entbehrten. Nach
unten zwar hatten sie vielfach eine Wirksamkeit bewahrt;
aber, da es keinem Könige in den Sinn kommen konnte, die
Gebilde, durch deren Beseitigung Preußen groß geworden war,
wieder ins Leben zu rufen, so war es gewiß, daß die mittelalterlichen Erscheinungen, welche nach oben nicht wirken sollten, nach unten für die Dauer nicht wirken konnten.

Die Bestandtheile, welche die brandenburgische Macht gebildet hatten, konnten, sobald die politischen Bindemittel des
Mittelalters beseitigt waren, nur dann vor dem Auseinanderfallen bewahrt und zur Grundlage einer neuen Macht erhoben
werden, wenn die in ihnen vorhandenen, aber zusammenhangslos zerstreuten Kräfte gesammelt und nach einem Ziele hin verwendet wurden. Brandenburg und Camin, Magdeburg und
Cleve, Preußen und Halberstadt, welche aus nur äußeren
Gründen in dem Churfürsten einen und demselben Landesherrn
hatten, fühlten sich so wenig als die in scharf gesonderten Lebenskreisen sich bewegenden Ritter und Städte, Prälaten und
Bauern als eine innere Einheit. Da ihnen Allen deßhalb der
innere Trieb als Glieder eines höheren Ganzen für dessen
Kraft und Größe zu handeln und zu dulden, zu geben und
zu empfangen fehlte, so konnte die Macht, welche die Einzel-
kräfte für das werdende Ganze verwendete, nicht die Staatsgewalt sein, weil diese nur das aus äußeren juristischen Gründen verlangt, was sich aus inneren sittlichen Gründen schon
von selbst versteht und nur die Einzelnen, welche der inneren
Anforderung sich willkührlich entziehen wollen, zwingt die
Stimme das eigne Ich nicht zu verachten. In dem werdenden
Preußen mußte zunächst eine nur äußere Macht entstehen, um
die innerlich nicht Verpflichteten wenigstens äußerlich zu verpflichten, und das selbstsüchtige Einzelstreben nicht allein nie-
derzubeugen, sondern auch mit eiserner Gewalt zu nöthigen,
selbst wider Willen für das entstehende Ganze wirksam zu sein.

Die großartige Begründung einer solchen Macht ist für die verbundenen Landestheile, aus denen Preußen erwuchs, möglich geworden durch das Fürstengeschlecht, welches sich an die Spitze des entstehenden Staates gesetzt fand. Es hat auf die Größe Preußens mächtig durch die außerordentlichen Persönlichkeiten, welche es mehrere Mal erzeugte, eingewirkt; mächtiger aber noch durch die auch in den minder hervorragenden Gliedern erscheinende Hausgesinnung, welche keine Größe, keinen Vortheil, kein Interesse der Familie kannte, welches nicht zugleich Größe, Vortheil, Interesse Preußens gewesen wäre. Die ganze Energie, welche dem Streben langlebiger Familien nach Familienmacht und Familienglanz innewohnt, kam dem Staate zu gut. Die Rechtfertigung, welche für herbe- die Einzelnen oft tief verwundende Schritte in deren Nothwendigkeit für das Ganze liegt aus dem alle Einzelnen Kraft und Nahrung ziehen, veredelte und vergeistigte Maaßregeln und Richtungen des brandenburgischen Fürstenhauses, die in anderen regierenden Familien, deren Interesse nicht mit dem ihres Landes zusammenfiel, den Character despotischer Barbarei getragen hätten. Das preußische Königshaus strebte für sich, aber nur in seiner unscheidbaren Einheit mit dem Staate; es strebte für den Staat, aber nur als aufgehend im Könige, und in diesem Streben gelang es ihm über alle und jede Kräfte der seinen Landen Angehörigen frei zu verfügen sie zu sammeln und gesammelt allein nach seinem Willen zu verwenden. Bereits mit Friedrich Wilhelm I. war dieses Ziel vollständig erreicht. „Wir sind Herr und König und können thun was wir wollen*)“. „Ich stabilire die souraineté wie einen rocher von bronce **)“ sind die bekannten characteristischen Worte des Königs, die er nach allen Seiten hin verwirklichte. Ihm allein flossen alle Abgaben, alle Einnahmen aus Forsten und Bergwerken, Posten und Salzwerken zu.

---

*) Förster, Friedrich Wilhelm I. II. S. 253.
**) Daselbst II, S. 163.

„Die Kriegskasse gehört ja Niemand anders, als dem König
in Preußen, die Domänencasse ingleichen; wir hoffen auch,
daß Wir allein derselbige sind und keinen Vormund oder Coadjutor nöthig haben*). Jede Auflage, wenn sie nur nicht die
Zahlenden unfähig macht, die schon außerdem bestehenden Abgaben zu entrichten, ist dem Könige eine gute und solide Ver-
besserung**), denn „Geld ist die Losung***).“ Von einem
Rechte der Unterthanen, bei der Festsetzung von Steuern in
irgend einer Weise mitzuwirken, ist nie die Rede. Seinen
„lieben blauen Kindern“ einen Jeden einzuverleiben, der ihm
gefiel, hielt sich der König für berechtigt und wenigstens jeder
lange Mensch gefiel dem Könige gewiß. Als die Universität
zu Halle 1731 dem Könige berichtete, daß ein studiosus´juris
Abends auf öffentlicher Straße von Soldaten angefallen, in
einen Wagen geworfen und zum Stadtthor hinausgeführt worden sei, entschied der König: „Sollen nicht raisonniren, ist
mein Unterthan ****).“ In des Königs Willen war das Recht
persönlich geworden, sein Wort war Gesetz, seine Meinung
trat an die Stelle des richterlichen Urtheils zuweilen in Civil-
sachen, oft in Criminalsachen. Die wenigen Worte: „soll
platt cassirt werden †)“, „ich werde ihn drei Tage unter die
Pritsche in der Wache liegen lassen ††)“, „ich schenke die Schuld,
sollen aber aufhangen lassen †††)“ entschieden über Ehre, Freiheit und Leben. Kein Privatrecht hatte dem Könige gegenüber
Kraft. Ein langes Bauernmädchen erhielt den Befehl, sich
ohne Weiteres dem Flügelmann Mecdoll antrauen zu lassen ††††). Als die Soldaten in Berlin sich über ihre unsau-

---

*) Art. 26. der Instruction an das Generaldirectorium. Daselbst II.
    S. 163.
**) Daselbst II. S. 190.
***) Förster daselbst I. Urkundenbuch S. 52.
****) Daselbst S. 71.
  †) Daselbst S. 71.
 ††) Daselbst S. 53.
†††) Daselbst S 51.
††††) Förster II. S. 300.

beren Quartiere beklagten, erhielten alle und jede Juden, welche
in der Stadt zu Miethe saßen, den Befehl, ohne Räsonniren
den Soldaten ihre Wohnungen einzuräumen und dagegen zu
einem willkührlich festgesetzten Preise die Baraquen der Soldaten zu beziehen *). Als die Kaiserin von Rußland einige tüchtige
Klingenschmiede wünschte, befahl er, falls sich solche Leute nicht
mit Gutem persuadiren lassen sollten, sie aufheben zu lassen und sie
mit einer escorte von Garnison zu Garnison zu schicken **).
Um der Ausführung seines Willens gewiß zu sein, hielt der
König sich Werkzeuge in seinen „Dienern". Sie sollen arbeiten, denn davor wir sie bezahlen ***); aber einen selbstständigen Willen, eine eigne Einsicht zu haben war ihnen nicht gestattet; Vorschläge der Behörden, selbst wenn sie auf lange
Vorarbeiten sich stützten, beseitigte der König, falls sie ihm
nicht gefielen mit den kurzen Worten: „Narrenpossen" oder
„platt abgeschlagen". Als in einem Zwiespalt mit den Landständen eine Kriegs- und Domänenkammer das Recht auf Seiten der Letzteren gefunden hatte, erklärte der König: „Wir
geben ja den Kammern nicht um deswillen Besoldung, daß
sie vor die Landstände sprechen, mit ihnen eine Bande und was
das allerärgste, Partie wider uns selbst machen sollen †)".
J. J. Moser fragte, als er Professor in Frankfurt war, bei
dem Könige an, ob es ihm erlaubt sei, die Gerechtigkeit der
Sache des N. N. zu defendiren und erhielt zur Antwort: „daß
Ihr Euch nicht unterfangen sollt in Schriften das Recht des
N. N. zu vertheidigen. Könnet Ihr aber das Gegentheil
solide und mit gutem Schein darthun, so steht Euch solches
frei ††)".

Je erfolgreicher indessen der König alle durchgreifenden
Maaßregeln sich allein vorbehielt, je eifersüchtiger er alle Aeu-

---

*) Förster II. S. 288.
**) Daselbst S. 299.
***) Daselbst S. 183.
†) Stenzel, Geschichte des preußischen Staats III. S. 320.
††) Moser Leben I. S. 190.

ßerungen der Selbstständigkeit und Eigenwilligkeit in seinen
Beamten und seinen Unterthanen unterdrückte, um so sicherer
blieben die meisten Lebensverhältnisse von der Thätigkeit der
Regierung unberührt. Weil Friedrich Wilhelm durch den
Menschen im Könige verhindert ward Alles in Allem zu sein,
trat für Preußen unter seiner Regierung, trotz der vielen Acte
entsetzlicher Willkühr kein Zustand allgemeiner Unsicherheit und
Auflösung ein; aber eben so wenig fand sich, ungeachtet der
factischen Sicherheit welche die Regel bildete, in irgend einem
Lebenskreise die Selbstständigkeit eines Rechtes der Unterthanen
anerkannt. Der König wollte das Recht; aber seine ganze
Handlungsweise ging von der unerschütterlichen Ueberzeugung
aus, daß für seine Lande er ausschließlich Kenner, Verkünder
und Wächter des Rechts sei und daß deßhalb ihm gegenüber
kein Verhältniß, keine Persönlichkeit selbstständige Geltung besitze. Das einfachste und wahrste Bewußtsein seiner Verantwort-
lichkeit gegen Gott konnte weder den Unterthanen das fehlende
Recht ersetzen und sie gegen die furchtbaren Folgen mangelnder
oder verkehrter Einsicht und gewaltsamer Leidenschaftlichkeit
schützen, noch den Schmerz darüber aufheben, daß eine Regierung, wie die Friedrich Wilhelms I., als ein nicht zu entbehrendes Zuchtmittel hatte eintreten müssen. Moser sah sehr
richtig, wenn er sagt, daß Friedrich Wilhelm, trotz des Schei-
nes strengster Ordnung und Regelmäßigkeit in seinen Landen,
Alles in Staats-, Cameral-, Militair- und anderen Sachen
auf einen willkührlichen und allein von seiner Einsicht und
Gutbefinden abhangenden Fuß gesetzt habe*). Aber die Willkühr des preußischen Königs unterschied sich wesentlich von der
der meisten anderen Regenten dadurch, daß sie zu ihrer Voraussetzung den Glauben an einen göttlichen Auftrag und zu ihrem
Ziele nicht selbstsüchtige Lüste, sondern die Gerechtigkeit und
die Größe des Staates hatte.

In diese Königswürde hinein ward Friedrich der Große

*) Moser Landeshoheit S. 252.

geboren und machte die Fiction seines Vorgängers, daß im Könige der Sitz nicht nur der Macht, sondern auch der Einsicht sei, zur Wirklichkeit. Der König, schrieb ein englischer Reisender *), der mehr Geheime Räthe als irgend ein anderer König der Christenheit hat, zieht Niemand zu Rath. Da Friedrich die politischen Formen, welche seiner innern Stellung entsprachen, völlig ausgebildet schon vorfand, so konnte ihm das Außerordentliche gelingen. Aber zum Gelingen des Außerordentlichen gewährten die vorgefundenen Formen nur in sofern die Möglichkeit, als sie wirklich der Ausdruck für das politische Sein Preußens bildeten, als sie demnach Friedrichs Geist zum Inhalte hatten. Nach dem Laufe der Natur war dieser Geist auf ein Menschenalter beschränkt und seine Wiederholung nicht zu erwarten. Mit Friedrichs Tode verlor die politische Form Preußens ihren Inhalt, den sie auch vor ihm nicht gehabt hatte, und dennoch wurde in ihr die einzige Bürgschaft für die Fortdauer der Größe des Staats gesucht, dennoch schlug der Aberglaube feste Wurzel, daß Preußens Stern erbleichen müße, wenn irgend eine politische Berechtigung sich fände, welche nicht auf die Person des Königs zurück zu führen sei. Preußen war unter Friedrich dem Großen nach dem Ausdrucke eines Zeitgenossen **) ein Riese an Nerven, aber ohne Fleisch gewesen wenn nicht sein Thronfolger das Blut, so sich ganz im Herzen zusammengedrängt, in Umlauf bringen und in die übrigen Glieder leiten könne, so müße der Körper am Schlagfluß sterben.

Während die Rechtsform des Staates unter Friedrichs nächstem Nachfolger unverändert blieb, trat im öffentlichen Leben des Volkes eine durchgreifende Umwandlung ein, von Friedrichs Größe, ihm selbst unbewußt erregt. Der König mit seinen Soldaten war es gewesen, der die Siege erfochten

---

*) Moores Abriß des gesellschaftl. Lebens in Frankreich, der Schweiz und Deutschland. Leipzig 1779 S. 354.
**) Wekherlin Chronologen II. S. 242.

und sich und seinen Unterthanen Ansehen und Ehre verschafft hatte. Stolz auf ihren königlichen Herrn fühlten sich die Angehörigen der zusammengebrachten Lande als Preußen, das hieß zunächst als Unterthanen des Königs. Aber an diesem Unterthanengefühl wuchs das Bewußtsein heran, Bestandtheil eines Ganzen zu sein, dessen Spitze und Schlußstein der König bilde. Während früher die Preußen die Gewißheit hatten, Theile des Ganzen zu sein, weil sie Unterthanen des Königs waren, trat jetzt die Gewißheit, welche sich mit jener ersten wechselseitig bedingt, ins Bewußtsein, daß sie Unterthanen ihres Königs wären, weil sie Bestandtheile des Ganzen waren. Aus diesem Bewußtsein erhob sich mit innerer Nothwendigkeit das Drängen, für das Ganze als Theile bedeutsam zu werden, wie der König es war als Spitze. Aber weil das Bewußtsein, zusammen zu gehören, lediglich durch den König vermittelt ward und zu diesem ein Jeder in demselben Verhältniß unbedingter Abhängigkeit stand, so gab es in der Stellung zur staatlichen Einheit keine Mannigfaltigkeit. Die Preußen vielmehr erschienen, so weit sie Preußen waren, als eine gleichartige Masse, und das Drängen nach Berechtigung zur Wirksamkeit für den Staat ward bewußt oder unbewußt ein Drängen nach völlig gleicher Wirksamkeit jedes Einzelnen und verfiel dadurch in den Irrthum der Theorien, welche das vorige Jahrhundert beherrschten. Die Regierung, weil sie wie das Volk von den Ansichten der Zeit ergriffen war, konnte jenen Bestrebungen das Anerkenntniß nicht versagen, aber ihnen practische Bedeutung zu verleihen, war sie außer Stande, weil ihr nur innerhalb der gegebenen politischen Formen ein Staatsleben als möglich erschien. Aus solchem Widerspruch entsprangen die staatsrechtlichen Grundsätze des allgemeinen Landrechts, welche ausgehend von der Berechtigung der Preußen, als Theile des Staates, dennoch die alten Staatsformen dadurch retteten, daß ausgesprochen wurde, „alle Rechte und Pflichten des Staates vereinigen sich in dem Oberhaupte desselben.

In den letzten Jahrzehnten des vorigen Jahrhunderts entbehrte das politische Bewußtsein und Streben im Volke jeder
rechtlichen Form und mußte, um sie zu gewinnen, vor allen
Dingen aus dem Bewußtsein, Theil einer Masse zu sein, zu
dem Bewußtsein herangezogen werden, einer in reicher Fülle
und lebendiger Mannigfaltigkeit gestalteten Einheit als Glied
anzugehören. Weder eine ausschließlich von Innen heraus
wirkende Kraft, noch der menschliche Wille für sich allein
konnte diese Umbildung bewirken. Nur gemeinsam getragene
Geschicke, gemeinsames Leiden und gemeinsame Thaten vermochten die im preußischen Staate zusammengedrängten Deutschen als eine auch innere und darum lebendig gegliederte Einheit zu gestalten und nur, wenn es in solchem Boden wur-
zelte, konnte das politische Streben sich auf eine staatliche Wirksamkeit richten, welche ihren Grund hatte in der
durch das Leben nach Geburt, Lebensstellung und Bildung
unendlich mannigfach bestimmten politischen Befähigung. Die
hierdurch in ihrem inneren Wesen umgewandelte politische
Tendenz trug in der eigenen Natur nichts, wodurch das Recht
verhindert wäre, sie anzuerkennen. Aber selbst wenn der Gang
der Geschichte die innere Einheit Preußens erzeugte, trat dennoch die europäische Stellung des Staats einer Umgestaltung
seiner Formen erschwerend entgegen. Nur dadurch war Preußen europäische Macht geworden, daß alle ihm innewohnenden
Kräfte dem Winke eines großen Mannes zur unbedingten Verfügung gestanden hatten. Um die errungene Stellung zu bewahren, mußte der Staat immer von Neuem durch bedeutungsvolle und kräftige Thaten darthun, daß er nicht ein vom
Glück begünstigter Emporkömmling sei, sondern durch eigene
Kraft sich gehoben habe. Aus diesem Grunde schien das Recht
des Königs, als politisch ausschließlich berechtigte Person in
Preußen zu verfügen, unangetastet bleiben zu müssen. Da
aber die menschliche Natur in keinem dauernden Verhältniß
erträgt, nur Mittel zum Zweck nur Sache in der Hand einer
Person zu sein, so war es undenkbar, daß der König dauernd

die Sammlung und Verwendung der Kräfte Preußens sich bewahre, wenn nicht deffen Glieder nach dem Maaße ihres inneren politischen Berufes berechtigt wurden, als Personen für
die Größe und Schönheit des Staates zu wirken.

Eine höhere Hand hatte seit Jahrhunderten so sichtbar
über Preußen gewacht und so vielfach große Ereignisse gefügt
und große Persönlichkeiten geschaffen, daß in Preußen ein
Staat erkannt werden mußte, auf den auch im Verlaufe der
Weltgeschichte deren ewiger Leiter gezählt habe. Mit freudiger
Gewißheit ließ sich hoffen, daß die Umwandlung des mechanischen Staates in den organischen gelingen und der Staatscharacter nicht immer ausschließlich im Rechte des Hauptes,
sondern auch in dem der Glieder erscheinen würde. Nur das
blieb dem forschenden Auge ungewiß, ob diese Umwandlung
eintreten würde mehr als eine freie königliche That, oder mehr
als ein historisches Ereigniß.

Preußen hatte die jede Staatsbildung hindernden politischen Unabhängigkeiten des Mittelalters als solche völlig beseitigt und sie in eine äußere Einheit gewaltsam zusammengedrängt. Es mußte, um sich vor innerem Ersterben zu bewahren, mit den ihm zu Gebote stehenden geistigen und physischen
Kräften daran arbeiten, den Staatscharacter in allen Lebenskreisen hervortreten zu lassen. Seine politische Stellung und
seine politischen Aufgaben waren daher dieselben, wie die der
mittleren deutschen Territorien, und nur dadurch von diesen unterschieden, daß Preußen von einer großartigen europäischen
Grundlage aus selbstständig nach einem Ziele streben konnte,
welches die mittleren deutschen Staaten in ihren beengten Verhältnissen nie ohne Anlehnung an einen großen Staat zu erreichen vermochten. In wie fern sie an Preußen diesen Anlehnungspunkt fanden, hing von deffen Stellung zu Deutschland ab.

In Preußen fehlten alle die fremdartigen Elemente, welche
Oestreich verhinderten, seinen deutschen Bestandtheilen Freiheit
der Entwickelung zu gestatten. Preußens Bevölkerung und

Landestheile waren mit unerheblichen Beimischungen Deutsch.
Den beiden Slavenreichen des Ostens, Rußland und Polen
und der eigenthümlich östreichischen Macht gegenüber hatte
Preußen ein national-deutsches Princip zur Grundlage erhalten und auf dieser sich zur europäischen Größe erhoben. Schon
im Anfange des 17. Jahrhunderts ging ein Gefühl durch
das deutsche Volk, daß Brandenburg es sei, welches der
national-religiösen Bewegung der Reformation einen äußeren Halt gegen die immer gewaltsamer werdenden äußeren
Angriffe geben könne und müsse. Im Jahre 1609 machte
der Reichscanzler von Strahlendorf den Kaiser darauf aufmerksam, „daß jeder Ketzer an dem brandenburgischen
Hause kräftiglich hange, als auf welches alle Hoffnung
und aller Trost der Abtrünnigen nunmehr gestellt sei.
Es könne der Churfürst von Brandenburg nunmehr der werden, so von den Lutherischen und Calvinischen längst
gewünscht und erwartet worden *)". Churpfalz hatte sich
durch den schroffen Wechsel und Kampf zwischen lutheri-
scher und reformirter Auffassung seines Einflusses beraubt; in
den Churfürsten von Sachsen war der Geist, welcher seine
Fürsten zur Reformationszeit belebt hatte, erloschen; Braun-
schweig-Lüneburg sah sich durch Theilungen und Zwistigkeiten
geschwächt, als der große Churfürst die Regierung antrat,
mit innerer Wärme die Reformation ergriff, sich über das
Herbe des Gegensatzes zwischen Lutheranern und Reformirten
erhob und das national-religiöse Interesse mit dem des brandenburgischen Hauses verschmolz. Als mit dem Ende des
Jahrhunderts Churpfalz an das katholische Pfalz-Neuburg kam,
als das Churhaus Sachsen sich, um die polnische Königskrone
zu gewinnen, von Deutschland und der Reformation abwandte
und Churbraunschweig den englischen Thron bestieg, war
Brandenburg, indem es die großartigste nationale Bewegung,

---

*) Förster Friedrich Wilhelm I. Band II. S. 65 aus Selchow Maga-
zin II. 227.

welche jemals aus unserem Volke hervorgegangen ist, zum eigenen Lebensprincipe gemacht hatte, der bedeutendste rein deutsche Staat geworden.

Eine doppelte Aufgabe war ihm mit dieser Stellung beschieden. Es mußte die demüthigende Abhängigkeit von den Fremden brechen, in welcher Deutschland sich befand, und es mußte in seinem eigenen Leben dem deutschen nationalen Geiste einen solchen Ausdruck geben, daß derselbe durch Preußens innere Erhebung die Kraft erhielt, sich aus der langen Erstarrung zu neuen großen Gestaltungen hervor zu arbeiten. Der tiefe Ingrimm über die Abhängigkeit Deutschlands von den Fremden und das Bewußtsein, daß sie gelöst werden müsse, hatte längst zur Hausgesinnung der Königsfamilie gehört. „Wir haben, so wendete der große Churfürst schon sich an das deutsche Volk*), wir haben unser Blut, unsere Ehre und unseren Namen dahin gegeben und Nichts damit ausgerichtet, als daß wir uns zu Dienstknechten fremder Nationen und des uralten hohen Namens fast verlustig gemacht haben! Was sind Rhein, Elbe, Weser, Oderstrom nunmehr anders, als fremder Nationen Gefangene! Was ist deine Freiheit und Religion mehr, denn daß Andere damit spielen!" „Kein Engländer und Franzose rief Friedrich Wilhelm I. aus**), soll über uns Deutsche gebieten; meinen Kindern will ich Pistolen und Degen in die Wiege geben, daß sie die fremden Nationen aus Deutschland helfen abhalten". „Ich will die stolzen Leute zu raison helfen bringen, schrieb derselbe König an den Grafen Seckendorf, sie sollen sehen, daß das deutsche Blut nicht verwüstet ist". „Wenn sich die Schweden in Reichssachen meliren, äußerte er ein anderes Mal, so muß man Schweden absolute vom deutschen Boden schmeißen***)". Friedrich dem Großen war es beschieden, das Ziel, welches seine Vorgänger

---

*) Pfister deutsche Geschichte V. S. 31. aus dem Theatr. Europ. VIII. 410.

**) Förster Friedrich Wilhelm I. t. II. S. 88.

***) ibid. III. S. 269. 277.

erstrebt hatten, wirklich zu erreichen. Indem er Preußen aus dem ersten deutschen Staate zu einem deutschen Staate mit dem Charakter einer europäischen Macht erhob, befreite er Deutschland zugleich von der französischen Abhängigkeit*) und gab dem deutschen Volke das aufblitzende Bewußtsein nationaler Bedeutung, welches seit Jahrhunderten verloren gegangen war.

Seitdem Preußen die beiden größten und nächsten nationalen Interessen, die Sicherung nämlich des neugebornen religiösen Lebens und die Beseitigung der Abhängigkeit von den Fremden, ergriffen und in ihnen die Wurzeln der eigenen Größe gefunden hatte, ruhte die Einheit zwischen den Geschikten Preußens und denen des übrigen Deutschlands nicht nur auf der Einheit der Nationalität, sondern auch auf der durch die Geschichte begründeten Nothwendigkeit, denselben Zielen anzustreben. Es konnte hinfort in Preußen keine Bewegung geistiger Natur sich finden, welche nicht hinübergeleitet worden wäre in das übrige Deutschland. Die Kraft, welche von Innen heraus Preußen dahin drängte, seinen Staatscharacter nicht allein wie bisher in der königlichen Würde, sondern auch in den verschiedenen Kreisen des Volkslebens allseitig zu offenbaren, mußte die verwandten Bewegungen der anderen deutschen Territorien stählend und belebend durchbringen. Gelang es Preußen, die ihm gestellte Aufgabe zu lösen und eine Verfassung zu gewinnen, welche einerseits seinen Gliedern das Recht verschaffte, nach Maaß ihrer durch das Leben bestimmten politischen Fähigkeit für das einheitliche Preußen zu wirken, und andererseits das volle königliche Recht nicht schmälerte, sondern trug und stärkte, so hatte ein durch deutsche Nationalität und deutsche Geschichte erzeugtes politisches Princip in einem europäischen Staate seinen Ausdruck erhalten und konnte nun auch in den kleineren Kreisen deutschen Lebens, welches in den größeren und kleineren nicht ganz erstorbenen Territorien bestand, mit größter Mannigfaltigkeit und ohne sich selbst

---

*) Ranke die großen Mächte in der hist. polit. Zeitschrift II. S. 23.

ungleich zu werden, fröhlich gedeihen. Wenn dagegen der politische Aberglaube, wenn die widerstrebenden Zustände im Inneren und die Verhältnisse in der Stellung nach Außen Preußen verhinderten, den Widerspruch in seinem eigenen Dasein zu besiegen, und es dahin führten, seinen deutschen Staatscharacter ausschließlich in der Person des Königs zu finden, dann konnte auch in den übrigen Territorien das deutsche Staatsprincip sich nicht frei aus sich heraus gestalten, weil ihm die Großartigkeit des Lebens fehlte, ohne welche sich niemals wahrhaft politische Erscheinungen gebildet haben. Selbst wenn das deutsche Staatsprincip stark genug war, um nicht unterzugehen, so mußte es doch durch haltloses und unsicheres Umhersuchen und durch schwankenden Anschluß bald an diese, bald an jene Richtung entstellt werden und in Kraftlosigkeit verkümmern.

Indessen hatte Preußen nicht allein an Deutschland zu geben, sondern auch von Deutschland zu empfangen. Es war durch die Größe seines Königs in die Reihe der europäischen Mächte getreten; aber das Leben eines Königs ist kürzer gemessen, als das des Staats. Sollte Preußen, auch wenn die Krone nicht mehr auf dem Haupte des wundervollen Mannes ruhte, europäische Macht bleiben, so durfte ihm die Grundlage nicht fehlen, welche die großen Mächte befähigte, leitend in der Geschichte aufzutreten. Oestreichs Basis war zu eigenthümlicher Natur, um zum zweiten Mal erscheinen zu können. Englands, Frankreichs und Rußlands europäische Bedeutung ruhte dagegen auf der Thatsache, daß sie großen Völkern einen politischen Ausdruck gaben. Dieser Grundlage entbehrte Preußen für sich allein betrachtet und konnte sie nur gewinnen, wenn es sie vom deutschen Volke empfing. Da es historisch unmöglich war, daß Preußen Deutschland preußisch machte, so mußte Preußen zunächst und vor Allem in einem solchen geistigen Zusammenhang mit dem deutschen Volke stehen, daß es durch die Kraft und das Leben desselben getragen ward. Sodann aber forderte dieses innere Verhältniß eine politische Form. Schon längst drängten sich, wie früher bemerkt, die

lebensvolleren deutschen Territorien, getrieben von ihrer inneren Natur, zu einer Conföderation zusammen. Einen Halt
nach Außen konnte dieselbe in dem Bündniß mit Oestreich finden, aber das Haupt, dessen sie bedürftig war, bot sich ihr
nur in Preußen dar, welches, an die Spitze der Conföderation
tretend, ohne seinen preußischen Character zu verlieren und
ohne Deutschland preußisch zu machen, auch in Rücksicht auf
materielle Macht sich ruhig und sicher neben die übrigen europäischen Mächte stellen konnte.

Die deutsche Königswürde und der deutsche Reichstag waren wie die Reichsritter und Reichsstädte, wie die geistlichen
Lande und die Grafschaften und kleinen Fürstenthümer Körper
ohne Seele und harrten ihres Unterganges. Die Kraft, welche
sie verschwinden machte, trat nicht ein lebendiges Dasein ertödtend dem inneren Gange der Dinge mit roher Willkühr
entgegen, sondern brachte, dem Laufe der Natur zu Hülfe
kommend, einen seelenlosen Körper zur Ruhe und schuf den
frischen Trieben, die aus der alten starken Wurzel der deutschen Nationalität sich hervorarbeiteten, Raum zur freieren
Entfaltung. Die Staatsnatur des Territoriums und ein auf
deutsche Nationalität gegründeter Bund zur gegenseitigen Ergänzung der werdenden Staaten drängte sich aus dem Schutte
zusammengebrochener Herrlichkeit mit ursprünglicher Lebenskraft
hervor. Die Kraft, welche den deutschen Staat und den
deutschen Bund verwirklichen half, führte nicht Einfälle des
Augenblicks willkührlich ins Leben ein, sondern gab politischen
Trieben, welche der Gang der Geschichte und der Geist unseres Volkes gezeugt hatte, ihren volleren Ausdruck. Da indessen die Erfahrung zur Genüge darthat, daß die Kraft, welche
das Todte begraben und das Lebendige groß ziehen sollte,
nicht in der bestehenden Verfassung des Reiches und der Territorien liege, so hofften die Einen von Hans Sachs und Moscherosch an, bis zu den einseitigen Verehrern Friedrichs und
Josephs, auf das Erscheinen eines großen Mannes, welcher
durch seine Willenskraft die Schlaffheit des Geistes und der

Formen überwinden und die Wiedergeburt Deutschlands erzwingen werde. Andere, welche einer solchen Größe des Individuums mißtrauten, erwarteten den Eintritt gewaltiger Ereignisse, welche die träge Menschenwelt ergreifen und wider Wissen und Wollen in eine neue Gestaltung hineinführen müßten. Die Bedeutung großer Individuen und großer Ereignisse für den Lebensgang eines Volkes wird freilich durch die Geschichte eines jeden Jahrhunderts gelehrt, aber diese lehrt zugleich, daß nie ein Volk die wahrhaft politische Gestaltung seines Daseins als Geschenk, sondern nur dann erhielt, wenn in ihm selbst, in dem einheitlichen Volke, Kräfte wirkten, welche sich der Thaten des einzelnen großen Mannes und der historischen Begebenheiten bemächtigten und sie, benutzend und gestaltend den Staat erzeugten, als den mehr oder weniger treffenden Ausdruck des im Volke lebenden Geistes. War es Deutschland wirklich beschieden die todten Formen der Vergangenheit abzustreifen und die frischen Keime einer neuen Zukunft groß zu ziehen, so mußten auch in den Deutschen als einheitlichem Volke staatbildende Kräfte sich finden.

Zweiter Theil.

Die staatbildenden Kräfte im deutschen Volke vor der Revolution.

Da der Staat keine Seite seines Daseins hat, welche nicht Erscheinung des in ihm sich darstellenden Volkes wäre, so muß sich im Volke eine Kraft finden, befähigt und bestimmt, den bestehenden Staatsformen ihren Gehalt zu geben, sie zu tragen und zu beleben, sie fortzubilden und abzustoßen; eine Kraft, welche sich zum Staatsleben verhält, wie die religiöse Gesinnung zum kirchlichen Leben und in Ermangelung eines treffenderen Ausdrucks mit dem Worte Staatsgesinnung bezeichnet werden mag. In ihr liegt zwar zunächst und vor Allem die staatbildende Volkskraft, aber nicht in ihr allein. Denn während der Staat nur Körper des Volkes ist, ist das Volk nicht ausschließlich Seele des Staats, sondern hat einerseits als Glied der menschheitlichen Einheit ein Leben in Religion, Wissenschaft und Kunst, welches weit über den Staat hinausreicht und andererseits als gegliederte Einheit ein Leben in dem nationalen Privatsein seiner Glieder, welches nicht in den Staat hineinreicht. So oft nach irgend einer Seite hin sich der Geist des Volkes offenbart, geschieht es dem Wesen des Geistes gemäß unter dem freilich nicht gleichmäßigen Zusam-

die Sammlung und Verwendung der Kräfte Preußens sich bewahre, wenn nicht dessen Glieder nach dem Maaße ihres inneren politischen Berufes berechtigt wurden, als Personen für die Größe und Schönheit des Staates zu wirken.

Eine höhere Hand hatte seit Jahrhunderten so sichtbar über Preußen gewacht und so vielfach große Ereignisse gefügt und große Persönlichkeiten geschaffen, daß in Preußen ein Staat erkannt werden mußte, auf den auch im Verlaufe der Weltgeschichte deren ewiger Leiter gezählt habe. Mit freudiger Gewißheit ließ sich hoffen, daß die Umwandlung des mechanischen Staates in den organischen gelingen und der Staatscharacter nicht immer ausschließlich im Rechte des Hauptes, sondern auch in dem der Glieder erscheinen würde. Nur das blieb dem forschenden Auge ungewiß, ob diese Umwandlung eintreten würde mehr als eine freie königliche That, oder mehr als ein historisches Ereigniß.

Preußen hatte die jede Staatsbildung hindernden politischen Unabhängigkeiten des Mittelalters als solche völlig beseitigt und sie in eine äußere Einheit gewaltsam zusammengedrängt. Es mußte, um sich vor innerem Ersterben zu bewahren, mit den ihm zu Gebote stehenden geistigen und physischen Kräften daran arbeiten, den Staatscharacter in allen Lebenskreisen hervortreten zu lassen. Seine politische Stellung und seine politischen Aufgaben waren daher dieselben, wie die der mittleren deutschen Territorien, und nur dadurch von diesen unterschieden, daß Preußen von einer großartigen europäischen Grundlage aus selbstständig nach einem Ziele streben konnte, welches die mittleren deutschen Staaten in ihren beengten Verhältnissen nie ohne Anlehnung an einen großen Staat zu erreichen vermochten. In wie fern sie an Preußen diesen Anlehnungspunkt fanden, hing von dessen Stellung zu Deutschland ab.

In Preußen fehlten alle die fremdartigen Elemente, welche Oestreich verhinderten, seinen deutschen Bestandtheilen Freiheit der Entwickelung zu gestatten. Preußens Bevölkerung und

Landestheile waren mit unerheblichen Beimischungen Deutsch.
Den beiden Slavenreichen des Ostens, Rußland und Polen
und der eigenthümlich östreichischen Macht gegenüber hatte
Preußen ein national-deutsches Princip zur Grundlage erhalten und auf dieser sich zur europäischen Größe erhoben. Schon
im Anfange des 17. Jahrhunderts ging ein Gefühl durch
das deutsche Volk, daß Brandenburg es sei, welches der
national-religiösen Bewegung der Reformation einen äußeren Halt gegen die immer gewaltsamer werdenden äußeren
Angriffe geben könne und müsse. Im Jahre 1609 machte
der Reichscanzler von Strahlendorf den Kaiser darauf aufmerksam, „daß jeder Ketzer an dem brandenburgischen
Hause kräftiglich hange, als auf welches alle Hoffnung
und aller Trost der Abtrünnigen nunmehr gestellt sei.
Es könne der Churfürst von Brandenburg nunmehr der werden, so von den Lutherischen und Calvinischen längst
gewünscht und erwartet worden *)“. Churpfalz hatte sich
durch den schroffen Wechsel und Kampf zwischen lutheri-
scher und reformirter Auffassung seines Einflusses beraubt; in
den Churfürsten von Sachsen war der Geist, welcher seine
Fürsten zur Reformationszeit belebt hatte, erloschen; Braun-
schweig-Lüneburg sah sich durch Theilungen und Zwistigkeiten
geschwächt, als der große Churfürst die Regierung antrat,
mit innerer Wärme die Reformation ergriff, sich über das
Herbe des Gegensatzes zwischen Lutheranern und Reformirten
erhob und das national-religiöse Interesse mit dem des brandenburgischen Hauses verschmolz. Als mit dem Ende des
Jahrhunderts Churpfalz an das katholische Pfalz-Neuburg kam,
als das Churhaus Sachsen sich, um die polnische Königskrone
zu gewinnen, von Deutschland und der Reformation abwandte
und Churbraunschweig den englischen Thron bestieg, war
Brandenburg, indem es die großartigste nationale Bewegung,

---

*) Förster Friedrich Wilhelm I Band II. S. 65 aus Selchow Maga-
zin II. 227.

welche jemals aus unferem Volke hervorgegangen iſt, zum eigenen Lebensprincipe gemacht hatte, der bedeutendſte rein deutſche Staat geworden.

Eine doppelte Aufgabe war ihm mit dieſer Stellung beſchieden. Es mußte die demüthigende Abhängigkeit von den
Fremden brechen, in welcher Deutſchland ſich befand, und es
mußte in ſeinem eigenen Leben dem deutſchen nationalen Geiſte
einen ſolchen Ausdruck geben, daß derſelbe durch Preußens
innere Erhebung die Kraft erhielt, ſich aus der langen Erſtarrung zu neuen großen Geſtaltungen hervor zu arbeiten. Der
tiefe Ingrimm über die Abhängigkeit Deutſchlands von den
Fremden und das Bewußtſein, daß ſie gelöſt werden müſſe,
hatte längſt zur Hausgeſinnung der Königsfamilie gehört.
„Wir haben, ſo wendete der große Churfürſt ſchon ſich an
das deutſche Volk*), wir haben unſer Blut, unſere Ehre und
unſeren Namen dahin gegeben und Nichts damit ausgerichtet,
als daß wir uns zu Dienſtknechten fremder Nationen und des
uralten hohen Namens faſt verluſtig gemacht haben! Was
ſind Rhein, Elbe, Weſer, Oderſtrom nunmehr anders, als
fremder Nationen Gefangene! Was iſt deine Freiheit und
Religion mehr, denn daß Andere damit ſpielen!" „Kein Engländer und Franzoſe rief Friedrich Wilhelm I. aus**), ſoll
über uns Deutſche gebieten; meinen Kindern will ich Piſtolen
und Degen in die Wiege geben, daß ſie die fremden Nationen
aus Deutſchland helfen abhalten". „Ich will die ſtolzen Leute
zu raiſon helfen bringen, ſchrieb derſelbe König an den Grafen Seckendorf, ſie ſollen ſehen, daß das deutſche Blut
nicht verwüſtet iſt". „Wenn ſich die Schweden in Reichsſachen
meliren, äußerte er ein anderes Mal, ſo muß man Schweden
abſolute vom deutſchen Boden ſchmeißen***)". Friedrich dem
Großen war es beſchieden, das Ziel, welches ſeine Vorgänger

---

*) Pfiſter deutſche Geſchichte V. S. 31. aus dem Theatr. Europ.
    VIII. 410.

**) Förſter Friedrich Wilhelm I. t. II. S. 88.

***) ibid. III. S. 269. 277.

erstrebt hatten, wirklich zu erreichen. Indem er Preußen aus
dem ersten deutschen Staate zu einem deutschen Staate mit dem
Charakter einer europäischen Macht erhob, befreite er Deutschland zugleich von der französischen Abhängigkeit*) und gab dem
deutschen Volke das aufblitzende Bewußtsein nationaler Bedeutung, welches seit Jahrhunderten verloren gegangen war.

Seitdem Preußen die beiden größten und nächsten nationalen Interessen, die Sicherung nämlich des neugebornen religiösen Lebens und die Beseitigung der Abhängigkeit von den
Fremden, ergriffen und in ihnen die Wurzeln der eigenen
Größe gefunden hatte, ruhte die Einheit zwischen den Geschik-
ken Preußens und denen des übrigen Deutschlands nicht nur
auf der Einheit der Nationalität, sondern auch auf der durch
die Geschichte begründeten Nothwendigkeit, denselben Zielen anzustreben. Es konnte hinfort in Preußen keine Bewegung geistiger Natur sich finden, welche nicht hinübergeleitet worden
wäre in das übrige Deutschland. Die Kraft, welche von Innen heraus Preußen dahin drängte, seinen Staatscharacter
nicht allein wie bisher in der königlichen Würde, sondern auch
in den verschiedenen Kreisen des Volkslebens allseitig zu offenbaren, mußte die verwandten Bewegungen der anderen deutschen Territorien stählend und belebend durchdringen. Gelang
es Preußen, die ihm gestellte Aufgabe zu lösen und eine Verfassung zu gewinnen, welche einerseits seinen Gliedern das
Recht verschaffte, nach Maaß ihrer durch das Leben bestimmten
politischen Fähigkeit für das einheitliche Preußen zu wirken,
und andererseits das volle königliche Recht nicht schmälerte,
sondern trug und stärkte, so hatte ein durch deutsche Nationalität und deutsche Geschichte erzeugtes politisches Princip in
einem europäischen Staate seinen Ausdruck erhalten und konnte
nun auch in den kleineren Kreisen deutschen Lebens, welches
in den größeren und kleineren nicht ganz erstorbenen Territorien bestand, mit größter Mannigfaltigkeit und ohne sich selbst

---

*) Ranke die großen Mächte in der hist. polit. Zeitschrift II. S. 23.

ungleich zu werden, fröhlich gedeihen. Wenn dagegen der
politische Aberglaube, wenn die widerstrebenden Zustände im
Inneren und die Verhältnisse in der Stellung nach Außen
Preußen verhinderten, den Widerspruch in seinem eigenen Dasein zu besiegen, und es dahin führten, seinen deutschen Staatscharacter ausschließlich in der Person des Königs zu finden,
dann konnte auch in den übrigen Territorien das deutsche
Staatsprincip sich nicht frei aus sich heraus gestalten, weil
ihm die Großartigkeit des Lebens fehlte, ohne welche sich niemals wahrhaft politische Erscheinungen gebildet haben. Selbst
wenn das deutsche Staatsprincip stark genug war, um nicht
unterzugehen, so mußte es doch durch haltloses und unsicheres
Umhersuchen und durch schwankenden Anschluß bald an diese, bald
an jene Richtung entstellt werden und in Kraftlosigkeit verkümmern.

Indessen hatte Preußen nicht allein an Deutschland zu
geben, sondern auch von Deutschland zu empfangen. Es war
durch die Größe seines Königs in die Reihe der europäischen
Mächte getreten; aber das Leben eines Königs ist kürzer gemessen, als das des Staats. Sollte Preußen, auch wenn die
Krone nicht mehr auf dem Haupte des wundervollen Mannes
ruhte, europäische Macht bleiben, so durfte ihm die Grundlage nicht fehlen, welche die großen Mächte befähigte, leitend
in der Geschichte aufzutreten. Oestreichs Basis war zu eigenthümlicher Natur, um zum zweiten Mal erscheinen zu können.
Englands, Frankreichs und Rußlands europäische Bedeutung
ruhte dagegen auf der Thatsache, daß sie großen Völkern einen
politischen Ausdruck gaben. Dieser Grundlage entbehrte Preußen für sich allein betrachtet und konnte sie nur gewinnen,
wenn es sie vom deutschen Volke empfing. Da es historisch
unmöglich war, daß Preußen Deutschland preußisch machte,
so mußte Preußen zunächst und vor Allem in einem solchen
geistigen Zusammenhang mit dem deutschen Volke stehen, daß
es durch die Kraft und das Leben desselben getragen ward.
Sodann aber forderte dieses innere Verhältniß eine politische
Form. Schon längst drängten sich, wie früher bemerkt, die

lebensvolleren deutschen Territorien, getrieben von ihrer inneren Natur, zu einer Conföderation zusammen. Einen Halt nach Außen konnte dieselbe in dem Bündniß mit Oestreich finden, aber das Haupt, dessen sie bedürftig war, bot sich ihr nur in Preußen dar, welches, an die Spitze der Conföderation tretend, ohne seinen preußischen Character zu verlieren und ohne Deutschland preußisch zu machen, auch in Rücksicht auf materielle Macht sich ruhig und sicher neben die übrigen europäischen Mächte stellen konnte.

Die deutsche Königswürde und der deutsche Reichstag waren wie die Reichsritter und Reichsstädte, wie die geistlichen Lande und die Grafschaften und kleinen Fürstenthümer Körper ohne Seele und harrten ihres Unterganges. Die Kraft, welche sie verschwinden machte, trat nicht ein lebendiges Dasein ertödtend dem inneren Gange der Dinge mit roher Willkühr entgegen, sondern brachte, dem Laufe der Natur zu Hülfe kommend, einen seelenlosen Körper zur Ruhe und schuf den frischen Trieben, die aus der alten starken Wurzel der deutschen Nationalität sich hervorarbeiteten, Raum zur freieren Entfaltung. Die Staatsnatur des Territoriums und ein auf deutsche Nationalität gegründeter Bund zur gegenseitigen Ergänzung der werdenden Staaten drängte sich aus dem Schutte zusammengebrochener Herrlichkeit mit ursprünglicher Lebenskraft hervor. Die Kraft, welche den deutschen Staat und den deutschen Bund verwirklichen half, führte nicht Einfälle des Augenblicks willkührlich ins Leben ein, sondern gab politischen Trieben, welche der Gang der Geschichte und der Geist unseres Volkes gezeugt hatte, ihren volleren Ausbruck. Da indessen die Erfahrung zur Genüge darthat, daß die Kraft, welche das Todte begraben und das Lebendige groß ziehen sollte, nicht in der bestehenden Verfassung des Reiches und der Territorien liege, so hofften die Einen von Hans Sachs und Moscherosch an, bis zu den einseitigen Verehrern Friedrichs und Josephs, auf das Erscheinen eines großen Mannes, welcher durch seine Willenskraft die Schlaffheit des Geistes und der

Formen überwinden und die Wiedergeburt Deutschlands erzwingen werde. Andere, welche einer solchen Größe des Individuums mißtrauten, erwarteten den Eintritt gewaltiger Ereignisse, welche die träge Menschenwelt ergreifen und wider Wissen und Wollen in eine neue Gestaltung hineinführen müßten. Die Bedeutung großer Individuen und großer Ereignisse für den Lebensgang eines Volkes wird freilich durch die Geschichte eines jeden Jahrhunderts gelehrt, aber diese lehrt zugleich, daß nie ein Volk die wahrhaft politische Gestaltung seines Daseins als Geschenk, sondern nur dann erhielt, wenn in ihm selbst, in dem einheitlichen Volke, Kräfte wirkten, welche sich der Thaten des einzelnen großen Mannes und der historischen Begebenheiten bemächtigten und sie benutzend und gestaltend den Staat erzeugten, als den mehr oder weniger treffenden Ausdruck des im Volke lebenden Geistes. War es Deutschland wirklich beschieden die todten Formen der Vergangenheit abzustreifen und die frischen Keime einer neuen Zukunft groß zu ziehen, so mußten auch in den Deutschen als einheitlichem Volke staatbildende Kräfte sich finden.

Zweiter Theil.

Die staatbildenden Kräfte im deutschen Volke vor der Revolution.

Da der Staat keine Seite seines Daseins hat, welche nicht Erscheinung des in ihm sich darstellenden Volkes wäre, so muß sich im Volke eine Kraft finden, befähigt und bestimmt, den bestehenden Staatsformen ihren Gehalt zu geben, sie zu tragen und zu beleben, sie fortzubilden und abzustoßen; eine Kraft, welche sich zum Staatsleben verhält, wie die religiöse Gesinnung zum kirchlichen Leben und in Ermangelung eines treffenderen Ausdrucks mit dem Worte Staatsgesinnung bezeichnet werden mag. In ihr liegt zwar zunächst und vor Allem die staatbildende Volkskraft, aber nicht in ihr allein. Denn während der Staat nur Körper des Volkes ist, ist das Volk nicht ausschließlich Seele des Staats, sondern hat einerseits als Glied der menschheitlichen Einheit ein Leben in Religion, Wissenschaft und Kunst, welches weit über den Staat hinausreicht und andererseits als gegliederte Einheit ein Leben in dem nationalen Privatsein seiner Glieder, welches nicht in den Staat hineinreicht. So oft nach irgend einer Seite hin sich der Geist des Volkes offenbart, geschieht es dem Wesen des Geistes gemäß unter dem freilich nicht gleichmäßigen Zusammenwirken aller in ihm schaffenden Kräfte. Die Erkrankung der nationalen Kraft im Staatsleben oder im Privatleben übt daher Einfluß auch auf das religiöse und wissenschaftliche Leben der Nation aus; aber umgekehrt kann, wenn auch nur in einer einzigen Sphäre des Daseins das Volk sich Gesundheit bewahrt hat, von hier aus neues Leben in die erkrankten Kreise des Volkslebens hinüberströmen. Staatbildende Kraft ist daher nicht allein in der Staatsgesinnung des Volkes, sondern auch, wenn gleich mit anderem Umfange und mit anderer Beziehung, in seinem Privatleben und in seinem Leben für Religion, Wissenschaft und Kunst zu suchen. Die Hoffnung, den im vorigen Jahrhundert vorhandenen deutschen Staatskeimen Pflege und Fortbildung zu verschaffen, ruhte daher auf der Gestaltung, welche erstens die Staatsgesinnung des deutschen Volkes, zweitens das nationale Privatleben im deutschen Volke, drittens das über den Staat hinausreichende Leben des deutschen Volkes in Religion, Wissenschaft und Kunst gewonnen hatte.

Erster Abschnitt.

Die Staatsgesinnung des deutschen Volkes.

Während des vorigen Jahrhunderts fand sich bis zu den letzten Decennien desselben tiefe Ruhe in dem Verhältnisse zwischen den deutschen Obrigkeiten und ihren Unterthanen. Selten nur trat ein entschiedenes Auflehnen als Ausbruch augenblicklicher Leidenschaft hervor, noch seltener als Erscheinung einer eingewurzelten Geistesrichtung. Unter dem entsetzlichen Drucke harter Einrichtungen und willkührlicher Eingriffe wäre diese Ruhe unerklärlich, wenn sich nicht als Grundzug in unserem Volke der politische Gehorsam gefunden hätte, welcher den Befehlen der Fürsten Geltung verschafft und die politische Treue, welche die Berechtigung aller öffentlichen Einrichtungen den Einzelnen gegenüber anerkennt und das Anerkenntniß in den

verschiedensten Lebensverhältnissen bewahrt. Der Gehorsam
war schon deßhalb nicht der auf Furcht vor der mechanischen
Gewalt gegründete Knechtsgehorsam, weil die Gewalt in den
meisten Gebieten zu gering erschien, um das Gefühl der Furcht
zu erregen. Auch ruhte er nicht wesentlich auf der Zuneigung
zu dem Fürstenindividuum, da er selbst den Landesherren geleistet ward, die für Niemand ein Gegenstand der Zuneigung sein
konnten. Seine Wurzeln vielmehr lagen in dem dunklen aber
starken Bewußtsein, daß dem Fürstengeschlechte, welchem seit
unvordenklichen Zeiten die Väter sich untergeordnet hätten, auch
die Enkel Gehorsam schuldig seien. Die politische Treue kann
sich wohl in Mißachtung der eigenen Persönlichkeit und willenlose Hingabe an ein politisches Zusammenleben verkehren,
welches, als fatum verehrt, die Berechtigungen der Einzelnen
vernichtet. Aber die Treue des vorigen Jahrhunderts war ein
solches Zerrbild schon deßhalb nicht, weil die reiche Mannigfaltigkeit der privatrechtlichen Lebensstellungen, welche in
Deutschland sich fand, ohne kräftiges Bewußtsein der eigenen
Persönlichkeit nicht möglich ist. In einem anderen Boden
mußte die Treue ihre Wurzeln haben. Die Einheit des Volkes umschließt zwar in gleicher Weise die nebeneinander und
die nacheinander lebenden Geschlechter, aber äußere Einflüsse
hatten für die Deutschen des vorigen Jahrhunderts das Bewußtsein der Einheit aller gleichzeitig lebenden Generationen
geschwächt. Da sie indessen nicht vergessen konnten, ein Volk
zu sein, so trat in ihnen das Bewußtsein der Einheit aller
sich einander in der Geschichte ablösenden Generationen mit
verstärkter Lebendigkeit hervor und machte sich in einseitiger
Kraft geltend. Die Formen und Gewohnheiten, in denen
einst das geistig bewegte Dasein der Vorfahren ausgeprägt
worden war, gehörten dem Volke an und schienen deßhalb den
Enkeln mit gleicher innerer Berechtigung, wie einst den Vätern,
gegenüber treten zu müssen. In dem einseitig entwickelten Bewußtsein, Eins zu sein mit allen dahingegangenen Geschlechtern, hatte sich die Treue für alle hergebrachten politischen

Formen von Generation zu Generation bis in das vorige Jahrhundert vererbt. Gewohnheit war die Mutter des politischen
Gehorsams und der politischen Treue der Deutschen.

In keinem politischen Zusammenleben ist die Gewohnheit
zu entbehren. Sie nimmt, indem sie das Leben der Vorfahren
ohne eigenen Entschluß und Willen wiederholen läßt, der Regierung den schwersten Theil der Sorge ab, die Einheit gegen
das selbstsüchtige Anstürmen der Individuen zu schützen. Aber
die Gewohnheit kann, weil sie wie die mechanische Gewalt
ein Geistloses ist, nicht die Seele des Staats, sondern nur
dessen äußeres Zusammenhalten sichern. So lange Geist und
Leben den bestehenden Formen innewohnt, bilden daher Gewohnheitstreue und Gewohnheitsgehorsam eine große politische
Macht, welche in den Formen die Träger des inneren Lebens
und hierdurch dieses selbst schützt und bewahrt. Wenn aber
die bestehenden Einrichtungen ihres früheren Gehalts beraubt sind, so tritt der Theil des Volkes, welcher die
lebensleeren Formen mit gleich zäher Gewohnheit des Gehorsams und der Treue wie früher die belebten festhält, durchaus
in den Hintergrund, da in ihm kein eigener Wille und keine
eigene That sich findet. Nichts als die vis inertiae hatte auch
in Deutschland dieser Theil des Volkes gegen Ausgang des
vorigen Jahrhunderts denen entgegen zu setzen, welche, getrieben vom guten oder bösen Princip, entschlossen waren, statt das
Leben ihrer Vorfahren zu wiederholen, selbst zu leben und wollend und handelnd in die politische Umbildung einzugreifen,
zu welcher der Gang der Geschichte drängte. Weit bedeutender für die Zukunft Deutschlands als die Gewohnheitstreue
und der Gewohnheitsgehorsam war daher die Gesinnung innerhalb des deutschen Volkes, welche sich entbindend von der
Macht des Hergebrachten, den bestehenden politischen Formen
entgegentrat. In ihrer historischen Entwickelung und in ihrer
Erscheinung seit der zweiten Hälfte des vorigen Jahrhunderts
bedarf sie einer näheren Betrachtung.

Erstes Kapitel.

Die politische Opposition in Deutschland bis zum Ausbruch des dreißigjährigen Krieges.

So lange dem Bewußtsein des deutschen Volkes das Reich als eine weder durch Geschichte noch menschlichen Geist vermittelte, sondern durchaus unmittelbare That Gottes erschien, war eine Gesinnung unmöglich, welche dem Reiche oder seinen wesentlichen Einrichtungen feindlich entgegen getreten wäre. Aus der Auffassung des Reiches als einer unmittelbar göttlichen und deßhalb unbedingt guten politischen Schöpfung folgte indessen nicht, daß auch jeder Druck und jede Hemmung, welche im öffentlichen Leben bemerkbar ward, gleichfalls als eine Schickung Gottes zu des Einzelnen oder des Volkes Züchtigung und Erziehung demüthig hingenommen und widerstandslos getragen worden wäre. In einer zweifachen Beziehung vielmehr trat während aller Jahrhunderte des Mittelalters das Bewußtsein hervor, daß das Bestehende ungenügend und einer Abhülfe bedürftig sei. Nach demselben Gesetze, welches in der ganzen Natur Widerstand gegen Druck und Qual begründet, regte sich im deutschen Volke die Kraft der Einzelnen, so oft Willkühr ihre Rechte brechen oder ihre Last vermehren wollte. Wenn einmal die elementaren Gewalten gegen die sie beschränkende Macht aufstanden, so traten sie dann freilich oft genug wildfluthend in den politischen Organismus ein und wurden aus Verletzten zu Verletzern, aus Angegriffenen zu Angreifenden. In anderer Gestaltung erschien der Gegensatz gegen das Bestehende, wenn ein neues Lebensprincip im Volke zu keimen begann.

Dem im menschlichen Geiste glühenden Gottesfunken, welcher auf noch unversuchten Bahnen eine neue Darstellung zu gewinnen strebt, treten zunächst seine eigenen, bereits früher hervorgebildeten Erscheinungsformen in den Weg, welche für alle Zeit einen Anspruch auf Ausschließlichkeit zu haben wähnen,

weil sie einstmals alleinige Geltung besaßen. Oft aber wollen selbst die des Lebens bereits beraubten Formen, welche, weil sie einmal lebten, ewige Anerkennung in Anspruch nehmen, der frisch sich hervordrängenden Kraft das Wachsthum verbieten. Im deutschen Volke gab der überschwellende Lebensmuth jedem jungen, aus innerer Berechtigung erwachsenen Princip Kraft und Neigung, den Kampf um Sein oder Nichtsein mit den nur auf ihr Alter sich stützenden Mächten zu beginnen, und Niemand fühlte sich durch einen Widerspruch gegen die göttliche Stiftung des Reiches zurückgestoßen, als die Ritter, die Landesherren, die Städte, die Innungen dem Bestehenden den Raum abkämpften, dessen sie bedurften, um das in ihnen neu erscheinende politische Princip zu sichern und zu entwickeln.

Die Kämpfe des Wortes und des Schwertes, welche das Mittelalter erfüllten, gingen immer nur von den Einzelnen aus, die sich gedrückt oder gehemmt fühlten, und waren immer nur gegen Personen, nicht gegen Institute, gerichtet. Die bedrängte Stadt z. B. richtete ihre Angriffe nicht gegen das Ritterthum, sondern gegen die Ritter, welche grade ihrem Aufblühen in den Weg traten. Die öffentlichen Einrichtungen, Anstalten, Verhältnisse zum Gegenstand der denkenden Betrachtung zu machen, lag außerhalb des Kreises, in welchem das Mittelalter sich bewegte; sie blieben daher unberührt von dem Ringen der Einzelnkräfte und das Reich, obgleich ein Meer von Fehden und geistigen Gegensätzen in sich schließend, hatte keinen Grund, für seinen Bestand zu fürchten. Mit dem Ende des Mittelalters trat jedoch in dieser Lage der Dinge eine durchgreifende Aenderung ein, als der Gang der Geschichte das Volk dahin drängte, Beweise zu fordern für die Wahrheit der politischen Ansichten, welche bisher als unmittelbares Bewußtsein ihre Gewißheit allein in sich selbst getragen hatten. Sehr bezeichnend für die Zeit des Ueberganges ist die Abhandlung de imperio romano *), welche Petrus ab Andlow um die

---

*) Petri de Andlo de imperio romano libri duo. Argentorati 1612.

Mitte des funfzehnten Jahrhunderts schrieb. Die unmittelbar
göttliche Stiftung des Reiches bildet den Kern und die Voraussetzung seines Werks; aber Andlow selbst traut der inneren
Ueberzeugungskraft seiner Voraussetzung nicht, an deren Wahrheit früher nie ein Zweifel aufgetaucht war. Aengstlich sucht
er dieselbe durch äußere Mittel zu stützen. Er verschmäht Beweise nicht, selbst wenn sie so leer sind, wie der folgende:
auf der Welt können zwei Dinge sich nicht gleich sein; da nun
der Kaiser nicht größer ist, als der Papst, so muß er kleiner
und demselben untergeordnet sein. Er zieht in wunderlichem
Gemisch Stellen aus der heiligen Schrift und den Kirchenvä-
tern, Legenden, weltliche Sagen und Aussprüche griechischer
und römischer Schriftsteller herbei, um das wankende Gebäude
zu halten. Das römische Reich, sagt er, muß ja göttlich
sein, denn Christus selbst zahlte ihm Steuern. Dem Andlow
erschien die Ansicht, von welcher er beherrscht ward, nicht
vorwiegend als eine im unmittelbaren Bewußtsein begründete
Wahrheit, sondern als eine solche, welche der denkende Mensch
sich mit Sorge und Mühe erkämpft habe. Nur einmal, als
er nach der Unterordnung des Kaisers unter den Papst fragt,
wird er stutzig und ruft aus, es sei schon Ketzerei, dieselbe
bewiesen haben zu wollen. An der in solcher Weise mühsam
festgestellten Ansicht über das Reich prüft er sodann den factischen Zustand desselben und findet ihn erbärmlich. Unser Vaterland, sagt er, ist durch nie endende Kriege zerrüttet, das
gewaltthätige Schwert wirft Alles vor sich nieder, der Unterdrückte findet keinen Richter oder doch Niemand, der das Urtheil vollstreckt. Das mächtige unbesiegte Reich ist kaum noch
ein Schatten seiner selbst. Warum ist das Reich nicht, wie
es sein sollte? Weil rechtsunkundige, rauflustige Ritter allein
Gewicht haben und der verständige Mann nicht gehört oder
verlacht wird; weil der Adel seine Bedeutung darin sucht, die
Wege unsicher zu machen oder Reiterübungen zu treiben und
die wenigen Ritter von echter Mannesart, die ihr Vaterland
nicht verletzen sondern schützen, verlacht und als bürgerlich

verspottet werden. Der Fürsten Streit und Schlaffheit hat das
Reich in den Zustand gebracht, den wir mit thränendem Auge se=
hen; wenn der Kaiser seine Pflicht, Recht und Gerechtigkeit zu
handhaben, erfüllte, so würde das Reich unerschüttert sein.
Rettung von dem Untergang sieht Andlow nur in der Person
des Kaisers, dem er des Reiches Ehre mit kräftigen Worten
ans Herz legt. Aller Augen blicken auf Dich, Kaiser, der
Du zum Haupt der Christenheit bestellt bist. Erwache endlich
aus Deinem Schlafe; gedenke, daß Dir die Krone der Welt
anvertraut ist. Mögen Dich die Thaten Deiner Ahnen ent=
flammen, möge die Ehre Deutschlands in Dir wieder erblü=
hen. Erhebe Dich in Deiner Macht, laß durch alle Lande hin
das Schwert, vom hohen Gott Dir gegeben, erglänzen. Wohl
ist Deinem Adler manche Feder entfallen, aber Kraft zu allem
Großen wohnt in dem, der von echter Mannesart ist.

In Andlow trat Unzufriedenheit mit dem Gesammtzustande
des Reiches hervor, weil dasselbe einer durch Verstandesschlüsse
festgestellten Ansicht über dessen Stiftung und Bestimmung nicht
entsprach. Obgleich von den mittelalterlichen Ansichten als
seiner Grundlage ausgehend, eröffnete Andlow den politischen
Gegensätzen eine früher unbekannte Bahn, indem er eine durch
Untersuchungen und Forschungen dargethane Wahrheit als
Maaßstab zur Beurtheilung der bestehenden Zustände gebrauchte.
Wenn der eingeschlagene Weg weiter verfolgt wurde, so konnte
es nicht fehlen, daß die Einen, das Mangelhafte in Andlows
Beweisen entdeckend, mit diesen zugleich die durch sie gestützte
Ansicht verwarfen und daß die Anderen den Versuch wagten,
nach politischer Wahrheit ohne Rücksicht auf das hergebrachte
Volksbewußtsein zu forschen. In beiden Fällen war eine Um=
wandlung der Gesinnung gegen das Reich die nothwendige
Folge und eine Opposition gegen das Bestehende mußte entste=
hen, welche nicht wie im Mittelalter ihren Grund in practi=
schen Bedürfnissen, sondern in dem Streben hatte, der gefun=
denen geistigen Wahrheit einen entsprechenden Ausdruck im Le=
ben zu verschaffen. Neben der practischen Opposition waren

die Anfänge der theoretischen vorhanden. Schon Anblow sah sich zu der bedenklichen Unterscheidung zwischen der kaiserlichen Stellung de jure und de facto und zu dem den Alten entnommenen Zugeständniß gedrängt, daß die Menschen im Anfange der Dinge zerstreut nach Art der Thiere ohne Recht, ohne Gemeinschaft, ohne Menschlichkeit nur nach dem jus naturae gelebt hätten. Später, als sie Wohnungen gebaut, Maaß und Gewicht erfunden hatten, erhoben sich durch Wahl des Volkes oder durch Gewalt die Fürsten, die nur in Folge des Sündenfalls und des Mißbrauchs der ursprünglich gleichen Freiheit Aller hätten entstehen können. Erhalten sie aber nicht einem Jeden sein Recht, sagt Anblow, so sind sie Tyrannen und müssen von ihrem Throne vertrieben werden, denn die Könige sind der Reiche wegen, nicht die Reiche der Könige wegen da. Die Anwendung dieser als wahr von ihm hingestellten Grundsätze auf das Reich, beseitigte Anblow dadurch, daß er dessen unmittelbar göttliche Einsetzung als unbestreitbar bewiesen festhielt. Weiter und unabhängiger von den Ansichten des Mittelalters zeigte schon am Ende des funfzehnten Jahrhunderts sich die theoretische Opposition entwickelt. Der ernste Straßburger Kanzler Sebastian Brant machte die Freiheit in einem ganz unbestimmten Sinne zur Grundlage seiner politischen Ansichten, ·welche er in die sogenannte Freiheitstafel niederlegte*). „Freiheit ist ein unschätzbares Gut, dem nichts auf Erden gleichen thut. Gold, Silber, Reichthum, Edelstein ist gegen Freiheit zu schätzen klein". Dagegen ist „die Dienstbarkeit ein schweres Joch, · viel härter als ein Eisenbloch, menschlicher Natur zuwider gar". Allen Menschen habe Gott die Freiheit ursprünglich gegeben, aber durch den Teufel, der ihnen diese Freiheit nach Verlust seiner eigenen beneidet habe, sei in verschiedener Weise die Dienstbarkeit eingeführt. Jedoch wer setzet wider Freiheit sich, ist ein Tyrann

---

*) Das Narrenschiff von Dr. Sebastian Brant nebst dessen Freiheitstafel. Herausgegeben von A. W. Strobel. Quedlinburg 1839.

und Wütherig. Nicht Viele von ihnen auf Federn sind gestorben, sondern mit Schwert und Gift verdorben*). Demungeachtet findt man Narren mannigfalt, die sich verlassen auf
ihre Gewalt, als ob sie ewiglich sollt stehn, die doch thut
wie der Schnee zergehn**). Im Narrenschiff wie in der Freiheitstafel führt Brant eine Menge Könige an, denen ihre
Macht genommen sei und erzählt von Völkern, die um ihre
Freiheit zu retten, das Aergste erduldeten. Hier hätten Männer,
die ihre Freiheit liebten, sich von Pferden schleifen lassen, dort
hätten sie Haus und Hof verbrannt und wären mit Weib und
Kind fortgezogen. Zwar glaubt er noch an ein besonderes
Verhältniß des Reiches zu Gott. „Das Römisch Reich bleibt
so lang Gott will, Gott hat ihm gesetzt sein End und Ziel";
aber, anders wie Anblow, wendet er doch seine allgemeinen
Ansichten auch auf Deutschland an. „Was man uns thut von
Freiheit sagen, beherzigen nicht Viele in unsern Tagen. Zwar
ist oft worden unterstanden Freiheit abkürzen in deutschen Landen; jedoch es hat die Läng nicht mögen harren; Deutsche
sind unverträglich Narren, thun eher Freidienst dem Ehrengenoß,
denn daß man sie ins Bockshorn stoß". Die durchaus dunkel
gelassene Vorstellung der Freiheit war demnach als Prüfstein
der bestehenden Zustände und als Grund angenommen, aus
welchem dieselben eine Umänderung erfahren müßten.

Als im funfzehnten Jahrhundert Jeder sah, daß die auswärtigen Könige sich dem Kaiser nicht länger unterordneten,
als die Auflösung der inneren Verhältnisse Niemand verborgen
blieb, als wie Aeneas Sylvius schrieb***), vor dem Kaiser,
vor dem sich früher Könige niederwarfen, kein Graf länger
sich beugen wollte und das Reich in einem Zustande war, der
eher an Begräbniß als an Heilung denken ließ, war zugleich

---

*) Freiheitstafel bei Strobel S. 310.
**) Narrenschiff bei Strobel S. 170.
***) Aeneae Sylvii opera, quae exstant, omnia. Basileae ex offic.
Henr. Petrina. S. 567.

das unmittelbare Bewußtsein der göttlichen Stiftung des Reiches erblaßt. Um das Reich und seine Institute vor den Angriffen, zu welchem das Leben aufforderte, durch die Achtung
vor dessen göttlichem Ursprung zu sichern, bedurfte es jetzt
stets der Erinnerung an die künstliche Beweisführung, welche
an die Stelle des früheren Volksbewußtseins getreten war.
Da indessen eine solche Erinnerung den aufgeregten Leidenschaften gegenüber nie ein bedeutendes Gegengewicht bildet, so mußte
unter Einfluß der überlegenden politischen Betrachtung eine
durchgreifende Aenderung in dem früheren Character der practischen Opposition sich bemerkbar machen. Das Widerstreben
gegen Druck und Hemmung blieb nicht Ausbruch einer im Volke
liegenden Naturkraft, sondern wurde zur bewußten That der
Widerstrebenden und wendete sich deßhalb nicht wie früher
ausschließlich gegen Männer und Corporationen, sondern zugleich
gegen die durch Forschen und Betrachten gefundenen tiefer liegenden Gründe der Uebelstände, gegen öffentliche Einrichtungen und Verhältnisse, z. B. gegen das Institut der Zinsen
und Frohnden, gegen die verfallene Justiz, gegen die den
Handel bedrohenden Zölle, gegen die unbestimmte jeder Willkühr geöffnete Stellung des Landesherrn, oder gegen die entarteten Institutionen des Reiches. Die hervorgerufene Unzufriedenheit verband nun nicht allein die verhältnißmäßig Wenigen, welche durch die Handlungsweise desselben Mannes be-
troffen wurden, sondern Alle, welche unter dem Drucke einer
Einrichtung litten, die vielleicht durch ganz Deutschland bestimmte Classen der Reichsangehörigen traf. Zwar fehlten dem
funfzehnten Jahrhundert die Zeitungen und fliegenden Blätter,
welche durch schnelle Mittheilung der Noth, der Unzufriedenheit und der Maaßregeln, zu denen sie an einem Orte führt,
auch an anderen entfernten Orten den Funken zum Feuer ent-
zünden, aber die allgemeine Verbreitung einer aus denselben
Wurzeln erwachsenen Opposition bestimmter Stände und Classen wurden bei den Einen erleichtert durch die glänzenden Zu-
sammenkünfte am Hofe des Kaisers und auf dem Reichstage

14

oder durch diplomatische Gesandte, bei den Anderen durch Rit-
terzüge und Ritterfeste, bei den Dritten durch Handelsverkehr
und Briefwechsel, durch die überall hinwandernden Hand-
werksgesellen oder durch die sonstigen oft nicht zu errathenden
Gelegenheiten, deren sich das Gerücht bedient, um von Ort
zu Ort zu gelangen. Durch ganz Deutschland, oder doch für
große Theile desselben, fand sich im Herrenstande, unter den
Rittern, den Bauern, in den städtischen Gemeinden eine Opposition, welche für die einzelnen Stände einen inneren und
äußeren Zusammenhang besaß. Gutmüthiger Scherz und her-
ber Spott über das Bestehende bildeten, wie Gervinus und
Ranke bemerkt haben, den Character der am Weitesten verbreiteten litterärischen Erscheinungen, namentlich der neuen Be-
arbeitung des Reineke Fuchs, der Werke von Rosenplüt, Brant
und Eulenspiegel. Aber auch in anderer Weise machte sich die
herrschende Stimmung Luft; die Landesherren drängten mit
der ganzen Macht ihrer Stellung auf Aenderungen hin, in
den Städten gab die Wissenschaft bisher noch nicht versuchte
Waffen her; die Ritter schaarten sich den Fürsten gegenüber
zusammen und im ganzen südlichen und westlichen Deutschland
erhoben sich bald hier bald dort die Bauernschaften in wildem
Aufruhr. Eine tödtliche Krankheit, schrieb der Cardinal Nicolaus von Cuß *), hat Deutschland befallen, welchem, wenn
nicht ein schnelles Heilmittel angewendet wird, der Tod be-
vorsteht. Wird nach dem Reiche in Germanien gefragt werden, so wird man es nicht finden; fremde Eroberer werden
unser Land nehmen und unter sich theilen; wir werden einer
anderen Nation unterworfen sein. Das einzige Mittel der
Rettung aus dem verfallenen Gesammtzustande sieht der große
Staatsmann in der völligen Umwandlung der Verfassung. Eine starke Centralmacht soll gegründet und in einen

---

*) Nicolaus Cusanus de concordantia catholica libri tres in: haec
   accurata recognitio trium voluminum operum clariss. Nicolai
   Cusae Card. ex officina Ascensiana recenter emissa est. S. l. et a.

Verein des Kaisers mit den bedeutendsten Fürsten gelegt werden.

Als die theoretische Opposition in ihren Anfängen hervorgetreten und die practische Opposition dahin entwickelt war, daß sich die verschiedenen Gliederungen der Reichsangehörigen vereint gegen die wesentlichen öffentlichen Einrichtungen erhoben, trat die Kirchenreformation ein, eine geistige Macht, welche den Glauben, der, wie Aeneas Sylvius schrieb, erstorben, die Liebe, die erkaltet war, wieder erwecken wollte. Den Menschen vom Aeußeren auf das Innere richtend schien sie den politischen Gegensätzen ihren Stachel nehmen zu müssen.

Eine solche Scheidung des Politischen und Religiösen findet sich zwar nicht, daß eine Umwandlung des Letzteren ohne entscheidenden Einfluß auf das Erstere bleiben könnte; aber der Grund, aus welchem die religiöse Frage der Reformation sogleich bei ihrem Entstehen zu einer auch politischen gemacht ward, erscheint doch nur als ein äußerer. Weil die weltliche Macht sich dem inneren Wirken der Reformation mit äußeren Mitteln entgegensetzte, wurde sofort eine Entscheidung über das Recht der Obrigkeit dem christlichen Glauben ihrer Unterthanen gegenüber gefordert. Das dringendste Lebensbedürfniß führte die beiden Reformatoren, Luther sowohl wie Melanchton, zunächst zu einer so scharfen schneidenden Entgegenstellung des geistlichen und des weltlichen Regiments, wie sie selbst in Bridankes Bescheidenheit und in den Liedern Walthers von der Vogelweide sich nur annäherungsweise findet. Gott hat, schreibt Luther[*]), das geistliche Regiment verordnet, welches Christen und fromme Leute macht. Wenn alle Welt rechte Christen wären, so wäre kein Fürst, König, Herr, Schwert noch Recht noth oder nütz; denn wozu sollt es ihnen, dieweil sie den heiligen Geist im Herzen haben, der sie lehrt und

---

[*]) Dr. M. Luthers Schrift von weltlicher Obrigkeit, wie weit man ihr Gehorsam schuldig sei. 1523.

macht, daß sie Niemand Unrecht thun und jedermann lieben.
Aber nun ist alle Welt böse und unter Tausenden Keiner ein
rechter Christ. Ein ganzes Land oder die Welt mit dem Evangelium regieren, würde daher eben so sein, als wenn ein
Hirte in einen Stall zusammenthäte Wölfe, Löwen und Schaafe
und ließe Jegliches frei unter den Anderen gehen und spräche:
da weidet euch. Darum, erklärt Melanchton*), hat Gott das
weltliche Regiment verordnet und die Bösen unter das Schwert
geworfen, daß sie, ob sie gleich gerne wollten, doch nicht
thun könnten ihre Bosheit und ob sie es thun doch nicht ohne Furcht
und mit Glück und Frieden thun mögen. Beide Regimenter, spricht
Luther weiter aus, muß man bleiben lassen; Eins, das Fromme
macht, das Andere, das äußerlichen Frieden schafft und bösen
Worten wehret. Keines ist ohne das Andere genug in der Welt.
Auch weltliche Obrigkeit ist Gottes Ordnung. Aber beide Regimenter muß man auch mit Fleiß scheiden in der Welt.

Das weltliche Regiment hat Gesetze, die sich nicht weiter
erstrecken, denn über Leib und Gut und was äußerlich ist auf
Erden. Die Fürsten sind Gottes Stockmeister und Henker und
sein göttlicher Zorn gebrauchet ihrer zu strafen die Bösen und
äußerlichen Frieden zu halten. Es ist ein großer Herr unser
Gott; darum muß er auch solche edle, hochgeborne, reiche
Henker und Büttel haben und will, daß sie Reichthum, Ehre
und Furcht von Jedermann die Genüge und Menge haben
sollen. Es gefällt seinem göttlichen Willen, daß wir seine
Henker gnädige Herren heißen, ihnen zu Füßen fallen und mit
aller Demuth unterthan sein sollen, sofern sie ihr Handwerk
nicht zu weit strecken. Denn über die Seele kann und will
Gott Niemand lassen regieren, denn sich selbst allein. Menschliche Gewalt über die Seele giebt es nicht und kann es nicht
geben; einem Jeglichen liegt seine eigene Gefahr daran, wie
er glaubt und ein Jeglicher muß für sich selbst sehen, daß er
recht glaube. Denn so wenig ein Anderer für mich in die

*) Melanchton wider die Artikel der Bauernschaft.

Hölle oder den Himmel fahren kann, so wenig kann er auch für mich glauben oder nicht glauben, und so wenig er mir kann Himmel oder Hölle auf- oder zuschließen, so wenig kann er mich zum Glauben oder Unglauben treiben.

In Deutschland aber findet Luther die Unterscheidung beider Regimente aufgehoben. Denn Gott der Allmächtige unsere Fürsten tolle gemacht hat, daß sie nicht anders meinen, als daß sie mögen thun und gebieten ihren Unterthanen, was sie nur wollen. Sie haben angefangen den Leuten zu gebieten, Bücher von sich zu thun, zu glauben und zu halten was die Fürsten wollen. Sie haben damit sich vermessen sich in Gottes Stuhl zu setzen, die Gewissen und Glauben zu meistern und den heiligen Geist nach ihrem tollen Gehirn zur Schule zu führen. Gott wird sie für solchen Eingriff in sein Regiment strafen; sie werden Gottes und aller Welt Haß auf sich laden, bis sie scheitern gehen mit Bischöfen, Pfaffen und Mönchen, ein Bube mit dem Andern. Was aber sollen, so lautete die aus diesem Zustande der Dinge sich unabweisbar aufdrängende Frage, was aber sollen die Unterthanen thun? Sollen sie nachgeben, wo eine Obrigkeit vom Teufel besessen nicht leiden wollte, daß man das Evangelium rein predigte. Befiehlt, antwortet Luther, ein weltlicher Herr dem Unterthan, so oder so zu glauben, so soll der Unterthan nicht folgen und gehorchen mit einem Fußtritt oder seinem Finger bei Verlust seiner Seligkeit. Der Unterthan vielmehr soll sagen: es gebührt Lucifer nicht neben Gott zu sitzen; lieber Herr; ich bin Euch schuldig zu gehorchen mit Leib und Gut, gebietet mir nach Eurer Gewalt auf Erden, so will ich Euch folgen. Heißt Ihr aber mich glauben, so will ich nicht gehorchen, denn da seid Ihr ein Tyrann und greift zu hoch, gebietet da Ihr weder Recht noch Macht habt. Nimmt dem Unterthan darüber der weltliche Herr sein Gut und straft solchen Unterthan, so ruft ihm Luther zu: selig bist Du und danke Gott, daß Du würdig bist, um göttliches Wortes Willen zu leiden. Laß ihn nur toben den Narren, er wird seinen Richter finden. Weiter geht nach Ansicht beider Reformatoren das Recht des Unterthan seiner Obrigkeit gegenüber nicht. Obschon ein Fürst Unrecht thut und schindet und schaabt Dich, so ist es, lautet die Ermahnung Melanchtons, dennoch nicht recht, Aufruhr zu machen. Ein Aufruhr ist vielfältige Morderei und Gott hat Aufruhr verboten.

Als aber später die deutschen Verhältnisse sich in solcher Weise gestalteten, daß die evangelischen Reichsstände entweder für sich und ihre Unterthauen die Reformation verläugnen oder mit dem Schwerte in der Hand dem Kaiser gegenüber treten mußten, war jede Wahl ausgeschlossen. Tief bekümmert aber furchtlos traten beide Reformatoren auf, Melanchton noch entschiedener als Luther. Sie dürfen sich, schreibt der Letztere*), in solchem Falle auf unsere Lehre nicht verlassen, als seien sie gewiß, daß sich Niemand widersetzen würde. Mir gebührt nicht zu kriegen oder zum Kriege zu rathen, aber wollen unsere Feinde nicht Frieden, so will ich meine Feder wahrlich auch stille halten und schweigen und mich nicht mehr so drein legen, wie ich es that im letzten Aufruhr. Ruhig und entschieden sprach Melanchton**) aus: wenn es gewiß ist, daß der Kaiser die evangelischen Stände von wegen der Religion überziehen will, alsdann ist kein Zweifel, diese Stände thun recht, so sie sich und das Ihrige ernstlich mit Gottes Hülfe schützen.

Durch das Hineintreten der Reformation in das Volksleben entstand ein Verhältniß zwischen der Volksgesinnung und der weltlichen Obrigkeit, wie es der früheren deutschen Geschichte unbekannt geblieben war. Der große Kampf des Kaiserthums mit dem Papstthum hatte zwar auch zu seinem innersten Kern den Gegensatz gehabt, in welchem die Idee des Staates und der Kirche zu einander stehen. Aber die eigentliche Bedeutung des Kampfes war im Ver-

---

*) Warnung an seine lieben Deutschen.
**) Rathschlag der Theologen zu Wittenberg über den Krieg wider den Kaiser. 1546.

laufe desselben verloren gegangen und übrig geblieben war
der Krieg zwischen dem Deutschen König und dem Römischen Papst. Wer dem Könige entgegentrat, that es als
Anhänger und Verbündeter des Papstes. Gefährdet und be-
drängt konnte der König durch seine Gegner werden, aber
ihm blieb doch immer, wie in jedem weltlichen Kampfe, die
Hoffnung auf Wechsel des Kriegsglückes, auf zeitweise Ruhe
durch Waffenstillstand oder Friedensschluß, weil der weltlichen
Obrigkeit ein Gegner von durchaus gleichartiger weltlicher
Natur entgegenstand. Völlig verschieden dagegen war seiner
inneren Bedeutung nach der Gegensatz zwischen Volksgesinnung
und weltlicher Obrigkeit, welchen die Reformation möglich
gemacht hatte. Es lag zunächst nicht in ihrer Aufgabe den
tieferen großartigen Kern der weltlichen Obrigkeit aus der ihn
verhüllenden Schaale hervorzuarbeiten. Der Character der
weltlichen Obrigkeit blieb vielmehr zunächst unverändert. Aber
das religiöse Princip, welches bisher in der Wirklichkeit als
ein Zusammenhalten mit der römischen Curie erschienen und
den deutschen politischen Gewalten entgegengestellt war, wurde
ein wesentlich Anderes, wurde aus einem Aeußeren ein Inneres. So weit die Reformation reichte, waren es nicht die
Anhänger der irdischen Macht des verweltlichten Papstthums,
welche sich der politischen Obrigkeit gegenüber setzten, sondern
die vom christlichen Glauben Ergriffenen, welche die unbedingte
Wahrheit und die unbedingte Berechtigung desselben als unmittelbares Bewußtsein in der eigenen Brust trugen. Ob dieses die gesammte Handlungsweise bestimmende Bewußtsein in einen Gegensatz zu der weltlichen Obrigkeit treten werde, wurde nicht von dem
Wesen der Reformation, sondern von dem Verhalten der weltlichen
Macht entschieden. Rief diese die Nothwendigkeit des Entge-
gentretens hervor, so entstand ein Ringen, welches durch kein
Kriegsglück, durch keinen Friedensschluß Wechsel oder Ende
erreichen konnte, sondern entweder zur Vernichtung der Beken-
ner des durch die Reformation neu erweckten Glaubens oder
zum Anerkenntniß desselben von Seiten der weltlichen Macht

führen mußte. Einzig und allein für den Fall, daß es keine andere Wahl gäbe, als entweder den Glauben zu verläugnen oder der Obrigkeit gegenüber aufzutreten, konnte nach dem Principe der Reformation und nach der Ansicht der Reformatoren die Gesinnung der evangelischen Christen eine Richtung gegen die bestehende weltliche Gewalt nehmen. Ob dieses Princip, einmal hineingezogen in das Gewirre der Welt, seine Reinheit bewahren würde, hing nicht von der Reformation und den Reformatoren ab. Das Verhalten der unabhängig von der Reformation hervorgetriebenen Gegensätze gegen die weltliche Macht, das Verhalten also der theoretischen und practischen Opposition in ihren Beziehungen zur Reformation, mußte hier entscheidend werden.

Das Reformationszeitalter war so mächtig von der religiösen Bewegung ergriffen, daß jede geistige Thätigkeit in diese hineingezogen und anderen Richtungen entfremdet ward. Für zwei Jahrhunderte trat die in Audlow und Braut bemerkbar gewordene theoretische Opposition zurück und gab deshalb keine Veranlassung das in der Berechtigung des Glaubens wurzelnde Widerstandsrecht zum Vorwande zu machen für eine der Obrigkeit aus weltlichen Gründen entgegenstrebende Richtung. Dagegen war eine Beseitigung der practischen Opposition nicht möglich, weil die Uebelstände, durch welche sie erzeugt und groß gezogen worden war, nach wie vor tief und Verderben bringend in alle Lebensverhältnisse eingriffen. Die practische Opposition blieb ihrem Wesen nach unverändert; aber theils drängte sie sich der reformatorischen Bewegung als Bundesgenosse auf, theils suchte sie für sich selbst eine tiefere Berechtigung und eine stärkere Gewalt zu gewinnen, indem sie mit wahrer oder erheuchelter Ueberzeugung das Unchristliche der wirklichen und der vermeinten Uebelstände durch Gründe nachweisen wollte, welche sie der religiösen Bewegung entlehnte. Die Bauern erhoben sich *) und sagten wie früher, es sei of-

---

*) Ranke, deutsche Geschichte im Zeitalter der Reformation. B. III. S. 6.

fenbar und unverborgen, wie der gemeine Mann vielfältiglich
und mächtiglich beschädigt, erstochen, gefangen, gestockt und
gepflöckt, daneben mit unerträglichen Beschwerden dermaßen
geschunden und geschaabt sei, daß der mehrere Theil unter
ihnen an den Bettelstab gewiesen wäre. Aber sie fügen nun
auch noch hinzu, es hätten sich etliche Obrigkeiten unterstanden, ihren Unterthanen das heilige Evangelium und Wort
Gottes zu nehmen. Solchen unerträglichen Beschwerden zu
entgehen, hätten sie sich im Namen des Allmächtigen zu Erhaltung und Aufrichtung des heiligen Wortes Gottes in eine
freundliche und brüderliche Vereinigung zusammengethan *).
Die Bauern wendeten sich gegen die erdrückenden Lasten der
Leibeigenschaft, jetzt ihre Beschwerde dadurch begründend, daß
Christus Alle, den Hirten wie den Höchsten, mit seinem kost-
barlichen Blute erlöst habe. Sie verlangen wie früher Befreiung von dem Zehnten, jetzt sich darauf stützend, daß die
alttestamentarische Einrichtung der Zehnte durch den neuen
Bund beseitigt sei. Sie verlangen wie früher Jagd, Fischerei
und Holzungsrecht auch für ihre Güter, jetzt behauptend, Gott
der Herr, als er den Menschen erschaffen, habe ihm Gewalt
gegeben über alle Thiere, über den Vogel in der Luft und über
den Fisch im Wasser; sie sind ergrimmt über den Wildschaden,
weil es wider Gott und den Nächsten sei, daß die Frucht,
welche Gott den Menschen zu Nutzen wachsen ließ, von den
unvernünftigen Thieren zu Unmuth verfressen würde. Sie wollen von allen Forderungen abstehen, wenn ihnen nachgewiesen
wird, daß sie Gottes Wort nicht gemäß seien, aber sie wollen
sich auch die Abstellung alles Anderem noch vorbehalten, welches gegen Gottes Wort künftig befunden würde **). Schon
längst gewöhnt, nach den entfernter liegenden Ursachen des
Druckes zu forschen, fanden die Bauern dieselben in der Ent-

---

*) Ausschreiben der Bauern vor und zu Würzburg versammelt an alle
Fürsten. In Sartorius Bauernkrieg S. 391.
**) Die zwölf Artikel der Bauernschaft.

artung des Fürstenthums. Was sind die Fürsten, ruft Mün-
zer aus*). Sie sind nichts denn Tyrannen; unser Blut und
Schweiß verthun sie mit Hofiren, mit unnützer Pracht, mit
Huren und Buben; sie nehmen sich des Regiments nicht an,
strafen keinen Frevel, vertheidigen nicht Wittwen und Waisen,
fördern nicht Gottesdienst, so doch um solcher Ursach wegen
Gott die Obrigkeit eingesetzt hat. Die Wildesten gelangten
aus diesen Vordersätzen zu dem Schluß, daß alle Schlösser
und Festen nachtheilig seien und von Grund aus zerstört werden müßten. Allgemeine Gleichheit und Gemeinschaft aller
Güter müsse sein.

Die Ritterschaft stellte sich nach der Reformation wie vor
derselben mit grimmigem Hasse dem Umsichgreifen der Fürsten
entgegen, welchen sie mehr und mehr erlagen. Zürnend schreibt
Ulrich von Hutten**): Hat Etwas noch ein Edelmann, so
stößt ein Fürstenherrschaft dran. Es ist allein ihr Muth und
Sinn, zu nehmen deutsche Freiheit hin. Den armen Adel
fressen sie und suchen täglich Weg und Rath, daß ja bei Freiheit bleib keine Stadt. Ich weiß ihrer Keiner wird nicht satt, wiewohl er viel verschlungen hat. Zugleich aber suchten die Ritter, ihre Sache mit der der Reformation verschmelzend, dem
Kampfe gegen das Fürstenthum eine religiöse Weihe zu geben.
Halb Werkzeug und Streiter Gottes, halb fehdelustiger, fürsten-
hassender Ritter trat Sickingen auf. Von Tage zu Tage,
schreibt er, beginne die politische sowohl als die christliche
Freiheit ihm näher am Herzen zu liegen; er könne nicht dulden, daß die Kaiserwürde zum Gespött gehalten und die Lehre
Jesu verdorben und vertilgt werde. Er erachte, daß Gott ihm
und seinen Gefährten den Geist eingehaucht habe, um als Gottes Werkzeuge der beinahe vernichteten Sache wieder aufzuhelfen. Die Fürsten, eifert Hutten, verbieten Doctor Luthers

*) Ermahnung Thomas Münzers an die Bauern vor der Schlacht bei
Frankenhausen. In Melanchtons Historie Münzers.
**) Münch, Huttens Werke Theil V. S. 347 und folgende.

Lehr, als ob sie irgend strafbar wär; denn Wahrheit mögens leiden nit, ist wider ihren Brauch und Sitt. Denn sollt Gottes Wort in Wesen stahn, so würd ihr Gut und Macht zergahn. Drohend erinnert er die Fürsten daran, daß für sie der Tag der Vergeltung herannahe. Sag an Du Wolf, wann bist Du voll; denkst nit, daß etwan käm ein Tag, der Dir bisher verborgen lag, daß Du mußt speien aus dem Fraß; hör auf von Deinem Fressen laß.

Während Ritter und Bauern in dem Sturze des Fürstenthums und in der Verstärkung und Neugestaltung des Kaiserthums das einzige Mittel erblickten, sich selbst und Deutschland zu retten, strebten die Fürsten, durch ihre eigene Erhebung dem fortschreitenden Zerfalle entgegen zu treten. Sie wollten das Fürstenthum selbstständig hinstellen, den Reichstag über den Kaiser erheben, das Reichskammergericht ausschließlich dem Einflusse der Stände unterwerfen. Da nun das Kaiserthum der Reformation entgegentrat, so stellte sich in den evangelischen Fürsten der Kampf gegen den Kaiser zugleich als ein Kampf für die Reformation dar. Das allen weltlichen Fürsten gemeinsame Streben, die Rechte des Clerus auf Gerichtsbarkeit und Abgaben aller Art zu beseitigen und sich durch Einziehung der reichen geistlichen Besitzthümer zu verstärken, erschien in den evangelischen Fürsten zugleich als ein Bemühen, das geistliche Amt auf seine ursprüngliche geistliche Bedeutung zurückzuführen. Die Neigung aller Fürsten, in allen Lebenskreisen als die Regierer und Leiter zu schalten und zu walten, fand für die evangelischen Reichsstände einen Verbündeten in der Pflicht, das verlassene Kirchenwesen zu schützen und zu fördern.

Als die Bauern, die Ritter und die Fürsten sich des durch die Reformation zugegebenen Widerstandsrechts gegen die Obrigkeit bemächtigt hatten, um es im weltlichen Interesse auszuüben, als namentlich die Bauern aus der evangelischen Lehre Folgerungen gezogen hatten, die alle weltliche Ordnung zu vernichten drohten, fanden Luther und Melanchton es für nö-

thig, sich auch über die Stellung der Unterthanen zur Obrigkeit in weltlichen Verhältnissen auszusprechen, was sie bisher
als nicht zu ihrer nächsten Aufgabe gehörend von sich ab und
an die Juristen verwiesen hatten. Die Reformatoren suchten
die Aufgabe der weltlichen Obrigkeit ausschließlich in der Erhaltung des Rechts, vor Allem in der Verhinderung böser
Thaten. Zu diesem Zwecke gründet, erhält, ändert Gott die
Königreiche auf mancherlei Weise, oft ohne mündliche Worte, indem er impetus heroicus giebt und großen Frevel straft*). Das ge-
schriebene Recht, das bestehende Gesetz war es indessen nicht, in dessen
Vollziehung Luther den Beruf der Obrigkeit fand. Juristerei, sagte
er **), wie sie in den alten Rechtsbüchern der römischen Heiden ver-
faßt und beschrieben, ist eine feine gute Facultät, aber jetzt
giebt man sich nur auf die Practik, verwirrt die Sachen, je
nachdem die mancherlei Bräuche der Gerichte sind, schiebet und
ziehets auf, hackt allerlei Hundshaar mit ein. Die alten Rechte
liegen unter der Bank. Luther forderte deßhalb von den Fürsten, daß sie klüger seien, als ihre Juristen, mehr verständen,
als in den Rechtsbüchern liege***). Man meine nicht es sei
genug und köstlich Ding, wenn man dem geschriebenen Recht
oder der Juristen Rath folge. Es gehört mehr dazu. Die
weitläuftigen und fern gesuchten Rechte sind nur Beschwerunge
der Leut und mehr Hinderung als Förderniß der Sachen****).
Darum muß ein Fürst das Recht so in seiner Hand haben,
wie sein Schwert und mit eigener Vernunft messen, wann und
wo das Recht der Strenge nach zu brauchen oder zu lindern
sei, also daß allezeit die Vernunft über alles Recht regiere und
das oberste Recht und Meister alles Rechtes bleibe†), und
nicht der Brunnen an seine Flüßlein gebunden sei, und die

---

*) Melanchton Antwort der Fragstücke von geistlicher und weltlicher
Gewalt.
**) Tischreden.
***) Von weltlicher Obrigkeit.
****) An den christlichen Adel deutscher Nation.
†) Von weltlicher Obrigkeit.

Vernunft mit den Buchstaben gefangen geführt werde. Die
Vernunft, welche Luther durch die Fürsten in den weltlichen
Verhältnissen erscheinen lassen will, fällt ihm mit der christlichen Liebe zusammen. Verflucht und verdammt, schreibt er,
ist alles Leben, das sich selbst zu Nutz und zu Gut gelebt
und gesucht wird. Verflucht sind alle Werke, die nicht in
der Liebe gehen. Dann aber gehen sie in der Liebe, wenn sie
nicht auf eigene Lust, Nutzen und Ehre, sondern auf anderer
Nutzen, Ehre und Heil gerichtet sind*). Der Fürst muß nicht
denken, Land und Leute sind mein, ich wills machen, wie mir
es gefällt, sondern also: ich bin des Landes und der Leute,
ich soll machen, wie es ihnen nütz und gut ist. Der Fürst
muß sich weder auf todte Bücher, noch auf lebendige Köpfe
verlassen, sondern sich bloß an Gott halten, ihm in den Oh-
ren liegen und bitten um rechten Verstand über alle Bücher
und Meister seine Unterthanen weißlich zu regieren.

Dem vom Reformationswerke ganz erfüllten Geiste der Reformatoren erschien für ihre Zeit die Verschiedenheit der politischen bald mehr, bald weniger drückenden Zustände als etwas
durchaus Untergeordnetes im Vergleiche mit der unbedingt nothwendigen Durchführung der Kirchenreformation. Da nun diese
unter jeder staatlichen Form, ja selbst unter hartem und
willkührlichem politischen Drucke möglich war, aber Alles auf
dem Spiele stand, sobald der Geist des politischen Aufruhrs
sich in das Reformationswerk hineindrängte, so forderten beide
Reformatoren einen Gehorsam der Unterthanen, der keine Gränze
kannte, so lange die Obrigkeit nicht Handlungen gebot oder
verbot, welche mit dem christlichen Glauben im Widerspruch
standen. Alle weltliche und bürgerliche Ordnung trägt ein
Christ geduldiglich und fröhlich, schreibt Melanchton**); der
Christ kann leibeigen und unterthan sein, er kann auch edel
und Regent sein. Solch Ding irret den Glauben nicht. Gottes Befehl, der Obrigkeit gehorsam zu sein, ist so stark, als

---

*) Von weltlicher Obrigkeit.
**) Melanchton, wider die Artikel der Bauernschaft.

wenn er Jedem insonderheit hätte befohlen durch einem Engel vom Himmel, der Obrigkeit nicht zu widerstehen. — Die Selbst sucht vieler Fürsten ihrer Zeit war den Reformatoren nicht verborgen. Man muß sich bei ihnen das Aergste versehen, schrieb Luther *), und wenig Gutes von ihnen erwarten. Kein Recht, Treu noch Wahrheit bei ihnen funden wird. Den Grund aber der schlechten Obrigkeit sucht er in den schlechten Unterthanen. Die Welt ist zu böse und nicht werth, daß sie viel kluger und frommer Fürsten haben sollte. Frösche müssen Störche haben. Auch die böseste Obrigkeit rechtfertigt nie Rot terei und Aufruhr; keinem Christen gebührt zu rechten noch zu fechten, sondern Unrecht leiden und das Uebel dulden. Den bösen Fürsten wollten die Reformatoren durch diese Grundsätze keinen Vorschub leisten. Unchristen genug sind in der Welt, ermahnte Melanchton, welche den Tyrannen gegenüber sich er heben, so daß Gott die Bösen durch die Bösen verdirbt. Zu aller Zeit hats Gott also gehalten, daß er alle Herrschaft, wenn der Muthwille groß ist worden, zu Boden gestoßen hat. Das Schwert, ruft Luther aus **), ist Euch Fürsten auf dem Halse. Noch meinet Ihr, Ihr sitzet fest in dem Sattel; man werde Euch nicht mögen ausheben. Solche Sicherheit und ver stockte Vermessenheit wird Euch den Hals brechen. Ihr müßt anders werden liebe Herren. Thut Ihrs nicht durch freundliche willige Weise, so müßt Ihrs thun durch gewaltige und ver derbliche Unweise. Gott will Euch schlagen und wird Euch schlagen. Er ist den Tyrannen wie den Rotten feind; darum hetzet er sie aneinander, so daß sie beide schändlich umkommen und also sein Zorn und Urtheil über die Gottlosen vollbracht werde.

Die Ansicht der Reformatoren über die Stellung der Un terthanen zur Obrigkeit in weltlichen Verhältnissen drang tief in die Volksgesinnung ein und klingt vielfach wieder in den

---

*) Von weltlicher Obrigkeit.
**) Ermahnung zum Frieden auf die zwölf Artikel der Bauernschaft in Schwaben.

beiden am Meisten gelesenen Volksschriftstellern der ersten
Hälfte des sechszehnten Jahrhunderts. Hans Sachs erinnert
das Volk*), bedenke so Dich durchknechtet Tyrannei, daß es
von Deinen Sünden sei. Da die Sünde in solchem Maaße
überhand genommen hat, sollt Gott nicht auch Tyrannen schicken,
die Dich ins Joch thäten verstricken. Nicht gewaltsame Abhülfe verlangt er, sondern ruft: so thu auch Du wie Israel,
kehr Dich zu Gott, zu Deiner Quell, thue weg Deine grobe
Sünd und Schuld, so zeigt Dir Gott seine gnädig Huld.
Aber auch er weissagt den Unterdrückern ein böses Ende durch
das Eingreifen Gottes. Er sitzt im Himmel und ihrer lacht,
läßt treiben sie Hochmuth und Pracht, so lange bis sein Zorn
entbrennt. Macht er ihrer Tyrannei ein End, ihr Gewalt
zerschmelzet dann wie Wachs, in Nürnberg wünschet das Hans
Sachs. Fischart**) spricht aus; denn Niemand haßt die Oberkeit, als der sich legt auf Ueppigkeit, gleich wie kein Vogel haßt
das Licht, als der auf Diebstahl ist gericht. Aus echt practischen Gründen warnt er sodann vor jeder Auflehnung gegen
die Obrigkeit***). Was reißt Dich an der Oberkeit, an
welcher man den Kopf läuft breit; weißt nicht wer über sich
will hauen, dem fallen die Späne in die Augen.

Eine 1571 zu Wittenberg herausgegebene Schrift ****)
sucht den Hauptgrund für die Veränderungen im Regiment in
dem Geiz, der Zanksucht und dem Faulwitz, mit dem Mancher sich unnöthiger Dinge, die zu seinem Berufe nicht gehören,
untersteht. Wenn freilich unartige Regenten und Obrigkeit
die Ordnung Gottes muthwillig einreißen, dann verändert auch

---

*) Sehr herzliche, schöne und wahrhafte Gedicht durch den sinnrei-
chen und weltberühmten Hans Sachs zusammengetragen. Nürnberg 1590. Theil I. S. 40.
**) Fischart glückhaftes Schiff.
***) Fischart Kehrab.
****) Nöthige und nützliche Erinnerung von Zeit und Ursachen der allge-
meinen und sonderbaren Veränderungen in hohen und niederen Re-
gimenten. Wittenberg 1571.

wohl Gott selbst das Regiment. Fürsten und Herren kommen dann in Berachtung, welches alle Zeit die erste Straf pflegt zu sein, wenn Regenten sollen zu Boden gehen. Denn wo dieses überhand nimmt und im Schwange geht, da ist gewißlich das Ende nah und vor der Thür. Gott erweckt dann gemeiniglich benachbarte Könige oder die Unterthanen selbst, damit die Tyrannen gestraft und Gesetz, Fried, Zucht und Ehrbarkeit wiederum gestiftet und aufgerichtet werde. Aber, sägt auch diese Schrift hinzu, gleichwohl trägts sich viel und oft zu, daß wenn man Aenderung vornimmt, solches Fürnehmen viel anders als mans gemeint zu gerathen und vielmals einen großen Riß zu machen pflegt. Denn nachdem die Sachen einmal gereget worden sein, stehen sie nicht mehr in derer Gewalt und Macht, die es Anfangs erreget, sondern gemeiniglich erregen sich zugleich mit ganz unvorhergesehene Dinge. Muthwillige unruhige Leut werden gestärkt zu vielem unbilligen Vornehmen. Daher man saget, daß gleich wie alsdann am meisten Aale gefangen werden, wenn das Wasser getrübet ist, also kommt mancher böser Mensch herfür, wenn die Regiment einmal verunruhigt worden sein. Aus dieser Erfahrung ist auch genommen die Rede, daß man altem hergebrachten Brauch und Gewohnheit etwas müsse zu Gute halten, auf daß nicht etwas Aergeres entsteht.

Den kräftigsten Widerstand in Glaubenssachen, das unbedingte Dulden in weltlichen Sachen forderten die Reformatoren von dem christlichen Unterthan. Mit dem Schutze der Rechtsordnung gegen Fürstenwillkühr solle der Christ sich nicht abgeben; böse Fürsten würden schon durch unchristliche Rotten ins Verderben gebracht werden. Die Zeit aber war nicht der Art, daß das an wilde Ungebundenheit gewöhnte Geschlecht, selbst wenn es von dem neuerweckten Glauben berührt ward, sich hätte in ein politisch duldendes und schweigend tragendes Leben finden können. Wohl ist's so gelehrt, meinte Luther, aber die Thäter kann ich nicht schaffen. In wilden tumultuarischen Ausbrüchen machten die Ritter wie die Bauern ihrem In-

grimme noch einmal Luft und suchten sich Befreiung von dem
auf ihnen lastenden Drucke mit den Waffen zu erkämpfen. Die
Versuche beider scheiterten indessen so vollständig durch die
Siege der übermächtigen Fürsten, daß die Opposition der Rit=
ter und der Bauern aus der deutschen Geschichte verschwand.
Die Ritterschaft im alten Sinne war für immer untergegan=
gen und die Bauern gewöhnten sich im dumpfen Dulden ein
schwer belastetes Dasein von Generation auf Generation
zu überliefern. Die Städte, vielfach in die Niederlagen
theils der Ritter, theils der Bauern verwickelt, büßten den
durch ihre Siege neu erstarkten Landesherrn gegenüber jede
Möglichkeit ein, sich und ihrem Streben gegen die Hemmun=
gen des städtischen Lebens eine Geltung zu verschaffen. Von
der politischen Opposition aus practischen Gründen, welche
sich während des funfzehnten Jahrhunderts im Stande der Lan=
desherren, der Ritter, der Städte und der Bauern gefunden
hatte, war demnach wenige Decennien nach Eintritt der Re=
formation nur die Opposition der Landesherren bestehen geblie=
ben, gerichtet gegen die Unterordnung der Territorien unter
die Reichsgewalt. Wie die weltliche Opposition erhielt auch
die religiöse ihren eigentlichen Sitz im Laufe des sechszehnten
Jahrhunderts im Fürstenstande. Die Bewohner der Territorien
nämlich, deren Landesherren katholisch waren, wurden in Folge
der Gegenreformation zum großen Theil wieder der katholischen
Kirche zugeführt oder genöthigt, das Land zu verlassen. Ein
Widerstreben aus religiösen Gründen fand sich daher inner=
halb der Gebiete dieser Art gar nicht. Die evangelischen
Landsassen der Territorien mit evangelischen Landesherren
fanden, abgesehen von dem in den Gang der Dinge im
Ganzen und Großen nicht eingreifenden Gegensatz zwischen
Lutheranern und Reformirten, keine Ursache zur religiösen Op=
position gegen die bestehende Territorialverfassung. In den
Verhältnissen des Reiches, welches ihrer Confession Anerkennt=
niß verweigerte, konnten sie sich nur durch ihren Landesherrn
eine Bedeutung verschaffen. Hatte der evangelische Fürst sich

15

Anerkennung seiner Confession vom Reiche erkämpft, so fiel sie seinen Landsassen von selbst zu. Im Fürstenstande und fast nur in diesem fand der Gegensatz der Confessionen seinen politisch eingreifenden Ausdruck, sammelte die katholischen Fürsten um den Kaiser und stellte die evangelischen ihm gegenüber. Die weltliche Fürstenopposition setzte zwar den katholischen und evangelischen Landesherren die Befreiung von der Unterordnung unter die Reichsgewalt zum gemeinsamen Ziel, aber der religiöse Character des sechzehnten Jahrhunderts bewirkte, daß die Erreichung des gemeinsamen Zieles von den katholischen Fürsten durch Anschluß an den Kaiser, von den evangelischen Fürsten durch Opposition gegen den Kaiser erstrebt ward.

Während die Opposition noch im Laufe des funfzehnten Jahrhunderts wesentlich in den einseitig ausgebildeten Volksgliederungen der Ritter, Bauern und Städte gewurzelt war, hatte sie sich am Ausgange des sechzehnten Jahrhunderts aus dem Volke in den Fürstenstand zurückgezogen. Während sie früher durch Erhebung des Kaiserthums das Fürstenthum hatte stürzen wollen, wollte sie jetzt durch den Sturz des Kaiserthums das Fürstenthum erheben. Nicht der Ingrimm eines vom religiösen und politischen Drucke gewaltsam erregten Volkes, nicht das kraftvolle Auftreten einzelner nationaler Stände führte zum dreißigjährigen Kriege, sondern die im Fürstenthume erscheinende Opposition gegen einen Zustand der Dinge, welchen das Kaiserthum gegen die auf dem religiösen wie auf dem politischen Gebiete nach neuen Gestaltungen drängende Macht des Lebens festzuhalten sich entschlossen zeigte. Sehr treffend wird diese Lage in einer Schrift aus dem letzten Drittel des sechzehnten Jahrhunderts *) bezeichnet: Alle menschliche Sachen, nicht allein die natürlichen, sondern auch diejenigen, so in der Vernunft und in der Einbildung schweben, wie die

---

*) Bedenken an Kaiser Max II. von Regierung des römischen Reiches und Freistellung der Religion. Gestellet durch Lazarum von Schwendi im Jahre 1574. Gedruckt 1612. S. 119. S. 131.

Satzung und Ordnung der Regimente und der Religionen und
Secten, sind den Corruptionen und Mißbräuchen unterworfen,
woraus zuletzt, wie im natürlichen Leib innerliche Gebrechlich=
keiten, Krankheiten und Abnehmen und endlich auch gänzliche
Veränderung erfolgen. Solche Zufälle tragen sich jetzt früher,
jetzt später, jetzt schwerer und gefährlicher oder weniger und
leichter zu, je 'nachdem die Regiment von Anfang auf gute,
sichere und verständige Wege und die Religionen oder Secten
auf die Wahrheit und die Andacht oder doch auf einen großen
Schein derselbigen angesteckt und gemacht sind und je nachdem
sie wohl oder übel, sorgfältig oder hinlässig geregieret oder
unterhalten worden sind. Das Gefährlichste in solchen Verän=
derungen ist, wenn Mangel und Gebrechen in Sachen des Re=
giments und der Religion zugleich fürfallen und wenn man
also nicht allein in widrigem Wind, sondern auch in einer
bösen Schiffahrt segeln muß. Dann nehmen die bösen Ding,
gleich wie die Krankheiten aus unordentlichem Leben und We=
sen sich erzeigen, zu und wachsen bis aufs Höchste. Schmerz=
voll aber richtig erkennt der Verfasser dieser Schrift die Ent=
wickelung, welche die Angelegenheiten in Deutschland nehmen
würden, indem er schreibt: Wenn die Ding einmal zur Thät=
lichkeit und innerlichen Kriegen gerathen, was für ein jäm=
merliches Wesen würde daraus erfolgen und wie würden die
fremden Nationen Oel ins Feuer gießen, damit wir einander
selber aufnützen und letzlich ihnen und dem Türken, der solche
Gelegenheit auch nicht verschlafen wird, in die Hände und in
den Rath kommen. Die Dinge haben auch desto mehr Gefahr
auf sich, weil man beiderseits dermaßen im Reiche gefaßt ist,
daß ein Theil den andern würde austilgen mögen und daß,
wenn der eine Theil fremder Hülf und Anhang wird brauchen,
der andere Theil nicht weniger dazu wird bedacht sein.

Zweites Kapitel.

Die Umbildung der politischen Opposition in
Deutschland von dem Ende des dreißigjährigen
Krieges bis zur Mitte des achtzehnten
Jahrhunderts.

Als Deutschland aus dem dreißigjährigen Kriege heraus-
trat, hatte der Stand der Ritter und der Bauern eben so wie
die Gemeinden der Städte die alte politische Bedeutung verloren, wenn gleich Trümmer der Formen jener Gemeinschaften
sich erhielten. Des Lebens und der Kraft beraubt konnten
weder der alte Stand noch die alte Gemeinde sich wieder zum
Sitz einer politischen Opposition gestalten; nur in grollendem
aber thatlosem Mißmuth gedachten Ritter, Bauern und Städte
ihrer entschwundenen Stellung. Der Stand der Landesherren,
welcher seit Ausgang des sechszehnten Jahrhunderts die Opposition in sich concentrirt hatte, blieb zwar auch nach dem dreißigjährigen Kriege bestehen, aber der westphälische Friede gab
den Landesherren eine so unabhängige Stellung, daß sie kaum
eine Regung fühlen konnten, dem Kaiserthum durch Umwandlung der bestehenden politischen Zustände noch ein Mehreres
abgewinnen zu wollen. Wohl fürchteten sie das Haus Oestreich, aber nicht die deutsche Kaiserkrone, die es trug und
nicht die Formen der Reichsverfassung, deren Schlußstein es
bildete. Nicht allein der politische, sondern auch der religiöse
Grund zur Opposition war für die Landesherren weggefallen,
weil ihnen der Friede volle Religionsfreiheit und politische
Stellung ohne Rücksicht auf ihre Confession gewährte. Statt
des früheren Widerstrebens gegen die Formen der Reichsverfassung bildete sich daher eine Art von Anhänglichkeit an derselben in den Fürsten aus, von welcher sie nichts mehr zu fürchten, aber Manches zu hoffen hatten; die Mächtigeren wollten
sich ihrer bedienen, um das eigene politische Gewicht zu ver-

größern, die Schwächeren, um das vielfach gefährdete Dasein zu fristen.

Bei dieser Lage der Dinge konnte fortan keine Opposition gegen das Bestehende sich finden, welche, wie früher als Standes = oder Gemeinde=Opposition, erschien. Dennoch war es, da das geistige Leben der Deutschen erwachte und die staatlichen Zustände immer elender wurden, unmöglich, daß Abneigung gegen das Bestehende und Hinstreben nach dessen Umgestaltung gar nicht hätte hervortreten sollen. Es fragte sich nur, in welchen Kreisen des deutschen Lebens solche Gesinnung sich entwickeln würde. Wohl standen die Reste der alten Stadtgemeinden und des alten Ritter = und Bauernstandes sich in so schroffer Abgeschlossenheit, wie früher nie, gegenüber, weil immer, wenn das ausgleichende und einigende Leben in politischen Gliederungen erloschen ist, den todten Formen eine abstoßende und daher schneidend trennende Kraft übrig bleibt. Aber geeinigt und lebendig gegliedert wurde das Volk durch jene Formtrümmer nicht. Die Deutschen fanden sich in Wahrheit nur als Individuen neben einander und bildeten Mengen, welche allein durch die Landesherren und den Zusammenhang der Territorien vor dem Auseinanderfallen bewahrt wurden. Die Opposition konnte daher nur wurzeln in den Einzelnen oder in den Territorialeinheiten. Da nun das Widerstreben der Letzteren gegen den bestehenden Zustand zusammenfiel mit dem schon früher näher angegebenen Streben der Territorien, Staatsgestaltung und deutsche Conföderation zu gewinnen, so ist es ausschließlich die Opposition der Individuen, welche hier in Betracht kommt.

Niemand erträgt es als Einzelner neben anderen Einzelnen, als Theil in einer ungegliederten Menge zu stehen. Im Menschen arbeitet und drängt der des Einigens mit dem Einen, des Sonderns von den Anderen bedürftige Geist, bis er Gliederungen errungen und das Massenhafte in organische Einheit umgestaltet hat. Da die tiefe Gesunkenheit des Staates es den Deutschen unmöglich machte, Gliederungen zu ge-

winnen, welche im Staatsleben wurzelten und auf den Staat
sich bezogen, so blieben nur solche Gliederungen erreichbar,
welche der Beziehung zum Staate entbehrten. Der Weg, sie
zu bilden, ward durch die eigenthümliche Umwandlung des
Lebens in den Städten näher bestimmt. Zu dem eigentlich
städtischen Leben, wie es aus Handel und Handwerk hervorgegangen war, hatte sich schon vor dem Zeitalter der Reformation ein Leben in Wissenschaft und Kunst gesellt. In und
nach dem dreißigjährigen Kriege brachten die Ritter, von ihren einsamen Burgen in die Städte ziehend, ein neues Element hinzu. Als um dieselbe Zeit die Beamtenverhältnisse sich
zu entwickeln begannen, fanden auch sie in den Städten den
Sitz ihrer weiteren Ausbildung und die vielen größeren und
kleineren Fürstenhöfe, längst schon des Wanderns entwöhnt,
brachten auch das Hofleben mit einer sehr großen Zahl Städte
in Verbindung. Alle diese sehr verschiedenen, in den Städten
sich treffenden Elemente erschienen zwar äußerlich noch schroff
genug getrennt, aber ohne Einfluß auf einander blieben sie
nicht. Aus ihrem gegenseitigen Verhalten zu einander, und
aus der Wechselwirkung, welche sie unter einander übten, wuchs
sehr allmählig und unbemerkt ein neues, der früheren Zeit unbekannt gebliebenes geistiges Sein hervor, welches, da ein
treffenderer Ausdruck fehlt, als sociales Leben bezeichnet werden
mag. Nicht ein bestimmtes Maß der Bedeutung oder Wirksamkeit für den Staat, bildete die Voraussetzung, welche dem
Einzelnen den Eintritt in die Kreise des socialen Lebens verschaffte, sondern ein bestimmtes Maaß geistiger Ausbildung,
mochte sich dieselbe auf diesem oder jenem Wege entwickelt haben. Alle, deren Lebensthätigkeit durch die von ihrem Berufe
gestellten Anforderungen in körperlicher Arbeit verzehrt ward,
waren daher ausgeschlossen; alle dagegen, deren Beruf eine
vorwiegend geistige Thätigkeit verlangte oder gestattete, eingeschlossen. Die Bauern, Handwerker, Krämer standen außerhalb, die Gutsbesitzer, die allmählig hervortretenden Fabri-
kanten und die Kaufleute innerhalb des socialen Lebens; ihm

gehörten wohl die nach eigener Einsicht handelnden Beamten
an, aber nicht die Theilnehmer der öffentlichen Berufsarten,
welche nur Werkzeug in der Hand eines Anderen waren.

Die vielfachen sich bald abstoßenden, bald anziehenden
Wechselberührungen bestimmter im deutschen Volke liegender
Kräfte riefen zwar ein neues geistiges Sein, das sociale Leben hervor, aber während früher der entstehende Rittersinn
und Bürgersinn sich in einer ihm entsprechenden Form, dem
Ritterstand und der städtischen Gemeinde ausbildete, gelang
es dem socialen Sinn nicht eine Form, in welcher er sich
ausprägen konnte, zu gewinnen. Indessen war demungeachtet
die Macht, mit welcher das sociale Leben die ihm angehörenden Einzelnen ergriff und festhielt, nicht ausschließlich innerer
Natur. Vielmehr bildete dasselbe in seiner Convenienz eine
Norm aus, welche so stark, ja stärker als ein Gesetz es ver-
mocht hätte, den Kreis umgränzte, innerhalb dessen die Einzelnen sich bewegen durften. Das Organ ferner zur Wirksamkeit nach Außen, welches für den Rittersinn in dem Feh-
derechte, für den Bürgersinn in dem städtischen Rechte lag,
war für den socialen Sinn die öffentliche Meinung, eine
That des socialen Lebens, welche mitbestimmend in die Zeitverhältnisse eingriff. Weil die Kraft, durch welche die wirkenden Organe des socialen Lebens, die Convenienz nämlich
und die öffentliche Meinung, hervorgetrieben war, in einem
dunklen und unbestimmten Gefühl lag, so konnte auch den politischen Zuständen gegenüber das sociale Leben weder eine mit
besonnener Einsicht fest abgegränzte Aufgabe sich stellen, noch
die unbestimmten und schwankenden Aufgaben, welche es sich
setzte, in einer geordneten, sich seines Zieles bewußten Weise
verfolgen. Weil ferner das sociale Leben einer äußeren Erscheinungsform entbehrte und ein vorwiegend Inneres blieb,
so konnte es selbst körperlos, nicht berührt und erregt werden
durch den realen Druck, welchen menschliche Willkühr oder
ertödtende Einrichtungen in den staatlichen Verhältnissen ausübten. Aber so oft politische Handlungen oder Einrichtungen

auf ein ihnen zum Grunde liegendes Princip hinwiesen, wel=
ches mit der durch die Convenienz des socialen Lebens festge=
stellten Auffassungsweise in Widerspruch stand, fühlte sich das
sociale Leben verwundet und die öffentliche Meinung begann
den Kampf nicht gegen einzelne politische Uebelstände, sondern
gegen das Princip, aus dem sie sich wirklich oder vermeint=
lich ableiteten. Handlungen schreiender Ungerechtigkeit, härteste
Bedrückung Einzelner kamen dann sehr gelegen, um an ihnen
das Unheilbringende des bekämpften Princips anschaulich zu
machen.

Da das sociale Leben durch die Wechselwirkung, welche
die Einzelnen als Einzelne auf einander übten, sich gebildet hatte
und deßhalb unter seinen Angehörigen keinen Unterschied der
Art nach anerkennen konnte, so wurde, wenn auch nur sehr
allmählig, die Gleichheit aller seiner Elemente die Basis, auf
welcher die das sociale Leben beherrschende Geistesrichtung
ruhte. In den schroffsten Widerspruch gegen dieselbe trat die
neue Stellung, welche das deutsche Fürstenthum und die Nach=
kommen der alten Ritterschaft seit dem Ende des dreißigjähri=
gen Krieges in immer wachsendem Umfang für sich in Anspruch
nahmen. Der prätendirten Stellung beider gegenüber erhob
sich die öffentliche Meinung tief gereizt zu dem noch jetzt nicht
beendeten Kampf.

Die Waffenführung als Lebensberuf hatte im Mittelalter
Alle, welche denselben übten, zum Ritterstande vereinigt. Weil
nur eine unabhängige Lebenslage den soldlosen Beruf möglich
machte und allein im Grundbesitz das Vermögen des Freien
ursprünglich bestand, gehörten dem Ritterstande nur größere
Grundbesitzer an. Weil der Ritter mit seinem Blute dem
Reiche diente, blieben seine Güter von den Abgaben und La=
sten frei, welche die übrigen Grundeigenthümer übernehmen
mußten, um die Kosten der Kriege tragen zu helfen. Weil die
Waffenführung die hervorragendste Seite der Landeshoheit bil=
dete, fanden die Fürsten in den Rittern ihre Genossen und
hatten nur sie zu ihrer Umgebung. Da bei der weiteren Aus=

bildung des Reiterdienstes und des Rittersinns Alle vom Eintritt in den Ritterstand ausgeschlossen wurden, deren Väter
und Großväter nicht schon die Waffenführung als Lebensberuf geübt hatten, so konnte sich, weil hierdurch der Ritterstand
zu einem erblichen Stand geworden war, ein Zusammenhang
der Ritterbürtigen auch dann noch erhalten, als in den Zeiten
nach dem dreißigjährigen Kriege die Waffenführung völlig aufgehört hatte Lebensberuf der Ritterbürtigen zu sein. Die im
Leben begründete Bedeutung der Nachkommen des alten Kriegerstandes lag jetzt darin, daß ein Theil derselben den Besitz
der angeerbten Güter erhalten hatte und mit dem Glanze einer
ruhmvollen Abstammung verband. Dagegen war mit dem Krie-
gerberuf der Grund für die Befreiung ihrer Güter von den
Lasten und Abgaben der anderen Unterthanen und mit dem
Verschwinden der einseitig kriegerischen Stellung des Landesherrn der Grund fortgefallen, aus welchem sie früher der
Natur der Dinge gemäß die alleinige Umgebung der Fürsten gebildet hatten. Demungeachtet behaupteten die Ritter
das ausschließliche Recht auf den bevorzugten Grundbesitz der
Rittergüter und bildeten die Thatsache einer früheren Zeit, in
welcher sie die natürlichen Genossen der Fürsten gewesen waren, zu dem Rechtsanspruch der Hoffähigkeit aus. Sie bann-
ten von der Wiege bis zum Grabe den Souverän, der berufen ist, vom Staatsgesichtspunkte aus die Staatsverhältnisse
zu übersehen und zu leiten, hinein in den schroff abgeschlossenen Kreis einer einzelnen Unterthanenclasse, deren einseitige
und beschränkte Auffassungsweise nur in seltenen Fällen eine
ausgezeichnete Fürstenpersönlichkeit zu durchbrechen vermochte.
Schwerlich indessen würde die öffentliche Meinung des socialen
Lebens sich der Classe der Ritterbürtigen gegenüber mit Entschiedenheit erhoben haben, wenn diese nur eine frühere Stellung unter den veränderten Umständen hätte erhalten und nicht zugleich auch früher nie besessene Rechte neu erwerben wollten. Als
aber die Anfänge des Volksheeres in der Kriegspflicht der Unterthanen als solcher hervortraten, setzten die Nachkommen des Ritterstan-

des es durch, daß ihnen keine Verpflichtung zur Vertheidigung des
Staats zugemuthet wurde und erlangten dagegen mehr und
mehr das Recht, daß diejenigen unter ihnen, welche aus eigener Neigung in das stehende Heer traten, den ausschließlichen
Anspruch auf die Offizierstellen erhielten. Als sich der Staatsdienst in früher ungeahneter Weise entwickelte, faßten ihn die
Ritterbürtigen als ein Mittel auf, um ihre dahinschwindende
Bedeutung zu stützen, betrachteten es als einen Eingriff in
ihre Rechte, wenn zu höheren Aemtern ein Mann, der nicht
zu ihrer Classe gehörte, genommen ward und riefen einen Zustand hervor, welcher ritterbürtige Geburt selbst zur rechtlichen
Voraussetzung für die Bekleidung vieler Aemter machte.

Die Ansprüche, welche sie geltend gemacht hatten, gründeten die Ritterbürtigen weder auf einen kriegerischen Character, denn dieser war längst entschwunden, noch auf das ange-
erbte Eigenthum von Grund und Boden; denn obgleich die
meisten Rittergüter im Besitz der Ritterbürtigen waren, waren
doch die wenigsten Ritterbürtigen im Besitz von Rittergütern.
Die Abstammung vielmehr vom alten Kriegerstande war das
einzige äußere Kennzeichen, durch welches die Ritterbürtigen
sich vom übrigen Volke unterschieden. Da nun das Recht die
Gliederungen des Volkes stets nur nach äußeren Kennzeichen
ordnen kann, so war auch die Abstammung vom alten Kriegerstande der einzige Grund, auf welchen die Ritterbürtigen
ihre Ausnahmsstellung im Volke stützen konnten. Das Factum
eines bestimmten Vaters Sohn und eines bestimmten Großvaters Enkel zu sein, giebt indessen an und für sich keinen eigenthümlichen Einfluß auf das Staatsleben, sondern kann denselben nur unter der Voraussetzung gewinnen, daß eine politische
Bedeutung, welche die Ahnen besaßen, sich durch die Abstammung auf die Nachkommen vererbe. Politische Fähigkeiten und
Kenntnisse sind freilich Güter, welche des Erbrechts entbehren;
aber eine bestimmte politische Gesinnung und ein bestimmter
in dieser wurzelnder Wille haben sich oft durch Geburt, Fa-
milienerziehung und ähnliche Lebenslage Jahrhunderte hindurch

von Geschlecht zu Geschlecht fortgepflanzt. Auch auf die
Nachkommen des Ritterstandes war die politische Geistesrichtung der Väter mit solcher Kraft übergegangen, daß
für die kommenden Jahrhunderte der deutsche Staat sich nicht
ohne sie zu berücksichtigen gestalten konnte; aber nimmermehr
rechtfertige diese Thatsache eine Stellung der Ritterbürtigen,
welche sie in den wichtigsten Staatsverhältnissen, wie namentlich in denen des Heer- und Abgabenwesens, der Unterthanenpflicht ganz oder zum Theil entband und ihnen zugleich das
alleinige Recht auf die Aemter gab, welche durch strengere Unterordnung unter den Souverän obrigkeitliche Gewalt dem
Volke gegenüber verleihen. Die stillschweigend angenommene
und oft genug auch ausdrücklich ausgesprochene Behauptung,
daß den Ritterbürtigen eine Gesinnung innewohne, welche ihnen Anspruch auf solche Stellung gebe, verwundete das auf
der Fiction der absoluten Gleichheit seiner Elemente erwachsene
sociale Leben an seiner empfindlichsten Stelle und macht die
steigende Erbitterung erklärlich, mit welcher die öffentliche
Meinung den Ritterbürtigen gegenüber auftrat. Unmittelbar
auf die Wurzel der angemaßten Stellung im Staate, unmittelbar auf die Gesinnung der Ritterbürtigen richteten sich die
heftigsten Angriffe, welche sehr begünstigt wurden durch die
Rohheit, in welche der dem Hofleben ferne stehende Theil der
Ritterbürtigen oft genug versunken war und durch die äußere
französische Bildung, durch welche der Hofadel sich von seinem Volke zu sondern trachtete. Nicht über Nacht ist der Ingrimm und der leidenschaftliche Hohn erwachsen, mit dem die
Ritterbürtigen in der zweiten Hälfte des vorigen Jahrhunderts
verfolgt wurden. Schon während des dreißigjährigen Krieges
hatte Opitz *) geschrieben: Wie nichtig ist doch auch des Adels
Namen führen; Ist dieses nicht sich nur mit fremden Federn zieren? Wenn Adel heißt von Eltern edel sein, so putzet mich heraus
ein angeerbter Schein und ich bin, der ich bin. Kaun gleich

---

*) Opitz Trostgedicht in Widerwärtigkeit des Krieges. Buch 2.

von vielen Zeiten dein Stamm bewiesen sein und Dir zu beiden Seiten kein Wappen an der Zahl, kein blanker Helm gebricht, Du aber bist ein Stock, so hilft die Abkunft nicht. Heftiger noch hatte Moscherosch*) um die Mitte des siebenzehnten Jahrhunderts ausgesprochen: Lügen heißt beim Cavalier höflich sein, ein Ding auf Schrauben stellen heißt bei ihm verständig sein und das sind seine beiden Haupttugenden; ungestüm und unverschämt sein, ist edelmännisch. Im Simplicissimus**) will der sich für den Jupiter haltende Narr alle Großen, die Herren bleiben wollen, nach Asien vertreiben. Was in Deutschland bleibt, wird leben müssen wie andere gemeine Leute; das bürgerliche Leben der Deutschen wird alsdann viel genügsamer und glückseliger sein. Mit beißendem Spotte geißelt Moscherosch***) schon die Schwäche des nie aussterbenden Geschlechts, welches um in den beneideten Reihen der Ritterbürtigen erscheinen zu können, die eigene Persönlichkeit verstecken und verleugnen möchte. Es tritt einer auf, schreibt er, mit einem Busch Federn, güldener Kette und geschlitztem Kleid, es ist ein Pfeffersack; will ein Junker sein und sein Vater ist ein Schneider; will sich nicht mehr Metzger sondern Herr von Metzegern nennen lassen, damit er unter die Altgebornen vom Adel, unter die alte Ritterschaft gerechnet werde.

Nicht weniger tief, wie durch die Stellung der Ritterbürtigen, fühlte sich das sociale Leben durch die Entwickelung verletzt und gereizt, welche das deutsche Fürstenthum gewonnen hatte. Die Geschichte hatte in unserer Nation aus den Familien der factisch immer mehr souverän werdenden Fürsten und Herren einen Stand gebildet, wie kein anderes Volk ihn

---

*) Gesichte Philander von Sittewald. Herausgegeben von H. Dittmar. S. 236.
**) Simplicissimus herausgegeben von v. Bülow. S. 203.
***) Philander v. Sittewald. S. 64.

kannte. In seinen kleineren Gliedern war der Fürstenstand
kaum von den mächtigen Unterthanen der großen Territorien
unterschieden, in seinen höchsten Gliedern dagegen stand er
den europäischen Großmächten gleich und führte durch diese
eigenthümliche Stellung dem deutschen politischen Leben ein
Element von tief eingreifender Bedeutung zu. Das Unter-
scheidende der Fürsten von den übrigen Reichsangehörigen
hatte früher vorwiegend in ihrem unmittelbaren Verhältniß
zum Kaiser und in ihrem Rechte als Glieder des Reichstages
rathend und handelnd für das Reich aufzutreten gelegen. Bei
der verschwindenden Bedeutung von Kaiser und Reich verlor
dieser Unterscheidungsgrund Vieles von seiner alten Wichtigkeit und der Besitz der Landeshoheit war die Thatsache, welche
die wesentliche Verschiedenheit in der Stellung der Landesherren und der Landsassen hervorrief. Während die Landeshoheit
früher dem Landesherrn einzelne festabgegränzte Rechte gegen
die in ihrem Rechtskreise gleich gesicherten Landsassen gewährte,
sollte sie in den letzten Jahrhunderten für die Fürsten das
Recht zu Allem, für die Unterthanen die Pflicht zu Allem begründen, was im Interesse der Territorien nothwendig werde.
Der Landesherr allein nahm die Entscheidung darüber in Anspruch, ob und welche Handlungen und Unterlassungen das
Territorialinteresse von den Territorialeinwohnern fordere.
Während demnach die Landeshoheit früher auf der Voraussetzung ruhte, daß sie mit gleich stark, wenn auch in anderem
Umfange berechtigten Landsassen über die Gränzen der wechselseitigen Rechte und Pflichten zu verhandeln habe, ging die
Landeshoheit der letzten Jahrhunderte davon aus, daß die Unterthanen in keinem das Territorium betreffende Verhältniß irgend ein Recht besäßen. Aus dem politisch rechtlos gewordenen Volke hob sich daher der Fürstenstand, als der politisch
allein berechtigte Stand hervor. Weil die Fürsten diese Stellung unmittelbar von Gott erhalten zu haben behaupteten,
glaubten sie sich zur Vernichtung jedes Rechts befugt, sobald
sie nur die Möglichkeit besäßen, sich über ihre Schritte

mit Gott abzufinden. Die Erbitterung, welche im socialen
Leben über eine solche, dem deutschen Wesen durchaus fremdartige politische Stellung erwachte, wurde dadurch ins Unge-
messene gesteigert, daß die Fürsten vielfach ihr Sonderinteresse
an die Stelle des Territorialinteresses setzten und auch die
Vermögens- und Familienrechte der Unterthanen oft genug
übersahen, wenn es darauf ankam, die Selbstsucht zufrieden
zu stellen. Nur unter der Voraussetzung, daß alles Recht aus
Deutschland verschwunden sei, schien ein solcher Zustand der
Dinge möglich zu sein. Bereits um die Mitte des siebenzehnten Jahrhunderts schrieb Moscherosch *): Justitia, weil sie
sah, daß ihr Name bei den Menschen nur geliebt und gebraucht
ward, um damit alle Ungerechtigkeit, Tyrannei und Schinde-
rei zu bemänteln und zu verbergen, bedachte sich kurz und
kehrte wieder um nach dem Himmel. Zu diesem Ende zog sie
eilends von großer Fürsten und Herren Höfe, woselbst ihr viel
Schimpf von den Hofschranzen und Fuchsschwänzern widerfahren war. An einem anderen Orte**) sagt derselbe Schriftsteller: Vor Zeiten war nur ein corpus juris, ein Rechtsbuch, vermittelst dessen die Gerechtigkeit einem Jeden heiliglich
widerfahren und gegönnt worden. Es war da eine liebliche
Einigkeit, ein freundlicher Friede, ein recht seliges Leben.
Aber jetzt zu unserer Zeit, da viele tausend Rechtsbücher:
codices, digesta, pandectae, institutiones, consilia, responsa
vorhanden, stecken die Juristen so voller Distinctionen, Divi-
sionen, Conciliationen, Extravagantien, raisons d'état, Sedi-
tionen, Processen, rixarum immortalium, List und Ränken,
Aufzügen und Umtrieben, Auslegungen und Deutelungen, daß
Gott möchte darein schlagen. Seit dreißig Jahren sind mehr
Rechtsbücher geschrieben und gedruckt worden, als vorhin in
tausend Jahren und ist doch noch keins recht, denn ein jeder
will es noch rechter machen. Alle Tage kommt ein neuer Doc-

---

*) Gesichte Philander v. Sittewald ed. Dittmar I. S. 38.
**) Ebendaselbst S. 240.

tor, ein neues Buch herfür, das bald größer ist, als das
corpus selbsten. Denn es ist eine rechte Amulation und Eifer
unter ihnen, welche die meisten und größten Bücher und corpora können schreiben, corpora sine mente et anima. Das
Geld, fährt er fort, ist ein Gelenke, ohne welches ein Jurist
lahm ist in seinem Hirn und an seiner Zunge; es ist der Geist,
ohne welchen er nicht leben kann. Am Ausgang des siebenzehnten Jahrhunderts sang man im Volke*): Justitia hat der
Welt valedicirt und Kriegsetat die Herrschaft occupirt. Die
Welt hält Potentatenherz vor einen Gott, sie achtet nicht das
Recht, nicht Gottes Gebot. Begierd zu fremdem Gut, Betrug,
Arglistigkeit behält bei ihr den Platz anstatt der Redlichkeit.
All Elend kommt daraus, zerfällt all Polizei und herrschet
über Recht Gewalt und Tyrannei.

Der durch die Veranschaulichung der allgemeinen Rechtlosigkeit geschärfte Zorn wendete sich gegen die Neugestaltung der
Landeshoheit, welche um allberechtigt zu werden, jede Berechtigung der Landsassen leugnete. Schon am Ausgange des
sechszehnten Jahrhunderts wurde mit schneidenden Worten den
Landesherren ihre Aufgabe vorgehalten, wenn es hieß**): Das
sind böse und gottlose Regenten, die bei dem Regiment nichts als
das Regiment suchen, an sich selbst hinlässig und stolz und in
dem Wahn sind, als ob nicht sie den Unterthanen, sondern
die Unterthanen ihnen geschenkt und zugeeignet seien. Wie
Sonne und Mond ihren Schein darum haben, daß damit den

---

*) Curiosum nec non politicorum vagabundi per Europam, vulgo
sic dicti rationis - status de praesenti tempore nugae - somniorum classis prioria pars prima, das ist der ersten Classe erster
Theil des in der europäischen Welt überall zu Hause sich einfindenden
sogenannten ratio - status wegen jetziger Zeitläuften nachdenklicher und
politisch = träumender Schwatzgesichter. Neue Auflage Nürnberg 1678
4. Ein für die Zeitansichten merkwürdiges Buch, in welchem ratio
status personificirt wird und im Traume Unterredungen über die Lage
Europas hört.

**) Von Unterweisung zum weltlichen Regiment von Justus Lipsius.
Amberg 1599.

Menschen gedient werde, also haben auch die Regenten ihre
Dignität und Hochwürdigkeit. Das gemeine Wesen ist ihnen
von Gott und dem Menschen wohl in ihren Schooß vertraut,
aber nur darum, daß seiner daselbst gewartet und gepflegt
werde.

Als in den Jahrzehnten nach dem dreißigjährigen Kriege
die Rechtsstellung der Unterthanen ihrem Landesherrn gegenüber von Jahr zu Jahr unsicherer ward, hieß es in einer
kurz vor dem Ausgange des siebenzehnten Jahrhunderts erschienenen Schrift*): Es ist gefragt worden, ob ein Landesfürst
seinen Unterthanen ein rechtmäßig und vollkömmlich erlangtes
Recht wider dessen Willen zu entziehen befugt sei. Der berühmte italienische Jurist Angelus hat sich nicht entblödet, in
seinem Commentar ad pandectas zu schreiben, daß diejenigen
s. v. in den Hals lügen, welche solche Licenz einem Fürsten
disputiren wollen. Allein Angelus hat, wie Corasius sagt,
nicht wie ein Engel, sondern als ein Lügner geredet und wird
wegen eines so unverschämten asserti von des Satans Engeln
geplagt werden. Ich bin also meines Ortes der beständigen
Meinung, daß absolute zu reden dergleichen Macht einem Fürsten nicht zukomme, denn es soll derselbe ein Vormunder,
nicht aber ein Berauber des gemeinen Wesens sein, sintemal
das Volk nicht wegen des Fürstens oder Landesherrn, sondern
der Fürst wegen des Volkes geordnet ist und demnach nicht
zum Schaden, sondern zum Nutzen vorgestellt ist. Damit also
ein Landesherr dem Unterthan sein jus quaesitum entziehen oder
abstricken könne ist es nicht genug, daß es aus eigenmächtiger
Begierdsucht oder tyrannischer Gewalt geschieht, sondern es
muß ein dergestaltiger äußerster Nothfall vorhanden sein, daß
die Erhaltung des gemeinen Wesens fast ohnmöglich falle, wofern nicht der Unterthanen Güter zur Hülf und Beitrit gezogen werden. Denn die Noth ist ein unvermeidlicher Pfeil,

*) Ertels Neu eröffneter Schauplatz der landesfürstlichen Oberbotsmä-
ßigkeit. Nürnberg 1694.

macht aus schwarz weiß und vergulbet gleichsam durch chymische Kraft alle Handlungen, sintemal die Götter selbsten der
Noth weichen müssen und diese ein Gesetz machet. Den Aufgaben und der Rechtsstellung gegenüber, welche man den Landesherren überwies, wurde schonungslos und beißend ihre
Rechtsverachtung und Willkühr an den Tag gezogen. Sic volo,
sic jubeo, heißt es unzählige Mal, regieret und gebietet wie
es gefällig ist; Moscherosch legte den Fürsten die Worte in
den Mund: Ich bin der Herr, Trotz der sich sperr; Recht
hin, Recht her, ein Jeder thue, was ich beger. Wer das nicht
thut, den kostets Ehr und Gut; Ich bin das Recht, Trotz
der mir widerfecht. Die großen Herren, heißt es an einer
andern Stelle, sind geartet wie das Quecksilber. Das Quecksilber kann nimmer stille stehen, also auch Könige und Herren. Die mit Quecksilber umgehen und arbeiten, zittern gemeiniglich an ihren Gliedern, also sollen auch die beschaffen
sein, welche mit großen Herren umgehen. Sehr häufig wurde
das Gesammtleben des Fürsten, aus welchem seine Regierungsweise und sein unbedingt bindender Wille hervorging, lächerlich oder verächtlich gemacht. Wer am Hofe die meiste Treue
und Arbeit thut, schrieb Moscherosch, den läßt man sich zwar
zu Tode arbeiten, aber er hat gemeiniglich am Wenigsten
Dank. Wer sich zu Hofe schämen und die Gelegenheit nicht
frisch gebrauchen will, der thut närrisch, weil es nicht alle
Tage mit vollen Löffeln zu Hofe hergeht. Hofleben ist ein
glänzend Elend; alle diese scheinende Herrlichkeit ist ein gelehntes, geborgtes Wesen, welches allein auf vergeblicher
Hoffnung und vielen Verheißungen besteht. Es ist das Hofleben gleich einem herrlichen, köstlichen Bau, der aber zuletzt
einen Krach läßt und Viele zu Boden schlägt. Wenn Du diesen großen Herrn in das Gewissen und den Beutel sehen solltest, so würde es sich befinden, daß zur Fortsetzung der eitelen Pracht, so die Welt Glückseligkeit heißt, sie zehnmal
mehr Mühe und Arbeit, Sorg, Angst, Furcht und Schrecken
müssen anwenden und ausstehen als sonst ein armer Tagelöh-

16

Menschen gedient werde, also habeu auch die Regente
Dignität und Hochwürdigkeit. Das gemeine Wesen ist
von Gott und dem Menschen wohl in ihren Schooß ve
aber nur darum, daß seiner daselbst gewartet und g
werde.

Als in den Jahrzehnten nach dem dreißigjährigen
die Rechtsstellung der Unterthanen ihrem Landesherrn
über von Jahr zu Jahr unsicherer ward, hieß es
kurz vor dem Ausgange des siebenzehnten Jahrhundert
nenen Schrift*): Es ist gefragt worden, ob ein La
seinen Unterthanen ein rechtmäßig und vollkömmlich
Recht wider dessen Willen zu entziehen befugt sei.
rühmte italienische Jurist Angelus hat sich nicht entf
seinem Commentar ad pandectas zu schreiben, daß
s. v. in den Hals lügen, welche solche Licenz eine
disputiren wollen. Allein Angelus hat, wie Cor
nicht wie ein Engel, sondern als ein Lügner gerede
wegen eines so unverschämten asserti von des Sat
geplagt werden. Ich bin also meines Ortes der
Meinung, daß absolute zu reden dergleichen Macht
sten nicht zukomme, denn es soll derselbe ein
nicht aber ein Berauber des gemeinen Wesens sei
das Volk nicht wegen des Fürstens oder Landesher
der Fürst wegen des Volkes geordnet ist und b
zum Schaden, sondern zum Nutzen vorgestellt ist.
ein Landesherr dem Unterthan sein jus quaesitum
abstricken könne ist es nicht genug, daß es aus e
Begierdsucht oder tyrannischer Gewalt geschieht,
muß ein dergestaltiger äußerster Nothfall vorhand
die Erhaltung des gemeinen Wesens fast ohnmög.
fern nicht der Unterthauen Güter zur Hülf und
gen werden. Denn die Noth ist ein unverme

---

*) Ertels Neu eröff   laß der
   ßigkeit. Nürnber

Ich bin der Narr, Trotz ...

ein Jeder thue, was ...

ns Ehr und Gut; ...

Die großen ...

geartet wie ...

stille leben, ...

chts die
wie frü-
oung des
die Ab-
die öffent-
entstanden
die Rechts-
ge Verhält-
ffessoren und
m allmählig
wurden strei-
t in der zwei-
; Deutschland
ationes, sen-
; erschienen in
rechts war um

atsrechts. Göttin-

diese Zeit bereits vollständig entschieden. Die Juristen wendeten das fremde Recht, mit dem sie allein bekannt waren und
auf dessen Kenntniß ihr Ansehen ruhte, auch auf öffentliche
Verhältnisse an und schrieben neben dem römischen Rechte nur
den zum großen Theil veralteten Reichsgesetzen eine bindende
Kraft zu. Ein Theil derselben gründete die Rechte des deutschen Kaisers auf die Stellung, welche das römische Recht dem
Imperator einräumte, behandelte die Landesherren als praesides
provinciae und stützte das Unerlaubte der landesherrlichen Einigungen auf Pandectenstellen. Ein anderer Theil dagegen
nahm für die Landeshoheit die Bestimmungen des römischen
Rechts über die Majestät des Kaisers, wenn gleich Anfangs nur
zagend in Anspruch. Nachdem indessen die Untersuchungen über
das Reichs- und Territorialrecht einmal unter den wissenschaftlich gebildeten Männern angeregt waren, konnte nicht
Allen das Unwahre einer Ansicht verborgen bleiben, welche
die deutschen politischen Zustände nach dem Staatsrecht entweder einer fremden Nation oder einer fremden Zeit beurtheilt
wissen wollte. Männer traten auf, welche die herrschende Auffassungsweise bekämpften und nach andern Quellen suchten,
aus denen für die deutschen öffentlichen Verhältnisse das sie
ordnende Recht geschöpft werden könne. Unter ihnen war
Philipp Chemnitz der Erste, welcher durch seine 1640 herausgegebene dissertatio de ratione status in imperio nostro Romano – Germanico*) eine tief eingreifende Bedeutung gewann.

Die Entsetzen erregende und leichenartige Gestalt des deutschen Reichs leitet sich nach Chemnitz aus einem zweifachen
Irrthum bei Behandlung der Rechtssachen her. Es kann erstens, schreibt Chemnitz, sich auf einen Ausspruch des Machia-
vel stützend, kein Verfassungsgesetz so Verderben bringend für
den Staat sein, als das, welches aus längst vergangenen Zei-

---

*) Dissertatio de ratione status in imperio nostro Romano - Germa-
nico Autore Hippolitho a Lapide. Anno 1640.

ten herüber genommen ist. Dennoch bringen unsere Juristen
die für das Reich und den Kaiser der Römer erlassenen Bestimmungen ohne Weiteres auf das deutsche Reich zur Anwendung, übertragen die gesammte Stellung des alten Imperators
auf die des jetzigen Kaisers und fechten deßhalb für eine, durch
kein Recht begränzte Gewalt desselben. Es besitzt zweitens,
fährt Chemnitz fort, der Staat eine so großartige Natur, daß
er nicht nach dem Maaßstabe privatrechtlicher Normen gemessen werden kann. Weil das Wesen der Staatsverhältnisse
durchaus verschieden von dem der Privatverhältnisse ist, so
müssen beide in verschiedener Weise behandelt werden und dennoch stützen die Juristen ihr Urtheil über Gegenstände der
Reichsverfassung auf das Privatrecht der Römer und auf die
Meinungen des Baldus und anderer Schriftsteller seiner Art.
Weil nun die Juristen, welche von diesen Ansichten ausgehen,
an den meisten Höfen die Staatssachen behandeln, ist es dahin gekommen, daß unser Vaterland seine alte Freiheit verloren hat und jetzt der Knechtschaft so nahe ist, wie früher der
Freiheit. Um dem verfallenen Zustande Hülfe zu bringen, will
Chemnitz einen neuen Weg betreten wissen. Im Inneren des
Staates und in seiner Gesammtgestaltung liegen die Gründe,
nach denen allein seine Verhältnisse und Zustände beurtheilt
und geleitet werden dürfen. Um das wirkliche Wesen des deutschen
Reiches zu erkennen, wendete sich Chemnitz an die Reichssatzungen, an die deutsche Geschichte und an das Reichsherkommen
und wurde durch sie belehrt, daß das Reich nicht eine Monarchie, sondern eine Aristocratie sei. Ihm schien daher der
Grund alles Elends der deutschen politischen Lage in dem
Bemühen des Kaisers und vieler Juristen zu liegen, die nur
in der Einbildung vorhandene Monarchie an die Stelle der
durch das Leben verlangten Aristokratie zu setzen. Kein Mittel
ist ihm zu gewaltsam und zu abentheuerlich, wenn es nur die
letzten Reste der Monarchie beseitigt und den reinen Character
der Aristocratie hervorbildet. Mit der Wurzel will er das
Uebel ausgraben und deßhalb vor Allem das Erzhaus Oest-

reich gänzlich vom deutschen Boden vertreiben und seine Lande zum Eigenthum des jedesmaligen Kaisers machen.

Besonnener freilich aber deßhalb nicht weniger unverträglich mit den bestehenden Formen des Reiches waren die Ansichten, welche Samuel von Puffendorf in seiner 1767 herausgegebenen Schrift*) de statu imperii Germanici entwickelte. Er faßte zuerst die Stellung der Territorien ins Auge und hebt unter ihnen eine Anzahl kräftiger Fürstenthümer hervor. Die geistlichen Landesherren, sagt er, stehen in Rücksicht auf den Umfang ihrer Länder, auf die Pracht und Ueppigkeit ihres Hofes, auf die Gewalt über ihre Unterthanen den weltlichen Fürsten gleich, aber durch ihre Unterordnung unter einen außerordentlichen deutschen Oberherrn haben sie Deutschland an den Rand des Verderbens gebracht. Mit beißenden Worten bemerkt er, daß sie oft lieber Panzer und Helm, als die Bischofsmütze trügen, das Kriegsfeuer anschürten, die anderen Landesherren gegen einander aufhetzten und Unruhe aller Art in Deutschland erregten. Unter den kleinen Fürstenthümern und Grafschaften scheinen ihm Viele durch Theilungen und schlechten Haushalt ins Verderben gestürzt. Er findet die Reichsstädte von ihrer alten Macht herabgesunken und stimmt der Meinung derer bei, welche glauben, daß sie sämmtlich in die Gewalt der Fürsten fallen würden. In Beziehung auf die Reichsritter hebt er hervor, daß eine solche Menge kleiner Zaunkönige der Stärke des Reiches nichts hinzufügen könnten und daß sie bei dem Eintreten großer Ereignisse die Beute der Mächtigeren werden müßten. Nachdem Puffendorf die Stellung und Aussicht der einzelnen Territorien betrachtet hat, wendet er sich zur Einheit des Reiches. Da dem Kaiser königliche Rechte nicht zustehen, da die Territorien größere oder kleinere Monarchien sind und das Reich wegen beider Umstände weder Monarchie noch Aristocratie sein kann, so ist es überhaupt

---

*) Severini de Monzambano de statu imperii Germanici ad Laelium fratrem. Genev. 1767.

nicht Staat. Da sich aber einzelne Reste der früheren Staatseinheit erhalten haben, so ist es auch nicht eine Conföderation
verbündeter Territorien, sondern ein ganz irregulärer Körper,
in der Mitte schwebend zwischen Staat und Conföderation.
Zu seiner früheren staatlichen Natur kann es nicht zurückgelei-
tet werden; es wird vielmehr, wie ein vom Berge herunter-
rollender Stein seinen Lauf verfolgen und sich in kürzerer oder
längerer Zeit als reine Conföderation gestalten. Diesen natürlichen Gang der Dinge wollte Puffendorf nicht aufgehalten,
aber auch nicht durch gewaltsame Maaßregeln beschleunigt wissen, da ihm die Gefahr eines gänzlichen Zerfalls vor Augen
stand.

Die Ansichten von Chemnitz und Puffendorf, welche die
Möglichkeit, ja die Nothwendigkeit einer Umgestaltung der
bestehenden politischen Zustände, wenn auch in verschiedener
Weise aussprachen, kehrten mannigfach gewendet und ausgedrückt in sehr vielen politischen Schriften der letzten Hälfte
des siebenzehnten und des Anfangs des achtzehnten Jahrhunderts wieder. Das sociale Leben, aus Abneigung gegen die
Stellung der Fürsten und der Ritterbürtigen unzufrieden mit
dem Bestehenden, erhielt daher von nicht wenigen Juristen die
Auskunft, daß das deutsche Staatsrecht wenig oder nichts
gegen eine durchgreifende Veränderung in den öffentlichen Zuständen einzuwenden habe. Da sich indessen neben dem deutschen Recht eine neue über jedem positiven Recht stehende
Macht, das Naturrecht, allmählig erhoben hatte, so mußte
auch dessen Ausspruch über die Zulässigkeit einer Umgestaltung
von Einfluß werden.

Dem Sachsenspiegel war das Recht, in Rücksicht sowohl
auf seinen Ursprung als auf den Grund seiner bindenden Kraft
ein Einiges gewesen. Gott, der da ist Anfang und Ende
aller Dinge, machte zuerst Himmel und Erde und schuf den
Menschen auf Erden und setzte ihn in das Paradies. Dieser
brach den Gehorsam uns Allen zum Schaden. Darum gingen
wir irre als die hirtenlosen Schaafe bis zu der Zeit, da er uns

durch sein Leiden erlösete. Nun wir aber bekehrt sind und
Gott uns wieder eingeladen hat, so halten wir seine Gesetze
und Gebote, welche uns seine Weissagungen und gute geistliche Leute gelehret, auch die christlichen Könige Constantin
und Carl gesetzt haben*). Die Glosse zu diesen Worten des
Sachsenspiegels aber unterscheidet, sich berufend auf das cano-
nische Recht, „zwo ursprüngliche Ursachen alles Rechten":
das natürliche Recht und die Gewohnheit, und ordnet die letztere dem ersteren unter. Auch mag sich, heißt es, Niemand
mit einer Gewohnheit, die wider das natürliche Recht ist,
entschuldigen, denn allen Satzungen und Gewohnheiten soll
und muß das natürliche Recht vorgezogen werden. Gewohnheit im Sinne der Glosse ist das nur hier oder da, bei diesem
oder jenem Volke geltende Recht; den Ursprung derselben gibt
der Glossator in den Worten an: Gewohnheit ist, das ein jeg-
lich Volk sonderlich unter sich eingeführt hat und im Brauch hält.
Die Willkühr der Einzelnen schließt er aus, indem er sagt:
nie aber kann ein Jeglicher richten nach seinem eignen unbe-
sonnenem Gehirn, denn das wäre wider alles Recht. Das
natürliche Recht dagegen ist das überall und allgemein gültige
Recht. Da seine Quelle nur in einer Macht liegen konnte,
welcher alle Völker zu allen Zeiten untergeordnet sind, so erschien der Wille Gottes allein als die Ursache des natürlichen
Rechts, dem deßhalb auch der Name Gottes-Recht beigelegt
ward. Seinen Willen, d. h. in dieser Beziehung das Recht,
hatte Gott kund gethan durch die den belebten Geschöpfen an-
erschaffene physische Natur (natürliches Recht in einem engeren Sinne), ferner durch das Gewissen des Menschen, sodann
durch seine Offenbarung im alten und neuen Testament (göttliches Recht in einem engeren Sinne genannt) und endlich durch
den Kaiser, den er zum dominus mundi gesetzt (Kaiserrecht).
Da die physische Natur der belebten Geschöpfe in Wahrheit
keine Rechtsnormen, sondern nur Verhältnisse hervorruft, so ver-

---

*) Vorrede des Sachsenspiegels.

schwand sie bald aus der Zahl der Rechtsquellen. Da ferner das Kaiserthum gegen Ende des Mittelalters aufhörte, eine allgemeine christliche Macht zu sein, so konnte der Kaiser nicht mehr als Quelle des natürlichen oder allgemeinen, sondern nur noch als Quelle des deutschen Rechts gedacht werden. Somit wurden gegen Ende des Mittelalters als Quelle des natürlichen Rechts das menschliche Gewissen und die heilige Schrift, als Quelle des besonderen Volksrechts Gewohnheit und kaiserliche Bestimmungen, d. h. Gesetze anerkannt. Durchaus verschieden von diesem Gegensatz des von Gott und des von Menschen geschaffenen Rechts trat seit dem sechszehnten Jahrhundert die von Hugo Grotius bestimmt ausgesprochene Unterscheidung des jus voluntarium und des jus naturale hervor*). Das Erstere ward gebildet durch das positive Recht jeder Art, mochte es von Gott oder den Menschen gegeben sein; das Letztere sollte in dem inneren Bewußtsein des Menschen sich gegründet finden. Hugo Grotius zwar führte auch das Naturrecht auf den Willen Gottes zurück, weil der Mensch sein Bewußtsein von Gott erhalten habe und dasselbe an der Offenbarung und an geschichtlicher Erfahrung heranbilde. Bald nach ihm aber ward die Vernunft des Menschen mehr und mehr von dem sie erfüllenden Geiste Gottes isolirt und ohne Rücksicht auf Schrift und Geschichte als Quelle des Naturrechts betrachtet. Da nun zugleich im jus voluntarium die heilige Schrift als Rechtsquelle beseitigt, das Herkommen mehr und mehr als eine Mode und das Gesetz als ein Product der Willkühr angesehen ward, so waren die Vorbedingungen zu einer Richtung vorhanden, welche das gesammte positive Recht an dem durch das Meinen dieses oder jenes Einzelnen gebildeten Naturrecht prüfen wollte, um über dessen Vernünftigkeit oder Unvernünftigkeit ein Urtheil zu gewinnen.

Während das Naturrecht lehrte, daß das Bestehende nur

---

*) Göschel, Zur Geschichte der Rechtsphilosophie in den zerstreuten Blättern aus den Hand- und Hülfsacten eines Juristen. Th. III. S. 238.

Menschen gedient werde, also haben auch die Regenten ihre
Dignität und Hochwürdigkeit. Das gemeine Wesen ist ihnen
von Gott und dem Menschen wohl in ihren Schooß vertraut,
aber nur darum, daß seiner daselbst gewartet und gepflegt
werde.

Als in den Jahrzehnten nach dem dreißigjährigen Kriege
die Rechtsstellung der Unterthanen ihrem Landesherrn gegenüber von Jahr zu Jahr unsicherer ward, hieß es in einer
kurz vor dem Ausgange des siebenzehnten Jahrhunderts erschienenen Schrift*): Es ist gefragt worden, ob ein Landesfürst
seinen Unterthanen ein rechtmäßig und vollkömmlich erlangtes
Recht wider dessen Willen zu entziehen befugt sei. Der berühmte italienische Jurist Angelus hat sich nicht entblödet, in
seinem Commentar ad pandectas zu schreiben, daß diejenigen
s. v. in den Hals lügen, welche solche Licenz einem Fürsten
disputiren wollen. Allein Angelus hat, wie Corasius sagt,
nicht wie ein Engel, sondern als ein Lügner geredet und wird
wegen eines so unverschämten asserti von des Satans Engeln
geplagt werden. Ich bin also meines Ortes der beständigen
Meinung, daß absolute zu reden dergleichen Macht einem Fürsten nicht zukomme, denn es soll derselbe ein Vormunder,
nicht aber ein Berauber des gemeinen Wesens sein, sintemal
das Volk nicht wegen des Fürstens oder Landesherrn, sondern
der Fürst wegen des Volkes geordnet ist und demnach nicht
zum Schaden, sondern zum Nutzen vorgestellt ist. Damit also
ein Landesherr dem Unterthan sein jus quaesitum entziehen oder
abstricken könne ist es nicht genug, daß es aus eigenmächtiger
Begierdsucht oder tyrannischer Gewalt geschieht, sondern es
muß ein dergestaltiger äußerster Nothfall vorhanden sein, daß
die Erhaltung des gemeinen Wesens fast ohnmöglich falle, wofern nicht der Unterthanen Güter zur Hülf und Beitrit gezogen werden. Denn die Noth ist ein unvermeidlicher Pfeil,

---

*) Ertels Neu eröffneter Schauplatz der landesfürstlichen Oberbotsmä-
ßigkeit. Nürnberg 1694.

macht aus schwarz weiß und verguldet gleichsam durch chymische Kraft alle Handlungen, sintemal die Götter selbsten der Noth weichen müssen und diese ein Gesetz machet. Den Aufgaben und der Rechtsstellung gegenüber, welche man den Landesherren überwies, wurde schonungslos und beißend ihre Rechtsverachtung und Willkühr an den Tag gezogen. Sic volo, sic jubeo, heißt es unzählige Mal, regieret und gebietet wie es gefällig ist; Moscherosch legte den Fürsten die Worte in den Mund: Ich bin der Herr, Trotz der sich sperr; Recht hin, Recht her, ein Jeder thue, was ich beger. Wer das nicht thut, den kostets Ehr und Gut; Ich bin das Recht, Trotz der mir widerfecht. Die großen Herren, heißt es an einer andern Stelle, sind geartet wie das Quecksilber. Das Quecksilber kann nimmer stille stehen, also auch Könige und Herren. Die mit Quecksilber umgehen und arbeiten, zittern gemeiniglich an ihren Gliedern, also sollen auch die beschaffen sein, welche mit großen Herren umgehen. Sehr häufig wurde das Gesammtleben des Fürsten, aus welchem seine Regierungsweise und sein unbedingt bindender Wille hervorging, lächerlich oder verächtlich gemacht. Wer am Hofe die meiste Treue und Arbeit thut, schrieb Moscherosch, den läßt man sich zwar zu Tode arbeiten, aber er hat gemeiniglich am Wenigsten Dank. Wer sich zu Hofe schämen und die Gelegenheit nicht frisch gebrauchen will, der thut närrisch, weil es nicht alle Tage mit vollen Löffeln zu Hofe hergeht. Hofleben ist ein glänzend Elend; alle diese scheinende Herrlichkeit ist ein gelehntes, geborgtes Wesen, welches allein auf vergeblicher Hoffnung und vielen Verheißungen besteht. Es ist das Hofleben gleich einem herrlichen, köstlichen Bau, der aber zuletzt einen Krach läßt und Viele zu Boden schlägt. Wenn Du diesen großen Herrn in das Gewissen und den Beutel sehen solltest, so würde es sich befinden, daß zur Fortsetzung der eitelen Pracht, so die Welt Glückseligkeit heißt, sie zehnmal mehr Mühe und Arbeit, Sorg, Angst, Furcht und Schrecken müssen anwenden und ausstehen als sonst ein armer Tagelöh-

16

des es durch, daß ihnen keine Verpflichtung zur Vertheidigung des
Staats zugemuthet wurde und erlangten dagegen mehr und
mehr das Recht, daß diejenigen unter ihnen, welche aus eigener Neigung in das stehende Heer traten, den ausschließlichen
Anspruch auf die Offizierstellen erhielten. Als sich der Staatsdienst in früher ungeahneter Weise entwickelte, faßten ihn die
Ritterbürtigen als ein Mittel auf, um ihre dahinschwindende
Bedeutung zu stützen, betrachteten es als einen Eingriff in
ihre Rechte, wenn zu höheren Aemtern ein Mann, der nicht
zu ihrer Classe gehörte, genommen ward und riefen einen Zustand hervor, welcher ritterbürtige Geburt selbst zur rechtlichen
Voraussetzung für die Bekleidung vieler Aemter machte.

Die Ansprüche, welche sie geltend gemacht hatten, gründeten die Ritterbürtigen weder auf einen kriegerischen Character, denn dieser war längst entschwunden, noch auf das ange-
erbte Eigenthum von Grund und Boden; denn obgleich die
meisten Rittergüter im Besitz der Ritterbürtigen waren, waren
doch die wenigsten Ritterbürtigen im Besitz von Rittergütern.
Die Abstammung vielmehr vom alten Kriegerstande war das
einzige äußere Kennzeichen, durch welches die Ritterbürtigen
sich vom übrigen Volke unterschieden. Da nun das Recht die
Gliederungen des Volkes stets nur nach äußeren Kennzeichen
ordnen kann, so war auch die Abstammung vom alten Kriegerstande der einzige Grund, auf welchen die Ritterbürtigen
ihre Ausnahmsstellung im Volke stützen konnten. Das Factum
eines bestimmten Vaters Sohn und eines bestimmten Großvaters Enkel zu sein, giebt indessen an und für sich keinen eigenthümlichen Einfluß auf das Staatsleben, sondern kann denselben nur unter der Voraussetzung gewinnen, daß eine politische
Bedeutung, welche die Ahnen besaßen, sich durch die Abstammung auf die Nachkommen vererbe. Politische Fähigkeiten und
Kenntnisse sind freilich Güter, welche des Erbrechts entbehren;
aber eine bestimmte politische Gesinnung und ein bestimmter
in dieser wurzelnder Wille haben sich oft durch Geburt, Fa-
milienerziehung und ähnliche Lebenslage Jahrhunderte hindurch

von Geschlecht zu Geschlecht fortgepflanzt. Auch auf die Nachkommen des Ritterstandes war die politische Geistesrichtung der Väter mit solcher Kraft übergegangen, daß für die kommenden Jahrhunderte der deutsche Staat sich nicht ohne sie zu berücksichtigen gestalten konnte; aber nimmermehr rechtfertigte diese Thatsache eine Stellung der Ritterbürtigen, welche sie in den wichtigsten Staatsverhältnissen, wie namentlich in denen des Heer- und Abgabenwesens, der Unterthanenpflicht ganz oder zum Theil entband und ihnen zugleich das alleinige Recht auf die Aemter gab, welche durch strengere Unterordnung unter den Souverän obrigkeitliche Gewalt dem Volke gegenüber verleihen. Die stillschweigend angenommene und oft genug auch ausdrücklich ausgesprochene Behauptung, daß den Ritterbürtigen eine Gesinnung innewohne, welche ihnen Anspruch auf solche Stellung gebe, verwundete das auf der Fiction der absoluten Gleichheit seiner Elemente erwachsene sociale Leben an seiner empfindlichsten Stelle und macht die steigende Erbitterung erklärlich, mit welcher die öffentliche Meinung den Ritterbürtigen gegenüber auftrat. Unmittelbar auf die Wurzel der angemaßten Stellung im Staate, unmittelbar auf die Gesinnung der Ritterbürtigen richteten sich die heftigsten Angriffe, welche sehr begünstigt wurden durch die Rohheit, in welche der dem Hofleben ferne stehende Theil der Ritterbürtigen oft genug versunken war und durch die äußere französische Bildung, durch welche der Hofadel sich von seinem Volke zu sondern trachtete. Nicht über Nacht ist der Ingrimm und der leidenschaftliche Hohn erwachsen, mit dem die Ritterbürtigen in der zweiten Hälfte des vorigen Jahrhunderts verfolgt wurden. Schon während des dreißigjährigen Krieges hatte Opitz *) geschrieben: Wie nichtig ist doch auch des Adels Namen führen; Ist dieses nicht sich nur mit fremden Federn zieren? Wenn Adel heißt von Eltern edel sein, so putzet mich heraus ein angeerbter Schein und ich bin, der ich bin. Kaun gleich

---

*) Opitz Trostgedicht in Widerwärtigkeit des Krieges. Buch 2.

von vielen Zeiten dein Stamm bewiesen sein und Dir zu beiden Seiten kein Wappen an der Zahl, kein blanker Helm gebricht, Du aber bist ein Stock, so hilft die Abkunft nicht.
Heftiger noch hatte Moscherosch*) um die Mitte des siebenzehnten Jahrhunderts ausgesprochen: Lügen heißt beim Cavalier höflich sein, ein Ding auf Schrauben stellen heißt
bei ihm verständig sein und das sind seine beiden Haupttugenden; ungestüm und unverschämt sein, ist edelmännisch. Im
Simplicissimus**) will der sich für den Jupiter haltende Narr
alle Großen, die Herren bleiben wollen, nach Asien vertreiben.
Was in Deutschland bleibt, wird leben müssen wie andere
gemeine Leute; das bürgerliche Leben der Deutschen wird alsdann viel genügsamer und glückseliger sein. Mit beißendem
Spotte geißelt Moscherosch***) schon die Schwäche des nie
aussterbenden Geschlechts, welches um in den beneideten Reihen der Ritterbürtigen erscheinen zu können, die eigene Persönlichkeit verstecken und verleugnen möchte. Es tritt einer
auf, schreibt er, mit einem Busch Federn, güldener Kette und
geschlitztem Kleid, es ist ein Pfeffersack; will ein Junker sein
und sein Vater ist ein Schneider; will sich nicht mehr Metzger
sondern Herr von Metzegern nennen lassen, damit er unter die
Altgebornen vom Adel, unter die alte Ritterschaft gerechnet
werde.

Nicht weniger tief, wie durch die Stellung der Ritterbürtigen, fühlte sich das sociale Leben durch die Entwickelung verletzt und gereizt, welche das deutsche Fürstenthum gewonnen
hatte. Die Geschichte hatte in unserer Nation aus den Familien der factisch immer mehr souverän werdenden Fürsten
und Herren einen Stand gebildet, wie kein anderes Volk ihn

---

*) Gesichte Philander von Sittewald. Herausgegeben von H. Ditt-
mar. S. 236.
**) Simplicissimus herausgegeben von v. Bülow. S. 203.
***) Philander v. Sittewald. S. 64.

kannte. In seinen kleineren Gliedern war der Fürstenstand
kaum von den mächtigen Unterthanen der großen Territorien
unterschieden, in seinen höchsten Gliedern dagegen stand er
den europäischen Großmächten gleich und führte durch diese
eigenthümliche Stellung dem deutschen politischen Leben ein
Element von tief eingreifender Bedeutung zu. Das Unter-
scheidende der Fürsten von den übrigen Reichsangehörigen
hatte früher vorwiegend in ihrem unmittelbaren Verhältniß
zum Kaiser und in ihrem Rechte als Glieder des Reichstages
rathend und handelnd für das Reich aufzutreten gelegen. Bei
der verschwindenden Bedeutung von Kaiser und Reich verlor
dieser Unterscheidungsgrund Vieles von seiner alten Wichtigkeit und der Besitz der Landeshoheit war die Thatsache, welche
die wesentliche Verschiedenheit in der Stellung der Landesherren und der Landsassen hervorrief. Während die Landeshoheit
früher dem Landesherrn einzelne festabgegränzte Rechte gegen
die in ihrem Rechtskreise gleich gesicherten Landsassen gewährte,
sollte sie in den letzten Jahrhunderten für die Fürsten das
Recht zu Allem, für die Unterthanen die Pflicht zu Allem begründen, was im Interesse der Territorien nothwendig werde.
Der Landesherr allein nahm die Entscheidung darüber in Anspruch, ob und welche Handlungen und Unterlassungen das
Territorialinteresse von den Territorialeinwohnern fordere.
Während demnach die Landeshoheit früher auf der Voraussetzung ruhte, daß sie mit gleich stark, wenn auch in anderem
Umfange berechtigten Landsassen über die Gränzen der wechselseitigen Rechte und Pflichten zu verhandeln habe, ging die
Landeshoheit der letzten Jahrhunderte davon aus, daß die Unterthanen in keinem das Territorium betreffende Verhältniß irgend ein Recht besäßen. Aus dem politisch rechtlos gewordenen Volke hob sich daher der Fürstenstand, als der politisch
allein berechtigte Stand hervor. Weil die Fürsten diese Stellung unmittelbar von Gott erhalten zu haben behaupteten,
glaubten sie sich zur Vernichtung jedes Rechts befugt, sobald
sie nur die Möglichkeit besäßen, sich über ihre Schritte

mit Gott abzufinden. Die Erbitterung, welche im socialen
Leben über eine solche, dem deutschen Wesen durchaus fremdartige politische Stellung erwachte, wurde dadurch ins Unge-
messene gesteigert, daß die Fürsten vielfach ihr Sonderinteresse
an die Stelle des Territorialinteresses setzten und auch die
Vermögens- und Familienrechte der Unterthanen oft genug
übersahen, wenn es darauf ankam, die Selbstsucht zufrieden
zu stellen. Nur unter der Voraussetzung, daß alles Recht aus
Deutschland verschwunden sei, schien ein solcher Zustand der
Dinge möglich zu sein. Bereits um die Mitte des siebenzehnten Jahrhunderts schrieb Moscherosch *): Justitia, weil sie
sah, daß ihr Name bei den Menschen nur geliebt und gebraucht
ward, um damit alle Ungerechtigkeit, Tyrannei und Schinde-
rei zu bemänteln und zu verbergen, bedachte sich kurz und
kehrte wieder um nach dem Himmel. Zu diesem Ende zog sie
eilends von großer Fürsten und Herren Höfe, woselbst ihr viel
Schimpf von den Hofschranzen und Fuchsschwänzern widerfahren war. An einem anderen Orte **) sagt derselbe Schriftsteller: Vor Zeiten war nur ein corpus juris, ein Rechtsbuch, vermittelst dessen die Gerechtigkeit einem Jeden heiliglich
widerfahren und gegönnt worden. Es war da eine liebliche
Einigkeit, ein freundlicher Friede, ein recht seliges Leben.
Aber jetzt zu unserer Zeit, da viele tausend Rechtsbücher:
codices, digesta, pandectae, institutiones, consilia, responsa
vorhanden, stecken die Juristen so voller Distinctionen, Divi-
sionen, Conciliationen, Extravagantien, raisons d'état, Sedi-
tionen, Processen, rixarum immortalium, List und Ränken,
Aufzügen und Umtrieben, Auslegungen und Deutelungen, daß
Gott möchte darein schlagen. Seit dreißig Jahren sind mehr
Rechtsbücher geschrieben und gedruckt worden, als vorhin in
tausend Jahren und ist doch noch keins recht, denn ein jeder
will es noch rechter machen. Alle Tage kommt ein neuer Doc-

---

*) Geschte Philander v. Sittewald ed. Dittmar I. S. 38.
**) Ebendaselbst S. 240.

tor, ein neues Buch herfür, das bald größer ist, als das corpus selbsten. Denn es ist eine rechte Amulation und Eifer unter ihnen, welche die meisten und größten Bücher und corpora können schreiben, corpora sine mente et anima. Das Geld, fährt er fort, ist ein Gelenke, ohne welches ein Jurist lahm ist in seinem Hirn und an seiner Zunge; es ist der Geist, ohne welchen er nicht leben kann. Am Ausgang des siebenzehnten Jahrhunderts sang man im Volke*): Justitia hat der Welt valedicirt und Kriegsetat die Herrschaft occupirt. Die Welt hält Potentatenherz vor einen Gott, sie achtet nicht das Recht, nicht Gottes Gebot. Begierd zu fremdem Gut, Betrug, Arglistigkeit behält bei ihr den Platz anstatt der Redlichkeit. All Elend kommt daraus, zerfällt all Polizei und herrschet über Recht Gewalt und Tyrannei.

Der durch die Veranschaulichung der allgemeinen Rechtlosigkeit geschärfte Zorn wendete sich gegen die Neugestaltung der Landeshoheit, welche um allberechtigt zu werden, jede Berechtigung der Landsassen leugnete. Schon am Ausgange des sechszehnten Jahrhunderts wurde mit schneidenden Worten den Landesherren ihre Aufgabe vorgehalten, wenn es hieß**): Das sind böse und gottlose Regenten, die bei dem Regiment nichts als das Regiment suchen, an sich selbst hinlässig und stolz und in dem Wahn sind, als ob nicht sie den Unterthanen, sondern die Unterthanen ihnen geschenkt und zugeeignet seien. Wie Sonne und Mond ihren Schein darum haben, daß damit den

---

*) Curiosum nec non politicorum vagabundi per Europam, vulgo sic dicti rationis - status de praesenti tempore nugae - somniorum classis priorıs pars prima, das ist der erster Claß erster Theil des in der europäischen Welt überall zu Hause sich einsindenden sogenannten ratio - status wegen jetziger Zeitläuften nachdenklicher und politisch = träumender Schwatzgesichter. Neue Auflage Nürnberg 1678 4. Ein für die Zeitansichten merkwürdiges Buch, in welchem ratio status personisicirt wird und im Traume Unterredungen über die Lage Europas hört.

**) Von Unterweisung zum weltlichen Regiment von Justus Lipsius. Amberg 1599.

Menschen gedient werde, also haben auch die Regenten ihre Dignität und Hochwürdigkeit. Das gemeine Wesen ist ihnen von Gott und dem Menschen wohl in ihren Schooß vertraut, aber nur darum, daß seiner daselbst gewartet und gepflegt werde.

Als in den Jahrzehnten nach dem dreißigjährigen Kriege die Rechtsstellung der Unterthanen ihrem Landesherrn gegenüber von Jahr zu Jahr unsicherer ward, hieß es in einer kurz vor dem Ausgange des siebenzehnten Jahrhunderts erschienenen Schrift*): Es ist gefragt worden, ob ein Landesfürst seinen Unterthanen ein rechtmäßig und vollkömmlich erlangtes Recht wider dessen Willen zu entziehen befugt sei. Der berühmte italienische Jurist Angelus hat sich nicht entblödet, in seinem Commentar ad pandectas zu schreiben, daß diejenigen s. v. in den Hals lügen, welche solche Licenz einem Fürsten disputiren wollen. Allein Angelus hat, wie Corasius sagt, nicht wie ein Engel, sondern als ein Lügner geredet und wird wegen eines so unverschämten asserti von des Satans Engeln geplagt werden. Ich bin also meines Ortes der beständigen Meinung, daß absolute zu reden dergleichen Macht einem Fürsten nicht zukomme, denn es soll derselbe ein Vormunder, nicht aber ein Berauber des gemeinen Wesens sein, sintemal das Volk nicht wegen des Fürstens oder Landesherrn, sondern der Fürst wegen des Volkes geordnet ist und demnach nicht zum Schaden, sondern zum Nutzen vorgestellt ist. Damit also ein Landesherr dem Unterthan sein jus quaesitum entziehen oder abstricken könne ist es nicht genug, daß es aus eigenmächtiger Begierdsucht oder tyrannischer Gewalt geschieht, sondern es muß ein dergestaltiger äußerster Nothfall vorhanden sein, daß die Erhaltung des gemeinen Wesens fast ohnmöglich falle, wofern nicht der Unterthanen Güter zur Hülf und Beitrit gezogen werden. Denn die Noth ist ein unvermeidlicher Pfeil,

---

*) Ertels Neu eröffneter Schauplatz der landesfürstlichen Oberbotsmäßigkeit. Nürnberg 1694.

macht aus schwarz weiß und verguldet gleichsam durch chymische Kraft alle Handlungen, sintemal die Götter selbsten der Noth weichen müssen und diese ein Gesetz machet. Den Aufgaben und der Rechtsstellung gegenüber, welche man den Landesherren überwies, wurde schonungslos und beißend ihre Rechtsverachtung und Willkühr an den Tag gezogen. Sic volo, sic jubeo, heißt es unzählige Mal, regieret und gebietet wie es gefällig ist; Moscherosch legte den Fürsten die Worte in den Mund: Ich bin der Herr, Trotz der sich sperr; Recht hin, Recht her, ein Jeder thue, was ich beger. Wer das nicht thut, den kostets Ehr und Gut; Ich bin das Recht, Trotz der mir widerfecht. Die großen Herren, heißt es an einer andern Stelle, sind geartet wie das Quecksilber. Das Quecksilber kann nimmer stille stehen, also auch Könige und Herren. Die mit Quecksilber umgehen und arbeiten, zittern gemeiniglich an ihren Gliedern, also sollen auch die beschaffen sein, welche mit großen Herren umgehen. Sehr häufig wurde das Gesammtleben des Fürsten, aus welchem seine Regierungsweise und sein unbedingt bindender Wille hervorging, lächerlich oder verächtlich gemacht. Wer am Hofe die meiste Treue und Arbeit thut, schrieb Moscherosch, den läßt man sich zwar zu Tode arbeiten, aber er hat gemeiniglich am Wenigsten Dank. Wer sich zu Hofe schämen und die Gelegenheit nicht frisch gebrauchen will, der thut närrisch, weil es nicht alle Tage mit vollen Löffeln zu Hofe hergeht. Hofleben ist ein glänzend Elend; alle diese scheinende Herrlichkeit ist ein gelehntes, geborgtes Wesen, welches allein auf vergeblicher Hoffnung und vielen Verheißungen besteht. Es ist das Hofleben gleich einem herrlichen, köstlichen Bau, der aber zuletzt einen Krach läßt und Viele zu Boden schlägt. Wenn Du diesen großen Herrn in das Gewissen und den Beutel sehen solltest, so würde es sich befinden, daß zur Fortsetzung der eitelen Pracht, so die Welt Glückseligkeit heißt, sie zehnmal mehr Mühe und Arbeit, Sorg, Angst, Furcht und Schrecken müssen anwenden und ausstehen als sonst ein armer Tagelöh-

16

ner um das tägliche Brod. Es ist mit diesem großen Schein beschaffen, wie mit einem Zimmetbaum, das Beste an ihm ist die Rinde, das Andere ist nicht sonderlich zu achten. Die Fürsten selbst sind zum Theil recht elende Leute, welche eine Lüge, einen Fuchsschwanz theuer erkaufen müssen und die eher selbst Noth leiden, als daß Einer ihrer Fuchsschwänzer mangeln sollte; ja welche eher alle ehrlichen Diener mit Ungunst abschaffen, ehe sie einen Suppenfresser oder eine Zeitungsflickerin erzürnen wollten. Der arme verblendete Herr meint Wunders was Treu er von den Hallunken zu erwarten habe, weil sie ihm reden, was er gern hört und zu Allem Ja und Recht sagen. Gott gebe, es müsse das Land darüber nicht zu Grunde und scheitern gehen. Mit besonderer Bitterkeit wurde hervorgehoben, daß der niedrigen Willkühr gegenüber die Stimme der Wahrheit nicht laut werden dürfe. Heutigen Tages ist es Brauch, heißt es, daß man auch die Laster etlicher Obrigkeit muß für herrliche Dinge halten und wer sich nicht darein richten, ihnen beisprechen, sie in Allem auch wider besser Wissen und Gewissen hoch rühmen und loben will, der wird nicht angesehen.

Das sociale Leben, diese unbestimmte, jeder festen Gränze und Gestaltung entbehrende, aber dennoch sehr wirksame Macht, hatte sich gegen die selbstsüchtige Stellung der Ritterbürtigen und der Landesherren mit höhnender Erbitterung aufgelehnt. Da die Stellung dieser beiden Bestandtheile des Volkslebens festverwachsen war mit dem deutschen Gesammtzustand, der noch immer in der Reichsverfassung seinen Schlußstein fand, so drängte sich die Frage hervor, in wie fern für den Gesammtzustand eine Aenderung möglich und zulässig sei. Die Frage ließ sich entscheiden entweder aus dem für Deutschland geltenden positiven Recht oder aus einer über allem positiven Rechte stehenden allgemeinen Norm. Die Juristen also oder die Bearbeiter des Naturrechts waren es, von denen zunächst die Beantwortung erwartet wurde.

Im Mittelalter war das Recht so ausschließlich durch die

einer rechtlichen Ordnung bedürfenden Lebensverhältnisse erzeugt
und so fest mit ihnen verwachsen, daß eine Verletzung des
Rechts, welche nicht zugleich Verletzung von Lebensverhältnissen gewesen wäre, nur selten vorkommen konnte. Geschah es
einmal als Ausnahme von der Regel, so wurde eine Rechtsverletzung dieser Art nicht leicht bemerkt, weil das Volk noch
nicht befähigt war, sich das Recht gesondert von den factischen Zuständen, die dasselbe ordnete, zu denken und als ein
Gut, das zunächst und vor Allem seiner selbst wegen Werth
besitze, hoch zu achten. Eine Unzufriedenheit mit dem Bestehenden konnte daher im Mittelalter nicht durch ein Verhalten
der Obrigkeit veranlaßt werden, welches zwar das Recht verletzt hätte, aber keinen Druck auf die factischen Zustände und
Verhältnisse übte. Seit dem Ende des funfzehnten Jahrhunderts erschien dagegen dem Bewußtsein des Volkes das Recht
mehr und mehr als ein selbstständiges Gut.

Nachdem nämlich seit Errichtung des Kammergerichts die
Streitigkeiten in öffentlichen Verhältnissen nicht mehr wie früher durch Fehden, sondern durch rechtliche Entscheidung des
höchsten Reichsgerichts beendet werden sollten, waren die Advocaten und Beisitzer zu Wetzlar genöthigt, zunächst die öffentlichen Lebensverhältnisse, über welche ein Zwiespalt entstanden
war, scharf und bestimmt hinzustellen und sodann die Rechts-
norm ausfindig zu machen, welche auf das streitige Verhältniß Anwendung fand. Da die Kammergerichts-Assessoren und
Advocaten im lebendigen Zusammenhang mit dem allmählig
hervortretenden Juristenstande sich befanden, so wurden streitige Fragen des Reichs- und Territorialrechts schon in der zweiten Hälfte des sechszehnten Jahrhunderts in ganz Deutschland
von den Juristen erörtert*). Commentaria, observationes, sen-
tentiae, conclusiones, decisiones, consultationes erschienen in
reicher Fülle. Der Sieg des römischen Civilrechts war um

---

*) Vergleiche Pütter Litteratur des teutschen Staatsrechts. Göttin-
gen 1776, Band I. S. 116 und folgende.

diese Zeit bereits vollständig entschieden. Die Juristen wendeten das fremde Recht, mit dem sie allein bekannt waren und
auf dessen Kenntniß ihr Ansehen ruhte, auch auf öffentliche
Verhältnisse an und schrieben neben dem römischen Rechte nur
den zum großen Theil veralteten Reichsgesetzen eine bindende
Kraft zu. Ein Theil derselben gründete die Rechte des deutschen Kaisers auf die Stellung, welche das römische Recht dem
Imperator einräumte, behandelte die Landesherren als praesides
provinciae und stützte das Unerlaubte der landesherrlichen Einigungen auf Pandectenstellen. Ein anderer Theil dagegen
nahm für die Landeshoheit die Bestimmungen des römischen
Rechts über die Majestät des Kaisers, wenn gleich Anfangs nur
zagend in Anspruch. Nachdem indessen die Untersuchungen über
das Reichs= und Territorialrecht einmal unter den wissenschaftlich gebildeten Männern angeregt waren, konnte nicht
Allen das Unwahre einer Ansicht verborgen bleiben, welche
die deutschen politischen Zustände nach dem Staatsrecht entweder einer fremden Nation oder einer fremden Zeit beurtheilt
wissen wollte. Männer traten auf, welche die herrschende Auffassungsweise bekämpften und nach andern Quellen suchten,
aus denen für die deutschen öffentlichen Verhältnisse das sie
ordnende Recht geschöpft werden könne. Unter ihnen war
Philipp Chemnitz der Erste, welcher durch seine 1640 herausgegebene dissertatio de ratione status in imperio nostro Romano - Germanico*) eine tief eingreifende Bedeutung gewann.

Die Entsetzen erregende und leichenartige Gestalt des deutschen Reichs leitet sich nach Chemnitz aus einem zweifachen
Irrthum bei Behandlung der Rechtssachen her. Es kann erstens, schreibt Chemnitz, sich auf einen Ausspruch des Machia-
vel stützend, kein Verfassungsgesetz so Verderben bringend für
den Staat sein, als das, welches aus längst vergangenen Zei-

---

*) Dissertatio de ratione status in imperio nostro Romano - Germa-
nico Autore Hippolitho a Lapide. Anno 1640.

ten herüber genommen ist. Dennoch bringen unsere Juristen die für das Reich und den Kaiser der Römer erlassenen Bestimmungen ohne Weiteres auf das deutsche Reich zur Anwendung, übertragen die gesammte Stellung des alten Imperators auf die des jetzigen Kaisers und fechten deßhalb für eine, durch kein Recht begränzte Gewalt desselben. Es besitzt zweitens, fährt Chemnitz fort, der Staat eine so großartige Natur, daß er nicht nach dem Maaßstabe privatrechtlicher Normen gemessen werden kann. Weil das Wesen der Staatsverhältnisse durchaus verschieden von dem der Privatverhältnisse ist, so müssen beide in verschiedener Weise behandelt werden und dennoch stützen die Juristen ihr Urtheil über Gegenstände der Reichsverfassung auf das Privatrecht der Römer und auf die Meinungen des Baldus und anderer Schriftsteller seiner Art. Weil nun die Juristen, welche von diesen Ansichten ausgehen, an den meisten Höfen die Staatssachen behandeln, ist es dahin gekommen, daß unser Vaterland seine alte Freiheit verloren hat und jetzt der Knechtschaft so nahe ist, wie früher der Freiheit. Um dem verfallenen Zustande Hülfe zu bringen, will Chemnitz einen neuen Weg betreten wissen. Im Inneren des Staates und in seiner Gesammtgestaltung liegen die Gründe, nach denen allein seine Verhältnisse und Zustände beurtheilt und geleitet werden dürfen. Um das wirkliche Wesen des deutschen Reiches zu erkennen, wendete sich Chemnitz an die Reichssatzungen, an die deutsche Geschichte und an das Reichsherkommen und wurde durch sie belehrt, daß das Reich nicht eine Monarchie, sondern eine Aristocratie sei. Ihm schien daher der Grund alles Elends der deutschen politischen Lage in dem Bemühen des Kaisers und vieler Juristen zu liegen, die nur in der Einbildung vorhandene Monarchie an die Stelle der durch das Leben verlangten Aristokratie zu setzen. Kein Mittel ist ihm zu gewaltsam und zu abentheuerlich, wenn es nur die letzten Reste der Monarchie beseitigt und den reinen Character der Aristocratie hervorbildet. Mit der Wurzel will er das Uebel ausgraben und deßhalb vor Allem das Erzhaus Oest-

reich gänzlich vom deutschen Boden vertreiben und seine Lande zum Eigenthum des jedesmaligen Kaisers machen.

Besonnener freilich aber deßhalb nicht weniger unverträglich mit den bestehenden Formen des Reiches waren die Ansichten, welche Samuel von Puffendorf in seiner 1767 herausgegebenen Schrift *) de statu imperii Germanici entwickelte. Er faßte zuerst die Stellung der Territorien ins Auge und hebt unter ihnen eine Anzahl kräftiger Fürstenthümer hervor. Die geistlichen Landesherren, sagt er, stehen in Rücksicht auf den Umfang ihrer Länder, auf die Pracht und Ueppigkeit ihres Hofes, auf die Gewalt über ihre Unterthanen den weltlichen Fürsten gleich, aber durch ihre Unterordnung unter einen außerordentlichen deutschen Oberherrn haben sie Deutschland an den Rand des Verderbens gebracht. Mit beißenden Worten bemerkt er, daß sie oft lieber Panzer und Helm, als die Bischofsmütze trügen, das Kriegsfeuer anschürten, die anderen Landesherren gegen einander aufhetzten und Unruhe aller Art in Deutschland erregten. Unter den kleinen Fürstenthümern und Grafschaften scheinen ihm Viele durch Theilungen und schlechten Haushalt ins Verderben gestürzt. Er findet die Reichsstädte von ihrer alten Macht herabgesunken und stimmt der Meinung derer bei, welche glauben, daß sie sämmtlich in die Gewalt der Fürsten fallen würden. In Beziehung auf die Reichsritter hebt er hervor, daß eine solche Menge kleiner Zaunkönige der Stärke des Reiches nichts hinzufügen könnten und daß sie bei dem Eintreten großer Ereignisse die Beute der Mächtigeren werden müßten. Nachdem Puffendorf die Stellung und Aussicht der einzelnen Territorien betrachtet hat, wendet er sich zur Einheit des Reiches. Da dem Kaiser königliche Rechte nicht zustehen, da die Territorien größere oder kleinere Monarchien sind und das Reich wegen beider Umstände weder Monarchie noch Aristocratie sein kann, so ist es überhaupt

---

*) Severini de Monzambano de statu imperii Germanici ad Laelium fratrem. Genev. 1767.

nicht Staat. Da sich aber einzelne Reste der früheren Staatseinheit erhalten haben, so ist es auch nicht eine Conföderation
verbündeter Territorien, sondern ein ganz irregulärer Körper,
in der Mitte schwebend zwischen Staat und Conföderation.
Zu seiner früheren staatlichen Natur kann es nicht zurückgelei-
tet werden; es wird vielmehr, wie ein vom Berge herunter-
rollender Stein seinen Lauf verfolgen und sich in kürzerer oder
längerer Zeit als reine Conföderation gestalten. Diesen natürlichen Gang der Dinge wollte Puffendorf nicht aufgehalten,
aber auch nicht durch gewaltsame Maaßregeln beschleunigt wissen, da ihm die Gefahr eines gänzlichen Zerfalls vor Augen
stand.

Die Ansichten von Chemnitz und Puffendorf, welche die
Möglichkeit, ja die Nothwendigkeit einer Umgestaltung der
bestehenden politischen Zustände, wenn auch in verschiedener
Weise aussprachen, kehrten mannigfach gewendet und ausgedrückt in sehr vielen politischen Schriften der letzten Hälfte
des siebenzehnten und des Anfangs des achtzehnten Jahrhunderts wieder. Das sociale Leben, aus Abneigung gegen die
Stellung der Fürsten und der Ritterbürtigen unzufrieden mit
dem Bestehenden, erhielt daher von nicht wenigen Juristen die
Auskunft, daß das deutsche Staatsrecht wenig oder nichts
gegen eine durchgreifende Veränderung in den öffentlichen Zuständen einzuwenden habe. Da sich indessen neben dem deutschen Recht eine neue über jedem positiven Recht stehende
Macht, das Naturrecht, allmählig erhoben hatte, so mußte
auch dessen Ausspruch über die Zulässigkeit einer Umgestaltung
von Einfluß werden.

Dem Sachsenspiegel war das Recht, in Rücksicht sowohl
auf seinen Ursprung als auf den Grund seiner bindenden Kraft
ein Einiges gewesen. Gott, der da ist Anfang und Ende
aller Dinge, machte zuerst Himmel und Erde und schuf den
Menschen auf Erden und setzte ihn in das Paradies. Dieser
brach den Gehorsam uns Allen zum Schaden. Darum gingen
wir irre als die hirtenlosen Schaafe bis zu der Zeit, da er uns

durch sein Leiden erlösete. Nun wir aber bekehrt sind und
Gott uns wieder eingeladen hat, so halten wir seine Gesetze
und Gebote, welche uns seine Weissagungen und gute geistliche Leute gelehret, auch die christlichen Könige Constantin
und Carl gesetzt haben*). Die Glosse zu diesen Worten des
Sachsenspiegels aber unterscheidet, sich berufend auf das cano-
nische Recht, „zwo ursprüngliche Ursachen alles Rechten":
das natürliche Recht und die Gewohnheit, und ordnet die letztere dem ersteren unter. Auch mag sich, heißt es, Niemand
mit einer Gewohnheit, die wider das natürliche Recht ist,
entschuldigen, denn allen Satzungen und Gewohnheiten soll
und muß das natürliche Recht vorgezogen werden. Gewohnheit im Sinne der Glosse ist das nur hier oder da, bei diesem
oder jenem Volke geltende Recht; den Ursprung derselben gibt
der Glossator in den Worten an: Gewohnheit ist, das ein jeg-
lich Volk sonderlich unter sich eingeführt hat und im Brauch hält.
Die Willkühr der Einzelnen schließt er aus, indem er sagt:
nie aber kann ein Jeglicher richten nach seinem eignen unbe-
sonnenem Gehirn, denn das wäre wider alles Recht. Das
natürliche Recht dagegen ist das überall und allgemein gültige
Recht. Da seine Quelle nur in einer Macht liegen konnte,
welcher alle Völker zu allen Zeiten untergeordnet sind, so erschien der Wille Gottes allein als die Ursache des natürlichen
Rechts, dem deßhalb auch der Name Gottes-Recht beigelegt
ward. Seinen Willen, d. h. in dieser Beziehung das Recht,
hatte Gott kund gethan durch die den belebten Geschöpfen an-
erschaffene physische Natur (natürliches Recht in einem engeren Sinne), ferner durch das Gewissen des Menschen, sodann
durch seine Offenbarung im alten und neuen Testament (göttliches Recht in einem engeren Sinne genannt) und endlich durch
den Kaiser, den er zum dominus mundi gesetzt (Kaiserrecht).
Da die physische Natur der belebten Geschöpfe in Wahrheit
keine Rechtsnormen, sondern nur Verhältnisse hervorruft, so ver-

---

*) Vorrede des Sachsenspiegels.

schwand sie bald aus der Zahl der Rechtsquellen. Da ferner das Kaiserthum gegen Ende des Mittelalters aufhörte, eine allgemeine christliche Macht zu sein, so konnte der Kaiser nicht mehr als Quelle des natürlichen oder allgemeinen, sondern nur noch als Quelle des deutschen Rechts gedacht werden. Somit wurden gegen Ende des Mittelalters als Quelle des natürlichen Rechts das menschliche Gewissen und die heilige Schrift, als Quelle des besonderen Volksrechts Gewohnheit und kaiserliche Bestimmungen, d. h. Gesetze anerkannt. Durchaus verschieden von diesem Gegensatz des von Gott und des von Menschen geschaffenen Rechts trat seit dem sechszehnten Jahrhundert die von Hugo Grotius bestimmt ausgesprochene Unterscheidung des jus voluntarium und des jus naturale hervor*). Das Erstere ward gebildet durch das positive Recht jeder Art, mochte es von Gott oder den Menschen gegeben sein; das Letztere sollte in dem inneren Bewußtsein des Menschen sich gegründet finden. Hugo Grotius zwar führte auch das Naturrecht auf den Willen Gottes zurück, weil der Mensch sein Bewußtsein von Gott erhalten habe und dasselbe an der Offenbarung und an geschichtlicher Erfahrung heranbilde. Bald nach ihm aber ward die Vernunft des Menschen mehr und mehr von dem sie erfüllenden Geiste Gottes isolirt und ohne Rücksicht auf Schrift und Geschichte als Quelle des Naturrechts betrachtet. Da nun zugleich im jus voluntarium die heilige Schrift als Rechtsquelle beseitigt, das Herkommen mehr und mehr als eine Mode und das Gesetz als ein Product der Willkühr angesehen ward, so waren die Vorbedingungen zu einer Richtung vorhanden, welche das gesammte positive Recht an dem durch das Meinen dieses oder jenes Einzelnen gebildeten Naturrecht prüfen wollte, um über dessen Vernünftigkeit oder Unvernünftigkeit ein Urtheil zu gewinnen.

Während das Naturrecht lehrte, daß das Bestehende nur

---

*) Göschel, Zur Geschichte der Rechtsphilosophie in den zerstreuten Blättern aus den Hand- und Hülfsacten eines Juristen. Th. III. S. 238.

in sofern Anspruch auf Vernünftigkeit besitze, als es mit den
subjektiven Ansichten der Einzelnen übereinstimme, gab das
deutsche Staatsrecht die Versicherung, daß die innere Natur
des deutschen Staates zu einer durchgreifenden Umgestaltung
hindränge. Das sociale Leben fand sich daher in seiner Gereiztheit gegen das Bestehende und in seinem Hoffen auf Aenderung vom Staatsrecht und Naturrecht anerkannt, aber freilich ein, wenn auch nur in den Umrissen bestimmt gestaltetes
politisches Ziel konnte es sich nicht setzen, da es selbst nur ein
immer hin- und herschwankendes, jeder festen Form entbehrendes
Dasein hatte. Die unbestimmten, gestaltlosen politischen Wünsche,
welche sich in der öffentlichen Meinung entwickelten, erhielten
ihre Richtung vorwiegend durch den Einfluß der classischen
Litteratur. Der Glaube an eine Fortsetzung des römischen
Kaiserreiches durch das heilige römische Reich deutscher Nation
war zwar längst erloschen, aber seitdem die classische Litteratur Bildungsmittel für die geistigen Kräfte unseres Volkes geworden war, erschienen auch die Formen des antiken Staates
in hellem Lichte gegenüber der Zersplitterung und der wüsten
Willkühr der deutschen Zustände und erhielten in den Vorstellungen Vieler eine eben so allgemeine Gültigkeit, als die Normen des römischen Privatrechts. Während die Einen in nur
formaler Weise zu Werke gingen, und z. B. die Churfürsten
dem Senat, die Landesherren den Prätoren, die Reichstage
den Concilien verglichen, faßten die Anderen den Römischen
populus ins Auge, fanden, daß von ihm sich die kaiserliche
Gewalt herleite und wendeten die Ausdrücke und Wendungen
der römischen Staatssprache, welche entstanden zur Zeit der
Republik ihren Ursprung nicht verleugnete, auf deutsche Reichs-
und Territorialverhältnisse an. Die Römische respublica und
vor Allem die Stellung des populus in derselben schwebte der
öffentlichen Meinung als das Bild des guten Staates vor,
dem sie mehr oder weniger bewußt in ihren Wünschen und
Hoffen wenigstens sich zu nähern suchte.

Somit war in der ersten Hälfte des vorigen Jahrhunderts

die theoretische Opposition, welche bereits gegen Ausgang des
funfzehnten Jahrhunderts hervorgetreten, aber durch die über-
wältigende Macht der religiösen Bewegung zurückgedrängt war,
von Neuem erschienen. Während indessen früher das Bestehende angegriffen ward, weil es der Idee des durch unmittelbare Stiftung Gottes entstandenen Reiches nicht entsprach,
wurden die Zustände des vorigen Jahrhunderts an politischen
Vorstellungen gehalten, welche sich unter wesentlichem Einfluß
der antiken Staatsformen gebildet hatten.

Drittes Kapitel.

Die Gestaltung der politischen Opposition in Deutschland seit der Mitte des achtzehnten Jahrhunderts.

Oeffentliche Meinung, Naturrecht und Staatsrecht hatten
lange schon wesentlich auf einander eingewirkt, aber seit der
Mitte des achtzehnten Jahrhunderts begann ihre vollständige
Verschmelzung, in Folge des Einflusses, welchen J. J. Rous-
seau's 1752 erschienene Schrift du contrât social in steigen-
dem Grade gewann. Die neu entstandene geistige Macht ge-
langte, abgesehen von den kleinen und wenig einflußreichen
Kreisen, in denen Juristen dem deutschen Staatsrecht eine
selbstständige Stellung zu bewahren suchten, zur allgemeinen
Herrschaft. Vom Staatsrecht erhielt sie ihre Richtung auf das
Verändern des Bestehenden, von der Tagesphilosophie ihre
Willkühr und ihre Verehrung vor dem sogenannten gesunden
Menschenverstand, von der öffentlichen Meinung ihre Gereiztheit und Gestaltlosigkeit. Sie war nicht ein Erzeugniß der
Aufklärung, sondern war die Aufklärung selbst in deren Richtung auf das Politische. Aufgeklärte Regierungen verlangte
man und aufgeklärte Gesetzgebung; die Straßenbaupolizei sollte
aufgeklärt sein, so gut wie die Religion. Da nun das selbstsüchtige Wesen der Aufklärung sich als allgemeine Berechtigung

des angebornen gemeinen Menschenverstandes, als unbedingte
Berechtigung subjectiver Willkühr und als die aus beiden Voraussetzungen sich ergebende ausschließliche Geltung des Nützlichen offenbarte, so mußten diese Grundrichtungen auch auf
dem politischen Gebiete, welches eben so wie jedes andere Lebensgebiet von der Aufklärung beherrscht ward, erscheinen.

Die erste Grundmaxime der Aufklärung war „durchaus
nichts als seiend und bindend gelten zu lassen, als dasjenige,
was man verstehe und klärlich begreife"; ihr ist nichts als
das, was sie nun eben begreift, während es doch darauf ankommt zu begreifen, was ist *). Verstehen aber und klärlich
begreifen läßt sich nicht das Dasein und wunderbare Walten
des Geistes einer Nation, welcher das Volk als lebensvolle
Einheit zeugt, ihm Persönlichkeit verleiht und ihm den Staat
als seine Erscheinungsform bildet. Verstehen und klärlich begreifen läßt sich nicht die Macht des Bewußtseins Eins zu sein
mit seinem Volk und seinem Staat, welches als Treue als
Gehorsam und als ruhiges aber starkes Gefühl der eigenen
politischen Ehre erscheinend den Staat durch die Stürme und
Ungewitter sicher geleitet, wie sie von der Selbstsucht erregt
werden. Wohl tritt die unverstehbare Wahrheit des schaffenden Volksgeistes und der erhaltenden politischen Treue und
Ehre dem schauenden Menschengeiste in seinen besten Stunden
so nahe, daß, wenn sie auch in minder gehobenen Stunden in
eine nicht zu durchdringende Ferne zurückweicht, dennoch die
Erinnerung an ihre Erscheinung keinen Zweifel an ihr Dasein
zuläßt. Weil aber niemals der Verstand des Verständigen das
Organ ist, sie zu erfassen, so mußte sie im vorigen Jahrhundert geleugnet werden. Da demnach das Volk nur als eine
Summe Einzelner galt, so konnte der Staat nur aus einer
Verabredung dieser Einzelnen seinen Ursprung genommen haben und seine Fortbildung erhalten; da ferner das geistige

---

*) Die Grundzüge des gegenwärtigen Zeitalters. Dargestellt von J.
H. Fichte. Berlin 1806 S. 40.

Walten des Gehorsams, der Treue und der Ehre aus dem politischen Leben fortfallen sollte, so wurde die mechanische Gewalt und das verabredete Gesetz das einzige Mittel, den Bestand des Staates vor Schwanken und Untergang zu bewahren. Nicht weil sie sollten, sondern weil sie mußten, fügten sich die Einzelnen dem Ganzen.

Mehrere Menschen, meinte Scheidemantel*), vereinigen ihre Kräfte, weil sie, für sich allein betrachtet, zu schwach sind; sie vereinigen ihren Willen mit den Befehlen der Obrigkeit und daraus entsteht ein Ganzes, das Volk oder die bürgerliche Gesellschaft. Zur Errichtung eines Staates, lehrte Höpfner**), gehören nothwendig drei Verträge: der Vereinigungsvertrag, der gesellschaftliche Vertrag und die Verabredung über das Staatsgrundgesetz. Alle diese Verträge müssen die Eigenschaften haben, die zu einem gültigen Vertrage gehören. Der Staat, schrieb Schlözer***), ist eine Erfindung. Menschen machten sie zu ihrem Wohl, wie sie Brandkassen u. s. w. erfanden. Ihm ist der Staat eine künstliche, überaus zusammengesetzte Maschine, die zu einem bestimmten Zwecke gehen soll. Sie bedarf eines Maschinendirecteurs, Herrscher oder Souverän genannt, welcher von seinen Mitgenossen die ihm nöthigen Aufträge und Eigenschaften erhält. Die, welche ihm jene Aufträge gaben, sind seine Unterthanen, sie sollen ihn reichlich besolden, ihn anbeten und allen seinen Befehlen blinden Gehorsam leisten.

Die zweite Grundmaxime der Aufklärung, den Einzelnen nur als Einzelnen, nicht auch als Glied höherer Einheiten anzuerkennen und deßhalb ihn nur durch seine Individualität, nicht durch irgend eine, vom Willen des Einzelnen verschiedene

---

*) Scheidemantel das Staatsrecht nach der Vernunft und den Sitten der vornehmsten Völker betrachtet. Jena 1770. I. S. 32.

**) Naturrecht des einzelnen Menschen, der Gesellschaften und der Völker von Höpfner §. 175, §. 176.

***) Schlözer Allgemeines Staatsrecht. Göttingen 1793 S. 3, 157, 75, 103, 104.

des angebornen gemeinen Menschenverstandes, als unbedi
Berechtigung subjectiver Willkühr und als die aus beiden
aussetzungen sich ergebende ausschließliche Geltung des 9
chen offenbarte, so mußten diese Grundrichtungen au
dem politischen Gebiete, welches eben so wie jedes and
bensgebiet von der Aufklärung beherrscht ward, er{

Die erste Grundmaxime der Aufklärung war „t
nichts als seiend und bindend gelten zu lassen, als b
was man verstehe und klärlich begreife“; ihr ist ni
das, was sie nun eben begreift, während es doch t
kommt zu begreifen, was ist *). Verstehen aber ur
begreifen läßt sich nicht das Dasein und wunderba
des Geistes einer Nation, welcher das Volk als
Einheit zeugt, ihm Persönlichkeit verleiht und ihm
als seine Erscheinungsform bildet. Verstehen und
greifen läßt sich nicht die Macht des Bewußtseins (
mit seinem Volk und seinem Staat, welches al
Gehorsam und als ruhiges aber starkes Gefühl
politischen Ehre erscheinend den Staat durch die
Ungewitter sicher geleitet, wie sie von der Sel
werden. Wohl tritt die unverstehbare Wahrhei
den Volksgeistes und der erhaltenden politisch
Ehre dem schauenden Menschengeiste in seinen I
so nahe, daß, wenn sie auch in minder gehoben
eine nicht zu durchdringende Ferne zurückweic
Erinnerung an ihre Erscheinung keinen Zweifel
zuläßt. Weil aber niemals der Verstand des S
Organ ist, sie zu erfassen, so mußte sie im v
dert geleugnet werden. Da demnach das S
Summe Einzelner galt, so konnte der Sta
Verabredung dieser Einzelnen seinen Urspru
ben und seine Fortbi   alten; da f

---

*) Die Grundzüge   tigen Zeital
    H. Fichte.   40.

e Frei=
irklich=
inn. —
:e Stel=
. Wech=
ngekränkt
=men nicht
den Paß
hmen, wo
ire nennen,
it darf, da

s Wesen der
ie also nicht
:end aufzufas=
hin, jede Er=
:m Nutzen zu
:egen ihrer Ir=
it Generationen
ig aller Einheit
:)te***) sich aus=
iell Nützliche, zur
: gesehen, auf die
.ß sich am Höchsten
welche ihr Augen=
.aterielle Nützlichkeit
iatszustände am We=
.r vor, hieß es****),
oie Jagduniform trägt,
o aber einen Pelz oder

II. S. 80. (1784.)
:I. S. 531.
,eu Zeitalters S. 59.
5. 115. (1780.)

Macht bestimmt werden zu laffen, rief auf dem
Gebiete eine Richtung hervor, welche jede Berecht.
Volkseinheit auf den Einzelnen einzuwirken, in Abr
Weil die Einheit der früheren und späteren Genera.
felben Volkes geleugnet wurde, erschien jede von
herstammende staatliche Institution als eine fremde
tyrannische Macht, die erst dann Berechtigung er
fie von den Geschlechtern der Gegenwart anerka
war. Da nun das Bestehende dennoch die St.
Rückficht auf ihre Zustimmung umschloß, so wurde
nicht weil es in fich zerfallen und verkommen w.
allein schon deßhalb, weil es aus einer frühere
stammte. Weil die Einheit der gleichzeitig lebe
tionen verworfen ward, erschien jede andere oder
Berechtigung der Einen allen Uebrigen als ein R
Erweiterung einer bisher beengten Rechtsstellung
denen, die schon früher in einem größeren Recht
wegt hatten, als eine Anmaßung und Beeinträ
fehen. Alle aus der Volkseinheit fich hervordräng
institutionen, welche, um Freiheit zu gewähren,
zurückhalten, drükten wie eine schwere Last a:
innere Einheit leugnenden Einzelleben. Ein E
fich, bemerkt Goethe*), den man das Bedür
hängigkeit nennen könnte. Man wollte nichts
Niemand follte beengt fein. Diefer Sinn und
damals überall; es entstand eine gewisse fittli
eine Einmischung der Einzelnen ins Regiment
schreibt ein anderer der Zeit fehr kundiger Mai
letzten Drittel des Jahrhunderts das Ehrwür
der Einbildungskraft schätzbar, aber ke
Schranke behielt Stand und Werth. Das Al

---

*) Wahrheit und   12. Buch.
**) Rosenstein
      Jahrbüchern

phie,
unfte,
:n der
ie fou=
, wenn
e Wir=
: unbe=
Reichs=
ng sonst
t Schrift=
en simu=
und ihm
sehen der
dem Thea=
marium zu
Schuld zu,
elten gleich=
Das Corps
licher Weife
volution ver=
ht zum Vor=
cur so lange
als sich nicht
m natürlichen
t. — Bei die=
z wohl Göthe
weil das Auge
Formen, als
e einst gebildet
den Krönungs=
sie früher wa=
Nichts konnte,

ften Nro. I. 1785.

Federn hat, muß sich verkriechen, wofern   ... der
sein will. Ich zweifle nicht, daß es sehr   ... Reichs-
nig, Churfürst Bischof, Reichsfürst, Abt,   ... en, in
römischen Reich zu sein, aber desto empf ...   ... it rohem
der unteren Klasse sich zu befinden. — Ma ...   ... zum Heilig-
eben so wenig eine Nutzlichkeit des Gesamm ...   ... a, zerrissen
lands Constitution ist nichts *) als der c ...   ... e und die Fe-
ewigen Theater innerlicher Bewegungen b ...   ... arter Pöbel
Vorruhm einer kriegerischen und tapfer ...   ... undheit bringe
ohne Anderen furchtbar zu sein. — Auch ...   ... rstümmelte Glie-
institute wurden nach ihrer Nutzlichkeit ...   ... en gefeiert wer-
mergericht, sagte man **), dieser Sitz ...   ... a! Ich verstehe
Bestechung, der Chikane, der enblo ...   ... wenig wie Reichs-
Rechts, wird noch immer für das ...   ... tag seine Nutzlich-
Freiheit gehalten. Man sehe, wie ...   ... in einer Schrift von
nach Wetzlar zu kommen, ihren ... Sa ...   ... Staatsränke genannt
dung zu verschaffen, wie die Part ...   ... in die infamen Sor-
zu erfahren, wie alt Streitigkeiten ...   ... it schlaflosen Nächten
zige Regel des Rechts, die in Wetz ...   ... gkeit eintritt, unter
dentes. Die oft ertheilten benc ...   ... en Pflichten zu gehor-
die immer zerfallenen Kammergeri ...   ... rden. Von beiden Um-
daß das Tribunal schädlich und ...   ... ne andere Schrift ****)
derselben Schrift wird ausdrü ...   ... ur schädlich, weil der
ist es denn überall nöthig, ein ...   ... monial der Formalitä-
Deutschland ein Oberhaupt, h ...   ... essen verjährter Thor-
nen die Staaten Deutschlands n ...   ... rdener Mißbräuche ver-
Kaiser entbehren kann? Was ist
Oberhaupt der ihm gleichen Sou ...   ... politische Gebiet betrat,
Im ersten Falle, wozu das Ei ...   ... der geistigen, im Staate
Nichts. Kennt man irgend ...   ... rhebung des Einzelne-
Staatskörper durch seine Ve ...
bigung im Kriege, eine A ...

*) Weckherlin Chronologen ...
**) Warum soll Deutschland ...   Reichstag sei? Frankfurt 1780.
    ... r haben? 1787.

jeber Scheu vor geistigen
ıld eines Staates gewährt,
Aufklärung zufrieden gestellt
.ß der zweiten Hälfte des vo=
..er Staatsgestaltung, deren Er=
unseres Volkes hingestellt hätte
in politischer Begeisterung, er=
. Vernunftrecht, Freiheit, Vater=
., aber gewiß keine irgend bestimmte
Inhalte hatten und dennoch in künst=
.t wesentlich beitrugen, daß auch die
negirende Zeitrichtung hinein geführt
in den trockensten Abhandlungen das
.re der politischen Bestrebungen fast von
emerkt ward. Die unmittelbare Frucht
Bestehenden mußte freilich das Suchen nach
krankhafte Unruhe mühte sich ab, um die
und nützlichen Staatsformen zu erfinden;
nichts an den Tag zu bringen, als ein An=
., welches doch dem Schicksal, gleich nach sei=
selbst alt zu werden, nicht entgehen konnte und
.1s Drängen und Treiben stillte. Männer, die
.auf das Handeln und Wirken im Leben gerichtet
.ıen von diesem zunächst nur noch geistigen und je=
.igung, jedes Ausruhens entbehrenden Suchen mit
erfüllt und zu dem Streben, Abhülfe zu schaffen,
.rden. Ein für Jeden verständlicher Grund, welcher
.sche Aufklärung zu keinem Resultate gelangen ließ,
.er verschiedenen Stellung, welche die Kraft, die das
.nde angriff und die, welche es festhielt, einnahm. Die
.rung eines jeden größeren oder kleineren deutschen Staates
.te eine festgeschlossene Einheit, konnte deßhalb der sich
.setzten Aufgabe klar bewußt sein und die auf einen Punkt
.esammelten Kräfte der Einzelnen zur Erhaltung des Bestehen=
oen verwenden. Die Aufklärung dagegen hatte ihren. Si= --=

socialen Leben, welches ohne Form und Gestaltung in nie ru-
hendem Schwanken in stets unsicherer Bewegung war. Sie
vermochte deßhalb weder eines bestimmten Zieles sich bewußt
zu werden, noch ein unbestimmtes anhaltend zu verfolgen,
noch durch die Vereinigung der Einzelnkräfte das Widerstreben
der Einzelnen zurückzudrängen. Nur wenn das sociale Leben
eine feste geschlossene Form erhielt, konnte der Kampf der
Aufklärung gegen die das Bestehende festhaltenden Regierungen zu einem Erfolge führen. Zwar wurde ein stärkerer Zusammenhang und eine größere Wirksamkeit der im socialen Leben wurzelnden Kräfte begründet durch den im schnellen Fort-
schreiten wachsenden brieflichen Verkehr und durch das Hervortreten vielgelesener Zeitschriften, namentlich der von Weckherlin und Schlözer herausgegebenen Blätter. Aber eine ausgebildetere Form, eine eigentliche Verfassung mußte der überall
verbreiteten Aufklärung so dringend nothwendig erscheinen,
daß die allgemeinste Unterstützung kaum fehlen konnte, als gegen
Ende der siebenziger Jahre der Orden der Aufgeklärten oder
Illuminaten*) als Consequenz der Aufklärung und als Form
des socialen Lebens hervortrat.

Es gibt Mängel, heißt es in dem Unterricht**) für die
Ordensmitglieder ersten Grades, es gibt Mängel, gegen
welche öffentliche Anstalten zu schwach sind und nur geheime
Verbindungen eine angemessene Wirksamkeit haben. Sich an
allgemeine oder tiefeingewurzelte Vorurtheile mit offenbarer Gewalt zu wagen ist umsonst, ja gefährlich. Sitten werden
durch Sitten geändert und Meinungen durch das langsame un-
merkliche Entstehen neuer Meinungen verdrängt. Dieser Gang
aber ist so langsam, daß er nur wirken kann, wenn nach einem
tiefen, wohlüberdachten Plan gearbeitet wird, wenn die Aus-

---

*) Die Schriften für die Illuminaten sind angegeben und im Auszuge
mitgetheilt in der deutschen Zeitung von 1786 Nro. 42 bis 45;
Actenstücke gegen die Illuminaten sind besonders gesammelt in: Ei-
nige Originalschriften des Illuminateuordens. München 1787.
**) Abgedruckt in Weishaupt das verbesserte System der Illuminaten.
Frankfurt 1788.

führung nicht einem hinfälligen Menschen, sondern einem moralischen Körper anvertraut wird. Es entsteht der Wunsch, heißt es weiter, es möchten die edleren Menschen in ein dauerhaftes Bündniß treten, um mit allen großen Menschen, die dermalen sind und allen die bereinst sein werden nur ein Volk, eine Familie zu formiren, für alle Lande, alle Jahrhunderte zu leben. In dieser Art hat Gott selbst den Trieb nach geheimen Verbindungen in die Seelen der edleren Menschen gelegt, um die Uebrigen zur Vollkommenheit und Glückseligkeit zu führen. Aus diesem Triebe sind die Staaten entstanden; aber so wie sie dermalen beschaffen sind, sind sie nur der Weg, der Versuch zum Bessersein, nicht das Bessersein selbst. Man kann daher auf der großen Leiter menschlicher Vollkommenheit nicht stille stehen; weil die Staaten durch die Abtheilung der Menschen in Nationen und durch die Verschiedenheit der Stände neue Spaltungen und Quellen des Hasses hervorgerufen haben, so ist ein neues Bindungsmittel, eine neue Anstalt nöthig, durch welche die getrennten Theile sich einander näher gebracht werden. Die neue Anstalt, der Illuminatenorden, soll keinesweges die vorhandenen Staaten aufheben, denn diese sind für den größten Theil der Menschen noch ganz angemessen; aber sie soll die gesonderten Menschen in einen höheren allgemeinen Zweck vereinigen und das Menschengeschlecht zu einer Reise, Vollkommenheit und höheren Sittlichkeit bringen, welche das männliche Alter der Welt ausmacht. Um diesen Zweck zu erreichen ist es nöthig, daß alle Glieder desselben so handeln, als ob sie nur eine einzige Kraft wären. Da nun die Menschen so handeln, wie sie denken, so ist für alle Ordensglieder eine Uebereinstimmung des Denkens nothwendig, welche nur allmählig erreicht werden kann, indem sich Führer und Lehrer finden, die das ganze System übersehen, die Jünger durch stufenweise Einführung in die verschiedenen Grade vorbereiten und sie kraft ihrer höheren Einsicht und Gewalt leiten. Aus den gemeinsamen Zwecken und Ideen folgt sodann das gleiche Handeln. Jedes Handeln gegen den Ordenszweck ist verboten, jedes Handeln

für denselben geboten. Kein Theil des Ordensganzen darf
mehr oder weniger thun, als ihm angewiesen ist. Jedes Rad
muß in der gehörigen Proportion in das andere eingreifen;
mit einem einzigen Druck muß sich die Bewegung vom Mittelpunkte bis an die äußerste Peripherie des Zirkels verbreiten.
Von diesen Gesichtspunkten aus unternahm Weishaupt, Professor der philosophischen Geschichte und des geistlichen Rechts
zu Ingolstadt, die Gründung und Ausbreitung des Ordens.
Im Jahre 1776 bereits suchte er befreundete Männer zum Eintritt in den Orden zu veranlassen, welcher als bereits bestehend dargestellt wurde. Nur Wenige traten in den Jahren
1776 und 1777 ein, dann aber gewann in außerordentlicher
Schnelligkeit der Orden Theilnehmer unter allen Ständen und
in allen Gegenden Deutschlands. Der regierende Herzog von
Weimar und der Erbprinz von Gotha, die Grafen Seefeld,
Seinsheim, Costanza, der kaiserliche Gesandte Graf Metternich, der Domherr Graf Kesselstadt, die Freiherren von Montjelas, von Meggenhoffen u. s. w., in Göttingen die Professoren Koppe, Feder, Martens, in Weimar Göthe, Herder,
Musäus, der Minister Fritsch, der Pagenhofmeister Kästner,
in Baiern und den geistlichen Territorien viele Domherren und
Pfarrer, in den protestantischen und katholischen Städten viele
höhere und niedere Beamte, Offiziere, Kaufleute, Kammerherren, Schauspieler, Studenten, gehörten dem Orden an *).
An der Spitze desselben stand als primus oder National der
Stifter. Unter ihm gliederte sich der Orden in eine verschieden angegebene Zahl von Inspectionen, die Inspection zerfiel
in Provinzen, in der Provinz endlich fanden sich die Illuminatenversammlungen der einzelnen Städte. An die Spitze jeder Gliederung war ein Vorsteher gesetzt, dem ein Capitel zur
Seite stand. Um den Bestand des Ordens und die Verwendung aller Ordenskräfte nach einem Ziele hin zu sichern,

---

*) Handschriftliche, durchaus glaubwürdige Verzeichnisse machen diese An-
gaben und nennen namentlich auch Gothe und Herder.

gingen der Aufnahme mancherlei Prüfungen und Feierlichkeiten
voraus. Die Handlung der Einweihung, hieß es, geht vor
sich entweder bei Tage an einem einsamen, abgelegenen, etwas
dunkelen Ort z. B. in einem Walde oder bei Nachtzeit in einem
stillen abgelegenen Zimmer, um eine Zeit, wo der Mond am
Himmel steht. Der Aufzunehmende bekräftigte eidlich, daß er
mit allem Rang, Ehren und Titel, die er in der bürgerlichen
Gesellschaft fordern könne, im Grunde doch nichts weiter sei,
als ein Mensch. Er gelobte ewiges Stillschweigen, unverbrüchliche Treue und Gehorsam allen Oberen und Satzungen
des Ordens, er that treulichen Verzicht auf seine Privateinsicht und auf allen eingeschränkten Gebrauch seiner Kräfte und
Fähigkeiten. Um auch später jedes Glied des Ordens in der
vollkommensten Abhängigkeit vom Orden zu erhalten führte nicht
nur jeder Obere die genauesten Conduitenlisten über alle seine
Untergebenen, sondern jeder Untergebene mußte auch durch Ausfüllung vorgeschriebener Tabellen Nachricht über den Seelenzustand, den Briefwechsel, die wissenschaftliche Beschäftigung
nicht nur seiner selbst, sondern auch seiner Verwandten, Freunde
und Gönner geben. Am liebsten wurden „reiche, wissensbegierige, folgsame, standhafte und beharrliche Leute von achtzehn bis dreißig Jahren" aufgenommen. Ueber zwei Männer
in München, auf die man ein Auge geworfen hatte, heißt es
in einem Briefe aus den siebenziger Jahren: Diese beiden sind
ein Paar Teufelskerle, aber etwas schwer zu dirigiren, eben
weil sie Teufelskerle sind. Unterdessen wenn es möglich wäre,
so wäre die Prise nicht übel.

Durch den Orden der Aufgeklärten hatten die geistigen
Richtungen der Aufklärung allerdings eine feste Form erhalten,
aber da die Aufklärung selbst eines festen Zieles sich nicht be-
wußt war, so mußte dieses auch dem Illuminatenorden fehlen.
Bald wurden Hülfe der unterdrückten Tugend, Besserung des
Herzens und des Verstandes, bald die Heranbildung des Men-
schengeschlechts zu seiner Reife, Vollkommenheit und höherer
Sittlichkeit als die Aufgabe des erlauchten Ordens angegeben.

Macht bestimmt werden zu lassen, rief auf dem politischen Gebiete eine Richtung hervor, welche jede Berechtigung der Volkseinheit auf den Einzelnen einzuwirken, in Abrede stellte. Weil die Einheit der früheren und späteren Generationen desselben Volkes geleugnet wurde, erschien jede von den Vätern herstammende staatliche Institution als eine fremde, vorläufig tyrannische Macht, die erst dann Berechtigung erhielt, wenn sie von den Geschlechtern der Gegenwart anerkannt worden war. Da nun das Bestehende dennoch die Einzelnen ohne Rücksicht auf ihre Zustimmung umschloß, so wurde es verfolgt, nicht weil es in sich zerfallen und verkommen war, sondern allein schon deßhalb, weil es aus einer früheren Zeit herstammte. Weil die Einheit der gleichzeitig lebenden Generationen verworfen ward, erschien jede andere oder umfassendere Berechtigung der Einen allen Uebrigen als ein Raub und jede Erweiterung einer bisher beengten Rechtsstellung wurde von denen, die schon früher in einem größeren Rechtskreise sich bewegt hatten, als eine Annaßung und Beeinträchtigung angesehen. Alle aus der Volkseinheit sich hervorbrängenden Staatsinstitutionen, welche, um Freiheit zu gewähren, die Willkühr zurückhalten, brückten wie eine schwere Last auf dem jegliche innere Einheit leugnenden Einzelleben. Ein Sinn entwickelte sich, bemerkt Goethe[*]), den man das Bedürfniß der Unabhängigkeit nennen könnte. Man wollte nichts über sich dulden, Niemand sollte beengt sein. Dieser Sinn und Geist zeigte sich damals überall; es entstand eine gewisse sittliche Befehdung, eine Einmischung der Einzelnen ins Regiment. Zwar blieb, schreibt ein anderer der Zeit sehr kundiger Mann[**]), auch im letzten Drittel des Jahrhunderts das Ehrwürdige der Vorzeit der Einbildungskraft schätzbar, aber keine Form, keine Schranke behielt Stand und Werth. Das Alterthum erschien

---

[*]) Wahrheit und Dichtung 12. Buch.
[**]) Recension über Göthes Wahrheit und Dichtung in den Heidelberger Jahrbüchern von 1814 Nro. 41.

wunderbar groß, war sehnsuchtswürdig, weil es kräftige Frei=
heitselemente darbietet. Aber was von ihm in der Wirklich=
keit herabgestammt war, hinderte den kämpfenden Sinn. —
Ungestüm und roh that sich der Aerger über jede höhere Stel=
lung eines Anderen in vielgelesenen Zeitblättern kund. Weck=
herlin *) z. B. behauptete: Wo der Bürger nicht ungekränkt
ein Glas Wein trinken, wo er ohne den Hut abzunehmen nicht
vor dem Senator vorbei gehen, wo sein Ehrenweib den Paß
nicht ungestraft vor der Frau Rathsschreiberin nehmen, wo
der Unterthan die Mätresse des Ministers nicht Hure nennen,
wo er einen Schurken von Amtmann nicht verachten darf, da
ist keine bürgerliche Freiheit.

Die dritte Grundmaxime der Aufklärung, das Wesen der
seienden Dinge in ihrer Nützlichkeit zu suchen, sie also nicht
als auch an sich, sondern nur als für Andere seiend aufzufas=
sen **), führte auf dem politischen Gebiete dahin, jede Er=
scheinung des Staatslebens lediglich nach ihrem Nutzen zu
beurtheilen. Da nun die höchsten Interessen wegen ihrer Ir=
rationalität, und die Einheit der kommenden Generationen
mit denen der Gegenwart wegen Verläugnung aller Einheit
unberücksichtigt blieben, so wurde, wie Fichte ***) sich aus=
drückte, nur auf das unmittelbar und materiell Nützliche, zur
Wohnung, Kleidung und Speise Dienliche gesehen, auf die
Wohlfeilheit, die Bequemlichkeit und wo es sich am Höchsten
verstieg auf die Mode. Eine Prüfung, welche ihr Augen=
merk allein auf die unmittelbare und materielle Nützlichkeit
wendete, konnten freilich die deutschen Staatszustände am We=
nigsten bestehen. Deutschland kommt mir vor, hieß es ****),
wie ein großer Park, worin Alles was die Jagduniform trägt,
sich ziemlich Plaisir machen kann; was aber einen Pelz oder

---

*) Weckherlin graues Ungeheuer Band II. S. 80. (1784.)
**) Hegel, Geschichte der Philosophie III. S. 531.
***) Fichte, Grundzüge des gegenwärtigen Zeitalters S. 59.
****) Weckherlin Chronologen Band 7. S. 115. (1780.)

durch sein Leiden erlösete. Nun wir aber bekehrt sind und
Gott uns wieder eingeladen hat, so halten wir seine Gesetze
und Gebote, welche uns seine Weissagungen und gute geistliche Leute gelehret, auch die christlichen Könige Constantin
und Carl gesetzt haben*). Die Glosse zu diesen Worten des
Sachsenspiegels aber unterscheidet, sich berufend auf das cano-
nische Recht, „zwo ursprüngliche Ursachen alles Rechten“:
das natürliche Recht und die Gewohnheit, und ordnet die letztere dem ersteren unter. Auch mag sich, heißt es, Niemand
mit einer Gewohnheit, die wider das natürliche Recht ist,
entschuldigen, denn allen Satzungen und Gewohnheiten soll
und muß das natürliche Recht vorgezogen werden. Gewohnheit im Sinne der Glosse ist das nur hier oder da, bei diesem
oder jenem Volke geltende Recht; den Ursprung derselben gibt
der Glossator in den Worten an: Gewohnheit ist, das ein jeg-
lich Volk sonderlich unter sich eingeführt hat und im Brauch hält.
Die Willkühr der Einzelnen schließt er aus, indem er sagt:
nie aber kann ein Jeglicher richten nach seinem eignen unbe-
sonnenem Gehirn, denn das wäre wider alles Recht. Das
natürliche Recht dagegen ist das überall und allgemein gültige
Recht. Da seine Quelle nur in einer Macht liegen konnte,
welcher alle Völker zu allen Zeiten untergeordnet sind, so erschien der Wille Gottes allein als die Ursache des natürlichen
Rechts, dem deßhalb auch der Name Gottes-Recht beigelegt
ward. Seinen Willen, d. h. in dieser Beziehung das Recht,
hatte Gott kund gethan durch die den belebten Geschöpfen an-
erschaffene physische Natur (natürliches Recht in einem engeren Sinne), ferner durch das Gewissen des Menschen, sodann
durch seine Offenbarung im alten und neuen Testament (göttliches Recht in einem engeren Sinne genannt) und endlich durch
den Kaiser, den er zum dominus mundi gesetzt (Kaiserrecht).
Da die physische Natur der belebten Geschöpfe in Wahrheit
keine Rechtsnormen, sondern nur Verhältnisse hervorruft, so ver-

---

*) Vorrede des Sachsenspiegels.

schwand sie bald aus der Zahl der Rechtsquellen. Da ferner
das Kaiserthum gegen Ende des Mittelalters aufhörte, eine
allgemeine christliche Macht zu sein, so konnte der Kaiser nicht
mehr als Quelle des natürlichen oder allgemeinen, sondern nur
noch als Quelle des deutschen Rechts gedacht werden. Somit
wurden gegen Ende des Mittelalters als Quelle des natürlichen Rechts das menschliche Gewissen und die heilige Schrift,
als Quelle des besonderen Volksrechts Gewohnheit und kaiserliche Bestimmungen, d. h. Gesetze anerkannt. Durchaus verschieden von diesem Gegensatz des von Gott und des von
Menschen geschaffenen Rechts trat seit dem sechszehnten Jahrhundert die von Hugo Grotius bestimmt ausgesprochene Unterscheidung des jus voluntarium und des jus naturale hervor*).
Das Erstere ward gebildet durch das positive Recht jeder
Art, mochte es von Gott oder den Menschen gegeben sein;
das Letztere sollte in dem inneren Bewußtsein des Menschen
sich gegründet finden. Hugo Grotius zwar führte auch das
Naturrecht auf den Willen Gottes zurück, weil der Mensch
sein Bewußtsein von Gott erhalten habe und dasselbe an der
Offenbarung und an geschichtlicher Erfahrung heranbilde.
Bald nach ihm aber ward die Vernunft des Menschen mehr
und mehr von dem sie erfüllenden Geiste Gottes isolirt und
ohne Rücksicht auf Schrift und Geschichte als Quelle des Naturrechts betrachtet. Da nun zugleich im jus voluntarium die
heilige Schrift als Rechtsquelle beseitigt, das Herkommen mehr
und mehr als eine Mode und das Gesetz als ein Product der
Willkühr angesehen ward, so waren die Vorbedingungen zu
einer Richtung vorhanden, welche das gesammte positive
Recht an dem durch das Meinen dieses oder jenes Einzelnen
gebildeten Naturrecht prüfen wollte, um über dessen Vernünftigkeit oder Unvernünftigkeit ein Urtheil zu gewinnen.
Während das Naturrecht lehrte, daß das Bestehende nur

---

*) Göschel, Zur Geschichte der Rechtsphilosophie in den zerstreuten Blät-
tern aus den Hand- und Hülfsacten eines Juristen. Th. III. S. 238.

ner um das tägliche Brod. Es ist mit diesem großen Schein
beschaffen, wie mit einem Zimmetbaum, das Beste an ihm
ist die Rinde, das Andere ist nicht sonderlich zu achten. Die
Fürsten selbst sind zum Theil recht elende Leute, welche eine
Lüge, einen Fuchsschwanz theuer erkaufen müssen und die eher
selbst Noth leiden, als daß Einer ihrer Fuchsschwänzer mangeln
sollte; ja welche eher alle ehrlichen Diener mit Ungunst abschaffen, ehe sie einen Suppenfresser oder eine Zeitungsflickerin erzürnen wollten. Der arme verblendete Herr meint Wunders was Treu er von den Hallunken zu erwarten habe, weil
sie ihm reden, was er gern hört und zu Allem Ja und Recht
sagen. Gott gebe, es müsse das Land darüber nicht zu Grunde
und scheitern gehen. Mit besonderer Bitterkeit wurde hervorgehoben, daß der niedrigen Willkühr gegenüber die Stimme
der Wahrheit nicht laut werden dürfe. Heutigen Tages ist es
Brauch, heißt es, daß man auch die Laster etlicher Obrigkeit
muß für herrliche Dinge halten und wer sich nicht darein richten, ihnen beisprechen, sie in Allem auch wider besser Wissen
und Gewissen hoch rühmen und loben will, der wird nicht angesehen.

Das sociale Leben, diese unbestimmte, jeder festen Gränze
und Gestaltung entbehrende, aber dennoch sehr wirksame Macht,
hatte sich gegen die selbstsüchtige Stellung der Ritterbürtigen
und der Landesherren mit höhnender Erbitterung aufgelehnt.
Da die Stellung dieser beiden Bestandtheile des Volkslebens
festverwachsen war mit dem deutschen Gesammtzustand, der
noch immer in der Reichsverfassung seinen Schlußstein fand,
so drängte sich die Frage hervor, in wie fern für den Gesammtzustand eine Aenderung möglich und zulässig sei. Die
Frage ließ sich entscheiden entweder aus dem für Deutschland geltenden positiven Recht oder aus einer über allem positiven Rechte stehenden allgemeinen Norm. Die Juristen also
oder die Bearbeiter des Naturrechts waren es, von denen zunächst die Beantwortung erwartet wurde.

Im Mittelalter war das Recht so ausschließlich durch die

einer rechtlichen Ordnung bedürfenden Lebensverhältniſſe erzeugt
und ſo feſt mit ihnen verwachſen, daß eine Verletzung des
Rechts, welche nicht zugleich Verletzung von Lebensverhältniſ-
ſen geweſen wäre, nur ſelten vorkommen konnte. Geſchah es
einmal als Ausnahme von der Regel, ſo wurde eine Rechtsverletzung dieſer Art nicht leicht bemerkt, weil das Volk noch
nicht befähigt war, ſich das Recht geſondert von den factiſchen Zuſtänden, die daſſelbe ordnete, zu denken und als ein
Gut, das zunächſt und vor Allem ſeiner ſelbſt wegen Werth
beſitze, hoch zu achten. Eine Unzufriedenheit mit dem Beſte-
henden konnte daher im Mittelalter nicht durch ein Verhalten
der Obrigkeit veranlaßt werden, welches zwar das Recht verletzt hätte, aber keinen Druck auf die factiſchen Zuſtände und
Verhältniſſe übte. Seit dem Ende des funfzehnten Jahrhunderts erſchien dagegen dem Bewußtſein des Volkes das Recht
mehr und mehr als ein ſelbſtſtändiges Gut.

Nachdem nämlich ſeit Errichtung des Kammergerichts die
Streitigkeiten in öffentlichen Verhältniſſen nicht mehr wie früher durch Fehden, ſondern durch rechtliche Entſcheidung des
höchſten Reichsgerichts beendet werden ſollten, waren die Ab-
vocaten und Beiſitzer zu Wetzlar genöthigt, zunächſt die öffentlichen Lebensverhältniſſe, über welche ein Zwieſpalt entſtanden
war, ſcharf und beſtimmt hinzuſtellen und ſodann die Rechts-
norm ausfindig zu machen, welche auf das ſtreitige Verhältniß Anwendung fand. Da die Kammergerichts-Aſſeſſoren und
Advocaten im lebendigen Zuſammenhang mit dem allmählig
hervortretenden Juriſtenſtande ſich befanden, ſo wurden ſtreitige Fragen des Reichs- und Territorialrechts ſchon in der zweiten Hälfte des ſechszehnten Jahrhunderts in ganz Deutſchland
von den Juriſten erörtert *). Commentaria, observationes, sen-
tentiae, conclusiones, decisiones, consultationes erſchienen in
reicher Fülle. Der Sieg des römiſchen Civilrechts war um

---

*) Vergleiche Pütter Litteratur des teutſchen Staatsrechts. Göttin-
gen 1776, Band I. S. 116 und folgende.

diese Zeit bereits vollständig entschieden. Die Juristen wendeten das fremde Recht, mit dem sie allein bekannt waren und
auf dessen Kenntniß ihr Ansehen ruhte, auch auf öffentliche
Verhältnisse an und schrieben neben dem römischen Rechte nur
den zum großen Theil veralteten Reichsgesetzen eine bindende
Kraft zu. Ein Theil derselben gründete die Rechte des deutschen Kaisers auf die Stellung, welche das römische Recht dem
Imperator einräumte, behandelte die Landesherren als praesides
provinciae und stützte das Unerlaubte der landesherrlichen Einigungen auf Pandectenstellen. Ein anderer Theil dagegen
nahm für die Landeshoheit die Bestimmungen des römischen
Rechts über die Majestät des Kaisers, wenn gleich Anfangs nur
zagend in Anspruch. Nachdem indessen die Untersuchungen über
das Reichs- und Territorialrecht einmal unter den wissenschaftlich gebildeten Männern angeregt waren, konnte nicht
Allen das Unwahre einer Ansicht verborgen bleiben, welche
die deutschen politischen Zustände nach dem Staatsrecht entweder einer fremden Nation oder einer fremden Zeit beurtheilt
wissen wollte. Männer traten auf, welche die herrschende Auffassungsweise bekämpften und nach andern Quellen suchten,
aus denen für die deutschen öffentlichen Verhältnisse das sie
ordnende Recht geschöpft werden könne. Unter ihnen war
Philipp Chemnitz der Erste, welcher durch seine 1640 herausgegebene dissertatio de ratione status in imperio nostro Romano - Germanico*) eine tief eingreifende Bedeutung gewann.

Die Entsetzen erregende und leichenartige Gestalt des deutschen Reichs leitet sich nach Chemnitz aus einem zweifachen
Irrthum bei Behandlung der Rechtssachen her. Es kann erstens, schreibt Chemnitz, sich auf einen Ausspruch des Machia-
vel stützend, kein Verfassungsgesetz so Verderben bringend für
den Staat sein, als das, welches aus längst vergangenen Zei-

---

*) Dissertatio de ratione status in imperio nostro Romano - Germa-
nico Autore Hippolitho a Lapide. Anno 1640.

ten herüber genommen ist. Dennoch bringen unsere Juristen
die für das Reich und den Kaiser der Römer erlassenen Bestimmungen ohne Weiteres auf das deutsche Reich zur Anwendung, übertragen die gesammte Stellung des alten Imperators
auf die des jetzigen Kaisers und fechten deßhalb für eine, durch
kein Recht begränzte Gewalt desselben. Es besitzt zweitens,
fährt Chemnitz fort, der Staat eine so großartige Natur, daß
er nicht nach dem Maaßstabe privatrechtlicher Normen gemessen werden kann. Weil das Wesen der Staatsverhältnisse
durchaus verschieden von dem der Privatverhältnisse ist, so
müssen beide in verschiedener Weise behandelt werden und dennoch stützen die Juristen ihr Urtheil über Gegenstände der
Reichsverfassung auf das Privatrecht der Römer und auf die
Meinungen des Baldus und anderer Schriftsteller seiner Art.
Weil nun die Juristen, welche von diesen Ansichten ausgehen,
an den meisten Höfen die Staatssachen behandeln, ist es dahin gekommen, daß unser Vaterland seine alte Freiheit verloren hat und jetzt der Knechtschaft so nahe ist, wie früher der
Freiheit. Um dem verfallenen Zustande Hülfe zu bringen, will
Chemnitz einen neuen Weg betreten wissen. Im Inneren des
Staates und in seiner Gesammtgestaltung liegen die Gründe,
nach denen allein seine Verhältnisse und Zustände beurtheilt
und geleitet werden dürfen. Um das wirkliche Wesen des deutschen
Reiches zu erkennen, wendete sich Chemnitz an die Reichssatzungen, an die deutsche Geschichte und an das Reichsherkommen
und wurde durch sie belehrt, daß das Reich nicht eine Monarchie, sondern eine Aristocratie sei. Ihm schien daher der
Grund alles Elends der deutschen politischen Lage in dem
Bemühen des Kaisers und vieler Juristen zu liegen, die nur
in der Einbildung vorhandene Monarchie an die Stelle der
durch das Leben verlangten Aristokratie zu setzen. Kein Mittel
ist ihm zu gewaltsam und zu abentheuerlich, wenn es nur die
letzten Reste der Monarchie beseitigt und den reinen Character
der Aristocratie hervorbildet. Mit der Wurzel will er das
Uebel ausgraben und deßhalb vor Allem das Erzhaus Oest-

reich gänzlich vom deutschen Boden vertreiben und seine Lande zum Eigenthum des jedesmaligen Kaisers machen.

Besonnener freilich aber deßhalb nicht weniger unverträglich mit den bestehenden Formen des Reiches waren die Ansichten, welche Samuel von Puffendorf in seiner 1767 herausgegebenen Schrift *) de statu imperii Germanici entwickelte. Er faßte zuerst die Stellung der Territorien ins Auge und hebt unter ihnen eine Anzahl kräftiger Fürstenthümer hervor. Die geistlichen Landesherren, sagt er, stehen in Rücksicht auf den Umfang ihrer Länder, auf die Pracht und Ueppigkeit ihres Hofes, auf die Gewalt über ihre Unterthanen den weltlichen Fürsten gleich, aber durch ihre Unterordnung unter einen außerordentlichen deutschen Oberherrn haben sie Deutschland an den Rand des Verderbens gebracht. Mit beißenden Worten bemerkt er, daß sie oft lieber Panzer und Helm, als die Bischofsmütze trügen, das Kriegsfeuer anschürten, die anderen Landesherren gegen einander aufhetzten und Unruhe aller Art in Deutschland erregten. Unter den kleinen Fürstenthümern und Grafschaften scheinen ihm Viele durch Theilungen und schlechten Haushalt ins Verderben gestürzt. Er findet die Reichsstädte von ihrer alten Macht herabgesunken und stimmt der Meinung derer bei, welche glauben, daß sie sämmtlich in die Gewalt der Fürsten fallen würden. In Beziehung auf die Reichsritter hebt er hervor, daß eine solche Menge kleiner Zaunkönige der Stärke des Reiches nichts hinzufügen könnten und daß sie bei dem Eintreten großer Ereignisse die Beute der Mächtigeren werden müßten. Nachdem Puffendorf die Stellung und Aussicht der einzelnen Territorien betrachtet hat, wendet er sich zur Einheit des Reiches. Da dem Kaiser königliche Rechte nicht zustehen, da die Territorien größere oder kleinere Monarchien sind und das Reich wegen beider Umstände weder Monarchie noch Aristocratie sein kann, so ist es überhaupt

---

*) Severini de Monzambano de statu imperii Germanici ad Laelium fratrem. Genev. 1767.

nicht Staat. Da sich aber einzelne Reste der früheren Staats=
einheit erhalten haben, so ist es auch nicht eine Conföderation
verbündeter Territorien, sondern ein ganz irregulärer Körper,
in der Mitte schwebend zwischen Staat und Conföderation.
Zu seiner früheren staatlichen Natur kann es nicht zurückgelei=
tet werden; es wird vielmehr, wie ein vom Berge herunter=
rollender Stein seinen Lauf verfolgen und sich in kürzerer oder
längerer Zeit als reine Conföderation gestalten. Diesen natür=
lichen Gang der Dinge wollte Puffendorf nicht aufgehalten,
aber auch nicht durch gewaltsame Maaßregeln beschleunigt wis=
sen, da ihm die Gefahr eines gänzlichen Zerfalls vor Augen
stand.

Die Ansichten von Chemnitz und Puffendorf, welche die
Möglichkeit, ja die Nothwendigkeit einer Umgestaltung der
bestehenden politischen Zustände, wenn auch in verschiedener
Weise aussprachen, kehrten mannigfach gewendet und aus=
gedrückt in sehr vielen politischen Schriften der letzten Hälfte
des siebenzehnten und des Anfangs des achtzehnten Jahrhun=
derts wieder. Das sociale Leben, aus Abneigung gegen die
Stellung der Fürsten und der Ritterbürtigen unzufrieden mit
dem Bestehenden, erhielt daher von nicht wenigen Juristen die
Auskunft, daß das deutsche Staatsrecht wenig oder nichts
gegen eine durchgreifende Veränderung in den öffentlichen Zu=
ständen einzuwenden habe. Da sich indessen neben dem deut=
schen Recht eine neue über jedem positiven Recht stehende
Macht, das Naturrecht, allmählig erhoben hatte, so mußte
auch dessen Ausspruch über die Zulässigkeit einer Umgestaltung
von Einfluß werden.

Dem Sachsenspiegel war das Recht, in Rücksicht sowohl
auf seinen Ursprung als auf den Grund seiner bindenden Kraft
ein Einiges gewesen. Gott, der da ist Anfang und Ende
aller Dinge, machte zuerst Himmel und Erde und schuf den
Menschen auf Erden und setzte ihn in das Paradies. Dieser
brach den Gehorsam uns Allen zum Schaden. Darum gingen
wir irre als die hirtenlosen Schaafe bis zu der Zeit, da er uns

durch sein Leiden erlösete. Nun wir aber bekehrt sind und
Gott uns wieder eingeladen hat, so halten wir seine Gesetze
und Gebote, welche uns seine Weissagungen und gute geistliche Leute gelehret, auch die christlichen Könige Constantin
und Carl gesetzt haben*). Die Glosse zu diesen Worten des
Sachsenspiegels aber unterscheidet, sich berufend auf das cano-
nische Recht, „zwo ursprüngliche Ursachen alles Rechten":
das natürliche Recht und die Gewohnheit, und ordnet die letztere dem ersteren unter. Auch mag sich, heißt es, Niemand
mit einer Gewohnheit, die wider das natürliche Recht ist,
entschuldigen, denn allen Satzungen und Gewohnheiten soll
und muß das natürliche Recht vorgezogen werden. Gewohnheit im Sinne der Glosse ist das nur hier oder da, bei diesem
oder jenem Volke geltende Recht; den Ursprung derselben gibt
der Glossator in den Worten an: Gewohnheit ist, das ein jeg-
lich Volk sonderlich unter sich eingeführt hat und im Brauch hält.
Die Willkühr der Einzelnen schließt er aus, indem er sagt:
nie aber kann ein Jeglicher richten nach seinem eignen unbe-
sonnenem Gehirn, denn das wäre wider alles Recht. Das
natürliche Recht dagegen ist das überall und allgemein gültige
Recht. Da seine Quelle nur in einer Macht liegen konnte,
welcher alle Völker zu allen Zeiten untergeordnet sind, so erschien der Wille Gottes allein als die Ursache des natürlichen
Rechts, dem deßhalb auch der Name Gottes-Recht beigelegt
ward. Seinen Willen, d. h. in dieser Beziehung das Recht,
hatte Gott kund gethan durch die den belebten Geschöpfen an-
erschaffene physische Natur (natürliches Recht in einem engeren Sinne), ferner durch das Gewissen des Menschen, sodann
durch seine Offenbarung im alten und neuen Testament (göttliches Recht in einem engeren Sinne genannt) und endlich durch
den Kaiser, den er zum dominus mundi gesetzt (Kaiserrecht).
Da die physische Natur der belebten Geschöpfe in Wahrheit
keine Rechtsnormen, sondern nur Verhältnisse hervorruft, so ver-

---

*) Vorrede des Sachsenspiegels.

schwand sie bald aus der Zahl der Rechtsquellen. Da ferner das Kaiserthum gegen Ende des Mittelalters aufhörte, eine allgemeine christliche Macht zu sein, so konnte der Kaiser nicht mehr als Quelle des natürlichen oder allgemeinen, sondern nur noch als Quelle des deutschen Rechts gedacht werden. Somit wurden gegen Ende des Mittelalters als Quelle des natürlichen Rechts das menschliche Gewissen und die heilige Schrift, als Quelle des besonderen Volksrechts Gewohnheit und kaiserliche Bestimmungen, d. h. Gesetze anerkannt. Durchaus verschieden von diesem Gegensatz des von Gott und des von Menschen geschaffenen Rechts trat seit dem sechszehnten Jahrhundert die von Hugo Grotius bestimmt ausgesprochene Unterscheidung des jus voluntarium und des jus naturale hervor*). Das Erstere ward gebildet durch das positive Recht jeder Art, mochte es von Gott oder den Menschen gegeben sein; das Letztere sollte in dem inneren Bewußtsein des Menschen sich gegründet finden. Hugo Grotius zwar führte auch das Naturrecht auf den Willen Gottes zurück, weil der Mensch sein Bewußtsein von Gott erhalten habe und dasselbe an der Offenbarung und an geschichtlicher Erfahrung heranbilde. Bald nach ihm aber ward die Vernunft des Menschen mehr und mehr von dem sie erfüllenden Geiste Gottes isolirt und ohne Rücksicht auf Schrift und Geschichte als Quelle des Naturrechts betrachtet. Da nun zugleich im jus voluntarium die heilige Schrift als Rechtsquelle beseitigt, das Herkommen mehr und mehr als eine Mode und das Gesetz als ein Product der Willkühr angesehen ward, so waren die Vorbedingungen zu einer Richtung vorhanden, welche das gesammte positive Recht an dem durch das Meinen dieses oder jenes Einzelnen gebildeten Naturrecht prüfen wollte, um über dessen Vernünftigkeit oder Unvernünftigkeit ein Urtheil zu gewinnen.

Während das Naturrecht lehrte, daß das Bestehende nur

---

*) Göschel, Zur Geschichte der Rechtsphilosophie in den zerstreuten Blättern aus den Hand- und Hülfsacten eines Juristen. Th. III. S. 238.

in sofern Anspruch auf Vernünftigkeit besitze, als es mit den subjektiven Ansichten der Einzelnen übereinstimme, gab das deutsche Staatsrecht die Versicherung, daß die innere Natur des deutschen Staates zu einer durchgreifenden Umgestaltung hindränge. Das sociale Leben fand sich daher in seiner Gereiztheit gegen das Bestehende und in seinem Hoffen auf Aenderung vom Staatsrecht und Naturrecht anerkannt, aber freilich ein, wenn auch nur in den Umrissen bestimmt gestaltetes politisches Ziel konnte es sich nicht setzen, da es selbst nur ein immer hin- und herschwankendes, jeder festen Form entbehrendes Dasein hatte. Die unbestimmten, gestaltlosen politischen Wünsche, welche sich in der öffentlichen Meinung entwickelten, erhielten ihre Richtung vorwiegend durch den Einfluß der classischen Litteratur. Der Glaube an eine Fortsetzung des römischen Kaiserreiches durch das heilige römische Reich deutscher Nation war zwar längst erloschen, aber seitdem die classische Litteratur Bildungsmittel für die geistigen Kräfte unseres Volkes geworden war, erschienen auch die Formen des antiken Staates in hellem Lichte gegenüber der Zersplitterung und der wüsten Willkühr der deutschen Zustände und erhielten in den Vorstellungen Vieler eine eben so allgemeine Gültigkeit, als die Normen des römischen Privatrechts. Während die Einen in nur formaler Weise zu Werke gingen, und z. B. die Churfürsten dem Senat, die Landesherren den Prätoren, die Reichstage den Concilien verglichen, faßten die Anderen den Römischen populus ins Auge, fanden, daß von ihm sich die kaiserliche Gewalt herleite und wendeten die Ausdrücke und Wendungen der römischen Staatssprache, welche entstanden zur Zeit der Republik ihren Ursprung nicht verleugnete, auf deutsche Reichs- und Territorialverhältnisse an. Die Römische respublica und vor Allem die Stellung des populus in derselben schwebte der öffentlichen Meinung als das Bild des guten Staates vor, dem sie mehr oder weniger bewußt in ihren Wünschen und Hoffen wenigstens sich zu nähern suchte.

Somit war in der ersten Hälfte des vorigen Jahrhunderts

die theoretische Opposition, welche bereits gegen Ausgang des
funfzehnten Jahrhunderts hervorgetreten, aber durch die über-
wältigende Macht der religiösen Bewegung zurückgedrängt war,
von Neuem erschienen. Während indessen früher das Bestehende angegriffen ward, weil es der Idee des durch unmittelbare Stiftung Gottes entstandenen Reiches nicht entsprach,
wurden die Zustände des vorigen Jahrhunderts an politischen
Vorstellungen gehalten, welche sich unter wesentlichem Einfluß
der antiken Staatsformen gebildet hatten.

Drittes Kapitel.

Die Gestaltung der politischen Opposition in Deutschland seit der Mitte des achtzehnten Jahrhunderts.

Oeffentliche Meinung, Naturrecht und Staatsrecht hatten
lange schon wesentlich auf einander eingewirkt, aber seit der
Mitte des achtzehnten Jahrhunderts begann ihre vollständige
Verschmelzung, in Folge des Einflusses, welchen J. J. Rous-
seau's 1752 erschienene Schrift du contrât social in steigen-
dem Grade gewann. Die neu entstandene geistige Macht ge-
langte, abgesehen von den kleinen und wenig einflußreichen
Kreisen, in denen Juristen dem deutschen Staatsrecht eine
selbstständige Stellung zu bewahren suchten, zur allgemeinen
Herrschaft. Vom Staatsrecht erhielt sie ihre Richtung auf das
Verändern des Bestehenden, von der Tagesphilosophie ihre
Willkühr und ihre Verehrung vor dem sogenannten gesunden
Menschenverstand, von der öffentlichen Meinung ihre Gereiztheit und Gestaltlosigkeit. Sie war nicht ein Erzeugniß der
Aufklärung, sondern war die Aufklärung selbst in deren Richtung auf das Politische. Aufgeklärte Regierungen verlangte
man und aufgeklärte Gesetzgebung; die Straßenbaupolizei sollte
aufgeklärt sein, so gut wie die Religion. Da nun das selbstsüchtige Wesen der Aufklärung sich als allgemeine Berechtigung

des angebornen gemeinen Menschenverstandes, als unbedingte
Berechtigung subjectiver Willkühr und als die aus beiden Voraussetzungen sich ergebende ausschließliche Geltung des Nützlichen offenbarte, so mußten diese Grundrichtungen auch auf
dem politischen Gebiete, welches eben so wie jedes andere Lebensgebiet von der Aufklärung beherrscht ward, erscheinen.

Die erste Grundmaxime der Aufklärung war „durchaus
nichts als seiend und bindend gelten zu lassen, als dasjenige,
was man verstehe und klärlich begreife"; ihr ist nichts als
das, was sie nun eben begreift, während es doch darauf ankommt zu begreifen, was ist *). Verstehen aber und klärlich
begreifen läßt sich nicht das Dasein und wunderbare Walten
des Geistes einer Nation, welcher das Volk als lebensvolle
Einheit zeugt, ihm Persönlichkeit verleiht und ihm den Staat
als seine Erscheinungsform bildet. Verstehen und klärlich begreifen läßt sich nicht die Macht des Bewußtseins Eins zu sein
mit seinem Volk und seinem Staat, welches als Treue als
Gehorsam und als ruhiges aber starkes Gefühl der eigenen
politischen Ehre erscheinend den Staat durch die Stürme und
Ungewitter sicher geleitet, wie sie von der Selbstsucht erregt
werden. Wohl tritt die unverstehbare Wahrheit des schaffenden Volksgeistes und der erhaltenden politischen Treue und
Ehre dem schauenden Menschengeiste in seinen besten Stunden
so nahe, daß, wenn sie auch in minder gehobenen Stunden in
eine nicht zu durchdringende Ferne zurückweicht, dennoch die
Erinnerung an ihre Erscheinung keinen Zweifel an ihr Dasein
zuläßt. Weil aber niemals der Verstand des Verständigen das
Organ ist, sie zu erfassen, so mußte sie im vorigen Jahrhundert geleugnet werden. Da demnach das Volk nur als eine
Summe Einzelner galt, so konnte der Staat nur aus einer
Verabredung dieser Einzelnen seinen Ursprung genommen haben und seine Fortbildung erhalten; da ferner das geistige

---

*) Die Grundzüge des gegenwärtigen Zeitalters. Dargestellt von J.
H. Fichte. Berlin 1806 S. 40.

Walten des Gehorsams, der Treue und der Ehre aus dem politischen Leben fortfallen sollte, so wurde die mechanische Gewalt und das verabredete Gesetz das einzige Mittel, den Bestand des Staates vor Schwanken und Untergang zu bewahren. Nicht weil sie sollten, sondern weil sie mußten, fügten sich die Einzelnen dem Ganzen.

Mehrere Menschen, meinte Scheidemantel*), vereinigen ihre Kräfte, weil sie, für sich allein betrachtet, zu schwach sind; sie vereinigen ihren Willen mit den Befehlen der Obrigkeit und daraus entsteht ein Ganzes, das Volk oder die bürgerliche Gesellschaft. Zur Errichtung eines Staates, lehrte Höpfner**), gehören nothwendig drei Verträge: der Vereinigungsvertrag, der gesellschaftliche Vertrag und die Verabredung über das Staatsgrundgesetz. Alle diese Verträge müssen die Eigenschaften haben, die zu einem gültigen Vertrage gehören. Der Staat, schrieb Schlözer***), ist eine Erfindung. Menschen machten sie zu ihrem Wohl, wie sie Brandkassen u. s. w. erfanden. Ihm ist der Staat eine künstliche, überaus zusammengesetzte Maschine, die zu einem bestimmten Zwecke gehen soll. Sie bedarf eines Maschinendirecteurs, Herrscher oder Souverän genannt, welcher von seinen Mitgenossen die ihm nöthigen Aufträge und Eigenschaften erhält. Die, welche ihm jene Aufträge gaben, sind seine Unterthanen, sie sollen ihn reichlich besolden, ihn anbeten und allen seinen Befehlen blinden Gehorsam leisten.

Die zweite Grundmaxime der Aufklärung, den Einzelnen nur als Einzelnen, nicht auch als Glied höherer Einheiten anzuerkennen und deßhalb ihn nur durch seine Individualität, nicht durch irgend eine, vom Willen des Einzelnen verschiedene

---

*) Scheidemantel das Staatsrecht nach der Vernunft und den Sitten der vornehmsten Völker betrachtet. Jena 1770. I. S. 32.

**) Naturrecht des einzelnen Menschen, der Gesellschaften und der Völker von Höpfner §. 175. §. 176.

***) Schlözer Allgemeines Staatsrecht. Göttingen 1793 S. 3, 157, 75, 103, 104.

Macht bestimmt werden zu lassen, rief auf dem politischen
Gebiete eine Richtung hervor, welche jede Berechtigung der
Volkseinheit auf den Einzelnen einzuwirken, in Abrede stellte.
Weil die Einheit der früheren und späteren Generationen desselben Volkes geleugnet wurde, erschien jede von den Vätern
herstammende staatliche Institution als eine fremde, vorläufig
tyrannische Macht, die erst dann Berechtigung erhielt, wenn
sie von den Geschlechtern der Gegenwart anerkannt worden
war. Da nun das Bestehende dennoch die Einzelnen ohne
Rücksicht auf ihre Zustimmung umschloß, so wurde es verfolgt,
nicht weil es in sich zerfallen und verkommen war, sondern
allein schon deßhalb, weil es aus einer früheren Zeit herstammte. Weil die Einheit der gleichzeitig lebenden Generationen verworfen ward, erschien jede andere oder umfassendere
Berechtigung der Einen allen Uebrigen als ein Raub und jede
Erweiterung einer bisher beengten Rechtsstellung wurde von
denen, die schon früher in einem größeren Rechtskreise sich bewegt hatten, als eine Anmaßung und Beeinträchtigung angesehen. Alle aus der Volkseinheit sich hervordrängenden Staatsinstitutionen, welche, um Freiheit zu gewähren, die Willkühr
zurückhalten, drückten wie eine schwere Last auf dem jegliche
innere Einheit leugnenden Einzelleben. Ein Sinn entwickelte
sich, bemerkt Goethe *), den man das Bedürfniß der Unabhängigkeit nennen könnte. Man wollte nichts über sich dulden,
Niemand sollte beengt sein. Dieser Sinn und Geist zeigte sich
damals überall; es entstand eine gewisse sittliche Befehdung,
eine Einmischung der Einzelnen ins Regiment. Zwar blieb,
schreibt ein anderer der Zeit sehr kundiger Mann **), auch im
letzten Drittel des Jahrhunderts das Ehrwürdige der Vorzeit
der Einbildungskraft schätzbar, aber keine Form, keine
Schranke behielt Stand und Werth. Das Alterthum erschien

---

*) Wahrheit und Dichtung 12. Buch.
**) Recension über Göthes Wahrheit und Dichtung in den Heidelberger
    Jahrbüchern von 1814 Nro. 41.

wunderbar groß, war sehnsuchtswärtig, weil es kräftige Frei-
heitselemente darbietet. Aber was von ihm in der Wirklichkeit herabgestammt war, hinderte den kämpfenden Sinn. —
Ungestüm und roh that sich der Aerger über jede höhere Stellung eines Anderen in vielgelesenen Zeitblättern kund. Weckherlin *) z. B. behauptete: Wo der Bürger nicht ungekränkt
ein Glas Wein trinken, wo er ohne den Hut abzunehmen nicht
vor dem Senator vorbei gehen, wo sein Ehrenweib den Paß
nicht ungestraft vor der Frau Rathsschreiberin nehmen, wo
der Unterthan die Mätresse des Ministers nicht Hure nennen,
wo er einen Schurken von Amtmann nicht verachten darf, da
ist keine bürgerliche Freiheit.

Die dritte Grundmaxime der Aufklärung, das Wesen der
seienden Dinge in ihrer Nützlichkeit zu suchen, sie also nicht
als auch an sich, sondern nur als für Andere seiend aufzufassen **), führte auf dem politischen Gebiete dahin, jede Erscheinung des Staatslebens lediglich nach ihrem Nutzen zu
beurtheilen. Da nun die höchsten Interessen wegen ihrer Ir-
rationalität, und die Einheit der kommenden Generationen
mit denen der Gegenwart wegen Verläugnung aller Einheit
unberücksichtigt blieben, so wurde, wie Fichte***) sich aus-
brückte, nur auf das unmittelbar und materiell Nützliche, zur
Wohnung, Kleidung und Speise Dienliche gesehen, auf die
Wohlfeilheit, die Bequemlichkeit und wo es sich am Höchsten
verstieg auf die Mode. Eine Prüfung, welche ihr Augen-
merk allein auf die unmittelbare und materielle Nützlichkeit
wendete, konnten freilich die deutschen Staatszustände am Wenigsten bestehen. Deutschland kommt mir vor, hieß es****)
wie ein großer Park, worin Alles was die Jagduniform trägt,
sich ziemlich Plaisir machen kann; was aber einen Pelz oder

---

*) Weckherlin graues Ungeheuer Band II. S. 80. (1784.)
**) Hegel, Geschichte der Philosophie III. S. 531.
***) Fichte, Grundzüge des gegenwärtigen Zeitalters S. 59.
****) Weckherlin Chronologen Band 7. S. 115. (1780.)

Federn hat, muß sich verkriechen, wofern es nicht zertreten
sein will. Ich zweifle nicht, daß es sehr angenehm ist, König, Churfürst Bischof, Reichsfürst, Abt, Baron im heiligen
römischen Reich zu sein, aber desto empfindlicher ist es, in
der unteren Klasse sich zu befinden. — Nach Außen ergab sich
eben so wenig eine Nützlichkeit des Gesammtzustandes. Deutschlands Constitution ist nichts *) als der code des lions. Zum
ewigen Theater innerlicher Bewegungen bestimmt, wird es den
Vorruhm einer kriegerischen und tapfern Nation behaupten,
ohne Anderen furchtbar zu sein. — Auch die einzelnen Reichsinstitute wurden nach ihrer Nützlichkeit betrachtet. Das Kammergericht, sagte man **), dieser Sitz der Partheilichkeit, der
Bestechung, der Chikane, der endlosen Vorenthaltung des
Rechts, wird noch immer für das Palladium der deutschen
Freiheit gehalten. Man sehe, wie bemittelte Personen eilen,
nach Wetzlar zu kommen, ihren Sachen Aufenthalt oder Wendung zu verschaffen, wie die Parteien laufen, den Referenten
zu erfahren, wie alt Streitigkeiten geworden sind. Die einzige Regel des Rechts, die in Wetzlar gilt, ist beati possidentes. Die oft ertheilten beneficia de non appellando und
die immer zerfallenen Kammergerichtsvisitationen sind Beweise,
daß das Tribunal schädlich und nicht zu verbessern sei. In
derselben Schrift wird ausdrücklich die Frage aufgeworfen:
ist es denn überall nöthig, einen Kaiser zu wählen, braucht
Deutschland ein Oberhaupt, haben sich die Zeiten und in ihnen die Staaten Deutschlands nicht so verändert, daß man einen
Kaiser entbehren kann? Was ist der Kaiser; ist er wirklich das
Oberhaupt der ihm gleichen Souveräne; ist er Etwas, ist er Nichts?
Im ersten Falle, wozu das Etwas, im zweiten Falle wozu das
Nichts. Kennt man irgend einen Dienst, der dem deutschen
Staatskörper durch seine Verfassung erzeigt ist, eine Verthei-
bigung im Kriege, eine Aufrechthaltung, eine Bereicherung,

---

*) Weckherlin Chronologen Band 5. S. 157. (1780.)
**) Warum soll Deutschland einen Kaiser haben? Ohne Druckort 1787.

eine vortheilhafte Unterhandlung. Ist Moral, Philosophie, sind Wissenschaften, Aufklärung, Sitten, Duldung, Künste, Industrie, Handel, ist selbst das innere gute Vernehmen der deutschen Staaten unter einander dadurch befördert? Die souveränen deutschen Staaten würden weit glücklicher sein, wenn der Reichsverband ganz aufhörte; derselbe ist bloß die Wirkung eines Ohngefähr und erhielt sich dadurch, daß er unbedeutend war, wie die Kleidung der Rathsherren in den Reichsstädten, obgleich sich Gesetze, Lebensart und Kleidung sonst ganz verändert haben. Selbst die östreichisch gesinnten Schriftsteller *) gaben zu, daß der Kaiser zu einem unthätigen simulacrum der alten Reichsverfassung herabgewürdigt sei und ihm nur der glänzende Vorzug gegönnt werde, das Ansehen der alten Kaiser auf seine Unkosten zu erhalten und auf dem Theater von Europa einen regem scenicum und imaginarium zu repräsentiren. Sie schrieben den Protestanten die Schuld zu, einen solchen Zustand herbeigeführt zu haben und hielten gleichfalls eine große Umänderung für unvermeidlich. Das Corps der Protestanten, meinten sie, dürfte wahrscheinlicher Weise in unserem Vaterlande früher oder später eine Revolution verursachen, die dem römisch-deutschen Reiche vielleicht zum Vortheil einiger Wenigen ein Ende machen wird. Nur so lange hat das Reich eine precäre Existenz zu hoffen, als sich nicht Umstände ereignen, die aus dem Chaos nach dem natürlichen Lauf der Dinge eine neue Ordnung hervorbringen. — Bei dieser Ansicht vom Reiche konnte die Kaiserkrönung wohl Göthe zu seiner hinreißenden Darstellung veranlassen, weil das Auge des Dichterfürsten weniger die Wirklichkeit der Formen, als den Geist vergangener Zeiten erblickte, der sie einst gebildet hatte. Aber die Prosa der Zeit, welche in den Krönungsförmlichkeiten nur sah was sie jetzt, nicht was sie früher waren, wendete sich verächtlich von ihnen ab. Nichts konnte,

---

*) Z. B. Politische Betrachtungen und Nachrichten Nro. I. 1785. S. 24.

schreibt Lang *) aus alter Erinnerung, ein treueres Bild der
eiskalt erstarrten und kindisch gewordenen alten deutschen Reichsverfassung geben, als das Fastnachtsspiel einer solchen, in
ihren zerrissenen Fetzen prangenden Kaiserkrönung. Mit rohem
Spotte fragte Weckherlin **): Gehört es wirklich zum Heiligthum unserer Constitution, daß ein Ochse gebraten, zerrissen
und verschleift werden muß. Beruhet die Würde und die Festigkeit des Reiches darauf, daß sich der Frankfurter Pöbel
bei der Krönung besaufe, raufe und um seine Gesundheit bringe
oder soll der Sieg des Kronträgers durch verstümmelte Glieder, zerschmetterte Köpfe und betrunkene Kehlen gefeiert werden? Ja, sagt Ihr, aber das Herkommen! Ich verstehe
Euch, da liegt der Ochs im Pfeffer! — So wenig wie Reichskammergericht und Kaiser konnte der Reichstag seine Nützlichkeit nachweisen. Der Reichstag, heißt es in einer Schrift von
1780, kann billig die Grundlage aller Staatsränke genannt
werden. Der Reichstagsgesandte geräth in die äußersten Sorgen und muß sein redliches Gemüth mit schlaflosen Nächten
abwürgen, indem bei ihm die Nothwendigkeit eintritt, unter
Verfolgung und drohenden Unglücken seinen Pflichten zu gehorchen oder deren schandvoll vergessen zu werden. Von beiden Umständen wird er unerträglich gequält. — Eine andere Schrift****)
findet das Dasein des Reichstages nur schädlich, weil der
Ernst wichtiger Geschäfte in steifes Ceremonial der Formalitäten ausgeartet sei, wodurch das Verbessern verjährter Thorheiten und das Abschaffen heilig gewordener Mißbräuche verhindert werde.

Der Aufklärung, so weit sie das politische Gebiet betrat,
wurde weder durch die Verneinung der geistigen, im Staate
waltenden Kräfte, noch durch die Ueberhebung des Einzelle-

---

*) v. Lang Memoiren S. 212.
**) Graues Ungeheuer Band 10 S. 70.
***) Denkbuch und Erklärung was der Reichstag sei? Frankfurt 1780.
****) Warum soll Deutschland einen Kaiser haben? 1787.

bens, noch durch das Zurückdrängen jeder Scheu vor geistigen
Angriffen auf das Bestehende das Bild eines Staates gewährt,
welcher ins Leben eingeführt, die Aufklärung zufrieden gestellt
hätte. Keine einzige Schrift aus der zweiten Hälfte des vorigen Jahrhunderts weiß von einer Staatsgestaltung, deren Erringung sie als die Aufgabe unseres Volkes hingestellt hätte
und die Dichter, hinstürmend in politischer Begeisterung, erwärmten sich an den Worten Vernunftrecht, Freiheit, Vaterland, die Alles und Nichts, aber gewiß keine irgend bestimmte
Staatsgestaltung zu ihrem Inhalte hatten und dennoch in künstlerischer Schönheit entfaltet wesentlich beitrugen, daß auch die
edelsten Männer in die negirende Zeitrichtung hinein geführt
wurden und daß selbst in den trockensten Abhandlungen das
Unbestimmte und Unklare der politischen Bestrebungen fast von
keinem Zeitgenossen bemerkt ward. Die unmittelbare Frucht
der Verachtung des Bestehenden mußte freilich das Suchen nach
Neuem sein; eine krankhafte Unruhe mühte sich ab, um die
verstandesgemäßen und nützlichen Staatsformen zu erfinden;
aber sie vermochte nichts an den Tag zu bringen, als ein Anderes, ein Neues, welches doch dem Schicksal, gleich nach seiner Einsetzung selbst alt zu werden, nicht entgehen konnte und
deßhalb nie das Drängen und Treiben stillte. Männer, die
vorwiegend auf das Handeln und Wirken im Leben gerichtet
waren, mußten von diesem zunächst nur noch geistigen und jeder Befriedigung, jedes Ausruhens entbehrenden Suchen mit
Ueberdruß erfüllt und zu dem Streben, Abhülfe zu schaffen,
geführt werden. Ein für Jeden verständlicher Grund, welcher
die politische Aufklärung zu keinem Resultate gelangen ließ,
lag in der verschiedenen Stellung, welche die Kraft, die das
Bestehende angriff und die, welche es festhielt, einnahm. Die
Regierung eines jeden größeren oder kleineren deutschen Staates
bildete eine festgeschlossene Einheit, konnte deßhalb der sich
gesetzten Aufgabe klar bewußt sein und die auf einen Punkt
gesammelten Kräfte der Einzelnen zur Erhaltung des Bestehenden verwenden. Die Aufklärung dagegen hatte ihren Sitz im

socialen Leben, welches ohne Form und Gestaltung in nie ru-
hendem Schwanken in stets unsicherer Bewegung war. Sie
vermochte deßhalb weder eines bestimmten Zieles sich bewußt
zu werden, noch ein unbestimmtes anhaltend zu verfolgen,
noch durch die Vereinigung der Einzelnkräfte das Widerstreben
der Einzelnen zurückzudrängen. Nur wenn das sociale Leben
eine feste geschlossene Form erhielt, konnte der Kampf der
Aufklärung gegen die das Bestehende festhaltenden Regierungen zu einem Erfolge führen. Zwar wurde ein stärkerer Zusammenhang und eine größere Wirksamkeit der im socialen Leben wurzelnden Kräfte begründet durch den im schnellen Fort-
schreiten wachsenden brieflichen Verkehr und durch das Hervortreten vielgelesener Zeitschriften, namentlich der von Weckherlin und Schlözer herausgegebenen Blätter. Aber eine ausgebildetere Form, eine eigentliche Verfassung mußte der überall
verbreiteten Aufklärung so dringend nothwendig erscheinen,
daß die allgemeinste Unterstützung kaum fehlen konnte, als gegen
Ende der siebenziger Jahre der Orden der Aufgeklärten oder
Illuminaten*) als Consequenz der Aufklärung und als Form
des socialen Lebens hervortrat.

Es gibt Mängel, heißt es in dem Unterricht**) für die
Ordensmitglieder ersten Grades, es gibt Mängel, gegen
welche öffentliche Anstalten zu schwach sind und nur geheime
Verbindungen eine angemessene Wirksamkeit haben. Sich an
allgemeine oder tiefeingewurzelte Vorurtheile mit offenbarer Gewalt zu wagen ist umsonst, ja gefährlich. Sitten werden
durch Sitten geändert und Meinungen durch das langsame un-
merkliche Entstehen neuer Meinungen verdrängt. Dieser Gang
aber ist so langsam, daß er nur wirken kann, wenn nach einem
tiefen, wohlüberdachten Plan gearbeitet wird, wenn die Aus-

---

*) Die Schriften für die Illuminaten sind angegeben und im Auszuge
mitgetheilt in der deutschen Zeitung von 1786 Nro. 42 bis 45;
Actenstücke gegen die Illuminaten sind besonders gesammelt in: Einige Originalschriften des Illuminatenordens. München 1787.

**) Abgedruckt in Weishaupt das verbesserte System der Illuminaten.
Frankfurt 1788.

führung nicht einem hinfälligen Menschen, sondern einem moralischen Körper anvertraut wird. Es entsteht der Wunsch,
heißt es weiter, es möchten die edleren Menschen in ein dauerhaftes Bündniß treten, um mit allen großen Menschen, die
dermalen sind und allen die bereinst sein werden nur ein Volk,
eine Familie zu formiren, für alle Lande, alle Jahrhunderte zu
leben. In dieser Art hat Gott selbst den Trieb nach geheimen Verbindungen in die Seelen der edleren Menschen gelegt,
um die Uebrigen zur Vollkommenheit und Glückseligkeit zu führen. Aus diesem Triebe sind die Staaten entstanden; aber
so wie sie dermalen beschaffen sind, sind sie nur der Weg, der
Versuch zum Bessersein, nicht das Bessersein selbst. Man kann daher auf der großen Leiter menschlicher Vollkommenheit nicht stille
stehen; weil die Staaten durch die Abtheilung der Menschen in Nationen und durch die Verschiedenheit der Stände neue Spaltungen
und Quellen des Hasses hervorgerufen haben, so ist ein neues
Bindungsmittel, eine neue Anstalt nöthig, durch welche die
getrennten Theile sich einander näher gebracht werden. Die
neue Anstalt, der Illuminatenorden, soll keinesweges die vorhandenen Staaten aufheben, denn diese sind für den größten
Theil der Menschen noch ganz angemessen; aber sie soll die
gesonderten Menschen in einen höheren allgemeinen Zweck vereinigen und das Menschengeschlecht zu einer Reife, Vollkommenheit und höheren Sittlichkeit bringen, welche das männliche
Alter der Welt ausmacht. Um diesen Zweck zu erreichen ist
es nöthig, daß alle Glieder desselben so handeln, als ob sie nur
eine einzige Kraft wären. Da nun die Menschen so handeln, wie
sie denken, so ist für alle Ordensglieder eine Uebereinstimmung
des Denkens nothwendig, welche nur allmählig erreicht werden
kann, indem sich Führer und Lehrer finden, die das ganze
System übersehen, die Jünger durch stufenweise Einführung
in die verschiedenen Grade vorbereiten und sie kraft ihrer höheren Einsicht und Gewalt leiten. Aus den gemeinsamen
Zwecken und Ideen folgt sodann das gleiche Handeln. Jedes
Handeln gegen den Ordenszweck ist verboten, jedes Handeln

für denselben geboten. Kein Theil des Ordensganzen darf mehr oder weniger thun, als ihm angewiesen ist. Jedes Rad muß in der gehörigen Proportion in das andere eingreifen; mit einem einzigen Druck muß sich die Bewegung vom Mittelpunkte bis an die äußerste Peripherie des Zirkels verbreiten. Von diesen Gesichtspunkten aus unternahm Weishaupt, Professor der philosophischen Geschichte und des geistlichen Rechts zu Ingolstadt, die Gründung und Ausbreitung des Ordens. Im Jahre 1776 bereits suchte er befreundete Männer zum Eintritt in den Orden zu veranlassen, welcher als bereits bestehend dargestellt wurde. Nur Wenige traten in den Jahren 1776 und 1777 ein, dann aber gewann in außerordentlicher Schnelligkeit der Orden Theilnehmer unter allen Ständen und in allen Gegenden Deutschlands. Der regierende Herzog von Weimar und der Erbprinz von Gotha, die Grafen Seefeld, Seinsheim, Costanza, der kaiserliche Gesandte Graf Metternich, der Domherr Graf Kesselstadt, die Freiherren von Montjelas, von Meggenhoffen u. s. w., in Göttingen die Professoren Koppe, Feder, Martens, in Weimar Göthe, Herder, Musäus, der Minister Fritsch, der Pagenhofmeister Kästner, in Baiern und den geistlichen Territorien viele Domherren und Pfarrer, in den protestantischen und katholischen Städten viele höhere und niedere Beamte, Offiziere, Kaufleute, Kammerherren, Schauspieler, Studenten, gehörten dem Orden an*). An der Spitze desselben stand als primus oder National der Stifter. Unter ihm gliederte sich der Orden in eine verschieden angegebene Zahl von Inspectionen, die Inspection zerfiel in Provinzen, in der Provinz endlich fanden sich die Illuminatenversammlungen der einzelnen Städte. An die Spitze jeder Gliederung war ein Vorsteher gesetzt, dem ein Capitel zur Seite stand. Um den Bestand des Ordens und die Verwendung aller Ordenskräfte nach einem Ziele hin zu sichern,

---

*) Handschriftliche, durchaus glaubwürdige Verzeichnisse machen diese Angaben und nennen namentlich auch Göthe und Herder.

gingen der Aufnahme mancherlei Prüfungen und Feierlichkeiten
voraus. Die Handlung der Einweihung, hieß es, geht vor
sich entweder bei Tage an einem einsamen, abgelegenen, etwas
dunkelen Ort z. B. in einem Walde oder bei Nachtzeit in einem
stillen abgelegenen Zimmer, um eine Zeit, wo der Mond am
Himmel steht. Der Aufzunehmende bekräftigte eidlich, daß er
mit allem Rang, Ehren und Titel, die er in der bürgerlichen
Gesellschaft fordern könne, im Grunde doch nichts weiter sei,
als ein Mensch. Er gelobte ewiges Stillschweigen, unverbrüchliche Treue und Gehorsam allen Oberen und Satzungen
des Ordens, er that treulichen Verzicht auf seine Privateinsicht und auf allen eingeschränkten Gebrauch seiner Kräfte und
Fähigkeiten. Um auch später jedes Glied des Ordens in der
vollkommensten Abhängigkeit vom Orden zu erhalten führte nicht
nur jeder Obere die genauesten Conduitenlisten über alle seine
Untergebenen, sondern jeder Untergebene mußte auch durch Ausfüllung vorgeschriebener Tabellen Nachricht über den Seelenzustand, den Briefwechsel, die wissenschaftliche Beschäftigung
nicht nur seiner selbst, sondern auch seiner Verwandten, Freunde
und Gönner geben. Am liebsten wurden „reiche, wissensbegierige, folgsame, standhafte und beharrliche Leute von achtzehn bis dreißig Jahren" aufgenommen. Ueber zwei Männer
in München, auf die man ein Auge geworfen hatte, heißt es
in einem Briefe aus den siebenziger Jahren: Diese beiden sind
ein Paar Teufelskerle, aber etwas schwer zu dirigiren, eben
weil sie Teufelskerle sind. Unterdessen wenn es möglich wäre,
so wäre die Prise nicht übel.

Durch den Orden der Aufgeklärten hatten die geistigen
Richtungen der Aufklärung allerdings eine feste Form erhalten,
aber da die Aufklärung selbst eines festen Zieles sich nicht be-
wußt war, so mußte dieses auch dem Illuminatenorden fehlen.
Bald wurden Hülfe der unterdrückten Tugend, Besserung des
Herzens und des Verstandes, bald die Heranbildung des Men-
schengeschlechts zu seiner Reife, Vollkommenheit und höherer
Sittlichkeit als die Aufgabe des erlauchten Ordens angegeben.

Mit Staatssachen und Politik sollten ausschließlich die höheren Grade sich beschäftigen und die politischen Aeußerungen, welche in den vertrauteren Briefen der Illuminaten sich finden, wiederholen nur die Richtung der Aufklärung, Widerwillen nämlich gegen das Bestehende und völlige Unklarheit über das Wesen der Staatsformen, durch welche die Bestehenden ersetzt werden könnten. Der Ordensprimus z. B. schreibt, er wolle durch die Prüfungen in den unteren Graden diejenigen kennen lernen, welche geneigt sein möchten, gewisse sonderbare Staatslehren anzunehmen. Der oberste Grad werde die totale Einsicht in die Politik und die Maximen des Ordens gewähren. Hier würden die Projecte entworfen, wie den Feinden der Vernunft und der Menschlichkeit nach und nach auf den Leib zu gehen sei. Aengstlich, aber vergeblich suchten die Leiter des Ganzen nach einem unbekannten Etwas, welches denen als Geheimniß eröffnet werden könne, die die höheren Grade erhielten. Bauen sie nunmehr sicher darauf, trösten sie sich unter einander, daß die Leute etwas Reelles finden sollen. Einige Jahre hindurch hatten die Oberen allerdings wirkliche oder auch nur erdichtete Erwartungen von sich und dem Orden. Schonen Sie, schreibt ein Bruder dem Anderen, Ihre Gesundheit, denn Sie sind solche wegen der wichtigen Dienste, so sie der Welt leisten können, der Welt schuldig. Sie wollen Einfluß in der Welt haben; warten Sie nur, die Stunde kommt gewiß, wo Sie viel thun werden. Sehr bald indessen lieferte der Orden selbst den Beweis, daß die Begründungsart, welche die Aufklärung für die dem Staate einzig vernünftige ausgab, der Gesellschaft ihren Bestand nicht sichern könnte. Die durch Verabredung Einzelner entstandene Ordensverfassung wurde immer von Neuem angegriffen und zu einer und derselben Zeit durch verschiedene sich widersprechende Statuten geordnet. Dermalen, schrieb Weishaupt, wäre es Zeit, daß keiner an nichts weiter dächte, als seinem Orte und Amte genau vorzustehen. Die Regierung selbst zu reguliren ist noch nicht Zeit, wir brauchen erst Untergebene. — Die durch willkührliche

Unterwerfung der Einzelnen hervorgerufene Gewalt des Ordensprimus vermochte auch nicht ein einziges Jahr hindurch die
Auflehnung derer zurückzuhalten, die Gehorsam gelobt hatten.
Schon 1778 schrieb der Stifter: ich soll Euch Leuten alles
schicken und schreiben und habe doch auch zu thun, soll noch
überdieß die ganze Sache ordnen und richten und höre gar
nichts. Ich muß und kann mich also für nichts weiter als
einen Handlanger ansehen. Wie um des Himmels Willen ist
es denn möglich, daß ich der Sache vorstehe. Ich habe nicht
allein von der ganzen Sache kein Blatt Papier im Haus, sondern ich höre auch gar nichts. Ist denn meine Mühe und
Arbeit nicht so viel werth, daß ich auch Früchte genießen
dürfte. Wenn ich nicht künftig richtige und sichere Nachrichten erhalte, so entziehe ich mich dem ganzen Werke und setze
keine Feder mehr ein. Am Uebelsten war es um die Finanzverfassung bestellt; bald werden, um Geld zu schaffen, alle
Conscii aufgefordert, einen Ducaten an die Kasse zu senden,
aber Niemand folgt der Aufforderung; bald heißt es, von den
Projecten zur Bereicherung gefällt mir besonders das Drucken
kleiner Späße, Pasquille und dergleichen, bald wurde die
größte Hoffnung auf mögliche Gewinne in der Lotterie gestellt.
In allen Verhältnissen trat der Eigennutz der Einzelnen störend und verwirrend hervor. Sie verrathen, schrieb der Primus an einen Oberen, neuerdings wieder ihre Absicht, den
Orden bloß zu ihrem Privatvortheil zu gebrauchen. Ich bin
bereit, mein Haab und Gut für das Beste der Gesellschaft
zu geben und Sie nehmen von Ihrer ersten Einlage, die siebenzehn Gulden beträgt, gleich elf Gulden hinweg; ist das
socialisch? Mir möchte das Herz bluten, wenn ich so viel
Eigennutz und so wenig Liebe für das Ganze sehe. — Die
Einen wollten durch den Orden Geldunterstützung, die Anderen eine Hofmeisterstelle oder ein Amt erhalten und wendeten
sich unwillig ab, wenn ihrer Anforderung kein Genüge geschah.
Die vollständigste Zerrüttung war schon in den Orden eingebrochen, als 1784 die ersten Versuche gemacht wurden, densel-

ben zu unterdrücken. Mit seiner Aufhebung in Baiern durch
das Edict vom 1. März 1785 hatten die Illuminaten als Orden ihre Rolle ausgespielt; aber die Aufklärung, welche vor
und neben dem Orden wirksam gewesen war, blieb es auch
nach Beseitigung desselben.

Da die Unfähigkeit der Aufklärung sich in einer festen
Form auszuprägen dargethan war, so hatten die bestehenden
politischen Zustände von ihr keine plötzliche und gewaltsame
Zerstörung zu fürchten. Nicht in der Tiefe des Geistes brannte
die Aufklärung wie ein Feuer, das den Menschen entweder
verzehrt oder ihn sein Ziel erreichen läßt, sondern war nur
auf der Oberfläche der Seele zu Hause. Nichts was bestand
war ihr freilich genehm; Alles vielmehr wurde als unnützlich
und unverständig ausführlich besprochen; aber zu kühnen Thaten fehlte die Kraft. Auch nicht das Trugbild der Kraft, die
Verzweiflung, wie sie von der höchsten Lebensnoth, dem nagen-
den Hunger oder der Zertretung der Persönlichkeit geboren
wird, konnte die Aufklärung zu einem zerstörenden Wagniß
treiben, denn sie hatte im socialen Leben ihren Sitz, dessen
Elemente in der Regel Auskommen und wohlgeordnetes Familienleben besaßen. Dieselben Männer, welche den gesammten
Rechtszustand Deutschlands ohne Scheu als der aufgeklärten
Gegenwart unwürdig besprachen, übertraten dennoch kein Gesetz und hingen oft mit unverstellter Zuneigung an der Person
ihres eigenen Fürsten. Nicht durch sie, sondern nur dann
drohte dem Bestehenden offener und gewaltsamer Angriff, wenn
die Bestandtheile unseres Volkes, welche von dem socialen Leben ausgeschlossen waren, weil ihr Beruf eine vorwiegend geistige Thätigkeit weder verlangte, noch zuließ, von der Aufklärung ergriffen oder zu deren Werkzeug gemacht wurden. In
den Kreisen des kleinen Handelsmanns, des Handwerkers, des
Bauern ist das mehr oder weniger gründliche Denken nicht als
eine vom Thun abgesonderte Thätigkeit heimisch und deßhalb
der Schritt von der inneren Unzufriedenheit, wenn sie irgend
wie hervorgerufen wird, zu der offenen Auflehnung ungleich

leichter, als in den Lebenskreisen, in welchen das Denken und
Reden selbst als eine That erscheint und deßhalb weniger stark
zum Handeln drängt. Längst waren die Land- und Stadtgemeinden, in denen die sogenannten arbeitenden Classen Raum
für ihre politischen Kräfte gewinnen und durch welche sie weit
hinaus in das große Leben des einheitlichen Staates einwirken
können, zu Regierungsanstalten geworden. Weil die Unnatur
des politischen Zustandes auch den Grundlagen, auf welchen
der Bau des Staates sich erhebt, jede politische Berechtigung
entzogen hatte, so war das Drängen nach Wirksamkeit für den
Staat, welches nur mit dem Leben des Volkes ersterben kann,
der Verführung Preis gegeben, sich auf ungeordneten Bahnen
Luft zu verschaffen und das seit dem Ende der siebenziger Jahre
hervortretende Bemühen der Aufklärung sich Eingang in die
arbeitenden Classen zu verschaffen, hatte alle Aussicht auf Erfolg. Die Gefahr, daß dann die redende und schreibende
Auflehnung gegen den gesammten politischen Zustand sich in
eine die Kraft der Arme gebrauchende umsetzen könne, wurde
durch das Hervortreten eines neuen Elements innerhalb der
arbeitenden Classen verstärkt.

In allen Zeiten freilich hatte die Familie und der in Ver-
mögens-Erhaltung oder Erwerbung bestehende Privatberuf
einer Beihülfe durch Arbeiter bedurft, welche sich dienend der
Familie und dem Berufe Fremder hingeben. Zu allen Zeiten
hatten sich Glieder unseres Volkes gefunden, welche, des selbstständigen Hauswesens und Berufes wenigstens vorläufig entbehrend, Anhalt und Auskommen nur durch Andere erhalten
können und deßhalb bereitwillig dem Bedürfniß derselben nach
Ergänzung durch Fremde entsprechen. Aber früher war aus
dieser wechselseitigen Bedürftigkeit und wechselseitigen Abhülfe
in der Regel ein Verhältniß entstanden, welches für die in
dem Interesse und nach dem Willen Fremder thätigen Arbeiter
den Durchgang bildete, später Selbstständigkeit des Hauswesens und des Berufes zu gewinnen. Das Gesinde wendete
seine erste Jugendblüthe der fremden Familie zu, um später in

doch noch kräftigem Lebensalter auch für sich den Hausstand
zu erhalten; die Knechte des Bauern, die Gesellen des Handwerkers, die Gehülfen des Kaufmanns waren für den Beruf
Fremder thätig, um durch sie zur Leitung des künftig ihnen zu
Theil werdenden eigenen Berufes befähigt zu werden. Der Ge-
sichtspunkt, nach welchen die dienenden Berufs- und Familien-
arbeiter als künftige Berufs- und Familienherren erschienen,
verschaffte ihnen schon in ihrer untergeordneten Stellung Pflege
und Zucht. Sie standen nicht vereinzelt und anhaltlos, sondern gehörten den Kreisen, für die sie thätig waren, als
Glieder, wenn auch als dienende, an. In den letzten Jahrhunderten dagegen war die Zahl derer, welchen in früher
Jugend schon das elterliche Haus weder Thätigkeit noch Unterhalt gewährte, in solchem Grade gewachsen, daß sehr vielen
die Aussicht für die Zukunft eine selbstständige Stellung zu erlangen gänzlich abgeschnitten war. Andererseits hatte sich das
Bedürfniß nach fremden unselbstständigen Arbeitern in Familie
und Berufsbetrieb gesteigert. Die Ausbildung der Lebensverhältnisse und der steigende Luxus ließ das Gesinde vom Kam-
merdiener bis zum Ausläufer hinab in früher unbekannter Weise
anwachsen; der städtische Verkehr verlangte eine Masse von
Leuten, welche ohne einen bestimmten Herrn zu haben, stets
bereit standen, für Tage und Stunden dem Winke eines Jeden
zu folgen der sie bezahlen wollte; die Fabriken setzten zahllose
Arbeiter voraus, denen möglichst wohlfeil und schnell einför-
mige und mechanische Handgriffe eingeübt waren, über die
hinaus es für sie keine weitere Ausbildung gab. Dem einen
Theile dieser mehr und mehr anwachsenden Menschenmasse fehlte
die Aussicht auf selbstständigen Haushalt, dem anderen Theile
die auf selbstständigen Beruf. Von einer Heranbildung zu einer
künftigen Lebensstellung war bei ihnen Allen keine Rede; selbst
ohne Familie und eigenen Beruf, waren sie auch an die Familie und den Beruf Fremder durch keine inneren Bande gebunden; selbst standlos entbehrten sie auch des Anhalts, welchen die Einordnung in den Stand Anderer gewährt, und san-

den sich einsam und vereinzelt in unserem Volke. Sie hatten
wenig oder nichts zu verlieren und waren gewohnt dem zu folgen, der ihnen Brod versprach. Wenn die Noth des Lebens
oder die Verlockung Anderer an sie herantrat, so wurde ihr
eigenes bessere Selbst durch keine in der äußeren Lebensstellung liegenden Kräfte gestärkt und von der offenen und gewaltsamen Auflehnung gegen das Bestehende zurückgehalten.
Zwar zeigte sich gegen Ausgang des vorigen Jahrhunderts das
den Staat bedrohende Gespenst der Armuth nur erst in weiter
Ferne; nur dem scharfen Ohre konnte schon damals das dumpfe
Rollen in den Tiefen der Gesellschaft vernehmbar sein, welches
darauf hindeutete, daß große bisher unbekannte Massen sich
in Bewegung setzten, aber das leicht bemerkbare Hervortreten
jener Menge, welche ohne politischen Halt von der Hand in
den Mund lebte mußte dennoch zusammengehalten mit den
negirenden geistigen Richtungen der Aufklärung und der ihren
Einflüssen leicht zugänglichen Stellung der arbeitenden Classen
die Zukunft Deutschlands in einem trüben Lichte erscheinen
lassen.

Die eiskalt erstarrten Staatsformen einer vergangenen
Zeit, welche das Grab, die tief verschütteten Keime einer neuen
Gestaltung, welche Entwickelung vom deutschen Volke forderten, wurden von diesem sich selbst und dem Zufalle Preis gegeben. Die politische Aufklärung in ihrer kraftlosen Negation
des Bestehenden war vom bösen Dämon unseres Volkes gezeugt, um jede Zukunft Deutschlands zu vernichten. So schien
es, aber so konnte es nur scheinen, wenn die Aufklärung ohne
ihren Zusammenhang mit dem Volksleben, welches ihr vorausging und ohne Zusammenhang mit den Staatszuständen, welche
sie vorfand, betrachtet wurde.

Während im deutschen Staate ein verborgener Kern reiche
Früchte für die Zukunft verhieß, hatten alle deutlich erkennbare
Staatsformen eine solche Gestalt bekommen, daß nur ihre Be-
seitigung unserem Volke ein politisches Dasein geben konnte.
Diesen entarteten Formen gegenüber verharrte die Masse des

für denselben geboten. Kein Theil des Ordensganzen darf
mehr oder weniger thun, als ihm angewiesen ist. Jedes Rad
muß in der gehörigen Proportion in das andere eingreifen;
mit einem einzigen Druck muß sich die Bewegung vom Mittelpunkte bis an die äußerste Peripherie des Zirkels verbreiten.
Von diesen Gesichtspunkten aus unternahm Weishaupt, Professor der philosophischen Geschichte und des geistlichen Rechts
zu Ingolstadt, die Gründung und Ausbreitung des Ordens.
Im Jahre 1776 bereits suchte er befreundete Männer zum Eintritt in den Orden zu veranlassen, welcher als bereits bestehend dargestellt wurde. Nur Wenige traten in den Jahren
1776 und 1777 ein, dann aber gewann in außerordentlicher
Schnelligkeit der Orden Theilnehmer unter allen Ständen und
in allen Gegenden Deutschlands. Der regierende Herzog von
Weimar und der Erbprinz von Gotha, die Grafen Seefeld,
Seinsheim, Costanza, der kaiserliche Gesandte Graf Metternich, der Domherr Graf Kesselstadt, die Freiherren von Montjelas, von Meggenhoffen u. s. w., in Göttingen die Professoren Koppe, Feder, Martens, in Weimar Göthe, Herder,
Musäus, der Minister Fritsch, der Pagenhofmeister Kästner,
in Baiern und den geistlichen Territorien viele Domherren und
Pfarrer, in den protestantischen und katholischen Städten viele
höhere und niedere Beamte, Offiziere, Kaufleute, Kammerherren, Schauspieler, Studenten, gehörten dem Orden an *).
An der Spitze desselben stand als primus oder National der
Stifter. Unter ihm gliederte sich der Orden in eine verschieden angegebene Zahl von Inspectionen, die Inspection zerfiel
in Provinzen, in der Provinz endlich fanden sich die Illuminatenversammlungen der einzelnen Städte. An die Spitze jeder Gliederung war ein Vorsteher gesetzt, dem ein Capitel zur
Seite stand. Um den Bestand des Ordens und die Verwendung aller Ordenskräfte nach einem Ziele hin zu sichern,

---

*) Handschriftliche, durchaus glaubwürdige Verzeichnisse machen diese An-
gaben und nennen namentlich auch Gothe und Herder.

gingen der Aufnahme mancherlei Prüfungen und Feierlichkeiten
voraus. Die Handlung der Einweihung, hieß es, geht vor
sich entweder bei Tage an-einem einsamen, abgelegenen, etwas
dunkelen Ort z. B. in einem Walde oder bei Nachtzeit in einem
stillen abgelegenen Zimmer, um eine Zeit, wo der Mond am
Himmel steht. Der Aufzunehmende bekräftigte eidlich, daß er
mit allem Rang, Ehren und Titel, die er in der bürgerlichen
Gesellschaft fordern könne, im Grunde doch nichts weiter sei,
als ein Mensch. Er gelobte ewiges Stillschweigen, unverbrüchliche Treue und Gehorsam allen Oberen und Satzungen
des Ordens, er that treulichen Verzicht auf seine Privateinsicht und auf allen eingeschränkten Gebrauch seiner Kräfte und
Fähigkeiten. Um auch später jedes Glied des Ordens in der
vollkommensten Abhängigkeit vom Orden zu erhalten führte nicht
nur jeder Obere die genauesten Conduitenlisten über alle seine
Untergebenen, sondern jeder Untergebene mußte auch durch Ausfüllung vorgeschriebener Tabellen Nachricht über den Seelenzustand, den Briefwechsel, die wissenschaftliche Beschäftigung
nicht nur seiner selbst, sondern auch seiner Verwandten, Freunde
und Gönner geben. Am liebsten wurden „reiche, wissensbegierige, folgsame, standhafte und beharrliche Leute von achtzehn bis dreißig Jahren" aufgenommen. Ueber zwei Männer
in München, auf die man ein Auge geworfen hatte, heißt es
in einem Briefe aus den siebenziger Jahren: Diese beiden sind
ein Paar Teufelskerle, aber etwas schwer zu dirigiren, eben
weil sie Teufelskerle sind. Unterdessen wenn es möglich wäre,
so wäre die Prise nicht übel.

Durch den Orden der Aufgeklärten hatten die geistigen
Richtungen der Aufklärung allerdings eine feste Form erhalten,
aber da die Aufklärung selbst eines festen Zieles sich nicht be-
wußt war, so mußte dieses auch dem Illuminatenorden fehlen.
Bald wurden Hülfe der unterdrückten Tugend, Besserung des
Herzens und des Verstandes, bald die Heranbildung des Men-
schengeschlechts zu seiner Reife, Vollkommenheit und höherer
Sittlichkeit als die Aufgabe des erlauchten Ordens angegeben.

Mit Staatssachen und Politik sollten ausschließlich die höheren Grade sich beschäftigen und die politischen Aeußerungen, welche in den vertrauteren Briefen der Illuminaten sich finden, wiederholen nur die Richtung der Aufklärung, Widerwillen nämlich gegen das Bestehende und völlige Unklarheit über das Wesen der Staatsformen, durch welche die Bestehenden ersetzt werden könnten. Der Ordensprimus z. B. schreibt, er wolle durch die Prüfungen in den unteren Graden diejenigen kennen lernen, welche geneigt sein möchten, gewisse sonderbare Staatslehren anzunehmen. Der oberste Grad werde die totale Einsicht in die Politik und die Maximen des Ordens gewähren. Hier würden die Prosecte entworfen, wie den Feinden der Vernunft und der Menschlichkeit nach und nach auf den Leib zu gehen sei. Aengstlich, aber vergeblich suchten die Leiter des Ganzen nach einem unbekannten Etwas, welches denen als Geheimniß eröffnet werden könne, die die höheren Grade erhielten. Bauen sie nunmehr sicher darauf, trösten sie sich unter einander, daß die Leute etwas Reelles finden sollen. Einige Jahre hindurch hatten die Oberen allerdings wirkliche oder auch nur erdichtete Erwartungen von sich und dem Orden. Schonen Sie, schreibt ein Bruder dem Anderen, Ihre Gesundheit, denn Sie sind solche wegen der wichtigen Dienste, so sie der Welt leisten können, der Welt schuldig. Sie wollen Einfluß in der Welt haben; warten Sie nur, die Stunde kommt gewiß, wo Sie viel thun werden. Sehr bald indessen lieferte der Orden selbst den Beweis, daß die Begründungsart, welche die Aufklärung für die dem Staate einzig vernünftige ausgab, der Gesellschaft ihren Bestand nicht sichern könnte. Die durch Verabredung Einzelner entstandene Ordensverfassung wurde immer von Neuem angegriffen und zu einer und derselben Zeit durch verschiedene sich widersprechende Statuten geordnet. Dermalen, schrieb Weishaupt, wäre es Zeit, daß keiner an nichts weiter dächte, als seinem Orte und Amte genau vorzustehen. Die Regierung selbst zu reguliren ist noch nicht Zeit, wir brauchen erst Untergebene. — Die durch willkührliche

Unterwerfung der Einzelnen hervorgerufene Gewalt des Ordensprimus vermochte auch nicht ein einziges Jahr hindurch die
Auflehnung derer zurückzuhalten, die Gehorsam gelobt hatten.
Schon 1778 schrieb der Stifter: ich soll Euch Leuten alles
schicken und schreiben und habe doch auch zu thun, soll noch
überdieß die ganze Sache ordnen und richten und höre gar
nichts. Ich muß und kann mich also für nichts weiter als
einen Handlanger ansehen. Wie um des Himmels Willen ist
es denn möglich, daß ich der Sache vorstehe. Ich habe nicht
allein von der ganzen Sache kein Blatt Papier im Haus, sondern ich höre auch gar nichts. Ist denn meine Mühe und
Arbeit nicht so viel werth, daß ich auch Früchte genießen
dürfte. Wenn ich nicht künftig richtige und sichere Nachrichten erhalte, so entziehe ich mich dem ganzen Werke und setze
keine Feder mehr ein. Am Uebelsten war es um die Finanzverfassung bestellt; bald werden, um Geld zu schaffen, alle
Conscii aufgefordert, einen Ducaten an die Kasse zu senden,
aber Niemand folgt der Aufforderung; bald heißt es, von den
Projecten zur Bereicherung gefällt mir besonders das Drucken
kleiner Späße, Pasquille und dergleichen, bald wurde die
größte Hoffnung auf mögliche Gewinne in der Lotterie gestellt.
In allen Verhältnissen trat der Eigennutz der Einzelnen störend und verwirrend hervor. Sie verrathen, schrieb der Primus an einen Oberen, neuerdings wieder ihre Absicht, den
Orden bloß zu ihrem Privatvortheil zu gebrauchen. Ich bin
bereit, mein Haab und Gut für das Beste der Gesellschaft
zu geben und Sie nehmen von Ihrer ersten Einlage, die siebenzehn Gulden beträgt, gleich elf Gulden hinweg; ist das
socialisch? Mir möchte das Herz bluten, wenn ich so viel
Eigennutz und so wenig Liebe für das Ganze sehe. — Die
Einen wollten durch den Orden Geldunterstützung, die Anderen eine Hofmeisterstelle oder ein Amt erhalten und wendeten
sich unwillig ab, wenn ihrer Anforderung kein Genüge geschah.
Die vollständigste Zerrüttung war schon in den Orden eingebrochen, als 1784 die ersten Versuche gemacht wurden, densel-

ben zu unterdrücken. Mit seiner Aufhebung in Baiern durch
das Edict vom 1. März 1785 hatten die Illuminaten als Orden ihre Rolle ausgespielt; aber die Aufklärung, welche vor
und neben dem Orden wirksam gewesen war, blieb es auch
nach Beseitigung desselben.

Da die Unfähigkeit der Aufklärung sich in einer festen
Form auszuprägen dargethan war, so hatten die bestehenden
politischen Zustände von ihr keine plötzliche und gewaltsame
Zerstörung zu fürchten. Nicht in der Tiefe des Geistes brannte
die Aufklärung wie ein Feuer, das den Menschen entweder
verzehrt oder ihn sein Ziel erreichen läßt, sondern war nur
auf der Oberfläche der Seele zu Hause. Nichts was bestand
war ihr freilich genehm; Alles vielmehr wurde als unnützlich
und unverständig ausführlich besprochen; aber zu kühnen Thaten fehlte die Kraft. Auch nicht das Trugbild der Kraft, die
Verzweiflung, wie sie von der höchsten Lebensnoth, dem nagen-
den Hunger oder der Zertretung der Persönlichkeit geboren
wird, konnte die Aufklärung zu einem zerstörenden Wagniß
treiben, denn sie hatte im socialen Leben ihren Sitz, dessen
Elemente in der Regel Auskommen und wohlgeordnetes Familienleben besaßen. Dieselben Männer, welche den gesammten
Rechtszustand Deutschlands ohne Scheu als der aufgeklärten
Gegenwart unwürdig besprachen, übertraten dennoch kein Gesetz und hingen oft mit unverstellter Zuneigung an der Person
ihres eigenen Fürsten. Nicht durch sie, sondern nur dann
drohte dem Bestehenden offener und gewaltsamer Angriff, wenn
die Bestandtheile unseres Volkes, welche von dem socialen Leben ausgeschlossen waren, weil ihr Beruf eine vorwiegend geistige Thätigkeit weder verlangte, noch zuließ, von der Aufklärung ergriffen oder zu deren Werkzeug gemacht wurden. In
den Kreisen des kleinen Handelsmanns, des Handwerkers, des
Bauern ist das mehr oder weniger gründliche Denken nicht als
eine vom Thun abgesonderte Thätigkeit heimisch und deßhalb
der Schritt von der inneren Unzufriedenheit, wenn sie irgend
wie hervorgerufen wird, zu der offenen Auflehnung ungleich

leichter, als in den Lebenskreisen, in welchen das Denken und
Reden selbst als eine That erscheint und deßhalb weniger stark
zum Handeln drängt. Längst waren die Land- und Stadtgemeinden, in denen die sogenannten arbeitenden Classen Raum
für ihre politischen Kräfte gewinnen und durch welche sie weit
hinaus in das große Leben des einheitlichen Staates einwirken
können, zu Regierungsanstalten geworden. Weil die Unnatur
des politischen Zustandes auch den Grundlagen, auf welchen
der Bau des Staates sich erhebt, jede politische Berechtigung
entzogen hatte, so war das Drängen nach Wirksamkeit für den
Staat, welches nur mit dem Leben des Volkes ersterben kann,
der Verführung Preis gegeben, sich auf ungeordneten Bahnen
Luft zu verschaffen und das seit dem Ende der siebenziger Jahre
hervortretende Bemühen der Aufklärung sich Eingang in die
arbeitenden Classen zu verschaffen, hatte alle Aussicht auf Erfolg. Die Gefahr, daß dann die redende und schreibende
Auflehnung gegen den gesammten politischen Zustand sich in
eine die Kraft der Arme gebrauchende umsetzen könne, wurde
durch das Hervortreten eines neuen Elements innerhalb der
arbeitenden Classen verstärkt.

In allen Zeiten freilich hatte die Familie und der in Ver-
mögens-Erhaltung oder Erwerbung bestehende Privatberuf
einer Beihülfe durch Arbeiter bedurft, welche sich dienend der
Familie und dem Berufe Fremder hingeben. Zu allen Zeiten
hatten sich Glieder unseres Volkes gefunden, welche, des selbstständigen Hauswesens und Berufes wenigstens vorläufig entbehrend, Anhalt und Auskommen nur durch Andere erhalten
können und deßhalb bereitwillig dem Bedürfniß derselben nach
Ergänzung durch Fremde entsprechen. Aber früher war aus
dieser wechselseitigen Bedürftigkeit und wechselseitigen Abhülfe
in der Regel ein Verhältniß entstanden, welches für die in
dem Interesse und nach dem Willen Fremder thätigen Arbeiter
den Durchgang bildete, später Selbstständigkeit des Hauswesens und des Berufes zu gewinnen. Das Gesinde wendete
seine erste Jugendblüthe der fremden Familie zu, um später in

doch noch kräftigem Lebensalter auch für sich den Hausstand
zu erhalten; die Knechte des Bauern, die Gesellen des Handwerkers, die Gehülfen des Kaufmanns waren für den Beruf
Fremder thätig, um durch sie zur Leitung des künftig ihnen zu
Theil werdenden eigenen Berufes befähigt zu werden. Der Ge-
sichtspunkt, nach welchen die dienenden Berufs- und Familien-
arbeiter als künftige Berufs- und Familienherren erschienen,
verschaffte ihnen schon in ihrer untergeordneten Stellung Pflege
und Zucht. Sie standen nicht vereinzelt und anhaltlos, sondern gehörten den Kreisen, für die sie thätig waren, als
Glieder, wenn auch als dienende, an. In den letzten Jahrhunderten dagegen war die Zahl derer, welchen in früher
Jugend schon das elterliche Haus weder Thätigkeit noch Unterhalt gewährte, in solchem Grade gewachsen, daß sehr vielen
die Aussicht für die Zukunft eine selbstständige Stellung zu erlangen gänzlich abgeschnitten war. Andererseits hatte sich das
Bedürfniß nach fremden unselbstständigen Arbeitern in Familie
und Berufsbetrieb gesteigert. Die Ausbildung der Lebensverhältnisse und der steigende Luxus ließ das Gesinde vom Kam-
merdiener bis zum Ausläufer hinab in früher unbekannter Weise
anwachsen; der städtische Verkehr verlangte eine Masse von
Leuten, welche ohne einen bestimmten Herrn zu haben, stets
bereit standen, für Tage und Stunden dem Winke eines Jeden
zu folgen der sie bezahlen wollte; die Fabriken setzten zahllose
Arbeiter voraus, denen möglichst wohlfeil und schnell einför-
mige und mechanische Handgriffe eingeübt waren, über die
hinaus es für sie keine weitere Ausbildung gab. Dem einen
Theile dieser mehr und mehr anwachsenden Menschenmasse fehlte
die Aussicht auf selbstständigen Haushalt, dem anderen Theile
die auf selbstständigen Beruf. Von einer Heranbildung zu einer
künftigen Lebensstellung war bei ihnen Allen keine Rede; selbst
ohne Familie und eigenen Beruf, waren sie auch an die Familie und den Beruf Fremder durch keine inneren Bande gebunden; selbst standlos entbehrten sie auch des Anhalts, welchen die Einordnung in den Stand Anderer gewährt, und san-

den sich einsam und vereinzelt in unserem Volke. Sie hatten
wenig oder nichts zu verlieren und waren gewohnt dem zu folgen, der ihnen Brod versprach. Wenn die Noth des Lebens
oder die Verlockung Anderer an sie herantrat, so wurde ihr
eigenes bessere Selbst durch keine in der äußeren Lebensstellung liegenden Kräfte gestärkt und von der offenen und gewaltsamen Auflehnung gegen das Bestehende zurückgehalten.
Zwar zeigte sich gegen Ausgang des vorigen Jahrhunderts das
den Staat bedrohende Gespenst der Armuth nur erst in weiter
Ferne; nur dem scharfen Ohre konnte schon damals das dumpfe
Rollen in den Tiefen der Gesellschaft vernehmbar sein, welches
darauf hindeutete, daß große bisher unbekannte Massen sich
in Bewegung setzten, aber das leicht bemerkbare Hervortreten
jener Menge, welche ohne politischen Halt von der Hand in
den Mund lebte mußte dennoch zusammengehalten mit den
negirenden geistigen Richtungen der Aufklärung und der ihren
Einflüssen leicht zugänglichen Stellung der arbeitenden Classen
die Zukunft Deutschlands in einem trüben Lichte erscheinen
lassen.

Die eiskalt erstarrten Staatsformen einer vergangenen
Zeit, welche das Grab, die tief verschütteten Keime einer neuen
Gestaltung, welche Entwickelung vom deutschen Volke forderten, wurden von diesem sich selbst und dem Zufalle Preis gegeben. Die politische Aufklärung in ihrer kraftlosen Negation
des Bestehenden war vom bösen Dämon unseres Volkes gezeugt, um jede Zukunft Deutschlands zu vernichten. So schien
es, aber so konnte es nur scheinen, wenn die Aufklärung ohne
ihren Zusammenhang mit dem Volksleben, welches ihr vorausging und ohne Zusammenhang mit den Staatszuständen, welche
sie vorfand, betrachtet wurde.

Während im deutschen Staate ein verborgener Kern reiche
Früchte für die Zukunft verhieß, hatten alle deutlich erkennbare
Staatsformen eine solche Gestalt bekommen, daß nur ihre Be-
seitigung unserem Volke ein politisches Dasein geben konnten.
Diesen entarteten Formen gegenüber verharrte die Masse des

socialen Leben, welches ohne Form und Gestaltung in nie ru-
hendem Schwanken in stets unsicherer Bewegung war. Sie
vermochte deßhalb weder eines bestimmten Zieles sich bewußt
zu werden, noch ein unbestimmtes anhaltend zu verfolgen,
noch durch die Vereinigung der Einzelnkräfte das Widerstreben
der Einzelnen zurückzudrängen. Nur wenn das sociale Leben
eine feste geschlossene Form erhielt, konnte der Kampf der
Aufklärung gegen die das Bestehende festhaltenden Regierungen zu einem Erfolge führen. Zwar wurde ein stärkerer Zusammenhang und eine größere Wirksamkeit der im socialen Leben wurzelnden Kräfte begründet durch den im schnellen Fort-
schreiten wachsenden brieflichen Verkehr und durch das Hervortreten vielgelesener Zeitschriften, namentlich der von Weckherlin und Schlözer herausgegebenen Blätter. Aber eine ausgebildetere Form, eine eigentliche Verfassung mußte der überall
verbreiteten Aufklärung so dringend nothwendig erscheinen,
daß die allgemeinste Unterstützung kaum fehlen konnte, als gegen
Ende der siebenziger Jahre der Orden der Aufgeklärten oder
Illuminaten*) als Consequenz der Aufklärung und als Form
des socialen Lebens hervortrat.

Es gibt Mängel, heißt es in dem Unterricht**) für die
Ordensmitglieder ersten Grades, es gibt Mängel, gegen
welche öffentliche Anstalten zu schwach sind und nur geheime
Verbindungen eine angemessene Wirksamkeit haben. Sich an
allgemeine oder tiefeingewurzelte Vorurtheile mit offenbarer Gewalt zu wagen ist umsonst, ja gefährlich. Sitten werden
durch Sitten geändert und Meinungen durch das langsame un-
merkliche Entstehen neuer Meinungen verdrängt. Dieser Gang
aber ist so langsam, daß er nur wirken kann, wenn nach einem
tiefen, wohlüberdachten Plan gearbeitet wird, wenn die Aus-

---

*) Die Schriften für die Illuminaten sind angegeben und im Auszuge
mitgetheilt in der deutschen Zeitung von 1786 Nro. 42 bis 45;
Actenstücke gegen die Illuminaten sind besonders gesammelt in: Einige Originalschriften des Illuminateuordens. München 1787.

**) Abgedruckt in Weishaupt das verbesserte System der Illuminaten.
Frankfurt 1788.

führung nicht einem hinfälligen Menschen, sondern einem moralischen Körper anvertraut wird. Es entsteht der Wunsch,
heißt es weiter, es möchten die edleren Menschen in ein dauerhaftes Bündniß treten, um mit allen großen Menschen, die
dermalen sind und allen die dereinst sein werden nur ein Volk,
eine Familie zu formiren, für alle Lande, alle Jahrhunderte zu
leben. In dieser Art hat Gott selbst den Trieb nach geheimen Verbindungen in die Seelen der edleren Menschen gelegt,
um die Uebrigen zur Vollkommenheit und Glückseligkeit zu führen. Aus diesem Triebe sind die Staaten entstanden; aber
so wie sie dermalen beschaffen sind, sind sie nur der Weg, der
Versuch zum Bessersein, nicht das Bessersein selbst. Man kann daher auf der großen Leiter menschlicher Vollkommenheit nicht stille
stehen; weil die Staaten durch die Abtheilung der Menschen in Nationen und durch die Verschiedenheit der Stände neue Spaltungen
und Quellen des Hasses hervorgerufen haben, so ist ein neues
Bindungsmittel, eine neue Anstalt nöthig, durch welche die
getrennten Theile sich einander näher gebracht werden. Die
neue Anstalt, der Illuminatenorden, soll keinesweges die vorhandenen Staaten aufheben, denn diese sind für den größten
Theil der Menschen noch ganz angemessen; aber sie soll die
gesonderten Menschen in einen höheren allgemeinen Zweck vereinigen und das Menschengeschlecht zu einer Reife, Vollkommenheit und höheren Sittlichkeit bringen, welche das männliche
Alter der Welt ausmacht. Um diesen Zweck zu erreichen ist
es nöthig, daß alle Glieder desselben so handeln, als ob sie nur
eine einzige Kraft wären. Da nun die Menschen so handeln, wie
sie denken, so ist für alle Ordensglieder eine Uebereinstimmung
des Denkens nothwendig, welche nur allmählig erreicht werden
kann, indem sich Führer und Lehrer finden, die das ganze
System übersehen, die Jünger durch stufenweise Einführung
in die verschiedenen Grade vorbereiten und sie kraft ihrer höheren Einsicht und Gewalt leiten. Aus den gemeinsamen
Zwecken und Ideen folgt sodann das gleiche Handeln. Jedes
Handeln gegen den Ordenszweck ist verboten, jedes Handeln

für denselben geboten. Kein Theil des Ordensganzen darf mehr oder weniger thun, als ihm angewiesen ist. Jedes Rad muß in der gehörigen Proportion in das andere eingreifen; mit einem einzigen Druck muß sich die Bewegung vom Mittelpunkte bis an die äußerste Peripherie des Zirkels verbreiten. Von diesen Gesichtspunkten aus unternahm Weishaupt, Professor der philosophischen Geschichte und des geistlichen Rechts zu Ingolstadt, die Gründung und Ausbreitung des Ordens. Im Jahre 1776 bereits suchte er befreundete Männer zum Eintritt in den Orden zu veranlassen, welcher als bereits bestehend dargestellt wurde. Nur Wenige traten in den Jahren 1776 und 1777 ein, dann aber gewann in außerordentlicher Schnelligkeit der Orden Theilnehmer unter allen Ständen und in allen Gegenden Deutschlands. Der regierende Herzog von Weimar und der Erbprinz von Gotha, die Grafen Seefeld, Seinsheim, Costanza, der kaiserliche Gesandte Graf Metternich, der Domherr Graf Kesselstadt, die Freiherren von Montjelas, von Meggenhoffen u. s. w., in Göttingen die Professoren Koppe, Feder, Martens, in Weimar Göthe, Herder, Musäus, der Minister Fritsch, der Pagenhofmeister Kästner, in Baiern und den geistlichen Territorien viele Domherren und Pfarrer, in den protestantischen und katholischen Städten viele höhere und niedere Beamte, Offiziere, Kaufleute, Kammerherren, Schauspieler, Studenten, gehörten dem Orden an*). An der Spitze desselben stand als primus oder National der Stifter. Unter ihm gliederte sich der Orden in eine verschieden angegebene Zahl von Inspectionen, die Inspection zerfiel in Provinzen, in der Provinz endlich fanden sich die Illuminatenversammlungen der einzelnen Städte. An die Spitze jeder Gliederung war ein Vorsteher gesetzt, dem ein Capitel zur Seite stand. Um den Bestand des Ordens und die Verwendung aller Ordenskräfte nach einem Ziele hin zu sichern,

---

*) Handschriftliche, durchaus glaubwürdige Verzeichnisse machen diese Angaben und nennen namentlich auch Göthe und Herder.

gingen der Aufnahme mancherlei Prüfungen und Feierlichkeiten
voraus. Die Handlung der Einweihung, hieß es, geht vor
sich entweder bei Tage an einem einsamen, abgelegenen, etwas
dunkelen Ort z. B. in einem Walde oder bei Nachtzeit in einem
stillen abgelegenen Zimmer, um eine Zeit, wo der Mond am
Himmel steht. Der Aufzunehmende bekräftigte eidlich, daß er
mit allem Rang, Ehren und Titel, die er in der bürgerlichen
Gesellschaft fordern könne, im Grunde doch nichts weiter sei,
als ein Mensch. Er gelobte ewiges Stillschweigen, unverbrüchliche Treue und Gehorsam allen Oberen und Satzungen
des Ordens, er that treulichen Verzicht auf seine Privateinsicht und auf allen eingeschränkten Gebrauch seiner Kräfte und
Fähigkeiten. Um auch später jedes Glied des Ordens in der
vollkommensten Abhängigkeit vom Orden zu erhalten führte nicht
nur jeder Obere die genauesten Conduitenlisten über alle seine
Untergebenen, sondern jeder Untergebene mußte auch durch Ausfüllung vorgeschriebener Tabellen Nachricht über den Seelenzustand, den Briefwechsel, die wissenschaftliche Beschäftigung
nicht nur seiner selbst, sondern auch seiner Verwandten, Freunde
und Gönner geben. Am liebsten wurden „reiche, wissensbegierige, folgsame, standhafte und beharrliche Leute von achtzehn bis dreißig Jahren" aufgenommen. Ueber zwei Männer
in München, auf die man ein Auge geworfen hatte, heißt es
in einem Briefe aus den siebenziger Jahren: Diese beiden sind
ein Paar Teufelskerle, aber etwas schwer zu dirigiren, eben
weil sie Teufelskerle sind. Unterdessen wenn es möglich wäre,
so wäre die Prise nicht übel.

Durch den Orden der Aufgeklärten hatten die geistigen
Richtungen der Aufklärung allerdings eine feste Form erhalten,
aber da die Aufklärung selbst eines festen Zieles sich nicht be-
wußt war, so mußte dieses auch dem Illuminatenorden fehlen.
Bald wurden Hülfe der unterdrückten Tugend, Besserung des
Herzens und des Verstandes, bald die Heranbildung des Men-
schengeschlechts zu seiner Reife, Vollkommenheit und höherer
Sittlichkeit als die Aufgabe des erlauchten Ordens angegeben.

Mit Staatssachen und Politik sollten ausschließlich die höheren Grade sich beschäftigen und die politischen Aeußerungen, welche in den vertrauteren Briefen der Illuminaten sich finden, wiederholen nur die Richtung der Aufklärung, Widerwillen nämlich gegen das Bestehende und völlige Unklarheit über das Wesen der Staatsformen, durch welche die Bestehenden ersetzt werden könnten. Der Ordensprimus z. B. schreibt, er wolle durch die Prüfungen in den unteren Graden diejenigen kennen lernen, welche geneigt sein möchten, gewisse sonderbare Staatslehren anzunehmen. Der oberste Grad werde die totale Einsicht in die Politik und die Maximen des Ordens gewähren. Hier würden die Projecte entworfen, wie den Feinden der Vernunft und der Menschlichkeit nach und nach auf den Leib zu gehen sei. Aengstlich, aber vergeblich suchten die Leiter des Ganzen nach einem unbekannten Etwas, welches denen als Geheimniß eröffnet werden könne, die die höheren Grade erhielten. Bauen sie nunmehr sicher darauf, trösten sie sich unter einander, daß die Leute etwas Reelles finden sollen. Einige Jahre hindurch hatten die Oberen allerdings wirkliche oder auch nur erdichtete Erwartungen von sich und dem Orden. Schonen Sie, schreibt ein Bruder dem Anderen, Ihre Gesundheit, denn Sie sind solche wegen der wichtigen Dienste, so sie der Welt leisten können, der Welt schuldig. Sie wollen Einfluß in der Welt haben; warten Sie nur, die Stunde kommt gewiß, wo Sie viel thun werden. Sehr bald indessen lieferte der Orden selbst den Beweis, daß die Begründungsart, welche die Aufklärung für die dem Staate einzig vernünftige ausgab, der Gesellschaft ihren Bestand nicht sichern könnte. Die durch Verabredung Einzelner entstandene Ordensverfassung wurde immer von Neuem angegriffen und zu einer und derselben Zeit durch verschiedene sich widersprechende Statuten geordnet. Dermalen, schrieb Weishaupt, wäre es Zeit, daß keiner an nichts weiter dächte, als seinem Orte und Amte genau vorzustehen. Die Regierung selbst zu reguliren ist noch nicht Zeit, wir brauchen erst Untergebene. — Die durch willkührliche

Unterwerfung der Einzelnen hervorgerufene Gewalt des Ordensprimus vermochte auch nicht ein einziges Jahr hindurch die Auflehnung derer zurückzuhalten, die Gehorsam gelobt hatten. Schon 1778 schrieb der Stifter: ich soll Euch Leuten alles schicken und schreiben und habe doch auch zu thun, soll noch überdieß die ganze Sache ordnen und richten und höre gar nichts. Ich muß und kann mich also für nichts weiter als einen Handlanger ansehen. Wie um des Himmels Willen ist es denn möglich, daß ich der Sache vorstehe. Ich habe nicht allein von der ganzen Sache kein Blatt Papier im Haus, sondern ich höre auch gar nichts. Ist denn meine Mühe und Arbeit nicht so viel werth, daß ich auch Früchte genießen dürfte. Wenn ich nicht künftig richtige und sichere Nachrichten erhalte, so entziehe ich mich dem ganzen Werke und setze keine Feder mehr ein. Am Uebelsten war es um die Finanzverfassung bestellt; bald werden, um Geld zu schaffen, alle Conscii aufgefordert, einen Ducaten an die Kasse zu senden, aber Niemand folgt der Aufforderung; bald heißt es, von den Projecten zur Bereicherung gefällt mir besonders das Drucken kleiner Späße, Pasquille und dergleichen, bald wurde die größte Hoffnung auf mögliche Gewinne in der Lotterie gestellt. In allen Verhältnissen trat der Eigennutz der Einzelnen störend und verwirrend hervor. Sie verrathen, schrieb der Primus an einen Oberen, neuerdings wieder ihre Absicht, den Orden bloß zu ihrem Privatvortheil zu gebrauchen. Ich bin bereit, mein Haab und Gut für das Beste der Gesellschaft zu geben und Sie nehmen von Ihrer ersten Einlage, die siebenzehn Gulden beträgt, gleich elf Gulden hinweg; ist das socialisch? Mir möchte das Herz bluten, wenn ich so viel Eigennutz und so wenig Liebe für das Ganze sehe. — Die Einen wollten durch den Orden Geldunterstützung, die Anderen eine Hofmeisterstelle oder ein Amt erhalten und wendeten sich unwillig ab, wenn ihrer Anforderung kein Genüge geschah. Die vollständigste Zerrüttung war schon in den Orden eingebrochen, als 1784 die ersten Versuche gemacht wurden, densel-

ben zu unterdrücken. Mit seiner Aufhebung in Baiern durch
das Edict vom 1. März 1785 hatten die Illuminaten als Orden ihre Rolle ausgespielt; aber die Aufklärung, welche vor
und neben dem Orden wirksam gewesen war, blieb es auch
nach Beseitigung desselben.

Da die Unfähigkeit der Aufklärung sich in einer festen
Form auszuprägen dargethan war, so hatten die bestehenden
politischen Zustände von ihr keine plötzliche und gewaltsame
Zerstörung zu fürchten. Nicht in der Tiefe des Geistes brannte
die Aufklärung wie ein Feuer, das den Menschen entweder
verzehrt oder ihn sein Ziel erreichen läßt, sondern war nur
auf der Oberfläche der Seele zu Hause. Nichts was bestand
war ihr freilich genehm; Alles vielmehr wurde als unnützlich
und unverständig ausführlich besprochen; aber zu kühnen Thaten fehlte die Kraft. Auch nicht das Trugbild der Kraft, die
Verzweiflung, wie sie von der höchsten Lebensnoth, dem nagen-
den Hunger oder der Zertretung der Persönlichkeit geboren
wird, konnte die Aufklärung zu einem zerstörenden Wagniß
treiben, denn sie hatte im socialen Leben ihren Sitz, dessen
Elemente in der Regel Auskommen und wohlgeordnetes Familienleben besaßen. Dieselben Männer, welche den gesammten
Rechtszustand Deutschlands ohne Scheu als der aufgeklärten
Gegenwart unwürdig besprachen, übertraten dennoch kein Gesetz und hingen oft mit unverstellter Zuneigung an der Person
ihres eigenen Fürsten. Nicht durch sie, sondern nur dann
drohte dem Bestehenden offener und gewaltsamer Angriff, wenn
die Bestandtheile unseres Volkes, welche von dem socialen Leben ausgeschlossen waren, weil ihr Beruf eine vorwiegend geistige Thätigkeit weder verlangte, noch zuließ, von der Aufklärung ergriffen oder zu deren Werkzeug gemacht wurden. In
den Kreisen des kleinen Handelsmanns, des Handwerkers, des
Bauern ist das mehr oder weniger gründliche Denken nicht als
eine vom Thun abgesonderte Thätigkeit heimisch und deßhalb
der Schritt von der inneren Unzufriedenheit, wenn sie irgend
wie hervorgerufen wird, zu der offenen Auflehnung ungleich

leichter, als in den Lebenskreisen, in welchen das Denken und
Reden selbst als eine That erscheint und deßhalb weniger stark
zum Handeln drängt. Längst waren die Land- und Stadtgemeinden, in denen die sogenannten arbeitenden Classen Raum
für ihre politischen Kräfte gewinnen und durch welche sie weit
hinaus in das große Leben des einheitlichen Staates einwirken
können, zu Regierungsanstalten geworden. Weil die Unnatur
des politischen Zustandes auch den Grundlagen, auf welchen
der Bau des Staates sich erhebt, jede politische Berechtigung
entzogen hatte, so war das Drängen nach Wirksamkeit für den
Staat, welches nur mit dem Leben des Volkes ersterben kann,
der Verführung Preis gegeben, sich auf ungeordneten Bahnen
Luft zu verschaffen und das seit dem Ende der siebenziger Jahre
hervortretende Bemühen der Aufklärung sich Eingang in die
arbeitenden Classen zu verschaffen, hatte alle Aussicht auf Erfolg. Die Gefahr, daß dann die redende und schreibende
Auflehnung gegen den gesammten politischen Zustand sich in
eine die Kraft der Arme gebrauchende umsetzen könne, wurde
durch das Hervortreten eines neuen Elements innerhalb der
arbeitenden Classen verstärkt.

In allen Zeiten freilich hatte die Familie und der in Ver-
mögens-Erhaltung oder Erwerbung bestehende Privatberuf
einer Beihülfe durch Arbeiter bedurft, welche sich dienend der
Familie und dem Berufe Fremder hingeben. Zu allen Zeiten
hatten sich Glieder unseres Volkes gefunden, welche, des selbstständigen Hauswesens und Berufes wenigstens vorläufig entbehrend, Anhalt und Auskommen nur durch Andere erhalten
können und deßhalb bereitwillig dem Bedürfniß derselben nach
Ergänzung durch Fremde entsprechen. Aber früher war aus
dieser wechselseitigen Bedürftigkeit und wechselseitigen Abhülfe
in der Regel ein Verhältniß entstanden, welches für die in
dem Interesse und nach dem Willen Fremder thätigen Arbeiter
den Durchgang bildete, später Selbstständigkeit des Hauswesens und des Berufes zu gewinnen. Das Gesinde wendete
seine erste Jugendblüthe der fremden Familie zu, um später in

eichter, als in den Lebenskreisen, in welchen das Denken und
eben selbst als eine That erscheint und deßhalb weniger stark
im Handeln drängt. Längst waren die Land- und Stadtge-
einden, in denen die sogenannten arbeitenden Classen Raum
r ihre politischen Kräfte gewinnen und durch welche sie weit
aus in das große Leben des einheitlichen Staates einwirken
nnen, zu Regierungsanstalten geworden. Weil die Unnatur
s politischen Zustandes auch den Grundlagen, auf welchen
r Bau des Staates sich erhebt, jede politische Berechtigung
tzogen hatte, so war das Drängen nach Wirksamkeit für den
taat, welches nur mit dem Leben des Volkes erstarken kann,
r Verführung Preis gegeben, sich auf ungeordneten Bahnen
ft zu verschaffen und das seit dem Ende der siebenziger Jahre
rvortretende Bemühen der Aufklärung sich Eingang in die
rbeitenden Classen zu verschaffen, hatte alle Aussicht auf Erfolg. Die Gefahr, daß dann die redende und schreibende
Auflehnung gegen den gesammten politischen Zustand sich in
eine die Kraft der Arme gebrauchende umsetzen könne, wurde
durch das Hervortreten eines neuen Elements innerhalb der
arbeitenden Classen verstärkt.

In allen Zeiten freilich hatte die Familie und der in Ver-
mögens-Erhaltung oder Erwerbung bestehende Privatberuf
einer Beihülfe durch Arbeiter bedurft, welche sich dienend der
Familie und dem Berufe Fremder hingeben. Zu allen Zeiten
sich Glieder unseres Volkes gefunden, welche, des selbst-
n Hauswesens und Berufes wenigstens vorläufig entehrend, Anhalt und Auskommen nur durch Andere erhalten
nnen und deßhalb bereitwillig dem Bedürfniß derselben nach
rgänzung durch Fremde entsprechen. Aber früher war aus
eser wechselseitigen Bedürftigkeit und wechselseitigen Abhülfe
Regel ein Verhältniß entstanden, welches für die in
nd nach dem Willen Fremder thätigen Arbeiter
Später Selbstständigkeit des Hauswe-
zu gewinnen. Das Gesinde wendete
remden Familie zu, um später in

schreibt Lang *) aus alter Erinnerung, ein treueres Bild) der
eiskalt erstarrten und kindisch gewordenen alten deutschen Reichsverfassung geben, als das Fastnachtsspiel einer solchen, in
ihren zerrissenen Fetzen prangenden Kaiserkrönung. Mit rohem
Spotte fragte Weckherlin **): Gehört es wirklich zum Heiligthum unserer Cönstitution, daß ein Ochse gebraten, zerrissen
und verschleift werden muß. Beruhet die Würde und die Festigkeit des Reiches darauf, daß sich der Frankfurter Pöbel
bei der Krönung besaufe, raufe und um seine Gesundheit bringe
oder soll der Sieg des Kronträgers durch verstümmelte Glieder, zerschmetterte Köpfe und betrunkene Kehlen gefeiert werden? Ja, sagt Ihr, aber das Herkommen! Ich verstehe
Euch, da liegt der Ochs im Pfeffer! — So wenig wie Reichskammergericht und Kaiser konnte der Reichstag seine Nützlichkeit nachweisen. Der Reichstag, heißt es in einer Schrift von
1780, kann billig die Grundlage aller Staatsränke genannt
werden. Der Reichstagsgesandte geräth in die äußersten Sorgen und muß sein redliches Gemüth mit schlaflosen Nächten
abwürgen, indem bei ihm die Nothwendigkeit eintritt, unter
Verfolgung und drohenden Unglücken seinen Pflichten zu gehorchen oder deren schandvoll vergessen zu werden. Von beiden Umständen wird er unerträglich gequält. — Eine andere Schrift****)
findet das Dasein des Reichstages nur schädlich, weil der
Ernst wichtiger Geschäfte in steifes Ceremonial der Formalitäten ausgeartet sei, wodurch das Verbessern verjährter Thorheiten und das Abschaffen heilig gewordener Mißbräuche verhindert werde.

Der Aufklärung, so weit sie das politische Gebiet betrat,
wurde weder durch die Verneinung der geistigen, im Staate
waltenden Kräfte, noch durch die Ueberhebung des Einzelle-

---

*) v. Lang Memoiren S. 212.
**) Graues Ungeheuer Band 10 S. 70.
***) Denkbuch und Erklärung was der Reichstag sei? Frankfurt 1780.
****) Warum soll Deutschland einen Kaiser haben? 1787.

bens, noch durch das Zurückdrängen jeder Scheu vor geistigen
Angriffen auf das Bestehende das Bild eines Staates gewährt,
welcher ins Leben eingeführt, die Aufklärung zufrieden gestellt
hätte. Keine einzige Schrift aus der zweiten Hälfte des vorigen Jahrhunderts weiß von einer Staatsgestaltung, deren Erringung sie als die Aufgabe unseres Volkes hingestellt hätte
und die Dichter, hinstürmend in politischer Begeisterung, erwärmten sich an den Worten Vernunftrecht, Freiheit, Vaterland, die Alles und Nichts, aber gewiß keine irgend bestimmte
Staatsgestaltung zu ihrem Inhalte hatten und dennoch in künstlerischer Schönheit entfaltet wesentlich beitrugen, daß auch die
edelsten Männer in die negirende Zeitrichtung hinein geführt
wurden und daß selbst in den trockensten Abhandlungen das
Unbestimmte und Unklare der politischen Bestrebungen fast von
keinem Zeitgenossen bemerkt ward. Die unmittelbare Frucht
der Verachtung des Bestehenden mußte freilich das Suchen nach
Neuem sein; eine krankhafte Unruhe mühte sich ab, um die
verstandesgemäßen und nützlichen Staatsformen zu erfinden;
aber sie vermochte nichts an den Tag zu bringen, als ein Anderes, ein Neues, welches doch dem Schicksal, gleich nach seiner Einsetzung selbst alt zu werden, nicht entgehen konnte und
deßhalb nie das Drängen und Treiben stillte. Männer, die
vorwiegend auf das Handeln und Wirken im Leben gerichtet
waren, mußten von diesem zunächst nur noch geistigen und jeder Befriedigung, jedes Ausruhens entbehrenden Suchen mit
Ueberdruß erfüllt und zu dem Streben, Abhülfe zu schaffen,
geführt werden. Ein für Jeden verständlicher Grund, welcher
die politische Aufklärung zu keinem Resultate gelangen ließ,
lag in der verschiedenen Stellung, welche die Kraft, die das
Bestehende angriff und die, welche es festhielt, einnahm. Die
Regierung eines jeden größeren oder kleineren deutschen Staates
bildete eine festgeschlossene Einheit, konnte deßhalb der sich
gesetzten Aufgabe klar bewußt sein und die auf einen Punkt
gesammelten Kräfte der Einzelnen zur Erhaltung des Bestehenden verwenden. Die Aufklärung dagegen hatte ihren Sitz im

socialen Leben, welches ohne Form und Gestaltung in nie ru-
hendem Schwanken in stets unsicherer Bewegung war. Sie
vermochte deßhalb weder eines bestimmten Zieles sich bewußt
zu werden, noch ein unbestimmtes anhaltend zu verfolgen,
noch durch die Vereinigung der Einzelnkräfte das Widerstreben
der Einzelnen zurückzudrängen. Nur wenn das sociale Leben
eine feste geschlossene Form erhielt, konnte der Kampf der
Aufklärung gegen die das Bestehende festhaltenden Regierungen zu einem Erfolge führen. Zwar wurde ein stärkerer Zusammenhang und eine größere Wirksamkeit der im socialen Leben wurzelnden Kräfte begründet durch den im schnellen Fort-
schreiten wachsenden brieflichen Verkehr und durch das Hervortreten vielgelesener Zeitschriften, namentlich der von Weckherlin und Schlözer herausgegebenen Blätter. Aber eine ausgebildetere Form, eine eigentliche Verfassung mußte der überall
verbreiteten Aufklärung so dringend nothwendig erscheinen,
daß die allgemeinste Unterstützung kaum fehlen konnte, als gegen
Ende der siebenziger Jahre der Orden der Aufgeklärten oder
Illuminaten*) als Consequenz der Aufklärung und als Form
des socialen Lebens hervortrat.

Es gibt Mängel, heißt es in dem Unterricht**) für die
Ordensmitglieder ersten Grades, es gibt Mängel, gegen
welche öffentliche Anstalten zu schwach sind und nur geheime
Verbindungen eine angemessene Wirksamkeit haben. Sich an
allgemeine oder tiefeingewurzelte Vorurtheile mit offenbarer Gewalt zu wagen ist umsonst, ja gefährlich. Sitten werden
durch Sitten geändert und Meinungen durch das langsame un-
merkliche Entstehen neuer Meinungen verdrängt. Dieser Gang
aber ist so langsam, daß er nur wirken kann, wenn nach einem
tiefen, wohlüberdachten Plan gearbeitet wird, wenn die Aus-

*) Die Schriften für die Illuminaten sind angegeben und im Auszuge
mitgetheilt in der deutschen Zeitung von 1786 Nro. 42 bis 45;
Actenstücke gegen die Illuminaten sind besonders gesammelt in: Ei-
nige Originalschriften des Illuminateuordens. München 1787.
**) Abgedruckt in Weishaupt das verbesserte System der Illuminaten.
Frankfurt 1788.

führung nicht einem hinfälligen Menschen, sondern einem moralischen Körper anvertraut wird. Es entsteht der Wunsch, heißt es weiter, es möchten die edleren Menschen in ein dauerhaftes Bündniß treten, um mit allen großen Menschen, die dermalen sind und allen die dereinst sein werden nur ein Volk, eine Familie zu formiren, für alle Lande, alle Jahrhunderte zu leben. In dieser Art hat Gott selbst den Trieb nach geheimen Verbindungen in die Seelen der edleren Menschen gelegt, um die Uebrigen zur Vollkommenheit und Glückseligkeit zu führen. Aus diesem Triebe sind die Staaten entstanden; aber so wie sie dermalen beschaffen sind, sind sie nur der Weg, der Versuch zum Bessersein, nicht das Bessersein selbst. Man kann daher auf der großen Leiter menschlicher Vollkommenheit nicht stille stehen; weil die Staaten durch die Abtheilung der Menschen in Nationen und durch die Verschiedenheit der Stände neue Spaltungen und Quellen des Hasses hervorgerufen haben, so ist ein neues Bindungsmittel, eine neue Anstalt nöthig, durch welche die getrennten Theile sich einander näher gebracht werden. Die neue Anstalt, der Illuminatenorden, soll keinesweges die vorhandenen Staaten aufheben, denn diese sind für den größten Theil der Menschen noch ganz angemessen; aber sie soll die gesonderten Menschen in einen höheren allgemeinen Zweck vereinigen und das Menschengeschlecht zu einer Reife, Vollkommenheit und höheren Sittlichkeit bringen, welche das männliche Alter der Welt ausmacht. Um diesen Zweck zu erreichen ist es nöthig, daß alle Glieder desselben so handeln, als ob sie nur eine einzige Kraft wären. Da nun die Menschen so handeln, wie sie denken, so ist für alle Ordensglieder eine Uebereinstimmung des Denkens nothwendig, welche nur allmählig erreicht werden kann, indem sich Führer und Lehrer finden, die das ganze System übersehen, die Jünger durch stufenweise Einführung in die verschiedenen Grade vorbereiten und sie kraft ihrer höheren Einsicht und Gewalt leiten. Aus den gemeinsamen Zwecken und Ideen folgt sodann das gleiche Handeln. Jedes Handeln gegen den Ordenszweck ist verboten, jedes Handeln für denselben geboten. Kein Theil des Ordensganzen darf mehr oder weniger thun, als ihm angewiesen ist. Jedes Rad muß in der gehörigen Proportion in das andere eingreifen; mit einem einzigen Druck muß sich die Bewegung vom Mittelpunkte bis an die äußerste Peripherie des Zirkels verbreiten. Von diesen Gesichtspunkten aus unternahm Weishaupt, Professor der philosophischen Geschichte und des geistlichen Rechts zu Ingolstadt, die Gründung und Ausbreitung des Ordens. Im Jahre 1776 bereits suchte er befreundete Männer zum Eintritt in den Orden zu veranlassen, welcher als bereits bestehend dargestellt wurde. Nur Wenige traten in den Jahren 1776 und 1777 ein, dann aber gewann in außerordentlicher Schnelligkeit der Orden Theilnehmer unter allen Ständen und in allen Gegenden Deutschlands. Der regierende Herzog von Weimar und der Erbprinz von Gotha, die Grafen Seefeld, Seinsheim, Costanza, der kaiserliche Gesandte Graf Metternich, der Domherr Graf Kesselstadt, die Freiherren von Montjelas, von Meggenhoffen u. s. w., in Göttingen die Professoren Koppe, Feder, Martens, in Weimar Göthe, Herder, Musäus, der Minister Fritsch, der Pagenhofmeister Kästner, in Baiern und den geistlichen Territorien viele Domherren und Pfarrer, in den protestantischen und katholischen Städten viele höhere und niedere Beamte, Offiziere, Kaufleute, Kammerherren, Schauspieler, Studenten, gehörten dem Orden an *). An der Spitze desselben stand als primus oder National der Stifter. Unter ihm gliederte sich der Orden in eine verschieden angegebene Zahl von Inspectionen, die Inspection zerfiel in Provinzen, in der Provinz endlich fanden sich die Illuminatenversammlungen der einzelnen Städte. An die Spitze jeder Gliederung war ein Vorsteher gesetzt, dem ein Capitel zur Seite stand. Um den Bestand des Ordens und die Verwendung aller Ordenskräfte nach einem Ziele hin zu sichern,

---

*) Handschriftliche, durchaus glaubwürdige Verzeichnisse machen diese Angaben und nennen namentlich auch Göthe und Herder.

gingen der Aufnahme mancherlei Prüfungen und Feierlichkeiten voraus. Die Handlung der Einweihung, hieß es, geht vor sich entweder bei Tage an einem einsamen, abgelegenen, etwas dunkelen Ort z. B. in einem Walde oder bei Nachtzeit in einem stillen abgelegenen Zimmer, um eine Zeit, wo der Mond am Himmel steht. Der Aufzunehmende bekräftigte eidlich, daß er mit allem Rang, Ehren und Titel, die er in der bürgerlichen Gesellschaft fordern könne, im Grunde doch nichts weiter sei, als ein Mensch. Er gelobte ewiges Stillschweigen, unverbrüchliche Treue und Gehorsam allen Oberen und Satzungen des Ordens, er that treulichen Verzicht auf seine Privateinsicht und auf allen eingeschränkten Gebrauch seiner Kräfte und Fähigkeiten. Um auch später jedes Glied des Ordens in der vollkommensten Abhängigkeit vom Orden zu erhalten führte nicht nur jeder Obere die genauesten Conduitenlisten über alle seine Untergebenen, sondern jeder Untergebene mußte auch durch Ausfüllung vorgeschriebener Tabellen Nachricht über den Seelenzustand, den Briefwechsel, die wissenschaftliche Beschäftigung nicht nur seiner selbst, sondern auch seiner Verwandten, Freunde und Gönner geben. Am liebsten wurden „reiche, wissensbegierige, folgsame, standhafte und beharrliche Leute von achtzehn bis dreißig Jahren" aufgenommen. Ueber zwei Männer in München, auf die man ein Auge geworfen hatte, heißt es in einem Briefe aus den siebenziger Jahren: Diese beiden sind ein Paar Teufelskerle, aber etwas schwer zu dirigiren, eben weil sie Teufelskerle sind. Unterdessen wenn es möglich wäre, so wäre die Prise nicht übel.

Durch den Orden der Aufgeklärten hatten die geistigen Richtungen der Aufklärung allerdings eine feste Form erhalten, aber da die Aufklärung selbst eines festen Zieles sich nicht bewußt war, so mußte dieses auch dem Illuminatenorden fehlen. Bald wurden Hülfe der unterdrückten Tugend, Besserung des Herzens und des Verstandes, bald die Heranbildung des Menschengeschlechts zu seiner Reife, Vollkommenheit und höherer Sittlichkeit als die Aufgabe des erlauchten Ordens angegeben.

Mit Staatssachen und Politik sollten ausschließlich die höheren Grade sich beschäftigen und die politischen Aeußerungen, welche in den vertrauteren Briefen der Illuminaten sich finden, wiederholen nur die Richtung der Aufklärung, Widerwillen nämlich gegen das Bestehende und völlige Unklarheit über das Wesen der Staatsformen, durch welche die Bestehenden ersetzt werden könnten. Der Ordensprimus z. B. schreibt, er wolle durch die Prüfungen in den unteren Graden diejenigen kennen lernen, welche geneigt sein möchten, gewisse sonderbare Staatslehren anzunehmen. Der oberste Grad werde die totale Einsicht in die Politik und die Maximen des Ordens gewähren. Hier würden die Projecte entworfen, wie den Feinden der Vernunft und der Menschlichkeit nach und nach auf den Leib zu gehen sei. Aengstlich, aber vergeblich suchten die Leiter des Ganzen nach einem unbekannten Etwas, welches denen als Geheimniß eröffnet werden könne, die die höheren Grade erhielten. Bauen sie nunmehr sicher darauf, trösten sie sich unter einander, daß die Leute etwas Reelles finden sollen. Einige Jahre hindurch hatten die Oberen allerdings wirkliche oder auch nur erdichtete Erwartungen von sich und dem Orden. Schonen Sie, schreibt ein Bruder dem Anderen, Ihre Gesundheit, denn Sie sind solche wegen der wichtigen Dienste, so sie der Welt leisten können, der Welt schuldig. Sie wollen Einfluß in der Welt haben; warten Sie nur, die Stunde kommt gewiß, wo Sie viel thun werden. Sehr bald indessen lieferte der Orden selbst den Beweis, daß die Begründungsart, welche die Aufklärung für die dem Staate einzig vernünftige ausgab, der Gesellschaft ihren Bestand nicht sichern könnte. Die durch Verabredung Einzelner entstandene Ordensverfassung wurde immer von Neuem angegriffen und zu einer und derselben Zeit durch verschiedene sich widersprechende Statuten geordnet. Dermalen, schrieb Weishaupt, wäre es Zeit, daß keiner an nichts weiter dächte, als seinem Orte und Amte genau vorzustehen. Die Regierung selbst zu reguliren ist noch nicht Zeit, wir brauchen erst Untergebene. — Die durch willkührliche

Unterwerfung der Einzelnen hervorgerufene Gewalt des Ordensprimus vermochte auch nicht ein einziges Jahr hindurch die
Auflehnung derer zurückzuhalten, die Gehorsam gelobt hatten.
Schon 1778 schrieb der Stifter: ich soll Euch Leuten alles
schicken und schreiben und habe doch auch zu thun, soll noch
überdieß die ganze Sache ordnen und richten und höre gar
nichts. Ich muß und kann mich also für nichts weiter als
einen Handlanger ansehen. Wie um des Himmels Willen ist
es denn möglich, daß ich der Sache vorstehe. Ich habe nicht
allein von der ganzen Sache kein Blatt Papier im Haus, sondern ich höre auch gar nichts. Ist denn meine Mühe und
Arbeit nicht so viel werth, daß ich auch Früchte genießen
dürfte. Wenn ich nicht künftig richtige und sichere Nachrichten erhalte, so entziehe ich mich dem ganzen Werke und setze
keine Feder mehr ein. Am Uebelsten war es um die Finanzverfassung bestellt; bald werden, um Geld zu schaffen, alle
Conscii aufgefordert, einen Ducaten an die Kasse zu senden,
aber Niemand folgt der Aufforderung; bald heißt es, von den
Projecten zur Bereicherung gefällt mir besonders das Drucken
kleiner Späße, Pasquille und dergleichen, bald wurde die
größte Hoffnung auf mögliche Gewinne in der Lotterie gestellt.
In allen Verhältnissen trat der Eigennutz der Einzelnen störend und verwirrend hervor. Sie verrathen, schrieb der Primus an einen Oberen, neuerdings wieder ihre Absicht, den
Orden bloß zu ihrem Privatvortheil zu gebrauchen. Ich bin
bereit, mein Haab und Gut für das Beste der Gesellschaft
zu geben und Sie nehmen von Ihrer ersten Einlage, die siebenzehn Gulden beträgt, gleich elf Gulden hinweg; ist das
socialisch? Mir möchte das Herz bluten, wenn ich so viel
Eigennutz und so wenig Liebe für das Ganze sehe. — Die
Einen wollten durch den Orden Geldunterstützung, die Anderen eine Hofmeisterstelle oder ein Amt erhalten und wendeten
sich unwillig ab, wenn ihrer Anforderung kein Genüge geschah.
Die vollständigste Zerrüttung war schon in den Orden eingebrochen, als 1784 die ersten Versuche gemacht wurden, densel-

Mit Staatssachen und Politik sollten ausschließlich die höheren Grade sich beschäftigen und die politischen Aeußerungen, welche in den vertrauteren Briefen der Illuminaten sich finden, wiederholen nur die Richtung der Aufklärung, Widerwillen nämlich gegen das Bestehende und völlige Unklarheit über das Wesen der Staatsformen, durch welche die Bestehenden ersetzt werden könnten. Der Ordensprimus z. B. schreibt, er wolle durch die Prüfungen in den unteren Graden diejenigen kennen lernen, welche geneigt sein möchten, gewisse sonderbare Staatslehren anzunehmen. Der oberste Grad werde die totale Einsicht in die Politik und die Maximen des Ordens gewähren. Hier würden die Projecte entworfen, wie den Feinden der Vernunft und der Menschlichkeit nach und nach auf den Leib zu gehen sei. Aengstlich, aber vergeblich suchten die Leiter des Ganzen nach einem unbekannten Etwas, welches denen als Geheimniß eröffnet werden könne, die die höheren Grade erhielten. Bauen sie nunmehr sicher darauf, trösten sie sich unter einander, daß die Leute etwas Reelles finden sollen. Einige Jahre hindurch hatten die Oberen allerdings wirkliche oder auch nur erdichtete Erwartungen von sich und dem Orden. Schonen Sie, schreibt ein Bruder dem Anderen, Ihre Gesundheit, denn Sie sind solche wegen der wichtigen Dienste, so sie der Welt leisten können, der Welt schuldig. Sie wollen Einfluß in der Welt haben; warten Sie nur, die Stunde kommt gewiß, wo Sie viel thun werden. Sehr bald indessen lieferte der Orden selbst den Beweis, daß die Begründungsart, welche die Aufklärung für die dem Staate einzig vernünftige ausgab, der Gesellschaft ihren Bestand nicht sichern könnte. Die durch Verabredung Einzelner entstandene Ordensverfassung wurde immer von Neuem angegriffen und zu einer und derselben Zeit durch verschiedene sich widersprechende Statuten geordnet. Dermalen, schrieb Weishaupt, wäre es Zeit, daß keiner an nichts weiter dächte, als seinem Orte und Amte genau vorzustehen. Die Regierung selbst zu reguliren ist noch nicht — wir brauchen erst Untergebene. — Die durch willkührliche

Unterwerfung der Einzelnen hervorgerufene Gewalt des Or
densprimus vermochte auch nicht ein einziges Jahr während der
Auflehnung derer zurückzuhalten, die Gehorsam gelobt hatten.
Schon 1778 schrieb der Stifter: ich will Euch immer alles
schicken und schreiben und habe doch auch zu thun, ich und
überdieß die ganze Sache erhalten mit nichten mit oder gar
nichts. Ich muß und kann mich wie ich mich weiter als
einen Handlanger ansehen. Wie um des Himmels Willen ist
es denn möglich, daß ich der Sache vorstehe. Ich habe mehr
allein von der ganzen Sache kein Blatt Papier im Hause, indem ich höre auch gar nichts. Ist denn meine Kur und
Arbeit nicht so viel werth, daß ich auch Früchte genießen
dürfte. Wenn ich nicht künftig richtige und sichere Nachrichten erhalte, so entziehe ich mich dem ganzen Sache und lege
keine Feder mehr ein. Am Uebelsten war es um die Finanzverfassung bestellt; bald werden, um Geld zu schaffen, alle
Conscii aufgefordert, einen Ducaten an die Kasse zu senden,
aber Niemand folgt der Aufforderung; bald heißt es, von den
Projecten zur Bereicherung gefällt mir besonders das Drucken
kleiner Späße, Pasquille und dergleichen, bald wurde die
größte Hoffnung auf mögliche Gewinne in der Lotterie gestellt.
In allen Verhältnissen trat der Eigennutz der Einzelnen störend und verwirrend hervor. Sie verrathen, schrieb der Primus an einen Oberen, neuerdings wieder ihre Absicht, den
Orden bloß zu ihrem Privatvortheil zu gebrauchen. Ich bin
bereit, mein Haab und Gut für das Beste der Gesellschaft
zu geben und Sie nehmen von Ihrer ersten Einlage, die siebenzehn Gulden beträgt, gleich elf Gulden hinweg; ist das
socialisch? Mir möchte das Herz bluten, wenn ich so viel
Eigennutz und so wenig Liebe für das Ganze sehe. — Die
Einen wollten durch den Orden Geldunterstützung, die Anderen eine Hofmeisterstelle oder ein Amt erhalten und wendeten
sich unwillig ab, wenn ihrer Anforderung kein Genüge geschah.
Die vollständigste Zerrüttung
brochen, als 1784 die ersten

Federn hat, muß sich verkriechen, wofern es nicht zertreten
sein will. Ich zweifle nicht, daß es sehr angenehm ist, König, Churfürst Bischof, Reichsfürst, Abt, Baron im heiligen
römischen Reich zu sein, aber desto empfindlicher ist es, in
der unteren Klasse sich zu befinden. — Nach Außen ergab sich
eben so wenig eine Nützlichkeit des Gesammtzustandes. Deutschlands Constitution ist nichts *) als der code des lions. Zum
ewigen Theater innerlicher Bewegungen bestimmt, wird es den
Vorruhm einer kriegerischen und tapfern Nation behaupten,
ohne Anderen furchtbar zu sein. — Auch die einzelnen Reichsinstitute wurden nach ihrer Nützlichkeit betrachtet. Das Kammergericht, sagte man**), dieser Sitz der Partheilichkeit, der
Bestechung, der Chikane, der endlosen Vorenthaltung des
Rechts, wird noch immer für das Palladium der deutschen
Freiheit gehalten. Man sehe, wie bemittelte Personen eilen,
nach Wetzlar zu kommen, ihren Sachen Aufenthalt oder Wendung zu verschaffen, wie die Parteien laufen, den Referenten
zu erfahren, wie alt Streitigkeiten geworden sind. Die einzige Regel des Rechts, die in Wetzlar gilt, ist beati possidentes. Die oft ertheilten beneficia de non appellando und
die immer zerfallenen Kammergerichtsvisitationen sind Beweise,
daß das Tribunal schädlich und nicht zu verbessern sei. In
derselben Schrift wird ausdrücklich die Frage aufgeworfen:
ist es denn überall nöthig, einen Kaiser zu wählen, braucht
Deutschland ein Oberhaupt, haben sich die Zeiten und in ihnen die Staaten Deutschlands nicht so verändert, daß man einen
Kaiser entbehren kann? Was ist der Kaiser; ist er wirklich das
Oberhaupt der ihm gleichen Souveräne; ist er Etwas, ist er Nichts?
Im ersten Falle, wozu das Etwas, im zweiten Falle wozu das
Nichts. Kennt man irgend einen Dienst, der dem deutschen
Staatskörper durch seine Verfassung erzeigt ist, eine Verthei-
digung im Kriege, eine Aufrechthaltung, eine Bereicherung,

---

*) Wecherlin Chronologen Band 5. S. 157. (1780.)
**) Warum soll Deutschland einen Kaiser haben? Ohne Druckort 1787.

eine vortheilhafte Unterhandlung. Ist Moral, Philosophie,
sind Wissenschaften, Aufklärung, Sitten, Duldung, Künste,
Industrie, Handel, ist selbst das innere gute Vernehmen der
deutschen Staaten unter einander dadurch befördert? Die souveränen deutschen Staaten würden weit glücklicher sein, wenn
der Reichsverband ganz aufhörte; derselbe ist bloß die Wirkung eines Ohngefähr und erhielt sich dadurch, daß er unbedeutend war, wie die Kleidung der Rathsherren in den Reichsstädten, obgleich sich Gesetze, Lebensart und Kleidung sonst
ganz verändert haben. Selbst die östreichisch gesinnten Schriftsteller *) gaben zu, daß der Kaiser zu einem unthätigen simulacrum der alten Reichsverfassung herabgewürdigt sei und ihm
nur der glänzende Vorzug gegönnt werde, das Ansehen der
alten Kaiser auf seine Unkosten zu erhalten und auf dem Theater von Europa einen regem scenicum und imaginarium zu
repräsentiren. Sie schrieben den Protestanten die Schuld zu,
einen solchen Zustand herbeigeführt zu haben und hielten gleichfalls eine große Umänderung für unvermeidlich. Das Corps
der Protestanten, meinten sie, dürfte wahrscheinlicher Weise
in unserem Vaterlande früher oder später eine Revolution verursachen, die dem römisch-deutschen Reiche vielleicht zum Vortheil einiger Wenigen ein Ende machen wird. Nur so lange
hat das Reich eine precäre Existenz zu hoffen, als sich nicht
Umstände ereignen, die aus dem Chaos nach dem natürlichen
Lauf der Dinge eine neue Ordnung hervorbringen. — Bei dieser Ansicht vom Reiche konnte die Kaiserkrönung wohl Göthe
zu seiner hinreißenden Darstellung veranlassen, weil das Auge
des Dichterfürsten weniger die Wirklichkeit der Formen, als
den Geist vergangener Zeiten erblickte, der sie einst gebildet
hatte. Aber die Prosa der Zeit, welche in den Krönungsförmlichkeiten nur sah was sie jetzt, nicht was sie früher waren, wendete sich verächtlich von ihnen ab. Nichts konnte,

*) Z. B. Politische Betrachtungen und Nachrichten Nro. I. 1785.
S. 24.

17

schreibt Lang *) aus alter Erinnerung, ein treueres Bild der eiskalt erstarrten und kindisch gewordenen alten deutschen Reichsverfassung geben, als das Fastnachtsspiel einer solchen, in ihren zerrissenen Fetzen prangenden Kaiserkrönung. Mit rohem Spotte fragte Weckherlin **): Gehört es wirklich zum Heiligthum unserer Constitution, daß ein Ochse gebraten, zerrissen und verschleift werden muß. Beruhet die Würde und die Festigkeit des Reiches darauf, daß sich der Frankfurter Pöbel bei der Krönung besaufe, raufe und um seine Gesundheit bringe oder soll der Sieg des Kronträgers durch verstümmelte Glieder, zerschmetterte Köpfe und betrunkene Kehlen gefeiert werden? Ja, sagt Ihr, aber das Herkommen! Ich verstehe Euch, da liegt der Ochs im Pfeffer! — So wenig wie Reichskammergericht und Kaiser konnte der Reichstag seine Nützlichkeit nachweisen. Der Reichstag, heißt es in einer Schrift von 1780, kann billig die Grundlage aller Staatsränke genannt werden. Der Reichstagsgesandte geräth in die äußersten Sorgen und muß sein redliches Gemüth mit schlaflosen Nächten abwürgen, indem bei ihm die Nothwendigkeit eintritt, unter Verfolgung und drohenden Unglücken seinen Pflichten zu gehorchen oder deren schandvoll vergessen zu werden. Von beiden Umständen wird er unerträglich gequält. — Eine andere Schrift****) findet das Dasein des Reichstages nur schädlich, weil der Ernst wichtiger Geschäfte in steifes Ceremonial der Formalitäten ausgeartet sei, wodurch das Verbessern verjährter Thorheiten und das Abschaffen heilig gewordener Mißbräuche verhindert werde.

Der Aufklärung, so weit sie das politische Gebiet betrat, wurde weder durch die Verneinung der geistigen, im Staate waltenden Kräfte, noch durch die Ueberhebung des Einzelle

---

*) v. Lang Memoiren S. 212.
**) Graues Ungeheuer Band 10 S. 70.
***) Denkbuch und Erklärung was der Reichstag sei? Frankfurt 1780.
****) Warum soll Deutschland einen Kaiser haben? 1787.

bens, noch durch das Zurückdrängen jeder Scheu vor geistigen Angriffen auf das Bestehende das Bild eines Staates gewährt, welcher ins Leben eingeführt, die Aufklärung zufrieden gestellt hätte. Keine einzige Schrift aus der zweiten Hälfte des vorigen Jahrhunderts weiß von einer Staatsgestaltung, deren Erringung sie als die Aufgabe unseres Volkes hingestellt hätte und die Dichter, hinstürmend in politischer Begeisterung, erwärmten sich an den Worten Vernunftrecht, Freiheit, Vaterland, die Alles und Nichts, aber gewiß keine irgend bestimmte Staatsgestaltung zu ihrem Inhalte hatten und dennoch in künstlerischer Schönheit entfaltet wesentlich beitrugen, daß auch die edelsten Männer in die negirende Zeitrichtung hinein geführt wurden und daß selbst in den trockensten Abhandlungen das Unbestimmte und Unklare der politischen Bestrebungen fast von keinem Zeitgenossen bemerkt ward. Die unmittelbare Frucht der Verachtung des Bestehenden mußte freilich das Suchen nach Neuem sein; eine krankhafte Unruhe mühte sich ab, um die verstandesgemäßen und nützlichen Staatsformen zu erfinden; aber sie vermochte nichts an den Tag zu bringen, als ein Anderes, ein Neues, welches doch dem Schicksal, gleich nach seiner Einsetzung selbst alt zu werden, nicht entgehen konnte und deßhalb nie das Drängen und Treiben stillte. Männer, die vorwiegend auf das Handeln und Wirken im Leben gerichtet waren, mußten von diesem zunächst nur noch geistigen und jeder Befriedigung, jedes Ausruhens entbehrenden Suchen mit Ueberdruß erfüllt und zu dem Streben, Abhülfe zu schaffen, geführt werden. Ein für Jeden verständlicher Grund, welcher die politische Aufklärung zu keinem Resultate gelangen ließ, lag in der verschiedenen Stellung, welche die Kraft, die das Bestehende angriff und die, welche es festhielt, einnahm. Die Regierung eines jeden größeren oder kleineren deutschen Staates bildete eine festgeschlossene Einheit, konnte deßhalb der sich gesetzten Aufgabe klar bewußt sein und die auf einen Punkt gesammelten Kräfte der Einzelnen zur Erhaltung des Bestehenden verwenden. Die Aufklärung dagegen hatte ihren Sitz im

des angebornen gemeinen Menschenverstandes, als unbedingte Berechtigung subjectiver Willkühr und als die aus beiden Voraussetzungen sich ergebende ausschließliche Geltung des Nützlichen offenbarte, so mußten diese Grundrichtungen auch auf dem politischen Gebiete, welches eben so wie jedes andere Lebensgebiet von der Aufklärung beherrscht ward, erscheinen.

Die erste Grundmaxime der Aufklärung war „durchaus nichts als seiend und bindend gelten zu lassen, als dasjenige, was man verstehe und klärlich begreife"; ihr ist nichts als das, was sie nun eben begreift, während es doch darauf ankommt zu begreifen, was ist *). Verstehen aber und klärlich begreifen läßt sich nicht das Dasein und wunderbare Walten des Geistes einer Nation, welcher das Volk als lebensvolle Einheit zeugt, ihm Persönlichkeit verleiht und ihm den Staat als seine Erscheinungsform bildet. Verstehen und klärlich begreifen läßt sich nicht die Macht des Bewußtseins Eins zu sein mit seinem Volk und seinem Staat, welches als Treue als Gehorsam und als ruhiges aber starkes Gefühl der eigenen politischen Ehre erscheinend den Staat durch die Stürme und Ungewitter sicher geleitet, wie sie von der Selbstsucht erregt werden. Wohl tritt die unverstehbare Wahrheit des schaffenden Volksgeistes und der erhaltenden politischen Treue und Ehre dem schauenden Menschengeiste in seinen besten Stunden so nahe, daß, wenn sie auch in minder gehobenen Stunden in eine nicht zu durchdringende Ferne zurückweicht, dennoch die Erinnerung an ihre Erscheinung keinen Zweifel an ihr Dasein zuläßt. Weil aber niemals der Verstand des Verständigen das Organ ist, sie zu erfassen, so mußte sie im vorigen Jahrhundert geleugnet werden. Da demnach das Volk nur als eine Summe Einzelner galt, so konnte der Staat nur aus einer Verabredung dieser Einzelnen seinen Ursprung genommen haben und seine Fortbildung erhalten; da ferner das geistige

---

*) Die Grundzüge des gegenwärtigen Zeitalters. Dargestellt von J. H. Fichte. Berlin 1806 S. 40.

Walten des Gehorfams, der Treue und der Ehre aus dem politischen Leben fortfallen follte, fo wurde die mechanische Gewalt und das verabredete Gefetz das einzige Mittel, den Beftand des Staates vor Schwanken und Untergang zu bewahren. Nicht weil fie follten, fondern weil fie mußten, fügten fich die Einzelnen dem Ganzen.

Mehrere Menfchen, meinte Scheidemantel*), vereinigen ihre Kräfte, weil fie, für fich allein betrachtet, zu fchwach find; fie vereinigen ihren Willen mit den Befehlen der Obrigkeit und daraus entfteht ein Ganzes, das Volk oder die bürgerliche Gefellfchaft. Zur Errichtung eines Staates, lehrte Höpfner**), gehören nothwendig drei Verträge: der Vereinigungsvertrag, der gefellfchaftliche Vertrag und die Verabredung über das Staatsgrundgefetz. Alle diefe Verträge müffen die Eigenfchaften haben, die zu einem gültigen Vertrage gehören. Der Staat, fchrieb Schlözer***), ift eine Erfindung. Menfchen machten fie zu ihrem Wohl, wie fie Brandkaffen u. f. w. erfanden. Ihm ift der Staat eine künftliche, überaus zufammengefetzte Mafchine, die zu einem beftimmten Zwecke gehen foll. Sie bedarf eines Mafchinendirecteurs, Herrfcher oder Souverän genannt, welcher von feinen Mitgenoffen die ihm nöthigen Aufträge und Eigenfchaften erhält. Die, welche ihm jene Aufträge gaben, find feine Unterthanen, fie follen ihn reichlich befolden, ihn anbeten und allen feinen Befehlen blinden Gehorfam leiften.

Die zweite Grundmaxime der Aufklärung, den Einzelnen nur als Einzelnen, nicht auch als Glied höherer Einheiten anzuerkennen und deßhalb ihn nur durch feine Individualität, nicht durch irgend eine, vom Willen des Einzelnen verfchiedene

---

*) Scheidemantel das Staatsrecht nach der Vernunft und den Sitten der vornehmften Völker betrachtet. Jena 1770. I. S. 32.

**) Naturrecht des einzelnen Menfchen, der Gefellfchaften und der Völker von Höpfner §. 175, §. 176.

***) Schlözer Allgemeines Staatsrecht. Göttingen 1793 S. 3, 157, 75, 103, 104.

Macht bestimmt werden zu lassen, rief auf dem politischen
Gebiete eine Richtung hervor, welche jede Berechtigung der
Volkseinheit auf den Einzelnen einzuwirken, in Abrede stellte.
Weil die Einheit der früheren und späteren Generationen desselben Volkes geleugnet wurde, erschien jede von den Vätern
herstammende staatliche Institution als eine fremde, vorläufig
tyrannische Macht, die erst dann Berechtigung erhielt, wenn
sie von den Geschlechtern der Gegenwart anerkannt worden
war. Da nun das Bestehende dennoch die Einzelnen ohne
Rücksicht auf ihre Zustimmung umschloß, so wurde es verfolgt,
nicht weil es in sich zerfallen und verkommen war, sondern
allein schon deßhalb, weil es aus einer früheren Zeit herstammte. Weil die Einheit der gleichzeitig lebenden Generationen verworfen ward, erschien jede andere oder umfassendere
Berechtigung der Einen allen Uebrigen als ein Raub und jede
Erweiterung einer bisher beengten Rechtsstellung wurde von
denen, die schon früher in einem größeren Rechtskreise sich bewegt hatten, als eine Anmaßung und Beeinträchtigung angesehen. Alle aus der Volkseinheit sich hervordrängenden Staatsinstitutionen, welche, um Freiheit zu gewähren, die Willkühr
zurückhalten, drückten wie eine schwere Last auf dem jegliche
innere Einheit leugnenden Einzelleben. Ein Sinn entwickelte
sich, bemerkt Goethe*), den man das Bedürfniß der Unabhängigkeit nennen könnte. Man wollte nichts über sich dulden,
Niemand sollte beengt sein. Dieser Sinn und Geist zeigte sich
damals überall; es entstand eine gewisse sittliche Befehdung,
eine Einmischung der Einzelnen ins Regiment. Zwar blieb,
schreibt ein anderer der Zeit sehr kundiger Mann**), auch im
letzten Drittel des Jahrhunderts das Ehrwürdige der Vorzeit
der Einbildungskraft schätzbar, aber keine Form, keine
Schranke behielt Stand und Werth. Das Alterthum erschien

---

*) Wahrheit und Dichtung 12. Buch.
**) Recension über Göthes Wahrheit und Dichtung in den Heidelberger
    Jahrbüchern von 1814 Nro. 41.

wunderbar groß, war sehnsuchtswürdig, weil es kräftige Frei-
heitselemente darbietet. Aber was von ihm in der Wirklichkeit herabgestammt war, hinderte den kämpfenden Sinn. —
Ungestüm und roh that sich der Aerger über jede höhere Stellung eines Anderen in vielgelesenen Zeitblättern kund. Weckherlin *) z. B. behauptete: Wo der Bürger nicht ungekränkt
ein Glas Wein trinken, wo er ohne den Hut abzunehmen nicht
vor dem Senator vorbei gehen, wo sein Ehrenweib den Pas
nicht ungestraft vor der Frau Rathsschreiberin nehmen, wo
der Unterthan die Mätresse des Ministers nicht Hure nennen,
wo er einen Schurken von Amtmann nicht verachten darf, da
ist keine bürgerliche Freiheit.

Die dritte Grundmaxime der Aufklärung, das Wesen der
seienden Dinge in ihrer Nützlichkeit zu suchen, sie also nicht
als auch an sich, sondern nur als für Andere seiend aufzufassen **), führte auf dem politischen Gebiete dahin, jede Erscheinung des Staatslebens lediglich nach ihrem Nutzen zu
beurtheilen. Da nun die höchsten Interessen wegen ihrer Ir-
rationalität, und die Einheit der kommenden Generationen
mit denen der Gegenwart wegen Verläugnung aller Einheit
unberücksichtigt blieben, so wurde, wie Fichte***) sich aus-
drückte, nur auf das unmittelbar und materiell Nützliche, zur
Wohnung, Kleidung und Speise Dienliche gesehen, auf die
Wohlfeilheit, die Bequemlichkeit und wo es sich am Höchsten
verstieg auf die Mode. Eine Prüfung, welche ihr Augen-
merk allein auf die unmittelbare und materielle Nützlichkeit
wendete, konnten freilich die deutschen Staatszustände am Wenigsten bestehen. Deutschland kommt mir vor, hieß es ****),
wie ein großer Park, worin Alles was die Jagduniform trägt,
sich ziemlich Plaisir machen kann; was aber einen Pelz oder

---

*) Weckherlin graues Ungeheuer Band II. S. 80. (1784.)
**) Hegel, Geschichte der Philosophie III. S. 531.
***) Fichte, Grundzüge des gegenwärtigen Zeitalters S. 59.
****) Weckherlin Chronologen Band 7. S. 115. (1780.)

Federn hat, muß sich verkriechen, wofern es nicht zertreten sein will. Ich zweifle nicht, daß es sehr angenehm ist, König, Churfürst Bischof, Reichsfürst, Abt, Baron im heiligen römischen Reich zu sein, aber desto empfindlicher ist es, in der unteren Klasse sich zu befinden. — Nach Außen ergab sich eben so wenig eine Nützlichkeit des Gesammtzustandes. Deutschlands Constitution ist nichts *) als der code des lions. Zum ewigen Theater innerlicher Bewegungen bestimmt, wird es den Vorruhm einer kriegerischen und tapfern Nation behaupten, ohne Anderen furchtbar zu sein. — Auch die einzelnen Reichsinstitute wurden nach ihrer Nützlichkeit betrachtet. Das Kammergericht, sagte man **), dieser Sitz der Partheilichkeit, der Bestechung, der Chikane, der endlosen Vorenthaltung des Rechts, wird noch immer für das Palladium der deutschen Freiheit gehalten. Man sehe, wie bemittelte Personen eilen, nach Wetzlar zu kommen, ihren Sachen Aufenthalt oder Wendung zu verschaffen, wie die Parteien laufen, den Referenten zu erfahren, wie alt Streitigkeiten geworden sind. Die einzige Regel des Rechts, die in Wetzlar gilt, ist beati possidentes. Die oft ertheilten beneficia de non appellando und die immer zerfallenen Kammergerichtsvisitationen sind Beweise, daß das Tribunal schädlich und nicht zu verbessern sei. In derselben Schrift wird ausdrücklich die Frage aufgeworfen: ist es denn überall nöthig, einen Kaiser zu wählen, braucht Deutschland ein Oberhaupt, haben sich die Zeiten und in ihnen die Staaten Deutschlands nicht so verändert, daß man einen Kaiser entbehren kann? Was ist der Kaiser; ist er wirklich das Oberhaupt der ihm gleichen Souveräne; ist er Etwas, ist er Nichts? Im ersten Falle, wozu das Etwas, im zweiten Falle wozu das Nichts. Kennt man irgend einen Dienst, der dem deutschen Staatskörper durch seine Verfassung erzeigt ist, eine Vertheidigung im Kriege, eine Aufrechthaltung, eine Bereicherung,

---

*) Weckherlin Chronologen Band 5. S. 157. (1780.)
**) Warum soll Deutschland einen Kaiser haben? Ohne Druckort 1787.

eine vortheilhafte Unterhandlung. Ist Moral, Philosophie, sind Wissenschaften, Aufklärung, Sitten, Duldung, Künste, Industrie, Handel, ist selbst das innere gute Vernehmen der deutschen Staaten unter einander dadurch befördert? Die souveränen deutschen Staaten würden weit glücklicher sein, wenn der Reichsverband ganz aufhörte; derselbe ist bloß die Wirkung eines Ohngefähr und erhielt sich dadurch, daß er unbedeutend war, wie die Kleidung der Rathsherren in den Reichsstädten, obgleich sich Gesetze, Lebensart und Kleidung sonst ganz verändert haben. Selbst die östreichisch gesinnten Schriftsteller *) gaben zu, daß der Kaiser zu einem unthätigen simulacrum der alten Reichsverfassung herabgewürdigt sei und ihm nur der glänzende Vorzug gegönnt werde, das Ansehen der alten Kaiser auf seine Unkosten zu erhalten und auf dem Theater von Europa einen regem scenicum und imaginarium zu repräsentiren. Sie schrieben den Protestanten die Schuld zu, einen solchen Zustand herbeigeführt zu haben und hielten gleichfalls eine große Umänderung für unvermeidlich. Das Corps der Protestanten, meinten sie, dürfte wahrscheinlicher Weise in unserem Vaterlande früher oder später eine Revolution verursachen, die dem römisch-deutschen Reiche vielleicht zum Vortheil einiger Wenigen ein Ende machen wird. Nur so lange hat das Reich eine precäre Existenz zu hoffen, als sich nicht Umstände ereignen, die aus dem Chaos nach dem natürlichen Lauf der Dinge eine neue Ordnung hervorbringen. — Bei dieser Ansicht vom Reiche konnte die Kaiserkrönung wohl Göthe zu seiner hinreißenden Darstellung veranlassen, weil das Auge des Dichterfürsten weniger die Wirklichkeit der Formen, als den Geist vergangener Zeiten erblickte, der sie einst gebildet hatte. Aber die Prosa der Zeit, welche in den Krönungsförmlichkeiten nur sah was sie jetzt, nicht was sie früher waren, wendete sich verächtlich von ihnen ab. Nichts konnte,

---

*) Z. B. Politische Betrachtungen und Nachrichten Nro. I. 1785. S. 24.

17

schreibt Lang *) aus alter Erinnerung, ein treueres Bild der eiskalt erstarrten und kindisch gewordenen alten deutschen Reichsverfassung geben, als das Fastnachtsspiel einer solchen, in ihren zerrissenen Fetzen prangenden Kaiserkrönung. Mit rohem Spotte fragte Weckherlin **): Gehört es wirklich zum Heiligthum unserer Constitution, daß ein Ochse gebraten, zerrissen und verschleift werden muß. Beruhet die Würde und die Festigkeit des Reiches darauf, daß sich der Frankfurter Pöbel bei der Krönung besaufe, raufe und um seine Gesundheit bringe oder soll der Sieg des Kronträgers durch verstümmelte Glieder, zerschmetterte Köpfe und betrunkene Kehlen gefeiert werden? Ja, sagt Ihr, aber das Herkommen! Ich verstehe Euch, da liegt der Ochs im Pfeffer! — So wenig wie Reichskammergericht und Kaiser konnte der Reichstag seine Nützlichkeit nachweisen. Der Reichstag, heißt es in einer Schrift von 1780, kann billig die Grundlage aller Staatsränke genannt werden. Der Reichstagsgesandte geräth in die äußersten Sorgen und muß sein redliches Gemüth mit schlaflosen Nächten abwürgen, indem bei ihm die Nothwendigkeit eintritt, unter Verfolgung und drohenden Unglücken seinen Pflichten zu gehorchen oder deren schandvoll vergessen zu werden. Von beiden Umständen wird er unerträglich gequält. — Eine andere Schrift****) findet das Dasein des Reichstages nur schädlich, weil der Ernst wichtiger Geschäfte in steifes Ceremonial der Formalitäten ausgeartet sei, wodurch das Verbessern verjährter Thorheiten und das Abschaffen heilig gewordener Mißbräuche verhindert werde.

Der Aufklärung, so weit sie das politische Gebiet betrat, wurde weder durch die Verneinung der geistigen, im Staate waltenden Kräfte, noch durch die Ueberhebung des Einzelle-

---

*) v. Lang Memoiren S. 212.
**) Graues Ungeheuer Band 10 S. 70.
***) Denkbuch und Erklärung was der Reichstag sei? Frankfurt 1780.
****) Warum soll Deutschland einen Kaiser haben? 1787.

bens, noch durch das Zurückdrängen jeder Scheu vor geistigen
Angriffen auf das Bestehende das Bild eines Staates gewährt,
welcher ins Leben eingeführt, die Aufklärung zufrieden gestellt
hätte. Keine einzige Schrift aus der zweiten Hälfte des vorigen Jahrhunderts weiß von einer Staatsgestaltung, deren Erringung sie als die Aufgabe unseres Volkes hingestellt hätte
und die Dichter, hinstürmend in politischer Begeisterung, erwärmten sich an den Worten Vernunftrecht, Freiheit, Vaterland, die Alles und Nichts, aber gewiß keine irgend bestimmte
Staatsgestaltung zu ihrem Inhalte hatten und dennoch in künstlerischer Schönheit entfaltet wesentlich beitrugen, daß auch die
edelsten Männer in die negirende Zeitrichtung hinein geführt
wurden und daß selbst in den trockensten Abhandlungen das
Unbestimmte und Unklare der politischen Bestrebungen fast von
keinem Zeitgenossen bemerkt ward. Die unmittelbare Frucht
der Verachtung des Bestehenden mußte freilich das Suchen nach
Neuem sein; eine krankhafte Unruhe mühte sich ab, um die
verstandesgemäßen und nützlichen Staatsformen zu erfinden;
aber sie vermochte nichts an den Tag zu bringen, als ein Anderes, ein Neues, welches doch dem Schicksal, gleich nach seiner Einsetzung selbst alt zu werden, nicht entgehen konnte und
deßhalb nie das Drängen und Treiben stillte. Männer, die
vorwiegend auf das Handeln und Wirken im Leben gerichtet
waren, mußten von diesem zunächst nur noch geistigen und jeder Befriedigung, jedes Ausruhens entbehrenden Suchen mit
Ueberdruß erfüllt und zu dem Streben, Abhülfe zu schaffen,
geführt werden. Ein für Jeden verständlicher Grund, welcher
die politische Aufklärung zu keinem Resultate gelangen ließ,
lag in der verschiedenen Stellung, welche die Kraft, die das
Bestehende angriff und die, welche es festhielt, einnahm. Die
Regierung eines jeden größeren oder kleineren deutschen Staates
bildete eine festgeschlossene Einheit, konnte deßhalb der sich
gesetzten Aufgabe klar bewußt sein und die auf einen Punkt
gesammelten Kräfte der Einzelnen zur Erhaltung des Bestehenden verwenden. Die Aufklärung dagegen hatte ihren Sitz im

socialen Leben, welches ohne Form und Gestaltung in nie ru-
hendem Schwanken in stets unsicherer Bewegung war. Sie
vermochte deßhalb weder eines bestimmten Zieles sich bewußt
zu werden, noch ein unbestimmtes anhaltend zu verfolgen,
noch durch die Vereinigung der Einzelnkräfte das Widerstreben
der Einzelnen zurückzudrängen. Nur wenn das sociale Leben
eine feste geschlossene Form erhielt, konnte der Kampf der
Aufklärung gegen die das Bestehende festhaltenden Regierungen zu einem Erfolge führen. Zwar wurde ein stärkerer Zusammenhang und eine größere Wirksamkeit der im socialen Leben wurzelnden Kräfte begründet durch den im schnellen Fort-
schreiten wachsenden brieflichen Verkehr und durch das Hervortreten vielgelesener Zeitschriften, namentlich der von Weckherlin und Schlözer herausgegebenen Blätter. Aber eine ausgebildetere Form, eine eigentliche Verfassung mußte der überall
verbreiteten Aufklärung so dringend nothwendig erscheinen,
daß die allgemeinste Unterstützung kaum fehlen konnte, als gegen
Ende der siebenziger Jahre der Orden der Aufgeklärten oder
Illuminaten*) als Consequenz der Aufklärung und als Form
des socialen Lebens hervortrat.

Es gibt Mängel, heißt es in dem Unterricht**) für die
Ordensmitglieder ersten Grades, es gibt Mängel, gegen
welche öffentliche Anstalten zu schwach sind und nur geheime
Verbindungen eine angemessene Wirksamkeit haben. Sich an
allgemeine oder tiefeingewurzelte Vorurtheile mit offenbarer Gewalt zu wagen ist umsonst, ja gefährlich. Sitten werden
durch Sitten geändert und Meinungen durch das langsame un-
merkliche Entstehen neuer Meinungen verdrängt. Dieser Gang
aber ist so langsam, daß er nur wirken kann, wenn nach einem
tiefen, wohlüberdachten Plan gearbeitet wird, wenn die Aus-

---

*) Die Schriften für die Illuminaten sind angegeben und im Auszuge
mitgetheilt in der deutschen Zeitung von 1786 Nro. 42 bis 45;
Actenstücke gegen die Illuminaten sind besonders gesammelt in: Ei-
nige Originalschriften des Illuminatenordens. München 1787.
**) Abgedruckt in Weishaupt das verbesserte System der Illuminaten.
Frankfurt 1788.

führung nicht einem hinfälligen Menschen, sondern einem mo=
ralischen Körper anvertraut wird. Es entsteht der Wunsch,
heißt es weiter, es möchten die edleren Menschen in ein dau=
erhaftes Bündniß treten, um mit allen großen Menschen, die
dermalen sind und allen die dereinst sein werden nur ein Volk,
eine Familie zu formiren, für alle Lande, alle Jahrhunderte zu
leben. In dieser Art hat Gott selbst den Trieb nach gehei=
men Verbindungen in die Seelen der edleren Menschen gelegt,
um die Uebrigen zur Vollkommenheit und Glückseligkeit zu füh=
ren. Aus diesem Triebe sind die Staaten entstanden; aber
so wie sie dermalen beschaffen sind, sind sie nur der Weg, der
Versuch zum Bessersein, nicht das Bessersein selbst. Man kann da=
her auf der großen Leiter menschlicher Vollkommenheit nicht stille
stehen; weil die Staaten durch die Abtheilung der Menschen in Na=
tionen und durch die Verschiedenheit der Stände neue Spaltungen
und Quellen des Hasses hervorgerufen haben, so ist ein neues
Bindungsmittel, eine neue Anstalt nöthig, durch welche die
getrennten Theile sich einander näher gebracht werden. Die
neue Anstalt, der Illuminatenorden, soll keinesweges die vor=
handenen Staaten aufheben, denn diese sind für den größten
Theil der Menschen noch ganz angemessen; aber sie soll die
gesonderten Menschen in einen höheren allgemeinen Zweck ver=
einigen und das Menschengeschlecht zu einer Reise, Vollkom=
menheit und höheren Sittlichkeit bringen, welche das männliche
Alter der Welt ausmacht. Um diesen Zweck zu erreichen ist
es nöthig, daß alle Glieder desselben so handeln, als ob sie nur
eine einzige Kraft wären. Da nun die Menschen so handeln, wie
sie denken, so ist für alle Ordensglieder eine Uebereinstimmung
des Denkens nothwendig, welche nur allmählig erreicht werden
kann, indem sich Führer und Lehrer finden, die das ganze
System übersehen, die Jünger durch stufenweise Einführung
in die verschiedenen Grade vorbereiten und sie kraft ihrer hö=
heren Einsicht und Gewalt leiten. Aus den gemeinsamen
Zwecken und Ideen folgt sodann das gleiche Handeln. Jedes
Handeln gegen den Ordenszweck ist verboten, jedes Handeln

für denselben geboten. Kein Theil des Ordensganzen darf
mehr oder weniger thun, als ihm angewiesen ist. Jedes Rad
muß in der gehörigen Proportion in das andere eingreifen;
mit einem einzigen Druck muß sich die Bewegung vom Mittelpunkte bis an die äußerste Peripherie des Zirkels verbreiten.
Von diesen Gesichtspunkten aus unternahm Weishaupt, Professor der philosophischen Geschichte und des geistlichen Rechts
zu Ingolstadt, die Gründung und Ausbreitung des Ordens.
Im Jahre 1776 bereits suchte er befreundete Männer zum Eintritt in den Orden zu veranlassen, welcher als bereits bestehend dargestellt wurde. Nur Wenige traten in den Jahren
1776 und 1777 ein, dann aber gewann in außerordentlicher
Schnelligkeit der Orden Theilnehmer unter allen Ständen und
in allen Gegenden Deutschlands. Der regierende Herzog von
Weimar und der Erbprinz von Gotha, die Grafen Seefeld,
Seinsheim, Costanza, der kaiserliche Gesandte Graf Metternich, der Domherr Graf Kesselstadt, die Freiherren von Montjelas, von Meggenhoffen u. s. w., in Göttingen die Professoren Koppe, Feder, Martens, in Weimar Göthe, Herder,
Musäus, der Minister Fritsch, der Pagenhofmeister Kästner,
in Baiern und den geistlichen Territorien viele Domherren und
Pfarrer, in den protestantischen und katholischen Städten viele
höhere und niedere Beamte, Offiziere, Kaufleute, Kammerherren, Schauspieler, Studenten, gehörten dem Orden an*).
An der Spitze desselben stand als primus oder National der
Stifter. Unter ihm gliederte sich der Orden in eine verschieden angegebene Zahl von Inspectionen, die Inspection zerfiel
in Provinzen, in der Provinz endlich fanden sich die Illuminatenversammlungen der einzelnen Städte. An die Spitze jeder Gliederung war ein Vorsteher gesetzt, dem ein Capitel zur
Seite stand. Um den Bestand des Ordens und die Verwendung aller Ordenskräfte nach einem Ziele hin zu sichern,

---

*) Handschriftliche, durchaus glaubwürdige Verzeichnisse machen diese An-
gaben und nennen namentlich auch Gothe und Herder.

gingen der Aufnahme mancherlei Prüfungen und Feierlichkeiten voraus. Die Handlung der Einweihung, hieß es, geht vor sich entweder bei Tage an-einem einsamen, abgelegenen, etwas dunkelen Ort z. B. in einem Walde oder bei Nachtzeit in einem stillen abgelegenen Zimmer, um eine Zeit, wo der Mond am Himmel steht. Der Aufzunehmende bekräftigte eidlich, daß er mit allem Rang, Ehren und Titel, die er in der bürgerlichen Gesellschaft fordern könne, im Grunde doch nichts weiter sei, als ein Mensch. Er gelobte ewiges Stillschweigen, unverbrüchliche Treue und Gehorsam allen Oberen und Satzungen des Ordens, er that treulichen Verzicht auf seine Privateinsicht und auf allen eingeschränkten Gebrauch seiner Kräfte und Fähigkeiten. Um auch später jedes Glied des Ordens in der vollkommensten Abhängigkeit vom Orden zu erhalten führte nicht nur jeder Obere die genauesten Conduitenlisten über alle seine Untergebenen, sondern jeder Untergebene mußte auch durch Ausfüllung vorgeschriebener Tabellen Nachricht über den Seelenzustand, den Briefwechsel, die wissenschaftliche Beschäftigung nicht nur seiner selbst, sondern auch seiner Verwandten, Freunde und Gönner geben. Am liebsten wurden „ reiche, wissensbegierige, folgsame, standhafte und beharrliche Leute von achtzehn bis dreißig Jahren" aufgenommen. Ueber zwei Männer in München, auf die man ein Auge geworfen hatte, heißt es in einem Briefe aus den siebenziger Jahren: Diese beiden sind ein Paar Teufelskerle, aber etwas schwer zu dirigiren, eben weil sie Teufelskerle sind. Unterdessen wenn es möglich wäre, so wäre die Prise nicht übel.

Durch den Orden der Aufgeklärten hatten die geistigen Richtungen der Aufklärung allerdings eine feste Form erhalten, aber da die Aufklärung selbst eines festen Zieles sich nicht bewußt war, so mußte dieses auch dem Illuminatenorden fehlen. Bald wurden Hülfe der unterdrückten Tugend, Besserung des Herzens und des Verstandes, bald die Heranbildung des Menschengeschlechts zu seiner Reife, Vollkommenheit und höherer Sittlichkeit als die Aufgabe des erlauchten Ordens angegeben.

Mit Staatssachen und Politik sollten ausschließlich die höheren Grade sich beschäftigen und die politischen Aeußerungen, welche in den vertrauteren Briefen der Illuminaten sich finden, wiederholen nur die Richtung der Aufklärung, Widerwillen nämlich gegen das Bestehende und völlige Unklarheit über das Wesen der Staatsformen, durch welche die Bestehenden ersetzt werden könnten. Der Ordensprimus z. B. schreibt, er wolle durch die Prüfungen in den unteren Graden diejenigen kennen lernen, welche geneigt sein möchten, gewisse sonderbare Staatslehren anzunehmen. Der oberste Grad werde die totale Einsicht in die Politik und die Maximen des Ordens gewähren. Hier würden die Projecte entworfen, wie den Feinden der Vernunft und der Menschlichkeit nach und nach auf den Leib zu gehen sei. Aengstlich, aber vergeblich suchten die Leiter des Ganzen nach einem unbekannten Etwas, welches denen als Geheimniß eröffnet werden könne, die die höheren Grade erhielten. Bauen sie nunmehr sicher darauf, trösten sie sich unter einander, daß die Leute etwas Reelles finden sollen. Einige Jahre hindurch hatten die Oberen allerdings wirkliche oder auch nur erdichtete Erwartungen von sich und dem Orden. Schonen Sie, schreibt ein Bruder dem Anderen, Ihre Gesundheit, denn Sie sind solche wegen der wichtigen Dienste, so sie der Welt leisten können, der Welt schuldig. Sie wollen Einfluß in der Welt haben; warten Sie nur, die Stunde kommt gewiß, wo Sie viel thun werden. Sehr bald indessen lieferte der Orden selbst den Beweis, daß die Begründungsart, welche die Aufklärung für die dem Staate einzig vernünftige ausgab, der Gesellschaft ihren Bestand nicht sichern könnte. Die durch Verabredung Einzelner entstandene Ordensverfassung wurde immer von Neuem angegriffen und zu einer und derselben Zeit durch verschiedene sich widersprechende Statuten geordnet. Dermalen, schrieb Weishaupt, wäre es Zeit, daß keiner an nichts weiter dächte, als seinem Orte und Amte genau vorzustehen. Die Regierung selbst zu reguliren ist noch nicht Zeit, wir brauchen erst Untergebene. — Die durch willkührliche

Unterwerfung der Einzelnen hervorgerufene Gewalt des Ordensprimus vermochte auch nicht ein einziges Jahr hindurch die
Auflehnung derer zurückzuhalten, die Gehorsam gelobt hatten.
Schon 1778 schrieb der Stifter: ich soll Euch Leuten alles
schicken und schreiben und habe doch auch zu thun, soll noch
überdieß die ganze Sache ordnen und richten und höre gar
nichts. Ich muß und kann mich also für nichts weiter als
einen Handlanger ansehen. Wie um des Himmels Willen ist
es denn möglich, daß ich der Sache vorstehe. Ich habe nicht
allein von der ganzen Sache kein Blatt Papier im Haus, sondern ich höre auch gar nichts. Ist denn meine Mühe und
Arbeit nicht so viel werth, daß ich auch Früchte genießen
dürfte. Wenn ich nicht künftig richtige und sichere Nachrichten erhalte, so entziehe ich mich dem ganzen Werke und setze
keine Feder mehr ein. Am Uebelsten war es um die Finanzverfassung bestellt; bald werden, um Geld zu schaffen, alle
Conscii aufgefordert, einen Ducaten an die Kasse zu senden,
aber Niemand folgt der Aufforderung; bald heißt es, von den
Projecten zur Bereicherung gefällt mir besonders das Drucken
kleiner Späße, Pasquille und dergleichen, bald wurde die
größte Hoffnung auf mögliche Gewinne in der Lotterie gestellt.
In allen Verhältnissen trat der Eigennutz der Einzelnen störend und verwirrend hervor. Sie verrathen, schrieb der Primus an einen Oberen, neuerdings wieder ihre Absicht, den
Orden bloß zu ihrem Privatvortheil zu gebrauchen. Ich bin
bereit, mein Haab und Gut für das Beste der Gesellschaft
zu geben und Sie nehmen von Ihrer ersten Einlage, die siebenzehn Gulden beträgt, gleich elf Gulden hinweg; ist das
socialisch? Mir möchte das Herz bluten, wenn ich so viel
Eigennutz und so wenig Liebe für das Ganze sehe. — Die
Einen wollten durch den Orden Geldunterstützung, die Anderen eine Hofmeisterstelle oder ein Amt erhalten und wendeten
sich unwillig ab, wenn ihrer Anforderung kein Genüge geschah.
Die vollständigste Zerrüttung war schon in den Orden eingebrochen, als 1784 die ersten Versuche gemacht wurden, densel-

er Einzelnen hervorgerufene Gewalt des Or-
nochte auch nicht ein einziges Jahr hindurch die
er zurückzuhalten, die Gehorsam gelobt hatten.
hrieb der Stifter: ich soll Euch Leuten alles
hreiben und habe doch auch zu thun, soll noch
zanze Sache ordnen und richten und höre gar
muß und kann mich also für nichts weiter als
jer ansehen. Wie um des Himmels Willen ist
), daß ich der Sache vorstehe. Ich habe nicht
ganzen Sache kein Blatt Papier im Haus, son-
auch gar nichts. Ist denn meine Mühe und
viel werth, daß ich auch Früchte genießen
: ich nicht künftig richtige und sichere Nachrich-
o entziehe ich mich dem ganzen Werke und setze
ehr ein. Am Uebelsten war es um die Finanz-
ellt; bald werden, um Geld zu schaffen, alle
ordert, einen Ducaten an die Kasse zu senden,
folgt der Aufforderung; bald heißt es, von der
Bereicherung gefällt mir besonders das Drucken
:, Pasquille und dergleichen, bald wurde die
ing auf mögliche Gewinne in der Lotterie gestellt.
erhältnissen trat der Eigennutz der Einzelnen stö-
rwirrend hervor. Sie verrathen, schrieb der Pri-
nen Oberen, neuerdings wieder ihre Absicht, den
zu ihrem Privatvortheil zu gebrauchen. Ich bin
t Haab und Gut für das Beste der Gesellschaft
nd Sie nehmen von Ihrer ersten Einlage, die sie
ulben beträgt, gleich elf Gulden hinweg; ist das
Mir möchte das Herz bluten, wenn ich so viel
und so wenig Liebe für das Ganze sehe. — Die
ollten durch den Orden Geldunterstützung, die Ande-
Hofmeisterstelle oder ein Amt erhalten und wendeten
illig ab, wenn ihrer Anforderung kein Genüge geschah.
uständigste Zerrüttung war schon in den Orden einge-
, als 1784 die ersten Versuche gemacht wurden, densel-

Federn hat, muß sich verkriechen, wofern es nicht zertreten
sein will. Ich zweifle nicht, daß es sehr angenehm ist, König, Churfürst Bischof, Reichsfürst, Abt, Baron im heiligen
römischen Reich zu sein, aber desto empfindlicher ist es, in
der unteren Klasse sich zu befinden. — Nach Außen ergab sich
eben so wenig eine Nützlichkeit des Gesammtzustandes. Deutschlands Constitution ist nichts *) als der code des lions. Zum
ewigen Theater innerlicher Bewegungen bestimmt, wird es den
Vorruhm einer kriegerischen und tapfern Nation behaupten,
ohne Anderen furchtbar zu sein. — Auch die einzelnen Reichsinstitute wurden nach ihrer Nützlichkeit betrachtet. Das Kammergericht, sagte man **), dieser Sitz der Partheilichkeit, der
Bestechung, der Chikane, der endlosen Vorenthaltung des
Rechts, wird noch immer für das Palladium der deutschen
Freiheit gehalten. Man sehe, wie bemittelte Personen eilen,
nach Wetzlar zu kommen, ihren Sachen Aufenthalt oder Wendung zu verschaffen, wie die Parteien laufen, den Referenten
zu erfahren, wie alt Streitigkeiten geworden sind. Die einzige Regel des Rechts, die in Wetzlar gilt, ist beati possidentes. Die oft ertheilten beneficia de non appellando und
die immer zerfallenen Kammergerichtsvisitationen sind Beweise,
daß das Tribunal schädlich und nicht zu verbessern sei. In
derselben Schrift wird ausdrücklich die Frage aufgeworfen:
ist es denn überall nöthig, einen Kaiser zu wählen, braucht
Deutschland ein Oberhaupt, haben sich die Zeiten und in ihnen die Staaten Deutschlands nicht so verändert, daß man einen
Kaiser entbehren kann? Was ist der Kaiser; ist er wirklich das
Oberhaupt der ihm gleichen Souveräne; ist er Etwas, ist er Nichts?
Im ersten Falle, wozu das Etwas, im zweiten Falle wozu das
Nichts. Kennt man irgend einen Dienst, der dem deutschen
Staatskörper durch seine Verfassung erzeigt ist, eine Verthei-
digung im Kriege, eine Aufrechthaltung, eine Bereicherung,

---

*) Weckherlin Chronologen Band 5. S. 157. (1780.)
**) Warum soll Deutschland einen Kaiser haben? Ohne Druckort 1787.

eine vortheilhafte Unterhandlung. Ist Moral, Philosophie, sind Wissenschaften, Aufklärung, Sitten, Duldung, Künste, Industrie, Handel, ist selbst das innere gute Vernehmen der deutschen Staaten unter einander dadurch befördert? Die souveränen deutschen Staaten würden weit glücklicher sein, wenn der Reichsverband ganz aufhörte; derselbe ist bloß die Wirkung eines Ohngefähr und erhielt sich dadurch, daß er unbedeutend war, wie die Kleidung der Rathsherren in den Reichsstädten, obgleich sich Gesetze, Lebensart und Kleidung sonst ganz verändert haben. Selbst die östreichisch gesinnten Schriftsteller *) gaben zu, daß der Kaiser zu einem unthätigen simulacrum der alten Reichsverfassung herabgewürdigt sei und ihm nur der glänzende Vorzug gegönnt werde, das Ansehen der alten Kaiser auf seine Unkosten zu erhalten und auf dem Theater von Europa einen regem scenicum und imaginarium zu repräsentiren. Sie schrieben den Protestanten die Schuld zu, einen solchen Zustand herbeigeführt zu haben und hielten gleichfalls eine große Umänderung für unvermeidlich. Das Corps der Protestanten, meinten sie, dürfte wahrscheinlicher Weise in unserem Vaterlande früher oder später eine Revolution verursachen, die dem römisch-deutschen Reiche vielleicht zum Vortheil einiger Wenigen ein Ende machen wird. Nur so lange hat das Reich eine precäre Existenz zu hoffen, als sich nicht Umstände ereignen, die aus dem Chaos nach dem natürlichen Lauf der Dinge eine neue Ordnung hervorbringen. — Bei dieser Ansicht vom Reiche konnte die Kaiserkrönung wohl Göthe zu seiner hinreißenden Darstellung veranlassen, weil das Auge des Dichterfürsten weniger die Wirklichkeit der Formen, als den Geist vergangener Zeiten erblickte, der sie einst gebildet hatte. Aber die Prosa der Zeit, welche in den Krönungsförmlichkeiten nur sah was sie jetzt, nicht was sie früher waren, wendete sich verächtlich von ihnen ab. Nichts konnte,

---

*) Z. B. Politische Betrachtungen und Nachrichten Nro. 1. 1785. S. 24.

schreibt Lang *) aus alter Erinnerung, ein treueres Bild der
eiskalt erstarrten und kindisch gewordenen alten deutschen Reichsverfassung geben, als das Fastnachtsspiel einer solchen, in
ihren zerrissenen Fetzen prangenden Kaiserkrönung. Mit rohem
Spotte fragte Weckherlin **): Gehört es wirklich zum Heiligthum unserer Constitution, daß ein Ochse gebraten, zerrissen
und verschleift werden muß. Beruhet die Würde und die Festigkeit des Reiches darauf, daß sich der Frankfurter Pöbel
bei der Krönung besaufe, raufe und um seine Gesundheit bringe
oder soll der Sieg des Kronträgers durch verstümmelte Glieder, zerschmetterte Köpfe und betrunkene Kehlen gefeiert werden? Ja, sagt Ihr, aber das Herkommen! Ich verstehe
Euch, da liegt der Ochs im Pfeffer! — So wenig wie Reichskammergericht und Kaiser konnte der Reichstag seine Nützlichkeit nachweisen. Der Reichstag, heißt es in einer Schrift von
1780, kann billig die Grundlage aller Staatsränke genannt
werden. Der Reichstagsgesandte geräth in die äußersten Sorgen und muß sein redliches Gemüth mit schlaflosen Nächten
abwürgen, indem bei ihm die Nothwendigkeit eintritt, unter
Verfolgung und drohenden Unglücken seinen Pflichten zu gehorchen oder deren schandvoll vergessen zu werden. Von beiden Umständen wird er unerträglich gequält. — Eine andere Schrift****)
findet das Dasein des Reichstages nur schädlich, weil der
Ernst wichtiger Geschäfte in steifes Ceremonial der Formalitäten ausgeartet sei, wodurch das Verbessern verjährter Thorheiten und das Abschaffen heilig gewordener Mißbräuche verhindert werde.

Der Aufklärung, so weit sie das politische Gebiet betrat,
wurde weder durch die Verneinung der geistigen, im Staate
waltenden Kräfte, noch durch die Ueberhebung des Einzelne-

*) v. Lang Memoiren S. 212.
**) Graues Ungeheuer Band 10 S. 70.
***) Denkbuch und Erklärung was der Reichstag sei? Frankfurt 1780.
****) Warum soll Deutschland einen Kaiser haben? 1787.

bens, noch durch das Zurückdrängen jeder Scheu vor geistigen
Angriffen auf das Bestehende das Bild eines Staates gewährt,
welcher ins Leben eingeführt, die Aufklärung zufrieden gestellt
hätte. Keine einzige Schrift aus der zweiten Hälfte des vorigen Jahrhunderts weiß von einer Staatsgestaltung, deren Erringung sie als die Aufgabe unseres Volkes hingestellt hätte
und die Dichter, hinstürmend in politischer Begeisterung, erwärmten sich an den Worten Vernunftrecht, Freiheit, Vaterland, die Alles und Nichts, aber gewiß keine irgend bestimmte
Staatsgestaltung zu ihrem Inhalte hatten und dennoch in künstlerischer Schönheit entfaltet wesentlich beitrugen, daß auch die
edelsten Männer in die negirende Zeitrichtung hinein geführt
wurden und daß selbst in den trockensten Abhandlungen das
Unbestimmte und Unklare der politischen Bestrebungen fast von
keinem Zeitgenossen bemerkt ward. Die unmittelbare Frucht
der Verachtung des Bestehenden mußte freilich das Suchen nach
Neuem sein; eine krankhafte Unruhe mühte sich ab, um die
verstandesgemäßen und nützlichen Staatsformen zu erfinden;
aber sie vermochte nichts an den Tag zu bringen, als ein Anderes, ein Neues, welches doch dem Schicksal, gleich nach seiner Einsetzung selbst alt zu werden, nicht entgehen konnte und
deßhalb nie das Drängen und Treiben stillte. Männer, die
vorwiegend auf das Handeln und Wirken im Leben gerichtet
waren, mußten von diesem zunächst nur noch geistigen und jeder Befriedigung, jedes Ausruhens entbehrenden Suchen mit
Ueberdruß erfüllt und zu dem Streben, Abhülfe zu schaffen,
geführt werden. Ein für Jeden verständlicher Grund, welcher
die politische Aufklärung zu keinem Resultate gelangen ließ,
lag in der verschiedenen Stellung, welche die Kraft, die das
Bestehende angriff und die, welche es festhielt, einnahm. Die
Regierung eines jeden größeren oder kleineren deutschen Staates
bildete eine festgeschlossene Einheit, konnte deßhalb der sich
gesetzten Aufgabe klar bewußt sein und die auf einen Punkt
gesammelten Kräfte der Einzelnen zur Erhaltung des Bestehenden verwenden. Die Aufklärung dagegen hatte ihren Sitz im

socialen Leben, welches ohne Form und Gestaltung in nie ru-
hendem Schwanken in stets unsicherer Bewegung war. Sie
vermochte deßhalb weder eines bestimmten Zieles sich bewußt
zu werden, noch ein unbestimmtes anhaltend zu verfolgen,
noch durch die Vereinigung der Einzelnkräfte das Widerstreben
der Einzelnen zurückzudrängen. Nur wenn das sociale Leben
eine feste geschlossene Form erhielt, konnte der Kampf der
Aufklärung gegen die das Bestehende festhaltenden Regierungen zu einem Erfolge führen. Zwar wurde ein stärkerer Zusammenhang und eine größere Wirksamkeit der im socialen Leben wurzelnden Kräfte begründet durch den im schnellen Fort-
schreiten wachsenden brieflichen Verkehr und durch das Hervortreten vielgelesener Zeitschriften, namentlich der von Weckherlin und Schlözer herausgegebenen Blätter. Aber eine ausgebildetere Form, eine eigentliche Verfassung mußte der überall
verbreiteten Aufklärung so dringend nothwendig erscheinen,
daß die allgemeinste Unterstützung kaum fehlen konnte, als gegen
Ende der siebenziger Jahre der Orden der Aufgeklärten oder
Illuminaten*) als Consequenz der Aufklärung und als Form
des socialen Lebens hervortrat.

Es gibt Mängel, heißt es in dem Unterricht**) für die
Ordensmitglieder ersten Grades, es gibt Mängel, gegen
welche öffentliche Anstalten zu schwach sind und nur geheime
Verbindungen eine angemessene Wirksamkeit haben. Sich an
allgemeine oder tiefeingewurzelte Vorurtheile mit offenbarer Gewalt zu wagen ist umsonst, ja gefährlich. Sitten werden
durch Sitten geändert und Meinungen durch das langsame un-
merkliche Entstehen neuer Meinungen verdrängt. Dieser Gang
aber ist so langsam, daß er nur wirken kann, wenn nach einem
tiefen, wohlüberdachten Plan gearbeitet wird, wenn die Aus-

---

*) Die Schriften für die Illuminaten sind angegeben und im Auszuge
mitgetheilt in der deutschen Zeitung von 1786 Nro. 42 bis 45;
Actenstücke gegen die Illuminaten sind besonders gesammelt in: Ei-
nige Originalschriften des Illuminatenordens. München 1787.
**) Abgedruckt in Weishaupt das verbesserte System der Illuminaten.
Frankfurt 1788.

führung nicht einem hinfälligen Menschen, sondern einem mo=
ralischen Körper anvertraut wird. Es entsteht der Wunsch,
heißt es weiter, es möchten die edleren Menschen in ein dau=
erhaftes Bündniß treten, um mit allen großen Menschen, die
dermalen sind und allen die bereinst sein werden nur ein Volk,
eine Familie zu formiren, für alle Lande, alle Jahrhunderte zu
leben. In dieser Art hat Gott selbst den Trieb nach gehei=
men Verbindungen in die Seelen der edleren Menschen gelegt,
um die Uebrigen zur Vollkommenheit und Glückseligkeit zu füh=
ren. Aus diesem Triebe sind die Staaten entstanden; aber
so wie sie dermalen beschaffen sind, sind sie nur der Weg, der
Versuch zum Bessersein, nicht das Bessersein selbst. Man kann da=
her auf der großen Leiter menschlicher Vollkommenheit nicht stille
stehen; weil die Staaten durch die Abtheilung der Menschen in Na=
tionen und durch die Verschiedenheit der Stände neue Spaltungen
und Quellen des Hasses hervorgerufen haben, so ist ein neues
Bindungsmittel, eine neue Anstalt nöthig, durch welche die
getrennten Theile sich einander näher gebracht werden. Die
neue Anstalt, der Illuminatenorden, soll keinesweges die vor=
handenen Staaten aufheben, denn diese sind für den größten
Theil der Menschen noch ganz angemessen; aber sie soll die
gesonderten Menschen in einen höheren allgemeinen Zweck ver=
einigen und das Menschengeschlecht zu einer Reise, Vollkom=
menheit und höheren Sittlichkeit bringen, welche das männliche
Alter der Welt ausmacht. Um diesen Zweck zu erreichen ist
es nöthig, daß alle Glieder desselben so handeln, als ob sie nur
eine einzige Kraft wären. Da nun die Menschen so handeln, wie
sie denken, so ist für alle Ordensglieder eine Uebereinstimmung
des Denkens nothwendig, welche nur allmählig erreicht werden
kann, indem sich Führer und Lehrer finden, die das ganze
System übersehen, die Jünger durch stufenweise Einführung
in die verschiedenen Grade vorbereiten und sie kraft ihrer hö=
heren Einsicht und Gewalt leiten. Aus den gemeinsamen
Zwecken und Ideen folgt sodann das gleiche Handeln. Jedes
Handeln gegen den Ordenszweck ist verboten, jedes Handeln

für denselben geboten. Kein Theil des Ordensganzen darf mehr oder weniger thun, als ihm angewiesen ist. Jedes Rad muß in der gehörigen Proportion in das andere eingreifen; mit einem einzigen Druck muß sich die Bewegung vom Mittelpunkte bis an die äußerste Peripherie des Zirkels verbreiten. Von diesen Gesichtspunkten aus unternahm Weishaupt, Professor der philosophischen Geschichte und des geistlichen Rechts zu Ingolstadt, die Gründung und Ausbreitung des Ordens. Im Jahre 1776 bereits suchte er befreundete Männer zum Eintritt in den Orden zu veranlassen, welcher als bereits bestehend dargestellt wurde. Nur Wenige traten in den Jahren 1776 und 1777 ein, dann aber gewann in außerordentlicher Schnelligkeit der Orden Theilnehmer unter allen Ständen und in allen Gegenden Deutschlands. Der regierende Herzog von Weimar und der Erbprinz von Gotha, die Grafen Seefeld, Seinsheim, Costanza, der kaiserliche Gesandte Graf Metternich, der Domherr Graf Kesselstadt, die Freiherren von Montjelas, von Meggenhoffen u. s. w., in Göttingen die Professoren Koppe, Feder, Martens, in Weimar Göthe, Herder, Musäus, der Minister Fritsch, der Pagenhofmeister Kästner, in Baiern und den geistlichen Territorien viele Domherren und Pfarrer, in den protestantischen und katholischen Städten viele höhere und niedere Beamte, Offiziere, Kaufleute, Kammerherren, Schauspieler, Studenten, gehörten dem Orden an *). An der Spitze desselben stand als primus oder National der Stifter. Unter ihm gliederte sich der Orden in eine verschieden angegebene Zahl von Inspectionen, die Inspection zerfiel in Provinzen, in der Provinz endlich fanden sich die Illuminatenversammlungen der einzelnen Städte. An die Spitze jeder Gliederung war ein Vorsteher gesetzt, dem ein Capitel zur Seite stand. Um den Bestand des Ordens und die Verwendung aller Ordenskräfte nach einem Ziele hin zu sichern,

---

*) Handschriftliche, durchaus glaubwürdige Verzeichnisse machen diese Angaben und nennen namentlich auch Göthe und Herder.

gingen der Aufnahme mancherlei Prüfungen und Feierlichkeiten voraus. Die Handlung der Einweihung, hieß es, geht vor sich entweder bei Tage an einem einsamen, abgelegenen, etwas dunkelen Ort z. B. in einem Walde oder bei Nachtzeit in einem stillen abgelegenen Zimmer, um eine Zeit, wo der Mond am Himmel steht. Der Aufzunehmende bekräftigte eidlich, daß er mit allem Rang, Ehren und Titel, die er in der bürgerlichen Gesellschaft fordern könne, im Grunde doch nichts weiter sei, als ein Mensch. Er gelobte ewiges Stillschweigen, unverbrüchliche Treue und Gehorsam allen Oberen und Satzungen des Ordens, er that treulichen Verzicht auf seine Privateinsicht und auf allen eingeschränkten Gebrauch seiner Kräfte und Fähigkeiten. Um auch später jedes Glied des Ordens in der vollkommensten Abhängigkeit vom Orden zu erhalten führte nicht nur jeder Obere die genauesten Conduitenlisten über alle seine Untergebenen, sondern jeder Untergebene mußte auch durch Ausfüllung vorgeschriebener Tabellen Nachricht über den Seelenzustand, den Briefwechsel, die wissenschaftliche Beschäftigung nicht nur seiner selbst, sondern auch seiner Verwandten, Freunde und Gönner geben. Am liebsten wurden „reiche, wissensbegierige, folgsame, standhafte und beharrliche Leute von achtzehn bis dreißig Jahren" aufgenommen. Ueber zwei Männer in München, auf die man ein Auge geworfen hatte, heißt es in einem Briefe aus den siebenziger Jahren: Diese beiden sind ein Paar Teufelskerle, aber etwas schwer zu dirigiren, eben weil sie Teufelskerle sind. Unterdessen wenn es möglich wäre, so wäre die Prise nicht übel.

Durch den Orden der Aufgeklärten hatten die geistigen Richtungen der Aufklärung allerdings eine feste Form erhalten, aber da die Aufklärung selbst eines festen Zieles sich nicht bewußt war, so mußte dieses auch dem Illuminatenorden fehlen. Bald wurden Hülfe der unterdrückten Tugend, Besserung des Herzens und des Verstandes, bald die Heranbildung des Menschengeschlechts zu seiner Reife, Vollkommenheit und höherer Sittlichkeit als die Aufgabe des erlauchten Ordens angegeben.

Macht bestimmt werden zu lassen, rief auf dem politischen Gebiete eine Richtung hervor, welche jede Berechtigung der Volkseinheit auf den Einzelnen einzuwirken, in Abrede stellte. Weil die Einheit der früheren und späteren Generationen desselben Volkes geleugnet wurde, erschien jede von den Vätern herstammende staatliche Institution als eine fremde, vorläufig tyrannische Macht, die erst dann Berechtigung erhielt, wenn sie von den Geschlechtern der Gegenwart anerkannt worden war. Da nun das Bestehende dennoch die Einzelnen ohne Rücksicht auf ihre Zustimmung umschloß, so wurde es verfolgt, nicht weil es in sich zerfallen und verkommen war, sondern allein schon deßhalb, weil es aus einer früheren Zeit herstammte. Weil die Einheit der gleichzeitig lebenden Generationen verworfen ward, erschien jede andere oder umfassendere Berechtigung der Einen allen Uebrigen als ein Raub und jede Erweiterung einer bisher beengten Rechtsstellung wurde von denen, die schon früher in einem größeren Rechtskreise sich bewegt hatten, als eine Anmaßung und Beeinträchtigung angesehen. Alle aus der Volkseinheit sich hervordrängenden Staatsinstitutionen, welche, um Freiheit zu gewähren, die Willkühr zurückhalten, drückten wie eine schwere Last auf dem jegliche innere Einheit leugnenden Einzelleben. Ein Sinn entwickelte sich, bemerkt Goethe[*], den man das Bedürfniß der Unabhängigkeit nennen könnte. Man wollte nichts über sich dulden, Niemand sollte beengt sein. Dieser Sinn und Geist zeigte sich damals überall; es entstand eine gewisse sittliche Befehdung, eine Einmischung der Einzelnen ins Regiment. Zwar blieb, schreibt ein anderer der Zeit sehr kundiger Mann[**], auch im letzten Drittel des Jahrhunderts das Ehrwürdige der Vorzeit der Einbildungskraft schätzbar, aber keine Form, keine Schranke behielt Stand und Werth. Das Alterthum erschien

---

[*] Wahrheit und Dichtung 12. Buch.

[**] Recension über Göthes Wahrheit und Dichtung in den Heidelberger Jahrbüchern von 1814 Nro. 41.

wunderbar groß, war sehnsuchtswürdig, weil es kräftige Frei=
heitselemente darbietet. Aber was von ihm in der Wirklich=
keit herabgestammt war, hinderte den kämpfenden Sinn. —
Ungestüm und roh that sich der Aerger über jede höhere Stel=
lung eines Anderen in vielgelesenen Zeitblättern kund. Weck=
herlin *) z. B. behauptete: Wo der Bürger nicht ungekränkt
ein Glas Wein trinken, wo er ohne den Hut abzunehmen nicht
vor dem Senator vorbei gehen, wo sein Ehrenweib den Pas
nicht ungestraft vor der Frau Rathsschreiberin nehmen, wo
der Unterthan die Mätreffe des Ministers nicht Hure nennen,
wo er einen Schurken von Amtmann nicht verachten darf, da
ist keine bürgerliche Freiheit.

Die dritte Grundmaxime der Aufklärung, das Wesen der
seienden Dinge in ihrer Nützlichkeit zu suchen, sie also nicht
als auch an sich, sondern nur als für Andere seiend aufzufas=
sen **), führte auf dem politischen Gebiete dahin, jede Er=
scheinung des Staatslebens lediglich nach ihrem Nutzen zu
beurtheilen. Da nun die höchsten Interessen wegen ihrer Ir=
rationalität, und die Einheit der kommenden Generationen
mit denen der Gegenwart wegen Verläugnung aller Einheit
unberücksichtigt blieben, so wurde, wie Fichte***) sich aus=
drückte, nur auf das unmittelbar und materiell Nützliche, zur
Wohnung, Kleidung und Speise Dienliche gesehen, auf die
Wohlfeilheit, die Bequemlichkeit und wo es sich am Höchsten
verstieg auf die Mode. Eine Prüfung, welche ihr Augen=
merk allein auf die unmittelbare und materielle Nützlichkeit
wendete, konnten freilich die deutschen Staatszustände am We=
nigsten bestehen. Deutschland kommt mir vor, hieß es****),
wie ein großer Park, worin Alles was die Jagduniform trägt,
sich ziemlich Plaisir machen kann; was aber einen Pelz oder

---

*) Weckherlin graues Ungeheuer Band II. S. 80. (1784.)
**) Hegel, Geschichte der Philosophie III. S. 531.
***) Fichte, Grundzüge des gegenwärtigen Zeitalters S. 59.
****) Weckherlin Chronologen Band 7. S. 115. (1780.)

Federn hat, muß sich verkriechen, wofern es nicht zertreten sein will. Ich zweifle nicht, daß es sehr angenehm ist, König, Churfürst, Bischof, Reichsfürst, Abt, Baron im heiligen römischen Reich zu sein, aber desto empfindlicher ist es, in der unteren Klasse sich zu befinden. — Nach Außen ergab sich eben so wenig eine Nützlichkeit des Gesammtzustandes. Deutschlands Constitution ist nichts*) als der code des lions. Zum ewigen Theater innerlicher Bewegungen bestimmt, wird es den Vorruhm einer kriegerischen und tapfern Nation behaupten, ohne Anderen furchtbar zu sein. — Auch die einzelnen Reichsinstitute wurden nach ihrer Nützlichkeit betrachtet. Das Kammergericht, sagte man**), dieser Sitz der Partheilichkeit, der Bestechung, der Chikane, der endlosen Vorenthaltung des Rechts, wird noch immer für das Palladium der deutschen Freiheit gehalten. Man sehe, wie bemittelte Personen eilen, nach Wetzlar zu kommen, ihren Sachen Aufenthalt oder Wendung zu verschaffen, wie die Parteien laufen, den Referenten zu erfahren, wie alt Streitigkeiten geworden sind. Die einzige Regel des Rechts, die in Wetzlar gilt, ist beati possidentes. Die oft ertheilten beneficia de non appellando und die immer zerfallenen Kammergerichtsvisitationen sind Beweise, daß das Tribunal schädlich und nicht zu verbessern sei. In derselben Schrift wird ausdrücklich die Frage aufgeworfen: ist es denn überall nöthig, einen Kaiser zu wählen, braucht Deutschland ein Oberhaupt, haben sich die Zeiten und in ihnen die Staaten Deutschlands nicht so verändert, daß man einen Kaiser entbehren kann? Was ist der Kaiser; ist er wirklich das Oberhaupt der ihm gleichen Souveräne; ist er Etwas, ist er Nichts? Im ersten Falle, wozu das Etwas, im zweiten Falle wozu das Nichts. Kennt man irgend einen Dienst, der dem deutschen Staatskörper durch seine Verfassung erzeigt ist, eine Vertheidigung im Kriege, eine Aufrechthaltung, eine Bereicherung,

---

*) Weckherlin Chronologen Band 5. S. 157. (1780.)
**) Warum soll Deutschland einen Kaiser haben? Ohne Druckort 1787.

eine vortheilhafte Unterhandlung. Ist Moral, Philosophie, sind Wissenschaften, Aufklärung, Sitten, Duldung, Künste, Industrie, Handel, ist selbst das innere gute Vernehmen der deutschen Staaten unter einander dadurch befördert? Die souveränen deutschen Staaten würden weit glücklicher sein, wenn der Reichsverband ganz aufhörte; derselbe ist bloß die Wirkung eines Ohngefähr und erhielt sich dadurch, daß er unbedeutend war, wie die Kleidung der Rathsherren in den Reichsstädten, obgleich sich Gesetze, Lebensart und Kleidung sonst ganz verändert haben. Selbst die östreichisch gesinnten Schriftsteller *) gaben zu, daß der Kaiser zu einem unthätigen simulacrum der alten Reichsverfassung herabgewürdigt sei und ihm nur der glänzende Vorzug gegönnt werde, das Ansehen der alten Kaiser auf seine Unkosten zu erhalten und auf dem Theater von Europa einen regem scenicum und imaginarium zu repräsentiren. Sie schrieben den Protestanten die Schuld zu, einen solchen Zustand herbeigeführt zu haben und hielten gleichfalls eine große Umänderung für unvermeidlich. Das Corps der Protestanten, meinten sie, dürfte wahrscheinlicher Weise in unserem Vaterlande früher oder später eine Revolution verursachen, die dem römisch-deutschen Reiche vielleicht zum Vortheil einiger Wenigen ein Ende machen wird. Nur so lange hat das Reich eine precäre Existenz zu hoffen, als sich nicht Umstände ereignen, die aus dem Chaos nach dem natürlichen Lauf der Dinge eine neue Ordnung hervorbringen. — Bei dieser Ansicht vom Reiche konnte die Kaiserkrönung wohl Göthe zu seiner hinreißenden Darstellung veranlassen, weil das Auge des Dichterfürsten weniger die Wirklichkeit der Formen, als den Geist vergangener Zeiten erblickte, der sie einst gebildet hatte. Aber die Prosa der Zeit, welche in den Krönungsförmlichkeiten nur sah was sie jetzt, nicht was sie früher waren, wendete sich verächtlich von ihnen ab. Nichts konnte,

---

*) Z. B. Politische Betrachtungen und Nachrichten Nro. 1. 1785. S. 24.

schreibt Lang *) aus alter Erinnerung, ein treueres Bild der eiskalt erstarrten und kindisch gewordenen alten deutschen Reichsverfassung geben, als das Fastnachtsspiel einer solchen, in ihren zerrissenen Fetzen prangenden Kaiserkrönung. Mit rohem Spotte fragte Weckherlin **): Gehört es wirklich zum Heiligthum unserer Constitution, daß ein Ochse gebraten, zerrissen und verschleift werden muß. Beruhet die Würde und die Festigkeit des Reiches darauf, daß sich der Frankfurter Pöbel bei der Krönung besaufe, raufe und um seine Gesundheit bringe oder soll der Sieg des Kronträgers durch verstümmelte Glieder, zerschmetterte Köpfe und betrunkene Kehlen gefeiert werden? Ja, sagt Ihr, aber das Herkommen! Ich verstehe Euch, da liegt der Ochs im Pfeffer! — So wenig wie Reichskammergericht und Kaiser konnte der Reichstag seine Nützlichkeit nachweisen. Der Reichstag, heißt es in einer Schrift von 1780, kann billig die Grundlage aller Staatsränke genannt werden. Der Reichstagsgesandte geräth in die äußersten Sorgen und muß sein redliches Gemüth mit schlaflosen Nächten abwürgen, indem bei ihm die Nothwendigkeit eintritt, unter Verfolgung und drohenden Unglücken seinen Pflichten zu gehorchen oder deren schandvoll vergessen zu werden. Von beiden Umständen wird er unerträglich gequält. — Eine andere Schrift****) findet das Dasein des Reichstages nur schädlich, weil der Ernst wichtiger Geschäfte in steifes Ceremonial der Formalitäten ausgeartet sei, wodurch das Verbessern verjährter Thorheiten und das Abschaffen heilig gewordener Mißbräuche verhindert werde.

Der Aufklärung, so weit sie das politische Gebiet betrat, wurde weder durch die Verneinung der geistigen, im Staate waltenden Kräfte, noch durch die Ueberhebung des Einzelle-

---

*) v. Lang Memoiren S. 212.
**) Graues Ungeheuer Band 10 S. 70.
***) Denkbuch und Erklärung was der Reichstag sei? Frankfurt 1780.
****) Warum soll Deutschland einen Kaiser haben? 1787.

bens, noch durch das Zurückdrängen jeder Scheu vor geistigen
Angriffen auf das Bestehende das Bild eines Staates gewährt,
welcher ins Leben eingeführt, die Aufklärung zufrieden gestellt
hätte. Keine einzige Schrift aus der zweiten Hälfte des vorigen Jahrhunderts weiß von einer Staatsgestaltung, deren Erringung sie als die Aufgabe unseres Volkes hingestellt hätte
und die Dichter, hinstürmend in politischer Begeisterung, erwärmten sich an den Worten Vernunftrecht, Freiheit, Vaterland, die Alles und Nichts, aber gewiß keine irgend bestimmte
Staatsgestaltung zu ihrem Inhalte hatten und dennoch in künstlerischer Schönheit entfaltet wesentlich beitrugen, daß auch die
edelsten Männer in die negirende Zeitrichtung hinein geführt
wurden und daß selbst in den trockensten Abhandlungen das
Unbestimmte und Unklare der politischen Bestrebungen fast von
keinem Zeitgenossen bemerkt ward. Die unmittelbare Frucht
der Verachtung des Bestehenden mußte freilich das Suchen nach
Neuem sein; eine krankhafte Unruhe mühte sich ab, um die
verstandesgemäßen und nützlichen Staatsformen zu erfinden;
aber sie vermochte nichts an den Tag zu bringen, als ein Anderes, ein Neues, welches doch dem Schicksal, gleich nach seiner Einsetzung selbst alt zu werden, nicht entgehen konnte und
deßhalb nie das Drängen und Treiben stillte. Männer, die
vorwiegend auf das Handeln und Wirken im Leben gerichtet
waren, mußten von diesem zunächst nur noch geistigen und jeder Befriedigung, jedes Ausruhens entbehrenden Suchen mit
Ueberdruß erfüllt und zu dem Streben, Abhülfe zu schaffen,
geführt werden. Ein für Jeden verständlicher Grund, welcher
die politische Aufklärung zu keinem Resultate gelangen ließ,
lag in der verschiedenen Stellung, welche die Kraft, die das
Bestehende angriff und die, welche es festhielt, einnahm. Die
Regierung eines jeden größeren oder kleineren deutschen Staates
bildete eine festgeschlossene Einheit, konnte deßhalb der sich
gesetzten Aufgabe klar bewußt sein und die auf einen Punkt
gesammelten Kräfte der Einzelnen zur Erhaltung des Bestehenden verwenden. Die Aufklärung dagegen hatte ihren Sitz im

socialen Leben, welches ohne Form und Gestaltung in nie ru-
hendem Schwanken in stets unsicherer Bewegung war. Sie
vermochte deßhalb weder eines bestimmten Zieles sich bewußt
zu werden, noch ein unbestimmtes anhaltend zu verfolgen,
noch durch die Vereinigung der Einzelnkräfte das Widerstreben
der Einzelnen zurückzudrängen. Nur wenn das sociale Leben
eine feste geschlossene Form erhielt, konnte der Kampf der
Aufklärung gegen die das Bestehende festhaltenden Regierungen zu einem Erfolge führen. Zwar wurde ein stärkerer Zusammenhang und eine größere Wirksamkeit der im socialen Leben wurzelnden Kräfte begründet durch den im schnellen Fort-
schreiten wachsenden brieflichen Verkehr und durch das Hervortreten vielgelesener Zeitschriften, namentlich der von Weckherlin und Schlözer herausgegebenen Blätter. Aber eine ausgebildetere Form, eine eigentliche Verfassung mußte der überall
verbreiteten Aufklärung so dringend nothwendig erscheinen,
daß die allgemeinste Unterstützung kaum fehlen konnte, als gegen
Ende der siebenziger Jahre der Orden der Aufgeklärten oder
Illuminaten*) als Consequenz der Aufklärung und als Form
des socialen Lebens hervortrat.

Es gibt Mängel, heißt es in dem Unterricht**) für die
Ordensmitglieder ersten Grades, es gibt Mängel, gegen
welche öffentliche Anstalten zu schwach sind und nur geheime
Verbindungen eine angemessene Wirksamkeit haben. Sich an
allgemeine oder tiefeingewurzelte Vorurtheile mit offenbarer Gewalt zu wagen ist umsonst, ja gefährlich. Sitten werden
durch Sitten geändert und Meinungen durch das langsame un-
merkliche Entstehen neuer Meinungen verdrängt. Dieser Gang
aber ist so langsam, daß er nur wirken kann, wenn nach einem
tiefen, wohlüberdachten Plan gearbeitet wird, wenn die Aus-

---

*) Die Schriften für die Illuminaten sind angegeben und im Auszuge
mitgetheilt in der deutschen Zeitung von 1786 Nro. 42 bis 45;
Actenstücke gegen die Illuminaten sind besonders gesammelt in: Einige Originalschriften des Illuminateuordens. München 1787.

**) Abgedruckt in Weishaupt das verbesserte System der Illuminaten.
Frankfurt 1788.

führung nicht einem hinfälligen Menschen, sondern einem moralischen Körper anvertraut wird. Es entsteht der Wunsch, heißt es weiter, es möchten die edleren Menschen in ein dauerhaftes Bündniß treten, um mit allen großen Menschen, die dermalen sind und allen die dereinst sein werden nur ein Volk, eine Familie zu formiren, für alle Lande, alle Jahrhunderte zu leben. In dieser Art hat Gott selbst den Trieb nach geheimen Verbindungen in die Seelen der edleren Menschen gelegt, um die Uebrigen zur Vollkommenheit und Glückseligkeit zu führen. Aus diesem Triebe sind die Staaten entstanden; aber so wie sie dermalen beschaffen sind, sind sie nur der Weg, der Versuch zum Bessersein, nicht das Bessersein selbst. Man kann daher auf der großen Leiter menschlicher Vollkommenheit nicht stille stehen; weil die Staaten durch die Abtheilung der Menschen in Nationen und durch die Verschiedenheit der Stände neue Spaltungen und Quellen des Hasses hervorgerufen haben, so ist ein neues Bindungsmittel, eine neue Anstalt nöthig, durch welche die getrennten Theile sich einander näher gebracht werden. Die neue Anstalt, der Illuminatenorden, soll keinesweges die vorhandenen Staaten aufheben, denn diese sind für den größten Theil der Menschen noch ganz angemessen; aber sie soll die gesonderten Menschen in einen höheren allgemeinen Zweck vereinigen und das Menschengeschlecht zu einer Reise, Vollkommenheit und höheren Sittlichkeit bringen, welche das männliche Alter der Welt ausmacht. Um diesen Zweck zu erreichen ist es nöthig, daß alle Glieder desselben so handeln, als ob sie nur eine einzige Kraft wären. Da nun die Menschen so handeln, wie sie denken, so ist für alle Ordensglieder eine Uebereinstimmung des Denkens nothwendig, welche nur allmählig erreicht werden kann, indem sich Führer und Lehrer finden, die das ganze System übersehen, die Jünger durch stufenweise Einführung in die verschiedenen Grade vorbereiten und sie kraft ihrer höheren Einsicht und Gewalt leiten. Aus den gemeinsamen Zwecken und Ideen folgt sodann das gleiche Handeln. Jedes Handeln gegen den Ordenszweck ist verboten, jedes Handeln für denselben geboten. Kein Theil des Ordensganzen darf mehr oder weniger thun, als ihm angewiesen ist. Jedes Rad muß in der gehörigen Proportion in das andere eingreifen; mit einem einzigen Druck muß sich die Bewegung vom Mittelpunkte bis an die äußerste Peripherie des Zirkels verbreiten. Von diesen Gesichtspunkten aus unternahm Weishaupt, Professor der philosophischen Geschichte und des geistlichen Rechts zu Ingolstadt, die Gründung und Ausbreitung des Ordens. Im Jahre 1776 bereits suchte er befreundete Männer zum Eintritt in den Orden zu veranlassen, welcher als bereits bestehend dargestellt wurde. Nur Wenige traten in den Jahren 1776 und 1777 ein, dann aber gewann in außerordentlicher Schnelligkeit der Orden Theilnehmer unter allen Ständen und in allen Gegenden Deutschlands. Der regierende Herzog von Weimar und der Erbprinz von Gotha, die Grafen Seefeld, Seinsheim, Costanza, der kaiserliche Gesandte Graf Metternich, der Domherr Graf Kesselstadt, die Freiherren von Montjelas, von Meggenhoffen u. s. w., in Göttingen die Professoren Koppe, Feber, Martens, in Weimar Göthe, Herder, Musäus, der Minister Fritsch, der Pagenhofmeister Kästner, in Baiern und den geistlichen Territorien viele Domherren und Pfarrer, in den protestantischen und katholischen Städten viele höhere und niedere Beamte, Offiziere, Kaufleute, Kammerherren, Schauspieler, Studenten, gehörten dem Orden an *). An der Spitze desselben stand als primus oder National der Stifter. Unter ihm gliederte sich der Orden in eine verschieden angegebene Zahl von Inspectionen, die Inspection zerfiel in Provinzen, in der Provinz endlich fanden sich die Illuminatenversammlungen der einzelnen Städte. An die Spitze jeder Gliederung war ein Vorsteher gesetzt, dem ein Capitel zur Seite stand. Um den Bestand des Ordens und die Verwendung aller Ordenskräfte nach einem Ziele hin zu sichern,

---

*) Handschriftliche, durchaus glaubwürdige Verzeichnisse machen diese Angaben und nennen namentlich auch Göthe und Herder.

gingen der Aufnahme mancherlei Prüfungen und Feierlichkeiten
voraus. Die Handlung der Einweihung, hieß es, geht vor
sich entweder bei Tage an einem einsamen, abgelegenen, etwas
dunkelen Ort z. B. in einem Walde oder bei Nachtzeit in einem
stillen abgelegenen Zimmer, um eine Zeit, wo der Mond am
Himmel steht. Der Aufzunehmende bekräftigte eidlich, daß er
mit allem Rang, Ehren und Titel, die er in der bürgerlichen
Gesellschaft fordern könne, im Grunde doch nichts weiter sei,
als ein Mensch. Er gelobte ewiges Stillschweigen, unverbrüchliche Treue und Gehorsam allen Oberen und Satzungen
des Ordens, er that treulichen Verzicht auf seine Privateinsicht und auf allen eingeschränkten Gebrauch seiner Kräfte und
Fähigkeiten. Um auch später jedes Glied des Ordens in der
vollkommensten Abhängigkeit vom Orden zu erhalten führte nicht
nur jeder Obere die genauesten Conduitenlisten über alle seine
Untergebenen, sondern jeder Untergebene mußte auch durch Ausfüllung vorgeschriebener Tabellen Nachricht über den Seelenzustand, den Briefwechsel, die wissenschaftliche Beschäftigung
nicht nur seiner selbst, sondern auch seiner Verwandten, Freunde
und Gönner geben. Am liebsten wurden „ reiche, wissensbegierige, folgsame, standhafte und beharrliche Leute von achtzehn bis dreißig Jahren" aufgenommen. Ueber zwei Männer
in München, auf die man ein Auge geworfen hatte, heißt es
in einem Briefe aus den siebenziger Jahren: Diese beiden sind
ein Paar Teufelskerle, aber etwas schwer zu dirigiren, eben
weil sie Teufelskerle sind. Unterdessen wenn es möglich wäre,
so wäre die Prise nicht übel.

Durch den Orden der Aufgeklärten hatten die geistigen
Richtungen der Aufklärung allerdings eine feste Form erhalten,
aber da die Aufklärung selbst eines festen Zieles sich nicht be-
wußt war, so mußte dieses auch dem Illuminatenorden fehlen.
Bald wurden Hülfe der unterdrückten Tugend, Besserung des
Herzens und des Verstandes, bald die Heranbildung des Men-
schengeschlechts zu seiner Reife, Vollkommenheit und höherer
Sittlichkeit als die Aufgabe des erlauchten Ordens angegeben.

Mit Staatsfachen und Politik sollten ausschließlich die höheren Grade sich beschäftigen und die politischen Aeußerungen, welche in den vertrauteren Briefen der Illuminaten sich finden, wiederholen nur die Richtung der Aufklärung, Widerwillen nämlich gegen das Bestehende und völlige Unklarheit über das Wesen der Staatsformen, durch welche die Bestehenden ersetzt werden könnten. Der Ordensprimus z. B. schreibt, er wolle durch die Prüfungen in den unteren Graden diejenigen kennen lernen, welche geneigt sein möchten, gewisse sonderbare Staatslehren anzunehmen. Der oberste Grad werde die totale Einsicht in die Politik und die Maximen des Ordens gewähren. Hier würden die Projecte entworfen, wie den Feinden der Vernunft und der Menschlichkeit nach und nach auf den Leib zu gehen sei. Aengstlich, aber vergeblich suchten die Leiter des Ganzen nach einem unbekannten Etwas, welches denen als Geheimniß eröffnet werden könne, die die höheren Grade erhielten. Bauen sie nunmehr sicher darauf, trösten sie sich unter einander, daß die Leute etwas Reelles finden sollen. Einige Jahre hindurch hatten die Oberen allerdings wirkliche oder auch nur erdichtete Erwartungen von sich und dem Orden. Schonen Sie, schreibt ein Bruder dem Anderen, Ihre Gesundheit, denn Sie sind solche wegen der wichtigen Dienste, so sie der Welt leisten können, der Welt schuldig. Sie wollen Einfluß in der Welt haben; warten Sie nur, die Stunde kommt gewiß, wo Sie viel thun werden. Sehr bald indessen lieferte der Orden selbst den Beweis, daß die Begründungsart, welche die Aufklärung für die dem Staate einzig vernünftige ausgab, der Gesellschaft ihren Bestand nicht sichern könnte. Die durch Verabredung Einzelner entstandene Ordensverfassung wurde immer von Neuem angegriffen und zu einer und derselben Zeit durch verschiedene sich widersprechende Statuten geordnet. Dermalen, schrieb Weishaupt, wäre es Zeit, daß keiner an nichts weiter dächte, als seinem Orte und Amte genau vorzustehen. Die Regierung selbst zu reguliren ist noch nicht Zeit, wir brauchen erst Untergebene. — Die durch willkührliche

Unterwerfung der Einzelnen hervorgerufene Gewalt des Ordensprimus vermochte auch nicht ein einziges Jahr hindurch die
Auflehnung derer zurückzuhalten, die Gehorsam gelobt hatten.
Schon 1778 schrieb der Stifter: ich soll Euch Leuten alles
schicken und schreiben und habe doch auch zu thun, soll noch
überdieß die ganze Sache ordnen und richten und höre gar
nichts. Ich muß und kann mich also für nichts weiter als
einen Handlanger ansehen. Wie um des Himmels Willen ist
es denn möglich, daß ich der Sache vorstehe. Ich habe nicht
allein von der ganzen Sache kein Blatt Papier im Haus, sondern ich höre auch gar nichts. Ist denn meine Mühe und
Arbeit nicht so viel werth, daß ich auch Früchte genießen
dürfte. Wenn ich nicht künftig richtige und sichere Nachrichten erhalte, so entziehe ich mich dem ganzen Werke und setze
keine Feder mehr ein. Am Uebelsten war es um die Finanzverfassung bestellt; bald werden, um Geld zu schaffen, alle
Conscii aufgefordert, einen Ducaten an die Kasse zu senden,
aber Niemand folgt der Aufforderung; bald heißt es, von den
Projecten zur Bereicherung gefällt mir besonders das Drucken
kleiner Späße, Pasquille und dergleichen, bald wurde die
größte Hoffnung auf mögliche Gewinne in der Lotterie gestellt.
In allen Verhältnissen trat der Eigennutz der Einzelnen störend und verwirrend hervor. Sie verrathen, schrieb der Primus an einen Oberen, neuerdings wieder ihre Absicht, den
Orden bloß zu ihrem Privatvortheil zu gebrauchen. Ich bin
bereit, mein Haab und Gut für das Beste der Gesellschaft
zu geben und Sie nehmen von Ihrer ersten Einlage, die siebenzehn Gulden beträgt, gleich elf Gulden hinweg; ist das
socialisch? Mir möchte das Herz bluten, wenn ich so viel
Eigennutz und so wenig Liebe für das Ganze sehe. — Die
Einen wollten durch den Orden Geldunterstützung, die Anderen eine Hofmeisterstelle oder ein Amt erhalten und wendeten
sich unwillig ab, wenn ihrer Anforderung kein Genüge geschah.
Die vollständigste Zerrüttung war schon in den Orden eingebrochen, als 1784 die ersten Versuche gemacht wurden, densel-

ben zu unterdrücken. Mit seiner Aufhebung in Baiern durch
das Edict vom 1. März 1785 hatten die Illuminaten als Orden ihre Rolle ausgespielt; aber die Aufklärung, welche vor
und neben dem Orden wirksam gewesen war, blieb es auch
nach Beseitigung desselben.

Da die Unfähigkeit der Aufklärung sich in einer festen
Form auszuprägen dargethan war, so hatten die bestehenden
politischen Zustände von ihr keine plötzliche und gewaltsame
Zerstörung zu fürchten. Nicht in der Tiefe des Geistes brannte
die Aufklärung wie ein Feuer, das den Menschen entweder
verzehrt oder ihn sein Ziel erreichen läßt, sondern war nur
auf der Oberfläche der Seele zu Hause. Nichts was bestand
war ihr freilich genehm; Alles vielmehr wurde als unnützlich
und unverständig ausführlich besprochen; aber zu kühnen Thaten fehlte die Kraft. Auch nicht das Trugbild der Kraft, die
Verzweiflung, wie sie von der höchsten Lebensnoth, dem nagen-
den Hunger oder der Zertretung der Persönlichkeit geboren
wird, konnte die Aufklärung zu einem zerstörenden Wagniß
treiben, denn sie hatte im socialen Leben ihren Sitz, dessen
Elemente in der Regel Auskommen und wohlgeordnetes Familienleben besaßen. Dieselben Männer, welche den gesammten
Rechtszustand Deutschlands ohne Scheu als der aufgeklärten
Gegenwart unwürdig besprachen, übertraten dennoch kein Gesetz und hingen oft mit unverstellter Zuneigung an der Person
ihres eigenen Fürsten. Nicht durch sie, sondern nur dann
drohte dem Bestehenden offener und gewaltsamer Angriff, wenn
die Bestandtheile unseres Volkes, welche von dem socialen Leben ausgeschlossen waren, weil ihr Beruf eine vorwiegend geistige Thätigkeit weder verlangte, noch zuließ, von der Aufklärung ergriffen oder zu deren Werkzeug gemacht wurden. In
den Kreisen des kleinen Handelsmanns, des Handwerkers, des
Bauern ist das mehr oder weniger gründliche Denken nicht als
eine vom Thun abgesonderte Thätigkeit heimisch und deßhalb
der Schritt von der inneren Unzufriedenheit, wenn sie irgend
wie hervorgerufen wird, zu der offenen Auflehnung ungleich

leichter, als in den Lebenskreisen, in welchen das Denken und
Reden selbst als eine That erscheint und deßhalb weniger stark
zum Handeln drängt. Längst waren die Land- und Stadtgemeinden, in denen die sogenannten arbeitenden Classen Raum
für ihre politischen Kräfte gewinnen und durch welche sie weit
hinaus in das große Leben des einheitlichen Staates einwirken
können, zu Regierungsanstalten geworden. Weil die Unnatur
des politischen Zustandes auch den Grundlagen, auf welchen
der Bau des Staates sich erhebt, jede politische Berechtigung
entzogen hatte, so war das Drängen nach Wirksamkeit für den
Staat, welches nur mit dem Leben des Volkes ersterben kann,
der Verführung Preis gegeben, sich auf ungeordneten Bahnen
Luft zu verschaffen und das seit dem Ende der siebenziger Jahre
hervortretende Bemühen der Aufklärung sich Eingang in die
arbeitenden Classen zu verschaffen, hatte alle Aussicht auf Erfolg. Die Gefahr, daß dann die redende und schreibende
Auflehnung gegen den gesammten politischen Zustand sich in
eine die Kraft der Arme gebrauchende umsetzen könne, wurde
durch das Hervortreten eines neuen Elements innerhalb der
arbeitenden Classen verstärkt.

In allen Zeiten freilich hatte die Familie und der in Ver-
mögens-Erhaltung oder Erwerbung bestehende Privatberuf
einer Beihülfe durch Arbeiter bedurft, welche sich dienend der
Familie und dem Berufe Fremder hingeben. Zu allen Zeiten
hatten sich Glieder unseres Volkes gefunden, welche, des selbstständigen Hauswesens und Berufes wenigstens vorläufig entbehrend, Anhalt und Auskommen nur durch Andere erhalten
können und deßhalb bereitwillig dem Bedürfniß derselben nach
Ergänzung durch Fremde entsprechen. Aber früher war aus
dieser wechselseitigen Bedürftigkeit und wechselseitigen Abhülfe
in der Regel ein Verhältniß entstanden, welches für die in
dem Interesse und nach dem Willen Fremder thätigen Arbeiter
den Durchgang bildete, später Selbstständigkeit des Hauswesens und des Berufes zu gewinnen. Das Gesinde wendete
seine erste Jugendblüthe der fremden Familie zu, um später in

doch noch kräftigem Lebensalter auch für sich den Hausstand
zu erhalten; die Knechte des Bauern, die Gesellen des Handwerkers, die Gehülfen des Kaufmanns waren für den Beruf
Fremder thätig, um durch sie zur Leitung des künftig ihnen zu
Theil werdenden eigenen Berufes befähigt zu werden. Der Ge-
sichtspunkt, nach welchen die dienenden Berufs- und Familien-
arbeiter als künftige Berufs- und Familienherren erschienen,
verschaffte ihnen schon in ihrer untergeordneten Stellung Pflege
und Zucht. Sie standen nicht vereinzelt und anhaltlos, sondern gehörten den Kreisen, für die sie thätig waren, als
Glieder, wenn auch als dienende, an. In den letzten Jahrhunderten dagegen war die Zahl derer, welchen in früher
Jugend schon das elterliche Haus weder Thätigkeit noch Unterhalt gewährte, in solchem Grade gewachsen, daß sehr vielen
die Aussicht für die Zukunft eine selbstständige Stellung zu erlangen gänzlich abgeschnitten war. Andererseits hatte sich das
Bedürfniß nach fremden unselbstständigen Arbeitern in Familie
und Berufsbetrieb gesteigert. Die Ausbildung der Lebensverhältnisse und der steigende Luxus ließ das Gesinde vom Kam-
merdiener bis zum Ausläufer hinab in früher unbekannter Weise
anwachsen; der städtische Verkehr verlangte eine Masse von
Leuten, welche ohne einen bestimmten Herrn zu haben, stets
bereit standen, für Tage und Stunden dem Winke eines Jeden
zu folgen der sie bezahlen wollte; die Fabriken setzten zahllose
Arbeiter voraus, denen möglichst wohlfeil und schnell einför-
mige und mechanische Handgriffe eingeübt waren, über die
hinaus es für sie keine weitere Ausbildung gab. Dem einen
Theile dieser mehr und mehr anwachsenden Menschenmasse fehlte
die Aussicht auf selbstständigen Haushalt, dem anderen Theile
die auf selbstständigen Beruf. Von einer Heranbildung zu einer
künftigen Lebensstellung war bei ihnen Allen keine Rede; selbst
ohne Familie und eigenen Beruf, waren sie auch an die Familie und den Beruf Fremder durch keine inneren Bande gebunden; selbst standlos entbehrten sie auch des Anhalts, welchen die Einordnung in den Stand Anderer gewährt, und fan-

den sich einsam und vereinzelt in unserem Volke. Sie hatten wenig oder nichts zu verlieren und waren gewohnt dem zu folgen, der ihnen Brod versprach. Wenn die Noth des Lebens oder die Verlockung Anderer an sie herantrat, so wurde ihr eigenes bessere Selbst durch keine in der äußeren Lebensstellung liegenden Kräfte gestärkt und von der offenen und gewaltsamen Auflehnung gegen das Bestehende zurückgehalten. Zwar zeigte sich gegen Ausgang des vorigen Jahrhunderts das den Staat bedrohende Gespenst der Armuth nur erst in weiter Ferne; nur dem scharfen Ohre konnte schon damals das dumpfe Rollen in den Tiefen der Gesellschaft vernehmbar sein, welches darauf hindeutete, daß große bisher unbekannte Massen sich in Bewegung setzten, aber das leicht bemerkbare Hervortreten jener Menge, welche ohne politischen Halt von der Hand in den Mund lebte mußte dennoch zusammengehalten mit den negirenden geistigen Richtungen der Aufklärung und der ihren Einflüssen leicht zugänglichen Stellung der arbeitenden Classen die Zukunft Deutschlands in einem trüben Lichte erscheinen lassen.

Die eiskalt erstarrten Staatsformen einer vergangenen Zeit, welche das Grab, die tief verschütteten Keime einer neuen Gestaltung, welche Entwickelung vom deutschen Volke forderten, wurden von diesem sich selbst und dem Zufalle Preis gegeben. Die politische Aufklärung in ihrer kraftlosen Negation des Bestehenden war vom bösen Dämon unseres Volkes gezeugt, um jede Zukunft Deutschlands zu vernichten. So schien es, aber so konnte es nur scheinen, wenn die Aufklärung ohne ihren Zusammenhang mit dem Volksleben, welches ihr vorausging und ohne Zusammenhang mit den Staatszuständen, welche sie vorfand, betrachtet wurde.

Während im deutschen Staate ein verborgener Kern reiche Früchte für die Zukunft verhieß, hatten alle deutlich erkennbare Staatsformen eine solche Gestalt bekommen, daß nur ihre Beseitigung unserem Volke ein politisches Dasein geben konnten. Diesen entarteten Formen gegenüber verharrte die Masse des

Volkes vom dreißigjährigen Kriege bis zur Mitte des vorigen Jahrhunderts in träger Gleichgültigkeit. Es hatte kein Auge für seine politische Schmach und kein Herz für seine politische Entwickelung. So lange Beides ihm fehlte, blieb die Schmach verewigt und die Entwickelung versagt. Der erste Schritt zu einer wahrhaft politischen Gesinnung konnte nur darin bestehen, daß das Schmachvolle des bestehenden Zustandes dem Bewußtsein des Volkes nahe gebracht ward und diesen Schritt hat die Aufklärung gethan, indem sie in allgemein verständlicher Besprechung auf die traurige Gegenwart hinwies, dessen Beseitigung forderte und einzelne politische Wahrheiten, die freilich nahe genug liegen, damals aber doch erst entdeckt werden mußten, so lange unermüdlich wiederholte, bis sie wenigstens als Vorurtheil Wurzel im Volksleben schlugen und „es ist unendlich wichtig, daß Wahrheiten Vorurtheile der Menschen werden". Darin, daß die politische Aufklärung sich völlig genug that, wenn sie das Elende des Bestehenden aufdeckte, lag ihre Schwäche; darin, daß sie das Bestehende angriff, nicht wegen seiner objectiven Unwahrheit, sondern wegen seiner Unverträglichkeit mit dem subjectiven Meinen des selbstzufriedenen Einzelich, lag ihre Sünde. Aber hierin ist uns Enkeln keine Berechtigung gegeben, das Streben der Ehrenmänner jener Zeit, welche in der Entwickelung der politischen Gesinnung die Zwischenstufen nicht überspringen konnten, verächtlich oder lächerlich zu machen.

Unbedingt verderblich wäre die Aufklärung nur dann gewesen, wenn sie ihre Richtungen starr und unverändert auf die kommenden Geschlechter gebracht hätte; aber schon vor der Revolution zeigten sich Andeutungen, welche eine Fortentwickelung der politischen Gesinnung hoffen ließen. Zunächst und vor Allem mußte es darauf ankommen, die unnatürliche Verschmelzung der öffentlichen Meinung mit dem Naturrecht und mit dem Staatsrecht zu lösen. Nur wenn die Philosophie sich den schwankenden Ansichten des Tages entzog und auf ihren eigenen ernsten Bahnen fortschritt, konnte der Wahn fallen,

daß das Staatsleben stets die wechselnden Systeme der Philo-
sophen und dem verworrenen Meinen ihrer Zerrbilder begleiten
müsse. Schon vor der Revolution stand der Mann, welcher
das philosophische Denken von den Herrschern des Tages befreien
sollte im reifsten Mannesalter und hatte schon 1779 die Kritik der
reinen Vernunft bekannt gemacht. Nur wenn ferner das Recht als
eine Macht anerkannt wurde, welche den Grund ihres Seins
und die Kraft ihrer Entwickelung nicht in menschlicher Willkühr
trägt, konnte eines Theils die Geringschätzung desselben zurückgedrängt werden, welche entstand, sobald dieser oder jener dasselbe
für nicht nützlich erachtete und anderen Theils der Widerstand überwunden werden, welchen die Regierungen dem Fortschritte des
Rechtes entgegensetzten, der von dessen eigenem inneren Leben
gefordert ward. Schon vor der Revolution waren die beiden
Männer wenigstens geboren, denen, es gelingen sollte, den
Wahn zu vernichten, daß der willkührliche Ausspruch eines
Einzelnen oder die willkührliche Verabredung Mehrerer Quelle
des Rechts sei. Das sociale Leben, welches in seiner politischen Richtung ein wesentlich anderes werden mußte, sobald
es Philosophie und Recht nicht länger als seine Knechte behandeln konnte, mußte, um dem werdenden deutschen Staat
seine Pflege zu verschaffen, sich zum wesentlichen Ziel statt der
Negation der bestehenden Formen die Gestaltung des vorhandenen deutschen Staatskeimes setzen. Keine Aussicht aber war
vorhanden, daß dem socialen Leben in seiner Gemeinschaft
dieser Fortschritt gelingen würde. Nur wenn die Macht,
welche in seiner Gemeinschaft lag und z. B. C. F. von Moser
und Schlözer, von Halem und Stollberg als politisch gleich-
gesinnte erscheinen ließ, gesprengt wurde, konnten in dem dann
nothwendigen Parteienkampfe politische Individualitäten sich
frei und selbstständig entwickeln und eine Staatsgesinnung im
deutschen Volke und eine Richtung derselben auf das Schaffen
möglich werden. Nicht durch das erstarrte Staatsleben wurde
eine solche Entwickelung begünstigt, aber auch das Privatleben
und das Leben in Religion, Wissenschaft und Kunst führt dem

Volke seine Nahrung zu und es entsteht die Frage, wie viel
oder wie wenig das deutsche Volk von Beiden zu hoffen
hatte.

Zweiter Abschnitt.
Das Privatleben im deutschen Volke*).

Die Ursprünglichkeit und Abgeschlossenheit der Familie und
des Hauses gegenüber dem Volke und dem Staate hatte im
Rechte des Mittelalters ihren vollen Ausdruck erhalten. In
seinem Hause, hieß es, ist der Mann gesessen in stiller, nützlicher, geruhiger Gewer und Gewalt länger denn Landrecht
und Gewohnheit ist. Die Thüre, welche das Haus von der
Gemeinde und vom Staate scheidet, war ein unantastbares Heiligthum. In seinem Hause, darinnen er wohnte, sollte Jeder
Frieden haben, so daß ihm binnen seinen vier Pfählen kein
Urtheil schaden könnte. Die Ehefrau, die Hausehre in der
Sprache der Zeit genannt, war wie der Haussohn und die
Haustochter dem öffentlichen Leben nur durch den Hausherrn
bekannt und hat Jemand, sagte das alte Recht, an Knecht
und Magd, die des Mannes Hausgewalt heißen, Unfuges begangen, so mag der Mann wohl klagen, weil man seiner
nicht geschont hat an seinem Gesinde und hat den Frieden an
ihm gebrochen. Keine Familie hatte im Mittelalter eine andere

---

*) Abgesehen von den zahllosen Biographien und Briefwechseln finden sich
manche treffende Mittheilungen zerstreut in Jenisch Geist und Character des achtzehnten Jahrhunderts. Berlin 1800; E. M. Arndt
Geist der Zeit 1806; Brandes über den Zeitgeist in Deutschland
Hannover 1808 und über den Einfluß des Zeitgeistes auf die höheren
Stände Deutschlands Hannover 1810. In Beziehung auf die Aufgaben der Familie siehe Schleiermacher Grundriß der philosophischen
Ethik herausgegeben von Twesten. Berlin 1841, S. 122 und folgende.

Gewalt als die ihres Hauptes gekannt, aber der Mann, durch
den das Haus zum Hause ward, wäre kein freier Mann gewe=
sen, wenn er nicht größeren oder kleineren Kreisen des öffent=
lichen Lebens angehört und für sie gewirkt und gebuldet hätte.
Wenn das Reich oder der Lehnsherr tapferer Herzen und kräf=
tiger Arme beburfte, so verließ der Ritter seine Burg, um sich
in größeren Verhältnissen die Brust zu erweitern. Der Bür=
ger bachte nicht an Waarenlager und Handwerkszeug, wenn
die Stadt im Rathe oder in der Bürgerschaft seiner beburfte
und stand auf den Mauern seiner Stadt, wenn äußere An=
griffe sie bedrohten. Auch den Bauern sahen die Linden und
die sieben Steine erscheinen, um das Recht zu weisen und die
Freiheiten des Dorfes zu schützen. Der frische Hauch des Le=
bens in Reich, Gemeinde und Genossenschaft strömte allen Fa=
milien durch ihre Häupter zu und erfüllte das enge Haus mit
den großen Interessen nationaler Gemeinschaften. Im vorigen
Jahrhundert dagegen war Alles anders geworden. Der deut=
sche Staat mißkannte die Ursprünglichkeit der Familie und war
durch die zerbrochene Thür in das Innere des Hauses einge=
brungen. Das preußische Landrecht, in welchem sich die herr=
schenden Richtungen ihren Ausdruck verschafft hatten, verfügte
über die Verhältnisse der Familie und des Hauses, als ob die=
ses sich zum Staate eben so wie die Caserne oder das Zucht=
haus verhielt. „Mütter und Ammen sollen Kinder unter
zwei Jahren bei Nachtzeit nicht in ihre Betten nehmen und bei
sich oder Anderen schlafen lassen. Die solches thun, haben
nach Bewandniß der Umstände und der dabei obwaltenden Ge=
fahr Gefängnißstrafe oder körperliche Züchtigung verwirkt".
„Mütter, Pflegerinnen und Andere, die in Ermangelung der
Mutter an deren Stelle treten, müssen ihre Töchter oder Pfle=
gebefohlnen nach zurückgelegtem vierzehnten Jahre von den Kenn=
zeichen der Schwangerschaft und den Vorsichtsregeln bei Schwan=
gerschaften und Niederkünften jedoch mit Vorsicht unterrichten.*)"

*) §. 738, §. 902 A. L. R. II. 20.

Während einerseits das Haus als ein wenn auch kleiner Verwaltungsbezirk der Regierung gelten mußte, entbehrte es andererseits des lebendigen Zusammenhanges mit dem Staate,
für den es keine Wirksamkeit äußern durfte. Alle und jede
politische Thätigkeit hatte sich in die Fürsten und ihre Diener
zurückgezogen; Ritter, Bürger und Bauern im alten öffentlichen Sinne gab es nicht mehr; an ihre Stelle war die Menge
der „Verwalteten" getreten, die empfangen und dulden, nicht
auch gewähren und handeln sollten. Da nur als Theile dieser
Menge die Familienväter und Hausherren mit dem Staate in
Verbindung standen, so waren die Wege abgegraben, auf benen das öffentliche Leben in das der Familie hätte gelangen
können. Religion, Wissenschaft und Kunst todt in der ersten,
gährend in der zweiten Hälfte des Jahrhunderts, konnten der
Familie das Fehlen des Staates nicht ersetzen. In keinem Lebenskreise fand sich jene feste Ordnung der Dinge, welche in
anderen Zeiten schon allein durch ihr Dasein den Mann und
mit ihm die Familie zu einer sichern Stellung in den staatlichen, kirchlichen und litterärischen Bewegungen leitet. Hineingeworfen in ein gestaltloses Durcheinander war die Familie
auf sich allein angewiesen und es fragte sich, ob sie Lebenskraft genug besaß, um sich aus sich selbst zu erhalten und
fortzubilden.

Während der Kindheit eines Volkes stellt jedes seiner
Glieder dasselbe völlig dar und trägt nur in geringem Grade
Eigenthümliches und Unterscheidendes in sich. Da deßhalb weniger die Anziehungskraft der Individualitäten, als die physische und geistige Verschiedenheit des Geschlechts die Ehe begründet, so sind die durch gleichartige Elemente gebildeten
Familien im Wesentlichen einander gleich und geben, sich ohne
Ausnahme in derselben Richtung bewegend, dem jugendlichen
Volke jenen mächtigen Nachdruck, der ihm eigenthümlich ist.
Der Staat kann zwar auch auf den höchsten Stufen der Entwickelung eines solchen Nachdrucks nicht entbehren, sondern
bedarf des Gewichtes gleichartiger Familien, wie sie vor Allem

der Stand der großen und kleinen Grundeigenthümer gewährt, um sich nicht in unruhigen Schwankungen zu verlieren und um für seine Thaten Kraft und Nachhaltigkeit zu gewinnen. Aber ein Volk, welches nur gleichartige Familien enthält, bleibt ein verhältnißmäßig Massenhaftes. Es kann zwar wie jede Masse nach einzelnen Richtungen eine große Wirkung äußern, aber so lange es seinen hordenartigen Character behält, nie die Kraft in sich entwickeln, welche den lebensvollen Staat erzeugt. Dann nur, wenn in der Nationalität sich die Individualitäten hervorgearbeitet haben und nicht ausschließlich die Geschlechtsverschiedenheit, sondern zugleich die in der Geschlechtsverschiedenheit hervortretende eigenthümliche Persönlichkeit der Grund wird, welcher die Familie entstehen läßt, ist zugleich mit der größten Mannigfaltigkeit der Familien Raum gegeben, für die großartigste und vielseitigste Gestaltung des Staates. Das deutsche Volk hatte im vorigen Jahrhundert als Erbtheil alter Zeiten einen Reichthum mannigfaltiger Familien erhalten, aber damit sie wirklich dem erstarrten Staate frische Kräfte zuführen konnten, mußten sie ein Leben in sich bergen, welches zunächst die Männer, also die Hausväter trieb, sich dem Staate, der sie nicht wollte, auch wider dessen Willen aufzudrängen.

Stark genug war der deutsche Familiensinn gewesen, um aus den Zuständen der Verwilderung, welche dem dreißigjährigen Kriege folgten, von Neuem ein ehrbares und reines Familienleben zu erzeugen. Die Lebensnachrichten Göthes, Mosers, Arndts, Herders und vieler anderen mehr oder minder bedeutenden Männer haben überall in allen Ständen und allen Gegenden Deutschlands Familien darzustellen gefunden, welche uns mit Achtung vor der in unserem Volke arbeitenden Kraft erfüllen müssen. Aber weil der deutsche Staat die Familie verächtlich übersah und sie des lebendigen Zusammenhanges mit Gemeinde und Staat beraubte, so hatte sich diese als eine völlig in sich abgeschlossene Einheit entwickelt. Die Hausväter waren nur Hausväter und deßhalb keine wahren Hausväter geworden.

Sie entbehrten der freundlichen und feindlichen Berührungen, welche im politischen Leben den Mann bilden und reifen. Nur in ihrem häuslichen Kreise und in diesem nur als Leiter thätig lernten sie ausschließlich Willfährigkeit an Anderen kennen. Berücksichtigt und geschont in allen Verhältnissen wurden sie nachgiebig gegen die eigenen seltsamsten Schwächen und Wunderlichkeiten und bildeten jene stolze Unbeholfenheit und wunde Empfindlichkeit gegen das ungewohnte Entgegentreten Dritter aus, wie sie gerade in den geistig bedeutenden Familien des vorigen Jahrhunderts so oft hervortrat. Mein 1729 gebohrner Vater, erzählt Friedrich Carl von Strombeck*), hatte nie, so wenig als sein Vater und Großvater, ein öffentliches Amt bekleidet. Da sie nicht, gleich ihren Vorfahren, Bürgermeister der Vaterstadt Braunschweig sein konnten, so wollten sie lieber im Privatstande bleiben. Mein Vater, ein streng und alterthümlich rechtschaffener und biederer Mann, war im hohen Grade ernst nnd eifersüchtig auf sein Ansehen. Ich erinnere mich nicht, daß er auch nur ein einziges Mal mit Zärtlichkeit meine Mutter oder uns Kinder angeredet oder mit recht innigem Wohlgefallen angeblickt hätte. Den tiefsten Respect gegen ihn, die strengste Erfüllung der Pflichten verlangte er für beständig und nicht das Mindeste sah er in dieser Beziehung nach. Daher war denn in Beziehung gegen ihn die ganze Hausgenossenschaft, die Mutter mit eingeschlossen, in dem Zustande der größten Unterwürfigkeit. Auch von seinen Domestiken verlangte er die pünktlichste Befolgung seiner Vorschriften und ohne alle Einreden schnellen Gehorsam. Diese Art zu sein war meinem Vater so zur andern Natur geworden, daß er sich nur unter den von ihm abhängigen Hausgenossen behaglich finden konnte und er hatte keinen Umgang, am wenigsten einen freundschaftlichen. Um elf Uhr, heißt es weiter, wurde der Bediente hereingeschellt und die Ankleidung des Vaters begann

---

*) Darstellungen aus meinem Leben von Fr. K. von Strombeck. Braunschweig 1835. Band I. S. 7.

mit einem Ernſte, als wenn dieſes eine Haupt- und Staats-
action geweſen ſei, bei welcher er von dem Zuſchnallen der
Schuhe bis zum Aufſetzen der Perrücke und dem Darreichen
des mit goldenem Knopfe verzierten ſpaniſchen Rohrs nicht
im Geringſten ſelbſt mit Hand anlegte. — Auch Göthes Vater
hatte es aus Aerger und Mißmuth verſchworen, jemals irgend
eine Stelle anzunehmen. Er gehörte, erzählt Göthe*), nun
unter die Zurückgezogenen, welche niemals unter ſich eine So-
cietät machen. Sie ſtehen ſo iſolirt gegen einander, wie gegen das Ganze und um ſo mehr als ſich in dieſer Abgeſchie-
denheit das Eigenthümliche des Characters immer ſchroffer aus-
bildet. Als einſt das elterliche Haus mit franzöſiſcher Einquartirung für längere Zeit belaſtet ward, trat die ſeltſamſte
Empfindlichkeit des Hausherrn gegen Berührungen von Außen
in faſt komiſcher Weiſe hervor. Er ließ geſchehen, erzählt
Göthe, was er nicht verhindern konnte, hielt ſich aber in un-
wirkſamer Entfernung und das Außerordentliche, was nun um
ihm vorging, war ihm bis auf die geringſte Kleinigkeit unerträglich. — Männer dieſer Art, denen wir ſehr oft im vorigen Jahrhundert begegnen, blieben durch das Abgeſchloſſene
der Familie, in welcher ſie ſich bewegten, jedes fördernden
Einfluſſes auf das politiſche Leben beraubt; aber ſie waren doch
ſehr oft eifrig bemüht, in ihren freilich engen Kreiſen den
Sinn für Religion oder Wiſſenſchaft oder Kunſt zu pflegen
und zu entwickeln. Seit der Mitte des vorigen Jahrhunderts
dagegen trat in beſonderer Stärke jene, aus der allgemeinen
Zeitrichtung erwachſende Anſicht hervor, nach welcher die Ehe
als nützliches Mittel zur Erreichung anderweitiger Zwecke betrachtet und deßhalb nicht aus der Kraft perſönlicher Wahl-
anziehung, ſondern aus der klugen Berechnung des Reichthums, der Macht oder der vortheilhaften Familienverbindung hervorging. So weit dieſe Anſicht ſich Geltung ver-
ſchaffte, war es der Familie ſchwer, einen geiſtigen Gehalt

---

*) Wahrheit und Dichtung zweites und drittes Buch.

zu gewinnen. Die kleinen alltäglichen Begebenheiten des Hauses füllten allein das gemeinsame Leben aus und gaben ihm
eine so eintönige kleinliche und todte Gestalt, daß der oft hervortretende verkehrte Eigensinn und die polternde Heftigkeit,
welche Iffland, die Zeit zeichnend, in allen seinen Schauspie-
len als Reizmittel braucht, auch in der Wirklichkeit wie eine
fast erwünschte Würze erscheinen mußten. In sich selbst der
erschlaffenden jedes geistigen Gehalts entbehrenden Gewöhn-
lichkeit erliegend, konnten die Familien dieser Art dem Staate
in ihren Häuptern nur Männer zuführen, welche die Gedanken an Volk und Vaterland als Erzeugnisse einer überspannten
Einbildungskraft betrachteten, vor denen der ruhige Hausvater
sich zu hüten habe.

Das beschränkte Einerlei der sich selbst vollkommen genügenden deutschen Familie erlitt eine tief wirkende Erschütterung,
als mit dem beginnenden letzten Drittel des vorigen Jahrhunderts der reichbegabteste Theil der jüngeren Generation in
dem fessellosen Hervortreten stürmender Leidenschaften das Zeichen geistiger Größe erkannte. Der geistlosen und dumpfen
Masse blieb es anheim gestellt, die Familie aus der klugen
Abwägung äußerer Umstände hervorgehen zu lassen, um dann
in träger Gemächlichkeit ein armseliges Dasein zu führen;
aber für Alle, die ein geistiges Leben forderten, sollte die als
unbedingt berechtigt anerkannte Gewalt der stürmenden sinnlichen Liebe die Familie begründen. Die überreizte Sinnlichkeit
war allerdings durch geistige Anziehungen vermittelt, aber nur
um desto frevelhafter zu erscheinen, weil sie des Geistigen sich
als Mittel bediente, damit das Sinnliche noch sinnlicher würde.
Die erregte und gepflegte Leidenschaft erträumte sich Phantome,
nahm sie in irgend einem Individuum als verwirklicht an und
hielt sich dann für berechtigt, mit Verachtung jeder rechtlichen
und sittlichen Schranke die Erreichung ihres Zieles zu erstreben. Tief hinein in den geistig angeregten Theil des Volkes
war diese Richtung gedrungen; Werthers Leiden konnten ge-
dichtet werden und mit unwiderstehlicher Gewalt die Zeit er-

greifen; fast alle bedeutenden Dichtungen drehten sich um die brennende Begierde sinnlicher Liebe. Wohl konnten die Dramen und Romane endigen, wenn die Sinnlichkeit zu ihrem Ziele gelangt war, aber das wirkliche Leben kannte kein willkührliches Ende. Unaufhaltsam vielmehr nahm das Geschick der durch Leidenschaft begründeten Familie seinen weiteren Verlauf, die erträumten Phantome zerrannen und die wirklichen, bisher nicht erkannten Persönlichkeiten traten hervor. Da die Ehe keine Mittel besaß, die kalte Leere auszufüllen, so entstanden Familien, die entweder den sentimentalen Schein eines Familienlebens erlogen oder durch Unfrieden und Untreue auch öffentlich den Wurm kund thaten, der an ihrem Kerne nagte. Der Ruf nach Erleichterung der Ehescheidung ward so allgemein, daß die Gesetzgebung sich zum Nachgeben genöthigt sah und in nicht unbedeutenden Kreisen unseres Volkes war das Familienleben mit dem Verluste der inneren Einheit und Wahrheit bedroht. Wenn aber die Wurzel seiner Kraft verdorrt ist, so bewahrt der Mann nur in seltenen Ausnahmsfällen Ruhe und Besonnenheit, Sicherheit und Muth als den Grundton seines inneren Seins. Er trägt die Stimmung der Seele, welche vom zerrütteten Hause erzeugt ward, mit sich hinaus in das Leben für den Staat und entbehrt als Bürger des geistigen Halts, ohne den er dem Staate niemals ein mitbauendes Glied werden kann.

Dieselben Gebrechen, an welchen die einzelnen Familien erkrankt waren, mußten nothwendig auch im geselligen Verkehr sich wieder finden, dessen das Staatsleben auf keiner höheren Entwickelungsstufe entbehren kann. Der Staat bestimmt die ihm unentbehrlichen Gliederungen seiner Bürger nach äußeren Kennzeichen, wie sie in der Verschiedenheit des Amtes, des Eigenthums, des Gewerbes liegen; aber in sehr vielen einzelnen Fällen fällt die äußere Standesgliederung des Staates nicht mit der inneren Gliederung des Volkes zusammen *)

---

*) Vergleiche Schleiermacher Grundriß der philosophischen Ethik. Herausgegeben von Twesten S. 171 und folgende.

Religion, Wissenschaft und Kunst haben zwar die Aufgabe, das innerliche Verwandte trotz seiner äußeren Sonderung zusammen zu führen, indessen konnten sie für sich allein nur selten die äußeren trennenden Schranken durchbrechen und die Verbreitung jenes dumpfen, den Staat an seiner Wurzel verletzenden Unmuthes verhindern, welcher noch niemals ausgeblieben ist, wenn der lebendige Geist keinen Ausweg findet, dem Drucke einer für ihn todten Form zu entgehen. Als durchgreifende und nicht zu entbehrende Vermittlerin kommt die Geselligkeit dem Staate zu Hülfe. Da sie nicht wie das politische Leben vom Staate ausgeht, so ist sie auch nicht an die von ihm gesetzten Formen und Schranken gebunden und da sie nicht wie Religion, Wissenschaft und Kunst in einem erhöhten geistigen Leben, sondern in einem angebohrnen Triebe wurzelt, so führt sie auch in weniger entwickelten Zuständen und Kreisen das Verwandte ungeachtet aller äußerer Hindernisse mit der Macht des Naturtriebes zu einander. Aber sie selbst setzt zu ihrem Gedeihen die Familie voraus, weil der gesellige Sinn, um in einzelnen Erscheinungen hervorzutreten, einer so kräftigen und doch zwanglosen Anregung und Leitung bedarf, wie sie nur möglich wird, wenn die Familie in ihrem Hause die geselligen Elemente gastlich versammelt. Nur sie hat, indem sie als Geber auftritt, ohne Weiteres die Pflicht und das Recht, die Gestaltung des Beisammenseins durch den in gewohnter Oertlichkeit und in gewohnter Weise sich bewegenden Familiengeist zu bestimmen und da bald diese bald jene Familie als die gebende erscheint, so strömt zugleich mit der Mannigfaltigkeit Frische und Bewegung dem geselligen Leben aus der wechselnden Leitung zu. Die deutsche Geselligkeit war bis tief in das vorige Jahrhundert hinein ausschließlich an die Familie gebunden, aber zugleich auch auf die erweiterte Familie beschränkt gewesen. Männer, Frauen und Kinder, groß wie klein, vereinigten sich, so weit sie zur Verwandtschaft des zweiten oder dritten Grades gehörten, bei feierlichen Gelegenheiten zu großen Festen, welche bei aller steifen Förmlichkeit dennoch als frohe und langbesprochene

Ereigniffe das eintönige Familienleben unterbrachen, aber freilich keinen Anspruch darauf machen konnten, Geselligkeit zu
fein. Denn diefe hat zu ihrer Wurzel die freie Wahlanzie-
hung der Elemente, aus denen fie befteht; fie verdorrt, fobald
diefe ihre Wurzel weggenommen ift, und die geiftige Lebendigkeit, welche durch das Zufammentreffen mannigfaltiger Intereffen und verfchiedener Perfönlichkeiten erzeugt wird, fällt fort,
wenn nur die Verwandtfchaft ihre gleichartigen Glieder in das
gefellige Leben bringt. Bekanntfchaften zwar wurden auch außerhalb des Verwandtenkreifes erhalten; aber fie erfetzten dem
Staate das fehlende gefellige Leben nicht. Die Mitte des vorigen Jahrhunderts fchien eine Abhülfe zu bringen. Denn feit
diefer Zeit nahm neben dem fortdauernden Verwandtenverkehr
die Gefelligkeit eine Form an, welche die Befchränkung auf die
Familie, aber zugleich auch die Gebundenheit an die Familie
zu befeitigen verfuchte. Schon in der erften Hälfte des Jahrhunderts waren die Reunionen oder Cafino vereinzelt vorge-
kommen und in den Decennien vor der Revolution gewannen
fie die größte Verbreitung. Durch fie ward die Gefelligkeit
aus dem Familienhaufe in das Wirthshaus verlegt; an die
Stelle einer kleinen Anzahl Familien, welche fich felten aber
feftlich vereinigten, war eine große Menge Männer getreten,
denen tägliches aber völlig formlofes Beifammenfein Gewohnheit ward. Weder nahe Verwandtfchaft noch überhaupt ge-
meinfame Intereffen und Richtungen führte die Cafinomitglieder
zufammen, fondern allein eine gewiffe äußere Gleichartigkeit
der Lebenslage, wie Amt oder Reichthum oder Gewerbe fie
begründet. Da bei dem Mangel innerer Einheit fich keine
Sitte für den gefammten gefelligen Verkehr ausbilden und bei
dem Fehlen eines natürlichen Hauptes keine belebende Leitung
der einzelnen Vereinigungen eintreten konnte, fo entftand eine
atomiftifche Menge, in welcher bald diefer bald jener fich mit
lauter, felbftgefälliger Zuverfichtlichkeit zum Wortführer auf-
warf. Unbefangene Lebendigkeit konnte nicht gedeihen, denn
diefe fetzt zwar Mannigfaltigkeit der Elemente, aber zugleich

für Alle einen gemeinsamen Grund und Boden voraus. Ein aus der Tiefe kommendes Wort trat nicht hervor, denn es ward durch das Geschwirre der Stimmen erstickt, welche die großen menschlichen Interessen mit derselben Gleichgültigkeit wie die Neuigkeiten des Tages als ein Mittel gebrauchten, um für die Unterhaltung einen schleppenden Fortgang zu gewinnen. Nothwendig mußte das Spiel, welches wie die Freuden der Tafel ein Eigenthümliches der Persönlichkeit weder voraussetzt oder auch nur duldet, das Auskunftsmittel werden, um die innerlich ungeeinigten Elemente äußerlich zusammen zu halten. Täglich wiederholte sich das Einerlei der Ressourcen, täglich wurden die Männer durch die Langeweile hineingetrieben und täglich gingen sie, weil die Gemeinschaft auch hier ihre verstärkende Macht äußerte, leerer und gelangweilter in das Haus zurück. Ein solches, täglich wiederkehrendes Beisammensein der Männer bedrohte den Staat mit Auflösung des Familienlebens und mit Erschlaffung des Volkes.

Die Männer der letzten Decennien des vorigen Jahrhunderts hatten, weil die Familien, deren Häupter sie waren, entweder sich in stolzer Engherzigkeit vom öffentlichen Leben abschlossen oder sich nur in den kleinlichen Gewohnheiten des Alltagslebens gefielen, oder durch die Wirkungen früherer brennender Leidenschaften verzehrt wurden, den Staat sich selbst überlassen. Da indessen kein Anzeichen darauf hindeutete, daß die Umwandlung, zu welcher das Staatsleben drängte, ein schnell vorübergehendes Werk weniger Jahre sein werde, so konnten die kommenden Geschlechter gewähren, was die gegenwärtigen versagten. Das Maaß der geistigen Anlagen und die Gestalt der Lebensverhältnisse war freilich bereits für alle festgestellt, welche damals noch von der Ordnung des Hauses umfangen künftig als Männer die Ordnung des Staates erbauen helfen sollten; aber die von höherer Hand gewährte Gabe bedurfte der Pflege, um Früchte zu tragen. Wohl haben sich in dem Manne, der schon als Kind einsam den Stürmen des Lebens Preis gegeben oder in zerrütteten Familien als

Spielball widerstreitender Leidenschaften groß geworden ist, oft zerstörende Anlagen mit außerordentlicher Kraft entwickelt oder einzelne Segen bringende Kräfte, Fremdlinge gleichsam in seiner Brust, sich ausgebildet; aber der Mann aus einem Stücke, der unverworren und darum kraftvoll das Leben durchschreitet, ist immer nur in dem erwärmenden Schooße der Familie erzogen. Von der Familie forderte auch im vorigen Jahrhundert der deutsche Staat die Erziehung eines starken und lebendigen Geschlechts.

Als nach dem dreißigjährigen Kriege der politische Stand und die politische Gemeinde unterging, erschien fortan dem Deutschen seine Familie in der Gestaltung, die sie einmal gewonnen hatte, als das höchste Gut, weil sie das einzige war. Die Sitte, die Denk- und Handlungsweise des Hauses, aus welcher allein den Eltern die Befriedigung ihres Daseins ward, wollten sie auch auf ihre Kinder unverändert übertragen und sie zogen deßhalb dieselben zu einem Familienleben heran, welches das Ebenbild ihres eigenen darstellte. In diesem Streben das Eigenthümliche des heranwachsenden Geschlechts zurückzudrängen wurden die Eltern durch die damalige Einwirkungsweise der Religion und durch die Schule unterstützt, welche vereint mit der elterlichen Zucht die Grundlage aller Erziehung ausmachten *). Die Theologie mauerte den jugendlichen Geist hinein in die starren Lehrsätze des Orthodoxismus und erschwerte ihm hierdurch jede lebendige und eigenthümliche religiöse Bewegung. Die Schule füllte das Gedächtniß an mit dem, was Andere gethan und gedacht hatten und erstickte die selbstständigen Geisteskräfte, indem sie theils durch die Masse ihrer Anordnungen, Regeln und Strafen jede freie Bewegung hemmte, theils durch fast ausschließliche Uebung einer todten Sprache dem jugendlichen Geiste ein Werkzeug gab, welches der Fortbildung unfähig denselben in den Kreis des Hergebrachten und

---

*) Für den Entwickelungsgang der Erziehung in Deutschland überhaupt ist benutzt: Schwarz Erziehungslehre Theil II. und K. v. Raumer Geschichte der Pädagogik.

schon früher Ausgedrückten bannte. Die Schule selbst hatte
hierdurch die Kraft einflußlos gemacht, welche in der Wechselwirkung der aus den verschiedensten Familien zusammengebrachten Kinder liegt und zur Erweckung und Ausbildung des Eigenthümlichen im Einzelnen drängt. Unter dem Zusammenwirken der elterlichen Zucht, des Orthodoxismus und der öffentlichen Schule nahmen die Kinder, bevor den Eltern die Kraft
entschwand, den Familiencharacter darzustellen, denselben entschieden genug in sich auf, um die von ihnen gegründete Familie als eine Wiederholung der früheren auszubilden. Kinder und Kindeskinder ließen sich die für Verhältnisse einer anderen Zeit entstandenen engen und finsteren Räume zur Wohnung gefallen, um nur nicht das „Erbe“ verlassen zu müssen,
und behielten auch das lästig gewordene Hausgeräth bei, weil
es ein altes Familienstück war. Alles, was ihn umgab, berichtet Göthe *) von seinem Großvater, war alterthümlich. In
seiner getäfelten Stube habe ich niemals eine Neuerung wahr-
genommen; seine Bibliothek enthielt nur die ersten Reisebe-
schreibungen, Seefahrten und Länder - Entdeckungen. Ueber-
haupt erinnere ich mich keines Zustandes, der so wie dieser
das Gefühl eines unverbrüchlichen Friedens und einer ewigen
Dauer gegeben hätte. — So weit und so lange das ängstliche
Bemühen die neu entstehenden Familien den früheren völlig
gleich werden zu lassen, in unserem Volke herrschte und es
herrschte noch gegen Ausgang des vorigen Jahrhunderts in
weiten Kreisen, konnte kein Geschlecht erstehen, welches mit hellem Auge an das Bestehende herangetreten wäre und den Anstoß zu einer bewußten Fortbildung gegeben hätte. Jede neue
Generation war an das politisch Abgestorbene bereits gewöhnt, bevor sie die Aufgabe hatte, selbst eine Einwirkung
auf die politischen Verhältnisse zu üben und jede neue Generation hielt an den veralteten Staatsformen wie an den veralteten Familienformen fest. Sollten aus dem Familienleben

---

*) Wahrheit und Dichtung 1. Buch.

Männer erzogen werden, die durch ihr Leben auch den Staat belebten, so mußte vor Allem die todte Ueberlieferung eines kleinlichen Familienwesens gebrochen werden und an Versuchen hierzu fehlte es bereits seit der Mitte des siebenzehnten Jahrhunderts nicht.

Das Leben der meisten deutschen Fürstenhöfe war schon gegen Ausgang des sechszehnten Jahrhunderts in die tiefste Erniedrigung versunken. Grauen und Entsetzen erregen die Mittheilungen des schlesischen Ritters Hans von Schweinichen*), welcher um diese Zeit einen großen Theil Deutschlands durchreiste und wohlgefällig Zustände thierischer Rohheit, wie er sie im Fürsten- und Ritterleben fand, schildert. Die erste Hälfte des siebenzehnten Jahrhunderts konnte das Uebel nur verstärken, als aber der Jammer des dreißigjährigen Krieges beendet war, erwachte zunächst in den landesherrlichen Familien das instinctmäßige Verlangen nach einem neuen belebenden Element, um die Fortpflanzung der herrschenden Dumpfheit und Rohheit zu verhindern. Solches Element glaubten sie in der Aneignung französischer Gesinnung und französischer Sitten gefunden zu haben.**). Da den Landesherren die Unmöglichkeit einleuchtete, ihre Umgebungen plötzlich französische Lebensart annehmen zu lassen, so suchten sie Glieder der Nation an sich zu ziehen, die nur ihre Sitten als nicht barbarisch betrachtet wissen wollte. Schon gegen das Ende des 17. Jahrhunderts waren an allen Höfen französische Kammerherren und Köche, Spieler und Weiber, Künstler und Diener zu finden. Der deutsche Hofadel, welchem in den vielen kleinen Territorien der gesammte Landesadel angehörte, mühte sich um französische Sitten und Umgangsformen ab, damit die fremden Glücks-

---

*) Lieben, Lust und Leben der Deutschen des funfzehnten Jahrhunderts in den Begebenheiten des schlesischen Ritters Hans von Schweinichen, von ihm selbst aufgesetzt. Herausgegeben von Büsching. Breslau 1820.

**) Vergleiche Fr. Rühs historische Entwickelung des Einflusses Frankreichs und der Franzosen auf Deutschland und die Deutschen. Berlin 1815.

ritter ihn nicht gänzlich aus der Nähe seiner Fürsten verdrängten. Was ihm selbst unerreichbar blieb, suchte er wenigstens
seinen Kindern zu verschaffen, indem er ihnen französische Gou-
vernanten und Gouverneurs gab. Seit dem Ende des siebenzehnten Jahrhunderts, bemerkt Rühs, erschienen die altdeut-
schen Fürstencharactere immer seltener und die höheren Stände
wurden in den innersten Keimen der Entwickelung durch die
neue Erziehung verdorben. Eine abgeschliffene Manier, eine
herzlose Kälte, eine frostige Witzelei gaben der höheren Gesellschaft eine gleichmäßige Farbe, die jede vaterländische Eigenthümlichkeit verwischte. — Die Vielen, welche sich damals
wie zu allen Zeiten an die Vornehmen nur deßhalb drängten,
weil sie vornehm waren, machten die französische Lebensart
der zweiten Hand sofort zum Gegenstand ihres Strebens und
etwas später, als sich nach Aufhebung des Edictes von Nan-
tes nicht Wenige aus dem Kerne der französischen Nation in
Deutschland angesiedelt hatten, wurde auch der bessere Theil
unseres Volkes von einer verunglückten Nachahmung des französischen Wesens ergriffen. Selbst von dem fernen und abgelegenen Rügen erzählt Arndt *) noch aus dem letzten Drittel
des vorigen Jahrhunderts: Es ging bei festlichen Gelegenheiten
in dem Hause eines guten Pächters oder eines schlichten Dorf-
pfarrers ganz eben so her, wie in dem eines Baron oder Herrn
Majors Von, mit derselben Feierlichkeit und Verzierung des
Lebens. Es war der Parukenstil oder der heuchlerisch wälsch
und jesuitisch verzierlichte und vermanierlichte Schnörkel- und
Arabeskenstil, der von Ludwig XIV. bis an die französische
Umwälzung hinab gedauert hat. Noch lächelt mir's im Herzen, wenn ich der Putzzimmer der damaligen Zeit gedenke.
Langsam, feierlich, mit unlieblichen Schwenkungen und Knick-
sungen bewegte sich die rundliche Frau Pastorin und Pächterin
mit ihren Mamsellen Töchtern gegen einander, um die Hüften
wulstige Poschen geschlagen, das oft falsche dicht eingepuderte

---

*) Erinnerungen aus dem äußeren Leben von E. M. Arndt S. 16.

Haar zu drei Stockwerken Locken aufgethürmt, die Füße auf
hohen Absätzen chinesisch in die engsten Schuhe eingezwängt,
wackelicht einhertrippelnd — und die Jungen? O es war eine
schreckliche Kopfmarter bei solchen Festlichkeiten. Oft bedurfte
es einer vollen ausgeschlagenen Stunde, bis der Zopf gesteift
und das Toupet und die Locken mit Wachs, Pomade, Nadeln
und Puder geglättet und aufgethürmt waren. Da ward, wenn
drei, vier Jungen in der Eile fertig gemacht werden sollten,
mit Wachs und Pomade darauf geschlagen, daß die hellen
Thränen über die Wangen liefen. Und wenn die armen Knaben nun in die Gesellschaft traten, mußten sie bei jedermän-
niglich, bei Herren und Damen mit tiefer Verbeugung die
Runde machen und Hand küssen. Auch französische Brocken
wurden hin und wieder ausgeworfen und ich weiß, wie ich in
mir erlächelte, als ich das Wälsche ordentlich zu lernen an-
fing, wenn ich an das Wun Schur! Wun Schur (Bon jour)
und à la Wundör (à la bonne heure) oder an die Fladrun
(flacon), wie das gnädige Fräulein ihre Wasserflasche nannte,
zurückdachte und wie die Jagdjunker und Pächter, wenn sie
zu Roß zusammenstießen, sich mit solchen und ähnlichen Flos-
keln zu begrüßen und vornehm zu bewerfen pflegten. — Ungeachtet des überall erscheinenden fremden Anstrichs, ward, abgesehen von den Kreisen der Höfe, der deutsche Kern des Familienlebens nicht zerstört. Aus eben den äußeren Zuständen, in
welchen Arndt aufwuchs, ging, als die Ereignisse einer großen
Zeit ihn bildend ergriffen, der deutsche Mann von ächtem
Schrot und Korn hervor. Aber auch die todte Fortführung
des hergebrachten Familienlebens ward durch den Einfluß französischer Sitte nicht gebrochen, welche nur das Aeußerlichste
berührte und in ein widerliches Zerrbild verkehrte, weil dem
Deutschen die Fertigkeit abgeht, fremde Formen, deren bildender Geist ihm fremd geblieben ist, mit affenähnlicher Geschick-
lichkeit nachzuahmen.

Einen tieferen Anklang im Volke, als das Bemühen der
Höfe durch Einführung französischer Sitten die deutsche Fami-

lie umzugestalten, fanden die Versuche, welche seit dem Anfange des vorigen Jahrhunderts gemacht wurden, um die bisherigen Grundlagen der Erziehung, das Christenthum und die
alten Sprachen tiefer und lebendiger zu erfassen und dadurch
die heranwachsenden Geschlechter zu kräftigen und zu erfrischen.
Statt den jugendlichen Geist in das fertige System theologi-
scher Lehrsätze hinein zu zwängen, wollte der hallische Pietismus und vor Allem Franke religiöses Leben in dessen Innerem
erwecken. Statt die eigne freie Bewegung des Knaben durch
den anbefohlenen Gebrauch einer todten Sprache zu hemmen
und zu deren Uebung das Studium der Alten als ein Mittel
zu gebrauchen, wollte eine Reihe tüchtiger Schulmänner an
Sprache und Geist des classischen Alterthums die Bildungsbedürftigen zur Selbstständigkeit heranziehen und die Fertigkeit
im mündlichen und schriftlichen Ausdruck nicht mehr als Zweck,
sondern nur als Mittel zum tieferen Verständniß der Sprache
betrachtet wissen. Aber alle diese Bestrebungen standen zu vereinzelt, um mehr als einen vorbereitenden Einfluß haben zu
können. Noch um die Mitte des vorigen Jahrhunderts wurde
ungeachtet der erregenden Kraft, welche vom Pietismus und
Humanismus ausgegangen war, jede jüngere Generation zu
einer Wiederholung der nächstvorangegangenen herangezogen.

Das Volk indessen besaß ein dunkles Bewußtsein der eigenen Kümmerlichkeit und kannte ein Gefühl, welches die Ver-
erbung seines Zustandes auf die kommenden Geschlechter nicht
dulden wollte. Da es nach den vergeblichen Bemühungen der
Pietisten und Humanisten schien, als ob von einer Belebung
der hergebrachten Grundlagen der Erziehung nur wenig zu
erwarten sei, so richteten sich die unbestimmten Hoffnungen auf
eine ganz neue Wendung in der Erziehung. Wer dem dunklen
Volksgefühl zuerst einen bestimmten Ausdruck gab, konnte einer
großen Wirkung gewiß sein. Unter solchen Verhältnissen erschien 1762 Rousseau's Emile und führte in hinreißender Darstellung aus: Alles sei gut wie es aus den Händen des Schö-
pfers komme, aber nichts sei dem Menschen genehm, wie es die

Natur geschaffen habe, nicht einmal der Mensch selbst. Nach seiner Lust wolle er ihn abrichten, wie der Bereiter das Pferd und nach seinen Einfällen ihn entstellen, wie den verschnittenen Baum des Gartens. Vernichten freilich könne Niemand die ursprüngliche Natur, aber hervortreten solle sie nicht dürfen. Alle Erziehung wolle daher den Schein, nicht das Sein, und habe durch dieses verkehrte Ziel den widernatürlichen Zustand der Welt hervorgerufen. Seiner Natur allein und der eigenen freien Entwickelung müsse der Mensch nach Beseitigung aller Künstelei und aller Erziehung überlassen werden. — Diese Worte, gestützt auf blendende Beobachtungen und in überraschenden Wendungen wiederholt, riefen wenige Jahre nachdem sie ausgesprochen waren eine außerordentliche Aufregung in den gebildeten Kreisen des deutschen Lebens hervor, dessen wunde Stelle sie getroffen hatten. Obgleich indessen die Eltern sich phantastisch den Träumen über das Aufwachsen der jüngeren Geschlechter im ungekünstelten Stande der Natur hingaben, so verlangten sie dennoch auch, daß ihre Söhne tüchtige Geschäftsmänner werden und ihre Töchter auch dem schärfsten Auge keinen Anlaß geben sollten, Verstöße gegen die steifen Gesetze dessen, was damals als schicklich galt, zu rügen. Da nun Rousseau's zwar blendende, aber unklare und sich widersprechende Ansichten ein solches Ziel nicht in Aussicht stellten, so würde die alte Erziehungsweise ungeachtet der neuen Träumerei sich ungebrochen erhalten haben, wenn nicht Basedow mit dem Versprechen aufgetreten wäre, die Anforderungen des wirklichen Lebens mit denen der sogenannten Natur zu versöhnen.

Basedow verwarf zunächst das Ziel der bisherigen Erziehung, die Heranbildung zum abgeschlossenen Familienleben und setzte die Gemeinnützlichkeit an dessen Stelle. „Der Zweck der Erziehung muß sein einen Europäer, d. h. einen Menschen unter gesitteten Völkern zu bilden, dessen Leben so unschädlich, so gemeinnützig und so zufrieden sein möge, als es durch die Erziehung veranstaltet werden kann. *)" Da nun der Unterricht im Christenthum und in den alten Sprachen die Jugend bisher nicht nützlich für die Menschheit in den Verhältnissen des äußeren Lebens gemacht hatte, so verwarf Basedow auch die hergebrachten Grundlagen der deutschen Erziehung. „Sendet Kinder, rief er den Eltern zu, diese Sache ist nicht katholisch, lutherisch oder reformirt, aber christlich." Bei der allgemeinen Privaterbauung heißt es weiter, wird mit keinem Worte und keiner That etwas geschehen, was nicht von jedem Gottesverehrer, er sei Christ, Jude, Mahomedaner oder Deist, gebilligt werden muß. So wenig wie die religiöse Belebung sollte das Studium des classischen Alterthums Hauptbildungsmittel des heranwachsenden Geschlechts bleiben. „O ihr alten und fremden Sprachen, ihr Plagegeister der Jugend, ihr Schmeichler der mit Gedächtniß und Geduld begabten Undenker, wann wird es möglich sein, den Namen eines Wohlerzogenen, Vernünftigen und Gelehrten zu führen, ohne sich anfangs von eurer Zucht und dann von eurer Schmeichelei verderben zu lassen." Basedows Suchen nach einem neuen Erziehungswege ward wesentlich durch sein Streben bestimmt, die Eltern für sich zu gewinnen. Ihnen mußte er die Gewißheit verschaffen, daß die von ihm erzogenen Kinder sich künftig einen ziemlich gemächlichen und reichlichen Unterhalt erwerben könnten. Damit die Kinder künftig im bürgerlichen Leben tüchtig aufzutreten vermöchten, erschien es Basedow vor Allem nothwendig, ihnen einen Sinn zu geben, welcher frei von dunklen oder phantastischen Vorstellungen alles nicht klärlich Verstandene als Träumerei und Aberwitz abwies. Zur Erreichung dieses Zieles sollte dem Kinde jede Erscheinung, welche dem kindischen Verstande nicht durchaus deutlich zu machen war, aus den Augen gerückt werden und ihm auf jeder seiner Altersstufen die Welt sich als ein völlig Verstehbares und Verstandenes darstellen. Sodann kam

---

*) v. Raumer II. S. 254 und folgende theilt diese und die folgenden Aussprüche aus Basedows Schriften mit.

es Basedow zweitens darauf an, den Zöglingen ohne irgend
einen Aufenthalt mit anderen Dingen die Kenntnisse und Fertigkeiten beizubringen, welche zur klugen und gewandten Benutzung der Wechselfälle des Lebens nöthig waren. Unterrichten wollte daher auch er, aber um zugleich dem angeblichen
Winke der Natur zu folgen, den Kindern weder Anstrengungen
zumuthen, noch ihrem kindischen Treiben mit männlichem Ernste
entgegentreten. Spielend brachte er ihnen die nützlichen Fertigkeiten bei, bald den Unterricht vermittelnd durch unterhal-
tende Spiele und Bilder, bald ihn versteckend in Gespräche,
die auf Anlaß von allerlei Gegenständen der Straße oder des
Feldes herbeigeführt wurden. Ihre volle Geltung erhielt die
Natur durch äußere Behandlung der Kinder. Leichte Kleider
und kalte Bäder, rauhe Luft und nasses Wetter, hartes Lager
und frühes Aufstehen sollten das Bild des Naturzustandes möglichst vergegenwärtigen. Basedows abstoßende Persönlichkeit
schreckte seine Anhänger nach kurzer Bekanntschaft zurück; die
Prahlereien und Uebertreibungen, welche er selbst und mehr
noch Manche seiner Schüler sich zu Schulden kommen ließen,
riefen herbe Zurechtweisungen und erbitterten Widerspruch hervor; manche Familien hielten im Gegensatze zu den bedenklichen Neuerungen nur um so starrer fest an der alten Art und
Weise der Erziehung und manche Andere gaben nur in Einzelheiten und nur mit Widerwillen nach. Aber demungeachtet
war, weil die Zeitgenossen nur eines Anstoßes bedurften, um
das Alte zu verlassen, der Einfluß nicht zu berechnen, welchen
die von Basedow ausgesprochenen Ansichten gewannen. Ueberall
wurde die Aufmerksamkeit auf Kräftigung und Ausbildung des
Leibes rege, in einer Schule nach der anderen verschwand die
alte pedantische Strenge und herzlose Härte; die Furcht hörte
auf das treibende Princip zu sein, die mechanische Erlernung
lateinischer Vocabeln, grammaticalischer Sätze und biblischer
Sprüche füllten nicht länger vorwiegend das Schulleben aus.
Die Jugend athmete auf, durch ganz Deutschland wurden die
Geister losgebunden und konnten sich auf eigenen Bahnen ver-

... ... mit dem Alten, welcher
... ... das gesammte Volks-
... ... Familien- und Schulleben
... ... ein Kampf des allein
... ... gegen die Einordnung in
... ... ihren höhern Formen erkannt ...
... ... des alten Principes war nahe,
..., welche nicht Erkenntniß der Wahr-
... nützlicher Fertigkeiten, nicht Ausbil-
... ... Abrichtung deſſelben ſich zur Auf-
... ... veralteten Formen zertrümmern, kein
... ... Familienleben mußte von Kräften,
... ... Kräuten, ergriffen werden, wenn
... ... Tage hervorbilden ſollte, welche der
... ... heranwachſenden Jugend forderte. So
... eine eigenen kleinen Kreiſe beſchränkt
... ... nur ein Geſchlecht, wie das, wel-
... ... ge waltigen Worte zurief: Wir ſind
... ... zu matt für den Haß; alles umfaſ-
... ..., alles wollend und nichts könnend und
... zwiſchen Leben und Tod, zwiſchen Erde
... und hangend. In unſerer Gottloſig-
... liegt die Erklärung der Geſchichte un-
... Friſch auf denn, Haß, muthiger, le-
... ... Segel der Seele, wehe, blaſe, brenne,
... ..., wenn Du kannſt! Friſch auf
... ... und Seele der Welt! Du mein Schild
... ... Noth und Tod. Kommt heilige Beide,
... durchs Leben.

... Theil III. London 1813. S. 395.

Dritter Abschnitt.

Das Leben des deutschen Volkes in Religion, Wissenschaft und Kunst.

Das schmerzliche Bewußtsein der traurigen Gegenwart und die Sehnsucht nach einer besseren Zukunft bildete gegen Ausgang des vorigen Jahrhunderts, als dunkles Nationalgefühl den Kern der verschiedenen vielfach entarteten Gestaltungen, in welchen sich die Staatsgesinnung unseres Volkes ausgeprägt hatte. Damit aus diesem dunklen Gefühl eine nationale Geistesrichtung, befähigt großartige politische Zustände zu erzeugen hervorgehen könne, mußte zunächst das allgemeine Bewußtsein vom Ungenügenden des Bestehenden zur Erkenntniß alles dessen herangebildet werden, was im deutschen Staate und seinen einzelnen Elementen hemmend oder ertödtend wirkte. Es mußte sodann die Sehnsucht nach politisch Neuem statt des dunkel geahneten Besseren eine in bestimmten Umrissen ausgebildete Staatsgestaltung zu ihrem Gegenstande gewinnen. Die Einsicht in den inneren Zusammenhang und die wesentlichen Beziehungen aller Lebensverhältnisse, welche allein zu diesem Ziele führte, konnte bei der Mannigfaltigkeit und großen Entwickelung der Zustände nur durch die Wissenschaft gegeben werden. Die Wissenschaft indessen, da sie bei allem ihr innewohnenden Leben ruhend ist, vermag wegen dieser ihrer Natur nicht zu schaffen, sondern nur die Schöpfung möglich zu machen. Das vorige Jahrhundert aber hatte die Aufgabe, für die durch die Wissenschaft vermittelte politische Anschauung die entsprechende Form zu bilden, den Gedanken des deutschen Staats in der Wirklichkeit darzustellen, also Staatsformen zu schaffen, welche neben der allgemeinen zur Erscheinung gebrachten politischen Wahrheit zugleich das Besondere und Eigenthümliche des deutschen Volkes erkennen ließen. Die schöpferische Kraft, welche diese Aufgabe zu lösen bestimmt ist,

erscheint der Kunst, der Darstellerin des Gedankens, wesentlich verwandt, aber auch wesentlich von ihr verschieden. Denn
während die Kunst bei ihrer darstellenden Thätigkeit den Stoff,
dessen sie bedarf, lediglich als Mittel, welches durchaus keinen Anspruch auf Achtung hat, zu betrachten berechtigt ist,
hat die staatbildende Kraft ihr Werk, den Staat, aus einem
Stoffe, den Menschen, darzustellen, welcher gleichen Werth
mit dem Werke selbst besitzt und daher niemals nur als Mittel
dient. Der Künstler haucht, um das Ganze in allen seinen
Theilen und alle Theile im Ganzen erscheinen zu lassen, dem
Ganzen, wie den Theilen, die ohne ihn kein Leben haben, seinen eigenen schöpferischen Geist ein; der Staatsmann aber
soll in den persönlichen Gliedern des Volkes den Staat und
im Staate den vom Staatsmanne unabhängigen Geist der
Volksglieder hervortreten lassen. Die Kunst für sich allein löst
freilich diese Aufgabe nimmermehr; aber ohne Entwickelung
des Kunstsinns war sie wenigstens im vorigen Jahrhundert
eben so wenig zu lösen. Kein Bestandtheil des deutschen Volkes ahnete damals im Staate das große Kunstwerk des schaffenden Gottes, welcher zwar nicht mit Hammer und Meißel
den Staatsstoff bearbeitet, aber die Begebenheiten fügt und
den Geist des einheitlichen Volkes schafft und lenkt, um trotz
der Einzelwillkühr, die sich ihm entgegenstellt, der irdischen
Welt das Werk zu schenken, in welchem der Geist der Einzel-
persönlichkeit und der Geist des Volkes sich gegenseitig tragen
und in wunderbarer Schöne zur großartigsten Einheit gestaltet sind, an die nur der Einzelne in tiefer Demuth mitbauend
herantreten darf, welchem der Sinn des ewigen Künstlers erkennbar geworden ist.

Das vorige Jahrhundert fand die Bedeutung des Staates
nicht in seiner eigenen Großartigkeit, sondern nur in seiner
Beziehung auf Anderes. Die Nützlichkeit allein faßte die Zeit
im Staate auf und diese nach seinem Sinne zu erhöhen, glaubte
jeder Einzelne berechtigt zu sein. Die Einen wollten nach
Willkühr und Meinungen des Augenblicks zugethan oder abge-

nommen haben, die Anderen glaubten nach erdachten Regeln den nützlichsten Staat zusammensetzen zu können. So lange dieser frevelhafte Leichtsinn herrschte, blieb dem deutschen Staate jede Entwickelung versagt. Unser Volk mußte, bevor sie gelingen konnte, erkennen lernen, daß der Staat in sich selbst seine wesentliche Bedeutung trage und daß der König wie der niedrigste Unterthan mit Ehrfurcht sich zu beugen habe vor der großartigen Erscheinung, an welcher der Geist Gottes bildend wirkt. In jener politisch todten Zeit war es vielleicht allein die Kunst, welche, weil sie den Menschen auch wider dessen Willen ergreift, einen Sinn im Volke erwecken konnte, der den Werth des Kunstwerks nicht nach seiner Nützlichkeit bestimmt und in jeder Thätigkeit für dasselbe, die nicht aus der Anschauung der Einheit und aus dem Sinne des Künstlers hervorgegangen ist, eine nur zerstörende Willkühr erkennt. Erwecken konnte die Kunst in ihren Kreisen diesen Sinn; aber seiner Geltung auf dem politischen Gebiete trat in der Selbstsucht der Einzelnen, welcher von der Willkühr nicht lassen kann, ein Feind entgegen, den zu überwältigen die Kunst keine Mittel besitzt. Nur eine Kraft, die tief im Inneren des Menschen wirkend heilende Kräfte für Wollen und Erkennen besitzt, konnte die Hindernisse beseitigen, welche die jede Einordnung in eine lebendige politische Gemeinschaft verweigernde Selbstsucht der Fortbildung des deutschen Staates entgegenstellte. Nicht innerhalb des Volkslebens, das sie heilen sollte, ließ solche Kraft sich erwarten; sie mußte außerhalb desselben Ursprung und Nahrung finden. Es ist die aus keinem Volksleben erzeugte, sondern allen Völkern der Erde gegebene christliche Religion, welche sich überall zuerst mit dem Aufrufe zur neuen geistigen Belebung an die tiefsten Mittelpunkte des Lebens wendet und von hier aus in demselben Maaße, in welchem sie aufgenommen wird, die Selbstsucht in allen ihren Aeußerungen zurückdrängt.

Wissenschaft, Kunst und Religion konnten dem kranken deutschen Staatsleben frische Kräfte zuführen.

Erstes Kapitel.

Das wissenschaftliche Leben im deutschen Volke.

Während des Mittelalters waren es ausschließlich die allen europäischen Völkern gemeinsamen christlichen Wahrheiten und die hinzutretenden Satzungen der römisch-katholischen Kirche gewesen, welche eine wissenschaftliche Behandlung erfahren hatten und diese war nicht hervorgerufen worden durch Anregung des nationalen, sondern des kirchlichen Geistes. Kein nationaler Stand war Träger der Wissenschaft, sondern der Clerus, welcher alle Nationen durchziehend mit einer jeden enge verbunden, aber auch von einer jeden scharf durch seine Einordnung in die Hierarchie getrennt war. Später wurde zwar auch das Recht Gegenstand wissenschaftlicher Thätigkeit, aber nicht das nationale, sondern das europäisch gewordene Recht der Römer. Die nationale Wissenschaft fehlte im Mittelalter den Deutschen, wie den anderen Völkern des christlichen Europas völlig. Als im funfzehnten Jahrhundert eine neue geistige Bewegung hervortrat und durch die nationalen Kräfte des städtischen Lebens und der Reformation hinein geleitet wurde in das deutsche Volk, sah sich das angeregte wissenschaftliche Streben alsbald von der Cultur der Alten ergriffen. Die Weltgeschichte hatte diese allen neueren Völkern zum Erzieher bestimmt, welcher sich zwar nicht widerwilligen Schülern aufdrängte, aber doch des Rufes bildungsempfänglicher und bildungsbedürftiger Nationen nur harrte, um hervorzutreten und ihnen allen die gemeinsame Aufgabe zu stellen, sich die antike Cultur in so weit anzueignen, um sie frei wie ein eigenes geistiges Gut beherrschen zu können. Das Streben nach dem allen christlich-europäischen Völkern gemeinsamen Ziel, führte zu der Hervorbildung eines europäischen Gelehrtenstandes, welcher seinen von jedem Nationalleben gesonderten Character durch den Gebrauch der lateinischen Sprache kund that. Noch im Anfange des vorigen Jahrhunderts besa-

ßen die Deutschen nur in sofern ein wissenschaftliches Leben,
als ihre hervorragenden Gelehrten Glieder des europäischen
Gelehrtenstandes waren, dessen vorherrschendes Streben nach
der kurzen tieferen Erregung des Zeitalters der Reformation
dahin ging, die unendlich mannigfachen Thatsachen und Gegenstände des irdischen Lebens aufzufassen und bekannt zu machen, während ihm deren innerer Zusammenhang und das
Uebersinnliche in weiter Ferne stand und wenig Berücksichtigung
erhielt. Das dann hervortretende Bemühen, für die verwor-
rene Masse der Thatsachen und Gegenstände einen Zusammenhang zu gewinnen und die Sehnsucht, dem Drucke zu entgehen, mit welchem die Macht der unsichtbaren Welt auf Jedem
lastet, der sie nicht als Princip des eigenen Lebens in sich
aufgenommen hat, rief zunächst im europäischen Gelehrten-
stande eine neue geistige Richtung hervor, welche sich durch ihn
den verschiedenen Völkern mittheilte und in Deutschland mit
dem Namen Aufklärung begrüßt ward. Weil sie mit mehr
oder weniger Muth und Consequenz das Wirken einer geistigen
Welt in Abrede stellte und deßhalb den Verstand als das einzige Erkenntnißmittel für den Zusammenhang der Dinge betrachtet wissen wollte, blieb ihr die Erkenntniß der Wahrheit,
die Wissenschaft, versagt. Die Aufklärung, so schildert A.
W. v. Schlegel *) ihren Kern, wollte das Etwas sein, wo-
mit man alle mögliche Dinge beleuchten könne und sicher wäre,
immer das Rechte an ihnen zu sehen. Aber nicht die reine
Freude am Licht machte die Aufklärer zu so eifrigen Predigern
der Aufklärung; sie schätzten vielmehr das Licht nur deßwegen,
weil man dabei bequemlich sehen und allerlei nothwendige Ver-
richtungen vornehmen kann. Sie bestellten gerne die Resultate
der Untersuchung im Voraus, damit ja nichts Gefährliches und
Allzukühnes zum Vorschein komme. Sie wollten nicht die

---

*) A. W. von Schlegel Einige Vorlesungen über Litteratur, Kunst und
Geist des Zeitalters in: Europa, eine Zeitschrift herausgegeben von
Fr. Schlegel. Frankfurt 1803. Band II. S. 60.

Wahrheit, sondern von der Wahrheit Brauchbarkeit und Anwendbarkeit und verlangten, daß, weil ein beschränkter endli-
cher Zweck sich ganz durchschauen läßt, auch das menschliche
Dasein und die Welt rein, wie ein Rechenexempel aufgehen
solle. — Nachdem diese geistige Richtung sich einmal der Zeit
bemächtigt hatte, war jede Rückkehr zu der alten Begnügsam-
keit an der fleißigen Sammlung und Zusammenstellung der
Thatsachen für immer abgeschnitten. Alles sollte verstanden,
für jede Erscheinung ihr Grund, für jedes Gesonderte sein Zusammenhang nachgewiesen werden. Es schien, als ob die
keiner einzelnen Nation, sondern dem europäischen Gesammtleben angehörende Bewegung den deutschen Geist für lange
Zeit gefangen nehmen und mit der gründlichen Behandlung
und dem Classificiren der nur in ihrer äußerlichsten Erscheinung
aufgefaßten Verhältnisse und Thatsachen zufrieden stellen würde.
Aber das hochmüthige Bedauern, mit welchem die Aufklärung
auf den Glauben an das Wirken einer übersinnlichen Welt
herabsah, die verachtende Anmaßung, mit welcher sie als Vorurtheil, Aberglaube und Ueberspannung jedes geistigere Streben verlachte, reizten den nationalen Geist unseres Volkes, sich
zu ermannen, die fremden Fesseln abzuwerfen und seine eigenen Bahnen selbstständig zu verfolgen. Die Versuche wurden
gewagt, in die Tiefe der übersinnlichen Welt zu bringen; die
Philosophie und Theologie, die Geschichte und die Alterthums-
kunde hatten im letzten Drittel des vorigen Jahrhunderts in
mehr oder weniger entwickelten Anfängen begonnen, ihre Gegenstände nach deren eigenen inneren Natur, welche sich nicht
dem sinnlichen Auge, sondern nur der denkenden Erkenntniß offenbarte, zu erfassen. In derselben Zeit, in welcher nicht
länger politische Wahrnehmungen und Ahnungen, sondern nur
wissenschaftliche politische Erkenntniß die Grundlage bilden
konnte, auf welcher die Fortbildung des deutschen Staates vor
sich ging, in derselben Zeit hatte sich unser Volk die Anfänge
einer nationalen Wissenschaft gewonnen. Der Versuch im Einzelnen diese Anfänge und ihre Bedeutung für den Staat nach-

zuweisen, würde weiter führen, als es die Gränzen der vorliegenden Schrift und die Kräfte ihres Verfassers gestatten; nur der Punkt, an welchem die Wissenschaft einen unmittelbaren Einfluß auf die Staatenbildung gewinnt, möge etwas näher ins Auge gefaßt werden.

Bei dem Werden des Reiches und der Territorien hatten die Deutschen unbewußt und ohne Absicht und Wahl dem Geiste ihres Volkes als Werkzeug gedient. Die nationale Naturkraft hatte statt der Menschen gewirkt und als Naturproduct das Reich hervorgetrieben. Im vorigen Jahrhundert dagegen war weit und breit in allen Zweigen des geistigen Lebens eine Richtung zur Herrschaft gelangt, welche Alles prüfen und Alles verstehen und nur nach individueller verständiger Einsicht und nach individuellem Wollen sich bewegen wollte. Das unbewußte Geführtwerden des Volkes durch den nationalen Geist war hierdurch eine Unmöglichkeit geworden. Denn mochten die Einzelnen sich dem nationalen Geiste hingeben oder ihm widerstreben, so geschah das Eine wie das Andere nur nach eigner Absicht und Wahl und die deutsche Nation hatte das Eintreten einer Zeit, in welcher der nationale Geist, um politisch wirksam zu werden, die Vermittelung durch den bewußten menschlichen Willen bedarf, nicht erkannt und deßhalb politisch thatlos Jahrhunderte verträumt und träumend ihr staatliches Leben eingebüßt. Durch die gewaltsame Erregung aller geistigen Kräfte während der Decennien vor der Revolution war allerdings die Erkenntniß allgemein verbreitet, daß ohne bewußtes Eingreifen der Menschen jede Fortentwickelung der Staaten unmöglich sei. Aber auf dem politischen, wie auf jedem anderen Gebiete menschlicher Thätigkeit wollte ein jeder seiner besonderen Ansicht und seinem besonderen Willen Geltung verschaffen. Als seit Friedrich dem Großen die Mächtigen von dem Streben, den Staat nach eigener Willkühr zu bilden, ergriffen wurden, bauten sie die Staaten nicht aus dem Volke heraus, sondern in das Volk hinein und bewirkten, daß Volk und Staat fremd, ja feindlich einander gegenüber standen. Als später die Ueberzeugung sich verbreitete, daß jeder Einzelne in derselben Weise, wie der Fürst berechtigt sei, nach individuellem Willen die Staatsgestalt zu bestimmen, ward wenigstens in der Theorie der Krieg aller gegen alle zum Princip der politischen Entwickelung gemacht.

Nicht auf diesem Wege konnte den Deutschen geholfen werden, weil, so lange Staaten bestehen, der nationale Geist die letzte Ursache ihres Fortschreitens bleibt, ohne jedoch, um politisch wirksam zu werden, jemals der Einzelnen entbehren zu können. Diesen wird deßhalb auf den höheren Stufen der Volksentwickelung die Aufgabe gestellt, den nationalen Geist zu erkennen, sich anzueignen und ihm im Staate mit Freiheit und bewußter That einen Ausdruck zu verschaffen. Die freie menschliche Kraft, welche die staatbildende Naturkraft des Volkes ergänzen und theilweise ersetzen soll, ist ihrem Gehalte nach dieser gleich und nur dadurch von ihr unterschieden, daß sie nicht von Naturnothwendigkeit, sondern von intelligenter Nothwendigkeit bedingt wird. Wegen dieser ihrer Bedingung kann sie ihren Sitz nicht in der Brust aller, sondern nur einzelner Glieder des Volkes haben, welche die gesammte Macht des staatbildenden Vermögens in sich concentriren und zugleich auch ihrer äußeren Stellung nach zur Gestaltung der politischen Zustände berufen sein müssen. Staatsmänner bedurfte der deutsche Staat im vorigen Jahrhundert, welche den Geist ihres Volkes als ihren eigenen besaßen, ihn nicht bloß außer sich erkannten, sondern auch in sich fühlten und durchdrungen waren von Allem, was in ihrem Volke lebte und drängte. Getragen von der gewaltigen Macht, welche der organischen Volkseinheit inne wohnt, konnten sie den Ereignissen der Geschichte und den Thaten der Völker gegenüber die erkannte politische Wahrheit fest bewahren und politische Schöpfungen möglich machen, welche dem Volke in seiner Gesammtheit nie gelingen.

Sollten dem deutschen Staate des vorigen Jahrhunderts Staatsmänner in diesem Sinne zu Theil werden, so mußten

die politische Gesinnung und die politischen Anlagen, wie
sie die Geburt vertheilt, Pflege und Entwickelung aus dem
Volksleben erhalten. Aber Familie, Stand und Gemeinde,
im gesunden Staate bestimmt die politische Gesinnung groß
zu ziehen, waren im vorigen Jahrhundert erstarrt oder halt-
losen Schwankungen Preis gegeben und die Lebensverhältnisse,
in denen die politischen Anlagen des heranwachsenden Staatsmannes ihre Ausbildung erhalten sollten, waren der bildenden
Kraft beraubt. Die Einheit des Staates und in dieser zugleich
alle seine Gliederungen soll der Staatsmann als lebendige
Anschauung in seinem Geiste entwickeln und kann diese Anschauung, welche allein den Namen einer politischen verdient, weder aus einem einzelnen Stande oder Amte, noch unmittelbar
aus dem mit rohen und unbelebten Elementen vielfach erfüllten Volksleben ziehen, sondern nur aus Lebenskreisen erhalten,
in welchen die geistigen Kräfte aller Volksgliederungen zusam-
menströmen und die einseitige Auffassung einzelner Gesichts-
punkte durch die Wechselwirkung Aller beseitigen. Zwar begannen geistige, vielfach gemischte Lebenskreise seit der zweiten
Hälfte des vorigen Jahrhunderts in Deutschland hervorzutreten und Sitte, gebildete Umgangsformen, wissenschaftliche und
künstlerische Interessen in sich aufzunehmen. Die in ihnen sich
bekämpfenden Kräfte trieben manche sprühende Funken, manche
Erscheinungen von echter Schönheit und tiefer Wahrheit hervor; aber auch das Unwahre und Häßliche, welches dem Volke
sich angesetzt hatte, gerieth in Bewegung und trat aus den
verborgenen Tiefen an den Tag, wo es mit erborgtem Glanze
sich wie gleich berechtigt neben die großen Erscheinungen des
Volksgeistes stellte und den Blick des Staatsmannes, welcher
der Bildung bedürftig war, irre zu führen drohte. Da überdieß diese Lebenskreise, welche als Blüthe des Volkes erschienen, nur von wissenschaftlichen und künstlerischen, nicht von
politischen Interessen erfüllt wurden, so konnte der werdende
Staatsmann aus ihnen eine wahre politische Anschauung nicht
gewinnen, und sah sich fast ausschließlich auf sein amtliches

Leben verwiesen. In den Grafschaften, den meisten Fürstenthümern und geistlichen Gebieten machte das Kleinliche aller
Verhältnisse und das barocke, bald mehr hausväterliche, bald
mehr corporalmäßige Regiment die Ausbildung eines Staatsmannes unmöglich. In den größeren Territorien war jeder
Beamte so eng auf seinen Amtskreis beschränkt, daß er über
das Amt den Staat vergaß. In Preußen und in den Ländern,
welche seit. Friedrich dem Großen seiner Richtung folgten,
wurde zwar die Einheit des Staates zum Princip aller Amts-
thätigkeit gemacht. Da aber diese Einheit nur als ein Mittel zur Vergrößerung der landesherrlichen Macht gelten durfte,
so erschien jede selbstständige Bewegung der Beamten als ein
Eingriff in das fürstliche Recht. Nicht durch das deutsche Geschäftsleben, sondern nur ungeachtet desselben konnten die politischen Anlagen der heranwachsenden Staatsmänner zur Reife
gebracht werden.

Zwischen dem Familienleben, welches die nationale Gesinnung und dem Geschäftsleben, welches die politischen Anlagen auszubilden die Aufgabe hat, liegen die wenigen sogenannten Universitätsjahre in der Mitte mit ihrer unermeßlichen
Bedeutung für die gesammte Folgezeit. Freilich verleiht der
durch die Standesgesinnung näher ausgebildete Familiengeist
in der Regel dem jungen, aus der Familie heraustretenden
Mann eine politische Richtung, die ihren Einfluß sein ganzes Leben hindurch behauptet. Aber die durch die Familie gebildete Gesinnung ist sich als solche ihrer Gründe nicht bewußt; der Knabe nimmt ohne zu forschen, ohne zu wissen und
zu wollen, eine politische Farbe an, welche ihm zur andern
Natur wird. Ist er fähig und geneigt den Gedanken auf sich
einwirken zu lassen, so tritt ihm zuerst bei dem Uebergange
zum Universitätsleben die Wissenschaft entgegen, als Grundlage eines Urtheils über dieselben staatlichen Verhältnisse, in
denen er sich bis dahin allein durch ein angebornes und aner-
zogenes Gefühl leiten ließ. Später in das Getriebe des Be-
amtenlebens geworfen, ergreift den Mann der Impuls des

practischen Lebens, gestattet ihm selten der Wissenschaft selbstständig zu leben und verschafft deßhalb der geistigen Anregung,
welche von der Universität ausging, eine Einwirkung für das
ganze Leben. Trifft das wissenschaftliche Urtheil mit dem durch
Stand und Familie erzeugten politischen Gefühl des Jünglings
zusammen, so bildet sich eine schwer zu erschütternde Ueberzeugung aus. Tritt dagegen die Wissenschaft der mitgebrachten
Richtung entgegen, so ist sie nur in Ausnahmsfällen stark genug, das anerzogene Gefühl zu überwältigen. Aber da die
Achtung vor dem Gedanken dem Menschen unvertilgbar einge-
pflanzt ist und dem Jünglinge nur selten die Waffen zu Gebote stehen, den Lehrer zu widerlegen, so bildet sich in ihm
neben der Wahrheit, die sein Gefühl ihm aufstellt und der
sein Herz sich hingiebt, eine wissenschaftliche Wahrheit aus,
die er, weil er sie nicht überwältigen kann, dulden muß. Eingetreten in das practische Leben macht er unwillig über den
Zwang, den die Wissenschaft seiner Herzensmeinung anthut,
sich entweder blind gegen dieselbe in seiner politischen Handlungsweise oder gewährt ihr nur widerwillig und verdrossen
die practische Geltung, welche zu versagen die Umstände ihn
verhindern.

Um die Zeit der französischen Revolution ging der Einfluß, den die Publicisten der Universitäten auf die Ausbildung
der Staatsmänner üben, vorwiegend von Göttingen aus, welches in der zweiten Hälfte des vorigen Jahrhunderts in ähnlicher Weise wie Halle unter Ludwig und Gundling in der ersten Hälfte desselben der Mittelpunkt für die wissenschaftliche
Behandlung des deutschen Staatsrechts geworden war. Namentlich zog Göttingen aus dem protestantischen und zum Theil
auch aus dem katholischen Deutschland die jungen Männer an,
welche vermöge ihrer Geburt die Aussicht hatten, bedeutende
Staatsämter zu bekleiden. Pütter zählt 11 Prinzen und 148
Grafen auf, die bis zum Jahre 1787 in Göttingen ihre wissenschaftliche Bildung erhalten hatten. Die breite Erörterung
unfruchtbarer historischer Schulfragen, in welcher herkömmlich

Erstes Kapitel.

Das wissenschaftliche Leben im deutschen Volke.

Während des Mittelalters waren es ausschließlich die allen europäischen Völkern gemeinsamen christlichen Wahrheiten und die hinzutretenden Satzungen der römisch-katholischen Kirche gewesen, welche eine wissenschaftliche Behandlung erfahren hatten und diese war nicht hervorgerufen worden durch Anregung des nationalen, sondern des kirchlichen Geistes. Kein nationaler Stand war Träger der Wissenschaft, sondern der Clerus, welcher alle Nationen durchziehend mit einer jeden enge verbunden, aber auch von einer jeden scharf durch seine Einordnung in die Hierarchie getrennt war. Später wurde zwar auch das Recht Gegenstand wissenschaftlicher Thätigkeit, aber nicht das nationale, sondern das europäisch gewordene Recht der Römer. Die nationale Wissenschaft fehlte im Mittelalter den Deutschen, wie den anderen Völkern des christlichen Europas völlig. Als im funfzehnten Jahrhundert eine neue geistige Bewegung hervortrat und durch die nationalen Kräfte des städtischen Lebens und der Reformation hinein geleitet wurde in das deutsche Volk, sah sich das angeregte wissenschaftliche Streben alsbald von der Cultur der Alten ergriffen. Die Weltgeschichte hatte diese allen neueren Völkern zum Erzieher bestimmt, welcher sich zwar nicht widerwilligen Schülern aufdrängte, aber doch des Rufes bildungsempfänglicher und bildungsbedürftiger Nationen nur harrte, um hervorzutreten und ihnen allen die gemeinsame Aufgabe zu stellen, sich die antike Cultur in so weit anzueignen, um sie frei wie ein eigenes geistiges Gut beherrschen zu können. Das Streben nach dem allen christlich-europäischen Völkern gemeinsamen Ziel, führte zu der Hervorbildung eines europäischen Gelehrtenstandes, welcher seinen von jedem Nationalleben gesonderten Character durch den Gebrauch der lateinischen Sprache kund that. Noch im Anfange des vorigen Jahrhunderts besa-

ßen die Deutschen nur in sofern ein wissenschaftliches Leben,
als ihre hervorragenden Gelehrten Glieder des europäischen
Gelehrtenstandes waren, dessen vorherrschendes Streben nach
der kurzen tieferen Erregung des Zeitalters der Reformation
dahin ging, die unendlich mannigfachen Thatsachen und Gegenstände des irbischen Lebens aufzufassen und bekannt zu machen, während ihm deren innerer Zusammenhang und das
Uebersinnliche in weiter Ferne stand und wenig Berücksichtigung
erhielt. Das dann hervortretende Bemühen, für die verwor-
rene Masse der Thatsachen und Gegenstände einen Zusammenhang zu gewinnen und die Sehnsucht, dem Drucke zu entgehen, mit welchem die Macht der unsichtbaren Welt auf Jedem
lastet, der sie nicht als Princip des eigenen Lebens in sich
aufgenommen hat, rief zunächst im europäischen Gelehrten-
stande eine neue geistige Richtung hervor, welche sich durch ihn
den verschiedenen Völkern mittheilte und in Deutschland mit
dem Namen Aufklärung begrüßt ward. Weil sie mit mehr
oder weniger Muth und Consequenz das Wirken einer geistigen
Welt in Abrede stellte und deßhalb den Verstand als das einzige Erkenntnißmittel für den Zusammenhang der Dinge betrachtet wissen wollte, blieb ihr die Erkenntniß der Wahrheit,
die Wissenschaft, versagt. Die Aufklärung, so schildert A.
W. v. Schlegel *) ihren Kern, wollte das Etwas sein, wo-
mit man alle mögliche Dinge beleuchten könne und sicher wäre,
immer das Rechte an ihnen zu sehen. Aber nicht die reine
Freude am Licht machte die Aufklärer zu so eifrigen Predigern
der Aufklärung; sie schätzten vielmehr das Licht nur deßwegen,
weil man dabei bequemlich sehen und allerlei nothwendige Ver-
richtungen vornehmen kann. Sie bestellten gerne die Resultate
der Untersuchung im Voraus, damit ja nichts Gefährliches und
Allzukühnes zum Vorschein komme. Sie wollten nicht die

---

*) A. W. von Schlegel Einige Vorlesungen über Litteratur, Kunst und
Geist des Zeitalters in: Europa, eine Zeitschrift herausgegeben von
Fr. Schlegel. Frankfurt 1803. Band II. S. 60.

Wahrheit, sondern von der Wahrheit Brauchbarkeit und An=
wendbarkeit und verlangten, daß, weil ein beschränkter endli=
cher Zweck sich ganz durchschauen läßt, auch das menschliche
Dasein und die Welt rein, wie ein Rechenexempel aufgehen
solle. — Nachdem diese geistige Richtung sich einmal der Zeit
bemächtigt hatte, war jede Rückkehr zu der alten Begnügsam=
keit an der fleißigen Sammlung und Zusammenstellung der
Thatsachen für immer abgeschnitten. Alles sollte verstanden,
für jede Erscheinung ihr Grund, für jedes Gesonderte sein Zu=
sammenhang nachgewiesen werden. Es schien, als ob die
keiner einzelnen Nation, sondern dem europäischen Gesammt=
leben angehörende Bewegung den deutschen Geist für lange
Zeit gefangen nehmen und mit der gründlichen Behandlung
und dem Classificiren der nur in ihrer äußerlichsten Erscheinung
aufgefaßten Verhältnisse und Thatsachen zufrieden stellen würde.
Aber das hochmüthige Bedauern, mit welchem die Aufklärung
auf den Glauben an das Wirken einer übersinnlichen Welt
herabsah, die verachtende Anmaßung, mit welcher sie als Vor=
urtheil, Aberglaube und Ueberspannung jedes geistigere Stre=
ben verlachte, reizten den nationalen Geist unseres Volkes, sich
zu ermannen, die fremden Fesseln abzuwerfen und seine eige=
nen Bahnen selbstständig zu verfolgen. Die Versuche wurden
gewagt, in die Tiefe der übersinnlichen Welt zu bringen; die
Philosophie und Theologie, die Geschichte und die Alterthums=
kunde hatten im letzten Drittel des vorigen Jahrhunderts in
mehr oder weniger entwickelten Anfängen begonnen, ihre Ge=
genstände nach deren eigenen inneren Natur, welche sich nicht
dem sinnlichen Auge, sondern nur der denkenden Erkenntniß of=
fenbarte, zu erfassen. In derselben Zeit, in welcher nicht
länger politische Wahrnehmungen und Ahnungen, sondern nur
wissenschaftliche politische Erkenntniß die Grundlage bilden
konnte, auf welcher die Fortbildung des deutschen Staates vor
sich ging, in derselben Zeit hatte sich unser Volk die Anfänge
einer nationalen Wissenschaft gewonnen. Der Versuch im Ein=
zelnen diese Anfänge und ihre Bedeutung für den Staat nach=

zuweisen, würde weiter führen, als es die Gränzen der vorliegenden Schrift und die Kräfte ihres Verfassers gestatten; nur der Punkt, an welchem die Wissenschaft einen unmittelbaren Einfluß auf die Staatenbildung gewinnt, möge etwas näher ins Auge gefaßt werden.

. Bei dem Werden des Reiches und der Territorien hatten die Deutschen unbewußt und ohne Absicht und Wahl dem Geiste ihres Volkes als Werkzeug gedient. Die nationale Naturkraft hatte statt der Menschen gewirkt und als Naturproduct das Reich hervorgetrieben. Im vorigen Jahrhundert dagegen war weit und breit in allen Zweigen des geistigen Lebens eine Richtung zur Herrschaft gelangt, welche Alles prüfen und Alles verstehen und nur nach individueller verständiger Einsicht und nach individuellem Wollen sich bewegen wollte. Das unbewußte Geführtwerden des Volkes durch den nationalen Geist war hierdurch eine Unmöglichkeit geworden. Denn mochten die Einzelnen sich dem nationalen Geiste hingeben oder ihm widerstreben, so geschah das Eine wie das Andere nur nach eigner Absicht und Wahl und die deutsche Nation hatte das Eintreten einer Zeit, in welcher der nationale Geist, um politisch wirksam zu werden, die Vermittelung durch den bewußten menschlichen Willen bedarf, nicht erkannt und deßhalb politisch thatlos Jahrhunderte verträumt und träumend ihr staatliches Leben eingebüßt. Durch die gewaltsame Erregung aller geistigen Kräfte während der Decennien vor der Revolution war allerdings die Erkenntniß allgemein verbreitet, daß ohne bewußtes Eingreifen der Menschen jede Fortentwickelung der Staaten unmöglich sei. Aber auf dem politischen, wie auf jedem anderen Gebiete menschlicher Thätigkeit wollte ein jeder seiner besonderen Ansicht und seinem besonderen Willen Geltung verschaffen. Als seit Friedrich dem Großen die Mächtigen von dem Streben, den Staat nach eigener Willkühr zu bilden, ergriffen wurden, bauten sie die Staaten nicht aus dem Volke heraus, sondern in das Volk hinein und bewirkten, daß Volk und Staat fremd, ja feindlich einander gegenüber standen. Als später die Ueberzeugung sich verbreitete, daß jeder Einzelne in derselben Weise, wie der Fürst berechtigt sei, nach individuellem Willen die Staatsgestalt zu bestimmen, ward wenigstens in der Theorie der Krieg aller gegen alle zum Princip der politischen Entwickelung gemacht.

Nicht auf diesem Wege konnte den Deutschen geholfen werden, weil, so lange Staaten bestehen, der nationale Geist die letzte Ursache ihres Fortschreitens bleibt, ohne jedoch, um politisch wirksam zu werden, jemals der Einzelnen entbehren zu können. Diesen wird deßhalb auf den höheren Stufen der Volksentwickelung die Aufgabe gestellt, den nationalen Geist zu erkennen, sich anzueignen und ihm im Staate mit Freiheit und bewußter That einen Ausdruck zu verschaffen. Die freie menschliche Kraft, welche die staatbildende Naturkraft des Volkes ergänzen und theilweise ersetzen soll, ist ihrem Gehalte nach dieser gleich und nur dadurch von ihr unterschieden, daß sie nicht von Naturnothwendigkeit, sondern von intelligenter Nothwendigkeit bedingt wird. Wegen dieser ihrer Bedingung kann sie ihren Sitz nicht in der Brust aller, sondern nur einzelner Glieder des Volkes haben, welche die gesammte Macht des staatbildenden Vermögens in sich concentriren und zugleich auch ihrer äußeren Stellung nach zur Gestaltung der politischen Zustände berufen sein müssen. Staatsmänner bedurfte der deutsche Staat im vorigen Jahrhundert, welche den Geist ihres Volkes als ihren eigenen besaßen, ihn nicht bloß außer sich erkannten, sondern auch in sich fühlten und durchdrungen waren von Allem, was in ihrem Volke lebte und drängte. Getragen von der gewaltigen Macht, welche der organischen Volkseinheit inne wohnt, konnten sie den Ereignissen der Geschichte und den Thaten der Völker gegenüber die erkannte politische Wahrheit fest bewahren und politische Schöpfungen möglich machen, welche dem Volke in seiner Gesammtheit nie gelingen.

Sollten dem deutschen Staate des vorigen Jahrhunderts Staatsmänner in diesem Sinne zu Theil werden, so mußten

die politische Gesinnung und die politischen Anlagen, wie
sie die Geburt vertheilt, Pflege und Entwickelung aus dem
Volksleben erhalten. Aber Familie, Stand und Gemeinde,
im gesunden Staate bestimmt die politische Gesinnung groß
zu ziehen, waren im vorigen Jahrhundert erstarrt oder halt-
losen Schwankungen Preis gegeben und die Lebensverhältnisse,
in denen die politischen Anlagen des heranwachsenden Staatsmannes ihre Ausbildung erhalten sollten, waren der bildenden
Kraft beraubt. Die Einheit des Staates und in dieser zugleich
alle seine Gliederungen soll der Staatsmann als lebendige
Anschauung in seinem Geiste entwickeln und kann diese Anschauung, welche allein den Namen einer politischen verdient, weder aus einem einzelnen Stande oder Amte, noch unmittelbar
aus dem mit rohen und unbelebten Elementen vielfach erfüllten Volksleben ziehen, sondern nur aus Lebenskreisen erhalten,
in welchen die geistigen Kräfte aller Volksgliederungen zusam-
menströmen und die einseitige Auffassung einzelner Gesichts-
punkte durch die Wechselwirkung Aller beseitigen. Zwar begannen geistige, vielfach gemischte Lebenskreise seit der zweiten
Hälfte des vorigen Jahrhunderts in Deutschland hervorzutreten und Sitte, gebildete Umgangsformen, wissenschaftliche und
künstlerische Interessen in sich aufzunehmen. Die in ihnen sich
bekämpfenden Kräfte trieben manche sprühende Funken, manche
Erscheinungen von echter Schönheit und tiefer Wahrheit hervor; aber auch das Unwahre und Häßliche, welches dem Volke
sich angesetzt hatte, gerieth in Bewegung und trat aus den
verborgenen Tiefen an den Tag, wo es mit erborgtem Glanze
sich wie gleich berechtigt neben die großen Erscheinungen des
Volksgeistes stellte und den Blick des Staatsmannes, welcher
der Bildung bedürftig war, irre zu führen drohte. Da überdieß diese Lebenskreise, welche als Blüthe des Volkes erschienen, nur von wissenschaftlichen und künstlerischen, nicht von
politischen Interessen erfüllt wurden, so konnte der werbende
Staatsmann aus ihnen eine wahre politische Anschauung nicht
gewinnen, und sah sich fast ausschließlich auf sein amtliches

Leben verwiesen. In den Graffchaften, den meisten Fürstenthümern und geistlichen Gebieten machte das Kleinliche aller
Verhältnisse und das barocke, bald mehr hausväterliche, bald
mehr corporalmäßige Regiment die Ausbildung eines Staatsmannes unmöglich. In den größeren Territorien war jeder
Beamte so eng auf seinen Amtskreis beschränkt, daß er über
das Amt den Staat vergaß. In Preußen und in den Ländern,
welche seit Friedrich dem Großen seiner Richtung folgten,
wurde zwar die Einheit des Staates zum Princip aller Amts-
thätigkeit gemacht. Da aber diese Einheit nur als ein Mittel zur Vergrößerung der landesherrlichen Macht gelten durfte,
so erschien jede selbstständige Bewegung der Beamten als ein
Eingriff in das fürstliche Recht. Nicht durch das deutsche Geschäftsleben, sondern nur ungeachtet desselben konnten die politischen Anlagen der heranwachsenden Staatsmänner zur Reife
gebracht werden.

Zwischen dem Familienleben, welches die nationale Gesinnung und dem Geschäftsleben, welches die politischen Anlagen auszubilden die Aufgabe hat, liegen die wenigen sogenannten Universitätsjahre in der Mitte mit ihrer unermeßlichen
Bedeutung für die gesammte Folgezeit. Freilich verleiht der
durch die Standesgesinnung näher ausgebildete Familiengeist
in der Regel dem jungen, aus der Familie heraustretenden
Mann eine politische Richtung, die ihren Einfluß sein ganzes Leben hindurch behauptet. Aber die durch die Familie gebildete Gesinnung ist sich als solche ihrer Gründe nicht bewußt; der Knabe nimmt ohne zu forschen, ohne zu wissen und
zu wollen, eine politische Farbe an, welche ihm zur andern
Natur wird. Ist er fähig und geneigt den Gedanken auf sich
einwirken zu lassen, so tritt ihm zuerst bei dem Uebergange
zum Universitätsleben die Wissenschaft entgegen, als Grundlage eines Urtheils über dieselben staatlichen Verhältnisse, in
denen er sich bis dahin allein durch ein angebornes und aner-
zogenes Gefühl leiten ließ. Später in das Getriebe des Be-
amtenlebens geworfen, ergreift den Mann der Impuls des

practiſchen Lebens, geſtattet ihm ſelten der Wiſſenſchaft ſelbſt-
ſtändig zu leben und verſchafft beßhalb der geiſtigen Anregung,
welche von der Univerſität ausging, eine Einwirkung für das
ganze Leben. Trifft das wiſſenſchaftliche Urtheil mit dem durch
Stand und Familie erzeugten politiſchen Gefühl des Jünglings
zuſammen, ſo bildet ſich eine ſchwer zu erſchütternde Ueberzeugung aus. Tritt dagegen die Wiſſenſchaft der mitgebrachten
Richtung entgegen, ſo iſt ſie nur in Ausnahmsfällen ſtark genug, das anerzogene Gefühl zu überwältigen. Aber da die
Achtung vor dem Gedanken dem Menſchen unvertilgbar einge-
pflanzt iſt und dem Jünglinge nur ſelten die Waffen zu Gebote ſtehen, den Lehrer zu widerlegen, ſo bildet ſich in ihm
neben der Wahrheit, die ſein Gefühl ihm aufſtellt und der
ſein Herz ſich hingiebt, eine wiſſenſchaftliche Wahrheit aus,
die er, weil er ſie nicht überwältigen kann, dulden muß. Eingetreten in das practiſche Leben macht er unwillig über den
Zwang, den die Wiſſenſchaft ſeiner Herzensmeinung anthut,
ſich entweder blind gegen dieſelbe in ſeiner politiſchen Hand-
lungsweiſe oder gewährt ihr nur widerwillig und verdroſſen
die practiſche Geltung, welche zu verſagen die Umſtände ihn
verhindern.

Um die Zeit der franzöſiſchen Revolution ging der Einfluß, den die Publiciſten der Univerſitäten auf die Ausbildung
der Staatsmänner üben, vorwiegend von Göttingen aus, welches in der zweiten Hälfte des vorigen Jahrhunderts in ähnlicher Weiſe wie Halle unter Ludwig und Gundling in der erſten Hälfte deſſelben der Mittelpunkt für die wiſſenſchaftliche
Behandlung des deutſchen Staatsrechts geworden war. Namentlich zog Göttingen aus dem proteſtantiſchen und zum Theil
auch aus dem katholiſchen Deutſchland die jungen Männer an,
welche vermöge ihrer Geburt die Ausſicht hatten, bedeutende
Staatsämter zu bekleiden. Pütter zählt 11 Prinzen und 148
Grafen auf, die bis zum Jahre 1787 in Göttingen ihre wiſſenſchaftliche Bildung erhalten hatten. Die breite Erörterung
unfruchtbarer hiſtoriſcher Schulfragen, in welcher herkömmlich

das Wesen der deutschen Staatswissenschaft gesucht war, wurde in Göttingen schon durch Schmauß verlassen, der seit 1744 Lehrer des jus publicum, den Ruhm der Göttinger Publicisten begründete. Selchow trat offen als Gegner derer auf, welche nur die Rechtssätze als geltend anerkennen wollten, die schon in den Rechtsalterthümern vorkämen und Pütter versuchte mit Erfolg die Thatsachen rein und bestimmt hervor zu heben, auf denen die Entwickelung des deutschen Reichs- und Territorial- rechts wirklich ruhten. Zugleich hatte Selchow bereits darauf aufmerksam gemacht, daß das Nebeneinanderstellen vieler ein- zelnen staatsrechtlichen Sätze nicht zur Erkenntniß des Staats- rechts führe und hatte, um Einheit und Aushülfe zu gewinnen, das Dasein und die Anwendbarkeit eines allgemeinen, in der Natur und der Vernunft wurzelnden Staatsrechts anerkannt. Auch Pütter nannte das Staatsrecht ein sehr mageres und we- nig brauchbares, welches mit der mechanischen Kenntniß aus- drücklicher Gesetze und unbestrittenen Herkommens sich begnüge. Eine neue Bahn hatte Göttingen allerdings betreten, aber zur Auffassung des wirklichen deutschen Staatsrecht war es den- noch selbst durch Pütter nicht gelangt. Eine ängstliche Zurück- haltung und falsche Mäßigung hielt die Göttinger ab, das in der Wirklichkeit Veraltete auch in der Wissenschaft als solches zu beseitigen und das in der Wirklichkeit neu Hervorgetretene auch in der Wissenschaft geltend zu machen. Pütter nannte unter der Voraussetzung, daß das deutsche Reich ein zusammen- gesetzter Staat sei, den römischen Kaiser einen Monarchen so gut wie den König von Großbritannien, von Schweden oder Polen, und schrieb ihm persönliche Majestät und Unabhängig- keit zu, wie dem Könige von Frankreich. Von diesem Anfangs- punkte ausgehend baute er auf den Grund späterer und früher Gesetze und Observanzen ein deutsches Staatsrecht auf, wel- ches bei großem Scharfsinn und umfassender Gelehrsamkeit Le- bensverhältnisse zur Voraussetzung hatte, die längst neuen Bil- dungen gewichen waren und andererseits Staatsverhältnisse, die des ordnenden Rechts bedurften, als nicht vorhanden unberück-

fichtigt ließ. Ein Staatsrecht wurde gelehrt, dem die An=
wendbarkeit im Leben abging.

Der Theil der jungen Männer freilich, in deren Ausbil=
dung zu Staatsämtern Göttingen seine Bedeutung hatte, ward
durch vornehme Geburt und Lebensstellung der Versuchung ent=
hoben, das Erzeugniß des deutschen Fleißes, wie es in den
Staatsrechtsfystemen vorlag, im Ganzen auf die Staatsver=
hältnisse, in benen sie wirken sollten, anzuwenden. Aber das
Mittelalter hatte manche Verhältnisse erzeugt, welche der an=
gebornen und anerzogenen Gesinnung der jungen Männer vor=
nehmen Standes lieb und ihren Wünschen entsprechend waren.
Die Verhältnisse selbst zwar, z. B. das Ritterleben, die land=
ständische Wirksamkeit waren mit dem Mittelalter zu Grabe
gegangen, aber die Gesetze und Rechtsgewohnheiten, durch
welche sie einst geordnet wurden, hatten sich durch die Emsig=
keit der Juristen erhalten und wurden noch immer als beste=
hendes Recht mitgetheilt. Für die unter solchem Einflusse ge=
bildeten Männer lag die Annahme nahe, daß wo Rechtsnor=
men sich erhalten hätten, nothwendig auch die von diesen vor=
ausgesetzten Lebensverhältnisse sich fänden. Dann aber schien
Jeder, der deren Dasein läugnete, sich einer Rechtsverletzung
schuldig zu machen und das Streben konnte nicht ausbleiben,
vereinzelte Ueberbleibsel einer vergangenen Zeit begierig aufzu=
suchen, um an sie völlig Entschwundenes von Neuem anzu=
knüpfen. In dieser Weise bereiteten die Göttinger Publicisten
wider Wissen und Willen jene unter vielen Staatsmännern
wirkende Richtung vor, welche aus dem Rechte entschwunde=
ner Jahrhunderte, das in seiner Einheit als Werk gelehrter Pe=
danten belächelt wurde, einzelne Rechtskreise herausnahm, als
unverletzliches Recht hinstellte und verlangte, daß die lebendigen
Verhältnisse diesem entsprechend umgestaltet werden sollten. Nach
einer durchaus entgegengesetzten Seite schien allerdings Schlözer,
welcher seit 1769 in Göttingen lehrte, führen zu müssen. Seine
Ausgangspunkte sind bereits früher mitgetheilt, aber von diesen
ausgehend gelangte er dennoch zu der Behauptung, daß die

20

höchste Pflicht des Bürgers blinder Gehorsam sei. Alle deutschen politischen und religiösen Institutionen griff er in dem
Briefwechsel und den Staatsanzeigen schonungslos an, aber
dennoch ruft er aus: Glückliches Deutschland, einziges Land
der Welt, wo man gegen seine Herrscher im Wege Rechtens
aufkommen kann. Unsere deutsche Verfassung ist dem Volks-
glück angepaßt; werden nur noch einige Wünsche erfüllt,
so realisirt unser Kaiserreich mehr als die insula fortunata
romantische Ideen von menschenbeglückenden Staatsverfassun-
gen. — Junge Männer aus dem Stande, welcher sich seinem
Fürsten gegenüber gesichert und bei den bestehenden Zuständen
wohl gebettet wußte, hielten sich, wenn sie Schlözers Lehren
hörten, an die Endresultate derselben und ließen eines erwünsch-
ten Ausganges gewiß, seine Principien als ein keckes Spiel
des menschlichen Geistes dahingestellt sein.

Abgesehen von Göttingen gehörten auf den übrigen deutschen Universitäten die Publicisten fast ohne Ausnahme der
alten staatsrechtlichen Schule an. Aengstlich strebten sie nach
möglichst erschöpfender Kenntniß der massenhaft angewachsenen
staatsrechtlichen Aufsätze, Deductionen und Verhandlungen.
Die Sammlung und Zusammenstellung von Urkunden, die Entwickelung von Einzelnheiten in unerträglicher Breite, die Wi-
derlegung aller irgend einmal ausgesprochener abweichender
Meinungen nahm ihre gesammte Thätigkeit in Anspruch, und
bewahrte sie zwar, wenn man von Scheidemantel in Jena ab-
sieht, vor der Aufnahme der naturrechtlichen Sätze, welche
unter Rousseaus Einfluß gebildet waren, machte sie aber auch
unfähig, das Ganze der wirklichen staatlichen Zustände Deutschlands ins Auge zu fassen und auf die Ausbildung tüchtiger
Staatsmänner eine fördernde Einwirkung zu üben. Bedeutender vielleicht als die Thätigkeit aller Universitätslehrer war
für die politische Ausbildung des vorigen Jahrhunderts ein
einzelner Mann, Johann Jakob Moser, der seine Schicksale
und Bestrebungen selbst beschrieben hat *). Fremd, von allen

---

*) Lebensgeschichte J. J. Mosers. Frankfurt 1777. 4. 8.

Hülfsmitteln entblößt, ohne Fürsprache, kam er in seinem zwanzigsten Jahre nach Wien, gewann allein durch seine bedeutende Persönlichkeit die Gunst der höchsten östreichischen Beamten und erhielt selbst bei dem Kaiser Audienz. Er schlug die glänzendsten Anerbietungen aus, welche ihm von allen Seiten zuströmten, sobald er fürchtete, daß er durch ihre Annahme in Widerspruch mit seiner Ueberzeugung kommen könne; er brachte fünf Jahre im härtesten Kerker zu, weil er vom Rechte nicht lassen wollte; er ließ, gesucht und geehrt von Grafen, Fürsten und Prälaten des Reiches, sich weder durch den Glanz der Höfe noch durch das Gespött der starken Geister abhalten, an jedem Orte und unter allen Umständen den demüthigsten Christenglauben an den Tag zu legen. Ein solcher Mann mußte allein schon durch seine Persönlichkeit Einfluß gewinnen, welchen die unermeßliche staatsrechtliche Belesenheit und die große praktische Erfahrung verstärkte, die er in so manches Herrn Dienst und als Rathgeber in zahllosen Streitigkeiten der Reichsstände gewonnen hatte. Während seines langen Lebens, er war gebohren 1701 und starb 1785, und bei einem Fleiße, der noch öfterer die Worte: tu es moleste sedulus, rechtfertigte, welche ihm als Knaben der alte Schuldirector zugerufen hatte, suchte er in fast vierhundert Werken seine Ansichten und Richtungen den Zeitgenossen zugänglich zu machen. Recht ist bei mir Recht, Unrecht Unrecht, mag es meinen Herrn oder wen es will betreffen, das war das Princip seines Lebens und seiner Schriften. Da ihm aber Recht nur war, was sich urkundlich als Gesetz oder Observanz nachweisen ließ, so begnügte er sich, um dasselbe an den Tag zu fördern, Urkunden an Urkunden zu reihen. Nicht ihrer selbst wegen hatten sie ihm Interesse, sondern nur als Erkenntnißmittel des Rechts; vitae non scholae discendum, docendum, scribendum war sein Wahlspruch; brauchbar nannte er nur die Schriften, welche einen unmittelbaren Nutzen in den täglich vorkommenden Staatsangelegenheiten hatten. Dennoch mußte er erfahren, daß seine eignen Schriften Brauch-

barkeit nur für das kleine Gezänke der Reichsstände, nicht
aber für die größeren öffentlichen Verhältnisse hatten. Schon
bei seiner Berufung als Professor nach Frankfurt an der Oder
äußerte Moser, ich besorge, das Königlich Preußische und
das von mir lehrende Staatsrecht möchten öfters nicht mit
einander übereinstimmen. Einige Jahre später schrieb ihm der
Preußische Staatsminister von Cocceji, daß das systema in
seinem compendium. iuris publici nicht nach dem gout des heutigen seculi eingerichtet sei. In Wien erfuhr er zu seinem
Entsetzen, daß ein großer Theil der Reichshofräthe die kaiserliche Wahlcapitulation nie von Außen gesehen hatte, geschweige denn ihren Inhalt kannte und daß ein Graf, der
bereits einige Jahre Reichshofrath war, nicht wußte, was der
Religions- und der Westphälische Friede sei. Wie am Hofe
des Kaisers und des mächtigsten Reichsstandes, sah er auch
in den anderen Territorien, daß man sich wohl in endlosen
Deductionen auf Urkunden und Observanzen berief, wenn es
darauf ankam, eine Sache viele Jahrzehnte in die Länge zu
ziehen, den Gegner zu ermüden und selbst gemächlich im Besitze zu bleiben. Aber jeder, der einen Anspruch schnell zu erreichen wünschte, bediente sich des jus convenientiae, und gestand wohl offenherzig, der Wallfisch habe kein anderes jus
naturae, als daß er die kleineren Fische fresse.

Konnte Moser, obgleich seines Zieles bewußt und mit den
Mitteln es zu erreichen, wie kein anderer ausgestattet, dennoch
den Widerspruch zwischen Theorie und Praxis nicht heben, so
vermochte er auch nicht, wahrhaft politische Männer durch die
Wissenschaft des deutschen Staatsrechts heran zu bilden.

Zweites Kapitel.
Das Leben des deutschen Volkes in der Kunst*).

In längst vergangenen Zeiten waren im deutschen Volke

---

*) Neben den literar.-historischen Werken von Horn, Rosenkranz,

wunderbar schöne Sagen von Siegfried und Chriemhilde, vom
starken Hagen und treuen Dietrich erklungen. Sie waren gesungen und wieder gesungen und waren hineingesungen in das
Herz des deutschen Volkes. Gleichsam lebendige Wesen waren
sie die Freunde der Jugend und die Begleiter des Greises gewesen. Immer höhere Kraft und Schönheit gewinnend aus
der Liebe, mit welcher jedes Alter, jeder Stand sie pflegte,
hatten sie, groß gezogen durch diese geistige Speise, als Nie-
belungenlied dem Volke in reichem Maaße die empfangenen
Gaben zurück erstattet. So gleichmäßig war Wissen und Denken, Fühlen und Thatkraft verbreitet gewesen, daß sich die
Volkskultur in jedem Einzelnen darstellte. Kam diesem oder
Jenem der rechte Tag und die rechte Stunde, so gewann die
innere Bewegung poetische Gestaltung. Der Sänger sang nicht
wie und was er wollte, sondern wie und was er mußte; nicht
frei, unabhängig und des Grundes seiner Dichtung sich bewußt, sondern als Werkzeug der nationalen Naturkraft, die
sich durch ihn offenbarte. Was dem Einen nicht gelang, konnte
ein Anderer ergänzen, was der Eine nicht vollendet, ein Anderer weiter führen, denn in Allen offenbarte sich derselbe Geist.

So gewaltig und tief die deutsche Naturpoesie auch in den
Nibelungen erscheint, so konnte dennoch die Poesie, sobald das
Volk eine höhere Entwickelungsstufe erreichte, nicht auf sie beschränkt sein. Die Naturpoesie ist begränzt durch das Denken
und Fühlen, wie es dem Volke auf der jedesmaligen Entwik-
kelungsstufe eigen ist. Aber dem Gedanken, der frei von der
Gewalt der Volksansicht diese selbst zu seinem Gegenstande
macht, kann der Anspruch auf dichterische Gestaltung nicht ge-

---

Gervinus u. s. w. sind besonders benutzt: Göthe Wahrheit und Dichtung, die Schriften Friedrichs und August Wilhelm von Schlegel,
namentlich das Athenäum, die Characteristiken und Kritiken, die
Zeitschrift Europa, die Vorlesungen über dramatische Kunst und Literatur und die kritischen Schriften; ferner H. Gelzer die deutsche
poetische Literatur seit Klopstock und Lessing. Leipzig 1841.

Leben verwiesen. In den Grafschaften, den meisten Fürstenthümern und geistlichen Gebieten machte das Kleinliche aller
Verhältnisse und das barocke, bald mehr hausväterliche, bald
mehr corporalmäßige Regiment die Ausbildung eines Staatsmannes unmöglich. In den größeren Territorien war jeder
Beamte so eng auf seinen Amtskreis beschränkt, daß er über
das Amt den Staat vergaß. In Preußen und in den Ländern,
welche seit Friedrich dem Großen seiner Richtung folgten,
wurde zwar die Einheit des Staates zum Princip aller Amts-
thätigkeit gemacht. Da aber diese Einheit nur als ein Mittel zur Vergrößerung der landesherrlichen Macht gelten durfte,
so erschien jede selbstständige Bewegung der Beamten als ein
Eingriff in das fürstliche Recht. Nicht durch das deutsche Geschäftsleben, sondern nur ungeachtet desselben konnten die politischen Anlagen der heranwachsenden Staatsmänner zur Reife
gebracht werden.

Zwischen dem Familienleben, welches die nationale Gesinnung und dem Geschäftsleben, welches die politischen Anlagen auszubilden die Aufgabe hat, liegen die wenigen sogenannten Universitätsjahre in der Mitte mit ihrer unermeßlichen
Bedeutung für die gesammte Folgezeit. Freilich verleiht der
durch die Standesgesinnung näher ausgebildete Familiengeist
in der Regel dem jungen, aus der Familie heraustretenden
Mann eine politische Richtung, die ihren Einfluß sein ganzes Leben hindurch behauptet. Aber die durch die Familie gebildete Gesinnung ist sich als solche ihrer Gründe nicht bewußt; der Knabe nimmt ohne zu forschen, ohne zu wissen und
zu wollen, eine politische Farbe an, welche ihm zur andern
Natur wird. Ist er fähig und geneigt den Gedanken auf sich
einwirken zu lassen, so tritt ihm zuerst bei dem Uebergange
zum Universitätsleben die Wissenschaft entgegen, als Grundlage eines Urtheils über dieselben staatlichen Verhältnisse, in
denen er sich bis dahin allein durch ein angebornes und aner-
zogenes Gefühl leiten ließ. Später in das Getriebe des Be-
amtenlebens geworfen, ergreift den Mann der Impuls des

practischen Lebens, gestattet ihm selten der Wissenschaft selbstständig zu leben und verschafft deßhalb der geistigen Anregung,
welche von der Universität ausging, eine Einwirkung für das
ganze Leben. Trifft das wissenschaftliche Urtheil mit dem durch
Stand und Familie erzeugten politischen Gefühl des Jünglings
zusammen, so bildet sich eine schwer zu erschütternde Ueberzeugung aus. Tritt dagegen die Wissenschaft der mitgebrachten
Richtung entgegen, so ist sie nur in Ausnahmsfällen stark genug, das anerzogene Gefühl zu überwältigen. Aber da die
Achtung vor dem Gedanken dem Menschen unvertilgbar einge-
pflanzt ist und dem Jünglinge nur selten die Waffen zu Gebote stehen, den Lehrer zu widerlegen, so bildet sich in ihm
neben der Wahrheit, die sein Gefühl ihm aufstellt und der
sein Herz sich hingiebt, eine wissenschaftliche Wahrheit aus,
die er, weil er sie nicht überwältigen kann, dulden muß. Eingetreten in das practische Leben macht er unwillig über den
Zwang, den die Wissenschaft seiner Herzensmeinung anthut,
sich entweder blind gegen dieselbe in seiner politischen Handlungsweise oder gewährt ihr nur widerwillig und verdrossen
die practische Geltung, welche zu versagen die Umstände ihn
verhindern.

Um die Zeit der französischen Revolution ging der Einfluß, den die Publicisten der Universitäten auf die Ausbildung
der Staatsmänner üben, vorwiegend von Göttingen aus, welches in der zweiten Hälfte des vorigen Jahrhunderts in ähnlicher Weise wie Halle unter Ludwig und Gundling in der ersten Hälfte desselben der Mittelpunkt für die wissenschaftliche
Behandlung des deutschen Staatsrechts geworden war. Namentlich zog Göttingen aus dem protestantischen und zum Theil
auch aus dem katholischen Deutschland die jungen Männer an,
welche vermöge ihrer Geburt die Aussicht hatten, bedeutende
Staatsämter zu bekleiden. Pütter zählt 11 Prinzen und 148
Grafen auf, die bis zum Jahre 1787 in Göttingen ihre wissenschaftliche Bildung erhalten hatten. Die breite Erörterung
unfruchtbarer historischer Schulfragen, in welcher herkömmlich

das Wesen der deutschen Staatswissenschaft gesucht war, wurde
in Göttingen schon durch Schmauß verlassen, der seit 1744
Lehrer des jus publicum, den Ruhm der Göttinger Publicisten
begründete. Selchow trat offen als Gegner derer auf, welche
nur die Rechtssätze als geltend anerkennen wollten, die schon
in den Rechtsalterthümern vorkamen und Pütter versuchte mit
Erfolg die Thatsachen rein und bestimmt hervor zu heben, auf
denen die Entwickelung des deutschen Reichs- und Territorialrechts wirklich ruhten. Zugleich hatte Selchow bereits darauf
aufmerksam gemacht, daß das Nebeneinanderstellen vieler einzelnen staatsrechtlichen Sätze nicht zur Erkenntniß des Staatsrechts führe und hatte, um Einheit und Aushülfe zu gewinnen,
das Dasein und die Anwendbarkeit eines allgemeinen, in der
Natur und der Vernunft wurzelnden Staatsrechts anerkannt.
Auch Pütter nannte das Staatsrecht ein sehr mageres und wenig brauchbares, welches mit der mechanischen Kenntniß aus-
drücklicher Gesetze und unbestrittenen Herkommens sich begnüge.
Eine neue Bahn hatte Göttingen allerdings betreten, aber zur
Auffassung des wirklichen deutschen Staatsrecht war es dennoch selbst durch Pütter nicht gelangt. Eine ängstliche Zurück-
haltung und falsche Mäßigung hielt die Göttinger ab, das in
der Wirklichkeit Veraltete auch in der Wissenschaft als solches
zu beseitigen und das in der Wirklichkeit neu Hervorgetretene
auch in der Wissenschaft geltend zu machen. Pütter nannte
unter der Voraussetzung, daß das deutsche Reich ein zusammen-
gesetzter Staat sei, den römischen Kaiser einen Monarchen so
gut wie den König von Großbritannien, von Schweden oder
Polen, und schrieb ihm persönliche Majestät und Unabhängigkeit zu, wie dem Könige von Frankreich. Von diesem Anfangs-
punkte ausgehend baute er auf den Grund späterer und früher
Gesetze und Observanzen ein deutsches Staatsrecht auf, welches bei großem Scharfsinn und umfassender Gelehrsamkeit Lebensverhältnisse zur Voraussetzung hatte, die längst neuen Bildungen gewichen waren und andererseits Staatsverhältnisse, die
des ordnenden Rechts bedurften, als nicht vorhanden unberück-

ſichtigt ließ. Ein Staatsrecht wurde gelehrt, dem die Anwendbarkeit im Leben abging.

Der Theil der jungen Männer freilich, in deren Ausbildung zu Staatsämtern Göttingen seine Bedeutung hatte, ward durch vornehme Geburt und Lebensſtellung der Verſuchung enthoben, das Erzeugniß des deutſchen Fleißes, wie es in den Staatsrechtsſyſtemen vorlag, im Ganzen auf die Staatsverhältniſſe, in denen ſie wirken ſollten, anzuwenden. Aber das Mittelalter hatte manche Verhältniſſe erzeugt, welche der angebornen und anerzogenen Geſinnung der jungen Männer vornehmen Standes lieb und ihren Wünſchen entſprechend waren. Die Verhältniſſe ſelbſt zwar, z. B. das Ritterleben, die landſtändiſche Wirkſamkeit waren mit dem Mittelalter zu Grabe gegangen, aber die Geſetze und Rechtsgewohnheiten, durch welche ſie einſt geordnet wurden, hatten ſich durch die Emſigkeit der Juriſten erhalten und wurden noch immer als beſtehendes Recht mitgetheilt. Für die unter ſolchem Einfluſſe gebildeten Männer lag die Annahme nahe, daß wo Rechtsnormen ſich erhalten hätten, nothwendig auch die von dieſen vorausgeſetzten Lebensverhältniſſe ſich fänden. Dann aber ſchien Jeder, der deren Daſein läugnete, ſich einer Rechtsverletzung ſchuldig zu machen und das Streben konnte nicht ausbleiben, vereinzelte Ueberbleibſel einer vergangenen Zeit begierig aufzuſuchen, um an ſie völlig Entſchwundenes von Neuem anzuknüpfen. In dieſer Weiſe bereiteten die Göttinger Publiciſten wider Wiſſen und Willen jene unter vielen Staatsmännern wirkende Richtung vor, welche aus dem Rechte entſchwundener Jahrhunderte, das in ſeiner Einheit als Werk gelehrter Pedanten belächelt wurde, einzelne Rechtskreiſe herausnahm, als unverletzliches Recht hinſtellte und verlangte, daß die lebendigen Verhältniſſe dieſem entſprechend umgeſtaltet werden ſollten. Nach einer durchaus entgegengeſetzten Seite ſchien allerdings Schlözer, welcher ſeit 1769 in Göttingen lehrte, führen zu müſſen. Seine Ausgangspunkte ſind bereits früher mitgetheilt, aber von dieſen ausgehend gelangte er dennoch zu der Behauptung, daß die

20

höchste. Pflicht des Bürgers blinder Gehorsam sei. Alle deutschen politischen und religiösen Institutionen griff er in dem
Briefwechsel und den Staatsanzeigen schonungslos an, aber
dennoch ruft er aus: Glückliches Deutschland, einziges Land
der Welt, wo man gegen seine Herrscher im Wege Rechtens
aufkommen kann. Unsere deutsche Verfassung ist dem Volks-
glück angepaßt; werden nur noch einige Wünsche erfüllt,
so realisirt unser Kaiserreich mehr als die insula fortunata
romantische Ideen von menschenbeglückenden Staatsverfassun-
gen. — Junge Männer aus dem Stande, welcher sich seinem
Fürsten gegenüber gesichert und bei den bestehenden Zuständen
wohl gebettet wußte, hielten sich, wenn sie Schlözers Lehren
hörten, an die Endresultate derselben und ließen eines erwünsch-
ten Ausganges gewiß, seine Principien als ein keckes Spiel
des menschlichen Geistes dahingestellt sein.

Abgesehen von Göttingen gehörten auf den übrigen deutschen Universitäten die Publicisten fast ohne Ausnahme der
alten staatsrechtlichen Schule an. Aengstlich strebten sie nach
möglichst erschöpfender Kenntniß der massenhaft angewachsenen
staatsrechtlichen Aufsätze, Deductionen und Verhandlungen.
Die Sammlung und Zusammenstellung von Urkunden, die Entwickelung von Einzelnheiten in unerträglicher Breite, die Wi-
derlegung aller irgend einmal ausgesprochener abweichender
Meinungen nahm ihre gesammte Thätigkeit in Anspruch, und
bewahrte sie zwar, wenn man von Scheidemantel in Jena ab-
sieht, vor der Aufnahme der naturrechtlichen Sätze, welche
unter Rousseaus Einfluß gebildet waren, machte sie aber auch
unfähig, das Ganze der wirklichen staatlichen Zustände Deutschlands ins Auge zu fassen und auf die Ausbildung tüchtiger
Staatsmänner eine fördernde Einwirkung zu üben. Bedeutender vielleicht als die Thätigkeit aller Universitätslehrer war
für die politische Ausbildung des vorigen Jahrhunderts ein
einzelner Mann, Johann Jakob Moser, der seine Schicksale
und Bestrebungen selbst beschrieben hat *). Fremd, von allen

---

*) Lebensgeschichte J. J. Mosers. Frankfurt 1777. 4. 8.

Hülfsmitteln entblößt, ohne Fürsprache, kam er in seinem zwanzigsten Jahre nach Wien, gewann allein durch seine bedeutende Persönlichkeit die Gunst der höchsten östreichischen Beamten und erhielt selbst bei dem Kaiser Audienz. Er schlug die glänzendsten Anerbietungen aus, welche ihm von allen Seiten zuströmten, sobald er fürchtete, daß er durch ihre Annahme in Widerspruch mit seiner Ueberzeugung kommen könne; er brachte fünf Jahre im härtesten Kerker zu, weil er vom Rechte nicht lassen wollte; er ließ, gesucht und geehrt von Grafen, Fürsten und Prälaten des Reiches, sich weder durch den Glanz der Höfe noch durch das Gespött der starken Geister abhalten, an jedem Orte und unter allen Umständen den demüthigsten Christenglauben an den Tag zu legen. Ein solcher Mann mußte allein schon durch seine Persönlichkeit Einfluß gewinnen, welchen die unermeßliche staatsrechtliche Belesenheit und die große praktische Erfahrung verstärkte, die er in so manches Herrn Dienst und als Rathgeber in zahllosen Streitigkeiten der Reichsstände gewonnen hatte. Während seines langen Lebens, er war gebohren 1701 und starb 1785, und bei einem Fleiße, der noch öfterer die Worte: tu es moleste sedulus, rechtfertigte, welche ihm als Knaben der alte Schuldirector zugerufen hatte, suchte er in fast vierhundert Werken seine Ansichten und Richtungen den Zeitgenossen zugänglich zu machen. Recht ist bei mir Recht, Unrecht Unrecht, mag es meinen Herrn oder wen es will betreffen, das war das Princip seines Lebens und seiner Schriften. Da ihm aber Recht nur war, was sich urkundlich als Gesetz oder Observanz nachweisen ließ, so begnügte er sich, um dasselbe an den Tag zu fördern, Urkunden an Urkunden zu reihen. Nicht ihrer selbst wegen hatten sie ihm Interesse, sondern nur als Erkenntnißmittel des Rechts; vitae non scholae discendum, docendum, scribendum war sein Wahlspruch; brauchbar nannte er nur die Schriften, welche einen unmittelbaren Nutzen in den täglich vorkommenden Staatsangelegenheiten hatten. Dennoch mußte er erfahren, daß seine eignen Schriften Brauch-

barkeit nur für das kleine Gezänke der Reichsstände, nicht
aber für die größeren öffentlichen Verhältnisse hatten. Schon
bei seiner Berufung als Professor nach Frankfurt an der Oder
äußerte Moser, ich besorge, das Königlich Preußische und
das von mir lehrende Staatsrecht möchten öfters nicht mit
einander übereinstimmen. Einige Jahre später schrieb ihm der
Preußische Staatsminister von Cocceji, daß das systema in
seinem compendium. iuris publici nicht nach dem gout des heutigen seculi eingerichtet sei. In Wien erfuhr er zu seinem
Entsetzen, daß ein großer Theil der Reichshofräthe die kaiserliche Wahlcapitulation nie von Außen gesehen hatte, geschweige denn ihren Inhalt kannte und daß ein Graf, der
bereits einige Jahre Reichshofrath war, nicht wußte, was der
Religions- und der Westphälische Friede sei. Wie am Hofe
des Kaisers und des mächtigsten Reichsstandes, sah er auch
in den anderen Territorien, daß man sich wohl in endlosen
Deductionen auf Urkunden und Observanzen berief, wenn es
darauf ankam, eine Sache viele Jahrzehnte in die Länge zu
ziehen, den Gegner zu ermüden und selbst gemächlich im Besitze zu bleiben. Aber jeder, der einen Anspruch schnell zu erreichen wünschte, bediente sich des jus convenientiae, und gestand wohl offenherzig, der Wallfisch habe kein anderes jus
naturae, als daß er die kleineren Fische fresse.

Konnte Moser, obgleich seines Zieles bewußt und mit den
Mitteln es zu erreichen, wie kein anderer ausgestattet, dennoch
den Widerspruch zwischen Theorie und Praxis nicht heben, so
vermochte er auch nicht, wahrhaft politische Männer durch die
Wissenschaft des deutschen Staatsrechts heran zu bilden.

Zweites Kapitel.
Das Leben des deutschen Volkes in der Kunst*).

In längst vergangenen Zeiten waren im deutschen Volke

---

*) Neben den literar.-historischen Werken von Horn, Rosenkranz

wunderbar schöne Sagen von Siegfried und Chriemhilde, vom
starken Hagen und treuen Dietrich erklungen. Sie waren gesungen und wieder gesungen und waren hineingesungen in das
Herz des deutschen Volkes. Gleichsam lebendige Wesen waren
sie die Freunde der Jugend und die Begleiter des Greises gewesen. Immer höhere Kraft und Schönheit gewinnend aus
der Liebe, mit welcher jedes Alter, jeder Stand sie pflegte,
hatten sie, groß gezogen durch diese geistige Speise, als Nie-
belungenlied dem Volke in reichem Maaße die empfangenen
Gaben zurück erstattet. So gleichmäßig war Wissen und Denken, Fühlen und Thatkraft verbreitet gewesen, daß sich die
Volkskultur in jedem Einzelnen darstellte. Kam diesem oder
Jenem der rechte Tag und die rechte Stunde, so gewann die
innere Bewegung poetische Gestaltung. Der Sänger sang nicht
wie und was er wollte, sondern wie und was er mußte; nicht
frei, unabhängig und des Grundes seiner Dichtung sich bewußt, sondern als Werkzeug der nationalen Naturkraft, die
sich durch ihn offenbarte. Was dem Einen nicht gelang, konnte
ein Anderer ergänzen, was der Eine nicht vollendet, ein Anderer weiter führen, denn in Allen offenbarte sich derselbe Geist.

So gewaltig und tief die deutsche Naturpoesie auch in den
Nibelungen erscheint, so konnte dennoch die Poesie, sobald das
Volk eine höhere Entwickelungsstufe erreichte, nicht auf sie beschränkt sein. Die Naturpoesie ist begränzt durch das Denken
und Fühlen, wie es dem Volke auf der jedesmaligen Entwik-
kelungsstufe eigen ist. Aber dem Gedanken, der frei von der
Gewalt der Volksansicht diese selbst zu seinem Gegenstande
macht, kann der Anspruch auf dichterische Gestaltung nicht ge-

Gervinus u. s. w. sind besonders benutzt: Göthe Wahrheit und Dichtung, die Schriften Friedrichs und August Wilhelm von Schlegel,
namentlich das Athenäum, die Characteristiken und Kritiken, die
Zeitschrift Europa, die Vorlesungen über dramatische Kunst und Literatur und die kritischen Schriften; ferner H. Gelzer die deutsche
poetische Literatur seit Klopstock und Lessing. Leipzig 1841.

nommen werden, und diese kann nie durch die Naturkraft des
Volkes eintreten, weil das Volk als solches ein träumend Leben führt und nicht vermag, sich über sich selbst zu erheben.
Nur als That des Einzelnen, dem Gott die Kraft verleiht,
ist diese Poesie gedenkbar. Sodann wird bei steigender Cultur
Reichthum der Gedanken, Mannigfaltigkeit der Gefühle, Fülle
der Phantasiegebilde nicht Gemeingut aller Glieder des Volkes; es sind einzelne Glückliche, welche den geistigen Reichthum, indem sie ihn für sich gewinnen, in die Nation leiten
und sich Formen des äußeren Lebens schaffen, die ihrem geistigen Leben angemessen sind. Fortan machen gebildete und ver-
feinerte Zustände, Verhältnisse und Richtungen Theile und zwar
sehr edle Theile des Volkslebens aus und haben als solche Anspruch auf poetische Gestaltung in der nationalen Poesie, welche
nicht als Naturpoesie erscheinen kann, weil das Volk nicht in
allen seinen Gliedern dieser Zustände theilhaftig wird und ein
Naturpoesie derer, welche Antheil an der Bildung und Verfei-
nerung haben, undenkbar ist. Darin ja äußert sich die Bildung,
daß der Mensch in jeglicher Beziehung sich bewußt ist oder bewußt zu werden strebt, was er will, was er kann und darf.
Werkzeug einer durch ihn wirkenden Naturkraft kann daher
auch in Beziehung auf die Poesie Niemand sein, welcher Bildung sich angeeignet hat. Der Dichter vielmehr verwendet
die ihm innewohnende dichterische Kraft frei nach dem Ziele
hin, das ihm als ein erreichbares erscheint und nach Gesetzen,
die sich ihm als bindend darstellen. Die Kunst, in der sich
seine dichterische Kraft offenbart, ist in demselben Grade, wie
die Naturpoesie national, vorausgesetzt, daß die gebildeten und
verfeinerten Richtungen, welche in derselben ihren Ausdruck
finden, nicht als eine fremdartige Erscheinung dem Volke aufgedrängt, sondern aus ihm als seine schönste Blüthe hervorgewachsen sind. Das Volk erfreut sich des Kunstdichters als
eines Organs, um Seiten des nationalen Lebens darzustellen, für die es als Ganzes keinen poetischen Ausdruck gewinnen könnte.

Als das deutsche Volk mit dem Beginne der Kreuzzüge in ein bewegteres Leben versetzt und auf eine höhere Stufe der Cultur erhoben ward, trat der Zeitpunkt ein, in welchem es darauf ankam, Kunst zur Natur hinzutreten zu lassen, falls eine nationale Poesie bewahrt werden sollte. Das Streben, diese Aufgabe durch Ausbildung der Kunstpoesie zu lösen führte nicht von geringen Anfängen ausgehend, in allmähliger aber gleichmäßiger Entwickelung die deutsche Poesie von einer Stufe zur anderen. Vielmehr suchten einzelne großartige Kraftäußerungen die Kunstpoesie wie im Sturme zu gewinnen, denen, wenn sie nicht zum Ziele führten, Zeiten langer und tiefer Erschlaffung folgten, bis von Neuem eine Ermannung eintrat. Das Zeitalter der Hohenstaufen, dann das auf die Reformation folgende und endlich das des achtzehnten Jahrhunderts, waren erfüllt von Versuchen dieser Art.

Um durch die Anstrengungen zur Zeit der Hohenstaufen eine deutsche Kunstpoesie zu gewinnen, mußte der Stand, in welchem sich die höhere Cultur concentrirte, einen wahrhaft nationalen Character tragen. Zugleich mit der freieren geistigen Bewegung hatte sich der Ritterstand über das christliche Europa ausgebreitet und erschien auch in Deutschland nicht als ein nationaler Stand, der sich eigenthümlich durch das europäische Ritterwesen gestaltete, sondern als ein europäischer Stand, der vielfach näher bestimmt ward durch die deutsche Nationalität. Als er erregt durch die Berührung mit den Wundern des Orients und durch die romantische Färbung des Ritterwesens sein geistiges Leben poetisch darstellte, sprach der europäische Character sich auch in seiner Poesie aus. Ungeachtet vieler nationaler Anklänge war dieselbe eine Schöpfung des Ritterstandes und konnte, als dieser bei dem Herannahen neuer Zustände seine Blüthe verlor, die Schönheit nicht bewahren, welche sie von der Mitte des zwölften bis zur Mitte des dreizehnten Jahrhunderts entfaltet hatte. Bei dem allmähligen Entweichen des belebenden Geistes suchte die ritterliche Kunstpoesie um so eifriger und doch ohne Erfolg die For-

men zu erhalten, bis sie verbannt von den Höfen und aufgenommen von den Städten zunftmäßig als Meistergesang wie
jedes andere Handwerk betrieben ward. So verklangen die
großartigen Dichtungen der mittelalterlichen Kunst, ohne die
Entwickelung einer nationalen Poesie herbeigeführt zu haben.
Das deutsche Volk sah sich in dem entscheidenden Zeitpunkte
der Reife, in welchem es neben der Naturpoesie die nationale
Kunstpoesie bilden sollte, der Kräfte beraubt, die in dem geistig hervorragenden Ritterstande lagen und konnte ohne sie nicht
zur Aneignung der Kunst gelangen. Da aber dennoch innerhalb
des Volkes eine Kunstpoesie entstand, so ward mit ihrem Entstehen die Kraft, welche die Naturpoesie erzeugt hatte, zerstört,
weil immer die productive Naturkraft des Volkes sich in demselben Grade verschließt, in welchem die bewußte Kraft seiner
einzelnen Glieder erwacht. Zwar strömte der poetische Sinn
des deutschen Volkes in kernhaften und lieblichen Liedern aus,
zwar bildete er theils fremde Stoffe, theils tiefsinnig oder
schalkhaft aufgefaßte Erscheinungen des Volkslebens zu Gedichten in Prosa aus, deren schlichte Schönheit uns in den Volksbüchern noch jetzt erfreut. Aber alle diese Schöpfungen waren
doch zu untergeordnet, und wären sie auch großartiger gewesen, so stand gegen das Ende des funfzehnten Jahrhunderts
das deutsche Volk doch auf einer Stufe der Cultur, von welcher unabweislich die Kunstpoesie gefordert ward, falls das
nationale Leben einen poetischen Ausdruck gewinnen sollte. Da
nun diese sich nicht fand, so war die erste Anstrengung unseres Volkes zur Gewinnung einer nationalen Poesie erfolglos geblieben.

Nicht im Zeitalter der Reformation zeigt sich eine zweite
Kraftäußerung zur Erringung nationaler Kunst. Die neu erwachte Glaubenskraft war nicht das Gut eines einzelnen Alters, Standes oder einer einzelnen Gegend, sondern durchdrang
das ganze deutsche Volk. Ein Geist war es, der in Rücksicht
auf die Reformation Alle beseelte und die Mannigfaltigkeiten,
welche Bildung und Lebensstellung in entwickelteren Zuständen
hervorrufen, zurücktreten ließ. In dieser einen Beziehung stand

das deutsche Volk, wie es in seiner Jugendzeit in allen Beziehungen gestanden hatte und trieb als Ausdruck seiner inneren Erregung das deutsche Kirchenlied hervor. Wie bei der poetischen Gestaltung jener alten Sagen der Vorzeit, erschien es auch jetzt fast zufällig und bedeutungslos, ob Dieser oder Jener der Dichter des Kirchenliedes war, welches in weit geringerem Grade der Kunst als der Naturpoesie angehörte und nicht die Aufgabe hatte das Bedürfniß nach Kunstpoesie zu befriedigen. Von einer durchaus verschiedenen Seite her wurde dagegen etwas später der Versuch zur Gewinnung der Kunstpoesie gemacht. Sowohl das Kirchenlied der Reformation als die poetischen Ausbrüche der derben, in den Städten heimischen Lust, ruhten auf einem von der antiken Poesie durchaus verschiedenen Principe. Der gelehrte und wissenschaftlich gebildete Stand, welcher mit den griechischen und römischen Dichtern bekannt ward, mußte, falls er dichterische Thätigkeit entwickelte, entweder dem antiken oder dem nationalen Principe ausschließlich folgen, weil er von einer Beherrschung der Geistesschätze des classischen Alterthums zu entfernt war, um auf eine durch sie erlangte Bildung fußend, sich frei und schöpferisch in den Richtungen seiner Nation bewegen zu können. Der gelehrte Stand griff daher seinem Character gemäß zu Nachahmungen in lateinischer Sprache. Als aber die lebendige zuversichtliche Glaubenskraft mehr und mehr aufhörte Gemeingut der Nation zu sein, als dann in den Zeiten des dreißigjährigen Krieges der bessere Theil der Nation das unsägliche Elend mit starrer Resignation duldete und in seiner eigenen Kraft den Hort suchte, der ihn vor Verzweiflung schützen sollte, war eine Stimmung im deutschen Volke entstanden, welche nicht in dem früheren schroffen Gegensatz zu der des Alterthums stand, sondern ihr in wesentlichen Beziehungen nahe verwandt erschien. Nun fand der gelehrte Stand für seine poetischen Erregungen einen Anknüpfungspunkt in dem Leben seines Volkes und wendete sich der Dichtung in deutscher Sprache zu. Zum ersten und so Gott will zum letzten Mal

in unserer Geschichte, ging die Vertheidigung des ersten natio=
nalen Gutes, der Sprache, vom deutschen Volke auf einzelne
Genossenschaften über, indem Fürsten, Grafen, Ritter und an=
gesehene Gelehrte anderer Geburtsstände Gesellschaften, wie
z. B. den Palmorden und den Blumenorden an der Pegnitz,
bildeten, in welchen die poetische Thätigkeit concentrirt ward.
Die aus denselben hervorgegangenen Dichtungen sprechen, so
weit sie die Zeitverhältnisse berühren, neben Wiederholung her=
gebrachter religiöser Formeln, starre Resignation und das
Streben aus, sich durch eigene Kraft und Tugend über das
Unvermeidliche zu erheben. Während der bessere Theil der Na=
tion mit Männlichkeit und Erhaltung des eigenen Werthes
dem Unglücke und der Schmach entgegentrat, suchte ein ande=
rer Theil im Genusse des Augenblickes und in den Lüsten ge=
meinster Sinnlichkeit das Elend zu vergessen. Schon während
des Krieges machte diese Richtung sich geltend und als die
Männer, deren Jugendbildung noch nicht von der Schmach des
Krieges zerknickt war, ausstarben, brach auch in der Poesie
die Elendigkeit der Gesinnung, das Matte und Erschlaffte des
Characters, der Schmutz grober Lüste ungescheut hervor, herrschte
allein und ward bewundert. In den „galanten Gedichten, verlieb=
ten Arien, Hochzeitliedern" war der Unflath in einer grauen=
erregenden Weise gehäuft und fehlt selbst in den Begräbnißge=
dichten nicht ganz. Was half es nun, daß nach dem Vor=
bilde der Alten und mehr noch der Holländer, Franzosen und
Italiener die weltliche Lyrik, der Roman, das Drama in ih=
rer äußeren Gestaltung hervortraten? Der Gottesfunke, wel=
cher allein die Poesie erzeugt, war erstickt unter der Erbärm=
lichkeit des äußeren und der Unreinheit und Erschlaffung des
inneren Lebens. Zwar stellten die Dichter gegen das Ende des
siebenzehnten und im Anfange des achtzehnten Jahrhunderts
das geistige Leben eines großen Theils der damals in Deutsch=
land lebenden Generation dar, aber gerade deßhalb ist ihre
Poesie keine nationale gewesen, weil die damals lebende Gene=
ration nicht mit dem deutschen Volke zusammenfiel.

Weder seine Ritter des Mittelalters noch seine Gelehrten
der späteren Zeit hatten dem deutschen Volke in der Kunstpoesie die nationale Poesie gewinnen können und dennoch war
es derselben im Anfange des achtzehnten Jahrhunderts mehr
als je bedürftig. Stumpfsinnig ließ die Nation die Weltbegebenheiten an sich vorüber rollen, selbst wenn sie ihr edle
Glieder entrissen und den Grund und Boden des Vaterlandes
zum europäischen Gemeingut machten. Die Folter des politischen Schamgefühls blieb ihr unbekannt trotz des verachtenden
Hohnes der Nachbarvölker. Ein staatliches Leben hatte sie
nicht und empfand kaum, daß ihr Etwas fehle. Wohl löste
ein Jahrzehent das Andere ab; aber wie der dürre Stamm
des einst lebendigen Baumes keine andere Veränderung im
Wechsel der Zeiten erleidet, als die des fortschreitenden Vermoderns, so waren die Formen des erstorbenen politischen Daseins nur in der fortschreitenden Auflösung beweglich. Diesen
Leichengeruch ertrug nicht nur das Volk, sondern hielt ihn
auch oft genug für gesunde Lebensluft. Versucht man die Hoffnung in sich lebendig zu machen, daß es der Poesie gelingen
konnte, ihre erwärmenden und erregenden Strahlen in das
politisch stumpfsinnige Volk zu werfen, stellt man sich vor, daß
fröhliche Gesänge in Feld und Haus erschallten, daß Lieder
der Liebe das Herz erweiterten; daß die stille Macht der religiösen und der tiefe Ernst der politischen Dichtung ihre Wirksamkeit entfaltete, daß die Hoheit und die Anmuth der Kunst
in voller Größe als nationales Gut in das Volk hineintrat;
macht man diese Hoffnungen in sich lebendig, dann sieht man
zugleich das Mittel, durch welches der politische Stumpfsinn
überwunden werden konnte; denn wo nur Leben überhaupt sich
regt, da drängt und arbeitet es nach allen Seiten hin, um
das Todte abzustoßen, das Schlafende zu wecken und den
Stumpfsinn erregbar zu machen. Aber die deutsche Poesie war
im Beginn des achtzehnten Jahrhunderts so tief entartet, daß
es, bevor schöpferische Thätigkeit erwartet werden konnte, einer Hinwegräumung der Hindernisse bedurfte, welche in der

Herrschaft des Fremden und der alles durchdringenden Unreinheit lagen. Wie durch ein Wunder erstanden einzelne Männer, wie namentlich Gellert und Haller, deren Jugendbildung
in das erste Drittel des vorigen Jahrhunderts fällt, welche
frei von der Unreinheit ihrer Vorgänger und gehoben durch
das Streben, ihrem Volke zu nützen, den Schmutz, den so
viele Jahrzehnte aufgehäuft hatten, aus dem deutschen Volke
verdrängten und durch Entfernung der niedrigen Lust an schmutzi-
gen Reimereien dem Volke die Möglichkeit gewährten, das
Schöne, falls es ihnen sich nahte, zu empfinden. Die litterarische Herrschaft der Fremden ward schon durch den Kampf
Gottscheds mit den Schweizern erschüttert und Klopstock setzte
es sich zur Aufgabe seines Lebens, die Banden zu sprengen,
welche die Selbstständigkeit des deutschen Geistes gefesselt hielten. Wie Klopstock, fühlte Lessing sich tief empört über die
Verehrung und Nachahmung der Franzosen und bekämpfte ihre
Uebermacht mit der ganzen Gewalt seines großen Geistes.
Zwar wurde er bei diesem Kampfe nicht durch ein selbstbewuß-
tes Nationalgefühl geleitet, und verfolgte in den Franzosen
weniger das Antinationale, als das für alle Nationen Unwahre; aber dieser Kampf mit Lessings Waffen geführt, brach
doch den Einfluß der französischen Litteratur in so weit, daß
sie nicht stark genug blieb, den großen Genius, der bestimmt
war die nationale Poesie zu zeugen, in ihre Kreise zu ziehen.
Manche glückliche Umstände vereinigten sich, um der Entwickelung Göthes eine nationale Richtung zu geben. Die Größe
und der Glanz des alten Reiches trat ihm in den bedeutendsten Trümmern von früher Jugend an vor Augen. In einer
der wenigen, nicht gänzlich abgestorbenen Reichsstädte geboren, wuchs er in Zuständen und Verhältnissen auf, welche den
Knaben immer von Neuem auf das Reich hinführten. Eine
deutsche Königswahl und Königskrönung erfüllte, als der erste
großartige Gegenstand, seine jugendliche Phantasie. Chroni-
ken und Volksbücher machten ihn mit dem Geiste bekannt, von
dem jene Formen das Abbild gewesen waren. Wie hierdurch

die mittelalterliche Größe des deutschen Volkes Einfluß auf
ihn gewann, so ward er vor mißmuthigem Abwenden von
der entarteten Gegenwart dadurch bewahrt, daß zuerst nach
langer Zeit in seiner Kindheit die Deutschen in zwei, wenn
gleich sehr verschiedenartigen Erscheinungen Achtung einflößten,
in Klopstocks Messias und in den Thaten Friedrichs, welche
den Knaben durch seine frühsten Jahre begleiteten und mit Begeisterung erfüllten. Die französische Litteratur konnte die
Größe seines Genius nicht bezwingen. Auf französisch gewor-
denem Grund und Boden entledigte er sich und seine Nation
des französischen Einflusses.

Während dieser allmählig eintretenden Befreiung von der
Unreinheit und der Fremdherrschaft in der Literatur, spannten
sich zum dritten Mal die Kräfte im deutschen Volke an, um
nationale Kunstpoesie, das bisher den Deutschen versagte Gut,
zu erringen. Nur in der Naturpoesie kann in einer einzelnen
poetischen Schöpfung das gesammte nationale Leben einen
Ausdruck gewinnen. Die Kunstpoesie setzt, um erschöpfend national sein zu können, Vielfachheit und Mannigfaltigkeit der
poetischen Gebilde voraus, weil sie ihrer Natur nach die That
Einzelner ist und in keinem Einzelnen die gesammte Rationalität erscheint. Wenn daher in jedem concreten Dichterwerk
nur einzelne Seiten der Nationaltiät sich darstellen, während
andere fehlen, so liegt hierin so wenig ein Grund zur Verneinung des Vorhandenseins nationaler Poesie, als wenn in
jedem sich Richtungen finden, die nicht national sind, sondern
nur einem einzelnen Stande, oder einer einzelnen Landschaft
oder einem einzelnen Individuum angehören, weil so bald die
Kunstpoesie ins Leben getreten ist, der nationale Geist seinen
vollen Ausdruck nur in der gesammten Litteratur, nicht in einzelnen litterarischen Werken oder einzelnen Litteratoren findet,
deren nur individuelle oder locale Richtung, mag sie auch noch
so kräftig sich geltend machen, in der Litteratur dennoch gegen
das allen Dichtungen gemeinsame Nationale zurücktritt. Um
aber in der Vielheit und Mannigfaltigkeit der poetischen Schö-

nommen werden, und diese kann nie durch die Naturkraft des
Volkes eintreten, weil das Volk als solches ein träumend Leben führt und nicht vermag, sich über sich selbst zu erheben.
Nur als That des Einzelnen, dem Gott die Kraft verleiht,
ist diese Poesie gedenkbar. Sodann wird bei steigender Cultur
Reichthum der Gedanken, Mannigfaltigkeit der Gefühle, Fülle
der Phantasiegebilde nicht Gemeingut aller Glieder des Volkes; es sind einzelne Glückliche, welche den geistigen Reichthum, indem sie ihn für sich gewinnen, in die Nation leiten
und sich Formen des äußeren Lebens schaffen, die ihrem geistigen Leben angemessen sind. Fortan machen gebildete und ver-
feinerte Zustände, Verhältnisse und Richtungen Theile und zwar
sehr edle Theile des Volkslebens aus und haben als solche Anspruch auf poetische Gestaltung in der nationalen Poesie, welche
nicht als Naturpoesie erscheinen kann, weil das Volk nicht in
allen seinen Gliedern dieser Zustände theilhaftig wird und ein
Naturpoesie derer, welche Antheil an der Bildung und Verfei-
nerung haben, undenkbar ist. Darin ja äußert sich die Bildung,
daß der Mensch in jeglicher Beziehung sich bewußt ist oder bewußt zu werden strebt, was er will, was er kann und darf.
Werkzeug einer durch ihn wirkenden Naturkraft kann daher
auch in Beziehung auf die Poesie Niemand sein, welcher Bildung sich angeeignet hat. Der Dichter vielmehr verwendet
die ihm innewohnende dichterische Kraft frei nach dem Ziele
hin, das ihm als ein erreichbares erscheint und nach Gesetzen,
die sich ihm als bindend darstellen. Die Kunst, in der sich
seine dichterische Kraft offenbart, ist in demselben Grade, wie
die Naturpoesie national, vorausgesetzt, daß die gebildeten und
verfeinerten Richtungen, welche in derselben ihren Ausdruck
finden, nicht als eine fremdartige Erscheinung dem Volke aufgedrängt, sondern aus ihm als seine schönste Blüthe hervorgewachsen sind. Das Volk erfreut sich des Kunstdichters als
eines Organs, um Seiten des nationalen Lebens darzustellen, für die es als Ganzes keinen poetischen Ausdruck gewinnen könnte.

Als das deutsche Volk mit dem Beginne der Kreuzzüge in ein bewegteres Leben versetzt und auf eine höhere Stufe der Cultur erhoben ward, trat der Zeitpunkt ein, in welchem es darauf ankam, Kunst zur Natur hinzutreten zu lassen, falls eine nationale Poesie bewahrt werden sollte. Das Streben, diese Aufgabe durch Ausbildung der Kunstpoesie zu lösen führte nicht von geringen Anfängen ausgehend, in allmähliger aber gleichmäßiger Entwickelung die deutsche Poesie von einer Stufe zur anderen. Vielmehr suchten einzelne großartige Kraftäußerungen die Kunstpoesie wie im Sturme zu gewinnen, denen, wenn sie nicht zum Ziele führten, Zeiten langer und tiefer Erschlaffung folgten, bis von Neuem eine Ermannung eintrat. Das Zeitalter der Hohenstaufen, dann das auf die Reformation folgende und endlich das des achtzehnten Jahrhunderts, waren erfüllt von Versuchen dieser Art.

Um durch die Anstrengungen zur Zeit der Hohenstaufen eine deutsche Kunstpoesie zu gewinnen, mußte der Stand, in welchem sich die höhere Cultur concentrirte, einen wahrhaft nationalen Character tragen. Zugleich mit der freieren geistigen Bewegung hatte sich der Ritterstand über das christliche Europa ausgebreitet und erschien auch in Deutschland nicht als ein nationaler Stand, der sich eigenthümlich durch das europäische Ritterwesen gestaltete, sondern als ein europäischer Stand, der vielfach näher bestimmt ward durch die deutsche Nationalität. Als er erregt durch die Berührung mit den Wundern des Orients und durch die romantische Färbung des Ritterwesens sein geistiges Leben poetisch darstellte, sprach der europäische Character sich auch in seiner Poesie aus. Ungeachtet vieler nationaler Anklänge war dieselbe eine Schöpfung des Ritterstandes und konnte, als dieser bei dem Herannahen neuer Zustände seine Blüthe verlor, die Schönheit nicht bewahren, welche sie von der Mitte des zwölften bis zur Mitte des dreizehnten Jahrhunderts entfaltet hatte. Bei dem allmähligen Entweichen des belebenden Geistes suchte die ritterliche Kunstpoesie um so eifriger und doch ohne Erfolg die For-

men zu erhalten, bis sie verbannt von den Höfen und aufgenommen von den Städten zunftmäßig als Meistergesang wie jedes andere Handwerk betrieben ward. So verklangen die großartigen Dichtungen der mittelalterlichen Kunst, ohne die Entwickelung einer nationalen Poesie herbeigeführt zu haben. Das deutsche Volk sah sich in dem entscheidenden Zeitpunkte der Reife, in welchem es neben der Naturpoesie die nationale Kunstpoesie bilden sollte, der Kräfte beraubt, die in dem geistig hervorragenden Ritterstande lagen und konnte ohne sie nicht zur Aneignung der Kunst gelangen. Da aber dennoch innerhalb des Volkes eine Kunstpoesie entstand, so ward mit ihrem Entstehen die Kraft, welche die Naturpoesie erzeugt hatte, zerstört, weil immer die productive Naturkraft des Volkes sich in demselben Grade verschließt, in welchem die bewußte Kraft seiner einzelnen Glieder erwacht. Zwar strömte der poetische Sinn des deutschen Volks in kernhaften und lieblichen Liedern aus, zwar bildete er theils fremde Stoffe, theils tiefsinnig oder schalkhaft aufgefaßte Erscheinungen des Volkslebens zu Gedichten in Prosa aus, deren schlichte Schönheit uns in den Volksbüchern noch jetzt erfreut. Aber alle diese Schöpfungen waren doch zu untergeordnet, und wären sie auch großartiger gewesen, so stand gegen das Ende des funfzehnten Jahrhunderts das deutsche Volk doch auf einer Stufe der Cultur, von welcher unabweislich die Kunstpoesie gefordert ward, falls das nationale Leben einen poetischen Ausdruck gewinnen sollte. Da nun diese sich nicht fand, so war die erste Anstrengung unseres Volkes zur Gewinnung einer nationalen Poesie erfolglos geblieben.

Nicht im Zeitalter der Reformation zeigt sich eine zweite Kraftäußerung zur Erringung nationaler Kunst. Die neu erwachte Glaubenskraft war nicht das Gut eines einzelnen Alters, Standes oder einer einzelnen Gegend, sondern durchdrang das ganze deutsche Volk. Ein Geist war es, der in Rücksicht auf die Reformation Alle beseelte und die Mannigfaltigkeiten, welche Bildung und Lebensstellung in entwickelteren Zuständen hervorrufen, zurücktreten ließ. In dieser einen Beziehung stand

das deutsche Volk, wie es in seiner Jugendzeit in allen Beziehungen gestanden hatte und trieb als Ausdruck seiner inneren Erregung das deutsche Kirchenlied hervor. Wie bei der poetischen Gestaltung jener alten Sagen der Vorzeit, erschien es auch jetzt fast zufällig und bedeutungslos, ob Dieser oder Jener der Dichter des Kirchenliedes war, welches in weit geringerem Grade der Kunst als der Naturpoesie angehörte und nicht die Aufgabe hatte das Bedürfniß nach Kunstpoesie zu befriedigen. Von einer durchaus verschiedenen Seite her wurde dagegen etwas später der Versuch zur Gewinnung der Kunstpoesie gemacht. Sowohl das Kirchenlied der Reformation als die poetischen Ausbrüche der derben, in den Städten heimischen Lust, ruhten auf einem von der antiken Poesie durchaus verschiedenen Principe. Der gelehrte und wissenschaftlich gebildete Stand, welcher mit den griechischen und römischen Dichtern bekannt ward, mußte, falls er dichterische Thätigkeit entwickelte, entweder dem antiken oder dem nationalen Principe ausschließlich folgen, weil er von einer Beherrschung der Geistesschätze des classischen Alterthums zu entfernt war, um auf eine durch sie erlangte Bildung fußend, sich frei und schöpferisch in den Richtungen seiner Nation bewegen zu können. Der gelehrte Stand griff daher seinem Character gemäß zu Nachahmungen in lateinischer Sprache. Als aber die lebendige zuversichtliche Glaubenskraft mehr und mehr aufhörte Gemeingut der Nation zu sein, als dann in den Zeiten des dreißigjährigen Krieges der bessere Theil der Nation das unsägliche Elend mit starrer Resignation duldete und in seiner eigenen Kraft den Hort suchte, der ihn vor Verzweiflung schützen sollte, war eine Stimmung im deutschen Volke entstanden, welche nicht in dem früheren schroffen Gegensatz zu der des Alterthums stand, sondern ihr in wesentlichen Beziehungen nahe verwandt erschien. Nun fand der gelehrte Stand für seine poetischen Erregungen einen Anknüpfungspunkt in dem Leben seines Volkes und wendete sich der Dichtung in deutscher Sprache zu. Zum ersten und so Gott will zum letzten Mal

in unſerer Geſchichte, ging die Vertheidigung des erſten natio=
nalen Gutes, der Sprache, vom deutſchen Volke auf einzelne
Genoſſenſchaften über, indem Fürſten, Grafen, Ritter und an=
geſehene Gelehrte anderer Geburtsſtände Geſellſchaften, wie
z. B. den Palmorden und den Blumenorden an der Pegnitz,
bildeten, in welchen die poetiſche Thätigkeit concentrirt ward.
Die aus denſelben hervorgegangenen Dichtungen ſprechen, ſo
weit ſie die Zeitverhältniſſe berühren, neben Wiederholung her=
gebrachter religiöſer Formeln, ſtarre Reſignation und das
Streben aus, ſich durch eigene Kraft und Tugend über das
Unvermeidliche zu erheben. Während der beſſere Theil der Na=
tion mit Männlichkeit und Erhaltung des eigenen Werthes
dem Unglücke und der Schmach entgegentrat, ſuchte ein ande=
rer Theil im Genuſſe des Augenblickes und in den Lüſten ge=
meinſter Sinnlichkeit das Elend zu vergeſſen. Schon während
des Krieges machte dieſe Richtung ſich geltend und als die
Männer, deren Jugendbildung noch nicht von der Schmach des
Krieges zerknickt war, ausſtarben, brach auch in der Poeſie
die Elendigkeit der Geſinnung, das Matte und Erſchlaffte des
Characters, der Schmutz grober Lüſte ungeſcheut hervor, herrſchte
allein und ward bewundert. In den „galanten Gedichten, verlieb=
ten Arien, Hochzeitliedern“ war der Unflath in einer grauen=
erregenden Weiſe gehäuft und fehlt ſelbſt in den Begräbnißge=
dichten nicht ganz. Was half es nun, daß nach dem Vor=
bilde der Alten und mehr noch der Holländer, Franzoſen und
Italiener die weltliche Lyrik, der Roman, das Drama in ih=
rer äußeren Geſtaltung hervortraten? Der Gottesfunke, wel=
cher allein die Poeſie erzeugt, war erſtickt unter der Erbärm=
lichkeit des äußeren und der Unreinheit und Erſchlaffung des
inneren Lebens. Zwar ſtellten die Dichter gegen das Ende des
ſiebenzehnten und im Anfange des achtzehnten Jahrhunderts
das geiſtige Leben eines großen Theils der damals in Deutſch=
land lebenden Generation dar, aber gerade deßhalb iſt ihre
Poeſie keine nationale geweſen, weil die damals lebende Gene=
ration nicht mit dem deutſchen Volke zuſammenfiel.

Weder seine Ritter des Mittelalters noch seine Gelehrten
der späteren Zeit hatten dem deutschen Volke in der Kunstpoesie die nationale Poesie gewinnen können und dennoch war
es derselben im Anfange des achtzehnten Jahrhunderts mehr
als je bedürftig. Stumpfsinnig ließ die Nation die Weltbegebenheiten an sich vorüber rollen, selbst wenn sie ihr edle
Glieder entrissen und den Grund und Boden des Vaterlandes
zum europäischen Gemeingut machten. Die Folter des politischen Schamgefühls blieb ihr unbekannt trotz des verachtenden
Hohnes der Nachbarvölker. Ein staatliches Leben hatte sie
nicht und empfand kaum, daß ihr Etwas fehle. Wohl löste
ein Jahrzehent das Andere ab; aber wie der dürre Stamm
des einst lebendigen Baumes keine andere Veränderung im
Wechsel der Zeiten erleidet, als die des fortschreitenden Vermoderns, so waren die Formen des erstorbenen politischen Daseins nur in der fortschreitenden Auflösung beweglich. Diesen
Leichengeruch ertrug nicht nur das Volk, sondern hielt ihn
auch oft genug für gesunde Lebensluft. Versucht man die Hoffnung in sich lebendig zu machen, daß es der Poesie gelingen
konnte, ihre erwärmenden und erregenden Strahlen in das
politisch stumpfsinnige Volk zu werfen, stellt man sich vor, daß
fröhliche Gesänge in Feld und Haus erschallten, daß Lieder
der Liebe das Herz erweiterten, daß die stille Macht der religiösen und der tiefe Ernst der politischen Dichtung ihre Wirksamkeit entfaltete, daß die Hoheit und die Anmuth der Kunst
in voller Größe als nationales Gut in das Volk hineintrat;
macht man diese Hoffnungen in sich lebendig, dann sieht man
zugleich das Mittel, durch welches der politische Stumpfsinn
überwunden werden konnte; denn wo nur Leben überhaupt sich
regt, da drängt und arbeitet es nach allen Seiten hin, um
das Todte abzustoßen, das Schlafende zu wecken und den
Stumpfsinn erregbar zu machen. Aber die deutsche Poesie war
im Beginn des achtzehnten Jahrhunderts so tief entartet, daß
es, bevor schöpferische Thätigkeit erwartet werden konnte, einer Hinwegräumung der Hindernisse bedurfte, welche in der

barkeit nur für das kleine Gezänke der Reichsstände, nicht aber für die größeren öffentlichen Verhältnisse hatten. Schon bei seiner Berufung als Professor nach Frankfurt an der Oder äußerte Moser, ich besorge, das Königlich Preußische und das von mir lehrende Staatsrecht möchten öfters nicht mit einander übereinstimmen. Einige Jahre später schrieb ihm der Preußische Staatsminister von Cocceji, daß das systema in seinem compendium. iuris publici nicht nach dem gout des heutigen seculi eingerichtet sei. In Wien erfuhr er zu seinem Entsetzen, daß ein großer Theil der Reichshofräthe die kaiserliche Wahlcapitulation nie von Außen gesehen hatte, geschweige denn ihren Inhalt kannte und daß ein Graf, der bereits einige Jahre Reichshofrath war, nicht wußte, was der Religions- und der Westphälische Friede sei. Wie am Hofe des Kaisers und des mächtigsten Reichsstandes, sah er auch in den anderen Territorien, daß man sich wohl in endlosen Deductionen auf Urkunden und Observanzen berief, wenn es darauf ankam, eine Sache viele Jahrzehnte in die Länge zu ziehen, den Gegner zu ermüden und selbst gemächlich im Besitze zu bleiben. Aber jeder, der einen Anspruch schnell zu erreichen wünschte, bediente sich des jus convenientiae, und gestand wohl offenherzig, der Wallfisch habe kein anderes jus naturae, als daß er die kleineren Fische fresse.

Konnte Moser, obgleich seines Zieles bewußt und mit den Mitteln es zu erreichen, wie kein anderer ausgestattet, dennoch den Widerspruch zwischen Theorie und Praxis nicht heben, so vermochte er auch nicht, wahrhaft politische Männer durch die Wissenschaft des deutschen Staatsrechts heran zu bilden.

Zweites Kapitel.
Das Leben des deutschen Volkes in der Kunst*).

In längst vergangenen Zeiten waren im deutschen Volke

---

*) Neben den literar.-historischen Werken von Horn, Rosenkranz

wunderbar schöne Sagen von Siegfried und Chriemhilde, vom
starken Hagen und treuen Dietrich erklungen. Sie waren gesungen und wieder gesungen und waren hineingesungen in das
Herz des deutschen Volkes. Gleichsam lebendige Wesen waren
sie die Freunde der Jugend und die Begleiter des Greises gewesen. Immer höhere Kraft und Schönheit gewinnend aus
der Liebe, mit welcher jedes Alter, jeder Stand sie pflegte,
hatten sie, groß gezogen durch diese geistige Speise, als Nie-
belungenlied dem Volke in reichem Maaße die empfangenen
Gaben zurück erstattet. So gleichmäßig war Wissen und Denken, Fühlen und Thatkraft verbreitet gewesen, daß sich die
Volkskultur in jedem Einzelnen darstellte. Kam diesem oder
Jenem der rechte Tag und die rechte Stunde, so gewann die
innere Bewegung poetische Gestaltung. Der Sänger sang nicht
wie und was er wollte, sondern wie und was er mußte; nicht
frei, unabhängig und des Grundes seiner Dichtung sich bewußt, sondern als Werkzeug der nationalen Naturkraft, die
sich durch ihn offenbarte. Was dem Einen nicht gelang, konnte
ein Anderer ergänzen, was der Eine nicht vollendet, ein Anderer weiter führen, denn in Allen offenbarte sich derselbe Geist.

So gewaltig und tief die deutsche Naturpoesie auch in den
Nibelungen erscheint, so konnte dennoch die Poesie, sobald das
Volk eine höhere Entwickelungsstufe erreichte, nicht auf sie beschränkt sein. Die Naturpoesie ist begränzt durch das Denken
und Fühlen, wie es dem Volke auf der jedesmaligen Entwik-
kelungsstufe eigen ist. Aber dem Gedanken, der frei von der
Gewalt der Volksansicht diese selbst zu seinem Gegenstande
macht, kann der Anspruch auf dichterische Gestaltung nicht ge-

---

Gervinus u. s. w. sind besonders benutzt: Göthe Wahrheit und Dichtung, die Schriften Friedrichs und August Wilhelm von Schlegel,
namentlich das Athenäum, die Characteristiken und Kritiken, die
Zeitschrift Europa, die Vorlesungen über dramatische Kunst und Literatur und die kritischen Schriften; ferner H. Gelzer die deutsche
poetische Literatur seit Klopstock und Lessing. Leipzig 1841.

nommen werden und diese kann nie durch die Naturkraft des
Volkes eintreten, weil das Volk als solches ein träumend Leben führt und nicht vermag, sich über sich selbst zu erheben.
Nur als That des Einzelnen, dem Gott die Kraft verleiht,
ist diese Poesie gedenkbar. Sodann wird bei steigender Cultur
Reichthum der Gedanken, Mannigfaltigkeit der Gefühle, Fülle
der Phantasiegebilde nicht Gemeingut aller Glieder des Volkes; es sind einzelne Glückliche, welche den geistigen Reichthum, indem sie ihn für sich gewinnen, in die Nation leiten
und sich Formen des äußeren Lebens schaffen, die ihrem geistigen Leben angemessen sind. Fortan machen gebildete und ver-
feinerte Zustände, Verhältnisse und Richtungen Theile und zwar
sehr edle Theile des Volkslebens aus und haben als solche Anspruch auf poetische Gestaltung in der nationalen Poesie, welche
nicht als Naturpoesie erscheinen kann, weil das Volk nicht in
allen seinen Gliedern dieser Zustände theilhaftig wird und ein
Naturpoesie derer, welche Antheil an der Bildung und Verfei-
nerung haben, undenkbar ist. Darin ja äußert sich die Bildung,
daß der Mensch in jeglicher Beziehung sich bewußt ist oder bewußt zu werden strebt, was er will, was er kann und darf.
Werkzeug einer durch ihn wirkenden Naturkraft kann daher
auch in Beziehung auf die Poesie Niemand sein, welcher Bildung sich angeeignet hat. Der Dichter vielmehr verwendet
die ihm innewohnende dichterische Kraft frei nach dem Ziele
hin, das ihm als ein erreichbares erscheint und nach Gesetzen,
die sich ihm als bindend darstellen. Die Kunst, in der sich
seine dichterische Kraft offenbart, ist in demselben Grade, wie
die Naturpoesie national, vorausgesetzt, daß die gebildeten und
verfeinerten Richtungen, welche in derselben ihren Ausdruck
finden, nicht als eine fremdartige Erscheinung dem Volke aufgedrängt, sondern aus ihm als seine schönste Blüthe hervorgewachsen sind. Das Volk erfreut sich des Kunstdichters als
eines Organs, um Seiten des nationalen Lebens darzustellen, für die es als Ganzes keinen poetischen Ausdruck gewinnen könnte.

Als das deutsche Volk mit dem Beginne der Kreuzzüge in ein bewegteres Leben versetzt und auf eine höhere Stufe der Cultur erhoben ward, trat der Zeitpunkt ein, in welchem es darauf ankam, Kunst zur Natur hinzutreten zu lassen, falls eine nationale Poesie bewahrt werden sollte. Das Streben, diese Aufgabe durch Ausbildung der Kunstpoesie zu lösen führte nicht von geringen Anfängen ausgehend, in allmähliger aber gleichmäßiger Entwickelung die deutsche Poesie von einer Stufe zur andern. Vielmehr suchten einzelne großartige Kraftäußerungen die Kunstpoesie wie im Sturme zu gewinnen, denen, wenn sie nicht zum Ziele führten, Zeiten langer und tiefer Erschlaffung folgten, bis von Neuem eine Ermannung eintrat. Das Zeitalter der Hohenstaufen, dann das auf die Reformation folgende und endlich das des achtzehnten Jahrhunderts, waren erfüllt von Versuchen dieser Art.

Um durch die Anstrengungen zur Zeit der Hohenstaufen eine deutsche Kunstpoesie zu gewinnen, mußte der Stand, in welchem sich die höhere Cultur concentrirte, einen wahrhaft nationalen Character tragen. Zugleich mit der freieren geistigen Bewegung hatte sich der Ritterstand über das christliche Europa ausgebreitet und erschien auch in Deutschland nicht als ein nationaler Stand, der sich eigenthümlich durch das europäische Ritterwesen gestaltete, sondern als ein europäischer Stand, der vielfach näher bestimmt ward durch die deutsche Nationalität. Als er erregt durch die Berührung mit den Wundern des Orients und durch die romantische Färbung des Ritterwesens sein geistiges Leben poetisch darstellte, sprach der europäische Character sich auch in seiner Poesie aus. Ungeachtet vieler nationaler Anklänge war dieselbe eine Schöpfung des Ritterstandes und konnte, als dieser bei dem Herannahen neuer Zustände seine Blüthe verlor, die Schönheit nicht bewahren, welche sie von der Mitte des zwölften bis zur Mitte des dreizehnten Jahrhunderts entfaltet hatte. Bei dem allmähligen Entweichen des belebenden Geistes suchte die ritterliche Kunstpoesie um so eifriger und doch ohne Erfolg die For-

men zu erhalten, bis sie verbannt von den Höfen und aufgenommen von den Städten zunftmäßig als Meistergesang wie
jedes andere Handwerk betrieben ward. So verklangen die
großartigen Dichtungen der mittelalterlichen Kunst, ohne die
Entwickelung einer nationalen Poesie herbeigeführt zu haben.
Das deutsche Volk sah sich in dem entscheidenden Zeitpunkte
der Reife, in welchem es neben der Naturpoesie die nationale
Kunstpoesie bilden sollte, der Kräfte beraubt, die in dem geistig hervorragenden Ritterstande lagen und konnte ohne sie nicht
zur Aneignung der Kunst gelangen. Da aber dennoch innerhalb
des Volkes eine Kunstpoesie entstand, so ward mit ihrem Entstehen die Kraft, welche die Naturpoesie erzeugt hatte, zerstört,
weil immer die productive Naturkraft des Volkes sich in demselben Grade verschließt, in welchem die bewußte Kraft seiner
einzelnen Glieder erwacht. Zwar strömte der poetische Sinn
des deutschen Volkes in kernhaften und lieblichen Liedern aus,
zwar bildete er theils fremde Stoffe, theils tiefsinnig oder
schalkhaft aufgefaßte Erscheinungen des Volkslebens zu Gedichten in Prosa aus, deren schlichte Schönheit uns in den Volksbüchern noch jetzt erfreut. Aber alle diese Schöpfungen waren
doch zu untergeordnet, und wären sie auch großartiger gewesen, so stand gegen das Ende des funfzehnten Jahrhunderts
das deutsche Volk doch auf einer Stufe der Cultur, von welcher unabweislich die Kunstpoesie gefordert ward, falls das
nationale Leben einen poetischen Ausdruck gewinnen sollte. Da
nun diese sich nicht fand, so war die erste Anstrengung unseres Volkes zur Gewinnung einer nationalen Poesie erfolglos geblieben.

Nicht im Zeitalter der Reformation zeigt sich eine zweite
Kraftäußerung zur Erringung nationaler Kunst. Die neu erwachte Glaubenskraft war nicht das Gut eines einzelnen Alters, Standes oder einer einzelnen Gegend, sondern durchdrang
das ganze deutsche Volk. Ein Geist war es, der in Rücksicht
auf die Reformation Alle beseelte und die Mannigfaltigkeiten,
welche Bildung und Lebensstellung in entwickelteren Zuständen
hervorrufen, zurücktreten ließ. In dieser einen Beziehung stand

das deutsche Volk, wie es in seiner Jugendzeit in allen Beziehungen gestanden hatte und trieb als Ausdruck seiner inneren Erregung das deutsche Kirchenlied hervor. Wie bei der poetischen Gestaltung jener alten Sagen der Vorzeit, erschien es auch jetzt fast zufällig und bedeutungslos, ob Dieser oder Jener der Dichter des Kirchenliedes war, welches in weit geringerem Grade der Kunst als der Naturpoesie angehörte und nicht die Aufgabe hatte das Bedürfniß nach Kunstpoesie zu befriedigen. Von einer durchaus verschiedenen Seite her wurde dagegen etwas später der Versuch zur Gewinnung der Kunstpoesie gemacht. Sowohl das Kirchenlied der Reformation als die poetischen Ausbrüche der derben, in den Städten heimischen Lust, ruhten auf einem von der antiken Poesie durchaus verschiedenen Principe. Der gelehrte und wissenschaftlich gebildete Stand, welcher mit den griechischen und römischen Dichtern bekannt ward, mußte, falls er dichterische Thätigkeit entwickelte, entweder dem antiken oder dem nationalen Principe ausschließlich folgen, weil er von einer Beherrschung der Geistesschätze des classischen Alterthums zu entfernt war, um auf eine durch sie erlangte Bildung fußend, sich frei und schöpferisch in den Richtungen seiner Nation bewegen zu können. Der gelehrte Stand griff daher seinem Character gemäß zu Nachahmungen in lateinischer Sprache. Als aber die lebendige zuversichtliche Glaubenskraft mehr und mehr aufhörte Gemeingut der Nation zu sein, als dann in den Zeiten des dreißigjährigen Krieges der bessere Theil der Nation das unsägliche Elend mit starrer Resignation duldete und in seiner eigenen Kraft den Hort suchte, der ihn vor Verzweiflung schützen sollte, war eine Stimmung im deutschen Volke entstanden, welche nicht in dem früheren schroffen Gegensatz zu der des Alterthums stand, sondern ihr in wesentlichen Beziehungen nahe verwandt erschien. Nun fand der gelehrte Stand für seine poetischen Erregungen einen Anknüpfungspunkt in dem Leben seines Volkes und wendete sich der Dichtung in deutscher Sprache zu. Zum ersten und so Gott will zum letzten Mal

in unserer Geschichte, ging die Vertheidigung des ersten nationalen Gutes, der Sprache, vom deutschen Volke auf einzelne
Genossenschaften über, indem Fürsten, Grafen, Ritter und an-
gesehene Gelehrte anderer Geburtsstände Gesellschaften, wie
z. B. den Palmorden und den Blumenorden an der Pegnitz,
bildeten, in welchen die poetische Thätigkeit concentrirt ward.
Die aus denselben hervorgegangenen Dichtungen sprechen, so
weit sie die Zeitverhältnisse berühren, neben Wiederholung her-
gebrachter religiöser Formeln, starre Resignation und das
Streben aus, sich durch eigene Kraft und Tugend über das
Unvermeidliche zu erheben. Während der bessere Theil der Nation mit Männlichkeit und Erhaltung des eigenen Werthes
dem Unglücke und der Schmach entgegentrat, suchte ein anderer Theil im Genusse des Augenblickes und in den Lüsten ge-
meinster Sinnlichkeit das Elend zu vergessen. Schon während
des Krieges machte diese Richtung sich geltend und als die
Männer, deren Jugendbildung noch nicht von der Schmach des
Krieges zerknickt war, ausstarben, brach auch in der Poesie
die Elendigkeit der Gesinnung, das Matte und Erschlaffte des
Charakters, der Schmutz grober Lüste ungescheut hervor, herrschte
allein und ward bewundert. In den „galanten Gedichten, verlieb-
ten Arien, Hochzeitliedern" war der Unflath in einer grauen-
erregenden Weise gehäuft und fehlt selbst in den Begräbnißge-
dichten nicht ganz. Was half es nun, daß nach dem Vorbilde der Alten und mehr noch der Holländer, Franzosen und
Italiener die weltliche Lyrik, der Roman, das Drama in ihrer äußeren Gestaltung hervortraten? Der Gottesfunke, welcher allein die Poesie erzeugt, war erstickt unter der Erbärmlichkeit des äußeren und der Unreinheit und Erschlaffung des
inneren Lebens. Zwar stellten die Dichter gegen das Ende des
siebenzehnten und im Anfange des achtzehnten Jahrhunderts
das geistige Leben eines großen Theils der damals in Deutschland lebenden Generation dar, aber gerade deßhalb ist ihre
Poesie keine nationale gewesen, weil die damals lebende Generation nicht mit dem deutschen Volke zusammenfiel.

Weder seine Ritter des Mittelalters noch seine Gelehrten der späteren Zeit hatten dem deutschen Volke in der Kunstpoesie die nationale Poesie gewinnen können und dennoch war es derselben im Anfange des achtzehnten Jahrhunderts mehr als je bedürftig. Stumpfsinnig ließ die Nation die Weltbegebenheiten an sich vorüber rollen, selbst wenn sie ihr eble Glieder entrissen und den Grund und Boden des Vaterlandes zum europäischen Gemeingut machten. Die Folter des politischen Schamgefühls blieb ihr unbekannt trotz des verachtenden Hohnes der Nachbarvölker. Ein staatliches Leben hatte sie nicht und empfand kaum, daß ihr Etwas fehle. Wohl löste ein Jahrzehent das Andere ab; aber wie der dürre Stamm des einst lebendigen Baumes keine andere Veränderung im Wechsel der Zeiten erleidet, als die des fortschreitenden Vermoderns, so waren die Formen des erstorbenen politischen Daseins nur in der fortschreitenden Auflösung beweglich. Diesen Leichengeruch ertrug nicht nur das Volk, sondern hielt ihn auch oft genug für gesunde Lebensluft. Versucht man die Hoffnung in sich lebendig zu machen, daß es der Poesie gelingen konnte, ihre erwärmenden und erregenden Strahlen in das politisch stumpfsinnige Volk zu werfen, stellt man sich vor, daß fröhliche Gesänge in Feld und Haus erschallten, daß Lieder der Liebe das Herz erweiterten; daß die stille Macht der religiösen und der tiefe Ernst der politischen Dichtung ihre Wirksamkeit entfaltete, daß die Hoheit und die Anmuth der Kunst in voller Größe als nationales Gut in das Volk hineintrat; macht man diese Hoffnungen in sich lebendig, dann sieht man zugleich das Mittel, durch welches der politische Stumpfsinn überwunden werden konnte; denn wo nur Leben überhaupt sich regt, da drängt und arbeitet es nach allen Seiten hin, um das Todte abzustoßen, das Schlafende zu wecken und den Stumpfsinn erregbar zu machen. Aber die deutsche Poesie war im Beginn des achtzehnten Jahrhunderts so tief entartet, daß es, bevor schöpferische Thätigkeit erwartet werden konnte, einer Hinwegräumung der Hindernisse bedurfte, welche in der

Herrschaft des Fremden und der alles durchdringenden Unreinheit lagen. Wie durch ein Wunder erstanden einzelne Männer, wie namentlich Gellert und Haller, deren Jugendbildung
in das erste Drittel des vorigen Jahrhunderts fällt, welche
frei von der Unreinheit ihrer Vorgänger und gehoben durch
das Streben, ihrem Volke zu nützen, den Schmutz, den so
viele Jahrzehnte aufgehäuft hatten, aus dem deutschen Volke
verdrängten und durch Entfernung der niedrigen Lust an schmutzi-
gen Reimereien dem Volke die Möglichkeit gewährten, das
Schöne, falls es ihnen sich nahte, zu empfinden. Die litterarische Herrschaft der Fremden ward schon durch den Kampf
Gottscheds mit den Schweizern erschüttert und Klopstock setzte
es sich zur Aufgabe seines Lebens, die Banden zu sprengen,
welche die Selbstständigkeit des deutschen Geistes gefesselt hielten. Wie Klopstock, fühlte Lessing sich tief empört über die
Verehrung und Nachahmung der Franzosen und bekämpfte ihre
Uebermacht mit der ganzen Gewalt seines großen Geistes.
Zwar wurde er bei diesem Kampfe nicht durch ein selbstbewuß-
tes Nationalgefühl geleitet, und verfolgte in den Franzosen
weniger das Antinationale, als das für alle Nationen Unwahre; aber dieser Kampf mit Lessings Waffen geführt, brach
doch den Einfluß der französischen Litteratur in so weit, daß
sie nicht stark genug blieb, den großen Genius, der bestimmt
war die nationale Poesie zu zeugen, in ihre Kreise zu ziehen.
Manche glückliche Umstände vereinigten sich, um der Entwickelung Göthes eine nationale Richtung zu geben. Die Größe
und der Glanz des alten Reiches trat ihm in den bedeutendsten Trümmern von früher Jugend an vor Augen. In einer
der wenigen, nicht gänzlich abgestorbenen Reichsstädte geboren, wuchs er in Zuständen und Verhältnissen auf, welche den
Knaben immer von Neuem auf das Reich hinführten. Eine
deutsche Königswahl und Königskrönung erfüllte, als der erste
großartige Gegenstand, seine jugendliche Phantasie. Chroni-
ken und Volksbücher machten ihn mit dem Geiste bekannt, von
dem jene Formen das Abbild gewesen waren. Wie hierdurch

die mittelalterliche Größe des deutschen Volkes Einfluß auf
ihn gewann, so ward er vor mißmuthigem Abwenden von
der entarteten Gegenwart dadurch bewahrt, daß zuerst nach
langer Zeit in seiner Kindheit die Deutschen in zwei, wenn
gleich sehr verschiedenartigen Erscheinungen Achtung einflößten,
in Klopstocks Messias und in den Thaten Friedrichs, welche
den Knaben durch seine frühsten Jahre begleiteten und mit Begeisterung erfüllten. Die französische Litteratur konnte die
Größe seines Genius nicht bezwingen. Auf französisch gewor-
denem Grund und Boden entledigte er sich und seine Nation
des französischen Einflusses.

Während dieser allmählig eintretenden Befreiung von der
Unreinheit und der Fremdherrschaft in der Literatur, spannten
sich zum dritten Mal die Kräfte im deutschen Volke an, um
nationale Kunstpoesie, das bisher den Deutschen versagte Gut,
zu erringen. Nur in der Naturpoesie kann in einer einzelnen
poetischen Schöpfung das gesammte nationale Leben einen
Ausdruck gewinnen. Die Kunstpoesie setzt, um erschöpfend national sein zu können, Vielfachheit und Mannigfaltigkeit der
poetischen Gebilde voraus, weil sie ihrer Natur nach die That
Einzelner ist und in keinem Einzelnen die gesammte Rationalität erscheint. Wenn daher in jedem concreten Dichterwerk
nur einzelne Seiten der Nationaltiät sich darstellen, während
andere fehlen, so liegt hierin so wenig ein Grund zur Verneinung des Vorhandenseins nationaler Poesie, als wenn in
jedem sich Richtungen finden, die nicht national sind, sondern
nur einem einzelnen Stande, oder einer einzelnen Landschaft
oder einem einzelnen Individuum angehören, weil so bald die
Kunstpoesie ins Leben getreten ist, der nationale Geist seinen
vollen Ausdruck nur in der gesammten Litteratur, nicht in einzelnen litterarischen Werken oder einzelnen Litteratoren findet,
deren nur individuelle oder locale Richtung, mag sie auch noch
so kräftig sich geltend machen, in der Litteratur dennoch gegen
das allen Dichtungen gemeinsame Nationale zurücktritt. Um
aber in der Vielheit und Mannigfaltigkeit der poetischen Schö-

pfungen den nationalen Geiſt vollaus in die Erſcheinung treten
zu ſehen, muß die Vorbedingung erfüllt ſein, daß ſowohl das
dichteriſche Schaffen als das Empfangen des Geſchaffenen nicht
auf einzelne Stände oder Gegenden oder Individuen beſchränkt
iſt, ſondern aus allen und für alle Gliederungen des Volkes
die Macht der Poeſie wirkſam wird. Im Anfange des vorigen
Jahrhunderts war es der Gelehrtenſtand ausſchließlich, aus
welchem die Poeſie ſich von Neuem erhob. Durch die Bildung, welche ſein europäiſcher Character ihm auch im Verfalle ſeiner eigenen Nation bewahrt hatte, war ihm und nur
ihm die Möglichkeit dazu gegeben. Seine Glieder gehörten
ihrer Geburt nach dem Mittelſtande an, bewegten ſich nur innerhalb deſſelben und entbehrten ſowohl die großartigen Lebensverhältniſſe, den freien Blick, die Feinheit der Formen,
wie ſie die große Welt entwickelt, als auch die derbe aber
wahre Natürlichkeit, die naive treffende Ausdrucksweiſe, wie
ſie das nicht von conventionellen Feſſeln gebundene Leben der
unteren Stände erzeugt. Ihre Dichtungen wurden daher nicht
Gemeingut der Nation, ſondern blieben auf die mittleren
Stände der Zeitgenoſſen beſchränkt, während die höheren ausſchließlich von der franzöſiſchen Litteratur beherrſcht wurden und
die unteren für ihr poetiſches Bedürfniß volle Befriedigung
in dem Geſangbuche und in einzelnen Volksdichtungen fanden.
Klopſtocks großartiges Auftreten durchbrach zuerſt die engen
Schranken der poetiſchen Wirkſamkeit, und als mit dem letzten
Drittel des Jahrhunderts aus den verſchiedenſten Ständen
Dichter hervortraten und auch die, welche ihrer Geburt nach
dem Mittelſtande angehörten, weit über die Gränzen deſſelben
hinausgeführt und nicht Wenige von ihnen in die Kreiſe der
Großen gezogen wurden und Anſchauung ihrer Verhältniſſe,
Zuſtände und Lebensweiſe gewannen, als andere mit beſonderer Vorliebe in dem unteren Volksleben verweilten und daſſelbe poetiſch darzuſtellen ſuchten, da trat auch die Empfänglichkeit für die Poeſie aus den engen Gränzen einzelner Stände
hinein in das Volk. Die vornehmen Männer, welche ihre

Bildung unter französischem Einfluß bereits abgeschlossen hatten, starben allmählig aus und die jüngere Generation fand in ihrer Nation eine Anregung, deren die vorhergehende entbehrt hatte. Das deutsche Volk hatte sich in Beziehung auf Poesie seine höheren Stände wieder gewonnen. Fürstenhöfe, wie Darmstadt, Bückeburg, Weimar, wurden von der Bewegung ergriffen. Tief in die unteren Kreise der Nation hinein brachte die zahllose Menge überall ausgelegter und weit verbreiteter Zeitschriften das Interesse für litterarische Erscheinungen; selbst den arbeitenden und dienenden Volksklassen wurde die dramatische Poesie durch Vermittelung der Theater vor die Augen gebracht. Aus allen Gliederungen des Volkes erging seit dem letzten Drittel des Jahrhunderts der Ruf der Dichtung, aber es fragt sich, ob es der rechte Ruf war, um den Geist des Volkes politisch erregen und erheben zu können.

Mit kühner Hand greift die Kunst tief hinein in das den Sinnen verborgene Reich des Geistigen, zaubert das Unsichtbare, indem sie ihm Form und Gestalt mit schöpferischer Kraft verleiht, hinein in die Welt der Erscheinungen und bringt mit der sinnlichen Darstellung dem menschlichen Bewußtsein zugleich die höchsten geistigen Interessen nahe, die ihm außerdem vielleicht immer verborgen geblieben wären. Die Form im Ganzen und in allen ihren Theilen soll daher den Geist, den sie mit der sinnlichen Welt vermittelt, durchscheinen lassen, keine von ihm nicht belebten Elemente enthalten, aber auch keiner entbehren, die dieser zu seiner vollen Darstellung bedarf. Sie soll der Abdruck des Geistes und mit ihm zu einem einzigen Ganzen gebildet sein. Auch in der Kunst der deutschen Poesie des vorigen Jahrhunderts war es deßhalb zunächst die Form, durch welche der Werth und die Höhe der Dichtung für das Volk bedingt war. Das achtzehnte Jahrhundert hatte von der Vorzeit eine Menge Formen und Regeln ererbt, welche gelehrte Willkühr als allgemein bindend aufgestellt hatte. Die Dichter des gelehrten Standes schwankten wohl zwischen den Formen des Alterthums und der Gegenwart und zwischen denen der ver-

schiedenen mitlebenden Nationen, aber immer waren sie in den
Zunftzwang gebannt, suchten fertige Formen, welche über jegliche geistige Wahrheit gegossen, das Kunstwerk ausmachen
sollten und hielten mit peinlicher Aengstlichkeit die vorgefundenen Regeln ein. Fertige Formen aber, in welche ein geistiger
Gehalt beliebig hineingesetzt wird, können nie von diesem durchdrungen sein und nie denselben in die Erscheinung treten lassen,
sondern bleiben immer nur ein unbelebtes Aeußere; ihr geistiger Gehalt, falls wirklich ein solcher in sie hineingelegt ist,
bleibt immer ein nur Geistiges, ein Verborgenes und das Wesen des Kunstwerks, die Einheit des Geistes und der Form
ist unerreicht und auf diesem Wege unerreichbar. Klopstock
und Lessing, welche zuerst die Herrschaft des Fremden zerbro-
chen hatten, zerbrachen auch als die Ersten die Fesseln, welche
durch die Regeln der conventionellen Poesie der schöpferischen
Kraft der Kunst angelegt waren; Klopstock indem er ohne
Rücksicht auf dieselben bei seinem dichterischen Schaffen auftrat, Lessing, indem er das Nichtige jener Regeln und fertigen
Formen in seiner Blöße zeigte. Zu ihnen gesellte sich in dieser Beziehung Wieland, indem er für den leichten gesellschaftlichen Gehalt seiner Dichtungen die entsprechende Form in der
Aneignung einer leichten gesellschaftlichen Sprache gewann.
Aber zu lange und zu schwer hatte der Druck willkührlicher
Formen und Regeln auf der dichterischen Kraft im deutschen
Volke gelastet, um eine Befreiung von ihnen ohne den Ausbruch gewaltsam stürmender Anstreugungen, und einen Gebrauch der ungewohnten Freiheit ohne Entartung in Willkühr
hoffen zu lassen. Als mit dem Anfange des siebenten Jahr-
zehnts die willkührliche Beschränkung der conventionellen Poesie
ungestüm zersprengt ward, sollte jetzt dem Einzelnen, wie früher dem Volke die Dichtung als Naturpoesie entströmen. Das
innere Gesetz der Kunst, welches Einordnung der künstlerischen
Kraft des Einzelnen fordert, ward als unwürdige Fessel des
Geistes verneint; die Verwendung von Arbeit und Sorgfalt auf
das Kunstwerk fast verachtet; wie die Gedanken Gottes, sollten

die des Künstlers Werke sein. Formlosigkeit und Willkühr des Einzelnen drohte an die Stelle der Willkühr jener allgemeinen Regeln der conventionellen Poesie zu treten und die deutsche Kunst in der Geburt zu ersticken, falls es der rohen Kraft gelang, sich die Geltung als Kunst, der Blüthe aller Bildung und Gesittung zu gewinnen. Doch schon vor dem Ausbruch jenes fessellosen Ungestüms hatte Winkelmann Religion und Vaterland aufgegeben, um sich Gewißheit über das Gesetz des Schönen zu verschaffen. Sein Suchen und Forschen, obschon scheinbar vernichtet durch die unbändige Willkühr der siebenziger Jahre, war nicht vergeblich gewesen. In derselben Zeit, in welcher sich in Frankreich auf dem politischen Gebiete die Verwirklichung des Glaubens vorbereitete, nach welchem die Freiheit des Einzelnen durch die Zertrümmerung jeder allgemeinen Ordnung gewonnen werden sollte, wurde dieser Wahn in Deutschland auf dem Gebiete der Kunst überwunden und Göthes Tasso und Iphigenie lieferten den thatsächlichen Beweis, daß die Schöpferkraft des Dichters nur dann frei sich entfaltet, wenn sie das Gesetz der Kunst als Princip ihres Schaffens in sich aufgenommen hat.

In ihren größten Schöpfungen hatte die deutsche Poesie eine Höhe erreicht, welche die Form nur als den sichtbar gewordenen geistigen Gehalt erscheinen ließ. Der Werth des geistigen Gehalts giebt zwar an und für sich nie dem Kunstwerk seine Schönheit, aber immer entscheidet derselbe über die Möglichkeit der Schönheit und ihrer größeren oder geringeren Höhe. Gesteigert wird die Bedeutung des Gehaltes für die Poesie, wenn letztere in Rücksicht auf die Belebung eines erschlafften Volkes betrachtet wird, weil es in dieser Beziehung vielleicht wichtiger ist, was die Poesie dem Volke nahe bringt, als wie sie es nahe bringt. Nur in seiner eigenen Brust kann der Dichter die Quelle der Anmuth und Hoheit finden, welche der Poesie die Zaubergewalt über das Gemüth des Menschen giebt; keinen anderen Gehalt kann er seinem Werke geben, als den seines eigenen Lebens und da dieser stets bedingt ist durch

men zu erhalten, bis sie verbannt von den Höfen und aufgenommen von den Städten zunftmäßig als Meistergesang wie
jedes andere Handwerk betrieben ward. So verklangen die
großartigen Dichtungen der mittelalterlichen Kunst, ohne die
Entwickelung einer nationalen Poesie herbeigeführt zu haben.
Das deutsche Volk sah sich in dem entscheidenden Zeitpunkte
der Reife, in welchem es neben der Naturpoesie die nationale
Kunstpoesie bilden sollte, der Kräfte beraubt, die in dem geistig hervorragenden Ritterstande lagen und konnte ohne sie nicht
zur Aneignung der Kunst gelangen. Da aber dennoch innerhalb
des Volkes eine Kunstpoesie entstand, so ward mit ihrem Entstehen die Kraft, welche die Naturpoesie erzeugt hatte, zerstört,
weil immer die productive Naturkraft des Volkes sich in demselben Grade verschließt, in welchem die bewußte Kraft seiner
einzelnen Glieder erwacht. Zwar strömte der poetische Sinn
des deutschen Volkes in kernhaften und lieblichen Liedern aus,
zwar bildete er theils fremde Stoffe, theils tiefsinnig oder
schalkhaft aufgefaßte Erscheinungen des Volkslebens zu Gedichten in Prosa aus, deren schlichte Schönheit uns in den Volksbüchern noch jetzt erfreut. Aber alle diese Schöpfungen waren
doch zu untergeordnet, und wären sie auch großartiger gewesen, so stand gegen das Ende des funfzehnten Jahrhunderts
das deutsche Volk doch auf einer Stufe der Cultur, von welcher unabweislich die Kunstpoesie gefordert ward, falls das
nationale Leben einen poetischen Ausdruck gewinnen sollte. Da
nun diese sich nicht fand, so war die erste Anstrengung unseres Volkes zur Gewinnung einer nationalen Poesie erfolglos geblieben.

Nicht im Zeitalter der Reformation zeigt sich eine zweite
Kraftäußerung zur Erringung nationaler Kunst. Die neu erwachte Glaubenskraft war nicht das Gut eines einzelnen Alters, Standes oder einer einzelnen Gegend, sondern durchdrang
das ganze deutsche Volk. Ein Geist war es, der in Rücksicht
auf die Reformation Alle beseelte und die Mannigfaltigkeiten,
welche Bildung und Lebensstellung in entwickelteren Zuständen
hervorrufen, zurücktreten ließ. In dieser einen Beziehung stand

das deutsche Volk, wie es in seiner Jugendzeit in allen Beziehungen gestanden hatte und trieb als Ausbruck seiner inneren Erregung das deutsche Kirchenlied hervor. Wie bei der poetischen Gestaltung jener alten Sagen der Vorzeit, erschien es auch jetzt fast zufällig und bedeutungslos, ob Dieser oder Jener der Dichter des Kirchenliedes war, welches in weit geringerem Grade der Kunst als der Naturpoesie angehörte und nicht die Aufgabe hatte das Bedürfniß nach Kunstpoesie zu befriedigen. Von einer durchaus verschiedenen Seite her wurde dagegen etwas später der Versuch zur Gewinnung der Kunstpoesie gemacht. Sowohl das Kirchenlied der Reformation als die poetischen Ausbrüche der derben, in den Städten heimischen Lust, ruhten auf einem von der antiken Poesie durchaus verschiedenen Principe. Der gelehrte und wissenschaftlich gebildete Stand, welcher mit den griechischen und römischen Dichtern bekannt warb, mußte, falls er dichterische Thätigkeit entwickelte, entweder dem antiken oder dem nationalen Principe ausschließlich folgen, weil er von einer Beherrschung der Geistesschätze des classischen Alterthums zu entfernt war, um auf eine durch sie erlangte Bildung fußend, sich frei und schöpferisch in den Richtungen seiner Nation bewegen zu können. Der gelehrte Stand griff daher seinem Character gemäß zu Nachahmungen in lateinischer Sprache. Als aber die lebendige zuversichtliche Glaubenskraft mehr und mehr aufhörte Gemeingut der Nation zu sein, als dann in den Zeiten des dreißigjährigen Krieges der bessere Theil der Nation das unsägliche Elend mit starrer Resignation duldete und in seiner eigenen Kraft den Hort suchte, der ihn vor Verzweiflung schützen sollte, war eine Stimmung im deutschen Volke entstanden, welche nicht in dem früheren schroffen Gegensatz zu der des Alterthums stand, sondern ihr in wesentlichen Beziehungen nahe verwandt erschien. Nun fand der gelehrte Stand für seine poetischen Erregungen einen Anknüpfungspunkt in dem Leben seines Volkes und wendete sich der Dichtung in deutscher Sprache zu. Zum ersten und so Gott will zum letzten Mal

in unserer Geschichte, ging die Vertheidigung des ersten nationalen Gutes, der Sprache, vom deutschen Volke auf einzelne
Genossenschaften über, indem Fürsten, Grafen, Ritter und an-
gesehene Gelehrte anderer Geburtsstände Gesellschaften, wie
z. B. den Palmorden und den Blumenorden an der Pegnitz,
bildeten, in welchen die poetische Thätigkeit concentrirt ward.
Die aus denselben hervorgegangenen Dichtungen sprechen, so
weit sie die Zeitverhältnisse berühren, neben Wiederholung her-
gebrachter religiöser Formeln, starre Resignation und das
Streben aus, sich durch eigene Kraft und Tugend über das
Unvermeidliche zu erheben. Während der bessere Theil der Nation mit Männlichkeit und Erhaltung des eigenen Werthes
dem Unglücke und der Schmach entgegentrat, suchte ein anderer Theil im Genusse des Augenblickes und in den Lüsten ge-
meinster Sinnlichkeit das Elend zu vergessen. Schon während
des Krieges machte diese Richtung sich geltend und als die
Männer, deren Jugendbildung noch nicht von der Schmach des
Krieges zerknickt war, ausstarben, brach auch in der Poesie
die Elendigkeit der Gesinnung, das Matte und Erschlaffte des
Cháracters, der Schmutz grober Lüste ungescheut hervor, herrschte
allein und ward bewundert. In den „galanten Gedichten, verlieb-
ten Arien, Hochzeitliedern" war der Unflath in einer grauen-
erregenden Weise gehäuft und fehlt selbst in den Begräbnißge-
dichten nicht ganz. Was half es nun, daß nach dem Vorbilde der Alten und mehr noch der Holländer, Franzosen und
Italiener die weltliche Lyrik, der Roman, das Drama in ihrer äußeren Gestaltung hervortraten? Der Gottesfunke, welcher allein die Poesie erzeugt, war erstickt unter der Erbärmlichkeit des äußeren und der Unreinheit und Erschlaffung des
inneren Lebens. Zwar stellten die Dichter gegen das Ende des
siebenzehnten und im Anfange des achtzehnten Jahrhunderts
das geistige Leben eines großen Theils der damals in Deutschland lebenden Generation dar, aber gerade deßhalb ist ihre
Poesie keine nationale gewesen, weil die damals lebende Generation nicht mit dem deutschen Volke zusammenfiel.

Weder seine Ritter des Mittelalters noch seine Gelehrten
der späteren Zeit hatten dem deutschen Volke in der Kunstpoesie die nationale Poesie gewinnen können und dennoch war
es derselben im Anfange des achtzehnten Jahrhunderts mehr
als je bedürftig. Stumpfsinnig ließ die Nation die Weltbegebenheiten an sich vorüber rollen, selbst wenn sie ihr edle
Glieder entrissen und den Grund und Boden des Vaterlandes
zum europäischen Gemeingut machten. Die Folter des politischen Schamgefühls blieb ihr unbekannt trotz des verachtenden
Hohnes der Nachbarvölker. Ein staatliches Leben hatte sie
nicht und empfand kaum, daß ihr Etwas fehle. Wohl löste
ein Jahrzehent das Andere ab; aber wie der dürre Stamm
des einst lebendigen Baumes keine andere Veränderung im
Wechsel der Zeiten erleidet, als die des fortschreitenden Vermoderns, so waren die Formen des erstorbenen politischen Daseins nur in der fortschreitenden Auflösung beweglich. Diesen
Leichengeruch ertrug nicht nur das Volk, sondern hielt ihn
auch oft genug für gesunde Lebensluft. Versucht man die Hoffnung in sich lebendig zu machen, daß es der Poesie gelingen
konnte, ihre erwärmenden und erregenden Strahlen in das
politisch stumpfsinnige Volk zu werfen, stellt man sich vor, daß
fröhliche Gesänge in Feld und Haus erschallten, daß Lieder
der Liebe das Herz erweiterten, daß die stille Macht der religiösen und der tiefe Ernst der politischen Dichtung ihre Wirksamkeit entfaltete, daß die Hoheit und die Anmuth der Kunst
in voller Größe als nationales Gut in das Volk hineintrat;
macht man diese Hoffnungen in sich lebendig, dann sieht man
zugleich das Mittel, durch welches der politische Stumpfsinn
überwunden werden konnte; denn wo nur Leben überhaupt sich
regt, da drängt und arbeitet es nach allen Seiten hin, um
das Todte abzustoßen, das Schlafende zu wecken und den
Stumpfsinn erregbar zu machen. Aber die deutsche Poesie war
im Beginn des achtzehnten Jahrhunderts so tief entartet, daß
es, bevor schöpferische Thätigkeit erwartet werden konnte, einer Hinwegräumung der Hindernisse bedurfte, welche in der

Herrschaft des Fremden und der alles durchbringenden Unreinheit lagen. Wie durch ein Wunder erstanden einzelne Männer, wie namentlich Gellert und Haller, deren Jugendbildung
in das erste Drittel des vorigen Jahrhunderts fällt, welche
frei von der Unreinheit ihrer Vorgänger und gehoben durch
das Streben, ihrem Volke zu nützen, den Schmutz, den so
viele Jahrzehnte aufgehäuft hatten, aus dem deutschen Volke
verdrängten und durch Entfernung der niedrigen Lust an schmutzi-
gen Reimereien dem Volke die Möglichkeit gewährten, das
Schöne, falls es ihnen sich nahte, zu empfinden. Die litterarische Herrschaft der Fremden ward schon durch den Kampf
Gottscheds mit den Schweizern erschüttert und Klopstock setzte
es sich zur Aufgabe seines Lebens, die Banden zu sprengen,
welche die Selbstständigkeit des deutschen Geistes gefesselt hielten. Wie Klopstock, fühlte Lessing sich tief empört über die
Verehrung und Nachahmung der Franzosen und bekämpfte ihre
Uebermacht mit der ganzen Gewalt seines großen Geistes.
Zwar wurde er bei diesem Kampfe nicht durch ein selbstbewuß-
tes Nationalgefühl geleitet, und verfolgte in den Franzosen
weniger das Antinationale, als das für alle Nationen Unwahre; aber dieser Kampf mit Lessings Waffen geführt, brach
doch den Einfluß der französischen Litteratur in so weit, daß
sie nicht stark genug blieb, den großen Genius, der bestimmt
war die nationale Poesie zu zeugen, in ihre Kreise zu ziehen.
Manche glückliche Umstände vereinigten sich, um der Entwickelung Göthes eine nationale Richtung zu geben. Die Größe
und der Glanz des alten Reiches trat ihm in den bedeutendsten Trümmern von früher Jugend an vor Augen. In einer
der wenigen, nicht gänzlich abgestorbenen Reichsstädte geboren, wuchs er in Zuständen und Verhältnissen auf, welche den
Knaben immer von Neuem auf das Reich hinführten. Eine
deutsche Königswahl und Königskrönung erfüllte, als der erste
großartige Gegenstand, seine jugendliche Phantasie. Chroni-
ken und Volksbücher machten ihn mit dem Geiste bekannt, von
dem jene Formen das Abbild gewesen waren. Wie hierdurch

die mittelalterliche Größe des deutschen Volkes Einfluß auf
ihn gewann, so ward er vor mißmuthigem Abwenden von
der entarteten Gegenwart dadurch bewahrt, daß zuerst nach
langer Zeit in seiner Kindheit die Deutschen in zwei, wenn
gleich sehr verschiedenartigen Erscheinungen Achtung einflößten,
in Klopstocks Messias und in den Thaten Friedrichs, welche
den Knaben durch seine frühsten Jahre begleiteten und mit Begeisterung erfüllten. Die französische Litteratur konnte die
Größe seines Genius nicht bezwingen. Auf französisch gewor-
denem Grund und Boden entledigte er sich und seine Nation
des französischen Einflusses.

Während dieser allmählig eintretenden Befreiung von der
Unreinheit und der Fremdherrschaft in der Literatur, spannten
sich zum dritten Mal die Kräfte im deutschen Volke an, um
nationale Kunstpoesie, das bisher den Deutschen versagte Gut,
zu erringen. Nur in der Naturpoesie kann in einer einzelnen
poetischen Schöpfung das gesammte nationale Leben einen
Ausdruck gewinnen. Die Kunstpoesie setzt, um erschöpfend national sein zu können, Vielfachheit und Mannigfaltigkeit der
poetischen Gebilde voraus, weil sie ihrer Natur nach die That
Einzelner ist und in keinem Einzelnen die gesammte Nationalität erscheint. Wenn daher in jedem concreten Dichterwerk
nur einzelne Seiten der Nationaltiät sich darstellen, während
andere fehlen, so liegt hierin so wenig ein Grund zur Verneinung des Vorhandenseins nationaler Poesie, als wenn in
jedem sich Richtungen finden, die nicht national sind, sondern
nur einem einzelnen Stande, oder einer einzelnen Landschaft
oder einem einzelnen Individuum angehören, weil so bald die
Kunstpoesie ins Leben getreten ist, der nationale Geist seinen
vollen Ausdruck nur in der gesammten Litteratur, nicht in einzelnen litterarischen Werken oder einzelnen Litteratoren findet,
deren nur individuelle oder locale Richtung, mag sie auch noch
so kräftig sich geltend machen, in der Litteratur dennoch gegen
das allen Dichtungen gemeinsame Nationale zurücktritt. Um
aber in der Vielheit und Mannigfaltigkeit der poetischen Schö-

pfungen den nationalen Geist vollaus in die Erscheinung treten
zu sehen, muß die Vorbedingung erfüllt sein, daß sowohl das
dichterische Schaffen als das Empfangen des Geschaffenen nicht
auf einzelne Stände oder Gegenden oder Individuen beschränkt
ist, sondern aus allen und für alle Gliederungen des Volkes
die Macht der Poesie wirksam wird. Im Anfange des vorigen
Jahrhunderts war es der Gelehrtenstand ausschließlich, aus
welchem die Poesie sich von Neuem erhob. Durch die Bildung, welche sein europäischer Character ihm auch im Verfalle seiner eigenen Nation bewahrt hatte, war ihm und nur
ihm die Möglichkeit dazu gegeben. Seine Glieder gehörten
ihrer Geburt nach dem Mittelstande an, bewegten sich nur innerhalb desselben und entbehrten sowohl die großartigen Lebensverhältnisse, den freien Blick, die Feinheit der Formen,
wie sie die große Welt entwickelt, als auch die derbe aber
wahre Natürlichkeit, die naive treffende Ausdrucksweise, wie
sie das nicht von conventionellen Fesseln gebundene Leben der
unteren Stände erzeugt. Ihre Dichtungen würden daher nicht
Gemeingut der Nation, sondern blieben auf die mittleren
Stände der Zeitgenossen beschränkt, während die höheren ausschließlich von der französischen Litteratur beherrscht wurden und
die unteren für ihr poetisches Bedürfniß volle Befriedigung
in dem Gesangbuche und in einzelnen Volksdichtungen fanden.
Klopstocks großartiges Auftreten durchbrach zuerst die engen
Schranken der poetischen Wirksamkeit, und als mit dem letzten
Drittel des Jahrhunderts aus den verschiedensten Ständen
Dichter hervortraten und auch die, welche ihrer Geburt nach
dem Mittelstande angehörten, weit über die Gränzen desselben
hinausgeführt und nicht Wenige von ihnen in die Kreise der
Großen gezogen wurden und Anschauung ihrer Verhältnisse,
Zustände und Lebensweise gewannen, als andere mit besonderer Vorliebe in dem unteren Volksleben verweilten und dasselbe poetisch darzustellen suchten, da trat auch die Empfänglichkeit für die Poesie aus den engen Gränzen einzelner Stände
hinein in das Volk. Die vornehmen Männer, welche ihre

Bildung unter französischem Einfluß bereits abgeschlossen hatten, starben allmählig aus und die jüngere Generation fand in ihrer Nation eine Anregung, deren die vorhergehende entbehrt hatte. Das deutsche Volk hatte sich in Beziehung auf Poesie seine höheren Stände wieder gewonnen. Fürstenhöfe, wie Darmstadt, Büdeburg, Weimar, wurden von der Bewegung ergriffen. Tief in die unteren Kreise der Nation hinein brachte die zahllose Menge überall ausgelegter und weit verbreiteter Zeitschriften das Interesse für litterarische Erscheinungen; selbst den arbeitenden und dienenden Volksklassen wurde die dramatische Poesie durch Vermittelung der Theater vor die Augen gebracht. Aus allen Gliederungen des Volkes erging seit dem letzten Drittel des Jahrhunderts der Ruf der Dichtung, aber es fragt sich, ob es der rechte Ruf war, um den Geist des Volkes politisch erregen und erheben zu können.

Mit kühner Hand greift die Kunst tief hinein in das den Sinnen verborgene Reich des Geistigen, zaubert das Unsichtbare, indem sie ihm Form und Gestalt mit schöpferischer Kraft verleiht, hinein in die Welt der Erscheinungen und bringt mit der sinnlichen Darstellung dem menschlichen Bewußtsein zugleich die höchsten geistigen Interessen nahe, die ihm außerdem vielleicht immer verborgen geblieben wären. Die Form im Ganzen und in allen ihren Theilen soll daher den Geist, den sie mit der sinnlichen Welt vermittelt, durchscheinen lassen, keine von ihm nicht belebten Elemente enthalten, aber auch keiner entbehren, die dieser zu seiner vollen Darstellung bedarf. Sie soll der Abdruck des Geistes und mit ihm zu einem einzigen Ganzen gebildet sein. Auch in der Kunst der deutschen Poesie des vorigen Jahrhunderts war es deßhalb zunächst die Form, durch welche der Werth und die Höhe der Dichtung für das Volk bedingt war. Das achtzehnte Jahrhundert hatte von der Vorzeit eine Menge Formen und Regeln ererbt, welche gelehrte Willkühr als allgemein bindend aufgestellt hatte. Die Dichter des gelehrten Standes schwankten wohl zwischen den Formen des Alterthums und der Gegenwart und zwischen denen der ver-

schiedenen mitlebenden Nationen, aber immer waren sie in den
Zunftzwang gebannt, suchten fertige Formen, welche über jeg=
liche geistige Wahrheit gegossen, das Kunstwerk ausmachen
sollten und hielten mit peinlicher Aengstlichkeit die vorgefunde=
nen Regeln ein. Fertige Formen aber, in welche ein geistiger
Gehalt beliebig hineingesetzt wird, können nie von diesem durch=
drungen sein und nie denselben in die Erscheinung treten lassen,
sondern bleiben immer nur ein unbelebtes Aeußere; ihr geisti=
ger Gehalt, falls wirklich ein solcher in sie hineingelegt ist,
bleibt immer ein nur Geistiges, ein Verborgenes und das We=
sen des Kunstwerks, die Einheit des Geistes und der Form
ist unerreicht und auf diesem Wege unerreichbar. Klopstock
und Lessing, welche zuerst die Herrschaft des Fremden zerbro=
chen hatten, zerbrachen auch als die Ersten die Fesseln, welche
durch die Regeln der conventionellen Poesie der schöpferischen
Kraft der Kunst angelegt waren; Klopstock indem er ohne
Rücksicht auf dieselben bei seinem dichterischen Schaffen auf=
trat, Lessing, indem er das Nichtige jener Regeln und fertigen
Formen in seiner Blöße zeigte. Zu ihnen gesellte sich in die=
ser Beziehung Wieland, indem er für den leichten gesellschaft=
lichen Gehalt seiner Dichtungen die entsprechende Form in der
Aneignung einer leichten gesellschaftlichen Sprache gewann.
Aber zu lange und zu schwer hatte der Druck willkührlicher
Formen und Regeln auf der dichterischen Kraft im deutschen
Volke gelastet, um eine Befreiung von ihnen ohne den Aus=
bruch gewaltsam stürmender Anstreugungen, und einen Ge=
brauch der ungewohnten Freiheit ohne Entartung in Willkühr
hoffen zu lassen. Als mit dem Anfange des siebenten Jahr=
zehnts die willkührliche Beschränkung der conventionellen Poesie
ungestüm zersprengt ward, sollte jetzt dem Einzelnen, wie frü=
her dem Volke die Dichtung als Naturpoesie entströmen. Das
innere Gesetz der Kunst, welches Einordnung der künstlerischen
Kraft des Einzelnen fordert, ward als unwürdige Fessel des
Geistes verneint; die Verwendung von Arbeit und Sorgfalt auf
das Kunstwerk fast verachtet; wie die Gedanken Gottes, sollten

die des Künstlers Werke sein. Formlosigkeit und Willkühr des
Einzelnen drohte an die Stelle der Willkühr jener allgemeinen
Regeln der conventionellen Poesie zu treten und die deutsche
Kunst in der Geburt zu ersticken, falls es der rohen Kraft ge=
lang, sich die Geltung als Kunst, der Blüthe aller Bildung
und Gesittung zu gewinnen. Doch schon vor dem Ausbruch
jenes fessellosen Ungestüms hatte Winkelmann Religion und Va=
terland aufgegeben, um sich Gewißheit über das Gesetz des
Schönen zu verschaffen. Sein Suchen und Forschen, obschon
scheinbar vernichtet durch die unbändige Willkühr der siebenzi=
ger Jahre, war nicht vergeblich gewesen. In derselben Zeit,
in welcher sich in Frankreich auf dem politischen Gebiete
die Verwirklichung des Glaubens vorbereitete, nach welchem
die Freiheit des Einzelnen durch die Zertrümmerung jeder all=
gemeinen Ordnung gewonnen werden sollte, wurde dieser Wahn
in Deutschland auf dem Gebiete der Kunst überwunden und
Göthes Tasso und Iphigenie lieferten den thatsächlichen Be=
weis, daß die Schöpferkraft des Dichters nur dann frei sich
entfaltet, wenn sie das Gesetz der Kunst als Princip ihres
Schaffens in sich aufgenommen hat.

In ihren größten Schöpfungen hatte die deutsche Poesie
eine Höhe erreicht, welche die Form nur als den sichtbar ge=
wordenen geistigen Gehalt erscheinen ließ. Der Werth des
geistigen Gehalts giebt zwar an und für sich nie dem Kunst=
werk seine Schönheit, aber immer entscheidet derselbe über die
Möglichkeit der Schönheit und ihrer größeren oder geringeren
Höhe. Gesteigert wird die Bedeutung des Gehaltes für die
Poesie, wenn letztere in Rücksicht auf die Belebung eines er=
schlafften Volkes betrachtet wird, weil es in dieser Beziehung
vielleicht wichtiger ist, was die Poesie dem Volke nahe bringt,
als wie sie es nahe bringt. Nur in seiner eigenen Brust kann
der Dichter die Quelle der Anmuth und Hoheit finden, welche
der Poesie die Zaubergewalt über das Gemüth des Menschen
giebt; keinen anderen Gehalt kann er seinem Werke geben, als
den seines eigenen Lebens und da dieser stets bedingt ist durch

den Gehalt, welchen das Leben seines Volkes in sich trägt, so kann der Dichter nur dann erregend und belebend auf seine Nation wirken, wenn diese auch ihn hebt und trägt. Die Generation, in welcher während der ersten Hälfte des vorigen Jahrhunderts das deutsche Volk erschien, ließ höchstens die Kraft und Innigkeit desselben ahnen, vermochte aber nicht den Einzelnen mit der ganzen Macht der großartigen Nationalität zu erfassen. Das Leere, welches das Volksleben erniedrigte, hinderte die Erhebung des Dichters. Von seinem Volke nicht getragen, entbehrte er einer kraftvollen ausgeprägten Eigenthümlichkeit und des Stoffes, an welchem der dichterische Geist sich hätte entfalten können. Eine selbstgeschaffene, und darum unwahre Welt machten die Dichter zur Welt der Poesie, beschrieben und besangen Liebe, Tugend, Natur in ihrer Allgemeinheit, ohne ihnen eine markige Gestalt verleihen zu können und wurden unwillkührlich zu der kleinlichen Behaglichkeit und breiten Plattheit geführt, welche dem Mittelstande, wenn er von seinem Volke gesondert ist, so leicht durch das glückliche Loos eines gleichmäßigen Daseins eingeimpft wird.

So lange unserem Volke das Gefühl des eigenen Werthes sich selbst und anderen Nationen gegenüber fehlte, war eine kraftvolle Gestaltung nationaler Eigenthümlichkeit nicht zu hoffen. Nur in dem religiösen Bewußtsein, welches auch den Zertretenen nicht verläßt und auch in ihm eine lebendige Ausbildung gewinnen kann fand die deutsche neuere Poesie ihren ersten wahrhaften Gehalt, an welchem der dichterische Geist sich entfaltete. Die lebendigen, aus dem Herzen kommenden und zum Herzen gehenden religiösen Beziehungen, welche Haller und Gellert den von Natur und Sittlichkeit empfangenen Eindrükten verliehen, erhoben nicht wenige ihrer lyrischen Dichtungen weit über die ihrer Zeitgenossen; als in Klopstock's Messias die That der Erlösung zur Seele eines großartigen epischen Kunstwerks gemacht war, wurden dem deutschen Volke nicht nur die tiefsten und ergreifendsten Ideen sinnlich vermittelt nahe gebracht, sondern ihm auch die Auffassung derselben, wie sie

in Deutschland und nur in Deutschland durch das Zusammen=
treffen des Orthodoxismus mit dem Pietismus sich gebildet
hatte, vor die Seele geführt. Verwundert und mit staunender
Theilnahme sahen die Deutschen zum ersten Mal sich selbst in
der einzigen Richtung dichterisch abgespiegelt, in welcher sie
sich mit einer gewissen Kraft eigenthümlich entwickelt hatten.
Auch in den späteren Dichtungen Klopstock's, so wie in den
früheren Werken Herders ist es vorwiegend der christlich=reli=
giöse Gehalt, von welchem sich ihre Bedeutung herleitete.
Aber schon in Wieland und seit den siebenziger Jahren sehr
allgemein trat der christliche Gehalt zurück, und ward wie im
Leben, so auch in der Poesie ein Gegenstand der Bekämpfung.
Wohl erschien auch jetzt in manchen Dichtungen, gleichsam ihren
Hintergrund bildend, das religiöse Bewußtsein; aber es ent=
hielt weder die eigenthümlich deutsche Auffassung des Christen=
thums, noch überhaupt christliche Auffassung, sondern eine Re=
ligion, wie sie jedem Menschen die eigene Empfindung oder
der eigne Verstand zuführte. In den Jahren, in welchen die
deutsche Poesie sich ihrer höchsten Ausbildung näherte, ging
ihr nicht nur das höchste menschliche Interesse als unmittelbarer
Gehalt verloren, sondern den Dichtungen fehlte auch jede Be=
ziehung auf dasselbe.

Dagegen schien, als Friedrich durch seine Größe zuerst
seit langer Zeit in dem protestantischen Theile des deutschen
Volkes ein Gefühl der eigenen Bedeutung erweckt hatte, ein
politischer und nationaler Stoff den Gehalt der deutschen Poe=
sie bilden zu sollen. Gleims Grenadierlieder, Ramlers Oden
an seinen König, Lessings Minna von Barnhelm verließen so=
fort die selbstgeschaffene Idyllenwelt und die matten Ergießun=
gen der Liebe und Naturbewunderung. Sie standen auf dem
festen Boden einer Wirklichkeit, welche den Dichter weit hin=
aus über die kleinlichen Zustände des täglichen Lebens in eine
Welt der großartigsten Verhältnisse führte. Kampf und Sieg,
Begeisterung für den großen König erhob die Dichter und die
Deutschen. Aber demungeachtet blieb das Volk als solches im

Innern zerrissen, von der Last abgestorbener Formen und Maximen erdrückt, vom Auslande mit Hohn behandelt. Die Thaten des siebenjährigen Krieges waren nicht von den Deutschen,
nicht von den Preußen, sondern von Friedrich gethan. Dem
Volke entging das keineswegs; wir waren, so schildert Göthe
den empfangenen Eindruck, Fritzisch gesinnt, was ging uns
Preußen an. Zwar wurden die Siege des Königs der Stab,
an welchem die Nation sich zu erheben versuchte, aber sie waren doch auch nur der Stab, an welchem der Lahme sich forthilft und nicht das Heilmittel, welches im Inneren wirkend
das Gebrechen heilt und die Gesundheit herstellt, weil die
Schlachten nicht geschlagen waren von Deutschen, die sich lebendig als Glieder eines großen Volkes und starken Staates
fühlten, sondern von Kriegern Friedrichs. Klopstocks große
Seele war sich vollkommen bewußt, daß die Erhebung und
das Selbstgefühl seiner Zeitgenossen als politische oder geistige
Angehörige Friedrichs noch nicht Erhebung und Selbstgefühl
derselben als Angehörige unseres Volkes sei. Ihm war das
Volk als Volk Gegenstand der Liebe und Bewunderung. Gewaltsam von dem neu erwachten Leben fortgerissen, ergoß er
die mächtigen Gefühle, welche ihm die Brust bewegten, in
seine Oden; aber die persönliche Größe des Königs und die
erhebende Wirkung seiner Thaten hielt er ferne von seiner
Poesie, welche deßhalb die Grundlage der Wirksamkeit entbehrte. Die Größe seines Volkes, die ihn ergriff, ist Wahrheit, aber jede Darstellung derselben zu Klopstocks Zeit, die
sich nicht an Friedrich anschloß, ist unwahr gewesen. Klopstock selbst nahm den Widerspruch wahr zwischen der Idee des
deutschen Volkes, die ihn begeisterte, und der Darstellung der
Idee in seinen Zeitgenossen. Gereizt von diesem Widerspruch, an
den ihn die Wirklichkeit stets erinnerte, stieß er heftig und wild
das Lob des Volkes aus, welches, da es der Wahrheit für
die Gegenwart entbehrte, die Zeitgenossen kalt ließ. Um an
einem nationalen Stoffe die Größe des Volkes dichterisch zu
entfalten, griff er zurück in eine Zeit, deren Sitte und Lebens-

weise ihm selbst nie und nimmer zu einem anschaulichen Bilde werden konnte. Nur für wenige Jahre rief Klopstocks patrio-tische Poesie eine gemachte Begeisterung hervor, und entartete unter seinen Nachahmern bald zu einem Zerrbild. Das Un-wahre in diesen Lobpreisungen des deutschen Volkes konnte ei-nem Manne wie Lessing nicht entgehen und wie von allem Un-wahren wendete er sich von demselben mit Verachtung ab. Da ihn Friedrichs persönliche Größe auch zur Zeit, als er Minna von Barnhelm schrieb, nicht fortriß und da er später sich selbst feindlich gegen Preußen stellte, so ist bei dem Manne, der so sehr wie irgend Einer als Deutscher und für Deutsche gewirkt hat, eine geistige Richtung erklärlich, wie sie sich kund thut, wenn er schreibt: „Ich habe von der Liebe des Vaterlandes keinen Begriff und sie scheint mir aufs Höchste eine heroische Schwachheit, die ich recht gerne entbehre". Während Lessing dem Widerspruche, welcher in der Begeisterung für ein in dem lebenden Geschlechte politisch entwürdigtes Volk lag, dadurch entging, daß er die nationale Begeisterung verwarf, hielt die jüngere Dichtergeneration, welche im Anfange der siebenziger Jahre hervortrat, die Begeisterung für das Volk fest und wen-dete ihr poetisches Feuer gegen die gesammten politischen Zu-stände, in denen allein sie den Grund der Erniedrigung zu er-kennen glaubte. Schon in der ersten Hälfte des Jahrhunderts war diese Richtung vorbereitet, denn in den Schilderungen glücklicher idyllischer Naturzustände lag mittelbar ein Angriff auf die verschieden gestaltete Gegenwart. Dann hatte seit der Mitte des Jahrhunderts Klopstock in seinen Oden und Barbi-ten die Zustände eines auf der ersten Entwickelung stehenden Vol-kes mit seinem Schlachtenmuth, seiner Todesverachtung und sei-nem glühenden Haß gegen jede Begränzung individueller Will-kühr in solcher Weise dargestellt, als ob das Güter wären, in deren Wiedererringung die höchste Aufgabe der Gegenwart liege. Schon er hob die verschiedene Gestaltung der Gegen-wart als eine Erniedrigung hervor. „Sieh in deutscher Skla-ven Hände rostet der Stahl, ist entnervt die Harfe". Schon

pfungen den nationalen Geist vollaus in die Erscheinung treten zu sehen, muß die Vorbedingung erfüllt sein, daß sowohl das dichterische Schaffen als das Empfangen des Geschaffenen nicht auf einzelne Stände oder Gegenden oder Individuen beschränkt ist, sondern aus allen und für alle Gliederungen des Volkes die Macht der Poesie wirksam wird. Im Anfange des vorigen Jahrhunderts war es der Gelehrtenstand ausschließlich, aus welchem die Poesie sich von Neuem erhob. Durch die Bildung, welche sein europäischer Character ihm auch im Verfalle seiner eigenen Nation bewahrt hatte, war ihm und nur ihm die Möglichkeit dazu gegeben. Seine Glieder gehörten ihrer Geburt nach dem Mittelstande an, bewegten sich nur innerhalb desselben und entbehrten sowohl die großartigen Lebensverhältnisse, den freien Blick, die Feinheit der Formen, wie sie die große Welt entwickelt, als auch die derbe aber wahre Natürlichkeit, die naive treffende Ausdrucksweise, wie sie das nicht von conventionellen Fesseln gebundene Leben der unteren Stände erzeugt. Ihre Dichtungen wurden daher nicht Gemeingut der Nation, sondern blieben auf die mittleren Stände der Zeitgenossen beschränkt, während die höheren ausschließlich von der französischen Litteratur beherrscht wurden und die unteren für ihr poetisches Bedürfniß volle Befriedigung in dem Gesangbuche und in einzelnen Volksdichtungen fanden. Klopstocks' großartiges Auftreten durchbrach zuerst die engen Schranken der poetischen Wirksamkeit, und als mit dem letzten Drittel des Jahrhunderts aus den verschiedensten Ständen Dichter hervortraten und auch die, welche ihrer Geburt nach dem Mittelstande angehörten, weit über die Gränzen desselben hinausgeführt und nicht Wenige von ihnen in die Kreise der Großen gezogen wurden und Anschauung ihrer Verhältnisse, Zustände und Lebensweise gewannen, als andere mit besonderer Vorliebe in dem unteren Volksleben verweilten und dasselbe poetisch darzustellen suchten, da trat auch die Empfänglichkeit für die Poesie aus den engen Gränzen einzelner Stände hinein in das Volk. Die vornehmen Männer, welche ihre

Bildung unter französischem Einfluß bereits abgeschlossen hatten, starben allmählig aus und die jüngere Generation fand in ihrer Nation eine Anregung, deren die vorhergehende entbehrt hatte. Das deutsche Volk hatte sich in Beziehung auf Poesie seine höheren Stände wieder gewonnen. Fürstenhöfe, wie Darmstadt, Bückeburg, Weimar, wurden von der Bewegung ergriffen. Tief in die unteren Kreise der Nation hinein brachte die zahllose Menge überall ausgelegter und weit verbreiteter Zeitschriften das Interesse für litterarische Erscheinungen; selbst den arbeitenden und dienenden Volksklassen wurde die dramatische Poesie durch Vermittelung der Theater vor die Augen gebracht. Aus allen Gliederungen des Volkes erging seit dem letzten Drittel des Jahrhunderts der Ruf der Dichtung, aber es fragt sich, ob es der rechte Ruf war, um den Geist des Volkes politisch erregen und erheben zu können.

Mit kühner Hand greift die Kunst tief hinein in das den Sinnen verborgene Reich des Geistigen, zaubert das Unsichtbare, indem sie ihm Form und Gestalt mit schöpferischer Kraft verleiht, hinein in die Welt der Erscheinungen und bringt mit der sinnlichen Darstellung dem menschlichen Bewußtsein zugleich die höchsten geistigen Interessen nahe, die ihm außerdem vielleicht immer verborgen geblieben wären. Die Form im Ganzen und in allen ihren Theilen soll daher den Geist, den sie mit der sinnlichen Welt vermittelt, durchscheinen lassen, keine von ihm nicht belebten Elemente enthalten, aber auch keiner entbehren, die dieser zu seiner vollen Darstellung bedarf. Sie soll der Abdruck des Geistes und mit ihm zu einem einzigen Ganzen gebildet sein. Auch in der Kunst der deutschen Poesie des vorigen Jahrhunderts war es deßhalb zunächst die Form, durch welche der Werth und die Höhe der Dichtung für das Volk bedingt war. Das achtzehnte Jahrhundert hatte von der Vorzeit eine Menge Formen und Regeln ererbt, welche gelehrte Willkühr als allgemein bindend aufgestellt hatte. Die Dichter des gelehrten Standes schwankten wohl zwischen den Formen des Alterthums und der Gegenwart und zwischen denen der ver-

schiedenen mitlebenden Nationen, aber immer waren sie in den
Zunftzwang gebannt, suchten fertige Formen, welche über jegliche geistige Wahrheit gegossen, das Kunstwerk ausmachen
sollten und hielten mit peinlicher Aengstlichkeit die vorgefundenen Regeln ein. Fertige Formen aber, in welche ein geistiger
Gehalt beliebig hineingesetzt wird, können nie von diesem durchdrungen sein und nie denselben in die Erscheinung treten lassen,
sondern bleiben immer nur ein unbelebtes Aeußere; ihr geistiger Gehalt, falls wirklich ein solcher in sie hineingelegt ist,
bleibt immer ein nur Geistiges, ein Verborgenes und das Wesen des Kunstwerks, die Einheit des Geistes und der Form
ist unerreicht und auf diesem Wege unerreichbar. Klopstock
und Lessing, welche zuerst die Herrschaft des Fremden zerbro-
chen hatten, zerbrachen auch als die Ersten die Fesseln, welche
durch die Regeln der conventionellen Poesie der schöpferischen
Kraft der Kunst angelegt waren; Klopstock indem er ohne
Rücksicht auf dieselben bei seinem dichterischen Schaffen auftrat, Lessing, indem er das Nichtige jener Regeln und fertigen
Formen in seiner Blöße zeigte. Zu ihnen gesellte sich in dieser Beziehung Wieland, indem er für den leichten gesellschaftlichen Gehalt seiner Dichtungen die entsprechende Form in der
Aneignung einer leichten gesellschaftlichen Sprache gewann.
Aber zu lange und zu schwer hatte der Druck willkührlicher
Formen und Regeln auf der dichterischen Kraft im deutschen
Volke gelastet, um eine Befreiung von ihnen ohne den Ausbruch gewaltsam stürmender Anstreugungen, und einen Gebrauch der ungewohnten Freiheit ohne Entartung in Willkühr
hoffen zu lassen. Als mit dem Anfange des siebenten Jahr-
zehnts die willkührliche Beschränkung der conventionellen Poesie
ungestüm zersprengt ward, sollte jetzt dem Einzelnen, wie früher dem Volke die Dichtung als Naturpoesie entströmen. Das
innere Gesetz der Kunst, welches Einordnung der künstlerischen
Kraft des Einzelnen fordert, ward als unwürdige Fessel des
Geistes verneint; die Verwendung von Arbeit und Sorgfalt auf
das Kunstwerk fast verachtet; wie die Gedanken Gottes, sollten

die des Künstlers Werke sein. Formlosigkeit und Willkühr des Einzelnen drohte an die Stelle der Willkühr jener allgemeinen Regeln der conventionellen Poesie zu treten und die deutsche Kunst in der Geburt zu ersticken, falls es der rohen Kraft ge- lang, sich die Geltung als Kunst, der Blüthe aller Bildung und Gesittung zu gewinnen. Doch schon vor dem Ausbruch jenes fessellosen Ungestüms hatte Winkelmann Religion und Va- terland aufgegeben, um sich Gewißheit über das Gesetz des Schönen zu verschaffen. Sein Suchen und Forschen, obschon scheinbar vernichtet durch die unbändige Willkühr der siebenzi- ger Jahre, war nicht vergeblich gewesen. In derselben Zeit, in welcher sich in Frankreich auf dem politischen Gebiete die Verwirklichung des Glaubens vorbereitete, nach welchem die Freiheit des Einzelnen durch die Zertrümmerung jeder all- gemeinen Ordnung gewonnen werden sollte, wurde dieser Wahn in Deutschland auf dem Gebiete der Kunst überwunden und Göthes Tasso und Iphigenie lieferten den thatsächlichen Be- weis, daß die Schöpferkraft des Dichters nur dann frei sich entfaltet, wenn sie das Gesetz der Kunst als Princip ihres Schaffens in sich aufgenommen hat.

In ihren größten Schöpfungen hatte die deutsche Poesie eine Höhe erreicht, welche die Form nur als den sichtbar ge- wordenen geistigen Gehalt erscheinen ließ. Der Werth des geistigen Gehalts giebt zwar an und für sich nie dem Kunst- werk seine Schönheit, aber immer entscheidet derselbe über die Möglichkeit der Schönheit und ihrer größeren oder geringeren Höhe. Gesteigert wird die Bedeutung des Gehaltes für die Poesie, wenn letztere in Rücksicht auf die Belebung eines er- schlafften Volkes betrachtet wird, weil es in dieser Beziehung vielleicht wichtiger ist, was die Poesie dem Volke nahe bringt, als wie sie es nahe bringt. Nur in seiner eigenen Brust kann der Dichter die Quelle der Anmuth und Hoheit finden, welche der Poesie die Zaubergewalt über das Gemüth des Menschen giebt; keinen anderen Gehalt kann er seinem Werke geben, als den seines eigenen Lebens und da dieser stets bedingt ist durch

in unserer Geschichte, ging die Vertheidigung des ersten nationalen Gutes, der Sprache, vom deutschen Volke auf einzelne
Genossenschaften über, indem Fürsten, Grafen, Ritter und an-
gesehene Gelehrte anderer Geburtsstände Gesellschaften, wie
z. B. den Palmorden und den Blumenorden an der Pegniß,
bildeten, in welchen die poetische Thätigkeit concentrirt ward.
Die aus denselben hervorgegangenen Dichtungen sprechen, so
weit sie die Zeitverhältnisse berühren, neben Wiederholung her-
gebrachter religiöser Formeln, starre Resignation und das
Streben aus, sich durch eigene Kraft und Tugend über das
Unvermeidliche zu erheben. Während der bessere Theil der Nation mit Männlichkeit und Erhaltung des eigenen Werthes
dem Unglücke und der Schmach entgegentrat, suchte ein anderer Theil im Genusse des Augenblickes und in den Lüsten ge-
meinster Sinnlichkeit das Elend zu vergessen. Schon während
des Krieges machte diese Richtung sich geltend und als die
Männer, deren Jugendbildung noch nicht von der Schmach des
Krieges zerknickt war, ausstarben, brach auch in der Poesie
die Elendigkeit der Gesinnung, das Matte und Erschlaffte des
Charakters, der Schmutz grober Lüste ungescheut hervor, herrschte
allein und ward bewundert. In den „galanten Gedichten, verlieb-
ten Arien, Hochzeitliedern" war der Unflath in einer grauen-
erregenden Weise gehäuft und fehlt selbst in den Begräbnißge-
dichten nicht ganz. Was half es nun, daß nach dem Vorbilde der Alten und mehr noch der Holländer, Franzosen und
Italiener die weltliche Lyrik, der Roman, das Drama in ihrer äußeren Gestaltung hervortraten? Der Gottesfunke, welcher allein die Poesie erzeugt, war erstickt unter der Erbärmlichkeit des äußeren und der Unreinheit und Erschlaffung des
inneren Lebens. Zwar stellten die Dichter gegen das Ende des
siebenzehnten und im Anfange des achtzehnten Jahrhunderts
das geistige Leben eines großen Theils der damals in Deutschland lebenden Generation dar, aber gerade deßhalb ist ihre
Poesie keine nationale gewesen, weil die damals lebende Generation nicht mit dem deutschen Volke zusammenfiel.

Weber seine Ritter des Mittelalters noch seine Gelehrten
der späteren Zeit hatten dem deutschen Volke in der Kunstpoesie die nationale Poesie gewinnen können und dennoch war
es derselben im Anfange des achtzehnten Jahrhunderts mehr
als je bedürftig. Stumpfsinnig ließ die Nation die Weltbegebenheiten an sich vorüber rollen, selbst wenn sie ihr edle
Glieder entrissen und den Grund und Boden des Vaterlandes
zum europäischen Gemeingut machten. Die Folter des politischen Schamgefühls blieb ihr unbekannt trotz des verachtenden
Hohnes der Nachbarvölker. Ein staatliches Leben hatte sie
nicht und empfand kaum, daß ihr Etwas fehle. Wohl löste
ein Jahrzehent das Andere ab; aber wie der dürre Stamm
des einst lebendigen Baumes keine andere Veränderung im
Wechsel der Zeiten erleidet, als die des fortschreitenden Vermoderns, so waren die Formen des erstorbenen politischen Daseins nur in der fortschreitenden Auflösung beweglich. Diesen
Leichengeruch ertrug nicht nur das Volk, sondern hielt ihn
auch oft genug für gesunde Lebensluft. Versucht man die Hoffnung in sich lebendig zu machen, daß es der Poesie gelingen
konnte, ihre erwärmenden und erregenden Strahlen in das
politisch stumpfsinnige Volk zu werfen, stellt man sich vor, daß
fröhliche Gesänge in Feld und Haus erschallten, daß Lieder
der Liebe das Herz erweiterten; daß die stille Macht der religiösen und der tiefe Ernst der politischen Dichtung ihre Wirksamkeit entfaltete, daß die Hoheit und die Anmuth der Kunst
in voller Größe als nationales Gut in das Volk hineintrat;
macht man diese Hoffnungen in sich lebendig, dann sieht man
zugleich das Mittel, durch welches der politische Stumpfsinn
überwunden werden konnte; denn wo nur Leben überhaupt sich
regt, da drängt und arbeitet es nach allen Seiten hin, um
das Todte abzustoßen, das Schlafende zu wecken und den
Stumpfsinn erregbar zu machen. Aber die deutsche Poesie war
im Beginn des achtzehnten Jahrhunderts so tief entartet, daß
es, bevor schöpferische Thätigkeit erwartet werden konnte, einer Hinwegräumung der Hindernisse bedurfte, welche in der

Herrschaft des Fremden und der alles durchdringenden Unreinheit lagen. Wie durch ein Wunder erstanden einzelne Männer, wie namentlich Gellert und Haller, deren Jugendbildung
in das erste Drittel des vorigen Jahrhunderts fällt, welche
frei von der Unreinheit ihrer Vorgänger und gehoben durch
das Streben, ihrem Volke zu nützen, den Schmutz, den so
viele Jahrzehnte aufgehäuft hatten, aus dem deutschen Volke
verdrängten und durch Entfernung der niedrigen Lust an schmutzi-
gen Reimereien dem Volke die Möglichkeit gewährten, das
Schöne, falls es ihnen sich nahte, zu empfinden. Die litterarische Herrschaft der Fremden ward schon durch den Kampf
Gottscheds mit den Schweizern erschüttert und Klopstock setzte
es sich zur Aufgabe seines Lebens, die Banden zu sprengen,
welche die Selbstständigkeit des deutschen Geistes gefesselt hielten. Wie Klopstock, fühlte Lessing sich tief empört über die
Verehrung und Nachahmung der Franzosen und bekämpfte ihre
Uebermacht mit der ganzen Gewalt seines großen Geistes.
Zwar wurde er bei diesem Kampfe nicht durch ein selbstbewuß-
tes Nationalgefühl geleitet, und verfolgte in den Franzosen
weniger das Antinationale, als das für alle Nationen Unwahre; aber dieser Kampf mit Lessings Waffen geführt, brach
doch den Einfluß der französischen Litteratur in so weit, daß
sie nicht stark genug blieb, den großen Genius, der bestimmt
war die nationale Poesie zu zeugen, in ihre Kreise zu ziehen.
Manche glückliche Umstände vereinigten sich, um der Entwickelung Göthes eine nationale Richtung zu geben. Die Größe
und der Glanz des alten Reiches trat ihm in den bedeutendsten Trümmern von früher Jugend an vor Augen. In einer
der wenigen, nicht gänzlich abgestorbenen Reichsstädte geboren, wuchs er in Zuständen und Verhältnissen auf, welche den
Knaben immer von Neuem auf das Reich hinführten. Eine
deutsche Königswahl und Königskrönung erfüllte, als der erste
großartige Gegenstand, seine jugendliche Phantasie. Chroni-
ken und Volksbücher machten ihn mit dem Geiste bekannt, von
dem jene Formen das Abbild gewesen waren. Wie hierdurch

die mittelalterliche Größe des deutschen Volkes Einfluß auf
ihn gewann, so ward er vor mißmuthigem Abwenden von
der entarteten Gegenwart dadurch bewahrt, daß zuerst nach
langer Zeit in seiner Kindheit die Deutschen in zwei, wenn
gleich sehr verschiedenartigen Erscheinungen Achtung einflößten,
in Klopstocks Messias und in den Thaten Friedrichs, welche
den Knaben durch seine frühsten Jahre begleiteten und mit Be=
geisterung erfüllten. Die französische Litteratur konnte die
Größe seines Genius nicht bezwingen. Auf französisch gewor=
denem Grund und Boden entledigte er sich und seine Nation
des französischen Einflusses.

Während dieser allmählig eintretenden Befreiung von der
Unreinheit und der Fremdherrschaft in der Literatur, spannten
sich zum dritten Mal die Kräfte im deutschen Volke an, um
nationale Kunstpoesie, das bisher den Deutschen versagte Gut,
zu erringen. Nur in der Naturpoesie kann in einer einzelnen
poetischen Schöpfung das gesammte nationale Leben einen
Ausdruck gewinnen. Die Kunstpoesie setzt, um erschöpfend na=
tional sein zu können, Vielfachheit und Mannigfaltigkeit der
poetischen Gebilde voraus, weil sie ihrer Natur nach die That
Einzelner ist und in keinem Einzelnen die gesammte Rationa=
lität erscheint. Wenn daher in jedem concreten Dichterwerk
nur einzelne Seiten der Nationaltiät sich darstellen, während
andere fehlen, so liegt hierin so wenig ein Grund zur Ver=
neinung des Vorhandenseins nationaler Poesie, als wenn in
jedem sich Richtungen finden, die nicht national sind, sondern
nur einem einzelnen Stande, oder einer einzelnen Landschaft
oder einem einzelnen Individuum angehören, weil so bald die
Kunstpoesie ins Leben getreten ist, der nationale Geist seinen
vollen Ausdruck nur in der gesammten Litteratur, nicht in ein=
zelnen litterarischen Werken oder einzelnen Litteratoren findet,
deren nur individuelle oder locale Richtung, mag sie auch noch
so kräftig sich geltend machen, in der Litteratur dennoch gegen
das allen Dichtungen gemeinsame Nationale zurücktritt. Um
aber in der Vielheit und Mannigfaltigkeit der poetischen Schö=

pfungen den nationalen Geist vollaus in die Erscheinung treten
zu sehen, muß die Vorbedingung erfüllt sein, daß sowohl das
dichterische Schaffen als das Empfangen des Geschaffenen nicht
auf einzelne, Stände oder Gegenden oder Individuen beschränkt
ist, sondern aus allen und für alle Gliederungen des Volkes
die Macht der Poesie wirksam wird. Im Anfange des vorigen
Jahrhunderts war es der Gelehrtenstand ausschließlich, aus
welchem die Poesie sich von Neuem erhob. Durch die Bildung, welche sein europäischer Character ihm auch im Verfalle seiner eigenen Nation bewahrt hatte, war ihm und nur
ihm die Möglichkeit dazu gegeben. Seine Glieder gehörten
ihrer Geburt nach dem Mittelstande an, bewegten sich nur innerhalb desselben und entbehrten sowohl die großartigen Lebensverhältnisse, den freien Blick, die Feinheit der Formen,
wie sie die große Welt entwickelt, als auch die derbe aber
wahre Natürlichkeit, die naive treffende Ausdrucksweise, wie
sie das nicht von conventionellen Fesseln gebundene Leben der
unteren Stände erzeugt. Ihre Dichtungen wurden daher nicht
Gemeingut der Nation, sondern blieben auf die mittleren
Stände der Zeitgenossen beschränkt, während die höheren ausschließlich von der französischen Litteratur beherrscht wurden und
die unteren für ihr poetisches Bedürfniß volle Befriedigung
in dem Gesangbuche und in einzelnen Volksdichtungen fanden.
Klopstocks großartiges Auftreten durchbrach zuerst die engen
Schranken der poetischen Wirksamkeit, und als mit dem letzten
Drittel des Jahrhunderts aus den verschiedensten Ständen
Dichter hervortraten und auch die, welche ihrer Geburt nach
dem Mittelstande angehörten, weit über die Gränzen desselben
hinausgeführt und nicht Wenige von ihnen in die Kreise der
Großen gezogen wurden und Anschauung ihrer Verhältnisse,
Zustände und Lebensweise gewannen, als andere mit besonderer Vorliebe in dem unteren Volksleben verweilten und dasselbe poetisch darzustellen suchten, da trat auch die Empfänglichkeit für die Poesie aus den engen Gränzen einzelner Stände
hinein in das Volk. Die vornehmen Männer, welche ihre

Bildung unter französischem Einfluß bereits abgeschlossen hatten, starben allmählig aus und die jüngere Generation fand in ihrer Nation eine Anregung, deren die vorhergehende entbehrt hatte. Das deutsche Volk hatte sich in Beziehung auf Poesie seine höheren Stände wieder gewonnen. Fürstenhöfe, wie Darmstadt, Buckeburg, Weimar, wurden von der Bewegung ergriffen. Tief in die unteren Kreise der Nation hinein brachte die zahllose Menge überall ausgelegter und weit verbreiteter Zeitschriften das Interesse für litterarische Erscheinungen; selbst den arbeitenden und dienenden Volksklassen wurde die dramatische Poesie durch Vermittelung der Theater vor die Augen gebracht. Aus allen Gliederungen des Volkes erging seit dem letzten Drittel des Jahrhunderts der Ruf der Dichtung, aber es fragt sich, ob es der rechte Ruf war, um den Geist des Volkes politisch erregen und erheben zu können.

Mit kühner Hand greift die Kunst tief hinein in das den Sinnen verborgene Reich des Geistigen, zaubert das Unsichtbare, indem sie ihm Form und Gestalt mit schöpferischer Kraft verleiht, hinein in die Welt der Erscheinungen und bringt mit der sinnlichen Darstellung dem menschlichen Bewußtsein zugleich die höchsten geistigen Interessen nahe, die ihm außerdem vielleicht immer verborgen geblieben wären. Die Form im Ganzen und in allen ihren Theilen soll daher den Geist, den sie mit der sinnlichen Welt vermittelt, durchscheinen lassen, keine von ihm nicht belebten Elemente enthalten, aber auch keiner entbehren, die dieser zu seiner vollen Darstellung bedarf. Sie soll der Abdruck des Geistes und mit ihm zu einem einzigen Ganzen gebildet sein. Auch in der Kunst der deutschen Poesie des vorigen Jahrhunderts war es deßhalb zunächst die Form, durch welche der Werth und die Höhe der Dichtung für das Volk bedingt war. Das achtzehnte Jahrhundert hatte von der Vorzeit eine Menge Formen und Regeln ererbt, welche gelehrte Willkühr als allgemein bindend aufgestellt hatte. Die Dichter des gelehrten Standes schwankten wohl zwischen den Formen des Alterthums und der Gegenwart und zwischen denen der ver-

schiedenen mitlebenden Nationen, aber immer waren sie in den
Zunftzwang gebannt, suchten fertige Formen, welche über jegliche geistige Wahrheit gegossen, das Kunstwerk ausmachen
sollten und hielten mit peinlicher Aengstlichkeit die vorgefundenen Regeln ein. Fertige Formen aber, in welche ein geistiger
Gehalt beliebig hineingesetzt wird, können nie von diesem durchdrungen sein und nie denselben in die Erscheinung treten lassen,
sondern bleiben immer nur ein unbelebtes Aeußere; ihr geistiger Gehalt, falls wirklich ein solcher in sie hineingelegt ist,
bleibt immer ein nur Geistiges, ein Verborgenes und das Wesen des Kunstwerks, die Einheit des Geistes und der Form
ist unerreicht und auf diesem Wege unerreichbar. Klopstock
und Lessing, welche zuerst die Herrschaft des Fremden zerbro-
chen hatten, zerbrachen auch als die Ersten die Fesseln, welche
durch die Regeln der conventionellen Poesie der schöpferischen
Kraft der Kunst angelegt waren; Klopstock indem er ohne
Rücksicht auf dieselben bei seinem dichterischen Schaffen auftrat, Lessing, indem er das Nichtige jener Regeln und fertigen
Formen in seiner Blöße zeigte. Zu ihnen gesellte sich in dieser Beziehung Wieland, indem er für den leichten gesellschaftlichen Gehalt seiner Dichtungen die entsprechende Form in der
Aneignung einer leichten gesellschaftlichen Sprache gewann.
Aber zu lange und zu schwer hatte der Druck willkührlicher
Formen und Regeln auf der dichterischen Kraft im deutschen
Volke gelastet, um eine Befreiung von ihnen ohne den Ausbruch gewaltsam stürmender Anstrengungen, und einen Gebrauch der ungewohnten Freiheit ohne Entartung in Willkühr
hoffen zu lassen. Als mit dem Anfange des siebenten Jahr-
zehnts die willkührliche Beschränkung der conventionellen Poesie
ungestüm zersprengt ward, sollte jetzt dem Einzelnen, wie früher dem Volke die Dichtung als Naturpoesie entströmen. Das
innere Gesetz der Kunst, welches Einordnung der künstlerischen
Kraft des Einzelnen fordert, ward als unwürdige Fessel des
Geistes verneint; die Verwendung von Arbeit und Sorgfalt auf
das Kunstwerk fast verachtet; wie die Gedanken Gottes, sollten

die des Künstlers Werke sein. Formlosigkeit und Willkühr des Einzelnen drohte an die Stelle der Willkühr jener allgemeinen Regeln der conventionellen Poesie zu treten und die deutsche Kunst in der Geburt zu ersticken, falls es der rohen Kraft gelang, sich die Geltung als Kunst, der Blüthe aller Bildung und Gesittung zu gewinnen. Doch schon vor dem Ausbruch jenes fessellosen Ungestüms hatte Winkelmann Religion und Vaterland aufgegeben, um sich Gewißheit über das Gesetz des Schönen zu verschaffen. Sein Suchen und Forschen, obschon scheinbar vernichtet durch die unbändige Willkühr der siebenziger Jahre, war nicht vergeblich gewesen. In derselben Zeit, in welcher sich in Frankreich auf dem politischen Gebiete die Verwirklichung des Glaubens vorbereitete, nach welchem die Freiheit des Einzelnen durch die Zertrümmerung jeder allgemeinen Ordnung gewonnen werden sollte, wurde dieser Wahn in Deutschland auf dem Gebiete der Kunst überwunden und Göthes Tasso und Iphigenie lieferten den thatsächlichen Beweis, daß die Schöpferkraft des Dichters nur dann frei sich entfaltet, wenn sie das Gesetz der Kunst als Princip ihres Schaffens in sich aufgenommen hat.

In ihren größten Schöpfungen hatte die deutsche Poesie eine Höhe erreicht, welche die Form nur als den sichtbar gewordenen geistigen Gehalt erscheinen ließ. Der Werth des geistigen Gehalts giebt zwar an und für sich nie dem Kunstwerk seine Schönheit, aber immer entscheidet derselbe über die Möglichkeit der Schönheit und ihrer größeren oder geringeren Höhe. Gesteigert wird die Bedeutung des Gehaltes für die Poesie, wenn letztere in Rücksicht auf die Belebung eines erschlafften Volkes betrachtet wird, weil es in dieser Beziehung vielleicht wichtiger ist, was die Poesie dem Volke nahe bringt, als wie sie es nahe bringt. Nur in seiner eigenen Brust kann der Dichter die Quelle der Anmuth und Hoheit finden, welche der Poesie die Zaubergewalt über das Gemüth des Menschen giebt; keinen anderen Gehalt kann er seinem Werke geben, als den seines eigenen Lebens und da dieser stets bedingt ist durch

21

Herrschaft des Fremden und der alles durchbringenden Unreinheit lagen. Wie durch ein Wunder erstanden einzelne Männer, wie namentlich Gellert und Haller, deren Jugendbildung
in das erste Drittel des vorigen Jahrhunderts fällt, welche
frei von der Unreinheit ihrer Vorgänger und gehoben durch
das Streben, ihrem Volke zu nützen, den Schmutz, den so
viele Jahrzehnte aufgehäuft hatten, aus dem deutschen Volke
verdrängten und durch Entfernung der niedrigen Lust an schmutzi-
gen Reimereien dem Volke die Möglichkeit gewährten, das
Schöne, falls es ihnen sich nahte, zu empfinden. Die litterarische Herrschaft der Fremden ward schon durch den Kampf
Gottscheds mit den Schweizern erschüttert und Klopstock setzte
es sich zur Aufgabe seines Lebens, die Banden zu sprengen,
welche die Selbstständigkeit des deutschen Geistes gefesselt hielten. Wie Klopstock, fühlte Lessing sich tief empört über die
Verehrung und Nachahmung der Franzosen und bekämpfte ihre
Uebermacht mit der ganzen Gewalt seines großen Geistes.
Zwar wurde er bei diesem Kampfe nicht durch ein selbstbewuß-
tes Nationalgefühl geleitet, und verfolgte . in den Franzosen
weniger das Antinationale, als das für alle Nationen Unwahre; aber dieser Kampf mit Lessings Waffen geführt, brach
doch den Einfluß der französischen Litteratur in so weit, daß
sie nicht stark genug blieb, . den großen Genius, der bestimmt
war die nationale Poesie zu zeugen, in ihre Kreise zu ziehen.
Manche glückliche Umstände vereinigten sich, um der Entwickelung Göthes eine nationale Richtung zu geben. Die Größe
und der Glanz des alten Reiches trat ihm in den bedeutendsten Trümmern von früher Jugend an vor Augen. Zu einer
der wenigen, nicht gänzlich abgestorbenen Reichsstädte geboren, wuchs er in Zuständen und Verhältnissen auf, welche den
Knaben immer von Neuem auf das Reich hinführten. Eine
deutsche Königswahl und Königskrönung erfüllte, als der erste
großartige Gegenstand, seine jugendliche Phantasie. Chroni-
ken und Volksbücher machten ihn mit dem Geiste bekannt, von
dem jene Formen das Abbild gewesen waren. Wie hierdurch

die mittelalterliche Größe des deutschen Volkes Einfluß auf
ihn gewann, so ward er vor mißmuthigem Abwenden von
der entarteten Gegenwart dadurch bewahrt, daß zuerst nach
langer Zeit in seiner Kindheit die Deutschen in zwei, wenn
gleich sehr verschiedenartigen Erscheinungen Achtung einflößten,
in Klopstocks Messias und in den Thaten Friedrichs, welche
den Knaben durch seine frühsten Jahre begleiteten und mit Begeisterung erfüllten. Die französische Litteratur konnte die
Größe seines Genius nicht bezwingen. Auf französisch gewor-
denem Grund und Boden entledigte er sich und seine Nation
des französischen Einflusses.

Während dieser allmählig eintretenden Befreiung von der
Unreinheit und der Fremdherrschaft in der Literatur, spannten
sich zum dritten Mal die Kräfte im deutschen Volke an, um
nationale Kunstpoesie, das bisher den Deutschen versagte Gut,
zu erringen. Nur in der Naturpoesie kann in einer einzelnen
poetischen Schöpfung das gesammte nationale Leben einen
Ausdruck gewinnen. Die Kunstpoesie setzt, um erschöpfend national sein zu können, Vielfachheit und Mannigfaltigkeit der
poetischen Gebilde voraus, weil sie ihrer Natur nach die That
Einzelner ist und in keinem Einzelnen die gesammte Rationalität erscheint. Wenn daher in jedem concreten Dichterwerk
nur einzelne Seiten der Nationaltiät sich darstellen, während
andere fehlen, so liegt hierin so wenig ein Grund zur Verneinung des Vorhandenseins nationaler Poesie, als wenn in
jedem sich Richtungen finden, die nicht national sind, sondern
nur einem einzelnen Stande, oder einer einzelnen Landschaft
oder einem einzelnen Individuum angehören, weil so bald die
Kunstpoesie ins Leben getreten ist, der nationale Geist seinen
vollen Ausdruck nur in der gesammten Litteratur, nicht in einzelnen litterarischen Werken oder einzelnen Litteratoren findet,
deren nur individuelle oder locale Richtung, mag sie auch noch
so kräftig sich geltend machen, in der Litteratur dennoch gegen
das allen Dichtungen gemeinsame Nationale zurücktritt. Um
aber in der Vielheit und Mannigfaltigkeit der poetischen Schö-

pfungen den nationalen Geist vollaus in die Erscheinung treten zu sehen, muß die Vorbedingung erfüllt sein, daß sowohl das dichterische Schaffen als das Empfangen des Geschaffenen nicht auf einzelne Stände oder Gegenden oder Individuen beschränkt ist, sondern aus allen und für alle Gliederungen des Volkes die Macht der Poesie wirksam wird. Im Anfange des vorigen Jahrhunderts war es der Gelehrtenstand ausschließlich, aus welchem die Poesie sich von Neuem erhob. Durch die Bildung, welche sein europäischer Character ihm auch im Verfalle seiner eigenen Nation bewahrt hatte, war ihm und nur ihm die Möglichkeit dazu gegeben. Seine Glieder gehörten ihrer Geburt nach dem Mittelstande an, bewegten sich nur innerhalb desselben und entbehrten sowohl die großartigen Lebensverhältnisse, den freien Blick, die Feinheit der Formen, wie sie die große Welt entwickelt, als auch die derbe aber wahre Natürlichkeit, die naive treffende Ausdrucksweise, wie sie das nicht von conventionellen Fesseln gebundene Leben der unteren Stände erzeugt. Ihre Dichtungen wurden daher nicht Gemeingut der Nation, sondern blieben auf die mittleren Stände der Zeitgenossen beschränkt, während die höheren ausschließlich von der französischen Litteratur beherrscht wurden und die unteren für ihr poetisches Bedürfniß volle Befriedigung in dem Gesangbuche und in einzelnen Volksdichtungen fanden. Klopstocks großartiges Auftreten durchbrach zuerst die engen Schranken der poetischen Wirksamkeit, und als mit dem letzten Drittel des Jahrhunderts aus den verschiedensten Ständen Dichter hervortraten und auch die, welche ihrer Geburt nach dem Mittelstande angehörten, weit über die Gränzen desselben hinausgeführt und nicht Wenige von ihnen in die Kreise der Großen gezogen wurden und Anschauung ihrer Verhältnisse, Zustände und Lebensweise gewannen, als andere mit besonderer Vorliebe in dem unteren Volksleben verweilten und dasselbe poetisch darzustellen suchten, da trat auch die Empfänglichkeit für die Poesie aus den engen Gränzen einzelner Stände hinein in das Volk. Die vornehmen Männer, welche ihre

Bildung unter französischem Einfluß bereits abgeschlossen hat=
ten, starben allmählig aus und die jüngere Generation fand
in ihrer Nation eine Anregung, deren die vorhergehende ent=
behrt hatte. Das deutsche Volk hatte sich in Beziehung auf
Poesie seine höheren Stände wieder gewonnen. Fürstenhöfe,
wie Darmstadt, Bückeburg, Weimar, wurden von der Bewe=
gung ergriffen. Tief in die unteren Kreise der Nation hinein
brachte die zahllose Menge überall ausgelegter und weit ver=
breiteter Zeitschriften das Interesse für litterarische Erscheinun=
gen; selbst den arbeitenden und dienenden Volksklassen wurde
die dramatische Poesie durch Vermittelung der Theater vor die
Augen gebracht. Aus allen Gliederungen des Volkes erging
seit dem letzten Drittel des Jahrhunderts der Ruf der Dich=
tung, aber es fragt sich, ob es der rechte Ruf war, um den
Geist des Volkes politisch erregen und erheben zu können.

Mit kühner Hand greift die Kunst tief hinein in das den
Sinnen verborgene Reich des Geistigen, zaubert das Unsicht=
bare, indem sie ihm Form und Gestalt mit schöpferischer Kraft
verleiht, hinein in die Welt der Erscheinungen und bringt mit
der sinnlichen Darstellung dem menschlichen Bewußtsein zugleich
die höchsten geistigen Interessen nahe, die ihm außerdem viel=
leicht immer verborgen geblieben wären. Die Form im Gan=
zen und in allen ihren Theilen soll daher den Geist, den sie
mit der sinnlichen Welt vermittelt, durchscheinen lassen, keine
von ihm nicht belebten Elemente enthalten, aber auch keiner
entbehren, die dieser zu seiner vollen Darstellung bedarf. Sie
soll der Abdruck des Geistes und mit ihm zu einem einzigen
Ganzen gebildet sein. Auch in der Kunst der deutschen Poesie
des vorigen Jahrhunderts war es deßhalb zunächst die Form,
durch welche der Werth und die Höhe der Dichtung für das
Volk bedingt war. Das achtzehnte Jahrhundert hatte von der
Vorzeit eine Menge Formen und Regeln ererbt, welche gelehrte
Willkühr als allgemein bindend aufgestellt hatte. Die Dichter
des gelehrten Standes schwankten wohl zwischen den Formen
des Alterthums und der Gegenwart und zwischen denen der ver=

men zu erhalten, bis sie verbannt von den Höfen und aufgenommen von den Städten zunftmäßig als Meistergesang wie
jedes andere Handwerk betrieben ward. So verklangen die
großartigen Dichtungen der mittelalterlichen Kunst, ohne die
Entwickelung einer nationalen Poesie herbeigeführt zu haben.
Das deutsche Volk sah sich in dem entscheidenden Zeitpunkte
der Reise, in welchem es neben der Naturpoesie die nationale
Kunstpoesie bilden sollte, der Kräfte beraubt, die in dem geistig hervorragenden Ritterstande lagen und konnte ohne sie nicht
zur Aneignung der Kunst gelangen. Da aber dennoch innerhalb
des Volkes eine Kunstpoesie entstand, so ward mit ihrem Entstehen die Kraft, welche die Naturpoesie erzeugt hatte, zerstört,
weil immer die productive Naturkraft des Volkes sich in demselben Grade verschließt, in welchem die bewußte Kraft seiner
einzelnen Glieder erwacht. Zwar strömte der poetische Sinn
des deutschen Volkes in kernhaften und lieblichen Liedern aus,
zwar bildete er theils fremde Stoffe, theils tiefsinnig oder
schalkhaft aufgefaßte Erscheinungen des Volkslebens zu Gedichten in Prosa aus, deren schlichte Schönheit uns in den Volksbüchern noch jetzt erfreut. Aber alle diese Schöpfungen waren
doch zu untergeordnet, und wären sie auch großartiger gewesen, so stand gegen das Ende des funfzehnten Jahrhunderts
das deutsche Volk doch auf einer Stufe der Cultur, von welcher unabweislich die Kunstpoesie gefordert ward, falls das
nationale Leben einen poetischen Ausdruck gewinnen sollte. Da
nun diese sich nicht fand, so war die erste Anstrengung unseres Volkes zur Gewinnung einer nationalen Poesie erfolglos geblieben.

Nicht im Zeitalter der Reformation zeigt sich eine zweite
Kraftäußerung zur Erringung nationaler Kunst. Die neu erwachte Glaubenskraft war nicht das Gut eines einzelnen Alters, Standes oder einer einzelnen Gegend, sondern durchdrang
das ganze deutsche Volk. Ein Geist war es, der in Rücksicht
auf die Reformation Alle beseelte und die Mannigfaltigkeiten,
welche Bildung und Lebensstellung in entwickelteren Zuständen
hervorrufen, zurücktreten ließ. In dieser einen Beziehung stand

das deutsche Volk, wie es in seiner Jugendzeit in allen Beziehungen gestanden hatte und trieb als Ausdruck seiner inneren Erregung das deutsche Kirchenlied hervor. Wie bei der poetischen Gestaltung jener alten Sagen der Vorzeit, erschien es auch jetzt fast zufällig und bedeutungslos, ob Dieser oder Jener der Dichter des Kirchenliedes war, welches in weit geringerem Grade der Kunst als der Naturpoesie angehörte und nicht die Aufgabe hatte das Bedürfniß nach Kunstpoesie zu befriedigen. Von einer durchaus verschiedenen Seite her wurde dagegen etwas später der Versuch zur Gewinnung der Kunstpoesie gemacht. Sowohl das Kirchenlied der Reformation als die poetischen Ausbrüche der derben, in den Städten heimischen Lust, ruhten auf einem von der antiken Poesie durchaus verschiedenen Principe. Der gelehrte und wissenschaftlich gebildete Stand, welcher mit den griechischen und römischen Dichtern bekannt ward, mußte, falls er dichterische Thätigkeit entwickelte, entweder dem antiken oder dem nationalen Principe ausschließlich folgen, weil er von einer Beherrschung der Geistesschätze des classischen Alterthums zu entfernt war, um auf eine durch sie erlangte Bildung fußend, sich frei und schöpferisch in den Richtungen seiner Nation bewegen zu können. Der gelehrte Stand griff daher seinem Character gemäß zu Nachahmungen in lateinischer Sprache. Als aber die lebendige zuversichtliche Glaubenskraft mehr und mehr aufhörte Gemeingut der Nation zu sein, als dann in den Zeiten des dreißigjährigen Krieges der bessere Theil der Nation das unsägliche Elend mit starrer Resignation duldete und in seiner eigenen Kraft den Hort suchte, der ihn vor Verzweiflung schützen sollte, war eine Stimmung im deutschen Volke entstanden, welche nicht in dem früheren schroffen Gegensatz zu der des Alterthums stand, sondern ihr in wesentlichen Beziehungen nahe verwandt erschien. Nun fand der gelehrte Stand für seine poetischen Erregungen einen Anknüpfungspunkt in dem Leben seines Volkes und wendete sich der Dichtung in deutscher Sprache zu. Zum ersten und so Gott will zum letzten Mal

in unserer Geschichte, ging die Vertheidigung des ersten nationalen Gutes, der Sprache, vom deutschen Volke auf einzelne
Genossenschaften über, indem Fürsten, Grafen, Ritter und an-
gesehene Gelehrte anderer Geburtsstände Gesellschaften, wie
z. B. den Palmorden und den Blumenorden an der Pegnitz,
bildeten, in welchen die poetische Thätigkeit concentrirt ward.
Die aus denselben hervorgegangenen Dichtungen sprechen, so
weit sie die Zeitverhältnisse berühren, neben Wiederholung her-
gebrachter religiöser Formeln, starre Resignation und das
Streben aus, sich durch eigene Kraft und Tugend über das
Unvermeidliche zu erheben. Während der bessere Theil der Nation mit Männlichkeit und Erhaltung des eigenen Werthes
dem Unglücke und der Schmach entgegentrat, suchte ein anderer Theil im Genusse des Augenblickes und in den Lüsten ge-
meinster Sinnlichkeit das Elend zu vergessen. Schon während
des Krieges machte diese Richtung sich geltend und als die
Männer, deren Jugendbildung noch nicht von der Schmach des
Krieges zerknickt war, ausstarben, brach auch in der Poesie
die Elendigkeit der Gesinnung, das Matte und Erschlaffte des
Characters, der Schmutz grober Lüste ungescheut hervor, herrschte
allein und ward bewundert. In den „galanten Gedichten, verlieb-
ten Arien, Hochzeitliedern" war der Unflath in einer grauen-
erregenden Weise gehäuft und fehlt selbst in den Begräbnißge-
dichten nicht ganz. Was half es nun, daß nach dem Vorbilde der Alten und mehr noch der Holländer, Franzosen und
Italiener die weltliche Lyrik, der Roman, das Drama in ihrer äußeren Gestaltung hervortraten? Der Gottesfunke, welcher allein die Poesie erzeugt, war erstickt unter der Erbärmlichkeit des äußeren und der Unreinheit und Erschlaffung des
inneren Lebens. Zwar stellten die Dichter gegen das Ende des
siebenzehnten und im Anfange des achtzehnten Jahrhunderts
das geistige Leben eines großen Theils der damals in Deutschland lebenden Generation dar, aber gerade deßhalb ist ihre
Poesie keine nationale gewesen, weil die damals lebende Generation nicht mit dem deutschen Volke zusammenfiel.

Weder seine Ritter des Mittelalters noch seine Gelehrten
der späteren Zeit hatten dem deutschen Volke in der Kunstpoesie die nationale Poesie gewinnen können und dennoch war
es derselben im Anfange des achtzehnten Jahrhunderts mehr
als je bedürftig. Stumpfsinnig ließ die Nation die Weltbegebenheiten an sich vorüber rollen, selbst wenn sie ihr edle
Glieder entrissen und den Grund und Boden des Vaterlandes
zum europäischen Gemeingut machten. Die Folter des politischen Schamgefühls blieb ihr unbekannt trotz des verachtenden
Hohnes der Nachbarvölker. Ein staatliches Leben hatte sie
nicht und empfand kaum, daß ihr Etwas fehle. Wohl löste
ein Jahrzehent das Andere ab; aber wie der dürre Stamm
des einst lebendigen Baumes keine andere Veränderung im
Wechsel der Zeiten erleidet, als die des fortschreitenden Vermoderns, so waren die Formen des erstorbenen politischen Daseins nur in der fortschreitenden Auflösung beweglich. Diesen
Leichengeruch ertrug nicht nur das Volk, sondern hielt ihn
auch oft genug für gesunde Lebensluft. Versucht man die Hoffnung in sich lebendig zu machen, daß es der Poesie gelingen
könnte, ihre erwärmenden und erregenden Strahlen in das
politisch stumpfsinnige Volk zu werfen, stellt man sich vor, daß
fröhliche Gesänge in Feld und Haus erschallten, daß Lieder
der Liebe das Herz erweiterten, daß die stille Macht der religiösen und der tiefe Ernst der politischen Dichtung ihre Wirksamkeit entfaltete, daß die Hoheit und die Anmuth der Kunst
in voller Größe als nationales Gut in das Volk hineintrat;
macht man diese Hoffnungen in sich lebendig, dann sieht man
zugleich das Mittel, durch welches der politische Stumpfsinn
überwunden werden konnte; denn wo nur Leben überhaupt sich
regt, da drängt und arbeitet es nach allen Seiten hin, um
das Todte abzustoßen, das Schlafende zu wecken und den
Stumpfsinn erregbar zu machen. Aber die deutsche Poesie war
im Beginn des achtzehnten Jahrhunderts so tief entartet, daß
es, bevor schöpferische Thätigkeit erwartet werden konnte, einer Hinwegräumung der Hindernisse bedurfte, welche in der

Herrschaft des Fremden und der alles durchdringenden Unreinheit lagen. Wie durch ein Wunder erstanden einzelne Männer, wie namentlich Gellert und Haller, deren Jugendbildung
in das erste Drittel des vorigen Jahrhunderts fällt, welche
frei von der Unreinheit ihrer Vorgänger und gehoben durch
das Streben, ihrem Volke zu nützen, den Schmutz, den so
viele Jahrzehnte aufgehäuft hatten, aus dem deutschen Volke
verdrängten und durch Entfernung der niedrigen Lust an schmutzi-
gen Reimereien dem Volke die Möglichkeit gewährten, das
Schöne, falls es ihnen sich nahte, zu empfinden. Die litera-
rische Herrschaft der Fremden ward schon durch den Kampf
Gottscheds mit den Schweizern erschüttert und Klopstock setzte
es sich zur Aufgabe seines Lebens, die Banden zu sprengen,
welche die Selbstständigkeit des deutschen Geistes gefesselt hielten. Wie Klopstock, fühlte Lessing sich tief empört über die
Verehrung und Nachahmung der Franzosen und bekämpfte ihre
Uebermacht mit der ganzen Gewalt seines großen Geistes.
Zwar wurde er bei diesem Kampfe nicht durch ein selbstbewuß-
tes Nationalgefühl geleitet, und verfolgte in den Franzosen
weniger das Antinationale, als das für alle Nationen Unwahre; aber dieser Kampf mit Lessings Waffen geführt, brach
doch den Einfluß der französischen Litteratur in so weit, daß
sie nicht stark genug blieb, den großen Genius, der bestimmt
war die nationale Poesie zu zeugen, in ihre Kreise zu ziehen.
Manche glückliche Umstände vereinigten sich, um der Entwickelung Göthes eine nationale Richtung zu geben. Die Größe
und der Glanz des alten Reiches trat ihm in den bedeutendsten Trümmern von früher Jugend an vor Augen. In einer
der wenigen, nicht gänzlich abgestorbenen Reichsstädte geboren, wuchs er in Zuständen und Verhältnissen auf, welche den
Knaben immer von Neuem auf das Reich hinführten. Eine
deutsche Königswahl und Königskrönung erfüllte, als der erste
großartige Gegenstand, seine jugendliche Phantasie. Chroni-
ken und Volksbücher machten ihn mit dem Geiste bekannt, von
dem jene Formen das Abbild gewesen waren. Wie hierdurch

die mittelalterliche Größe des deutschen Volkes Einfluß auf
ihn gewann, so ward er vor mißmuthigem Abwenden von
der entarteten Gegenwart dadurch bewahrt, daß zuerst nach
langer Zeit in seiner Kindheit die Deutschen in zwei, wenn
gleich sehr verschiedenartigen Erscheinungen Achtung einflößten,
in Klopstocks Messias und in den Thaten Friedrichs, welche
den Knaben durch seine frühsten Jahre begleiteten und mit Begeisterung erfüllten. Die französische Litteratur konnte die
Größe seines Genius nicht bezwingen. Auf französisch gewor-
denem Grund und Boden entledigte er sich und seine Nation
des französischen Einflusses.

Während dieser allmählig eintretenden Befreiung von der
Unreinheit und der Fremdherrschaft in der Literatur, spannten
sich zum dritten Mal die Kräfte im deutschen Volke an, um
nationale Kunstpoesie, das bisher den Deutschen versagte Gut,
zu erringen. Nur in der Naturpoesie kann in einer einzelnen
poetischen Schöpfung das gesammte nationale Leben einen
Ausdruck gewinnen. Die Kunstpoesie setzt, um erschöpfend national sein zu können, Vielfachheit und Mannigfaltigkeit der
poetischen Gebilde voraus, weil sie ihrer Natur nach die That
Einzelner ist und in keinem Einzelnen die gesammte Rationalität erscheint. Wenn daher in jedem concreten Dichterwerk
nur einzelne Seiten der Nationaltiät sich darstellen, während
andere fehlen, so liegt hierin so wenig ein Grund zur Verneinung des Vorhandenseins nationaler Poesie, als wenn in
jedem sich Richtungen finden, die nicht national sind, sondern
nur einem einzelnen Stande, oder einer einzelnen Landschaft
oder einem einzelnen Individuum angehören, weil so bald die
Kunstpoesie ins Leben getreten ist, der nationale Geist seinen
vollen Ausdruck nur in der gesammten Litteratur, nicht in einzelnen litterarischen Werken oder einzelnen Litteratoren findet,
deren nur individuelle oder locale Richtung, mag sie auch noch
so kräftig sich geltend machen, in der Litteratur dennoch gegen
das allen Dichtungen gemeinsame Nationale zurücktritt. Um
aber in der Vielheit und Mannigfaltigkeit der poetischen Schö-

pfungen den nationalen Geist vollaus in die Erscheinung treten
zu sehen, muß die Vorbedingung erfüllt sein, daß sowohl das
dichterische Schaffen als das Empfangen des Geschaffenen nicht
auf einzelne Stände oder Gegenden oder Individuen beschränkt
ist, sondern aus allen und für alle Gliederungen des Volkes
die Macht der Poesie wirksam wird. Im Anfange des vorigen
Jahrhunderts war es der Gelehrtenstand ausschließlich, aus
welchem die Poesie sich von Neuem erhob. Durch die Bildung, welche sein europäischer Character ihm auch im Verfalle seiner eigenen Nation bewahrt hatte, war ihm und nur
ihm die Möglichkeit dazu gegeben. Seine Glieder gehörten
ihrer Geburt nach dem Mittelstande an, bewegten sich nur innerhalb desselben und entbehrten sowohl die großartigen Lebensverhältnisse, den freien Blick, die Feinheit der Formen,
wie sie die große Welt entwickelt, als auch die derbe aber
wahre Natürlichkeit, die naive treffende Ausdrucksweise, wie
sie das nicht von conventionellen Fesseln gebundene Leben der
unteren Stände erzeugt. Ihre Dichtungen wurden daher nicht
Gemeingut der Nation, sondern blieben auf die mittleren
Stände der Zeitgenossen beschränkt, während die höheren ausschließlich von der französischen Litteratur beherrscht wurden und
die unteren für ihr poetisches Bedürfniß volle Befriedigung
in dem Gesangbuche und in einzelnen Volksdichtungen fanden.
Klopstocks großartiges Auftreten durchbrach zuerst die engen
Schranken der poetischen Wirksamkeit, und als mit dem letzten
Drittel des Jahrhunderts aus den verschiedensten Ständen
Dichter hervortraten und auch die, welche ihrer Geburt nach
dem Mittelstande angehörten, weit über die Gränzen desselben
hinausgeführt und nicht Wenige von ihnen in die Kreise der
Großen gezogen wurden und Anschauung ihrer Verhältnisse,
Zustände und Lebensweise gewannen, als andere mit besonderer Vorliebe in dem unteren Volksleben verweilten und dasselbe poetisch darzustellen suchten, da trat auch die Empfänglichkeit für die Poesie aus den engen Gränzen einzelner Stände
hinein in das Volk. Die vornehmen Männer, welche ihre

Bildung unter französischem Einfluß bereits abgeschlossen hatten, starben allmählig aus und die jüngere Generation fand in ihrer Nation eine Anregung, deren die vorhergehende entbehrt hatte. Das deutsche Volk hatte sich in Beziehung auf Poesie seine höheren Stände wieder gewonnen. Fürstenhöfe, wie Darmstadt, Bückeburg, Weimar, wurden von der Bewegung ergriffen. Tief in die unteren Kreise der Nation hinein brachte die zahllose Menge überall ausgelegter und weit verbreiteter Zeitschriften das Interesse für litterarische Erscheinungen; selbst den arbeitenden und dienenden Volksklassen wurde die dramatische Poesie durch Vermittelung der Theater vor die Augen gebracht. Aus allen Gliederungen des Volkes erging seit dem letzten Drittel des Jahrhunderts der Ruf der Dichtung, aber es fragt sich, ob es der rechte Ruf war, um den Geist des Volkes politisch erregen und erheben zu können.

Mit kühner Hand greift die Kunst tief hinein in das den Sinnen verborgene Reich des Geistigen, zaubert das Unsichtbare, indem sie ihm Form und Gestalt mit schöpferischer Kraft verleiht, hinein in die Welt der Erscheinungen und bringt mit der sinnlichen Darstellung dem menschlichen Bewußtsein zugleich die höchsten geistigen Interessen nahe, die ihm außerdem vielleicht immer verborgen geblieben wären. Die Form im Ganzen und in allen ihren Theilen soll daher den Geist, den sie mit der sinnlichen Welt vermittelt, durchscheinen lassen, keine von ihm nicht belebten Elemente enthalten, aber auch keiner entbehren, die dieser zu seiner vollen Darstellung bedarf. Sie soll der Abdruck des Geistes und mit ihm zu einem einzigen Ganzen gebildet sein. Auch in der Kunst der deutschen Poesie des vorigen Jahrhunderts war es deßhalb zunächst die Form, durch welche der Werth und die Höhe der Dichtung für das Volk bedingt war. Das achtzehnte Jahrhundert hatte von der Vorzeit eine Menge Formen und Regeln ererbt, welche gelehrte Willkühr als allgemein bindend aufgestellt hatte. Die Dichter des gelehrten Standes schwankten wohl zwischen den Formen des Alterthums und der Gegenwart und zwischen denen der ver-

schiedenen mitlebenden Nationen, aber immer waren sie in den
Zunftzwang gebannt, suchten fertige Formen, welche über jegliche geistige Wahrheit gegossen, das Kunstwerk ausmachen
sollten und hielten mit peinlicher Aengstlichkeit die vorgefundenen Regeln ein. Fertige Formen aber, in welche ein geistiger
Gehalt beliebig hineingesetzt wird, können nie von diesem durchdrungen sein und nie denselben in die Erscheinung treten lassen,
sondern bleiben immer nur ein unbelebtes Aeußere; ihr geistiger Gehalt, falls wirklich ein solcher in sie hineingelegt ist,
bleibt immer ein nur Geistiges, ein Verborgenes und das Wesen des Kunstwerks, die Einheit des Geistes und der Form
ist unerreicht und auf diesem Wege unerreichbar. Klopstock
und Lessing, welche zuerst die Herrschaft des Fremden zerbro-
chen hatten, zerbrachen auch als die Ersten die Fesseln, welche
durch die Regeln der conventionellen Poesie der schöpferischen
Kraft der Kunst angelegt waren; Klopstock indem er ohne
Rücksicht auf dieselben bei seinem dichterischen Schaffen auftrat, Lessing, indem er das Nichtige jener Regeln und fertigen
Formen in seiner Blöße zeigte. Zu ihnen gesellte sich in dieser Beziehung Wieland, indem er für den leichten gesellschaftlichen Gehalt seiner Dichtungen die entsprechende Form in der
Aneignung einer leichten gesellschaftlichen Sprache gewann.
Aber zu lange und zu schwer hatte der Druck willkührlicher
Formen und Regeln auf der dichterischen Kraft im deutschen
Volke gelastet, um eine Befreiung von ihnen ohne den Ausbruch gewaltsam stürmender Anstrengungen, und einen Gebrauch der ungewohnten Freiheit ohne Entartung in Willkühr
hoffen zu lassen. Als mit dem Anfange des siebenten Jahr-
zehnts die willkührliche Beschränkung der conventionellen Poesie
ungestüm zersprengt ward, sollte jetzt dem Einzelnen, wie früher dem Volke die Dichtung als Naturpoesie entströmen. Das
innere Gesetz der Kunst, welches Einordnung der künstlerischen
Kraft des Einzelnen fordert, ward als unwürdige Fessel des
Geistes verneint; die Verwendung von Arbeit und Sorgfalt auf
das Kunstwerk fast verachtet; wie die Gedanken Gottes, sollten

die des Künstlers Werke sein. Formlosigkeit und Willkühr des Einzelnen drohte an die Stelle der Willkühr jener allgemeinen Regeln der conventionellen Poesie zu treten und die deutsche Kunst in der Geburt zu ersticken, falls es der rohen Kraft gelang, sich die Geltung als Kunst, der Blüthe aller Bildung und Gesittung zu gewinnen. Doch schon vor dem Ausbruch jenes fessellosen Ungestüms hatte Winkelmann Religion und Vaterland aufgegeben, um sich Gewißheit über das Gesetz des Schönen zu verschaffen. Sein Suchen und Forschen, obschon scheinbar vernichtet durch die unbändige Willkühr der siebenziger Jahre, war nicht vergeblich gewesen. In derselben Zeit, in welcher sich in Frankreich auf dem politischen Gebiete die Verwirklichung des Glaubens vorbereitete, nach welchem die Freiheit des Einzelnen durch die Zertrümmerung jeder allgemeinen Ordnung gewonnen werden sollte, wurde dieser Wahn in Deutschland auf dem Gebiete der Kunst überwunden und Göthes Tasso und Iphigenie lieferten den thatsächlichen Beweis, daß die Schöpferkraft des Dichters nur dann frei sich entfaltet, wenn sie das Gesetz der Kunst als Princip ihres Schaffens in sich aufgenommen hat.

In ihren größten Schöpfungen hatte die deutsche Poesie eine Höhe erreicht, welche die Form nur als den sichtbar gewordenen geistigen Gehalt erscheinen ließ. Der Werth des geistigen Gehalts giebt zwar an und für sich nie dem Kunstwerk seine Schönheit, aber immer entscheidet derselbe über die Möglichkeit der Schönheit und ihrer größeren oder geringeren Höhe. Gesteigert wird die Bedeutung des Gehaltes für die Poesie, wenn letztere in Rücksicht auf die Belebung eines erschlafften Volkes betrachtet wird, weil es in dieser Beziehung vielleicht wichtiger ist, was die Poesie dem Volke nahe bringt, als wie sie es nahe bringt. Nur in seiner eigenen Brust kann der Dichter die Quelle der Anmuth und Hoheit finden, welche der Poesie die Zaubergewalt über das Gemüth des Menschen giebt; keinen anderen Gehalt kann er seinem Werke geben, als den seines eigenen Lebens und da dieser stets bedingt ist durch

21

den Gehalt, welchen das Leben seines Volkes in sich trägt,
so kann der Dichter nur dann erregend und belebend auf seine
Nation wirken, wenn diese auch ihn hebt und trägt. Die Generation, in welcher während der ersten Hälfte des vorigen
Jahrhunderts das deutsche Volk erschien, ließ höchstens die
Kraft und Innigkeit desselben ahnen, vermochte aber nicht den
Einzelnen mit der ganzen Macht der großartigen Nationalität
zu erfassen. Das Leere, welches das Volksleben erniedrigte,
hinderte die Erhebung des Dichters. Von seinem Volke nicht
getragen, entbehrte er einer kraftvollen ausgeprägten Eigenthümlichkeit und des Stoffes, an welchem der dichterische Geist
sich hätte entfalten können. Eine selbstgeschaffene, und darum
unwahre Welt machten die Dichter zur Welt der Poesie, beschrieben und besangen Liebe, Tugend, Natur in ihrer Allgemeinheit, ohne ihnen eine markige Gestalt verleihen zu können
und wurden unwillkührlich zu der kleinlichen Behaglichkeit und
breiten Plattheit geführt, welche dem Mittelstande, wenn er
von seinem Volke gesondert ist, so leicht durch das glückliche
Loos eines gleichmäßigen Daseins eingeimpft wird.

So lange unserem Volke das Gefühl des eigenen Werthes
sich selbst und anderen Nationen gegenüber fehlte, war eine
kraftvolle Gestaltung nationaler Eigenthümlichkeit nicht zu hoffen. Nur in dem religiösen Bewußtsein, welches auch den Zertretenen nicht verläßt und auch in ihm eine lebendige Ausbildung
gewinnen kann fand die deutsche neuere Poesie ihren ersten
wahrhaften Gehalt, an welchem der dichterische Geist sich entfaltete. Die lebendigen, aus dem Herzen kommenden und zum
Herzen gehenden religiösen Beziehungen, welche Haller und
Gellert den von Natur und Sittlichkeit empfangenen Eindrük-
ken verliehen, erhoben nicht wenige ihrer lyrischen Dichtungen
weit über die ihrer Zeitgenossen; als in Klopstock's Messias
die That der Erlösung zur Seele eines großartigen epischen
Kunstwerks gemacht war, wurden dem deutschen Volke nicht
nur die tiefsten und ergreifendsten Ideen sinnlich vermittelt nahe
gebracht, sondern ihm auch die Auffassung derselben, wie sie

in Deutschland und nur in Deutschland durch das Zusammentreffen des Orthodoxismus mit dem Pietismus sich gebildet
hatte, vor die Seele geführt. Verwundert und mit staunender
Theilnahme sahen die Deutschen zum ersten Mal sich selbst in
der einzigen Richtung dichterisch abgespiegelt, in welcher sie
sich mit einer gewissen Kraft eigenthümlich entwickelt hatten.
Auch in den späteren Dichtungen Klopstock's, so wie in den
früheren Werken Herders ist es vorwiegend der christlich-reli-
giöse Gehalt, von welchem sich ihre Bedeutung herleitete.
Aber schon in Wieland und seit den siebenziger Jahren sehr
allgemein trat der christliche Gehalt zurück, und ward wie im
Leben, so auch in der Poesie ein Gegenstand der Bekämpfung.
Wohl erschien auch jetzt in manchen Dichtungen, gleichsam ihren
Hintergrund bildend, das religiöse Bewußtsein; aber es enthielt weder die eigenthümlich deutsche Auffassung des Christenthums, noch überhaupt christliche Auffassung, sondern eine Religion, wie sie jedem Menschen die eigene Empfindung oder
der eigne Verstand zuführte. In den Jahren, in welchen die
deutsche Poesie sich ihrer höchsten Ausbildung näherte, ging
ihr nicht nur das höchste menschliche Interesse als unmittelbarer
Gehalt verloren, sondern den Dichtungen fehlte auch jede Beziehung auf dasselbe.

Dagegen schien, als Friedrich durch seine Größe zuerst
seit langer Zeit in dem protestantischen Theile des deutschen
Volkes ein Gefühl der eigenen Bedeutung erweckt hatte, ein
politischer und nationaler Stoff den Gehalt der deutschen Poesie bilden zu sollen. Gleims Grenadierlieder, Ramlers Oden
an seinen König, Lessings Minna von Barnhelm verließen sofort die selbstgeschaffene Idyllenwelt und die matten Ergießun-
gen der Liebe und Naturbewunderung. Sie standen auf dem
festen Boden einer Wirklichkeit, welche den Dichter weit hinaus über die kleinlichen Zustände des täglichen Lebens in eine
Welt der großartigsten Verhältnisse führte. Kampf und Sieg,
Begeisterung für den großen König erhob die Dichter und die
Deutschen. Aber demungeachtet blieb das Volk als solches im

Herrschaft des Fremden und der alles durchdringenden Unreinheit lagen. Wie durch ein Wunder erstanden einzelne Männer, wie namentlich Gellert und Haller, deren Jugendbildung
in das erste Drittel des vorigen Jahrhunderts fällt, welche
frei von der Unreinheit ihrer Vorgänger und gehoben durch
das Streben, ihrem Volke zu nützen, den Schmutz, den so
viele Jahrzehnte aufgehäuft hatten, aus dem deutschen Volke
verdrängten und durch Entfernung der niedrigen Lust an schmutzi-
gen Reimereien dem Volke die Möglichkeit gewährten, das
Schöne, falls es ihnen sich nahte, zu empfinden. Die litterarische Herrschaft der Fremden ward schon durch den Kampf
Gottscheds mit den Schweizern erschüttert und Klopstock setzte
es sich zur Aufgabe seines Lebens, die Banden zu sprengen,
welche die Selbstständigkeit des deutschen Geistes gefesselt hielten. Wie Klopstock, fühlte Lessing sich tief empört über die
Verehrung und Nachahmung der Franzosen und bekämpfte ihre
Uebermacht mit der ganzen Gewalt seines großen Geistes.
Zwar wurde er bei diesem Kampfe nicht durch ein selbstbewuß-
tes Nationalgefühl geleitet, und verfolgte in den Franzosen
weniger das Antinationale, als das für alle Nationen Unwahre; aber dieser Kampf mit Lessings Waffen geführt, brach
doch den Einfluß der französischen Litteratur in so weit, daß
sie nicht stark genug blieb, den großen Genius, der bestimmt
war die nationale Poesie zu zeugen, in ihre Kreise zu ziehen.
Manche glückliche Umstände vereinigten sich, um der Entwickelung Göthes eine nationale Richtung zu geben. Die Größe
und der Glanz des alten Reiches trat ihm in den bedeutendsten Trümmern von früher Jugend an vor Augen. In einer
der wenigen, nicht gänzlich abgestorbenen Reichsstädte geboren, wuchs er in Zuständen und Verhältnissen auf, welche den
Knaben immer von Neuem auf das Reich hinführten. Eine
deutsche Königswahl und Königskrönung erfüllte, als der erste
großartige Gegenstand, seine jugendliche Phantasie. Chroni-
ken und Volksbücher machten ihn mit dem Geiste bekannt, von
dem jene Formen das Abbild gewesen waren. Wie hierdurch

die mittelalterliche Größe des deutschen Volkes Einfluß auf
ihn gewann, so ward er vor mißmuthigem Abwenden von
der entarteten Gegenwart dadurch bewahrt, daß zuerst nach
langer Zeit in seiner Kindheit die Deutschen in zwei, wenn
gleich sehr verschiedenartigen Erscheinungen Achtung einflößten,
in Klopstocks Messias und in den Thaten Friedrichs, welche
den Knaben durch seine frühsten Jahre begleiteten und mit Be=
geisterung erfüllten. Die französische Litteratur konnte die
Größe seines Genius nicht bezwingen. Auf französisch gewor=
denem Grund und Boden entledigte er sich und seine Nation
des französischen Einflusses.

Während dieser allmählig eintretenden Befreiung von der
Unreinheit und der Fremdherrschaft in der Litteratur, spannten
sich zum dritten Mal die Kräfte im deutschen Volke an, um
nationale Kunstpoesie, das bisher den Deutschen versagte Gut,
zu erringen. Nur in der Naturpoesie kann in einer einzelnen
poetischen Schöpfung das gesammte nationale Leben einen
Ausdruck gewinnen. Die Kunstpoesie setzt, um erschöpfend na=
tional sein zu können, Vielfachheit und Mannigfaltigkeit der
poetischen Gebilde voraus, weil sie ihrer Natur nach die That
Einzelner ist und in keinem Einzelnen die gesammte Rationa=
lität erscheint. Wenn daher in jedem concreten Dichterwerk
nur einzelne Seiten der Nationaltiät sich darstellen, während
andere fehlen, so liegt hierin so wenig ein Grund zur Ver=
neinung des Vorhandenseins nationaler Poesie, als wenn in
jedem sich Richtungen finden, die nicht national sind, sondern
nur einem einzelnen Stande, oder einer einzelnen Landschaft
oder einem einzelnen Individuum angehören, weil so bald die
Kunstpoesie ins Leben getreten ist, der nationale Geist seinen
vollen Ausdruck nur in der gesammten Litteratur, nicht in ein=
zelnen litterarischen Werken oder einzelnen Litteratoren findet,
deren nur individuelle oder locale Richtung, mag sie auch noch
so kräftig sich geltend machen, in der Litteratur dennoch gegen
das allen Dichtungen gemeinsame Nationale zurücktritt. Um
aber in der Vielheit und Mannigfaltigkeit der poetischen Schö=

pfungen den nationalen Geist vollaus in die Erscheinung treten zu sehen, muß die Vorbedingung erfüllt sein, daß sowohl das dichterische Schaffen als das Empfangen des Geschaffenen nicht auf einzelne Stände oder Gegenden oder Individuen beschränkt ist, sondern aus allen und für alle Gliederungen des Volkes die Macht der Poesie wirksam wird. Im Anfange des vorigen Jahrhunderts war es der Gelehrtenstand ausschließlich, aus welchem die Poesie sich von Neuem erhob. Durch die Bildung, welche sein europäischer Character ihm auch im Verfalle seiner eigenen Nation bewahrt hatte, war ihm und nur ihm die Möglichkeit dazu gegeben. Seine Glieder gehörten ihrer Geburt nach dem Mittelstande an, bewegten sich nur innerhalb desselben und entbehrten sowohl die großartigen Lebensverhältnisse, den freien Blick, die Feinheit der Formen, wie sie die große Welt entwickelt, als auch die derbe aber wahre Natürlichkeit, die naive treffende Ausdrucksweise, wie sie das nicht von conventionellen Fesseln gebundene Leben der unteren Stände erzeugt. Ihre Dichtungen wurden daher nicht Gemeingut der Nation, sondern blieben auf die mittleren Stände der Zeitgenossen beschränkt, während die höheren ausschließlich von der französischen Litteratur beherrscht wurden und die unteren für ihr poetisches Bedürfniß volle Befriedigung in dem Gesangbuche und in einzelnen Volksdichtungen fanden. Klopstocks großartiges Auftreten durchbrach zuerst die engen Schranken der poetischen Wirksamkeit, und als mit dem letzten Drittel des Jahrhunderts aus den verschiedensten Ständen Dichter hervortraten und auch die, welche ihrer Geburt nach dem Mittelstande angehörten, weit über die Gränzen desselben hinausgeführt und nicht Wenige von ihnen in die Kreise der Großen gezogen wurden und Anschauung ihrer Verhältnisse, Zustände und Lebensweise gewannen, als andere mit besonderer Vorliebe in dem unteren Volksleben verweilten und dasselbe poetisch darzustellen suchten, da trat auch die Empfänglichkeit für die Poesie aus den engen Gränzen einzelner Stände hinein in das Volk. Die vornehmen Männer, welche ihre

Bildung unter französischem Einfluß bereits abgeschlossen hatten, starben allmählig aus und die jüngere Generation fand in ihrer Nation eine Anregung, deren die vorhergehende entbehrt hatte. Das deutsche Volk hatte sich in Beziehung auf Poesie seine höheren Stände wieder gewonnen. Fürstenhöfe, wie Darmstadt, Bückeburg, Weimar, wurden von der Bewegung ergriffen. Tief in die unteren Kreise der Nation hinein brachte die zahllose Menge überall ausgelegter und weit verbreiteter Zeitschriften das Interesse für litterarische Erscheinungen; selbst den arbeitenden und dienenden Volksklassen wurde die dramatische Poesie durch Vermittelung der Theater vor die Augen gebracht. Aus allen Gliederungen des Volkes erging seit dem letzten Drittel des Jahrhunderts der Ruf der Dichtung, aber es fragt sich, ob es der rechte Ruf war, um den Geist des Volkes politisch erregen und erheben zu können.

Mit kühner Hand greift die Kunst tief hinein in das den Sinnen verborgene Reich des Geistigen, zaubert das Unsichtbare, indem sie ihm Form und Gestalt mit schöpferischer Kraft verleiht, hinein in die Welt der Erscheinungen und bringt mit der sinnlichen Darstellung dem menschlichen Bewußtsein zugleich die höchsten geistigen Interessen nahe, die ihm außerdem vielleicht immer verborgen geblieben wären. Die Form im Ganzen und in allen ihren Theilen soll daher den Geist, den sie mit der sinnlichen Welt vermittelt, durchscheinen lassen, keine von ihm nicht belebten Elemente enthalten, aber auch keiner entbehren, die dieser zu seiner vollen Darstellung bedarf. Sie soll der Abdruck des Geistes und mit ihm zu einem einzigen Ganzen gebildet sein. Auch in der Kunst der deutschen Poesie des vorigen Jahrhunderts war es deßhalb zunächst die Form, durch welche der Werth und die Höhe der Dichtung für das Volk bedingt war. Das achtzehnte Jahrhundert hatte von der Vorzeit eine Menge Formen und Regeln ererbt, welche gelehrte Willkühr als allgemein bindend aufgestellt hatte. Die Dichter des gelehrten Standes schwankten wohl zwischen den Formen des Alterthums und der Gegenwart und zwischen denen der ver-

schiedenen mitlebenden Nationen, aber immer waren sie in dem
Zunftzwang gebannt, suchten fertige Formen, welche über jegliche geistige Wahrheit gegossen, das Kunstwerk ausmachen
sollten und hielten mit peinlicher Aengstlichkeit die vorgefundenen Regeln ein. Fertige Formen aber, in welche ein geistiger
Gehalt beliebig hineingesetzt wird, können nie von diesem durchdrungen sein und nie denselben in die Erscheinung treten lassen,
sondern bleiben immer nur ein unbelebtes Aeußere; ihr geistiger Gehalt, falls wirklich ein solcher in sie hineingelegt ist,
bleibt immer ein nur Geistiges, ein Verborgenes und das Wesen des Kunstwerks, die Einheit des Geistes und der Form
ist unerreicht und auf diesem Wege unerreichbar. Klopstock
und Lessing, welche zuerst die Herrschaft des Fremden zerbro-
chen hatten, zerbrachen auch als die Ersten die Fesseln, welche
durch die Regeln der conventionellen Poesie der schöpferischen
Kraft der Kunst angelegt waren; Klopstock indem er ohne
Rücksicht auf dieselben bei seinem dichterischen Schaffen auftrat, Lessing, indem er das Nichtige jener Regeln und fertigen
Formen in seiner Blöße zeigte. Zu ihnen gesellte sich in dieser Beziehung Wieland, indem er für den leichten gesellschaftlichen Gehalt seiner Dichtungen die entsprechende Form in der
Aneignung einer leichten gesellschaftlichen Sprache gewann.
Aber zu lange und zu schwer hatte der Druck willkührlicher
Formen und Regeln auf der dichterischen Kraft im deutschen
Volke gelastet, um eine Befreiung von ihnen ohne den Ausbruch gewaltsam stürmender Anstreugungen, und einen Gebrauch der ungewohnten Freiheit ohne Entartung in Willkühr
hoffen zu lassen. Als mit dem Anfange des siebenten Jahr-
zehnts die willkührliche Beschränkung der conventionellen Poesie
ungestüm zersprengt ward, sollte jetzt dem Einzelnen, wie früher dem Volke die Dichtung als Naturpoesie entströmen. Das
innere Gesetz der Kunst, welches Einordnung der künstlerischen
Kraft des Einzelnen fordert, ward als unwürdige Fessel des
Geistes verneint; die Verwendung von Arbeit und Sorgfalt auf
das Kunstwerk fast verachtet; wie die Gedanken Gottes, sollten

die des Künstlers Werke sein. Formlosigkeit und Willkühr des Einzelnen drohte an die Stelle der Willkühr jener allgemeinen Regeln der conventionellen Poesie zu treten und die deutsche Kunst in der Geburt zu ersticken, falls es der rohen Kraft gelang, sich die Geltung als Kunst, der Blüthe aller Bildung und Gesittung zu gewinnen. Doch schon vor dem Ausbruch jenes fessellosen Ungestüms hatte Winkelmann Religion und Vaterland aufgegeben, um sich Gewißheit über das Gesetz des Schönen zu verschaffen. Sein Suchen und Forschen, obschon scheinbar vernichtet durch die unbändige Willkühr der siebenziger Jahre, war nicht vergeblich gewesen. In derselben Zeit, in welcher sich in Frankreich auf dem politischen Gebiete die Verwirklichung des Glaubens vorbereitete, nach welchem die Freiheit des Einzelnen durch die Zertrümmerung jeder allgemeinen Ordnung gewonnen werden sollte, wurde dieser Wahn in Deutschland auf dem Gebiete der Kunst überwunden und Göthes Tasso und Iphigenie lieferten den thatsächlichen Beweis, daß die Schöpferkraft des Dichters nur dann frei sich entfaltet, wenn sie das Gesetz der Kunst als Princip ihres Schaffens in sich aufgenommen hat.

In ihren größten Schöpfungen hatte die deutsche Poesie eine Höhe erreicht, welche die Form nur als den sichtbar gewordenen geistigen Gehalt erscheinen ließ. Der Werth des geistigen Gehalts giebt zwar an und für sich nie dem Kunstwerk seine Schönheit, aber immer entscheidet derselbe über die Möglichkeit der Schönheit und ihrer größeren oder geringeren Höhe. Gesteigert wird die Bedeutung des Gehaltes für die Poesie, wenn letztere in Rücksicht auf die Belebung eines erschlafften Volkes betrachtet wird, weil es in dieser Beziehung vielleicht wichtiger ist, was die Poesie dem Volke nahe bringt, als wie sie es nahe bringt. Nur in seiner eigenen Brust kann der Dichter die Quelle der Anmuth und Hoheit finden, welche der Poesie die Zaubergewalt über das Gemüth des Menschen giebt; keinen anderen Gehalt kann er seinem Werke geben, als den seines eigenen Lebens und da dieser stets bedingt ist durch

21

den Gehalt, welchen das Leben seines Volkes in sich trägt,
so kann der Dichter nur dann erregend und belebend auf seine
Nation wirken, wenn diese auch ihn hebt und trägt. Die Generation, in welcher während der ersten Hälfte des vorigen
Jahrhunderts das deutsche Volk erschien, ließ höchstens die
Kraft und Innigkeit desselben ahnen, vermochte aber nicht den
Einzelnen mit der ganzen Macht der großartigen Nationalität
zu erfassen. Das Leere, welches das Volksleben erniedrigte,
hinderte die Erhebung des Dichters. Von seinem Volke nicht
getragen, entbehrte er einer kraftvollen ausgeprägten Eigenthümlichkeit und des Stoffes, an welchem der dichterische Geist
sich hätte entfalten können. Eine selbstgeschaffene, und darum
unwahre Welt machten die Dichter zur Welt der Poesie, beschrieben und besangen Liebe, Tugend, Natur in ihrer Allgemeinheit, ohne ihnen eine markige Gestalt verleihen zu können
und wurden unwillkührlich zu der kleinlichen Behaglichkeit und
breiten Plattheit geführt, welche dem Mittelstande, wenn er
von seinem Volke gesondert ist, so leicht durch das glückliche
Loos eines gleichmäßigen Daseins eingeimpft wird.

So lange unserem Volke das Gefühl des eigenen Werthes
sich selbst und anderen Nationen gegenüber fehlte, war eine
kraftvolle Gestaltung nationaler Eigenthümlichkeit nicht zu hoffen. Nur in dem religiösen Bewußtsein, welches auch den Zertretenen nicht verläßt und auch in ihm eine lebendige Ausbildung
gewinnen kann fand die deutsche neuere Poesie ihren ersten
wahrhaften Gehalt, an welchem der dichterische Geist sich entfaltete. Die lebendigen, aus dem Herzen kommenden und zum
Herzen gehenden religiösen Beziehungen, welche Haller und
Gellert den von Natur und Sittlichkeit empfangenen Eindrü-
ken verliehen, erhoben nicht wenige ihrer lyrischen Dichtungen
weit über die ihrer Zeitgenossen; als in Klopstock's Messias
die That der Erlösung zur Seele eines großartigen epischen
Kunstwerks gemacht war, wurden dem deutschen Volke nicht
nur die tiefsten und ergreifendsten Ideen sinnlich vermittelt nahe
gebracht, sondern ihm auch die Auffassung derselben, wie sie

in Deutschland und nur in Deutschland durch das Zusammen=
treffen des Orthodorismus mit dem Pietismus sich gebildet
hatte, vor die Seele geführt. Verwundert und mit staunender
Theilnahme sahen die Deutschen zum ersten Mal sich selbst in
der einzigen Richtung dichterisch abgespiegelt, in welcher sie
sich mit einer gewissen Kraft eigenthümlich entwickelt hatten.
Auch in den späteren Dichtungen Klopstock's, so wie in den
früheren Werken Herders ist es vorwiegend der christlich=reli=
giöse Gehalt, von welchem sich ihre Bedeutung herleitete.
Aber schon in Wieland und seit den siebenziger Jahren sehr
allgemein trat der christliche Gehalt zurück, und ward wie im
Leben, so auch in der Poesie ein Gegenstand der Bekämpfung.
Wohl erschien auch jetzt in manchen Dichtungen, gleichsam ihren
Hintergrund bildend, das religiöse Bewußtsein; aber es ent=
hielt weder die eigenthümlich deutsche Auffassung des Christen=
thums, noch überhaupt christliche Auffassung, sondern eine Re=
ligion, wie sie jedem Menschen die eigene Empfindung oder
der eigne Verstand zuführte. In den Jahren, in welchen die
deutsche Poesie sich ihrer höchsten Ausbildung näherte, ging
ihr nicht nur das höchste menschliche Interesse als unmittelbarer
Gehalt verloren, sondern den Dichtungen fehlte auch jede Be=
ziehung auf dasselbe.

Dagegen schien, als Friedrich durch seine Größe zuerst
seit langer Zeit in dem protestantischen Theile des deutschen
Volkes ein Gefühl der eigenen Bedeutung erweckt hatte, ein
politischer und nationaler Stoff den Gehalt der deutschen Poe=
sie bilden zu sollen. Gleims Grenadierlieder, Ramlers Oden
an seinen König, Lessings Minna von Barnhelm verließen so=
fort die selbstgeschaffene Idyllenwelt und die matten Ergießun=
gen der Liebe und Naturbewunderung. Sie standen auf dem
festen Boden einer Wirklichkeit, welche den Dichter weit hin=
aus über die kleinlichen Zustände des täglichen Lebens in eine
Welt der großartigsten Verhältnisse führte. Kampf und Sieg,
Begeisterung für den großen König erhob die Dichter und die
Deutschen. Aber demungeachtet blieb das Volk als solches im

Innern zerrissen, von der Last abgestorbener Formen und Maximen erdrückt, vom Auslande mit Hohn behandelt. Die Thaten des siebenjährigen Krieges waren nicht von den Deutschen, nicht von den Preußen, sondern von Friedrich gethan. Dem Volke entging das keineswegs; wir waren, so schildert Göthe den empfangenen Eindruck, Fritzisch gesinnt, was ging uns Preußen an. Zwar wurden die Siege des Königs der Stab, an welchem die Nation sich zu erheben versuchte, aber sie waren doch auch nur der Stab, an welchem der Lahme sich forthilft und nicht das Heilmittel, welches im Inneren wirkend das Gebrechen heilt und die Gesundheit herstellt, weil die Schlachten nicht geschlagen waren von Deutschen, die sich lebendig als Glieder eines großen Volkes und starken Staates fühlten, sondern von Kriegern Friedrichs. Klopstocks große Seele war sich vollkommen bewußt, daß die Erhebung und das Selbstgefühl seiner Zeitgenossen als politische oder geistige Angehörige Friedrichs noch nicht Erhebung und Selbstgefühl derselben als Angehörige unseres Volkes sei. Ihm war das Volk als Volk Gegenstand der Liebe und Bewunderung. Gewaltsam von dem neu erwachten Leben fortgerissen, ergoß er die mächtigen Gefühle, welche ihm die Brust bewegten, in seine Oden; aber die persönliche Größe des Königs und die erhebende Wirkung seiner Thaten hielt er ferne von seiner Poesie, welche deßhalb die Grundlage der Wirksamkeit entbehrte. Die Größe seines Volkes, die ihn ergriff, ist Wahrheit, aber jede Darstellung derselben zu Klopstocks Zeit, die sich nicht an Friedrich anschloß, ist unwahr gewesen. Klopstock selbst nahm den Widerspruch wahr zwischen der Idee des deutschen Volkes, die ihn begeisterte, und der Darstellung der Idee in seinen Zeitgenossen. Gereizt von diesem Widerspruch, an den ihn die Wirklichkeit stets erinnerte, stieß er heftig und wild das Lob des Volkes aus, welches, da es der Wahrheit für die Gegenwart entbehrte, die Zeitgenossen kalt ließ. Um an einem nationalen Stoffe die Größe des Volkes dichterisch zu entfalten, griff er zurück in eine Zeit, deren Sitte und Lebensweise ihm selbst nie und nimmer zu einem anschaulichen Bilde werden konnte. Nur für wenige Jahre rief Klopstocks patrio= tische Poesie eine gemachte Begeisterung hervor, und entartete unter seinen Nachahmern bald zu einem Zerrbild. Das Un= wahre in diesen Lobpreisungen des deutschen Volkes konnte ei= nem Manne wie Lessing nicht entgehen und wie von allem Un= wahren wendete er sich von demselben mit Verachtung ab. Da ihn Friedrichs persönliche Größe auch zur Zeit, als er Minna von Barnhelm schrieb, nicht fortriß und da er später sich selbst feindlich gegen Preußen stellte, so ist bei dem Manne, der so sehr wie irgend Einer als Deutscher und für Deutsche gewirkt hat, eine geistige Richtung erklärlich, wie sie sich kund thut, wenn er schreibt: „Ich habe von der Liebe des Vaterlandes keinen Begriff und sie scheint mir aufs Höchste eine heroische Schwachheit, die ich recht gerne entbehre". Während Lessing dem Widerspruche, welcher in der Begeisterung für ein in dem lebenden Geschlechte politisch entwürdigtes Volk lag, dadurch entging, daß er die nationale Begeisterung verwarf, hielt die jüngere Dichtergeneration, welche im Anfange der siebenziger Jahre hervortrat, die Begeisterung für das Volk fest und wen= dete ihr poetisches Feuer gegen die gesammten politischen Zu= stände, in denen allein sie den Grund der Erniedrigung zu er= kennen glaubte. Schon in der ersten Hälfte des Jahrhunderts war diese Richtung vorbereitet, denn in den Schilderungen glücklicher idyllischer Naturzustände lag mittelbar ein Angriff auf die verschieden gestaltete Gegenwart. Dann hatte seit der Mitte des Jahrhunderts Klopstock in seinen Oden und Barbi= ten die Zustände eines auf der ersten Entwickelung stehenden Vol= kes mit seinem Schlachtenmuth, seiner Todesverachtung und sei= nem glühenden Haß gegen jede Begränzung individueller Will= kühr in solcher Weise dargestellt, als ob das Güter wären, in deren Wiedererringung die höchste Aufgabe der Gegenwart liege. Schon er hob die verschiedene Gestaltung der Gegen= wart als eine Erniedrigung hervor. „Sieh in deutscher Skla= ven Hände rostet der Stahl, ist entnervt die Harfe". Schon

er stellt den Kampf gegen Unterdrückung als die höchste Le=
bensaufgabe hin. „Wer Freiheitsschwert hebt, flammt durch
das Schlachtgewühl wie Blitz des Nachtsturms. Stürz von
deinem Thron Tyrann dem Verderber Gottes". Ihm folgend schil=
dert Stolberg die Sehnsucht nach Beseitigung der schlaffen Zu=
stände, wenn er singt: „Ich finde fürder keine Ruh im weichen
Knabenstand, ich stürbe Vater stolz wie Du den Tod fürs Vater=
land". Seiner Seele stellte sich als gewiß dar, daß für die
Zukunft ein neuer Zustand der Freiheit durch Ströme von
Blut errungen werden würde, wenn er 1775 das zwanzigste
Jahrhundert besang: „Willkommen Jahrhundert der Freiheit
Großes Jahrhundert willkommen. Bald tönen um deine
Wiege herum Waffengetös und der Sieger Gesang. Es
stürzen dahin die Throne, in die goldnen Trümmer Tyrannen
dahin. Du zeigtest uns mit blutger Hand der Freiheit Strom.
Er ergeußt sich über Deutschland, Segen blüht an seinen
Ufern, wie Blumen an der Wiesen Quell". Aber noch weit
entschiedener gegen bestimmte politische Institute namentlich ge=
gen Fürsten, Hofleute, Adel gerichtet trat um dieselbe Zeit
in der jüngeren Generation der Kampf als Gehalt ihrer Dich=
tungen hervor. Tyrann und Fürst ward ziemlich gleichbedeu=
tend gebraucht. „Freiheit, singt Stollberg 1773, Freiheit,
der Höfling kennt den Gedanken nicht, der Sklave. Ketten
raffeln ihm Silberton. Gebeugt die Knie, gebeugt die Seele
reicht er dem Joch den erschlafften Nacken". Romane und
Dramen schienen es als Aufgabe der Poesie zu betrachten,
Adel und Hofleute in den verschiedensten Lebensverhältnissen
als Bösewichter darzustellen. Wohl nicht Thümmels Wilhel=
mine gab hierzu den Anstoß, da in derselben die Nichtswür=
digkeit des Hofmarschalls über die Albernheit und lächerliche
Einfalt der Personen niederen Standes übersehen wird. Aber
in Lessings Emilia Galotti und in einer Fluth von Dramen,
die seit Iffland in die Welt trat, ward die ganze Scheußlich=
keit des Lasters in Hofleuten, Adel u. s. w. dargestellt, so daß
es nicht als Laster eines Individuum, sondern als Laster der Prin=

zen, Hofleute u. s. w. erscheint. Wie im Terenz und Plautus aus bestimmten Namen auf bestimmte Charactere geschlossen werden kann, so wußte man in den Dramen jener Zeit sogleich, daß wenn ein Baron, ein Graf oder gar ein Prinz auftrat, in ihm irgend ein Laster oder eine Lächerlichkeit verkörpert werden würde. Beamte mittlerer Stufen waren Sinnbilder der Tugend oder des Lasters, je nachdem neben ihnen Höhere oder Niedere auftraten. Der Amtmann z. B. ist in Ifflands alter und neuer Zeit der Tugendhafte; in den Jägern dagegen der Bösewicht, weil er im ersteren Stücke neben Höheren, in dem letzteren neben Niederen auftrat. In solcher Weise hatte die deutsche Poesie allerdings einen politischen Gehalt gewonnen, aber dieser war, wie es bei dem Abborren alles staatlichen Lebens nicht anders sein konnte, nur verneinender Natur. Das Schlechte und Drückende, das Verkehrte und Kleinliche ward in Verbindung mit der Nothwendigkeit es zu vernichten dargestellt. Das Schlechte aber und Kleinliche kann an und für sich so wenig wie das nur Vernichtende den Gehalt der Dichtung ausmachen, sondern zur poetischen Gestaltung nur fähig werden, wenn es als nothwendiger Begleiter des Schaffenden erscheint und als Mittel dient, durch Gegensatz und Kampf das Gute und Große in seiner Herrlichkeit hervortreten zu lassen. Die deutsche Dichtung dagegen seit dem Anfange der siebenziger Jahre hatte Freude, wenigstens Schadenfreude an dem politisch Schlechten, weil es den Vernichtungstrieb rechtfertigte und demselben Stoff sich zu äußern zuführte. Dem Ingrimme gegen das Schlechte fehlte das Bewußtsein des Höheren, wodurch er allein seine Rechtfertigung erhält. Die Dichter wußten nicht, ob sie mit den unbestimmt oder inhaltslos gebrauchten Worten Vernunftrecht, Freiheit u. s. w. sich die idyllischen Zustände, welche im Anfange des Jahrhunderts besungen waren, oder die wilden Zeiten, welche Klopstock begeisterten oder die mittelalterlichen Verhältnisse oder was sonst ersehnten. Einem so durchaus unpoetischen Stoff wie dem politischen in der damaligen Zeit konnte

Göthe seinen Genius nicht zuwenden. Zwar mochten auch in ihm verwandte Saiten angeklungen sein, als er im Göz die Elendigkeit der absterbenden Reichsformen darstellte, um ihnen gegenüber die mittelalterliche Größe seines Helden zu entfalten, aber später in den großen Schöpfungen unmittelbar vor der französischen Revolution schloß Göthe politisches Interesse und politischen Stoff völlig aus.

Der christliche Gehalt, welcher seit Klopstocks Messias, der deutsch politische, welcher seit den Thaten Friedrichs die Poesie vorwiegend erfüllte, war in dem letzten Jahrzehnt vor der französischen Revolution mehr und mehr in den Hintergrund gedrängt und in den größten Kunstwerken damaliger Zeit entschieden beseitigt. Das positive Christenthum und die positiven Staatsformen erschienen als Fessel des menschlichen Geistes, welchen zu seiner vollen Erscheinung zu bringen, die junge Dichtergeneration aus dem Anfange der siebenziger Jahre ihren Dichtungen zur Aufgabe gestellt hatte. Was ihre jugendliche Brust bewegte, ließen sie dichterisch gestaltet hinaustreten in die Welt, glaubend dem menschlichen Geiste überhaupt einen Ausdruck verschafft zu haben. Aber unbekannt mit den Tiefen des Lebens war es nur die sinnliche Liebe und die Schönheit der Natur, war es der Wein und der kecke Uebermuth gegen jede äußere oder innere Schranke, die sie bewegte. Unmuthig rief Claudius aus: „ Der Dichter soll nicht ewig Wein, nicht ewig Amorn necken, Die Barden müssen Männer sein und Weise sein, nicht Gecken. Bald genug entging den frohen kecken Dichtern der leichte Lebensmuth. Auch sie ergriff der Schmerz und die Freude des Lebens, auch in ihrer Seele riß Lust und Angst tiefe Furchen, auch sie wurden durch innere und äußere Erfahrungen in die Tiefe des Bösen und des Guten geführt. Was in ihrer Brust wühlte, was sie peinvoll erregte und lindernd beruhigte, arbeiteten sie heraus an das Tageslicht. Kein Königshof, keine Academie, keine conventionellen Bande, keine Autorität eines allgemein anerkannten Dichters hinderte die völlig freie Gestaltung alles dessen, was

in dem Geist der Dichter sich bewegte. Manches wilde, unreife Erzeugniß war die nothwendige Folge des anarchischen
Zustandes, aber hinabsteigend in die Schachten ihres eigenen
Geistes brachten die aus allen Theilen des Volkes erstandenen Dichter die geistigen Stoffe zur Erscheinung, die in ihrer Nation lange
unentdeckt vergraben gelegen hatten. Schnell fanden ihre Dichtungen ihre Gegner, gingen, wenn ihnen das innere Lebensprincip fehlte, mit dem Tage dahin oder thaten durch die Erhaltung inmitten aller Angriffe Werth und Bedeutung dar.
Goethe feierte nach den ersten Werken seiner Jugend und ließ
die ungestüme Bewegung an sich vorüberbrausen. Auch während der Muße von fast einem Jahrzehnt war er nicht über
das Princip seiner Zeit hinausgeführt, aber herrlich hatte er
es geläutert und erhoben. In Iphigenie und in Tasso bildete
er das allgemein Menschliche in wunderbarer Schönheit und
Reinheit zur concreten Erscheinung heraus und stellte das Höchste
und Großartigste, welches innerhalb der herrschenden Richtung
zu erreichen war, der staunenden Mitwelt vor die Seele.

In derselben Zeit, welche immer entschiedener die Gewißheit aller Welt vor Augen stellte, daß nur die Hervorbildung
eines neuen politischen Zustandes das deutsche Volk vor dem
Untergange bewahren konnte, in derselben Zeit, welche um
das Neue schaffen zu können immer bringender das Erscheinen
neuer nationaler Kräfte forderte, in derselben Zeit ward die
deutsche Kunst in das Volksleben gebracht. Sie hatte auf
keine Gestaltung des früheren Volks- und Staatslebens eingewirkt, sondern war erst in den Decennien vor dem Ausbruche
der französischen Revolution geboren, und ließ früher nicht
dagewesene Kräfte wirksam werden, deren unerprobte Macht
vielleicht ganz neue Bahnen eröffnen konnte. In der Mitte
des politisch stumpfsinnigen Volkes hatte sich das ungestüm erregte Leben auf dem Gebiete der Kunst erhoben, und in dem
Volke, welches weder seine abgestorbenen Staatsformen abzustoßen noch lebendige sich zu schaffen vermochte, hatten sich
die reinsten Kunstformen hervorgebildet. Nicht fremde Gabe,

sondern Schöpfung der eigenen Lebenskraft, die mit manchem
starken Widersacher zu kämpfen hatte, war das gewonnene
Gut. Ein Volk, welches in Einem großartigen Lebenskreise
seinen Geist und seine Kraft offenbart hatte, gab keine Ursache,
daran zu verzweifeln, daß es auch im staatlichen Leben seine
Bedeutung bewähren könne. Der Schritt von den todten politischen Formen in den Zeiten vor der französischen Revolution zu einem lebensvollen Staat, war kaum größer, als der
bereits gethane Schritt von der tiefen Gesunkenheit der deutschen Dichtung im Anfange des Jahrhunderts zu den Meisterwerken Göthes. Manches führte dieser erste Schritt mit sich,
welches den zweiten erleichterte. Der geistige Kampf mit den
fremden Völkern um dichterische Selbstständigkeit zu gewinnen
hatte die Deutschen, indem er sie anderen Völkern gegenüber
stellte, in sich zusammengedrängt und ihnen in einer großartigen Beziehung das Bewußtsein Volk zu sein gegeben. Sie
hatten ein Gut gewonnen, welches nicht nur an und für sich
das Streben lohnte ein Volk bleiben zu wollen, sondern auch
dadurch Werth besaß, daß sich die Poesie der verschiedensten
Regungen und Bestrebungen des Volkslebens bemächtigte. Was
tief verborgen, ein ungehobener Schatz, im deutschen Geiste
sein heimliches Wesen getrieben hatte, ward an das Tageslicht gestellt; was als Gedanke in der engen Umschränkung
einzelner Stände gelebt und gewirkt hatte, ward poetisch gestaltet dem ganzen Volke, so weit es geistige Empfänglichkeit
besaß, zum Bewußtsein gebracht. Nach den verschiedensten
Seiten hin regte die Poesie an, sprengte die Schranken, welche
lange dumpfe Ruhe dem Gesichtskreise der Deutschen gezogen
hatte, rüttelte mit mächtiger Hand an den steifen Lebensformen und rief, mit lauter Stimme den neuen Tag verkündend,
in das Volk hinein, daß es an der Zeit sei, aufzuwachen vom
langen trägen Schlaf. Nicht in dieser oder jener einzelnen
Beziehung, sondern in seinem gesammten innersten Wesen erfuhr die Nation eine durchgreifende Umwandlung. Wie der
einzelne Mensch, der eine große Erfahrung gemacht hat, als

ein Anderer an jede Aufgabe, die ihm das Leben stellt, heran=
tritt, so stand das deutsche Volk, seitdem es von der Macht
der Poesie ergriffen war, allen Erscheinungen an denen es sich
zu entwickeln hatte, als ein Anderes gegenüber. Auch zum
Staate, der ein Abdruck seines Lebens sein sollte aber nicht
war, mußte nothwendig die Stellung eine andere werden. Im
Volke war das Leben erwacht, im Staate herrschte der Tod.
Das Leben mußte, so schien es, über kurz oder über lang sich
auch der Staatsformen bemeistern und sie dem neuen Geiste
entsprechend umgestalten. Aber in diesem selbst lagen die
Gründe, welche der Hoffnung entgegentraten, daß aus der
neugebornen Poesie allein schon eine starke staatumbildende Kraft
hervorgehen werde.

Zunächst hatte die geistige Bewegung, welche in der zwei=
ten Hälfte des vorigen Jahrhunderts das deutsche Volk ergriff,
ihren Sitz ausschließlich in dem protestantischen Theile dessel=
ben. Schon die ersten Keime des neuen Lebens waren wäh=
rend des funfzehnten Jahrhunderts als Widerstreben gegen die
römische Kirche hervorgetreten und die Reformation hatte ih=
ren anregenden und erhebenden Einfluß wesentlich nur auf ihre
Anhänger geübt. Nachdem hierauf das katholische Deutschland
das Elend des dreißigjährigen Krieges und die Erschlaffung
welche ihm folgte, mit den Protestanten getheilt hatte, blieb
es wiederum ausgeschlossen von den Anstrengungen zur Her=
beiführung einer besseren Zeit in der ersten Hälfte des vorigen
Jahrhunderts; denn diese gingen aus vom gelehrten Stande,
welchem, so weit er in den Jesuiten=Schulen der Katholiken
gebildet war, die Möglichkeit einer freieren Erhebung fehlte,
wie sie die protestantischen Schulen gewährten. Der einzige
wahre Gehalt ferner, welcher in den erstorbenen Zuständen
der deutschen Dichtung gegeben werden konnte, lag in der re=
ligiösen Bewegung, die ihren Grund in dem Zusammentreffen
des Orthodoxismus mit dem Pietismus hatte. Sie blieb den
Katholiken völlig fremd und eine bedeutendere Dichtung um die
Mitte des Jahrhunderts mußte daher so ausschließlich prote=

Innern zerriſſen, von der Laſt abgeſtorbener Formen und Maximen erdrückt, vom Auslande mit Hohn behandelt. Die Thaten des ſiebenjährigen Krieges waren nicht von den Deutſchen,
nicht von den Preußen, ſondern von Friedrich gethan. Dem
Volke entging das keineswegs; wir waren, ſo ſchildert Göthe
den empfangenen Eindruck, Fritziſch geſinnt, was ging uns
Preußen an. Zwar wurden die Siege des Königs der Stab,
an welchem die Nation ſich zu erheben verſuchte, aber ſie waren doch auch nur der Stab, an welchem der Lahme ſich forthilft und nicht das Heilmittel, welches im Inneren wirkend
das Gebrechen heilt und die Geſundheit herſtellt, weil die
Schlachten nicht geſchlagen waren von Deutſchen, die ſich lebendig als Glieder eines großen Volkes und ſtarken Staates
fühlten, ſondern von Kriegern Friedrichs. Klopſtocks große
Seele war ſich vollkommen bewußt, daß die Erhebung und
das Selbſtgefühl ſeiner Zeitgenoſſen als politiſche oder geiſtige
Angehörige Friedrichs noch nicht Erhebung und Selbſtgefühl
derſelben als Angehörige unſeres Volkes ſei. Ihm war das
Volk als Volk Gegenſtand der Liebe und Bewunderung. Gewaltſam von dem neu erwachten Leben fortgeriſſen, ergoß er
die mächtigen Gefühle, welche ihm die Bruſt bewegten, in
ſeine Oden; aber die perſönliche Größe des Königs und die
erhebende Wirkung ſeiner Thaten hielt er ferne von ſeiner
Poeſie, welche deßhalb die Grundlage der Wirkſamkeit entbehrte. Die Größe ſeines Volkes, die ihn ergriff, iſt Wahrheit, aber jede Darſtellung derſelben zu Klopſtocks Zeit, die
ſich nicht an Friedrich anſchloß, iſt unwahr geweſen. Klop-
ſtock ſelbſt nahm den Widerſpruch wahr zwiſchen der Idee des
deutſchen Volkes, die ihn begeiſterte, und der Darſtellung der
Idee in ſeinen Zeitgenoſſen. Gereizt von dieſem Widerſpruch, an
den ihn die Wirklichkeit ſtets erinnerte, ſtieß er heftig und wild
das Lob des Volkes aus, welches, da es der Wahrheit für
die Gegenwart entbehrte, die Zeitgenoſſen kalt ließ. Um an
einem nationalen Stoffe die Größe des Volkes dichteriſch zu
entfalten, griff er zurück in eine Zeit, deren Sitte und Lebens-

weise ihm selbst nie und nimmer zu einem anschaulichen Bilde werden konnte. Nur für wenige Jahre rief Klopstocks patrio= tische Poesie eine gemachte Begeisterung hervor, und entartete unter seinen Nachahmern bald zu einem Zerrbild. Das Un= wahre in diesen Lobpreisungen des deutschen Volkes konnte ei= nem Manne wie Lessing nicht entgehen und wie von allem Un= wahren wendete er sich von demselben mit Verachtung ab. Da ihn Friedrichs persönliche Größe auch zur Zeit, als er Minna von Barnhelm schrieb, nicht fortriß und da er später sich selbst feindlich gegen Preußen stellte, so ist bei dem Manne, der so sehr wie irgend Einer als Deutscher und für Deutsche gewirkt hat, eine geistige Richtung erklärlich, wie sie sich kund thut, wenn er schreibt: „Ich habe von der Liebe des Vaterlandes keinen Begriff und sie scheint mir aufs Höchste eine heroische Schwachheit, die ich recht gerne entbehre". Während Lessing dem Widerspruche, welcher in der Begeisterung für ein in dem lebenden Geschlechte politisch entwürdigtes Volk lag, dadurch entging, daß er die nationale Begeisterung verwarf, hielt die jüngere Dichtergeneration, welche im Anfange der siebenziger Jahre hervortrat, die Begeisterung für das Volk fest und wen= dete ihr poetisches Feuer gegen die gesammten politischen Zu= stände, in denen allein sie den Grund der Erniedrigung zu er= kennen glaubte. Schon in der ersten Hälfte des Jahrhunderts war diese Richtung vorbereitet, denn in den Schilderungen glücklicher idyllischer Naturzustände lag mittelbar ein Angriff auf die verschieden gestaltete Gegenwart. Dann hatte seit der Mitte des Jahrhunderts Klopstock in seinen Oden und Barbi= ten die Zustände eines auf der ersten Entwickelung stehenden Vol= kes mit seinem Schlachtenmuth, seiner Todesverachtung und sei= nem glühenden Haß gegen jede Begränzung individueller Will= kühr in solcher Weise dargestellt, als ob das Güter wären, in deren Wiedererringung die höchste Aufgabe der Gegenwart liege. Schon er hob die verschiedene Gestaltung der Gegen= wart als eine Erniedrigung hervor. „Sieh in deutscher Skla= ven Hände rostet der Stahl, ist entnervt die Harfe". Schon er stellt den Kampf gegen Unterdrückung als die höchste Lebensaufgabe hin. „Wer Freiheitsschwert hebt, flammt durch das Schlachtgewühl wie Blitz des Nachtsturms. Stürz von deinem Thron Tyrann dem Verderber Gottes". Ihm folgend schildert Stolberg die Sehnsucht nach Beseitigung der schlaffen Zustände, wenn er singt: „Ich finde fürder keine Ruh im weichen Knabenstand, ich stürbe Vater stolz wie Du den Tod fürs Vaterland". Seiner Seele stellte sich. als gewiß dar, daß für die Zukunft ein neuer Zustand der Freiheit durch Ströme von Blut errungen werden würde, wenn er 1775 das zwanzigste Jahrhundert besang: „Willkommen Jahrhundert der Freiheit Großes Jahrhundert willkommen. Bald tönen um deine Wiege herum Waffengetös und der Sieger Gesang. Es stürzen dahin die Throne, in die goldnen Trümmer Tyrannen dahin. Du zeigtest uns mit blutger Hand der Freiheit Strom. Er ergeußt sich über Deutschland, Segen blüht an seinen Ufern, wie Blumen an der Wiesen Quell". Aber noch weit entschiedener gegen bestimmte politische Institute namentlich gegen Fürsten, Hofleute, Adel gerichtet trat um dieselbe Zeit in der jüngeren Generation der Kampf als Gehalt ihrer Dichtungen hervor. Tyrann und Fürst ward ziemlich gleichbedeutend gebraucht. „Freiheit, singt Stolberg 1773, Freiheit, der Höfling kennt den Gedanken nicht, der Sklave. Ketten rasseln ihm Silberton. Gebeugt die Knie, gebeugt die Seele reicht er dem Joch den erschlafften Nacken". Romane und Dramen schienen es als Aufgabe der Poesie zu betrachten, Adel und Hofleute in den verschiedensten Lebensverhältnissen als Bösewichter darzustellen. Wohl nicht Thümmels Wilhelmine gab hierzu den Anstoß, da in derselben die Nichtswürdigkeit des Hofmarschalls über die Albernheit und lächerliche Einfalt der Personen niederen Standes übersehen wird. Aber in Lessings Emilia Galotti und in einer Fluth von Dramen, die seit Iffland in die Welt trat, ward die ganze Scheußlichkeit des Lasters in Hofleuten, Adel u. s. w. dargestellt, so daß es nicht als Laster eines Individuum, sondern als Laster der Prinzen, Hofleute u. f. w. erscheint. Wie im Terenz und Plautus aus bestimmten Namen auf bestimmte Charactere geschlossen werden kann, so wußte man in den Dramen jener Zeit sogleich, daß wenn ein Baron, ein Graf oder gar ein Prinz auftrat, in ihm irgend ein Laster oder eine Lächerlichkeit verkörpert werden würde. Beamte mittlerer Stufen waren Sinnbilder der Tugend oder des Lasters, je nachdem neben ihnen Höhere oder Niedere auftraten. Der Amtmann z. B. ist in Ifflauds alter und neuer Zeit der Tugendhafte; in den Jägern dagegen der Bösewicht, weil er im ersteren Stücke neben Höheren, in dem letzteren neben Niederen auftrat. In solcher Weise hatte die deutsche Poesie allerdings einen politischen Gehalt gewonnen, aber dieser war, wie es bei dem Abborren alles staatlichen Lebens nicht anders sein konnte, nur verneinender Natur. Das Schlechte und Drückende, das Verkehrte und Kleinliche ward in Verbindung mit der Nothwendigkeit es zu vernichten dargestellt. Das Schlechte aber und Kleinliche kann an und für sich so wenig wie das nur Vernichtende den Gehalt der Dichtung ausmachen, sondern zur poetischen Gestaltung nur fähig werden, wenn es als nothwendiger Begleiter des Schaffenden erscheint und als Mittel dient, durch Gegensatz und Kampf das Gute und Große in seiner Herrlichkeit hervortreten zu lassen. Die deutsche Dichtung dagegen seit dem Anfange der siebenziger Jahre hatte Freude, wenigstens Schadenfreude an dem politisch Schlechten, weil es den Vernichtungstrieb rechtfertigte und demselben Stoff sich zu äußern zuführte. Dem Ingrimme gegen das Schlechte fehlte das Bewußtsein des Höheren, wodurch er allein seine Rechtfertigung erhält. Die Dichter wußten nicht, ob sie mit den unbestimmt oder inhaltslos gebrauchten Worten Vernunftrecht, Freiheit u. f. w. sich die idyllischen Zustände, welche im Anfange des Jahrhunderts besungen waren, oder die wilden Zeiten, welche Klopstock begeisterten oder die mittelalterlichen Verhältnisse oder was sonst ersehnten. Einem so durchaus unpoetischen Stoff wie dem politischen in der damaligen Zeit konnte

Göthe seinen Genius nicht zuwenden. Zwar mochten auch in
ihm verwandte Saiten angeklungen sein, als er im Götz die
Elendigkeit der absterbenden Reichsformen darstellte, um ihnen
gegenüber die mittelalterliche Größe seines Helden zu entfalten, aber später in den großen Schöpfungen unmittelbar vor
der französischen Revolntion schloß Göthe politisches Interesse
und politischen Stoff völlig aus.

Der christliche Gehalt, welcher seit Klopstocks Messias,
der deutsch politische, welcher seit den Thaten Friedrichs die
Poesie vorwiegend erfüllte, war in dem letzten Jahrzehnt vor
der französischen Revolution mehr und mehr in den Hintergrund
gedrängt und in den größten Kunstwerken damaliger Zeit entschieden beseitigt. Das positive Christenthum und die positiven Staatsformen erschienen als Fessel des menschlichen Geistes, welchen zu seiner vollen Erscheinung zu bringen, die junge
Dichtergeneration aus dem Anfange der siebenziger Jahre ihren Dichtungen zur Aufgabe gestellt hatte. Was i h r e jugendliche Brust bewegte, ließen sie dichterisch gestaltet hinaustreten
in die Welt, glaubend dem menschlichen Geiste überhaupt
einen Ausdruck verschafft zu haben. Aber unbekannt mit den
Tiefen des Lebens war es nur die sinnliche Liebe und die
Schönheit der Natur, war es der Wein und der kecke Uebermuth gegen jede äußere oder innere Schranke, die sie bewegte.
Unmuthig rief Claudius aus: „ Der Dichter soll nicht ewig
Wein, nicht ewig Amorn necken, Die Barden müssen Männer sein und Weise sein, nicht Gecken. Bald genug entging
den frohen kecken Dichtern der leichte Lebensmuth. Auch sie
ergriff der Schmerz und die Freude des Lebens, auch in ihrer
Seele riß Lust und Angst tiefe Furchen, auch sie wurden durch
innere und äußere Erfahrungen in die Tiefe des Bösen und
des ·Guten geführt. Was in ihrer Brust wühlte, was sie
peinvoll erregte und lindernd beruhigte, arbeiteten sie heraus an
das Tageslicht. Kein Königshof, keine Academie, keine conventionellen Bande, keine Autorität eines allgemein anerkannten
Dichters hinderte die völlig freie Gestaltung alles dessen, was

in dem Geist der Dichter sich bewegte. Manches wilde, unreife Erzeugniß war die nothwendige Folge des anarchischen
Zustandes, aber hinabsteigend in die Schachten ihres eigenen
Geistes brachten die aus allen Theilen des Volkes erstandenen Dichter die geistigen Stoffe zur Erscheinung, die in ihrer Nation lange
unentdeckt vergraben gelegen hatten. Schnell fanden ihre Dichtungen ihre Gegner, gingen, wenn ihnen das innere Lebensprincip fehlte, mit dem Tage dahin oder thaten durch die Erhaltung inmitten aller Angriffe Werth und Bedeutung dar.
Goethe feierte nach den ersten Werken seiner Jugend und ließ
die ungestüme Bewegung an sich vorüberbrausen. Auch während der Muße von fast einem Jahrzehnt war er nicht über
das Princip seiner Zeit hinausgeführt, aber herrlich hatte er
es geläutert und erhoben. In Iphigenie und in Tasso bildete
er das allgemein Menschliche in wunderbarer Schönheit und
Reinheit zur concreten Erscheinung heraus und stellte das Höchste
und Großartigste, welches innerhalb der herrschenden Richtung
zu erreichen war, der staunenden Mitwelt vor die Seele.

In derselben Zeit, welche immer entschiedener die Gewißheit aller Welt vor Augen stellte, daß nur die Hervorbildung
eines neuen politischen Zustandes das deutsche Volk vor dem
Untergange bewahren konnte, in derselben Zeit, welche um
das Neue schaffen zu können immer dringender das Erscheinen
neuer nationaler Kräfte forderte, in derselben Zeit ward die
deutsche Kunst in das Volksleben gebracht. Sie hatte auf
keine Gestaltung des früheren Volks- und Staatslebens eingewirkt, sondern war erst in den Decennien vor dem Ausbruche
der französischen Revolution geboren, und ließ früher nicht
dagewesene Kräfte wirksam werden, deren unerprobte Macht
vielleicht ganz neue Bahnen eröffnen konnte. In der Mitte
des politisch stumpfsinnigen Volkes hatte sich das ungestüm erregte Leben auf dem Gebiete der Kunst erhoben, und in dem
Volke, welches weder seine abgestorbenen Staatsformen abzustoßen noch lebendige sich zu schaffen vermochte, hatten sich
die reinsten Kunstformen hervorgebildet. Nicht fremde Gabe,

sondern Schöpfung der eigenen Lebenskraft, die mit manchem
starken Widersacher zu kämpfen hatte, war das gewonnene
Gut. Ein Volk, welches in Einem großartigen Lebenskreise
seinen Geist und seine Kraft offenbart hatte, gab keine Ursache,
daran zu verzweifeln, daß es auch im staatlichen Leben seine
Bedeutung bewähren könne. Der Schritt von den todten politischen Formen in den Zeiten vor der französischen Revolution zu einem lebensvollen Staat, war kaum größer, als der
bereits gethane Schritt von der tiefen Gesunkenheit der deutschen Dichtung im Anfange des Jahrhunderts zu den Meisterwerken Göthes. Manches führte dieser erste Schritt mit sich,
welches den zweiten erleichterte. Der geistige Kampf mit den
fremden Völkern um dichterische Selbstständigkeit zu gewinnen
hatte die Deutschen, indem er sie anderen Völkern gegenüber
stellte, in sich zusammengedrängt und ihnen in einer großartigen Beziehung das Bewußtsein Volk zu sein gegeben. Sie
hatten ein Gut gewonnen, welches nicht nur an und für sich
das Streben lohnte ein Volk bleiben zu wollen, sondern auch
dadurch Werth besaß, daß sich die Poesie der verschiedensten
Regungen und Bestrebungen des Volkslebens bemächtigte. Was
tief verborgen, ein ungehobener Schatz, im deutschen Geiste
sein heimliches Wesen getrieben hatte, ward an das Tageslicht gestellt; was als Gedanke in der engen Umschränkung
einzelner Stände gelebt und gewirkt hatte, ward poetisch gestaltet dem ganzen Volke, so weit es geistige Empfänglichkeit
besaß, zum Bewußtsein gebracht. Nach den verschiedensten
Seiten hin regte die Poesie an, sprengte die Schranken, welche
lange dumpfe Ruhe dem Gesichtskreise der Deutschen gezogen
hatte, rüttelte mit mächtiger Hand an den steifen Lebensformen und rief, mit lauter Stimme den neuen Tag verkündend,
in das Volk hinein, daß es an der Zeit sei, aufzuwachen vom
langen trägen Schlaf. Nicht in dieser oder jener einzelnen
Beziehung, sondern in seinem gesammten innersten Wesen erfuhr die Nation eine durchgreifende Umwandlung. Wie der
einzelne Mensch, der eine große Erfahrung gemacht hat, als

ein Anderer an jede Aufgabe, die ihm das Leben stellt, heran=
tritt, so stand das deutsche Volk, seitdem es von der Macht
der Poesie ergriffen war, allen Erscheinungen an denen es sich
zu entwickeln hatte, als ein Anderes gegenüber. Auch zum
Staate, der ein Abdruck seines Lebens sein sollte aber nicht
war, mußte nothwendig die Stellung eine andere werden. Im
Volke war das Leben erwacht, im Staate herrschte der Tod.
Das Leben mußte, so schien es, über kurz oder über lang sich
auch der Staatsformen bemeistern und sie dem neuen Geiste
entsprechend umgestalten. Aber in diesem selbst lagen die
Gründe, welche der Hoffnung entgegentraten, daß aus der
neugebornen Poesie allein schon eine starke staatumbildende Kraft
hervorgehen werde.

Zunächst hatte die geistige Bewegung, welche in der zwei=
ten Hälfte des vorigen Jahrhunderts das deutsche Volk ergriff,
ihren Sitz ausschließlich in dem protestantischen Theile dessel=
ben. Schon die ersten Keime des neuen Lebens waren wäh=
rend des funfzehnten Jahrhunderts als Widerstreben gegen die
römische Kirche hervorgetreten und die Reformation hatte ih=
ren anregenden und erhebenden Einfluß wesentlich nur auf ihre
Anhänger geübt. Nachdem hierauf das katholische Deutschland
das Elend des dreißigjährigen Krieges und die Erschlaffung
welche ihm folgte, mit den Protestanten getheilt hatte, blieb
es wiederum ausgeschlossen von den Anstrengungen zur Her=
beiführung einer besseren Zeit in der ersten Hälfte des vorigen
Jahrhunderts; denn diese gingen aus vom gelehrten Stande,
welchem, so weit er in den Jesuiten=Schulen der Katholiken
gebildet war, die Möglichkeit einer freieren Erhebung fehlte,
wie sie die protestantischen Schulen gewährten. Der einzige
wahre Gehalt ferner, welcher in den erstorbenen Zuständen
der deutschen Dichtung gegeben werden konnte, lag in der re=
ligiösen Bewegung, die ihren Grund in dem Zusammentreffen
des Orthodoxismus mit dem Pietismus hatte. Sie blieb den
Katholiken völlig fremd und eine bedeutendere Dichtung um die
Mitte des Jahrhunderts mußte daher so ausschließlich prote=

ftantifch fein, wie es Klopftocks Meffias ift. Der politifche
Gehalt, den Friedrichs Thaten der Poefie zuführten, war untrennbar verbunden mit den Siegen des rein proteftantifchen
Preußen über das katholifche Deutfchland, welche dort lebendige geiftige Erhebung, hier aber Schmerz und Erbitterung
erzeugten. Da es nun der religiöfe und politifche Gehalt gewefen ift, welcher die Deutfchen fo weit weckte, daß die Bewegung der Geifter feit den fiebenziger Jahren möglich wurde,
fo blieb das katholifche Deutfchland, welches jenes Anftoßes
nicht theilhaft gewefen war, derfelben fremd. Eine Bewegung
aber, welche nur den in einer Beziehung fcharfabgegränzten
Theil des Volkes ergriffen hatte, konnte fchon deßhalb für fich
allein nicht zu einer politifchen Neugeftaltung des ganzen Volkes führen. Aber auch Mängel und Gebrechen, welche in dem
durch die Poefie erzeugten Leben felbft lagen, erfchwerten die
Erreichung diefes Zieles.

Die Männer, welche der Nation das Herrlichfte, was fie
befaß erzeugt hatten, behandelten die chriftlichen und nationalen Intereffen als ein Zufälliges, welches, dem innerften Kerne
des Menfchen fremd, nicht würdig fei, von der Kunft aufgenommen zu werden. Zu allen Zeiten zwar find die Vielen,
denen geiftige Selbftftändigkeit fehlt, von Vorurtheilen erfüllt
gewefen gegen alle Richtungen, welche durch Männer von
anerkannter Größe mißachtet wurden. Im letzten Drittel des
vorigen Jahrhunderts aber befaß unfer Volk nichts als feine
Poefie. Da nun diefe fich verachtend von den Gütern, welche
den innerften Kern des Deutfchen ausmachen, abwendete, fo
fchloß die durch die Kunft hervorgerufene Bewegung gleichfalls
die religiöfen und nationalen Intereffen aus, ftellte deßhalb
den deutfchen Geift nicht nur unvollftändig, fondern auch unwahr dar und befaß keine Möglichkeit, für fich allein zu einer
politifchen Neugeftaltung hinüber zu leiten, welche nur von
chriftlicher und nationaler Grundlage aus ins Leben treten
konnte.

Endlich war die deutfche Poefie und die durch fie hervor-

gerufene Bewegung des Volkes auch innerhalb des Kreises, in welchem sie sich hielt, einer ungefährdeten Fortdauer nicht sicher. Wie durch ein Wunder war die Dichtung in das deutsche Volk hineingetreten, welches unvorbereitet die hohe Gabe empfing. Nicht ein ausgebildetes und gleichmäßig verbreitetes tiefes Gefühl, nicht kräftige Gesinnung und allgemeine Cultur seines Volkes leitete und trug den Dichter. Auf seine mitstrebenden Genossen allein war er angewiesen, um einen Halt zu gewinnen, und gewann ihn auch an diesen nicht. Denn weder ein Dichterkönig, noch ein allgemein anerkanntes oberstes Princip gab der deutschen Poesie ihre Grundrichtung; eine Anzahl Dichterfürsten vielmehr verfolgten ein jeder seinen eigenen Weg, entschieden auf geschlossene Kreise von Schülern, Bewunderern und empfänglichen Lesern wirkend und Rückwirkung empfangend. Gegensätze zwischen den verschiedenen Kreisen und Fehden, die mit bitterem Ingrimme ausgefochten wurden, erfüllten das litterarische Leben. Die Einzelnen waren, wie in jedem anarchischen Zustande auf sich und ihre Kraft angewiesen. Sie hatten die Fesseln gebrochen, in denen der Geist so lange gefangen gelegen und waren, nur die Natur und die Wirklichkeit als Leitstern anerkennend, dem Zuge ihres Genius gefolgt. Fehlte Diesem oder Jenem auf solchem Wege die innere Stimme, welche leise warnt, wenn der Geist auf Irrwege geleitet wird, so konnte die Umkehrung der Freiheit in Willkühr, des Hingebens an die Natur in Rohheit, des Auffassens der Wirklichkeit in Darstellung des alltäglichen Lebens nicht ausbleiben. Dicht neben den großen Schöpfungen der Kunst wucherten schon vor der französischen Revolution Producte der entsetzlichsten Rohheit und der plattsten Gemeinheit. Eine andere nicht geringere Gefahr drohte der deutschen Dichtung durch das gänzliche Fehlen großer Begebenheiten und großer Thaten. Hielten die Dichter sich ferne von dem Getriebe der Welt in ihren und ihrer Freunde beschränkten Zuständen, so unterlagen sie der erschlaffenden Macht des Alltäglichen. Nahmen sie in irgend einer Art an dem, was ihr Vaterland bewegte, Theil,

Göthe seinen Genius nicht zuwenden. Zwar mochten auch in
ihm verwandte Saiten angeklungen sein, als er im Götz die
Elendigkeit der absterbenden Reichsformen darstellte, um ihnen
gegenüber die mittelalterliche Größe seines Helden zu entfalten, aber später in den großen Schöpfungen unmittelbar vor
der französischen Revolution schloß Göthe politisches Interesse
und politischen Stoff völlig aus.

Der christliche Gehalt, welcher seit Klopstocks Messias,
der deutsch politische, welcher seit den Thaten Friedrichs die
Poesie vorwiegend erfüllte, war in dem letzten Jahrzehnt vor
der französischen Revolution mehr und mehr in den Hintergrund
gedrängt und in den größten Kunstwerken damaliger Zeit entschieden beseitigt. Das positive Christenthum und die positiven Staatsformen erschienen als Fessel des menschlichen Geistes, welchen zu seiner vollen Erscheinung zu bringen, die junge
Dichtergeneration aus dem Anfange der siebenziger Jahre ihren Dichtungen zur Aufgabe gestellt hatte. Was ihre jugendliche Brust bewegte, ließen sie dichterisch gestaltet hinaustreten
in die Welt, glaubend dem menschlichen Geiste überhaupt
einen Ausdruck verschafft zu haben. Aber unbekannt mit den
Tiefen des Lebens war es nur die sinnliche Liebe und die
Schönheit der Natur, war es der Wein und der kecke Uebermuth gegen jede äußere oder innere Schranke, die sie bewegte.
Unmuthig rief Claudius aus: „Der Dichter soll nicht ewig
Wein, nicht ewig Amorn necken, Die Barden müssen Männer sein und Weise sein, nicht Gecken. Bald genug entging
den frohen kecken Dichtern der leichte Lebensmuth. Auch sie
ergriff der Schmerz und die Freude des Lebens, auch in ihrer
Seele riß Lust und Angst tiefe Furchen, auch sie wurden durch
innere und äußere Erfahrungen in die Tiefe des Bösen und
des Guten geführt. Was in ihrer Brust wühlte, was sie
peinvoll erregte und lindernd beruhigte, arbeiteten sie heraus an
das Tageslicht. Kein Königshof, keine Academie, keine conventionellen Bande, keine Autorität eines allgemein anerkannten
Dichters hinderte die völlig freie Gestaltung alles dessen, was

in dem Geist der Dichter sich bewegte. Manches wilde, unreife Erzeugniß war die nothwendige Folge des anarchischen
Zustandes, aber hinabsteigend in die Schachten ihres eigenen
Geistes brachten die aus allen Theilen des Volkes erstandenen Dichter die geistigen Stoffe zur Erscheinung, die in ihrer Nation lange
unentdeckt vergraben gelegen hatten. Schnell fanden ihre Dichtungen ihre Gegner, gingen, wenn ihnen das innere Lebensprincip fehlte, mit dem Tage dahin oder thaten durch die Erhaltung inmitten aller Angriffe Werth und Bedeutung dar.
Goethe feierte nach den ersten Werken seiner Jugend und ließ
die ungestüme Bewegung an sich vorüberbrausen. Auch während der Muße von fast einem Jahrzehnt war er nicht über
das Princip seiner Zeit hinausgeführt, aber herrlich hatte er
es geläutert und erhoben. In Iphigenie und in Tasso bildete
er das allgemein Menschliche in wunderbarer Schönheit und
Reinheit zur concreten Erscheinung heraus und stellte das Höchste
und Großartigste, welches innerhalb der herrschenden Richtung
zu erreichen war, der staunenden Mitwelt vor die Seele.
In derselben Zeit, welche immer entschiedener die Gewißheit aller Welt vor Augen stellte, daß nur die Hervorbildung
eines neuen politischen Zustandes das deutsche Volk vor dem
Untergange bewahren konnte, in derselben Zeit, welche um
das Neue schaffen zu können immer dringender das Erscheinen
neuer nationaler Kräfte forderte, in derselben Zeit ward die
deutsche Kunst in das Volksleben gebracht. Sie hatte auf
keine Gestaltung des früheren Volks- und Staatslebens eingewirkt, sondern war erst in den Decennien vor dem Ausbruche
der französischen Revolution geboren, und ließ früher nicht
dagewesene Kräfte wirksam werden, deren unerprobte Macht
vielleicht ganz neue Bahnen eröffnen konnte. In der Mitte
des politisch stumpfsinnigen Volkes hatte sich das ungestüm erregte Leben auf dem Gebiete der Kunst erhoben, und in dem
Volke, welches weder seine abgestorbenen Staatsformen abzustoßen noch lebendige sich zu schaffen vermochte, hatten sich
die reinsten Kunstformen hervorgebildet. Nicht fremde Gabe,

sondern Schöpfung der eigenen Lebenskraft, die mit manchem starken Widersacher zu kämpfen hatte, war das gewonnene Gut. Ein Volk, welches in Einem großartigen Lebenskreise seinen Geist und seine Kraft offenbart hatte, gab keine Ursache, daran zu verzweifeln, daß es auch im staatlichen Leben seine Bedeutung bewähren könne. Der Schritt von den todten politischen Formen in den Zeiten vor der französischen Revolution zu einem lebensvollen Staat, war kaum größer, als der bereits gethane Schritt von der tiefen Gesunkenheit der deutschen Dichtung im Anfange des Jahrhunderts zu den Meisterwerken Göthes. Manches führte dieser erste Schritt mit sich, welches den zweiten erleichterte. Der geistige Kampf mit den fremden Völkern um dichterische Selbstständigkeit zu gewinnen hatte die Deutschen, indem er sie anderen Völkern gegenüber stellte, in sich zusammengedrängt und ihnen in einer großartigen Beziehung das Bewußtsein Volk zu sein gegeben. Sie hatten ein Gut gewonnen, welches nicht nur an und für sich das Streben lohnte ein Volk bleiben zu wollen, sondern auch dadurch Werth besaß, daß sich die Poesie der verschiedensten Regungen und Bestrebungen des Volkslebens bemächtigte. Was tief verborgen, ein ungehobener Schatz, im deutschen Geiste sein heimliches Wesen getrieben hatte, ward an das Tageslicht gestellt; was als Gedanke in der engen Umschränkung einzelner Stände gelebt und gewirkt hatte, ward poetisch gestaltet dem ganzen Volke, so weit es geistige Empfänglichkeit besaß, zum Bewußtsein gebracht. Nach den verschiedensten Seiten hin regte die Poesie an, sprengte die Schranken, welche lange dumpfe Ruhe dem Gesichtskreise der Deutschen gezogen hatte, rüttelte mit mächtiger Hand an den steifen Lebensformen und rief, mit lauter Stimme den neuen Tag verkündend, in das Volk hinein, daß es an der Zeit sei, aufzuwachen vom langen trägen Schlaf. Nicht in dieser oder jener einzelnen Beziehung, sondern in seinem gesammten innersten Wesen erfuhr die Nation eine durchgreifende Umwandlung. Wie der einzelne Mensch, der eine große Erfahrung gemacht hat, als

ein Anderer an jede Aufgabe, die ihm das Leben stellt, heran=
tritt, so stand das deutsche Volk, seitdem es von der Macht
der Poesie ergriffen war, allen Erscheinungen an denen es sich
zu entwickeln hatte, als ein Anderes gegenüber. Auch zum
Staate, der ein Abdruck seines Lebens sein sollte aber nicht
war, mußte nothwendig die Stellung eine andere werden. Im
Volke war das Leben erwacht, im Staate herrschte der Tod.
Das Leben mußte, so schien es, über kurz oder über lang sich
auch der Staatsformen bemeistern und sie dem neuen Geiste
entsprechend umgestalten. Aber in diesem selbst lagen die
Gründe, welche der Hoffnung entgegentraten, daß aus der
neugebornen Poesie allein schon eine starke staatumbildende Kraft
hervorgehen werde.

Zunächst hatte die geistige Bewegung, welche in der zwei=
ten Hälfte des vorigen Jahrhunderts das deutsche Volk ergriff,
ihren Sitz ausschließlich in dem protestantischen Theile dessel=
ben. Schon die ersten Keime des neuen Lebens waren wäh=
rend des funfzehnten Jahrhunderts als Widerstreben gegen die
römische Kirche hervorgetreten und die Reformation hatte ih=
ren anregenden und erhebenden Einfluß wesentlich nur auf ihre
Anhänger geübt. Nachdem hierauf das katholische Deutschland
das Elend des dreißigjährigen Krieges und die Erschlaffung
welche ihm folgte, mit den Protestanten getheilt hatte, blieb
es wiederum ausgeschlossen von den Anstrengungen zur Her=
beiführung einer besseren Zeit in der ersten Hälfte des vorigen
Jahrhunderts; denn diese gingen aus vom gelehrten Stande,
welchem, so weit er in den Jesuiten=Schulen der Katholiken
gebildet war, die Möglichkeit einer freieren Erhebung fehlte,
wie sie die protestantischen Schulen gewährten. Der einzige
wahre Gehalt ferner, welcher in den erstorbenen Zuständen
der deutschen Dichtung gegeben werden konnte, lag in der re=
ligiösen Bewegung, die ihren Grund in dem Zusammentreffen
des Orthodorismus mit dem Pietismus hatte. Sie blieb den
Katholiken völlig fremd und eine bedeutendere Dichtung um die
Mitte des Jahrhunderts mußte daher so ausschließlich prote=

stantisch sein, wie es Klopstocks Messias ist. Der politische
Gehalt, den Friedrichs Thaten der Poesie zuführten, war untrennbar verbunden mit den Siegen des rein protestantischen
Preußen über das katholische Deutschland, welche dort lebendige geistige Erhebung, hier aber Schmerz und Erbitterung
erzeugten. Da es nun der religiöse und politische Gehalt gewesen ist, welcher die Deutschen so weit weckte, daß die Bewegung der Geister seit den siebenziger Jahren möglich wurde,
so blieb das katholische Deutschland, welches jenes Anstoßes
nicht theilhaft gewesen war, derselben fremd. Eine Bewegung
aber, welche nur den in einer Beziehung scharfabgegränzten
Theil des Volkes ergriffen hatte, konnte schon deßhalb für sich
allein nicht zu einer politischen Neugestaltung des ganzen Volkes führen. Aber auch Mängel und Gebrechen, welche in dem
durch die Poesie erzeugten Leben selbst lagen, erschwerten die
Erreichung dieses Zieles.

Die Männer, welche der Nation das Herrlichste, was sie
besaß erzeugt hatten, behandelten die christlichen und nationalen Interessen als ein Zufälliges, welches, dem innersten Kerne
des Menschen fremd, nicht würdig sei, von der Kunst aufgenommen zu werden. Zu allen Zeiten zwar sind die Vielen,
denen geistige Selbstständigkeit fehlt, von Vorurtheilen erfüllt
gewesen gegen alle Richtungen, welche durch Männer von
anerkannter Größe mißachtet wurden. Im letzten Drittel des
vorigen Jahrhunderts aber besaß unser Volk nichts als seine
Poesie. Da nun diese sich verachtend von den Gütern, welche
den innersten Kern des Deutschen ausmachen, abwendete, so
schloß die durch die Kunst hervorgerufene Bewegung gleichfalls
die religiösen und nationalen Interessen aus, stellte deßhalb
den deutschen Geist nicht nur unvollständig, sondern auch unwahr dar und besaß keine Möglichkeit, für sich allein zu einer
politischen Neugestaltung hinüber zu leiten, welche nur von
christlicher und nationaler Grundlage aus ins Leben treten
konnte.

Endlich war die deutsche Poesie und die durch sie hervor-

gerufene Bewegung des Volkes auch innerhalb des Kreises, in welchem sie sich hielt, einer ungefährdeten Fortdauer nicht sicher. Wie durch ein Wunder war die Dichtung in das deutsche Volk hineingetreten, welches unvorbereitet die hohe Gabe empfing. Nicht ein ausgebildetes und gleichmäßig verbreitetes tiefes Gefühl, nicht kräftige Gesinnung und allgemeine Cultur seines Volkes leitete und trug den Dichter. Auf seine mitstrebenden Genossen allein war er angewiesen, um einen Halt zu gewinnen, und gewann ihn auch an diesen nicht. Denn weder ein Dichterkönig, noch ein allgemein anerkanntes oberstes Princip gab der deutschen Poesie ihre Grundrichtung; eine Anzahl Dichterfürsten vielmehr verfolgten ein jeder seinen eigenen Weg, entschieden auf geschlossene Kreise von Schülern, Bewunderern und empfänglichen Lesern wirkend und Rückwirkung empfangend. Gegensätze zwischen den verschiedenen Kreisen und Fehden, die mit bitterem Ingrimme ausgefochten wurden, erfüllten das litterarische Leben. Die Einzelnen waren, wie in jedem anarchischen Zustande auf sich und ihre Kraft angewiesen. Sie hatten die Fesseln gebrochen, in denen der Geist so lange gefangen gelegen und waren, nur die Natur und die Wirklichkeit als Leitstern anerkennend, dem Zuge ihres Genius gefolgt. Fehlte Diesem oder Jenem auf solchem Wege die innere Stimme, welche leise warnt, wenn der Geist auf Irrwege geleitet wird, so konnte die Umkehrung der Freiheit in Willkühr, des Hingebens an die Natur in Rohheit, des Auffassens der Wirklichkeit in Darstellung des alltäglichen Lebens nicht ausbleiben. Dicht neben den großen Schöpfungen der Kunst wucherten schon vor der französischen Revolution Producte der entsetzlichsten Rohheit und der plattesten Gemeinheit. Eine andere nicht geringere Gefahr drohte der deutschen Dichtung durch das gänzliche Fehlen großer Begebenheiten und großer Thaten. Hielten die Dichter sich ferne von dem Getriebe der Welt in ihren und ihrer Freunde beschränkten Zuständen, so unterlagen sie der erschlaffenden Macht des Alltäglichen. Nahmen sie in irgend einer Art an dem, was ihr Vaterland bewegte, Theil,

so wurden sie von dem Zerrissenen und Niederdrückenden desselben getroffen und immer wieder auf die Litteratur, als das
allein Große zurückgeführt. Wie der Hofmann sich leicht in
ein kleinliches Leben verliert, weil der an sich großartige Hof
sein Ein und Alles ist und er auch das Nichtigste, wenn es
sich auf den Hof bezieht, als ein Wichtiges behandelt, so
liefen die Litteratoren Gefahr allen kleinlichen persönlichen und
sachlichen Verhältnissen, die eine litterarische Beziehung hatten, mit breiter Gemächlichkeit und lächerlicher Wichtigkeit
zu behandeln und darüber an Ernst, Größe und Schnellkraft
ihres Geistes zu verlieren. Die Briefwechsel aus dem letzten
Drittel des vorigen Jahrhunderts zeigen, bis zu welchem
Grade diese Gefahr verwirklicht war. Die kräftigeren Geister
dagegen fühlten mit tiefem Schmerz den Zwiespalt zwischen
der großartigen Entwickelung der Litteratur und den starren,
stockenden Zuständen aller anderen Seiten des nationalen Lebens. Vom wahren Schmerze zum Widerstreben ist in einem
abgestorbenen politischen Dasein nur ein Schritt. Ward er
gethan, so war bei dem Streben nach gänzlicher Ungebundenheit, welches die damalige Poesie characterisirt, nur eine verneinende und zerstörende politische Richtung schwerlich eine
zugleich bauende zu erwarten. Gewannen, wie es möglich erschien, die rohen, platt alltäglichen oder politisch nur verneinenden Producte in der deutschen Poesie die Herrschaft, so
konnte eine solche Litteratur und eine durch sie im Volke hervorgerufene Bewegung überhaupt nichts Bedeutendes, am wenigsten aber eine politische Neugestaltung hervorrufen.

Drittes Kapitel.
Das Leben des deutschen Volkes in der Religion.

So weit das christliche Princip die Generationen des vorigen Jahrhunderts durchdrang, mußten die Hindernisse beseitigt werden, welche die im vorigen Jahrhundert mit besonde-

rer Stärke hervortretenden selbstsüchtigen Richtungen der Staa=
tenbildung in den Weg legten, aber das christliche Princip be=
durfte, um in die irdischen Verhältnisse einzugreifen, einer ir=
dischen Erscheinungsform und hatte sie für Deutschland in
zwiefacher Weise gefunden, als römisch=katholische und als
evangelische Kirche. Diese Doppelgestaltung ruft die Frage
hervor, ob von der Einen oder der Anderen, ob von Beiden
oder von Keiner jene durchgreifende Einwirkung des christli=
chen Princips zu hoffen war.

I. Die katholische Kirche.

Die römisch=katholische Kirche hatte ein gutes Vorurtheil
für sich, weil unter ihrer wesentlichen Einwirkung das alte
Reich, die Freude und der Stolz der späteren Generationen
seine Größe und seinen Glanz erreicht hatte, während der Pro=
testantismus, wenn auch nicht die Ursache, doch der den Zer=
fall beschleunigende Begleiter seines Sinkens war. Aber die=
ses Verhältniß entschwundener Zeiten entscheidet noch nicht, ob
der in den letzten Jahrhunderten sich bildende Staat die gleiche
Förderung vom Katholicismus zu erwarten hatte, welche frü=
her dem Reiche zu Theil geworden war. Das Chaos der bei
dem anfangenden Mittelalter sich wechselnd anziehenden und
abstoßenden germanischen Völkermassen gewann dadurch Einheit
und Gestaltung, daß die unbändigen Krieger, sich mächtigen
Grundherren zu Waffendienst und Treue in jeglicher Lebens=
lage verpflichteten und daß diese Grundherren durch mannig=
faltige Mitglieder hindurch in gleiche genau bestimmte Abhän=
gigkeitsverhältnisse zu einem Einzigen, dem Könige, gesetzt
waren. Da auf der Menge dieser in Einer Person zusammen=
laufenden Lehnsverträge das einheitliche Leben der germani=
schen Völkerschaften ruhte, welche die deutsche Nation zu bil=
den die Bestimmung hatten, so war die Großartigkeit des ein=
heitlichen Lebens durch die Bedeutung bedingt, welche dem
obersten Lehnsherrn, dem Könige innewohnte. Sollte nament=

lich das Christenthum nicht allein die Einzelnen, sondern auch das einheitliche Leben, die Reichsverbindung, durchdringen, so konnte es nur geschehen, indem es in der Stellung des Königs in einer hervorragenden Weise zur Erscheinung kam. Dieser Anforderung begegnete die Form, in welcher das Christenthum als römisch-katholische Kirche Gestaltung gewonnen hatte. Da in derselben das gesammte religiöse Leben vom Papste ausging, dem der Clerus in mannigfachen Gliederungen wie dort die Vasallenschaft dem Könige verbunden war, so trat hierdurch, und nur hierdurch die Möglichkeit, aber auch, möchte man sagen, die Nothwendigkeit ein, alle weltlichen Kräfte, deren das Christenthum bedarf, in dem Amte eines einzigen eben so zu concentriren, wie die geistlichen Kräfte in der Würde des Papstes. Diesem Gedanken entsprechend trat in dem deutschen Könige der Kaiser als Schirmherr der gesammten Christenheit hervor. Ohne den Gedanken des Papstthums hätte der des Kaiserthums nicht gefaßt, viel weniger verwirklicht werden können. Das Kaiserthum aber war es, welches den auf individuellen Vortheil des Vermögens und der Sicherheit ruhenden Lehnsverbindungen bis zu den Kreisen der kleinsten Ritter hinab eine Bedeutung gab, durch welche sie weit über das individuelle Interesse hinaus mit den höchsten menschlichen Interessen in Verbindung gesetzt wurden. Es nahm die aus Privatverbindungen bestehende Genossenschaft den Character einer großartigen politischen Einheit an.

Ungeachtet dieser Gleichartigkeit zwischen der Hierarchie der Kirche und der des Reiches, fand dennoch zwischen Beiden, auch abgesehen von ihrem Inhalte ein durchgreifender, weithin wirkender Unterschied statt. Der Papst, an der Spitze des Clerus, war die einzige Quelle, welche den Laien religiöses Leben gewährte. Die Laien hatten nur zu empfangen und schieden sofort aus der Kirche als häretische Gemeinden aus, wenn sie in größeren oder kleineren Kreisen ein nicht vom Clerus abgeleitetes Leben führen wollten. Anders wie dieses Verhältniß des Papstes und des Clerus zu den Laien war das des

Königs und der Vasallenschaft zu der deutschen Nation. Zwar ein einheitliches Leben derselben, so weit es ein äußeres sein sollte, gab es so wenig ohne Vasallenschaft, als ein religiöses ohne Clerus, aber die außerhalb der Vasallenschaft Stehenden erhielten doch nicht jedes politische Leben von dieser, sondern bildeten unabhängig von ihr kleinere politische Gemeinschaften, welche, obgleich ohne Zusammenhang mit einander und nur sporadisch durch alle Bestandtheile der großen Lehnsverbindung hindurch verbreitet, doch zu kräftig und eigenthümlich waren, um wie die häretischen kirchlichen Gemeinden als ausgeschieden aus dem Ganzen betrachtet werden zu können. Das bildende Princip dieser Gemeinschaften, die zunächst als Dorfgemeinden, sodann mit ungleich reicherer Lebensfülle als Stadtgemeinden und als Genossenschaften derselben hervorgetreten waren, ging nicht vom Könige und seiner Vasallenschaft aus, sondern von dem kraftvollen Bewußtsein der Persönlichkeit, welche, um allseitig hervortreten zu können, des Gemeindelebens bedurfte. Diesem ordnete sie sich ein, und gab ihm die Willkühr hin, um die Freiheit zu empfangen. Nicht in dem Einzelnen als Individuum lag dieses bildende Princip, sondern in dem Einzelnen als Glied des deutschen Volkes. Die deutsche Nationalität trieb das Gemeindeleben hervor. Dieselbe bildende Kraft, welche das Gemeindeleben schuf, durchdrang mehr und mehr die einzelnen Vasallenschaften und gestaltete sie zu Territorien, durchdrang die Territorien und strebte in den letzten Jahrhunderten sie zu Staaten empor zu heben und die verschiedenen Staaten des einen deutschen Volkes zu einer Einheit zu vereinigen, welche die Selbstständigkeit der einzelnen Staaten bestehen ließ. Als das Leben des deutschen Volkes als politische Einheit seine Nahrung nicht mehr oder doch nicht vorwiegend aus dem Könige und seinen Vasallen zog, verlor Kaiserthum und Königthum und Lehnswesen seine Bedeutung; das deutsche Volk war fortan die Stätte, aus welcher die Wurzeln des politischen Lebens ihre Nährung zogen. Ließ sich jetzt noch, so muß man fragen, von der Gestalt, in

22

welcher das Christenthum sich in der römischen Kirche darstellte, wesentliche Förderung für die Staatenbildung erwarten?

Der Katholicismus fordert vom Laien die Verleugnung jeder aus unmittelbarem Streben hervorgegangenen religiösen Erkenntniß; der Clerus allein darf und kann sie haben und wie er sie hat, so muß sie von den Laien ohne eigenes Urtheil und Prüfung angenommen werden. Der Katholicismus scheidet die Persönlichkeit des Laien von dem unmittelbaren Verhältniß zu Gott. Das Bewußtsein der Schuld und der Erlösungsbedürftigkeit, selbst wenn es vor Gott und Menschen ausgesprochen wird, ist nur Buße, in sofern es durch den Clerus in der Beichte vermittelt zu Gott gelangt. Vergebung und Erlösung ist nur möglich, die Gewißheit derselben nur denkbar, wenn sie durch den Clerus dem Laien zugesichert ist. Die religiöse Persönlichkeit wird vernichtet, damit in jedem Einzelnen das religiöse Leben hineingeführt werden könne, welches der Clerus entwickelt hat. Einförmigkeit und deßhalb statt innerer Durchdringung nur äußere Verbindung der Religion mit der Persönlichkeit, würde die allgemeine Folge dieses Principes sein, wenn nicht trotz dessefelben der christliche Kern in der römischen Kirche sich unwiderstehlich in unzähligen Fällen geltend machte. Mit dem politischen Principe, welches von dem Anerkenntniß der Mannigfaltigkeit und der Persönlichkeit aus zum Staate drängte, stand das Princip des römischen Katholicismus im schroffen Widerspruch. Die römische Kirche schien allerdings in ihrer späteren Entwickelung diesen Widerspruch unschädlich zu machen. Denn seitdem in derselben die unsichtbare Kirche von der äußeren so sehr in den Hintergrund gedrängt worden war, daß sie kaum noch die Grundlage derselben bildete, konnte die Einheit zwischen der römischen Kirche und dem Staate, da eine höhere gemeinsame Macht fehlte, nur begründet werden, indem die Kirche den Staat oder der Staat die Kirche beherrschte. Da nun weder das Eine noch das Andere statt fand, so war die römische Kirche ungeeinigt neben die Staaten gestellt, nahm nur einen

Theil des Volks- und Einzel-Lebens in Anspruch, überließ den anderen Theil dem Staate und schien hierdurch eine Entwickelung des religiösen und des politischen Lebens nach einem verschiedenen, ja entgegengesetzten Principe möglich zu machen. Aber der Geist des Volkes läßt sich so wenig, wie der des einzelnen Menschen in zwei Theile zerlegen, von denen der Religiöse vernichtet werden könnte, während der Politische sich in freier Geltendmachung entwickelt. Ueberall, wo der Katholicismus, während das politische Princip des Mittelalters nur noch in Formen sich erhielt, die Nationen beherrschte, ward deßhalb eine Zerrissenheit des Volkslebens in seinen innersten und tiefsten Beziehungen herbeigeführt, die um so zerrüttender für alle Erscheinungen desselben werden mußte, je länger sie, durch äußere Umstände vom Ausbruche zurückgehalten, im Verborgenen fortgebrannt hatte. Italien und Polen, Spanien und Portugall, Frankreich und die Staatskeime, welche in das südliche Amerika verpflanzt sind, haben den thatsächlichen Beweis dieser Wahrheit geliefert und der päpstliche Stuhl selbst ist sich schon damals der Unvereinbarkeit des römisch-katholischen Princips mit der neuen Staatenbildung bewußt geworden, als er, wie später auf dem Wiener Congreß, bei den westphälischen Friedensverhandlungen gegen jede Abweichung von dem politischen Principe des Mittelalters feierlichst protestirte.

Mehr noch als das Grundprincip der römischen Kirche trat der lebendigen Staatenbildung die Gestaltung in den Weg, welche das christliche Leben in dem römisch-katholischen Theile des deutschen Volkes gewonnen hatte. Mitten hinein in das wilde bewegte Leben der Germanen des früheren Mittelalters hatte die römische Kirche das Christenthum gebracht, welches in ihrem Schooße bereits begann sich aus dem Evangelium in eine allen Völkern der Erde bestimmte Satzung umzuwandeln. Die Kirche, sobald sie die Unmöglichkeit erkannte, den ungestümen, oft rohen Sinn reinigend und erhebend zu durchdringen, nahm dem Weltleben gegenüber eine doppelte Stel-

stantisch sein, wie es Klopstocks Messias ist. Der politische
Gehalt, den Friedrichs Thaten der Poesie zuführten, war untrennbar verbunden mit den Siegen des rein protestantischen
Preußen über das katholische Deutschland, welche dort lebendige geistige Erhebung, hier aber Schmerz und Erbitterung
erzeugten. Da es nun der religiöse und politische Gehalt gewesen ist, welcher die Deutschen so weit weckte, daß die Bewegung der Geister seit den siebenziger Jahren möglich wurde,
so blieb das katholische Deutschland, welches jenes Anstoßes
nicht theilhaft gewesen war, derselben fremd. Eine Bewegung
aber, welche nur den in einer Beziehung scharfabgegränzten
Theil des Volkes ergriffen hatte, konnte schon deßhalb für sich
allein nicht zu einer politischen Neugestaltung des ganzen Volkes führen. Aber auch Mängel und Gebrechen, welche in dem
durch die Poesie erzeugten Leben selbst lagen, erschwerten die
Erreichung dieses Zieles.

Die Männer, welche der Nation das Herrlichste, was sie
besaß erzeugt hatten, behandelten die christlichen und nationalen Interessen als ein Zufälliges, welches, dem innersten Kerne
des Menschen fremd, nicht würdig sei, von der Kunst aufgenommen zu werden. Zu allen Zeiten zwar sind die Vielen,
denen geistige Selbstständigkeit fehlt, von Vorurtheilen erfüllt
gewesen gegen alle Richtungen, welche durch Männer von
anerkannter Größe mißachtet wurden. Im letzten Drittel des
vorigen Jahrhunderts aber besaß unser Volk nichts als seine
Poesie. Da nun diese sich verachtend von den Gütern, welche
den innersten Kern des Deutschen ausmachen, abwendete, so
schloß die durch die Kunst hervorgerufene Bewegung gleichfalls
die religiösen und nationalen Interessen aus, stellte deßhalb
den deutschen Geist nicht nur unvollständig, sondern auch unwahr dar und besaß keine Möglichkeit, für sich allein zu einer
politischen Neugestaltung hinüber zu leiten, welche nur von
christlicher und nationaler Grundlage aus ins Leben treten
konnte.

Endlich war die deutsche Poesie und die durch sie hervor-

gerufene Bewegung des Volkes auch innerhalb des Kreises, in welchem sie sich hielt, einer ungefährdeten Fortdauer nicht sicher. Wie durch ein Wunder war die Dichtung in das deutsche Volk hineingetreten, welches unvorbereitet die hohe Gabe empfing. Nicht ein ausgebildetes und gleichmäßig verbreitetes tiefes Gefühl, nicht kräftige Gesinnung und allgemeine Cultur seines Volkes leitete und trug den Dichter. Auf seine mitstrebenden Genossen allein war er angewiesen, um einen Halt zu gewinnen, und gewann ihn auch an diesen nicht. Denn weder ein Dichterkönig, noch ein allgemein anerkanntes oberstes Princip gab der deutschen Poesie ihre Grundrichtung; eine Anzahl Dichterfürsten vielmehr verfolgten ein jeder seinen eigenen Weg, entschieden auf geschlossene Kreise von Schülern, Bewunderern und empfänglichen Lesern wirkend und Rückwirkung empfangend. Gegensätze zwischen den verschiedenen Kreisen und Fehden, die mit bitterem Ingrimme ausgefochten wurden, erfüllten das litterarische Leben. Die Einzelnen waren, wie in jedem anarchischen Zustande auf sich und ihre Kraft angewiesen. Sie hatten die Fesseln gebrochen, in denen der Geist so lange gefangen gelegen und waren, nur die Natur und die Wirklichkeit als Leitstern anerkennend, dem Zuge ihres Genius gefolgt. Fehlte Diesem oder Jenem auf solchem Wege die innere Stimme, welche leise warnt, wenn der Geist auf Irrwege geleitet wird, so konnte die Umkehrung der Freiheit in Willkühr, des Hingebens an die Natur in Rohheit, des Auffassens der Wirklichkeit in Darstellung des alltäglichen Lebens nicht ausbleiben. Dicht neben den großen Schöpfungen der Kunst wucherten schon vor der französischen Revolution Producte der entsetzlichsten Rohheit und der plattsten Gemeinheit. Eine andere nicht geringere Gefahr drohte der deutschen Dichtung durch das gänzliche Fehlen großer Begebenheiten und großer Thaten. Hielten die Dichter sich ferne von dem Getriebe der Welt in ihren und ihrer Freunde beschränkten Zuständen, so unterlagen sie der erschlaffenden Macht des Alltäglichen. Nahmen sie in irgend einer Art an dem, was ihr Vaterland bewegte, Theil,

so wurden sie von dem Zerrissenen und Niederdrückenden desselben getroffen und immer wieder auf die Litteratur, als das
allein Große zurückgeführt. Wie der Hofmann sich leicht in
ein kleinliches Leben verliert, weil der an sich großartige Hof
sein Ein und Alles ist und er auch das Nichtigste, wenn es
sich auf den Hof bezieht, als ein Wichtiges behandelt, so
liefen die Litteratoren Gefahr allen kleinlichen persönlichen und
sachlichen Verhältnissen, die eine litterarische Beziehung hatten, mit breiter Gemächlichkeit und lächerlicher Wichtigkeit
zu behandeln und darüber an Ernst, Größe und Schnellkraft
ihres Geistes zu verlieren. Die Briefwechsel aus dem letzten
Drittel des vorigen Jahrhunderts zeigen, bis zu welchem
Grade diese Gefahr verwirklicht war. Die kräftigeren Geister
dagegen fühlten mit tiefem Schmerz den Zwiespalt zwischen
der großartigen Entwickelung der Litteratur und den starren,
stockenden Zuständen aller anderen Seiten des nationalen Lebens. Vom wahren Schmerze zum Widerstreben ist in einem
abgestorbenen politischen Dasein nur ein Schritt. Ward er
gethan, so war bei dem Streben nach gänzlicher Ungebundenheit, welches die damalige Poesie characterisirt, nur eine verneinende und zerstörende politische Richtung schwerlich eine
zngleich bauende zu erwarten. Gewannen, wie es möglich erschien, die rohen, platt alltäglichen oder politisch nur verneі-
nenden Producte in der deutschen Poesie die Herrschaft, so
konnte eine solche Litteratur und eine durch sie im Volke hervorgerufene Bewegung überhaupt nichts Bedeutendes, am wenigsten aber eine politische Neugestaltung hervorrufen.

Drittes Kapitel.

Das Leben des deutschen Volkes in der Religion.

So weit das christliche Princip die Generationen des vorigen Jahrhunderts durchdrang, mußten die Hindernisse beseitigt werden, welche die im vorigen Jahrhundert mit besonde-

rer Stärke hervortretenden selbstsüchtigen Richtungen der Staatenbildung in den Weg legten, aber das christliche Princip bedurfte, um in die irdischen Verhältnisse einzugreifen, einer irdischen Erscheinungsform und hatte sie für Deutschland in zwiefacher Weise gefunden, als römisch-katholische und als evangelische Kirche. Diese Doppelgestaltung ruft die Frage hervor, ob von der Einen oder der Anderen, ob von Beiden oder von Keiner jene durchgreifende Einwirkung des christlichen Princips zu hoffen war.

I. Die katholische Kirche.

Die römisch-katholische Kirche hatte ein gutes Vorurtheil für sich, weil unter ihrer wesentlichen Einwirkung das alte Reich, die Freude und der Stolz der späteren Generationen seine Größe und seinen Glanz erreicht hatte, während der Protestantismus, wenn auch nicht die Ursache, doch der den Zerfall beschleunigende Begleiter seines Sinkens war. Aber dieses Verhältniß entschwundener Zeiten entscheidet noch nicht, ob der in den letzten Jahrhunderten sich bildende Staat die gleiche Förderung vom Katholicismus zu erwarten hatte, welche früher dem Reiche zu Theil geworden war. Das Chaos der bei dem anfangenden Mittelalter sich wechselnd anziehenden und abstoßenden germanischen Völkermassen gewann dadurch Einheit und Gestaltung, daß die unbändigen Krieger, sich mächtigen Grundherren zu Waffendienst und Treue in jeglicher Lebenslage verpflichteten und daß diese Grundherren durch mannigfaltige Mitglieder hindurch in gleiche genau bestimmte Abhängigkeitsverhältnisse zu einem Einzigen, dem Könige, gesetzt waren. Da auf der Menge dieser in Einer Person zusammenlaufenden Lehnsverträge das einheitliche Leben der germanischen Völkerschaften ruhte, welche die deutsche Nation zu bilden die Bestimmung hatten, so war die Großartigkeit des einheitlichen Lebens durch die Bedeutung bedingt, welche dem obersten Lehnsherrn, dem Könige innewohnte. Sollte nament-

Göthe seinen Genius nicht zuwenden. Zwar mochten auch in ihm verwandte Saiten angeklungen sein, als er im Götz die Elendigkeit der absterbenden Reichsformen darstellte, um ihnen gegenüber die mittelalterliche Größe seines Helden zu entfalten, aber später in den großen Schöpfungen unmittelbar vor der französischen Revolntion schloß Göthe politisches Interesse und politischen Stoff völlig aus.

Der christliche Gehalt, welcher seit Klopstocks Messias, der deutsch politische, welcher seit den Thaten Friedrichs die Poesie vorwiegend erfüllte, war in dem letzten Jahrzehnt vor der französischen Revolution mehr und mehr in den Hintergrund gedrängt und in den größten Kunstwerken damaliger Zeit entschieden beseitigt. Das positive Christenthum und die positiven Staatsformen erschienen als Fessel des menschlichen Geistes, welchen zu seiner vollen Erscheinung zu bringen, die junge Dichtergeneration aus dem Anfange der siebenziger Jahre ihren Dichtungen zur Aufgabe gestellt hatte. Was ihre jugendliche Brust bewegte, ließen sie dichterisch gestaltet hinaustreten in die Welt, glaubend dem menschlichen Geiste überhaupt einen Ausdruck verschafft zu haben. Aber unbekannt mit den Tiefen des Lebens war es nur die sinnliche Liebe und die Schönheit der Natur, war es der Wein und der kecke Uebermuth gegen jede äußere oder innere Schranke, die sie bewegte. Unmuthig rief Claudius aus: „ Der Dichter soll nicht ewig Wein, nicht ewig Amorn necken, Die Barden müssen Männer sein und Weise sein, nicht Gecken. Bald genug entging den frohen kecken Dichtern der leichte Lebensmuth. Auch sie ergriff der Schmerz und die Freude des Lebens, auch in ihrer Seele riß Lust und Angst tiefe Furchen, auch sie wurden durch innere und äußere Erfahrungen in die Tiefe des Bösen und des Guten geführt. Was in ihrer Brust wühlte, was sie peinvoll erregte und lindernd beruhigte, arbeiteten sie heraus an das Tageslicht. Kein Königshof, keine Academie, keine conventionellen Bande, keine Autorität eines allgemein anerkannten Dichters hinderte die völlig freie Gestaltung alles dessen, was

in dem Geist der Dichter sich bewegte. Manches wilde, unreife Erzeugniß war die nothwendige Folge des anarchischen
Zustandes, aber hinabsteigend in die Schachten ihres eigenen
Geistes brachten die aus allen Theilen des Volkes erstandenen Dichter die geistigen Stoffe zur Erscheinung, die in ihrer Nation lange
unentdeckt vergraben gelegen hatten. Schnell fanden ihre Dichtungen ihre Gegner, gingen, wenn ihnen das innere Lebensprincip fehlte, mit dem Tage dahin oder thaten durch die Erhaltung inmitten aller Angriffe Werth und Bedeutung dar.
Goethe feierte nach den ersten Werken seiner Jugend und ließ
die ungestüme Bewegung an sich vorüberbrausen. Auch während der Muße von fast einem Jahrzehnt war er nicht über
das Princip seiner Zeit hinausgeführt, aber herrlich hatte er
es geläutert und erhoben. In Iphigenie und in Tasso bildete
er das allgemein Menschliche in wunderbarer Schönheit und
Reinheit zur concreten Erscheinung heraus und stellte das Höchste
und Großartigste, welches innerhalb der herrschenden Richtung
zu erreichen war, der staunenden Mitwelt vor die Seele.

In derselben Zeit, welche immer entschiedener die Gewißheit aller Welt vor Augen stellte, daß nur die Hervorbildung
eines neuen politischen Zustandes das deutsche Volk vor dem
Untergange bewahren konnte, in derselben Zeit, welche um
das Neue schaffen zu können immer dringender das Erscheinen
neuer nationaler Kräfte forderte, in derselben Zeit ward die
deutsche Kunst in das Volksleben gebracht. Sie hatte auf
keine Gestaltung des früheren Volks- und Staatslebens eingewirkt, sondern war erst in den Decennien vor dem Ausbruche
der französischen Revolution geboren, und ließ früher nicht
dagewesene Kräfte wirksam werden, deren unerprobte Macht
vielleicht ganz neue Bahnen eröffnen konnte. In der Mitte
des politisch stumpfsinnigen Volkes hatte sich das ungestüm erregte Leben auf dem Gebiete der Kunst erhoben, und in dem
Volke, welches weder seine abgestorbenen Staatsformen abzustoßen noch lebendige sich zu schaffen vermochte, hatten sich
die reinsten Kunstformen hervorgebildet. Nicht fremde Gabe,

sondern Schöpfung der eigenen Lebenskraft, die mit manchem starken Widersacher zu kämpfen hatte, war das gewonnene Gut. Ein Volk, welches in Einem großartigen Lebenskreise seinen Geist und seine Kraft offenbart hatte, gab keine Ursache, daran zu verzweifeln, daß es auch im staatlichen Leben seine Bedeutung bewähren könne. Der Schritt von den todten politischen Formen in den Zeiten vor der französischen Revolution zu einem lebensvollen Staat, war kaum größer, als der bereits gethane Schritt von der tiefen Gesunkenheit der deutschen Dichtung im Anfange des Jahrhunderts zu den Meisterwerken Göthes. Manches führte dieser erste Schritt mit sich, welches den zweiten erleichterte. Der geistige Kampf mit den fremden Völkern um dichterische Selbstständigkeit zu gewinnen hatte die Deutschen, indem er sie anderen Völkern gegenüber stellte, in sich zusammengedrängt und ihnen in einer großartigen Beziehung das Bewußtsein Volk zu sein gegeben. Sie hatten ein Gut gewonnen, welches nicht nur an und für sich das Streben lohnte ein Volk bleiben zu wollen, sondern auch dadurch Werth besaß, daß sich die Poesie der verschiedensten Regungen und Bestrebungen des Volkslebens bemächtigte. Was tief verborgen, ein ungehobener Schatz, im deutschen Geiste sein heimliches Wesen getrieben hatte, ward an das Tageslicht gestellt; was als Gedanke in der engen Umschränkung einzelner Stände gelebt und gewirkt hatte, ward poetisch gestaltet dem ganzen Volke, so weit es geistige Empfänglichkeit besaß, zum Bewußtsein gebracht. Nach den verschiedensten Seiten hin regte die Poesie an, sprengte die Schranken, welche lange dumpfe Ruhe dem Gesichtskreise der Deutschen gezogen hatte, rüttelte mit mächtiger Hand an den steifen Lebensformen und rief, mit lauter Stimme den neuen Tag verkündend, in das Volk hinein, daß es an der Zeit sei, aufzuwachen vom langen trägen Schlaf. Nicht in dieser oder jener einzelnen Beziehung, sondern in seinem gesammten innersten Wesen erfuhr die Nation eine durchgreifende Umwandlung. Wie der einzelne Mensch, der eine große Erfahrung gemacht hat, als

ein Anderer an jede Aufgabe, die ihm das Leben stellt, heran-
tritt, so stand das deutsche Volk, seitdem es von der Macht
der Poesie ergriffen war, allen Erscheinungen an denen es sich
zu entwickeln hatte, als ein Anderes gegenüber. Auch zum
Staate, der ein Abbruck seines Lebens sein sollte aber nicht
war, mußte nothwendig die Stellung eine andere werden. Im
Volke war das Leben erwacht, im Staate herrschte der Tod.
Das Leben mußte, so schien es, über kurz oder über lang sich
auch der Staatsformen bemeistern und sie dem neuen Geiste
entsprechend umgestalten. Aber in diesem selbst lagen die
Gründe, welche der Hoffnung entgegentraten, daß aus der
neugebornen Poesie allein schon eine starke staatumbildende Kraft
hervorgehen werde.

Zunächst hatte die geistige Bewegung, welche in der zweiten Hälfte des vorigen Jahrhunderts das deutsche Volk ergriff,
ihren Sitz ausschließlich in dem protestantischen Theile desselben. Schon die ersten Keime des neuen Lebens waren während des funfzehnten Jahrhunderts als Widerstreben gegen die
römische Kirche hervorgetreten und die Reformation hatte ihren anregenden und erhebenden Einfluß wesentlich nur auf ihre
Anhänger geübt. Nachdem hierauf das katholische Deutschland
das Elend des dreißigjährigen Krieges und die Erschlaffung
welche ihm folgte, mit den Protestanten getheilt hatte, blieb
es wiederum ausgeschlossen von den Anstrengungen zur Herbeiführung einer besseren Zeit in der ersten Hälfte des vorigen
Jahrhunderts; denn diese gingen aus vom gelehrten Stande,
welchem, so weit er in den Jesuiten-Schulen der Katholiken
gebildet war, die Möglichkeit einer freieren Erhebung fehlte,
wie sie die protestantischen Schulen gewährten. Der einzige
wahre Gehalt ferner, welcher in den erstorbenen Zuständen
der deutschen Dichtung gegeben werden konnte, lag in der religiösen Bewegung, die ihren Grund in dem Zusammentreffen
des Orthodoxismus mit dem Pietismus hatte. Sie blieb den
Katholiken völlig fremd und eine bedeutendere Dichtung um die
Mitte des Jahrhunderts mußte daher so ausschließlich prote-

stantisch sein, wie es Klopstocks Messias ist. Der politische
Gehalt, den Friedrichs Thaten der Poesie zuführten, war untrennbar verbunden mit den Siegen des rein protestantischen
Preußen über das katholische Deutschland, welche dort lebendige geistige Erhebung, hier aber Schmerz und Erbitterung
erzeugten. Da es nun der religiöse und politische Gehalt gewesen ist, welcher die Deutschen so weit weckte, daß die Bewegung der Geister seit den siebenziger Jahren möglich wurde,
so blieb das katholische Deutschland, welches jenes Anstoßes
nicht theilhaft gewesen war, derselben fremd. Eine Bewegung
aber, welche nur den in einer Beziehung scharfabgegränzten
Theil des Volkes ergriffen hatte, konnte schon deßhalb für sich
allein nicht zu einer politischen Neugestaltung des ganzen Volkes führen. Aber auch Mängel und Gebrechen, welche in dem
durch die Poesie erzeugten Leben selbst lagen, erschwerten die
Erreichung dieses Zieles.

Die Männer, welche der Nation das Herrlichste, was sie
besaß erzeugt hatten, behandelten die christlichen und nationalen Interessen als ein Zufälliges, welches, dem innersten Kerne
des Menschen fremd, nicht würdig sei, von der Kunst aufgenommen zu werden. Zu allen Zeiten zwar sind die Vielen,
denen geistige Selbstständigkeit fehlt, von Vorurtheilen erfüllt
gewesen gegen alle Richtungen, welche durch Männer von
anerkannter Größe mißachtet wurden. Im letzten Drittel des
vorigen Jahrhunderts aber besaß unser Volk nichts als seine
Poesie. Da nun diese sich verachtend von den Gütern, welche
den innersten Kern des Deutschen ausmachen, abwendete, so
schloß die durch die Kunst hervorgerufene Bewegung gleichfalls
die religiösen und nationalen Interessen aus, stellte deßhalb
den deutschen Geist nicht nur unvollständig, sondern auch unwahr dar und besaß keine Möglichkeit, für sich allein zu einer
politischen Neugestaltung hinüber zu leiten, welche nur von
christlicher und nationaler Grundlage aus ins Leben treten
konnte.

Endlich war die deutsche Poesie und die durch sie hervor-

gerufene Bewegung des Volkes auch innerhalb des Kreises, in welchem sie sich hielt, einer ungefährdeten Fortdauer nicht sicher. Wie durch ein Wunder war die Dichtung in das deutsche Volk hineingetreten, welches unvorbereitet die hohe Gabe empfing. Nicht ein ausgebildetes und gleichmäßig verbreitetes tiefes Gefühl, nicht kräftige Gesinnung und allgemeine Cultur seines Volkes leitete und trug den Dichter. Auf seine mitstrebenden Genossen allein war er angewiesen, um einen Halt zu gewinnen, und gewann ihn auch an diesen nicht. Denn weder ein Dichterkönig, noch ein allgemein anerkanntes oberstes Princip gab der deutschen Poesie ihre Grundrichtung; eine Anzahl Dichterfürsten vielmehr verfolgten ein jeder seinen eigenen Weg, entschieden auf geschlossene Kreise von Schülern, Bewunderern und empfänglichen Lesern wirkend und Rückwirkung empfangend. Gegensätze zwischen den verschiedenen Kreisen und Fehden, die mit bitterem Ingrimme ausgefochten wurden, erfüllten das litterarische Leben. Die Einzelnen waren, wie in jedem anarchischen Zustande auf sich und ihre Kraft angewiesen. Sie hatten die Fesseln gebrochen, in denen der Geist so lange gefangen gelegen und waren, nur die Natur und die Wirklichkeit als Leitstern anerkennend, dem Zuge ihres Genius gefolgt. Fehlte Diesem oder Jenem auf solchem Wege die innere Stimme, welche leise warnt, wenn der Geist auf Irrwege geleitet wird, so konnte die Umkehrung der Freiheit in Willkühr, des Hingebens an die Natur in Rohheit, des Auffassens der Wirklichkeit in Darstellung des alltäglichen Lebens nicht ausbleiben. Dicht neben den großen Schöpfungen der Kunst wucherten schon vor der französischen Revolution Producte der entsetzlichsten Rohheit und der plattsten Gemeinheit. Eine andere nicht geringere Gefahr drohte der deutschen Dichtung durch das gänzliche Fehlen großer Begebenheiten und großer Thaten. Hielten die Dichter sich ferne von dem Getriebe der Welt in ihren und ihrer Freunde beschränkten Zuständen, so unterlagen sie der erschlaffenden Macht des Alltäglichen. Nahmen sie in irgend einer Art an dem, was ihr Vaterland bewegte, Theil,

so wurden sie von dem Zerrissenen und Niederdrückenden desselben getroffen und immer wieder auf die Litteratur, als das allein Große zurückgeführt. Wie der Hofmann sich leicht in ein kleinliches Leben verliert, weil der an sich großartige Hof sein Ein und Alles ist und er auch das Nichtigste, wenn es sich auf den Hof bezieht, als ein Wichtiges behandelt, so liefen die Litteratoren Gefahr allen kleinlichen persönlichen und sachlichen Verhältnissen, die eine litterarische Beziehung hatten, mit breiter Gemächlichkeit und lächerlicher Wichtigkeit zu behandeln und darüber an Ernst, Größe und Schnellkraft ihres Geistes zu verlieren. Die Briefwechsel aus dem letzten Drittel des vorigen Jahrhunderts zeigen, bis zu welchem Grade diese Gefahr verwirklicht war. Die kräftigeren Geister dagegen fühlten mit tiefem Schmerz den Zwiespalt zwischen der großartigen Entwickelung der Litteratur und den starren, stockenden Zuständen aller anderen Seiten des nationalen Lebens. Vom wahren Schmerze zum Widerstreben ist in einem abgestorbenen politischen Dasein nur ein Schritt. Ward er gethan, so war bei dem Streben nach gänzlicher Ungebundenheit, welches die damalige Poesie characterisirt, nur eine verneinende und zerstörende politische Richtung schwerlich eine zugleich bauende zu erwarten. Gewannen, wie es möglich erschien, die rohen, platt alltäglichen oder politisch nur verneinenden Producte in der deutschen Poesie die Herrschaft, so konnte eine solche Litteratur und eine durch sie im Volke hervorgerufene Bewegung überhaupt nichts Bedeutendes, am wenigsten aber eine politische Neugestaltung hervorrufen.

Drittes Kapitel.

Das Leben des deutschen Volkes in der Religion.

So weit das christliche Princip die Generationen des vorigen Jahrhunderts durchdrang, mußten die Hindernisse beseitigt werden, welche die im vorigen Jahrhundert mit besonde-

rer Stärke hervortretenden selbstsüchtigen Richtungen der Staatenbildung in den Weg legten, aber das christliche Princip bedurfte, um in die irdischen Verhältnisse einzugreifen, einer irdischen Erscheinungsform und hatte sie für Deutschland in zwiefacher Weise gefunden, als römisch-katholische und als evangelische Kirche. Diese Doppelgestaltung ruft die Frage hervor, ob von der Einen oder der Anderen, ob von Beiden oder von Keiner jene durchgreifende Einwirkung des christlichen Princips zu hoffen war.

I. Die katholische Kirche.

Die römisch-katholische Kirche hatte ein gutes Vorurtheil für sich, weil unter ihrer wesentlichen Einwirkung das alte Reich, die Freude und der Stolz der späteren Generationen seine Größe und seinen Glanz erreicht hatte, während der Protestantismus, wenn auch nicht die Ursache, doch der den Zerfall beschleunigende Begleiter seines Sinkens war. Aber dieses Verhältniß entschwundener Zeiten entscheidet noch nicht, ob der in den letzten Jahrhunderten sich bildende Staat die gleiche Förderung vom Katholicismus zu erwarten hatte, welche früher dem Reiche zu Theil geworden war. Das Chaos der bei dem anfangenden Mittelalter sich wechselnd anziehenden und abstoßenden germanischen Völkermassen gewann dadurch Einheit und Gestaltung, daß die unbändigen Krieger, sich mächtigen Grundherren zu Waffendienst und Treue in jeglicher Lebenslage verpflichteten und daß diese Grundherren durch mannigfaltige Mitglieder hindurch in gleiche genau bestimmte Abhängigkeitsverhältnisse zu einem Einzigen, dem Könige, gesetzt waren. Da auf der Menge dieser in Einer Person zusammenlaufenden Lehnsverträge das einheitliche Leben der germanischen Völkerschaften ruhte, welche die deutsche Nation zu bilden die Bestimmung hatten, so war die Großartigkeit des einheitlichen Lebens durch die Bedeutung bedingt, welche dem obersten Lehnsherrn, dem Könige innewohnte. Sollte nament

lich das Christenthum nicht allein die Einzelnen, sondern auch
das einheitliche Leben, die Reichsverbindung, durchdringen, so
konnte es nur geschehen, indem es in der Stellung des Königs
in einer hervorragenden Weise zur Erscheinung kam. Dieser
Anforderung begegnete die Form, in welcher das Christenthum
als römisch-katholische Kirche Gestaltung gewonnen hatte,
Da in derselben das gesammte religiöse Leben vom Papste ausging, dem der Clerus in mannigfachen Gliederungen wie dort
die Vasallenschaft dem Könige verbunden war, so trat hierdurch, und nur hierdurch die Möglichkeit, aber auch, möchte
man sagen, die Nothwendigkeit ein, alle weltlichen Kräfte,
deren das Christenthum bedarf, in dem Amte eines einzigen
eben so zu concentriren, wie die geistlichen Kräfte in der Würde
des Papstes. Diesem Gedanken entsprechend trat in dem deutschen Könige der Kaiser als Schirmherr der gesammten Christenheit hervor. Ohne den Gedanken des Papstthums hätte
der des Kaiserthums nicht gefaßt, viel weniger verwirklicht
werden können. Das Kaiserthum aber war es, welches den
auf individuellen Vortheil des Vermögens und der Sicherheit
ruhenden Lehnsverbindungen bis zu den Kreisen der kleinsten
Ritter hinab eine Bedeutung gab, durch welche sie weit über
das individuelle Interesse hinaus mit den höchsten menschlichen
Interessen in Verbindung gesetzt wurden. Es nahm die aus
Privatverbindungen bestehende Genossenschaft den Character einer großartigen politischen Einheit an.

Ungeachtet dieser Gleichartigkeit zwischen der Hierarchie
der Kirche und der des Reiches, fand dennoch zwischen Beiden, auch abgesehen von ihrem Inhalte ein durchgreifender,
weithin wirkender Unterschied statt. Der Papst, an der Spitze
des Clerus, war die einzige Quelle, welche den Laien religiöses Leben gewährte. Die Laien hatten nur zu empfangen und
schieden sofort aus der Kirche als häretische Gemeinden aus,
wenn sie in größeren oder kleineren Kreisen ein nicht vom Clerus abgeleitetes Leben führen wollten. Anders wie dieses Verhältniß des Papstes und des Clerus zu den Laien war das des

Königs und der Vasallenschaft zu der deutschen Nation. Zwar ein einheitliches Leben derselben, so weit es ein äußeres sein sollte, gab es so wenig ohne Vasallenschaft, als ein religiöses ohne Clerus, aber die außerhalb der Vasallenschaft Stehenden erhielten doch nicht jedes politische Leben von dieser, sondern bildeten unabhängig von ihr kleinere politische Gemeinschaften, welche, obgleich ohne Zusammenhang mit einander und nur sporadisch durch alle Bestandtheile der großen Lehnsverbindung hindurch verbreitet, doch zu kräftig und eigenthümlich waren, um wie die häretischen kirchlichen Gemeinden als ausgeschieden aus dem Ganzen betrachtet werden zu können. Das bildende Princip dieser Gemeinschaften, die zunächst als Dorfgemeinden, sodann mit ungleich reicherer Lebensfülle als Stadtgemeinden und als Genossenschaften derselben hervorgetreten waren, ging nicht vom Könige und seiner Vasallenschaft aus, sondern von dem kraftvollen Bewußtsein der Persönlichkeit, welche, um allseitig hervortreten zu können, des Gemeinlebens bedurfte. Diesem ordnete sie sich ein, und gab ihm die Willkühr hin, um die Freiheit zu empfangen. Nicht in dem Einzelnen als Individuum lag dieses bildende Princip, sondern in dem Einzelnen als Glied des deutschen Volkes. Die deutsche Nationalität trieb das Gemeindeleben hervor. Dieselbe bildende Kraft, welche das Gemeindeleben schuf, durchdrang mehr und mehr die einzelnen Vasallenschaften und gestaltete sie zu Territorien, durchdrang die Territorien und strebte in den letzten Jahrhunderten sie zu Staaten empor zu heben und die verschiedenen Staaten des einen deutschen Volkes zu einer Einheit zu vereinigen, welche die Selbstständigkeit der einzelnen Staaten bestehen ließ. Als das Leben des deutschen Volkes als politische Einheit seine Nahrung nicht mehr oder doch nicht vorwiegend aus dem Könige und seinen Vasallen zog, verlor Kaiserthum und Königthum und Lehnswesen seine Bedeutung; das deutsche Volk war fortan die Stätte, aus welcher die Wurzeln des politischen Lebens ihre Nährung zogen. Ließ sich jetzt noch, so muß man fragen, von der Gestalt, in

sondern Schöpfung der eigenen Lebenskraft, die mit manchem
starken Widersacher zu kämpfen hatte, war das gewonnene
Gut. Ein Volk, welches in Einem großartigen Lebenskreise
seinen Geist und seine Kraft offenbart hatte, gab keine Ursache,
daran zu verzweifeln, daß es auch im staatlichen Leben seine
Bedeutung bewähren könne. Der Schritt von den todten politischen Formen in den Zeiten vor der französischen Revolution zu einem lebensvollen Staat, war kaum größer, als der
bereits gethane Schritt von der tiefen Gesunkenheit der deutschen Dichtung im Anfange des Jahrhunderts zu den Meisterwerken Göthes. Manches führte dieser erste Schritt mit sich,
welches den zweiten erleichterte. Der geistige Kampf mit den
fremden Völkern um dichterische Selbstständigkeit zu gewinnen
hatte die Deutschen, indem er sie anderen Völkern gegenüber
stellte, in sich zusammengedrängt und ihnen in einer großartigen Beziehung das Bewußtsein Volk zu sein gegeben. Sie
hatten ein Gut gewonnen, welches nicht nur an und für sich
das Streben lohnte ein Volk bleiben zu wollen, sondern auch
dadurch Werth besaß, daß sich die Poesie der verschiedensten
Regungen und Bestrebungen des Volkslebens bemächtigte. Was
tief verborgen, ein ungehobener Schatz, im deutschen Geiste
sein heimliches Wesen getrieben hatte, ward an das Tageslicht gestellt; was als Gedanke in der engen Umschränkung
einzelner Stände gelebt und gewirkt hatte, ward poetisch gestaltet dem ganzen Volke, so weit es geistige Empfänglichkeit
besaß, zum Bewußtsein gebracht. Nach den verschiedensten
Seiten hin regte die Poesie an, sprengte die Schranken, welche
lange dumpfe Ruhe dem Gesichtskreise der Deutschen gezogen
hatte, rüttelte mit mächtiger Hand an den steifen Lebensformen und rief, mit lauter Stimme den neuen Tag verkündend,
in das Volk hinein, daß es an der Zeit sei, aufzuwachen vom
langen trägen Schlaf. Nicht in dieser oder jener einzelnen
Beziehung, sondern in seinem gesammten innersten Wesen erfuhr die Nation eine durchgreifende Umwandlung. Wie der
einzelne Mensch, der eine große Erfahrung gemacht hat, als

ein Anderer an jede Aufgabe, die ihm das Leben stellt, heran-
tritt, so stand das deutsche Volk, seitdem es von der Macht
der Poesie ergriffen war, allen Erscheinungen an denen es sich
zu entwickeln hatte, als ein Anderes gegenüber. Auch zum
Staate, der ein Abdruck seines Lebens sein sollte aber nicht
war, mußte nothwendig die Stellung eine andere werden. Im
Volke war das Leben erwacht, im Staate herrschte der Tod.
Das Leben mußte, so schien es, über kurz oder über lang sich
auch der Staatsformen bemeistern und sie dem neuen Geiste
entsprechend umgestalten. Aber in diesem selbst lagen die
Gründe, welche der Hoffnung entgegentraten, daß aus der
neugebornen Poesie allein schon eine starke staatumbildende Kraft
hervorgehen werde.

Zunächst hatte die geistige Bewegung, welche in der zweiten Hälfte des vorigen Jahrhunderts das deutsche Volk ergriff,
ihren Sitz ausschließlich in dem protestantischen Theile desselben. Schon die ersten Keime des neuen Lebens waren während des funfzehnten Jahrhunderts als Widerstreben gegen die
römische Kirche hervorgetreten und die Reformation hatte ihren anregenden und erhebenden Einfluß wesentlich nur auf ihre
Anhänger geübt. Nachdem hierauf das katholische Deutschland
das Elend des dreißigjährigen Krieges und die Erschlaffung
welche ihm folgte, mit den Protestanten getheilt hatte, blieb
es wiederum ausgeschlossen von den Anstrengungen zur Herbeiführung einer besseren Zeit in der ersten Hälfte des vorigen
Jahrhunderts; denn diese gingen aus vom gelehrten Stande,
welchem, so weit er in den Jesuiten-Schulen der Katholiken
gebildet war, die Möglichkeit einer freieren Erhebung fehlte,
wie sie die protestantischen Schulen gewährten. Der einzige
wahre Gehalt ferner, welcher in den erstorbenen Zuständen
der deutschen Dichtung gegeben werden konnte, lag in der religiösen Bewegung, die ihren Grund in dem Zusammentreffen
des Orthodoxismus mit dem Pietismus hatte. Sie blieb den
Katholiken völlig fremd und eine bedeutendere Dichtung um die
Mitte des Jahrhunderts mußte daher so ausschließlich prote-

stantisch sein, wie es Klopstocks Messias ist. Der politische
Gehalt, den Friedrichs Thaten der Poesie zuführten, war untrennbar verbunden mit den Siegen des rein protestantischen
Preußen über das katholische Deutschland, welche dort lebendige geistige Erhebung, hier aber Schmerz und Erbitterung
erzeugten. Da es nun der religiöse und politische Gehalt gewesen ist, welcher die Deutschen so weit weckte, daß die Bewegung der Geister seit den siebenziger Jahren möglich wurde,
so blieb das katholische Deutschland, welches jenes Anstoßes
nicht theilhaft gewesen war, derselben fremd. Eine Bewegung
aber, welche nur den in einer Beziehung scharfabgegränzten
Theil des Volkes ergriffen hatte, konnte schon deßhalb für sich
allein nicht zu einer politischen Neugestaltung des ganzen Volkes führen. Aber auch Mängel und Gebrechen, welche in dem
durch die Poesie erzeugten Leben selbst lagen, erschwerten die
Erreichung dieses Zieles.

Die Männer, welche der Nation das Herrlichste, was sie
besaß erzeugt hatten, behandelten die christlichen und national-
len Interessen als ein Zufälliges, welches, dem innersten Kerne
des Menschen fremd, nicht würdig sei, von der Kunst aufgenommen zu werden. Zu allen Zeiten zwar sind die Vielen,
denen geistige Selbstständigkeit fehlt, von Vorurtheilen erfüllt
gewesen gegen alle Richtungen, welche durch Männer von
anerkannter Größe mißachtet wurden. Im letzten Drittel des
vorigen Jahrhunderts aber besaß unser Volk nichts als seine
Poesie. Da nun diese sich verachtend von den Gütern, welche
den innersten Kern des Deutschen ausmachen, abwendete, so
schloß die durch die Kunst hervorgerufene Bewegung gleichfalls
die religiösen und nationalen Interessen aus, stellte deßhalb
den deutschen Geist nicht nur unvollständig, sondern auch unwahr dar und besaß keine Möglichkeit, für sich allein zu einer
politischen Neugestaltung hinüber zu leiten, welche nur von
christlicher und nationaler Grundlage aus ins Leben treten
konnte.

Endlich war die deutsche Poesie und die durch sie hervor-

gerufene Bewegung des Volkes auch innerhalb des Kreises, in welchem sie sich hielt, einer ungefährdeten Fortdauer nicht sicher. Wie durch ein Wunder war die Dichtung in das deutsche Volk hineingetreten, welches unvorbereitet die hohe Gabe empfing. Nicht ein ausgebildetes und gleichmäßig verbreitetes tiefes Gefühl, nicht kräftige Gesinnung und allgemeine Cultur seines Volkes leitete und trug den Dichter. Auf seine mitstrebenden Genossen allein war er angewiesen, um einen Halt zu gewinnen, und gewann ihn auch an diesen nicht. Denn weder ein Dichterkönig, noch ein allgemein anerkanntes oberstes Princip gab der deutschen Poesie ihre Grundrichtung; eine Anzahl Dichterfürsten vielmehr verfolgten ein jeder seinen eigenen Weg, entschieden auf geschlossene Kreise von Schülern, Bewunderern und empfänglichen Lesern wirkend und Rückwirkung empfangend. Gegensätze zwischen den verschiedenen Kreisen und Fehden, die mit bitterem Ingrimme ausgefochten wurden, erfüllten das litterarische Leben. Die Einzelnen waren, wie in jedem anarchischen Zustande auf sich und ihre Kraft angewiesen. Sie hatten die Fesseln gebrochen, in denen der Geist so lange gefangen gelegen und waren, nur die Natur und die Wirklichkeit als Leitstern anerkennend, dem Zuge ihres Genius gefolgt. Fehlte Diesem oder Jenem auf solchem Wege die innere Stimme, welche leise warnt, wenn der Geist auf Irrwege geleitet wird, so konnte die Umkehrung der Freiheit in Willkühr, des Hingebens an die Natur in Rohheit, des Auffassens der Wirklichkeit in Darstellung des alltäglichen Lebens nicht ausbleiben. Dicht neben den großen Schöpfungen der Kunst wucherten schon vor der französischen Revolution Producte der entsetzlichsten Rohheit und der plattsten Gemeinheit. Eine andere nicht geringere Gefahr drohte der deutschen Dichtung durch das gänzliche Fehlen großer Begebenheiten und großer Thaten. Hielten die Dichter sich ferne von dem Getriebe der Welt in ihren und ihrer Freunde beschränkten Zuständen, so unterlagen sie der erschlaffenden Macht des Alltäglichen. Nahmen sie in irgend einer Art an dem, was ihr Vaterland bewegte, Theil,

so wurden sie von dem Zerrissenen und Niederdrückenden desselben getroffen und immer wieder auf die Litteratur, als das
allein Große zurückgeführt. Wie der Hofmann sich leicht in
ein kleinliches Leben verliert, weil der an sich großartige Hof
sein Ein und Alles ist und er auch das Nichtigste, wenn es
sich auf den Hof bezieht, als ein Wichtiges behandelt, so
liefen die Litteratoren Gefahr allen kleinlichen persönlichen und
sachlichen Verhältnissen, die eine litterarische Beziehung hatten, mit breiter Gemächlichkeit und lächerlicher Wichtigkeit
zu behandeln und darüber an Ernst, Größe und Schnellkraft
ihres Geistes zu verlieren. Die Briefwechsel aus dem letzten
Drittel des vorigen Jahrhunderts zeigen, bis zu welchem
Grade diese Gefahr verwirklicht war. Die kräftigeren Geister
dagegen fühlten mit tiefem Schmerz den Zwiespalt zwischen
der großartigen Entwickelung der Litteratur und den starren,
stockenden Zuständen aller anderen Seiten des nationalen Lebens. Vom wahren Schmerze zum Widerstreben ist in einem
abgestorbenen politischen Dasein nur ein Schritt. Ward er
gethan, so war bei dem Streben nach gänzlicher Ungebundenheit, welches die damalige Poesie characterisirt, nur eine verneinende und zerstörende politische Richtung schwerlich eine
zugleich bauende zu erwarten. Gewannen, wie es möglich erschien, die rohen, platt alltäglichen oder politisch nur verneinenden Producte in der deutschen Poesie die Herrschaft, so
konnte eine solche Litteratur und eine durch sie im Volke hervorgerufene Bewegung überhaupt nichts Bedeutendes, am wenigsten aber eine politische Neugestaltung hervorrufen.

Drittes Kapitel.

Das Leben des deutschen Volkes in der Religion.

So weit das christliche Princip die Generationen des vorigen Jahrhunderts durchdrang, mußten die Hindernisse beseitigt werden, welche die im vorigen Jahrhundert mit besonde-

rer Stärke hervortretenden selbstsüchtigen Richtungen der Staatenbildung in den Weg legten, aber das christliche Princip bedurfte, um in die irdischen Verhältnisse einzugreifen, einer irdischen Erscheinungsform und hatte sie für Deutschland in zwiefacher Weise gefunden, als römisch-katholische und als evangelische Kirche. Diese Doppelgestaltung ruft die Frage hervor, ob von der Einen oder der Anderen, ob von Beiden oder von Keiner jene durchgreifende Einwirkung des christlichen Princips zu hoffen war.

I. Die katholische Kirche.

Die römisch-katholische Kirche hatte ein gutes Vorurtheil für sich, weil unter ihrer wesentlichen Einwirkung das alte Reich, die Freude und der Stolz der späteren Generationen seine Größe und seinen Glanz erreicht hatte, während der Protestantismus, wenn auch nicht die Ursache, doch der den Zerfall beschleunigende Begleiter seines Sinkens war. Aber dieses Verhältniß entschwundener Zeiten entscheidet noch nicht, ob der in den letzten Jahrhunderten sich bildende Staat die gleiche Förderung vom Katholicismus zu erwarten hatte, welche früher dem Reiche zu Theil geworden war. Das Chaos der bei dem anfangenden Mittelalter sich wechselnd anziehenden und abstoßenden germanischen Völkermassen gewann dadurch Einheit und Gestaltung, daß die unbändigen Krieger, sich mächtigen Grundherren zu Waffendienst und Treue in jeglicher Lebenslage verpflichteten und daß diese Grundherren durch mannigfaltige Mitglieder hindurch in gleiche genau bestimmte Abhängigkeitsverhältnisse zu einem Einzigen, dem Könige, gesetzt waren. Da auf der Menge dieser in Einer Person zusammenlaufenden Lehnsverträge das einheitliche Leben der germanischen Völkerschaften ruhte, welche die deutsche Nation zu bilden die Bestimmung hatten, so war die Großartigkeit des einheitlichen Lebens durch die Bedeutung bedingt, welche dem obersten Lehnsherrn, dem Könige innewohnte. Sollte nament-

lich das Christenthum nicht allein die Einzelnen, sondern auch das einheitliche Leben, die Reichsverbindung, durchdringen, so konnte es nur geschehen, indem es in der Stellung des Königs in einer hervorragenden Weise zur Erscheinung kam. Dieser Anforderung begegnete die Form, in welcher das Christenthum als römisch-katholische Kirche Gestaltung gewonnen hatte. Da in derselben das gesammte religiöse Leben vom Papste aus-ging, dem der Clerus in mannigfachen Gliederungen wie dort die Vasallenschaft dem Könige verbunden war, so trat hier-durch, und nur hierdurch die Möglichkeit, aber auch, möchte man sagen, die Nothwendigkeit ein, alle weltlichen Kräfte, deren das Christenthum bedarf, in dem Amte eines einzigen eben so zu concentriren, wie die geistlichen Kräfte in der Würde des Papstes. Diesem Gedanken entsprechend trat in dem deut-schen Könige der Kaiser als Schirmherr der gesammten Chri-stenheit hervor. Ohne den Gedanken des Papstthums hätte der des Kaiserthums nicht gefaßt, viel weniger verwirklicht werden können. Das Kaiserthum aber war es, welches den auf individuellen Vortheil des Vermögens und der Sicherheit ruhenden Lehnsverbindungen bis zu den Kreisen der kleinsten Ritter hinab eine Bedeutung gab, durch welche sie weit über das individuelle Interesse hinaus mit den höchsten menschlichen Interessen in Verbindung gesetzt wurden. Es nahm die aus Privatverbindungen bestehende Genossenschaft den Character ei-ner großartigen politischen Einheit an.

Ungeachtet dieser Gleichartigkeit zwischen der Hierarchie der Kirche und der des Reiches, fand dennoch zwischen Bei-den, auch abgesehen von ihrem Inhalte ein durchgreifender, weithin wirkender Unterschied statt. Der Papst, an der Spitze des Clerus, war die einzige Quelle, welche den Laien religiö-ses Leben gewährte. Die Laien hatten nur zu empfangen und schieden sofort aus der Kirche als häretische Gemeinden aus, wenn sie in größeren oder kleineren Kreisen ein nicht vom Cle-rus abgeleitetes Leben führen wollten. Anders wie dieses Ver-hältniß des Papstes und des Clerus zu den Laien war das des

Königs und der Vasallenschaft zu der deutschen Nation. Zwar ein einheitliches Leben derselben, so weit es ein äußeres sein sollte, gab es so wenig ohne Vasallenschaft, als ein religiöses ohne Clerus, aber die außerhalb der Vasallenschaft Stehenden erhielten doch nicht jedes politische Leben von dieser, sondern bildeten unabhängig von ihr kleinere politische Gemeinschaften, welche, obgleich ohne Zusammenhang mit einander und nur sporadisch durch alle Bestandtheile der großen Lehnsverbindung hindurch verbreitet, doch zu kräftig und eigenthümlich waren, um wie die häretischen kirchlichen Gemeinden als ausgeschieden aus dem Ganzen betrachtet werden zu können. Das bildende Princip dieser Gemeinschaften, die zunächst als Dorfgemeinden, sodann mit ungleich reicherer Lebensfülle als Stadtgemeinden und als Genossenschaften derselben hervorgetreten waren, ging nicht vom Könige und seiner Vasallenschaft aus, sondern von dem kraftvollen Bewußtsein der Persönlichkeit, welche, um allseitig hervortreten zu können, des Gemeindelebens bedurfte. Diesem ordnete sie sich ein, und gab ihm die Willkühr hin, um die Freiheit zu empfangen. Nicht in dem Einzelnen als Individuum lag dieses bildende Princip, sondern in dem Einzelnen als Glied des deutschen Volkes. Die deutsche Nationalität trieb das Gemeindeleben hervor. Dieselbe bildende Kraft, welche das Gemeindeleben schuf, durchdrang mehr und mehr die einzelnen Vasallenschaften und gestaltete sie zu Territorien, durchdrang die Territorien und strebte in den letzten Jahrhunderten sie zu Staaten empor zu heben und die verschiedenen Staaten des einen deutschen Volkes zu einer Einheit zu vereinigen, welche die Selbstständigkeit der einzelnen Staaten bestehen ließ. Als das Leben des deutschen Volkes als politische Einheit seine Nahrung nicht mehr oder doch nicht vorwiegend aus dem Könige und seinen Vasallen zog, verlor Kaiserthum und Königthum und Lehnswesen seine Bedeutung; das deutsche Volk war fortan die Stätte, aus welcher die Wurzeln des politischen Lebens ihre Nährung zogen. Ließ sich jetzt noch, so muß man fragen, von der Gestalt, in

22

welcher das Christenthum sich in der römischen Kirche darstellte, wesentliche Förderung für die Staatenbildung erwarten?

Der Katholicismus fordert vom Laien die Verleugnung jeder aus unmittelbarem Streben hervorgegangenen religiösen Erkenntniß; der Clerus allein darf und kann sie haben und wie er sie hat, so muß sie von den Laien ohne eigenes Urtheil und Prüfung angenommen werden. Der Katholicismus scheidet die Persönlichkeit des Laien von dem unmittelbaren Verhältniß zu Gott. Das Bewußtsein der Schuld und der Erlösungsbedürftigkeit, selbst wenn es vor Gott und Menschen ausgesprochen wird, ist nur Buße, in sofern es durch den Clerus in der Beichte vermittelt zu Gott gelangt. Vergebung und Erlösung ist nur möglich, die Gewißheit derselben nur denkbar, wenn sie durch den Clerus dem Laien zugesichert ist. Die religiöse Persönlichkeit wird vernichtet, damit in jedem Einzelnen das religiöse Leben hineingeführt werden könne, welches der Clerus entwickelt hat. Einförmigkeit und deßhalb statt innerer Durchdringung nur äußere Verbindung der Religion mit der Persönlichkeit, würde die allgemeine Folge dieses Principes sein, wenn nicht trotz desselben der christliche Kern in der römischen Kirche sich unwiderstehlich in unzähligen Fällen geltend machte. Mit dem politischen Principe, welches von dem Anerkenntniß der Mannigfaltigkeit und der Persönlichkeit aus zum Staate drängte, stand das Princip des römischen Katholicismus im schroffen Widerspruch. Die römische Kirche schien allerdings in ihrer späteren Entwickelung diesen Widerspruch unschädlich zu machen. Denn seitdem in derselben die unsichtbare Kirche von der äußeren so sehr in den Hintergrund gedrängt worden war, daß sie kaum noch die Grundlage derselben bildete, konnte die Einheit zwischen der römischen Kirche und dem Staate, da eine höhere gemeinsame Macht fehlte, nur begründet werden, indem die Kirche den Staat oder der Staat die Kirche beherrschte. Da nun weder das Eine noch das Andere statt fand, so war die römische Kirche ungeeinigt neben die Staaten gestellt, nahm nur einen

Theil des Volks- und Einzel-Lebens in Anspruch, überließ den anderen Theil dem Staate und schien hierdurch eine Entwickelung des religiösen und des politischen Lebens nach einem verschiedenen, ja entgegengesetzten Principe möglich zu machen. Aber der Geist des Volkes läßt sich so wenig, wie der des einzelnen Menschen in zwei Theile zerlegen, von denen der Religiöse vernichtet werden könnte, während der Politische sich in freier Geltendmachung entwickelt. Ueberall, wo der Katholicismus, während das politische Princip des Mittelalters nur noch in Formen sich erhielt, die Nationen beherrschte, ward deßhalb eine Zerrissenheit des Volkslebens in seinen innersten und tiefsten Beziehungen herbeigeführt, die um so zerrüttender für alle Erscheinungen desselben werden mußte, je länger sie, durch äußere Umstände vom Ausbruche zurückgehalten, im Verborgenen fortgebrannt hatte. Italien und Polen, Spanien und Portugall, Frankreich und die Staatskeime, welche in das südliche Amerika verpflanzt sind, haben den thatsächlichen Beweis dieser Wahrheit geliefert und der päpstliche Stuhl selbst ist sich schon damals der Unvereinbarkeit des römisch-katholischen Princips mit der neuen Staatenbildung bewußt geworden, als er, wie später auf dem Wiener Congreß, bei den westphälischen Friedensverhandlungen gegen jede Abweichung von dem politischen Principe des Mittelalters feierlichst protestirte.

Mehr noch als das Grundprincip der römischen Kirche trat der lebendigen Staatenbildung die Gestaltung in den Weg, welche das christliche Leben in dem römisch-katholischen Theile des deutschen Volkes gewonnen hatte. Mitten hinein in das wilde bewegte Leben der Germanen des früheren Mittelalters hatte die römische Kirche das Christenthum gebracht, welches in ihrem Schooße bereits begann sich aus dem Evangelium in eine allen Völkern der Erde bestimmte Satzung umzuwandeln. Die Kirche, sobald sie die Unmöglichkeit erkannte, den ungestümen, oft rohen Sinn reinigend und erhebend zu durchdringen, nahm dem Weltleben gegenüber eine doppelte Stel-

stantisch sein, wie es Klopstocks Messias ist. Der politische
Gehalt, den Friedrichs Thaten der Poesie zuführten, war untrennbar verbunden mit den Siegen des rein protestantischen
Preußen über das katholische Deutschland, welche dort lebendige geistige Erhebung, hier aber Schmerz und Erbitterung
erzeugten. Da es nun der religiöse und politische Gehalt gewesen ist, welcher die Deutschen so weit weckte, daß die Bewegung der Geister seit den siebenziger Jahren möglich wurde,
so blieb das katholische Deutschland, welches jenes Anstoßes
nicht theilhaft gewesen war, derselben fremd. Eine Bewegung
aber, welche nur den in einer Beziehung scharfabgegränzten
Theil des Volkes ergriffen hatte, konnte schon deßhalb für sich
allein nicht zu einer politischen Neugestaltung des ganzen Volkes führen. Aber auch Mängel und Gebrechen, welche in dem
durch die Poesie erzeugten Leben selbst lagen, erschwerten die
Erreichung dieses Zieles.

Die Männer, welche der Nation das Herrlichste, was sie
besaß erzeugt hatten, behandelten die christlichen und nationalen Interessen als ein Zufälliges, welches, dem innersten Kerne
des Menschen fremd, nicht würdig sei, von der Kunst aufgenommen zu werden. Zu allen Zeiten zwar sind die Vielen,
denen geistige Selbstständigkeit fehlt, von Vorurtheilen erfüllt
gewesen gegen alle Richtungen, welche durch Männer von
anerkannter Größe mißachtet wurden. Im letzten Drittel des
vorigen Jahrhunderts aber besaß unser Volk nichts als seine
Poesie. Da nun diese sich verachtend von den Gütern, welche
den innersten Kern des Deutschen ausmachen, abwendete, so
schloß die durch die Kunst hervorgerufene Bewegung gleichfalls
die religiösen und nationalen Interessen aus, stellte deßhalb
den deutschen Geist nicht nur unvollständig, sondern auch unwahr dar und besaß keine Möglichkeit, für sich allein zu einer
politischen Neugestaltung hinüber zu leiten, welche nur von
christlicher und nationaler Grundlage aus ins Leben treten
konnte.

Endlich war die deutsche Poesie und die durch sie hervor-

gerufene Bewegung des Volkes auch innerhalb des Kreises, in welchem sie sich hielt, einer ungefährdeten Fortdauer nicht sicher. Wie durch ein Wunder war die Dichtung in das deutsche Volk hineingetreten, welches unvorbereitet die hohe Gabe empfing. Nicht ein ausgebildetes und gleichmäßig verbreitetes tiefes Gefühl, nicht kräftige Gesinnung und allgemeine Cultur seines Volkes leitete und trug den Dichter. Auf seine mitstrebenden Genossen allein war er angewiesen, um einen Halt zu gewinnen, und gewann ihn auch an diesen nicht. Denn weder ein Dichterkönig, noch ein allgemein anerkanntes oberstes Princip gab der deutschen Poesie ihre Grundrichtung; eine Anzahl Dichterfürsten vielmehr verfolgten ein jeder seinen eigenen Weg, entschieden auf geschlossene Kreise von Schülern, Bewunderern und empfänglichen Lesern wirkend und Rückwirkung empfangend. Gegensätze zwischen den verschiedenen Kreisen und Fehden, die mit bitterem Ingrimme ausgefochten wurden, erfüllten das litterarische Leben. Die Einzelnen waren, wie in jedem anarchischen Zustande auf sich und ihre Kraft angewiesen. Sie hatten die Fesseln gebrochen, in denen der Geist so lange gefangen gelegen und waren, nur die Natur und die Wirklichkeit als Leitstern anerkennend, dem Zuge ihres Genius gefolgt. Fehlte Diesem oder Jenem auf solchem Wege die innere Stimme, welche leise warnt, wenn der Geist auf Irrwege geleitet wird, so konnte die Umkehrung der Freiheit in Willkühr, des Hingebens an die Natur in Rohheit, des Auffassens der Wirklichkeit in Darstellung des alltäglichen Lebens nicht ausbleiben. Dicht neben den großen Schöpfungen der Kunst wucherten schon vor der französischen Revolution Producte der entsetzlichsten Rohheit und der plattsten Gemeinheit. Eine andere nicht geringere Gefahr drohte der deutschen Dichtung durch das gänzliche Fehlen großer Begebenheiten und großer Thaten. Hielten die Dichter sich ferne von dem Getriebe der Welt in ihren und ihrer Freunde beschränkten Zuständen, so unterlagen sie der erschlaffenden Macht des Alltäglichen. Nahmen sie in irgend einer Art an dem, was ihr Vaterland bewegte, Theil,

so wurden sie von dem Zerrissenen und Niederdrückenden desselben getroffen und immer wieder auf die Litteratur, als das allein Große zurückgeführt. Wie der Hofmann sich leicht in ein kleinliches Leben verliert, weil der an sich großartige Hof sein Ein und Alles ist und er auch das Nichtigste, wenn es sich auf den Hof bezieht, als ein Wichtiges behandelt, so liefen die Litteratoren Gefahr allen kleinlichen persönlichen und sachlichen Verhältnissen, die eine litterarische Beziehung hatten, mit breiter Gemächlichkeit und lächerlicher Wichtigkeit zu behandeln und darüber an Ernst, Größe und Schnellkraft ihres Geistes zu verlieren. Die Briefwechsel aus dem letzten Drittel des vorigen Jahrhunderts zeigen, bis zu welchem Grade diese Gefahr verwirklicht war. Die kräftigeren Geister dagegen fühlten mit tiefem Schmerz den Zwiespalt zwischen der großartigen Entwickelung der Litteratur und den starren, stockenden Zuständen aller anderen Seiten des nationalen Lebens. Vom wahren Schmerze zum Widerstreben ist in einem abgestorbenen politischen Dasein nur ein Schritt. Ward er gethan, so war bei dem Streben nach gänzlicher Ungebundenheit, welches die damalige Poesie characterisirt, nur eine verneinende und zerstörende politische Richtung schwerlich eine zugleich bauende zu erwarten. Gewannen, wie es möglich erschien, die rohen, platt alltäglichen oder politisch nur verneinenden Producte in der deutschen Poesie die Herrschaft, so konnte eine solche Litteratur und eine durch sie im Volke hervorgerufene Bewegung überhaupt nichts Bedeutendes, am wenigsten aber eine politische Neugestaltung hervorrufen.

Drittes Kapitel.

Das Leben des deutschen Volkes in der Religion.

So weit das christliche Princip die Generationen des vorigen Jahrhunderts durchdrang, mußten die Hindernisse beseitigt werden, welche die im vorigen Jahrhundert mit besonde-

rer Stärke hervortretenden selbstsüchtigen Richtungen der Staa=
tenbildung in den Weg legten, aber das christliche Princip be=
durfte, um in die irdischen Verhältnisse einzugreifen, einer ir=
dischen Erscheinungsform und hatte sie für Deutschland in
zwiefacher Weise gefunden, als römisch=katholische und als
evangelische Kirche. Diese Doppelgestaltung ruft die Frage
hervor, ob von der Einen oder der Anderen, ob von Beiden
oder von Keiner jene durchgreifende Einwirkung des christli=
chen Princips zu hoffen war.

I. Die katholische Kirche.

Die römisch=katholische Kirche hatte ein gutes Vorurtheil
für sich, weil unter ihrer wesentlichen Einwirkung das alte
Reich, die Freude und der Stolz der späteren Generationen
seine Größe und seinen Glanz erreicht hatte, während der Pro=
testantismus, wenn auch nicht die Ursache, doch der den Zer=
fall beschleunigende Begleiter seines Sinkens war. Aber die=
ses Verhältniß entschwundener Zeiten entscheidet noch nicht, ob
der in den letzten Jahrhunderten sich bildende Staat die gleiche
Förderung vom Katholicismus zu erwarten hatte, welche frü=
her dem Reiche zu Theil geworden war. Das Chaos der bei
dem anfangenden Mittelalter sich wechselnd anziehenden und
abstoßenden germanischen Völkermassen gewann dadurch Einheit
und Gestaltung, daß die unbändigen Krieger, sich mächtigen
Grundherren zu Waffendienst und Treue in jeglicher Lebens=
lage verpflichteten und daß diese Grundherren durch mannig=
faltige Mitglieder hindurch in gleiche genau bestimmte Abhän=
gigkeitsverhältnisse zu einem Einzigen, dem Könige, gesetzt
waren. Da auf der Menge dieser in Einer Person zusammen=
laufenden Lehnsverträge das einheitliche Leben der germani=
schen Völkerschaften ruhte, welche die deutsche Nation zu bil=
den die Bestimmung hatten, so war die Großartigkeit des ein=
heitlichen Lebens durch die Bedeutung bedingt, welche dem
obersten Lehnsherrn, dem Könige innewohnte. Sollte nament=

lich das Christenthum nicht allein die Einzelnen, sondern auch das einheitliche Leben, die Reichsverbindung, durchdringen, so konnte es nur geschehen, indem es in der Stellung des Königs in einer hervorragenden Weise zur Erscheinung kam. Dieser Anforderung begegnete die Form, in welcher das Christenthum als römisch-katholische Kirche Gestaltung gewonnen hatte, Da in derselben das gesammte religiöse Leben vom Papste ausging, dem der Clerus in mannigfachen Gliederungen wie dort die Vasallenschaft dem Könige verbunden war, so trat hierdurch, und nur hierdurch die Möglichkeit, aber auch, möchte man sagen, die Nothwendigkeit ein, alle weltlichen Kräfte, deren das Christenthum bedarf, in dem Amte eines einzigen eben so zu concentriren, wie die geistlichen Kräfte in der Würde des Papstes. Diesem Gedanken entsprechend trat in dem deutschen Könige der Kaiser als Schirmherr der gesammten Christenheit hervor. Ohne den Gedanken des Papstthums hätte der des Kaiserthums nicht gefaßt, viel weniger verwirklicht werden können. Das Kaiserthum aber war es, welches den auf individuellen Vortheil des Vermögens und der Sicherheit ruhenden Lehnsverbindungen bis zu den Kreisen der kleinsten Ritter hinab eine Bedeutung gab, durch welche sie weit über das individuelle Interesse hinaus mit den höchsten menschlichen Interessen in Verbindung gesetzt wurden. Es nahm die aus Privatverbindungen bestehende Genossenschaft den Character einer großartigen politischen Einheit an.

Ungeachtet dieser Gleichartigkeit zwischen der Hierarchie der Kirche und der des Reiches, fand dennoch zwischen Beiden, auch abgesehen von ihrem Inhalte ein durchgreifender, weithin wirkender Unterschied statt. Der Papst, an der Spitze des Clerus, war die einzige Quelle, welche den Laien religiöses Leben gewährte. Die Laien hatten nur zu empfangen und schieden sofort aus der Kirche als häretische Gemeinden aus, wenn sie in größeren oder kleineren Kreisen ein nicht vom Clerus abgeleitetes Leben führen wollten. Anders wie dieses Verhältniß des Papstes und des Clerus zu den Laien war das des

Königs und der Vasallenschaft zu der deutschen Nation. Zwar ein einheitliches Leben derselben, so weit es ein äußeres sein sollte, gab es so wenig ohne Vasallenschaft, als ein religiöses ohne Clerus, aber die außerhalb der Vasallenschaft Stehenden erhielten doch nicht jedes politische Leben von dieser, sondern bildeten unabhängig von ihr kleinere politische Gemeinschaften, welche, obgleich ohne Zusammenhang mit einander und nur sporadisch durch alle Bestandtheile der großen Lehnsverbindung hindurch verbreitet, doch zu kräftig und eigenthümlich waren, um wie die häretischen kirchlichen Gemeinden als ausgeschieben aus dem Ganzen betrachtet werden zu können. Das bildende Princip dieser Gemeinschaften, die zunächst als Dorfgemeinden, sodann mit ungleich reicherer Lebensfülle als Stadtgemeinden und als Genossenschaften derselben hervorgetreten waren, ging nicht vom Könige und seiner Vasallenschaft aus, sondern von dem kraftvollen Bewußtsein der Persönlichkeit, welche, um allseitig hervortreten zu können, des Gemeindelebens bedurfte. Diesem ordnete sie sich ein, und gab ihm die Willkühr hin, um die Freiheit zu empfangen. Nicht in dem Einzelnen als Individuum lag dieses bildende Princip, sondern in dem Einzelnen als Glied des deutschen Volkes. Die deutsche Nationalität trieb das Gemeindeleben hervor. Dieselbe bildende Kraft, welche das Gemeindeleben schuf, durchdrang mehr und mehr die einzelnen Vasallenschaften und gestaltete sie zu Territorien, durchdrang die Territorien und strebte in den letzten Jahrhunderten sie zu Staaten empor zu heben und die verschiedenen Staaten des einen deutschen Volkes zu einer Einheit zu vereinigen, welche die Selbstständigkeit der einzelnen Staaten bestehen ließ. Als das Leben des deutschen Volkes als politische Einheit seine Nahrung nicht mehr oder doch nicht vorwiegend aus dem Könige und seinen Vasallen zog, verlor Kaiserthum und Königthum und Lehnswesen seine Bedeutung; das deutsche Volk war fortan die Stätte, aus welcher die Wurzeln des politischen Lebens ihre Nährung zogen. Ließ sich jetzt noch, so muß man fragen, von der Gestalt, in

22

welcher das Christenthum sich in der römischen Kirche darstellte, wesentliche Förderung für die Staatenbildung erwarten?

Der Katholicismus fordert vom Laien die Verleugnung jeder aus unmittelbarem Streben hervorgegangenen religiösen Erkenntniß; der Clerus allein darf und kann sie haben und wie er sie hat, so muß sie von den Laien ohne eigenes Urtheil und Prüfung angenommen werden. Der Katholicismus scheidet die Persönlichkeit des Laien von dem unmittelbaren Verhältniß zu Gott. Das Bewußtsein der Schuld und der Erlösungsbedürftigkeit, selbst wenn es vor Gott und Menschen ausgesprochen wird, ist nur Buße, in sofern es durch den Clerus in der Beichte vermittelt zu Gott gelangt. Vergebung und Erlösung ist nur möglich, die Gewißheit derselben nur denkbar, wenn sie durch den Clerus dem Laien zugesichert ist. Die religiöse Persönlichkeit wird vernichtet, damit in jedem Einzelnen das religiöse Leben hineingeführt werden könne, welches der Clerus entwickelt hat. Einförmigkeit und deßhalb statt innerer Durchdringung nur äußere Verbindung der Religion mit der Persönlichkeit, würde die allgemeine Folge dieses Principes sein, wenn nicht trotz desselben der christliche Kern in der römischen Kirche sich unwiderstehlich in unzähligen Fällen geltend machte. Mit dem politischen Principe, welches von dem Anerkenntniß der Mannigfaltigkeit und der Persönlichkeit aus zum Staate drängte, stand das Princip des römischen Katholicismus im schroffen Widerspruch. Die römische Kirche schien allerdings in ihrer späteren Entwickelung diesen Widerspruch unschädlich zu machen. Denn seitdem in derselben die unsichtbare Kirche von der äußeren so sehr in den Hintergrund gedrängt worden war, daß sie kaum noch die Grundlage derselben bildete, konnte die Einheit zwischen der römischen Kirche und dem Staate, da eine höhere gemeinsame Macht fehlte, nur begründet werden, indem die Kirche den Staat oder der Staat die Kirche beherrschte. Da nun weder das Eine noch das Andere statt fand, so war die römische Kirche ungeeinigt neben die Staaten gestellt, nahm nur einen

Theil des Volks= und Einzel=Lebens in Anspruch, überließ
den anderen Theil dem Staate und schien hierdurch eine Ent=
wickelung des religiösen und des politischen Lebens nach einem
verschiedenen, ja entgegengesetzten Principe möglich zu machen.
Aber der Geist des Volkes läßt sich so wenig, wie der des
einzelnen Menschen in zwei Theile zerlegen, von denen der
Religiöse vernichtet werden könnte, während der Politische
sich in freier Geltendmachung entwickelt. Ueberall, wo der
Katholicismus, während das politische Princip des Mittelal=
ters nur noch in Formen sich erhielt, die Nationen beherrschte,
ward deßhalb eine Zerrissenheit des Volkslebens in seinen in=
nersten und tiefsten Beziehungen herbeigeführt, die um so zer=
rüttender für alle Erscheinungen desselben werden mußte, je
länger sie, durch äußere Umstände vom Ausbruche zurückgehal=
ten, im Verborgenen fortgebrannt hatte. Italien und Polen,
Spanien und Portugall, Frankreich und die Staatskeime,
welche in das südliche Amerika verpflanzt sind, haben den
thatsächlichen Beweis dieser Wahrheit geliefert und der päpst=
liche Stuhl selbst ist sich schon damals der Unvereinbarkeit des
römisch=katholischen Princips mit der neuen Staatenbildung
bewußt geworden, als er, wie später auf dem Wiener Con=
greß, bei den westphälischen Friedensverhandlungen gegen jede
Abweichung von dem politischen Principe des Mittelalters fei=
erlichst protestirte.
    Mehr noch als das Grundprincip der römischen Kirche
trat der lebendigen Staatenbildung die Gestaltung in den Weg,
welche das christliche Leben in dem römisch=katholischen Theile
des deutschen Volkes gewonnen hatte. Mitten hinein in das
wilde bewegte Leben der Germanen des früheren Mittelalters
hatte die römische Kirche das Christenthum gebracht, welches
in ihrem Schooße bereits begann sich aus dem Evangelium
in eine allen Völkern der Erde bestimmte Satzung umzuwan=
deln. Die Kirche, sobald sie die Unmöglichkeit erkannte, den
ungestümen, oft rohen Sinn reinigend und erhebend zu durch=
dringen, nahm dem Weltleben gegenüber eine doppelte Stel=

stantisch sein, wie es Klopstocks Messias ist. Der politische Gehalt, den Friedrichs Thaten der Poesie zuführten, war untrennbar verbunden mit den Siegen des rein protestantischen Preußen über das katholische Deutschland, welche dort lebendige geistige Erhebung, hier aber Schmerz und Erbitterung erzeugten. Da es nun der religiöse und politische Gehalt gewesen ist, welcher die Deutschen so weit weckte, daß die Bewegung der Geister seit den siebenziger Jahren möglich wurde, so blieb das katholische Deutschland, welches jenes Anstoßes nicht theilhaft gewesen war, derselben fremd. Eine Bewegung aber, welche nur den in einer Beziehung scharfabgegränzten Theil des Volkes ergriffen hatte, konnte schon deßhalb für sich allein nicht zu einer politischen Neugestaltung des ganzen Volkes führen. Aber auch Mängel und Gebrechen, welche in dem durch die Poesie erzeugten Leben selbst lagen, erschwerten die Erreichung dieses Zieles.

Die Männer, welche der Nation das Herrlichste, was sie besaß erzeugt hatten, behandelten die christlichen und nationalen Interessen als ein Zufälliges, welches, dem innersten Kerne des Menschen fremd, nicht würdig sei, von der Kunst aufgenommen zu werden. Zu allen Zeiten zwar sind die Vielen, denen geistige Selbstständigkeit fehlt, von Vorurtheilen erfüllt gewesen gegen alle Richtungen, welche durch Männer von anerkannter Größe mißachtet wurden. Im letzten Drittel des vorigen Jahrhunderts aber besaß unser Volk nichts als seine Poesie. Da nun diese sich verachtend von den Gütern, welche den innersten Kern des Deutschen ausmachen, abwendete, so schloß die durch die Kunst hervorgerufene Bewegung gleichfalls die religiösen und nationalen Interessen aus, stellte deßhalb den deutschen Geist nicht nur unvollständig, sondern auch unwahr dar und besaß keine Möglichkeit, für sich allein zu einer politischen Neugestaltung hinüber zu leiten, welche nur von christlicher und nationaler Grundlage aus ins Leben treten konnte.

Endlich war die deutsche Poesie und die durch sie hervor-

gerufene Bewegung des Volkes auch innerhalb des Kreises, in welchem sie sich hielt, einer ungefährdeten Fortdauer nicht sicher. Wie durch ein Wunder war die Dichtung in das deutsche Volk hineingetreten, welches unvorbereitet die hohe Gabe empfing. Nicht ein ausgebildetes und gleichmäßig verbreitetes tiefes Gefühl, nicht kräftige Gesinnung und allgemeine Cultur seines Volkes leitete und trug den Dichter. Auf seine mitstrebenden Genossen allein war er angewiesen, um einen Halt zu gewinnen, und gewann ihn auch an diesen nicht. Denn weder ein Dichterkönig, noch ein allgemein anerkanntes oberstes Princip gab der deutschen Poesie ihre Grundrichtung; eine Anzahl Dichterfürsten vielmehr verfolgten ein jeder seinen eigenen Weg, entschieden auf geschlossene Kreise von Schülern, Bewunderern und empfänglichen Lesern wirkend und Rückwirkung empfangend. Gegensätze zwischen den verschiedenen Kreisen und Fehden, die mit bitterem Ingrimme ausgefochten wurden, erfüllten das litterarische Leben. Die Einzelnen waren, wie in jedem anarchischen Zustande auf sich und ihre Kraft angewiesen. Sie hatten die Fesseln gebrochen, in denen der Geist so lange gefangen gelegen und waren, nur die Natur und die Wirklichkeit als Leitstern anerkennend, dem Zuge ihres Genius gefolgt. Fehlte Diesem oder Jenem auf solchem Wege die innere Stimme, welche leise warnt, wenn der Geist auf Irrwege geleitet wird, so konnte die Umkehrung der Freiheit in Willkühr, des Hingebens an die Natur in Rohheit, des Auffassens der Wirklichkeit in Darstellung des alltäglichen Lebens nicht ausbleiben. Dicht neben den großen Schöpfungen der Kunst wucherten schon vor der französischen Revolution Producte der entsetzlichsten Rohheit und der plattsten Gemeinheit. Eine andere nicht geringere Gefahr drohte der deutschen Dichtung durch das gänzliche Fehlen großer Begebenheiten und großer Thaten. Hielten die Dichter sich ferne von dem Getriebe der Welt in ihren und ihrer Freunde beschränkten Zuständen, so unterlagen sie der erschlaffenden Macht des Alltäglichen. Nahmen sie in irgend einer Art an dem, was ihr Vaterland bewegte, Theil,

so wurden sie von dem Zerrissenen und Niederdrückenden desselben getroffen und immer wieder auf die Litteratur, als das
allein Große zurückgeführt. Wie der Hofmann sich leicht in
ein kleinliches Leben verliert, weil der an sich großartige Hof
sein Ein und Alles ist und er auch das Nichtigste, wenn es
sich auf den Hof bezieht, als ein Wichtiges behandelt, so
liefen die Litteratoren Gefahr allen kleinlichen persönlichen und
sachlichen Verhältnissen, die eine litterarische Beziehung hatten, mit breiter Gemächlichkeit und lächerlicher Wichtigkeit
zu behandeln und darüber an Ernst, Größe und Schnellkraft
ihres Geistes zu verlieren. Die Briefwechsel aus dem letzten
Drittel des vorigen Jahrhunderts zeigen, bis zu welchem
Grade diese Gefahr verwirklicht war. Die kräftigeren Geister
dagegen fühlten mit tiefem Schmerz den Zwiespalt zwischen
der großartigen Entwickelung der Litteratur und den starren,
stockenden Zuständen aller anderen Seiten des nationalen Lebens. Vom wahren Schmerze zum Widerstreben ist in einem
abgestorbenen politischen Dasein nur ein Schritt. Ward er
gethan, so war bei dem Streben nach gänzlicher Ungebundenheit, welches die damalige Poesie characterisirt, nur eine verneinende und zerstörende politische Richtung schwerlich eine
zugleich bauende zu erwarten. Gewannen, wie es möglich erschien, die rohen, platt alltäglichen oder politisch nur verneinenden Producte in der deutschen Poesie die Herrschaft, so
konnte eine solche Litteratur und eine durch sie im Volke hervorgerufene Bewegung überhaupt nichts Bedeutendes, am wenigsten aber eine politische Neugestaltung hervorrufen.

Drittes Kapitel.

Das Leben des deutschen Volkes in der Religion.

So weit das christliche Princip die Generationen des vorigen Jahrhunderts durchdrang, mußten die Hindernisse beseitigt werden, welche die im vorigen Jahrhundert mit besonde-

rer Stärke hervortretenden selbstsüchtigen Richtungen der Staatenbildung in den Weg legten, aber das christliche Princip bedurfte, um in die irdischen Verhältnisse einzugreifen, einer irdischen Erscheinungsform und hatte sie für Deutschland in zwiefacher Weise gefunden, als römisch-katholische und als evangelische Kirche. Diese Doppelgestaltung ruft die Frage hervor, ob von der Einen oder der Anderen, ob von Beiden oder von Keiner jene durchgreifende Einwirkung des christlichen Princips zu hoffen war.

I. Die katholische Kirche.

Die römisch-katholische Kirche hatte ein gutes Vorurtheil für sich, weil unter ihrer wesentlichen Einwirkung das alte Reich, die Freude und der Stolz der späteren Generationen seine Größe und seinen Glanz erreicht hatte, während der Protestantismus, wenn auch nicht die Ursache, doch der den Zerfall beschleunigende Begleiter seines Sinkens war. Aber dieses Verhältniß entschwundener Zeiten entscheidet noch nicht, ob der in den letzten Jahrhunderten sich bildende Staat die gleiche Förderung vom Katholicismus zu erwarten hatte, welche früher dem Reiche zu Theil geworden war. Das Chaos der bei dem anfangenden Mittelalter sich wechselnd anziehenden und abstoßenden germanischen Völkermassen gewann dadurch Einheit und Gestaltung, daß die unbändigen Krieger, sich mächtigen Grundherren zu Waffendienst und Treue in jeglicher Lebenslage verpflichteten und daß diese Grundherren durch mannigfaltige Mitglieder hindurch in gleiche genau bestimmte Abhängigkeitsverhältnisse zu einem Einzigen, dem Könige, gesetzt waren. Da auf der Menge dieser in Einer Person zusammenlaufenden Lehnsverträge das einheitliche Leben der germanischen Völkerschaften ruhte, welche die deutsche Nation zu bilden die Bestimmung hatten, so war die Großartigkeit des einheitlichen Lebens durch die Bedeutung bedingt, welche dem obersten Lehnsherrn, dem Könige innewohnte. Sollte nament-

lich das Christenthum nicht allein die Einzelnen, sondern auch das einheitliche Leben, die Reichsverbindung, durchdringen, so konnte es nur geschehen, indem es in der Stellung des Königs in einer hervorragenden Weise zur Erscheinung kam. Dieser Anforderung begegnete die Form, in welcher das Christenthum als römisch-katholische Kirche Gestaltung gewonnen hatte. Da in derselben das gesammte religiöse Leben vom Papste ausging, dem der Clerus in mannigfachen Gliederungen wie dort die Vasallenschaft dem Könige verbunden war, so trat hierdurch, und nur hierdurch die Möglichkeit, aber auch, möchte man sagen, die Nothwendigkeit ein, alle weltlichen Kräfte, deren das Christenthum bedarf, in dem Amte eines einzigen eben so zu concentriren, wie die geistlichen Kräfte in der Würde des Papstes. Diesem Gedanken entsprechend trat in dem deutschen Könige der Kaiser als Schirmherr der gesammten Christenheit hervor. Ohne den Gedanken des Papstthums hätte der des Kaiserthums nicht gefaßt, viel weniger verwirklicht werden können. Das Kaiserthum aber war es, welches den auf individuellen Vortheil des Vermögens und der Sicherheit ruhenden Lehnsverbindungen bis zu den Kreisen der kleinsten Ritter hinab eine Bedeutung gab, durch welche sie weit über das individuelle Interesse hinaus mit den höchsten menschlichen Interessen in Verbindung gesetzt wurden. Es nahm die aus Privatverbindungen bestehende Genossenschaft den Character einer großartigen politischen Einheit an.

Ungeachtet dieser Gleichartigkeit zwischen der Hierarchie der Kirche und der des Reiches, fand dennoch zwischen Beiden, auch abgesehen von ihrem Inhalte ein durchgreifender, weithin wirkender Unterschied statt. Der Papst, an der Spitze des Clerus, war die einzige Quelle, welche den Laien religiöses Leben gewährte. Die Laien hatten nur zu empfangen und schieden sofort aus der Kirche als häretische Gemeinden aus, wenn sie in größeren oder kleineren Kreisen ein nicht vom Clerus abgeleitetes Leben führen wollten. Anders wie dieses Verhältniß des Papstes und des Clerus zu den Laien war das des

Königs und der Vasallenschaft zu der deutschen Nation. Zwar ein einheitliches Leben derselben, so weit es ein äußeres sein sollte, gab es so wenig ohne Vasallenschaft, als ein religiöses ohne Clerus, aber die außerhalb der Vasallenschaft Stehenden erhielten doch nicht jedes politische Leben von dieser, sondern bildeten unabhängig von ihr kleinere politische Gemeinschaften, welche, obgleich ohne Zusammenhang mit einander und nur sporadisch durch alle Bestandtheile der großen Lehnsverbindung hindurch verbreitet, doch zu kräftig und eigenthümlich waren, um wie die häretischen kirchlichen Gemeinden als ausgeschieden aus dem Ganzen betrachtet werden zu können. Das bildende Princip dieser Gemeinschaften, die zunächst als Dorfgemeinden, sodann mit ungleich reicherer Lebensfülle als Stadtgemeinden und als Genossenschaften derselben hervorgetreten waren, ging nicht vom Könige und seiner Vasallenschaft aus, sondern von dem kraftvollen Bewußtsein der Persönlichkeit, welche, um allseitig hervortreten zu können, des Gemeindelebens bedurfte. Diesem ordnete sie sich ein, und gab ihm die Willkühr hin, um die Freiheit zu empfangen. Nicht in dem Einzelnen als Individuum lag dieses bildende Princip, sondern in dem Einzelnen als Glied des deutschen Volkes. Die deutsche Nationalität trieb das Gemeindeleben hervor. Dieselbe bildende Kraft, welche das Gemeindeleben schuf, durchdrang mehr und mehr die einzelnen Vasallenschaften und gestaltete sie zu Territorien, durchdrang die Territorien und strebte in den letzten Jahrhunderten sie zu Staaten empor zu heben und die verschiedenen Staaten des einen deutschen Volkes zu einer Einheit zu vereinigen, welche die Selbstständigkeit der einzelnen Staaten bestehen ließ. Als das Leben des deutschen Volkes als politische Einheit seine Nahrung nicht mehr oder doch nicht vorwiegend aus dem Könige und seinen Vasallen zog, verlor Kaiserthum und Königthum und Lehnswesen seine Bedeutung; das deutsche Volk war fortan die Stätte, aus welcher die Wurzeln des politischen Lebens ihre Nährung zogen. Ließ sich jetzt noch, so muß man fragen, von der Gestalt, in

welcher das Christenthum sich in der römischen Kirche darstellte, wesentliche Förderung für die Staatenbildung erwarten?

Der Katholicismus fordert vom Laien die Verleugnung jeder aus unmittelbarem Streben hervorgegangenen religiösen Erkenntniß; der Clerus allein darf und kann sie haben und wie er sie hat, so muß sie von den Laien ohne eigenes Urtheil und Prüfung angenommen werden. Der Katholicismus scheidet die Persönlichkeit des Laien von dem unmittelbaren Verhältniß zu Gott. Das Bewußtsein der Schuld und der Erlösungsbedürftigkeit, selbst wenn es vor Gott und Menschen ausgesprochen wird, ist nur Buße, in sofern es durch den Clerus in der Beichte vermittelt zu Gott gelangt. Vergebung und Erlösung ist nur möglich, die Gewißheit derselben nur denkbar, wenn sie durch den Clerus dem Laien zugesichert ist. Die religiöse Persönlichkeit wird vernichtet, damit in jedem Einzelnen das religiöse Leben hineingeführt werden könne, welches der Clerus entwickelt hat. Einförmigkeit und deßhalb statt innerer Durchdringung nur äußere Verbindung der Religion mit der Persönlichkeit, würde die allgemeine Folge dieses Principes sein, wenn nicht trotz desselben der christliche Kern in der römischen Kirche sich unwiderstehlich in unzähligen Fällen geltend machte. Mit dem politischen Principe, welches von dem Anerkenntniß der Mannigfaltigkeit und der Persönlichkeit aus zum Staate drängte, stand das Princip des römischen Katholicismus im schroffen Widerspruch. Die römische Kirche schien allerdings in ihrer späteren Entwickelung diesen Widerspruch unschädlich zu machen. Denn seitdem in derselben die unsichtbare Kirche von der äußeren so sehr in den Hintergrund gedrängt worden war, daß sie kaum noch die Grundlage derselben bildete, konnte die Einheit zwischen der römischen Kirche und dem Staate, da eine höhere gemeinsame Macht fehlte, nur begründet werden, indem die Kirche den Staat oder der Staat die Kirche beherrschte. Da nun weder das Eine noch das Andere statt fand, so war die römische Kirche ungeeinigt neben die Staaten gestellt, nahm nur einen

Theil des Volks- und Einzel-Lebens in Anspruch, überließ
den anderen Theil dem Staate und schien hierdurch eine Entwickelung des religiösen und des politischen Lebens nach einem
verschiedenen, ja entgegengesetzten Principe möglich zu machen.
Aber der Geist des Volkes läßt sich so wenig, wie der des
einzelnen Menschen in zwei Theile zerlegen, von denen der
Religiöse vernichtet werden könnte, während der Politische
sich in freier Geltendmachung entwickelt. Ueberall, wo der
Katholicismus, während das politische Princip des Mittelalters nur noch in Formen sich erhielt, die Nationen beherrschte,
ward deßhalb eine Zerrissenheit des Volkslebens in seinen innersten und tiefsten Beziehungen herbeigeführt, die um so zerrüttender für alle Erscheinungen desselben werden mußte, je
länger sie, durch äußere Umstände vom Ausbruche zurückgehalten, im Verborgenen fortgebrannt hatte. Italien und Polen,
Spanien und Portugall, Frankreich und die Staatskeime,
welche in das südliche Amerika verpflanzt sind, haben den
thatsächlichen Beweis dieser Wahrheit geliefert und der päpstliche Stuhl selbst ist sich schon damals der Unvereinbarkeit des
römisch-katholischen Princips mit der neuen Staatenbildung
bewußt geworden, als er, wie später auf dem Wiener Congreß, bei den westphälischen Friedensverhandlungen gegen jede
Abweichung von dem politischen Principe des Mittelalters feierlichst protestirte.

Mehr noch als das Grundprincip der römischen Kirche
trat der lebendigen Staatenbildung die Gestaltung in den Weg,
welche das christliche Leben in dem römisch-katholischen Theile
des deutschen Volkes gewonnen hatte. Mitten hinein in das
wilde bewegte Leben der Germanen des früheren Mittelalters
hatte die römische Kirche das Christenthum gebracht, welches
in ihrem Schooße bereits begann sich aus dem Evangelium
in eine allen Völkern der Erde bestimmte Satzung umzuwandeln. Die Kirche, sobald sie die Unmöglichkeit erkannte, den
ungestümen, oft rohen Sinn reinigend und erhebend zu durchbringen, nahm dem Weltleben gegenüber eine doppelte Stel-

lung ein. Von denen, die sich des ewigen Heiles wegen ganz in ihre Arme werfen wollten, forderte sie Abgezogenheit von der Welt und ein ausschließlich inneres Leben, wollte das dieseits verlassen wissen, um des Jenseits sicher zu sein. Der Thatenlust und der Lebenskraft des bei Weitem größten Volkstheiles gegenüber trat sie als weltliche Macht und mit weltlichen Mitteln auf, suchte durch Gesetz und Zwang das kräftige Volk zu zügeln und wenn Zügelung nicht gelang, eine äußere Genugthuung, welche der germanischen Composition nahe verwandt war, für die Verletzung ihrer Gebote zu erlangen. Diese Doppelstellung war der Kirche anfangs durch die Lage der Dinge aufgezwungen, im Laufe der Zeit aber ihr so bequem geworden, daß sie dieselbe auch unter völlig veränderten Umständen um jeden Preis festhalten wollte und deßhalb das Christenthum schroffer und schroffer als eine äußere zwingende Macht dem Volksleben gegenüber stellte. In dem Letzteren dagegen, als es selbstständige Bildung und Kunde vom ursprünglichen Wesen des Christenthums erlangt hatte, trat das Bedürfniß immer entschiedener hervor, sich das zum Gesetz gewordene Christenthum wieder als Evangelium, als Princip des inneren Menschen und dadurch als Princip jeder That in der Welt zu gewinnen. Seit Jahrhunderten war dieses Streben in den mannigfachsten Erscheinungen hervorgetreten und hatte endlich zur Reformation geführt. Das deutsche Volk, indem es auf eigenem, ihm eigenthümlichen Wege sich das Christenthum anzueignen strebte, schien das höchste menschliche Gut zugleich als nationales gestalten und dadurch eine Einheit in den tiefsten und wirksamsten Beziehungen erlangen zu können, die sodann segenbringend nach allen Seiten des Volkslebens hin sich geltend machen mußte. Als es aber äußeren Mitteln gelungen war, die Reformation in einem Theile von Deutschland nieder zu drücken und den Gegensatz eines evangelischen und eines römisch-katholischen Deutschlands hervor zu rufen, kam es, um einer völligen Zerreißung des Volkes für die künftigen Zeiten zu verhindern und eine allmählige Milderung des gewaltsam geschaffenen Gegensatzes vorzubereiten, darauf an, das beiden Kirchen gemeinsam Christliche hervorzuheben und auszubilden, die unwesentlichen Formen dagegen und die unchristlichen Beimischungen mehr und mehr in den Hintergrund zu drängen. Statt dessen aber fühlte sich, was zunächst das katholische Deutschland betrifft, das Volk bald in dem ihm gewaltsam wieder aufgedrungenen gesetzmäßigen Christenthum behaglich und bildete den äußeren Gottesdienst zu dem vorwiegend Herrschenden aus. Es konnte das diesseitige und sollte das jenseitige Leben nicht aufgeben und wendete sich, da die Kirche selbst nicht auf eine Durchdringung des Ersteren durch das Letztere hinleitete, im schnellsten Wechsel bald zu dem Einen, bald zu dem Anderen, um Keines zu verlieren. Da ein vom Gottesbewußtsein verlassenes Leben und geistliche Bußübungen unvermittelt sich einander ablösten, so wurden Letztere immer entschiedener zu einem ausschließlich Aeußeren. Das Volk legte der genauen Beobachtung von Formen und Gebräuchen an und für sich schon eine seligmachende Kraft bei, um sich durch sie mit dem Geiste abfinden und in innerer Trägheit verharren zu können. Diese ausschließlich auf das Aeußere gewendete religiöse Richtung stand zwar im Widerspruche mit dem Principe der katholischen Kirche; als aber, wie Hippolithus a Lapide sich ausdrückt, die Religion ihrer Tochter, der Kirche, Reichthum und Gewalt in solchem Maaße zuwendete, daß die übermüthige Tochter ihre eigene Mutter verschlang, da fand der römische Stuhl es vortheilhaft, dem Selbstbetruge seiner Anhänger gar nicht oder doch nicht mit der rechten Entschiedenheit entgegen zu treten. Von dem kirchlichen Gemeindeleben konnte keine Abhülfe ausgehen, da auch die Gemeinden dem Aeußerlichen sich hingegeben hatten und ihren Ehrgeiz wesentlich darin setzten, sich einander in den bunten Farben der Kirchenfahnen, in der Zahl und Größe der Bruderschaftsstäbe und Glocken, in der Kostbarkeit der Altäre, in der Menge der brennenden Kerzen und Lampen zu übertreffen. Der deutsche Clerus war selbst zu schwer erkrankt, um den geistigen Tod des Volkes durch belebende Heilmittel abzuwenden. Mußte doch der Bischof von Münster 1778 seiner Geistlichkeit rügend vorwerfen, sie habe die Dogmatik zu einem Inbegriff von Terminologien, Spitzfindigkeiten und Sophismen erniedrigt. Jeder mache seine Behauptung mit Erbitterung und Parteigeist zur Hauptsache und wolle in einer trockenen Abzählung der Scholastiker pro und contra seinen Ruhm finden. Die Folge sei, daß seicht, unordentlich, mit elenden Ziererein aber ohne evangelische Einfalt und Würde das Wort Gottes den Gemeinden verkündet werde. Noch bitterer mußte 1782 der Bischof von Salzburg klagen: Wir konnten niemals ohne tiefen Kummer daran denken, daß das allerheiligste Altargeheimniß so vielfach zu einem ärgerlichen Gewerbe gemißbraucht wird, daß so viele Diener des Altars aus niedriger Lohnsucht sich an die heiligste Handlung des Priesterthums wagen, daß es Müßiggänger giebt, die ein Handwerk daraus machen, eine Viertelstunde mit dem Meßopfer sich abzugeben und den dabei erhaschten Opfergewinn am übrigen Tage in der elendesten Unthätigkeit zu verderben. Beide Bischöfe im Norden und Süden Deutschlands fürchten, daß sich Halsstarrigkeit und Unwissenheit, Aberglaube und pharisäischer Eigennutz ihrem Eingreifen entgegen stellen werde. „Mit dem geistlichen Leben der deutschen Hierarchie, heißt es in den Münchener historisch-politischen Blättern*), stand es nicht viel besser; die mystische Rose der Kirche war ins Kraut geschossen; die Fettpflanzen der Erde hatten das Kreuz mit dem gekreuzigten Heiland überwuchert; der Rosenkranz wurde, eben weil es so herkömmlich war, in gedankenlosem Schlafe, ohne Seele und Empfindung heruntergebetet. So war Alles Form geworden". Trägheit, Ueppigkeit und Aeußerlichkeit erschien bei den Ordensgeistlichen gesteigert, weil ihnen der äußere Antrieb zur priesterlichen Thätigkeit fehlte. Schon damals freilich, als

---

*) Historisch-politische Blätter. München 1844 Band 14 Heft 2
S. 72.

sich die Mönche zuerst hinter den Klostermauern vor der Welt-
verlockung zu sichern gedachten, hatten sie ohne es zu wissen
den Feind mit sich eingeschlossen. Aber jetzt übte derselbe bereits seit Jahrhunderten die unbeschränkte Herrschaft in der
Festung selbst. Längst waren die Stifte und Klöster eine Zuflucht für die Trägheit der unteren Stände geworden und eine
Versorgung für die nachgebornen Söhne ritterbürtiger und
reichsständischer Familien. Die wohlgenährten Gestalten der
Patres, ihre joviale Liederlichkeit, die endlosen Verzeichnisse
des verbrauchten Weins haben der an Sagen sonst so armen
Zeit Stoff zu tausend Schwänken und Erzählungen bis auf
den heutigen Tag gegeben und die Einzelheiten aus den Klöstern und Stiften des südwestlichen Deutschlands, welche Bron-
ner *) in seinem Leben mittheilt, erregen Grauen und Entsetzen.
Nur selten hoben sich aus den Klöstern Männer hervor, welche, wie
es noch im späteren Mittelalter öfterer geschah, durch Frömmigkeit und Sittenreinheit oder durch Bildung und Kenntniß ein
versöhnendes Licht auf die Gemeinschaften warfen, denen sie
angehörten.

Da ernsten oder gebildeten Männern nicht verborgen blieb,
daß geistiger Tod die Folge der unwahren Richtung des katholischen Volkes sein müsse, so kann das Vorhandensein zweier
Parteien nicht befremden, welche sich, obgleich sie Katholiken
blieben, dennoch außerhalb der großen Masse derselben stellten.
Ueberall in Deutschland, obwohl nur selten in Gemeinden
vereinigt, fanden sich Familien, welche mit lebendigem Herzen
den christlichen Kern in der katholischen Kirche erfaßten und
in ihm den Halt ihres Lebens fanden. Den vorgeschriebenen
Formen und Gebräuchen, den eigenthümlich römischen Dogmen
entzogen sie sich nicht, weil sie in ihnen die Vorschrift der
Kirche ehrten, der sie den Gehorsam auch dann nicht verweigerten, wenn sie ihr nicht unbedingt beistimmen konnten. Im

---

*) Franz Xaver Bronners Leben, von ihm selbst beschrieben. Zürich
1795. 3. 8.

schroffen Gegensatze zu ihnen stand eine große Zahl Män=
ner, welche, da sie den christlichen Kern in der Hülle der rö=
mischen Formen nicht zu erkennen vermochten, mit jenen For=
men zugleich die katholische Kirche und da sie keine andere,
als diese kannten mit ihr zugleich das Christenthum verwarfen.
Bald machten sie ihrem Herzen in giftigem Spotte Luft, bald
lebten sie, die Formen der Kirche des Friedens wegen beobach=
tend, im inneren Grolle gegen das Göttliche hin und erfreu=
ten sich in der Stille an dem witzigen Hohne, mit welchem
die im Schooße des Katholicismus gebornen und großgezoge=
nen Unterthanen des allerchristlichen Königs alles Göttliche
ins Lächerliche zogen.

Schroffer noch, als in Beziehung auf das innere reli=
giöse Leben, trat die Parteiung unter den Katholiken in Be=
ziehung auf die Kirchenverfassung hervor. Der alte Streit,
ob die Gewalt in der Kirche vom Papste oder die Gewalt des
Papstes von der Kirche stamme, hatte in seinen theoretischen
Beziehungen zu einem anhaltenden wissenschaftlichen Kampfe
und in seinen practischen Folgen zu einem ununterbrochenen
Ringen zwischen den mächtigen deutschen Bischöfen und dem
Papste geführt. Der lange verhaltene Groll zwischen beiden
Parteien ward zur wildesten Wuth gesteigert, als die vier
deutschen Erzbischöfe von Mainz, Cöln, Trier und Salzburg,
verletzt in ihren wesentlichen Rechten wie sie !glaubten durch
die Uebergriffe päpstlicher Nuncien, im Jahre 1786 zu Ems
beschlossen, „sich in die eigne Ausübung der von Gott ihnen
verliehenen Gewalt unter dem Allerhöchsten Schutze Seiner
Kaiserlichen Majestät wieder einzusetzen“. Ein zwar kleiner
aber entschlossener und namentlich von Lüttich aus wild erregter
Kreis von Männern trat sofort für den Papst in die Schran=
ken und die Masse von Flugschriften beider Parteien, welche
nun erschien, giebt dem Leser das widerliche Bild eines in
maaßloser Leidenschaft jede Frömmigkeit verleugnenden und
jede Sitte niedertretenden Parteikampfes. Während die päpst=
liche Partei behauptete, die unter den Stand der Actenschrei=

der erniedrigten Bischöfe wären ein Spiel der weltlichen Höfe, während sie den Papst mit einem Löwen, das deutsche Reich mit einem Esel verglich, ihre Gegner der Verfälschung von Urkunden beschuldigte, deren Behauptungen ketzerisch, schismatisch, aufrührerisch nannte und ihre Personen mit einem Regen von Schimpfworten übergoß, so rief die bischöfliche Partei in die Welt hinein, daß derjenige, welcher das Primat besäße den Bischöfen, seinen Brüdern, römische Mitregenten zur Seite stelle, vor denen sich die vom heiligen Geiste gesetzten Bischöfe in tiefster Erniedrigung beugen sollten. Sie warnte vor der Gefahr, welche aus einem solchen Uebergange der bischöflichen Rechte in die Hände einer einzigen italienischen Macht hervorgehen müsse, forderte zur Entledigung von den römischen Bedrückungen und päpstlichen Anmaßungen auf, bezeichnete die Curialisten und römisch Gesinnten als Fanatiker, welche in ihrer Hirnmuth die unschuldige Wahrheit schimpften, gegen die weltliche Obrigkeit aufwiegelten und zu abscheulichen und niederträchtigen Schmähschriften griffen, der letzten ohnmächtigen Waffe Derer, die von ihrer bösen Sache überzeugt wären. Die antipäpstliche Partei war ihren Gegnern an Zahl bei Weitem überlegen, aber da sie selbst wiederum in die erzbischöfliche und eigentliche bischöfliche Partei zerfiel und die päpstlich Gesinnten diese Spaltung geschickt benutzten und in den mannigfachsten Formen die Behauptung geltend machten, daß die Erzbischöfe die Suffragan-Bischöfe und die ganze deutsche Kirche unterjochen wollten, so ließ sich ein Ende für diese Parteiung in der römisch-katholischen Kirche nicht absehen.

War demnach das Princip der römisch-katholischen Kirche für die Fortbildung des deutschen Staates nicht günstig, war die Erstarrung der Katholiken in todte Formen und ihr Zerfall in feindliche und erbitterte Parteien ein Hinderniß mehr, welches dem Streben nach solchem Leben und solcher Einheit entgegenstand, wie die deutsche Staatenbildung verlangte, so mußte die Förderung der staatbildenden Geistesrichtung der

Nation, falls sie überhaupt vom Christenthum zu erwarten war, durch die evangelische Kirche gewährt werden.

II. Die evangelische Kirche*).

Zwei freilich überaus verschiedene, aber in ihrer Groß-artigkeit nahe verwandte Staaten England und Preußen, sind von der Zeit an, in welcher sie vom Protestantismus durch-drungen wurden, auf dem Wege zur Größe fortgeschritten; Schweden und Dänemark, so wie die Staatskeime im nörd-lichen Amerika gewähren das Bild einer auf festem Grunde ruhenden politischen Gemeinschaft. Da sich nicht voraussetzen läßt, daß der Zufall hier sein wunderliches Spiel getrieben habe, so entsteht die Vermuthung, daß das Princip der evan-gelischen Kirche eine mitwirkende Ursache der ruhigen und groß-artigen Gestaltung jener Staaten gebildet habe. Die evange-lische Kirche erkennt die Scheidewand nicht an, welche der Katholicismus im Clerus zwischen Gott und den Menschen er-richtet hat. So weit der Einzelne durch Glaube und Liebe Glied der Gemeinde Christi ist, geht die Geltung und Berech-tigung seiner religiösen Persönlichkeit, welche im Glauben und Erkennen, in Buße und Vergebung in unmittelbaren Verkehr mit Gott gesetzt und dadurch auf die höchste Stufe der Gel-tung und Anerkennung gehoben ist. Diese Einheit der unsicht-baren Gemeinde und diese Stellung ihrer einzelnen Glieder in die irdische Erscheinung treten zu lassen, ist die Aufgabe, nach deren Lösung der Protestantismus strebt und in diesem Streben nach äußerer religiösen Einheit, in welcher und durch welche die religiöse Persönlichkeit ihre volle Geltung erhalten

---

*) Besonders benutzt sind: Hagenbach Vorlesungen über Wesen und Geschichte der Reformation; Tholuck Abriß einer Geschichte der Um-wälzung, welche seit 1750 auf dem Gebiete der Theologie in Deutsch-land statt gefunden. In dessen vermischten Schriften Theil II. S. 1; Sack christliche Polemik.

soll, ist daſſelbe bildende Princip wirkſam, welches auf dem
politiſchen Gebiete zur Fortbildung des deutſchen Staates vor-
ausgeſetzt ward. So weit daſſelbe Geltung hatte, war es ein
ruhig aber tief wirkender Verbündeter des Strebens nach Staatenbildung und eine Macht, neben welcher der verneinenden
und zerſtörenden Richtung kein Raum blieb hervorzutreten.
Es fragt ſich alſo nur, ob dieſes Princip dem religiöſen Leben
der Proteſtanten in Deutſchland wirklich während des vorigen
Jahrhunderts zum Grunde lag oder nicht.

Spaltungen, welche denen in der katholiſchen Kirche durchaus gleichartig waren, erſchienen auch unter den Proteſtanten,
griffen in Rückſicht auf innere Bedeutung nicht weniger tief als jene
ein und traten in ihrer äußeren Erſcheinung weit ſchroffer hervor. Denn da das Gitterwerk der römiſchen Kirche die Katholiken auch dann noch feſt umſchloß, wenn im Inneren Alles
durcheinander und gegeneinander wühlte und ſtritt, ſo konnte
die römiſche Kirche auch bei innerem Zerfall eine äußere Einheit bleiben, welche das innere Auseinandergehen nicht in vollem Maaße erſcheinen ließ. In der evangeliſchen Kirche dagegen, welche äußere Einheit nur als Ausdruck der inneren
kannte, erſtere alſo nur ſo weit beſaß, als letztere ſich fand,
konnte und mußte jeder innere Zerfall ſofort auch in ſeiner
ganzen Schroffheit äußerlich hervortreten. Die Gefahr im
Kampfe mit den Katholiken, den Reformirten und den mannigfachen im Gefolge der Reformation auftretenden Secten ſich
ſelbſt zu verlieren, hatte die Lutheraner veranlaßt, dem Inhalte des Evangelium, indem ſie ihn in Lehrſätze zerglieder-
ten, eine Form zu geben, durch welche ſie auch äußerlich ſofort
von allen ihren Gegnern unterſchieden werden konnten. Je be-
gründeter die Furcht war in den Zerrüttungen des ſiebenzehnten
Jahrhunderts, die göttliche Wahrheit zu verlieren, je öfterer
die Lutheraner ſich nach allen Seiten hin auf ihre Bekenntniß-
ſchriften berufen mußten, um ſo mehr gewöhnten ſie ſich, dieſe
zeitliche, durch Menſchen vermittelten Formen für die ewige,
göttliche Wahrheit ſelbſt zu halten. Immer ängſtlicher klam-

merten sie sich an die äußere Hülle an und machten immer entschiedener das Vorhandensein des Christlichen im Menschen von
der buchstäblichen Annahme gewisser Lehrsätze abhängig. Der
Orthodoxismus entstand, faßte die Lehrsätze vorwiegend als
solche ins Auge und drängte, indem er sie durch Folgerungen
und Schlüsse weiter entwickelte, die Geisteskraft zurück, mit
welcher allein die christlichen Wahrheiten zu erkennen und tiefer zu durchdringen sind. Die Orthodoxisten, als sie aus Furcht
die göttlichen Wahrheiten zu verlieren, dieselben wirklich zum
großen Theil verloren und statt des Wesens die Formen festgehalten hatten, wachten um so ängstlicher über die letzteren,
wurden hochmüthig und stolz auf deren Besitz und hart und
verdammungssüchtig gegen Jeden, der sich irgend einen Bestandtheil derselben, mochte er wesentlich oder unwesentlich
sein, nicht aneignen konnte oder wollte.

Unter den Sätzen, auf denen der Orthodoxismus errichtet
war, fand sich Einer, welcher die heilige Schrift als die
Quelle nannte, aus der allein für Leben und Lehre die ewige
Wahrheit zu schöpfen sei. Dieser Satz, sobald er irgend lebendig aufgefaßt ward, brachte den Orthodoxismus in Widerspruch mit sich selbst und mußte immer von Neuem Männer
erzeugen, die über die todten Formen hinweg nach dem Wesen
des göttlichen Heils trachtend als Gegner der herrschenden
Gesetzeslehre auftraten. Das Leben, welches von dieser Seite
aus schon früher den erstarrten Formen in manchen Gegenden
Deutschlands eingeflößt war, ergoß sich in reicheren Strömen
gegen das Ende des siebenzehnten Jahrhunderts, als Innerlichkeit und Frömmigkeit eine religiöse Richtung hervor rief,
welche den Lehrsätzen der Orthodoxisten nur in sofern christliche
Bedeutung beilegen wollte, als sie aus einem gewußten Aeußerlichen ein gefühltes Innerliche geworden wären. Tausende
von Geistlichen, welche im ersten Drittel des vorigen Jahrhunderts ihre Bildung in Halle erhalten hatten, traten auf
und schienen durch Erweckung lebendiger Frömmigkeit eine neue
Zukunft herbeizuführen; aber in dem Wesen der Hallischen

Pietisten selbst lag das Hinderniß, welches diese Hoffnung vereitelte. Indem sie den unruhigen, ja krampfhaft erregten Zustand des Menschen, in welchem das Bewußtsein der Sünde und Erlösung zuerst Theil seiner Selbst wird, für den ausschließlich christlichen hielten, verwechselten sie ihren Weg mit dem allgemeinen Ziel und wurden, weil sich für Einzelne so wenig wie für ganze Generationen ein gewaltsam erregtes Gefühl lange Zeit erhalten kann, in Widerspruch versetzt zwischen dem Zustand ihres Inneren und dem von ihnen geforderten Lebensprincip. Gegen die Mitte des Jahrhunderts schon verloren sie ihre frühere frische Zuversicht und Freudigkeit, mieden zaghaft, wie wenn sie sich ihres Glaubens schämten, die Berührungen mit der Welt, gingen leise und scheu ihren Weg und schienen als das höchste Recht auf welches sie Anspruch hätten die Sicherung vor dem Zertretenwerden zu betrachten.

Zwar läßt sich das Ersterben des Pietismus nicht als ein Unglück ansehen, welches die Fortbildung des deutschen Staates getroffen hätte, weil die Pietisten, indem sie ausschließlich in dem individuellen religiösen Gefühl die Ausbildung des Christenthums suchten und deßhalb Abneigung gegen die Geltung des Nationalen in religiösen Dingen hegten, nothwendig in dem Maße als sich ihre Richtung geltend machte, auf die Zersplitterung der Volkseinheit hinwirkten. Da sie ferner ihren inneren Seelenzustand für das Einzige hielten, auf das es dem Christen ankommen könne und deßhalb die Aufgabe des Menschen verkannten, alle ihm verliehenen Lebenskräfte auszubilden und zu weihen, so wiesen sie nicht nur jede Theilnahme an staatbildender Thätigkeit zurück, sondern betrachteten wenigstens in ihren schrofferen Gliedern dieselbe auch als eine Arbeit, welche der wahre Christ den Schergen und den Stückknechten Gottes überlassen müsse. Obgleich aus diesen Gründen der frühe Untergang des Hallischen Pietismus nicht für die deutsche Staatenbildung zu beklagen ist, so war doch es ein entschiedenes Unglück für dieselbe, daß er seine Kraft verlor,

bevor die Festungswerke des Orthodoxismus durchbrochen wa,
ren. Denn indem die Orthodoxisten auf dem religiösen Gebiete ihre geistige Dürftigkeit hinter der Bewunderung vor den
geistigen Festsetzungen vergangener Generationen verbargen,
wollten sie die in der Vorzeit hervorgetriebenen Formen als
einen unantastbaren Schatz verehrt wissen und mußten, so weit
sie diese Richtung auf das politische Gebiet übertrugen, die un-
vollkommnen, erstarrten und vergangenen Zeiten angehörenden
politischen Formen gleich einem Heiligthum fest zu halten lehren.
Eben so wie dem kräftigen Abstoßen der tödten Hülle stand ihr
Einfluß auch der Belebung des neueren politischen Geistes der
Nation entgegen, da sie ja selbst in ihren Kreisen den geistigen Gehalt verloren hatten, ohne den erlittenen Verlust auch
nur zu bemerken. Diese, jede Entwickelung des deutschen Staates hemmende Richtung, hatte der hallische Pietismus zwar
nicht überwältigen, wohl aber schwächen und entmuthigen können. Die alte Kampfeslust, der alte Verfolgungseifer des
Orthodoxismus war erloschen; die starren harten Vorkämpfer
desselben waren um die Mitte des Jahrhunderts ausgestorben
und die Wenigen, die noch später mit früherer Heftigkeit auftraten, wurden bereits als eine fremdartige Erscheinung betrachtet.

Weder der Pietismus in seiner Zersplitterung noch der
Orthodoxismus in seiner Entmuthigung um die Mitte des vorigen Jahrhunderts konnten einer neuen theologischen Bewegung, falls sie sich zeigen sollte, kraftvollen Widerstand entgegen setzen; wohl aber griffen beide religiöse Erscheinungen,
welche lange Jahre hindurch das Volksleben erfüllt hatten,
mitwirkend und mitgestaltend in die Richtungen der Folgezeit
ein. Der Einfluß, den sie gemeinsam auf deren Fortentwickelung ausübten, bestand nicht in der Ueberlieferung von Wahrheiten und Irrthümern, welche durch die heranwachsenden Generationen aufgenommen, geläutert und verarbeitet worden wären. Orthodoxismus vielmehr und Pietismus wurden seit der
Mitte des Jahrhunderts für die Leiter der theologischen Welt

zunächst ein Gegenstand der Abneigung, dann der Verachtung und des Ekels und konnten deßhalb nur eine Wirkung negativer Art auf die Gestaltung der späteren religiösen Richtungen äußern, indem sie ihre Gegner anfangs von Verneinung zu Verneinung und dann auch zur Aufstellung immer schrofferer Gegensätze drängten.

Dem Orthodoxismus gegenüber behaupteten die wortführenden Theologen seit der Mitte des Jahrhunderts Ungebundenheit des Christen durch den Buchstaben und durch die Lehrbestimmungen und wurden oft genug dahin geführt, das Wort, welches lebendiger Ausdruck des Geistes war, als todten Buchstaben oder starre Lehrbestimmung anzusehen. Sie hoben das Kleinliche und Unchristliche des eifernden Festhalten von Nebendingen hervor und zählten mit jedem Jahrzehnte immer mehr der christlichen Wahrheiten zu den Nebendingen, über die ein Mann von Geist und Freiheit sich nicht ereifern dürfe. Sie drangen der Verdammungssucht gegenüber darauf, auch bei Männern von abweichender religiöser Gesinnung das Tüchtige, Sittliche und Rechtliche anzuerkennen und gelangten endlich zu der Behauptung, daß der Werth eines Mannes völlig unabhängig von seinem Verhältniß zum Christenthume sei. Dem pietistischen Empfindungsleben gegenüber, welches das Bedürfniß eines auf Kritik und gelehrtem Wissen ruhenden Verständnisses der Schrift und einer durch den Gedanken vermittelten Erkenntniß der Heilswahrheiten nicht gehabt hatte, machte sich in immer schroffer werdendem Gegensatze der deutsche wissenschaftliche Sinn geltend, forderte, daß die Heilswahrheit, da sie als historische Erscheinung in die Welt getreten sei, auch mit historischer Kritik und unter Anwendung historischer Gelehrsamkeit behandelt werde, und wollte sie so wenig wie die Wahrheit überhaupt der Gestaltung durch das Denken entzogen wissen. Vielfache wissenschaftliche Bereicherung und Anregung ging aus diesem Streben hervor, aber im Fortgange des Kampfes entwickelte sich der Gegensatz gegen den Pietismus endlich so weit, daß in Kritik, historischem Wissen und

verständigen Vorstellungen vom Christenthum das Christenthum selbst gesucht ward. Einen ähnlichen Gegensatz rief die ausschließliche Innerlichkeit des Pietismus hervor, welcher die Aufgaben des Menschen im irdischen Leben mißkannt und mit großer Gleichgültigkeit zurückgesetzt hatte. Die Forderung nach Bethätigung des Christenthums in Gemeinde und Staat, Wissenschaft und Verkehr führte endlich zu der Ueberzeugung, daß Rechtlichkeit und Tüchtigkeit an und für sich schon das Christliche sei. Aus dem Zusammenschmelzen der als Gegenwirkung gegen Orthodoxismus und Pietismus entstandenen Richtungen bildete sich die Theologie aus, welche während der zweiten Hälfte des vorigen Jahrhunderts einen großen Theil der gebildeten Stände Deutschlands beherrschte. Sie hielt die geoffenbarten christlichen Heilswahrheiten allerdings als stillschweigende Voraussetzung fest, aber zu stolz auf die mühsam erstrittene Befreiung von den pietistischen und orthodoxistischen Vorurtheilen und zu ängstlich ihnen aufs Neue entweder wirklich zu verfallen oder doch als verfallen von der Welt angesehen zu werden, scheute sie sich ihre stillschweigende Voraussetzung zum lebendigen Mittelpunkt der Lehre zu machen. Lieber ließ sie die ewigen Wahrheiten dahin gestellt sein, begnügte sich mit den Anforderungen nach sittlicher Verbesserung und betrachtete, ungeachtet einer gewissen mitleidigen Achtung vor dem unmittelbar frommen christlichen Sinn, doch nur das religiöse Bewußtsein als schicklich für den gebildeten Mann, welches der Kopf dem Herzen zugeführt hatte. Viele Anhänger dieser neuen Theologie bewahrten sich für den Hausgebrauch die christlichen Heilswahrheiten mit Ernst und Wärme und fanden in dieser ihrer Privatreligion, wie sie selbst es nannten, Halt und Trost in schwerer Zeit, aber es läßt sich nicht bestimmen in wie ferne die neue Theologie bei einer ungestörten Entwickelung lebendigen Gehalt durch jene Privatreligion hätte erhalten können, weil sich derselben in dem Kampfe gegen Orthodoxismus und Pietismus ein Bundesgenosse aufdrängte, von dessen religiöser Richtung sie mehr oder weniger mit fortgerissen ward.

Widerwille gegen das falsche, sich von der Welt abschließende Empfindungsleben und gegen den unfruchtbaren leidenschaftlichen Streit über unbegreifliche Lehrsätze, so wie das
Bedürfniß, daß die bisher nicht bemerkten sittlichen Wirkungen des Christenthums in allen Lebenskreisen erscheinen müßten,
hatte die eben bezeichnete neue Richtung in der Theologie hervorgerufen. Ernste, wohlmeinende und sittlich würdige Männer, Gelehrte, deren die Wissenschaft nie vergessen wird, standen an ihrer Spitze. Nun aber drängte sich ein Haufe an sie
heran, der frohlockend den Kampf, der seinem Ursprung und
seinem Wesen nach nur gegen Pietismus und Orthodoxismus
gerichtet war, als einen Vernichtungskampf gegen das Christenthum auffaßte. Während es dort sittliche Anforderungen
waren, von denen aus die Angriffe eröffnet wurden, war es
hier die Unsittlichkeit. Die natürlichen, ja die thierischen
Triebe sollten in ihrer Befriedigung auch nicht durch die Volksmeinung gehindert sein, welche man sehr richtig als wesentlich auf das Christenthum gegründet ansah. Unter Einwirkung
der Engländer und Franzosen bildete sich eine Lehre aus, welche
das Bewußtsein der Sünde für ein durch den Eigennutz heuchlerischer Pfaffen in finsterer Zeit hervorgerufenes Vorurtheil
ausgab und das Bedürfniß der Offenbarung leugnete, weil die
menschliche Vernunft aus sich und der Natur die nöthigen religiösen Wahrheiten zu finden vermöge. Die Erlösung wurde
verspottet, weil der Mensch, wenn er sich nur vor Uebermaaß
in Acht nehme, aus sich selbst zu einem immer weniger und
endlich gar nicht mehr gestörten Vergnügtsein seines Gemüthes
gelangen könne. Diese ihrem innersten Wesen nach nur verneinende Richtung wirkte auf so viele Anhänger der früher bezeichneten neuen Theologie ein und rief dadurch so viele Uebergänge hervor, daß sie endlich und zwar nicht allein von dem
großen Haufen als eine Steigerung derselben betrachtet ward.
Nicht die Männer sahen sich als Genossen an, welche gleiche
christliche Wahrheiten festgehalten hatten, sondern die, welche sich,
wenn auch in sehr verschiedenem Umfange verneinend bewegten.

Die erregte und mit reicher Phantasie begabte Generation, welche sich seit dem Anfange der siebenziger Jahre unter dem Einflusse der brausenden jungen Dichterwelt herangebildet hatte, erblickte in der kalten, phantasielosen theologischen Richtung ihrer Zeit nichts als ein klapperndes Gerippe. Zwar wollte sie, erfüllt von Lebensmuth und Lebenslust, sich weder durch das Gesetzliche und Herkömmliche binden lassen, noch sich dem Lauschen auf die Regungen des Buß- und Erlösungsgefühls hingeben und erschien daher gegenüber dem Orthodoxismus und Pietismus als Verbündete der verneinenden Theologie. Aber anders wie diese bedurfte ihr dichterischer Sinn auch in der Religion eines lebendigen positiven Gehalts. Da sie im Leben überhaupt nur den Erscheinungen einen geistigen Werth beilegte, welche dem Inneren des begeisterten Menschen als unmittelbare Eingebung entströmt waren, so hielt sie auch das Religiöse nur in sofern lieb und werth, als es, dem Menschen von seinem Genius eingeflüstert, mit unwiderstehlicher Naturgewalt in die Außenwelt getreten war. Die junge Generation forderte neben der poetisch-religiösen Schöpferkraft auch poetisch-religiöse Empfänglichkeit und wollte das Schöne im Christenthum mit freudigem Anerkenntniß aufgefaßt wissen, aber nicht als einen Abbruck der ewigen christlichen Wahrheit, sondern als eine auch abgesehen von dieser 'erfreuende und erhebende Erscheinung. Von den zufälligen Eindrücken, durch welche das Empfindungsleben des Einzelnen bestimmt ward, hing es daher ab, ob ihre Religion christliche Wahrheiten umschloß oder phantastische Gebilde oder das menschlich Schöne oder derbe Sinnlichkeit oder ein Gemisch von dem Allen. Der Rausch der Jugend, welcher alle Aufgaben des Lebens nur als Erregungsmittel für den künstlerischen Sinn betrachten ließ und nicht dem religiösen Gehalt, sondern nur dessen poetischer Erscheinung Bedeutung beilegte, machte es möglich, daß Stilling und Göthe, Lavater und Herder, Stolberg und Voß und so viele andere bedeutende Männer in den siebenziger Jahren als eine auch in den wichtigsten innerlichen Beziehungen festverschlun-

gene Einheit erschienen. Als dagegen das Mannesalter jeden
Einzelnen nöthigte, sich über das Ziel, für dessen Erreichung
er leben und streben wollte, nähere Rechenschaft abzulegen,
als der Zaubermantel der Phantasie, welcher bis dahin die
verschiedenartigsten Richtungen verhüllt und umschlossen hatte,
vor der Manneseinsicht fiel, sonderten sich die Geister und hier
trat christliche fromme Einfalt, dort künstlerischer Sinn, hier
schwärmerischer Aberglaube, dort lüsterne Sinnlichkeit hervor
und der Riß, der gegen das Ende des Jahrhunderts die Leiter
des geistigen Lebens trennte, war schon in den achtziger Jahren vorbereitet.

Alle die mannigfachen Gegensätze, in denen die Stände
des deutschen Volkes welche vorzugsweise ein geistiges Leben
führten sich bewegten, hatten bis zur Revolution hin die sogenannten arbeitenden Stände wenig berührt. Unter der Bevölkerung des platten Landes so wenig wie unter den Handwerkern, Handelsleuten und niederen Beamten der Städte zeigen
sich Spuren, aus welchen auf Bezweiflung oder Verneinung
der christlichen Heilswahrheiten und der Lehrsätze, in denen
man ihnen einen Ausdruck zu verschaffen gesucht hatte, geschlossen werden konnte. Ueberall vielmehr ward auf regelmäßigen
Kirchenbesuch, auf tägliches Lesen der heiligen Schrift im
Kreise der Familie, auf jährlichen Genuß des heiligen Abendmahles eifrig gehalten, aber in dieser strengen Beobachtung
von Sitten und Gebräuchen ward der Weg gesehen, welcher
ohne Weiteres zum ewigen Leben führe. Zwar suchte dieser
Theil der protestantischen Bevölkerung sein Heil nur in solchen
Sitten und Gebräuchen, welche sich ihrer Natur nach stets
beobachtet finden müssen, wenn inneres christliches Leben ausgebildet ist und welche deßhalb auch zu allen Zeiten eine Wiedererweckung desselben herbeiführen können. Aber in Rücksicht
auf den christlichen Gehalt, welchen die beobachteten Formen
im vorigen Jahrhundert hatten, stand die große Menge, ungeachtet ihres oft mitleidigen Herabsehens auf die durch Processionen und Ablaß die Seligkeit erwerbenden Katholiken, mit diesen

wesentlich auf einer und derselben Stufe. Von den Geistlichen,
deren religiöser Fürsorge die arbeitenden protestantischen Stände
überwiesen waren, ließ sich eine innere Belebung nicht erwarten. Allerdings waren die Meisten derselben redliche ehrenwerthe Männer, denen in Rücksicht auf die äußeren Anforderungen ihres Berufs kein Vorwurf traf, aber fast ohne Ausnahme aus den Kreisen des Volkes, für die sie wirksam sein
sollten, hervorgegangen, theilten sie mit ihnen den Mangel an
Lebendigkeit des christlichen Sinnes und entbehrten der geistigen
Anregung, welche das Aufwachsen unter wissenschaftlich gebildeten Ständen gewährt. Ueberdieß ward ein großer Theil von
ihnen, namentlich auf dem platten Lande, bei meistens starker
Familie und kärglichem Einkommen durch schwere Nahrungssorgen niedergedrückt und oft genöthigt, die besten Kräfte dem
geistlichen Berufe zu entziehen und der Bewirthschaftung des
Pfarrlandes oder der Verwaltung übernommener Pachtungen
zuzuwenden. Eine solche vorwiegend auf das Aeußere gehende
Richtung ließ Viele, als die neue Theologie das practische
Christenthum verlangte, begierig den Anforderungen der Regierungen entgegen kommen, welche die Geistlichen ermunterten,
sich ihren Gemeinden als Aerzte und Wundärzte, als Förderer
der Baumzucht und des Gartenbaues, als Lehrer in der Wartung der Bienen und Seidenwürmer nützlich zu machen.

Neben der großen Masse des Volkes erschienen zerstreut
durch alle protestantische Länder Einzelne, deren tieferes religiöses Bedürfniß weder in dem absterbenden Orthodorismus, noch
in der verneinenden Theologie, noch in dem äußerlichen Christenthum der großen Menge Befriedigung fand, sondern die
christlichen Heilswahrheiten als Erfahrung und Erlebniß des
eigenen Geistes verlangte. Aber sie fanden nicht wie die Frommen in der katholischen Kirche an einer starken Kirchengewalt
und einer festen äußeren Kirchengemeinschaft Schirm und Anhalt, sondern sahen sich überall, wo sie ihre inneren Bewegungen äußerlich hervortreten ließen, verwundert angestaunt oder
verlacht und angegriffen. Da ihnen, umringt von feindlichen

religiösen Parteien, deren jede sich für die protestantische Kirche ausgab, nichts übrig blieb, als sich in sich selbst zurückzuziehen und mit Gleichgesinnten, die wie sie vereinzelt standen, ihren Weg zu verfolgen, so konnten es nur wenige hervorragende Männer vermeiden, daß sich nicht an den christlichen Kern ihrer Gesinnung einseitige Meinungen, Irrthümer, Verkehrtheiten ansetzten, wie sie fast unvermeidlich Jedem sich aufdrängen, welcher nicht getragen und gehalten durch die Gemeinschaft der Kirche auf eigene Hand Christ sein will oder sein muß. Das Bewußtsein dieser Gefahr hatte zwar schon im ersten Drittel des Jahrhunderts die Sehnsucht nach kirchlicher Gemeinschaft hervorgerufen und bei der Ueberzeugung, daß weder die katholische noch die evangelische Kirche in ihrer zeitigen Gestaltung das Christenthum in seiner Reinheit und Ganzheit erscheinen lasse, zu der Bildung geschlossener Gemeinden geführt, welche sich als Herrnhuther-Colonien weiter entwickelten, sobald eine eigenthümliche Verfassung ihnen einen Halt im Inneren und eine Sicherung gegen die andrängenden Irrthümer der Zeit gewährt hatte. Sie haben manchem stillen Herzen eine Zuflucht gewährt und den Schatz des christlichen Lebens mitten durch Verwirrungen und auflösende Kämpfe hindurch getragen, aber auch sie entgingen der Gefahr nicht, welche die Absonderung mit sich führt und mußten gefährlich werden, sobald sie strebten, die Glieder der evangelischen Kirche in ihre abgesonderten Gemeinden hineinzuziehen, statt den in Zeiten der Noth zu gutem Verwahr genommenen Schatz weit über ihre Gemeinden hinaus zu verbreiten, sich selbst dadurch überflüssig zu machen und an dem Untergange des eigenen Daseins zu arbeiten.

Ein Rückblick auf die religiösen Zustände in den Decennien vor der Revolution zeigt die Fortdauer der Zerspaltung in ein katholisches und ein protestantisches Deutschland. In Rücksicht auf Dogmen, Formen und Gebräuche standen beide Religionsparteien sich so schroff, wie früher gegenüber, aber weil der bildende Geist, welcher diese Dogmen und Formen

bevor die Festungswerke des Orthodoxismus durchbrochen waren. Denn indem die Orthodoxisten auf dem religiösen Gebiete ihre geistige Dürftigkeit hinter der Bewunderung vor den
geistigen Festsetzungen vergangener Generationen verbargen,
wollten sie die in der Vorzeit hervorgetriebenen Formen als
einen unantastbaren Schatz verehrt wissen und mußten, so weit
sie diese Richtung auf das politische Gebiet übertrugen, die un-
vollkommnen, erstarrten und vergangenen Zeiten angehörenden
politischen Formen gleich einem Heiligthum fest zu halten lehren.
Eben so wie dem kräftigen Abstoßen der tödten Hülle stand ihr
Einfluß auch der Belebung des neueren politischen Geistes der
Nation entgegen, da sie ja selbst in ihren Kreisen den geistigen Gehalt verloren hatten, ohne den erlittenen Verlust auch
nur zu bemerken. Diese, jede Entwickelung des deutschen Staates hemmende Richtung, hatte der hallische Pietismus zwar
nicht überwältigen, wohl aber schwächen und entmuthigen können. Die alte Kampfeslust, der alte Verfolgungseifer des
Orthodoxismus war erloschen; die starren harten Vorkämpfer
desselben waren um die Mitte des Jahrhunderts ausgestorben
und die Wenigen, die noch später mit früherer Heftigkeit auftraten, wurden bereits als eine fremdartige Erscheinung betrachtet.

Weder der Pietismus in seiner Zersplitterung noch der
Orthodoxismus in seiner Entmuthigung um die Mitte des vorigen Jahrhunderts konnten einer neuen theologischen Bewegung, falls sie sich zeigen sollte, kraftvollen Widerstand entgegen setzen; wohl aber griffen beide religiöse Erscheinungen,
welche lange Jahre hindurch das Volksleben erfüllt hatten,
mitwirkend und mitgestaltend in die Richtungen der Folgezeit
ein. Der Einfluß, den sie gemeinsam auf deren Fortentwickelung ausübten, bestand nicht in der Ueberlieferung von Wahrheiten und Irrthümern, welche durch die heranwachsenden Generationen aufgenommen, geläutert und verarbeitet worden wären. Orthodoxismus vielmehr und Pietismus wurden seit der
Mitte des Jahrhunderts für die Leiter der theologischen Welt

zunächst ein Gegenstand der Abneigung, dann der Verachtung und des Ekels und konnten deßhalb nur eine Wirkung negativer Art auf die Gestaltung der späteren religiösen Richtungen äußern, indem sie ihre Gegner anfangs von Verneinung zu Verneinung und dann auch zur Aufstellung immer schrofferer Gegensätze drängten.

Dem Orthodorismus gegenüber behaupteten die wortführenden Theologen seit der Mitte des Jahrhunderts Ungebundenheit des Christen durch den Buchstaben und durch die Lehrbestimmungen und wurden oft genug dahin geführt, das Wort, welches lebendiger Ausdruck des Geistes war, als todten Buchstaben oder starre Lehrbestimmung anzusehen. Sie hoben das Kleinliche und Unchristliche des eifernden Festhalten von Nebendingen hervor und zählten mit jedem Jahrzehnte immer mehr der christlichen Wahrheiten zu den Nebendingen, über die ein Mann von Geist und Freiheit sich nicht ereifern dürfe. Sie drangen der Verdammungssucht gegenüber darauf, auch bei Männern von abweichender religiöser Gesinnung das Tüchtige, Sittliche und Rechtliche anzuerkennen und gelangten endlich zu der Behauptung, daß der Werth eines Mannes völlig unabhängig von seinem Verhältniß zum Christenthume sei. Dem pietistischen Empfindungsleben gegenüber, welches das Bedürfniß eines auf Kritik und gelehrtem Wissen ruhenden Verständnisses der Schrift und einer durch den Gedanken vermittelten Erkenntniß der Heilswahrheiten nicht gehabt hatte, machte sich in immer schroffer werdendem Gegensatze der deutsche wissenschaftliche Sinn geltend, forderte, daß die Heilswahrheit, da sie als historische Erscheinung in die Welt getreten sei, auch mit historischer Kritik und unter Anwendung historischer Gelehrsamkeit behandelt werde, und wollte sie so wenig wie die Wahrheit überhaupt der Gestaltung durch das Denken entzogen wissen. Vielfache wissenschaftliche Bereicherung und Anregung ging aus diesem Streben hervor, aber im Fortgange des Kampfes entwickelte sich der Gegensatz gegen den Pietismus endlich so weit, daß in Kritik, historischem Wissen und

verständigen Vorstellungen vom Christenthum das Christenthum
selbst gesucht ward. Einen ähnlichen Gegensatz rief die ausschließliche Innerlichkeit des Pietismus hervor, welcher die
Aufgaben des Menschen im irdischen Leben mißkannt und mit
großer Gleichgültigkeit zurückgesetzt hatte. Die Forderung nach
Bethätigung des Christenthums in Gemeinde und Staat, Wissenschaft und Verkehr führte endlich zu der Ueberzeugung, daß
Rechtlichkeit und Tüchtigkeit an und für sich schon das Christliche sei. Aus dem Zusammenschmelzen der als Gegenwirkung
gegen Orthodoxismus und Pietismus entstandenen Richtungen
bildete sich die Theologie aus, welche während der zweiten
Hälfte des vorigen Jahrhunderts einen großen Theil der gebildeten Stände Deutschlands beherrschte. Sie hielt die geoffenbarten christlichen Heilswahrheiten allerdings als stillschweigende Voraussetzung fest, aber zu stolz auf die mühsam erstrittene Befreiung von den pietistischen und orthodoxistischen Vorurtheilen und zu ängstlich ihnen aufs Neue entweder wirklich
zu verfallen oder doch als verfallen von der Welt angesehen
zu werden, scheute sie sich ihre stillschweigende Voraussetzung
zum lebendigen Mittelpunkt der Lehre zu machen. Lieber ließ
sie die ewigen Wahrheiten dahin gestellt sein, begnügte sich
mit den Anforderungen nach sittlicher Verbesserung und betrachtete, ungeachtet einer gewissen mitleidigen Achtung vor dem
unmittelbar frommen christlichen Sinn, doch nur das religiöse
Bewußtsein als schicklich für den gebildeten Mann, welches
der Kopf dem Herzen zugeführt hatte. Viele Anhänger dieser
neuen Theologie bewahrten sich für den Hausgebrauch die
christlichen Heilswahrheiten mit Ernst und Wärme und fanden
in dieser ihrer Privatreligion, wie sie selbst es nannten, Halt
und Trost in schwerer Zeit, aber es läßt sich nicht bestimmen
in wie ferne die neue Theologie bei einer ungestörten Entwickelung lebendigen Gehalt durch jene Privatreligion hätte erhalten können, weil sich derselben in dem Kampfe gegen Orthodoxismus und Pietismus ein Bundesgenosse aufdrängte, von dessen
religiöser Richtung sie mehr oder weniger mit fortgerissen ward.

Widerwille gegen das falsche, sich von der Welt abschließende Empfindungsleben und gegen den unfruchtbaren leidenschaftlichen Streit über unbegreifliche Lehrsätze, so wie das Bedürfniß, daß die bisher nicht bemerkten sittlichen Wirkungen des Christenthums in allen Lebenskreisen erscheinen müßten, hatte die eben bezeichnete neue Richtung in der Theologie hervorgerufen. Ernste, wohlmeinende und sittlich würdige Männer, Gelehrte, deren die Wissenschaft nie vergessen wird, standen an ihrer Spitze. Nun aber drängte sich ein Haufe an sie heran, der frohlockend den Kampf, der seinem Ursprung und seinem Wesen nach nur gegen Pietismus und Orthodoxismus gerichtet war, als einen Vernichtungskampf gegen das Christenthum auffaßte. Während es dort sittliche Anforderungen waren, von denen aus die Angriffe eröffnet wurden, war es hier die Unsittlichkeit. Die natürlichen, ja die thierischen Triebe sollten in ihrer Befriedigung auch nicht durch die Volksmeinung gehindert sein, welche man sehr richtig als wesentlich auf das Christenthum gegründet ansah. Unter Einwirkung der Engländer und Franzosen bildete sich eine Lehre aus, welche das Bewußtsein der Sünde für ein durch den Eigennutz heuchlerischer Pfaffen in finsterer Zeit hervorgerufenes Vorurtheil ausgab und das Bedürfniß der Offenbarung leugnete, weil die menschliche Vernunft aus sich und der Natur die nöthigen religiösen Wahrheiten zu finden vermöge. Die Erlösung wurde verspottet, weil der Mensch, wenn er sich nur vor Uebermaaß in Acht nehme, aus sich selbst zu einem immer weniger und endlich gar nicht mehr gestörten Vergnügtsein seines Gemüthes gelangen könne. Diese ihrem innersten Wesen nach nur verneinende Richtung wirkte auf so viele Anhänger der früher bezeichneten neuen Theologie ein und rief dadurch so viele Uebergänge hervor, daß sie endlich und zwar nicht allein von dem großen Haufen als eine Steigerung derselben betrachtet ward. Nicht die Männer sahen sich als Genossen an, welche gleiche christliche Wahrheiten festgehalten hatten, sondern die, welche sich, wenn auch in sehr verschiedenem Umfange verneinend bewegten.

23

Die erregte und mit reicher Phantasie begabte Generation, welche sich seit dem Anfange der siebenziger Jahre unter dem Einflusse der brausenden jungen Dichterwelt herangebildet hatte, erblickte in der kalten, phantasielosen theologischen Richtung ihrer Zeit nichts als ein klapperndes Gerippe. Zwar wollte sie, erfüllt von Lebensmuth und Lebenslust, sich weder durch das Gesetzliche und Herkömmliche binden lassen, noch sich dem Lauschen auf die Regungen des Buß- und Erlösungsgefühls hingeben und erschien daher gegenüber dem Orthodoxismus und Pietismus als Verbündete der verneinenden Theologie. Aber anders wie diese bedurfte ihr dichterischer Sinn auch in der Religion eines lebendigen positiven Gehalts. Da sie im Leben überhaupt nur den Erscheinungen einen geistigen Werth beilegte, welche dem Inneren des begeisterten Menschen als unmittelbare Eingebung entströmt waren, so hielt sie auch das Religiöse nur in sofern lieb und werth, als es, dem Menschen von seinem Genius eingeflüstert, mit unwiderstehlicher Naturgewalt in die Außenwelt getreten war. Die junge Generation forderte neben der poetisch-religiösen Schöpferkraft auch poetischreligiöse Empfänglichkeit und wollte das Schöne im Christenthum mit freudigem Anerkenntniß aufgefaßt wissen, aber nicht als einen Abdruck der ewigen christlichen Wahrheit, sondern als eine auch abgesehen von dieser 'erfreuende und erhebende Erscheinung. Von den zufälligen Eindrücken, durch welche das Empfindungsleben des Einzelnen bestimmt ward, hing es daher ab, ob ihre Religion christliche Wahrheiten umschloß oder phantastische Gebilde oder das menschlich Schöne oder derbe Sinnlichkeit oder ein Gemisch von dem Allen. Der Rausch der Jugend, welcher alle Aufgaben des Lebens nur als Erregungsmittel für den künstlerischen Sinn betrachten ließ und nicht dem religiösen Gehalt, sondern nur dessen poetischer Erscheinung Bedeutung beilegte, machte es möglich, daß Stilling und Göthe, Lavater und Herder, Stolberg und Voß und so viele andere bedeutende Männer in den siebenziger Jahren als eine auch in den wichtigsten innerlichen Beziehungen festverschlungene Einheit erschienen. Als dagegen das Mannesalter jeden Einzelnen nöthigte, sich über das Ziel, für dessen Erreichung er leben und streben wollte, nähere Rechenschaft abzulegen, als der Zaubermantel der Phantasie, welcher bis dahin die verschiedenartigsten Richtungen verhüllt und umschlossen hatte, vor der Manneseinsicht fiel, sonderten sich die Geister und hier trat christliche fromme Einfalt, dort künstlerischer Sinn, hier schwärmerischer Aberglaube, dort lüsterne Sinnlichkeit hervor und der Riß, der gegen das Ende des Jahrhunderts die Leiter des geistigen Lebens trennte, war schon in den achtziger Jahren vorbereitet.

Alle die mannigfachen Gegensätze, iu denen die Stände des deutschen Volkes welche vorzugsweise ein geistiges Leben führten sich bewegten, hatten bis zur Revolution hin die sogenannten arbeitenden Stände wenig berührt. Unter der Bevölkerung des platten Landes so wenig wie unter den Handwerkern, Handelsleuten und niederen Beamten der Städte zeigen sich Spuren, aus welchen auf Bezweiflung oder Verneinung der christlichen Heilswahrheiten und der Lehrsätze, in denen man ihnen einen Ausdruck zu verschaffen gesucht hatte, geschlossen werden konnte. Ueberall vielmehr ward auf regelmäßigen Kirchenbesuch, auf tägliches Lesen der heiligen Schrift im Kreise der Familie, auf jährlichen Genuß des heiligen Abendmahles eifrig gehalten, aber iu dieser strengen Beobachtung von Sitten und Gebräuchen ward der Weg gesehen, welcher ohne Weiteres zum ewigen Leben führe. Zwar suchte dieser Theil der protestantischen Bevölkerung sein Heil nur in solchen Sitten und Gebräuchen, welche sich ihrer Natur nach stets beobachtet finden müssen, wenn inneres christliches Leben ausgebildet ist und welche deßhalb auch zu allen Zeiten eine Wiedererweckung desselben herbeiführen können. Aber in Rücksicht auf den christlichen Gehalt, welchen die beobachteten Formen im vorigen Jahrhundert hatten, stand die große Menge, ungeachtet ihres oft mitleidigen Herabsehens auf die durch Processionen und Ablaß die Seligkeit erwerbenden Katholiken, mit diesen

merten sie sich an die äußere Hülle an und machten immer entschiedener das Vorhandensein des Christlichen im Menschen von der buchstäblichen Annahme gewisser Lehrsätze abhängig. Der Orthodoxismus entstand, faßte die Lehrsätze vorwiegend als solche ins Auge und drängte, indem er sie durch Folgerungen und Schlüsse weiter entwickelte, die Geisteskraft zurück, mit welcher allein die christlichen Wahrheiten zu erkennen und tiefer zu durchdringen sind. Die Orthodoxisten, als sie aus Furcht die göttlichen Wahrheiten zu verlieren, dieselben wirklich zum großen Theil verloren und statt des Wesens die Formen festgehalten hatten, wachten um so ängstlicher über die letzteren, wurden hochmüthig und stolz auf deren Besitz und hart und verdammungssüchtig gegen Jeden, der sich irgend einen Bestandtheil derselben, mochte er wesentlich oder unwesentlich sein, nicht aneignen konnte oder wollte.

Unter den Sätzen, auf denen der Orthodoxismus errichtet war, fand sich Einer, welcher die heilige Schrift als die Quelle nannte, aus der allein für Leben und Lehre die ewige Wahrheit zu schöpfen sei. Dieser Satz, sobald er irgend lebendig aufgefaßt ward, brachte den Orthodoxismus in Widerspruch mit sich selbst und mußte immer von Neuem Männer erzeugen, die über die todten Formen hinweg nach dem Wesen des göttlichen Heils trachtend als Gegner der herrschenden Gesetzeslehre auftraten. Das Leben, welches von dieser Seite aus schon früher den erstarrten Formen in manchen Gegenden Deutschlands eingeflößt war, ergoß sich in reicheren Strömen gegen das Ende des siebenzehnten Jahrhunderts, als Innerlichkeit und Frömmigkeit eine religiöse Richtung hervor rief, welche den Lehrsätzen der Orthodoxisten nur in sofern christliche Bedeutung beilegen wollte, als sie aus einem gewußten Aeußerlichen ein gefühltes Innerliche geworden wären. Tausende von Geistlichen, welche im ersten Drittel des vorigen Jahrhunderts ihre Bildung in Halle erhalten hatten, traten auf und schienen durch Erweckung lebendiger Frömmigkeit eine neue Zukunft herbeizuführen; aber in dem Wesen der Hallischen

Pietiſten ſelbſt lag das Hinderniß, welches dieſe Hoffnung
vereitelte. Indem ſie den unruhigen, ja krampfhaft erregten
Zuſtand des Menſchen, in welchem das Bewußtſein der Sünde
und Erlöſung zuerſt Theil ſeiner Selbſt wird, für den ausſchließlich chriſtlichen hielten, verwechſelten ſie ihren Weg mit
dem allgemeinen Ziel und wurden, weil ſich für Einzelne ſo
wenig wie für ganze Generationen ein gewaltſam erregtes
Gefühl lange Zeit erhalten kann, in Widerſpruch verſetzt zwiſchen dem Zuſtand ihres Inneren und dem von ihnen geforderten Lebensprincip. Gegen die Mitte des Jahrhunderts ſchon
verloren ſie ihre frühere friſche Zuverſicht und Freudigkeit,
mieden zaghaft, wie wenn ſie ſich ihres Glaubens ſchämten,
die Berührungen mit der Welt, gingen leiſe und ſcheu ihren
Weg und ſchienen als das höchſte Recht auf welches ſie Anſpruch hätten die Sicherung vor dem Zertretenwerden zu betrachten.

Zwar läßt ſich das Erſterben des Pietismus nicht als ein
Unglück anſehen, welches die Fortbildung des deutſchen Staates getroffen hätte, weil die Pietiſten, indem ſie ausſchließlich in
dem individuellen religiöſen Gefühl die Ausbildung des Chriſten-
thums ſuchten und deßhalb Abneigung gegen die Geltung des
Rationalen in religiöſen Dingen hegten, nothwendig in dem
Maße als ſich ihre Richtung geltend machte, auf die Zerſplit-
terung der Volkseinheit hinwirkten. Da ſie ferner ihren inneren Seelenzuſtand für das Einzige hielten, auf das es dem
Chriſten ankommen könne und deßhalb die Aufgabe des Menſchen verkannten, alle ihm verliehenen Lebenskräfte auszubilden
und zu weihen, ſo wieſen ſie nicht nur jede Theilnahme an
ſtaatbildender Thätigkeit zurück, ſondern betrachteten wenig-
ſtens in ihren ſchrofferen Gliedern dieſelbe auch als eine Arbeit, welche der wahre Chriſt den Schergen und den Stückknechten Gottes überlaſſen müſſe. Obgleich aus dieſen Gründen der frühe Untergang des Halliſchen Pietismus nicht für
die deutſche Staatenbildung zu beklagen iſt, ſo war doch es ein
entſchiedenes Unglück für dieſelbe, daß er ſeine Kraft verlor,

bevor die Festungswerke des Orthodorismus durchbrochen wa,
ren. Denn indem die Orthodoristen auf dem religiösen Gebiete ihre geistige Dürftigkeit hinter der Bewunderung vor den
geistigen Festsetzungen vergangener Generationen verbargen,
wollten sie die in der Vorzeit hervorgetriebenen Formen als
einen unantastbaren Schatz verehrt wissen und mußten, so weit
sie diese Richtung auf das politische Gebiet übertrugen, die un-
vollkommnen, erstarrten und vergangenen Zeiten angehörenden
politischen Formen gleich einem Heiligthum fest zu halten lehren.
Eben so wie dem kräftigen Abstoßen der tödten Hülle stand ihr
Einfluß auch der Belebung des neueren politischen Geistes der
Nation entgegen, da sie ja selbst in ihren Kreisen den geistigen Gehalt verloren hatten, ohne den erlittenen Verlust auch
nur zu bemerken. Diese, jede Entwickelung des deutschen Staates hemmende Richtung, hatte der hallische Pietismus zwar
nicht überwältigen, wohl aber schwächen und entmuthigen können. Die alte Kampfeslust, der alte Verfolgungseifer des
Orthodorismus war erloschen; die starren harten Vorkämpfer
desselben waren um die Mitte des Jahrhunderts ausgestorben
und die Wenigen, die noch später mit früherer Heftigkeit auftraten, wurden bereits als eine fremdartige Erscheinung betrachtet.

Weder der Pietismus in seiner Zersplitterung noch der
Orthodorismus in seiner Entmuthigung um die Mitte des vorigen Jahrhunderts konnten einer neuen theologischen Bewegung, falls sie sich zeigen sollte, kraftvollen Widerstand entgegen setzen; wohl aber griffen beide religiöse Erscheinungen,
welche lange Jahre hindurch das Volksleben erfüllt hatten,
mitwirkend und mitgestaltend in die Richtungen der Folgezeit
ein. Der Einfluß, den sie gemeinsam auf deren Fortentwickelung ausübten, bestand nicht in der Ueberlieferung von Wahrheiten und Irrthümern, welche durch die heranwachsenden Generationen aufgenommen, geläutert und verarbeitet worden wären. Orthodorismus vielmehr und Pietismus wurden seit der
Mitte des Jahrhunderts für die Leiter der theologischen Welt

zunächst ein Gegenstand der Abneigung, dann der Verachtung und des Ekels und konnten deßhalb nur eine Wirkung negativer Art auf die Gestaltung der späteren religiösen Richtungen äußern, indem sie ihre Gegner anfangs von Verneinung zu Verneinung und dann auch zur Aufstellung immer schrofferer Gegensätze drängten.

Dem Orthodoxismus gegenüber behaupteten die wortführenden Theologen seit der Mitte des Jahrhunderts Ungebundenheit des Christen durch den Buchstaben und durch die Lehrbestimmungen und wurden oft genug dahin geführt, das Wort, welches lebendiger Ausdruck des Geistes war, als todten Buchstaben oder starre Lehrbestimmung anzusehen. Sie hoben das Kleinliche und Unchristliche des eifernden Festhalten von Nebendingen hervor und zählten mit jedem Jahrzehnte immer mehr der christlichen Wahrheiten zu den Nebendingen, über die ein Mann von Geist und Freiheit sich nicht ereifern dürfe. Sie drangen der Verdammungssucht gegenüber darauf, auch bei Männern von abweichender religiöser Gesinnung das Tüchtige, Sittliche und Rechtliche anzuerkennen und gelangten endlich zu der Behauptung, daß der Werth eines Mannes völlig unabhängig von seinem Verhältniß zum Christenthume sei. Dem pietistischen Empfindungsleben gegenüber, welches das Bedürfniß eines auf Kritik und gelehrtem Wissen ruhenden Verständnisses der Schrift und einer durch den Gedanken vermittelten Erkenntniß der Heilswahrheiten nicht gehabt hatte, machte sich in immer schroffer werdendem Gegensatze der deutsche wissenschaftliche Sinn geltend, forderte, daß die Heilswahrheit, da sie als historische Erscheinung in die Welt getreten sei, auch mit historischer Kritik und unter Anwendung historischer Gelehrsamkeit behandelt werde, und wollte sie so wenig wie die Wahrheit überhaupt der Gestaltung durch das Denken entzogen wissen. Vielfache wissenschaftliche Bereicherung und Anregung ging aus diesem Streben hervor, aber im Fortgange des Kampfes entwickelte sich der Gegensatz gegen den Pietismus endlich so weit, daß in Kritik, historischem Wissen und verständigen Vorstellungen vom Christenthum das Christenthum selbst gesucht ward. Einen ähnlichen Gegensatz rief die ausschließliche Innerlichkeit des Pietismus hervor, welcher die Aufgaben des Menschen im irdischen Leben mißkannt und mit großer Gleichgültigkeit zurückgesetzt hatte. Die Forderung nach Bethätigung des Christenthums in Gemeinde und Staat, Wissenschaft und Verkehr führte endlich zu der Ueberzeugung, daß Rechtlichkeit und Tüchtigkeit an und für sich schon das Christliche sei. Aus dem Zusammenschmelzen der als Gegenwirkung gegen Orthodoxismus und Pietismus entstandenen Richtungen bildete sich die Theologie aus, welche während der zweiten Hälfte des vorigen Jahrhunderts einen großen Theil der gebildeten Stände Deutschlands beherrschte. Sie hielt die geoffenbarten christlichen Heilswahrheiten allerdings als stillschweigende Voraussetzung fest, aber zu stolz auf die mühsam erstrittene Befreiung von den pietistischen und orthodoxistischen Vorurtheilen und zu ängstlich ihnen aufs Neue entweder wirklich zu verfallen oder doch als verfallen von der Welt angesehen zu werden, scheute sie sich ihre stillschweigende Voraussetzung zum lebendigen Mittelpunkt der Lehre zu machen. Lieber ließ sie die ewigen Wahrheiten dahin gestellt sein, begnügte sich mit den Anforderungen nach sittlicher Verbesserung und betrachtete, ungeachtet einer gewissen mitleidigen Achtung vor dem unmittelbar frommen christlichen Sinn, doch nur das religiöse Bewußtsein als schicklich für den gebildeten Mann, welches der Kopf dem Herzen zugeführt hatte. Viele Anhänger dieser neuen Theologie bewahrten sich für den Hausgebrauch die christlichen Heilswahrheiten mit Ernst und Wärme und fanden in dieser ihrer Privatreligion, wie sie selbst es nannten, Halt und Trost in schwerer Zeit, aber es läßt sich nicht bestimmen in wie ferne die neue Theologie bei einer ungestörten Entwickelung lebendigen Gehalt durch jene Privatreligion hätte erhalten können, weil sich derselben in dem Kampfe gegen Orthodoxismus und Pietismus ein Bundesgenosse aufdrängte, von dessen religiöser Richtung sie mehr oder weniger mit fortgerissen ward.

Widerwille gegen das falsche, sich von der Welt abschließende Empfindungsleben und gegen den unfruchtbaren leidenschaftlichen Streit über unbegreifliche Lehrsätze, so wie das
Bedürfniß, daß die bisher nicht bemerkten sittlichen Wirkungen des Christenthums in allen Lebenskreisen erscheinen müßten,
hatte die eben bezeichnete neue Richtung in der Theologie hervorgerufen. Ernste, wohlmeinende und sittlich würdige Männer, Gelehrte, deren die Wissenschaft nie vergessen wird, standen an ihrer Spitze. Nun aber drängte sich ein Haufe an sie
heran, der frohlockend den Kampf, der seinem Ursprung und
seinem Wesen nach nur gegen Pietismus und Orthodoxismus
gerichtet war, als einen Vernichtungskampf gegen das Christenthum auffaßte. Während es dort sittliche Anforderungen
waren, von denen aus die Angriffe eröffnet wurden, war es
hier die Unsittlichkeit. Die natürlichen, ja die thierischen
Triebe sollten in ihrer Befriedigung auch nicht durch die Volksmeinung gehindert sein, welche man sehr richtig als wesentlich auf das Christenthum gegründet ansah. Unter Einwirkung
der Engländer und Franzosen bildete sich eine Lehre aus, welche
das Bewußtsein der Sünde für ein durch den Eigennutz heuchlerischer Pfaffen in finsterer Zeit hervorgerufenes Vorurtheil
ausgab und das Bedürfniß der Offenbarung leugnete, weil die
menschliche Vernunft aus sich und der Natur die nöthigen religiösen Wahrheiten zu finden vermöge. Die Erlösung wurde
verspottet, weil der Mensch, wenn er sich nur vor Uebermaaß
in Acht nehme, aus sich selbst zu einem immer weniger und
endlich gar nicht mehr gestörten Vergnügtsein seines Gemüthes
gelangen könne. Diese ihrem innersten Wesen nach nur verneinende Richtung wirkte auf so viele Anhänger der früher bezeichneten neuen Theologie ein und rief dadurch so viele Uebergänge hervor, daß sie endlich und zwar nicht allein von dem
großen Haufen als eine Steigerung derselben betrachtet ward.
Nicht die Männer sahen sich als Genossen an, welche gleiche
christliche Wahrheiten festgehalten hatten, sondern die, welche sich,
wenn auch in sehr verschiedenem Umfange verneinend bewegten.

Die erregte und mit reicher Phantasie begabte Generation, welche sich seit dem Anfange der siebenziger Jahre unter dem Einflusse der brausenden jungen Dichterwelt herangebildet hatte, erblickte in der kalten, phantasielosen theologischen Richtung ihrer Zeit nichts als ein klapperndes Gerippe. Zwar wollte sie, erfüllt von Lebensmuth und Lebenslust, sich weder durch das Gesetzliche und Herkömmliche binden lassen, noch sich dem Lauschen auf die Regungen des Buß- und Erlösungsgefühls hingeben und erschien daher gegenüber dem Orthodoxismus und Pietismus als Verbündete der verneinenden Theologie. Aber anders wie diese bedurfte ihr dichterischer Sinn auch in der Religion eines lebendigen positiven Gehalts. Da sie im Leben überhaupt nur den Erscheinungen einen geistigen Werth beilegte, welche dem Inneren des begeisterten Menschen als unmittelbare Eingebung entströmt waren, so hielt sie auch das Religiöse nur in sofern lieb und werth, als es, dem Menschen von seinem Genius eingeflüstert, mit unwiderstehlicher Naturgewalt in die Außenwelt getreten war. Die junge Generation forderte neben der poetisch-religiösen Schöpferkraft auch poetisch-religiöse Empfänglichkeit und wollte das Schöne im Christenthum mit freudigem Anerkenntniß aufgefaßt wissen, aber nicht als einen Abdruck der ewigen christlichen Wahrheit, sondern als eine auch abgesehen von dieser 'erfreuende und erhebende Erscheinung. Von den zufälligen Eindrücken, durch welche das Empfindungsleben des Einzelnen bestimmt ward, hing es daher ab, ob ihre Religion christliche Wahrheiten umschloß oder phantastische Gebilde oder das menschlich Schöne oder derbe Sinnlichkeit oder ein Gemisch von dem Allen. Der Rausch der Jugend, welcher alle Aufgaben des Lebens nur als Erregungsmittel für den künstlerischen Sinn betrachten ließ und nicht dem religiösen Gehalt, sondern nur dessen poetischer Erscheinung Bedeutung beilegte, machte es möglich, daß Stilling und Göthe, Lavater und Herder, Stolberg und Voß und so viele andere bedeutende Männer in den siebenziger Jahren als eine auch in den wichtigsten innerlichen Beziehungen festverschluu-

gene Einheit erschienen. Als dagegen das Mannesalter jeden
Einzelnen nöthigte, sich über das Ziel, für dessen Erreichung
er leben und streben wollte, nähere Rechenschaft abzulegen,
als der Zaubermantel der Phantasie, welcher bis dahin die
verschiedenartigsten Richtungen verhüllt und umschlossen hatte,
vor der Manneseinsicht fiel, sonderten sich die Geister und hier
trat christliche fromme Einfalt, dort künstlerischer Sinn, hier
schwärmerischer Aberglaube, dort lüsterne Sinnlichkeit hervor
und der Riß, der gegen das Ende des Jahrhunderts die Leiter
des geistigen Lebens trennte, war schon in den achtziger Jahren vorbereitet.

Alle die mannigfachen Gegensätze, in denen die Stände
des deutschen Volkes welche vorzugsweise ein geistiges Leben
führten sich bewegten, hatten bis zur Revolution hin die sogenannten arbeitenden Stände wenig berührt. Unter der Bevölkerung des platten Landes so wenig wie unter den Handwerkern, Handelsleuten und niederen Beamten der Städte zeigen
sich Spuren, aus welchen auf Bezweiflung oder Verneinung
der christlichen Heilswahrheiten und der Lehrsätze, in denen
man ihnen einen Ausdruck zu verschaffen gesucht hatte, geschlossen werden konnte. Ueberall vielmehr ward auf regelmäßigen
Kirchenbesuch, auf tägliches Lesen der heiligen Schrift im
Kreise der Familie, auf jährlichen Genuß des heiligen Abendmahles eifrig gehalten, aber iu dieser strengen Beobachtung
von Sitten und Gebräuchen ward der Weg gesehen, welcher
ohne Weiteres zum ewigen Leben führe. Zwar suchte dieser
Theil der protestantischen Bevölkerung sein Heil nur in solchen
Sitten und Gebräuchen, welche sich ihrer Natur nach stets
beobachtet finden müssen, wenn inneres christliches Leben ausgebildet ist und welche deßhalb auch zu allen Zeiten eine Wiedererweckung desselben herbeiführen können. Aber in Rücksicht
auf den christlichen Gehalt, welchen die beobachteten Formen
im vorigen Jahrhundert hatten, stand die große Menge, ungeachtet ihres oft mitleidigen Herabsehens auf die durch Processionen und Ablaß die Seligkeit erwerbenden Katholiken, mit diesen

wesentlich auf einer und derselben Stufe. Von den Geistlichen, deren religiöser Fürsorge die arbeitenden protestantischen Stände überwiesen waren, ließ sich eine innere Belebung nicht erwarten. Allerdings waren die Meisten derselben redliche ehrenwerthe Männer, denen in Rücksicht auf die äußeren Anforderungen ihres Berufs kein Vorwurf traf, aber fast ohne Ausnahme aus den Kreisen des Volkes, für die sie wirksam sein sollten, hervorgegangen, theilten sie mit ihnen den Mangel an Lebendigkeit des christlichen Sinnes und entbehrten der geistigen Anregung, welche das Aufwachsen unter wissenschaftlich gebildeten Ständen gewährt. Ueberdieß ward ein großer Theil von ihnen, namentlich auf dem platten Lande, bei meistens starker Familie und kärglichem Einkommen durch schwere Nahrungssorgen niedergedrückt und oft genöthigt, die besten Kräfte dem geistlichen Berufe zu entziehen und der Bewirthschaftung des Pfarrlandes oder der Verwaltung übernommener Pachtungen zuzuwenden. Eine solche vorwiegend auf das Aeußere gehende Richtung ließ Viele, als die neue Theologie das practische Christenthum verlangte, begierig den Anforderungen der Regierungen entgegen kommen, welche die Geistlichen ermunterten, sich ihren Gemeinden als Aerzte und Wundärzte, als Förderer der Baumzucht und des Gartenbaues, als Lehrer in der Wartung der Bienen und Seidenwürmer nützlich zu machen.

Neben der großen Masse des Volkes erschienen zerstreut durch alle protestantische Länder Einzelne, deren tieferes religiöses Bedürfniß weder in dem absterbenden Orthodoxismus, noch in der verneinenden Theologie, noch in dem äußerlichen Christenthum der großen Menge Befriedigung fand, sondern die christlichen Heilswahrheiten als Erfahrung und Erlebniß des eigenen Geistes verlangte. Aber sie fanden nicht wie die Frommen in der katholischen Kirche an einer starken Kirchengewalt und einer festen äußeren Kirchengemeinschaft Schirm und Anhalt, sondern sahen sich überall, wo sie ihre inneren Bewegungen äußerlich hervortreten ließen, verwundert angestaunt oder verlacht und angegriffen. Da ihnen, umringt von feindlichen religiösen Parteien, deren jede sich für die protestantische Kirche ausgab, nichts übrig blieb, als sich in sich selbst zurückzuziehen und mit Gleichgesinnten, die wie sie vereinzelt standen, ihren Weg zu verfolgen, so konnten es nur wenige hervorragende Männer vermeiden, daß sich nicht an den christlichen Kern ihrer Gesinnung einseitige Meinungen, Irrthümer, Verkehrtheiten ansetzten, wie sie fast unvermeidlich Jedem sich aufbrängen, welcher nicht getragen und gehalten durch die Gemeinschaft der Kirche auf eigene Hand Christ sein will oder sein muß. Das Bewußtsein dieser Gefahr hatte zwar schon im ersten Drittel des Jahrhunderts die Sehnsucht nach kirchlicher Gemeinschaft hervorgerufen und bei der Ueberzeugung, daß weder die katholische noch die evangelische Kirche in ihrer zeitigen Gestaltung das Christenthum in seiner Reinheit und Ganzheit erscheinen lasse, zu der Bildung geschlossener Gemeinden geführt, welche sich als Herrnhuther-Colonien weiter entwickelten, sobald eine eigenthümliche Verfassung ihnen einen Halt im Inneren und eine Sicherung gegen die andrängenden Irrthümer der Zeit gewährt hatte. Sie haben manchem stillen Herzen eine Zuflucht gewährt und den Schatz des christlichen Lebens mitten durch Verwirrungen und auflösende Kämpfe hindurch getragen, aber auch sie entgingen der Gefahr nicht, welche die Absonderung mit sich führt und mußten gefährlich werden, sobald sie strebten, die Glieder der evangelischen Kirche in ihre abgesonderten Gemeinden hineinzuziehen, statt den in Zeiten der Noth zu gutem Verwahr genommenen Schatz weit über ihre Gemeinden hinaus zu verbreiten, sich selbst dadurch überflüssig zu machen und an dem Untergange des eigenen Daseins zu arbeiten.

Ein Rückblick auf die religiösen Zustände in den Decennien vor der Revolution zeigt die Fortdauer der Zerspaltung in ein katholisches und ein protestantisches Deutschland. In Rücksicht auf Dogmen, Formen und Gebräuche standen beide Religionsparteien sich so schroff, wie früher gegenüber, aber weil der bildende Geist, welcher diese Dogmen und Formen hervorgetrieben hatte, in der Maſſe des katholiſchen wie des proteſtantiſchen Volkes mehr und mehr erſtarb, ſo war die Sonderung weit weniger eine innerliche als eine äußerliche. Heftige Streitigkeiten zwiſchen beiden Religionsparteien im Reiche, in den Territorien, in den Gemeinden wurden auch jetzt noch geführt; aber in Wahrheit drehten ſie ſich nicht um die Confeſſionsverſchiedenheit, ſondern um Benutzung gewiſſer Ländereien und um den Genuß ſehr verſchiedenartiger Rechte, welche ein Theil der Bevölkerung dem anderen bisher davon ausgeſchloſſenen Theile nicht gönnen wollte, wenn er ſie befugt oder unbefugt in Anſpruch nahm. Die Verſchiedenheit der Confeſſion kam nur in ſoweit in Betracht, als ſie urſprünglich die Ungleichheit der Rechte begründet hatte, und nur ſehr ſelten ward der Gegenſatz des religiöſen Bewußtſeins mit Heftigkeit oder auch nur mit Ernſt und Wärme geltend gemacht. Der Religionsfriede, nach welchem Deutſchland ſo lange geſeufzt hatte, war wirklich eingetreten; in Augsburg wurden Toleranzpaſteten verkauft, in Mainz der Scharfrichterdienſt ohne Rückſicht auf Religion feilgeboten; aber erlangt war der Friede durch geiſtige Erſchlaffung und Erſtarrung der beiden kämpfenden Parteien. Da plötzlich brachen neue Kämpfe aus und wiederum ward das Chriſtenthum zum Mittelpunkte leidenſchaftlichen Streites gemacht. Nicht Katholicismus und Proteſtantismus ſtanden ſich gegenüber; aus Beiden vielmehr erhoben ſich gegen Beide Gegner, welche durch die ihnen gemeinſame verneinende Richtung verbunden und mehr nach dem Grade des Verneinens als nach der Confeſſion unterſchieden waren. Sie hatten zunächſt die gebildeten Stände aus ihrer Gleichgültigkeit aufgerüttelt, griffen dann immer tiefer und erzeugten, ſo weit ſie ſich Geltung verſchafften, eine Geſinnung, welche nicht allein der kirchlichen, ſondern auch der politiſchen Geſtaltung feindlich entgegen trat; denn ihr Weſen war Freude am Aufdecken wirklicher oder vermeinter Gebrechen und Freude am Zerſtören des Vorhandenen. Solche Freude mußte nicht nur den politiſchen Sinn, der den im deutſchen Staate heimlich

wachſenden Kern hätte erkennen und mit Luſt und Liebe pflegen
können, erſticken, ſondern auch immer weiter von Zerſtörung
zu Zerſtörung führen, bis endlich alle Mannigfaltigkeit und
alles Leben ausgelöſcht und ein inhaltsloſes Trugbild des Staates als politiſcher Götze angebetet wurde. Weder dieſer politiſchen Geſinnung, noch einer ſolchen, welche ſich in den abgeſtorbenen ſtaatlichen Zuſtänden träge und gleichgültig befrie-
digt fühlte, konnte die Richtung günſtig ſein, welche das reli-
giöſe Leben als poetiſches Leben auffaßte; aber ein ſonſtiger
fördernder Einfluß für die deutſche Staatenbildung ließ ſich von
ihrer Einwirkung auf die politiſche Geſinnung der Zeit nicht
erwarten, weil jedes ſtaatliche Gebilde, welches allein die
Phantaſie des Einzelnen zum Erzeuger hat, nur zufällig an die
Wirklichkeit ſich anſchließen und nur zufällig dem Erreichbaren
anſtreben kann.

Bei einer ſolchen Lage der Dinge hatte die deutſche Staatenbildung von dem religiöſen Leben allein wenig zu hoffen.
Das Volk war, wie der politiſchen ſo auch der religiöſen Wiedergeburt bedürftig.

Schluß.

Das römiſche Kaiſerthum lebt in der Wirklichkeit nicht
mehr; das alte deutſche Reich und mit ihm ſein König und
ſein Reichstag iſt in Trümmer zerfallen; die Reichsgrafen und
kleinen Fürſten, die Reichsprälaten, Reichsſtädte und Reichsritter ſind untergegangen und die wenigen früheren Territorien,
die ihre Selbſtſtändigkeit retteten, haben die mittelalterliche
Landeshoheit mit allen ihren Vorausſetzungen und Folgerungen
verloren. Aber nicht ein Act vernichtender Willkühr hat in
ihnen ein Leben getödtet; ſeit Jahrhunderten hatten ſie gealtert,
das einſt ſie erfüllende Leben verloren und längſt ſchon des
Grabes geharrt, welches ihnen durch äußere Umſtände zum Un-

glück Deutschlands versagt geblieben war. Wir haben statt des deutschen Reiches einen deutschen Bund, statt der Territorien Staaten mit unseren Souveränen, Ständeversammlungen und den übrigen Grundbedingungen des einheitlichen deutschen Staats; aber nicht ein Act launenhafter Willkühr hat unserem Volke die bestehenden politischen Bildungen als ein Zufälliges und Fremdes aufgedrängt. Schon in der Reichsconföderation lag der Bund, schon in dem Territorium der deutsche Staat dem Keime nach verborgen und harrte der pflegenden Hand, welche die weitere Entfaltung gewähren würde. Ein breiter Graben liegt allerdings zwischen dem kaum vergangenen Damals und dem Jetzt; ein Unterschied, wie zwischen dem unheilbar Kranken und dem Begrabenen, wie zwischen dem Keime und dem Stamm. Die Kraft, welche denselben in dem kurzen Verlaufe weniger Jahrzehnte hervorgerufen hat, mußte eine sehr große sein. In sich selbst zwar trugen die politischen Zustände des vorigen Jahrhunderts die Bedürftigkeit nach der großen durchgreifenden Umgestaltung, welche uns vor Augen liegt; aber wenn die eigenen Kräfte zur Begründung dessen, was die innere Natur forderte, gefehlt hätten, so würde dieser innere Widerspruch zum Untergange geführt haben, weil fremde Hülfe nie einer Nation die fehlende eigne Kraft ersetzt.

Das lange gebunden gewesene Privatleben so wie das Leben in Wissenschaft, Kunst und Religion war zwar angeregt worden, sich auf neuen Bahnen zu versuchen, aber der Freiheit und des Gebrauchs der eigenen Kräfte nicht gewohnt, schwankte es haltlos hin und her und trat, die Wiederkehr der alten Fesseln fürchtend, kämpfend gegen jegliche Ordnung auf, durch welche die Willkühr beschränkt wird. Als die Staatsgesinnung des Volkes sich mit immer wachsender Stärke gegen das Bestehende richtete, mußten auch die großartigen durch die Familie, die Wissenschaft, Religion und Kunst entwickelten Kräfte vorwiegend zu Waffen werden für den Angriff auf die bestehenden politischen Formen, während sie doch nur dann dem deutschen Staate Hülfe bringen konnten, wenn sie zunächst und vor Allem sich der Pflege und Fortbildung der vorhandenen Staatskeime zuwendeten und auch die Beseitigung des Abgestorbenen nur als einen einzelnen Act politischer Schöpfung erscheinen ließen. Wenig Aussicht zeigte sich, daß die vorhandenen, aber in zerstörende Richtung hinein gezogenen nationalen Kräfte aus sich selbst heraus die Pflege und Entwickelung der verborgen keimenden staatlichen Anfänge sich zur Aufgabe setzen würden. Nur wenn große gewaltige Ereignisse die Nation in dem Herannahen ihres eigenen Zerfalls das Ziel erkennen ließen, an welchem die auf das Verneinen und Vernichten gerichtete Kraft endlich anlangt, konnte unser Volk nach Außen gekehrt und dadurch in solchem Grade in sich zusammengedrängt werden, daß es von dem lebendigen Bewußtsein der inneren alle Gegensätze besiegenden Einheit aus sich mit den Kräften, welche es im außerstaatlichen Leben gewonnen hatte, der Staatenbildung zuwendet. Diese Bedeutung, aber wesentlich auch nur diese, haben für unsere Geschichte die Ereignisse gehabt, welche sich gegen Ende des vorigen Jahrhunderts in Frankreich vorbereiteten.

Lightning Source UK Ltd.
Milton Keynes UK
UKHW011619231118
332790UK00013B/2009/P